中国古代名著全本译注丛书

三国志

译注

三

［晋］陈寿 著　　［南朝宋］裴松之 注

方北辰 译注

【三国志译注卷四十六】 吴志一

孙破虏讨逆传第一

孙坚字文台，吴郡富春人[1]。盖孙武之后也[2]。〔一〕少为县吏。年十七，与父共载船至钱唐[3]。会海贼胡玉等，从匏里上掠取贾人财物[4]，方于岸上分之。行旅皆住[5]，船不敢进。坚谓父曰："此贼可击，请讨之！"公曰："非尔所图也！"坚行操刀上岸，以手东西指麾[6]，若分部人兵，以罗遮贼状[7]。贼望见，以为官兵捕之，即委财物，散走；坚追，斩得一级以还[8]。父大惊，由是显闻，府召署假尉[9]。

会稽妖贼许昌起于句章[10]，自称"阳明皇帝"；〔二〕与其子韶，扇动诸县，众以万数。坚以郡司马募召精勇[11]，得千余人；与州郡合讨，破之。是岁，熹平元年也[12]。

刺史臧旻列上功状[13]；诏书除坚盐渎丞[14]。数岁，徙盱眙丞[15]。又徙下邳丞[16]。〔三〕

中平元年[17]，黄巾贼帅张角起于魏郡[18]。托有神灵，遣八使以善道教化天下[19]；而潜相连结，自称"黄天泰平"。三月甲子[20]，三十六（万）〔方〕一旦俱发[21]，天下响应；燔烧郡县，杀害长吏[22]。〔四〕

汉遣车骑将军皇甫嵩、中郎将朱儁将兵讨击之[23]。儁表请坚为佐军司马[24]，乡里少年随在下邳者皆愿从[25]。坚又募诸商旅及淮、泗精兵[26]，合千许人；与儁并力奋击，所向无前。[五]汝、颍贼困迫[27]，走保宛城[28]。坚身当一面，登城先入；众乃蚁附，遂大破之。

儁具以状闻上[29]，拜坚别部司马[30]。[六]

边章、韩遂作乱凉州[31]。中郎将董卓拒讨，无功[32]。

【注释】

〔1〕吴郡：郡名。治所在今江苏苏州市。 富春：县名。县治在今浙江杭州市富阳区。 〔2〕孙武：字长卿。春秋时齐国人。曾带《兵法》十三篇进见吴王阖闾，被任命为将，率军攻破楚国。其著作《孙子兵法》，论述了有关军事的一系列问题，是中国最早而且最杰出的兵书，现已被译成多国文字流传世界。传见《史记》卷六十五。孙坚的出身卑微。据《宋书》卷二十七《符瑞志》上记载，其祖父孙钟，曾以种瓜为业。这里陈寿对其是否确实出自孙武之后不敢肯定，所以用了一个"盖"字，意为大概是。 〔3〕钱唐：县名。县治在今浙江杭州市西南。〔4〕匏里：地名。在今浙江杭州市西南。 贾(gǔ)人：商人。 〔5〕行旅：来往的旅客。 〔6〕指麾：指挥。 〔7〕分部：分配部署。 罗遮：包围。 〔8〕一级：一颗人头。 〔9〕府：指富春县政府。 假尉：代理县尉。县尉为官名。负责追捕盗贼，维持一县的治安。 〔10〕会(kuài)稽：郡名。治所在今浙江绍兴市。 句(gōu)章：县名。县治在今浙江余姚市东南。 〔11〕郡司马：官名。郡太守府下属。负责军事。〔12〕熹平元年：公元172年。 〔13〕刺史：官名。本来是皇帝派出的使者，监察举报一州之内官员和豪强的不法行为。东汉后期成为一州的行政长官。 功状：立功的情况报告。〔14〕除：朝廷正式任命。 盐渎：县名。县治在今江苏盐城市。 丞：官名。即县丞。分管文书、仓库、监狱。与县尉是县行政长官的文武两助手。 〔15〕盱眙(xū yí)：县名。县治在今江苏盱眙县东北。 〔16〕下邳(pī)：县名。县治在今江苏邳州市西南。 〔17〕中平元年：公元184年。 〔18〕黄巾：东汉末年农

民起义军名。参加者都用黄色布巾裹头，故名。 张角（？—公元184）：钜鹿郡（治所在今河北宁晋县西南）人。东汉末年创立太平道，自称"大贤良师"，借治病传教，发展信徒数十万人，遍布各地。公元184年，指挥徒众起事，使东汉王朝受到强烈震动。后病死。事见《后汉书》卷七十一《皇甫嵩传》。 魏郡：郡名。治所在今河北临漳县西南。 〔19〕善道：指太平道。东汉民间道教的一派。由张角创立。道徒手持九节杖画符诵咒，为人治病。十余年间，青、徐、幽、冀、荆、扬、兖、豫八州信徒发展到数十万人。其后信徒参加黄巾起义军，受到东汉王朝严厉镇压而失败。 〔20〕甲子：中平元年的干支为甲子。当时黄巾军的口号是："苍天当死，黄天当立。岁在甲子，天下大吉。" 〔21〕方：张角把信徒分为三十六个部分，多者万余人，少者六七千人，设将领统率，这种组织叫做"方"。 一旦：一下子。 〔22〕长（zhǎng）吏：当时习称县级行政长官为长吏。 〔23〕车骑将军：官名。属高级将领。领兵征伐。 皇甫嵩（？—公元195）：字义真。安定郡朝那（今宁夏固原市东南）人。东汉灵帝时，任左中郎将率军击败黄巾军，以功封槐里侯，升任左车骑将军。后任太尉。传见《后汉书》卷七十一。 中郎将：官名。汉代宫廷的卫队长官有五官、左、右、羽林、虎贲五位中郎将。东汉末年政局动荡，朝廷派兵镇压各地武装反抗时，开始以中郎将为统兵官，表示是宫廷卫队出征。 朱儁（？—公元195）：字公伟。会稽郡上虞（今浙江上虞市）人。东汉灵帝时，任右中郎将，与皇甫嵩合力击败黄巾军，以功封钱唐侯，升任右车骑将军。后任太尉。传见《后汉书》卷七十一。 〔24〕佐军司马：官名。帮助主将领兵作战。 〔25〕乡里：同乡。〔26〕淮：即淮河。 泗：即泗水。发源于今山东泗水县东蒙山南麓。当时向西折向南，流至今江苏淮安市西南入淮河。 〔27〕汝：指汝南郡。治所在今河南平舆县西北。 颍：指颍川郡。治所在今河南禹州市。〔28〕走：逃跑。 宛（yuān）：县名。县治在今河南南阳市。 〔29〕闻上：上报。 〔30〕别部司马：官名。主将手下的司马如果单独率领一支军队活动，则称别部司马。 〔31〕凉州：州名。当时治所在今甘肃张家川县。 〔32〕董卓（？—公元192）：传见本书卷六。

【裴注】

〔一〕《吴书》曰："坚，世仕吴，家于富春；葬于城东，冢上数有光怪：云气五色，上属于天，曼延数里。众皆往观视，父老相谓曰：'是非凡气，孙氏其兴矣！'及母怀妊坚，梦肠出，绕吴昌门；寤而惧之，以告邻母。邻母曰：'安知非吉征也?'坚生，容貌不凡，性阔达，好奇节。"

〔二〕《灵帝纪》曰："昌以其父为越王也。"

〔三〕《江表传》曰："坚，历佐三县，所在有称，吏民亲附。乡里知旧，好事少年，往来者常数百人；坚接抚待养，有若子弟焉。"

〔四〕《献帝春秋》曰："角称'天公将军'；角弟宝，称'地公将军'；宝弟梁，称'人公将军'。"

〔五〕《吴书》曰："坚乘胜深入，于西华失利。坚被创，堕马，卧草中；军众分散，不知坚所在。坚所骑骢马，驰还营，踏地呼鸣；将士随马于草中得坚。坚还营十数日，创少愈，乃复出战。"

〔六〕《续汉书》曰："儁字公伟，会稽人。少好学，为郡功曹。察孝廉，举进士。汉朝以讨黄巾功，拜车骑将军。累迁河南尹。董卓见儁，外甚亲纳，而心忌之；儁亦阴备焉。关东兵起，卓议移都；儁辄止卓。卓虽惮儁，然贪其名重，乃表拜太仆以自副。儁被召，不肯受拜，因进曰：'国不宜迁！必孤天下望，成山东之结，臣不见其可也。'有司诘曰：'召君受拜，而君拒之；不问徙事，而君陈之：何也？'儁曰：'副相国，非臣所堪也；迁都非计，臣之所急也。辞所不堪，进臣所急，臣之所宜也。'有司曰：'迁都之事，初无此计也；就有，未露，何所受闻？'儁曰：'相国董卓，为臣说之，臣闻之于相国。'有司不能屈，朝廷称服焉。后为太尉。李傕、郭汜相攻，劫质天子公卿；儁性刚，即发病而卒。"

（中平）（三）〔二〕年，遣司空张温行车骑将军[1]，西讨章等。温表请坚与参军事，屯长安[2]。温以诏书召卓，卓良久乃诣温[3]。温责让卓[4]，卓应对不顺。

坚时在坐，前，耳语谓温曰："卓不怖罪而鸥张大语[5]；宜以召不时至[6]，陈军法斩之。"温曰："卓素著威名于陇蜀之间，今日杀之，西行无依。"坚曰："明公亲率王兵[7]，威震天下，何赖于卓！观卓所言，不假明公[8]，轻上无礼[9]。一罪也。章、遂跋扈经年[10]，当以时进讨；而卓云未可，沮军疑众[11]。二罪也。卓受任无功，应召稽留[12]，而轩昂自高[13]。三罪也。古之名将，仗钺临众[14]，未有不断斩以示威者也；是以穰苴斩庄贾[15]，魏绛戮扬干[16]。今明公垂意于卓[17]，不即加诛；亏损威刑，于是在矣！"温不忍发举[18]，乃曰："君且还，卓将疑人[19]。"

坚因起出。章、遂闻大兵向至，党众离散，皆乞降。军还，议者以军未临敌，不断功赏[20]；然闻坚数卓三罪，劝温斩之，无不叹息。拜坚议郎[21]。

时长沙贼区星自称将军[22]，众万余人，攻围城邑；乃以坚为长沙太守[23]。到郡，亲率将士，施设方略；旬月之间，克破星等。〔一〕周朝、郭石，亦帅徒众起于零、桂[24]，与星相应；遂越境寻讨，三郡肃然。汉朝录前后功，封坚乌程侯[25]。〔二〕

【注释】

〔1〕司空：官名。东汉以太尉、司徒、司空作为名义上的辅政大臣，称为三公。司空主管土木建筑和水利工程。　张温（？—公元191）：字伯慎。南阳郡穰县（今河南邓州市）人。官至太尉。曾密谋诛董卓，未及行动而被董卓杀死。事附《后汉书》卷七十二《董卓传》。　行：代理。当时品级高的官员代理品级低的职务特别称为行。反之则称为守。〔2〕长安：县名。县治在今西安市西北。　〔3〕良久：很久。　〔4〕责让：责备。　〔5〕怖罪：为自己的罪过害怕。　鸱张：嚣张凶横的样子。大语：傲慢地说话。　〔6〕时：及时。　〔7〕明公：对当三公者的尊称。〔8〕不假：不尊重。　〔9〕轻上：轻视上司。　〔10〕经年：历时一年。〔11〕沮军：使军心沮丧。　疑众：使部众犹豫。　〔12〕稽留：逗留。〔13〕轩昂：傲慢的样子。　〔14〕仗钺：持钺。钺是一种大斧，属君主的仪仗之一。大将领兵出征，君主如授予钺，则表示是代表君主出征，具有诛杀违令者的威权。　〔15〕穰苴（jū）：即司马穰苴。田氏，名穰苴。春秋时担任齐国的大司马。精通兵法，曾率齐军击退晋军和燕军，

收复失地。他的著述在战国时被整理成《司马穰苴兵法》。传见《史记》卷六十四。 庄贾：春秋时齐景公的宠臣。司马穰苴受命为将，他任监军。因约会迟到，被司马穰苴按军法处死。事见《史记》卷六十四《司马穰苴列传》。 〔16〕魏绛：春秋时晋国的大夫。前570年，他受命为将，召集军队。晋悼公的弟弟扬干应召乘车前来排队，不慎把军队行列弄乱，魏绛立即下令处死为扬干驾车的人。事见《左传》襄公三年。〔17〕垂意：留情。 〔18〕发举：采取行动。 〔19〕疑人：怀疑我们。〔20〕断：评定。 〔21〕议郎：官名。负责议论朝廷政事得失。〔22〕长沙：郡名。治所在今湖南长沙市。 〔23〕太守：官名。郡的行政长官。〔24〕零：即零陵郡。治所在今湖南永州市。 桂：即桂阳郡。治所在今湖南郴(chēn)州市。 〔25〕乌程侯：爵位名。东汉时异姓封爵通常最高为列侯。按封地大小，列侯又有县侯、乡侯、亭侯的区别，受封者可以收取封地内民户上交的租税自己享用。这里的乌程侯是县侯，乌程的县治在今浙江湖州市西南。

【裴注】

〔一〕《魏书》曰："坚到郡，郡中震服；任用良吏，敕吏曰：'谨遇良善；治官曹文书，必循治！以盗贼付太守。'"

〔二〕《吴录》曰："是时，庐江太守陆康从子，作宜春长。为贼所攻，遣使求救于坚。坚整严救之，主簿进谏。坚答曰：'太守无文德，以征伐为功；越界攻讨，以全异国：以此获罪，何愧海内乎？'乃进兵往救，贼闻而走。"

灵帝崩[1]，卓擅朝政，横恣京城。诸州郡并兴义兵，欲以讨卓。[一]坚亦举兵。荆州刺史王叡，素遇坚无礼[2]；坚过，杀之。[二]比至南阳[3]，众数万人。南阳太守张咨闻军至，晏然自若。[三]坚以牛酒礼咨[4]。咨明日，亦答诣坚[5]。酒酣，长沙主簿入白坚[6]："前移南阳[7]，而道路不治，军资不具[8]；请收主簿，推问意故[9]！"咨大惧，欲去；兵陈四周，不得出。有顷[10]，主簿复入白坚："南阳太守稽停义兵，使贼不时

讨；请收出，按军法从事[11]！"便牵咨于军门斩之[12]。郡中震栗，无求不获。〔四〕

前到鲁阳[13]，与袁术相见[14]；术表坚行破虏将军[15]，领豫州刺史[16]，遂治兵于鲁阳城。

当进军讨卓，遣长史公仇称将兵从事，还州督促军粮[17]；施帐幔于城东门外，祖道送称[18]，官属并会。卓遣步骑数万人逆坚[19]，轻骑数十先到。坚方行酒谈笑[20]，敕部曲："整顿行阵[21]，无得妄动！"后骑渐益[22]，坚徐罢坐[23]，导引入城[24]。乃谓左右曰："向坚所以不即起者[25]，恐兵相蹈藉[26]，诸君不得入耳。"卓兵见坚士众甚整，不敢攻城，乃引还。

坚移屯梁东[27]，大为卓军所攻；坚与数十骑，溃围而出。坚常著赤罽帻[28]，乃脱帻，令亲近将祖茂著之。卓骑争逐茂，故坚从间道得免[29]。茂困迫，下马，以帻冠冢间烧柱[30]，因伏草中。卓骑望见，围绕数重；定近觉是柱[31]，乃去。

坚复相收兵，合战于阳人[32]；大破卓军，枭其都督华雄等[33]。〔五〕

【注释】

〔1〕灵帝：即刘宏（公元156—189）。东汉皇帝。公元168至189年在位。统治期间，任用宦官，大修宫殿，逮捕李膺等一百多党锢人士处死，又公开标价卖官，政局恶化。公元184年，黄巾起义终于在全国爆发。事详《后汉书》卷八。　〔2〕荆州：州名。当时治所在今湖南常德市东北。　遇：对待。　〔3〕南阳：郡名。当时治所在今河南南阳市。　〔4〕礼咨：送礼给张咨。　〔5〕答诣：带着礼物回访。　〔6〕主簿：官名。当时的三公府，高级将军军府，以及州、郡政府中都设有主簿，主

办文书和公务。　白：报告。〔7〕移：不相统属的官府之间发送公文，当时叫做移。这里指长沙郡向南阳郡发送公文。〔8〕军资：军用的粮食物资。〔9〕收：逮捕。　主簿：这里指南阳郡的主簿。　意故：原因。〔10〕有顷：过了一会儿。〔11〕按：依照。　从事：处置。〔12〕军门：军营大门。〔13〕鲁阳：县名。县治在今河南鲁山县。〔14〕袁术(？—公元199)：传见本书卷六。〔15〕表：上表朝廷(请求委任)。当时汉献帝被董卓控制，而袁术是反董联盟的一员，所以这里的上表朝廷是一种托辞，实际上就是袁术自行任命。　破虏将军：官名。领兵征伐。〔16〕领：兼任。　豫州：州名。当时治所在今安徽亳(bó)州市。〔17〕长(zhǎng)史：官名。当时三公府和高级将军军府设有长史，总管府内事务。　将：带领。　兵从事：官名。即兵曹从事。州政府官员，负责军务。　州：这里指豫州的治所。〔18〕祖道：设酒宴送行。〔19〕逆：迎战。〔20〕行酒：依次斟酒。〔21〕敕：命令。部曲：部下。　行(háng)阵：军队的队列阵形。〔22〕益：增加。〔23〕罢坐：结束酒宴。〔24〕导引：仪仗队在前面做先导。〔25〕向：刚才。〔26〕蹈藉：踩踏。〔27〕梁：县名。县治在今河南汝州市西。〔28〕赤罽(jì)帻(zé)：红色毡帽。是当时武官常戴的礼帽。〔29〕间(jiàn)道：小路。〔30〕冠(guàn)：戴在……上。〔31〕定近：等到走近。〔32〕阳人：地名。在今河南汝州市西北。〔33〕都督：官名。当时有两种含义：一是战区各军的总指挥官，二是领兵将军手下的军务助手。这里指后者。

【裴注】

〔一〕《江表传》曰："坚闻之，拊膺叹曰：'张公昔从吾言，朝廷今无此难也！'"

〔二〕按《王氏谱》：叡，字通耀。晋太保祥伯父也。

《吴录》曰："叡先与坚共击零、桂贼，以坚武官，言颇轻之。及叡举兵，欲讨卓；素与武陵太守曹寅不相能，扬言当先杀寅。寅惧，诈作按行使者、光禄大夫温毅檄，移坚；说叡罪过，令收，行刑讫，以状上。坚即承檄勒兵，袭叡。叡闻兵至，登楼望之；遣问：'欲何为？'坚前部答曰：'兵久战劳苦，所得赏，不足以为衣服。诣使君，更乞资直耳！'叡曰：'刺史岂有所吝！'便开库藏，使自入视之，知有所遗不。兵进及楼下，叡见坚，惊曰：'兵自求赏，孙府君何以在其中？'坚曰：'被使者檄，诛君！'叡曰：'我何罪？'坚曰：'坐无所知！'叡穷迫，刮金饮之而死。”

〔三〕《英雄记》曰:“咨,字子议,颍川人。亦知名。”

《献帝春秋》曰:“袁术表坚假中郎将。坚到南阳,移檄太守,请军粮。咨以问纲纪,纲纪曰:‘坚,邻郡二千石;不应调发。’咨遂不与。”

〔四〕《吴历》曰:“初,坚至南阳,咨既不给军粮,又不肯见坚。坚欲进兵,恐有后患;乃诈得急疾,举军震惶;迎呼巫医,祷祀山川。遣所亲人说咨,言病困,欲以兵付咨。咨闻之,心利其兵,即将步骑五六百人,诣营省坚。坚卧与相见,无何,猝然而起;按剑骂咨,遂执斩之。”此语与本传不同。

〔五〕《英雄记》曰:“初,坚讨董卓,到梁县之阳人。卓亦遣兵步骑五千迎之:陈郡太守胡轸为大督护,吕布为骑督,其余步骑将、校、都督者甚众。轸字文才。性急,预宣言曰:‘今此行也,要当斩一青绶,乃整齐耳!’诸将闻而恶之。军到广成,去阳人城数十里;日暮,士马疲极,当止宿。又本受卓节度:宿广成,秣马饮食;以夜进兵,投晓攻城。诸将恶惮轸,欲贼败其事。布等宣言:‘阳人城中贼已走,当追寻之;不然失之矣!’便夜进军,城中守备甚设,不可掩袭。于是吏士饥渴,人马甚疲;且夜至,又无堑垒。释甲休息,而布又宣言相惊,云:‘城中贼出来!’军众扰乱奔走,皆弃甲,失鞍马;行十余里,定无贼。会天明,便还,拾取兵器,欲进攻城;城守已固,穿堑已深,轸等不能攻而还。”

是时,或间坚于术[1];术怀疑,不运军粮。〔一〕阳人,去鲁阳百余里;坚夜驰见术,画地计校,曰:“所以出身不顾,上为国家讨贼,下慰将军家门之私仇[2];坚与卓,非有骨肉之怨也[3]。而将军受谮润之言[4],还相嫌疑[5]!”〔二〕术踧踖[6],即调发军粮,坚还屯。

卓惮坚猛壮,乃遣将军李傕等来求和亲[7];令坚列疏子弟任刺史、郡守者[8],许表用之。坚曰:“卓逆天无道,荡覆王室;今不夷汝三族[9],悬示四海,则吾死不瞑目!岂将与乃和亲邪!”复进军大谷[10],距雒九

十里〔11〕。〔三〕

卓寻徙都西入关〔12〕，焚烧雒邑。

坚乃前，入至雒；修诸陵〔13〕，平塞卓所发掘。〔四〕讫，引军还住鲁阳。〔五〕

初平（三）〔二〕年〔14〕，术使坚征荆州，击刘表〔15〕。表遣黄祖逆于樊、邓之间〔16〕。坚击破之，追渡汉水，遂围襄阳〔17〕；单马行岘山〔18〕，为祖军士所射杀。〔六〕

兄子贲〔19〕，帅将士众就术〔20〕；术复表贲为豫州刺史。

坚四子：策、权、翊、匡〔21〕。权既称尊号〔22〕，谥坚曰武烈皇帝〔23〕。〔七〕

【注释】

〔1〕间：离间。 〔2〕家门之私仇：关东的州郡起兵讨伐董卓，推袁术的异母哥哥袁绍为盟主，董卓闻讯后杀袁氏在长安的亲属五十余人。这里即指此事。 〔3〕骨肉之怨：杀死直系亲属的仇怨。 〔4〕潜润：不断诋毁别人因而逐渐产生作用。 〔5〕还：反而。 〔6〕踧踖（cù jí）：局促不安的样子。 〔7〕李傕（？—公元198）：事见本书卷六《董卓传》。 和亲：和好亲善。 〔8〕列疏：列举。 任：这里指能够担任。 〔9〕夷：消灭。 三族：说法很多。但汉魏时是指父母、妻室儿女、同胞兄弟姐妹。 〔10〕大谷：关隘名。又作太谷。在今河南洛阳市东南。〔11〕雒（luò）：即雒阳。县名。县治在今河南洛阳市东。从曹魏起改为洛阳。〔12〕寻：接着。 关：这里指潼关。在今陕西潼关县北。〔13〕修：修复。董卓撤离洛阳前，曾发掘东汉帝后陵墓以掠取殉葬的珍宝。事见本书卷六《董卓传》。 〔14〕初平二年：公元191年。〔15〕刘表（公元142—208）：传见本书卷六。 〔16〕黄祖（？—公元208）：刘表的部将。 樊：地名。即樊城。在今湖北襄阳市汉水北岸。邓：县名。在今湖北襄阳市北。 〔17〕襄阳：县名。县治在今湖北襄阳市汉水南岸。刘表当荆州刺史后，把治所移到这里。 〔18〕岘（xiàn）山：山名。在今湖北襄阳市南。孙坚中箭身亡之地，相传在今襄阳市南

郊岘山之下的凤林关一带。 〔19〕贲：即孙贲。传见本书卷五十一。
〔20〕帅将：带领。 〔21〕权：即孙权（公元182—252）。传见本书卷四
十七。 翊：即孙翊（公元184—？）。 匡：即孙匡。孙翊与孙匡传均见
本书卷五十一。 〔22〕称尊号：即称帝。 〔23〕谥：确定谥号。古代
帝王、大臣或有社会地位的人死后，要根据其生平事迹确定一个表示褒
贬的称号，叫做谥号。

【裴注】

〔一〕《江表传》曰："或谓术曰：'坚若得洛，不可复制；此为除狼
而得虎也！'故术疑之。"

〔二〕《江表传》载坚语曰："大勋垂捷而军粮不继：此吴起所以叹泣
于西河，乐毅所以遗恨于垂成也！愿将军深思之。"

〔三〕《山阳公载记》曰："卓谓长史刘艾曰：'关东军败数矣，皆畏
孤，无能为也。惟孙坚小戆，颇能用人；当语诸将，使知忌之。孤昔与
周慎西征，慎围边、韩于金城。孤语张温，求引所将兵，为慎作后驻，
温不听。孤时上言其形势，知慎必不克：台今有本末。事未报，温又使
孤讨先零叛羌，以为西方可一时荡定。孤皆知其不然，而不得止，遂行；
留别部司马刘靖，将步骑四千屯安定，以为声势。叛羌便还，欲截归道；
孤小击，辄开，畏安定有兵故也。房谓安定当数万人，不知但靖也。时
又上章言状。而孙坚随周慎行，谓慎：求将万兵造金城，使慎以二万作
后驻；边、韩城中，无宿谷，当于外运；畏慎大兵，不敢轻与坚战，而
坚兵足以断其运道。儿曹用〔其言〕，必还羌谷中，凉州或能定也。温
既不能用孤；慎又不用坚，自攻金城，坏其外垣。驰使语温，自以克在
旦夕；温时亦自以计中也。而渡辽儿果断（蔡园）〔蔡园峡〕，慎弃辎重
走，果如孤策。台以此封孤都乡侯。坚以佐军司马，所见与人同，自为
可耳；〔但无故从诸袁儿，终亦殆尔！〕'艾曰：'坚虽时见计，故自不
如李傕、郭汜。闻在美阳亭北，将千骑步与房合；殆死，亡失印绶：此
不为能也。'卓曰：'坚时乌合义从，兵不如房精；且战有利钝。但当论
山东大势，终无所至耳！'艾曰：'山东儿驱略百姓，以作寇逆，其锋不
如人；坚甲、利兵、强弩之用，又不如人；亦安得久？'卓曰：'然！但
杀二袁、刘表、孙坚，天下自服从孤耳！'"

〔四〕《江表传》曰："旧京空虚，数百里中无烟火。坚前，入城，
惆怅流涕。"

《吴书》曰："坚入洛，扫除汉宗庙，祠以大牢。坚军城南，甄官井

上旦有五色气；举军惊怪，莫有敢汲。坚令人入井，探得汉传国玺：文曰'受命于天，既寿永昌'，方圜四寸，上纽交五龙，上一角缺。初，黄门张让等作乱，劫天子出奔；左右分散，掌玺者以投井中。"《山阳公载记》曰："袁术将僭号，闻坚得传国玺，乃拘坚夫人而夺之。"

《江表传》曰："按《汉献帝起居注》云'天子从河上还，得六玉玺于阁上'；又太康之初，孙皓送金玺六枚，无有玉：明其伪也。"

虞喜《志林》曰："天子六玺者，文曰'皇帝之玺'、'皇帝行玺'、'皇帝信玺'、'天子之玺'、'天子行玺'、'天子信玺'。此六玺，所封事异，故文字不同。《献帝起居注》云'从河上还，得六玉玺于阁上'，此之谓也。传国玺者，乃汉高祖所佩秦皇帝玺，世世传受，号曰'传国玺'。按传国玺，不在六玺之数，安得总其说乎？应氏《汉官》、皇甫《世纪》，其论六玺，文义皆符。汉宫传国玺，文曰'受命于天，既寿且康'。'且康'、'永昌'，二字为错，未知两家，何者为得？金玉之精，率有光气；加以神器秘宝，辉耀益彰：盖一代之奇观，将来之异闻。而以不解之故，强谓之'伪'，不亦诬乎？陈寿为《破虏传》亦除此说，俱惑《起居注》；不知六玺殊名，与传国为七者也。吴时无能刻玉，故天子以金为玺；玺虽以金，于文不异。吴降而送玺者，送天子六玺；曩所得玉玺，乃古人遗印，不可施用。天子之玺，今以无有为难，不通其义者耳。"

臣松之以为：孙坚于兴义之中，最有忠烈之称；若得汉神器而潜匿不言，此为阴怀异志，岂所谓忠臣者乎？吴史欲以为国华，而不知损坚之令德。如其果然，以传子孙；纵非六玺之数，要非常人所蓄；孙皓之降，亦不得但送六玺，而宝藏"传国"也。"受命于天"，奚取于"归命"之堂？若如喜言，则此玺今尚在孙门。匹夫怀璧，犹曰有罪，而况斯物哉！

〔五〕《吴录》曰："是时，关东州郡务相兼并，以自强大。袁绍遣会稽周喁为豫州刺史，来袭取州。坚慨然叹曰：'同举义兵，将救社稷；逆贼垂破而各若此，吾当谁与戮力乎！'言发涕下。"

喁字仁明。周昕之弟也。

《会稽典录》曰："初，曹公兴义兵，遣人要喁；喁即收合兵众，得二千人；从公征伐，以为军师。后与坚争豫州，屡战失利。会次兄九江太守昂，为袁术所攻。喁往助之，军败；还乡里，为许贡所害。"

〔六〕《典略》曰："坚悉其众攻表。表闭门，夜遣将黄祖潜出发兵。祖将兵欲还，坚逆与战；祖败走，窜岘山中。坚乘胜夜追祖；祖部兵，从竹木间暗射坚，杀之。"

《吴录》曰："坚，时年三十七。"

《英雄记》曰："坚以初平四年正月七日死。"又云："刘表将吕公，将兵缘山向坚；坚轻骑寻山，讨公。公兵下石，中坚头，应时脑出，物故。"其不同如此也。

〔七〕《吴录》曰："尊坚庙曰始祖，墓曰高陵。"

《志林》曰："坚有五子：策、权、翊、匡，吴氏所生；少子朗，庶生也，一名仁。"

策字伯符。坚初兴义兵，策将母，徙居舒[1]。与周瑜相友[2]，收合士大夫；江、淮间人咸向之。〔一〕坚薨，还葬曲阿[3]；已[4]，乃渡江居江都[5]。〔二〕徐州牧陶谦深忌策[6]。策舅吴景，时为丹杨太守[7]；策乃载母，徙曲阿，与吕范、孙河俱就景[8]，因缘召募得数百人[9]。

兴平元年，从袁术。术甚奇之，以坚部曲还策。〔三〕太傅马日磾仗节安集关东[10]；在寿春以礼辟策[11]，表拜怀义校尉[12]。术大将乔蕤、张勋，皆倾心敬焉。术常叹曰："使术有子如孙郎，死复何恨！"策骑士有罪，逃入术营，隐于内厩；策指使人就斩之[13]，讫，诣术谢[14]。术曰："兵人好叛，当共疾之！何为谢也？"由是军中益畏惮之。

术初许策为九江太守[15]，已而更用丹杨陈纪[16]。后术欲攻徐州，从庐江太守陆康求米三万斛[17]；康不与，术大怒。策昔曾诣康，康不见；使主簿接之，策尝衔恨。术遣策攻康，谓曰："前错用陈纪，每恨本意不遂。今若得康，庐江，真卿有也[18]！"策攻康，拔之；术复用其故吏刘勋为太守[19]，策益失望。

先是，刘繇为扬州刺史[20]，州旧治寿春。寿春，术已据之；繇乃渡江，治曲阿。时吴景尚在丹杨，策从兄贲又为丹杨都尉[21]；繇至，皆迫逐之。景、贲退舍历阳[22]。繇遣樊能、于麋（陈横屯江津）〔屯横江〕[23]，张英屯当利口[24]，以拒术。术自用故吏琅邪惠衢为扬州刺史[25]，更以景为督军中郎将[26]；与贲共将兵击英等，连年不克。

【注释】

〔1〕舒：县名。县治在今安徽庐江县西南。 〔2〕周瑜（公元175—210）：传见本书卷五十四。 〔3〕曲阿：县名。县治在今江苏丹阳市。〔4〕已：（丧事）完毕。 〔5〕江都：县名。县治在今江苏扬州市西南。〔6〕徐州：州名。当时治所在今山东郯城县西北。 牧：官名。即州牧。东汉末是一州的军政长官。自西汉成帝起至东汉末，州刺史改称州牧有好几次。东汉末州刺史、州牧并存，刺史的品级和权力比州牧低和小，刺史有功才能晋升州牧。 陶谦（公元132—194）：传见本书卷八。〔7〕丹杨：郡名。治所在今安徽宣城市宣州区。 〔8〕吕范（？—公元228）：传见本书卷五十六。 孙河：事见本书卷五十一《孙韶传》。〔9〕因缘：凭借（吴景）。 〔10〕太傅：官名。皇帝的辅导老师。地位尊崇，在三公之上，但无固定任务。 马日（mì）䃅（dī）：事见本书卷六《袁术传》裴注引《三辅决录注》、《献帝春秋》。 仗节：持节。节是一种代表天子所授威权的器物，用竹和牦牛尾制成。 安集：安抚。 关东：地区名。当时称潼关或函谷关以东地区为关东。〔11〕寿春：县名。县治在今安徽寿县。 辟：任命。 〔12〕怀义校尉：官名。领兵征伐。当时的领兵官，可以分为将军、中郎将、校尉、都尉等大类。校尉的等级通常低于将军和中郎将。 〔13〕就：就地。 〔14〕谢：表示歉意。 〔15〕九江：郡名。治所在今安徽寿县。 〔16〕已而：随后。〔17〕庐江：郡名。治所在今安徽庐江县西南。 陆康：字季宁。吴郡吴县（今江苏苏州市）人。东汉末历任三郡太守，政绩显著，又敢于直言进谏。后任庐江太守，抵制割据自立的袁术。袁术派孙策围攻庐江两年，城破，他发病死。传见《后汉书》卷三十一。 〔18〕卿：对人的爱称。当时父对子、夫对妻、兄对弟、长辈对晚辈，都可称卿。 〔19〕故吏：过去的部下。 〔20〕刘繇：传见本书卷四十九。 扬州：州名。当时治

所在今江苏丹阳市。　〔21〕从（zòng）兄：堂兄。　都尉：官名。郡太守的主要助手。率领地方军队，捕取盗贼，维持治安。　〔22〕历阳：县名。县治在今安徽和县。　〔23〕横江：长江古津渡名。在今安徽和县东南。　〔24〕当利口：长江古津渡名。在今安徽和县东。　〔25〕琅邪（yá）：郡名。治所在今山东临沂市北。　〔26〕督军中郎将：官名。监督并指挥军队。

【裴注】

〔一〕《江表传》曰："坚为朱儁所表，为佐军，留家著寿春。策年十余岁，已交结知名，声誉发闻。有周瑜者，与策同年，亦英达夙成；闻策声（闻）〔问〕，自舒来造焉。便推结分好，义同断金；劝策徙居舒，策从之。"

〔二〕《魏书》曰："策当嗣侯，让与弟匡。"

〔三〕《吴历》曰："初，策在江都时，张纮有母丧。策数诣纮，咨以世务，曰：'方今汉祚中微，天下扰攘；英雄俊杰，各拥众营私，未有能扶危济乱者也。先君，与袁氏共破董卓；功业未遂，卒为黄祖所害。策虽暗稚，窃有微志：欲从袁扬州求先君余兵，就舅氏于丹杨；收合流散，东据吴、会；报仇雪耻，为朝廷外藩。君以为何如？'纮答曰：'既素空劣，方居衰绖之中，无以奉赞盛略。'策曰：'君高名播越，远近怀归。今日事计，决之于君；何得不纡虑启告，副其高山之望？若微志得展，血仇得报，此乃君之勋力，策心所望也！'因涕泣横流，颜色不变。纮见策忠壮内发，辞令慷慨，感其志言。乃答曰：'昔周道陵迟，齐、晋并兴；王室以宁，诸侯贡职。今君绍先侯之轨，有骁武之名；若投丹杨，收兵吴、会；则荆、扬可一，仇敌可报。据长江，奋威德，诛除群秽，匡辅汉室：功业侔于桓、文，岂徒外藩而已哉！方今世乱多难，若功成事立，当与同好俱南济也！'策曰：'一与君同符合契，同有永固之分！今便行矣，以老母、弱弟，委付于君，策无复回顾之忧。'"

《江表传》曰："策径到寿春，见袁术，涕泣而言曰：'亡父昔从长沙入讨董卓，与明使君会于南阳，同盟结好；不幸遇难，勋业不终。策感惟先人旧恩，欲自凭结：愿明使君垂察其诚！'术甚贵异之，然未肯还其父兵。术谓策曰：'孤始用贵舅为丹杨太守，贤从伯阳为都尉；彼精兵之地，可还依召募。'策遂诣丹杨，依舅，得数百人；而为泾县大帅祖郎所袭，几至危殆。于是复往见术，术以坚余兵千余人，还策。"

策乃说术[1]，乞助景等平定江东[2]。〔一〕术表策为折冲校尉[3]，行殄寇将军[4]；兵才千余，骑数十匹，宾客愿从者数百人。比至历阳[5]，众五六千。策母先自曲阿徙于历阳，策又徙母阜陵[6]；渡江转斗，所向皆破，莫敢当其锋；而军令整肃，百姓怀之[7]。〔二〕

策为人：美姿颜，好笑语，性阔达听受[8]，善于用人。是以士民见者，莫不尽心，乐为致死。

刘繇弃军遁逃，诸郡守皆捐城郭奔走[9]。〔三〕吴人严白虎等，众各万余人，处处屯聚。吴景等欲先击破虎等，乃至会稽；策曰："虎等群盗，非有大志；此成擒耳[10]！"

遂引兵渡浙江[11]，据会稽[12]，屠东冶[13]，乃攻破虎等。〔四〕尽更置长吏。策自领会稽太守，复以吴景为丹杨太守，以孙贲为豫章太守[14]；分豫章为庐陵郡[15]，以贲弟辅为庐陵太守[16]；丹杨朱治[17]，为吴郡太守。彭城张昭、广陵张纮、秦松、陈端等为谋主[18]。〔五〕

时袁术僭号[19]，策以书责而绝之。〔六〕曹公表策为讨逆将军[20]，封为吴侯。〔七〕后术死，长史杨弘、大将张勋等，将其众欲就策；庐江太守刘勋要击[21]，悉虏之，收其珍宝以归。策闻之，伪与勋好盟[22]。勋新得术众，时豫章上缭宗民万余家在江东[23]，策劝勋攻取之。勋既行，策轻军晨夜袭拔庐江[24]，勋众尽降；勋独与麾下数百人，自归曹公。〔八〕

是时，袁绍方强[25]，而策并江东。曹公力未能逞，且欲抚之：〔九〕乃以弟女配策小弟匡，又为子(章)〔彰〕取贲女[26]；皆礼辟策弟权、翊；又命扬州刺史严象，举权茂才[27]。

【注释】

〔1〕说(shuì)：劝说。　〔2〕乞：请求。　江东：地区名。长江在今安徽芜湖市至江苏南京市之间，流向大体是由南向北。当时称自此以下长江南岸地区为江东，长江北岸地区为江西。　〔3〕折冲校尉：官名。领兵征伐。　〔4〕殄寇将军：官名。领兵征伐。　〔5〕比：等到。〔6〕阜陵：县名。县治在今安徽全椒县东南。　〔7〕怀之：归向他。〔8〕阔达：开朗通达。　听受：善于倾听接受(意见)。　〔9〕捐：舍弃。〔10〕成擒：必定会被擒获(的俘虏)。　〔11〕浙江：河流名。即今富春江。　〔12〕会稽：这里指会稽郡治所山阴县。县治在今浙江绍兴市。〔13〕东冶：县名。县治在今福建福州市。　〔14〕豫章：郡名。治所在今江西南昌市。　〔15〕庐陵：郡名。治所在今江西吉安市。　〔16〕辅：即孙辅。传见本书卷五十一。　〔17〕朱治(公元156—224)：传见本书卷五十六。　〔18〕彭城：王国名。治所在今江苏徐州市。东汉制度，同姓宗王的封地通常为一郡；如果某郡成为宗王的封地，则改称某国，太守也随之改称国相。　张昭(公元156—236)：传见本书卷五十二。　广陵：郡名。治所在今江苏扬州市西北。　张纮(hóng)：传见本书卷五十三。　〔19〕僭号：非分使用皇帝的称号。　〔20〕曹公：指曹操。　讨逆将军：官名。领兵征伐。　〔21〕要(yāo)击：截击。　〔22〕好盟：建立友谊，结成同盟。　〔23〕上缭：地名。在今江西永修县。　宗民：东汉末年战乱，长江以南地区的民众，往往以宗族关系为纽带，组织起来，形成具有武装自卫能力的聚居点，这在当时称为宗民或宗部。　〔24〕庐江：这里指庐江郡的治所舒县。县治在今安徽庐江县西南。　〔25〕袁绍(？—公元202)：传见本书卷六。　〔26〕彰：即曹彰(？—公元223)。传见本书卷十九。　贲：即孙贲。　〔27〕茂才：汉代选拔人才的科目之一。西汉叫秀才。东汉避光武帝刘秀的名讳改称茂才。由州刺史或州牧推举。应选者应具有突出才能，故名。通常每州每年推举一人。由于一州的地域很大，而每年推举的人数又仅有一人，所以在当时，被推举为茂才是一种特别的荣誉。

【裴注】

〔一〕《江表传》曰："策说术云：'家有旧恩在东，愿助舅讨横江；横江拔，因投本土召募，可得三万兵；以佐明使君匡济汉室。'术知其恨，而以刘繇据曲阿，王朗在会稽；谓策未必能定，故许之。"

〔二〕《江表传》曰："策渡江，攻繇牛渚营，尽得邸阁粮谷、战具。是岁兴平二年也。时彭城相薛礼、下邳相笮融，依繇为盟主；礼据秣陵城，融屯县南。策先攻融，融出兵交战；斩首五百余级，融即闭门，不敢动。因渡江攻礼，礼突走；而樊能、于麋等，复合众，袭夺牛渚屯。策闻之，还攻破能等，获男女万余人。复下攻融，为流矢所中，伤股；不能乘马，因自舆，还牛渚营。或叛告融曰：'孙郎被箭，已死！'融大喜，即遣将于兹向策。策遣步骑数百挑战，设伏于后。贼出击之，锋刃未接而伪走；贼追入伏中，乃大破之，斩首千余级。策因往到融营下，令左右大呼曰：'孙郎竟云何！'贼于是惊怖，夜遁。融闻策尚在，更深沟高垒，缮治守备。策以融所屯地势险固，乃舍去；攻破繇别将于海陵，转攻湖孰、江乘，皆下之。"

〔三〕《江表传》曰："策时年少，虽有位号，而士民皆呼为'孙郎'。百姓闻孙郎至，皆失魂魄；长吏委城郭，窜伏山草。及至，军士奉令，不敢虏略，鸡犬菜茹，一无所犯；民乃大悦，竞以牛酒诣军。刘繇既走，策入曲阿，劳赐将士，遣将陈宝诣阜陵迎母及弟。发恩布令，告诸县：'其刘繇、笮融等故乡部曲来降首者，一无所问；乐从军者，一身行，复除门户；不乐者，勿强也！'旬日之间，四面云集，得现兵二万余人，马千余匹。威震江东，形势转盛。"

〔四〕《吴录》曰："时有乌程邹他、钱铜，及前合浦太守嘉兴王晟等，各聚众万余或数千。引兵扑讨，皆攻破之。策母吴氏曰：'晟与汝父，有升堂见妻之分。今其诸子兄弟，皆已枭夷；独余一老翁，何足复惮乎？'乃舍之，余咸族诛。策自讨虎，虎高垒坚守，使其弟舆请和。许之，舆请独与策会面约。既会，策引白刃斫席；舆体动，策笑曰：'闻卿能坐跃，剿捷不常；聊戏卿耳！'舆曰：'我见刃乃然。'策知其无能也，乃以手戟投之，立死。舆有勇力，虎众（以）〔闻〕其死也，甚惧。进攻破之，虎奔余杭，投许昭于虏中。程普请击昭，策曰：'许昭有义于旧君，有诚于故友；此丈夫之志也。'乃舍之。"臣松之按：许昭有义于旧君，谓济盛宪也，事见后注。有诚于故友，则受严白虎也。

〔五〕《江表传》曰："策遣奉正都尉刘由、五官掾高承，奉章诣许，拜献方物。"

〔六〕《吴录》载策使张纮为书曰："盖上天垂司过之星；圣王建敢

谏之鼓，设非谬之备，急箴阙之言。何哉？凡有所长，必有所短也。去冬传有大计，无不悚惧；旋知供备贡献，万夫解惑。顷闻建议，复欲追遵前图；即事之期，便有定月；益使忪然，想是流妄；设其必尔，民何望乎？曩日之举义兵也，天下之士所以响应者，董卓擅废置，害太后、弘农王，略烝宫人，发掘园陵。暴逆至此，故诸州郡雄豪，闻声慕义。神武外振，卓遂内歼；元恶既毙，幼主东顾；俾保傅宣命，欲令诸军振旅。（于）〔然而〕河北通谋黑山，曹操放毒东徐；刘表称乱南荆，公孙瓒咆哮北幽；刘繇决力江浒，刘备争盟淮隅：是以未获承命，櫜弓戢戈也。今备、繇既破，操等饥馁；谓当与天下合谋，以诛丑类。舍而不图，有自取之志，非海内所望。一也。昔成汤伐桀，称有夏多罪；武王伐纣，曰殷有罪罚重哉？此二王者，虽有圣德，宜当君世；如使不遭其时，亦无由兴矣。幼主非有恶于天下，徒以春秋尚少，胁于强臣；若无过而夺之，惧未合于汤、武之事。二也。卓虽狂狡，至废主自与，亦犹未也。而天下闻其桀虐，攘臂同心而疾之；以中土希战之兵，当边地劲悍之虏：所以斯须游魂也。今四方之人，皆玩敌而便战斗矣，可得而胜者，以彼乱而我治，彼逆而我顺也。见当世之纷若，欲大举以临之，适足趋祸。三也。天下神器，不可虚干，必须天赞与人力也。殷汤有白鸠之祥，周武有赤乌之瑞；汉高有星聚之符，世祖有神光之征；皆因民困悴于桀、纣之政，毒苦于秦、莽之役：故能芟去无道，致成其志。今天下非患于幼主，未见受命之应验；而欲一旦猝然登即尊号，未之或有。四也。天子之贵，四海之富，谁不欲焉？义不可，势不得耳。陈胜、项籍、王莽、公孙述之徒，皆南面称孤，莫之能济。帝王之位，不可横冀。五也。幼主岐嶷；若除其逼，去其鲠，必成中兴之业。夫致主于周成之盛，自受旦、奭之美，此诚所望于尊明也。纵使幼主有他改异，犹望推宗室之谱属，论近亲之贤良；以绍刘统，以固汉宗。皆所以书功金石，图形丹青；流庆无穷，垂声管弦。舍而不为，为其难者；想明明之素，必所不忍。六也。五世为相，权之重，势之盛，天下莫得而比焉。忠贞者必曰宜夙夜思惟，所以扶国家之蹶顿，念社稷之危殆；以奉祖考之志，以报汉室之恩。其忽履道之节而强进取之欲者，将曰天下之人，非家吏则门生也，孰不从我？四方之敌，非吾匹则吾役也，谁能违我？盍乘累世之势，起而取之哉？二者殊数，不可不详察。七也。所贵于圣哲者，以其审于机宜，慎于举措。若难图之事，难保之势；以激群敌之气，以生众人之心；公义故不可，私计又不利：明哲不处。八也。世人多惑于图纬而牵非类，比合文字以悦所事；苟以阿上惑众，终有后悔者；自往迄今，未尝无之。不可不深择而熟思。九也。九者，尊明所见之余耳。庶备'起予'，补所遗忘；忠言逆耳，幸留神听！"

《典略》云张昭之辞。臣松之以为张昭虽名重，然不如纮之文也，此书必纮所作。

〔七〕《江表传》曰："建安二年夏，汉朝遣议郎王诵奉戊辰诏书曰：'董卓逆乱，凶国害民。先将军坚，念在平讨；雅意未遂，厥美著闻。策遵善道，求福不回。今以策为骑都尉，袭爵乌程侯，领会稽太守。'又诏敕曰：'故左将军袁术：不顾朝恩，坐创凶逆；造合虚伪，欲因兵乱，诡诈百姓。〔始〕闻其言，以为不然；定得使持节、平东将军、领徐州牧、温侯布，上术所造惑众妖妄，知术鸱枭之性，遂其无道；修治王宫，署置公卿；郊天祀地，残民害物：为祸深酷。布前后上策，乃心本朝，欲还讨术；为国效节，乞加显异。夫悬赏俟功，惟勤是与；故便宠授，承袭前邑；重以大郡，荣耀兼至：是策输力竭命之秋也。其亟与布及行吴郡太守、安东将军陈瑀，戮力一心，是时赴讨。'策自以统领兵马，但以骑都尉领郡，为轻，欲得将军号；及使人讽诵，诵便承制假策明汉将军。是时，陈瑀屯海西，策奉诏治严，当与布、瑀参同形势。行到钱唐，瑀阴图袭策；遣都尉万演等密渡江，使持印传三十余纽，与贼丹杨、宣城、泾、陵阳、始安、黟、歙诸险县大帅祖郎、焦已及吴郡乌程严白虎等，使为内应；伺策军发，欲攻取诸郡。策觉之，遣吕范、徐逸攻瑀于海西；大破瑀，获其吏士妻子四千人。"《山阳公载记》曰："瑀单骑走冀州，自归袁绍。绍以为故安都尉。"

《吴录》载策上表谢曰："臣以固陋，孤特边陲。陛下广播高泽，不遗细节；以臣袭爵，兼典名郡：仰荣（宠顾）〔顾宠〕，所不克堪。兴平二年十二月二十日，于吴郡曲阿得袁术所呈表，以臣行殄寇将军；至被诏书，乃知诈擅。虽辄捐废，犹用悚悸。臣年十七，丧失所怙；惧有不任堂构之鄙，以忝析薪之戒；诚无去病十八建功，世祖列将弱冠佐命。臣初领兵，年未弱冠；虽驽懦不武，然思竭微命。惟术狂惑，为恶深重。臣凭威灵，奉辞伐罪；庶必献捷，以报所授。"臣松之按：本传云孙坚以初平三年卒，策以建安五年卒，策死时年二十六。计坚之亡，策应十八；而此表云十七，则为不符。张璠《汉纪》及《吴历》并以坚初平二年死，此为是，而本传误也。

《江表传》曰："建安三年，策又遣使，贡方物：倍于元年所献。其年，制书转拜讨逆将军，改封吴侯。"

〔八〕《江表传》曰："策被诏敕，与司空曹公、卫将军董承、益州牧刘璋等，并力讨袁术、刘表。军严当进，会术死。术从弟胤、女婿黄猗等，畏惧曹公，不敢守寿春；乃共异术棺柩，扶其妻子及部曲男女，就刘勋于皖城。勋粮食少，无以相赡；乃遣从弟偕，告籴于豫章太守华歆。歆郡素少谷，遣吏将偕，就海昏、上缭，使诸宗帅共出三万斛米以与偕。偕往历月，才得数千斛。偕乃报勋，具说形状，使勋来袭取之。勋得偕书，使潜军到海昏邑下。宗帅知之，空壁逃匿，勋了无所得。时策西讨黄祖，行及石城。闻勋轻身诣海昏，便分遣从兄贲、辅，率八千人，于彭泽待勋；自与周瑜率二万人，步袭皖城，即克之，得术百工及鼓吹部曲三万余人，并术、勋妻子。表用汝南李术为庐江太守，给兵三千人以守皖；皆徙所得人，东诣吴。贲、辅又于彭泽破勋。勋走入楚江，从寻阳步上到置马亭；闻策等已克皖，乃投西塞。至沂，筑垒自守；告急于刘表，求救于黄祖。祖遣太子射、船军五千人，助勋。策复就攻，大破勋。勋与偕，北归曹公，射亦遁走。策收得勋兵二千余人，船千艘；遂前进夏口，攻黄祖。时刘表遣从子虎、南阳韩晞，将长矛五千，来为黄祖前锋。策与战，大破之。"

《吴录》载策表曰："臣讨黄祖，以十二月八日到祖所屯沙羡县。刘表遣将助祖，并来趋臣。臣以十一日平旦，部所领江夏太守、行建威中郎将周瑜，领桂阳太守、行征虏中郎将吕范，领零陵太守、行荡寇中郎将程普，行奉(业)〔义〕校尉孙权，行先登校尉韩当，行武锋校尉黄盖等，同时俱进。身跨马揽阵，手击急鼓，以齐战势；吏士奋激，踊跃百倍，心精意果，各竞用命。越渡重堑，迅疾若飞；火放上风，兵激烟下；弓弩并发，流矢雨集；日加辰时，祖乃溃烂。锋刃所截，焱火所焚；前无生寇，惟祖迸走。获其妻、息男女七人，斩虎(狼)、韩晞以下二万余级，其赴水溺者一万余口；船六千余艘，财物山积。虽表未擒，祖宿狡猾，为表腹心，出作爪牙；表之鸱张，以祖气息；而祖家属部曲，扫地无余；表孤特之虏，成鬼行尸。诚皆圣朝，神武远振，臣讨有罪，得效微勤。"

〔九〕《吴历》曰："曹公闻策平定江南，意甚难之。常呼：'猘儿，难与争锋也！'"

建安五年，曹公与袁绍相拒于官渡[1]。策阴欲袭许[2]，迎汉帝[3]；〔一〕密治兵，部署诸将。未发，会为故吴郡太守许贡客所杀[4]。

先是，策杀贡；贡小子与客，亡匿江边。策单骑出，猝与客遇。客击伤策，〔二〕创甚^[5]。请张昭等谓曰：
"中国方乱^[6]；夫以吴、越之众^[7]，三江之固^[8]，足以
观成败。公等善相吾弟^[9]！"呼权，佩以印绶，谓曰：
"举江东之众，决机于两阵之间^[10]，与天下争衡，卿不
如我；举贤任能，各尽其心，以保江东，我不如卿。"
至夜卒，时年二十六。〔三〕

权称尊号，追谥策曰长沙桓王；封子绍为吴侯，后
改封上虞侯。绍卒，子奉嗣。孙皓时^[11]，讹言谓奉当
立^[12]，诛死。

【注释】

〔1〕官渡：地名。在今河南中牟县东北。 〔2〕许：县名。县治在今
河南许昌市东。 〔3〕汉帝：指汉献帝。 〔4〕客：门客。当时的豪强
大族往往养有大量的门客。这种门客的依附性强，地位仅比奴隶稍高，
常充当主人的私家武装。 〔5〕创（chuāng）甚：伤势严重。 〔6〕中
国：中原。 〔7〕吴、越：均先秦国名。这里指江东。江东是吴国和越
国的故地。 〔8〕三江：长江下游众多水道的总称。 〔9〕相（xiàng）：
辅佐。 〔10〕决机：扳动机柄。比喻选定克敌制胜的战机。 〔11〕孙
皓（公元242—283）：传见本书卷四十八。 〔12〕当立：应当立为皇帝。

【裴注】

〔一〕《吴录》曰："时有高岱者，隐于余姚。策命出，使会稽丞陆
昭逆之，策虚己候焉。闻其善《左传》，乃自玩读，欲与论讲。或谓之
曰：'高岱以将军但英武而已，无文学之才；若与论《传》而或云不知
者，则某言符矣。'又谓岱曰：'孙将军为人，恶胜己者；若每问，当言
不知，乃合意耳；如皆辨义，此必危殆！'岱以为然，及与论《传》，或
答不知。策果怒，以为轻己，乃因之。知交及时人，皆露坐为请。策登
楼，望见数里中填满。策恶其收众心，遂杀之。岱字孔文。吴郡人也。
受性聪达，轻财贵义。其友士拔奇，取于未显；所友八人，皆世之英伟
也。太守盛宪以为上计，举孝廉。许贡来领郡，岱将宪避难于许昭家，

求救于陶谦。谦未即救，岱憔悴泣血，水浆不入口。谦感其忠壮，有申
包胥之义；许为出军，以书与贡。岱得谦书以还，而贡已囚其母。吴人
大小，皆为危悚；以贡宿忿，往必见害。岱言：'在君则为君；且母在
牢狱，期于当往；若得入见，事自当解。'遂通书自白，贡即与相见。
才辞敏捷，好自陈谢，贡登时出其母。岱将见贡，语友人张允、沈珝，
令预具船。以贡必悔，当追逐之；出便将母乘船，易道而逃。贡须臾遣
人追之，令追者：'若及于船，江上便杀之！已过则止。'使与岱错道，
遂免。被诛时，年三十余。"

　　《江表传》曰："时有道士琅邪于吉，先寓居东方，往来吴、会。立
精舍，烧香，读道书，制作符水以治病；吴、会人多事之。策尝于郡城
门楼上，集会诸将宾客；吉乃盛服杖小函，漆画之，名为'仙人铧'，
趋度门下。诸将宾客三分之二，下楼迎拜之；掌宾者禁呵，不能止。策
即令收之。诸事之者，悉使妇女入见策母，请救之。母谓策曰：'于先
生亦助军作福，医护将士，不可杀之。'策曰：'此子妖妄，能幻惑众
心；远使诸将不复相顾君臣之礼，尽委策，下楼拜之：不可不除也！'诸
将复连名，通白事，陈乞之。策曰：'昔南阳张津为交州刺史，舍前圣
典训，废汉家法律；尝著绛帕头，鼓琴烧香，读邪俗道书；云以助化，
卒为南夷所杀。此甚无益，诸君但未悟耳。今此子已在鬼箓，勿复费纸
笔也！'即催斩之，悬首于市。诸事之者，尚不谓其死，而云'尸解'
焉，复祭祀求福。"《志林》曰："初顺帝时，琅邪宫崇诣阙，上师于吉
所得神书于曲阳泉水上，白素朱界，号《太平青领道》，凡百余卷。顺
帝至建安中，五六十岁；于吉是时近已百年，年在耄悼，礼不加刑。又
天子巡狩，问百年者，就而见之；敬齿以亲爱，圣王之至教也。吉罪不
及死，而暴加酷刑；是乃谬诛，非所以为美也。喜推考桓王之薨，建安
五年四月四日。是时，曹、袁相攻，未有胜负。按夏侯元让与石威则书，
袁绍破后也，书云：'授孙贲以长沙，业张津以零、桂。'此为桓王于前
亡，张津于后死，不得相让，譬言津之死意矣。"

　　臣松之按：太康八年，广州大中正王范，上《交广二州春秋》，建安
六年，张津犹为交州牧。《江表传》之虚，如《志林》所云。

　　《搜神记》曰："策欲渡江袭许，与吉俱行。时大旱，所在燠厉。策
催诸将士，使速引船，或身自早出督切；见将吏多在吉许，策因此激怒，
言：'我为不如于吉邪！而先趋务之？'便使收吉。至，呵问之曰：'天
旱不雨，道途艰涩，不时得过，故自早出；而卿不同忧戚，安坐船中，
作鬼物态：败吾部伍，今当相除！'令人缚置地上，暴之，使请雨；若能
感天，日中雨者，当原赦；不尔，行诛。俄而云气上蒸，肤寸而合；比

至日中，大雨总至，溪涧盈溢。将士喜悦，以为吉必见原，并往庆慰。策遂杀之，将士哀惜，共藏其尸。天夜，忽更兴云，覆之。明旦往视，不知所在。"

按《江表传》、《搜神记》于吉事不同，未详孰是。

〔二〕《江表传》曰："广陵太守陈登，治射阳；登，即瑀之从兄子也。策前西征，登阴复遣间使，以印绶与严白虎余党，图为后害，以报瑀见破之辱。策归，复讨登。军到丹徒，须待运粮。策性好猎，将步骑数出。策驱驰逐鹿，所乘马精骏，从骑绝不能及。初，吴郡太守许贡，上表于汉帝曰：'孙策骁雄，与项籍相似；宜加贵宠，召还京邑。若被诏，不得不还；若放于外，必作世患！'策候吏得贡表，以示策。策请贡相见，以责让贡。贡辞无表，策即令武士绞杀之。贡奴客潜民间，欲为贡报仇。猎日，猝有三人，即贡客也。策问：'尔等何人？'答云：'是韩当兵，在此射鹿耳。'策曰：'当兵，吾皆识之，未尝见汝等！'因射一人，应弦而倒。余二人怖急，便举弓射策，中颊。后骑寻至，皆刺杀之。"

《九州春秋》曰："策闻曹公北征柳城，悉起江南之众，自号'大司马'，将北袭许；恃其勇，行不设备，故及于难。"

孙盛《异同评》曰："凡此数书，各有所失。孙策虽威行江外，略有六郡；然黄祖乘其上流，陈登间其心腹；且深险强宗，未尽归复；曹、袁虎争，势倾山海：策岂暇远师汝、颍，而迁帝于吴、越哉！斯盖庸人之所鉴见，况策达于事势者乎？又按袁绍以建安五年至黎阳，而策以四月遇害；而《志》云策闻曹公与绍相拒于官渡，谬矣！伐登之言，为有证也。又《江表传》说策悉识韩当军士，疑此为诈，便射杀一人。夫三军将士，或有新附；策为大将，何能悉识？以所不识，便射杀之，非其论也。又策见杀在五年，柳城之役在十二年，《九州春秋》乖错尤甚矣！"

臣松之按：《傅子》亦云曹公征柳城，将袭许。记述若斯，何其疏哉！然孙盛所讥，未为悉是。黄祖始被策破，魂气未反；但刘表君臣，本无兼并之志，虽在上流，何办规拟吴、会？策之此举，理应先图陈登；但举兵所在，不止登而已。于时强宗骁帅，祖郎、严虎之徒，擒灭已尽；所余山越，盖何足虑？然则策之所规，未可谓之不暇也。若使策志获从，大权在手；淮、泗之间，所在皆可都；何必毕志江外，其当迁帝于扬、越哉！按《魏武纪》，武帝以建安四年已出屯官渡，乃策未死之前，久与袁绍交兵，则《国志》所云不为谬也。许贡客，无闻之小人；而能感识恩遇，临义忘生，猝然奋发，有侔古烈矣。《诗》云："君子有徽猷，小人与属。"贡客其有焉。

〔三〕《吴历》曰："策既被创，医言可治；当好自将护，百日勿动。策引镜自照，谓左右曰：'面如此，尚可复建功立事乎！'（推）〔捶〕几大奋，创皆分裂，（须臾）〔其夜〕卒。"《搜神记》曰："策既杀于吉，每独坐，仿佛见吉在左右；意深恶之，颇有失常。后治创方差，而引镜自照。见吉在镜中，顾而弗见，如是再三；因扑镜大叫，创皆崩裂，须臾而死。"

　　评曰：孙坚勇鸷刚毅[1]，孤微发迹；导温戮卓[2]，山陵杜塞[3]，有忠壮之烈。策英气杰济[4]，猛锐冠世；览奇取异，志陵中夏[5]。然皆轻佻果躁[6]，陨身致败。且割据江东，策之基兆也[7]；而权尊崇未至[8]，子止侯爵：于义俭矣[9]。〔一〕

【注释】

〔1〕勇鸷：勇猛。　〔2〕导温：劝导张温。　〔3〕山陵：帝后的坟墓。　杜塞：填补修复。　〔4〕杰济：杰出勃发。　〔5〕中夏：中原。〔6〕果躁：暴躁。　〔7〕基兆：初始。指事业的开创。　〔8〕尊崇未至：指孙权称帝之后，只追谥孙策为王而不是皇帝。　〔9〕义：道理。　俭：欠缺。

【裴注】

〔一〕孙盛曰："孙氏兄弟，皆明略绝群。创基立事，策之由也；且临终之日，顾命委权。夫意气之间，犹有刎颈；况天伦之笃爱，豪达之英鉴，岂吝名号于既往，违本情之至实哉！抑将远思虚盈之数，而慎其名器者乎？夫正本定名，为国之大防；杜绝疑贰，消衅之良谟。是故鲁隐秫义，终致羽父之祸；宋宣怀仁，卒有殇公之哀。皆心存小善，而不达经纶之图；求誉当年，而不思贻厥之谋：可谓轻千乘之国，蹈道，则未也。孙氏因扰攘之际，得奋其纵横之志；业非积德之基，邦无磐石之固；势一则禄祚可终，情乖则祸乱尘起。安可不防微于未兆，虑难于将来？壮哉！策为首事之君，有吴开国之主；将相在列，皆其旧也。而嗣子弱劣，析薪弗荷；奉之则鲁桓、田市之难作，崇之则与夷、子冯之祸兴。是以正名定本，使贵贱殊邈；然后国无陵肆之责，后嗣阒猜忌之嫌；群情绝异端之论，不遏杜觊觎之心。于情虽违，于事虽俭；至于括囊远图，永保维城；可谓为之于其未有，治之于其未乱者也。陈氏之评，其未达乎！"

【译文】

　　孙坚，字文台，吴郡富春县人。大概是春秋时期孙武的后代。他年轻时在本县政府当办事员。十七岁时，他与父亲一起乘船到钱唐县去。碰巧海盗胡玉等人，在匏里一带抢商人的财物，正在河岸上瓜分。来往的旅客都停了下来，船只不敢往前开进。孙坚对父亲说："这帮匪徒可以进行打击，请让我去进攻！"他的父亲说："这不是你所办得到的事啊！"孙坚随即提刀上岸，用手东西指挥，好像是在分配部署士兵、包围匪徒的样子。匪徒们望见之后，以为官方军队前来捕捉自己，立即丢下财物，四散逃走。孙坚追上前去，砍下一个海盗的头颅提了回来。他的父亲大为惊讶，从此孙坚就出了名，本县政府任命他为代理县尉。

　　会稽郡邪恶的叛乱首领许昌在句章县起事，自称阳明皇帝；与儿子许韶在各县鼓动百姓造反，部众数以万计。孙坚以吴郡司马的身份召集精锐勇士，得到一千多人；与州郡军队一起讨伐，击溃了这股叛乱势力。这一年，是汉灵帝熹平元年（公元172）。

　　扬州刺史臧旻把这场战事中众人立功的情形列举上报；朝廷下诏任命孙坚为盐渎县丞。几年后转盱眙县丞。又转下邳县丞。

　　汉灵帝中平元年（公元184），黄巾军首领张角在魏郡起事。假托有神灵指示，要他派遣八位使者用好宗教——太平道去教育感化天下百姓；而暗中却相互勾结，说是"黄天"出现后天下就会太平。这一年是甲子年，三月间，黄巾军的三十六个部分在全国各地一下子发起行动，天下百姓纷纷响应；他们焚烧郡县政府，杀死县长县令。

　　汉朝立即派遣车骑将军皇甫嵩、中郎将朱儁领兵前去讨伐。朱儁上表请求派孙坚为佐军司马帮助自己，随从孙坚在下邳县的同乡青年都愿意跟他出兵。孙坚又招募了一批商人和淮水、泗水一带的精兵，手下合起来有一千多人；与朱儁并力奋击黄巾军，所向无前。汝水、颍水一带的黄巾军被逼得没有办法，只好逃到宛县城中死守。孙坚率军独当一面，登上城墙率先攻进城内；随后大军像蚂蚁一般密集跟进，结果把敌人打得大败。

朱儁把情况详细上报，朝廷任命孙坚为别部司马。

边章、韩遂在凉州作乱，中郎将董卓前往讨伐却无功而返。

中平二年（公元185），朝廷派司空张温代理车骑将军职务，向西去讨伐边章等人。张温上表请求派孙坚做自己的军事参谋，前往驻扎在长安。张温到长安后即按皇帝诏书的指示召见董卓，而董卓却拖了很久才来见张温。张温责备他，他回答问题时还很不恭顺。

孙坚当时在座，便走上前去，贴着耳朵悄悄对张温说："董卓不为自己的罪过害怕，反而嚣张凶横大声粗气地说话；应当以不及时应召前来为由，依据军法斩了他。"张温却说："董卓在陇、蜀交界地区素来很有威名，现今杀了他，我们西上凉州就没有依靠了。"孙坚说："明公您亲率朝廷大军，威震天下，依赖董卓什么呀！看董卓说话，并不尊重您，他轻视上级没有礼貌。这是第一条罪状。边章、韩遂嚣张跋扈已有一年多，应当及时讨伐，而董卓却说不行，使军心沮丧将士犹豫。这是第二条罪状。董卓接受任务后没有建立一丝一毫功劳，接到召唤又逗留不来，反而态度傲慢自高自大。这是第三条罪状。古代的名将，手持君主授予的斧钺统率大军，没有不实行斩杀以显示威风的；所以司马穰苴斩了庄贾，魏绛处死扬干。而今明公您对董卓手下留情，不立即处死他；恐怕丧失威风和损害刑法，就要由此发生了！"张温仍然不肯采取行动，对孙坚说："您暂且回到座位上，不然董卓要怀疑我们。"

孙坚就起身出去了。边章、韩遂听说朝廷大军将要来到，部下分离逃散，都请求投降。大军撤回后，朝廷的议论认为军队并未与敌人交锋，所以不进行封赏；但是官员们听说孙坚列举董卓三条罪状，劝张温斩了他，无不赞叹。于是朝廷任命孙坚为议郎。

当时长沙郡的叛匪首领区星自称将军，拥有一万多人马，四处攻打城池；朝廷又任命孙坚为长沙郡太守。他到任后，亲自率领将士，实施计谋；个把月内，就击溃区星等人。又有周朝、郭石带着同党在零陵、桂阳郡造反，与区星呼应；孙坚又越过郡界前去跟踪追击，使得以上三个郡的社会秩序平静下来。汉朝根据孙坚的前后功劳，封他为乌程侯。

汉灵帝驾崩之后，董卓专断朝政，在京城任意横行。于是各地州郡都发动义军，要讨伐董卓。孙坚也在长沙举兵。荆州刺史王叡，素来对孙坚无礼，孙坚带兵经过时，把王叡杀死。等到孙坚到达南阳郡时，手下已有几万人马。南阳郡太守张咨听说大军到达后，若无其事并不重视。孙坚就以牛和酒作为礼品送给张咨。第二天，张咨也带着礼物来回访。孙坚摆酒招待，酒酣耳热之际，长沙郡的主簿进来给孙坚报告说："此前我们曾发公文到南阳郡说大军将要经过，而现在这里道路没有修好，军用的粮食物资没有备办；请逮捕该郡的主簿，追问原因！"张咨一听，大为恐惧而想离开；然而房屋四周都有兵士包围无法出去。过了一会儿，这位主簿又进来报告说："南阳郡的太守有意造成义军的滞留，使得国贼不能及时讨伐；请逮捕他出去，依照军法处置！"说完立即把张咨拖到军营大门斩首。南阳郡内大为震恐，孙坚的要求没有哪一条得不到满足。

孙坚向前来到鲁阳，与袁术相见；袁术上表推举他代理破虏将军职务，兼任豫州刺史。于是孙坚在鲁阳县训练军队。

在要进兵讨伐董卓的时候，孙坚派破虏将军下属的长史公仇称，带着豫州的兵曹从事回州政府催运军粮；他在鲁阳城的东门外搭起帐篷，设宴为公仇称送行，官员们都来赴会。不料这时董卓派了几万步兵、骑兵前来迎战孙坚，先头的几十名轻骑兵已经杀到鲁阳。孙坚得知后仍然依次斟酒说笑，同时下令部下："整顿队伍，不准乱动！"后来敌军骑兵逐渐增多，孙坚才慢慢结束宴会，由仪仗队做前导进城。并对左右的人说："刚才我之所以不马上起身进城的原因，是怕士兵相互踩踏，使你们诸位进不了城啊。"董卓的士兵看到孙坚的队伍十分整齐，不敢攻城，撤退回去了。

孙坚随即转移到梁县东面驻扎，结果遭到董卓军队的大举进攻；孙坚只带了数十名骑兵，突围而出。他平常爱戴红色毡帽，这时他脱下帽子，让心腹将领祖茂戴上。董卓的骑兵争着去追祖茂，所以孙坚得以从小路逃跑脱险。祖茂被追得走投无路，只好下得马来，把红毡帽戴在坟地中间一根烧断的木柱上，然后潜伏在草丛当中。董卓的骑兵望见后，把木柱包围了好几层；等到走近之后才发觉是一截木柱，于是掉头离开。

这边孙坚逃脱之后又重新招聚军队，在阳人与敌军展开激战；结果把敌军打得落花流水，当场斩了董卓的都督华雄等人。

这时，有人在袁术面前说孙坚的坏话；袁术怀疑他，不给他运送军粮。阳人，距袁术的驻地鲁阳有一百多里；孙坚连夜骑马赶去见袁术，在地上比划着说明情况，对袁术说："我之所以奋不顾身在前方冲杀，是想上为国家讨伐奸贼，下为将军报家族被董卓诛杀的深仇；我孙坚与董卓，又没有直系亲属被杀的仇恨。而将军听了谗言，反而对我产生了猜疑！"袁术听了很是局促不安，马上调发了军粮，孙坚随即回转驻地。

董卓畏惧孙坚的勇猛雄壮，于是派将军李傕等人来请求和好亲善；让孙坚列举子弟可以担任州刺史、郡太守的，答应上表朝廷后任用。孙坚说："董卓违背天意大逆不道，颠覆朝廷；而今不诛灭你的三族，把你的头砍下来悬挂起向四海展示，我将死不瞑目！怎么会与你和好亲善！"他又挥兵推进到大谷关，距洛阳只有九十里。

董卓只好下令把都城向西迁入函谷关，并放火焚烧洛阳。

孙坚向前，进入洛阳；修复各个汉朝皇帝的陵墓，填平董卓发掘的墓穴坑洞。完工之后，才引兵回还，驻扎在鲁阳县。

汉献帝初平二年（公元191），袁术派孙坚征伐荆州，攻击刘表。刘表命部将黄祖在樊城和邓县之间迎战。孙坚击溃黄祖的军队，乘胜追击渡过汉水，包围刘表的驻地襄阳县；他独自骑马来到岘山，结果被黄祖的士兵用箭射死。

孙坚哥哥的儿子孙贲，带领部下依从袁术；袁术又上表推举孙贲为豫州刺史。

孙坚有四个儿子，即孙策、孙权、孙翊、孙匡。孙权称帝之后，追谥孙坚为武烈皇帝。

孙策，字伯符。孙坚刚开始发动义军时，孙策带着母亲，移居到了长江以北的舒县。他与该县的周瑜结为好友，并且招纳士大夫；江淮之间的人都归向他。孙坚死，孙策把父亲遗体运回曲阿县埋葬；丧事完毕后，他又北渡长江住在江都县。徐州牧陶谦非常顾忌住在自己辖地中的孙策。孙策的舅舅吴景，当时在丹杨郡当太守；孙策就载着母亲，迁到该郡的曲阿县，与吕范、孙河等人一起投靠吴景，并凭借吴景招募到几百人马。

兴平元年（公元 194），孙策又去跟从袁术。袁术很器重他，把他父亲的部下还给他。太傅马日䃅手持节杖安抚关东，在寿春县礼聘孙策为自己的下属，又上表任命孙策为怀义校尉。袁术的大将乔蕤、张勋，都倾心敬重他。袁术常常感叹说："假使我袁术有像孙郎那样的儿子，死了之后又还有什么遗憾啊！"孙策手下的一个骑兵有罪，逃入袁术的军营，躲在其中的马棚里；孙策指派人进去就地斩了这名骑兵，完事之后，孙策才去向袁术道歉。袁术说："当兵的爱逃跑，应当共同愤恨这种事啊！为什么要道歉呀？"从此军队中的人更加畏惧孙策。

袁术最初许诺孙策为九江郡太守，随后又让丹杨郡人陈纪担任了这一职务。后来袁术想进攻徐州，向庐江郡太守陆康索取三万斛米；陆康不给，袁术大怒。而孙策过去曾经去拜访陆康，陆康不见他，只让手下的主簿接待，孙策因此怀恨在心。于是袁术派孙策去进攻陆康，对他说："此前我误用陈纪，常常为原来的许诺未能实现而遗憾。现今如果抓到陆康，庐江就真正归您所有了！"孙策信以为真前往进攻陆康，打下庐江。可是袁术又用他的老部下刘勋为太守，孙策更加失望。

在这之前，刘繇出任扬州刺史，扬州的治所过去设在寿春县。由于寿春被袁术占据，刘繇只好南渡长江，把治所设在曲阿县。当时吴景还在丹杨当太守，孙策的堂兄孙贲又任丹杨郡都尉；刘繇一到丹杨郡所辖的曲阿县，就把吴景、孙贲赶走。吴景、孙贲退到长江北岸的历阳县住下。刘繇随即派部将樊能、于麋转移到东面的长江渡口横江津驻扎，又派部将张英驻扎在横江津北面的当利口，以抵御袁术。袁术自己任命老部下琅邪郡人惠衢为扬州刺史，又任命吴景为督军中郎将；与孙贲一起带兵进攻张英等人，连年交战都未能取胜。

　　孙策就趁机劝说袁术，请求让自己帮助吴景等人平定江东。袁术上表推举孙策为折冲校尉，代行殄寇将军职权；当时孙策手下只有一千多步兵，几十名骑兵，愿意随从的宾客几百人。等到队伍抵达历阳，他已有五六千人马了。孙策的母亲先已从曲阿迁到历阳，这时他又把母亲送到阜陵；然后南渡长江辗转作战，所向无敌，没有人敢面对他的锋芒；然而他的军令整肃，江东的百姓都归向他。

　　孙策其人：容颜俊美，喜欢说笑话，性情开朗通达，善于倾听别人的意见，又会用人。所以不论士大夫还是老百姓见了他，莫不尽心尽力，甘愿为他效命。

　　刘繇被他打得丢下军队逃跑，江东的各郡太守都抛弃城池远走高飞。吴郡人严白虎等，各自拥有一万多人马，在各处聚集驻扎。吴景等人想先击溃严白虎等较近的武装力量，再南下攻取会稽郡；孙策却说："严白虎等人只是一帮匪徒，没有什么大志；这是必定会被擒获的俘虏。"

　　于是他先挥兵渡过浙江，攻占会稽郡的治所山阴县，打下东冶县城后大肆屠杀，然后才回头击溃严白虎等。这时孙策全部重新任命江东各县的行政长官。又由自己兼任会稽郡太守，再次让吴景任丹杨郡太守，任命孙贲为豫章郡太守；分出豫章郡一部分土地设置庐陵郡，任命孙贲的弟弟孙辅为太守；还任命丹杨郡人朱治，为吴郡太守。由彭城国人张昭，广陵郡人张纮、秦松、陈端等充当主要谋士。

　　这时袁术非分地使用皇帝称号，孙策写信责备他并且与之断绝关系。曹操上表推举孙策为讨逆将军，封为吴侯。后来袁术病死，袁术手下的长史杨弘、大将张勋等，带领袁术的部下想去投靠孙策；中途遭到庐江郡太守刘勋的截击，将其全部俘虏，收取珍宝之后回到庐江。孙策听说之后，假装与刘勋友好结盟。刘勋刚刚得到袁术的部下很是得意，这时豫章郡海昏县的上缭，有一万多家以宗族关系为纽带组织起来的武装居民，孙策劝刘勋前来江东掠取这批人口。刘勋出发之后，孙策立即率领军队轻装昼夜兼程赶往庐江，把庐江打下后，刘勋的部下全部投降；刘勋本人被抄了老窝，只好带着数百人前去投奔曹操。

当时，袁绍的势力开始强盛，而孙策吞并了江东。曹操的力量还不能惩治孙策，所以想暂且安抚他：于是曹操把弟弟的女儿许配给孙策的小弟孙匡，又为儿子曹彰娶孙贲的女儿为妻；还礼聘孙策的弟弟孙权、孙翊为自己名义上的下属；并指示扬州刺史严象，举荐孙权为茂才。

汉献帝建安五年（公元200），曹操与袁绍在官渡相持。孙策暗中想趁机偷袭许都，迎接汉朝皇帝；于是秘密组织军队，部署将领。还没有出动，碰巧这时他被从前吴郡太守许贡的门客杀死。

在此之前，孙策杀了许贡；许贡的小儿子与门客，逃到长江边躲藏起来。孙策独自骑马外出，突然与许贡的门客相遇。门客杀伤孙策，伤势严重。于是他把张昭等人请来，对他们说："中原正处于动乱状态；凭借这吴、越故地的民众，长江下游水道的险固防御，足以观望天下局势的成败。张公你们要好好辅佐我的弟弟！"又叫孙权上前，把自己的官印和绶带佩挂在孙权身上，对他说："带领江东的全部人马，在敌我双方的军阵之前选定克敌制胜的战机，与天下英雄一决胜负，这您不如我；但是举用贤能，使他们各自尽心尽力，以保有江东，这我又不如您了。"到了当天夜晚孙策就与世长辞，终年二十六岁。

孙权称帝之后，追谥孙策为长沙桓王；封孙策的儿子孙绍为吴侯，后来改封上虞侯。孙绍死后，儿子孙奉继承了他的爵位。孙皓时，误传孙奉应当立为皇帝，所以孙皓下令把他处死。

评论说：孙坚勇猛刚毅，从势力单薄、地位卑微的家庭中崛起；劝导张温诛杀董卓，到洛阳后填补修复被发掘的汉帝陵墓，建立了忠诚雄壮的业绩。孙策英气勃发，其锋芒之猛烈锐利天下无人可比；他延揽收取奇异人才，有攻逼中原的大志。然而父子二人都轻率暴躁，结果双双丧失生命造成失败。另外，割据江东，这一事业是由孙策开创的；而孙权对孙策未能追谥为皇帝，对孙策的儿子也只封侯爵：这在道理上就不免欠缺了。

吴主传第二

孙权字仲谋。兄策既定诸郡，时权年十五，以为阳羡长[1]。〔一〕郡察孝廉[2]，州举茂才；行奉义校尉[3]。

汉以策远修职贡[4]，遣使者刘琬加锡命[5]。琬语人曰："吾观孙氏兄弟：虽各才秀明达，然皆禄祚不终[6]。惟中弟孝廉[7]，形貌奇伟，骨体不恒[8]；有大贵之表，年又最寿。尔试识之[9]！"

【注释】

〔1〕阳羡：县名。县治在今江苏宜兴市。 长(zhǎng)：官名。县的行政长官。当时制度，凡民户满一万的县，其行政长官称令，不满万户称长。 〔2〕孝廉：汉代选拔人才的科目。由郡太守举荐，是常设科目。应选者要孝敬父母和行为廉洁，故名。 〔3〕奉义校尉：官名。领兵征伐。 〔4〕修职贡：向朝廷述职进贡。这是表示忠诚的举动。 〔5〕锡命：君主为赏赐臣下官位、封爵和实物而颁发的诏书。 〔6〕不终：不长久。 〔7〕中(zhòng)弟：即仲弟，二弟。 孝廉：指孙权。 〔8〕不恒：不寻常。 〔9〕识(zhì)之：记住这一点。

【裴注】

〔一〕《江表传》曰："坚为下邳丞时，权生：方颐大口，目有精光。坚异之，以为有贵象。及坚亡，策起事江东。权常随从，性度弘朗，仁而多断，好侠养士；始有知名，侔于父兄矣。每参同计谋，策甚奇之，自以为不及也。每请会宾客，常顾权曰：'此诸君，汝之将也。'"

建安四年，从策征庐江太守刘勋。勋破，进讨黄祖于沙羡[1]。

五年[2]，策薨，以事授权；权哭，未及息，策长史张昭谓权曰："孝廉！此宁哭时邪[3]？且周公立法，而伯禽不师[4]；非欲违父，时不得行也[5]。〔一〕况今奸宄竞逐[6]，豺狼满道；乃欲哀亲戚，顾礼制；是犹开门而揖盗[7]，未可以为仁也！"乃改易权服[8]，扶令上马，使出巡军。

是时，惟有会稽、吴郡、丹杨、豫章、庐陵，然深险之地犹未尽从；而天下英豪[9]，布在州郡；宾旅寄寓之士，以安危去就为意[10]，未有君臣之固。张昭、周瑜等谓权可与共成大业[11]，故委心而服事焉。

曹公表权为讨虏将军[12]，领会稽太守；屯吴[13]，使丞之郡，行文书事[14]。待张昭以师傅之礼；而周瑜、程普、吕范等为将率[15]；招延俊秀，聘求名士，鲁肃、诸葛瑾等始为宾客[16]。分部诸将，镇抚山越[17]，讨不从命。〔二〕

七年[18]，权母吴氏薨[19]。

八年[20]，权西伐黄祖，破其舟军，惟城未克；而山寇复动[21]，还过豫章，使吕范平鄱阳（会稽）[22]，程普讨乐安[23]；太史慈领海昏[24]，韩当、周泰、吕蒙等，为剧县令、长[25]。

九年[26]，权弟丹杨太守翊，为左右所害；以从兄

瑜[27]，代翊。[三]

十年[28]，权使贺齐讨上饶[29]，分为建平县[30]。

十二年[31]，西征黄祖，虏其人民而还。

【注释】

〔1〕沙羡(yí)：县名。县治在今湖北武汉市江夏区西。 〔2〕五年：建安五年(公元 200)。 〔3〕宁：难道(是)。 〔4〕周公：姬姓，名旦。西周武王的弟弟。因采邑在周(今陕西岐山县北)，故称周公。曾助武王灭商，武王死后又辅佐成王。传见《史记》卷三十三。 法：指父母死儿子要服丧三年的礼制。 伯禽：周公的儿子。 〔5〕时：时势。〔6〕奸宄(guǐ)：奸恶。 〔7〕揖：礼让。 〔8〕改易权服：指脱下孙权穿的丧服而换上官服。 〔9〕天下英豪：这里指江东当地的著名世家大族。如吴郡吴县的顾、陆、朱、张四氏，会稽郡余姚县的虞氏，山阴县的贺氏等。这些家族世代为官，族大人多，在江东有很大的影响。能否争取到他们的全力支持，关系到孙氏政权在江东是否能长期稳定存在。孙权继位后，采取多种办法争取江东世家大族的支持。对其中最有社会影响的吴县顾氏和陆氏，不仅在政治上给以重用，而且还用联姻的手段使彼此利益结合。分见本书卷五十二《顾雍传》、卷五十八《陆逊传》。参考拙著《魏晋南朝江东世家大族述论》(台北文津出版社，1991 年出版)上篇第二章。 〔10〕宾旅寄寓之士：这里指从长江北岸地区前来投奔的人士。 〔11〕谓：认为。 〔12〕讨虏将军：官名。领兵征伐。〔13〕吴：县名。县治在今江苏苏州市。 〔14〕丞：官名。即郡丞。郡的副行政长官，协助太守处理郡务。 之郡：到会稽郡。 行文书事：即代理太守职务。据本书卷五十二《顾雍传》，当时代孙权处理会稽郡务的就是江东世家大族代表人物顾雍。 〔15〕程普：传见本书卷五十五。〔16〕鲁肃(公元 172—217)：传见本书卷五十四。 诸葛瑾(公元 174—241)：传见本书卷五十二。 〔17〕山越：当时江东的山区，有大量还处于落后社会阶段的居民。他们当中有的是古越族的后裔，有的则是为了躲避战乱或徭役租税而从平原逃到山区的汉族百姓。他们都被称为山越。孙吴政权曾对山越发动长期的军事围捕，把壮丁编入军队，其他人则就地设置行政机构加以管理，并强制从事生产。孙吴政权的这一重大政治措施，在客观上促进了江东地区经济的深入开发，影响深远。 〔18〕七年：建安七年(公元 202)。 〔19〕吴氏：传见本书卷五十。按吴氏夫人

之死,实际上是在建安十二年(公元207),见本书卷五十《孙坚吴夫人传》裴注的考证。此处史文记在建安七年(公元202),疑有误。〔20〕八年:建安八年(公元203)。 〔21〕山寇:即山越。 〔22〕鄱阳:县名。县治在今江西鄱阳县。 〔23〕乐安:县名。县治在今江西德兴市东北。 〔24〕太史慈(公元166—206):传见本书卷四十九。 海昏:县名。县治在今江西永修县东。 〔25〕韩当、周泰:二人传见本书卷五十五。 吕蒙(公元178—219):传见本书卷五十四。 剧县:社会秩序动荡而不易治理的县。 〔26〕九年:建安九年(公元204)。 〔27〕瑜:即孙瑜(公元169—215),传见本书卷四十九。 〔28〕十年:建安十年(公元205)。 〔29〕贺齐(?—公元227):传见本书卷六十。 上饶:县名。县治在今江西上饶市。 〔30〕建平:县名。县治在今福建建阳市。〔31〕十二年:建安十二年(公元207)。

【裴注】

〔一〕臣松之按《礼记·曾子问》:"子夏曰:'三年之丧,金革之事无避也者,礼与? 初有司与?'孔子曰:'吾闻诸老聃曰:昔者鲁公伯禽,有为为之也。'"郑玄注曰:"周人卒哭而致事。时有徐戎作难,伯禽卒哭而征之:急王事也。"昭所云"伯禽不师",盖谓此也。

〔二〕《江表传》曰:"初,策表用李术为庐江太守;策亡之后,术不肯事权,而多纳其亡叛。权移书求索,术报曰:'有德见归,无德见叛:不应复还!'权大怒,乃以状白曹公曰:'严刺史昔为公所用,又是州举将;而李术凶恶,轻犯汉制,残害州司,肆其无道:宜速诛灭,以惩丑类! 今欲讨之,进为国朝扫除鲸鲵,退为举将塞怨仇:此天下达义,夙夜所甘心。术必惧诛,复诡说求救。明公所居,阿衡之任,海内所瞻;愿敕执事,勿复听受。'是岁,举兵攻术于皖城。术闭门自守,求救于曹公。曹公不救,粮食乏尽,妇女或丸泥而吞之。遂屠其城,枭术首,徙其部曲(三)〔二〕万余人。"

〔三〕《吴录》曰:"是时,权大会官僚,沈友有所是非;令人扶出,谓曰:'人言卿欲反!'友知不得脱,乃曰:'主上在许,有无君之心者,可谓非反乎!'遂杀之。友字子正。吴郡人。年十一,华歆行风俗,见而异之,因呼曰:'沈郎! 可登车语乎?'友逡巡却曰:'君子讲好,会宴以礼。今仁义陵迟,圣道渐坏;先生衔命,将以裨补先王之教,整齐风俗;而轻脱威仪,犹负薪救火,无乃更崇其炽乎?'歆惭曰:'自桓、灵以来,虽多英彦,未有幼童若此者!'弱冠博学,多所贯综;善属文辞，兼好武事。注《孙子兵法》。又辩于口，每所至，众人皆默然，莫与为对。咸言其笔之妙，舌之妙，刀之妙：三者，皆过绝于人。权以礼聘。既至，论王霸之略，当时之务；权敛容敬焉。陈荆州宜并之计，纳之。正色立朝，清议峻厉；为庸臣所谮，诬以谋反。权亦以终不为己用，故害之。时年二十九。"

十三年春[1]，权复征黄祖。祖先遣舟兵拒军，都尉吕蒙破其前锋；而凌统、董袭等尽锐攻之[2]，遂屠其城。祖挺身亡走[3]。骑士冯则追枭其首[4]，虏其男女数万口。

是岁，使贺齐讨黟、歙[5]。〔一〕分歙为始新、新定、〔二〕（犁）〔黎〕阳、休阳县[6]，〔三〕以六县为新都郡[7]。

荆州牧刘表死；鲁肃乞奉命吊表二子[8]，且以观变。肃未到，而曹公已临其境。表子琮举众以降[9]，刘备欲南济江[10]。肃与相见，因传权旨[11]，为陈成败。备进住夏口[12]，使诸葛亮诣权[13]。权遣周瑜、程普等行。是时，曹公新得表众，形势甚盛；诸议者皆望风畏惧，多劝权迎之。〔四〕惟瑜、肃执拒之议，意与权同。瑜、普为左右督[14]，各领万人；与备俱进，遇于赤壁[15]，大破曹公军。公烧其余船，引退，士卒饥疫，死者太半。

备、瑜等复追至南郡[16]。曹公遂北还，留曹仁、徐晃于江陵[17]，使乐进守襄阳[18]。时甘宁在（江陵）〔夷陵〕[19]，为仁党所围；用吕蒙计，留凌统以拒仁，以其半救宁，军以胜返。

权自率众围合肥[20]。使张昭攻九江之当涂[21]，昭兵不利。权攻城逾月，不能下。曹公自荆州还，遣张喜将骑赴合肥；未至，权退。

十四年[22]，瑜、仁相守岁余[23]；所杀伤甚众，仁委城走。权以瑜为南郡太守。

刘备表权行车骑将军，领徐州牧；备领荆州牧，屯公安[24]。

十五年[25]，分豫章为鄱阳郡[26]；分长沙为汉昌郡[27]，以鲁肃为太守，屯陆口[28]。

【注释】

〔1〕十三年：建安十三年（公元208）。 〔2〕凌统、董袭：传见本书卷五十五。 〔3〕挺身：空身一人。 〔4〕枭（xiāo）：砍下。 〔5〕黟（yī）：县名。县治在今安徽黟县西。 歙（shè）：县名。县治在今安徽歙县。 〔6〕始新：县名。县治在今浙江淳安县西北。 新定：县名。县治在今浙江淳安县西南。 黎阳：县治在今安徽黄山市西北。 休阳：县名。县治在今安徽休宁县东北。 〔7〕新都：郡名。治所在当时的始新县。 〔8〕乞：请求。 〔9〕琮：即刘琮。事见本书卷六《刘表传》。 〔10〕刘备（公元161—223）：传见本书卷三十二。 〔11〕旨：意思。 〔12〕夏口：地名。在今湖北武汉市长江南岸。 〔13〕诸葛亮（公元181—234）：传见本书卷三十五。 〔14〕左右督：官名。即左督、右督。当时孙吴第一线的作战军队分为左、右两部。其司令长官分别是左督、右督。 〔15〕赤壁：地名。决定曹操能否向长江以南扩展势力范围的著名古战场。与官渡之战、猇亭之战构成确定三国鼎立版图基本格局的三大战役。具体位置有多种说法，但都认为在今湖北境内的长江之滨。其中，主张赤壁在江北汉阳、黄冈的说法与《三国志》记载不符，难以使人信服。认为赤壁在江南者有三说：即蒲圻县西北（《括地志》、《通典》、《元和郡县志》）、嘉鱼县东北（《大清一统志》）、武昌县西（《水经注》）。蒲圻赤壁与北岸的乌林相对，与《三国志》的记载相吻合。现今又在这里不断发掘出孙吴时期的兵器等文物多件。结合当时战况与现存的遗物和遗迹，当以赤壁在蒲圻西北为是。蒲圻县已经国家批准，正式更名为赤壁市。赤壁市西北约40公里长江南岸之滨的赤壁山，是赤壁古战场所

在地，尚有"赤壁"题刻、翼江亭等名胜。　〔16〕南郡：郡名。治所在今湖北荆州市荆州区。　〔17〕徐晃（？—公元227）：传见本书卷十七。江陵：县名。当时是南郡治所。　〔18〕乐进（？—公元218）：传见本书卷十七。　〔19〕夷陵：县名。县治在今湖北宜昌市东南。　〔20〕合肥：县名。县治在今安徽合肥市。　〔21〕当涂：县名。县治在今安徽怀远县东南。　〔22〕十四年：建安十四年（公元209）。　〔23〕相守：相持。〔24〕公安：地名。在今湖北公安县西北。　〔25〕十五年：建安十五年（公元210）。　〔26〕鄱阳：郡名。治所在今江西鄱阳县。　〔27〕汉昌：郡名。治所在今湖北赤壁市西北。　〔28〕陆口：地名。当时为汉昌郡治所。是长江南岸支流陆水入长江处。

【裴注】

〔一〕黟，音伊。歙，音摄。

〔二〕《吴录》曰："晋改新定为遂安。"

〔三〕《吴录》曰："晋改休阳为海宁。"

〔四〕《江表传》载："曹公与权书曰：'近者奉辞伐罪，（旄）〔旌〕南指，刘琮束手。今治水步八十万众，方与将军会猎于吴！'权得书，以示群臣，莫不响震失色。"

十六年〔1〕，权徙治秣陵〔2〕。

明年，城石头〔3〕；改秣陵为建业。闻曹公将来侵，作濡须坞〔4〕。

十八年正月〔5〕，曹公攻濡须。权与相拒月余，曹公望权军，叹其齐肃〔6〕，乃退。〔一〕

初，曹公恐江滨郡县为权所略〔7〕，征令内移。民转相惊，自庐江、九江、蕲春、广陵户十余万皆东渡江〔8〕；江西遂虚，合肥以南惟有皖城〔9〕。

十九年五月〔10〕，权征皖城。闰月〔11〕，克之，获庐江太守朱光及参军董和〔12〕，男女数万口。

是岁，刘备定蜀。

【注释】

〔1〕十六年：建安十六年（公元211）。 〔2〕秣陵：县名。县治在今江苏南京市。 〔3〕石头：城名。在今江苏南京市内西面清凉山一带。石头城位于建业西部的制高点，西接长江，居高临下，控制进出建业的水道，形成建业的坚固屏障。现今尚留存高峻的城墙一段，其紫红色的墙基或高或低，即是孙吴当时建城的实物。附近山顶还有烽火台等遗迹留存。 〔4〕濡须坞：军事壁垒名。在今安徽含山县西南裕溪河两岸。裕溪河北段当时称濡须水，南接长江，北通巢湖，是孙吴水军由长江北上淮南和曹魏水军由淮南南下长江的要道。孙权听从大将吕蒙的建议，在濡须水两岸修筑弯月形壁垒，配备强弩一万张，控扼水道，从此这里成为孙吴军事重要据点。此后便不断出动水军从巢湖进攻合肥，迫使后来曹魏守将满宠，放弃临近巢湖的合肥旧城，后退到西面险山之上另筑合肥新城据守。 〔5〕十八年：建安十八年（公元213）。 〔6〕齐肃：整齐威严。 〔7〕略：侵夺。 〔8〕蕲（qí）春：郡名。治所在今湖北蕲春县西南。 〔9〕皖城：县名。县治在今安徽潜山市。 〔10〕十九年：建安十九年（公元214）。 〔11〕闰月：据陈垣《二十史朔闰表》，当年闰四月，故闰月不应排在五月之后。此处史文疑有误。 〔12〕参军：官名。参谋军事。

【裴注】

〔一〕《吴历》曰："曹公出濡须，作油船，夜渡洲上。权以水军围取，得三千余人，其没溺者亦数千人。权数挑战，公坚守不出。权乃自来，乘轻船，从濡须口入公军；诸将皆以为是挑战者，欲击之。公曰：'此必孙权！欲身见吾军部伍也。'敕军中皆精严，弓弩不得妄发。权行五六里，回还作鼓吹。公见舟船、器仗，军伍整肃，喟然叹曰：'生子当如孙仲谋！刘景升儿子，若豚犬耳！'权为笺与曹公，说：'春水方生，公宜速去。'别纸言：'足下不死，孤不得安！'曹公语诸将曰：'孙权不欺孤！'乃撤军还。"

《魏略》曰："权乘大船，来观军。公使弓弩乱发，箭著其船，船偏重将覆；权因回船，复以一面受箭；箭均船平，乃还。"

权以备已得益州[1]，令诸葛瑾从求荆州诸郡。备不许，曰："吾方图凉州；凉州定，乃尽以荆州与吴耳。"权曰："此假而不返[2]，而欲以虚辞引岁[3]！"遂置南三郡长吏[4]。关羽尽逐之[5]。

权大怒，乃遣吕蒙督鲜于丹、徐忠、孙规等兵二万，取长沙、零陵、桂阳三郡；使鲁肃以万人屯巴丘[6]，〔一〕以御关羽；权住陆口，为诸军节度[7]。

蒙到，二郡皆服，惟零陵太守郝普未下[8]。会备到公安[9]，使关羽将三万兵至益阳；权乃召蒙等，使还助肃。蒙使人诱普，普降，尽得三郡将守[10]；因引军还，与孙皎、潘璋并鲁肃兵并进[11]，拒羽于益阳。

未战，会曹公入汉中[12]；备惧失益州，使使求和。权令诸葛瑾报，更寻盟好。遂分荆州：长沙、江夏、桂阳以东属权[13]；南郡、零陵、武陵以西属备[14]。备归，而曹公已还。

权返自陆口，遂征合肥。合肥未下，撤军还，兵皆就路。权与凌统、甘宁等在津北，为魏将张辽所袭[15]；统等以死捍权，权乘骏马越津桥，得去。〔二〕

【注释】

〔1〕益州：州名。治所在今四川成都市。此段所述史事发生在建安二十年（公元215），参见本书卷三十二《先主传》。　〔2〕假而不返：借而不还。　〔3〕虚辞：空话。　引岁：拖延时间。　〔4〕南三郡：指下文提到的荆州南部长沙、零陵、桂阳三郡。　〔5〕关羽（？—公元219）：传见本书卷三十六。　〔6〕巴丘：地名。在今湖南岳阳市。但是据本书卷五十四《鲁肃传》、《吕蒙传》，当时鲁肃的屯兵地是在巴丘西南的益阳县（县治在今湖南益阳市）。　〔7〕节度：调度指挥。　〔8〕郝普：事

见本书卷四十五《杨戏传》。 〔9〕会：碰上。 〔10〕将守：将领郡守。
〔11〕孙皎（？—公元219）：传见本书卷五十一。 潘璋（？—公元234）：
传见本书卷五十五。 〔12〕汉中：郡名。治所在今陕西汉中市。
〔13〕江夏：郡名。治所在今湖北鄂州市。 〔14〕武陵：郡名。治所在
今湖南常德市。以上是孙、刘两方在荆州的第一次武装冲突，冲突根源
在于两方都想取得荆州这一战略要地的控制权。赤壁之战后，荆州七郡
除南阳还在曹操手中外，孙权取得南郡、江夏，刘备取得长沙、零陵、
桂阳、武陵。后来刘备又从孙权手中借到南郡，形成独占五郡的局面。
刘备取得益州，实力大增，对孙权构成侧翼的威胁，所以孙权立即抵制，
出兵攻占南三郡。冲突以双方暂时妥协结束，刘备让出长沙、桂阳，孙
权退还零陵，大体以湘水为界，各占三郡。但是冲突的根源并未完全消
除，由此导致后来的袭杀关羽和夷陵大战。 〔15〕津：即逍遥津。肥水
古津渡名。在今安徽合肥市东北。尚有遗迹留存。 张辽（公元169—
222）：传见本书卷十七。

【裴注】

〔一〕巴丘，今曰巴陵。

〔二〕《献帝春秋》曰："张辽问吴降人：'向有紫髯将军：长上短
下，便马善射。是谁?'降人答曰：'是孙会稽。'辽及乐进相遇，言
'不早知之，急追，自得'，举军叹恨。"《江表传》曰："权乘骏马，上
津桥；桥南已见撤，丈余无板。谷利在马后，使权持鞍缓控；利于后著
鞭，以助马势：遂得超度。权既得免，即拜利都亭侯。谷利者，本左右
给使也。以谨直为亲近监。性忠果亮烈，言不苟且，权爱信之。"

二十一年冬〔1〕，曹公次于居巢〔2〕，遂攻濡须。

二十二年春〔3〕，权令都尉徐详，诣曹公请降；公报
使修好，誓重结婚。

二十三年十月〔4〕，权将如吴〔5〕。亲乘马射虎于庱
亭〔6〕，〔一〕马为虎所伤；权投以双戟，虎却废。常从张
世击以戈〔7〕，获之。

二十四年〔8〕，关羽围曹仁于襄阳；曹公遣左将军于

禁救之[9]。会汉水暴起，羽以舟兵尽虏禁等步骑三万，送江陵，惟城未拔。权内惮羽，外欲以为己功；笺与曹公[10]，乞以讨羽自效[11]。曹公且欲使羽与权相持以斗之，驿传权书；使曹仁以弩射示羽，羽犹豫不能去。

闰月[12]，权征羽。先遣吕蒙袭公安，获将军士仁[13]；蒙到南郡，南郡太守糜芳以城降[14]。蒙据江陵，抚其老弱，释于禁之囚。陆逊别取宜都[15]，获秭归、枝江、夷道[16]；还屯夷陵，守峡口以备蜀[17]。关羽还当阳[18]，西保麦城[19]。权使诱之。羽伪降，立幡旗为象人于城上[20]，因遁走；兵皆解散，尚十余骑。权先使朱然、潘璋断其径路[21]。

十二月，璋司马马忠，获羽及其子平、都督赵累等于章乡[22]，遂定荆州。

是岁，大疫，尽除荆州民租税。

曹公表权为骠骑将军[23]，假节[24]，领荆州牧，封南昌侯。权遣校尉梁寓，奉贡于汉；及令王惇市马[25]；又遣朱光等归。[二]

【注释】

　　[1]二十一年：建安二十一年(公元216)。　[2]次：军队临时驻扎。　居巢：地名。在今安徽巢湖市东北。　[3]二十二年：建安二十二年(公元217)。　[4]二十三年：建安二十三年(公元218)。[5]如：到。　[6]庱(líng)亭：地名。在今江苏常州市武进区西北。[7]常从：随身不离的侍从。　[8]二十四年：建安二十四年(公元219)。　[9]左将军：官名。领兵征伐。　于禁(？—公元221)：传见本书卷十七。　[10]笺：写信。　[11]自效：贡献自己(的诚心)。[12]闰月：据陈垣《二十史朔闰表》，当年闰十月。　[13]士仁：事见

本书卷四十五《杨戏传》。 〔14〕麋芳：事见本书卷三十八《麋竺传》。
〔15〕宜都：郡名。治所在今湖北宜都市。 〔16〕秭归：县名。县治在
今湖北秭归县。 枝江：县名。在今湖北枝江市东北。 夷道：县名。当
时是宜都郡治所。 〔17〕峡口：地名。即长江三峡东口。在今湖北宜昌
市西北。 〔18〕当阳：县名。在今湖北当阳市东北。 〔19〕麦城：地
名。在今湖北当阳市东南。 〔20〕象人：假人。 〔21〕朱然（公元
172—249）：传见本书卷五十五。 〔22〕章乡：地名。在今湖北当阳市
东北。关羽之死，使孙吴完全控制了荆州的主要区域，并将双方的疆域
分界，从原来的湘水流域，向西调整到三峡山区。三峡一线从此成为蜀、
吴双方的稳定疆域线，直至三国时期结束。 〔23〕骠骑将军：官名。属
高级将领。领兵征伐。 〔24〕假：授与。 〔25〕市：买。

【裴注】

〔一〕廖，音虑陵反。

〔二〕《魏略》曰："梁寓字孔儒。吴人也。权遣寓，观望曹公；曹
公因以为掾，寻遣（南还）〔还南〕。"

二十五年春正月[1]，曹公薨；太子丕代为丞相、魏
王[2]，改年为延康。

秋，魏将梅敷，使张俭求见抚纳。南阳阴、酂、筑
阳、[一]山都、中庐五县民五千家来附[3]。

冬，魏嗣王称尊号，改元为黄初。

二年四月[4]，刘备称帝于蜀。[二]权自公安都鄂[5]，
改名武昌；以武昌、下雉、寻阳、阳新、柴桑、沙羡六
县为武昌郡[6]。

五月，建业言甘露降[7]。

八月，城武昌。下令诸将曰："夫存不忘亡，安必
虑危：古之善教。昔隽不疑汉之名臣[8]，于安平之世而
刀剑不离于身；盖君子之于武备，不可以已[9]。况今处

身疆畔[10]，豺狼交接，而可轻忽，不思变难哉？顷闻诸将出入，各尚谦约，不从人兵：甚非备虑爱身之谓[11]！夫保己遗名[12]，以安君亲[13]，孰与危辱[14]？宜深警戒，务崇其大：副孤意焉[15]。"

自魏文帝践阼[16]，权使命称藩[17]，及遣于禁等还。十一月，策命权曰[18]：

盖圣王之法，以德设爵，以功制禄；劳大者禄厚，德盛者礼丰。故叔旦有夹辅之勋[19]，太公有鹰扬之功[20]；并启土宇[21]，并受备物[22]：所以表章元功[23]，殊异贤哲也[24]。近汉高祖受命之初[25]，分裂膏腴以王八姓[26]。斯则前世之懿事[27]，后王之元龟也[28]。

朕以不德[29]，承运革命[30]；君临万国，秉统天机；思齐先代[31]，坐而待旦[32]。惟君天资忠亮[33]，命世作佐[34]；深睹历数[35]，达见废兴；远遣行人[36]，浮于潜、汉[37]；〔三〕望风影附，抗疏称藩[38]；兼纳纤缔南方之贡[39]，普遣诸将来还本朝[40]；忠肃内发，款诚外昭[41]；信著金石，义盖山河：朕甚嘉焉！

今封君为吴王。使使持节、太常、高平侯贞[42]，授君玺绶、策书；金虎符第一至第五左，竹使符第一至第十[43]；以大将军，使持节，督交州[44]，领荆州牧事；锡君青土[45]，苴以白茅[46]：对扬朕命[47]，以尹东夏[48]。其上故骠骑将军、南昌侯印绶、符、策[49]。今又加君九锡[50]，其敬听后命：

以君绥安东南，纲纪江外[51]；民夷安业[52]，无或携贰[53]。是用锡君大辂、戎辂各一[54]，玄牡二驷[55]。君务财劝农，仓库盈积。是用锡君衮冕之服[56]，赤舄副焉[57]。君化民以德，礼教兴行。是用锡君轩悬之乐[58]。君宣导休风[59]，怀柔百越[60]。是用锡君朱户以居[61]。君运其才谋，官方任贤。是用锡君纳陛以登[62]。君忠勇并奋，清除奸慝[63]。是用锡君虎贲之士百人[64]。君振威陵迈，宣力荆南[65]；枭灭凶丑[66]，罪人斯得。是用锡君铁钺各一[67]。君文和于内，武信于外。是用锡君彤弓一、彤矢百、旅弓十、旅矢千[68]。君以忠肃为基，恭俭为德。是用锡君秬鬯一卣[69]，圭瓒副焉[70]。

钦哉[71]！敬敷训典[72]，以服朕命，以勖相我国家[73]，永终尔显烈[74]！〔四〕

是岁，刘备帅军来伐，至巫（山）、秭归[75]。使使诱导武陵蛮夷，假与印传[76]，许之封赏；于是诸县及五溪民，皆反为蜀[77]。权以陆逊为督，督朱然、潘璋等以拒之。

遣都尉赵咨使魏，魏帝问曰："吴王，何等主也？"咨对曰："聪明仁智，雄略之主也！"帝问其状[78]，咨曰："纳鲁肃于凡品[79]，是其聪也；拔吕蒙于行阵[80]，是其明也；获于禁而不害，是其仁也；取荆州而兵不血刃，是其智也；据三州〔而〕虎视于天下[81]，是其雄

也；屈身于陛下，是其略也。"〔五〕

　　帝欲封权子登〔82〕；权以登年幼，上书辞封，重遣西曹掾沈珩陈谢〔83〕，并献方物〔84〕。〔六〕立登为王太子。〔七〕

【注释】

　　〔1〕二十五年：建安二十五年（公元 220）。　〔2〕丕：即曹丕（公元187—226）。传见本书卷二。　丞相：官名。朝廷最高行政长官。东汉光武帝刘秀废除丞相执政制，以太尉、司徒、司空为名义上的辅政大臣。建安十三年（公元 208），曹操废三公，重新实行丞相执政制，并自任丞相。曹丕代汉称帝后，又废丞相置三公。　〔3〕阴：县名。县治在今湖北老河口市西北。　酂（cuó）：县名。县治在今湖北老河口市西北。筑阳：县名。县治在今湖北谷城县东。　山都：县名。县治在今湖北谷城县东南。　中庐：县名。县治在今湖北襄阳市西南。以上五县当时均属曹魏南阳郡。　〔4〕二年：黄初二年（公元 221）。当时孙权还向曹魏称臣，所以用魏文帝的年号纪年。但是，《建康实录》卷一《太祖上》则记载孙权此时依然在用东汉献帝的年号"建安"，与此处史文不同。〔5〕鄂：县名。县治在今湖北鄂州市。孙权在此建都后曾大规模修筑城墙和护城河。现今市区东面百子畈一带，还有墙、河遗址，并曾在此出土三国时期文物多件。〔6〕下雉：县名。县治在今湖北阳新县东南。寻阳：县名。县治在今湖北武穴市东北。　阳新：县名。县治在今湖北阳新县西南。　柴桑：县名。县治在今湖北九江市西南。　武昌：郡名。治所在当时的武昌县。　〔7〕甘露：凝结在草木叶上的一种带甜味液体。古代认为甘露降是吉祥征兆。　〔8〕隽不疑：字曼倩。勃海郡（治所在今河北黄骅市西南）人。西汉武帝时，暴胜之任直指使者巡察地方，威震州郡。隽不疑求见后直言进谏，深受暴胜之敬重。后任青州刺史、京兆尹，政绩突出。传见《汉书》卷七十一。　〔9〕已：停止。　〔10〕疆畔：边境。　〔11〕谓：意思。　〔12〕遗名：留下声名。　〔13〕君亲：君主和父母。　〔14〕孰与危辱：与遭受危险欺辱相比怎么样。〔15〕副：满足。　孤：王侯的自称。　〔16〕践阼：踏上宫殿的台阶。指称帝。　〔17〕称藩：称臣。　〔18〕策命：君主对臣下进行封土、授爵、记功时所颁发的特别文书。这里作动词，即颁发策命。　〔19〕叔旦：即周公。　夹辅：在左右辅佐。　〔20〕太公：即吕尚。姜姓，吕氏，名

望，一说字子牙。俗称姜太公。西周初年任太师，辅助武王灭商有功，封于齐国。传见《史记》卷三十二。 鹰扬：威武的样子。这里指统率军队征伐。《诗经·大明》有赞美吕尚的诗句："维师尚父，时维鹰扬。"〔21〕启土宇：指接受封地建立藩国。 〔22〕备物：应当具备的器物。指天子根据功劳地位赐给臣下的礼仪用品。 〔23〕元功：大功。〔24〕殊异：使……显得特殊不同。 〔25〕汉高祖：即刘邦（？—前195）。字季。沛县（今江苏沛县）人。西汉王朝的建立者。前202至前195年在位。事详《史记》卷八、《汉书》卷一。 〔26〕膏腴：肥沃的土地。 王八姓：立八位异姓功臣为王。八姓是楚王韩信、韩王信、淮南王英布、梁王彭越、长沙王吴芮、赵王张敖、燕王臧荼以及臧荼死后封燕王的卢绾。上列八姓都封于刘邦称帝时，见《史记》卷八《高祖本纪》。 〔27〕懿事：美事。 〔28〕元龟：大龟。古代用龟甲占卜，这里引申为借鉴。 〔29〕不德：无德。 〔30〕革命：古代认为君主受命于天，改朝换代是天命发生变革，所以叫做革命。 〔31〕齐：学习看齐。〔32〕坐而待旦：形容君主一心想搞好政治而彻夜深思。 〔33〕忠亮：忠诚。 〔34〕命世：指具有命世之才。当时称安邦定国的杰出人才为命世之才。 〔35〕历数：帝王传承的先后顺序。古人认为这种顺序由上天早就安排好了。 〔36〕行人：使者。 〔37〕潜：上古时荆州河流名。〔38〕抗疏：上疏。 〔39〕纳：交纳。 纤：具有细花纹的丝织品。 绨（chī）：细葛布。 〔40〕诸将：指于禁等先被关羽俘获后又转到孙吴的曹魏将领。 〔41〕款诚：诚心。 〔42〕使持节：一种表示享有诛杀威权的名号。魏晋时类似的名号有使持节、持节、假节三种。使持节可杀二千石以下的官员，持节可杀无官位的人，假节可在出兵时杀违犯军令者。上述名号通常给予统兵的重要将领，有时也给予担负特殊使命的官员。太常：官名。九卿之首。主管国家礼仪制度和祭祀活动。 贞：即邢贞。事见本书卷五十五《徐盛传》。 〔43〕玺：印。 绶：系在印上的丝绳。当时礼制，印的材质和绶的颜色，依官爵的高低而不同。王一级为金玺缥（lì）绶，缥是黑黄而带绿的颜色。 金虎符：黄金制作的虎符。由两半合成虎形，受符者保存左半部分，右半部分保存在朝廷的符节台。中央政府要在地方征调军队，即以虎符的右半部分作为凭证。 竹使符：汉魏制度，中央政府在地方进行军队以外的其他征调，要用竹使符作凭证。竹使符用竹简制成，外形像箭，上面镌刻篆形文字，对剖后将左半部分给受符者，右半部分也保存在符节台。 〔44〕大将军：官名。领兵将军的最高一级称号。地位还在三公之上。领兵征伐并且执掌朝政。这里给孙权以大将军职务主要是一种荣宠，并非要他到中央执政。 督交州：

官名。督察指挥交州的军事。交州为州名。治所在今广东广州市。
〔45〕锡：赏赐。　青土：古代天子祭祀土地神的社坛，用五种颜色的土壤筑成，东方青色，南方赤色，西方白色，北方黑色，中央黄色。分封诸侯时，按其封地的方位取相应颜色的土壤，用白茅草包裹后给予受封者。孙权的封地吴郡在东偏南，所以赐给青土。　〔46〕苴(jū)：包裹。
〔47〕对扬：显扬。　〔48〕尹：治理。　东夏：中原的东部。　〔49〕上：上交。　〔50〕九锡：九种赏赐品。　〔51〕纲纪：总管。　江外：江南。
〔52〕民夷：汉族与少数族人民。　〔53〕携贰：怀有二心。　〔54〕大辂(lù)：礼仪专车。　戎辂：作战的兵车。　〔55〕玄牡：黑色的公马。驷：拉车的四匹马合称一驷。　〔56〕衮(gǔn)：天子或上公所穿的礼服。冕：天子、诸侯和官员戴的礼冠。　〔57〕赤舄(xì)：红鞋。　〔58〕轩悬：三面悬挂乐器。周代礼制，天子奏乐时四面悬挂乐器，称宫悬。诸侯轩悬。　〔59〕休风：美好的风尚。　〔60〕怀柔：招徕并加以安抚。百越：对南方越族的泛称。　〔61〕朱户：红色大门。　〔62〕纳陛：暗设在宫殿檐下的登殿阶梯。　〔63〕奸慝(tè)：奸恶。　〔64〕虎贲(bēn)：侍从保卫君主的武士名称。　〔65〕宣力：显示力量。　〔66〕凶丑：指关羽。　〔67〕铁(fū)：斧。铁和钺都是天子的仪仗兵器。　〔68〕彤：红色。旅(lú)：黑色。　〔69〕秬鬯(jù chàng)：一种用黑黍和香草酿造的酒。用于祭祀。　卣(yǒu)：盛酒的容器。　〔70〕圭：上尖下方的长形玉版。用作封爵授官的凭信。　瓒：玉勺。祭祀时舀酒浇地的器具。
〔71〕钦：敬。　〔72〕敷：施行。　训典：训示和准则。　〔73〕勖相(xù xiàng)：勉力辅佐。　〔74〕显烈：显赫的功业。　〔75〕巫：县名。县治在今重庆市巫山县北。　〔76〕传(zhuàn)：官员的身份证件。
〔77〕五溪：即雄溪、横溪、辰溪、酉溪、无溪。在今湖南西部。当时是武陵蛮族聚居地。武陵蛮为盘弧蛮的一支，东汉时力量强盛，是现今湘西苗、瑶等族先民的一部分。蜀汉联络五溪蛮族事，见本书卷三十九《马良传》。　为(wèi)：支持。　〔78〕状：具体情况。　〔79〕凡品：指普通人。　〔80〕行(háng)阵：军队的行列阵形。　〔81〕三州：指扬州、荆州和交州。当时孙权占有前两州的大部和交州的全部。　〔82〕登：即孙登(公元209—241)：传见本书卷五十九。　〔83〕西曹掾：官名。孙权大将军府的下属。主管府内的人事。　〔84〕方物：土特产品。

【裴注】
〔一〕筑，音逐。

〔二〕《魏略》曰："权闻魏文帝受禅，而刘备称帝；乃呼问知星者，己'分野中星气何如'？遂有僭意。而以位次尚少，无以威众；又欲先卑而后踞之。为卑则可以假宠，后踞则必致讨；致讨然后可以怒众，众怒然后可以自大：故深绝蜀而专事魏。"

〔三〕《禹贡》曰："沱、潜既道。"注曰："水自江出为沱，汉为潜。"

〔四〕《江表传》曰："权群臣议，以为'宜称上将军、九州伯，不应受魏封'。权曰：'九州伯，于古未闻也；昔沛公，亦受项羽拜为汉王：此盖时宜耳，复何损邪？'遂受之。"孙盛曰："昔伯夷、叔齐不屈有周，鲁仲连不为秦民。夫以匹夫之志，犹义不辱；况列国之君三分天下，而可二三其节，或臣或否乎？余观吴、蜀，咸称奉汉；至于汉代，莫能固秉臣节。君子是以知其不能克昌厥后，卒见吞于大国也。向使权从群臣之议，终身称汉将；岂不义悲六合，仁感百世哉！"

〔五〕《吴书》曰："咨，字德度，南阳人。博闻多识，应对辩捷。权为吴王，擢中大夫。使魏，魏文帝善之，嘲咨曰：'吴王颇知学乎？'咨曰：'吴王浮江万艘，带甲百万；任贤使能，志存经略；虽有余闲，博览书传，历史籍，采奇异：不效诸生寻章摘句而已。'帝：'吴可征不？'咨对曰：'大国有征伐之兵，小国有备御之固。'又曰：'吴难魏不？'咨曰：'带甲百万，江、汉为池：何难之有？'又曰：'吴如大夫者几人？'咨曰：'聪明特达者八九十人；如臣之比，车载斗量，不可胜数！'咨频载使，北人敬异。权闻而嘉之，拜骑都尉。咨言曰：'观北方，终不能守盟。今日之计，朝廷承汉四百之际，应东南之运；宜改年号，正服色，以应天顺民。'权纳之。"

〔六〕《吴书》曰："玢，字仲山，吴郡人。少(总)〔综〕经艺，尤善《春秋》内、外传。权以玢有智谋，能专对，乃使至魏。魏文帝问曰：'吴嫌魏东向乎？'玢曰：'不嫌。'曰：'何以？'曰：'信恃旧盟，言归于好，是以不嫌。若魏渝盟，自有预备。'又问：'闻太子当来，宁然乎？'玢曰：'臣在东朝，朝不坐，宴不与；若此之议，无所闻也。'文帝善之，乃引玢自近，谈语终日。玢随事响应，无所屈服。玢还，言曰：'臣密参侍中刘晔，数为贼设奸计，终不久慤。臣闻兵家旧论：不恃敌之不我犯，恃我之不可犯。今为朝廷虑之，且当省息他役，惟务农桑以广军资；修缮舟车，增作战具，令皆兼盈；抚养兵民，使各得其所；揽延英俊，奖励将士：则天下可图矣！'以奉使有称，封永安乡侯，官至少府。"

〔七〕《江表传》曰："是岁，魏文帝遣使求雀头香、大贝、明珠、象牙、犀角、玳瑁、孔雀、翡翠、斗鸭、长鸣鸡。群臣奏曰：'荆、扬二州，贡有常典；魏所求珍玩之物，非礼也：宜勿与。'权曰：'昔惠施尊齐为王，客难之曰："公之学，去尊；今王齐，何其倒也？"惠子曰："有人于此，欲击其爱子之头，而石可以代之；子头所重，而石所轻也：以轻代重，何为不可乎？"方有事于西北，江表元元，恃主为命，非我爱子邪？彼所求者，于我瓦石耳：孤何惜焉？彼在谅暗之中，而所求若此，宁可与言礼哉！'皆具以与之。"

黄武元年春正月[1]，陆逊部将军宋谦等[2]，攻蜀五屯；皆破之，斩其将。三月，鄱阳言黄龙现[3]。

蜀军分据险地，前后五十余营；逊随轻重，以兵应拒。自正月至闰月[4]，大破之，临阵所斩及投兵降首数万人[5]；刘备奔走，仅以身免。〔一〕

初，权外托事魏，而诚心不款[6]。魏欲遣侍中辛毗、尚书桓阶往与盟誓[7]，并征任子[8]；权辞让不受。

秋九月，魏乃命曹休、张辽、臧霸出洞口[9]；曹仁出濡须；曹真、夏侯尚、张郃、徐晃围南郡[10]。权遣吕范等督五军，以舟军拒休等；诸葛瑾、潘璋、杨粲救南郡；朱桓以濡须督拒仁[11]。

时扬、越蛮夷多未平集[12]，内难未弭；故权卑辞上书，求自改厉[13]："若罪在难除，必不见置[14]；当奉还土地民人，乞寄命交州[15]，以终余年。"

文帝报曰："君生于扰攘之际，本有从横之志[16]；降身奉国，以享兹祚[17]。自君策名以来[18]，贡献盈路；讨备之功，国朝仰成[19]。埋而掘之，古人之所耻；〔二〕朕之与君，大义已定。岂乐劳师，远临江汉？廊庙之议[20]，王者所不得专[21]。三公上君过失，皆有本末。朕以不明，虽有曾母投杼之疑[22]；犹冀言者不信[23]，以为国福。故先遣使者犒劳，又遣尚书、侍中践修前言，以定任子。君遂设辞，不欲使进：议者怪之。〔三〕又前都尉浩周劝君遣子，乃实朝臣交谋，以此卜君[24]；君果有辞，外引隗嚣遣子不终[25]，内喻窦融守忠而已[26]。世殊时异，人各有心。浩周之还，口陈指麾[27]；益令议者发明众嫌[28]，终始之本，无所据仗：故遂俯仰从群臣议[29]。今省上事[30]，款诚深至；心用慨然，凄怆动容。即日下诏，敕诸军：‘但深沟高垒，不得妄进！’若君必效忠节，以解疑议；登身朝到，夕召兵还：此言之诚，有如大江[31]！”〔四〕

权遂改年，临江拒守。

冬十一月，大风，范等兵溺死者数千，余军还江南。曹休使臧霸以轻船五百、敢死万人袭攻徐陵[32]，烧攻城车[33]，杀略数千人。将军全琮、徐盛追斩魏将尹卢[34]，杀获数百。

十二月，权使太中大夫郑泉，聘刘备于白帝[35]，始复通也。〔五〕然犹与魏文帝相往来，至后年乃绝。是岁，改夷陵为西陵。

【注释】

〔1〕黄武：孙权确定的年号。自此以下，孙权不再用曹魏的年号，以示自立。同时，陈寿也遵照帝王编年史的惯例，在孙吴每年的记事中，标出春、夏、秋、冬四时的名称。 〔2〕部：部署。 〔3〕龙：古代传说中的神奇动物。有须、鳞、爪，能兴云布雨，并且是帝王的象征。这里说黄龙出现，是投机者为了取悦孙权而制造的“祥瑞”。 〔4〕闰月：

据陈垣《二十史朔闰表》，当年闰六月。　〔5〕投兵：放下兵器。　降首：投降自首。　〔6〕款：真实。　〔7〕侍中：官名。皇帝的侍从长官兼政事顾问。　辛毗：传见本书卷二十五。　尚书：官名。东汉、曹魏时处理军国要事务的机构是尚书台。尚书台的分支机构叫做曹，每曹的主办官员即是尚书。　桓阶：传见本书卷二十二。　〔8〕任子：充当人质的亲生儿子。这里指孙权的太子孙登。　〔9〕曹休（？—公元228）：传见本书卷九。　臧霸：传见本书卷十八。　洞口：地名。在今安徽和县南。　〔10〕曹真（？—公元231）、夏侯尚（？—公元225）：二人传见本书卷九。　张郃（？—公元231）：传见本书卷十四。　〔11〕朱桓（公元177—238）：传见本书卷五十六。　濡须督：官名。孙吴在长江沿线要地设置军事长官，称之为督。濡须督是濡须防区的军事长官。〔12〕扬：指扬州。　越：指交州。交州是西汉南越国的故地。　〔13〕改厉：改过自新。　〔14〕见置：被放过。　〔15〕寄命：寄居生存。　〔16〕从（zòng）横：指割据称雄。　〔17〕祚：福。　〔18〕策名：把姓名登记在朝廷的官员名册上。指效忠朝廷。　〔19〕仰成：仰仗（你而取得）成功。〔20〕廊庙：指朝廷。　〔21〕专：专断。　〔22〕曾母：曾参的母亲。曾参是孔子的学生。鲁国有与曾参同姓名的人杀人行凶，人们以为是曾参所为，跑来告诉他的母亲。开始她还不信，后来信以为真，丢下织布的梭子翻墙逃走。事见《史记》卷七十一《甘茂列传》。　投：丢下。杼（zhù）：织布的梭子。　〔23〕冀：希望。　不信：不确实。〔24〕卜：试验。　〔25〕隗嚣（？—公元33）：字纪孟。天水郡成纪（今甘肃秦安县）人。新莽末年，割据陇右，自称西州大将军。建武九年（公元33），被东汉军队击败，忧病而死。此前，他曾送长子到东汉京城洛阳做人质。传见《后汉书》卷十三。　〔26〕窦融（前16—公元62）：字周公。右扶风平陵（今陕西咸阳市西北）人。世代在河西地区任行政官吏。新莽末年，割据河西五郡。公元32年，帮助刘秀消灭隗嚣，归顺东汉王朝。后升任大司空，封安丰侯。传见《后汉书》卷二十二。　〔27〕指麾：手指挥动。　〔28〕发明：发出和表明。　众嫌：各种怀疑。〔29〕俯仰：随从的样子。　从群臣议：指出兵威胁孙吴。　〔30〕省（xǐng）：阅看。　上事：上呈的文书。当时习称公务文书为事。〔31〕大江：指长江。　〔32〕敢死：即敢死队。　徐陵：地名。在今安徽当涂县西南。　〔33〕攻城车：一种载有登城高梯的车辆。用于攀登城墙发起进攻。　〔34〕全琮（？—公元249）：传见本书卷六十。　〔35〕太中大夫：官名。侍从皇帝，回答皇帝的询问。　白帝：城名。在今重庆市原奉节县东白帝山上。下临长江三峡西口，是当时益州的东大门。

【裴注】

〔一〕《吴历》曰："权以使聘魏，具上破备获印绶及首级、所得土地；并表将吏功勤宜加爵赏之意。文帝报使，致鼲子裘、明光铠、骓马；又以素书所作《典论》及诗赋，与权。"

《魏书》载诏答曰："老虏边窟越险深入，旷日持久；内迫疲弊，外困智力；故现身于鸡头，分兵拟西陵：其计不过谓可转足前迹以摇动江东。根未著地，摧折其支；虽未刳备五脏，使身首分离；其所降诛，亦足使虏部众凶惧。昔吴汉先烧荆门，后发夷陵，而子阳无所逃其死；来歙始袭略阳，文叔喜之，而知隗嚣无所施其巧：今讨此虏，正似其事。将军勉建方略，务全独克！"

〔二〕《国语》曰："狸埋之，狸掘之：是以无成功。"

〔三〕《魏略》载魏三公奏曰："臣闻枝大者披心，尾大者不掉：有国有家之所慎也。昔汉承秦弊，天下新定；大国之王，臣节未尽。以萧、张之谋，不备录之，致使六王，前后反叛。已而伐之，戎车不辍。又文、景守成，忘战戢役；骄纵吴、楚，养虺成蛇，既为社稷大忧。盖前事之不忘，后事之师也。吴王孙权，幼竖小子，无尺寸之功；遭遇兵乱，因父兄之绪；少蒙翼卵煦伏之恩，长含鸱枭反逆之性；背弃天（地）〔施〕，罪恶积大。复与关羽，更相觊伺；逐利见便，挟为卑辞。先帝知权奸以求用，时以于禁败于水灾，等当讨羽，因以委权。先帝委裘下席，权不尽心诚在恻怛，欲因大丧，寡弱王室。希托董桃，传先帝令，乘未得报许，擅取襄阳；及见驱逐，乃更折节：邪辟之态，巧言如流。虽重驿累使，发遣禁等；内包隗嚣顾望之奸，外欲缓诛，支仰蜀贼。圣朝含弘，既加不忍，优而赦之，与之更始；猥乃割地王之，使南面称孤，兼官累位，礼备九命，名马百驷，以成其势：光宠显赫，古今无二。权为犬羊之姿，横被虎豹之文；不思靖力致死之节，以报无量不世之恩。臣每见所下权前后章表，又以愚意采察权旨：自以阻带江湖，负固不服；狃伏累世，诈伪成功。上有尉佗、英布之计，下诵伍被屈强之辞：终非不侵不叛之臣。〔臣〕以为晁错不发削弱五侯之谋，则七国同衡，祸久而大；蒯通不决袭历下之策，则田横自虑，罪深变重。臣谨考之《周礼》九伐之法，平权凶恶：逆节萌生，见罪十五。……昔九黎乱德，黄帝加诛；项羽罪十，汉祖不舍。权所犯罪衅明白，非仁恩所养，宇宙所容。臣请免权官，鸿胪削爵土，捕治罪。敢有不从，移兵进讨；以明国典好恶之常，以静三州元元之苦。"

其十五条，文多不载。

〔四〕《魏略》曰：

"浩周字孔异，上党人。建安中，仕为萧令，至徐州刺史。后领护于禁军；军没，为关羽所得。权袭羽，并得周，甚礼之。及文帝即王位，权乃遣周，为笺魏王曰：'昔讨关羽，获于将军；即白先王，当发遣之。此乃奉款之心，不言而发。先王未深留意，而谓权中间复有异图。愚情楼楼，用未果决；遂值先王委离国祚，殿下承统，下情始通。公私契阔，未获备举；是令本誓，未即昭显。梁寓传命，委曲周至，深知殿下以为意望。权之赤心，不敢有他；愿垂明恕，保权所执。谨遣浩周、东里衮；至情至实，皆周等所具。'

又曰：'权本性空薄，文武不昭；昔承父兄成军之绪，得为先王所见奖饰；遂因国恩，抚绥东土。而中间寡虑，庶事不明；畏威忘德，以取重戾。先王恩仁，不忍遐弃；既释其宿罪，且开明信。虽致命房廷，枭获关羽；功效浅薄，未报万一。事业未究，先王即世。殿下践阼，威仁流迈；私惧情愿，未蒙昭察。梁寓来到，具知殿下不遂疏远，必欲抚录，追本先绪。权之得此，欣然踊跃，心开目明，不胜其庆。权世受宠遇，分义深笃；今日之事，永执一心。惟察楼楼，重垂含覆。'

又曰：'先王以权推诚已验，军当引还；故除合肥之守，著南北之信；令权长驱，不复后顾。近得守将周泰、全琮等白事：过月六日，有马步七百，径到横江，又督将马和，复将四百人进到居巢；琮等闻有兵马渡江，视之，为兵马所击；临时交锋，大相杀伤。猝得此问，情用恐惧。权实在远，不预闻知；约敕无素，敢谢其罪？又闻张征东、朱横海，今复还合肥。先王盟要，由来未久；且权自度，未获罪衅，不审今者何以发起，牵军远次？事业未讫，甫当为国讨除贼备；重闻斯问，深使失图！凡远人所恃，在于明信；愿殿下克卒前分，开示坦然；使权誓命，得卒本规。凡所愿言，周等所当传也。'

初东里衮为于禁军司马，前与周俱没，又俱还到，有诏皆见之。帝问周等，周以为权必臣服；而东里衮，谓其不可必服。帝悦周言，以为有以知之。是岁冬，魏王受汉禅，遣使以权为吴王，诏使周与使者俱往。周既致诏命，时与权私宴，谓权曰：'陛下未信王遣子入侍也，周以阖门百口明之！'权因字谓周曰：'浩孔异！卿乃以举家百口保我，我当何言邪？'遂流涕沾襟。及与周别，又指天为誓。周还之后，权不遣子而设辞，帝乃久留其使。

到八月，权上书谢，又与周书曰：'自道路开通，不忘修意。既新奉国命，加知起居，假归河北，故使情问，不获果至。望想之劳，曷云其已？孤以空暗，分信不昭；中间招罪，以取弃绝。幸蒙国恩，复见赦宥；喜乎与君，克卒本图。传不云乎：虽不能始，善终可也。'

又曰：'昔君之来，欲令遣子入侍；于时倾心，欢以承命；徒以登年幼，欲假年岁之间耳。而赤情未蒙昭信，遂见讨责，常用惭怖。自顷国恩，复加开导；忘其前愆，取其后效：喜得因此，寻竟本誓。前已有表具说遣子之意，想君假还，已知之也。'又曰：'今子当入侍，而未有妃耦；昔君念之，以为可上连缀宗室若夏侯氏；虽中间自弃，常奉戢在心。当垂宿念，为之先后；使获攀龙附骥，永自固定：其为分惠，岂有量哉！如是，欲遣孙长绪与小儿俱入，奉行礼聘，成之在君。'又曰：'小儿年弱，加教训不足；念当与别，为之缅然！父子恩情，岂有已邪！又欲遣张子布追辅护之。孤性无余，凡所欲为，今尽宣露。惟恐赤心不（先）〔克〕畅达，是以具为君说之，宜明所以。'

于是诏曰：'权前对浩周自陈，不敢自远，乐委质长为外臣；又前后辞旨，头尾击地：此鼠子自知不能保尔许地也。又今与周书，请以十二月遣子；复欲遣孙长绪、张子布随子俱来，彼二人皆权股肱心腹也。又欲为子于京师求妇，此权〔无〕异心之明效也。'帝既信权甘言，且谓周为得其真；而权但华伪，竟无遣子意。自是之后，帝既彰权罪；周亦见疏远，终身不用。"

〔五〕《江表传》曰："权云：'近得玄德书，已深引咎，求复旧好。前所以名西为蜀者，以汉帝尚存故耳；今汉已废，自可名为汉中王也。'"

《吴书》曰："郑泉字文渊，陈郡人。博学有奇志，而性嗜酒。其闲居，每曰：'愿得美酒，满五百斛船，以四时甘脆，置两头；反覆没饮之，憊即住而啖肴膳；酒有斗升减，随即益之：不亦快乎！'权以为郎中。尝与之言：'卿好于众中面谏，或失礼敬：宁畏龙鳞乎？'对曰：'臣闻君明臣直。今值朝廷上下无讳，实恃洪恩，不畏龙鳞。'后侍宴，权乃怖之，使提出，付有司促治罪。泉临出屡顾，权呼还，笑曰：'卿言不畏龙鳞，何以临出而顾乎？'对曰：'实恃恩覆，知无死忧；至当出阁，感惟威灵，不能不顾耳！'使蜀，刘备问曰：'吴王何以不答吾书？得无以吾正名不宜乎？'泉曰：'曹操父子陵轹汉室，终夺其位。殿下既为宗室，有维城之责；不荷戈执殳，为海内率先，而于是自名：未合天下之议，是以寡君未复书耳。'备甚惭恧。泉临卒，谓同类曰：'必葬我陶家之侧，庶百岁之后，化而成土；幸见取为酒壶，实获我心矣！'"

二年春正月[1]，曹真分军据江陵中州[2]。是月，城江夏山[3]。改《四分》[4]，用《乾象历》[5]。〔一〕三月，曹仁遣将军常雕等，以兵五千，乘油船[6]，晨渡濡须中州；仁子泰，因引军急攻朱桓，桓兵拒之；遣将军严圭等击破雕等。是月，魏军皆退。

夏四月，权群臣劝即尊号[7]，权不许。〔二〕刘备薨于白帝。〔三〕五月，曲阿言甘露降。先是，戏口守将晋宗，杀将王直，以众叛如魏；魏以为蕲春太守，数犯边境。六月，权令将军贺齐，督糜芳、刘邵等，袭蕲春；邵等生虏宗。

冬十一月，蜀使中郎将邓芝[8]，来聘。〔四〕

三年夏[9]，遣辅义中郎将张温，聘于蜀[10]。

秋八月，赦死罪。九月，魏文帝出广陵，望大江。曰："彼有人焉，未可图也！"乃还。〔五〕

四年夏五月[11]，丞相孙邵卒。〔六〕六月，以太常顾雍为丞相[12]。〔七〕

〔秋七月，〕皖口言木连理[13]。

冬十二月，鄱阳贼彭绮自称将军，攻没诸县，众数万人。

是岁，地连震。〔八〕

【注释】

　　〔1〕二年：黄武二年（公元223）。　〔2〕中州：江河中的洲岛。这里指当时江陵西面长江中的百里洲。　〔3〕山：此处当指江夏郡治所沙羡县所在的夏口山。即今湖北武汉市武昌区长江南岸的蛇山。当时有夏水北流至山下注入长江，故名夏口。孙权开始在此设置军事据点，加强长江中游的防御，从此成为兵家必争的要地。此后闻名天下的黄鹤楼，即由这一军事据点演变而来。　〔4〕四分：历法名。西汉武帝太初元年（前104）开始施用《太初历》。东汉章帝元和二年（公元85）改用《四分历》。

〔5〕《乾象历》：历法名。东汉末年历法家刘洪所制定，是对《四分历》的改进。两种历法的岁首月份相同，但每月的初一日和闰月的安排不尽相同。 〔6〕油船：装设有油脂浸涂的防护板的战船。防护板起抵御刀箭等兵器进攻的作用。 〔7〕即尊号：指称帝。 〔8〕邓芝（？—公元251）：传见本书卷四十五。 〔9〕三年：黄武三年（公元224）。〔10〕辅义中郎将：官名。领兵征伐，或临时充当使臣。 张温：传见本书卷五十七。这一张温与本书卷四十六《孙坚传》中的张温是两个人。〔11〕四年：黄武四年（公元225）。 〔12〕顾雍：（公元168—243）：传见本书卷五十二。 〔13〕皖口：地名。在今安徽安庆市西。是长江北岸支流皖水入长江处。 木连理：不同根的树木其枝干合长在一起。古代把这视为吉祥的征兆。

【裴注】

〔一〕《江表传》曰："权推五德之运，以为土行；用未祖、辰腊。"

《志林》曰："土行以辰腊，得其数矣。土盛于戌，而以未祖，其义非也。土生于未，故未为坤初。是以《月令》：'建未之月，祀黄精于郊，祖用其盛。'今祖用其始，岂应运乎？"

〔二〕《江表传》曰："权辞让曰：'汉家埋替，不能存救；亦何心而竞乎！'群臣称天命符瑞，固重以请；权未之许，而谓将相曰：'往年孤以玄德方向西鄙，故先命陆逊选众以待之。闻北部分，欲以助孤，孤内嫌其有挟；若不受其拜，是相折辱而促其速发，便当与西俱至，二处受敌，于孤为剧：故自抑按，就其封王。低屈之趣，诸君似未之尽：今故以此相解耳。'"

〔三〕《吴书》曰："权遣立信都尉冯熙聘于蜀，吊备丧也。熙字子柔，颍川人。冯异之后也。权之为车骑，熙历东曹掾。使蜀还，为中大夫。后使于魏，文帝问曰：'吴王若欲修宿好，宜当厉兵江关，悬旌巴蜀；而闻复遣修好，必有变故！'熙曰：'臣闻西使直报问，且以观衅，非有谋也。'又曰：'闻吴国比年灾旱，人物凋损；以大夫之明，观之何如？'熙对曰：'吴王体量聪明，善于任使；赋政施役，每事必咨；教养宾旅，亲贤爱士；赏不择怨仇，而罚必加有罪：臣下皆感恩怀德，惟忠与义。带甲百万，谷帛如山，稻田沃野，民无饥岁：所谓金城汤池，强富之国也。以臣观之：轻重之分，未可量也！'帝不悦，以陈群与熙同郡，使群诱之；啖以重利，熙不为回。送至摩陂，欲困苦之。后又召还，未至；熙惧见迫不从，必危身辱命，乃引刀自刺，〔中乳房。〕御者觉之，不得死。权闻之，垂涕曰：'此与苏武何异！'竟死于魏。"

〔四〕《吴历》曰："蜀致马二百匹，锦千端，及方物。自是之后，聘使往来，以为常。吴亦致方土所出，以答其厚意焉。"

〔五〕干宝《晋纪》曰："魏文帝之在广陵，吴人大骇。乃临江为疑城，自石头至于江乘；车以木桢，衣以苇席，加采饰焉：一夕而成。魏人自江西望，甚惮之，遂退军。权令赵达算之，曰：'曹丕走矣！虽然，吴衰庚子岁。'权曰：'几何？'达屈指而计之，曰：'五十八年。'权曰：'今日之忧，不暇及远：此子孙事也！'"《吴录》曰："是岁，蜀主又遣邓芝来聘，重结盟好。权谓芝曰：'山民作乱，江边守兵多撤；虑曹丕乘空弄态，而反求和。议者以为："内有不暇，幸来求和，于我有利；宜当与通，以自辨定。"恐西州不能明孤赤心，用致嫌疑。孤土地边外，间隙万端；而长江巨海，皆当防守；丕观衅而动，惟不见便：宁得忘此，复有他图！'"

〔六〕《吴录》曰："邵字长绪。北海人。长八尺。为孔融功曹，融称曰：'廊庙才也！'从刘繇于江东。及权统事，数陈便宜；以为应纳贡聘，权即从之。拜庐江太守，迁车骑长史。黄武初，为丞相，威远将军，封阳羡侯。张温、暨艳奏其事，邵辞位请罪；权释令复职。年六十三卒。"《志林》曰："吴之创基，邵为首相；史无其传，窃常怪之。尝问刘声叔。声叔，博物君子也，云：'推其名位，自应立传。项竣、（吴）〔丁〕孚时，已有注记此，云"与张惠恕不能"。后韦氏作史，盖惠恕之党，故不见书。'"

〔七〕《吴书》曰："以尚书令陈化为太常。化字元耀。汝南人。博览众书，气干刚毅；长七尺九寸，雅有威容。为郎中令，使魏。魏文帝因酒酣，嘲问曰：'吴、魏峙立，谁将平一海内者乎？'化对曰：'《易》称帝出乎震；加闻先哲知命旧说，紫盖黄旗，运在东南。'帝曰：'昔文王以西伯王天下，岂复在东乎？'化曰：'周之初基，太伯在东；是以文王，能兴于西。'帝笑，无以难，心奇其辞。使毕当还，礼送甚厚。权以化奉命光国，拜犍为太守，置官属。顷之，迁太常，兼尚书令。正色立朝，（劝）〔敕〕子弟：废田业，绝治产；仰官廪禄，不与百姓争利。妻早亡，化以古事为鉴，乃不复娶。权闻而贵之，以其年壮，敕宗正；妻以宗室女；化固辞以疾，权不违其志。年出七十，乃上疏乞骸骨。遂爱居章安，卒于家。长子炽，字公熙。少有志操，能计算。卫将军全琮表称炽任大将军〔掾〕；赴召，道卒。"

〔八〕《吴录》曰："是冬，魏文帝至广陵，临江观兵；兵有十余万，旌旗弥数百里，有渡江之志。权严设固守。时大寒，冰，舟不得入江。

帝见波涛汹涌，叹曰：'嗟乎！固天所以隔南北也！'遂归。孙韶又遣将高寿等，率敢死之士五百人，于径路夜要之。帝大惊；寿等获副车、羽盖以还。"

五年春[1]，令曰："军兴日久，民离农畔[2]；父子夫妇，不听相恤[3]：孤甚愍之！今北虏缩窜，方外无事；其下州郡[4]，有以宽息。"是时，陆逊以所在少谷，表令诸将增广农亩。权报曰："甚善！今孤父子亲自受田，车中八牛，以为四耦[5]；虽未及古人[6]，亦欲与众均等其劳也。"

秋七月，权闻魏文帝崩，征江夏，围石阳[7]；不克而还。苍梧言凤凰见[8]。分三郡恶地十县，置东安郡[9]；〔一〕以全琮为太守，平讨山越。

冬十月，陆逊陈便宜[10]，劝以施德缓刑，宽赋息调[11]。又云："忠谠之言[12]，不能极陈[13]；求容小臣[14]，数以利闻[15]。"

权报曰："夫法令之设，欲以遏恶防邪，儆戒未然也。焉得不有刑罚，以威小人乎？此为先令后诛[16]，不欲使有犯者耳。君以为太重者，孤亦何利其然？但不得已而为之耳。今承来意，当重咨谋[17]，务从其可。且近臣有尽规之谏，亲戚有补察之箴；所以匡君正主，明忠信也。《书》载'予违汝弼，汝无面从[18]'，孤岂不乐忠言以自裨补邪？而云'不敢极陈'，何得为忠谠哉！若小臣之中，有可纳用者；宁得以人废言，而不采择乎？但谄媚取容[19]，虽暗亦所明识也[20]！至于发调者，徒以天下未定[21]，事以众济[22]。若徒守江东，修崇宽政；兵自足用，复用多为[23]？顾坐自守，可陋耳[24]。若不豫调，恐临时未可便用也。又孤与君，分义特异[25]，荣戚实同；来表云'不敢随众容身苟免'，此实甘心所望于君也！"

于是，令有司尽写科条[26]，使郎中褚逢，赍以就逊及诸葛瑾[27]；意所不安，令损益之[28]。

是岁，分交州置广州[29]，俄复旧[30]。〔二〕

六年春正月[31]，诸将获彭绮。

闰月[32]，韩当子综，以其众降魏。

七年春三月[33]，封子虑为建昌侯[34]。罢东安郡。

夏五月，鄱阳太守周鲂伪叛[35]，诱魏将曹休。

秋八月，权至皖口；使将军陆逊，督诸将大破休于石亭[36]。大司马吕范卒[37]。

是岁，改合浦为珠官郡[38]。〔三〕

【注释】

〔1〕五年：黄武五年(公元226)。 〔2〕农畔：土地的边界。这里指农田。 〔3〕不听相恤：不能相互照顾。 〔4〕其：助词。当时官方指令性文书常用。其字以下即具体的指令内容。 下：下达(公文)。〔5〕耦(ǒu)：指两牛共拉一犁。 〔6〕未及古人：据《国语·周语》上记载，西周王朝有亲耕籍田的制度，天子千亩，诸侯百亩，以劝勉百姓务农。孙权的话即指此。 〔7〕石阳：县名。县治在今湖北汉川市西北。〔8〕苍梧：郡名。治所在今广西梧州市。 凤凰：古代传说中的一种神鸟。雄鸟叫凤，雌鸟叫凰。凤凰出现被认为是特别的祥瑞。 〔9〕三郡：指丹杨、吴、会稽三郡。 恶地：险峻的深山地区。当时这三郡交界的山区是山越族武装力量活动频繁的地方。见本书卷六十《全琮传》。东安：郡名。治所在今浙江杭州市富阳区。 〔10〕便宜：有利而适当的

政策。 〔11〕赋：赋税。 调：这里指兵员的征调。 〔12〕说：正直。
〔13〕不能：不敢。 〔14〕求容：请求允许。 〔15〕数以利闻：不断把
有利的建议报告给您知道。 〔16〕先令：先申明法令。 〔17〕重：重
新。 〔18〕予违汝弼：我有过错你应当辅正我。这是尧对舜说的话，载
《尚书·皋陶谟》。 面从：当面顺从（而背后非议）。 〔19〕取容：求得
别人的接纳。 〔20〕明识：（我也能）清楚地看出。 〔21〕徒：只是。
〔22〕济：成功。 〔23〕复用多为：还用得着多（调发兵丁）吗？
〔24〕可陋：该当受到鄙视。 〔25〕分(fèn)义：情谊。 特异：特别不
同。孙权作主把哥哥孙策的女儿嫁给了陆逊，二人不仅是君臣，而且是
姻亲，所以他这样说。 〔26〕有司：有关部门。 科条：规章条例。
〔27〕郎中：官名。警卫皇宫殿堂。 赍(jī)：带着。 〔28〕损益：增删。
〔29〕广州：州名。治所在今广东广州市。 〔30〕俄：不久。 〔31〕六
年：黄武六年(公元227)。 〔32〕闰月：据陈垣《二十史朔闰表》，当
年闰十二月。 〔33〕七年：黄武七年(公元228)。 〔34〕虑：即孙虑
(公元213—232)。传见本书卷五十九。 〔35〕周鲂：传见本书卷六十。
〔36〕石亭：地名。在今安徽潜山市东北。石亭大战为三国时期重要战
役，是魏、吴两国间攻守态势的转折点。六年前的夷陵之战，使孙吴的
西部边境完全安定下来。但是从那以后，其北部边境却受到曹魏方面的
强大压力，致使割据江东达二十多年之久的孙权迟迟不敢称帝。石亭大
战以曹军大败告终，从而结束曹军在淮南一直保持的进攻态势。相反孙
吴却成为主动一方，屡次从淮南发动进攻，企图突入中原。战争一结束，
孙权就开始称帝，接着又把首都迁回正对淮南易受威胁的建业。战争经
过详见本书卷九《曹休传》、卷五十八《陆逊传》。 〔37〕大司马：官
名。领兵将军中特别尊崇的名号。地位还在大将军之上，但不常置。领
兵征伐。 〔38〕合浦：郡名。治所在今广西合浦县东北。

【裴注】
　〔一〕《吴录》曰："郡治富春也。"
　〔二〕《江表传》曰："权于武昌，新装大船，名为'长安'。试泛之
钓台圻，时风大盛，谷利令舵工取樊口。权曰：'当张头取罗州。'利拔
刀向舵工曰：'不取樊口者，斩！'工即转舵入樊口。风遂猛，不可行，
乃还。权曰：'阿利畏水何怯也？'利跪曰：'大王万乘之主，轻于不测
之渊，戏于猛浪之中；船楼装高，邂逅颠危，奈社稷何？是以利辄敢以
死争！'权于是贵重之。自此后不复名之，常呼曰'谷'。"

〔三〕《江表传》曰："是岁，将军翟丹叛如魏。权恐诸将畏罪而亡，乃下令曰：'自今诸将有重罪三，然后议。'"

黄龙元年春，公卿百司皆劝权正尊号[1]。

夏四月，夏口、武昌，并言黄龙、凤凰现。

丙申[2]，南郊即皇帝位[3]。〔一〕是日大赦，改年；追尊父破虏将军坚为武烈皇帝，母吴氏为武烈皇后，兄讨逆将军策为长沙桓王；吴王太子登为皇太子；将吏皆进爵加赏。

初，兴平中[4]，吴中童谣曰[5]："黄金车[6]，班兰耳[7]；（阊）〔开〕昌门[8]，出天子。"〔二〕

五月，使校尉张刚、管笃，之辽东[9]。

六月，蜀遣卫尉陈震[10]，庆权践位。权乃参分天下[11]：豫、青、徐、幽，属吴[12]；兖、冀、并、凉，属蜀[13]；其司州之土[14]，以函谷关为界[15]。造为盟曰：

天降丧乱，皇纲失叙[16]；逆臣乘衅[17]，劫夺国柄：始于董卓，终于曹操；穷凶极恶，以覆四海。至令九州幅裂[18]，普天无统；民神痛怨，靡所戾止[19]。及操子丕，桀逆遗丑[20]；荐作奸回[21]，偷取天位。而叡么麽[22]，寻丕凶迹；阻兵盗土，未伏厥诛。昔共工乱象而高辛行师[23]，三苗干度而虞舜征焉[24]。今日灭叡，擒其徒党；非汉与吴，将复谁任？

夫讨恶翦暴，必声其罪[25]；宜先分裂，夺其土地：使士民之心，各知所归。是以《春秋》晋侯伐卫[26]，先分其田以畀宋人[27]：斯其义也。且古建大事，必先盟誓；故《周礼》有司盟之官[28]，《尚书》有告誓之文[29]。汉之与吴，虽信由中[30]；然分土裂境，宜有盟约。诸葛丞相，德威远著；翼戴本国，典戎在外[31]；信感阴阳，诚动天地；重复结盟，广诚约誓：使东西士民，咸共闻知。故立坛杀牲，昭告神明；再歃加书[32]，副之天府[33]。天高听下，灵威棐谌[34]；司慎、司盟[35]，群神群祀：莫不临之。

自今日汉、吴既盟之后，戮力一心，同讨魏贼；救危恤患，分灾共庆；好恶齐之，无或携贰。若有害汉，则吴伐之；若有害吴，则汉伐之。各守分土，无相侵犯；传之后叶[36]，克终若始。凡百之约，皆如载书[37]。信言不艳[38]，实居于好。

有渝此盟[39]，创祸先乱；违贰不协，慆慢天命[40]；明神上帝，是讨是督；山川百神，是纠是殛：俾坠其师[41]，无克祚国[42]。于尔大神，其明鉴之！

秋九月，权迁都建业，因故府[43]，不改馆；征上大将军陆逊[44]，辅太子登，掌武昌留事[45]。

【注释】

〔1〕公卿：三公九卿。三公为太尉、司徒、司空。九卿为太常、光禄勋、卫尉、太仆、廷尉、大鸿胪、宗正、大司农、少府。 百司：百官。 〔2〕丙申：旧历十三日。 〔3〕南郊：指在当时孙吴都城武昌的

南郊举行祭告上天的仪式。 〔4〕兴平：东汉献帝的年号。 〔5〕吴中：吴县一带。在建安十六年（公元211）之前，孙吴的政治中心一直在吴县（今江苏苏州市）。 〔6〕黄金车：黄金装饰的车辆。指皇帝的礼仪专车。当时皇帝的礼仪专车用大量金箔图案装饰，叫做金根车。 〔7〕班兰：色彩辉耀的样子。 耳：车轮上方的弧形挡泥板。当时的正式名称叫做轓(fān)，轓上的颜色和图案有特殊的规定。 〔8〕昌门：吴县城的西门。又作阊门。 〔9〕之：到。 辽东：郡名。治所在今辽宁辽阳市。当时辽东及其附近地区由公孙渊占据。孙权派使者与公孙渊联络，其目的之一是在辽东换回南方紧缺的良种军马。 〔10〕卫尉：官名。九卿之一。负责皇宫大门警卫和宫内流动巡查。至于殿堂之内则归光禄勋负责警卫。 陈震(？—公元235)：传见本书卷三十九。 〔11〕参(cān)分：斟酌划分。 〔12〕青：州名。治所在今淄博市东。 幽：州名。治所在今北京市。 〔13〕兖：州名。治所在今山东鄄城县东北。 冀：州名。治所在今河北衡水市冀州区。 并(bīng)：州名。治所在今山西太原市西南。 〔14〕司州：即司隶校尉部。是曹魏京城洛阳所在的州。治所在今河南洛阳市东。 〔15〕函谷关：关隘名。在今河南新安县东。〔16〕皇纲：皇朝的秩序。 〔17〕衅：裂痕。指危机。 〔18〕九州：《尚书·禹贡》分全国为冀、兖、青、徐、扬、荆、豫、梁、雍九州。这里指全国。 〔19〕靡所戻止：没有止境。 〔20〕遗丑：留下的同类。〔21〕荐：接连。 奸回：奸恶。 〔22〕叡：即曹叡(公元206—239)。事详本书卷三。 幺麽(yāo mó)：微小。指微不足道的人。是轻蔑的话。 〔23〕共工：传说中古代部落首领。是炎帝的后裔。 乱象：扰乱政治秩序。 高辛：传说中古代部族的首领。共工曾经侵侮其他部落，与高辛争夺领袖地位，被高辛消灭。见《国语·周语》下韦昭注。〔24〕三苗：传说中古代少数族名。 干度：违犯法度。 虞舜：传说中父系氏族社会后期的部落联盟领袖。姚姓，有虞氏，名重华。尧去世后继位。事详《史记》卷一《五帝本纪》。 〔25〕声：宣布。 〔26〕《春秋》：书名。儒家经典之一。编年体春秋史。相传是孔子依据鲁国史官所编《春秋》加以整理修订而成。起于鲁隐公元年(前722)，止于鲁哀公十四年(前481)。是后代编年史的起始。解释《春秋》经文的有《左传》、《公羊传》、《穀梁传》。 晋侯：指晋文公。晋文公进攻卫国事，见《左传》僖公二十八年。 〔27〕畀(bì)：给予。 〔28〕《周礼》：书名。儒家经典之一。杂合周代与战国制度，并加入儒家政治理想编辑而成。全书六篇。 司盟：《周礼·秋官》中列有司盟的官职，负责结盟事务。 〔29〕《尚书》：书名。儒家经典之一。在先秦时经长期汇集而成。

记述上古时期的史事，有今文、古文之分。《今文尚书》二十八篇。现存的《古文尚书》二十五篇，已被断定是伪作。 告誓：指《尚书》中的《大诰》、《甘誓》、《汤誓》、《牧誓》等篇。这里告同诰，是一种文告；誓是誓言。 〔30〕中：内心。 〔31〕典戎：掌管军队。 〔32〕歃(shà)：即歃血。古人在订立盟誓时，参加各方要用口吮取少量牲畜的血，以表示诚心，这叫做歃血。 〔33〕副之天府：副本放在朝廷的档案馆中。 〔34〕裴(fèi)谌：帮助有诚心的人。 〔35〕司慎、司盟：都是传说中主管盟誓的天神。 〔36〕后叶：后代。 〔37〕载书：记载盟誓内容的文书原件。古人在订立盟誓时，先杀牲取血，歃血后宣读载书，然后把牲畜尸体连同载书一并掘坑掩埋。载书的副本则由各方保存。见《周礼·秋官·司盟》郑玄注。 〔38〕信言：诚实的话语。 不艳：不作过分的修饰。 〔39〕渝：背叛。 〔40〕惰(tāo)慢：怠慢。 〔41〕坠：丧失。 师：这里指民众。 〔42〕无克：不能。 祚(zuò)：赐福。 〔43〕故府：建安十六年(公元211)孙权任讨虏将军时，曾在建业设立治所。这里的故府即指当时的将军府。 〔44〕上大将军：官名。孙吴设置。地位略高于大将军而略低于大司马。领兵镇守荆州长江的大段防线。 〔45〕留事：留守事务。据本书卷五十八《陆逊传》，当时留在故都武昌镇守的，还有太子孙登和尚书台部分官员。但是荆州境内的军政事务，都由陆逊负责处理。

【裴注】

〔一〕《吴录》载权告天文曰："皇帝臣权，敢用玄牡，昭告于皇皇后帝：汉享国二十有四世，历年四百三十有四；行气数终，禄祚运尽：普天弛绝，率土分崩。孽臣曹丕，遂夺神器；丕子叡，继世作慝，淫名乱制。权生于东南，遭值期运；承乾秉戎，志在平世；奉辞行罚，举足为民。群臣将相，州郡百城，执事之人，咸以为：'天意已去于汉，汉氏已绝(祀)于天；皇帝位虚，郊祀无主；休征嘉瑞，前后杂沓；历数在躬，不得不受。'权畏天命，不敢不从。谨择元日，登坛燎祭，即皇帝位。惟尔有神飨之！左右有吴，永终天禄。"

〔二〕昌门，吴西郭门。夫差所作。

二年春正月[1]，魏作合肥新城[2]。诏立都讲祭酒[3]，以教学诸子。

遣将军卫温、诸葛直，将甲士万人浮海，求夷洲及亶洲[4]。亶洲在海中；长老传言[5]，秦始皇帝遣方士徐福，将童男童女数千人入海，求蓬莱神山及仙药[6]，止此洲不还。世相承有数万家；其上人民，时有至会稽货布[7]。会稽东县人[8]，海行，亦有遭风流移至亶洲者。所在绝远，猝不可得至；但得夷洲数千人还。

三年春二月[9]，遣太常潘濬率众五万讨武陵蛮夷[10]。卫温、诸葛直，皆以违诏无功，下狱诛。

夏，有野蚕成茧，大如卵。由拳野稻自生[11]，改为禾兴县。中郎将孙布诈降，以诱魏将王凌[12]；凌以军迎布。

冬十月，权以大兵潜伏于阜陵，俟之；凌觉而走。会稽南始平言嘉禾生[13]。十二月丁卯，大赦，改明年元也。

【注释】

〔1〕二年：黄龙二年(公元230)。　〔2〕合肥新城：城名。在当时合肥旧城的西北，今安徽合肥市西北15公里的鸡鸣山东麓，现今尚有城墙遗迹留存。由10余处土墩绵延连接而成，呈长方形，南北长约330米，东西宽约210米，厚实坚固。据本书卷二十六《满宠传》，曹魏移合肥城到西北面的山上，是为了抵御孙吴频繁发动的攻势。但是传文明确记载筑新城在魏明帝青龙元年(公元233)，即孙权嘉禾二年。此处记载在黄龙二年，疑有误。　〔3〕都讲祭酒：官名。是孙权儿子们的儒学教官。〔4〕夷洲：岛名。即今台湾省。这是史书中第一次明确记载大陆和台湾的关系。孙吴时沈莹著《临海水土志》，记载夷洲的方位、气候、地形、物产和民俗，与台湾的情况完全符合。见《太平御览》卷七百八十引。当时孙吴出动大军前往夷洲、亶洲的目的，主要是掠夺人口，参见本书卷五十八《陆逊传》。　亶(chán)洲：岛名。在当时东海中。但相当于现今何地还没有定论。　〔5〕长老：老年人。　〔6〕蓬莱：古代神话传

说中海上三座仙山之一。 〔7〕货布：交换布匹。东汉时会稽出产质量优良的细麻布，常作为贡品。 〔8〕东县：东部的县。 〔9〕三年：黄龙三年(公元231)。 〔10〕潘濬(？—公元239)：传见本书卷六十一。〔11〕由拳：县名。县治在今浙江嘉兴市南。 〔12〕王凌(？—公元251)：传见本书卷二十八。 〔13〕南始平：县名。县治在今浙江天台县。 嘉禾：长得异常苗壮的谷物禾穗。

嘉禾元年春正月，建昌侯虑卒。三月，遣将军周贺、校尉裴潜，乘海之辽东。

秋九月，魏将田豫要击[1]，斩贺于成山[2]。

冬十月，魏辽东太守公孙渊，遣校尉宿舒、(阆)〔郎〕中令孙综称藩于权[3]，并献貂、马。权大悦，加渊爵位。[一]

二年春正月[4]，诏曰："朕以不德，肇受元命[5]；夙夜兢兢，不遑假寝[6]。思平世难，救济黎庶[7]；上答神祇，下慰民望。是以眷眷[8]，勤求俊杰；将与戮力，共定海内；苟在同心[9]，与之偕老。今使持节、督幽州、领青州牧、辽东太守、燕王[10]，久胁贼虏，隔在一方；虽乃心于国，其路靡缘[11]。今因天命，远遣二使；款诚显露，章表殷勤。朕之得此，何喜如之！虽汤遇伊尹[12]，周获吕望[13]，世祖未定而得河右[14]；方之今日，岂复是过？普天一统，于是定矣！《书》不云乎：'一人有庆，兆民赖之[15]。'其大赦天下，与之更始[16]。其明下州郡，咸使闻知。特下燕国，奉宣诏恩。令普天率土[17]，备闻斯庆。"

三月，遣舒、综还；使太常张弥、执金吾许晏、将

军贺达等将兵万人[18]，金宝珍货，九锡备物，乘海授渊。〔二〕

举朝大臣，自丞相雍以下皆谏[19]；以为渊未可信，而宠待太厚，但可遣吏兵数百护送舒、综：权终不听。〔三〕渊果斩弥等，送其首于魏，没其兵资。权大怒，欲自征渊；〔四〕尚书仆射薛综等切谏[20]，乃止。

是岁，权向合肥新城，遣将军全琮征六安[21]；皆不克，还。〔五〕

【注释】

〔1〕田豫：传见本书卷二十六。 〔2〕成山：地名。在今山东荣成市东北成山角。 〔3〕郎中令：官名。当时宗室亲王的属官有郎中令。负责王宫殿堂警卫。公孙渊有心割据称王，所以自行设置了这一官职。〔4〕二年：嘉禾二年（公元233）。 〔5〕肇：开始。 元命：天命。〔6〕不遑(huáng)：没有时间。 〔7〕黎庶：黎民百姓。 〔8〕眷眷：一心一意。 〔9〕苟在同心：如果属于志同道合者。 〔10〕燕王：孙权赐给公孙渊的封爵。 〔11〕其路靡缘：无路可行。 〔12〕汤：商族领袖。任用伊尹执政，扩张力量。后灭夏，建立商王朝。事见《史记》卷三《殷本纪》。 伊尹：商朝大臣。传说为奴隶出身。充当陪嫁的小臣到商，受到汤的重用，帮助汤灭夏。汤死，又辅佐继位的君主多人。事见《史记》卷三《殷本纪》。 〔13〕周：指周文王。姬姓。名昌。商末周族的领袖。曾被商纣囚禁。统治期间，发展力量，访求和任用吕尚。后吕尚帮助继位的武王灭商。事见《史记》卷四《周本纪》。 吕望：即吕尚。〔14〕世祖：即东汉光武帝刘秀（前6—57）。字文叔。南阳郡蔡阳（今湖北枣阳市西南）人。西汉皇族。新莽末年加入绿林起义军，后势力强大而独立，消灭各地武装势力，建立东汉王朝。公元25至57年在位。死后定庙号为世祖。事详《后汉书》卷一。 未定：未完全平定天下。河右：地区名。当时指今河西走廊与湟水流域。建武五年（公元29），占领河西五郡的窦融主动归顺刘秀。这里即指此事。 〔15〕兆：百万为兆。这两句出自《尚书·吕刑》。 〔16〕更始：重新开始。 〔17〕率土：四海之内。 〔18〕执金吾：官名。负责皇宫外围巡查，防火防洪，

并保卫中央武器库。　〔19〕雍：即顾雍。　〔20〕尚书仆射（yè）：官名。东汉以来以尚书台处理军国机要公务，其长官为尚书令，副长官为尚书仆射。如果仆射设置两人，则称左仆射、右仆射。　切：恳切。〔21〕六安：县名。县治在今安徽六安市东北。

【裴注】

〔一〕《江表传》曰："是冬，群臣以权未郊祀，奏议曰：'顷者嘉瑞屡臻，远国慕义；天意人事，前后备集。宜修郊祀，以承天意。'权曰：'郊祀，当于土中；今非其所，于何施此？'重奏曰：'普天之下，莫非王土；王者，以天下为家。昔周文、武，郊于丰、镐：非必土中。'权曰：'武王伐纣，即阼于镐京，而郊其所也。文王，未为天子；立郊于丰，见何经典？'复（书）〔奏〕曰：'伏见《汉书·郊祀志》，匡衡奏徙甘泉河东，郊于长安，言文王郊于丰。'权曰：'文王性谦让，处诸侯之位，明未郊也。经传，无明文；匡衡俗儒，意说，非典籍正义，不可用也。'"

《志林》曰："吴王纠驳郊祀之奏，追贬匡衡，谓之'俗儒'。凡在见者，莫不慨然以为：统尽物理，达于事宜。至于稽之典籍，乃更不通。毛氏之说云：'尧见天因邰而生后稷，故国之于邰，命使事天。'故《诗》曰：'后稷肇祀，庶无罪悔，以迄于今。'言自后稷以来，皆得祭天，犹鲁人郊祀也。是以《閟宫》之作，有积燎之薪。文王郊丰，经有明文；匡衡岂俗，而枉之哉？文王虽未为天子，然三分天下而有其二，伐崇戡黎，祖伊奔告。天既弃殷，乃眷西顾；太伯三让，以有天下：文王为王，于义何疑！然则匡衡之奏，有所未尽。按世宗立甘泉、汾阴之祠，皆出方士之言，非据经典者也。方士以甘泉、汾阴，黄帝祭天地之处；故孝武因之，遂立二畤。汉治长安，而甘泉在北，谓就乾位；而衡云'武帝居甘泉，祭于南宫'，此既误矣。祭汾阴，在水之脽；呼为泽中；而衡云'东之少阳'，失其本意。此自吴事，于传无非；恨无辨正之辞，故矫之云。"脽，音谁。见《汉书音义》。

〔二〕《江表传》载权诏曰："故魏使持节、车骑将军、辽东太守、平（乐）〔郭〕侯：天地失序，皇极不建；元恶大憝，作害于民；海内分崩，群生堙灭。虽周余黎民，靡有孑遗；方之今日，乱有甚焉！朕受历数，君临万国；夙夜战战，念在弭难；若涉渊水，罔知攸济。是以把旄仗钺，翦除凶虐；自东徂西，靡遑宁处；苟力所及，民无灾害。虽贼虏遗种，未伏辜诛；犹系囚枯木，待时而毙。惟将军天姿特达，兼包文武；

观时睹变，审于去就；逾越险阻，显致赤心；肇建大计，为天下先：元勋巨绩，侔于古人。虽昔窦融，背弃陇右，卒占河西，以定光武；休名美实，岂复是过？钦嘉雅尚，朕实欣之！自古圣帝明王，建化垂统；以爵褒德，以禄报功；功大者禄厚，德盛者礼崇。故周公有夹辅之劳，太师有鹰扬之功；并启土宇，兼受备物。今将军规万年之计，建不世之略；绝僭逆之虏，顺天人之肃；济成洪业，功无与比；齐、鲁之事，奚足言哉！《诗》不云乎：'无言不雠，无德不报。'今以幽、青二州十七郡〔百〕七十县，封君为燕王。使持节、守太常张弥，授君玺、绶、策书；金虎符第一至第五、竹使符第一至第十；锡君玄土，苴以白茅；爰契尔龟，用锡冢社。方有戎事，典统兵马；以大将军曲盖麾幢，督幽州，青州牧、辽东太守如故。今加君九锡，其敬听后命：以君三世相承，保绥一方，宁集四郡，训及异俗，民夷安业，无或携贰。是用锡君大辂、戎辂、玄牡二驷。君务在劝农，啬人成功，仓库盈积，官民俱丰。是用锡君衮冕之服，赤舄副焉。君正化以德，敬下以礼，敦义崇谦，内外咸和。是用锡君轩悬之乐。君宣导休风，怀保边远，远人回面，莫不影附。是用锡君朱户以居。君运其才略，官方任贤，显直错枉，群善必举，……是用锡君虎贲之士百人。君戎马整齐，威震遐方，纠虔天刑，彰厥有罪。是用锡君鈇钺各一。君文和于内，武信于外，擒讨逆节，折冲掩难。是用锡君彤弓一、彤矢百、旅弓十、旅矢千。君忠勤有效，温恭为德，明允笃诚，感于朕心。是用锡君秬鬯一卣，珪瓒副焉。钦哉！敬兹训典，寅亮天工，相我国家，永终尔休。"

〔三〕臣松之以为：权愎谏违众，信渊意了，非有攻伐之规，重复之虑；宣达锡命，乃用万人：是何不爱其民，昏虐之甚乎？此役也，非惟暗塞，实为无道！

〔四〕《江表传》载："权怒曰：'朕年六十，世事难易，靡所不尝；近为鼠子所前却，令人气涌如山。不自截鼠子头，以掷于海，无颜复临万国！就令颠沛，不以为恨！'"

〔五〕《吴书》曰："初，张弥、许晏等俱到襄平，官属从者四百许人。渊欲图弥、晏，先分其人众，置辽东诸县；以中使秦旦、张群、杜德、黄疆等及吏兵六十人，置玄菟郡。玄菟郡在辽东北，相去二百里；太守王赞领户二百，兼重可三四百人。旦等皆舍于民家，仰其饮食。积四十许日，旦与疆等议曰：'吾人远辱国命，自弃于此，与死亡何异？今观此郡，形势甚弱。若一旦同心，焚烧城郭，杀其长吏；为国报耻，然后伏死，足以无恨！孰与偷生苟活，长为囚虏乎？'疆等然之。于是阴相约结，当用八月十九日夜发。其日中时，为部中张松所告；赞便会士众闭城门。旦、群、德、疆等，皆逾城得走。时群，病疽创著膝，不及辈旅；德常扶接与俱，崎岖山谷。行六七百里，创益困，不复能前；卧草中，相守悲泣。群曰：'吾不幸创甚，死亡无日；卿诸人宜速进道，冀有所达。空相守，俱死于穷谷之中，何益也！'德曰：'万里流离，死生共之，不忍相委！'于是推旦、疆，使前；德独留守群，捕菜果食之。旦、疆别数日，得达句骊（王宫）；因宣诏于句骊王宫及其主簿，诏言有赐，为辽东所攻夺。宫等大喜，即受诏；命使人随旦还迎群、德。其年，宫遣皂衣二十五人，送旦等还，奉表称臣，贡貂皮千枚，鹖鸡皮十具。旦等见权，悲喜不能自胜。权义之，皆拜校尉。间一年，遣使者谢宏、中书陈恂，拜宫为单于，加赐衣物、珍宝。恂等到安平口，先遣校尉陈奉前，见宫；而宫受魏幽州刺史讽旨，令以吴使自效。奉闻之，（到）〔倒〕还。宫遣主簿笮咨、带固等出安平，与宏相见。宏即缚得三十余人，质之；宫于是谢罪，上马数百匹。宏乃遣咨、固，奉诏书赐物，与宫。是时宏船小，载马八十匹而还。"

三年春正月[1]，诏曰："兵久不辍，民困于役，岁或不登[2]。其宽诸逋[3]，勿复督课[4]。"

夏五月，权遣陆逊、诸葛瑾等屯江夏、沔口[5]；孙韶、张承等向广陵、淮（阳）〔阴〕[6]；权率大众，围合肥新城。是时蜀相诸葛亮出武功[7]，权谓魏明帝不能远出；而帝遣兵助司马宣王拒亮[8]，自率水军东征。未至寿春，权退还，孙韶亦罢。

秋八月，以诸葛恪为丹杨太守[9]，讨山越。九月朔[10]，陨霜伤谷。

冬十一月，太常潘濬平武陵蛮夷事毕，还武昌。诏复曲阿为云阳，丹徒为武进[11]。庐陵贼李桓、罗厉等为乱[12]。

四年夏[13]，遣吕岱讨桓等。

秋七月，有雹。魏使以马求易珠玑、翡翠、玳瑁[14]。权曰："此皆孤所不用，而可得马；何苦而不听其交易？"

五年春[15]，铸大钱，一当五百。诏使吏民输铜[16]，计铜畀直[17]；设盗铸之科[18]。（二）〔三〕月，武昌言甘露降于礼宾殿。辅吴将军张昭卒[19]。中郎将吾粲获李桓[20]；将军唐咨[21]，获罗厉等。自十月不雨，至于夏。

冬十月，彗星现于东方[22]。鄱阳贼彭旦等为乱。

【注释】

〔1〕三年：嘉禾三年（公元 234）。 〔2〕岁：收成。 登：丰足。〔3〕逋（bū）：拖欠的（租税）。 〔4〕督课：督促征收。 〔5〕沔口：地名。在今湖北武汉市汉水入长江处。 〔6〕孙韶（？—公元 241）：传见本书卷五十一。 张承（公元 178—244）：传附本书卷五十二《张昭传》。淮阴：县名。县治在今江苏淮安市西南。 〔7〕武功：县名。县治在今陕西武功县西。 〔8〕司马宣王：即司马懿（公元 179—251）。司马懿的儿子司马昭受封晋王后，追尊其父为宣王，其兄司马师为景王。陈寿的《三国志》写于西晋，所以这样称呼。事详《晋书》卷一。 〔9〕诸葛恪（公元 203—253）：传见本书卷六十四。 〔10〕朔：每月初一日。〔11〕丹徒：县名。县治在今江苏镇江市丹徒区东南。 〔12〕罗厉：据本书卷六十《吕岱传》，当时罗厉在交州的南海郡起兵，与起兵于扬州庐陵郡的李桓远隔千里。这里史文同列在庐陵郡之下，疑有误。〔13〕四年：嘉禾四年（公元 235）。 〔14〕易：交换。 玑：不圆的珠叫玑。 玳瑁（dài mào）：一种大海龟。有褐黄色带斑点的外壳，可用来观赏或制作工艺品。 〔15〕五年：嘉禾五年（公元 236）。 〔16〕输：交送。 〔17〕畀直：付给价钱。 〔18〕盗铸之科：惩治私自铸钱的条例。〔19〕辅吴将军：官名。孙吴设置。对政事提出建议，无固定任务。属于闲职。 〔20〕吾粲：传见本书卷五十七。 〔21〕唐咨（？—公元 258）：传附本书卷二十八《诸葛诞传》。 〔22〕彗星：带有偏向一侧的光芒尾巴的流星。古人认为彗星出现是不祥之兆。

六年春正月[1]，诏曰："夫三年之丧[2]，天下之达制[3]，人情之极痛也；贤者割哀以从礼[4]，不肖者勉而致之[5]。世治道泰，上下无事，君子不夺人情，故三年不逮孝子之门[6]；至于有事，则杀礼以从宜[7]，腰绖而处事[8]。故圣人制法，有礼无时则不行[9]。遭丧不奔，非古也；盖随时之宜，以义断恩也。前故设科：长吏在官[10]，当须交代[11]。而故犯之[12]；虽随纠坐[13]，犹已废旷[14]。方事之殷[15]，国家多难；凡在官司[16]，宜各尽节，先公后私：而不恭承，甚非谓也[17]！中外群僚，其更平议[18]；务令得中，详为节度。"

顾谭议[19]，以为："奔丧立科[20]，轻则不足以禁孝子之情，重则本非应死之罪。虽严刑益设[21]，违夺必少[22]；若偶有犯者，加其刑则恩所不忍，有减则法废不行。愚以为长吏在远，苟不告语[23]，势不得知。比选代之间[24]，若有传者[25]，必加大辟[26]。则长吏无废职之负[27]，孝子无犯重之刑[28]。"

将军胡综议[29]，以为："丧纪之礼[30]，虽有典制；苟无其时，所不得行。方今戎事，军国异容[31]；而长吏遭丧，知有科禁，公敢干突[32]；苟念闻忧不奔之耻[33]，不计为臣犯禁之罪：此由科防本轻所致。忠节在国，孝道立家；出身为臣，焉得兼之！故为忠臣，不得为孝子。宜定科文，示以大辟；若故违犯，有罪无赦。以杀止杀：行之一人，其后必绝。"

丞相雍奏，从大辟。其后，吴令孟宗丧母奔赴[34]，已，而自拘于武昌，以听刑。陆逊陈其素行，因为之请；权乃减宗一等[35]，后不得以为比：因此遂绝。

二月，陆逊讨彭旦等。其年，皆破之。

冬十月，遣卫将军全琮袭六安[36]，不克。诸葛恪平山越事毕，北屯庐江。

【注释】

〔1〕六年：嘉禾六年(公元 237)。 〔2〕三年之丧：指父母死后儿子要在家服丧三年的传统制度。以下这段史文，记载关于在职官员父母死时是否应当立即弃官回家服丧的议论，实际上是一个忠孝发生矛盾时把哪一个置于首位的问题。东汉以来家族势力扩张，士大夫的家族观念增强。另一方面，君主则希望臣下为自己贡献一切，以强化君权。于是，忠与孝，君主与父母，究竟谁先谁后即成为亟待解决的现实问题。魏晋士大夫常常议论这一问题，称为"君父先后论"。 〔3〕达制：通行的制度。 〔4〕割：割舍。 〔5〕勉：勉强。 〔6〕逮：及。指前往。 〔7〕杀：削减。 〔8〕腰绖(dié)：腰上系着拴丧服的麻带。指穿着丧服。〔9〕无时：没有适当的时机。 〔10〕在官：指在任上而父母去世。〔11〕当须交代：应当等到代替的人到达接替职务之后(才能离开)。〔12〕故：依旧。 〔13〕纠坐：(擅自离职者受到)纠举和惩处。〔14〕废旷：荒废耽误(了公务)。 〔15〕方：正当。 殷：多。 〔16〕官司：官府。 〔17〕非谓：不成道理。 〔18〕平议：衡量议论。〔19〕顾谭：传附本书卷五十二《顾雍传》。 〔20〕立科：设立(禁止擅自离职回家奔丧的)法令条款。 〔21〕益设：增设。 〔22〕违夺：违犯。 〔23〕告语：告知(本人)。 〔24〕比(bǐ)：等到。 选代：官员的选用替代。 〔25〕传：指传播某人父母死亡的消息。 〔26〕大辟：死刑。 〔27〕负：过失。 〔28〕犯重：触犯属于重罪的法令条文。〔29〕胡综(？—公元 237)：传见本书卷六十二。 〔30〕丧纪：丧事。〔31〕军国异容：处理紧急军机与处理国家日常行政事务的情况不同。〔32〕干突：触犯。 〔33〕苟念：只是考虑。 〔34〕孟宗：即孟仁。事见本书卷四十八《孙皓传》裴注引《吴录》。 〔35〕减宗一等：判决孟宗比死刑只轻一等的刑罚。即髡刑。 〔36〕卫将军：官名。属高级军职。领兵征伐。

赤乌元年春，铸当千大钱。

夏，吕岱讨庐陵贼；毕，还陆口。

秋八月，武昌言麒麟现[1]。有司奏言："麒麟者，太平之应，宜改年号。"诏曰："间者赤乌集于殿前[2]，朕所亲见。若神灵以为嘉祥者，改年宜以赤乌为元。"群臣奏曰："昔武王伐纣[3]，有赤乌之祥[4]；君臣观之，遂有天下：圣人书策，载述最详者。以为近事既嘉，亲见又明也。"于是改年。步夫人卒[5]，追赠皇后。

初，权信任校事吕壹[6]。壹性苛惨[7]，用法深刻[8]。太子登数谏，权不纳，大臣由是莫敢言。后壹奸罪发露，伏诛。权引咎责躬[9]；乃使中书郎袁礼告谢诸大将[10]，因问时事所当损益。

礼还，复有诏责数诸葛瑾、步骘、朱然、吕岱等曰[11]："袁礼还，云与子瑜、子山、义封、定公相见[12]，并〔咨〕以时事当有所先后。各自以不掌民事，不肯便有所陈；悉推之伯言、承明[13]。伯言、承明见礼，泣涕恳恻，辞旨辛苦[14]；至乃怀执危怖，有不自安之心。闻此怅然，深自刻怪[15]！何者？夫惟圣人能无过行，明者能自见耳。人之举措，何能悉中？独当己有以伤拒众意[16]，忽不自觉，故诸君有嫌难耳[17]；不尔，何缘乃至于此乎？自孤兴军五十年，所役赋凡百皆出于民。天下未定，孽类犹存；士民勤苦，诚所贯知[18]。然劳百姓，事不得已耳！与诸君从事[19]，自少至长，发有二色[20]；以谓表里足以明露，公私分计^[21]，足用相保。尽言直谏，所望诸君；拾遗补阙，孤亦望之。昔卫武公年过志壮^[22]，勤求辅弼，每独叹责。〔一〕且布衣韦带^[23]，相与交结；分成好合，尚污垢不异^[24]。今日诸君，与孤从事；虽君臣义存，犹谓骨肉不复是过^[25]；荣福喜戚，相与共之！忠不匿情，智无遗计；事统是非，诸君岂得从容而已哉^[26]！同船济水，将谁与易^[27]？齐桓，诸侯之霸者耳^[28]：有善管子未尝不叹^[29]，有过未尝不谏；谏而不得，终谏不止。今孤自省无桓公之德，而诸君谏诤未出于口，仍执嫌难^[30]。以此言之，孤于齐桓良优^[31]，未知诸君于管子何如耳！久不相见，因事当笑。共定大业，整齐天下，当复有谁？凡百事要^[32]，所当损益；乐闻异计，匡所不逮^[33]。"

【注释】

〔1〕麒麟：传说中的一种神兽。独角，身像鹿，尾像牛，全身有鳞甲，是吉祥的象征。 〔2〕间(jiān)者：近来。 赤乌：传说中一种红色的神鸟。也是吉祥的象征。 〔3〕武王：即周武王。姬姓，名发。周文王的儿子。他率军灭商，建立西周王朝。事见《史记》卷四《周本纪》。纣：又称帝辛。商王朝最后的君主。事见《史记》卷三《殷本纪》。〔4〕赤乌之祥：传说周武王伐纣时，有火光化为赤乌。见《尚书大传·大誓》。 〔5〕步夫人(？—公元238)：传见本书卷五十。 〔6〕校事：官名。正式的名称是中书典校郎。负责审查官府文书。又称典校。〔7〕苛惨：苛刻狠毒。 〔8〕深刻：深重。 〔9〕责躬：责备自己。〔10〕中书郎：官名。即中书侍郎。负责起草皇帝的诏命文书。〔11〕责数：责备。 步骘(？—公元247)：传见本书卷五十二。 吕岱(公元161—256)：传见本书卷六十。 〔12〕子瑜：诸葛瑾的字。 子山：步骘的字。 义封：朱然的字。 定公：吕岱的字。 〔13〕伯言：陆逊的字。 承明：潘濬的字。 〔14〕辛苦：悲苦。 〔15〕刻怪：奇

怪。 〔16〕有以：有什么事情。 〔17〕嫌难：顾忌碍难。 〔18〕贯知：深知。 〔19〕从事：相处。 〔20〕二色：指黑发与白发。〔21〕分(fèn)计：情分和关系。 〔22〕卫武公(？—前758)：名和。西周时卫国的君主。前812至前758年在位。曾帮助周王朝抵抗犬戎。事见《史记》卷三十七《卫世家》。 年过：年老。卫武公九十五岁时，还要求臣下给自己多提意见，以求搞好政治。见《国语·楚语》上。〔23〕韦带：皮带。布衣韦带是平民装束，这里指平民。 〔24〕污垢：指处于困难处境。 不异：交情不变。 〔25〕不复是过：不再能超过这种关系。 〔26〕从容：偷闲。指放手不管。 〔27〕将谁与易：还能把谁换一下吗。 〔28〕齐桓：即齐桓公(？—前643)。姜姓。名小白，齐国国君。前685至前643年在位。在位期间任用管仲实施政治改革，国力迅速增强，终于成为春秋"五霸"之首。传见《史记》卷三十二。〔29〕管子：即管仲(？—前645)。名夷吾，字仲。春秋初期政治家。受齐桓公重用，推行多方面改革，国力大振。在此基础上，以"尊王攘夷"为号召，使齐桓公成为春秋时期第一个霸主。传见《史记》卷六十二。 〔30〕仍：乃。 〔31〕良优：更好一点。 〔32〕凡百：各种各样。事要：事情重要者。 〔33〕匡：匡正。 不逮：(考虑)不周到的。

【裴注】

〔一〕《江表传》曰："权又云：'天下无粹白之狐，而有粹白之裘：众之所积也！夫能以驳致纯，不惟积乎？故能用众力，则无敌于天下矣；能用众智，则无畏于圣人矣。'"

二年春三月〔1〕，〔一〕遣使者羊衜、郑胄、将军孙怡，之辽东，击魏守将张持、高虑等，虏得男女。〔二〕零陵言甘露降。

夏五月，城沙羡。

冬十月，将军蒋秘南讨夷贼。秘所领都督廖式，杀临贺太守严纲等〔2〕，自称"平南将军〔3〕"；与弟潜，共攻零陵、桂阳，及摇动交州、苍梧、郁林诸郡〔4〕，众数万人。遣将军吕岱、唐咨讨之，岁余皆破。

三年春正月[5]，诏曰：“盖君非民不立，民非谷不生。顷者以来[6]，民多征役；岁又水旱，年谷有损；而吏〔或〕不良，侵夺民时：以致饥困。自今以来，督军、郡守[7]，其谨察非法：当农桑时，以役事扰民者，举正以闻[8]。”

夏四月，大赦。诏诸郡县治城郭，起谯楼[9]，穿堑发渠，以备盗贼。

冬十一月，民饥，诏开仓廪以赈贫穷。

四年春正月[10]，大雪，平地深三尺，鸟兽死者太半。

夏四月，遣卫将军全琮略淮南[11]；决芍陂[12]，烧安城邸阁[13]，收其人民。威北将军诸葛恪攻六安[14]。琮与魏将王凌，战于芍陂；中郎将秦晃等十余人，战死。车骑将军朱然围樊，大将军诸葛瑾取柤中[15]。〔三〕五月，太子登卒。是月，魏太傅司马宣王救樊。六月，军还。闰月[16]，大将军瑾卒。

秋八月，陆逊城邾[17]。

【注释】

〔1〕二年：赤乌二年(公元239)。 〔2〕临贺：郡名。治所在今广西贺州市东南。 〔3〕平南将军：官名。领兵征伐。 〔4〕郁林：郡名。治所在今广西桂平市西南。 〔5〕三年：赤乌三年（公元240）。 〔6〕顷者：最近。 〔7〕督军：官名。是所在军事驻守区的指挥官。简称督。 〔8〕举正：举报定罪。 〔9〕谯楼：建在城门上面的瞭望楼。 〔10〕四年：赤乌四年(公元241)。 〔11〕淮南：曹魏郡名。治所在今安徽合肥市西北。长江虽然是中国南北方之间的天堑，但是对三国时期的魏、吴两国而言，其稳定的疆域线，却不在长江沿线的江面，而是在其

北岸一百里至三百里的陆地之上。因为这才是长于陆战的曹魏和长于水战的孙吴，双方都难以逾越，即使逾越也很难长期保持通畅，从而会招致重大挫败的地理界限。 〔12〕芍陂(què bēi)：陂塘名。在今安徽寿县南。为古代淮河著名的水利灌溉工程。 〔13〕安城：地名。在今安徽寿县西南。 邸阁：储存粮食物资的仓库。 〔14〕威北将军：官名。孙吴设置。领兵与曹魏作战。 〔15〕柤(zū)中：地区名。在今湖北南漳县东。是平坦肥沃的耕作区。 〔16〕闰月：据陈垣《二十史朔闰表》，当年闰六月。 〔17〕邾(zhū)：县名。县治在今湖北黄冈市西北。

【裴注】

〔一〕《江表传》载："权正月诏曰：'郎吏者，宿卫之臣，古之命士也。间者所用，颇非其人。自今选三署，皆依四科；不得以虚辞相饰。'"

〔二〕《文士传》曰："胄字敬先，沛国人。父札，才学博达。权为骠骑将军，以札为从事中郎。与张昭、孙邵，共定朝仪。胄，其少子，有文武姿局，少知名。举贤良，稍迁建安太守。吕壹宾客于郡犯法，胄收付狱，考竟。壹怀恨，后密谮胄。权大怒，召胄还。潘濬、陈表并为请，得释。后拜宣信校尉，往救公孙渊；已为魏所破，还，迁执金吾。子丰，字曼季。有文学操行，与陆云善，与云诗(词)〔相〕往反。司空张华辟，未就，卒。"

臣松之闻孙怡者，东州人，非权之宗也。

〔三〕《汉晋春秋》曰："零陵太守殷(札)〔礼〕言于权曰：'今天弃曹氏，丧诛累见；虎争之际，而幼童莅事。陛下身自御戎，取乱侮亡；宜涤荆、扬之地，举强羸之数；使强者执鞭，羸者转运；西命益州，军于陇右。授诸葛瑾、朱然大众，指事襄阳；陆逊、朱桓，别征寿春；大驾入淮(阳)〔阴〕，历青、徐。襄阳、寿春困于受敌，长安以西务对蜀军；许、洛之众，势必分离。掎角瓦解，民必内应；将帅对向，或失便宜；一军败绩，则三军离心。便当秣马脂车，陵蹈城邑；乘胜逐北，以定华夏。若不悉军动众，循前轻举；则不足大用，易于屡退。民疲威消，时往力竭：非出兵之策也！'权弗能用之。"

　　五年春正月〔1〕，立子和为太子〔2〕。大赦，改禾兴为嘉兴。百官奏立皇后及四王，诏曰："今天下不定，民物劳瘵[3]；且有功者或未录，饥寒者尚未恤；猥割土壤以丰子弟[4]，崇爵位以宠妃妾：孤甚不取。其释此议。"三月，海盐县言黄龙现[5]。

夏四月，禁进献御[6]，减太官膳[7]。

秋七月，遣将军聂友、校尉陆凯，以兵三万讨珠崖儋耳[8]。是岁大疫。有司又奏立后及诸王。八月，立子霸为鲁王[9]。

六年春正月[10]，新都言白虎现[11]。诸葛恪征六安，破魏将谢顺营，收其民人。

冬十一月，丞相顾雍卒。十二月，扶南王范旃，遣使献乐人及方物[12]。

是岁，司马宣王率军入舒。诸葛恪自皖迁于柴桑。

七年春正月[13]，以上大将军陆逊为丞相。

秋，宛陵言嘉禾生[14]。是岁，步骘、朱然等各上疏云："自蜀还者，咸言欲背盟与魏交通[15]；多作舟船，缮治城郭。又蒋琬守汉中[16]，闻司马懿南向，不出兵乘虚以掎角之[17]；反委汉中[18]，还近成都[19]。事已彰灼[20]，无所复疑，宜为之备。"

权揆其不然[21]，曰："吾待蜀不薄，聘享盟誓，无所负之，何以致此？又司马懿前来入舒，旬日便退；蜀在万里，何知缓急而便出兵乎？昔魏欲入汉川[22]，此间始严[23]，亦未举动，会闻魏还而止；蜀宁可复以此有疑邪？又人家治国[24]，舟船城郭，何得不护？今此间治军，宁复欲以御蜀邪？人言（若）〔苦〕不可信，朕为诸君破家保之！"蜀竟自无谋，如权所筹。〔一〕

【注释】

〔1〕五年：赤乌五年(公元 242)。 〔2〕和：即孙和。传见本书卷五十九。 〔3〕民物：民众。 〔4〕猥：多。 〔5〕海盐：县名。县治在今浙江海盐县东北。 〔6〕献御：贡品。 〔7〕太官：官署名。专门供应皇帝一家的膳食。 〔8〕陆凯(公元 188—269)：传见本书卷六十一。珠崖：海岛名。即今海南岛。 儋耳：地名。在今海南省儋州市西北。〔9〕霸：即孙霸(？—公元 250)。传见本书卷五十九。 〔10〕六年：赤乌六年(公元 243)。 〔11〕白虎：当时认为白虎也是象征祥瑞的动物。〔12〕扶南：古国名。在今柬埔寨。 〔13〕七年：赤乌七年(公元 244)。〔14〕宛陵：县名。在今安徽宣城市。 〔15〕交通：交往。 〔16〕蒋琬(？—公元 246)：传见本书卷四十四。 〔17〕掎角：指协同进攻。〔18〕委：离开。 〔19〕还近成都：当时蒋琬从汉中回到成都北面不远的涪县镇守。 〔20〕彰灼：明显。 〔21〕揆(kuí)：估量。 〔22〕汉川：汉水平原。指汉中郡。 〔23〕严：作好出兵准备。 〔24〕人家：别人。

【裴注】

〔一〕《江表传》载权诏曰："督将亡叛而杀其妻子，是使妻去夫，子弃父；甚伤义教，自今勿杀也。"

八年春二月〔1〕，丞相陆逊卒。

夏，雷霆犯宫门柱〔2〕；又击南津大桥楹〔3〕。茶陵县洪水溢出〔4〕，流漂居民二百余家。

秋七月，将军马茂等图逆，夷三族。〔一〕

八月，大赦。遣校尉陈勋，将屯田及作士三万人，凿句容中道〔5〕：自小其至云阳西城〔6〕；通会市〔7〕，作邸阁。

九年春二月〔8〕，车骑将军朱然征魏柤中，斩获千余。

夏四月，武昌言甘露降。

　　秋九月，以骠骑步骘为丞相，车骑朱然为左大司马[9]，卫将军全琮为右大司马[10]，镇南吕岱为上大将军[11]，威北将军诸葛恪为大将军。[二]

　　十年春正月[12]，右大司马全琮卒。[三]二月，权适南宫[13]。三月，改作太初宫[14]，诸将及州郡皆义作[15]。[四]

　　夏五月，丞相步骘卒[16]。

　　冬十月，赦死罪。

【注释】

　　〔1〕八年：赤乌八年(公元245)。　〔2〕犯：击。　〔3〕南津：秦淮河古津渡名。在今江苏南京市南。　楹：柱。　〔4〕茶陵：县名。在今湖南茶陵县东北。　〔5〕屯田：屯田兵士。　作士：从事劳作的民工。句容：县名。县治在今江苏句容市。　道：指水运通道。即运河。这条运河当时叫作破岗渎。它西接秦淮水，东通太湖地区，是江南著名的古运河。　〔6〕小其：地名。在今江苏句容市西南。　云阳：县名。县治在今江苏丹阳市。　西城：地名。在今江苏丹阳市西南。〔7〕会市：集市。　〔8〕九年：赤乌九年(公元246)。　〔9〕左大司马：官名。孙吴设置。地位在大将军之上。领兵征伐。　〔10〕右大司马：官名。孙吴设置。地位在大将军之上。领兵征伐。　〔11〕镇南：即镇南将军。官名。领兵征伐。此处提到多名将军，为了精简史文，上面的骠骑将军、车骑将军以及此句的镇南将军，均省去"将军"二字。同样的文例还见于卷四十八《孙亮传》、《孙休传》，卷六十四《孙峻传》。　〔12〕十年：赤乌十年(公元247)。　〔13〕适：到。　〔14〕太初宫：孙吴建业皇宫的主体宫殿名。据现今学者考证，太初宫的位置，在今江苏南京市内，呈正方形，东界珠江路莲花桥，南界估衣廊北口，西接中山路，北至唱经楼。面积广大。　〔15〕义作：义务劳动。　〔16〕卒：去世。本书卷五十二《步骘传》记其死在赤乌十一年、《建康实录》记其死在赤乌十一年秋，均与此处记载不同。又本书卷六十《全琮传》记全琮死在赤乌十二年，《建康实录》记其死在赤乌十二年冬，也均与此处记载不同。

【裴注】

〔一〕《吴历》曰:"茂,本淮南钟离长,而为王凌所失,叛归吴。吴以为征西将军、九江太守、外部督,封侯,领千兵。权数出苑中,与公卿诸将射。茂与兼符节令朱贞、无难督虞钦、牙门将朱志等,合计:伺权在苑中,公卿诸将在门未入,令贞持节称诏,悉收缚之;茂引兵入苑,击权;分据宫中及石头坞,遣人报魏。事觉,皆族之。"

〔二〕《江表传》曰:"是岁,权诏曰:'谢宏往日陈铸大钱,云以广货,故听之。今闻民意不以为便,其省息之;铸为器物,官勿复出也。私家有者,敕以输藏;计界其直,勿有所枉也。'"

〔三〕《江表传》曰:"是岁,权遣诸葛壹伪叛,以诱诸葛诞;诞以步骑一万,迎壹于高山。权出涂中,遂至高山,潜军以待之。诞觉而退。"

〔四〕《江表传》载:"权诏曰:'建业宫,乃朕从京来所作将军府寺耳。材柱率细,皆已腐杇,常恐损坏。今未复西,可徙武昌宫材瓦,更缮治之。'有司奏言曰:'武昌宫已二十八岁,恐不堪用;宜下所在,通更伐致。'权曰:'大禹以卑宫为美。今军事未已,所在多赋;若更通伐,妨损农桑。徙武昌材瓦,自可用也。'"

十一年春正月[1],朱然城江陵。二月,地仍震[2]。〔一〕三月,宫成[3]。

夏四月,雨雹。云阳言黄龙现。

五月,鄱阳言白虎仁[4]。〔二〕诏曰:"古者圣王积行累善,修身行道,以有天下;故符瑞应之[5],所以表德也。朕以不明,何以臻兹[6]?《书》云'虽休勿休[7]',公卿百司,其勉修所职,以匡不逮。"

十二年春三月[8],左大司马朱然卒。四月,有两乌衔鹊,堕东馆。丙寅[9],骠骑将军朱据领丞相,燎鹊以祭。〔三〕

十三年夏五月[10],日至[11],荧惑入南斗[12]。

秋七月，犯魁第二星而东[13]。八月，丹杨句容及故鄣、宁国诸山崩[14]，洪水溢。诏原逋责[15]，给贷种食[16]。废太子和[17]，处故鄣；鲁王霸，赐死。

冬十月，魏将文钦伪叛以诱朱异[18]；权遣吕据[19]，就异以迎钦。异等持重，钦不敢进。十一月，立子亮为太子[20]。遣军十万，作堂邑涂塘以淹北道[21]。十二月，魏大将(军)王昶围南郡[22]，荆州刺史王基攻西陵[23]；遣将军戴烈、陆凯往拒之；皆引还。〔四〕

是岁，神人授书，告以改年、立后。

【注释】

〔1〕十一年：赤乌十一年(公元248)。 〔2〕仍：频繁。 〔3〕宫：指上文所说的太初宫。 〔4〕仁：指不伤害人畜。 〔5〕符瑞：表明统治者受命于天的征兆和祥瑞。 〔6〕臻：达到。 〔7〕虽休勿休：虽已取得好成绩，但是不能自我满足。语出《尚书·吕刑》。 〔8〕十二年：赤乌十二年(公元249)。 〔9〕丙寅：旧历初九日。 〔10〕十三年：赤乌十三年(公元250)。 〔11〕至：夏至或冬至。这里指前者。〔12〕荧惑：星名。即火星。古代认为，荧惑出现在某一星区，与这一星区相对应的地上州国就会出现灾祸。 南斗：星宿名。即二十八宿中北方玄武七宿的斗宿，有星六颗。古人认为与斗宿相应的是长江下游的江南地区，即孙吴的中心区域。 〔13〕犯：古天文学术语。指地面上看到的移动星体对另一固定星体的接触。 魁：古人把北斗七星中构成斗身的四颗星合称为魁。魁的第二颗星名叫天璇。 〔14〕故鄣：县名。县治在今浙江安吉县西北。 宁国：县名。县治在今安徽宁国市西南。〔15〕原：免除。 逋责：拖欠的租税。 〔16〕种食：种子和粮食。〔17〕废太子和：孙权立孙和为太子之后，又宠爱鲁王孙霸，这就促成孙霸积极夺取继承人的位置。朝廷大臣由此分裂为两派，各支持一方，斗争激烈，史称为"二宫构争"。其中，支持太子孙和的主要是出身江东世家大族的朝臣，以陆逊为首；支持鲁王孙霸的主要是从江北来的朝臣，以骠骑将军步骘为首。斗争的结果是孙和被废黜，孙霸被处死，陆逊一派的不少朝廷重臣受到严重打击，孙吴统治集团元气大伤。参见本书卷

五十七《朱据传》、卷五十八《陆逊传》、卷五十九《孙和传》与《孙霸传》，以及拙著《魏晋南朝江东世家大族述论》上篇第二章。〔18〕文钦（？—公元 258）：事见本书卷二十八《诸葛诞传》。 朱异（？—公元 257）：传附本书卷五十六《朱桓传》。 〔19〕吕据（？—公元256）：传附本书卷五十六《吕范传》。 〔20〕亮：即孙亮（公元 243—260）。传见本书卷四十八。 〔21〕堂邑：地名。在今江苏南京市六合区北。 涂（chú）塘：堤堰名。在今江苏南京市六合区西。当时吴军在涂水下游快要入长江处筑堤堰蓄水，淹没长江北岸的沿江地带。阻止魏军南下，保护江南的建业地区。 〔22〕王昶（？—公元 259）：传见本书卷二十七。 〔23〕荆州：当时魏、吴各占原东汉荆州的一部分，于是各置荆州。曹魏荆州的治所在今河南新野县。 王基（？—公元 261）：传见本书卷二十七。

【裴注】

〔一〕《江表传》载："权诏曰：'朕以寡德，过奉先祀；莅事不聪，获谴灵祇：夙夜祗戒，若不终日。群僚其各厉精思朕过失，勿有所讳。'"

〔二〕《瑞应图》曰："白虎仁者，王者不暴虐，则仁虎不害也。"

〔三〕《吴录》曰："六月戊戌，宝鼎出临平湖。八月癸丑，白鸠现于章安。"

〔四〕庾阐《扬都赋》注曰："烽火：以炬置孤山头，皆缘江相望；或百里，或五十、三十里；寇至，则举以相告，一夕可行万里。孙权时，合暮，举火于西陵；鼓三竟，达吴郡南沙。"

太元元年夏五月，立皇后潘氏[1]。大赦，改年。初，临海罗阳县有神[2]，自称王表；〔一〕周旋民间，语言饮食，与人无异，然不见其形。又有一婢，名纺绩。是月，遣中书郎李崇，赍辅国将军、罗阳王印绶，迎表[3]。表随崇俱出，与崇及所在郡守、令长谈论，崇等无以易[4]。所历山川，辄遣婢与其神相闻。

秋七月，崇与表至；权于苍龙门外为立第舍[5]，数使近臣赍酒食往。表说水旱小事，往往有验。〔二〕

八月朔，大风；江海涌溢，平地深八尺；吴高陵松柏斯拔[6]，郡城南门飞落[7]。

冬十一月，大赦。权祭南郊还[8]，寝疾[9]。[三]十二月，驿征大将军恪[10]，拜为太子太傅[11]。诏省徭役，减征赋，除民所患苦。

二年春正月[12]，立故太子和为南阳王，居长沙[13]；子奋为齐王，居武昌；子休为琅邪王[14]，居虎林[15]。二月，大赦，改元为神凤。皇后潘氏薨。诸将吏数诣王表请福，表亡去。

夏四月，权薨[16]。时年七十一，谥曰大皇帝。

秋七月，葬蒋陵[17]。[四]

【注释】

〔1〕潘氏（？—公元252）：传见本书卷五十。 〔2〕临海：郡名。治所在今浙江临海市东南。 罗阳：县名。治所在今浙江瑞安市。 〔3〕辅国将军：官名。领兵征伐。这里作为荣誉性官职授给王表。 〔4〕无以易：没有话来反驳他。 〔5〕苍龙门：孙吴建业皇宫的东门。 〔6〕高陵：孙权父亲孙坚的陵墓名。在吴郡的云阳（原曲阿）县。 〔7〕郡城：指吴郡的治所吴县。 〔8〕南郊：当时称祭天的圆坛为南郊。因建在京城的南郊而得名。与此相应，建在京城北郊的祭地方池叫做北郊。 〔9〕寝疾：病倒在床。 〔10〕驿征：用驿车紧急征召。乘驿车时可以用到站即换马的办法，迅速到达目的地。 〔11〕太子太傅：官名。太子的首席辅导老师。 〔12〕二年：太元二年（公元252）。 〔13〕长沙：此处的长沙是郡名，其治所在今湖南长沙市。自从孙吴袭杀关羽完全占领荆州之后，长沙就成为孙吴着意经营的地区之一。派遣孙和居住在此，就有加强镇守之意。1996年8月，考古工作者在长沙市区走马楼出土了大批孙吴纪年竹简，数量惊人，内容丰富，是考古领域的重大发现。 〔14〕休：即孙休（公元235—264）。传见本书卷四十八。 〔15〕虎林：地名。在今安徽池州市贵池区西南长江南岸边。是孙吴江防据点之一。 〔16〕权薨：据本书卷六十四《诸葛恪传》，孙权死于四月

二十六日乙未。　〔17〕蒋陵：孙权陵墓名。在今江苏南京市东郊钟山南麓。孙权"大皇帝"中的"大"，是谥号之一。"则天法尧曰大。"意思是遵循上天准则并效法唐尧行事的帝王。孙权的庙号是"太祖"，《三国志》没有记载，见于唐代许嵩《建康实录》。

【裴注】

〔一〕《吴录》曰："罗阳，今安固县。"

〔二〕孙盛曰："盛闻国将兴，听于民；国将亡，听于神。权年老志衰，谗臣在侧；废嫡立庶，以妾为妻：可谓多凉德矣。而伪设符命，求福妖邪；将亡之兆，不亦显乎！"

〔三〕《吴录》曰："权得风疾。"

〔四〕《傅子》曰："孙策为人，明果独断，勇盖天下。以父坚战死，少而合其兵，将以报仇；转斗千里，尽有江南之地；诛其名豪，威行邻国。及权继其业，有张子布以为腹心，有陆议、诸葛瑾、步骘以为股肱，有吕范、朱然以为爪牙。分任授职，乘间伺隙，兵不妄动：故战少败，而江南安。"

评曰：孙权屈身忍辱[1]，任才尚计[2]；有句践之奇[3]，英人之杰矣：故能自擅江表[4]，成鼎峙之业。然性多嫌忌，果于杀戮；暨臻末年[5]，弥以滋甚；至于谗说殄行[6]，胤嗣废毙[7]：〔一〕岂所谓贻厥孙谋以燕翼子者哉[8]！其后叶陵迟[9]，遂致覆国，未必不由此也。〔二〕

【注释】

〔1〕屈身忍辱：指向曹魏称臣一事。　〔2〕尚：崇尚。　〔3〕句践（？—前465）：春秋末年越国君主。前497至前465年在位。曾被吴国击败，屈服称臣。后卧薪尝胆，发愤图强，终于灭吴雪耻，并在徐州大会诸侯，成为霸主。传见《史记》卷四十一。　〔4〕江表：江南。〔5〕暨臻：到达。　〔6〕殄行：语出《尚书·尧典》。按郑玄的解释，是表面说好话而暗中干坏事。　〔7〕胤嗣：后代。　〔8〕贻厥孙谋：留下

远大的谋划。 以燕翼子：以安定保护子孙。这两句出自《诗经·文王有声》。 〔9〕陵迟：衰败。

【裴注】

〔一〕马融注《尚书》曰："殄，绝也，绝君子之行。"

〔二〕臣松之以为：孙权横废无罪之子，虽为兆乱；然国之倾覆，自由暴皓。若权不废和，皓为世嫡，终至灭亡，有何异哉！此则丧国由于昏虐，不在于废黜也。设使亮保国祚，休不早死，则皓不得立；皓不得立，则吴不亡矣。

【译文】

孙权，字仲谋。他的哥哥孙策平定江东各郡之后，当时孙权十五岁，就担任了阳羡县长。后来吴郡举荐他为孝廉，扬州举荐他为茂才；代理奉义校尉职务。

汉朝因为孙策从远方来述职进贡，忠心可嘉，派使者刘琬到江东去向孙策宣布给予赏赐的诏书。刘琬对人说："我看孙氏兄弟：虽然都才能优秀见识通达，然而享受福禄的时间都不长久。只有孙策的二弟孝廉孙权，外表和容貌奇特雄伟，骨骼形体很不寻常；有大贵之相，而且寿命又长。您试着记住这一点！"

汉献帝建安四年（公元199），孙权随从孙策征讨庐江郡太守刘勋。把刘勋击败后，又进兵到沙羡县讨伐黄祖。

建安五年（公元200），孙策去世，把权位交给孙权；孙权一直哀哭不止。孙策的长史张昭对孙权说："孝廉啊！这难道是哀哭的时候吗？周公订立了父母死后儿子要服丧三年的制度，但是他死后儿子伯禽并没有遵守；伯禽也不想违背父亲的规定，可是时势不允许他这么办啊。何况现今奸恶的人竞相起事，就像豺狼布满了道路；这时您却想哀哭亲人，顾及礼制；岂不等于是开门请盗贼进家吗？这可算不上是有仁爱之心啊！"于是张昭脱下孙权的丧服换上官服，把他扶上马，让他出去巡察军队。

这时，孙氏所控制的地域只有会稽、吴、丹杨、豫章、庐陵五郡，而且就是这五郡的险峻深山也还没有完全服从；江东著名的世家大族，分布在地方；从长江以北前来投奔的人士，则在观望江东前途的安危以便决定去留，这两类人物都还没有与孙氏形成稳固的君臣关系。张昭、周瑜等人则认为孙权是可以与之共创大业的领袖，所以献出诚心拥戴他。

曹操向朝廷上表推举孙权为讨虏将军，兼任会稽郡太守；孙权驻扎在吴县，让郡丞到会稽郡的治所山阴县去，代行处理公务文书。他用师长的礼节对待张昭；而任用周瑜、程普、吕范等人为将领；他又招纳优秀人才，聘求社会名流，鲁肃、诸葛瑾等人开始成为他的上宾。他还分配部署众将，前往险峻的深山去安抚山越人，讨伐其中不服从命令的武装势力。

建安七年（公元202），孙权的母亲吴氏夫人去世。

建安八年（公元203），孙权率军讨伐西边的黄祖，击溃了对方的水军，只剩城池没有攻下；而这时山越人又发起反抗，孙权率军回还经过豫章郡时，派吕范平定鄱阳县的山越，程普讨伐乐安县的山越；太史慈兼任海昏县令，韩当、周泰、吕蒙等人前往社会秩序动荡而不易治理的各县担任县令、县长。

建安九年（公元204），孙权担任丹杨郡太守的弟弟孙翊，被左右的人杀害；孙权任命堂兄孙瑜接替孙翊的职务。

建安十年（公元205），孙权派贺齐讨伐上饶县，分出该县一部分土地设立建平县。

建安十二年（公元207），孙权再次率军讨伐西边的黄祖，俘虏对方一部分百姓后撤回。

建安十三年（公元208）春天，孙权第三次进攻黄祖。黄祖先派水军迎战，都尉吕蒙打败对方的先头部队；接着凌统、董袭等将指挥全部精锐将士猛攻，终于攻克黄祖据守的城池并大肆屠杀。黄祖空身一人逃走。被骑兵冯则追上后砍下头颅，俘虏了对方的男女百姓共几万人。

这一年，孙权又派贺齐讨伐黟、歙二县的山越。分出歙县的大部分土地设立始新、新定、黎阳、休阳四县，以上述六县为新都郡。

荆州牧刘表去世；鲁肃请求带着孙权的指命去向刘表的两个儿子表示哀悼刘表之情，同时借机观察荆州事态变化。鲁肃还没有到达，而曹操的大军已经南下兵临荆州。刘表的儿子刘琮带领全体部众投降，在荆州的刘备想往南渡过长江。鲁肃与他相见，传达了孙权的意思，并为刘备分析了事情的成败。刘备听从劝告推进到夏口驻扎，派诸葛亮东下去见孙权。孙权命令周瑜、程普等将出发去迎战曹操。当时，曹操刚刚收纳了刘表的人马，势力非常强盛；议论的臣僚们都闻风丧胆，大多数人竭力劝孙权投降去迎接曹操。唯有周瑜、鲁肃坚持抵抗的主张，与孙权的意见相同。于是孙权任命周瑜、程普为左督、右督，各自统领一万精兵；与刘备一同向西推进，与曹操的大军在赤壁相遇，结果把曹军打得大败。曹操烧掉残余的船只后，往北方撤退，士兵饥病交加，死亡了一大半。

刘备、周瑜又乘胜追到南郡。曹操只好退回北方，留下曹仁、徐晃在南郡的治所江陵城坚守，又派乐进驻守江陵北面的襄阳。这时吴将甘宁在夷陵县，被曹仁的人马包围；周瑜采纳吕蒙的计策，留下凌统抵抗曹仁，自己带了一半的军队前去援救甘宁，结果得胜而回。

孙权亲自率领大军在淮南围攻合肥。又派张昭进攻九江郡的当涂县，张昭作战失利。而孙权进攻了一个多月也没有拿下城池。曹操从荆州退回北方后，立即派部将张喜带领骑兵驰援合肥；结果他还未赶到，孙权就已撤退。

建安十四年（公元209），周瑜与曹仁相持了一年多；杀伤了对方很多人马。曹仁放弃城池后逃走。孙权任命周瑜为南郡太守。

刘备上表朝廷推举孙权代理车骑将军职务，兼任徐州牧；而刘备自己则兼任荆州牧，驻扎在公安。

建安十五年（公元210），孙权分出豫章郡一部分土地，设置鄱阳郡；又分出长沙郡的一部分土地，设置汉昌郡，以鲁肃为汉昌郡太守，驻扎在陆口。

建安十六年（公元211），孙权把治所从吴县迁到秣陵县。

第二年，开始在秣陵修建石头城；并把秣陵改名为建业。他听说曹操将来侵犯，又在濡须水的两岸修筑军事壁垒叫做濡须坞。

建安十八年（公元213）正月，曹操进攻濡须。孙权在这里与对方相持一个多月。曹操观察孙权的军队，很是赞叹它的整齐威严，于是下令退军。

　　当初，曹操担心滨临长江北岸的各个郡县百姓被孙权掠走，下令让他们往北方内地迁移。不料这些地方的民众反而受到惊动，从庐江、九江、蕲春、广陵等郡向南渡过长江逃跑的有十几万户之多；结果长江下游的北岸沿江地区人口急剧减少，在合肥以南只剩下皖县一座城池。

　　建安十九年（公元214）五月，孙权出兵进攻皖县。当年的闰月，攻下城池，抓获曹操委派的庐江郡太守朱光和军事参谋董和，还俘虏男女军民几万人。

　　这一年，刘备取得益州。

　　第二年，孙权因为刘备已经有了益州，就派诸葛瑾前去请求刘备让出荆州各郡。刘备不同意，说："我正在打凉州的主意；平定了凉州之后，就把荆州都给你们。"孙权得知后说："这是借了荆州不还，反而想说些空话来拖延时间！"于是他委派了荆州南部长沙、零陵、桂阳三郡的行政长官前去接管各地。关羽又把这些官员全部赶走。

　　孙权大怒，立即派吕蒙指挥鲜于丹、徐忠、孙规诸将，带着二万精兵前去进攻这三郡；同时命令鲁肃带领一万人马驻扎在巴丘，以抵御南下救援的关羽；孙权本人则进驻陆口，以便对各路军队进行调度指挥。

　　吕蒙的军队到达后，长沙、桂阳二郡很快投降，只有零陵郡太守郝普还坚持抵抗。碰上这时刘备亲自率军从益州赶到公安援助，并派关羽带领三万人马杀到益阳；孙权急召吕蒙等将北上帮助鲁肃抵抗关羽。吕蒙派人前去劝诱郝普，郝普投降，吕蒙全部俘取了三个郡的敌方将领和郡太守；于是立即领兵北上，与孙皎、潘璋和鲁肃合兵之后一齐向前推进，在益阳挡住关羽。

　　双方还没有交战，恰巧这时曹操攻入了益州北面的汉中；刘备怕丢掉益州，赶忙派使者向孙权求和。孙权让诸葛瑾去作回复，双方重新恢复同盟友好关系。于是分割荆州：长沙、江夏、桂阳这东面三郡属于孙权；南郡、零陵、武陵这西面三郡属于刘备。刘备回到益州，曹操本人已离开汉中北归。

　　孙权从陆口东还，又领兵攻打合肥。由于未能得手，他下令撤军退回，军队全部上路。此时孙权与凌统、甘宁等将还在肥水渡口逍遥津的北岸，不防曹军猛将张辽突然发起袭击；凌统等人拼死捍卫孙权，孙权乘上一匹骏马从渡口的桥上飞跨过去，才得以脱险。

建安二十一年(公元216)冬天，曹操率军在居巢停留，随即进攻濡须。

建安二十二年(公元217)春天，孙权命令都尉徐详去向曹操请求投降；曹操派使者回访以建立友好关系，双方订立誓约并准备再次通婚。

建安二十三年(公元218)十月，孙权将要到吴县。亲自骑马在庱亭射猎猛虎，不料马被猛虎咬伤；孙权向猛虎投掷去双戟，猛虎才退却倒下。贴身侍卫张世又上前用戈击刺，终于把这只猛虎猎获到手。

建安二十四年(公元219)，关羽北上在襄阳围攻曹仁；曹操派左将军于禁去援救。碰上汉水暴涨，关羽出动水军，把于禁手下的三万步兵和骑兵全部俘虏，送往江陵，只剩下襄阳城还没有打下。孙权内心畏惧关羽力量增强，对外又想在曹操面前立功；于是写信给曹操，请求用讨伐关羽来贡献自己的诚心。而曹操又想让孙权与关羽相持和争斗以便收取渔人之利，立即让驿站马匹迅速送孙权的信到襄阳；指示曹仁用弩箭把这封信射到关羽军中让他看。关羽看了之后犹豫不决没有立即撤退。

当年闰十月，孙权出兵偷袭关羽。先派吕蒙攻打公安，抓获守将士仁；吕蒙推进到南郡，南郡太守麋芳又献城投降。吕蒙占领江陵之后，安抚老弱，把于禁从监牢中放出。与此同时孙权又派陆逊领兵去进攻江陵西面的宜都郡，先后占领秭归、枝江、夷道等县；然后回军驻扎在夷陵县，扼守三峡的东口以防备蜀军东下。这时关羽才撤军回当阳县，又转移到西边的麦城据守。孙权派人劝诱他，关羽假装同意投降，在城头上树立旗帜和假人之后，悄悄逃走；沿途人马不断逃散，最后只剩下十多名骑兵。孙权预先已派朱然、潘璋二将截断了他的去路。

当年十二月，潘璋的司马马忠，在章乡抓获了关羽、关羽的儿子关平、都督赵累，完全平定了荆州。

这一年，传染病大流行，孙权下令全部免除荆州百姓的租税。

曹操上表朝廷后任命孙权为骠骑将军,授予节杖,兼任荆州牧,封南昌侯。孙权派校尉梁寓到汉朝进贡,又让王惇到北方买马;还把从前俘虏的朱光放了回去。

建安二十五年(公元220)春正月,曹操去世;太子曹丕接任丞相、魏王,改年号为延康。

当年秋天,魏将梅敷,派遣张俭来请求投降。曹魏南阳郡的阴、酂、筑阳、山都、中庐五县百姓共五千家前来归附。

冬天,新魏王曹丕称帝,改元为黄初。

黄初二年(公元221)四月,刘备在益州称帝。孙权从公安迁到鄂县建都,改鄂县为武昌;以武昌、下雉、寻阳、阳新、柴桑、沙羡六县设置武昌郡。五月,建业县报告上天降下甘露。

八月,孙权下令修筑武昌的城池。并向部下众将下达指示说:"存在时不忘记灭亡,安全时要考虑危险:这是古人很好的教诲。从前隽不疑是汉朝著名大臣,在安定太平的时代也随身不离刀剑;可见君子对于武器防备,是不能停止使用的。何况现今大家处身边境,和像豺狼一样的敌人打交道,而可以轻率疏忽,不想到突发的变故吗?近来听说众将出入,各人都崇尚谦虚俭约,不带随从的卫兵:这根本不是防患未然爱惜身体的用意!保护自己留下声名,以安慰君主和父母,与遭受危险欺辱相比哪种结果更好呢?大家应当好好警醒告诫自己,务必要从大局着想:以满足我的期望啊!"

自从魏文帝曹丕称帝之后,孙权先派使者去称臣,接着又把于禁等人放了回去。当年十一月,曹丕向孙权下达封赏的文书说:

按照古代圣明帝王立下的法制,应当依据臣下的道德设立爵位,依据臣下的功劳确定俸禄;功劳大的俸禄厚,道德高的赏赐多。所以辅佐周成王的周公,率领军队征伐的吕尚,都被赐予封地,并接受天子赏给的各种应当享有的器物:这是用来表彰大功臣,使贤能明哲的人受到特殊对待的办法。近代汉高祖在承受天命称帝的开初,也分出肥沃的土地封立八位异姓功臣为王。这是前朝的美事,后代帝王的借鉴啊。

朕没有什么德泽,禀承天运建立新王朝;君临天下,掌握上天赐予的权柄;很想向从前的圣明帝王看齐,所以彻夜思考坐到天亮。想到您天性忠诚，以杰出的安邦治国才干充当朕的辅佐；能够清楚地认识到上天安排的帝王传承顺序，以及王朝的新旧交替；所以远远派出使者，乘船从潜江、汉水前来；望风归附，呈上奏章称臣；同时献上丝织品、细葛布等南方的著名特产作为贡品，还把于禁等将领全部送回朝廷；忠贞内含，诚心外露；信誉可以铸刻在金属器物和石头上，义气能够覆盖高山大河：对以上这一切朕非常嘉许啊！

现在朕决定封您为吴王。特派持有节杖的太常卿、高平侯邢贞，前来授给您吴王的印玺、绶带和封爵文书；同时授给黄金制作的虎符从第一号到第五号的左半部份共五件，竹简制作的使符从第一号到第十号共十件；任命您为大将军，持有节杖，督察指挥交州的各路军队，兼任荆州牧；赏赐您青色的土壤，用白茅草包裹：您要宣扬朕的命令，以治理中原的东方。您应该上交过去保存的骠骑将军、南昌侯的印章、绶带、符、封爵文书等。现在朕还要加赏您九种赏赐品，您要恭敬地听取下面的指示：

因为您能安抚东南，总管长江以南地区，汉族和少数族居民都安居乐业，没有人怀有二心。所以赐给您礼仪专车、作战兵车各一辆，黑色的拉车公马两套共八匹。因为您能发展经济鼓励农业生产，仓库里粮食充足。所以赐给您诸侯的礼服、礼帽，配以红色的鞋子。因为您能用道德教化民众，礼仪和教育得到蓬勃发展。所以赐给您三面悬挂的乐器一套。因为您能宣扬美好的风尚，招来南方各地的越族并加以安抚。所以赐给您红色的大门居住。因为您能运用才智谋略，任用贤能的人才充当官员。所以赐给您暗设在宫殿檐下的阶梯以便登上殿堂。因为您能同时发扬忠诚和勇敢，扫除奸恶的人。所以赐给您一百名侍卫朕的虎贲勇士。因为您能显示威风跨步前进，在荆州南部使用武力，诛灭关羽，抓到罪人。所以赐给您斧、钺各一件。因为您能对内用文教使上下和睦，对外用武力使远近信服。所以赐给您红色的弓一张，红色的箭一百支，黑色的弓十张，黑色的箭一千支。因为您能以忠诚严肃为根本，树立恭顺俭朴的品德。所以赐给您一罐用黑黍和香草酿制的美酒，再配以圭和瓒。

啊！您要恭恭敬敬执行朕的训示和规定的准则，服从朕的指令，勉力辅佐我国，永远保持您显赫的功业呀！

这一年，刘备本人带领大军前来进攻，到达巫县、秭归县一带。还派遣使者引诱武陵郡的少数族，授给他们官员的印章和证件，许诺给他们封赏；于是该郡各县以及五溪一带的少数族百姓都反叛转而支持蜀国。孙权委任陆逊为总指挥官，指挥朱然、潘璋等将抵御刘备。

这时孙权又派都尉赵咨出使曹魏，魏文帝问他说："吴王是什么样的主事者啊？"赵咨回答说："他聪慧、英明、仁爱、睿智，是具有雄心、谋略的主事者呀！"魏文帝问他具体事例，赵咨说："从普通人中招纳了鲁肃，是他的聪慧；在军队中提拔出吕蒙，是他的英明；俘获于禁而不杀害，是他的仁爱；兵不血刃就夺取了荆州，是他的睿智；占据扬、荆、交三州而虎视天下，是他的雄心；屈身服从陛下，是他的谋略啊。"

魏文帝想封给孙权长子孙登以爵位；孙权以孙登年幼为由，上书推托，又派西曹掾沈珩去向曹丕表示感谢，同时呈献南方的土特产品。接着孙权宣布立孙登为王太子。

孙权黄武元年（公元222）春正月，陆逊部署将军宋谦等，进攻蜀军的五座营地；全部攻破，斩了对方的将领。三月，鄱阳郡报告有黄龙出现。

蜀军分兵占据沿长江两岸的险要地形，前后建立了五十多处营地；陆逊根据敌军兵力的多少，相应派遣人马抵御。从当年正月到闰六月，把蜀军打得大败而逃，在战场上蜀军被杀和放下武器投降的总共有几万人；刘备仓皇逃跑，仅仅自己得免一死。

当初，孙权外边装出服从曹魏，而内心并不真诚。魏朝想派侍中辛毗、尚书桓阶前往江南去和孙权结盟起誓，并且让孙权送太子孙登到魏朝京城洛阳当人质；孙权却推托不让辛、桓二人入境。

秋九月，魏文帝命令曹休、张辽、臧霸出兵进攻洞口；曹仁出兵进攻濡须；曹真、夏侯尚、张郃、徐晃围攻南郡。孙权派吕范指挥五支军队，会合水军抵御曹休这一路；又派诸葛瑾、潘璋、杨粲三将驰援南郡；还委任朱桓为濡须战区的指挥官以抵御曹仁。

当时扬州和交州的少数族大多不服从孙吴统治，内部的困难还没有克服；所以孙权以极其谦卑的措辞又向魏文帝上书，请求给自己改过自新的机会，说："如果自己罪恶难以赦免，决不能放过；那么请求奉还土地百姓给朝廷，然后到交州寄居生存，以度余生。"

魏文帝回答的诏书说："您生在动乱时期，本有割据称雄的志向；后来因为能克制自己尊奉我国，才能享受目前这种福分。自从您向朝廷表示效忠以来，前来进献贡品的使者布满道路；讨伐刘备的功绩，朝廷也仰仗您才得以实现。把东西埋在地里后又挖出来，这是古人感到羞耻的事；朕和您之间，君臣的关系已经确定。难道说喜欢出动大军，远征长江、汉水地区吗？自古朝廷的议论，连帝王也不能一个人说了算。而现今三公报告您的过失，都有前后的详情。朕因为不英明，在许多人异口同声批评您时虽然也对您产生了怀疑，可是仍旧希望他们说的一切不是事实，认为这样才是国家的幸福。所以首先派使者前来犒劳为诛灭关羽出了力的将士，又派尚书桓阶、侍中辛毗前来实现从前我们商量好的话，把您送儿子孙登进京做人质一事确定下来。不料您却想出一些理由来拒绝，不让二人入境：使朝廷议论的人很感奇怪。再者此前朕派都尉浩周为使者前来劝您送儿子做人质，实际上是朝臣们共同出的主意，要用这来试验您的忠诚；结果您真的有话推托，先是引用从前的事例说隗嚣送了长子到京城做人质，最终仍然造了反，然后比喻自己就像窦融一样，不送儿子做人质也会始终保持忠诚不变。其实朝代不同时间有异，人各有心不会完全一样。但是，浩周回朝之后，口头陈述一切还加上手势比划；反倒让朝廷议论的人发出和表明了各种怀疑，使得您始终保持忠诚不变一类的话语，无法令人相信：所以朕才随从群臣的意见出动各路大军南下。现在看了您的上书，内心受到打动；不免产生怜悯之意，而态度也有所改变。即日朕就下诏，指令各路军队：只是就地挖深战壕修高壁垒，不准妄自前进！如果您一定要显示忠诚的节操，以排解人们的疑惑；只要您儿子孙登早上到达，当天晚上朕就召回各路大军回朝：这个诺言的效力，就像长江一样永远存在!"

孙权看到这篇诏书后立即宣布改换年号,出动大军到长江一线防守。

冬十一月,出现大风,吕范的水军淹死几千人,余下的逃回江南。曹休让臧霸带五百艘快船,载着一万敢死队袭击徐陵,烧毁吴军的攻城车,杀死抢走几千人。吴将全琮、徐盛追杀了魏将尹卢,杀死和俘虏几百人。

十二月,孙权派太中大夫郑泉,到白帝城去见刘备,双方重新开始通使。然而孙权还与魏文帝相互往来,到后年才完全断绝关系。这一年改夷陵县为西陵县。

黄武二年(公元223)春正月,魏将曹真分兵攻占江陵县附近长江中的百里洲。这一月,吴军在江夏郡治所武昌县附近的来山上修筑城堡。孙权下令废止东汉以来沿用的《四分历》,改用《乾象历》。三月,魏将曹仁派将军常雕等人,带兵五千,乘坐装设有油脂浸涂的防护板的战船,在凌晨渡过濡须水中间的洲岛;曹仁的儿子曹泰,趁机对朱桓发动猛攻,朱桓出兵迎战曹泰;另派将军严圭击溃了常雕的人马。这一月,南下进攻的各路魏军都撤了回去。

夏四月,孙权的各位臣僚劝他称帝,他不同意。刘备在白帝城去世。五月,曲阿县报告有甘露降下。此前,戏口的守将晋宗杀死将军王直,带领部下叛逃到魏国;魏国任命他为蕲春郡太守,多次侵犯吴国边境。六月,孙权命令将军贺齐,指挥麋芳、刘邵等突袭蕲春;刘邵等生擒了晋宗。

冬十一月,蜀国的使臣中郎将邓芝,前来访问。

黄武三年(公元224)夏天,孙权派辅义中郎将张温,到蜀国作回访。

秋八月,宣布赦免死刑犯。九月,魏文帝率兵南下广陵,眺望滚滚长江。说:"对方有人啊,还不能打他们的主意呀!"于是撤军回去了。

黄武四年(公元225)夏五月,丞相孙邵去世。六月,孙权任命太常顾雍为丞相。

秋七月,皖口报告不同根的树木其枝干合长在一起。

冬十二月，鄱阳郡的叛匪彭绮自称将军，攻陷各县，拥有人马几万人。

这一年，连续发生地震。

黄武五年(公元 226)春天，孙权下令说："军队出动打仗的时间已经很久了，老百姓离开了农田；父子夫妇，也不能相互照顾；我非常怜悯他们！现在北方的敌人缩逃回去，边境之外没有战事；要下达公文到各州郡，采取宽和措施让人民得到休息。"这时，陆逊因为各地缺乏粮食，上表请求让众将在当地开垦土地实行屯田。孙权答复说："您的建议很好啊！现在我和我的儿子也要亲自接受一片田地前去耕种，把我们座车的八条牛，分来拉四张犁；虽然赶不上古代亲自耕田的圣明君主，却也想和大家平均分担劳累啊。"

秋七月，孙权听说魏文帝驾崩，下令出兵征伐江夏郡，围攻石阳城；未能得手而退回。苍梧郡报告有凤凰出现。把丹杨、吴、会稽三郡交界的险峻深山地区十个县分出来，新设置东安郡；委任全琮为太守，讨伐平定当时的山越人。

冬十月，陆逊陈述有利而适当的政策，劝孙权施与德泽减轻刑罚，放宽赋税征收，停止征调兵员。又说："大臣们忠诚正直的话，不敢充分陈述；请让您身边的侍从小臣们，常常把有利的建议报告给您知道。"

孙权回答说："法令的设置，是想阻遏凶恶防止奸邪，警醒和告诫人们今后不要犯过错啊。怎么能不设置刑罚，来威慑小人呢？这都是先申明法令后执行诛杀，不想让人去违犯它呀。您以为现今刑罚太重，我未必然就认为加强刑罚很有好处么？这是不得已而为之的事啊。而今接到您的意见，我将就此重新进行咨询和考虑，一定遵从恰当的意见。另外，您作为我亲近的大臣应当有畅所欲言的劝谏，作为我的姻亲应当有观察和弥补过失的忠告；这是为了匡正君主，并表明您自己的忠诚信义啊。《尚书》中记载尧对舜说的话是'我有过错你应当辅正我，你不要当面顺从而背后非议'，我难道不喜欢采纳忠言以弥补自己的不足吗？而您却说'不敢充分陈述'，这怎么算得上'忠诚正直'呀？如果我身边的侍从小臣当中，有人的建议值得采用；我难道会因人废言，而不采纳吗？如果他们只知道谄媚求得我的欢心，我虽然愚昧也会清楚地看出来呀！至于征调兵员，只不过因为天下未定，事情要靠兵力强大才能成功，所以才这样做。如果只是坐守江东，推行宽和政治；兵力自然够用，还用得着多征调吗？但是我觉得坐守江东，未免志向太小应当受到鄙视啊。如果不预先征调兵员，恐怕临时就不能立即投入使用了。另外，我与您情谊特别不同，光荣和忧患都共同享受；您送来的表文中说自己不敢随从大家采取明哲保身的态度，这确实是我一心希望您做到的事啊！"

于是，孙权下令各有关部门把所有的规章条例写出，然后派郎中褚逢，带去给陆逊、诸葛瑾阅看；他们心里觉得不妥当的地方，请他们加以修改增删。

这一年，孙权下令分出交州一部分土地设置广州，但不久又恢复原状。

黄武六年（公元227）春正月，诸将抓获鄱阳郡叛乱匪首彭绮。

闰十二月，韩当的儿子韩综率领部下投降魏国。

黄武七年（公元228）春三月，孙权封儿子孙虑为建昌侯。撤销东安郡。

夏五月，鄱阳郡太守周鲂假装背叛吴国，引诱魏将曹休率军深入。

秋八月，孙权亲临皖口，派将军陆逊指挥众将在石亭把曹休打得大败。大司马吕范去世。

这一年，改合浦郡为珠官郡。

黄龙元年（公元229），公卿百官都劝孙权使用皇帝称号。

夏四月，夏口、武昌，都报告有黄龙、凤凰出现。

这一月十三日丙申，孙权在武昌城南郊举行祭告上天的仪式之后即皇帝位。当天宣布大赦，改变年号；孙权又追尊父亲破虏将军孙坚为武烈皇帝，母亲吴氏为武烈皇后，哥哥讨逆将军孙策为长沙桓王；以王太子孙登为皇太子；武将文官都晋升爵位施加赏赐。

当初，在汉献帝兴平年间，吴县一带的童谣唱道："车身上黄金闪光，挡泥板颜色鲜亮；打开了西边昌门，出来了一位皇上。"

五月间，孙权派校尉张刚、管笃，前往辽东郡联络公孙渊。

六月，蜀国派卫尉陈震，庆贺孙权登上皇帝位。孙权与蜀国斟酌划分天下：曹魏占领的地域当中，豫、青、徐、幽四州属吴；兖、冀、并、凉四州属蜀；至于司州的土地，则以函谷关为界，关东属吴而关西属蜀。并为此订立盟誓文书说：

上天降下祸乱，汉皇朝的秩序瓦解；叛逆的臣僚趁此危机，篡夺国家的政权：始于董卓，终于曹操；他们穷凶极恶，颠覆天下。使得全国分裂，失去控制；百姓和神灵都痛恨，其程度没有止境。至于曹操的儿子曹丕，是逆贼留下的同类；他接连做出奸恶的事，竟然窃取了天子之位。曹丕的儿子曹叡这个渺小家伙，接着曹丕继续作恶；凭借武力窃据国土，至今还没有受到诛罚。从前共工扰乱政治秩序而高辛出兵攻伐，三苗违反法度而虞舜前去征讨。现今要消灭曹叡，抓住他的同党；除了汉、吴二国，又有谁能承担这一重任呢？

而要讨伐奸恶铲除凶暴，必定要宣布其罪状；还应当先瓜分其土地，把他们窃据的土地全部剥夺；使士大夫和民众的心里，各自知道应当归附谁。《春秋》上记载晋文公讨伐卫国，先就把卫国的田地分给了宋国：正是这个道理。而且古代办理大事，必须先订立盟誓；所以《周礼》中有专管盟誓的官员，《尚书》也有关于诰誓的篇章。汉国和吴国，虽然信义发自内心；然而分割天下的土地，最好要有盟约。汉国的诸葛丞相，德泽和威望流传远方；他辅佐本国，统兵在外；信义和忠诚，感动了日月和天地；他派使者与吴国再次结盟，订立誓约表现诚意：以便使东西两国的士大夫和民众都知道。因此才在这里修建土坛宰杀牲畜，公开禀告神灵；双方歃血之后在盟誓文书上签字，把文书的副本珍藏在朝廷的档案馆中。上天虽然高远却能听清地下人民的声音，并且会用神威帮助有诚心的人；主管盟誓的天神司慎、司盟，以及其他各位受到祭祀的神灵：都降临到盟誓的祭坛上。

从今天汉、吴两国结盟立誓之后，双方要合力同心，一齐讨伐魏贼；如有危难祸患彼此救援帮助，碰到灾殃喜庆共同承担分享；要把喜好和厌恶统一起来，不能怀有任何二心。如果有人危害汉国，吴国要出兵讨伐；如果有人危害吴国，汉国要出兵讨伐。双方各自守卫分得的土地，不得相互侵犯；这种友好同盟关系还要传给后代，做到善始善终。各种条约的内容，都写在盟誓的文书上。诚实的话语不需要过分的修饰，只要实在的内容很好即够了。

如果有人背叛这一盟誓，先制造祸乱；怀有二心不和睦，怠慢上天的旨意；那么神灵和上帝就要讨伐他督责他，山神河神也要纠正他处死他：使他丧失民众，不再赐福于他的国家。伟大的神啊，请您明察这一切！

秋九月，孙权迁都到建业，利用过去当讨逆将军时在这里建造的府署，不再改建新宫；又征召上大将军陆逊到故都武昌，辅佐留在那里的皇太子孙登，同时负责处理武昌留守府的公事。

黄龙二年（公元230）春正月，魏国修建合肥新城。孙权下诏设立都讲祭酒的官职，以教导自己的儿子们学习儒经。

又派将军卫温、诸葛直，带领穿盔甲的战士一万人渡海，去寻找夷洲和亶洲。亶洲在大海当中；老年人传说秦始皇曾派一个叫做徐福的求仙炼丹者，带了几千名童男童女入海，去寻找蓬莱仙山和神药，停留在亶洲不再回来。后来世代定居繁衍到几万户人家；上面的百姓，有时会到会稽郡来交换布匹。而会稽郡东边县里的人出海，也有遭到暴风漂流到亶洲的。亶洲的所在地极为遥远，一下子不可能到达；所以卫温等只俘虏了夷洲的几千人回来。

黄龙三年（公元231）春二月，孙权派太常卿潘濬带领五万人马讨伐武陵郡的蛮族人。卫温、诸葛直，都因为违背诏令劳而无功，被丢进监狱处死。

这年夏天，有野蚕做成茧，像鸡蛋一般大。由拳县有野稻自然生长，所以朝廷改由拳县为禾兴县。中郎将孙布诈降，以诱骗魏将王凌；王凌出兵南下迎接孙布。

冬十月，孙权部署大军，埋伏在阜陵一带以等待敌军；王凌察觉后掉头逃走。会稽郡的南始平县报告有特别茁壮的禾穗长出。十二月丁卯，孙权宣布大赦，改换明年的年号。

嘉禾元年（公元232）春正月，皇子建昌侯孙虑去世。三月，派将军周贺、校尉裴潜，渡海前往辽东郡。

秋九月，魏将田豫截击返航的船队，在成山斩杀周贺。

冬十月，魏国辽东郡太守公孙渊，派校尉宿舒、郎中令孙综来向孙权称臣，并贡献貂皮、骏马。孙权大喜，对公孙渊加官晋爵。

嘉禾二年(公元233)春正月，孙权下诏说："朕以无德之身，开始承受天命；日夜战战兢兢，忙得没有时间穿着衣服打一会盹。朕想平定世间的动乱，拯救黎民百姓；对上报答神灵，对下满足人民的期望。因此朕一心一意，努力访求俊杰；将要与他们同心协力，共同安定天下。如果是志同道合者，就同他们奋斗终生。如今持有节杖，指挥幽州各路军队，兼任青州牧、辽东郡太守的燕王公孙渊，长久受到魏贼的威胁，远隔一方；虽然心向我国，而没有前来的路可走。现在凭借上天的旨意，从远方派了两位使者前来；内心的忠诚显露，呈上的表章情辞恳切。朕得到这些，心里不知道有多喜欢！即使是商汤遇到伊尹，周朝得到吕尚，汉光武帝还没有完全平定天下而先得到窦融献上的河西地区，和今天的情况相比，难道能比得过吗？普天下统一的大局，从此就奠定了啊！《尚书》里不是说：'君主有了喜庆事，千万人民都得到依靠。'现在宣布大赦天下，让所有犯人重新开始生活。要公开下达公文到各州郡，让各地都执行这条大赦令。还要特别下达文书到燕国，派使者宣布朕的旨意和恩典。使普天下民众，都知道这件大喜事。"

三月，孙权让宿舒、孙综回转辽东；同时派太常卿张弥、执金吾许晏、将军贺达等带领一万兵马，以及黄金、珍宝、贵重物品，还有九种赏赐物，一同渡海去授给公孙渊。

满朝文武大臣，从丞相顾雍到下面的官员都劝谏孙权，认为公孙渊未必可信，而对他的待遇过于优厚，只消派几百官兵护送宿舒、孙综就行了。孙权始终不听。结果后来公孙渊真的斩杀了张弥等人，把他们的头颅送往魏朝请功，吴国的兵马和物品全都被他没收。孙权得知消息后大为恼怒，要想亲自去征讨公孙渊；尚书仆射薛综等人恳切劝阻，才止住他。

这一年，孙权率军进攻合肥新城，又派将军全琮袭击六安县；都未能得手而退回。

嘉禾三年（公元234）春正月，孙权下诏说：“战争久未停止，百姓被劳役弄得困乏不堪，收成有时又不好。现在要放宽征收拖欠租税的期限，不再督促催缴。”

夏五月，孙权派陆逊、诸葛瑾等进驻江夏、沔口；孙韶、张承等出兵广陵、淮阴；自己则亲率大军，围攻合肥新城。这时蜀国丞相诸葛亮北伐到达武功水，孙权认为魏明帝不会南下亲征；不料魏明帝派兵帮助司马懿抵御诸葛亮，亲自带领水军赶往东南。魏明帝还没有到达寿春县，孙权即已退兵，孙韶这一路人马也撤回。

秋八月，孙权任命诸葛恪为丹杨郡太守，讨伐山越。九月初一日，突然降霜，冻坏了庄稼。

冬十一月，太常卿潘濬平定武陵蛮族的任务完成，回到了武昌。孙权下诏恢复曲阿县的旧名云阳县，丹徒县的旧名武进县。庐陵郡的匪首李桓、南海郡的匪首罗厉等人造反。

嘉禾四年（公元235）夏，派吕岱讨伐李桓等。

秋七月，出现冰雹。曹魏派使者用马交换珠玑、翡翠、玳瑁。孙权说：“这些都是朕用不着的东西，而可以换得我们急需的马匹；为什么不同意他们来交换呢？”

嘉禾五年（公元236）春，开始铸造大钱，一枚相当于普通铜钱五百枚。下诏让官吏百姓交送铜给公家，根据重量和质量付给价钱；又订出惩治私自铸钱的条例。三月，武昌报告甘露降在礼宾殿。辅吴将军张昭去世。中郎将吾粲抓获李桓，将军唐咨抓获了罗厉等。从上年的十月开始天旱无雨，直到今年夏天。

冬十月，彗星出现在天空东方。鄱阳郡的匪首彭旦等人聚众造反。

嘉禾六年（公元237）春正月，孙权下诏说：“父母死亡儿子要在家服丧三年，这是天下通行的制度，也是人的感情最痛苦的时候；贤德的人在三年居丧期满时会割舍悲哀遵从礼制恢复正常活动，至于不成器的子弟则勉勉强强才能熬满三年。世道清明太平，上下安定无事，那么君子不会强迫改变别人的感情，所以在三年居丧期间不会到居丧的孝子家去拜访；但是一旦国家有事，就要削减礼仪规定的内容以服从权宜的需要，腰上系着拴丧服的麻带去承担公务。因此圣人制定法规时认为，虽有礼仪规定而没有适当时机时可以暂不遵行。现今作出的在职官员父母死亡不准离职回家奔丧的规定，虽然不符合古代就有的制度；却是根据时代的需要，用君臣大义来切断父子恩情的办法。所以在这以前才制定条令：地方的县级行政长官在任上碰上父母去世，应当等到接替的人到达后才能离开。然而官员们依旧违犯这一规定；虽然违犯者随即受到纠举和惩处，而公家事务已经被荒废耽误了。目前事情正繁，国家多难；凡在官府任职的人员，应当各自尽忠，先公后私：但是实际上很多人却不恭敬照办，很不成道理。京城内外的各位官员，现在要再次对此进行衡量议论；务必定出一个适当的处理办法，你们要详细考虑。"

顾谭的议论认为："对在职官员违犯规定奔丧而制定惩治的法规，惩治轻了不足以禁止孝子的情感，惩治重了这原本又不是该处死的罪恶。要是现在增加严厉惩治的条款，今后违犯者当然会减少；可是如果有人偶然违犯了，到时候依法处以死刑则心中的感情会有所不忍，宣布减刑那么法规就废弛不能实行。为臣的愚见认为：地方行政长官的任所都距家庭很远，如果没有人去告知本人，势必不会知道。在新官员被选去接任之前，如果有人胆敢把父母死亡的消息传给当事人，传播者要处以死刑。这样一来地方行政长官就不会有荒废公务的过失，孝子本人也不会犯死罪受刑了。"

将军胡综的议论认为："丧事的礼仪，虽然有典章制度规定；如果时机不成熟，也难以实行。当今战争频繁，处理紧急军机与处理国家日常事务的情况不同；然而地方县级行政长官遇到父母的丧事，明知有条令禁止，却公然敢于触犯；只知道考虑听到父母死亡不奔丧的羞耻，全然不顾当臣僚而触犯禁令的罪：这完全是由于惩治的刑罚太轻造成的。尽忠报国，以孝立家；献身为臣，怎么能兼顾忠孝！所以当忠臣，就不能当孝子。应当制定条令，违者处以死刑；如有依旧触犯者，惩治不赦。用杀人来制止杀人：只要在一个人的身上先实行，以后就绝没有人再触犯了。"

丞相顾雍上奏报告大家的议论情况后，孙权同意违犯者处以死刑。后来，吴县的县令孟宗母亲死了，他违令回家奔丧，丧事完毕后，他主动到武昌投案等候处死刑。负责处理武昌留守府事务的陆逊向孙权陈述了孟宗纯洁的品行，为他求情；孙权才同意判处孟宗比死刑只轻一等的刑罚，但是明确宣布下不为例：从此便没有人敢违犯禁令了。

二月，陆逊领兵讨伐彭旦等人。在当年把他们全部击溃。

冬十月，孙权派卫将军全琮进攻六安县，没有攻下。诸葛恪完成平定山越人的任务，驻扎在长江北岸的庐江郡。

赤乌元年（公元 238）春天，开始铸造一枚相当于一千枚普通铜钱的大钱。

夏天，吕岱讨伐庐陵郡的叛匪；任务完成后，回到陆口。

秋八月，武昌报告有麒麟出现。有关部门的官员上奏说："麒麟是太平的征兆，应当为此改换年号。"孙权下诏说："近来有红色乌鸦聚集在宫殿前面，朕亲眼看见。如果神灵真的降下吉祥，那么改换年号应当改为'赤乌'。"群臣为此上奏说："从前周武王讨伐商纣时，曾有红色乌鸦出现显示祥瑞；君臣看到之后，就拥有了天下：这是圣人所写的书中，记载最详细的事。臣等认为近来红色乌鸦出现的事不仅美好，难得的是陛下亲自看见，更证明是祥瑞。"于是宣布改年号为"赤乌"。步夫人去世，被追赠为皇后。

当初，孙权信任校事官吕壹。而吕壹生性苛刻狠毒，动用法律惩治官员时程度深重。太子孙登为此多次劝谏，孙权都不采纳，大臣从此不敢进言。后来吕壹的奸恶罪行败露，被诛杀。孙权引咎责备自己；派遣中书郎袁礼去向各位重要将领表示歉意，同时询问他们对政事的改进意见。

袁礼返回后，孙权下诏责备诸葛瑾、步骘、朱然、吕岱等大将说："袁礼回来报告，说与你们四位见面，同时咨询你们政事当中先办什么后办什么。而你们各自以不掌管民政为理由，不肯立即陈述意见；全都推到陆伯言、潘承明二位身上。陆、潘二位见到袁礼，又流泪伤心，言语悲苦；甚至于心怀恐惧，惴惴不安。朕听了之后心中怅然不快，很感到奇怪！为什么呢？世间上只有圣人才能没有行动的过失，只有明智的人才能看清自己的一切啊。

平常人的举动，哪能保证全部都恰当呢？只因为朕自己有什么地方伤害或拒绝了大家的心意，而朕又疏忽了没有觉察，所以诸君才有顾忌和碍难啊；不然的话，为什么事情会到这种地步呢？自从朕随先父起兵以来已经五十年，劳役、赋税凡此种种都取之于民。天下还没有平定，奸贼的余孽还存在；军民都十分劳苦，朕确实也知道。然而劳累百姓，也是不得已的事呀！朕与诸君相处，从年轻直到年长，如今头上都长出了白发；以为彼此都完全了解，公私两方面的情分和关系，都足以保持长久。尽言直谏，是朕对诸君的期望；还有在政治上的拾遗补阙，也切盼诸君能够做到。从前卫武公年纪虽老却志气雄壮，努力寻求人才辅佐国家，常常为此独自感叹并督促自己。再说穿布衣系皮带的平民百姓，相互结交；友好情谊形成之后，尚且能够历经磨难不变心。而今诸君与朕相处，尽管名义上的关系是君臣，但在实际的情分上朕觉得即使是直系血缘亲属也不再比得过；荣华幸福，欢喜忧愁，我们都共同分享啊！竭尽忠诚不隐瞒情况，贡献智慧不保留计策；这些事关系到大是大非，那么诸君岂能够对政事放开不管呢！同船渡水，还能在河中间把谁换一下呢？齐桓公，不过是诸侯中的霸主：有优点管仲一定要赞叹，有过错管仲也一定要劝谏；劝谏而不被采纳，就始终劝谏不止。而今朕反省自己虽然没有齐桓公那样的品德，然而诸君的劝谏还未出口，就已表现出顾忌和碍难。由此说来，朕比齐桓公要好一点，不知道诸君与管仲相比又怎么样啊！好久没有见面了，想起这些事不免好笑。共同完成大业，统一天下，朕又还能依靠谁呢？各种各样的重要政事，其中应当改进的；朕都喜欢听到你们的独特见解，以补正朕考虑不周的地方。"

赤乌二年（公元239）春三月，孙权派使者羊衜、郑胄，以及将军孙怡，前往辽东，进攻魏军守将张持、高虑等，俘虏了一批男女百姓。零陵郡报告有甘露降临。

夏五月，修筑沙羡县城池。

冬十月，将军蒋秘领兵讨伐南方少数族的叛乱者。蒋秘部下的都督廖式，杀死临贺郡太守严纲等人，自称平南将军；与自己弟弟廖潜，共同进攻零陵、桂阳郡，又鼓动交州的苍梧、郁林等郡，拥有人马几万人。朝廷派将军吕岱、唐咨前去讨伐，一年多后全部平定。

赤乌三年(公元240)春正月，孙权下诏说："君主没有人民不能立足，人民没有粮食不能生存。最近以来，百姓承担很多军事上的劳役；又发生水旱灾害，粮食收成减少；而官吏有的不好，耽误了农民耕种的季节：结果造成百姓饥饿困苦。从今以后，督军和郡太守，要认真纠察不法官吏：正当农忙季节，用征调劳役去扰乱百姓的，要举报定罪让朝廷知道。"

夏四月，宣布大赦。下诏要各地郡县修筑城墙，建立瞭望楼，开挖堑壕沟渠，以防备盗匪。

冬十一月，民间出现饥荒，下诏打开粮仓赈济贫苦百姓。

赤乌四年(公元241)春正月，大雪降临，平地雪深三尺，鸟兽冻死一大半。

夏四月，派卫将军全琮攻掠淮南曹魏辖境；挖断芍陂的堤坝，烧毁对方安城的仓库，俘虏走当地的人民。威北将军诸葛恪进攻六安县。全琮与魏将王凌，在芍陂激战；中郎将秦晃等十多人阵亡。车骑将军朱然出兵围攻樊城，大将军诸葛瑾袭取柤中。五月，太子孙登去世。这一月，魏朝太傅司马懿领兵救援樊城。六月，各路军队撤回。闰六月，大将军诸葛瑾去世。

秋八月，陆逊修筑邾县城池。

赤乌五年(公元242)春正月，孙权立第三个儿子孙和为太子。宣布大赦，改禾兴县为嘉兴县。百官上奏请求立皇后，并封其他四个皇子为王，孙权下诏说："而今天下未定，民众劳累困苦；而且立功之臣有的还没有论功行赏，饥寒交迫的百姓还没有得到抚恤；这时就忙着分割许多土地让子弟抽取丰厚的租税，册立皇后使妃妾得到荣宠：朕很不愿意这样做。要放弃这个建议。"三月，海盐县报告黄龙出现。

夏四月，孙权下令禁止进献贡品，并减少御膳的数量。

秋七月，派将军聂友、校尉陆凯，带兵三万进攻珠崖岛的儋耳。这一年传染病流行。有关部门官员又上奏请求立皇后和各亲王。八月，立皇子孙霸为鲁王。

赤乌六年(公元243)春正月，新都郡报告有白虎出现。诸葛恪出兵进攻六安县，攻破魏将谢顺的营地，俘虏走当地人民。

冬十一月，丞相顾雍去世。十二月，扶南国王范旃，派使来进献演奏乐舞的艺人和地方特产。

这一年，司马懿率领军队进入舒县，诸葛恪从皖口转移到柴桑驻扎。

赤乌七年（公元244）春正月，任命上大将军陆逊为丞相。

秋天，宛陵县报告有长得特别茁壮的禾穗出现。这一年，步骘、朱然各自上表章说："从蜀国回来的人，都说蜀国想背弃盟约与魏国交往；而且正在制造很多船只，维修城池。另外蒋琬驻扎在汉中，听说司马懿率军南下，不出兵乘虚去协同我们进攻；反倒离开汉中，回到靠近成都的涪县驻扎。事态已经很明显，再没有什么怀疑，应当对此加以防备。"

孙权估量情况不会是这样，说："朕对待蜀国不薄，使者往来访问又结盟立誓，没有什么对不起他们的地方，怎么会变成这样呢？再说司马懿此前进兵舒县，十天左右又撤退了；蜀国远在万里，怎么能知道情况的缓急而立即出兵啊？从前魏军要进入汉中，我们这里刚做好出兵准备，还没有行动，听到魏军撤退也就停止出发；难道蜀国又可以从这件事产生疑心么？还有，别人治理国家，船只和城池，为什么不能制造和维修呢？而今我们这里也在训练军队，未必就是想抵御蜀国吗？人们传说的话多不可信，朕敢以全家的生命担保蜀国不会变心！"结果蜀国确实没有什么对付吴国的阴谋，正如孙权所估计的那样。

赤乌八年（公元245）春二月，丞相陆逊去世。

夏天，皇宫大门的立柱遭到雷击；接着遭到雷击的还有都城南津大桥的桥柱。茶陵县出现洪水，冲走居民二百多家。

秋七月，将军马茂等人企图造反谋害孙权，结果都被诛灭三族。

八月，宣布大赦。派校尉陈勋，带领屯田兵士和从事劳作的民工共三万人，开凿句容县一带的水运通道：从小其到云阳西城；连通集市，沿途修建仓库。

赤乌九年（公元246）春二月，车骑将军朱然进攻魏国的祖中，斩首俘获一千多人。

夏四月，武昌报告有甘露降临。

秋九月，任命骠骑将军步骘为丞相，车骑将军朱然为左大司马，卫将军全琮为右大司马，镇南将军吕岱为上大将军，威北将军诸葛恪为大将军。

赤乌十年（公元247）春正月，右大司马全琮去世。二月，孙权暂时迁往南宫居住。三月，改建太初宫，诸将和各州郡长官都派人参加义务劳动。

夏五月，丞相步骘去世。

冬十月，大赦死刑罪犯。

赤乌十一年（公元248）春正月，朱然修筑江陵县的城池。二月，连续发生地震。三月，太初宫改建完成。

夏四月，雨中夹杂冰雹，云阳县报告黄龙出现。

五月，鄱阳郡报告有不伤害人畜的白虎出现。孙权为此下诏说："古时候的圣明帝王积累德行和善事，修养自身推行道义，从而得到天下；所以有各种表明受命于天的征兆和祥瑞出现，用来表彰其德泽。朕并不英明，何以会达到这种境地啊？《尚书·吕刑》上说：'虽然取得好成绩，但是不能自我满足。'公卿百官，要勉力尽自己的职责，以补正朕考虑不周到的地方。"

赤乌十二年（公元249）春三月，左大司马朱然去世。四月，有两只乌鸦衔着一只死喜鹊，丢到东馆里面。这月初九日丙寅，骠骑将军朱据兼任丞相，焚烧这只死喜鹊以祭祷神灵。

赤乌十三年（公元250）夏五月，夏至这一天夜晚，火星进入斗宿所在的星空。

秋七月，火星接触到魁宿四星中第二颗星，而后向东运行。八月，丹杨郡的句容、故鄣、宁国各县出现山崩，洪水溢出河岸。孙权下诏免除百姓拖欠的租税，发给种子和口粮。宣布废黜皇太子孙和，将其流放到故鄣县；又赐鲁王孙霸死。

冬十月，魏将文钦假装反叛以诱骗朱异；孙权派吕据与朱异会合，去迎接文钦。朱异等人谨慎持重，文钦不敢贸然进犯。十一月，孙权立小儿子孙亮为太子。派遣大军十万，修建堂邑的涂塘以淹没长江北岸魏军南下的通道。十二月，魏军大将王昶围攻南郡，荆州刺史王基进攻西陵县；孙权派将军戴烈、陆凯前往抵御；魏军全部撤退。

这一年，有仙人授给孙权文书，告知他应当改换年号，册立皇后。

太元元年（公元251）夏五月，孙权立皇后潘氏。宣布大赦，改换年号。起初，临海郡罗阳县有神，自称为王表；他周游在民间，说话和吃喝，与凡人无异，但是看不到他的形状。他有一名婢女，名叫纺绩。这一月，孙权派中书郎李崇，带着辅国将军、罗阳王的印章、绶带，前去迎接王表。王表跟着李崇一起出来，与李崇和各地郡太守、县令、县长们谈话，李崇等人还没有话来反驳他。凡是经过名山大川，他总是要派婢女纺绩与山神、河神通话。

秋七月，李崇与王表一起到达京城建业；孙权在皇宫的苍龙门外为王表建立住宅，多次让宫中的侍臣带着酒和食品去看望。王表预言水旱灾害和小事情，往往有灵验。

秋八月初一日，狂风大作；江水海水都暴涨，平地水深八尺；吴郡云阳县孙坚的陵墓高陵，松树柏树都连根拔起，吴郡治所吴县的南门城门，也被狂风吹掉下来。

冬十一月，宣布大赦。孙权到京城南郊祭天回来后，就卧病在床。十二月，用驿站的车辆紧急征召大将军诸葛恪进京，委任他为太子太傅。又下诏减轻徭役，降低租赋，去除民众所忧心痛苦的弊政。

太元二年（公元252）春正月，立过去的太子孙和为南阳王，居住在长沙郡；立皇子孙奋为齐王，居住在武昌；立皇子孙休为琅邪王，居住在虎林。二月，宣布大赦，改年号为神凤。皇后潘氏去世。各位将领官员多次到王表处为孙权求福，王表却逃走了。

夏四月，孙权去世。终年七十一岁，谥为大皇帝。

秋七月，孙权遗体被安葬在京城建康东郊的蒋陵。

评语说：孙权能够向魏国屈身忍辱，任用贤才崇尚智计；确实像勾践那样奇特，是英雄当中的杰出人物啊：所以他才会独自占据长江以南，完成三国鼎立的大业。然而他生性多猜忌，杀人不手软；到了晚年，就更加厉害；最后弄得来进谗言的奸臣大干坏事，亲生后代不是废黜就是处死：这哪里是《诗经·文王有声》中所说的"留下远大的谋划以安定保护子孙"啊！他的后代衰败，最后招致国家覆灭，未必不是由此造成的呀。

【三国志译注卷四十八】　　吴志三

三嗣主传第三

孙亮字子明。权少子也。权春秋高[1]，而亮最少，故尤留意。姊全公主尝谮太子和子母[2]，心不自安；因倚权意，欲豫自结，数称述全尚女[3]，劝为亮纳。

赤乌十三年，和废；权遂立亮为太子，以全氏为妃[4]。

太元元年夏，亮母潘氏立为皇后。

冬，权寝疾，征大将军诸葛恪为太子太傅，会稽太守滕胤为太常[5]：并受诏辅太子。

明年四月，权薨。太子即尊号[6]，大赦，改元。是岁，于魏嘉平四年也。

【注释】

〔1〕春秋高：年龄大。 〔2〕全公主：孙权的女儿。名鲁育。先嫁周瑜的儿子周循。循死，又嫁全琮，所以称全公主或全主。事见本书卷五十《步夫人传》。 谮(zèn)：诬陷中伤。 〔3〕全尚：全琮的侄儿。事见本书卷五十《全夫人传》。 〔4〕全氏：传见本书卷五十。 〔5〕滕胤(？—公元256)：传见本书卷六十四。 〔6〕即尊号：称帝。孙亮称帝在四月二十八日丁酉，见本书卷六十四《诸葛恪传》。

〔建兴元年〕闰月[1]，以恪为帝太傅，胤为卫将军领尚书事[2]，上大将军吕岱为大司马；诸文武在位皆进爵班赏[3]，冗官加等[4]。

冬十月，太傅恪率军遏巢湖[5]，〔一〕城东兴[6]；使将军全端守西城[7]，都尉留略守东城[8]。十二月朔丙申，大风雷电。魏使将军诸葛诞、胡遵等步骑七万围东兴[9]，将军王昶攻南郡，毌丘俭向武昌[10]。甲寅[11]，恪以大兵赴敌。戊午[12]，兵及东兴，交战；大破魏军，杀将军韩综、桓嘉等。是月，雷雨。天灾武昌端门[13]，改作端门；又灾内殿。〔二〕

【注释】

〔1〕闰月：据陈垣《二十史朔闰表》，当年吴《乾象历》闰四月。〔2〕领：兼管。　尚书事：尚书台的机要事务。　〔3〕班：颁发。〔4〕冗官：只有名号而没有具体职权的闲官。　〔5〕巢湖：湖名。即今安徽的巢湖。　〔6〕东兴：地名。在今安徽含山县西南。即孙吴军事要地濡须坞所在地。诸葛恪为了加强濡须坞的防御作用，在濡须水东岸的濡须山上修筑城堡，名叫东城；又在濡须水西岸的七宝山上筑城堡，名叫西城。东城又称东关，西城又称西关。　〔7〕全端：事见本书卷五十二《顾雍传附顾谭传》。　〔8〕留略：事见本书卷六十四《孙峻传》裴注引《吴书》。　〔9〕诸葛诞（？—公元258）：传见本书卷二十八。　胡遵：事见本书卷二十八《钟会传》裴注引《晋诸公赞》。　〔10〕毌（guàn）丘俭（？—公元255）：传见本书卷二十八。　〔11〕甲寅：旧历十九日。　〔12〕戊午：旧历二十三日。　〔13〕天灾：上天降临大火灾。实际上是雷击引起大火。　端门：皇宫南面的正门。

【裴注】

〔一〕巢，音祖了反。

〔二〕臣松之按：孙权赤乌十年，诏徙武昌宫材瓦，以缮治建康宫；而此犹有端门、内殿。

《吴录》云："诸葛恪有迁都意，更起武昌宫。今所灾者，恪所新作。"

二年春正月丙寅[1]，立皇后全氏，大赦。庚午[2]，王昶等皆退。二月，军还自东兴，大行封赏。三月，恪率军伐魏。

夏四月，围新城[3]。大疫，兵卒死者太半。

秋八月，恪引军还。

冬十月，大飨[4]。武卫将军孙峻，伏兵杀恪于殿堂[5]。大赦。以峻为丞相，封富春侯。

十一月，有大鸟五，现于春申[6]。明年改元。

【注释】

〔1〕丙寅：旧历初一日。 〔2〕庚午：旧历初五日。 〔3〕新城：城名。即合肥新城。在今安徽合肥市西北。 〔4〕大飨：君主设酒宴犒劳臣下。 〔5〕武卫将军：官名。率领宫廷卫队，保卫皇帝。 〔6〕春申：地名。在今江苏苏州市。

五凤元年夏，大水。

秋，吴侯英，谋杀峻[1]；觉，英自杀。

冬十一月，星茀于斗、牛[2]。〔一〕

【注释】

〔1〕英：即孙英（？—公元254）。事见本书卷五十九《孙登传》。〔2〕茀（fú）：白色的云气绵延成长蛇状。《宋书》卷二十三《天文志》一也记载了这一天象，说是"有白气出斗侧，广数丈，长竟天"。古代把上述云气叫做蚩尤之旗，认为是刀兵灾祸的预兆。 牛：星宿名。是二十八宿中北方玄武七宿之一。有星六颗。

【裴注】

　〔一〕《江表传》曰："是岁，交阯稗草化为稻。"

　　二年春正月[1]，魏镇东大将军毌丘俭、前将军文钦，以淮南之众西入[2]，战于乐嘉[3]。闰月壬辰[4]，峻及骠骑将军吕据、左将军留赞，率兵袭寿春[5]；军及东兴，闻钦等败。壬寅[6]，兵进于橐皋[7]，钦诣峻降，淮南余众数万口来奔。魏诸葛诞入寿春，峻引军还。二月，及魏将军曹珍遇于高亭[8]，交战，珍败绩。留赞为诞别将蒋班所败于菰陂[9]，赞及将军孙楞、蒋修等，皆遇害。三月，使镇南将军朱异袭安丰[10]，不克。

　　秋七月，将军孙仪、张怡、林恂等，谋杀峻；发觉，仪自杀，恂等伏辜[11]。阳羡离里山大石自立[12]。使卫尉冯朝，城广陵[13]。拜将军吴穰为广陵太守，留略为东海太守[14]。是岁，大旱。

　　十二月，作太庙。以冯朝为监军使者[15]，督徐州诸军事。民饥，军士怨叛。

【注释】

　〔1〕二年：五凤二年(公元255)。　〔2〕镇东大将军：官名。领兵征伐。主要活动区域在淮南。　〔3〕乐嘉：地名。在今河南周口市东南。当时毌丘俭举兵反抗曹魏的执政大臣司马师，与司马师的军队在乐嘉激战，结果失败被杀，文钦投奔孙吴。　〔4〕壬辰：旧历初九日。〔5〕留赞(？—公元255)：传见本书卷六十四《孙峻传》裴注引《吴书》。　〔6〕壬寅：旧历十九日。　〔7〕橐(tuó)皋：地名。在今安徽巢湖市西北。　〔8〕高亭：地名。在今安徽巢湖市西北。　〔9〕菰(gū)陂：陂塘名。在今安徽巢湖市西北。　〔10〕镇南将军：官名。领兵征伐。　安丰：淮河古津渡名。在今安徽霍丘县西北。　〔11〕伏辜：伏法

处死。　〔12〕阳羡：县名。县治在今江苏宜兴市。　　离里：山名。在今江苏宜兴市西南。又叫国山、离墨山。　〔13〕广陵：城名。在今江苏扬州市。本汉县，东汉末废。现在孙吴重建广陵城，是想从滨海的徐州方向进攻曹魏。　〔14〕东海：郡名。治所在今山东郯城县西北。东海和广陵当时是曹魏徐州下属的郡。　〔15〕监军使者：官名。受皇帝命令监督军队。

太平元年春〔一〕二月朔，建业火。峻用征北大将军文钦计〔1〕，将征魏。

八月，先遣钦及骠骑吕据、车骑刘纂、镇南朱异、前将军唐咨军，自江都入淮、泗。

九月丁亥〔2〕，峻卒。以从弟偏将军綝为侍中，武卫将军〔3〕，领中外诸军事〔4〕。召还据等，〔据〕闻綝代峻，大怒。己丑〔5〕，大司马吕岱卒。壬辰〔6〕，太白犯南斗〔7〕。据、钦、咨等，表荐卫将军滕胤为丞相；綝不听。癸卯〔8〕，更以胤为大司马，代吕岱驻武昌。据引兵还，欲讨綝。綝遣使以诏书告喻钦、咨等，使取据。

冬十月丁未〔9〕，遣孙宪及丁奉、施宽等，以舟兵逆据于江都〔10〕；遣将军刘丞督步骑攻胤。胤兵败，夷灭。己酉〔11〕，大赦，改年。辛亥〔12〕，获吕据于新州〔13〕。十一月，以綝为大将军，假节，封永（康）〔宁〕侯。孙宪与将军王惇，谋杀綝；事觉，綝杀惇，迫宪令自杀。十二月，使五官中郎将刁玄，告乱于蜀〔14〕。

【注释】
　　〔1〕征北大将军：官名。领兵征伐。　〔2〕丁亥：旧历十四日。〔3〕从（zòng）弟：堂弟。　偏将军：官名。属低级将军。领兵征伐。〔4〕中外诸军：当时称京城的驻军为中军，京城以外各战区由都督分领

的军队为外军。合称中外诸军,构成全部中央直辖军队。此外,还有少量由州郡行政长官掌握的治安部队,称为州郡兵。凡具有领中外诸军、都督中外诸军名号者,即是全国军队的总司令长官。 〔5〕己丑:旧历十六日。 〔6〕壬辰:旧历十九日。 〔7〕太白:星名。即金星。〔8〕癸卯:旧历三十日。 〔9〕丁未:旧历初四日。 〔10〕丁奉(? —公元271):传见本书卷五十五。 〔11〕己酉:旧历初六日。 〔12〕辛亥:旧历初八日。 〔13〕新州:长江中的州岛名。即今江苏南京市北的八卦洲。 〔14〕五官中郎将:官名。是宫廷卫队的分队长之一,率领郎官保卫皇宫殿堂。有时也充当皇帝的特使。 告乱:通报内部发生的变乱。

【裴注】

〔一〕《吴历》曰:"正月,为权立庙,称太祖庙。"

二年春二月,甲寅[1],大雨,震电。乙卯[2],雪,大寒。以长沙东部为湘东郡[3],西部为衡阳郡[4];会稽东部为临海郡;豫章东部为临川郡[5]。

夏四月,亮临正殿,大赦,始亲政事。綝所表奏,多见难问。又科兵子弟年十八以下十五以上[6],得三千余人;选大将子弟年少有勇力者为之将帅。亮曰:"吾立此军,欲与之俱长。"日于苑中习焉。[一]五月,魏征东大将军诸葛诞,以淮南之众保寿春城[7],遣将军朱成称臣上疏;又遣子靓、长史吴纲、诸牙门子弟,为质[8]。六月,使文钦、唐咨、全端等,步骑三万救诞。朱异自虎林率众袭夏口,夏口督孙壹奔魏[9]。

秋七月,綝率众救寿春,次于镬里[10]。朱异至自夏口;綝使异为前部督[11],与丁奉等将介士五万解围[12]。八月,会稽南部反,杀都尉。鄱阳、新都民为乱,廷尉丁密、步兵校尉郑胄、将军钟离牧，率军讨之[13]。朱异以军士乏食，引还。綝大怒。九月朔己巳，杀异于镬里。辛未[14]，綝自镬里还建业。甲申[15]，大赦。

十一月，全绪子祎、仪，以其母奔魏[16]。十二月，全端、怿等，自寿春城诣司马文王[17]。

【注释】

〔1〕二年：太平二年（公元 257）。　甲寅：旧历初三日。　〔2〕乙卯：旧历初四日。　〔3〕湘东：郡名。治所在今湖南衡阳市。　〔4〕衡阳：郡名。治所在今湖南湘潭市西南。　〔5〕临川：郡名。治所在今江西南城县东南。　〔6〕科：区分选择。　兵子弟：孙吴为保障兵源，曾实行世袭兵制。专门承担兵役的民户叫做兵户，兵户的子弟长大后也从军当兵。因此，孙亮从士兵的子弟中选取对象组成军队，准备培养成自己的亲兵。这一行动引起孙綝的疑虑，成为孙綝废黜孙亮的起因之一。　〔7〕征东大将军：官名。领兵征伐。主要活动区域在淮南。当时官制，高级将领中有征东、征南、征西、征北将军，合称"四征"；其下有镇东、镇南、镇西、镇北将军，合称"四镇"。如果任职者资历深，则在将军之前加"大"字。"四征"、"四镇"之下，还有类似的"四安"、"四平"。　〔8〕牙门：官名。即牙门将军的简称。领兵征伐。　质：人质。　〔9〕夏口督：官名。夏口战区的军事指挥官。　孙壹（？—公元259）：事见本书卷五十一《孙奂传》。　〔10〕镬（huò）里：地名。在今安徽巢湖市西北。　〔11〕前部督：官名。前部各军的指挥官。　〔12〕介士：穿铠甲的士兵。　〔13〕廷尉：官名。九卿之一，主管司法。步兵校尉：官名。京城特种兵的分队指挥官之一。统领步兵营，警卫京城，有时也外出作战。　钟离牧：传见本书卷六十。　〔14〕辛未：旧历初三日。　〔15〕甲申：旧历十六日。　〔16〕全绪：事见本书卷六十《全琮传》裴注引《吴书》。　〔17〕司马文王：即司马昭（公元211—265）。司马昭死，被谥为文王。事详《晋书》卷二。

【裴注】

〔一〕《吴历》曰："亮数出中书，视孙权旧事。问左右侍臣：'先帝数有特制；今大将问事，但令我书"可"邪！'亮后出西苑，方食生梅；

使黄门至中藏取蜜渍梅，蜜中有鼠矢。召问藏吏，藏吏叩头。亮问吏曰：'黄门从汝求蜜邪？'吏曰：'向求，实不敢与。'黄门不服。侍中刁玄、张邠启：'黄门、藏吏辞语不同，请付狱推尽。'亮曰：'此易知耳！'令破鼠矢，矢里燥。亮大笑谓玄、邠曰：'若矢先在蜜中，中外当俱湿；今外湿里燥，必是黄门所为！'黄门首服，左右莫不惊悚。"

《江表传》曰："亮使黄门以银碗并盖，就中藏吏取交州所献甘蔗饧。黄门先恨藏吏，以鼠矢投饧中；启言藏吏不谨。亮呼吏持饧器入，问曰：'此器既盖之，且有掩覆，无缘有此；黄门将有恨于汝邪？'吏叩头曰：'尝从某求宫中莞席；宫席有数，不敢与。'亮曰：'必是此也！'覆问黄门，具首伏。即于目前加髡鞭，斥付外署。"

臣松之以为：鼠矢新者，亦表里皆湿；黄门取新矢，则无以得其奸也。缘遇燥矢，故成亮之慧。然犹谓《吴历》此言，不如《江表传》为实也。

三年春正月[1]，诸葛诞杀文钦。三月，司马文王克寿春；诞及左右战死，将吏以下皆降。

秋七月，封故齐王奋，为章安侯。诏州郡伐宫材[2]。自八月，沉阴不雨四十余日。

亮以綝专恣，与太常全尚，将军刘丞，谋诛綝。九月戊午[3]，綝以兵取尚，遣弟恩攻杀丞于苍龙门外[4]；召大臣会宫门，黜亮为会稽王，时年十六。

【注释】

〔1〕三年：太平三年（公元 258）。〔2〕宫材：修建皇宫的木材。〔3〕戊午：旧历二十六日。〔4〕恩：即孙恩。事见本书卷六十四《孙綝传》。

孙休字子烈。权第六子。年十三，从中书郎射慈、郎中盛冲受学。

太元二年正月，封琅邪王，居虎林。四月，权薨，休弟亮承统。诸葛恪秉政，不欲诸王在滨江兵马之地，徙休于丹杨郡。太守李衡，数以事侵休；休上书乞徙他郡，诏徙会稽。

居数岁，梦乘龙上天，顾不见尾，觉而异之。孙亮废，己未[1]，孙綝使宗正孙楷与中书郎董朝迎休[2]。休初闻问[3]，意疑；楷、朝具述綝等所以奉迎本意：留一日二夜，遂发。

十月戊寅[4]，行至曲阿。有老公干休，叩头曰："事久变生，天下颙颙[5]；愿陛下速行！"休善之，是日进及布塞亭[6]。武卫将军恩，行丞相事[7]，率百僚以乘舆法驾迎于永昌亭[8]；筑宫，以武帐为便殿[9]，设御座。

己卯[10]，休至，望便殿止住；使孙楷先见恩。楷还，休乘辇进；群臣再拜，称臣。休升便殿，谦，不即御坐，止东厢。户曹尚书前[11]，即阶下赞奏[12]，丞相奉玺、符[13]。休三让，群臣三请。休曰："将相诸侯，咸推寡人[14]；寡人敢不承受玺、符！"群臣以次奉引[15]，休就乘舆，百官陪位。綝以兵千人，迎于半野，拜于道侧；休下车，答拜。

即日，御正殿；大赦，改元。是岁，于魏甘露三年也。

【注释】

〔1〕己未：旧历九月二十七日。 〔2〕宗正：官名。九卿之一。处理皇族内部事务。由皇族成员担任。 〔3〕闻问：得知消息。 〔4〕戊寅：旧历十七日。 〔5〕颙颙(yóng yóng)：仰慕的样子。 〔6〕布塞亭：亭

名。在今江苏句容市南。 〔7〕行：代理。 〔8〕乘舆法驾：皇帝的礼仪专车队名。 永昌亭：亭名。在今江苏南京市江宁区东南。 〔9〕武帐：军用的帐篷。 〔10〕己卯：旧历十八日。 〔11〕户曹尚书：官名。尚书台中户曹的主官。管理户口。 〔12〕赞：司仪。 〔13〕奉：献上。〔14〕寡人：诸侯国君主的自称。 〔15〕奉引：奉迎引导。

永安元年冬十月，壬午[1]，诏曰："夫褒德赏功，古今通义：其以大将军綝为丞相，荆州牧，增食五县；武卫将军恩为御史大夫，卫将军，中军督[2]，封县侯；威远将军（授）〔据〕为右将军，县侯[3]；偏将军幹杂号将军，亭侯；长水校尉张布辅导勤劳[4]，以布为辅义将军[5]，封永康侯；董朝亲迎，封为乡侯。"

又诏曰："丹杨太守李衡，以往事之嫌，自拘有司。夫射钩、斩袪[6]，在君为君。遣衡还郡，勿令自疑。"〔一〕

己丑[7]，封孙皓为乌程侯，皓弟德钱唐侯，谦永安侯。〔二〕

十一月甲午[8]，风四转五复[9]，蒙雾连日。綝一门五侯，皆典禁兵[10]，权倾人主；有所陈述，敬而不违：于是益恣。休恐其有变，数加赏赐。

丙申[11]，诏曰："大将军忠款内发，首建大计以安社稷；卿士内外[12]，咸赞其议：并有勋劳。昔霍光定计[13]，百僚同心：无复是过。亟按前日与议定策、告庙人名[14]，依故事应加爵位者[15]，促施行之！"

戊戌[16]，诏曰："大将军掌中外诸军事，事统烦多；其加卫将军、御史大夫恩侍中，与大将军分省诸事[17]。"

壬子[18]，诏曰："诸吏家有五人三人兼重为役[19]：父兄在都[20]，子弟给郡县吏[21]；既出限米[22]，军出又从；至于家事无经护者[23]。朕甚愍之！其有五人三人为役，听其父兄所欲留，为留一人；除其米限，军出不从。"又曰："诸将吏奉迎、陪位在永昌亭者，皆加位一级。"

顷之，休闻綝逆谋，阴与张布图计。十二月，戊辰腊[24]，百僚朝贺，公卿升殿；诏武士缚綝，即日伏诛。

己巳[25]，诏以左将军张布讨奸臣，加布为中军督；封布弟惇为都亭侯[26]，给兵三百人[27]；惇弟恂为校尉。诏曰："古者建国，教学为先；所以导世治性[28]，为时养器也[29]。自建兴以来，时事多故。吏民颇以目前趋务[30]，去本就末，不循古道。夫所尚不惇[31]，则伤化败俗。其按古置学官[32]，立五经博士[33]；核取应选[34]，加其宠禄。科现吏之中，及将吏子弟有志好者，各令就业[35]；一岁课试，差其品第[36]，加以位赏；使见之者乐其荣，闻之者羡其誉：以敦王化，以隆风俗。"

【注释】
〔1〕壬午：旧历二十一日。　〔2〕御史大夫：官名。地位仅低于丞相。主管监察、执法和国家文书档案。如果丞相缺人，通常由御史大夫递补。　中军督：官名。京城驻军的指挥官。　〔3〕据：即孙据。事见本书卷六十四《孙綝传》。　右将军：官名。领兵征伐。　〔4〕长水校尉：官名。京城特种兵的分队指挥官之一。统领长水营，警卫京城。〔5〕辅义将军：官名。领兵征伐。　〔6〕射钩：春秋时齐国的管仲最初追随公子纠。公子纠与小白争夺国君位置，管仲领兵袭击小白，射中其衣带钩。后小白继位为桓公，不计前嫌，重用管仲。事见《史记》卷三十二《齐太公世家》。　斩祛(qū)：割断衣袖。前655年，晋国发生内乱，晋献公派一个叫做披的宦官杀儿子重耳。重耳翻墙逃走，披只割下其衣

袖。后来重耳回国继位为文公，不杀披，披帮助他逃脱一场被袭杀的危险。事见《左传》僖公五年。 〔7〕己丑：旧历二十八日。 〔8〕甲午：旧历初三日。 〔9〕转：旋转。 复：停止后又重新出现。四和五形容多次。 〔10〕五侯：孙綝本人封永宁侯，其弟孙恩、孙据、孙幹、孙闿均封侯，共五侯。 〔11〕丙申：旧历初五日。 〔12〕卿士：官名。商末、西周、春秋时中央王朝的辅政官员。这里指朝廷重要官员。 内外：宫内宫外。两汉以来中央官员有内朝、外朝之分。内朝官指经常在皇宫内侍从皇帝并协助决策的亲近官员，如大将军、侍中、尚书台官员等。外朝官指以丞相或三公为首的行政官员，其办公府署均在皇宫之外。 〔13〕霍光（？—前68）：字子孟。河东郡平阳（今山西临汾市西南）人。西汉昭帝时任大司马、大将军，封博陆侯，执掌朝政。昭帝死，先迎立昌邑王刘贺为帝，不久废刘贺，改立宣帝刘询。前后执政二十年，减轻民众负担，有利生产发展。传见《汉书》卷六十八。 〔14〕亟（jí）：赶快。 按：依照。 定策：指作出废黜孙亮改立孙休的决策。 告庙：禀告宗庙中供奉的祖先。 〔15〕故事：过去的事例。 〔16〕戊戌：旧历初七日。 〔17〕分省（xǐng）：分着审阅。 事：当时习称公文为事。 〔18〕壬子：旧历二十一日。 〔19〕吏家：专门充当各级官府中杂役的民户。当时所谓的吏，一是指官员，二是指官府中供使唤的杂役。这里为后者，其社会地位很低。 五人三人：指五丁抽三。 兼重：重复。 〔20〕都：京都。 〔21〕给：充当。 〔22〕限米：一种官府征收的赋税。用米交纳。 〔23〕经护：管理照看。 〔24〕戊辰：旧历初八日。 腊：冬季举行的一种盛大祭祀。各王朝所定的时间有所不同。孙吴定在十二月的第一个辰日。 〔25〕己巳：旧历初九日。 〔26〕都亭侯：爵位名。县城附近的亭叫做都亭。以都亭为封地的侯爵即都亭侯，比一般的亭侯要略微优厚。 〔27〕兵：这里指个人卫队。 〔28〕所以：用以。 〔29〕养器：培养人才。 〔30〕颇以目前趋务：多为眼前利益奔忙。 〔31〕尚：崇尚。 惇：淳厚。 〔32〕学官：官方建立的学校。 〔33〕五经：儒家的五种经典，即《诗经》、《尚书》、《周易》、《礼》、《春秋》。 博士：官名。是官方学校的儒学教官。 〔34〕应选：响应号召参加选拔。这里指应选的人。 〔35〕业：学业。 〔36〕差：区分。

【裴注】

〔一〕《襄阳记》曰：“衡字叔平。本襄阳卒家子也。汉末入吴，为武昌庶民。闻羊衜有人物之鉴，往干之。衜曰：‘多事之世，尚书剧曹郎才也。'是时校事吕壹，操弄权柄；大臣畏逼，莫有敢言。衡曰：'非李衡无能困之者！'遂共荐为郎。权引见，衡口陈壹奸短数千言，权有愧色。数月，壹被诛，而衡大见显擢。后尝为诸葛恪司马，干恪府事。恪被诛，求为丹杨太守。时孙休在郡治，衡数以法绳之。妻习氏，每谏衡，衡不从。会休立，衡忧惧，谓妻曰：'不用卿言，以至于此！'遂欲奔魏。妻曰：'不可！君本庶民耳。先帝相拔过重，既数作无礼；而复逆自猜嫌，逃叛求活：以此北归，何面见中国人乎？'衡曰：'计何所出？'妻曰：'琅邪王，素好善慕名，方欲自显于天下；终不以私嫌杀君，明矣。可自囚诣狱，表列前失，显求受罪。如此，乃当逆见优饶，非但直活而已。'衡从之，果得无患；又加威远将军，授以棨戟。衡每欲治家，妻辄不听；后密遣客十人，于武陵龙阳氾洲上，作宅，种甘橘千株。临死，敕儿曰：'汝母恶我治家，故穷如是！然吾州里，有千头木奴；不责汝衣食，岁上一匹绢：亦可足用耳。'衡亡后二十余日，儿以白母。母曰：'此当是种甘橘也！汝家失十户客来七八年，必汝父遣为宅。汝父恒称太史公言："江陵千树橘，当封君家。"吾答曰："且人患无德义，不患不富；若贵而能贫，方好耳：用此何为！"'吴末，衡甘橘成；岁得绢数千匹，家道殷足。晋咸康中，其宅址、枯树犹在。"

〔二〕《江表传》曰："群臣奏立皇后、太子，诏曰：'朕以寡德，奉承洪业；莅事日浅，恩泽未敷。加后妃之号、嗣子之位，非所急也！'有司又固请，休谦虚不许。"

　　二年春正月[1]，震电。三月，备九卿官[2]。诏曰："朕以不德，托于王公之上；夙夜战战，忘寝与食。今欲偃武修文[3]，以崇大化。推此之道，当由士民之赡，必须农桑。《管子》有言[4]：'仓廪实[5]，知礼节；衣食足，知荣辱。'夫一夫不耕，有受其饥；一妇不织，有受其寒。饥寒并至而民不为非者，未之有也！自顷年以来[6]，州郡吏民及诸营兵，多违此业；皆浮船长江，贾作上下[7]。良田渐废，现谷日少；欲求大定，岂可得哉！亦由租入过重，农人利薄，使之然乎？今欲广开田业，轻其赋税；差科强羸[8]，课其田亩[9]；务令优均，官私得所。使家给户赡，足相供养；则爱身重命，不犯科法；然后刑罚不用，风俗可整。以群僚之忠贤，若尽心于时；虽太古盛化，未可猝致；汉文升平[10]，庶几可及！及之，则臣主俱荣；不及，则损削侵辱：何可从容俯仰而已？诸卿尚书，可共咨度，务取便佳[11]。田桑已至，不可后时[12]。事定施行，称朕意焉。"

三年春三月[13]，西陵言赤乌见。

秋，用都尉严密议，作浦里塘[14]。会稽郡谣言："王亮当还为天子[15]。"而亮宫人告，亮使巫祷祠[16]，有恶言。有司以闻，黜为候官侯，遣之国。道自杀，卫送者，伏罪。[一]以会稽南部为建安郡[17]；分宜都，置建平郡[18]。[二]

四年夏五月[19]，大雨，水泉涌溢。

秋八月，遣光禄大夫周奕、石伟巡行风俗[20]，察将吏清浊，民所疾苦；为黜陟之诏[21]。[三]九月，布山言白龙现[22]。

是岁，安吴民陈焦死[23]，埋之；六日更生，穿土中出。

【注释】

〔1〕二年：永安二年（公元259）。 〔2〕备：全部设置。 〔3〕偃：停止。 〔4〕管子：书名。相传为管仲所撰。原本八十六篇。今本二十四卷。据近人研究，是战国秦汉时人假托之作。 〔5〕仓廪：仓库。实：充实。 〔6〕顷年：近年。 〔7〕贾(gǔ)作：做生意买卖。 上下：上游与下游。 〔8〕差科：按标准划分。 羸(léi)：弱。 〔9〕课：征收

赋税。〔10〕汉文：即汉文帝刘恒（前202—前157）。西汉皇帝。前180至前157年在位。在位时实行"与民休息"的政策，发展农业生产。又削弱诸王势力，加强中央集权。平时生活俭朴，临死下遗诏禁厚葬。事详《史记》卷十《孝文本纪》、《汉书》卷四《文帝纪》。〔11〕便：有利。〔12〕后时：耽误农时。〔13〕三年：永安三年（公元260）。〔14〕浦里塘：陂塘名。在今安徽当涂县东南。〔15〕王亮：会稽王孙亮。〔16〕祷祠：祷告祭祀。〔17〕建安：郡名。治所在今福建建瓯市南。〔18〕建平：郡名。治所在今重庆市巫山县西北。〔19〕四年：永安四年（公元261）。〔20〕光禄大夫：官名。皇帝的政事顾问之一。宗室亲王有丧事时，代表皇帝前往吊唁。〔21〕黜陟（zhì）：贬黜和提升。〔22〕布山：县名。县治在今广西桂平市西南。〔23〕安吴：县名。县治在今安徽泾县西南。

【裴注】

〔一〕《吴录》曰："或云休鸩杀之。至晋太康中，吴故少府丹杨戴颙，迎亮丧，葬之赖乡。"

〔二〕《吴历》曰："是岁，得大鼎于建德县。"

〔三〕《楚国先贤传》曰："石伟字公操，南郡人。少好学，修节不怠；介然独立，有不可夺之志。举茂才、贤良方正；皆不就。孙休即位，特征伟，累迁至光禄勋。及皓即位，朝政昏乱。伟乃辞老耄痼疾，乞身；就拜光禄大夫。吴平，建威将军王戎，亲诣伟。太康二年，诏曰：'吴故光禄大夫石伟，秉志清白，皓首不渝；虽处危乱，廉节可纪。年已过迈，不堪远涉；其以伟为议郎，加二千石秩，以终厥世。'伟遂佯狂及盲，不受晋爵。年八十三，太熙元年卒。"

五年春二月〔1〕，白虎门北楼灾〔2〕。

秋七月，始新言黄龙现。八月壬午〔3〕，大雨震电，水泉涌溢。乙酉〔4〕，立皇后朱氏〔5〕。戊子〔6〕，立子𩅄为太子，大赦。〔一〕

冬十月，以卫将军濮阳兴为丞相〔7〕；廷尉丁密、光禄勋孟宗，为左、右御史大夫〔8〕。

休以丞相兴及左将军张布有旧恩，委之以事：布典宫省[9]；兴关军国[10]。休锐意于典籍，欲毕览百家之言。尤好射雉[11]，春夏之间，常晨出夜还，唯此时舍书。

休欲与博士祭酒韦曜、博士盛冲讲论道艺[12]。曜、冲，素皆切直[13]：布恐入侍，发其阴失[14]，令己不得专；因妄饰说，以拒遏之[15]。休答曰："孤之涉学，群书略遍，所见不少也。其明君暗主，奸臣贼子；古今贤愚，成败之事：无不览也。今曜等入，但欲与论讲书耳；不为从曜等，始更受学也。纵复如此，亦何所损？君特当以曜等恐道臣下奸变之事[16]，以此不欲令入耳；如此之事，孤已自备之，不须曜等然后乃解也[17]。此都无所损；君意特有所忌，故耳。"

布得诏，陈谢，重自序述[18]，又言惧妨政事。休答曰："书籍之事，患人不好[19]；好之，无伤也！此无所为非；而君以为不宜，是以孤有所及耳。政务、学业，其流各异，不相妨也；不图君今日在事[20]，更行此于孤也：良所不取！"

布拜表叩头。休答曰："聊相开悟耳，何至叩头乎？如君之忠诚，远近所知。往者所以相感，今日之巍巍也[21]。《诗》云：'靡不有初[22]，鲜克有终。'终之实难，君其终之！"

初，休为王时，布为左右将督，素见信爱；及至践阼，厚加宠待，专擅国势，多行无礼。自嫌瑕短，惧曜、冲言之，故尤患忌。休虽解此旨[23]，心不能悦；

更恐其疑惧，竟如布意，废其讲业，不复使（冲）〔曜〕等入。

是岁，使察战到交阯调孔雀、大猪[24]。〔二〕

【注释】

〔1〕五年：永安五年（公元262）。 〔2〕白虎门：孙吴皇宫西门名。〔3〕壬午：旧历十三日。 〔4〕乙酉：旧历十六日。 〔5〕朱氏（？—公元265）：传见本书卷五十。 〔6〕戊子：旧历十九日。 〔7〕濮阳兴（？—公元264）：传见本书卷六十四。 〔8〕光禄勋：官名。九卿之一。主管皇宫警卫，指挥并考察下属的郎官。在祭祀时负责礼品的进献。左、右御史大夫：官名。即左御史大夫、右御史大夫。孙吴设置。其职责与御史大夫同。 〔9〕典宫省：负责宫廷侍卫。 〔10〕关军国：管理军国公务。 〔11〕雉：野鸡。当时流行射雉。通常的办法是猎手隐藏在小草棚内，外面放被驯养的野鸡作引诱，等其他野鸡飞来靠近时放箭。〔12〕博士祭酒：官名。儒学教官中的德高望重者。 道艺：儒家的道理和典籍。当时称儒家的经典为艺。 〔13〕切直：恳切正直。 〔14〕阴失：暗中的过失。 〔15〕饰说：编造理由。 〔16〕特：只不过。〔17〕解：了解。 〔18〕序述：述说。 〔19〕患人不好：担心人们不喜好。 〔20〕在事：在职处理政事。 〔21〕巍巍：官位高显的样子。〔22〕靡不有初：（事情）无不有开头。这两句出自《诗经·荡》。〔23〕解此旨：明白这一情况。 〔24〕察战：官名。孙吴皇帝的特派使者，执行皇帝下达的各种任务。 交阯：郡名。治所在今越南河内市东北。

【裴注】

〔一〕《吴录》载休诏曰："人之有名，以相纪别；长为作字，惮其名耳。礼：名字欲令难犯、易避，五十称伯仲，古或一字。今人竞作好名好字；又令相配，所行不副：此瞽字伯明者也。孤尝哂之。或师友、父兄所作，或自己为；师友尚可，父兄犹非，自为最不谦。孤今为四男做名字：太子名𩅦，𩅦音如湖水湾澳之湾；字莔，莔音如迄今之迄。次子名𩅦，𩅦音如兒觥之觥；字羿，羿音如玄碛首之碛。次子名㟸，㟸音如草莽之莽；字㬥，㬥音如举物之举。次子名㝮，㝮音如襃衣下宽大之襃；字燅，燅音如有所拥持之拥。此都不与世所用者同，故钞旧文会合作之。夫书八体损益，因事而生。今造此名字，既不相配；又字但一，庶易弃避。其普告天下，使咸闻知。"臣松之以为：《传》称"名以制义，义以出礼；礼以体政，政以正民。是以政成而民听，易则生乱"。斯言之作，岂虚也哉！休欲令难犯，何患无名？而乃造无（况）〔说〕之字，制不典之音；违明诰于前修，垂嗤呆于后代：不亦异乎！是以坟土未干，而妻子夷灭。师服之言，于是乎征矣。

〔二〕臣松之按：察战，吴官名号。今扬都，有察战巷。

六年夏四月[1]，泉陵言黄龙现[2]。五月，交阯郡吏吕兴等反，杀太守孙谞。谞先是科郡，上手工千余人，送建业；而察战至，恐复见取，故兴等因此扇动兵民，招诱诸夷也。

九月，蜀以魏见伐来告。癸未[3]，建业石头小城火，烧西南百八十丈。甲申[4]，使大将军丁奉，督诸军向魏寿春；将军留平，别诣施绩于南郡[5]，议兵所向；将军丁封、孙异，如沔中[6]：皆救蜀。蜀主刘禅降魏问至[7]，然后罢。吕兴既杀孙谞，使使如魏，请太守及兵。丞相兴，建取屯田万人以为兵[8]。分武陵为天门郡[9]。〔一〕

【注释】

　　〔1〕六年：永安六年（公元263）。　〔2〕泉陵：县名。县治在今湖南永州市。　〔3〕癸未：旧历二十日。　〔4〕甲申：旧历二十一日。〔5〕施绩（？—公元270）：传附本书卷五十六《朱然传》。　〔6〕如：到。　沔中：地区名。指今湖北襄阳市以南的汉水流域。〔7〕刘禅（公元207—271）：传见本书卷三十三。　问：消息。　〔8〕建：建议。　屯田：这里指被官方严密组织起来的屯田农民。当时的孙吴和曹魏，都有军屯和民屯两种屯田系统。军屯的耕作者是现役士兵。民屯的耕作者是民户，但是官方以军队组织形式来组织和控制他们，并设有专门的官员

来管理。〔9〕天门：郡名。治所在今湖南慈利县东北。

【裴注】

〔一〕《吴历》曰："是岁，青龙现于长沙，白燕现于慈胡，赤雀现于豫章。"

七年春正月[1]，大赦。二月，镇军陆抗、抚军步协、征西将军留平，建平太守盛曼[2]，率众围蜀巴东守将罗宪[3]。

夏四月，魏将新附督王稚浮海入句章[4]，略长吏、（赏林）〔赀财〕及男女二百余口；将军孙越邀得一船[5]，获三十人。

秋七月，海贼破海盐，杀司盐校尉骆秀[6]。使中书郎刘川发兵庐陵。豫章民张节等为乱，众万余人。魏使将军胡烈，步骑二万侵西陵[7]，以救罗宪；陆抗等引军退。复分交州置广州。壬午[8]，大赦。癸未[9]，休薨，[一]时年三十，谥曰景皇帝。[二]

【注释】

〔1〕七年：永安七年（公元264）。　〔2〕镇军：即镇军将军的简称。因为下文并列的"征西将军"已有"将军"二字，此处避免重复，即省去"将军"。官名。领兵征伐。　抚军：即抚军将军。官名。领兵征伐。〔3〕巴东：郡名。治所在今重庆市原奉节县东。　罗宪（？—公元270）：字令则。襄阳（今湖北襄阳市汉水南岸）人。蜀汉末年任领军、巴东太守。蜀亡，在都亭哭泣三日，然后降魏。孙吴趁机进攻巴东，他据城抵抗。传见《晋书》卷五十七。　〔4〕新附督：官名。统领新近投降的官兵作战。　〔5〕邀：截击。　〔6〕司盐校尉：官名。负责管理食盐的生产和供应。　〔7〕胡烈（？—公元270）：字武玄。安定郡临泾（今甘肃镇原县东南）人。曹魏时任将军，随从灭蜀。西晋时任秦州刺史。传附

《晋书》卷五十七《胡奋传》。〔8〕壬午：旧历二十四日。〔9〕癸未：旧历二十五日。

【裴注】

〔一〕《江表传》曰："休寝疾，口不能言；乃手书呼丞相濮阳兴入，令子霅出，拜之。休把兴臂，而指霅以托之。"

〔二〕葛洪《抱朴子》曰："吴景帝时，戍将于广陵掘诸冢，取板以治城，所坏甚多。复发一大冢：内有重阁，户扇皆枢转可开闭；四周为徼道通车，其高可以乘马；又铸铜人数十枚，长五尺，皆大冠朱衣，执剑列侍灵座；皆刻铜人背后石壁，言殿中将军，或言侍郎、常侍。似公主之冢。破其棺，棺中有人；发已斑白，衣冠鲜明，面体如生人。棺中云母，厚尺许；以白玉璧三十枚，藉尸。兵人辈共举出死人，以倚冢壁。有一玉，长一尺许，形似冬瓜，从死人怀中透出，堕地。两耳及鼻孔中，皆有黄金如枣许大。此则骸骨有假物而不朽之效也。"

孙皓字元宗。权孙，和子也。一名彭祖，字皓宗。孙休立，封皓为乌程侯，遣就国[1]。西湖民景养，相皓当大贵[2]；皓阴喜而不敢泄。

休薨，是时蜀初亡，而交阯携叛[3]；国内震惧，贪得长君[4]。左典军万彧昔为乌程令[5]，与皓相善；称皓"才识明断，是长沙桓王之俦也[6]，又加之好学，奉遵法度"；屡言之于丞相濮阳兴、左将军张布。兴、布说休妃太后朱[7]，欲以皓为嗣。朱曰："我寡妇人，安知社稷之虑？苟吴国无陨，宗庙有赖，可矣！"

于是遂迎立皓，时年二十三。改元，大赦。是岁，于魏咸熙元年也。

【注释】

〔1〕就国：前往自己的封国居住。〔2〕西湖：湖名。是孙皓所在的

乌程县西边的湖泊。在今浙江湖州市西南。 〔3〕携叛：背叛。
〔4〕长君：年纪较大的君主。 〔5〕左典军：官名。京城驻军的指挥官
之一。 乌程：县名。县治在今浙江湖州市西南。 〔6〕长沙桓王：即
孙策。 畴：同类（人物）。 〔7〕说（shuì）：劝说。

元兴元年八月，以上大将军施绩、大将军丁奉，为
左、右大司马；张布为骠骑将军，加侍中；诸增位班
赏，一皆如旧。九月，贬太后为景皇后；追谥父和曰文
皇帝，尊母何为太后〔1〕。

十月，封休太子𩅦为豫章王，次子汝南王〔2〕，次子
梁王〔3〕，次子陈王〔4〕；立皇后滕氏〔5〕。〔一〕

皓既得志，粗暴骄盈，多忌讳，好酒色；大小失
望，兴、布窃悔之。或以谮皓，十一月，诛兴、布。十
二月，孙休葬定陵。封后父滕牧为高密侯；〔二〕舅何洪
等三人，皆列侯。

是岁，魏置交阯太守之郡〔6〕。晋文帝为魏相国〔7〕，
遣昔吴寿春城降将徐绍、孙彧，衔命赍书，陈事势利
害，以申喻皓〔8〕。〔三〕

【注释】
〔1〕何：即何氏。传见本书卷五十。 〔2〕次子：即孙𩅦（gōng）。
〔3〕次子：指第三子孙莽（mǎng）。 〔4〕次子：指第四子孙寇（bāo）。
〔5〕滕氏：传见本书卷五十。 〔6〕之：到。 〔7〕晋文帝：即司马昭。
其子司马炎称帝建立西晋王朝后，追尊他为文皇帝。 相国：官名。职
责与丞相同。 〔8〕申喻：劝告。指劝告孙皓向曹魏投降。

【裴注】
〔一〕《江表传》曰："皓初立，发优诏，恤士民；开仓廪，赈贫乏；

科出宫女以配无妻，禽兽扰于苑者皆放之：当时翕然，称为明主。"

〔二〕《吴历》曰："牧本名密；避丁密，改名牧。丁密避牧，改名为固。"

〔三〕《汉晋春秋》载晋文王与皓书曰："圣人称有君臣然后有上下礼义，是故大必字小，小必事大；然后上下安服，群生获所。逮至末途，纯德既毁；剿民之命，以争强于天下：违礼顺之至理，则仁者弗由也。方今主上圣明，覆帱无外；仆备位宰辅，属当国重。惟华夏乖殊，方隅圮裂，六十余载；金革驱动，无年不战；暴骸丧元，困悴罔定；每用悼心，坐以待旦。将欲止戈兴仁，为百姓请命；故分命偏师，平定蜀汉；役未经年，全军独克。于时猛将谋夫，朝臣庶士，咸以奉天时之宜，就既征之军，藉吞敌之势；宜遂回旗东指，以临吴境：舟师泛江，顺流而下；陆军南辕，取径四郡；兼成都之械，漕巴汉之粟；然后以中军整旅，三方云会；未及浃辰，可使江表底平，南夏顺轨。然国朝深惟伐蜀之举，虽有静难之功，亦悼蜀民独罹其害；战于绵竹者，自元帅以下，并受斩戮，伏尸蔽地，血流丹野。一之于前，犹追恨不忍，况重之于后乎？是故旋师按甲，思与南邦共全百姓之命。夫料力忖势，度资量险；远考古昔废兴之理，近鉴西蜀安危之效；隆德保祚，去危即顺，屈己以宁四海者，仁哲之高致也。履危偷安，陨德覆祚，而不称于后世者，非智者之所居也。今朝廷遣徐绍、孙彧，献书喻怀。若书御于前，必少留意；回虑革算，结欢弭兵，共为一家。惠矜吴、会，施及中土，岂不泰哉！此昭心之大愿也，敢不承受。若不获命，则普天率土，期于大同；虽重干戈，固不获已也！"

甘露元年三月，皓遣使，随绍、彧报书曰："知以高世之才，处宰辅之任；渐导之功[1]，勤亦至矣。孤以不德，阶承统绪；思与贤良，共济世道；而以壅隔，未有所缘。嘉意允著[2]，深用依依[3]。今遣光禄大夫纪陟、五官中郎将弘璆，宣明至怀[4]。"〔一〕绍行到濡须，召还，杀之，徙其家属建安：始有白绍称美中国者故也[5]。

夏四月，蒋陵言甘露降，于是改年，大赦。

秋七月，皓逼杀景后朱氏。亡不在正殿，于苑中小屋治丧；众知其非疾病，莫不痛切。又送休四子于吴小城^[6]；寻复追杀大者二人。

九月，从西陵督步阐表^[7]，徙都武昌；御史大夫丁固、右将军诸葛靓，镇建业。

陟、璆至洛，遇晋文帝崩。十一月，乃遣还。皓至武昌，又大赦。以零陵南部为始安郡^[8]，桂阳南部为始兴郡^[9]。十二月，晋受禅^[10]。

【注释】

〔1〕渐导：引导。　〔2〕嘉意：好意。　允著：诚恳而明显。〔3〕依依：留恋的样子。　〔4〕至怀：深切的心意。　〔5〕白：报告。中国：中原。这里指曹魏。　〔6〕吴：县名。县治在今江苏苏州市。〔7〕西陵督：官名。西陵战区的指挥官。　步阐（？—公元272）：传附本书卷五十二《步骘传》。　表：表奏。　〔8〕始安：郡名。治所在今广西桂林市。　〔9〕始兴：郡名。治所在今广东韶关市东南。　〔10〕受禅：接受（曹魏的）禅让。指取代曹魏建立西晋王朝。

【裴注】

〔一〕《江表传》曰："皓书两头言'白'，称名而不著姓。"

《吴录》曰："陟字子上，丹杨人。初为中书郎。孙峻使诘南阳王和，令其引分。陟密使令正辞自理，峻怒；陟惧，闭门不出。孙休时，父亮为尚书令，而陟为中书令；每朝会，诏以屏风隔其座。出为豫章太守。"干宝《晋纪》曰："陟、璆奉使，如魏：入境而问讳，入国而问俗。寿春将王布，示之马射，既而问之曰：'吴之君子亦能斯乎？'陟曰：'此军人骑士，肄业所及；士大夫君子，未有为之者矣。'布大惭。既至，魏帝见之，使傧问曰：'来时吴王何如？'陟对曰：'来时皇帝临轩，百僚陪位，御膳无恙。'晋文王飨之，百僚毕会。使傧者告曰：'某者安乐公也，某者匈奴单于也。'陟曰：'西主失土，为君王所礼，位同三代，莫不感义；匈奴，边塞难羁之国，君王怀之，亲在坐席：此诚威恩远著．'又问：'吴之成备几何？'对曰：'自西陵以至江都，五千七百里！'又问曰：'道里甚远，难为坚固？'对曰：'疆界虽远，而其险要必争之地，不过数四；犹人虽有八尺之躯，靡不受患，其护风寒亦数处耳．'文王善之，厚为之礼．"臣松之以为：人有八尺之体，靡不受患；防护风寒，岂唯数处？取譬若此，未足称能。若曰"譬如金城万雉，所急防者四门而已"。方陟此对，不犹愈乎！

《吴录》曰："皓以诸父与和相连及者，家属皆徙东冶；唯陟以有密旨，特封子孚都亭侯。孚弟瞻，字思远。入晋仕骠骑将军。弘璆，曲阿人。弘咨之孙，权外甥也。璆后至中书令、太子少傅。"

宝鼎元年正月，遣大鸿胪张俨、五官中郎将丁忠吊祭晋文帝[1]。及还，俨道病死。〔一〕

忠说皓曰："北方守战之具不设，弋阳可袭而取[2]。"皓访群臣，镇西大将军陆凯曰："夫兵，不得已而用之耳。且三国鼎立以来，更相侵伐，无岁宁居。今强敌新并巴蜀，有兼土之实[3]；而遣使求亲，欲息兵役，不可谓其求援于我。今敌形势方强，而欲侥幸求胜，未见其利也。"车骑将军刘纂曰："天生五才[4]，谁能去兵？谲诈相雄[5]，有自来矣[6]！若其有阙[7]，庸可弃乎[8]？宜遣间谍，以观其势。"皓阴纳纂言。且以蜀新平，故不行；然遂自绝[9]。

八月，所在言得大鼎，于是改年，大赦。以陆凯为左丞相[10]，常侍万彧为右丞相[11]。

冬十月，永安山贼施但等，聚众数千人[12]，〔二〕劫皓庶弟永安侯谦出乌程[13]；取孙和陵上鼓吹、曲盖[14]。比至建业，众万余人。丁固、诸葛靓逆之于牛屯[15]；大战，但等败走。获谦，谦自杀。〔三〕分会稽为东阳郡〔16〕；分吴、丹杨，为吴兴郡〔17〕；〔四〕以零陵北部为邵陵郡〔18〕。

十二月，皓还都建业。卫将军滕牧，留镇武昌。

【注释】

　　〔1〕大鸿胪：官名。九卿之一。负责接待进京的诸侯、郡国官员、归顺的边境少数族首领等官方人员。郊庙祭祀时任司仪官。主持封拜诸侯的仪式。宗室亲王死，代表皇帝前往吊唁。　〔2〕弋阳：郡名。治所在今河南潢川县西南。　〔3〕兼：双份。　〔4〕五才：五种物质。即金、木、水、火、土。其中金的主要用途之一即是制作兵器，所以下文刘纂说"谁能去兵"。　〔5〕谲(jué)诈：诡诈。　雄：称雄。　〔6〕有自来矣：它的出现是有缘由的呵。　〔7〕阙：(防守上的)漏洞。　〔8〕庸：怎么。　〔9〕自绝：自行断绝(与曹魏的来往)。　〔10〕左丞相：官名。孙吴分置左、右二丞相。其职责与丞相同。　〔11〕常侍：官名。即散骑中常侍。侍从皇帝，参与处理尚书台呈送给皇帝的机要公事。曹魏称散骑常侍。　〔12〕永安：县名。县治在今浙江德清县西。　〔13〕庶弟：庶母所生的弟弟。庶母是父亲的小妾。　〔14〕鼓吹(chuì)：仪仗乐队。曲盖：一种带曲柄的伞盖。是皇帝的仪仗用品。　〔15〕逆：迎。　牛屯：地名。在今江苏南京市东南。　〔16〕东阳：郡名。治所在今浙江金华市。　〔17〕吴兴：郡名。治所在今浙江湖州市西南。　〔18〕邵陵：郡名。治所在今湖南邵阳市。

【裴注】

　　〔一〕《吴录》曰："俨字子节，吴人也。弱冠知名，历显位。以博闻多识，拜大鸿胪。使于晋，皓谓俨曰：'今南北通好，以君为有出境之才，故相屈行。'对曰：'皇皇者华，〔臣〕蒙其荣。(耀)〔惧〕无古人延誉之美，磨厉锋锷，思不辱命。'既至，车骑将军贾充、尚书令裴秀、侍中荀勖等，欲傲以所不知而不能屈。尚书仆射羊祜、尚书何桢，并结缡带之好。"

　　〔二〕《吴录》曰："永安，今武康县也。"

　　〔三〕《汉晋春秋》曰："初，望气者云：'荆州有王气破扬州，而建业宫不利。'故皓徙武昌；遣使者发民，掘荆州界大臣名家冢与山冈连者，以厌之。既闻但反，自以为徙(土)〔上〕得计也。使数百人鼓噪入建业，杀但妻子，云'天子使荆州兵来破扬州贼'，以厌前气。"

〔四〕皓诏曰："古者分土建国，所以褒赏贤能，广树藩屏。秦毁五等为三十六郡；汉室初兴，闿立乃至百王：因事制宜，盖无常数也。今吴郡阳羡、永安、余杭、临水，及丹杨故鄣、安吉、原乡、于潜诸县，地势水流之便，悉注乌程；既宜立郡以镇山越，且以藩卫明陵，奉承大祭：不亦可乎！其亟分此九县，为吴兴郡，治乌程。"

二年春〔1〕，大赦。右丞相万彧，上镇巴丘。

夏六月，起显明宫；〔一〕

冬十二月，皓移居之。

是岁，分豫章、庐陵、长沙为安成郡〔2〕。

三年春二月〔3〕，以左、右御史大夫丁固、孟仁，为司徒、司空〔4〕。〔二〕

秋九月，皓出东关〔5〕，丁奉至合肥。

是岁，遣交州刺史刘俊、前部督修则等，入击交阯；为晋将毛炅等所破，皆死，兵散还合浦〔6〕。

【注释】

〔1〕二年：宝鼎二年(公元267)。 〔2〕安成：郡名。治所在今江西安福县。 〔3〕三年：宝鼎三年(公元268)。 〔4〕司徒：官名。三公之一。主管民事。西汉实行丞相执政制。东汉废丞相，改以三公为名义上的执政官。东汉末曹操废三公而恢复丞相。魏文帝曹丕又废丞相置三公。虽然两种制度或兴或废，但是汉、魏都不混用。蜀汉是实行丞相执政制。孙吴在孙皓之前，也只立丞相。孙皓开始立左、右丞相，同时又设置三公，反映了官制上的混乱状况。 〔5〕东关：城堡名。即东兴的东城。在今安徽含山县西南。 〔6〕合浦：郡名。治所在今广西合浦县东北。

【裴注】

〔一〕《太康三年地记》曰："吴有太初宫，方三百丈，权所起也。

昭明宫方五百丈，皓所作也；避晋讳，故曰显明。"

《吴历》云："显明，在太初之东。"

《江表传》曰："皓营新宫，二千石以下皆自入山督摄伐木。又破坏诸营，大开园囿；起土山楼观，穷极伎巧：功役之费以亿万计。陆凯固谏，不从。"

〔二〕《吴书》曰："初，固为尚书，梦松树生其腹上。谓人曰：'松字，十八公也；后十八岁，吾其为公乎？'卒如梦焉。"

建衡元年春正月，立子瑾为太子，及淮阳、东平王。

冬十月，改年，大赦。十一月，左丞相陆凯卒。遣监军虞汜、威南将军薛珝、苍梧太守陶璜由荆州[1]；监军李勖、督军徐存从建安海道[2]：皆就合浦，击交阯。

二年春[3]，万彧还建业。李勖以建安道不通利[4]，杀导将冯斐[5]，引军还。三月，天火烧万余家，死者七百人。

夏四月，左大司马施绩卒。殿中列将何定曰[6]："少府李勖枉杀冯斐[7]，擅撤军退还。"勖及徐存家属皆伏诛。

秋九月，何定将兵五千人，上夏口猎；都督孙秀奔晋[8]。

是岁大赦。

三年春正月晦[9]，皓举大众出华里[10]，皓母及妃妾皆行；东观令华覈等固争[11]，乃还。〔一〕

是岁，汜、璜破交阯，擒杀晋所置守将，九真、日南皆还属[12]。〔二〕大赦。分交阯为新昌郡[13]。诸将破扶严[14]，置武平郡[15]。以武昌督范慎为太尉[16]。右大司马丁奉、司空孟仁，卒。〔三〕西苑言凤凰集[17]，改明年元。

【注释】

〔1〕监军：官名。即监军使者，监督军队。 虞汜(sì)：传附本书卷五十七《虞翻传》。 威南将军：官名。领兵征伐。 薛珝(xǔ)：传附本书卷五十三《薛综传》。 陶璜：字世英。丹杨郡秣陵(今江苏南京市江宁区南)人。孙吴时官至前将军、交州牧。吴亡降晋，任冠军将军、交州牧，封宛陵侯。先后在交州任职三十年，威信很高。传见《晋书》卷五十七。 〔2〕建安：郡名。治所在今福建建瓯市南。 〔3〕二年：建衡二年(公元270)。 〔4〕通利：通畅。 〔5〕导将：做先导的将军。〔6〕殿中列将：警卫皇宫殿堂的将军。 〔7〕少府：官名。九卿之一。主管宫廷御用衣物、膳食、珍宝、医疗等。 〔8〕都督：这里指夏口战区的都督。 孙秀：事见本书卷五十一《孙匡传》。 〔9〕三年：建衡三年(公元271)。 晦：旧历每月的最后一天。 〔10〕华里：地名。在今江苏南京市西南。 〔11〕东观令：官名。管理国家珍藏的图书文献。华覈(hé)：传见本书卷六十五。 〔12〕九真：郡名。治所在今越南清化市西北。 日南：郡名。治所在今越南洞海市南。 〔13〕新昌：郡名。在今越南河内市西北。 〔14〕扶严：河流名。在今越南河内市西北。〔15〕武平：郡名。治所在今越南河内市西北。 〔16〕武昌督：官名。武昌战区的指挥官。 太尉：官名。三公之首，主管军事。 〔17〕西苑：孙吴皇家园林名。

【裴注】

〔一〕《江表传》曰："初，丹杨刁玄使蜀，得司马徽与刘廙论运命历数事。玄诈增其文以诳国人曰：'黄旗紫盖，现于东南；终有天下者，荆、扬之君乎？'又得中国降人，言寿春下有童谣曰：'吴天子当上。'皓闻之，喜曰：'此天命也！'即载其母、妻、子及后宫数千人，从牛渚陆道西上；云'青盖入洛阳'，以顺天命。行遇大雪，道途陷坏；兵士被甲持仗，百人共引一车，寒冻殆死。兵人不堪，皆曰：'若遇敌，便当倒戈耳！'皓闻之，乃还。"

〔二〕《汉晋春秋》曰："初，霍弋遣杨稷、毛炅等戍，与之誓曰：'若贼围城，未百日而降者，家属诛；若过百日而城没者，刺史受其罪！'稷等日未满而粮尽，乞降于璜；璜不许，而给粮使守。吴人并谏，璜曰：‘霍弋已死，无能来者；可须其粮尽，然后乃受；使彼来无罪，而我取有义。内训吾民，外怀邻国，不亦可乎！’稷、炅粮尽，救不至，乃纳之。”

《华阳国志》曰："稷，犍为人。炅，建宁人。稷等城中食尽，死亡者半。将军王约反，降，吴人得入城；获稷、炅，皆囚之。孙皓使送稷下都；稷至合浦，呕血死。晋追赠交州刺史。初，毛炅与吴军战，杀前部督修则。陶璜等以炅壮勇，欲赦之。而则子允，固求杀炅；炅亦不为璜等屈。璜等怒，面缚炅，诘之，曰：‘晋(兵)贼！’炅厉声曰：‘吴狗！何等为贼？’吴人生剖其腹，允割其心肝，骂曰：‘庸复作贼？’炅犹骂不止，曰：‘尚欲斩汝孙皓，汝父何死狗也！’乃斩之。晋武帝闻而哀矜，即诏使炅长子袭爵，余三子皆关内侯。"此与《汉晋春秋》所说不同。

〔三〕《吴录》曰："仁字恭武。江夏人也。本名宗，避皓字，易焉。少从南阳李肃学。其母为作厚褥大被，或问其故。母曰：‘小儿无德致客；学者多贫，故为广被，庶可得与气类接也。’其读书，夙夜不懈；肃奇之，曰：‘卿宰相器也！’初为骠骑将军朱据军吏，将母在营。既不得志，又夜雨屋漏；因起涕泣，以谢其母。母曰：‘但当勉之，何足泣也！’据亦稍知之，除为监池司马。自能结网，手以捕鱼，作鲊寄母。母因以还之，曰：‘汝为鱼官，而以鲊寄我，非避嫌也！’迁吴令。时皆不得将家之官；每得时物，来以寄母，常不先食。"及闻母亡，犯禁委官。语在《权传》。特为减死一等，复使为官，盖优之也。《楚国先贤传》曰："宗母嗜笋。冬节将至，时笋尚未生。宗入竹林哀叹，而笋为之出，得以供母：皆以为至孝之所致感。累迁光禄勋，遂至公矣。"

凤凰元年秋八月，征西陵督步阐〔1〕。阐不应，据城降晋。遣乐乡都督陆抗围取阐〔2〕，阐众悉降；阐及同计数十人，皆夷三族。大赦。

是岁，右丞相万彧被谴，忧死；徙其子弟于庐陵。〔一〕何定奸秽发闻，伏诛。皓以其恶似张布，追改定名为"布"。〔二〕

二年春三月〔3〕，以陆抗为大司马。司徒丁固卒。

秋九月，改封淮阳为鲁^[4]，东平为齐^[5]；又封陈留、章陵等九王^[6]：凡十一王，王给三千兵。大赦。皓爱妾或使人至市，劫夺百姓财物；司市中郎将陈声^[7]，素皓幸臣也^[8]，恃皓宠遇，绳之以法。妾以诉皓，皓大怒；假他事，烧锯断声头，投其身于四望之下^[9]。

是岁，太尉范慎卒。

三年^[10]，会稽妖言：章安侯奋当为天子^[11]。临海太守奚熙与会稽太守郭诞书，非论国政。诞但白熙书，不白妖言；送付建安作船。〔三〕遣三郡督何植收熙^[12]；熙发兵自卫，断绝海道。熙部曲杀熙^[13]，送首建业，夷三族。

秋七月，遣使者二十五人，分至州郡，科出亡叛^[14]。大司马陆抗卒。

自改年及是岁，连大疫。分郁林为桂林郡^[15]。

【注释】

〔1〕征：指征召进京。 〔2〕乐乡：地名。在今湖北松滋市东北。陆抗(？—公元274)：传附本书卷五十八《陆逊传》。 〔3〕二年：凤凰二年(公元273)。 〔4〕淮阳：王国名。治所在今河南淮阳县。但在东汉章帝章和二年(公元88)已改称陈国，这里是用旧名。东汉制度，宗室亲王的封地为一郡。如某郡成为封地，则改称为国，太守也改称为相。鲁：郡名。治所在今山东曲阜市。 〔5〕东平：王国名。治所在今山东东平县西南。 齐：王国名。治所在今山东淄博市东。 〔6〕陈留：郡名。治所在今河南开封市东南。 章陵：郡名。治所在今湖北枣阳市东南。以上六个郡、王国，当时全都在西晋的辖境内。所以这种封爵是虚封。 〔7〕司市中郎将：官名。负责管理集市。 〔8〕幸：宠爱。〔9〕四望：山名。在今江苏南京市西北。 〔10〕三年：凤凰三年(公元274)。 〔11〕妖言：蛊惑人心的谣言。这里指传播妖言。 〔12〕三郡督：官名。是会稽、临海、建安三个滨海郡的军事指挥官。 〔13〕部

曲：部属。〔14〕科：清查。 亡：逃亡的士兵百姓。 〔15〕桂林：郡名。治所在今广西柳州市东南。

【裴注】

〔一〕《江表传》曰："初，皓游华里，或与丁奉、留平密谋曰：'此行不急，若至华里不归；社稷事重，不得不自还。'此语颇泄。皓闻知，以或等旧臣，且以计忍，而阴衔之。后因会，以毒酒饮或；传酒人，私减之。又饮留平，平觉之；服他药以解，得不死。或自杀；平忧懑，月余亦死。"

〔二〕《江表传》曰："定，汝南人。本孙权给使也，后出补吏。定佞邪僭媚，自表先帝旧人，求还内侍。皓以为楼下都尉，典知酤籴事。专为威福，而皓信任，委以众事。定为子求少府李勖女，不许。定挟忿，谮勖于皓；皓尺口诛之，焚其尸。定又使诸将，各上好犬；皆千里远求，一犬至直数千匹。御犬率具缨，直钱一万。一犬一兵，养以捕兔，供厨，所获无几。吴人皆归罪于定，而皓以为忠勤，赐爵列侯。"

《吴历》曰："中书郎奚熙，谮宛陵令贺惠。惠，邵弟也。遣使者徐粲讯治，熙又谮粲顾护，不即决断。皓遣使，就宛陵斩粲；收惠付狱，会赦得免。"

〔三〕《会稽邵氏家传》曰："邵畴字温伯。时为诞功曹。诞被收，惶遽无以自明。畴进曰：'畴今自在，畴之事，明府何忧？'遂诣吏自列，云不白妖言，事由于己，非府君罪。吏上畴辞，皓怒犹盛。畴虑诞卒不免，遂自杀以证之。临亡，置辞曰：'畴生长边陲，不闲教道；得以门资，厕身本郡；逾越侪类，位极朝右；不能赞扬盛化，养之以福。今妖讹横兴，干国乱纪；畴以噂沓之语，本非事实；虽家诵人咏，不足有虑。天下重器，而匹夫横议；疾其丑声，不忍闻见；欲含垢藏疾，不彰之翰笔；镇躁归静，使之自息。愚心勤勤，每执斯旨；故诞屈其所是，默以见从；此之为愆，实由于畴。谨不敢逃死，归罪有司；唯乞天鉴，特垂清察！'吏收畴丧，得辞以闻。皓乃免诞大刑，送付建安作船。畴亡时，年四十。皓嘉畴节义，诏郡县：图形庙堂。"

天册元年，吴郡言掘地得银：长一尺，广三分，刻上有年月字。于是大赦，改年。

天玺元年，吴郡言：临平湖自汉末草秽壅塞[1]，今更开通。长老相传：此湖塞，天下乱；此湖开，天下平。又于湖边得石函，中有小石：青白色，长四寸，广二寸余；刻上作"皇帝"字。于是改年，大赦。会稽太守车浚、湘东太守张咏，不出算缗[2]；就在所斩之[3]，徇首诸郡[4]。〔一〕

秋八月，京下督孙楷，降晋[5]。鄱阳言：历（阳）〔陵〕山石文理成字[6]，凡二十；云："楚九州渚，吴九州都；扬州士，作天子；四世治，太平始。"〔二〕又吴兴阳羡山有空石，长十余丈，名曰石室；在所表为大瑞。乃遣兼司徒董朝、兼太常周处，至阳羡县[7]，封禅国山[8]。明年改元，大赦，以协石文[9]。

【注释】

〔1〕临平湖：湖名。在今浙江杭州市余杭区东南。 〔2〕算缗（mín）：交付人头税的铜钱。缗是串铜钱的绳。这里指成串的铜钱。〔3〕在所：当地。 〔4〕徇首：把砍下的头颅传观示众。 〔5〕京下督：官名。京下战区的指挥官。京下在今江苏镇江市一带。 孙楷（？—公元304）：事见本书卷五十一《孙韶传》。 〔6〕历陵：县名。县治在今江西德安县东北。 〔7〕周处（？—公元297）：字子隐。吴兴郡阳羡（今江苏宜兴市）人。先出仕孙吴。吴亡降晋，任御史中丞，敢于弹劾权贵，受到排挤。后任建威将军，阵亡。传见《晋书》卷五十八。 〔8〕封禅：礼仪名。天子亲自登上泰山，筑土坛祭天，叫做封；下到泰山东南低小的梁父山，扫除一块广场祭地，叫做禅。封禅是改朝换代并且天下太平之后才举行的大典，意在感谢天地神灵的庇佑，向天下显示成就。孙皓把祭祀国山称为封禅，是自我夸大的做法。 国山：山名。即离里山。在今江苏宜兴市西南。孙皓封禅国山，曾立碑记述其事。碑文以篆文书写，四十三行，每行二十五字，尚可辨认的还有数百字。碑石现今尚存。 〔9〕协：配合。

【裴注】

〔一〕《江表传》曰："浚，在公清忠，值郡荒旱，民无资粮，表求赈贷。皓谓浚欲树私恩，遣人枭首。又尚书熊睦见皓酷虐，微有所谏；皓使人以刀环撞杀之，身无完肌。"

〔二〕《江表传》曰："历阳县，有石山临水，高百丈；其三十丈所，有七穿骈罗；穿中色黄赤，不与本体相似：俗相传谓之'石印'。又云'石印封发，天下当太平'。下有祠屋，巫祝言石印神有三郎。时历阳长表上，言'石印发'，皓遣使以太牢祭历山。巫言：石印三郎说'天下方太平'。使者作高梯，上看印文；诈以朱，书石作二十字，还以启皓。皓大喜曰：'吴当为九州作都、渚乎？从大皇帝逮孤四世矣！太平之主，非孤复谁？'重遣使，以印绶拜三郎为王；又刻石立铭，褒赞灵德，以答休祥。"

天纪元年夏，夏口督孙慎出江夏、汝南[1]，烧略居民。

初，骑子张俶多所谮白[2]，累迁为司直中郎将[3]，封侯，甚见宠爱。是岁，奸情发闻，伏诛。〔一〕

二年秋七月[4]，立成纪、宣威等十一王[5]，王给三千兵。大赦。

三年夏[6]，郭马反。

马，本合浦太守修允部曲督[7]。允转桂林太守，疾病，住广州；先遣马将五百兵至郡，安抚诸夷。允死，兵当分给[8]；马等累世旧军，不乐离别。皓时又科实广州户口[9]；马与部曲将何典、王族、吴述、殷兴等，因此恐动兵民，合聚人众，攻杀广州督虞授[10]。马自号都督交、广二州诸军事，安南将军[11]；兴广州刺史；述南海太守[12]。典攻苍梧，族攻始兴。〔二〕

八月，以军师张悌为丞相[13]，牛渚都督何植为司徒[14]。执金吾滕（循）〔修〕为司空；未拜，转镇南将军，假节，领广州牧；率万人从东道讨马，与族遇于始兴，未得前。马杀南海太守刘略，逐广州刺史徐旗。皓又遣徐陵督陶濬将七千人，从西道[15]；命交州牧陶璜部伍所领及合浦、郁林诸郡兵[16]，当与东西军共击马。

有鬼目菜生工人黄耇家[17]：依缘枣树，长丈余；茎广四寸，厚三分。又有买菜生工人吴平家[18]：高四尺，厚三分，如枇杷形，上广尺八寸，下茎广五寸；两边生叶，绿色。东观案图[19]，名鬼目作"芝草"，买菜作"平虑草"。遂以耇为侍芝郎[20]，平为平虑郎[21]：皆银印青绶[22]。

冬，晋命镇东大将军司马伷向涂中[23]；安东将军王浑、扬州刺史周浚向牛渚[24]；建威将军王戎向武昌[25]；平南将军胡奋向夏口[26]；镇南〔大〕将军杜预向江陵[27]；龙骧将军王濬、广武将军唐彬浮江东下[28]；太尉贾充为大都督[29]，量宜处要，尽军势之中[30]。

陶濬至武昌，闻北军大出，停驻不前。

初，皓每宴会群臣，无不咸令沉醉。置黄门郎十人[31]，特不与酒；侍立终日，为司过之吏[32]。宴罢之后，各奏其阙失；迕视之咎[33]，谬言之愆，罔有不举：大者即加威刑，小者辄以为罪。后宫数千，而采择无已。又激水入宫，宫人有不合意者，辄杀，流之。或剥人之面，或凿人之眼。岑昏险谀贵幸[34]，致位九列[35]；好兴功役，众所患苦。是以上下离心，莫为皓

尽力；盖积恶已极，不复堪命故也。〔三〕

【注释】

〔1〕汝南：郡名。治所在今河南息县。当时在西晋辖境内。〔2〕驺(zōu)子：养马驾车人的儿子。　〔3〕司直中郎将：官名。负责访查惩治不法官员。〔4〕二年：天纪二年(公元 278)。　〔5〕成纪：县名。县治在今甘肃通渭县东北。　宣威：县名。县治在今甘肃民勤县西南。以上两县当时都在西晋辖境内。这也是虚封。　〔6〕三年：天纪三年(公元 279)。　〔7〕部曲督：部下的将领。　〔8〕分给：分散配给(其他将领)。　〔9〕科实：查实。　〔10〕广州督：官名。广州战区的指挥官。　〔11〕安南将军：官名。领兵征伐。　〔12〕南海：郡名。治所在今广东广州市。　〔13〕军师：官名。是吴军的参谋长。　〔14〕牛渚：地名。在今安徽马鞍山市西南。是孙吴的江防据点之一。　〔15〕徐陵督：官名。徐陵战区的指挥官。　〔16〕部伍：部署指挥。　〔17〕鬼目菜：菜名。　〔18〕买菜：菜名。又叫苦买。　〔19〕东观案图：东观(的官员)查阅所收藏的图册。　〔20〕侍芝郎：官名。临时设置。　〔21〕平虑郎：官名。临时设置。　〔22〕银印青绶：银质官印配上青色丝绳。当时制度，官员的官印和印上系的丝绳，其材质和颜色随品级的高低而不同。二千石一级的官员，如九卿、郡国守相等，才能用银印青绶。〔23〕司马伷(公元 227—283)：字子将。河内郡温县(今河南省温县西)人。司马懿的儿子。曹魏时官至征虏将军。西晋建立，封琅邪王。以镇东大将军参与灭吴战役，接受孙皓的投降。后升任大将军。传见《晋书》卷三十八。　涂(chú)中：地区名。即今安徽、江苏境内的滁河流域。　〔24〕安东将军：官名。领兵征伐。　王浑(公元 223—297)：字玄冲。太原郡晋阳(今山西太原市西南)人。初仕曹魏。西晋时以安东将军参与灭吴战役，升征东大将军，封京陵公。后任司徒。其子孙是两晋著名的世家大族。传见《晋书》卷四十二。　扬州：州名。指当时西晋的扬州。治所在今安徽寿县。　周浚：字开林。汝南郡安成(今河南汝南县东南)人。曹魏时任扬州刺史，封射阳侯。西晋建立，参与灭吴战役，击败孙吴主力。后任安东将军，封成武侯。传见《晋书》卷六十一。〔25〕建威将军：官名。领兵征伐。　王戎(公元 234—305)：字濬冲。琅邪郡临沂(今山东临沂市西北)人。以建威将军参与灭吴战役，封安丰侯。曾任尚书左仆射、尚书令，负责官员选任，以门第高低为主要选用标准。后任司徒。善于清谈，是玄学的竹林名士之一。性贪财吝啬。传

见《晋书》卷四十三。 〔26〕平南将军：官名。领兵征伐。 胡奋：字玄威。安定郡临泾（今甘肃镇原县东南）人。出身将门。参与灭吴战役。后任尚书左仆射，兼镇军大将军。传见《晋书》卷五十七。 〔27〕镇南大将军：官名。领兵征伐。 杜预（公元 222—284）：字元凯。京兆杜陵（今陕西西安市东南）人。西晋初任镇南大将军镇守荆州，主动献计进攻孙吴。以参与灭吴有功，封当阳侯。足智多谋，又擅长儒学。对《春秋》和《左传》有精深研究，撰写著述多种。其中《春秋左氏经传集解》流传至今，收入《十三经注疏》。传见《晋书》卷三十四。〔28〕龙骧将军：官名。领兵征伐。 王濬（公元 206—286）：字士治。弘农郡湖县（今河南灵宝市西南）人。西晋初任龙骧将军、益州刺史，大造舟船准备伐吴。公元 280 年正月，他率军由成都出发，顺长江而下，击溃孙吴沿江守军。三月，率先攻入建业，迫使孙皓投降。以功升辅国大将军，封襄阳侯。传见《晋书》卷四十二。 广武将军：官名。领兵征伐。 唐彬（公元 235—294）：字儒宗。鲁国邹（今山东邹城市东南）人。以广武将军参与灭吴战役。有功，升右将军，封上庸侯。后任前将军、雍州刺史。传见《晋书》传四十二。 〔29〕贾充（公元 217—282）：字公闾。平阳郡襄陵（今山西襄汾县东南）人。初仕曹魏，大力支持司马氏。曾命令亲信杀死反对司马昭的魏帝曹髦，又积极策划取代曹魏。西晋建立，历任太尉等显要职务。公元 280 年，受命为灭吴战役总指挥官，但对灭吴毫无信心，事后几乎被治罪。长于法律，曾主持修订《晋律》。两个女儿分嫁晋武帝司马炎的太子和胞弟。传见《晋书》卷四十。 大都督：官名。各路军队的总指挥官。发动大战役时设立，不常置。〔30〕中：适中。 〔31〕黄门郎：官名。侍从皇帝，受命办事。〔32〕司过：观察过失。 〔33〕迁视：正眼直看（君主）。 〔34〕险谀贵幸：以阴险阿谀而得到重用和宠幸。 〔35〕九列：九卿。

【裴注】

〔一〕《江表传》曰："俶父，会稽山阴县卒也。知俶不良，上表云：'若用俶为司直，有罪，乞不从坐。'皓许之。俶表立弹曲二十人，专纠司不法；于是爱恶相攻，互相谤告；弹曲承言，收系囹圄；听讼失理，狱以贿成：人民穷困，无所措手足。俶奢淫无厌，娶小妻三十余人；擅杀无辜：众奸并发，父子俱见车裂。"

〔二〕《汉晋春秋》曰："先是，吴有说谶者曰：'吴之败，兵起南裔；亡吴者，公孙也。'皓闻之，文武职位至于卒伍，有姓'公孙'者，皆徙于广州，不令停江边。及闻马反，大惧曰：'此天亡也！'"

〔三〕吴平后，晋侍中庾峻等，问皓侍中李仁曰："闻吴主披人面，刖人足，有诸乎？"仁曰："以告者过也。君子恶居下流，天下之恶皆归焉。盖此事也，若信有之，亦不足怪。昔唐、虞五刑，三代七辟；肉刑之制，未为酷虐。皓为一国之主，秉杀生之柄；罪人陷法，加之以惩：何足多罪！夫受尧诛者，不能无怨；受桀赏者，不能无慕：此人情也。"又问曰："云归命侯乃恶人横睛逆视，皆凿其眼，有诸乎？"仁曰："亦无此事，传之者谬耳。《曲礼》曰：视天子由袷以下，视诸侯由颐以下，视大夫由衡，视士则平面，得游目五步之内；视上于衡则傲，下于带则忧，旁则邪。以礼，视瞻高下，不可不慎，况人君乎哉！视人君相迕，是乃礼所谓傲慢；傲慢则无礼，无礼则不臣；不臣则犯罪，犯罪则陷不测矣。正使有之，将有何失？"凡仁所答，峻等皆善之。文多不悉载。

四年春[1]，立中山、代等十一王[2]。大赦。

濬、彬所至，则土崩瓦解，靡有御者；预又斩江陵督伍延[3]，浑复斩丞相张悌、丹杨太守沈莹等：所在战克。[一]

（三）〔二〕月丙寅[4]，殿中亲近数百人，叩头请皓：杀岑昏。皓惶愦，从之。[二]戊辰[5]，陶濬从武昌还，即引见。问水军消息，对曰："蜀船皆小；今得二万兵，乘大船战，自足击之！"于是合众，授濬节、钺[6]。明日当发，其夜，众悉逃走。

而王濬顺流将至，司马伷、王浑皆临近境。皓用光禄勋薛莹、中书令胡冲等计[7]，分遣使，奉书于濬、伷、浑曰："昔汉室失统，九州分裂；先人因时，略有江南；遂分阻山川，与魏乖隔。今大晋龙兴，德覆四海；暗劣偷安，未喻天命。至于今者，猥烦六军；衡盖路次[8]，远临江渚。举国震惶，假息漏刻[9]；敢缘天

朝，含弘光大。谨遣私署太常张夔等[10]，奉所佩印绶，委质请命。惟垂信纳，以济元元[11]。"〔三〕

（壬申）〔三月壬寅〕[12]，王濬最先到；于是受皓之降，解缚焚榇[13]，延请相见。〔四〕

伷以皓致印绶于己，遣使送皓；皓举家西迁，以太康元年五月丁亥集于京邑[14]。

四月甲申[15]，诏曰："孙皓穷迫归降，前诏待之以不死；今皓垂至，意犹愍之。其赐号为归命侯；进给衣服、车乘，田三十顷；岁给谷五千斛[16]，钱五十万，绢五百匹，绵五百斤。皓太子瑾，拜中郎[17]；诸子为王者，拜郎中。"〔五〕

（五）〔四〕年[18]，皓死于洛阳。〔六〕

【注释】

〔1〕四年：天纪四年（公元280）。 〔2〕中山：王国名。治所在今河北定州市。 代：郡名。治所在今河北蔚县东北。 〔3〕江陵督：官名。江陵战区的指挥官。 〔4〕丙寅：旧历初九日。 〔5〕戊辰：旧历十一日。 〔6〕钺：大斧。皇帝的仪仗之一。大将领兵如被授与节、钺，则表示是代表皇帝出征，享有特别的诛杀威权。 〔7〕薛莹（？—公元282）：传附本书卷五十三《薛综传》。 中书令：官名。负责军国机要文书的起草和管理。 胡冲：事见本书卷六十二《胡综传》。 〔8〕衡：车辕端部的横木。固定在马、牛背上以牵引车辆。 盖：车盖。这里衡盖指车辆。 路次：在路上停宿。 〔9〕假息：延长呼吸。 漏刻：漏是古代计时的装置。主要部分是一只铜壶，下部有小漏口。内部注水，水面置浮板，板上立有一支刻有标度的竹箭。水从漏口流出，竹箭的高低位置发生变化，从刻度上可知时间早晚。现今考古工作者已发现多种漏壶实物。这里漏刻比喻短暂的时间。 〔10〕私署：私自委任。 〔11〕济：拯救。 元元：百姓。 〔12〕壬寅：旧历十五日。 〔13〕榇（chèn）：棺材。亡国君主向对方投降时，双手反绑，抬着棺材，表示自己罪重该

死。 〔14〕丁亥:旧历初一日。 京邑:京城。指洛阳。 〔15〕甲申:旧历二十八日。晋武帝下诏封孙皓为归命侯,《晋书》卷三《武帝纪》记在当年五月二十五日辛亥,与此处的月、日均不同。 〔16〕斛(hú):古代容量单位。十斗为一斛。 〔17〕中郎:官名。郎官的一种,持兵器警卫皇宫殿堂。 〔18〕四年:太康四年(公元283)。

【裴注】

〔一〕干宝《晋纪》曰:"吴丞相、军师张悌,护军孙震,丹杨太守沈莹,帅众三万济江,围成阳都尉张乔于杨荷桥;众才七千,闭栅自守,举白接告降。吴副军师诸葛靓,欲屠之,悌曰:'敌在前,不宜先事其小;且杀降不祥。'靓曰:'此等以救兵未至而力少,故且伪降以缓我;非来伏也。因其无战心而尽坑之,可以成三军之气。若舍之而前,必为后患!'悌不从,抚之而进。与讨吴护军张翰、扬州刺史周浚成阵相对。沈莹领丹杨锐卒刀盾五千,号曰'青巾兵',前后屡陷坚阵:于是以驰淮南军,三冲不动;退引,乱。薛胜、蒋班,因其乱而乘之,吴军以次土崩,将帅不能止;张乔又出其后:大败吴军于版桥,获悌、震、莹等。"

《襄阳记》曰:"悌字巨先,襄阳人。少有名理。孙休时为屯骑校尉。魏伐蜀,吴人问悌曰:'司马氏得政以来,大难屡作;智力虽丰,而百姓未服。今又竭其资力,远征巴蜀,兵劳民疲而不知恤,败于不暇,何以能济?昔夫差伐齐,非不克胜;所以危亡,不忧其本也,况彼之争地乎?'悌曰:'不然!曹操虽功盖中夏,威震四海;崇诈仗术,征伐无已:民畏其威,而不怀其德也。丕、叡承之,系以惨虐;内兴宫室,外惧雄豪;东西驰驱,无岁获安:彼之失民,为日久矣!司马懿父子,自握其柄,累有大功;除其烦苛而布其平惠,为之谋主而救其疾:民心归之,亦已久矣!故淮南三叛,而腹心不扰;曹髦之死,四方不动;摧坚敌如折枯,荡异同如反掌;任贤使能,各尽其心:非智勇兼人,孰能如之?其威武张矣,本根固矣,群情服矣,奸计立矣。今蜀,阉宦专朝,国无政令;而玩戎黩武,民劳卒弊;竞于外利,不修守备。彼强弱不同,智算亦胜;因危而伐,殆其克乎?若其不克,不过无功;终无退北之忧,覆军之虑也:何为不可哉!昔楚剑利而秦昭惧,孟明用而晋人忧:彼之得志,故我之大患也!'吴人笑其言,而蜀果降于魏。晋来伐吴,皓使悌督沈莹、诸葛靓,率众三万渡江逆之。至牛渚,沈莹曰:'晋治水军于蜀,久矣。今倾国大举,万里齐力,必悉益州之众,浮江而下。我上流诸军,无有戒备;名将皆死,幼少当任;恐边江诸城,尽莫能御也。

晋之水军，必至于此矣！宜蓄众力，待来一战。若胜之日，江西自清；上方虽坏，可还取之。今渡江逆战，胜不可保；若或摧丧，则大事去矣！'悌曰：'吴之将亡，贤愚所知；非今日也！吾恐蜀兵来至此，众心必骇惧，不可复整。今宜渡江，可用决战力争：若其败丧，则同死社稷，无所复恨；若其克胜，则北敌奔走，兵势万倍，便当乘威南上，逆之中道，不忧不破也。若如子计，恐行散尽；相与坐待敌到，君臣俱降，无复一人死难者：不亦辱乎！'遂渡江战，吴军大败。诸葛靓与五六百人退走，使过迎悌，悌不肯去。靓自往牵之，谓曰：'（且夫）天下存亡有大数，岂卿一人所知！如何故自取死为？'悌垂涕曰：'仲思！今日是我死日也！且我作儿童时，便为卿家丞相所拔；常恐不得其死，负名贤知顾。今以身徇社稷，复何逃邪？莫牵曳之如是！'靓流涕放之，去百余步，已见为晋军所杀。"

《吴录》曰："悌少知名。及处大任，希合时趣，将护左右。清论讥之。"

《搜神记》曰："临海松阳人柳荣，从悌至杨府。荣病死船中，二日；时军已上岸，无有埋之者。忽然大呼，言：'人缚军师！人缚军师！'声激扬，遂活。人问之，荣曰：'上天，北斗门下，猝见人缚张悌。意中大愕，不觉大呼，言："何以缚张军师！"门下人怒荣，叱逐使去。荣便去，怖惧，口余声发扬耳。'其日，悌战死。荣至晋元帝时，犹在。"

〔二〕干宝《晋纪》曰："皓殿中亲近数百人，叩头请皓曰：'北军日近，而兵不举刃：陛下将如之何！'皓曰：'何故？'对曰：'坐岑昏！'皓独言：'若尔，当以奴谢百姓。'众因曰：'唯！'遂并起，收昏。皓骆驿追止，已屠之也。"

〔三〕《江表传》载："皓将败，与舅何植书曰：'昔大皇帝以神武之略，奋三千之卒；割据江南，席卷交、广：开拓洪基，欲祚之万世。至孤末德，嗣守成绪；不能怀集黎元，多为咎阙，以违天度。暗昧之变，反谓之祥；致使南蛮逆乱，征讨未克。闻晋大众，远来临江，庶竭劳瘁，众皆摧退；而张悌不返，丧军过半，孤甚愧怅，于今无聊。得陶濬表云："武昌以西，并复不守。"不守者，非粮不足，非城不固：兵将背战耳！兵之背战，岂怨兵邪？孤之罪也！天文悬变于上，士民愤叹于下；观此事势，危如累卵；吴祚终讫，何其局哉！天匪亡吴，孤所招也！瞑目黄壤，当复何颜见四帝乎？公其勖勉奇谟，飞笔以闻。'皓又遗群臣书曰：'孤以不德，忝继先轨；处位历年，政教凶勃。遂令百姓久困涂炭，至使一朝归命有道；社稷倾覆，宗庙无主。惭愧山积，没有余罪。自惟空薄，过偷尊号；才琐质秽，任重王公；故《周易》有折鼎之诫，诗人有彼其之讥。自居宫室，仍抱笃疾；计有不足，思虑失中，多所荒替。边侧小人，因生酷虐；虐毒横流，忠顺被害。暗昧不觉，寻其壅蔽，孤负诸君；事已难图，覆水不可收也。今大晋平治四海，劳心务于擢贤：诚是英俊展节之秋也。管仲极仇，桓公用之；良、平去楚，入为汉臣：舍乱就理，非不忠也。莫以移朝改朔，用损厥志。嘉勖休尚，爱敬动静。夫复何言，投笔而已！'"

〔四〕《晋阳秋》曰："濬收其图籍：领州四，郡四十三，县三百一十三；户五十二万三千，吏三万二千，兵二十三万，男女口二百三十万；米谷二百八十万斛；舟船五千余艘；后宫五千余人。"

〔五〕《搜神记》曰："吴以草创之国，信不坚固；边屯守将，皆质其妻子，名曰'保质'。童子少年，以类相与嬉游者，日有十数。永安二年三月，有一异儿，长四尺余，年可六七岁，衣青衣，来从群儿戏。诸儿莫之识也，皆问曰：'尔谁家小儿，今日忽来？'答曰：'见尔群戏乐，故来耳。'详而视之，眼有光芒，爓爓外射；诸儿畏之，重问其故。儿乃答曰：'尔恶我乎？我非人也，乃荧惑星也！将有以告尔：三公锄，司马如。'诸儿大惊，或走告大人，大人驰往观之。儿曰：'舍尔去乎！'竦身而跃，即以化矣。仰面视之，若引一匹练以登天。大人来者，犹及见焉；飘飘渐高，有顷而没。时吴政峻急，莫敢宣也。后五年而蜀亡，六年而晋兴，至是而吴灭：'司马如'矣。"干宝《晋纪》曰："王濬治船于蜀。吾彦取其流柹以呈孙皓，曰：'晋必有攻吴之计，宜增建平兵。建平不下，终不敢渡江。'皓弗从。陆抗之克步阐，皓意张大。乃使尚广筮'并天下'，遇《同人》之《颐》，对曰：'吉。庚子岁，青盖当入洛阳。'故皓不修其政，而恒有窥上国之志。是岁也，实在庚子。"

〔六〕《吴录》曰："皓以四年十二月死，时年四十二。葬河南县界。"

评曰：孙亮童孺，而无贤辅；其替位不终，必然之势也。休，以旧爱宿恩，任用兴、布；不能拔进良才，改弦易张：虽志善好学，何益救乱乎？又使既废之亮，不得其死，友于之义薄矣[1]！皓之淫刑所滥，陨毙流黜者，盖不可胜数。是以群下人人惴恐，皆日日以冀，朝不谋夕。其荧惑、巫祝，交致祥瑞，以为至急。昔舜、禹躬稼[2]，至圣之德；犹或矢誓众臣，予违汝弼[3]；或拜昌言[4]，常若不及。况皓凶顽，肆行残暴；忠谏者诛，谗谀者进；虐用其民，穷淫极侈：宜腰首分离，以谢百姓。既蒙不死之诏，复加归命之宠；岂非旷荡之恩，过厚之泽也哉！[一]

【注释】

[1] 友于之义：指兄弟之间的情分。《论语·为政》有"友于兄弟"的句子，后来人们即以友于代指兄弟。 [2] 禹：姒姓。人称大禹、夏禹、戎禹。传说中古代部落联盟的领袖。奉虞舜之命，治理洪水十三年，获得成功。后继舜为部落联盟的领袖。其子启继承他的位置，建立中国历史上第一个奴隶制国家。事见《史记》卷二《夏本纪》。 躬稼：亲自种庄稼。 [3] 予违汝弼：我有过错你应当辅正我。这是尧对舜说的话，载《尚书·皋陶谟》。 [4] 拜昌言：拜谢（别人对自己说的）有益言论。虞舜指点大禹，大禹"拜昌言"，见《尚书·皋陶谟》。

【裴注】

[一] 孙盛曰："夫古之立君，所以司牧群黎；故必仰协乾坤，覆焘万物。若乃淫虐是纵，酷被群生；则天殄之，剿绝其祚：夺其南面之尊，加其独夫之戮。是故汤、武抗钺，不犯不顺之讥；汉高奋剑，而无失节之议。何者？诚四海之酷仇，而人神之所摈故也。况皓罪为通寇，虐过辛、癸：枭首素旗，犹不足以谢冤魂；洿室荐社，未足以纪暴迹。而乃优以显命，宠锡仍加：岂龚行天罚，伐罪吊民之义乎！是以知僭逆之不惩，而凶酷之莫戒。《诗》云：'取彼谮人，投畀豺虎。'聊谮犹然，矧僭虐乎？且神旗电扫，兵临伪窟，理穷势迫，然后请命；不赦之罪既彰，三驱之义又塞：极之权道，亦无取焉。"

陆机著《辨亡论》，言吴之所以亡，其上篇曰："昔汉氏失御，奸臣窃命；祸基京畿，毒遍宇内；皇纲弛紊，王室遂卑。于是群雄蜂骇，义兵四合。吴武烈皇帝，慷慨下国，电发荆南；权略纷纭，忠勇伯世；威稜则夷羿震荡，兵交则丑虏授馘；遂扫清宗祊，蒸禋皇祖。于时云兴之将带州，飙起之师跨邑；哮阚之群风驱，熊罴之族雾集。虽兵以义合，同盟戮力；然皆包藏祸心，阻兵怙乱；或师无谋律，丧威稔寇：忠规武节，未有若此其著者也。武烈既没，长沙桓王逸才命世，弱冠秀发；招揽遗老，与之述业。神兵东驱，奋寡犯众；攻无坚城之将，战无交锋之虏；诛叛柔服而江外底定，饬法修师而威德翕赫；宾礼名贤而张昭为之雄，交御豪俊而周瑜为之杰。彼二君子：皆弘敏而多奇，雅达而聪哲；故同方者以类附，等契者以气集，而江东盖多士矣。将北伐诸华，诛锄干纪；旋皇舆于夷庚，反帝座于紫闼；挟天子以令诸侯，清天步而归旧物。戎车既次，群凶侧目；大业未就，中世而陨。用集我大皇帝：以奇踪袭于逸轨，叡心发乎令图；从政咨于故实，播宪稽乎遗风；而加之以笃固，申之以节俭；畴咨俊茂，好谋善断；束帛旅于丘园，旌命交于途巷。故豪彦寻声而响臻，志士希光而影骛；异人辐辏，猛士如林。于是张昭为师傅；周瑜、陆公、鲁肃、吕蒙之畴，入为腹心，出作股肱；甘宁、凌统、程普、贺齐、朱桓、朱然之徒奋其威，韩当、潘璋、黄盖、蒋钦、周泰之属宣其力；风雅则诸葛瑾、张承、步骘以声名光国；政事则顾雍、潘濬、吕范、吕岱以器任干职；奇伟则虞翻、陆绩、张温、张惇以讽议举正；奉使则赵咨、沈珩以敏达延誉；术数则吴范、赵达以禨祥协德；董袭、陈武，杀身以卫主；骆统、刘基，强谏以补过。谋无遗算，举不失策；故遂割据山川，跨制荆、吴，而与天下争衡矣。魏氏尝藉战胜之威，率百万之师；浮邓塞之舟，下汉阴之众。羽楫万计，龙跃顺流；锐骑千旅，虎步原隰。谋臣盈室，武将连衡；喟然有吞江浒之志，一宇宙之气。而周瑜驱我偏师，黜之赤壁；丧旗乱辙，仅而获免，收迹远遁。汉王亦凭帝王之号，率巴、汉之民；乘危骋变，结垒千里；志报关羽之败，图收湘西之地。而我陆公，亦挫之西陵；覆师败绩，困而后济，绝命永安。续以濡须之寇，临川摧锐；蓬笼之战，孑轮不反。由是二邦之将，丧气摧锋，势衄财匮；而吴藐然，坐乘其弊。故魏人请好，汉氏乞盟；遂跻天号，鼎峙而立。西屠庸蜀之郊，北裂淮汉之涘；东苞百越之地，南括群蛮之表。于是讲八代之礼，搜三王之乐；告类上帝，拱揖群后。虎臣毅卒，循江而守；长戟劲铩，望飙而奋。庶尹尽规于上，四民展业于下；化协殊裔，风衍遐圻。乃俾一介行人，抚巡外域；巨象逸骏，扰于外闲；明珠玮宝，辉于内府；珍瑰重迹而至，奇玩应响而赴；輶轩骋于南荒，冲輣息于朔野；齐民免干戈之患，戎马无晨服之虞：而帝业固矣！大皇既殁，幼主莅朝，奸回肆虐。景皇聿兴，虔修遗宪；政无大阙，守文之良主也。降及归命之初，典刑未灭，故老犹存：大司马陆公以文武熙朝，左丞相陆凯以謇谔尽规；而施绩、范慎以威重显，丁奉、钟离斐以武毅称；孟宗、丁固之徒为公卿，楼玄、贺劭之属掌机事：元首虽病，股肱犹良。爰及末叶，群公既丧。然后黔首有瓦解之志，皇家有土崩之衅；历命应化而微，王师蹙运而发；卒散于阵，民奔于邑；城池无藩篱之固，山川无沟阜之势；非有工输云梯之械，智伯灌激之害，楚子筑室之围，燕人济西之队，军未浃辰而社稷夷矣！虽忠臣孤愤，烈士死节，将奚救哉？夫曹、刘之将，非一世之选；向时之师，无曩日之众；战守之道，抑有前符；险阻之利，俄然未改。而成败贸理，古今诡趣，何哉？彼此之化殊，授任之才异也！"

其下篇曰："昔三方之王也：魏人据中夏；汉氏有岷、益；吴制荆、扬，而奄交、广。曹氏虽功济诸华；虐亦深矣，其民怨矣。刘公因险饰智；功已薄矣，其俗陋矣。吴桓王基之以武，太祖成之以德；聪明睿达，懿度深远矣。其求贤如不及，恤民如稚子；接士尽盛德之容，亲仁罄丹府之爱。拔吕蒙于戎行，识潘濬于系房。推诚信士，不恤人之我欺；量能授器，不患权之我逼。执鞭鞠躬，以重陆公之威；悉委武卫，以济周瑜之师。卑宫菲食，以丰功臣之赏；披怀虚己，以纳谟士之算。故鲁肃一面而自托，士燮蒙险而效命。高张公之德而省游田之娱，贤诸葛之言而割情欲之欢；感陆公之规而除刑政之烦，奇刘基之议而作三爵之誓。屏气蹑踏以伺子明之疾，分滋损甘以育凌统之孤；登坛慷慨归鲁肃之功，削投恶言信子瑜之节：是以忠臣竞尽其谋，志士咸得肆力。洪规远略，固不厌夫区区者也；故百官苟合，庶务未遑。初都建业，群臣请备礼秩，天子辞而不许，曰：'天下其谓朕何！'宫室舆服，盖慊如也。爰及中叶，天人之分既定，百度之缺粗修；虽酴化懿纲，未齿乎上代；抑其体国经民之具，亦足以为政矣。地方几万里，带甲将百万；其野沃，其民练，其财丰，其器利；东负沧海，西阻险塞；长江制其区宇，峻山带其封域：国家之利，未见有弘于兹者矣！借使中才守之以道，善人御之有术；敦率遗宪，勤民谨政；循定策，守常险；则可以长世永年，未有危亡之患。或曰：'吴、蜀唇齿之国，蜀灭则吴亡，理则然矣！'夫蜀，盖藩援之与国，而非吴人之存亡也。何则？其郊境之接，重山积险，陆无长毂之径；川阨流迅，水有惊波之艰。虽有锐师百万，启行不过千夫；舳舻千里，前驱不过百舰。故刘氏之伐，陆公喻之长蛇：其势然也。昔蜀之初亡，朝臣异谋；或欲积石以险其流，或欲机械以御其变。天子总群议而咨之大司马陆公，陆公以'四渎，天地之所以节宣其气，固无可遏之理；而机械，则彼我之所共。彼若弃长技以就所屈，即荆、扬而争舟楫之用：是天赞我也。将谨守峡口，以待擒耳'。逮步阐之乱，凭堡城以延强寇，重资币以诱群蛮。于时大邦之众，云翔电发，悬旌江介，筑垒遵渚，襟带要害，以止吴人之西；而巴汉舟师，沿江东下。陆公以偏师三万，北据东坑，深沟高垒，按甲养威；反虏跑迹待戮，而不敢北窥生路；强寇败绩宵遁，丧师大半。分命锐师五千，西御水军；东西同捷，献俘万计。信哉！贤人之谋，岂欺我哉！自是烽燧罕警，封域寡虞。陆公没而潜谋兆，吴衅深而六师骇。夫太康之役，众未盛乎曩日之师；广州之乱，祸有愈乎向时之难。而邦家颠覆，宗庙为墟。呜呼！人之云亡，邦国珍瘁，不其然与？《易》曰'汤武革命顺乎天'，《玄》曰'乱不极则治不形'：言帝王之因天时也。古人有言，曰'天时不如地利'，《易》曰'王侯设险以守其国'：言为国之恃险也。又曰'地利不如人和'，'在德不在险'：言守险之由人也。吴之兴也，参而由焉：孙卿所谓合其参者也。及其亡也，恃险而已：又孙卿所谓舍其参者也。夫四州之氓，非无众也；大江之南，非乏俊也；山川之险，易守也；劲利之器，易用也；先政之业，易循也：功不兴而祸遘者，何哉？所以用之者失也！故先王达经国之长规，审存亡之至数；恭己以安百姓，敦惠以致人和；宽冲以诱俊乂之谋，慈和以给士民之爱。是以其安也，则黎元与之同庆；及其危也，则兆庶与之共患。安，与众同庆，则其危不可得也；危，与下共患，则其难不足恤也。夫然，故能保其社稷，而固其土宇；麦秀无悲殷之思，黍离无愍周之感矣！"

【译文】

孙亮，字子明。是孙权的小儿子。孙权的年龄大，而孙亮最小，所以对他特别留意。他姐姐鲁班公主曾经说过皇太子孙和以及孙和母亲的坏话，内心不安；因此顺着孙权的心意，想预先与孙亮搞好关系，就多次称赞全尚的女儿，也就是自己丈夫全琮的侄孙女，劝孙权为孙亮娶做妻子。

赤乌十三年(公元 250)，皇太子孙和被废黜；孙权立孙亮为太子，以全尚的女儿为太子妃。

太元元年(公元 251)夏，孙亮的生母潘氏被立为皇后。冬天，孙权卧病在床，征召大将军诸葛恪为太子太傅，会稽郡太守滕胤为太常：一同接受诏命辅佐太子。

第二年四月，孙权去世，太子孙亮即皇帝位，宣布大赦，改换年号。这一年，是魏帝曹芳嘉平四年。

建兴元年(公元 252)闰四月，任命诸葛恪为皇帝的太傅，滕胤为卫将军兼管尚书台公务，上大将军吕岱为大司马；文武官员在职者都晋升爵位颁发赏赐，闲散官员则提高等级。

冬十月，太傅诸葛恪率领大军阻断巢湖，在东兴修筑城堡；让将军全端据守东城堡，都尉留略据守西城堡。十二月初一日丙申，狂风大作，雷电交加。魏朝派将军诸葛诞、胡遵等出动步兵、骑兵七万人围攻东兴，另外又派将军王昶进攻南郡，毌丘俭袭击武昌。当月十九日甲寅，诸葛恪亲率大军迎战来敌。二十三日戊午，大军到达东兴，与魏军激战；把对方打得大败而逃，斩杀魏国将军韩综、桓嘉等。这一月，雷雨不断。突然的雷击使武昌皇宫的南面正门起火烧毁，重新修复正门；雷击又使门内的殿堂起火烧毁。

建兴二年（公元253）春正月初一日丙寅，立皇后全氏，宣布大赦。初五日庚午，王昶等人率军撤退。二月，大军从东兴凯旋而归，大行封赏。三月，诸葛恪又领兵讨伐魏国。

夏四月，诸葛恪挥兵包围合肥新城。由于传染病大流行，士兵死亡了一大半。

秋八月，诸葛恪引军退回。

冬十月，孙亮大摆酒宴犒劳群臣。武卫将军孙峻，设下伏兵在殿堂上杀死诸葛恪。宣布大赦。任命孙峻为丞相，封富春侯。

十一月，有五只大鸟出现在春申。为此改换明年的年号。

五凤元年（公元254）夏天，出现大洪水。

秋天，吴侯孙英谋杀孙峻；事情发觉后，孙英自杀。

冬十一月，有白色的星云绵延在斗宿、牛宿之间。

五凤二年（公元255）春正月，魏国镇东大将军毌丘俭、前将军文钦，带领淮南的兵马向西进攻本国，与本国的大军在乐嘉激战。闰正月初九日壬辰，孙峻会同骠骑将军吕据、左将军留赞，率军袭击魏国淮南的中心城市寿春；大军到达东兴时，听说文钦等人失败。十九日壬寅，大军推进到橐皋，文钦来向孙峻投降，淮南魏国叛军的残部有几万人南下投奔孙吴。魏军大将诸葛诞攻入寿春，孙峻领兵撤退。二月，孙峻与魏国将军曹珍在高亭遭遇，双方展开激战，曹珍战败。但是吴将留赞却被诸葛诞的部将蒋班击败于菰陂，留赞和将军孙楞、蒋修等都被杀死。三月，孙峻派镇南将军朱异袭击安丰，未能得手。

秋七月，将军孙仪、张怡、林恂等，谋杀孙峻；事情败露，孙仪自杀，林恂被依法处死。阳羡县的离里山有大石头自己立起来。孙吴朝廷派卫尉冯朝，修筑广陵城池。又任命将军吴穰为广陵郡太守，留略为东海郡太守。这一年，出现大旱。

十二月，修建太庙。朝廷任命冯朝为监军使者，指挥徐州各路军队。民间出现饥荒，士兵由于内心怨恨而纷纷叛逃。

太平元年(公元256)春二月初一日，建业发生火灾。孙峻采用征北大将军文钦的计策，准备征伐魏国。

八月，孙峻先派文钦和骠骑将军吕据、车骑将军刘纂、镇南将军朱异、前将军唐咨等，率军由江都进入淮水、泗水流域。

九月十四日丁亥，孙峻去世。临终前委任堂弟偏将军孙綝为侍中、武卫将军，指挥京城内外的所有军队。又下令召回吕据等人的兵马。吕据听说孙綝接替孙峻，大怒。十六日己丑，大司马吕岱去世。十九日壬辰，金星接触到斗宿。吕据、文钦、唐咨等人上表，举荐卫将军滕胤为丞相；孙綝不予采纳。三十日癸卯，孙綝改任滕胤为大司马，接替吕岱驻守武昌。吕据领兵回朝，想讨伐孙綝。孙綝派使者带着朝廷诏书劝告文钦、唐咨等将，让他们攻打吕据。

冬十月初四日丁未，孙綝又派孙宪、丁奉、施宽等将，带领水军在江都迎击吕据；另外部署将军刘丞指挥步兵、骑兵进攻还在京城建业的滕胤。滕胤反抗失败而被杀。初六日己酉，宣布大赦，改换年号。初八日辛亥，在新州擒获吕据。十一月，朝廷任命孙綝为大将军，授予节杖，封永宁侯。孙宪与将军王惇，谋杀孙綝；被发觉，孙綝处死王惇，逼迫孙宪自杀。十二月，孙綝派五官中郎将刁玄，到蜀国通报吴朝内部发生的变乱。

太平二年(公元257)春二月，初三日甲寅，天降大雨，雷电交加。初四日乙卯，降雪，气候严寒。分长沙郡东部设湘东郡，西部设衡阳郡；又分会稽郡东部设临海郡；豫章郡东部设临川郡。

夏四月，皇帝孙亮登上皇宫正殿，宣布大赦，开始亲自处理政事。对于孙綝所呈上的表章奏议，孙亮发出许多询问。孙亮又区分选择了士兵的子弟中年龄在十八岁以下十五岁以上者，得到三千多人；又挑出大将子弟中年轻而有勇气力量者充当这批小兵的指挥官。孙亮说："我建立这支军队，想和他们一起成长。"每天都在皇宫的园林中训练。五月，魏国征东大将军诸葛诞，指挥淮南的军队据守寿春城，派将军朱成来向吴国称臣并呈送表章；又送儿子诸葛靓、长史吴纲、各牙门将的子弟，来做人质。六月，朝廷派文钦、唐咨、全端等将，统领步兵、骑兵三万人援救诸葛诞。朱异从虎林出兵袭击夏口，夏口战区的指挥官孙壹投奔到魏国。

秋七月，孙綝又亲自率军援救寿春，途中在镬里停留。朱异从夏口赶到；孙綝派他为前军指挥官，与丁奉等人带领五万穿盔甲的战士前去解除寿春的包围。八月，会稽郡南部有人造反，杀死都尉。鄱阳、新都两郡的百姓也发动叛乱，朝廷派廷尉丁密、步兵校尉郑胄、将军钟离牧，带兵去讨伐。朱异因为士兵缺乏粮食而退兵，孙綝勃然发怒。九月初一日己巳，在镬里把朱异处死。初三日辛未，孙綝从镬里回建业。十六日甲申，宣布大赦。

十一月，全绪的儿子全祎、全仪，带着母亲投奔魏国。十二月，全端、全怿等人，从寿春城中跑出去向魏军统帅司马昭投降。

太平三年（公元258）春正月，诸葛诞杀死文钦。三月，司马昭攻下寿春城；诸葛诞和左右随从全部战死，将领和办事官员都投降。

秋七月，封从前的齐王孙奋为章安侯。下诏命各州郡为修建皇宫砍伐木材。从八月起，天色阴暗但又不下雨，持续了四十多天。

孙亮因为孙綝专权放肆，与太常全尚、将军刘丞，密谋诛杀孙綝。九月二十六日戊午，孙綝出兵攻取全尚，又派弟弟孙恩带兵在苍龙门外袭杀刘丞；然后召集朝廷大臣到皇宫门前聚会，宣布废黜孙亮为会稽王。这一年孙亮十六岁。

孙休，字子烈。是孙权的第六个儿子。十三岁时，跟随中书郎射慈、郎中盛冲学习。

太元二年（公元252）正月，被封为琅邪王，住在虎林。当年四月，孙权去世，孙休的弟弟孙亮继承帝位。执政的诸葛恪，不想让各位亲王住在沿长江的军事要地，于是把孙休转移到丹杨郡居住。而丹杨郡的太守李衡，多次因事欺凌孙休；孙休就上书朝廷请求迁往其他郡，孙亮下诏同意他迁往会稽郡。

他在会稽住了几年后，梦见自己乘龙飞上青天，回头又看不见龙尾巴，醒了之后很感奇怪。孙亮被废黜，当月二十七日己未，孙綝派宗正卿孙楷与中书郎董朝一起去迎接孙休。孙休一开始听到消息，心里还有怀疑；孙楷、董朝详细叙述了孙綝等人之所以来迎接他的本意；停留一天两夜之后，孙休才随二人出发前往京城。

十月十七日戊寅，孙休来到曲阿县。有一位老翁拦住他跪下叩头说："事情拖久了就会有变故产生，天下人民仰慕着您；希望陛下加速前进！"孙休认为他说得很对，当天就赶到了距京城不远的布塞亭。这时，孙綝派武卫将军孙恩，代行丞相的职权，带领朝廷百官用皇帝的礼仪专车队在永昌亭迎接；又修筑临时皇宫，以军用帐篷搭成简便殿堂，在里面安放皇帝的御座。

十八日己卯，孙休到达永昌亭，望见简便殿堂后即止步；让孙楷上前先与孙恩相见。孙楷返回后，孙休才乘车前进；百官在旁边两次跪拜，称臣迎接。孙休下车进入简便殿堂，表示谦虚，而不就御座，在东边的厢房坐下。户曹尚书上前，到台阶下担任司仪官，代理丞相孙恩献上皇帝的玉玺、令符。孙休推让了三次，群臣请求了三次。孙休这才说："将相诸侯，都推举寡人，寡人怎么敢不承受玉玺、令符啊！"于是群臣依次序奉陪作先导，在朝廷百官的就位陪同下，孙休登上皇帝礼仪专车向京城建业前进。孙綝带领一千士兵，到京城的郊外半路上迎接，在路旁跪拜行礼；孙休也下车行跪拜礼作回答。

当天，孙休进入皇宫登上正殿；宣布大赦，改换年号。这一年，是魏帝曹髦甘露三年（公元258）。

永安元年（公元258）冬十月二十一日壬午，孙休下诏说："褒扬有德者和奖赏有功者，是古今遵从的准则：现在任命大将军孙綝为丞相，兼荆州牧，封地增加为五县；武卫将军孙恩为御史大夫，兼卫将军、中军督，封为县侯；威远将军孙据为右将军，封为县侯；偏将军孙干为杂号将军，封为亭侯；长水校尉张布在过去辅导朕非常勤劳，现在任命他为辅义将军，封永康侯；董朝亲自前来会稽郡迎接朕，可封为乡侯。"

又下诏说："丹杨郡太守李衡，因为顾忌以往做事得罪朕，自己主动在有关部门拘禁等候处理。从前管仲追随公子纠时曾放箭射中齐桓公的衣带钩，披接受晋献公命令后曾用刀割下重耳的衣袖：在某位君主手下当臣僚时自然要为这位君主效力。现在遣送李衡回郡复职，不要让他再怀疑自己。"

二十八日己丑，孙休下诏封孙皓为乌程侯，孙皓的弟弟孙德为钱唐侯，另一弟弟孙谦为永安侯。

十一月初三日甲午，大旋风多次出现，连日来大雾弥漫。孙綝一家五兄弟封侯，又都负责统领京城禁卫军，权力压倒了皇帝；他们有所呈奏，孙休都恭敬同意而不反对：于是他们更加放肆。孙休怕他们制造变故，所以多次给他们颁发赏赐。

初五日丙申，孙休下诏说："大将军孙綝忠诚发自内心，首先提出废旧立新的大计以安定天下；宫廷内外的重要官员，一致赞成他的建议：都为此立下功劳。从前霍光确定废旧立新的计策，朝廷百官都同心支持：比起今天的情况来也不能超过。要赶快依据这之前参与商议、确定大计并将情况报告太庙中先皇帝神灵的官员名单，按照从前的事例，迅速颁布晋升爵位的奖赏。"

初七日戊戌，又下诏说："大将军孙綝负责指挥京城内外的所有军队，事务繁重；现在让卫将军、御史大夫孙恩加任侍中官职，与大将军分着审阅各种机要文书。"

二十一日壬子，孙休下诏说："现今专门充当官府杂役的人家，五个男丁就有三个同时重复在服役：父亲和哥哥在京都，儿子和弟弟在郡县政府充当杂役；既要交米去纳税，军队出动还要从军当劳工；以至于家中的事情完全没有人管理照看。朕非常怜悯他们！朕现在决定，这种家庭中五个男丁有三个在服劳役者，任随他们父亲或哥哥选择谁该留下，可以留下一人；这个人免交米税，军队出动时也不从军当劳工。"又说："各位武将文官凡在永昌亭站队迎接朕的，都提升官位一级。"

没过多久，孙休听说孙綝有反逆的阴谋，暗中与张布商议对策。十二月初八日戊辰举行冬季的腊祭，百官进宫朝贺，公卿登上殿堂；孙休下诏让侍从武士捆住孙綝，当天就处死。

初九日己巳，孙休下诏，因为左将军张布诛讨奸臣孙綝有功，让张布加任中军督；封张布的弟弟张惇为都亭侯，并配给卫队三百人；张惇的弟弟张恂被任命为校尉。孙休又下诏说："古代建国，把教育放在首要地位；用这来引导社会矫正人性，为时代培养人才。自从建兴年间以来，政事上变故很多。官员百姓多为眼前利益奔忙，舍本逐末，不遵循古代的正道。如果崇尚的东西不淳厚，就会伤风败俗。现在要依照古时候的制度建立官方学校，设置教授儒家五经的博士教官；而博士要从应召前来的人中考核选取，并给以优待和丰厚俸禄。然后从现有的官府办事员和武将文官的子弟之中，挑选对学习有志趣爱好者，前往学校完成学业；一年考试一次，区分高下，然后提升职位和颁发奖赏；使看到的人为他们的光荣而高兴，风闻的人为他们的声誉而艳羡：以此来使王朝的教化加强，使社会的风俗振兴。"

永安二年(公元259)春正月，雷电交加。三月，把九卿的官员全部配齐。孙休下诏说："朕没有德泽，却处于王爵、公爵之上的位置；日夜战战兢兢处理政事，忘记了睡觉和进餐。现今朕想停止使用武力大力振兴文教，以推广王朝伟大的教化。然而推究要达到这一目标的途径，应当先使全国军民的生活富裕起来，这就必须发展农副业生产。《管子》中有这样的话：'仓库充实，人民就懂得礼节；衣食丰足，人民就知道荣辱。'一个农夫不耕种，有人就要挨饿；一个妇女不纺织，有人就要受冻。饥寒交迫而要百姓不为非作歹，这是从来没有的事。自近年以来，各个州郡的官员百姓，包括各地军营的士兵，大多背离农业生产；都乘船在长江中，上游下游跑来跑去忙着做生意买卖。大片良田抛荒，现存粮食日渐减少；像这样而想社会非常安定，岂能办得到啊！这也是由于租税过重，农民从事农业的利润太薄，才使得他们这样吧？现今朕想要广泛开垦土地，减轻农民的赋税；按标准划分各家劳力的强弱，然后据此征收土地的赋税；务必使农民得到优待而且负担平均，公私两利。家家户户生活富裕，足以供家养口；那么人们就会爱惜身体重视生命，不触犯法律；刑罚可以弃置不用，风俗可以整顿振兴。以朝廷百官的忠诚贤能，如果为时代尽心尽力，虽然远古的太平盛世，不一定能猛然赶上和实现；至于像汉文帝时的清明政治，大概是可以达到的啊！达到清明政治则臣像君主都光荣，否则就要受到敌国的侵削欺辱：大家怎么能漠不关心随从大流而已啊？九卿和尚书，可以共同商量，务必选取确定若干有利的好措施。今年的农桑季节已到，不能延误农时。事情决定之后立即施行，要让朕感到称心如意。"

永安三年(公元260)春三月，西陵县报告有红色的乌鸦出现。

秋天，朝廷采纳都尉严密提出的建议，修建了浦里塘灌溉农田。会稽郡谣传："会稽王孙亮会回到京城重新当天子。"而孙亮王官里的侍女，又告发孙亮让巫师祷告祭祀，说了恶毒的话。有关部门把情况上报，孙休下诏贬黜孙亮为候官侯，并遣送他到封地去。孙亮在途中自杀，护送的人被治罪。在会稽郡南部设立建安郡；分出宜都郡一部分土地，设立建平郡。

永安四年(公元261)夏五月，连降大雨，河水泉水都上涨涌出。

秋八月，孙休派光禄大夫周奕、石伟巡视各地风俗状况，察看武将文官的清廉贪浊，了解人民的疾苦；再颁布贬黜和提升官员的诏书。九月，布山报告有白龙出现。

这一年，安吴县一个叫陈焦的人死亡，入土埋葬；六天后又活转来，顶破土层爬出坟墓。

永安五年(公元262)春二月，建业皇宫西面白虎门的北楼发生火灾。

秋七月，始新县报告有黄龙出现。八月十三日壬午，天降大雨，雷电交加，河水泉水都上涨涌出。十六日乙酉，孙休立皇后朱氏。十九日戊子，立皇子孙𩅦为皇太子，宣布大赦。

冬十月，任命卫将军濮阳兴为丞相；廷尉丁密、光禄勋孟宗为左御史大夫、右御史大夫。

孙休因为丞相濮阳兴、左将军张布和自己在过去有情谊，所以把政事委托给他们：由张布负责宫廷侍卫，濮阳兴管理军国公务。孙休本人则一心研读典籍，想把各家的著作全部看完。他尤其喜欢射野鸡，春夏之交，经常早出晚归去打猎，只有在这时才放下书本。

　　孙休想和博士祭酒韦曜、博士盛冲讲论儒家的道理和典籍。而韦、盛二人，素来说话恳切正直：张布害怕他们入宫侍从孙休时，揭发自己暗中的过失，使自己不能再专权；就乱编造理由来阻止。孙休答复他说："朕涉猎学问，各种书籍大体读遍，所见不少啊。关于英明和昏庸的君主，奸臣贼子；古今贤才愚人成功和失败的事迹：无不阅览。而今让韦曜等人入宫，只是想和他们谈论书籍；并不是要随从他们，重新开始学习。纵然就是随从他们重新开始学习，又有什么损害呢？您只不过害怕韦曜等人给朕说臣下弄奸耍滑的事，因此不想他们入宫嘛；像这一类事情，朕自己已经完全清楚，不必等到韦曜等人说出才了解。这些都没有什么妨害；只不过您心中，特别有所顾忌而已。"

　　张布得到这封诏书立即表示歉意，他再一次陈述理由，又说这样做害怕会妨碍孙休处理政事。孙休又答复说："阅读研讨书籍的事，就怕人不喜好；喜好了，是没有什么害处的呀！这并不是什么坏事；而您却认为不适宜，所以朕才说了这些话。政务和学业，其性质不同，彼此不会有妨害的；没有想到您今天在职处理政事，却对朕研习典籍有如此看法：这很不可取啊！"

　　张布手捧表章跪拜叩头。孙休说："聊且劝解您一番罢了，何至于叩头谢罪啊！像您所表现出来的忠诚，远近的人都知道。因为有感于往日您的忠诚，所以今天才给您高官显位。《诗经·荡》中说：'事情无不有开头，但是却很少有结尾。'有结尾确实很难，您要在我们的关系上保持一个好结尾。"

　　当初，孙休还在当王时，张布是侍从左右的卫队长，素来受到信任宠爱；到了孙休登上帝位，对张布更给以宠信厚待，于是张布专擅国家权力，做事多不遵从礼仪。他顾忌到自己的毛病和短处，害怕韦曜、盛冲说出来，所以特别担心忌讳。孙休虽然明白这一情况，心中不高兴；但是更怕张布产生疑惧，所以依从张布的意思，停止讲论典籍的事，不再让韦曜等人进宫。

　　这一年，孙休派遣察战到交阯郡去征调孔雀、大猪。

　　永安六年(公元263)夏四月，泉陵县报告有黄龙出现。五月，交阯郡官吏吕兴等人造反，杀死太守孙谞。此前孙谞曾挑选郡中的手工业工匠一千多人，送往京城建业；在察战到来后，百姓怕官府还要抽调工匠，所以吕兴等人就借此在士兵百姓中煽动，招纳少数族起来作乱。

九月，蜀国派使者来通报本国受到魏军的大举进攻。二十日癸未，建业的石头小城发生火灾，烧毁城西南一百八十丈长的城墙。二十一日甲申，孙休派大将军丁奉指挥各军杀向魏国的寿春；将军留平另外赶往南郡去见上游的军事长官施绩，商议从什么方向出兵；又派将军丁封、孙异进攻汉水流域：以上部署都是为了解救蜀国。直到蜀国君主刘禅投降魏国的消息传来，然后才罢兵。交阯郡的太守杀死孙谞之后，派遣使者到魏国，请求派出太守和军队。丞相濮阳兴建议，抽取一万屯田农民为士兵。又分出武陵郡的一部分土地设置天门郡。

永安七年（公元264）春正月，宣布大赦。二月，镇军将军陆抗、抚军将军步协、征西将军留平、建平郡太守盛曼，率军围攻蜀国的巴东守将罗宪。

夏四月，魏国的新附督王稚，从海上侵入句章县，抢走该县行政长官、财产和二百多名男女百姓；将军孙越截获一艘敌船，俘虏了三十人。

秋七月，海盗攻破海盐县，杀死司盐校尉骆秀。孙休派中书郎刘川到庐陵郡去征兵。豫章郡的张节等人造反，拥有一万多人马。魏国派将军胡烈，带领步兵、骑兵二万人侵犯西陵县，以援救罗宪；陆抗等人领兵退回。又分出交州一部分土地设置广州。二十四日壬午，宣布大赦。二十五日癸未，孙休去世，终年三十岁，谥为景皇帝。

孙皓，字元宗。是孙权的孙子，孙和的儿子。他又名彭祖，字皓宗。孙休立为皇帝，封孙皓为乌程侯，遣送他回自己的封地。乌程县的西湖附近一个叫景养的人，为孙皓看相之后说他会大富大贵；他暗自高兴而不敢泄露。

孙休去世，当时蜀国刚刚灭亡，而交阯郡又发生反叛；国内震动恐惧，都盼望立一个年纪较大的君主。左典军万彧从前曾当过乌程县令，与孙皓关系友善；称赞孙皓"具有才能见识而明智果断，是长沙桓王孙策一流的人物，加之又好学，遵守法规制度"；多次向丞相濮阳兴、左将军张布推荐。濮阳兴、张布二人又去劝说孙休的妻子皇太后朱氏，想让她同意孙皓为孙休的继承人。朱氏说："我是一个寡妇，哪里懂得考虑天下大事？只要吴国不受损害，宗庙祭祀有依靠，也就可以了。"

于是迎立孙皓为皇帝，当时他二十三岁。孙皓即位后改换年号，宣布大赦。这一年，是魏帝曹奂咸熙元年（公元264）。

元兴元年（公元264）八月，孙皓任命上大将军施绩、大将军丁奉为左大司马、右大司马；张布为骠骑将军，并加任侍中；其余官员提升官位颁发赏赐，一律都按过去的惯例办理。九月，孙皓把皇太后朱氏贬为景皇后；追谥自己的父亲孙和为文皇帝，尊称母亲何氏为皇太后。十月，封孙休的太子孙霅为豫章王，次子孙雺为汝南王，第三子孙壾为梁王，第四子孙㝟为陈王；又立皇后滕氏。

孙皓得志之后，变得粗鲁凶暴，骄傲自满，忌讳多，喜好酒色；大小官员都深感失望。濮阳兴、张布暗自后悔。有人在孙皓面前说这两人的坏话，十一月，孙皓诛杀了濮阳兴、张布。十二月，孙休遗体安葬在定陵。孙皓封皇后滕氏的父亲滕牧为高密侯，舅父何洪等三人为列侯。

这一年，魏国委派的交阯郡太守到达该郡。司马昭被任命为魏朝的相国，派遣从前在寿春城投降魏军的吴将徐绍、孙彧为使者，带着指令和书信，前来陈述政治形势的利害，以劝告孙皓归顺投降。

甘露元年（公元265）三月，孙皓派使者随从徐绍、孙彧前往魏国，向司马昭呈上答复的书信，信中说："知道您以高于世人的才能，处在执政大臣的职位上；引导国民的工作，做得既勤奋又到家了。朕没有德泽，依次序继承了大位；很想和贤良的您一起，共同拯救社会；然而因为界限阻隔，所以无缘见面，看到您的来信中表现出诚恳而明显的好意，使朕深感亲切依恋。现在特派光禄大夫纪陟、五官中郎将弘璆，前来表明朕深切的心意。"徐绍北上走到濡须，孙皓又把他召回来处死，他的家属也被流放到建安郡；原因是开始时有人报告孙皓，说徐绍曾称颂赞美中原的魏国。

夏四月，蒋陵报告有甘露降下，于是改换年号，宣布大赦。

秋七月，孙皓逼杀景皇后朱氏。死后遗体不停放在她宫中的正殿，而停放在后花园中一间小屋里来办理丧事；众人知道她并非死于疾病，无不为之感到哀痛悲切。之后孙皓又把孙休的四个儿子送到吴县的小城软禁；紧接着派人去追杀了四兄弟中的大哥、二哥。

九月，孙皓听从西陵督步阐上表提出的建议，迁都到武昌；留御史大夫丁固、右将军诸葛靓镇守建业。

纪陟、弘璆二位使者到达洛阳后，碰上司马昭去世。所以到十一月，才被魏朝遣送回吴国。孙皓到达武昌，又宣布大赦。以零陵郡南部建立始安郡，桂阳郡南部建立始兴郡。十二月，晋王接受魏帝曹奂的禅让建立新王朝。

宝鼎元年（公元 266）正月，孙皓派大鸿胪张俨、五官中郎将丁忠前往晋国祭悼晋文帝。在回程路上，张俨病死。

丁忠劝孙皓说："北方现在没有布置防守和作战的设施，他们的弋阳郡很容易攻取。"孙皓询问群臣意见，镇西大将军陆凯说："军队，要到不得已的时候才能使用啊。况且三国鼎立以来，相互攻杀，没有一年安宁的日子。而今强敌吞并了巴蜀，具有双倍土地的实力；却在这时派使者来请求和好亲善，想停止战争，这绝不能认为是他们来向我们求援。现在敌人形势正处于强盛时期，而想侥幸取得胜利，为臣实在看不到这样做有什么好处啊。"车骑将军刘纂却说："天生有金、木、水、火、土五种物质，金属的主要用途就是制造武器，谁又能去除军队呢？使用诡诈以称雄，这种现象的出现是有缘由的啊！如果北方有防御上的漏洞，怎么能放过机会呢？应当派出间谍，去侦察具体情况。"孙皓暗中采纳刘纂的话。只是因为蜀国新近灭亡，所以才没有实施行动；但是从此就和晋国断绝了往来。

八月，有地方报告发现了大鼎，于是改换年号，宣布大赦。任命陆凯为左丞相，散骑中常侍万彧为右丞相。

冬十月，永安县山区的叛贼施但等，聚众数千人，劫持孙皓庶母所生的弟弟永安侯孙谦前往乌程县；取出孙皓父亲孙和陵庙中的仪仗乐队和曲柄伞盖。等到他们到达建业，已经发展到一万多人。丁固、诸葛靓在牛屯迎击；双方展开激战，施但等人败逃。

孙谦被抓获，自杀。分出会稽郡一部分土地设置东阳郡；分出吴、丹杨二郡一部分土地设置吴兴郡；又以零陵郡北部为邵陵郡。

十二月，孙皓再把都城迁回建业。留卫将军滕牧镇守武昌。

宝鼎二年（公元267）春，宣布大赦，派右丞相万彧，到长江上游镇守巴丘。

夏六月，修建显明宫；

冬十二月，孙皓移居到显明宫内。

这一年，分出豫章、庐陵、长沙三郡一部分土地，设置安成郡。

宝鼎三年（公元268）春二月，以左御史大夫丁固、右御史大夫孟仁，为司徒、司空。

秋九月，孙皓带领人马前往东关，丁奉赶到合肥。

这一年，孙皓派交州刺史刘俊、前部督修则等人，进攻交阯郡；结果被晋军将领毛炅等击败，刘俊、修则全部阵亡，士兵分散逃回合浦郡。

建衡元年（公元269）春正月，立皇子孙瑾为太子，又分封淮阳王、东平王。

冬十月，改换年号，大赦。十一月，左丞相陆凯去世。孙皓派遣监军虞汜、威南将军薛珝、苍梧郡太守陶璜三人取道荆州；监军李勖、督军徐存从建安郡走海路：都在合浦郡会合，前往进攻交阯郡。

建衡二年（公元270）春，万彧回到建业。李勖因为建安郡的道路不通畅，处死充当先导的将军冯斐，领兵退回。三月，发生自燃性大火烧毁一万多家房屋，烧死七百多人。

夏四月，左大司马施绩去世。皇宫殿堂的警卫将领何定报告说：“现任少府的李勖此前出兵，冤枉杀死冯斐，擅自决定撤军退回。”结果李勖及徐存还有他们的家属都被处死。

秋九月，何定带领五千人马说是到上游的夏口打猎；夏口战区的指挥官孙秀受惊而投奔晋国。

这一年宣布大赦。

建衡三年（公元271）春正月月末这一天，孙皓带领大批人员出京城前往华里，他的母亲和后妃们都随行；东观令华覈等人坚决劝阻，他才回转皇宫。

这一年，虞汜、陶璜等人攻破交阯郡，擒获和杀死晋朝委派的郡太守和将领，九真、日南二郡也都重归吴国控制。宣布大赦。分出交阯郡一部分土地设置新昌郡。虞汜等将又攻破扶严河流域，朝廷在这里设置武平郡。孙皓任命武昌战区的军事指挥官范慎为太尉。右司马丁奉、司空孟仁去世。皇家园林西苑中，说是有凤凰聚集，为此而改换明年的年号。

凤凰元年（公元 272）秋八月，征召西陵战区的军事指挥官步阐进京。步阐不从命，据守西陵县城投降晋国。孙皓派乐乡战区的军事指挥官陆抗去围攻捉拿步阐，步阐的部下全部投降；步阐和同谋者几十人，都被诛灭三族。宣布大赦。

这一年，右丞相万彧受到孙皓谴责，忧愁而死；其子弟被流放到庐陵郡。何定的奸恶污浊行为被揭露，伏法处死。孙皓因为何定的罪恶与张布类似，追改何定的名为何布。

凤凰二年（公元 273）春三月，任命陆抗为大司马。司徒丁固去世。

秋九月，改封淮阳王为鲁王，东平王为齐王；又分封陈留王、章陵王等九个亲王：共有十一个亲王，每个亲王配给三千士兵。宣布大赦。

孙皓的爱妾有时派人到集市里，抢夺百姓的财物；司市中郎将陈声，素来是孙皓的宠臣，他仗恃孙皓的宠待，把孙皓爱妾派到集市去的人绳之以法。爱妾向孙皓哭诉，孙皓勃然大怒；借其他事情用烧红的锯齿切断陈声的头颅，把尸身丢到四望山的下面。

这一年，太尉范慎去世。

凤凰三年（公元 274），会稽郡传布妖言，说章安侯孙奋应当做天子。临安郡太守奚熙与会稽郡太守郭诞写信，非议国家政事。郭诞只向朝廷报告了奚熙写的信，却不报告妖言；于是孙皓下令把郭诞送往建安郡的造船工场去做苦工。又派会稽、临海、建安三郡的军事指挥官何熙去逮捕奚熙；奚熙发兵自卫，切断海上通路。不久奚熙的部下杀掉他，把他的头颅割下送到京城建业，诛灭了奚熙的三族。

秋七月，孙皓派了二十五位使者，分别前往各州郡，清查那些逃亡的士兵百姓。大司马陆抗去世。

自从改换凤凰的年号起到这一年，连续发生传染病大流行。分出郁林郡的一部分土地设置桂林郡。

天册元年(公元275)，吴郡报告挖地得到一根银条：长一尺，宽三分，上面刻有年、月的字样。于是宣布大赦，改换年号。

天玺元年(公元276)，吴郡报告说：临平湖从汉朝末年起就被草泥淤塞，而今突然通畅。据老年人说，这个湖淤塞，天下就混乱；这个湖通畅，天下就太平。人们又在湖边发现一只石匣子，其中装有一颗小石头：青白色，长四寸，宽二寸多；上面刻有"皇帝"的字样，于是改换年号，宣布大赦。会稽郡太守车浚、湘东郡太守张咏，都交不出人头税的铜钱；孙皓派人就地将其处决，把二人的头颅送到各郡示众。

秋八月，京下战区的指挥官孙楷，投降晋国。鄱阳郡报告说：历陵县境内山上的石头纹理形成文字，共有二十个字：是"楚九州渚，吴九州都；扬州士，作天子；四世治，太平始"。又吴兴郡阳羡山有石头中空，长十多丈，被称为"石室"；当地政府呈上表章说是大祥瑞。孙皓派兼任司徒的董朝、兼任太常的周处，前往阳羡县，在国山之上举行封禅的礼仪。改换明年的年号，宣布大赦，以配合历陵山石上的文字意思。

天纪元年(公元277)夏，夏口战区的军事指挥官孙慎出兵进攻江夏、汝南二郡，烧杀掳掠晋国居民。

当初，一个叫做张俶的，父亲是养马驾车的贱民。他诋毁告发了许多人，多次升迁，最后官做到司直中郎将，封侯，很受孙皓的宠爱。这一年他的奸恶情况暴露，伏法处死。

天纪二年(公元278)秋七月，又分封了成纪王、宣威王等十一个亲王，每个亲王配给三千士兵。宣布大赦。

天纪三年(公元279)夏，郭马举兵造反。

郭马，本是合浦郡太守修允部下的将领。修允转任桂林郡太守之后，生病，住在广州；先派郭马带了五百士兵前往桂林郡安抚各少数族。修允死后，部下的士兵要分散配给其他将领；而郭马等人是世代在一起的老军人，不喜欢分开。当时孙皓又正在清查落实广州民众的户口；郭马和修允部下的将领何典、王族、吴述、殷兴等人，借此恐吓煽动当地军民，招集人马，攻杀了广州战区的军事指挥官虞授。郭马自称是交、广二州的军事总指挥官，安南将军；又任命殷兴为广州刺史；吴述为南海郡太守。他派何典进攻苍梧郡，王族进攻始兴郡。

八月，孙皓任命军师张悌为丞相，牛渚战区的军事指挥官何植为司徒。执金吾滕循被任命为司空；还没有举行正式任命的仪式，他又转任镇南将军，被授予节杖，兼任广州牧；带领一万军队从东路进攻郭马，与王族在始兴郡遭遇，被阻挡而不能前进。郭马这时杀死吴国委派的南海郡太守刘略，赶走广州刺史徐旗。孙皓又派遣徐陵战区的军事指挥官陶濬，带领七千人马，从西路进攻；还命令交州牧陶璜部署指挥本部和合浦、郁林各郡的军队，与上述东、西两路兵力共同攻击郭马。

这时有鬼目菜生长在工人黄耇的家中：靠着一株枣树往上爬，藤蔓有一丈多长；茎有四寸宽，三分厚。又有买菜生长在工人吴平的家中：高四尺，厚三分，形状像枇杷，上面宽一尺八寸，下面的茎宽五寸；两旁长的叶子呈绿色。东观的官员查阅所收藏的图册，把鬼目菜命名为芝草，买菜命名为平虑草。于是朝廷委任黄耇为侍芝郎，吴平为平虑郎：都发给银质官印青色绶带。

这年冬天，晋国命令镇东大将军司马伷指向涂中；安东将军王浑、扬州刺史周浚指向牛渚；建威将军王戎指向武昌；平南将军胡奋指向夏口；镇南大将军杜预指向江陵；龙骧将军王濬、广武将军唐彬沿长江乘船东下；由太尉贾充出任大都督指挥各军进攻吴国，估量形势抓住要点，务必使全军力量得到充分而适当的发挥。

这时陶濬领兵到达武昌，听说北方军队大举出动，立即停下来不再前往广州。

当初，孙皓每次举行宴会招待群臣，都要让大家喝得沉醉不省人事。他布置黄门郎十人，特别不让他们饮酒；在宴会上侍立两旁整日不动，专门充当观察在座官员过失的举报官。宴会结束之后，各自报告所发现的过失；正眼直看君主，说话错谬等，各种毛病无不举报：过错大的立即处死，过错小的也总是要治罪。孙皓的后宫有妻妾几千人，仍然还在民间不断挑选美女进宫。他又下令把河水引进皇宫，宫女有不合他意的，就杀死丢到河里冲走。有时他要剥下人脸上的皮肤，有时又要挖出人的眼睛。岑昏为人以阴险阿谀而得到重用和宠幸，位列九卿；他喜欢兴修各种工程，民众为此很感痛苦。因此吴国上上下下离心离德，没有人愿意为孙皓尽力；大概也是罪恶积累到了极点，臣民们不再能忍受驱使了。

天纪四年（公元280）春，孙皓又分封了中山王、代王等十一个亲王。宣布大赦。

晋军大将王濬、唐彬顺长江而下，所到之处，吴军总是土崩瓦解，没有进行抵抗的；晋军大将杜预斩了吴军江陵战区的指挥官伍延，王浑又杀死吴国丞相张悌、丹杨郡太守沈莹等：一路势如破竹。

二月初九日丙寅，孙皓宫中几百亲近人员一齐跪下叩头，请求处死岑昏，孙皓惊惶失措，同意大家的请求。十一日戊辰，陶濬从武昌赶回，当天孙皓就接见他。询问晋国水军是否被遏止，陶濬回答说："晋军乘坐的益州船只都小；如果现在能给我两万人马，乘坐大船作战，足以击败他们！"于是孙皓命令召集军队，授给陶濬节杖、黄钺。第二天应当出发，当晚，军队的将士就全部逃走。

这时顺流而下的王濬即将到达建业，司马伷、王浑等人的军队也逼近吴国边境。孙皓只好采用光禄勋薛莹、中书令胡冲的主意，分别派使者，向王濬、司马伷、王浑献上投降书，投降书中说："过去汉朝统治崩溃，全国分裂；我的先辈借助时势，占据江南；在山川的阻隔之下，与魏国发生背离。而今大晋皇朝像龙飞上天一样兴起，德泽覆盖了四海；我生性昏庸愚劣，未能认识清楚天命。以至于现今劳烦出动大军；车辆在路上停宿，从远方推进到长江边。我们全国震动惊惶，苟延残喘于一时；我斗胆凭借大晋天朝，气度的含容宽宏和德泽的光辉伟大。谨派遣私自委任的太常张夔等人，带上我所佩用的印章、绶带，用我自己做人质。请求宽恕所辖的人民，希望能相信和接受，以拯救百姓。"

三月十五日壬寅，王濬的船队最先到达建业；并接受孙皓的投降，王濬下令解开孙皓自己绑在身上的绳索，焚烧了他带来的棺材，请他与自己相见。

司马伷因为孙皓把象征权位的印章、绶带送到自己手上，所以派使者遣送孙皓；孙皓全家随从西迁，在太康元年（公元280）五月初一日丁亥一齐到达京城洛阳。

此前的四月二十八日甲申，晋武帝下诏说："孙皓在穷途末路时归顺投降，此前朕曾下诏饶他不死；现今他即将到达京城，朕心里还对他有所怜悯。决定赐他归命侯的称号；从优赏给他衣服车辆，田地三十顷；每年供应粮食五千斛，钱五十万，绢五百匹，丝绵五百斤。孙皓的太子孙瑾，任命为中郎；孙皓的其他儿子原来封了王的，都被任命为郎中。"

太康四年（公元283），孙皓死在洛阳。

评论说：孙亮在儿童时继承皇位，而没有贤明的大臣辅佐；他的位置被人替代而不能始终保有，是必然的结果。孙休，因为过去的宠爱和恩情，任用濮阳兴、张布；不能提拔进用良才，改弦更张：尽管他有心向善勤奋好学，对于拯救乱世又有什么益处啊？他又使已经被废黜的孙亮死于非命，兄弟之间的情分也太淡薄了！孙皓滥用酷刑，被他处死流放贬黜的人，简直不可计算。因此群臣人人恐惧不安，挨过今天才敢盼望明天，在早晨都无法预料晚上会发生什么灾祸。当时天上的荧惑星，人间的巫师，都交相显示了大晋将要灭吴统一天下的种种征兆，向孙皓作最紧急的警告。从前虞舜、大禹亲自耕种庄稼，具有极度圣明的德泽；都还有时候要和群臣起誓，说是我有过错的话你们应当辅正我；有时候要拜谢别人对自己说的有益言论，常常好像生怕听不到别人的进谏。何况孙皓凶恶顽固，任意施行残暴手段；忠言进谏的被诛杀，阿谀谄媚者受重用；虐待人民，淫糜奢侈到了极点：本来应当腰斩砍头，以向百姓谢罪。结果他既接到饶他不死的诏书，又还受到赐给归命侯称号的宠待；这难道不是大晋天朝宽大无边的恩典，过于优厚的德泽吗！

刘繇太史慈士燮传第四

　　刘繇字正礼，东莱牟平人也[1]。齐孝王少子封牟平侯[2]，子孙家焉。繇伯父宠，为汉太尉；〔一〕繇兄岱，字公山，历位侍中、兖州刺史。〔二〕

　　繇年十九，从父韪为贼所劫质[3]。繇篡取以归，由是显名。举孝廉，为郎中。除下邑长[4]，时郡守以贵戚托之，遂弃官去。州辟部济南[5]。济南相，中常侍子[6]，贪秽不循〔法〕；繇奏免之。平原陶丘洪荐繇[7]，欲令举茂才。刺史曰："前年举公山[8]，奈何复举正礼乎？"洪曰："若明使君用公山于前[9]，擢正礼于后；所谓御二龙于长途，骋骐骥于千里：不亦可乎！"会辟司空掾[10]。除侍御史[11]，不就。

　　避乱淮浦[12]。诏书以为扬州刺史[13]。时袁术在淮南，繇畏惮，不敢之州[14]。欲南渡江，吴景、孙贲迎置曲阿。术图为僭逆[15]，攻没诸郡县。繇遣樊能、张英，屯江边以拒之；以景、贲，术所授用，乃追逐使去。于是术乃自置扬州刺史，与景、贲并力攻英、能等，岁余不下。汉命加繇为牧[16]，振武将军[17]，众数万人。

孙策东渡[18]，破英、能等。繇奔丹徒，[三]遂溯江，南保豫章[19]，驻彭泽[20]。笮融先至，[四]杀太守朱皓，[五]入居郡中。繇进讨融，为融所破；更复招合属县，攻破融。融败走入山，为民所杀。繇寻病卒，时年四十二。

笮融者，丹杨人。初聚众数百，往依徐州牧陶谦。谦使督广陵、〔下邳〕、彭城运漕[21]；遂放纵擅杀，坐断三郡委输以自入[22]。

乃大起浮图祠[23]：以铜为人，黄金涂身，衣以锦采；垂铜盘九重，下为重楼阁道[24]；可容三千余人，悉课读佛经[25]；令界内及旁郡人有好佛者听受道[26]，复其他役以招致之[27]，由此远近前后至者五千余人户。每浴佛[28]，多设酒饭，布席于路，经数十里；民人来观及就食且万人，费以巨亿计[29]。

曹公攻陶谦，徐土骚动。融将男女万口，马三千匹，走广陵；广陵太守赵昱待以宾礼。先是，彭城相薛礼，为陶谦所逼，屯秣陵。融利广陵之众[30]，因酒酣杀昱；放兵大略，因载而去。过杀礼，然后杀皓。

【注释】

〔1〕东莱：郡名。治所在今山东龙口市东南。　牟平：县名。县治在今山东烟台市西北。〔2〕齐孝王：即刘将闾（？—前154）。袭其父刘肥的爵位为齐王，死后谥号为孝。刘肥是汉高祖刘邦的儿子。见《汉书》卷十四《诸侯王表》。〔3〕从（zòng）父：伯父或叔父。〔4〕下邑：县名。县治在今安徽砀山县。〔5〕部济南：官名。即部济南从事史。东汉州政府中有部郡国从事史，每郡国一人，负责督促该郡国文书，举报其境内的不法行为。济南是青州下属的王国，治所在今山东济南市

东。 〔6〕相：官名。王国的行政长官，相当于郡太守。 中常侍：官名。皇帝的随身侍从宦官。传达诏命和处理文书，实权很大。 〔7〕平原：王国名。治所在今山东平原县南。 〔8〕公山：即刘繇的哥哥刘岱，字公山。 〔9〕明使君：对州刺史的尊称。刺史最初作为皇帝的特派使者，外出监察地方，所以被尊称为使君或明使君。 〔10〕辟：任命。汉代的三公、郡国守相，可以自行任命办理公府署的下属而无须经过中央选官机构的批准，这种任命叫做辟。由中央选官机构正式委任官职，常称为除。 司空掾：官名。司空府的下属。当时三公的府署内是分曹办公，每曹的主办官员叫掾，副主办官员叫属。 〔11〕侍御史：官名。御史台办事官员。举奏不法官员，有重大礼仪活动时监视官员的失礼行为。〔12〕淮浦：县名。县治在今江苏涟水县西。 〔13〕以为：以（刘繇）为。〔14〕之州：到州的治所。当时扬州治所是历阳县（今安徽和县），在袁术占领区内。 〔15〕僭逆：非分和反逆。指当皇帝。 〔16〕牧：官名。即州牧。当时的牧和刺史，都是一州的行政长官。但是牧的品级比刺史高，刺史有功可升格为牧。 〔17〕振武将军：官名。领兵征伐。〔18〕孙策（公元175—200）：传见本书卷四十六。 〔19〕溯江：逆长江而上。 〔20〕彭泽：县名。县治在今江西湖口县东南。 〔21〕下邳：郡名。治所在今江苏邳州市西南。 运漕：粮食的水运。 〔22〕坐断：截留。 三郡：即广陵、下邳、彭城。 委输：向中央政府输送的赋税。〔23〕浮图：梵文 Buddha 的音译。即佛。 祠：寺庙。 〔24〕阁道：连接楼与楼的空中走道。 〔25〕课读：督促诵读。 〔26〕听：听从。〔27〕复：免除。 他役：其他的徭役。 〔28〕浴佛：中国佛教节日名。中国汉族地区相传旧历四月初八日是释迦牟尼的诞生日。每年这一天佛寺要举行大规模诵经，并用香料浸制的清水浇洗释迦牟尼的佛像，以纪念他的诞生，称为浴佛。 〔29〕巨亿：亿亿。 〔30〕利：贪图。

【裴注】

　　〔一〕《续汉书》曰："繇祖父本，师受经传，博学群书，号为通儒。举贤良方正，为郾长。卒官。宠字祖荣。受父业，以经明行修，举孝廉；光禄（大夫）察四行，除东平陵令。视事数年，以母病，弃官。百姓士民攀舆拒轮，充塞道路，车不得前；乃止亭，轻服潜遁，归修供养。后辟大将军府。稍迁会稽太守，正身率下，郡中大治。征入为将作大匠。山阴县民去治数十里，（有若邪中在山谷间）〔有若邪山，中有〕五六老翁，年皆七八十。闻宠迁，相率共送宠，人赍百钱。宠见，劳来曰：

'父老何乃自苦远来！'皆对曰：'山谷鄙老，生未尝至郡县。他时，吏发求不去，民间或夜不绝狗吠，竟夕民不得安。自明府下车以来，狗不夜吠，吏稀至民间。年老遭值圣化，今闻当见弃去，故戮力来送！'宠谢之，为选受一大钱；故会稽号宠为'取一钱太守'：其清如是。宠前后历二郡，八居九列，四登三事。家不藏贿，无重宝器；恒菲饮食，薄衣服，弊车羸马，号为窭陋。三去相位，辄归本土。往来京师，常下道脱骖，过，人莫知焉。宠尝欲止亭，亭吏止之曰：'整顿传舍，以待刘公；不可得止！'宠因过，去。其廉俭皆此类也。以老病卒于家。"

〔二〕《续汉书》曰："繇父豫，一名方，山阳太守。岱、繇皆有俊才。"

《英雄记》称岱"孝悌仁恕，以虚己受人"。

〔三〕袁宏《汉纪》曰："刘繇将奔会稽，许子将曰：'会稽富实，策之所贪；且穷在海隅，不可往也！不如豫章：北连豫壤，西接荆州。若收合吏民，遣使贡献，与曹兖州相闻；虽有袁公路隔在其间，其人豺狼，不能久也。足下受王命，孟德、景升，必相救济！'繇从之。"

〔四〕筰，音壮力反。

〔五〕《献帝春秋》曰："是岁，繇屯彭泽。又使融助皓，讨刘表所用太守诸葛玄。许子将谓繇曰：'筰融出军，不顾(命)名义者也！朱文明，善推诚以信人，宜使密防之。'融到，果诈杀皓，代领郡事。"

后策西伐江夏，还过豫章；收载繇丧，善遇其家[1]。王朗遗策书曰[2]："刘正礼昔初临州，未能自达[3]；实赖尊门，为之先后[4]；用能济江成治，有所处定。践境之礼，感分结意[5]，情在终始。后以袁氏之嫌[6]，稍更乖剌[7]；更以同盟，还为仇敌：原其本心，实非所乐。康宁之后[8]，常愿渝平更成[9]，复践宿好[10]。一尔分离[11]，款意不昭[12]；奄然殂陨[13]，可为伤恨！知敦以厉薄[14]，德以报怨；收骨育孤，哀亡愍存；捐既往之猜[15]，保六尺之托[16]：诚深恩重分，美名厚实也！昔鲁人虽有齐怨，不废丧纪[17]；《春秋》

善之，谓之得礼：诚良史之所宜藉^[18]，乡校之所叹闻^[19]。正礼元子^[20]，致有志操，想必有以殊异^[21]。威盛刑行，施之以恩，不亦优哉！"

繇长子基，字敬舆。年十四，居繇丧，尽礼；故吏馈饷^[22]，皆无所受。〔一〕姿容美好，孙权爱敬之。权为骠骑将军，辟东曹掾^[23]。拜辅义校尉、建忠中郎将^[24]。权为吴王，迁基大农^[25]。

权尝宴饮，骑都尉虞翻醉酒犯忤^[26]；权欲杀之，威怒甚盛：由基谏争，翻以得免。权大暑时，尝于船中宴饮，于船楼上值雷雨^[27]；权以盖自覆，又命覆基，余人不得也：其见待如此。

徙郎中令。权称尊号，改为光禄勋；分平尚书事^[28]。年四十九卒。

后权为子霸，纳基女；赐第一区^[29]。四时宠赐，与全、张比^[30]。基二弟：铄、尚，皆骑都尉。

【注释】

〔1〕善遇：优待。　〔2〕王朗（？—公元228）：传见本书卷十三。〔3〕自达：自己达到目的。指在扬州站住脚跟。　〔4〕尊门：您的家族。帮助刘繇在曲阿设立治所的是吴景、孙贲，前者系孙策的舅父，后者系孙策的堂兄，所以王朗这样说。　为之先后：为他帮忙。　〔5〕分（fèn）：情谊。　〔6〕嫌：仇怨。　〔7〕稍：逐渐。　乖剌（là）：背离。〔8〕康宁：平定。指孙策平定王朗所在的会稽郡。　〔9〕渝平：（你们关系的）变动平复如初。　〔10〕宿好：过去的友好。　〔11〕一尔：一下子这样。　〔12〕款意：诚意。　〔13〕奄然：忽然。　殂陨：死亡。〔14〕敦以厉薄：用敦厚激励淡薄。　〔15〕捐：抛弃。　猜：猜忌。〔16〕六尺：当时六尺约合今1.44米，是少年人的身高。这里指刘繇未成年的儿女。　〔17〕丧纪：丧事。这里指服丧尽孝。前694年，鲁桓公到

齐国去，被齐襄公杀死。第二年，周天子嫁王族女子给齐襄公，要求同姓的鲁国主婚。鲁国虽然与齐襄公有仇怨，并未拒绝承担主婚的使命。但是，正在为父亲服丧的鲁庄公，为了避免与仇人齐襄公见面，没有把迎亲的馆舍修筑在都城之内，而是修筑在城外。这种做法《左传》认为合乎礼节。见《左传》庄公元年。 〔18〕藉：凭借。指作为资料采用。〔19〕乡校：地方学校。先秦的乡校也是人们议论时政的地方。〔20〕元子：大儿子。 〔21〕殊异：特殊不同（的对待）。 〔22〕故吏：过去的下属。 馈饷：馈赠。 〔23〕东曹掾：官名。孙权骠骑将军府下属。负责官员选任。 〔24〕辅义校尉：官名。领兵征伐。 建忠中郎将：官名。领兵征伐。 〔25〕大农：官名。即大司农。九卿之一。主管国家钱、粮、绢、布的制造、生产、贮藏和调运。 〔26〕骑都尉：官名。统领皇帝侍卫队中的骑兵小分队。 虞翻：传见本书卷五十七。〔27〕值：碰上。 〔28〕分平：分着斟酌处理。 〔29〕第：住宅。 一区：一所。 〔30〕全：指全琮。 张：指张承（公元178—244）。传附本书卷五十七《张昭传》。全、张两家和刘基一样，是孙权的婚亲。

【裴注】

〔一〕《吴书》曰："基遭多难，婴丁困苦；潜处味道，不以为戚。与群弟居，常夜卧早起，妻妾稀见其面。诸弟敬惮，事之犹父。不妄交游，门无杂宾。"

太史慈字子义，东莱黄人也[1]。少好学。仕郡奏曹史[2]。会郡与州有隙，曲直未分，以先闻者为善[3]。时州章已去[4]，郡守恐后之，求可使者；慈年二十一，以选行。

晨夜取道，到洛阳；诣公车门[5]，见州吏始欲求通[6]。慈问曰："君欲通章邪？"吏曰："然。"问："章安在？"曰："车上。"慈曰："章题署得无误邪[7]？取来视之。"吏殊不知其东莱人也，因为取章。慈已先怀刀，便截败之[8]。吏踊跃大呼[9]，言："人坏我章！"

慈将至车间[10]，与语曰：“向使君不以章相与[11]，吾亦无因得败之；是为吉凶祸福等耳[12]，吾不独受此罪。岂若默然俱出去[13]，可以存易亡[14]；无事俱就刑辟[15]！”吏言：“君为郡败吾章，已得如意，欲复亡为[16]？”慈答曰：“初受郡遣，但来视章通与未耳。吾用意太过，乃相败章；今还，亦恐以此见谴怒[17]：故俱欲去尔。”吏然慈言，即日俱去。

慈既与出城，因遁还，通郡章。州家闻之[18]，更遣吏通章；有司以格章之故，不复见理[19]：州受其短。

由是知名，而为州家所疾；恐受其祸，乃避之辽东。

【注释】

〔1〕黄：县名。县治在今山东龙口市东南。 〔2〕奏曹史：官名。郡太守府下属。负责上报公事。 〔3〕先闻：先让朝廷知道。 〔4〕州章：州政府的上奏表章。 〔5〕公车门：东汉皇宫南门。当时地方官员、百姓向皇帝或尚书台上书，是从公车门递入。在公车门负责的官员为公车司马令。 〔6〕通：呈递。 〔7〕得无：是不是。 〔8〕败：破损。〔9〕踊跃：跳跃。 〔10〕将：带。 〔11〕向：刚才。 使：假使〔12〕等：(你我)相同。 〔13〕岂若：岂不如。 〔14〕以存易亡：用生存掉换死亡。 〔15〕无事：没有必要。 刑辟：苦刑和死刑。〔16〕欲复亡为：还想逃亡吗？ 〔17〕见：受到。 〔18〕州家：州政府。这是当时习语。 〔19〕有司：有关部门。这里指尚书台。 格章：与先送达的表章扞格不合。 见理：接受申诉。

北海相孔融闻而奇之[1]；数遣人讯问其母[2]，并致饷遗[3]。时融以黄巾寇暴，出屯都昌[4]，为贼管亥所围。慈从辽东还，母谓慈曰：“汝与孔北海，未尝相见。至汝行后，赡恤殷勤，过于故旧。今为贼所围，汝宜赴之！"

慈留三日，单步径至都昌。时围尚未密，夜伺间隙，得入见融。因求兵出斫贼，融不听，欲待外救；未有至者，而围日逼。融欲告急平原相刘备，城中人无由得出。慈自请求行，融曰："今贼围甚密，众人皆言不可；卿意虽壮，无乃实难乎[5]？"慈对曰："昔府君倾意于老母[6]，老母感遇，遣慈赴府君之急；固以慈有可取，而来必有益也。今众人言不可，慈亦言不可；岂府君爱顾之义，老母遣慈之意邪！事已急矣，愿府君无疑！"融乃然之。

于是严行蓐食[7]，须明[8]，便带鞬摄弓上马[9]；将两骑自随，各作一的持之[10]，开门直出。外围下左右人并惊骇，兵马互出。慈引马至城下堑内，植所持的各一[11]，出射之；射之毕，径入门。明晨，复如此，围下人或起或卧；慈复植的，射之毕，复入门。明晨，复出如此，无复起者；于是（下）鞭马，直突围中驰去。比贼觉知[12]，慈行已过；又射杀数人，皆应弦而倒，故无敢追者。

遂到平原，说备曰："慈，东莱之鄙人也[13]。与孔北海亲非骨肉，比非乡党[14]；特以名志相好[15]，有分灾共患之义。今管亥暴乱，北海被围；孤穷无援，危在旦夕！以君有仁义之名，能救人之急；故北海区区[16]，延颈恃仰，使慈冒白刃，突重围，从万死之中自托于君：惟君所以存之！"备敛容答曰[17]："孔北海知世间有刘备邪！"即遣精兵三千人，随慈。贼闻兵至，解围散走。

融既得济，益奇贵慈。曰："卿，吾之少友也！"事毕，还启其母。母曰："我喜汝有以报孔北海也！"

扬州刺史刘繇，与慈同郡。慈自辽东还，未与相见，暂渡江到曲阿见繇；未去，会孙策至。或劝繇可以慈为大将（军），繇曰："我若用子义，许子将不当笑我邪[18]！"但使慈侦视轻重[19]：时独与一骑，猝遇策。策从骑十三，皆韩当、宋谦、黄盖辈也[20]。慈便前斗，正与策对。策刺慈马，而揽得慈项上手戟[21]；慈亦得策兜鍪[22]。会两家兵骑并各来赴，于是解散。

慈当与繇俱奔豫章，而遁于芜湖[23]，亡入山中，称丹杨太守。是时，策已平定宣城以东[24]，惟泾以西六县未服[25]。慈因进住泾县，立屯府[26]，大为山越所附。策躬自攻讨，遂见囚执。

【注释】

〔1〕北海：王国名。治所在今山东昌乐县西。 孔融（公元153—208）：传见本书卷十二《崔琰传》裴注引《续汉书》、《九州春秋》、《汉纪》。又见《后汉书》卷七十。 〔2〕讯问：问候。 〔3〕饷遗（wèi）：馈赠。 〔4〕都昌：县名。县治在今山东昌邑市西北。 〔5〕无乃：恐怕是。 〔6〕府君：对郡太守、国相的尊称。也称明府。 〔7〕严行：穿戴齐备。 蓐（rú）食：饱餐。 〔8〕须明：等到天明。 〔9〕鞬（jiàn）：装弓的皮袋。 〔10〕的：箭靶。 〔11〕植：树立。 〔12〕比（bì）：等到。 〔13〕鄙人：鄙贱的人。 〔14〕比：（家庭住处的）接近。乡党：指乡亲。相传周代以一万二千五百家为一乡。五百家为一党。〔15〕特：只不过。 名志：声名志向。 〔16〕区区：心意诚挚。〔17〕敛容：收敛笑容。指神情变得严肃。 〔18〕许子将：即许劭（公元

150—195）。字子将。汝南郡平舆（今河南平舆县西北）人。与堂兄许靖齐名，都擅长品评人物。每个月更换被评论的对象，当时称之为"汝南月旦评"。曾评曹操是"清平之奸贼，乱世之英雄"。传见《后汉书》卷六十八。〔19〕侦视轻重：侦察（敌情）严重与否。〔20〕黄盖：传见本书卷五十五。〔21〕手戟：一种随身携带的短兵器。〔22〕兜鍪（móu）：头盔。〔23〕芜湖：县名。县治在今安徽芜湖市。〔24〕宣城：县名。县治在今安徽宣城市宣州区西。〔25〕泾：县名。县治在今安徽泾县西北。〔26〕屯府：营垒府署。

　　策即解缚，捉其手曰："宁识神亭时邪[1]！若卿尔时得我，云何[2]？"慈曰："未可量也！"策大笑曰："今日之事，当与卿共之！"〔一〕即署门下督[3]。还吴，授兵，拜折冲中郎将[4]。

　　后刘繇亡于豫章，士众万余人，未有所附；策命慈往，抚安焉。〔二〕左右皆曰："慈必北去不还。"策曰："子义舍我，当复与谁！"饯送昌门，把腕别曰："何时能还？"答曰："不过六十日。"果如期而返。〔三〕

　　刘表从子磐[5]，骁勇；数为寇于艾、西安诸县[6]。策于是分海昏、建昌左右六县[7]，以慈为建昌都尉[8]；治海昏，并督诸将拒磐：磐绝迹不复为寇。

　　慈长七尺七寸[9]，美须髯；猿臂善射[10]，弦不虚发。尝从策讨麻、保贼[11]；贼于屯里缘楼上行詈[12]，以手持楼栿[13]。慈引弓射之，矢贯手著栿；围外万人，莫不称善：其妙如此。

　　曹公闻其名，遗慈书，以箧封之。发省，无所道[14]，而但贮当归[15]。

　　孙权统事，以慈能制磐，遂委南方之事。年四十

一，建安十一年卒。〔四〕

子亨，官至越骑校尉[16]。〔五〕

【注释】

〔1〕宁识(zhì)：是否还记得。　神亭：地名。在今江苏金坛市西北。是从前孙策与太史慈对战的地方。　〔2〕尔时：那时。　云何：怎么样（处置）。　〔3〕门下督：官名。负责警卫孙策的讨逆将军府。　〔4〕折冲中郎将：官名。领兵作战。　〔5〕从(zòng)子：侄儿。　〔6〕艾：县名。县治在今江西修水县西。　西安：县名。县治在今江西武宁县西。〔7〕建昌：县名。县治在今江西宜丰县东北。　〔8〕都尉：官名。东汉时的边境或偏远山区，往往设都尉，下辖若干县，以军事手段控制，其地位相当于郡太守。　〔9〕七尺七寸：根据 20 世纪 90 年代所能见到的大量考古实物资料，三国时期的每尺长度，相当于现今 24 厘米。七尺七寸相当于现今 1.85 米左右。详见拙文《三国志诸葛亮传札记》，《成都大学学报》（社会科学版），2006 年第 6 期。　〔10〕猿臂：形容手臂长。〔11〕麻：即麻屯。地名。在今湖北洪湖市东北。当时是一处武装民众的聚居点。　保：即保屯。地名。也是一处武装民众的聚居点。在麻屯附近。　〔12〕缘：沿着。　行詈(lì)：边走边骂。　〔13〕棼(fén)：木柱。〔14〕发省(xǐng)：打开看。　〔15〕当归：中药名。这里以当归为礼物是取其名称含义，劝太史慈应当回归北方故土为曹操效力。　〔16〕越骑校尉：官名。京城特种兵的分队指挥官之一。统领越骑营。

【裴注】

〔一〕《吴历》云："慈于神亭战败，为策所执。策素闻其名，即解缚请见，咨问进取之术。慈答曰：'破军之将，不足与论事！'策曰：'昔韩信定计于广武，今策决疑于仁者：君何辞焉！'慈曰：'州军新破，士卒离心；若傥分散，难复合聚。欲出宣恩安集，恐不合尊意。'策长跪答曰：'诚本心所望也！明日中，望君来还。'诸将皆疑，策曰：'太史子义，青州名士；以信义为先，终不欺策！'明日，大请诸将，豫设酒食；立竿视影，日中而慈至。策大悦，常与参论诸军事。"

臣松之按：《吴历》云"慈于神亭战败，为策所得"，与本传大异，疑为谬误。

《江表传》曰："策问慈曰：'闻卿昔为太守，劫州章；赴文举，请诣玄德：皆有烈义，天下智士也。但所托未得其人。射钩斩祛，古人不嫌；孤是卿知己，勿忧不如意也！'出教曰：'龙欲腾骧，先阶尺木者也。'"

〔二〕《江表传》曰："策谓慈曰：'刘牧往责吾为袁氏攻庐江，其意颇猥，理恕不足。何者？先君手下兵数千余人，尽在公路许。孤志在立事，不得不屈意于公路，求索故兵；再往，才得千余人耳，仍令孤攻庐江。尔时事势，不得不为行。但其后不（达）〔遵〕臣节，自弃作邪僭事；谏之，不从。丈夫义交，苟有大故，不得不离。孤交求公路及绝之，本末如此。今刘繇丧亡，恨不及其生时，与共论辩。今儿子在豫章，不知华子鱼待遇何如？其故部曲复依随之否？卿则州人，昔又从事，宁能往视其儿子？并宣孤意于其部曲？部曲乐来者，便与俱来；不乐来者，且安慰之。并观察子鱼所以牧御方规何似？视庐陵、鄱阳人民亲附之否？卿手下兵，宜将多少，自由意。'慈对曰：'慈有不赦之罪，将军量同桓、文；待遇过望！古人报生以死，期于尽节，没而后已！今并息兵，兵不宜多；将数十人，自足以往还也。'"

〔三〕《江表传》曰："策初遣慈，议者纷纭，谓慈未可信；或云与华子鱼州里，恐留彼为筹策；或疑慈西托黄祖，假路还北：多言遣之非计。策曰：'诸君语皆非也，孤断之详矣！太史子义虽气勇有胆烈，然非纵横之人。其心有士谟，志经道义，贵重然诺；一以意许知己，死亡不相负：诸君勿复忧也！'慈从豫章还，议者乃始服。慈见策曰：'华子鱼，良德也，然非筹略才；无他方规，自守而已。又丹杨僮芝，自擅庐陵，诈言被诏书为太守。鄱阳民帅别立宗部，阻兵守界，不受子鱼所遣长吏，言："我已别立郡，须汉遣真太守来，当迎之耳。"子鱼不但不能谐庐陵、鄱阳；近自海昏有上缭壁，有五六千家相结聚作宗伍，惟输租布于郡耳，发召，一人遂不可得。子鱼亦睹视之而已。'策拊掌大笑，仍有兼并之志矣。顷之，遂定豫章。"

〔四〕《吴书》曰："慈临亡，叹息曰：'丈夫生世，当带七尺之剑，以升天子之阶。今所志未从，奈何而死乎！'权甚悼惜之。"

〔五〕《吴书》曰："亨字元复。历尚书、吴郡太守。"

士燮字威彦，苍梧广信人也[1]。其先本鲁国汶阳人[2]，至王莽之乱[3]，避地交州。六世至燮父赐，桓帝时为日南太守[4]。

　　燮少游学京师，事颍川刘子奇，治《左氏春秋》[5]。察孝廉，补尚书郎[6]，公事免官。父赐丧阕后[7]，举茂才，除巫令。

　　迁交阯太守。弟壹，初为郡督邮[8]。刺史丁宫征还京都，壹侍送勤恪[9]。宫感之，临别谓曰："刺史若待罪三事[10]，当相辟也。"后宫为司徒，辟壹。比至，宫已免；黄琬代为司徒[11]，甚礼遇壹。董卓作乱，壹亡归乡里[12]。〔一〕交州刺史朱符为夷贼所杀，州郡扰乱。燮乃表壹领合浦太守，次弟徐闻令䵋领九真太守[13]，〔二〕䵋弟武领南海太守。

　　燮体器宽厚[14]，谦虚下士，中国士人往依避难者以百数[15]。耽玩《春秋》，为之注解。

　　陈国袁徽与尚书令荀彧书曰[16]："交阯士府君，既学问优博，又达于从政；处大乱之中，保全一郡。二十余年疆埸无事[17]，民不失业；羁旅之徒，皆蒙其庆：虽窦融保河西，曷以加之[18]？官事小阕[19]，辄玩习书传，《春秋左氏传》尤简练精微。吾数以咨问传中诸疑，皆有师说，意思甚密。又《尚书》兼通古今[20]，大义详备。闻京师古今之学，是非忿争；今欲条《左氏》、《尚书》长义，上之[21]。"其见称如此[22]。

　　燮兄弟并为列郡，雄长一州；偏在万里，威尊无上。出入鸣钟、磬[23]，备具威仪，笳箫鼓吹，车骑满道。胡人夹毂焚烧香者，常有数十[24]。妻妾乘辎軿[25]，子弟从兵骑；当时贵重，震服百蛮：尉他不足逾也[26]。〔三〕

武，先病没。

朱符死后，汉遣张津为交州刺史。津，后又为其将区景所杀；而荆州牧刘表，遣零陵赖恭代津。是时苍梧太守史璜死，表又遣吴巨代之：与恭俱至。

【注释】

〔1〕广信：县名。县治在今广西梧州市。 〔2〕汶阳：县名。县治在今山东宁阳县东北。 〔3〕王莽（前43—公元23）：字巨君。济南郡东平陵（今山东济南市东）人。新王朝的建立者。公元8至23年在位。汉元帝皇后的侄儿，早年以外戚进入政界。汉成帝时任大司马，封新都侯。汉平帝时开始执掌朝政。公元5年毒死平帝，自称假皇帝。三年后正式称帝，改国号为新，并实行一系列政治经济变革。法令苛细，更改频繁，赋役沉重。公元17年，全国农民大起义爆发。五年后，新王朝灭亡，被攻入长安的绿林军杀死。传见《汉书》卷九十九。 〔4〕桓帝：即刘志（公元132—167）。东汉皇帝。公元146至167年在位。在位时宦官势力扩张，政治日益衰败。事详《后汉书》卷七《桓帝纪》。 〔5〕左氏春秋：书名。即《左传》。 〔6〕尚书郎：官名。东汉尚书台各曹尚书之下，有尚书郎六人，负责起草本曹文书。初到职称守尚书郎，一年后称尚书郎，三年后称尚书侍郎。 〔7〕丧阕：丧事完毕。这里指三年服丧期满。 〔8〕督邮：官名。全称是五都督邮。郡太守府下属，负责监察下属各县。 〔9〕勤恪：勤劳恭敬。 〔10〕待罪：担任官职的谦虚说法。 三事：三公。 〔11〕黄琬（公元141—192）：字子琰。江夏郡安陆（今湖北云梦县）人。少年聪慧。东汉桓帝时任五官中郎将，因反对举用无才德的权贵子弟而被免职，中断仕宦生涯近二十年。灵帝时再入政界，后任司徒、太尉，封阳泉乡侯。与王允合谋杀董卓，不久被董卓部下杀死。传附《后汉书》卷六十一《黄琼传》。 〔12〕乡里：故乡。 〔13〕徐闻：县名。县治在今广东徐闻县南。 〔14〕体器：胸襟气量。 〔15〕中国：中原。 〔16〕陈国：王国名。治所在今河南淮阳县。 袁徽：事见本书卷十一《袁涣传》。 尚书令：官名。尚书台的长官。负责处理军国机要事务。 荀彧（公元163—212）：传见本书卷十。 〔17〕疆埸（yì）：边境。 〔18〕曷（hé）以加之：怎么样才能比过他。意思是不能比过他。 〔19〕小阕：稍有空闲。 〔20〕古今：指古文与今文。汉代的经学有古文学派与今文学派之分。西汉最初设立五经博士，

所讲授的经文都用当时通行的隶书来书写，叫做今文。景帝时，鲁王刘余从孔子故宅的墙壁中得到儒经多种，都用汉以前的文字书写，叫做古文。另外，河间王刘德也献给朝廷一批古文经典。由此产生了今文、古文两派经学。二者的区别不单在所授经文的字体上，在字句、篇章的解释以及对古代制度、人物的评述等方面，二者也有不同。两汉长期流行今文经学。到东汉后期，由于马融、郑玄的提倡，古文经学才转向兴盛。〔21〕条：逐条写出。　长义：更准确的含义。　〔22〕见称：受称赞。〔23〕磬（qìng）：古代一种用石或玉制作的打击乐器。形状像曲尺。〔24〕胡人：这里指从海路来的南亚、中亚等地的外国人。　毂（gǔ）：车轮中心套上车轴的部分。这里指车。　〔25〕辎軿（zī píng）：古代一种有顶盖帷帐遮蔽的车辆。多供妇女乘坐。　〔26〕尉他（tuó）：即赵佗（？—前137）。真定（治所在今河北正定县南）人。秦末任南海郡龙川（今广东龙川县西）县令。陈胜、吴广起兵后，他趁机占据滨临南海的南海、桂林、象郡三郡，自立为南越王。后又称帝。汉文帝时开始作汉朝名义上的藩臣。自他称王起，经五代九十三年，其国才被汉朝消灭。传见《史记》卷一百一十三、《汉书》卷九十五《南粤传》。　不足逾：不难超过。

【裴注】

〔一〕《吴书》曰："琬与卓相害，而壹尽心于琬，甚有声称。卓恶之，乃署教曰：'司徒掾士壹，不得除用！'故历年不迁。会卓入关，壹乃亡归。"

〔二〕䵀，音于鄙反。见《字林》。

〔三〕葛洪《神仙传》曰："燮尝病死，已三日。仙人董奉，以一丸药与服，以水含之，捧其头摇捎之。食顷，即开目动手，颜色渐复；半日能起坐；四日复能语：遂复常。奉字君异。候官人也。"

汉闻张津死，赐燮玺书曰[1]："交州绝域[2]，南带江海；上恩不宣，下义壅隔。知逆贼刘表，又遣赖恭，窥看南土。今以燮为绥南中郎将[3]，董督七郡[4]；领交阯太守如故。"后燮遣吏张旻，奉贡诣京都。是时天下丧乱，道路断绝；而燮不废贡职，特复下诏拜安远将军[5]，封龙度亭侯。后巨与恭相失[6]，举兵逐恭，恭走还零陵。

建安十五年，孙权遣步骘为交州刺史。骘到，燮率兄弟奉承节度[7]。而吴巨怀异心，骘斩之。权加燮为左将军。

建安末年，燮遣子廞入质[8]，权以为武昌太守。燮、壹诸子在南者，皆拜中郎将。燮又诱导益州豪姓雍闿等[9]，率郡人民使遥东附，权益嘉之。迁卫将军，封龙编侯；弟壹偏将军，都乡侯[10]。

燮每遣使诣权，致杂香、细葛[11]，辄以千数；明珠、大贝、流离、翡翠、玳瑁、犀、象之珍[12]；奇物异果，蕉、邪、龙眼之属[13]：无岁不至。壹时贡马凡数百匹。权辄为书，厚加宠赐，以答慰之。

燮在郡四十余岁，黄武五年，年九十卒。

权以交阯悬远，乃分合浦以北为广州，吕岱为刺史；交阯以南为交州[14]，戴良为刺史。又遣陈时代燮为交阯太守。岱留南海。良与时俱前，行到合浦；而燮子徽，自署交阯太守，发宗兵拒良[15]。良留合浦。交阯桓邻，燮举吏也[16]，叩头谏徽，使迎良；徽怒，笞杀邻。邻兄治、子发，又合宗兵击徽；徽闭门城守，治等攻之数月不能下：乃约和亲[17]，各罢兵还。

而吕岱被诏诛徽，自广州将兵昼夜驰入；过合浦，与良俱前。壹子中郎将匡，与岱有旧，岱署匡师友从事[18]。先移书交阯，告喻祸福；又遣匡见徽，说令服罪，虽失郡守，保无他忧。岱寻匡后至[19]，徽兄祗，弟幹、颂等六人，肉袒奉迎[20]。岱谢[21]，令复服[22]，前至郡下。明旦，早施帐幔，请徽兄弟以次入，宾客满坐。岱起，拥节读诏书，数徽罪过；左右因反缚以出，即皆伏诛，传首诣武昌[23]。〔一〕

壹、鲔、匡，后出，权原其罪[24]；及燮质子廞：皆免为庶人[25]。数岁，壹、鲔坐法诛。廞病卒，无子；妻寡居，诏在所月给俸米，赐钱四十万。

【注释】

〔1〕玺书：即皇帝的诏书。　〔2〕绝域：极远的地方。　〔3〕绥南中郎将：官名。当时交州的军事长官。　〔4〕董督：统领监督。　七郡：指东汉交州所辖的南海、苍梧、郁林、合浦、交阯、九真、日南七郡。〔5〕安远将军：官名。当时交州的军事长官。　〔6〕相失：相互不和。〔7〕节度：指挥。　〔8〕入质：入京为人质。　〔9〕豪姓：豪强大族。雍闿：事见本书卷四十三《李恢传》、《吕凯传》。　〔10〕都乡侯：爵位名。都乡是县城附近的乡。都乡侯比一般的乡侯要略微优厚一点。〔11〕杂香：各类香料。　细葛：葛麻织的细布。　〔12〕流离：即琉璃。巴利语 Veluriya 或梵文俗语 Verulia 的译音。一种矿石质的有色半透明材料。古代视为珍稀之物。　〔13〕邪：水果名。即椰子。　〔14〕交州：州名。这时的治所在今越南河内市东北。　〔15〕宗兵：宗族军队。〔16〕举吏：举荐的官吏。　〔17〕和亲：和好亲善。　〔18〕师友从事：官名。是长官的老师和顾问。　〔19〕寻：跟随。　〔20〕肉袒(tǎn)：脱光上衣。这是投诚的表示。　〔21〕谢：表示歉意。　〔22〕复服：穿上衣服。　〔23〕传(zhuàn)首：用驿车载运砍下的头颅。　〔24〕原：宽恕。　〔25〕庶人：平民。

【裴注】

〔一〕孙盛曰："夫柔远能迩，莫善于信；保大定功，莫善于义。故齐桓创基，德彰于柯会；晋文始伯，义显于伐原。故能九合一匡，世主夏盟；令问长世，贻范百王。吕岱师友士匡，使通信誓；徽兄弟肉袒，推心委命。岱因灭之，以要功利；君子是以知孙权之不能远略，而吕氏之祚不延者也。”

评曰：刘繇藻厉名行[1]，好尚臧否[2]；至于扰攘之时[3]，据万里之土[4]，非其长也。太史慈信义笃烈，有古人之分。士燮作守南越，优游终世；至子不慎，自贻凶咎：盖庸才玩富贵而恃阻险使之然也[5]。

【注释】

　　[1] 藻厉：修饰磨练。　[2] 臧否(pǐ)：(对人物的)褒贬。[3] 扰攘：动乱。　[4] 万里：指一州。　[5] 玩富贵：过惯了富贵生活。

【译文】

　　刘繇，字正礼，东莱郡牟平县人。汉朝齐孝王刘将闾的小儿子被封为牟平侯，子孙就在这里安了家。刘繇的伯父刘宠，曾任汉朝太尉；刘繇的哥哥刘岱，字公山，历任侍中、兖州刺史。

　　刘繇十九岁时，他父亲的一个兄弟刘韪，被匪徒劫持作为人质；刘繇去把他抢了回来，因此出了名。后来刘繇被本郡举荐为孝廉，朝廷任命他为郎中。又出任下邑县长。当时直接管他的郡太守，托付他关照一个尊贵的亲戚，他愤然弃官而去。他家乡所在的青州政府，聘任他为部济南国从事。而济南国相是中常侍的儿子，凭借宦官父亲的势力贪污不守法；刘繇上奏后朝廷将其免职。平原郡人陶丘洪向青州刺史推荐刘繇，想让他举刘繇为茂才。刺史回答说：“前年我才举了刘公山为茂才，怎么能又举他的弟弟正礼呢？”陶丘洪说：“如果使君您举用公山在前，又提拔正礼在后；正是所谓的在漫长的道路上驾驭两条龙，让一对骏马驰骋千里：不也可以吗？”碰巧这时司空聘刘繇担任府中的下属。朝廷又委任刘繇为侍御史，他都没有去就职。

　　他为了躲避动乱而移居淮浦县。这时皇帝下诏任命他为扬州刺史。由于袁术在淮南，刘繇畏惧他，不敢到扬州的治所历阳县去上任。他想往南渡过长江去设立治所，吴景、孙贲迎接他到曲阿县立足。不久袁术产生非分和反逆的念头想当皇帝，攻占周围各郡县。刘繇派遣部将樊能、张英，驻扎在长江边的渡口以抗拒袁术；又因为吴景、孙贲，当初是袁术所委任的官员，所以刘繇逼迫驱逐他们离开。于是袁术自己委任了扬州刺史，与吴景、孙贲合力进攻樊能、张英等人，激战一年有余也未能攻下。汉朝又提升刘繇为扬州牧，加授振武将军官衔，部下发展到几万人。

孙策东渡长江，击溃张英、樊能的军队。刘繇逃奔丹徒县，又溯江而上，再向南到豫章郡坚守，驻扎在彭泽县。在此之前一个叫做笮融的人带着队伍先到豫章郡，杀死太守朱皓，进入郡政府居住。刘繇出兵讨伐笮融，被对方击败；他再次招集豫章郡下属各县的军队，攻破笮融。笮融败逃到深山，被民众杀死。不久刘繇病死，终年四十二岁。

笮融，是丹杨郡人。最初招集了几百人马，前往投靠徐州牧陶谦。陶谦派他督办广陵、下邳、彭城沿线的粮食水运；他行为放肆擅自杀人，截留上述三郡向中央输送的实物性赋税归自己所有。

于是他在当地大修佛教寺庙：铸造铜人，铜人身上用黄金涂饰，穿上彩色锦绣做的衣裳；又悬挂九层铜盘，下面修建多层高楼和楼与楼之间的空中走道；整个建筑群中可以容纳三千多人，督促他们在其中诵读佛经；又命令辖境之内和附近各郡喜好佛教的人前来旁听以接受宗教熏陶，还假借征发其他劳役的名义强迫招来老百姓参加佛教活动，远近地区为此前来的先后有五千多户人家。每年四月初八举行浴佛的佛教活动时，就大摆酒饭，在道路上铺上席子，绵延几十里；老百姓前来观看和坐下喝酒吃饭的将近有一万人之多，花费的铜钱数以亿计。

曹操出兵进攻徐州牧陶谦，全徐州震动。笮融带领部下男女共一万人，三千四马，逃往广陵；广陵郡太守赵昱用宾客礼节对待他。此前，彭城国相薛礼，被陶谦逼迫，转移到长江以南的秣陵县驻扎。笮融贪图广陵郡的人口，借喝酒时已有醉意的机会突然杀了赵昱；然后纵容手下士兵大肆掳掠当地人口，用车辆把抢得的男女用车载走。路过秣陵县时笮融又杀死薛礼，到了丹杨郡之后再杀掉朱皓。

后来孙策占领江东向西进攻江夏郡，回来时经过豫章郡；下令收殓载走刘繇的遗体到合适的地点安葬，又给其家属以优厚的待遇。当时的社会名流王朗曾给孙策写信说："刘正礼当初刚刚出任扬州刺史，未能自己站住脚跟；确实靠了您的家族，为他处处帮忙；他才能南渡长江在曲阿县建成自己的治所，开始处理决定公务。踏上您的家族所控制的地域后受到礼遇，使他感谢这种情意并与您的家族结下友谊，希望始终保持良好关系。后来因为袁术的仇怨，使得双方逐渐背离；更因为彼此的盟友不同，反而变成了仇敌：但是推究他的本心，实在也不乐意这样。在您平定会稽郡后，我常常希望你们关系的变动能够平复如初，恢复过去的友好情谊。谁知道一下子这样永远分离，诚意还没来得及表示；他就突然死亡，真令人悲伤遗憾！最近得知您用敦厚来激励淡薄，用德泽来回报仇怨；收殓安葬他的遗骨，养育他的子女，哀伤死者怜悯生者；抛弃以往的猜忌，保护他所托付的未成年子女：确实表现出深重的恩情，是一件既有美好名声又有充实内涵的事情啊！从前鲁庄公虽然和齐国有杀父之仇，他在不违背居丧礼仪的前提下仍然为齐国主持了婚礼；《春秋》称赞他，认为他的举动合乎礼节十分得体：这件事情确实应当被优秀的史书记载，在乡校中受到人们的赞叹和转述。正礼的大儿子，很有志向操行，想必您也会给以特殊不同的对待。在您大振威风动用刑罚的时候，又能施以恩惠，不是很好吗！"

刘繇的大儿子刘基，字敬舆。十四岁时，为父亲服丧就能完全遵守礼仪；父亲过去的下属所送的馈赠，都不接受。他的容貌俊美，孙权很敬爱他。孙权任骠骑将军，聘刘基为将军府的东曹掾。又担任辅义校尉、建忠中郎将。孙权当了吴王，提升刘基为大农。

孙权曾经举行宴会，骑都尉虞翻在酒醉之后冒犯了孙权；孙权要杀他，怒气冲冲：全靠刘基劝阻，虞翻才得以免除一死。孙权曾经在酷暑季节，登船宴饮，坐在船楼上忽然碰到雷阵雨；孙权用伞盖为自己遮挡，又命令手下人去帮刘基遮雨，其他人都得不到这样的关照：刘基受到的优待就达到如此程度。

　　他转任郎中令。孙权称帝,郎中令改称光禄勋;他又受命分着斟酌处理尚书台的公务。他在四十九岁时去世。

　　后来孙权为儿子孙霸,娶刘基的女儿为妻;送给刘家住宅一座。一年四季的赏赐,与全琮、张承两家孙权的姻亲相同。刘基的两个弟弟,即刘铄、刘尚,都曾任骑都尉。

　　太史慈,字子义,东莱郡黄县人。年轻时好学。曾任本郡政府中的奏曹史。碰到郡政府和州政府有矛盾,而是非曲直还没有分清,以先让朝廷看到自己一方的表章为有利。当时州政府的上奏表章已经送走,郡太守害怕落在后面,急忙寻求可以充当使者的人;太史慈这时二十一岁,被选中前去送表章。

　　他昼夜兼程,赶到京城洛阳;到达了呈递表章的皇宫南门,正看见州政府的官吏要想把自己的表章呈递进去。太史慈立即上前问道:"您要呈递表章么?"那位官吏答复说:"是呀。"太史慈又问:"您的表章在哪里?"官吏答道:"还在车上。"太史慈又说:"表章的书写署名是不是有错误啊?可以取出来帮您看看。"那位官吏完全不知道太史慈是东莱郡派来的人,所以为他取出表章。太史慈先已在怀中藏着利刀,立即把对方的表章割破。官吏急得又跳又叫,高呼:"有人弄坏了我的表章!"太史慈一把拉他到车身后面,对他说:"刚才如果您不把表章给我,我也没有机会弄坏它;这件事情吉凶祸福我俩都要平等分享,我不可能独自承受这一罪过。岂不如我们都悄悄逃出城去,可以用生存来替换死亡;没有必要一起去承受酷刑或死刑啊!"官吏回答说:"您为郡太守弄坏了我送的表章,已经如愿以偿了,还想逃亡吗?"太史慈答复说:"当初我受郡太守指派,只是来看一看州政府表章是否呈递进宫了。我的举动过分了,竟然把您的表章割破;而今回去,也害怕因此受到太守的愤怒谴责:所以也想逃亡啊!"官吏相信了他的话,当天就和他逃走。

　　太史慈与之出城后,又悄悄跑回来,呈递上郡政府的表章。州政府得知消息后,再派人送表章到朝廷;而有关部门以与郡政府先送达的表章扞格不合为理由,而不再接受申诉:州政府被判为理屈。

太史慈因此出了名，但却受到州政府的痛恨；他害怕遭受报复，就移居辽东郡躲避。

北海国相孔融听说后很器重太史慈；多次派人问候他的母亲，并且给予馈赠。孔融当时因为黄巾军在辖境抢掠，所以从郡治剧县迁出驻扎在东边的都昌县，结果在都昌又被叛军首领管亥包围。恰好太史慈从辽东回到家乡，他母亲对他说："你与孔北海，从未见过面。你走了之后，他对我家赡养抚恤的情意，比老朋友还要深厚。而今他被叛军包围，你应当赶去援救。"

太史慈在家停留了三天，单身步行径直前往都昌。当时叛军的包围还不严密，他在夜晚等到一个间隙，得以进城见到孔融。他要求给自己一支人马出城杀敌，孔融不同意，想等待外面的救援；可是却没有援军到来，敌人的包围日益逼近。孔融想向平原国相刘备告急求救，而城内的人已经无法出去。太史慈请求让自己前往，孔融说："而今敌人的包围非常严密，众人都说不能出去；您的志气虽然雄壮，恐怕实际上也难以成功吧？"太史慈回答说："从前府君您注意照顾我的老母亲，老母亲感谢您的厚待，才派我来救府君之急；确实认为我有可取之处，来后必定对您有益啊。而今众人都说不行，我也跟着说不行；难道这对得起府君您爱护照顾的义气，符合老母亲派我来的心意吗！事情已经很紧急了，希望府君不要再迟疑！"孔融这才同意。

于是太史慈穿戴齐备饱餐一顿，等到天亮时，立即带上箭袋提弓上马；随身只带两名骑兵，各自做了一个箭靶拿着，打开城门径直出外。外面敌军包围圈附近的人都很吃惊，不断派兵马冲出来。太史慈策马来到城下的堑壕边，各自把箭靶树立起来，然后举弓射靶；箭射完后，径直又进入城门。第二天早晨，又照此做了一遍，这时敌人包围圈附近的士兵有的站起有的坐下了；太史慈树立好箭靶，射完箭后，进入城门。第三天早晨。依然这样，敌人就再没有站起的了；于是太史慈突然扬鞭策马，直接往包围圈冲去。等到敌人觉察出他的目的，他已经冲过了包围圈；还射死几个敌人，都是一箭一个，弦响人倒，所以没有人再敢追他。

他赶到平原国后，劝刘备说："我太史慈，只是东莱郡一个鄙贱的人。与孔北海既不是骨肉亲属，也不是邻近的同乡；只不过倾慕彼此的声名志向，所以有分担灾祸共同承受危难的义务。而今管亥制造暴乱，孔北海被围；孤单困穷没有援救，真是危在旦夕！因为您有仁义的美名，能救人之急；所以孔北海诚心诚意，伸长脖子仰仗您，让我冒着敌人的刀锋，突破重围，从万死之中前来把自己的生命托付给您：希望您能用什么办法解救他！"刘备听了神情严肃地说："孔北海也知道世间上有刘备么！"当即派了三千精兵，跟随太史慈赶往都昌。敌人一听救兵来到，赶忙解除包围四散奔逃。

孔融得救之后，更加看重尊敬太史慈，说："您是我的年轻朋友啊！"任务完成之后，太史慈回家向母亲报告，他母亲说："我真高兴你能够以此来报答孔北海呀！"

扬州刺史刘繇，与太史慈是同郡老乡。太史慈从辽东郡回家乡后，未能与他相见，于是暂时南渡长江去见刘繇；还没有离开，碰上孙策的军队来到。有人劝刘繇可以用太史慈做大将，刘繇却说："我如果用子义为大将，许子将岂不要笑话我么？"只派太史慈去侦察敌情的严重与否：当时太史慈独自带着一名骑兵猛然遇上了孙策。孙策随从的十三名骑士，都是韩当、宋谦、黄盖之流的骁将。太史慈立即上前交战，正好交手是孙策。孙策刺伤太史慈的坐马，抓到了太史慈颈项上挂的手戟；而太史慈也夺取了孙策的头盔。这时双方的步兵、骑兵一起赶来，两人才停止搏斗散开。

太史慈本当与刘繇一起逃奔豫章郡，而中途他经过芜湖县时，逃亡进深山，自称为丹杨郡太守。这时，孙策已经平定了宣城县以东的地区，只有泾县以西的六个县还没有服从。太史慈因此进驻泾县，建立营垒府署，大受当地山越人的支持。孙策亲自前去攻讨，太史慈被俘虏。

孙策见到他后立即解开他身上的捆绑，拉着他的手说："是否还记得我们在神亭的那场搏斗吗？如果您那时抓到我会怎么样处置啊？"太史慈说："很难说呀！"孙策大笑说："今天的大事，当与您共同完成！"立即委任太史慈为自己将军府的门下督。回转吴县后又授给太史慈一支人马，任命他为折冲中郎将。

后来刘繇在豫章郡去世，部下一万多人没有依附；孙策让太史慈前往安抚。左右的人都说："太史慈这一去必定跑回北方不再转来了。"孙策却说："子义舍弃了我，还有谁值得他效力啊！"在吴县的昌门为太史慈设宴饯别，孙策握住太史慈的手腕问道："什么时候能返回？"太史慈回答说："不超过六十天。"果然他如期返回。

刘表的侄儿刘磐，异常骁勇；多次在艾县、西安县一带攻掠。孙策就分出海昏、建昌附近六个县设置建昌都尉，以太史慈为都尉；治所设在海昏县，并指挥诸将抵御刘磐：刘磐从此在这一带销声匿迹再不敢来攻掠了。

太史慈身高七尺七寸，胡须很美；臂长善射，箭不虚发。他曾经随从孙策讨伐麻屯、保屯的敌人；敌人在营寨里沿着楼道边走边骂，用手扶着楼柱。太史慈弯弓射去，一箭贯穿那人的手掌把手掌钉在楼柱上；营寨外的上万人，目睹之后无不叫好：他的箭法就是如此神妙。

曹操听说他的大名，给他送来一封信，信笺说是在一个密封的匣子里。他打开匣子一看，却没有写上文字的信笺，里面只贮放了一种名叫当归的药材，以点醒他应当回归北方。

孙权继承哥哥孙策统管大事之后，因为太史慈能制服刘磐，就把南方地区的事情委托给他。建安十一年（公元206），太史慈四十一岁时去世。

他的儿子太史亨，官做到越骑校尉。

士燮，字威彦，苍梧郡广信县人。他的先世本来是鲁国汶阳县人，在王莽之乱时，避乱到了交州。传了六代人之后到士燮的父亲士赐，在汉桓帝时曾任日南郡太守。

士燮年轻时到京城洛阳游学，师从颖川郡人刘子奇，学习《左传》。后来他被本郡举荐为孝廉，补缺为尚书郎，因公事被免职。在为父亲士赐服丧的期限满了之后，他被本州举荐为茂才，出任巫县令。

他升任交阯郡太守。他的弟弟士壹，最初在本郡当督邮。本州刺史丁官被召回京城，士壹侍从护送非常勤劳恭敬。丁官很感动，临别时对他说："本刺史如果能升任三公，将会聘您为下属。"后来丁宫当了司徒，果然聘用了士壹。可是等到士壹到达京城，丁宫却已被免职；代丁宫任司徒的黄琬，对士壹很尊重优待。董卓作乱，士壹逃亡回故乡。交州刺史朱符被少数族叛军杀死，交州各郡动乱。士燮上表朝廷让士壹兼任合浦郡太守，二弟徐闻县令士䵋，兼任九真郡太守，士䵋的弟弟士武，兼任南海郡太守。

士燮为人胸襟气量宽厚，态度谦虚礼贤下士，中原的士大夫前往依附他避难的数以百计。他沉醉于研习《春秋》，为这本书撰写注解。

陈国人袁徽与尚书令荀或写信说："交阯郡的士太守，不仅学问优秀广博，而且善于从政；处于大乱之中，保全了一郡之地。二十多年间边境上没有战事，民众安居乐业；寄居在这里的中原人士，都蒙受了他的福分：即使是从前窦融保全河西地区，也不能比过他。公务稍有空闲，总是要研习书籍，他对《左传》尤其有简要精深的理解。我多次就书中的疑问向他询问，都能根据老师的说法给予解释，思考非常精密。另外他对《尚书》则兼通古文学派和今文学派两家的解释，重要的内容详细而完备。他听说京城中对古文学派和今文学派的学说，有谁是谁非的争执；所以现今想逐条写出《左传》、《尚书》更准确的含义，上交朝廷。"士燮受到人们的称赞就达到如此程度。

士燮兄弟都在交州当郡太守，称雄于一州；而交州又在京城万里之外的偏远地区，所以他在当地享有无比的威权和尊严。他出入要鸣钟敲磬，备齐威风凛凛的仪仗队，军乐队中吹笳吹箫和演奏其他乐器的一齐出动，车辆马匹挤满道路。经常有从海路来的几十名外国人，在他的座车两旁焚香致敬。他的妻妾都乘坐帷帐遮蔽的华丽车辆，子弟有步兵、骑兵跟随；以他当时的尊贵程度，以及对南方各少数族的震慑力量而论，比起从前的南越王赵佗来也毫不逊色。

他的弟弟士武，因病先去世。

朱符死后，汉朝派遣张津接任交州刺史。张津，后来又被他的部将区景杀死；而荆州牧刘表，则擅自委派零陵郡人赖恭接替张津。这时苍梧郡太守史璜去世，刘表又派吴巨去接任：和赖恭一齐到达。

　　汉朝得知张津去世，赐给士燮诏书说："交州是极远的地方，南面有江河和大海环绕；朝廷的恩泽不能向下宣布，当地对朝廷应尽的义务则受到阻碍。最近得知逆贼刘表，又派赖恭去窥测南方领土。所以，现今任命士燮为绥南中郎将，统领监督交州所辖的七个郡；依旧兼任交郡太守。"后来士燮派下属张旻，前往京都许县进贡。当时天下动乱，交通断绝；而士燮不荒废进贡述职的礼节，所以汉朝特别又下诏任命他为安远将军，封龙度亭侯。后来吴巨与赖恭相互不和，举兵驱逐赖恭，赖恭逃回零陵郡。

　　建安十五年（公元 210），孙权派步骘为交州刺史。步骘到达后，士燮兄弟都接受指挥。而吴巨却心怀二心，步骘将其斩首。孙权提升士燮为左将军。

　　建安末年，士燮把儿子士廞送到孙权处做人质，孙权任命士廞为武昌郡太守。把士燮、士壹在交州的儿子，全都委任为中郎将。士燮又引诱益州郡豪强大族雍闿等人，使他们率领本郡人民远远地依附东吴，孙权更加嘉许士燮。于是提升他为卫将军，封龙编侯，又提升士壹为偏将军，封都乡侯。

　　士燮每次派使者去拜见孙权，呈送的各类香料和细葛布，数量总是以千计；至于明珠、大贝、琉璃、翡翠、玳瑁、犀牛、大象之类的珍宝和动物，还有稀奇的物品和水果，如香蕉、椰子、龙眼等，更是没有哪一年不送到。士壹当时又进贡几百匹马。孙权每次总要写信，对士氏兄弟厚加优宠赏赐，以回答和慰问他们。

　　士燮在交阯郡当官四十多年，孙权黄武五年（公元 226），他满九十岁时去世。

　　孙权因为交阯郡孤悬一方路途遥远，决定分合浦郡及其以北的交州辖地设置广州，以吕岱为刺史；交阯郡及其以南的交州辖地仍为交州，以戴良为刺史。又派陈时代替士燮为交阯郡太守。吕岱到达南海郡之后停留下来。戴良与陈时一起继续向前，到达合浦郡；而这时士燮的儿子士徽，自封为交阯郡太守，调发宗族军队拒绝戴良入境。戴良只好暂时留在合浦郡。交阯郡人桓邻，是士燮举荐的官员，跪地叩头劝谏士徽，去迎接戴良；士徽大怒，把桓邻鞭笞至死。桓邻的哥哥桓治、儿子桓发，又招聚宗族武装袭击士徽；士徽关闭城门死守，桓治等人攻打了几个月也没有能攻克：只好和士徽讲和亲善，各自撤兵。

　　这时吕岱接到孙权的诏书要他诛杀士徽，吕岱当即从广州带兵昼夜兼程向交阯进发；经过合浦郡时，与戴良一同南下。士壹的儿子中郎将士匡，与吕岱有老交情，吕岱聘他为广州政府的师友从事。吕岱先发送公文到交阯郡，晓以利害；然后又派士匡去见士徽，劝他服罪，说是虽然会失去郡太守职位，但是保证没有其他的担忧。吕岱紧跟在士匡的后面到达，士徽的哥哥士祇，弟弟士幹、士颂等六人，脱光上衣前来投降迎接。吕岱表示歉意，让他们穿上衣服，一起前往郡政府。次日早上，吕岱搭起帐篷，请士徽兄弟依次进入，宾客满堂。吕岱开始站起，手持节杖宣读诏书，数落士徽的罪过；这时左右的武士一拥上前把士徽兄弟全部反绑带出，马上行刑处死，并将他们的头颅用驿车送往京城武昌。

　　士壹、士䴢、士匡，随后也被送出南方，孙权下诏宽恕他们的罪过；并连同士燮送去做人质的儿子士廞：一并免职贬为平民。几年之后，士壹、士廞犯法被杀。士廞生病去世，没有儿子；妻子守寡在家，孙权下诏让当地政府每月给她发放米粮，并赐钱四十万。

　　评论说：刘繇修饰名誉磨练品行，喜好褒贬人物；至于说在动乱时期，占据一州的土地施行军政，这并不是他所擅长的事。太史慈笃守信用义气壮烈，有古人表现出的那种情分。士燮在南越国的故地做郡太守，优哉游哉度过终生；到了儿子这一辈子做事不谨慎，自己招致灾祸：大概是平庸人才过惯富贵生活而又仗恃有险峻地形阻隔，才使得他们这样啊。

妃嫔传第五

孙破虏吴夫人，吴主权母也。本吴人，徙钱唐。早失父母，与弟景居。

孙坚闻其才貌，欲娶之。吴氏亲戚嫌坚轻狡，将拒焉；坚甚以惭恨。夫人谓亲戚曰："何爱一女以取祸乎？如有不遇[1]，命也！"于是遂许为婚，生四男一女。〔一〕

景常随坚征伐有功，拜骑都尉。袁术上景领丹杨太守，讨故太守周昕，遂据其郡。孙策与孙河、吕范，依景，合众共讨泾县山贼祖郎；郎败走。会为刘繇所迫，景复北依术。术以为督军中郎将，与孙贲共讨樊能、于麋于横江；又击笮融、薛礼于秣陵。

时策被创牛渚[2]，降贼复反；景攻讨，尽擒之。从讨刘繇，繇奔豫章。策遣景、贲到寿春，报术。术方与刘备争徐州，以景为广陵太守。术后僭号[3]，策以书喻术，术不纳；便绝江津[4]，不与通，使人告景。景即委郡东归。

策复以景为丹杨太守。汉遣议郎王诵〔二〕衔命南行[5]，表景为扬武将军[6]，领郡如故[7]。

及权少年统业，夫人助治军国，甚有补益。〔三〕

建安(七)〔十二〕年，临薨，引见张昭等，属以后事。合葬高陵。〔四〕

八年〔8〕，景卒官〔9〕。子奋，授兵为将，封新亭侯。卒，〔五〕子安嗣。安坐党鲁王霸，死〔10〕。奋弟祺嗣，〔六〕封都亭侯。卒，子纂嗣。纂妻，即滕胤女也。胤被诛，并遇害。

【注释】

〔1〕不遇：不幸福。　〔2〕被创(chuāng)：受伤。　〔3〕僭号：非分地使用皇帝称号。　〔4〕江津：长江的渡口。　〔5〕议郎：官名。负责议论朝廷政事得失。偶尔充当朝廷使者外出。　〔6〕扬武将军：官名。领兵征伐。　〔7〕领郡：兼任郡太守。　〔8〕八年：建安八年(公元203)。　〔9〕卒官：死在任上。　〔10〕党：亲附。　霸：即孙霸。

【裴注】

〔一〕《搜神记》曰："初，夫人孕而梦月入其怀，既而生策。及权在孕，又梦日入其怀。以告坚曰：'昔妊策，梦月入我怀；今也又梦日入我怀，何也？'坚曰：'日月者，阴阳之精，极贵之象；吾子孙其兴乎！'"

〔二〕谪，音普。

〔三〕《会稽典录》曰："策功曹魏(腾)〔滕〕，以迕意见谴，将杀之；士大夫忧恐，计无所出。夫人乃倚大井，而谓策曰：'汝新造江南，其事未集；方当优贤礼士，舍过录功。魏功曹，在公尽规；汝今日杀之，则明日人皆叛汝。吾不忍见祸之及，当先投此井中耳！'策大惊，遽释(腾)〔滕〕。夫人智略权谲，类皆如此。"

〔四〕《志林》曰："按《会稽贡举簿》，建安十二年到十三年缺，无举者；云府君遭忧。此则吴后以十二年薨也。八年、九年皆有贡举，斯甚分明。"

〔五〕《吴书》曰："权征荆州，拜奋吴郡都督，以镇东方。"

〔六〕《吴书》曰："祺与张温、顾谭友善。权令关平辞讼事。"

吴主权谢夫人，会稽山阴人也〔1〕。父㬸，汉尚书郎，徐令[2]。〔一〕权母吴，为权聘以为妃，爱幸有宠。后权纳姑孙徐氏[3]，欲令谢下之[4]；谢不肯，由是失志[5]。早卒。

后十余年，弟承拜五官郎中[6]。稍迁长沙东部都尉，武陵太守[7]。撰《后汉书》百余卷[8]。〔二〕

【注释】

〔1〕山阴：县名。县治在今浙江绍兴市。 〔2〕徐：县名。县治在今江苏泗洪县南。 〔3〕姑孙：姑母的孙女。 〔4〕下之：居于徐氏之下。〔5〕失志：失去欢心。 〔6〕五官郎中：官名。即五官署的郎中。持兵器保卫皇宫殿堂。当时保卫皇宫殿堂的有中郎、侍郎、郎中等，总称为郎官。郎官分属五官中郎将、左中郎将、右中郎将统领，合称三署。〔7〕长沙东部都尉：官名。治所在今湖南衡阳市。 〔8〕《后汉书》：书名。《隋书》卷三十三《经籍志》三著录了谢承《后汉书》一百三十卷。现已亡佚。

【裴注】

〔一〕奥子承，撰《后汉书》，称奥"幼以仁孝为行，明达有令才"。奥弟贞，"履蹈法度，笃学尚义。举孝廉，建昌长，卒官"。

〔二〕《会稽典录》曰："承字伟平。博学洽闻，尝所知见，终身不忘。子崇，扬威将军；崇弟勖，吴郡太守：并知名。"

吴主权徐夫人，吴郡富春人也。祖父真，与权父坚相亲；坚以妹妻真，生琨。

琨少仕州郡。汉末扰乱，去吏。随坚征伐有功，拜偏将军。坚薨，随孙策讨樊能、于麋等于横江，击张英于当利口[1]；而船少，欲驻军更求。琨母时在军中，谓琨曰："恐州家多发水军来逆人[2]，则不利矣，如何可

驻邪！宜伐芦苇以为泭[3]，佐船渡军。"〔一〕琨具启策，
策即行之，众悉俱济；遂破英，击走笮融、刘繇。

事业克定，策表琨领丹杨太守。会吴景委广陵来
东，复为丹杨守；〔二〕琨以督军中郎将领兵。从破庐江
太守李术[4]，封广德侯，迁平虏将军[5]。

后从讨黄祖，中流矢，卒。

琨生夫人，初适同郡陆尚[6]。尚卒，权为讨虏将军
在吴[7]；聘以为妃，使母养子登[8]。后权迁移[9]，以
夫人妒忌，废处吴，积十余年。权为吴王及即尊号，登
为太子，群臣请立夫人为后；权意在步氏，卒不许。后
以疾卒。

兄矫，嗣父琨侯[10]。讨平山越，拜偏将军。先夫
人卒[11]，无子。弟祚袭封[12]，亦以战功至（于）芜湖
督，平魏将军[13]。

【注释】
　　〔1〕当利口：长江古津渡名。在今安徽和县东。　〔2〕逆人：阻击我
们。　〔3〕泭（fú）：筏子。　〔4〕李术（？—公元200）：事见本书卷四十
七《吴主传》裴注引《江表传》。　〔5〕平虏将军：官名。领兵征伐。
〔6〕适：嫁。　〔7〕吴：县名。县治在今江苏苏州市。　〔8〕母养：充当
母亲哺养。孙登的生母出身卑贱，所以孙权让孙登给徐妃当儿子。事见
本书卷五十九《孙登传》。　〔9〕迁移：（宠爱）转移。新得孙权宠爱的
是步氏。　〔10〕嗣父琨侯：继承父亲徐琨的侯爵爵位。　〔11〕先：先
于。　〔12〕袭封：承袭封爵。　〔13〕芜湖督：官名。芜湖战区的指挥
官。　平魏将军：官名。孙吴设置。领兵征伐。

【裴注】
　　〔一〕泭，音敷。郭璞注《方言》曰："泭，水中簰也。"

〔二〕《江表传》曰："初，袁术遣从弟胤为丹杨；策令琨讨而代之。会景还，以景前在（仕）丹杨，宽仁得众，吏民所思；而琨手下兵多，策嫌其太重；且方攻伐，宜得琨众；乃复用景，召琨还吴。"

吴主权步夫人，临淮淮阴人也。与丞相骘同族[1]。汉末，其母携将徙庐江。庐江为孙策所破，皆东渡江。以美丽得幸于权，宠冠后庭。生二女：长曰鲁班，字大虎；前配周瑜子循[2]，后配全琮。少曰鲁育，字小虎；前配朱据[3]，后配刘纂。〔一〕夫人性不妒忌，多所推进[4]，故久见爱待。

权为王及帝，意欲以为后；而群臣议在徐氏，权依违者十余年[5]。然宫内皆称"皇后"，亲戚上疏称"中宫"[6]。

及薨，臣下缘权指[7]，请追正名号。乃赠印绶，策命曰："惟赤乌元年闰月戊子[8]，皇帝曰：呜呼皇后！惟后佐命，共承天地；虔恭夙夜，与朕均劳。内教修整，礼义不愆[9]；宽容慈惠，有淑懿之德：民臣悬望，远近归心。朕以世难未夷，大统未一；缘后雅志，每怀谦损：是以于时，未授名号。亦必谓后降年有永[10]，永与朕躬对扬天休[11]。不悟奄忽[12]，大命近止；朕恨本意，不早昭显；伤后殂逝，不终天禄[13]。愍悼之至，痛于厥心！今使使持节、丞相、醴陵（亭）侯雍[14]，奉策授号，配食先后[15]。魂而有灵，嘉其宠荣。呜呼哀哉！"

葬于蒋陵。

【注释】

〔1〕骘：即步骘（？—公元247）。传见本书卷五十二。　〔2〕循：即周循。事见本书卷五十四《周瑜传》。　〔3〕朱据：传见本书卷五十七。〔4〕推进：推荐引进（别的女子与孙权）。　〔5〕依违：犹豫不决。〔6〕中宫：皇后宫。这里作为皇后的代称。　〔7〕缘权指：依照孙权的心意。〔8〕惟：句首助词。无实义。　闰月：据陈垣《二十史朔闰表》，当年闰十月。　戊子：旧历初一日。　〔9〕不愆（qiān）：不违背。〔10〕降年：上天赐给的寿命。　〔11〕对扬：显扬。　天休：上天的庇荫。〔12〕不悟：没有想到。　奄忽：忽然（死亡）。　〔13〕不终天禄：没有能完全享受上天的赐福。　〔14〕雍：即顾雍（公元168—243）。传见本书卷五十二。　〔15〕配食：陪同享受祭祀。　先后：指孙权的母亲吴氏。孙权称帝，追尊她为武烈皇后。

【裴注】

〔一〕《吴历》曰：纂先尚权中女，早卒，故又以小虎为继室。

　　吴主权王夫人，琅邪人也。〔一〕夫人以选入宫，黄武中得幸；生孙和，宠次步氏。

　　步氏薨后，和立为太子，权将立夫人为后；而全公主素憎夫人，稍稍潜毁〔1〕。及权寝疾，言有喜色；由是权深责怒，以忧死。和子皓立，追尊夫人曰大懿皇后，封三弟皆列侯〔2〕。

【注释】

〔1〕稍稍：逐渐。　潜（zèn）毁：诬陷诋毁。　〔2〕列侯：爵位名。对异姓有功者所授爵位的最高一级。按封地的大小，又有大县侯、小县侯、乡侯、亭侯之分。封侯者有收取封地民户租税供自己享用的特权。

【裴注】

〔一〕《吴书》曰："夫人父，名卢九。"

吴主权王夫人，南阳人也。以选入宫，嘉禾中得幸，生孙休。及和为太子，和母贵重；诸姬有宠者，皆出居外：夫人出公安[1]，卒，因葬焉。

休即位，遣使追尊曰敬怀皇后，改葬敬陵。王氏无后，封同母弟文雍，为亭侯。

【注释】

〔1〕公安：地名。在今湖北公安县西北。

吴主权潘夫人，会稽句章人也。父为吏，坐法死[1]。夫人与姊，俱输织室[2]；权见而异之，召充后宫。得幸有娠，梦有以龙头授己者，己以蔽膝受之[3]，遂生孙亮。

赤乌十三年，亮立为太子。请出嫁夫人之姊，权听许之。明年，立夫人为皇后。

性险妒容媚，自始至卒，谮害袁夫人等甚众。〔一〕权不豫[4]，夫人使问中书令孙弘吕后专制故事[5]。侍疾疲劳，因以羸疾[6]；诸宫人伺其昏卧，共缢杀之，托言"中恶[7]"。后事泄，坐死者六七人。权寻薨，合葬蒋陵。

孙亮即位，以夫人姊婿谭绍，为骑都尉[8]，授兵。亮废，绍与家属送本郡庐陵。

【注释】

〔1〕坐法死：因犯法被处死。 〔2〕输：送。 织室：皇宫中的纺织作坊。在这里做苦工的是官方奴婢。 〔3〕蔽膝：围裙。 〔4〕不豫：

天子病重的代称。 〔5〕孙弘：事见本书卷五十二《张昭传附张休传》。吕后：即吕雉（前241—前180）。字娥姁（xǔ）。汉高祖刘邦的皇后。曾帮助刘邦杀韩信、彭越等异姓诸侯王。刘邦死，她的儿子惠帝刘盈继位，由她掌握实际政权。前187年，惠帝死，她临朝称制，成为事实上的皇帝。分封吕氏家族成员为王侯，控制京城驻军；又以亲信审食其（yì jī）为左丞相，掌握朝政。死后，太尉周勃等起兵消灭吕氏势力。事详《史记》卷九、《汉书》卷三。 专制：独断。 故事：过去的事例。〔6〕羸（léi）疾：虚弱生病。 〔7〕中（zhòng）恶：被恶鬼伤害。〔8〕姊婿：姐夫。

【裴注】

〔一〕《吴录》曰："袁夫人者，袁术女也。有节行而无子。权数以诸姬子，与养之，辄不育。及步夫人薨，权欲立之；夫人自以无子，固辞不受。"

　　孙亮全夫人，全尚女也。（尚）从祖母公主爱之[1]，每进见辄与俱。及潘夫人母子有宠，全主自以与孙和母有隙，乃劝权，为潘氏男亮纳夫人，亮遂为嗣。

　　夫人立为皇后，以尚为城门校尉[2]，封都亭侯。代滕胤为太常，卫将军，进封永平侯，录尚书事[3]。时全氏侯有五人，并典兵马；其余为侍郎、骑都尉，宿卫左右：自吴兴，外戚贵盛莫及。

　　及魏大将诸葛诞以寿春来附，而全怿、全端、全祎、全仪等，并因此际降魏；全熙谋泄见杀：由是诸全衰弱。会孙綝废亮为会稽王，后又黜为候官侯；夫人随之国，居候官[4]。尚将家属徙零陵，追见杀[5]。〔一〕

【注释】

〔1〕从（zòng）祖母：祖父的兄弟叫从祖父。从祖父的妻子即从祖母。

公主：指孙权的女儿鲁班。即全公主。 〔2〕城门校尉：官名。负责警卫管理京城的各城门。 〔3〕录尚书事：一种表示处理朝廷政事权力的名号。录的意思是总管。凡享有这一名号的大臣，有权过问尚书台的一切公务，成为朝廷的执政官。 〔4〕候官：县名。县治在今福建福州市。〔5〕追见杀：被追派的使者杀死。

【裴注】
〔一〕《吴录》曰："亮妻，慧解有容色，居候官。吴平乃归，永宁中，卒。"

孙休朱夫人，朱据女，休姊公主所生也〔1〕。〔一〕赤乌末，权为休纳以为妃。休为琅邪王，随居丹杨。建兴中，孙峻专政，公族皆患之〔2〕；全尚妻即峻姊，故惟全主佑焉〔3〕。

初，孙和为太子时，全主谮害王夫人，欲废太子，立鲁王；朱主不听，由是有隙。五凤中，孙仪谋杀峻，事觉被诛。全主因言朱主与仪同谋，峻枉杀朱主。休惧，遣夫人还建业〔4〕，执手泣别；既至，峻遣还休。

太平中，孙亮知朱主为全主所害，问朱主死意〔5〕。全主惧曰："我实不知，皆据二子熊、损所白！"亮杀熊、损。损妻是峻妹也，孙綝益忌亮；遂废亮，立休。

永安五年，立夫人为皇后。休卒，群臣尊夫人为皇太后。孙皓即位月余，贬为景皇后，称"安定宫"。

甘露元年七月，见逼薨〔6〕，合葬定陵。〔二〕

【注释】
〔1〕公主：指孙权的女儿鲁育。因嫁给朱据，故又称朱公主或朱主。

〔2〕公族：诸侯的家族。陈寿的《三国志》以曹魏为正统，所以称孙氏家族为公族而不称皇族。　〔3〕佑：帮助。　〔4〕建业：县名。县治在今江苏南京市。　〔5〕死意：死亡原因。　〔6〕见逼薨：被逼而死。

【裴注】

〔一〕臣松之以为：休妻其甥，事同汉惠。荀悦讥之已当，故不复广言。

〔二〕《搜神记》曰："孙峻杀朱主，埋于石子冈。归命即位，将欲改葬之；冢墓相亚，不可识别。而宫人颇识主亡时所著衣服，乃使两巫各住一处以伺其灵；使（察鉴）〔察战监之〕，不得相近。久时，二人俱白：见一女人，年可三十余，上著青锦束头，紫白袷裳，丹绨丝履；从石子冈上，半冈而以手抑膝，长太息；小住须臾，进一冢上便住；徘徊良久，奄然不见。二人之言，不谋而同；于是开冢，衣服如之。"

孙和何姬，丹杨句容人也。父遂，本骑士。孙权尝游幸诸营，而姬观于道中。权望见，异之，命宦者召入，以赐子和。生男，权喜，名之曰彭祖，即皓也。

太子和既废，后为南阳王，居长沙。孙亮即位，孙峻辅政，峻素媚事全主。全主与和母有隙，遂劝峻徙和居新都；遣使赐死，嫡妃张氏亦自杀。何姬曰："若皆从死，谁当养孤？"遂抚育皓，及其三弟。

皓即位，尊和为昭献皇帝；〔一〕何姬为昭献皇后，称"升平宫"。月余，进为皇太后。封弟洪，永平侯；蒋，溧阳侯；植，宣城侯。

洪卒，子邈嗣。为武陵监军[1]，为晋所杀。植官至（大）司徒。吴末昏乱，何氏骄僭，子弟横放[2]，百姓患之。故民讹言"皓久死，立者何氏子"云。〔二〕

【注释】

〔1〕武陵监军：官名。武陵战区的军事监督。武陵为地名。在今安徽池州市贵池区西南。又称虎林。 〔2〕横放：横蛮放纵。

【裴注】

〔一〕《吴录》曰："皓初尊和为昭献皇帝，俄改曰文皇帝。"

〔二〕《江表传》曰："皓以张布女为美人，有宠。皓问曰：'汝父所在？'答曰：'贼以杀之！'皓大怒，棒杀之。后思其颜色，使巧工刻木作美人形象，恒置座侧。问左右：'布复有女否？'答曰：'布大女，适故卫尉冯朝子纯。'即夺纯妻入宫，大有宠。拜为左夫人，昼夜与夫人房宴，不听朝政。使尚方以金作华燧、步摇、假髻以千数，令宫人著以相扑；朝成夕败，辄出更作；工匠因缘偷盗，府藏为空。会夫人死，皓哀愍思念，葬于苑中。大作冢，使工匠刻柏作木人，纳冢中以为兵卫；以金银珍玩之物送葬，不可称计。已葬之后，皓治丧于内，半年不出。国人见葬太奢丽，皆谓皓'已死，所葬者是也'；皓舅子何都，颜状似皓，云都'代立'。临海太守奚熙信讹言，举兵欲还诛都。都叔父植，时为备海督，击杀熙，夷三族；讹言乃息，而人心犹疑。"

孙皓滕夫人，故太常胤之族女也。胤夷灭，夫人父牧，以疏远徙边郡[1]。孙休即位，大赦；得还，以牧为五官中郎[2]。

皓既封乌程侯，聘牧女为妃。皓即位，立为皇后。封牧高密侯，拜卫将军，录尚书事。后朝士以牧尊戚[3]，颇推令谏争。而夫人宠渐衰，皓滋不悦[4]；皓母何，恒左右之[5]。又太史言[6]：于运历[7]，后不可易[8]；皓信巫觋[9]，故得不废，常供养升平宫。

牧见谴居苍梧郡，虽爵位不夺，其实（裔）〔谪〕也；遂道路忧死。长秋官僚[10]，备员而已[11]，受朝贺表疏如故；而皓内诸宠姬，佩皇后玺（绂）〔绶〕者多

矣。〔一〕

天纪四年，随皓迁于洛阳。

【注释】

〔1〕疏远：指亲属关系疏远。　〔2〕五官中郎：官名。即五官中郎将所属的中郎。持武器保卫皇宫殿堂。　〔3〕朝士：朝廷官员。　〔4〕滋：更加。　〔5〕恒：总是。　左右：保护。　〔6〕太史：官名。即太史令。负责观察天文，记载祥瑞灾异，制定历法。每逢朝廷有祭祀嫁娶，则负责选定吉日良辰。　〔7〕于运历：从气运历数上看。历数指一个王朝存在的时间，古代认为是上天所赐予。　〔8〕易：改换。　〔9〕巫觋(xí)：女巫和男巫。　〔10〕长秋：皇后。汉代以来，皇后的代称是长秋宫。〔11〕备员：充数。

【裴注】

〔一〕《江表传》曰：“皓又使黄门，备行州郡，科取将吏家女。其二千石大臣子女，皆当岁岁言名；年十五六，一简阅；简阅不中，乃得出嫁。后宫千数，而采择无已。”

评曰：《易》称“正家而天下定〔1〕”，《诗》云“刑于寡妻〔2〕”，至于兄弟，以御于家邦〔3〕”：诚哉，是言也！远观齐桓，近察孙权，皆有识士之明，杰人之志；而嫡庶不分，闺庭错乱：遗笑古今，殃流后嗣。由是论之，惟以道义为心、平一为主者，然后克免斯累邪〔4〕！

【注释】

〔1〕正家而天下定：出自《周易·家人卦》的《象辞》。　〔2〕刑于寡妻：给嫡妻作示范。这几句出自《诗经·思齐》。　〔3〕御：治理。〔4〕克：能够。　累：毛病。

【译文】

　　孙坚吴夫人，是吴国君主孙权的母亲。她本来是吴郡吴县人，后来迁居本郡的钱唐县。很早就死了父母，与弟弟吴景在一起生活。

　　孙坚听说她才貌双全，想娶她为妻。而吴家的亲戚嫌孙坚轻率狡猾，准备拒绝他；孙坚非常羞愧遗憾。夫人对亲戚们说："何必因为爱我一个女子而招取灾祸呢？如果和他生活不幸福，那也是命中注定的事啊！"于是同意与孙坚结婚，婚后生了四男一女。

　　她的弟弟吴景随孙坚南征北战有功，被任命为骑都尉。袁术上表朝廷后委派吴景兼任丹杨郡太守，让他进攻当时的太守周昕，占据了丹杨郡。孙策与孙河、吕范，去依附吴景，招集人马一同进攻泾县山区的叛军首领祖郎；祖郎大败而逃。后来碰上刘繇逼迫，吴景又北渡长江去投靠袁术。袁术任命他为督军中郎将，与孙贲一起去攻打驻扎在横江的刘繇部将樊能、于麋；又到秣陵县袭击笮融、薛礼。

　　当时孙策在牛渚之战中受伤，已经投降的敌军又再度反叛；吴景指挥人马作战，把叛军全部擒杀。吴景随孙策讨伐刘繇，刘繇逃往豫章。孙策派吴景、孙贲到寿春，去向袁术报告战况。当时袁术正在和刘备争夺徐州，就委派吴景为徐州的广陵郡太守。袁术后来非分地称帝，孙策写信劝告袁术，袁术拒不听从；孙策立即封锁长江沿岸渡口，断绝与袁术的交往，同时派人赶去通知吴景。吴景立即弃官回到江东。

　　孙策又让他当了丹杨郡太守。这时汉朝派遣议郎王诵带着使命南下到江东，上表朝廷任命吴景为扬武将军，依旧兼任丹杨郡太守。

　　到了年轻的孙权继承哥哥孙策统管大业，吴夫人帮助儿子治理军队和国家，在弥补不足方面很有成绩。

　　建安十二年（公元207），她在临死之前，引张昭等人到卧房见面，把身后的事情嘱托给他们。她死后与孙坚合葬在高陵。

　　建安八年（公元203），吴景死在任上。儿子吴奋被授给兵马担任将领，封新亭侯。后来也去世，吴奋的儿子吴安继承了他的爵位。吴安因为亲附鲁王孙霸，被治罪处死。吴奋的弟弟吴祺又继承吴奋的爵位，改封都亭侯。之后去世，吴祺的儿子吴纂继承爵位。吴纂的妻子，就是滕胤的女儿。滕胤被诛杀时，也一并处死。

孙权谢夫人，会稽郡山阴县人。她的父亲谢煚，在汉朝任尚书郎、徐县县令。孙权的母亲吴夫人，为孙权聘娶谢氏为妃，孙权很宠爱她。后来孙权又娶了姑母的孙女徐氏，想让她屈居徐氏之下；她坚决不肯，因此失去孙权的欢心。她也早早去世。

她去世之后十多年，弟弟谢承被任命为五官署的郎中。逐渐升到长沙郡东部都尉、武陵郡太守。他撰写了《后汉书》一百多卷。

孙权徐夫人，吴郡富春县人。祖父徐真，与孙权父亲孙坚很亲热；孙坚把妹妹嫁给徐真，生下了徐琨。

徐琨从年轻时起就在本州本郡的政府中做事。汉朝末年天下动乱，他辞去职务。随舅父孙坚四处征战有功，被任命为偏将军。孙坚去世，他随孙策到横江进攻樊能、于麋，又在当利口袭击张英；当时部队中船只很少，孙策准备停下来派人四处去收集船只。徐琨的母亲孙氏当时在军队中，对徐琨说："恐怕扬州政府会大量调派水军来阻击我们，这样形势就不利了，怎么能停下来呢！应当砍伐江边的芦苇用来做成筏子，系在船边送军队渡过长江。"徐琨把她的建议向孙策报告，孙策立即施行，部队全部渡过长江到达南岸；于是击溃张英，打跑笮融、刘繇。

平定了江东奠定基业，孙策上表朝廷让徐琨兼任丹杨郡太守。碰上这时吴景丢下广陵郡回到江东，再度担任丹杨郡太守；徐琨改任督军中郎将带领军队。徐琨随从孙策攻破庐江郡太守李术，封广德侯，升任平虏将军。

后来他随从大军进攻黄祖，被流箭射中而去世。

徐琨是徐夫人的生父，她起初嫁给同郡的陆尚。陆尚去世，孙权担任讨虏将军驻扎在吴县；聘徐氏为妃，让她作为养母哺育长子孙登。后来孙权对徐氏的宠爱发生转移，因为她的妒忌，把她从自己身边送出去安置在吴县居住，一直过了十多年。孙权当上吴王后来又称帝，孙登被立为太子，群臣都请求立徐氏为王后、皇后；而孙权的意思要立步氏，所以始终不同意。之后徐氏因病去世。

徐氏的哥哥徐矫，继承了父亲徐琨的爵位。领兵讨伐平定山越，被任命为偏将军。他在徐夫人之前去世，没有儿子。徐矫的弟弟徐祚继承了徐琨的爵位，也因立下战功而升到芜湖战区的军事指挥官、平魏将军。

孙权步夫人，临淮郡淮阴县人。与丞相步骘同宗族。汉朝末年，她的母亲带她迁居到庐江郡。庐江被孙策攻破，当地人民都被迁到江东。她因为容貌美丽而得以嫁给孙权，在后宫中受到的宠爱无人可比。她生了两个女儿：长女名鲁班，字大虎；前夫是周瑜的儿子周循，后来又嫁给全琮。小女名鲁育，字小虎；前夫是朱据，后来又嫁给刘纂。步夫人生性不妒忌，向孙权推荐引进了不少女子，所以长久受到宠爱和厚待。

孙权当了吴王，后来又称帝，心里一直想立她为王后、皇后；而群臣的议论却集中在徐夫人身上，孙权对此十多年犹豫不决。不过皇宫之内都称步氏为皇后，孙氏亲戚向孙权上奏时提到她也用"中宫"的代称。

步夫人去世时，臣僚依照孙权的心意，请求为她追正名号。于是孙权赠送她皇后的印章、绶带，并下达册立皇后的文书说："赤乌元年（公元238）闰十月初一日戊子，皇帝说：唉呀皇后！想起您禀受天命辅佐朕，共同承当对天地的祭祀；日夜虔诚恭敬，与朕平均分担劳苦。您使宫内的教化振兴整肃，没有人违背礼义；您为人宽容仁慈广施恩惠，具有贤淑美好的品德：您受到民众臣僚的遥遥仰望，远近的人都衷心拥护您。朕因为世间上的祸难还没有平定，天下还没有统一；又因为皇后您素来有高雅志向，常常抱着谦退自抑的态度；所以在当初没有授予您皇后的名号。再说也认定皇后您寿命长久，将永远与朕显扬上天赐给的庇荫。不料您在忽然之间，生命就告终止；朕既恨自己的本意没有及早显示，又悲伤皇后您永别人间，没能完全享受到上天的赐福。朕真是怜悯哀痛，伤心到了极点！现今派丞相、醴陵侯顾雍，持有节杖，带着文书前来授予您皇后称号，并让您陪同已故的皇太后一起享受祭祀。您的魂如有灵，将会喜欢这样的荣宠。呜呼哀哉！"

她的遗体被安葬在建业东郊的蒋陵。

孙权王夫人，琅邪郡人。她因为被选中而进入宫廷，在黄武年间得到孙权的宠爱；生下儿子孙和，得宠程度仅次于步氏。

步氏去世之后，孙和被立为太子，孙权将要立王夫人为皇后；而孙权的大女儿，也就是嫁给全琮的公主鲁班，素来憎恨王夫人，就不断对她进行诬陷诋毁。孙权卧病在床时，公主鲁班又说她脸上有喜悦的神色；为此孙权大为愤怒对她痛加斥责，她在忧恐中很快去世。孙和的儿子孙皓被立为皇帝之后，追尊王夫人为大懿皇后，封她的三个弟弟为列侯。

孙权王夫人，南阳郡人。她也因为被选中而进入宫廷，在嘉禾年间得到孙权的宠爱，生下儿子孙休。孙和被立为太子之后，孙和的母亲地位变得尊贵重要；所以平常受到孙权宠爱的小妾们，都被送出皇宫到外地居住：王夫人被送到公安，在那里去世。

孙休即位为皇帝，派使者去追尊她为敬怀皇后，并改葬在敬陵。王家没有后代，孙休封她的同母异父弟弟文雍，为亭侯。

孙权潘夫人，会稽郡句章县人。她的父亲曾在官府中当差，因犯法被处死。她和姐姐，因此被送到皇宫中的纺织作坊做苦工；孙权看到她后认为很不寻常，召她补充为皇宫的宫女。得到孙权的宠爱后她有了身孕，这时她梦见有人拿了一只龙头给她，她用自己的围裙去接住，后来就生下了孙亮。

赤乌十三年（公元 250），孙亮被立为太子。请求把潘夫人的姐姐放出皇宫另嫁人，孙权表示同意。第二年，孙权宣布立潘夫人为皇后。

她的性情凶险妒忌，善于取悦献媚，从开始到她去世，诋毁陷害袁夫人等许多人。孙权病重，她派人到中书令孙弘那里去询问从前吕后独断政事的事例。侍候重病的孙权过分疲劳，她因此身体虚弱而生病；宫女们等她昏睡之后，一齐上前把她勒死，然后谎称她受到恶鬼伤害。后来事情败露，因此治罪处死的有六七人。孙权接着也去世，两人合葬在建业的蒋陵。

孙亮即位为帝，委任潘夫人的姐夫谭绍为骑都尉，授予兵马。孙亮被废黜，谭绍及其家属被押送回家乡庐陵郡。

孙亮全夫人，是全尚的女儿。全尚的从祖母，也就是孙权的大女儿公主鲁班，对她非常疼爱，每次进宫见孙权都要带着她。潘夫人母子得宠之后，公主鲁班因为自己与孙和的母亲王夫人有矛盾，所以竭力劝孙权为潘夫人的儿子孙亮娶全氏为妻，后来孙亮终于当上继承人。

孙亮登上帝位立全夫人为皇后，任命全夫人的父亲全尚为城门校尉，封都亭侯。又代替滕胤任太常、卫将军，晋封永平侯，总管尚书台的公务。当时全氏家族有五人封侯，而且都负责统领军队；其余的人也担任侍郎、骑都尉，在皇帝左右充当侍卫：自从吴国兴起，孙氏皇族的后妃之家没有谁家比得上全家的尊贵兴盛。

后来魏军大将诸葛诞献上寿春城投降，而全怿、全端、全祎、全仪等人，都在这时投降魏国；全熙又在密谋败露后被处死：从此全氏势力衰弱。碰上孙綝废黜孙亮为会稽王，之后孙亮又被贬为候官侯；全夫人跟从他一起前往封地，居住在候官县。而全尚及其家属则被流放到零陵郡，途中他被朝廷追派来的使者杀死。

孙休朱夫人，是朱据的女儿，孙休姐姐鲁育公主所生。赤乌年间的末尾，孙权为孙休娶朱氏为妃。孙休封琅邪王，她随从丈夫住在丹杨郡。孙亮当皇帝的建兴年间，孙峻专擅朝政，孙氏皇族都对他不满；由于孙峻的姐姐是全尚的妻子，而全尚是孙权大女儿鲁班丈夫全琮的侄儿，所以只有公主鲁班帮助孙峻。

当初，孙和当太子时，公主鲁班诬毁陷害孙和的母亲王夫人，想让孙权废黜太子孙和，改立鲁王孙霸为太子；鲁班的妹妹鲁育，也就是孙休朱夫人的母亲，不同意这样做，从此两姐妹关系出现裂痕。孙亮五凤年间，孙仪密谋诛杀孙峻，事情被发觉，孙仪遭孙峻杀死。大公主鲁班借此说小公主鲁育与孙仪同谋，孙峻又冤枉杀了小公主鲁育。这时作为鲁育女婿的孙休心中害怕，只好把朱夫人送回建业，两夫妇流着泪握手分别；朱夫人到达建业后，孙峻又放过她让她回孙休那里。

太平年间，当了皇帝的孙亮得知小公主鲁育受到大公主鲁班的陷害，就向鲁班追问鲁育的死亡原因。心中害怕的鲁班推诿说："我确实不知道，都是朱据的两个儿子朱熊、朱损告的密的。"孙亮随即处死朱熊、朱损兄弟。而朱损的妻子是孙峻的妹妹，所以接替孙峻权位的孙綝就更加顾忌孙亮；于是把孙亮废黜，改立孙休为皇帝。

永安五年（公元262），孙休立朱夫人为皇后。孙休去世，群臣尊称她为皇太后。孙皓即位为帝一个多月之后，把她贬为景皇后，代称为"安定宫"。

甘露元年（公元265）七月，她被孙皓逼死，与孙休合葬在定陵。

孙和何姬，丹杨郡句容县人。她的父亲何遂，本来是一名骑兵。孙权有一次巡游各军营，何姬在路边看热闹。孙权望见她，觉得很出众，命令宦官召她进宫，赐给儿子孙和。不久她生了一个男孩，孙权非常喜欢，取名为彭祖，就是孙皓。

太子孙和被废黜，后来改封为南阳王，居住在长沙郡。孙亮即位为帝，孙峻辅政，孙峻素来向大公主鲁班献媚讨好。而鲁班与孙和的母亲有矛盾，所以鲁班劝孙峻把孙和流放到新都郡；又派使者赐孙和死，孙和的嫡妃张氏也自杀。这时何姬说："如果都随丈夫去死，谁来养育孤儿呢？"于是独自抚育孙皓，以及孙皓的三个弟弟。

孙皓即位为帝，追尊孙和为昭献皇帝；尊称何姬为昭献皇后，代称为"升平宫"。一个多月后，又进位为皇太后。孙皓还封何姬的弟弟何洪为永平侯，何蒋为溧阳侯，何植为宣城侯。

何洪去世之后，儿子何邈继承了他的爵位。何邈曾担任武陵监军，后来被晋军杀死。何植官做到司徒。吴朝末年政治昏乱，何氏家族骄傲不守本分，子弟横蛮放纵，百姓对他们极为不满。所以民间有错误的传言，说"孙皓很久前就死了，被立为皇帝的是何氏的儿子"等等。

孙皓滕夫人，是已故太常滕胤的同族女儿。滕胤被诛灭三族之后，滕夫人的父亲滕牧，作为滕胤关系疏远的亲属，被惩处流放到边远的郡。孙休即位为帝，宣布大赦；滕牧才得以回到京城，担任五官署的中郎。

孙皓封为乌程侯之后，聘娶滕牧的女儿为妃。孙皓继承帝位，立滕氏为皇后。封滕牧高密侯，任命他为卫将军，总管尚书台公务。后来朝廷的官员因为滕牧是尊贵的外戚，竭力推举让他去劝谏孙皓。这时滕皇后已经逐渐失宠，由于滕牧的直言劝谏，孙皓对滕皇后更加不喜欢；幸亏孙皓的养母何太后，总是保护着她。再者太史令报告，说是从气运历数上看，皇后不能改换；孙皓相信巫师的话，所以滕皇后得以免遭废黜，长期在皇太后宫中侍奉何太后。

后来滕牧受到谴责被送到边远的苍梧郡居住，虽然没有剥夺他的爵位官职，其实就是贬谪流放了；所以他在途中忧愁而死。至于滕皇后的宫中官员，也只是充数而已，平时她依然以皇后身份接受群臣的朝贺表章；但是孙皓宫内所宠爱的妃嫔中，佩带皇后玉玺、绶带的可就多了。

天纪四年(公元 280)吴国灭亡，她随孙皓迁到洛阳。

评论说：《周易》有"治理好家庭而后天下安定"的说法，《诗经·思齐》一诗也写道："给嫡妻作示范，然后是兄弟，从而治理国家。"这些话，确实说得好啊！远看齐桓公，近看孙权，都有识别人才的明智，英雄豪杰的志向；然而又都不分嫡庶，后宫关系错乱：在古今历史上留下笑柄，使灾祸落到后代的头上。由此说来，只有心中坚持道义，处理事情以公平一致为原则的，才能免除这方面的毛病吧！

宗室传第六

孙静字幼台，坚季弟也[1]。坚始举事，静纠合乡曲及（宗室）〔宗族〕五六百人以为保障[2]：众咸附焉。策破刘繇，定诸县，进攻会稽；遣人请静，静将家属与策会于钱唐。

是时太守王朗，拒策于固陵[3]；策数渡水战，不能克。静说策曰："朗负阻城守，难可猝拔。查渎，南去此数十里[4]，〔一〕而道之要径也。宜从彼据其内，所谓'攻其无备，出其不意'者也。吾当自帅众，为军前队，破之必矣！"策曰："善！"乃诈令军中曰："顷连雨，水浊，兵饮之多腹痛。令促具罂缶数百口，澄水[5]。"至昏暮，罗以燃火诳朗[6]；便分军夜投查渎道，袭高迁屯[7]。〔二〕朗大惊，遣故丹杨太守周昕等，帅兵前战。策破昕等，斩之，遂定会稽。〔三〕

表拜静为奋武校尉，欲授之重任；静恋坟墓、宗族，不乐出仕，求留镇守：策从之。

权统事，就迁昭义中郎将[8]，终于家。有五子：暠、瑜、皎、奂、谦。暠三子：绰、超、恭。超为偏将军。恭，生峻；绰，生綝。

【注释】

〔1〕季弟：三弟。 〔2〕乡曲：乡亲。 〔3〕固陵：地名。在今浙江杭州市萧山区西北。 〔4〕查(zhā)渎：地名。在今浙江杭州市萧山区西南。 〔5〕罂缶(yīng fǒu)：瓮和罐。 〔6〕罗：罗列。此处罗列的对象是上文所说的几百口瓮罐；用瓮罐点火之后流放在江面上，是制造军队在此乘船渡江的假象。卢弼认为这些瓮罐是用来制作渡江工具的，疑不确。因为上面史文已说到孙策军队曾几次渡江作战，未能取胜，又渡江退回。可见其早有充足的渡河工具，不需到这时才开始着手准备。〔7〕高迁屯：地名。在今浙江杭州市萧山区东。 〔8〕昭义中郎将：官名。领兵征伐。

【裴注】

〔一〕查，音祖加反。
〔二〕臣松之按：今永兴县有高迁桥。
〔三〕《会稽典录》曰："昕，字大明。少游京师，师事太傅陈蕃。博览群书，明于风角，善推灾异。辟太尉府，举高第，稍迁丹杨太守。曹公起义兵，昕前后遣兵万余人，助公征伐。袁术之在淮南也，昕恶其淫虐，绝不与通。"《献帝春秋》曰："袁术遣吴景攻昕，未拔。景乃募百姓：敢从周昕者，死不赦。昕曰：'我则不德，百姓何罪！'遂散兵，还本郡。"

瑜字仲异。以恭义校尉始领兵众〔1〕。是时，宾客诸将多江西人〔2〕，瑜虚心绥抚，得其欢心。

建安九年，领丹杨太守；为众所附，至万余人。加绥远将军〔3〕。十一年〔4〕，与周瑜共讨麻、保二屯，破之。后从权拒曹公于濡须，权欲交战。瑜说权持重，权不从：军果无功。迁奋威将军〔5〕，领郡如故，自溧阳徙屯牛渚〔6〕。瑜以永安人饶助为襄安长〔7〕，无锡人颜连为居巢长〔8〕；使招纳庐江二郡〔9〕，各得降附。

济阴人马普笃学好古〔10〕，瑜厚礼之；使二府将吏子弟数百人，就受业[11]：遂立学官，临飨讲肄[12]。是时，诸将皆以军务为事，而瑜好乐坟典[13]；虽在戎旅，诵声不绝。

年三十九，建安二十年卒。瑜五子：弥、熙、耀、曼、纮。曼至将军，封侯。

【注释】

〔1〕恭义校尉：官名。领兵征伐。 〔2〕江西：地区名。长江在今安徽芜湖市至江苏南京市之间，其流向大体是由南往北，当时人称自此以下长江北岸地区为江西，南岸地区为江东。 〔3〕绥远将军：官名。领兵征伐。 〔4〕十一年：建安十一年（公元206）。 〔5〕奋威将军：官名。领兵征伐。 〔6〕溧阳：县名。县治在今江苏南京市高淳区东。〔7〕襄安：县名。县治在今安徽无为县西南。 〔8〕无锡：县名。县治在今江苏无锡市。 居巢：县名。县治在今安徽桐城市东南。 〔9〕二郡：指庐江郡与相邻的九江郡。 〔10〕济阴：郡名。治所在今山东菏泽市定陶区西北。 〔11〕二府：指奋威将军府、丹杨太守府。当时孙瑜兼任二职。 〔12〕临飨：亲临视察并设宴犒劳。 讲肄（yì）：讲习。〔13〕坟典：文献典籍。

瑜弟皎，字叔朗。始拜护军校尉[1]，领众二千余人。是时曹公数出濡须，皎每赴拒，号为精锐。迁都护，征虏将军，代程普督夏口[2]。黄盖及兄瑜卒，又并其军。赐沙羡、云杜、南新市、竟陵为奉邑[3]；自置长吏。

轻财能施，善于交结。与诸葛瑾至厚，委庐江刘靖以得失，江夏李允以众事，广陵吴硕、河南张梁以军旅[4]：而倾心亲待，莫不自尽[5]。皎尝遣兵候[6]，获魏边将吏美女，以进皎。皎更其衣服，送还之，下令曰：

"今所诛者曹氏，其百姓何罪？自今以往，不得击其老弱！"由是江淮间多归附者。

尝以小故与甘宁忿争[7]，或以谏宁。宁曰："臣、子一例[8]：征虏虽公子[9]，何可专行侮人邪！吾值明主，但当输效力命[10]，以报所天；诚不能随俗屈曲矣！"

权闻之，以书让皎曰[11]："自吾与北方为敌，中间十年[12]；初时相持，年小，今者且三十矣！孔子言'三十而立'，非但谓五经也。授卿以精兵，委卿以大任，都护诸将于千里之外；欲使如楚任昭奚恤[13]，扬威于北境：非徒相使逞私志而已。近闻卿与甘兴霸饮[14]，因酒发作，侵陵其人；其人求属吕蒙督中。此人虽粗豪[15]，有不如人意时；然其较略大丈夫也[16]：吾亲之者，非私之也。我亲爱之，卿疏憎之；卿所为每与吾违，其可久乎？夫居敬而行简，可以临民；爱人多容[17]，可以得众。二者尚不能知，安可董督在远，御寇济难乎？卿行长大，特受重任；上有远方瞻望之视，下有部曲朝夕从事：何可恣意有盛怒邪？人谁无过？贵其能改；宜追前愆[18]，深自咎责！今故烦诸葛子瑜重宣吾意[19]。临书摧怆[20]，心悲泪下！"

皎得书，上疏陈谢，遂与宁结厚。后吕蒙当袭南郡，权欲令皎与蒙为左、右部大督[21]。蒙说权曰："若至尊以征虏能[22]，宜用之；以蒙能，宜用蒙。昔周瑜、程普，为左、右部督，共攻江陵；虽事决于瑜，普自恃久将，且俱是督，遂共不睦，几败国事：此目前之戒也!"权悟，谢蒙曰："以卿为大督，命皎为后继。"擒关羽，定荆州，皎有力焉。

建安二十四年卒。权追录其功，封子胤为丹杨侯。胤卒，无子。弟晞嗣，领兵；有罪自杀，国除[23]。弟咨、弥、仪，皆将军，封侯。咨，羽林督[24]；仪，无难督[25]。咨为滕胤所杀，仪为孙峻所害。

【注释】

〔1〕护军校尉：官名。领兵征伐。 〔2〕都护：官名。孙吴给少数重要将领的一种加衔。享有者可以指挥长江一大段防区的驻守将领。有时分置左右都护，职权相同。 征虏将军：官名。领兵征伐。 〔3〕云杜：县名。县治在今湖北京山市。 南新市：县名。县治在今湖北京山县东北。 竟陵：县名。县治在今湖北潜江市西北。 奉邑：一种可以收取民户上交的租税以供私人享用的县。奉邑制度是孙吴特有的制度，实施于孙权尚未称王自立之前的建安时期。这一时期孙吴大力扩展地盘，为了笼络立有大功的重要将领，孙权下令赐给他们奉邑。奉邑都靠近将领的驻守地；少者一县，多者可达四县；受赐者可以收取奉邑中民户上交的租税供自己享用；受赐者如果死亡，奉邑将转给继任的将领，而不是由子弟承袭；受赐者的驻守地发生变动，奉邑也随之变动；受赐者还可以自行任命奉邑的县令、县长，不必经过中央批准。总之，奉邑制即来源于东汉的封爵制，但又有所不同。孙权称王自立后，袭用东汉的封爵制，奉邑制即不再实行。 〔4〕河南：郡名。即河南尹。是东汉京城洛阳所在的郡。治所在今河南洛阳市东。 〔5〕自尽：尽自己的力量。 〔6〕兵候：侦察兵。 〔7〕甘宁：传见本书卷五十五。 〔8〕臣、子一例：君主的臣僚和君主的公子在地位上是一样的。语出《公羊传》僖公元年。 〔9〕征虏：指担任征虏将军的孙皎。 公子：即公族子弟。公族指诸侯的家族。这里指孙氏家族。 〔10〕输效力命：贡献力量和以生命报效。 〔11〕让：责备。 〔12〕中间：指历时。 〔13〕昭奚恤：战国时楚国的大臣。楚宣王让他领兵镇守北部边境，中原各国都很畏惧。事见《战国策·楚策》一。 〔14〕甘兴霸：甘宁字兴霸。 〔15〕粗豪：粗鲁。 〔16〕较略：大体上（算是）。 〔17〕容：容忍。 〔18〕迫：追悔。 愆：过失。 〔19〕诸葛子瑜：诸葛瑾字子瑜。 〔20〕摧怆：伤

悲。〔21〕大督：官名。即大都督，各路军队的总指挥官。发动大战役时设立，不常置。〔22〕至尊：对君主的尊称。〔23〕国除：封地被撤销。〔24〕羽林督：官名。孙吴皇帝卫队指挥官之一，统领羽林分队。〔25〕无难督：官名。孙吴皇帝卫队指挥官之一，统领无难分队。

皎弟奂，字季明。兄皎既卒，代统其众；以扬武中郎将领江夏太守〔1〕。在事一年，遵皎旧迹；礼刘靖、李允、吴硕、张梁及江夏间举等，并纳其善。奂讷于造次而敏于当官〔2〕，军民称之。

黄武五年，权攻石阳。奂以地主〔3〕，使所部将军鲜于丹，帅五千人先断淮道〔4〕；自帅吴硕、张梁五千人，为军前锋：降高城〔5〕，得三将。大军引还，权诏使在前住；驾过其军，见奂军阵整齐。权叹曰："初吾忧其迟钝；今治军，诸将少能及者：吾无忧矣！"拜扬威将军〔6〕，封沙羡侯；吴硕、张梁皆裨将军〔7〕，赐爵关内侯〔8〕。〔一〕

奂亦爱乐儒生，复命部曲子弟就业；后仕进朝廷者，数十人。

年四十，嘉禾三年卒。子承嗣，以昭武中郎将代统兵〔9〕，领郡。赤乌六年卒。无子，封承庶弟壹，奉奂后，袭业为将。

孙峻之诛诸葛恪也，壹与全熙、施绩攻恪弟公安督融〔10〕，融自杀。壹从镇南迁镇军〔11〕，假节督夏口。及孙綝诛滕胤、吕据，据、胤皆壹之妹夫也；壹弟封又知胤、据谋，自杀：綝遣朱异潜袭壹。异至武昌，壹知其攻己；率部曲千余口，过将胤妻奔魏〔12〕。

魏以壹为车骑将军，仪同三司[13]，封吴侯；以故主芳贵人邢氏，妻之[14]。邢美色妒忌；下不堪命[15]，遂共杀壹及邢氏。壹入魏(黄初)三年死[16]。

【注释】

〔1〕扬武中郎将：官名。领兵征伐。　〔2〕讷于造次：在需要应急发挥口才的场合不善于言辞。　〔3〕地主：当地的主人。孙权进攻石阳，是从孙奂治理的江夏郡出兵，所以这样说。　〔4〕淮道：淮河方向的道路。淮河在石阳的东北方。　〔5〕高城：地名。在今湖北汉川市西北。〔6〕扬威将军：官名。领兵征伐。　〔7〕裨(pí)将军：官名。属低级将军。领兵征伐。　〔8〕关内侯：爵位名。比列侯低一等，也能收取民户租税，但民户的数量较少。　〔9〕昭武中郎将：官名。领兵征伐。〔10〕公安督：官名。公安战区的指挥官。　融：即诸葛融(？—公元253)。传附本书卷五十三《诸葛瑾传》。　〔11〕镇南：官名。即镇南将军。领兵征伐。　镇军：官名。即镇军将军。领兵征伐。　〔12〕部曲：部属。　将：带领。　〔13〕仪同三司：享有的仪仗队规格与三公相同。〔14〕故主：过去的君主。　芳：即曹芳(公元232—274)。事详本书卷四。　贵人：宫廷女官名。即皇帝的小妾。但是据本书卷五《后妃传》，曹魏皇后之下，女官名号有夫人、贵嫔、淑妃、淑媛、昭仪、昭华、修容、修仪、倢仔、容华、美人、良人共十二等，没有贵人名号。此处史文疑有误。　〔15〕下不堪命：下人忍受不了她的驱使。　〔16〕入魏三年死：孙壹死于曹魏甘露四年(公元259)十一月，见本书卷四《三少帝纪》。

【裴注】

〔一〕《江表传》曰："初，权在武昌，欲还都建业；而虑水道溯流二千里，一旦有警，不相赴及：以此怀疑。及至夏口，于坞中大会百官，议之，诏曰：'诸将吏勿拘位任，其有计者，为国言之！'诸将或陈'宜立栅，栅夏口'，或言'宜重设铁锁'者：权皆以为非计。时梁为小将，未有知名；乃越席而进曰：'臣闻香饵引泉鱼，重币购勇士。今宜明树赏罚之信，遣将入沔，与敌争利；形势既成，彼不敢干也。使武昌有精兵万人，付智略者任将，常使严整；一旦有警，应声相赴。作甘水城，轻舰数千，诸所宜用，皆使备具。如此，开门延敌，敌自不来矣！'权以梁计为最得，即超增梁位。后稍以功进，至沔中督。"

　　孙贲字伯阳。父羌字圣（壹）〔台〕，坚同产兄也[1]。贲早失二亲，弟辅，婴孩；贲自赡育，友爱甚笃。为郡督邮，守长[2]。坚于长沙举义兵，贲去吏从征伐[3]。坚薨，贲摄帅余众[4]，扶送灵柩。

　　后袁术徙寿春，贲又依之。术从兄绍，用会稽周昂为九江太守；绍与术不协[5]，术遣贲攻破昂于阴陵[6]。术表贲领豫州刺史。转丹杨都尉，行征虏将军，讨平山越。为扬州刺史刘繇所追逐，因将士众还住历阳。顷之，术复使贲与吴景，共击樊能、张英等，未能拔。及策东渡，助贲、景破英、能等；遂进击刘繇，繇走豫章。策遣贲、景还寿春，报术。值术僭号，署置百官：除贲九江太守。贲不就，弃妻孥还江南[7]。〔一〕

　　时策已平吴、会二郡，贲与策征庐江太守刘勋、江夏太守黄祖。军旋[8]，闻繇病死，过定豫章：上贲领太守[9]。〔二〕后封都亭侯。

　　建安十三年，使者刘隐奉诏，拜贲为征虏将军，领郡如故。在官十一年卒。子邻嗣。

【注释】
　　〔1〕同产：同母。　〔2〕守长：代理县长。　〔3〕去吏：弃官。〔4〕摄帅：收集统率。　〔5〕不协：不和。　〔6〕阴陵：县名。县治在今安徽凤阳县西南。　〔7〕妻孥（nú）：妻子儿女。　〔8〕旋：回还。〔9〕上：上表朝廷推举。

【裴注】

〔一〕《江表传》曰："袁术以吴景守广陵；策族兄香，亦为术所用，作汝南太守；而令贲为将军，领兵在寿春。策与景等书曰：'今征江东，未知二三君意云何耳？'景即弃守归，贲困而后免；香以道远，独不得还。"《吴书》曰："香字文阳。父孺，字仲孺，坚再从弟也。仕郡主簿、功曹。香从坚征伐，有功，拜郎中。后为袁术驱驰，加征南将军。死于寿春。"

〔二〕《江表传》曰："时丹杨僮芝，自署庐陵太守。策留贲弟辅，领兵住南昌。策谓贲曰：'兄今据豫章，是扼僮芝咽喉而守其门户矣。但当伺其形便，因令国仪杖兵而进；使公瑾为作势援：一举可定也！'后贲闻芝病，即如策计；周瑜到巴丘，辅遂得进据庐陵。"

邻年九岁代[1]，领豫章，进封都乡侯。〔一〕在郡垂二十年，讨平叛贼，功绩修理。召还武昌，为绕帐督[2]。

时太常潘濬掌荆州事[3]，重安长陈留舒燮有罪下狱[4]；濬尝失燮[5]，欲置之于法[6]。论者多为有言，濬犹不释。邻谓濬曰："舒伯膺兄弟争死[7]，海内义之，以为美谈；仲膺又有奉国旧意[8]。今君杀其子弟，若天下一统，青盖北巡[9]；中州士人必问仲膺继嗣[10]，答者云'潘承明杀燮[11]'，于事何如？"濬意即解，燮用得济[12]。〔二〕

邻迁夏口、沔中督[13]，威远将军[14]：所居任职。

赤乌十二年卒。子苗嗣。苗弟旅，及叔父安、熙、绩，皆历列位[15]。〔三〕

【注释】

〔1〕九岁代：九岁代替父亲领兵。孙权称王自立之前，除实行奉邑

制外，还同时实行了领兵制。重要将领所统领的军队，在父兄死亡后可以传给子弟，形成世袭领兵的特殊现象。孙邻九岁时成为名义上的领兵官，并兼任太守职务，即是典型事例之一。 〔2〕绕帐督：官名。孙吴皇帝卫队指挥官之一。统领绕帐分队。 〔3〕潘濬掌荆州事：黄龙元年（公元229），孙权把都城从武昌迁回建业。留陆逊与潘濬在武昌镇守，处理荆州上游的军政事务。见本书卷六十一《潘濬传》。 〔4〕重安：县名。县治在今湖南衡阳县西北。 〔5〕失：不满意。 〔6〕置之于法：指处死。 〔7〕伯膺：舒燮的伯父字伯膺。 〔8〕仲膺：舒燮之父舒邵字仲膺。 奉国：指投奔孙吴。 〔9〕青盖：青色车盖。当时皇帝礼仪专车上的车盖，外面为青色，内里为黄色，用羽毛装饰，所以有青盖、黄屋、羽盖多种称呼。这里代指孙吴皇帝。 〔10〕中州：中原。〔11〕承明：潘濬字承明。 〔12〕得济：得救。 〔13〕沔中督：官名。沔中战区的指挥官。 〔14〕威远将军：官名。领兵征伐。 〔15〕列位：各种官位。

【裴注】

〔一〕《吴书》曰："邻，字公达。雅性精敏，幼有令誉。"

〔二〕《博物志》曰："仲膺名邵。初，伯膺亲友为人所杀，仲膺为报怨。事觉，兄弟争死：皆得免。"袁术时，邵为阜陵长。亦见《江表传》。

〔三〕《吴历》曰："邻又有子曰述，为武昌督，平荆州事；震，无难督；谐，城门校尉；歆，乐乡督。震后御晋军，与张悌俱死。贲曾孙惠，字德施。"《惠别传》曰："惠，好学有才智。晋永宁元年，赴齐王冏义，以功封晋兴侯。辟大司马贼曹属。冏骄矜僭侈，天下失望；惠献言于冏，讽以五难、四不可；劝令委让万机，归藩青岱。辞甚深切，冏不能纳，顷之果败。成都王颖，召为大将军参军。是时颖将有事于长沙，以陆机为前锋都督。惠与机，乡里亲厚，忧其致祸。谓之曰：'子盍让都督于王粹乎？'机曰：'将谓吾避贼首鼠，更速其害！'机寻被戮；二弟云、耽，亦见杀。惠甚伤恨之。永兴元年，乘舆幸邺。司空东海王越，治兵下邳。惠以书干越，诡其姓名，自称'南岳逸民秦秘之'：勉以勤王匡世之略，辞义甚美。越省其书，榜题道衢，招求其人。惠乃出见，越即以为记室参军；专掌文疏，豫参谋议。每造书檄，越或驿马催之；应命立成，皆有辞旨。累迁显职，后为广武将军，安丰内史。年四十七，卒。惠文翰，凡数十首。"

孙辅字国仪。贲弟也。以扬武校尉佐孙策平三郡[1]。策讨丹杨七县，使辅西屯历阳，以拒袁术；并招诱余民，鸠合遗散[2]。又从策讨陵阳[3]，生得祖郎等。〔一〕策西袭庐江太守刘勋，辅随从；身先士卒，有功。策立辅为庐陵太守，抚定属城，分置长吏。

迁平南将军，假节，领交州刺史。遣使与曹公相闻，事觉，权幽系之。〔二〕

数岁卒。子兴、昭、伟、昕，皆历列位。

【注释】

〔1〕扬武校尉：官名。领兵征伐。 三郡：指孙策渡江后最先平定的丹杨、吴、会稽三郡。 〔2〕鸠合：集合。 〔3〕陵阳：县名。县治在今安徽青阳县东南。

【裴注】

〔一〕《江表传》曰："策既平定江东，逐袁胤。袁术深怨策，乃阴遣间使赍印绶，与丹阳宗帅陵阳祖郎等；使激动山越，大合众，图共攻策。策自率将士讨郎，生获之。策谓郎曰：'尔昔袭击孤，斫孤马鞍；今创军立事，除弃宿恨，惟取能用；与天下通耳，非但汝：汝莫恐怖！'郎叩头谢罪。即破械，赐衣服，署门下贼曹。及军还，郎与太史慈，俱在前导军，人以为荣。"

〔二〕《典略》曰："辅恐权不能保守江东，因权出行东冶，乃遣人赍书，呼曹公。行人以告，权乃还，伪若不知；与张昭，共见辅。权谓辅曰：'兄厌乐邪？何为呼他人？'辅云：'无是。'权因投书与昭；昭示辅，辅惭，无辞。乃悉斩辅亲近，分其部曲，徙辅置东。"

孙翊字叔弼。权弟也，骁悍果烈，有兄策风。太守朱治举孝廉[1]，司空辟。〔一〕

建安八年，以偏将军领丹杨太守，时年二十。后卒

为左右边鸿所杀，鸿亦即诛。〔二〕

子松，为射声校尉[2]，都乡侯。〔三〕黄龙三年卒。蜀丞相诸葛亮与兄瑾书曰："既受东朝厚遇[3]，依依于子弟[4]。又子乔良器[5]，为之恻怆；见其所与亮器物，感用流涕！"其悼松如此，由亮养子乔咨述故云[6]。

【注释】

〔1〕太守：指吴郡太守。孝廉由家乡所在郡的太守推举，而孙氏籍贯在吴郡富春县。 〔2〕射声校尉：官名。京城特种兵的分队指挥官之一。统领射声营。 〔3〕东朝：当时蜀汉的人称孙吴为东朝。 〔4〕依依于子弟：对孙氏家族的子弟非常关心。 〔5〕子乔：孙松字子乔。〔6〕乔：即诸葛乔（公元204—228），传附本书卷三十五《诸葛亮传》。

【裴注】

〔一〕《典略》曰："翊名俨。性似策。策临卒，张昭等谓策当以兵属俨；而策呼权，佩以印绶。"

〔二〕《吴历》载翊妻徐节行，宜与妩览等事相次，故列于后《孙韶传》中。

〔三〕《吴录》曰："松，善与人交，轻财好施。镇巴丘，数咨陆逊以得失。尝有小过，逊面责松，松意色不平。逊观其少释，谓曰：'君过听不以某鄙，数见访及；是以承来意，进尽言。便变色，何也？'松笑曰：'属亦自忿行事有此，岂有望邪！'"

孙匡字季佐。翊弟也。举孝廉、茂才。未试用，卒，时年二十余。〔一〕

子泰，曹氏之甥也[1]。为长水校尉。嘉禾三年，从权围新城，中流矢死。泰子秀为前将军，夏口督[2]。

秀公室至亲[3]，握兵在外，皓意不能平。建衡二年，皓遣何定，将五千人，至夏口猎。先是，民间金言秀当见图[4]；而定远猎[5]，秀遂惊：夜将妻子亲兵数百人奔晋。

晋以秀为骠骑将军，仪同三司，封会稽公。[二]

【注释】

　　[1]曹氏之甥：孙匡娶曹操的侄女为妻，所以孙泰是曹氏的外甥。事见本书卷四十六《孙策传》。　[2]前将军：官名。领兵征伐。[3]公室：即公族。诸侯的家族。　[4]佥(qiān)：都。见图：受到谋算。　[5]远猎：夏口在今湖北武汉市长江南岸，与建业距离千里以上，所以是远猎。

【裴注】

　　[一]《江表传》曰："曹休出洞口，吕范率军御之。时匡为定武中郎将，(遣)〔违〕范令放火，烧损茅芒。以乏军用，范即启送匡还吴；权别其族为丁氏，禁锢终身。"臣松之按：本传曰："匡未试用，卒，时年二十余。"而《江表传》云吕范在洞口，匡为定武中郎将。既为定武，非为未试用。且孙坚以初平二年卒，洞口之役在黄初三年，坚卒至此合三十一年；匡时若尚在，本传不得云卒时年二十余也。此盖权别生弟朗，《江表传》误以为匡也。朗之名位，见《三朝录》及虞喜《志林》也。

　　[二]《江表传》曰："皓大怒，追改秀姓曰'厉'。"干宝《晋纪》曰："秀在晋朝，初闻皓降，群臣毕贺；秀称疾不与，南向流涕曰：'昔讨逆弱冠以一校尉创业，今后主举江南而弃之；宗庙、山陵，于此为墟：悠悠苍天，此何人哉！'朝廷美之。"《晋诸公赞》曰："吴平，降为伏波将军，开府如故。永宁中卒，追赠骠骑、开府。子俭，字仲节。给事中。"

　　孙韶字公礼。伯父河，字伯海。本姓俞氏，亦吴人也；孙策爱之，赐姓为孙，列之属籍[1]。[一]

　　后为将军，屯京城[2]。初，孙权杀吴郡太守盛宪，[二]宪故孝廉妫览、戴员亡匿山中[3]。孙翊为丹杨[4]，皆礼致之。览为丹杨都尉督兵[5]，员为郡丞[6]。

及翊遇害，河驰赴宛陵^{〔7〕}；责怒览、员以不能全（权）〔翊〕^{〔8〕}，令使奸变得施。二人议曰："伯海与将军疏远^{〔9〕}，而责我乃（耳）〔尔〕^{〔10〕}；讨虏若来^{〔11〕}，吾属无遗矣^{〔12〕}！"遂杀河，使人北迎扬州刺史刘馥^{〔13〕}；令住历阳，以丹杨应之。会翊帐下徐元、孙高、傅婴等杀览、员^{〔14〕}。^{〔三〕}

【注释】

〔1〕属籍：亲属的名册。 〔2〕京城：此处为地名。在今江苏镇江市。 〔3〕故孝廉：过去举荐的孝廉。 〔4〕为丹杨：指出任丹杨太守。〔5〕督兵：督领军队。 〔6〕郡丞：官名。郡太守的副手。协助太守处理公务。 〔7〕宛陵：县名。县治在今安徽宣城市宣州区。当时是丹杨郡治所。 〔8〕全：保全。 〔9〕将军：指被杀的孙翊。当时他任偏将军。 〔10〕乃耳：就像这样。 〔11〕讨虏：指孙权。当时他任讨虏将军。 〔12〕吾属：我们。 〔13〕刘馥（？—公元208）：传见本书卷十五。 〔14〕帐下：指亲信随从。

【裴注】

〔一〕《吴书》曰："河，坚族子也。出后姑俞氏，后复姓为孙。河质性忠直，讷言敏行；有气干，能服勤。少从坚征讨，常为前驱。后领左右兵，典知内事：待以腹心之任。又从策平定吴、会。从权讨李术，术破，拜威寇中郎将，领庐江太守。"

〔二〕《会稽典录》曰："宪字孝章。器量雅伟。举孝廉，补尚书郎。稍迁吴郡太守，以疾去官。孙策平定吴、会，诛其英豪；宪素有高名，策深忌之。初，宪与少府孔融善，融忧其不免祸，乃与曹公书曰：'岁月不居，时节如流；五十之年，忽焉已至：公为始满，融又过二。海内知识，零落殆尽；惟会稽盛孝章尚存。其人困于孙氏，妻孥湮没，单子独立，孤危愁苦；若使忧能伤人，此子不得复永年矣。《春秋传》曰："诸侯有相灭亡者，桓公不能救，则桓公耻之。"今孝章，实丈夫之雄也，天下谈士依以扬声；而身不免于幽执，命不期于旦夕：是吾祖不当复论损益之友，而朱穆所以绝交也。公诚能驰一介之使，加咫尺之书；

则孝章可致，友道可弘也。今之少年，喜谤前辈；或能讥平皮柄反。孝章。孝章要为有天下大名，九牧之民所共称叹。燕君市骏马之骨，非欲以骋道里，乃当以招绝足也。惟公匡复汉室，宗社将绝，又能正之；正之之术，实须得贤。珠玉无胫而自至者，以人好之也；况贤者之有足乎？昭王筑台以尊郭隗，隗虽小才，而逢大遇，竟能发明主之至心；故乐毅自魏往，剧辛自赵往，邹衍自齐往。向使郭隗倒悬而王不解，临溺而王不拯；则士亦将高翔远引，莫有北首燕路者矣。凡所称引，自公所知；而有云者，欲公崇笃斯义也。因表不悉。'由是征为骑都尉。制命未至，果为权所害。子匡奔魏，位至征东司马。"

〔三〕《吴历》曰："妫览、戴员亲近边鸿等，数为翊所困，常欲叛逆；因吴主出征，遂其奸计。时诸县令长并会，见翊。翊以妻徐氏颇晓卜，翊入语徐：'吾明日欲为长吏作主人，卿试卜之。'徐言：'卦不能佳！可须异日。'翊以长吏来久，宜速遣，乃大请宾客。翊出入常持刀，尔时有酒色，空手送客；鸿从后斫翊，郡中扰乱，无救翊者：遂为鸿所杀，逃走入山。徐氏购募追捕，中宿乃得，览、员归罪杀鸿。诸将皆知览、员所为，而力不能讨。览入居军府中，悉取翊媵妾及左右侍御。欲复取徐，恐逆之见害，乃绐之曰：'乞须晦日，设祭除服。'时月垂竟，览听须祭毕。徐潜使所亲信，语翊亲近旧将孙高、傅婴等，说：'览已虏略婢妾，今又欲见逼；所以外许之者，欲安其意以免祸耳。欲立微计，愿二君哀救！'高、婴涕泣答言：'受府君恩遇，所以不即死难者，以死无益，欲思惟事计；事计未立，未敢启夫人耳。今日之事，实夙夜所怀也！'乃密呼翊时侍养者二十余人，以徐意语之；共盟誓，合谋。到晦日，设祭；徐氏哭泣尽哀毕，乃徐服，熏香沐浴；更于他室，安施帏帐，言笑欢悦，示无戚容。大小凄怆，怪其如此。览密觇视，无复疑意。徐呼高、婴与诸婢罗住户内，使人报览，说：'已除凶即吉，惟府君敕命。'览盛意入，徐出户拜。览适得一拜，徐便大呼：'二君可起！'高、婴俱出，共得杀览；余人即就外杀员。夫人乃还缞绖，奉览、员首，以祭翊墓。举军震骇，以为神异！吴主续至，悉族诛览、员余党；擢高、婴为牙门；其余皆加赐金帛，殊其门户。"

韶年十七，收河余众；缮治京城，起楼橹[1]，修器备以御敌。

权闻乱，从椒丘还[2]；过定丹杨，引军归吴。夜至京城下营，试攻惊之；兵皆乘城传檄备警[3]，谨声动地[4]，颇射外人：权使晓喻，乃止。

明日见韶，甚器之；即拜承烈校尉[5]，统河部曲；食曲阿、丹徒二县[6]，自置长吏，一如河旧。后为广陵太守，偏将军。权为吴王，迁扬威将军，封建德侯。权称尊号，为镇北将军[7]。

韶为边将数十年，善养士卒，得其死力。常以警疆场、远斥候为务[8]；先知动静，而为之备：故鲜有负败。青、徐、汝、沛颇来归附[9]，淮南滨江屯候皆撤兵远徙[10]；徐泗、江、淮之地，不居者各数百里。

自权西征还，都武昌，韶不进见者十余年。权还建业，乃得朝觐。权问青、徐诸屯要害，远近人马众寡，魏将帅姓名；尽具识之[11]，有问咸对。身长八尺，仪貌都雅[12]。权欢悦曰："吾久不见公礼，不图进益乃尔！"加领幽州牧，假节。

赤乌四年，卒。子越嗣，至右将军[13]。越兄楷，武卫大将军[14]，临成侯，代越为京下督。楷弟异，至领军将军[15]；奕，宗正卿；恢，武陵太守。

天玺元年，征楷为宫下镇、骠骑将军[16]。初，永安贼施但等，劫皓弟谦，袭建业；或白楷二端不即赴讨者[17]。皓数遣诘楷，楷常惶怖；而猝被召，遂将妻子亲兵数百人，归晋。晋以为车骑将军，封丹杨侯。[一]

【注释】

〔1〕楼橹：瞭望的高楼。 〔2〕椒丘：城名。在今江西新建县东北。

〔3〕乘城：登城。 传檄：传送命令。 〔4〕讙(huān)：喧嚷。
〔5〕承烈校尉：官名。领兵征伐。 〔6〕食：指收取民户租税自己享用。
这里的曲阿、丹徒二县，就是孙韶的奉邑。 〔7〕镇北将军：官名。领
兵征伐。 〔8〕警疆埸(yì)：警戒边境。 远斥候：派出侦察兵到远处。
当时称侦察兵为斥候。 〔9〕青：指曹魏的青州。治所在今山东淄博市
东。 徐：指曹魏的徐州。治所在今江苏邳州市西南。 汝：指曹魏豫州
的汝南郡。治所在今河南息县。 沛：指曹魏豫州的沛国。治所在今江
苏沛县。 〔10〕屯候：军营哨所。 〔11〕识(zhì)：记得。 〔12〕都
雅：俊美文雅。 〔13〕右将军：官名。领兵征伐。 〔14〕武卫大将军：
官名。统领皇帝卫队。 〔15〕领军将军：官名。统领指挥京城卫戍军
队。 〔16〕宫下镇：官名。孙皓时设立的皇宫内警卫队长官，侍从保卫
皇帝。 〔17〕二端：迟疑观望。

【裴注】
　〔一〕《晋诸公赞》曰："吴平，降为渡辽将军。永安元年卒。"
《吴录》曰："楷处事严整，不如孙秀；而人间知名，过也。"

　　孙桓字叔武。河之子也。〔一〕年二十五，拜安东中
郎将〔1〕。与陆逊共拒刘备，备军众甚盛，弥山盈谷。桓
投刀奋命，与逊戮力，备遂败走。桓斩上(兜)〔夔〕
道〔2〕，截其径要。

　　备逾山越险，仅乃得免，忿恚叹曰："吾昔初至京
城，桓尚小儿；而今迫孤，乃至此也！"桓以功拜建武
将军〔3〕，封丹徒侯。下督牛渚〔4〕，作横江坞〔5〕。会
卒〔6〕。〔二〕

【注释】
　〔1〕安东中郎将：官名。领兵征伐。 〔2〕斩上夔(kuí)道：斩伐树
木开辟通往上游夔国故地的道路。夔是先秦古国名，故地在今湖北秭归
县。孙桓这样做是想抄近路截住刘备。 〔3〕建武将军：官名。领兵征

伐。 〔4〕下：调往长江下游。 督牛渚：担任牛渚战区的指挥官。
〔5〕横江：地名。在今安徽和县东南长江边。 坞：堡垒。 〔6〕会卒：
碰巧（这时）死亡。

【裴注】

〔一〕《吴书》曰："河有四子：长助，曲阿长；次谊，海盐长：并早
卒。次桓，仪容端正，器怀聪朗，博学强记，能论议应对。权常称为宗
室颜渊，擢为武卫都尉。从讨关羽于华容，诱羽余党；得五千人，牛马、
器械甚众。"

〔二〕《吴书》曰："桓弟俊，字叔英。性度恢弘，才经文武。为定
武中郎将，屯戍薄落。赤乌十三年卒。长子建，袭爵，平虏将军。少子
慎，镇南将军。慎子丞，字显世。"

《文士传》曰："丞好学，有文章，作《萤火赋》行于世。为黄门侍
郎，与顾荣俱为侍臣。归命世，内侍多得罪尤：惟荣、丞，独获全。常
使二人记事：丞答，顾问。乃下诏曰：'自今以后，用侍郎，皆当如今宗
室丞、顾荣畴也。'吴平，赴洛。为范阳、涿令，甚有称绩。永安中，
陆机为成都王大都督，请丞为司马：与机俱被害。"

评曰：夫亲亲恩义[1]，古今之常；"宗子维城[2]"，
诗人所称[3]。况此诸孙，或赞兴初基，或镇据边陲，克
堪厥任，不忝其荣者乎[4]？故详著云。

【注释】

〔1〕亲亲：亲戚。这是当时习语。 〔2〕宗子维城：王族子弟就是
（保护王朝的）城墙。句出《诗经·板》。 〔3〕诗人：指《诗经》诗歌
的作者。 〔4〕不忝其荣：不辜负他们（得到）的荣誉。

【译文】

孙静，字幼台，是孙坚的三弟。孙坚开始起事时，孙静纠合
了同乡和宗族共五六百人保卫家乡：周围的民众都来依附他。孙
策攻破刘繇，平定江东各县，又进攻会稽郡；派人去请孙静出山，

孙静带领家属与孙策在钱唐县相会。

当时会稽郡太守王朗，在固陵一线抵御孙策；孙策多次渡过江去作战，未能得手。孙静劝孙策说："王朗凭借城池坚守，难以一下子攻克。查渎，在这以南几十里，是交通的要道。应当从那里去占据敌军的内线，这就是所谓的攻其无备、出其不意啊。我要亲自带领人马，充当前锋，必定攻破对方无疑！"孙策说："好！"于是孙策找了借口向军中下令说："近来连连下雨，饮水浑浊，士兵喝了很多人腹痛。我命令赶快准备几百只瓮和罐，用来澄清饮水。"到了晚上，他却下令把瓮、罐分布摆放，灌上油点燃火流放到江中，制造军队已在此夜渡的假象以迷惑王朗，并立即分兵趁夜色经过查渎，前往偷袭高迁屯的敌军。王朗大惊，赶忙派从前的丹杨郡太守周昕等，率军前往迎战。孙策击败周昕等人，将其斩首，终于平定了会稽郡。

孙策上表委派孙静为奋武校尉，想授给他重任；而孙静却眷恋祖宗坟墓和宗族亲人，不喜欢出门当官，所以请求留在家乡镇守；孙策依从了他。

孙权继承哥哥孙策统管大业，派人就地宣布提升孙静为昭义中郎将，他后来在家中去世。孙静有五个儿子：孙暠、孙瑜、孙皎、孙奂、孙谦。其子孙暠又有三个儿子：孙绰、孙超、孙恭。孙超曾任偏将军。孙恭的儿子是孙峻，孙绰的儿子是孙綝。

孙瑜，字仲异。他开始统领兵马时担任恭义校尉。当时，孙瑜手下的宾客部将多为长江北岸的人，他虚心加以安抚，得到他们的拥护。

汉献帝建安九年（公元204），他兼任丹杨郡太守；部下很乐意跟随他，手下的军队发展到一万多人。孙权加授他绥远将军的军职。建安十一年（公元206），他与周瑜共同进攻麻屯、保屯，大破敌军。后来随从孙权到濡须抵御曹操，孙权急于交战。孙瑜劝他慎重行事，孙权不听：出军对战果然劳而无功。孙瑜升任奋威将军，依旧兼任丹杨郡太守，驻地由溧阳县迁往长江边的牛渚。他任命永安县人饶助为襄安县长，无锡县人颜连为居巢县长；让他们去招纳长江北岸庐江、九江两郡的敌方百姓，各自得到不少前来投降的归附者。

济阴郡人马普专心学问喜好古代典籍，孙瑜对他厚加礼待；让自己奋威将军府、丹杨郡太守府当中武将文官的几百子弟，前来学习接受教育：从此设立官方学校，他常常亲临学校视察并设宴犒劳，还参加课堂的讲习。当时，孙权手下诸将都只忙着处理军务，而孙瑜却喜欢阅读文献典籍；虽然身在军队，却读书之声不断。

建安二十年(公元 215)，他去世，终年三十九岁。他有五个儿子：孙弥、孙熙、孙耀、孙曼、孙纮。孙曼官做到将军，封侯。

孙瑜的弟弟孙皎，字叔朗。开初担任护军校尉，带领二千人马。当时曹操多次前来进攻濡须，每一次孙皎都赶去迎击，被称为精锐之军。他升任都护、征虏将军，代替程普指挥夏口战区的军队。黄盖和孙皎的哥哥孙瑜去世之后，两人的部队也一并由孙皎统领。孙权还把沙羡、云杜、南新市、竟陵四县赐给孙皎做可以自行享用民众上交祖税的奉邑；孙皎可以自行任命这四县的行政长官。

孙皎轻视财产能够把财产广泛施予别人，善于和人交往结识。例如他与诸葛瑾友谊极为深厚，把议论自己处事得失的任务委托给庐江郡人刘靖，又让江夏郡人李允充当助手办理各项公务，派广陵郡人吴硕、河南郡人张梁负责军事：对他们推心置腹热情对待，使他们人人尽心尽力工作。孙皎曾经派侦察兵出去活动，而侦察兵抓获了魏军边境将领所管辖区域内的民间美女，带回来献给孙皎。孙皎让女子们换上好衣服后，送她们回去，还为此下达指令说："现今要诛灭的是曹操，他的百姓有什么罪过？从今以后，不准袭击敌方的老弱妇女！"由于这一措施，长江、淮河之间的魏方百姓前来归附他的很多。

他曾经为一件小事与将军甘宁发生激烈争执，有人劝甘宁忍让。甘宁说："君主的臣僚和君主的公子在地位上是一样平等的：他虽然是主公家族的子弟，怎么可以独断专行欺侮人呢！我碰上了英明的君主，只会贡献力量用生命来报效，以感谢主公像上天那样的厚爱；确实不能随从世俗低头屈膝啊！"孙权得知此事后，写信责备孙皎说："自从我与北方为敌交战，已经有十年了；最初与北方相对峙时您还小，而今您却将近三十岁了！孔子说是'三十而立'，不只是指他要完成儒家五经的编撰，而且也有自身修养的确立。现今授给您精兵，委您以重任，充当都护在千里之外江防沿线指挥众将官；是想让您像从前楚国的大臣昭奚恤那样，在北方的边境上显扬军威：而不是让您去随意发泄个人的情感而已。近来听说您与甘兴霸饮酒，借酒发作，欺侮了他；他上书请求改属吕蒙指挥。这个人虽然粗鲁，有不如人意的时候；然而基本上算得一个大丈夫。因此我亲近他，并不是要袒护他。可是我所亲近爱惜的人，您却疏远憎恶他；您所作所为每每与我相违背，这样能长久下去吗？停下来居住时举止恭敬而外出时一切从简，这样就可以治理民众；爱护别人而善于容忍，这样就可以得到人心。上述二者还不懂，怎么能在远方统领指挥大军，抵御强敌解除危难呢？您逐渐长大了，所以特别承当重任；上面有远方的朝廷君臣在注视着，下面有部下将士朝夕相处：哪里能随意大发怒火呀？人谁没有过错？贵在能勇于改正；您应当追悔不久前的过失，好好责备自己！现今特别劳烦诸葛子瑜前来再次表达我的意思。面对书信不禁伤感，心中悲怆眼泪也掉了下来！"

孙皎得到这封信，立即呈上表章表示歉意，然后与甘宁结为好友。后来吕蒙要出兵袭击南郡，孙权准备派孙皎与吕蒙分别担任左、右两部分军队的总指挥官。吕蒙劝孙权说："如果主公认为孙将军合适，就应当只任用他为总指挥官；如果认为吕蒙我合适，就应当只任用我。当初周瑜、程普分别担任左、右两部分的总指挥官，共同进攻江陵城；虽然规定大事由周瑜决定，而程普仗恃自己是老将，而且都是总指挥官，所以和周瑜不和睦，几乎坏了国家大事：这可是近在眼前的鉴戒啊！"孙权醒悟，立即向吕蒙表示歉意说："以您为总指挥官，命令孙皎为后援。"擒杀关羽，平定荆州，孙皎是出了力的。

他在建安二十四年（公元 219）去世。孙权追评他的功劳，封他的儿子孙胤为丹杨侯。孙胤去世，没有儿子。由其弟弟孙晞继承爵位，并统领兵马；后来孙晞有罪自杀，封地被撤销。孙晞的弟弟孙咨、孙弥、孙仪，都当将军，封侯。其中孙咨，曾任羽林督；孙仪，曾任无难督。孙咨被滕胤处死，孙仪遭孙峻杀害。

孙皎的弟弟孙奂，字季明。自从哥哥孙皎去世之后，他就接着统领孙皎的部队；以扬武中郎将的身份兼任江夏郡太守。上任第一年中，他遵循孙皎过去的做法，尊重优待刘靖、李允、吴硕、张梁以及江夏郡人间举等，采纳他们的有益建议。孙奂在需要应急发挥口才的场合不善于言辞，而处理政事却很敏捷，军民都称赞他。

黄武五年（公元 226），孙权率军由江夏郡进攻曹魏的石阳县。孙奂作为当地的军政长官，派遣部下的将军鲜于丹带领五千人马，先截断淮河方向的道路；而自己则统率吴硕、张梁共五千人马充当大军的前锋：他迫使敌方的高城守军投降，俘获三员敌将。大军凯旋时，孙权下诏让他在前方停下来；然后乘车经过孙奂的军队，只见队伍的阵形整整齐齐，孙权不禁赞叹说：“当初我还担忧他为人迟钝；而今看他治军的情况，诸将中少有能赶上他的，我不再担忧了！”于是提升孙奂为扬威将军，封沙羡侯。吴硕、张梁都升任裨将军，被赐予关内侯爵位。

孙奂也喜欢儒生，又命令部下武将文官的子弟前来学习；后来这些子弟中到朝廷任职的有几十人。

嘉禾三年（公元 234），他四十岁时去世。儿子孙承继承了他的爵位，以昭武中郎将的身份接替父亲统领兵马，兼任江夏郡太守。孙承在赤乌六年（公元 243）去世。他没有儿子，孙权让孙承庶母所生的弟弟孙壹，作为孙奂的继承人，封孙壹爵位，由孙壹承袭父亲的兵马担任将军。

孙峻诛杀诸葛恪时，孙壹受命与全熙、施绩一起进攻诸葛恪的弟弟，也就是当时担任公安战区军事指挥官的诸葛融，诸葛融被迫自杀。孙壹从镇南将军升任镇军将军，被授予节杖，担任夏口战区的军事指挥官。后来孙綝杀死滕胤、吕据，而滕、吕二人都是孙壹的妹夫；孙壹的弟弟孙封又知道这二人的密谋，恐惧自杀：所以孙綝又派朱异去偷袭孙壹。朱异的人马才到达夏口东面的武昌，孙壹就知道其目的是攻杀自己；随即率领部下一千多人，并在路过时带上滕胤的妻子也就是自己的妹妹，一起投奔魏国。

魏国任命他为车骑将军，仪仗队的规格与三公相同，封吴侯；又把被废黜的过去魏国君主曹芳的一名小妾邢氏，赏他做妻子。这邢氏虽然容颜美丽却生性妒忌；下人忍受不了她的驱使，就把孙壹和邢氏一齐杀了。孙壹投降魏国三年后死去。

　　孙贲，字伯阳。他的父亲孙羌，字圣台，是孙坚的同胞哥哥。孙贲很早失去父母双亲，当时弟弟孙辅，还是小婴儿；孙贲亲自赡养哺育小弟，情意深挚。他后来出任本郡督邮，代理县长。孙坚在长沙郡发动义军讨伐董卓，孙贲离职随孙坚南征北战。孙坚去世，孙贲收集统率余下的将士，护送孙坚的灵柩回江东。

　　后来，袁术转移到淮南的寿春县，他又去依附袁术。袁术的堂兄袁绍任用会稽郡人周昂为九江郡太守；袁绍并袁术不和，袁术派孙贲到阴陵县攻破周昂。于是袁术上表委派孙贲兼任豫州刺史。转任丹杨郡都尉，代行征虏将军职权，前去讨伐平定丹杨郡内的山越。后来被汉朝派来的扬州刺史刘繇逼迫驱逐，他只好带领部下退到历阳驻扎。没有多久，袁术又让他与吴景一起，攻击刘繇的部将樊能、张英等，却未能得手。到了孙策渡长江到江东，帮助孙贲、吴景击败张英、樊能；又进击刘繇，刘繇逃往豫章郡。孙策派孙贲、吴景回寿春，向袁术报告战况。碰上这时袁术非分地称帝，委任设置朝廷百官：任命孙贲为九江郡太守。孙贲不去就职，丢下妻室儿女跑回江东。

　　这时孙策已经平定了吴、会稽二郡，孙贲就随同孙策征讨庐江郡太守刘勋、江夏郡太守黄祖。大军回来时，听说刘繇病死，在途中又顺便攻占了豫章郡：孙策上表委任孙贲兼任豫章郡太守，后来封都亭侯。

　　建安十三年（公元208），汉朝的使者刘隐奉天子的诏命，任命孙贲为征虏将军，依旧兼任郡太守。他在这个职位上当官当了十一年之后去世。儿子孙邻继承了他的爵位。

　　孙邻九岁时即继承父亲的领兵权力，并且兼任豫章郡太守，晋封都乡侯。他在郡中任职近二十年，讨伐平定辖境内的叛乱分子，在政治上成绩显著。后来他被召回京城武昌，担任禁卫军的分队指挥官绕帐督。

　　当时太常卿潘濬负责管理荆州的政务，重安县长陈留郡人舒燮有罪被关进监狱；潘濬曾经不满意舒燮，就想把他处以死刑。议论这件事的人大多为舒燮求情，而潘濬的愤恨仍然不消。孙邻就对潘濬说："舒燮的父亲舒仲膺，和哥哥舒伯膺争着承担死罪以求救活对方，海内人士认为他们很重义气，传为美谈；加之仲膺当初又前来投奔我国表现出忠诚心意。如今您杀了仲膺的子弟，如果天下一统，我朝皇帝乘青盖车到北方巡视；中原士大夫必定要问舒仲膺的儿子怎么样，回答的人说潘承明早把他杀了，您觉得这事情如何？"潘濬听了愤恨马上打消，舒燮因此得救。

孙邻升任夏口战区军事指挥官，沔中战区军事指挥官，威远将军：在这些职位上都很称职。

他在赤乌十二年（公元249）去世。儿子孙苗继承了他的爵位。孙苗的弟弟孙旅以及孙苗的叔父孙安、孙熙、孙绩，都历任各种官职。

孙辅，字国仪。是孙贲的弟弟。他以扬武校尉的身份帮助孙策平定了江东的丹杨、吴、会稽三郡。孙策讨伐丹杨郡的七个县时，派孙辅到西面的历阳驻扎，以抵御袁术；同时让他招纳当地余下的民众，集合逃散的百姓。他又随孙策进攻历阳，生擒了敌军首领祖郎等人。孙策袭击西面庐江郡的太守刘勋时，孙辅也随同前往；身先士卒，立下战功。孙策委任他为庐陵郡太守，前去安抚所属各县，设立县级行政长官。

后来他升任平南将军，被授予节杖，兼任交州刺史。因为派遣使者与曹操联络，事情发觉，孙权把他关押起来。

几年后去世。他的儿子孙兴、孙昭、孙伟、孙昕，都历任各种官职。

孙翊，字叔弼。是孙权的弟弟。他骁勇强悍，果敢刚烈，有大哥孙策的风范。吴郡太守朱治举荐他为孝廉，司空聘他为下属。

汉献帝建安八年（公元203），他以偏将军的身份兼任丹杨郡太守，当时刚好二十岁。后来却被左右的部将边鸿刺死，边鸿也随即被诛杀。

孙翊的儿子孙松，担任射声校尉，封都乡侯。他在黄龙三年（公元231）去世。蜀国丞相诸葛亮给哥哥诸葛瑾写信时说："我曾经在吴朝受到厚待，所以对孙氏子弟非常关心。子乔是一个优秀人才却不幸早死，为此很感悲伤；看到他赠送给我的东西，不禁泪流满面！"诸葛亮之所以如此痛悼孙松，是他的养子诸葛乔向他叙述了孙松情况的缘故。

孙匡，字季佐。是孙翊的弟弟。他曾被本郡举荐为孝廉，本州举荐为茂才。还没有受到朝廷的任用，就去世了，死时只有二十多岁。

他的儿子孙泰，是曹操侄儿的外甥。官任长水校尉。嘉禾三年(公元234)，他随从孙权围攻合肥新城，被流箭射死。孙泰的儿子孙秀，任前将军，夏口战区军事指挥官。

孙秀是孙氏皇族中与皇帝关系最为亲近的成员之一，在外面掌握精兵，当时的皇帝孙皓心中不安。建衡二年(公元270)，孙皓派亲信将领何定，带了五千人马，到夏口打猎。在此之前，民间都传言孙秀要受到孙皓的谋算；而何定又远道跋涉到夏口来打猎，孙秀不免吃惊：连夜带着妻室儿女和亲兵共几百人投奔晋朝。

晋朝任命他为骠骑将军，仪仗队的规格与三公相同，封会稽公。

孙韶，字公礼。他的伯父孙河，字伯海。本姓俞，也是吴郡人；孙策喜爱孙河，赐他姓孙，而且列入孙氏亲属的名册中。

后来孙河担任将军，驻扎在京这个地方的城堡中。当初，孙权诛杀了吴郡太守盛宪，盛宪从前举荐的孝廉妫览、戴员逃到山中藏了起来。孙翊就任丹杨郡太守，备办礼品把他们请出深山。妫览当了丹杨郡都尉指挥兵马，戴员则当了郡丞。孙翊被部下边鸿杀害之后，孙河立即驰马赶往丹杨郡的治所宛陵县；怒斥妫览、戴员，因为他们未能保护好孙翊，使得边鸿的奸恶阴谋得以实施。妫、戴二人下来后暗中商议说："孙伯海与被害的孙将军关系疏远，都还怒斥我们到这样的程度；万一主公亲自来到，我们就连后代都不会留在世间了！"于是二人杀死孙河，派人到北面去迎接曹操的扬州刺史刘馥；请他赶到历阳，然后鼓动丹杨郡响应他。碰巧这时孙翊的亲信侍从徐元、孙高、傅婴等诛杀了妫览、戴员。

孙韶当时十七岁，收容了孙河的部下；维修京这个地方的城堡，建起供瞭望敌情的高楼，制作军用器械和加强防备设施以抵御敌人。

孙权得知丹杨郡发生变乱，从椒丘赶了回来；途中安定了丹杨郡，然后带兵回转吴县。大军在夜晚路过孙韶在京的军营，孙权决定试着进攻惊扰一下孙韶；结果孙韶的士兵立即登上城墙传送命令进入警戒状态，喊杀声惊天动地，箭像雨一般射来；孙权赶紧派人去说明情况这才停止。

第二天孙权召见了孙韶，对他非常器重；立即委任他为承烈校尉，统领孙河原来的部下；以曲阿、丹徒二县作为奉邑，可以自己委任这两县的行政长官，一切待遇都保持孙河当初的原样。后来孙韶又担任广陵郡太守、偏将军。孙权当了吴王，孙韶升任扬威将军，封建德侯。孙权称帝，孙韶任镇北将军。

孙韶在边境当守将几十年，善于对待将士，能够使他们拼死尽力。他经常把警戒边境、派出侦察兵到远方作为首要任务；先了解敌方动静然后作相应的防备：所以很少有失败。魏国的青、徐二州，以及豫州的汝南郡、沛国，都有不少民众前来投降归附他，而魏军在淮南滨临长江北岸的沿线军营哨所，都往北后退很远；使得徐州的泗水、长江、淮河一带，没有民众居住的地带宽达几百里。

自从孙权西征关羽夺得荆州后回来，建都武昌，孙韶有十多年未能进京拜见孙权。直到孙权迁都回建业，孙韶才得以朝见。孙权问他魏军青、徐二州各处重要的屯兵据点，远近各地人马的多少，将帅的姓名等等；他不仅完全记得，而且有问必答。他身高八尺，仪容俊美文雅。孙权十分喜悦，说："我好久没有见到公礼，没有想到他进步得这样快！"于是让孙韶兼任幽州牧，授予节杖。

他在赤乌四年（公元241）去世。儿子孙越继承了他的爵位，官做到右将军。孙越的哥哥孙楷，任武卫大将军，封临成侯，代替孙越担任京下战区的军事指挥官。孙楷弟弟孙异，官做到领军将军；弟弟孙奕任宗正卿，弟弟孙恢任武陵郡太守。

天玺元年（公元276），孙皓征召孙楷进京担任宫下镇、骠骑将军。当初，永安县的叛军首领施但等，劫持孙皓的弟弟孙谦，袭击建业；有人告发孙楷打两种主意不立即前去讨伐，孙皓多次派使者去追问孙楷，孙楷平常一直惶恐不安；这时猛然接到征召，于是带着妻室儿子和亲兵几百人投奔晋国。晋朝任命他为车骑将军，封丹杨侯。

孙桓，字叔武。是孙河的儿子。他二十五岁时，被任命为安东中郎将。与陆逊一起抵御刘备的进攻，刘备的军队兵力强盛，漫山遍野都是人马。而孙桓挥刀指挥奋不顾身，与陆逊同心合力，刘备终于被打得大败而逃。这时孙桓砍伐树木以开辟通往长江上游夔国故地的通道，然后前去阻截刘备必经的退路。

刘备只好翻山越岭，才勉强得以逃脱险境，他又气又恼叹息说："我当初到京下会见孙权时，孙桓还是一个小娃娃；而今竟然把我逼到如此地步啊！"事后孙桓因功升任建武将军，封丹徒侯。受命到下游做牛渚战区的军事指挥官，在横江修建军事堡垒。恰好他在这时去世。

评论说：亲戚的情谊关系，古往今来一直存在；王族子弟好比是保护王朝的城墙，这是《诗经·板》一诗中的句子。何况这里的各位孙氏家族成员，有的帮助开创国家的最初基础，有的长期镇守边境，都能胜任他们的职务，不辜负他们所得到的荣誉呢？所以在这一卷里对他们详加记述。

张顾诸葛步传第七

张昭字子布，彭城人也。少好学，善隶书。从白侯子安受《左氏春秋》，博览众书；与琅邪赵昱、东海王朗俱发名友善[1]。弱冠察孝廉[2]，不就。与朗共论旧君讳事[3]，州里才士陈琳等皆称善之[4]。〔一〕刺史陶谦举茂才，不应；谦以为轻己，遂见拘执。昱倾身营救，方以得免。汉末大乱，徐方士民多避难扬土[5]，昭皆南渡江。

孙策创业，命昭为长史，抚军中郎将[6]；升堂拜母[7]，如比肩之旧[8]：文武之事，一以委昭。〔二〕

昭每得北方士大夫书疏，专归美于昭。昭欲默而不宣，则惧有私；宣之，则恐非宜：进退不安。策闻之，欢笑曰："昔管仲相齐，一则仲父[9]，二则仲父；而桓公为霸者宗[10]。今子布贤，我能用之；其功名独不在我乎！"

策临亡，以弟权托昭。昭率群僚，立而辅之；〔三〕上表汉室，下移属城[11]；中外将校，各令奉职。

【注释】
〔1〕赵昱：事见本书卷八《陶谦传》裴注引《后汉书》。　发名：少

年得名为发名。　〔2〕弱冠：二十岁左右的年纪。　〔3〕旧君讳：避忌过去君主的名讳。　〔4〕州里：同州的老乡。　陈琳（？—公元217）：传附本书卷二十一《王粲传》。陈琳和张昭都是徐州人。　〔5〕徐方：即徐州。　扬土：扬州。这里指扬州的江南地区。即江东。　〔6〕抚军中郎将：官名。负责处理军务。　〔7〕升堂拜母：这是当时一种表示交谊深厚的习俗。　〔8〕比肩：指一起长大的同辈朋友。　〔9〕仲父：齐桓公对管仲的尊称。齐国官员有事请示桓公，桓公总是说："以告仲父。"事见《吕氏春秋·任数》。　〔10〕霸：势力强大居于领导地位的诸侯。宗：尊崇。齐桓公是春秋五霸之首。　〔11〕移：同级官员间发送的公文叫做移。当时孙权未正式就职，张昭等人先以自己的名义向江东郡县通报孙权继位一事，所以是移。

【裴注】

〔一〕时汝南主簿应劭，议"宜为旧君讳"，论者皆互有异同。事在《风俗通》。昭著论曰："客有见大国之议，士君子之论，云：起元建武以来，旧君名讳五十六人，以为后生不得协也。取乎经论，譬诸行事；义高辞丽，甚可嘉羡。愚意褊浅；窃有疑焉：盖乾坤剖分，万物定形，肇有父子、君臣之经。故圣人顺天之性，制礼尚敬。在三之义，君实食之；在丧之哀，君亲临之；厚莫重焉，恩莫大焉；诚臣子所尊仰，万夫所天恃：焉得而同之哉？然亲亲有衰，尊尊有杀，故《礼》：服上不尽高祖，下不尽玄孙。又《传》记：四世而缌麻，服之穷也；五世祖免，降杀同姓也；六世而亲属竭矣。又《曲礼》有不逮事之义则不讳：不讳者，盖名之谓。属绝之义，不拘于协，况乃古君五十六哉！邾子会盟，季友来归；不称其名，咸书字者，是时鲁人嘉之也：何解臣子为君父讳乎？周穆王讳满，至定王时有王孙满者；其为大夫，是臣协君也。又历王讳胡，及庄王之子名胡：其比众多。夫类事建议，经有明据，传有征案；然后进攻退守，万无奔北；垂示百世，永无咎失。今应劭虽上尊旧君之名，而下无所断齐，犹归之疑云。《曲礼》之篇，疑事无质；观省上下，阙义自证；文辞可为，倡而不法，将来何观？言声一放，犹拾渖也；过辞在前，悔其何追？"

〔二〕《吴书》曰："策得昭甚悦，谓曰：'吾方有事四方，以士人贤者上；吾于子，不得轻矣！'乃上为校尉，待以师友之礼。"

〔三〕《吴历》曰："策谓昭曰：'若仲谋不任事者，君便自取之；正复不克捷，缓步西归，亦无所虑。'"

权悲感，未视事。昭谓权曰："夫为人后者[1]，贵能负荷先轨[2]，克昌堂构[3]，以成勋业也！方今天下鼎沸[4]，群盗满山；孝廉何得寝伏哀戚[5]，肆匹夫之情哉！"乃身自扶权上马，陈兵而出：然后众心知有所归。昭复为权长史，授任如前。〔一〕后刘备表权行车骑将军，昭为军师。

权每田猎，常乘马射虎。虎尝突前，攀持马鞍。昭变色而前曰："将军何有当尔[6]！夫为人君者，谓能驾御英雄，驱使群贤；岂谓驰逐于原野，校勇于猛兽者乎[7]？如有一旦之患，奈天下笑何！"

权谢昭曰："年少，虑事不远：以此惭君！"然犹不能已；乃作射虎车，为方目[8]，闲不置盖[9]；一人为御，自于中射之。时有逸群之兽，辄复犯车；而权每手击以为乐。昭虽谏争，常笑而不答。

魏黄初二年，遣使者邢贞，拜权为吴王。贞入门，不下车。昭谓贞曰："夫礼无不敬，故法无不行。而君敢自尊大，岂以江南寡弱，无方寸之刃故乎！"贞即遽下车[10]。拜昭为绥远将军，封由拳侯。〔二〕

权于武昌，临钓台[11]，饮酒大醉。权使人以水洒群臣，曰："今日酣饮，惟醉堕台中，乃当止耳！"昭正色不言，出外，车中坐。权遣人呼昭还，谓曰："为共作乐耳，公何为怒乎？"昭对曰："昔纣为糟丘酒池长夜之饮[12]，当时亦以为乐，不以为恶也！"权默然，有惭色，遂罢酒。

初，权当置丞相，众议归昭。权曰："方今多事，职统大者责重：非所以优之也〔13〕。"后孙邵卒〔14〕，百僚复举昭。权曰："孤岂为子布有爱乎？（领）〔顾〕丞相事烦〔15〕，而此公性刚；所言不从，怨咎将兴：非所以益之也！"乃用顾雍。

权既称尊号，昭以老病，上还官位及所统领〔16〕。〔三〕更拜辅吴将军〔17〕，班亚三司〔18〕；改封娄侯，食邑万户。

【注释】

〔1〕为人后：充当别人（此处指孙策）的继承者。 〔2〕负荷先轨：遵循先人开辟的道路。 〔3〕克：能够。 昌堂构：使先人开创的基业昌盛。 〔4〕鼎沸：形容社会极度动荡不安。 〔5〕孝廉：指孙权。孙权曾被举为孝廉。这时孙权未正式就职，故以孝廉称呼他。 〔6〕何有当尔：为什么要这样。 〔7〕校（jiào）：比试。 〔8〕方目：方孔。〔9〕闲：（上面）空着。 〔10〕遽（jù）：急忙。 〔11〕钓台：台名。当时武昌县有樊山，北临长江，钓台就在山下的长江边。 〔12〕纣：商代最后的君主。又名帝辛。被周武王击败，自焚而死。事见《史记》卷三《殷本纪》。 糟丘：酒糟堆成山丘。形容酿酒之多。 〔13〕优之：优待他。 〔14〕孙邵：事见本书卷四十七《吴主传》裴注引《吴录》。他是孙吴第一任丞相。〔15〕顾：顾虑。 〔16〕统领：指统领的军队。〔17〕辅吴将军：官名。孙吴专为张昭设置。属于荣誉性职务，无实权。〔18〕班：官位的排列次序。 三司：三公。

【裴注】

〔一〕《吴书》曰："是时，天下分裂，擅命者众。孙策莅事日浅，恩泽未洽；一旦倾陨，士民狼狈，颇有同异。及昭辅权，绥抚百姓；诸侯、宾旅寄寓之士，得用自安。权每出征，留昭镇守，领幕府事。后黄巾贼起，昭讨平之。权征合肥，命昭别讨匡琦；又督领诸将，攻破豫章贼率周凤等于南城。自此希复将帅，常在左右，为谋谟臣。权以昭旧臣，待遇尤重。"

〔二〕《吴录》曰："昭与孙绍、滕胤、郑礼等，采周、汉，撰定朝仪。”

〔三〕《江表传》曰：“权既即尊位，请会百官，归功周瑜。昭举笏，欲褒赞功德；未及言，权曰：‘如张公之计，今已乞食矣！’昭大惭，伏地流汗。昭忠謇亮直，有大臣节，权敬重之；然所以不相昭者，盖以昔驳周瑜、鲁肃等议为非也。”

臣松之以为：张昭劝迎曹公，所存岂不远乎？夫其扬休正色，委质孙氏；诚以厄运初遭，涂炭方始，自策及权，才略足辅；是以尽诚匡弼，以成其业，上藩汉室，下保民物：鼎峙之计，本非其志也。曹公仗顺而起，功以义立；冀以清一诸华，拓平荆郢：大定之机，在于此会。若使昭议获从，则六合为一；岂有兵连祸结，遂为战国之弊哉！虽无功于孙氏，有大当于天下矣。昔窦融归汉，与国升降；张鲁降魏，赏延于世。况权举全吴，望风顺服？宠灵之厚，其可测量哉！然则昭为人谋，岂不忠且正乎！

在里宅无事，乃著《春秋左氏传解》及《论语注》。权尝问卫尉严畯[1]：“宁念小时所闇〔诵〕书不[2]？”畯因诵《孝经》“仲尼居[3]”。昭曰：“严畯鄙生[4]。臣请为陛下诵之。”乃诵“君子之事上[5]”，咸以昭为知所诵。

昭每朝见，辞气壮厉，义形于色；曾以直言逆旨，中不进见。后蜀使来，称蜀德美；而群臣莫拒。权叹曰：“使张公在坐，彼不折则废[6]；安复自夸乎？”

明日，遣中使劳问[7]，因请见昭。昭避席谢[8]，权跪止之。昭坐定，仰曰：“昔太后、桓王不以老臣属陛下[9]，而以陛下属老臣。是以思尽臣节，以报厚恩；使泯没之后，有可称述。而意虑浅短，违逆盛旨；自分幽沦[10]，长弃沟壑；不图复蒙引见[11]，得奉帷幄[12]。然臣愚心所以事国，志在忠益，毕命而已。若乃变心易虑，以偷荣取容[13]，此臣所不能也！"权辞谢焉。

权以公孙渊称藩[14]，遣张弥、许晏至辽东，拜渊为燕王。昭谏曰："渊背魏惧讨，远来求援：非本志也[15]。若渊改图，欲自明于魏；两使不返，不亦取笑于天下乎！"

权与相反覆[16]，昭意弥切；权不能堪[17]，按刀而怒曰："吴国士人，入宫则拜孤，出宫则拜君；孤之敬君，亦为至矣[18]！而数于众中折孤[19]，孤常恐失计[20]！"昭熟视权曰："臣虽知言不用，每竭愚忠者，诚以太后临崩，呼老臣于床下，遗诏顾命之言故在耳[21]！"因涕泣横流。权掷刀致地，与昭对泣：然卒遣弥、晏往。

昭忿言之不用，称疾不朝。权恨之，土塞其门；昭又于内，以土封之。渊果杀弥、晏；权数慰谢昭，昭固不起[22]。权因出过其门，呼昭；昭辞疾笃[23]。权烧其门，欲以恐之；昭更闭户。权使人灭火，住门良久。昭诸子，共扶昭起；权载以还宫，深自克责。昭不得已，然后朝会。〔一〕

昭容貌矜严，有威风。权常曰："孤与张公言，不敢妄也！"举邦惮之。

年八十一，嘉禾五年卒。遗令幅巾素棺[24]，殓以时服[25]。权素服临吊，谥曰文侯。〔二〕

【注释】
〔1〕严畯：传见本书卷五十三。 〔2〕宁念：是否记得。 阖诵：熟

悉背诵。 〔3〕《孝经》：书名。宣扬封建孝道与孝治思想的儒家经典。分古文、今文两种。古文本二十二章，孔安国注，南朝萧梁时散亡，隋代刘炫伪造孔注后传世。今文本十八章，郑玄注。唐玄宗召集诸儒重注，成为通行的本子，收入《十三经注疏》。《孝经》文辞浅显，当时是儿童的启蒙课本之一。 仲尼居：这是《孝经》第一章的第一句。 〔4〕鄙：浅陋。 〔5〕君子之事上：这是《孝经》第十七章的句子。章中主要文句是："子曰：'君子之事上也，进思尽忠，退思补过，将顺其美，匡救其恶：故上下能相亲也。'"张昭认为很切合自己和孙权的关系，也希望孙吴的其他臣僚能这样尽忠进谏，所以自己背诵这一段，含有表明心迹的用意。 〔6〕不折则废：不需要发言驳倒对方就能使之失去气势。张昭容貌威严，所以孙权这样说。 〔7〕中使：宫中的使者。 〔8〕避席：离开坐席站起来。这是表示恭敬的动作。 〔9〕太后：指孙权的母亲吴氏。 桓王：指孙权的哥哥孙策。 老臣：张昭自称。 属：托付给。 〔10〕自分(fèn)：自以为。 幽沦：指被埋没。 〔11〕不图：没有想到。 〔12〕奉帷幄：指侍奉君主。 〔13〕取容：获取欢心。 〔14〕公孙渊（？—公元 238）：传附本书卷八《公孙度传》。 称藩：称臣。 〔15〕非本志：（称臣）不是他的本意。 〔16〕反覆：相互争辩。 〔17〕堪：忍受。 〔18〕至：到了极点。 〔19〕折：挫伤。 〔20〕失计：打错主意。指克制不住自己而下令惩治张昭。 〔21〕故：依旧。 〔22〕不起：不动身（参加朝会）。 〔23〕疾笃：病重。 〔24〕幅巾：用一幅绢做的头巾。当时王公贵族认为很儒雅的一种装束。 素棺：不加油漆的本色棺材。 〔25〕时服：与时令相应的平常衣服。

【裴注】

〔一〕习凿齿曰："张昭于是乎不臣矣！夫臣人者，三谏不从，则奉身而退；身苟不绝，何恚怼之有？且秦穆违谏，卒霸西戎；晋文暂怒，终成大业。遗誓以悔过见录，狐偃无怨绝之辞；君臣道泰，上下俱荣。今权悔往之非而求昭，后益回虑降心；不远而复，是其善也。昭为人臣，不度权得道，匡其后失，夙夜匪懈，以延来誉；乃追恚不用，归罪于君，闭户拒命，坐待焚灭：岂不悖哉！"

〔二〕《典略》曰："余曩闻刘荆州尝自作书，欲与孙伯符；以示祢正平，正平嗤之，言：'如是，为欲使孙策帐下儿读之邪？将使张子布见乎？'如正平言，以为子布之才高乎？虽然，犹自蕴藉典雅，不可谓之无笔迹也。加闻吴中称谓之'仲父'，如此，其人信一时之良干；恨其不于嵩岳等资，而乃播殖于会稽。"

长子承，已自封侯；少子休，袭爵。

昭弟子奋，年二十，造作攻城大攻车。为步骘所荐，昭不愿曰："汝年尚少，何为自委于军旅乎？"奋对曰："昔童汪死难[1]，子奇治阿[2]。奋实不才耳，于年不为少也！"遂领兵为将军。连有功效，至（平）〔半〕州都督[3]，封乐乡亭侯。

承字仲嗣。少以才学知名。与诸葛瑾、步骘、严畯相友善。权为骠骑将军，辟西曹掾[4]。出为长沙西部都尉[5]。讨平山寇，得精兵万五千人。后为濡须都督、奋威将军[6]，封都乡侯，领部曲五千人。

承为人，壮毅忠说；能甄识人物[7]，拔彭城蔡款、南阳谢景于孤微童幼。后并为国士[8]：款至卫尉，景豫章太守。〔一〕又诸葛恪年少时，众人奇其英才，承言"终败诸葛氏者元逊也[9]"。勤于长进[10]，笃于物类[11]；凡在庶几之流[12]，无不造门。

年六十七，赤乌七年卒。谥曰定侯。子震嗣。

初，承丧妻，昭欲为索诸葛瑾女；承以相与有好，难之。权闻而劝焉，遂为婿。〔二〕生女，权为子和纳之。权数令和修敬于承[13]，执子婿之礼。震，诸葛恪诛时，亦死。

休字叔嗣。弱冠与诸葛恪、顾谭等俱为太子登僚友[14]，以《汉书》授登；〔三〕从中庶子转为右弼都尉[15]。权常游猎，迨暮乃归[16]。休上疏谏戒，权大善之，以示于昭。及登卒后，为侍中；拜羽林都督[17]，平三典军事[18]。迁扬武将军。

为鲁王霸友党所谮，与顾谭、承俱以"芍陂论功事[19]，休、承与典军陈恂通情，诈增其伐[20]"，并徙交州。中书令孙弘佞伪险诐[21]，休素所忿。[四]弘因是谮诉[22]，下诏书赐休死，时年四十一。

【注释】

〔1〕童汪：指鲁国的儿童汪踦。齐国侵犯鲁国，汪踦拿起武器保卫国家，英勇战死。见《礼记·檀弓》下。 〔2〕子奇：先秦时齐国官员名。十八岁时，受命治理阿城(今山东东阿县西南)。见《后汉书》卷六《顺帝纪》李贤注引《新序》。 〔3〕半州都督：官名。半州战区的指挥官。半州为地名。在今江西九江市西。 〔4〕西曹掾：官名。孙权骠骑将军府下属。负责人事。 〔5〕长沙西部都尉：官名。治所在今湖南湘潭市西南。后长沙西部改为衡阳郡。 〔6〕濡须都督：官名。濡须战区的指挥官。 〔7〕甄识：识别。 〔8〕国士：一国的优秀人物。〔9〕元逊：诸葛恪字元逊。 〔10〕长(zhǎng)进：培养推举(人才)。〔11〕物类：各类人物。 〔12〕庶几(jī)：当时习称贤才为庶几。〔13〕修敬：表示敬意。 〔14〕顾谭：传附本卷《顾雍传》。 〔15〕中庶子：官名。太子官属之一，是太子的侍从长官。 右弼都尉：官名。孙权称帝后，为太子孙登设立左辅、右弼、辅正、翼正四都尉，作为辅导官员。见本书卷五十九《孙登传》。 〔16〕迨(dài)：到。 〔17〕羽林都督：官名。统领羽林骑兵，保卫皇帝。 〔18〕平三典军事：官名。孙吴设有中、左、右三典军，分工处理全军的军务。平三典军事的职责是对三人所处理的军务进行复议。 〔19〕承：即顾承。传附本卷《顾雍传》。 芍陂(què bēi)：陂塘名。在今安徽寿县南。是古代淮河流域著名水利工程。 〔20〕诈增其伐：做假多报功劳。 〔21〕险诐(bì)：阴险邪恶。 〔22〕谮诉：说别人的坏话。

【裴注】

〔一〕《吴录》曰："款字文〔德〕〔至〕。历位内外，以清贞显于当世。后以卫尉领中书令,封留侯。二子:条、机。条,孙皓时位至尚书令、太子少傅;机,为临川太守。"谢景,事在《孙登传》。

〔二〕臣松之按:承与诸葛瑾同以赤乌中卒,计承年,小瑾四岁耳。

〔三〕《吴书》曰:"休进授,指摘文义,分别事物,并有章条。每升堂宴饮,酒酣乐作,登辄降意与同欢乐。休为人解达;登甚爱之,常在左右。"

〔四〕《吴录》云:"弘,会稽人也。"

顾雍字元叹,吴郡吴人也。〔一〕蔡伯喈从朔方还[1],尝避怨于吴;雍从学琴书。〔二〕州郡表荐,弱冠为合肥长。后转在娄、曲阿、上虞[2],皆有治迹。

孙权领会稽太守,不之郡;以雍为丞,行太守事。讨除寇贼,郡界宁静,吏民归服。数年,入为左司马[3]。

权为吴王。累迁大理、奉常[4],领尚书令。封阳遂乡侯,拜侯还(寺)〔家〕;而家人不知,后闻乃惊。

黄武四年,迎母于吴。既至,权临贺之,亲拜其母于庭;公卿大臣毕会。后太子又往庆焉。

雍为人不饮酒,寡言语,举动时当[5]。权尝叹曰:"顾君不言,言必有中[6]。"至饮宴欢乐之际,左右恐有酒失而雍必见之,是以不敢肆情[7]。权亦曰:"顾公在坐,使人不乐。"其见惮如此。

【注释】

〔1〕蔡伯喈(jiē):即蔡邕(公元132—192)。又作蔡雍。字伯喈。陈留郡圉(今河南杞县西南)人。东汉文学家、书法家。灵帝时任议郎,因上书议论时政,被流放到朔方。后受赦免,流亡南方十二年,以避宦官的迫害。董卓执政,被重新起用,任左中郎将。卓死,被王允逮捕诛杀。

精通经学、史学、文学、天文、音乐、书法，是东汉全能型文化人物。熹平四年（公元175），受灵帝命书写儒经刻石，立在太学门外，世称"熹平石经"。1922 年洛阳出土了石经中《论语·尧曰》的残篇。此后十多年间又出土残石一百余块。传见《后汉书》卷六十下。　朔方：郡名。治所在今内蒙古磴口县北。　〔2〕娄：县名。县治在今江苏昆山市东北。　上虞：县名。县治在今浙江上虞市。　〔3〕左司马：官名。孙权讨虏将军府下属。主管军事。　〔4〕大理：官名。主管司法。后改为廷尉。　奉常：官名。主管国家礼仪制度和祭祀活动。后改为太常。〔5〕时当：随时都很恰当。　〔6〕中（zhòng）：中肯。　〔7〕肆情：放纵感情。

【裴注】

〔一〕《吴录》曰："雍曾祖父奉，字季鸿，颍川太守。"

〔二〕《江表传》曰："雍从伯喈学，专一清静，敏而易教。伯喈贵异之，谓曰：'卿必成致，今以吾名与卿。'故雍与伯喈同名，由此也。"

《吴录曰》："雍字元叹。言为蔡邕之所叹，因以为字焉。"

是岁，改为太常，进封醴陵侯。代孙邵为丞相，平尚书事。其所选用文武将吏，各随能所任，心无适莫[1]。时访逮民间，及政职所宜，辄密以闻。若见纳用，则归之于上；不用，终不宣泄：权以此重之。然于公朝有所陈及[2]，辞色虽顺，而所执者正。

权尝咨问得失。张昭因陈听采闻[3]，颇以法令太稠[4]，刑罚微重，宜有所蠲损[5]。权默然，顾问雍曰："君以为何如？"雍对曰："臣之所闻，亦如昭所陈。"于是权乃议狱轻刑。〔一〕

久之，吕壹、秦博为中书[6]，典校诸官府及州郡文书[7]。壹等因此渐作威福，遂造作权酤障管之利[8]；举罪纠奸，纤介必闻[9]；重以深案丑诬[10]，毁短大臣，排陷无辜。雍等皆见举白[11]，用被谴让[12]。后壹奸罪发露，收系廷尉。雍往断狱，壹以囚见；雍和颜色，问其辞状。临出，又谓壹曰："君意得无欲有所道[13]？"壹叩头无言。时尚书郎怀叙，面詈辱壹[14]；雍责叙曰："官有正法，何至于此！"〔二〕

雍为相十九年。年七十六，赤乌六年卒。

初疾微时，权令医赵泉，视之；拜其少子济为骑都尉。雍闻，悲曰："泉善别死生，吾必不起！故上欲及吾目见济拜也[15]。"权素服临吊，谥曰肃侯。

长子邵，早卒；次子裕，有笃疾[16]；少子济嗣，无后，绝。

永安元年，诏曰："故丞相雍，至德忠贤，辅国以礼；而侯统废绝[17]，朕甚愍之！其以雍次子裕，袭爵为醴陵侯，以明著旧勋。"〔三〕

【注释】

〔1〕适(dí)莫：偏向。　〔2〕公朝：公开的朝会。　〔3〕陈听采闻：陈述自己听取到的社会反映。　〔4〕稠：繁多。　〔5〕蠲(juān)损：去除和减少。　〔6〕中书：官名。即中书典校郎。孙吴设置。专门负责审查中央和地方的官府文书，举报发现的错误和不法行为。　〔7〕典校：负责审查。　〔8〕榷酤(què gū)：酒的专卖。　障管：官方对盐、铁、钱币的专卖专造，以及对山林湖泊的独占，统称为障管。　〔9〕纤介：微小。　〔10〕深案：想方设法寻找法律条文以便把人从无罪定为有罪，小罪定为大罪。　〔11〕皆见举白：都受到举报。　〔12〕用：因此。谴让：谴责。　〔13〕得无：是不是。　〔14〕面：当面。　詈(lì)：骂。〔15〕目见：亲眼看见。　〔16〕笃疾：这里指残疾。　〔17〕侯统：侯爵的传承。

【裴注】

〔一〕《江表传》曰:"权常令中书郎诣雍,有所咨访:若合雍意,事可施行,即与相反覆,究而论之,为设酒食;如不合意,雍即正色改容,默然不言,无所施设,即退告。权曰:'顾公欢悦,是事合宜也;其不言者,是事未平也,孤当重思之。'其见敬信如此。江边诸将,各欲立功自效;多陈便宜,有所掩袭。权以访雍,雍曰:'臣闻兵法,戒于小利;此等所陈,欲邀功名而为其身,非为国也:陛下宜禁制。苟不足以曜威损敌,所不宜听也。'权从之。军国得失,行事可不,自非面见,口未尝言之。"

〔二〕《江表传》曰:"权嫁从女,女顾氏甥,故请雍父子及孙谭。谭时为选曹尚书,见任贵重。是日,权极欢。谭醉酒,三起舞,舞不知止:雍内怒之。明日,召谭,诃责之曰:'君王以含垢为德,臣下以恭谨为节。昔萧何、吴汉,并有大功:何每见高帝,似不能言;汉奉光武,亦信恪勤。汝之于国,宁有汗马之劳,可书之事邪?但阶门户之资,遂见宠任耳!何有舞不复知止?虽为酒后,亦由恃恩忘敬,谦虚不足。损吾家者,必尔也!'因背,向壁卧;谭立,过一时,乃见遣。"

徐众评曰:"雍不以吕壹见毁之故,而和颜悦色,诚长者矣;然开引其意,问所欲道,此非也。壹奸险乱法,毁伤忠贤,吴国寒心;自太子登、陆逊以下,切谏不能得;是以潘濬欲因会,手剑之,以除国患,疾恶忠主,义形于色。而今乃发起令言,若壹称枉邪:不申理,则非录狱本旨;若承辞而奏之,吴主悦以敬丞相所言,而复原宥,伯言、承明不当悲慨哉!怀叙本无私恨,无所为嫌;故詈辱之,疾恶意耳:恶不仁者,其为仁也。季武子死,曾点倚其门而歌;子皙创发,子产催令自裁。以此言之,雍不当责怀叙也。"

〔三〕《吴录》曰:"裕,一名穆。终宜都太守。裕子荣。"《晋书》曰:"荣字彦先。为东南名士,仕吴为黄门郎。在晋,历显位。元帝初镇江东,以荣为军司马,礼遇甚重。卒,表赠侍中、骠骑将军、仪同三司。荣兄子禺,字孟著。少有名望,为散骑侍郎。早卒。"

《吴书》曰:"雍母弟徽,字子叹。少游学,有唇吻。孙权统事,闻徽有才辩,召署主簿。尝近出行,见营军将一男子,至市行刑。问之:'何罪?'云:'盗百钱。'徽语使住。须臾,驰诣阙陈启:'方今蓄养士众,以图北房;视此兵丁壮健儿,且所盗少,愚乞哀原!'权许而嘉之。转东曹掾。或传曹公欲东,权谓徽曰:'卿,孤腹心。今传孟德怀异意,莫足使揣之,卿为吾行。'拜辅义都尉,到北与曹公相见。公具问境内消息,徽应对婉顺;因说江东大丰,山薮宿恶,皆慕化为善,义出作兵。

公笑曰：'孤与孙将军一结婚姻，共辅汉室，义如一家。君何为道此？'徽曰：'正以明公与主将义固磐石，休戚共之，必欲知江表消息，是以及耳。'公厚待，遣还。权问：'定云何？'徽曰：'敌国隐情，猝难探察；然徽潜采听，方与袁谭交争，未有他意。'乃拜徽巴东太守，欲大用之，会卒。子裕，字季则。少知名，位至镇东将军。雍族人悌，字子通。以孝悌廉正，闻于乡党。年十五为郡吏，除郎中。稍迁偏将军。权末年，嫡庶不分；悌数与骠骑将军朱据共陈祸福，言辞切直，朝廷惮之。待妻有礼，常夜入晨出，希见其面。尝疾笃，妻出省之；悌命左右扶起，冠帻加袭，起对，促令妻还：其贞洁不黩如此。悌父向，历四县令，年老致仕。悌每得父书，常洒扫，整衣服，更设几筵，舒书其上，拜跪读之。每句应'诺'，毕，复再拜。若父有疾耗之问至，则临书垂涕，声语哽咽。父以寿终，悌饮浆不入口五日。权为作布衣一袭，皆摩絮著之，强令悌释服。悌虽以公议自割，犹以不见父丧，常画壁作棺柩象，设神座于下，每对之哭泣。服未阕而卒。悌四子：彦、礼、谦、秘。秘，晋交州刺史。秘子众，尚书仆射。"

　　邵字孝则。博览书传，好乐人伦[1]。少与舅陆绩齐名[2]，而陆逊、张敦、卜静等皆亚焉。〔一〕自州郡庶几及四方人士，往来相见，或言议而去，或结厚而别：风声流闻，远近称之。权妻以策女。

　　年二十七，起家为豫章太守[3]。下车，祀先贤徐孺子之墓[4]，优待其后[5]；禁其淫祀非礼之祭者[6]。小吏资质佳者，辄令就学；择其先进，擢置右职[7]。举善以教，风化大行。

　　初，钱唐丁谞出于役伍[8]，阳羡张秉生于庶民，乌程吾粲、云阳殷礼起乎微贱[9]。邵皆拔而友之，为立声誉。秉遭大丧[10]，亲为制服结绖[11]。邵当之豫章，发在近路，值秉疾病；时送者百数，邵辞宾客曰："张仲节有疾[12]，苦不能来别，恨不见之。暂还与诀[13]，诸君少时相待。"其留心下士，惟善所在，皆此类也。谞至典军、中郎，秉云阳太守，礼零陵太守，〔二〕粲太子太傅：世以邵为知人。

在郡五年，卒官。子谭、承云。

【注释】

〔1〕人伦：当时称对人物的品评为人伦。 〔2〕陆绩：传见本书卷五十七。 〔3〕起家：在家闲居的人出任官职叫做起家。 〔4〕徐孺子：即徐稚。字孺子。豫章郡南昌(今江西南昌市人)。东汉后期的隐士，以耕种为生，品德高洁，终身不仕。传见《后汉书》卷五十三。〔5〕后：后代。 〔6〕淫祀：祭祀对象未经官方正式批准的祭祀。〔7〕右职：重要职务。 〔8〕役伍：承担徭役的民户。指平民百姓。〔9〕乌程：县名。县治在今浙江湖州市西南。 〔10〕大丧：指父或母的死亡。 〔11〕制服：制作丧服。 绖(dié)：用麻做的丧服腰带。〔12〕仲节：张秉字仲节。 〔13〕诀：告别。

【裴注】

〔一〕《吴录》曰："敦字叔方，静字玄风：并吴郡人。敦德量渊懿，清虚淡泊，又善文辞。孙权为车骑将军，辟西曹掾。转主簿。出补海昏令，甚有惠化。年三十二卒。卜静，终于剡令。"

〔二〕礼子基，作《通语》曰："礼字德嗣，弱不好弄。潜识过人。少为郡吏。年十九，守吴县丞。孙权为王，召除郎中。后与张温俱使蜀，诸葛亮甚称叹之。稍迁至零陵太守。卒官。"《文士传》曰："礼子基，无难督。以才学知名，著《通语》数十篇。有三子。巨字元大。有才器，初为吴偏将军，统家部曲，城夏口。吴平后，为苍梧太守。少子佑，字庆元。吴郡太守。"

谭字子默。弱冠与诸葛恪等，为太子四友；从中庶子转辅正都尉〔1〕。〔一〕

赤乌中，代恪为左节度〔2〕。〔二〕每省簿书〔3〕，未尝

下筹[4]；徒屈指心计[5]，尽发疑谬：下吏以此服之。加
奉车都尉[6]。薛综为选曹尚书[7]，固让谭曰："谭心精
体密，贯道达微；才照人物，德允众望：诚非愚臣所可
越先。"后遂代综。祖父雍卒数月，拜太常，代雍平尚
书事。

　　是时，鲁王霸有盛宠，与太子和齐衡。谭上疏曰：
"臣闻有国有家者，必明嫡庶之端，异尊卑之礼；使高
下有差，阶级逾邈[8]。如此则骨肉之恩生，觊觎之望
绝。昔贾谊陈治安之计[9]，论诸侯之势，以为：势重，
虽亲必有逆节之累[10]；势轻，虽疏必有保全之祚[11]。
故淮南亲弟[12]，不终飨国[13]，失之于势重也；吴芮疏
臣[14]，传祚长沙，得之于势轻也。昔汉文帝使慎夫人
与皇后同席[15]，袁盎退夫人之座[16]，帝有怒色。及盎
辨上下之仪，陈人彘之戒[17]；帝既悦怿，夫人亦悟。
今臣所陈，非有所偏[18]；诚欲以安太子，而便鲁王
也。"由是霸与谭有隙。

　　时长公主婿卫将军全琮子寄，为霸宾客[19]；寄素
倾邪[20]，谭所不纳。先是，谭弟承与张休俱北征寿春，
全琮时为大都督；与魏将王凌战于芍陂，军不利，魏兵
乘胜陷没五营将秦（儿）〔晃〕军；休、承奋击之，遂
驻魏师[21]。时琮群子绪、端，亦并为将，因敌既驻，
乃进击之：凌军用退。时论功行赏，以为驻敌之功大，
退敌之功小；休、承并为杂号将军[22]，绪、端偏裨而
已[23]。寄父子益恨，共构会谭[24]。〔三〕

　　谭坐徙交州。幽而发愤，著《新言》二十篇。其

《知难篇》，盖以自悼伤也。见流二年[25]，年四十二，卒于交阯。

承字子直。嘉禾中，与舅陆瑁俱以礼征[26]。权赐丞相雍书曰：“贵孙子直，令问休休[27]；至与相见，过于所闻：为君嘉之。”拜骑都尉，领羽林兵。后为吴郡西部都尉[28]。与诸葛恪等共平山越，别得精兵八千人。还，屯军章阬[29]，拜昭义中郎将。入为侍中。芍陂之役，拜奋威将军，出领京下督。

数年，与兄谭、张休等，俱徙交州。年三十七卒。

【注释】

〔1〕辅正都尉：官名。太子孙登的辅导官员。 〔2〕左节度：官名。孙吴设置。负责军粮的征集调运。 〔3〕省(xǐng)：审阅。 〔4〕下筹：使用筹码(计算)。 〔5〕徒：只是。 〔6〕奉车都尉：官名。皇帝外出时管理车队的车辆。有时作为荣誉性官衔赐给臣下。 〔7〕薛综(？—公元243)：传见本书卷五十三。 〔8〕阶级：等级。 逾邈：难以逾越。〔9〕贾谊(前200—前168)：洛阳人。西汉政论家和文学家。文帝时任太中大夫，受功臣周勃、灌婴的排挤，贬为长沙王太傅，后又转梁王太傅。他曾多次上疏批评时政，建议削弱诸侯王的势力，巩固中央集权，又主张重农抑商，抗击匈奴，表现出政治上的远见卓识。著作有《新书》、《陈政事疏》、《过秦论》等。今人辑有《贾谊集》。传见《史记》卷八十四、《汉书》卷四十八。 治安：长治久安。 〔10〕逆节：反叛。〔11〕祚(zuò)：福。 〔12〕淮南：指淮南王刘长(？—前174)。汉高祖刘邦的小儿子。文帝时，因骄傲放纵，被流放到蜀郡(治所在今四川成都市)，绝食而死。传见《史记》卷一百一十八、《汉书》卷四十四。〔13〕不终飨国：没有能长久享有封国。 〔14〕吴芮(？—前202)：秦末率领越人起兵，随刘邦入关。项羽分封诸侯，被封为衡山王。西汉王朝建立，改封长沙王。传见《汉书》卷三十四。 疏：关系疏远。〔15〕慎夫人：汉文帝的小妾。 〔16〕袁盎：字丝。楚国(治所在今江苏徐州市)人。西汉文帝时任中郎将，以敢于直言进谏闻名。传见《史记》卷一百一、《汉书》卷四十九。 〔17〕人彘(zhì)：人猪。汉高祖刘邦生

前宠爱戚夫人。刘邦死，吕后控制朝政，下令砍掉戚夫人的手脚，挖眼割耳，灌药使声音变哑，然后放在厕所里，叫做人彘。事见《史记》卷九《吕太后本纪》。 〔18〕偏：偏袒。顾谭与诸葛恪、张休同为已故太子孙登的辅导官属，关系亲密；而诸葛恪是孙和妻子的舅父，张休是孙和妻子的叔父，所以顾谭要表白自己不偏袒孙和。 〔19〕长公主：指孙权的长女鲁班。 婿：丈夫。 〔20〕倾邪：不正派。 〔21〕驻：抵挡住。 〔22〕杂号将军：当时的领兵将军，属于有固定名号的高级将军是大将军、骠骑将军、车骑将军、卫将军、征东、征南、征西、征北四将军，镇东、镇南、镇西、镇北四将军，安东、安南、安西、安北四将军，平东、平南、平西、平北四将军，以及前、后、左、右四将军等。在此之下，有大量名号变化不定的中级将军，例如扬武将军、奋威将军之类，统称为杂号将军。 〔23〕偏裨(pí)：官名。即偏将军、裨将。这两者和牙门将军，是杂号将军之下的低级将军。 〔24〕构(gòu)会：诬陷。当时顾谭任选曹尚书，这一官职负责官员的选任升降，对方认为张休、顾承得升杂号将军与他有关，所以要攻击他。 〔25〕见流：被流放。〔26〕陆瑁(？—公元239)：传见本书卷五十七。 〔27〕令问：美好的声誉。 休休：美好的样子。 〔28〕吴郡西部都尉：官名。治所在今江苏常州市。 〔29〕章阬：地名。当在今江苏常州市附近。

【裴注】

〔一〕陆机为谭传曰："宣太子正位东宫，天子方隆训导之义；妙简俊彦，讲学左右。时四方之杰毕集，太傅诸葛恪等，雄奇盖众；而谭以清识绝伦，独见推重。自太尉范慎、谢景、（羊徽）〔羊衜〕之徒，皆以秀称；其名而悉在谭下。"

〔二〕《吴书》曰："谭初践官府，上疏陈事；权辍食称善，以为过于徐详。雅性高亮，不修意气，或以此望之。然权鉴其能，见待甚隆；数蒙赏赐，特见召请。"

〔三〕《吴录》曰："全琮父子屡言：'芍陂之役，为典军陈恂诈增张休、顾承之功，而休、承与恂通情。'休坐系狱；权为谭故，沉吟不决，欲令谭谢而释之。及大会，以问谭；谭不谢，而曰：'陛下，谗言其兴乎？'"

《江表传》曰："有司奏谭'诬罔大不敬，罪应大辟'。权以雍故，不致法，皆徙之。"

诸葛瑾字子瑜，琅邪阳都人也[1]。〔一〕汉末避乱江东。

值孙策卒，孙权姊婿曲阿弘咨，见而异之，荐之于权；与鲁肃等，并见宾待。后为权长史。转中司马[2]。

建安二十年，权遣瑾使蜀，通好刘备；与其弟亮俱公会相见，退无私面[3]。

与权谈说谏喻，未尝切愕[4]，微见风采[5]，粗陈指归；如有未合，则舍而及他。徐复托事造端[6]，以物类相求，于是权意往往而释。

吴郡太守朱治，权举将也[7]，权曾有以望之[8]；而素加敬，难自诘让[9]，忿忿不解。瑾揣知其故，而不敢显陈，乃乞以意私自问。遂于权前为书[10]，泛论物理；因以己心，遥往忖度之。毕，以呈权；权喜，笑曰："孤意解矣！颜氏之德[11]，使人加亲[12]：岂谓此邪？"

权又怪校尉殷模，罪至不测。群下多为之言，权怒益甚，与相反覆；惟瑾默然。权曰："子瑜何独不言？"瑾避席曰："瑾与殷模等，遭本州倾覆[13]，生类殄尽。弃坟墓[14]，携老弱，披草莱[15]，归圣化；在流隶之中[16]，蒙生成之福。不能躬相督厉，陈答万一；至令模孤负恩惠，自陷罪戾。臣谢过不暇，诚不敢有言！"权闻之怆然，乃曰："特为君赦之。"

【注释】

〔1〕阳都：县名。县治在今山东沂南县南。 〔2〕中司马：官名。孙

权讨虏将军府下属。主管军事。　〔3〕私面：私下的会面。　〔4〕切愕：
急切争执。　〔5〕风采：指表情。　〔6〕造端：制造话题。　〔7〕举将：
东汉末的郡太守一般都兼任军职，所以又被称为郡将。如果郡将举荐了
孝廉，则是被举者的举将。举将也可称为举主。　〔8〕有以望之：有
事情怨恨朱治。　〔9〕难自诘让：不好亲自质问责备。　〔10〕为书：写
信。　〔11〕颜氏：即颜回(前521—前490)。字子渊。春秋末期鲁国人。
孔子最得意的学生。他曾贫居陋巷，箪食瓢饮，依然很快乐。孔子非常
赞赏他的德行。不幸早死，孔子极为悲痛。传见《史记》卷六十七《仲
尼弟子列传》。　〔12〕加亲：更加亲近。孔子曾说："自吾有回，门人益
亲。"　〔13〕本州：指诸葛瑾的家乡徐州。　〔14〕坟墓：指祖先的坟
墓。　〔15〕披草莱：从草丛中开辟(道路)。　〔16〕流隶：流亡的贱民。

【裴注】

　　〔一〕《吴书》曰："其先葛氏，本琅邪诸县人。后徙阳都，阳都先
有姓葛者。时人谓之'诸葛'，因以为氏。瑾少游京师，治《毛诗》、
《尚书》、《左氏春秋》。遭母忧，居丧至孝，事继母恭谨：甚得人子
之道。"

　　《风俗通》曰："葛婴为陈涉将军，有功而诛。孝文帝追录，封其孙
诸县侯，因并氏焉。"此与《吴书》所说不同。

　　后从讨关羽，封宣城侯。以绥南将军代吕蒙领南郡
太守〔1〕，住公安。

　　刘备东伐吴，吴王求和。瑾与备笺曰："奄闻旗鼓
来至白帝〔2〕。或恐议臣以吴王侵取此州〔3〕，危害关羽；
怨深祸大，不宜答和：此用心于小，未留意于大者也。
试为陛下，论其轻重及其大小；陛下若抑威损忿，暂省
瑾言者，计可立决，不复咨之于群后也〔4〕。陛下以关羽
之亲，何如先帝〔5〕？荆州大小，孰与海内〔6〕？俱应仇
疾〔7〕，谁当先后？若审此数，易于反掌。"〔一〕

　　时或言瑾别遣亲人与备相闻〔8〕，权曰："孤与子

瑜，有死生不易之誓。子瑜之不负孤，犹孤之不负子瑜也。"〔二〕

黄武元年，迁左将军〔9〕，督公安，假节，封宛陵侯。〔三〕

虞翻以狂直流徙〔10〕，惟瑾屡为之说。翻与所亲书曰："诸葛敦仁〔11〕，则天活物〔12〕；比蒙清论〔13〕，有以保分〔14〕。恶积罪深，见忌殷重；虽有祁老之救〔15〕，德无羊舌：解释难冀也〔16〕。"

【注释】

〔1〕绥南将军：官名。领兵征伐。 〔2〕奄闻：突然听说。 旗鼓：代指军队。 〔3〕此州：指诸葛瑾当时驻守的荆州。 〔4〕群后：群臣。〔5〕先帝：指汉献帝。当时传闻汉献帝被曹丕杀死，所以这样称呼。〔6〕孰与海内：比起四海之内怎么样。 〔7〕仇疾：仇恨。 〔8〕亲人：亲近的人。 〔9〕左将军：官名。领兵征伐。 〔10〕流徙：流放。〔11〕敦仁：看重仁慈。 〔12〕则天：效法上天。 〔13〕比(bì)：近来。〔14〕保分：担保和分辨。 〔15〕祁老：即祁奚。字黄羊。春秋时期晋国的大夫。晋悼公时任中军尉。晋国另一个大夫羊舌肸(xī)，因弟弟羊舌虎参与政治动乱而被囚禁。祁奚认为羊舌肸有德，不应被杀，就向执政的范宣子申诉，单舌肸因而得救。事见《左传》襄公二十一年。〔16〕解释：解脱释放。 难冀：难以实现期望。

【裴注】

〔一〕臣松之云：以为刘后以庸蜀为关河，荆楚为维翰；关羽扬兵沔、汉，志陵上国，虽匡主定霸，功未可必，要为威声远震，有其经略。孙权潜包祸心，助魏除害；是为剪宗子勤王之师，纾曹公移都之计。拯汉之规，于兹而止；义旗所指，宜其在孙氏矣！瑾以大义责备，答之何患无辞；且备、羽相与，有若四体；股肱横亏，愤痛已深，岂此奢阔之书所能回驻哉！载之于篇，实为辞章之费。

〔二〕《江表传》曰："瑾之在南郡，人有密谗瑾者，此语颇流闻于外。陆逊表，保明瑾无此，宜以散其意。权报曰：'子瑜与孤，从事积年，恩如骨肉，深相明究；其为人，非道不行，非义不言。玄德昔遣孔明至吴，孤尝语子瑜曰："卿与孔明同产；且弟随兄，于义为顺：何以不留孔明？孔明若留从卿者，孤当以书解玄德，意自随人耳。"子瑜答孤言："弟亮已失身于人，委质定分，义无二心！弟之不留，犹瑾之不往也。"其言足贯神明。今岂当有此乎？孤前得妄语文疏，即封示子瑜，并手笔与子瑜；即得其报，论天下君臣大节一定之分。孤与子瑜，可谓神交，非外言所间也。知卿意至，辄封来表，以示子瑜，使知卿意。'"

〔三〕《吴录》曰："曹真、夏侯尚等，围朱然于江陵，又分据中州。瑾以大兵，为之救援。瑾性弘缓，推道理，任计画；无应猝倚伏之术，兵久不解：权以此望之。及春水生，潘璋等作水城于上流；瑾进攻浮桥，真等退走。虽无大勋，亦以全师保境为功。"

瑾为人，有容貌思度，于时服其弘雅，权亦重之。大事咨访，又别咨瑾曰："近得伯言表[1]，以为：'曹丕已死，毒乱之民[2]，当望旌瓦解，而更静然；闻皆选用忠良，宽刑罚，布恩惠，薄赋省役，以悦民心：其患更深于操时。'孤以为不然。操之所行，其惟杀伐小为过差[3]，及离间人骨肉以为酷耳；至于御将，自古少有。丕之於操，万不及也。今叡之不如丕[4]，犹丕不如操也。其所以务崇小惠，必以其父新死，自度衰微，恐困苦之民一朝崩沮，故强屈曲以求民心[5]：欲以自安住耳[6]，宁是兴隆之渐邪[7]！闻任陈长文、曹子丹辈[8]：或文人诸生[9]，或宗室戚臣，宁能御雄才虎将以制天下乎？夫威柄不专，则其事乖错。如昔张耳、陈馀[10]，非不敦睦；至于秉势，自还相贼[11]：乃事理使然也。又长文之徒，昔所以能守善者；以操笮其头[12]，畏操威严；故竭心尽意，不敢为非耳。逮丕继业，年已长大；

承操之后，以恩情加之，用能感义。今叡幼弱，随人东西；此曹等辈，必当因此弄巧行态[13]，阿党比周[14]，各助所附。如此之日，奸谗并起，更相陷怼[15]，转成嫌贰[16]。〔一〕自尔已往，群下争利；主幼不御，其为败也，焉得久乎？所以知其然者，自古至今，安有四五人把持刑柄[17]，而不离剌转相蹄啮者也[18]！强当陵弱，弱当求援：此乱亡之道也。子瑜，卿但侧耳听之；伯言常长于计校[19]，恐此一事小短也。"〔一〕

【注释】

〔1〕伯言：陆逊字伯言。 〔2〕毒乱：痛恨变乱。 〔3〕过差：过分。 〔4〕叡：即曹叡（公元206—239）。事详本书卷三。 〔5〕强：勉强。 〔6〕安住：安定。 〔7〕宁：岂。 渐：趋势。 〔8〕陈长文：即陈群（？—公元236）。传见本书卷二十二。 曹子丹：即曹真（？—公元231）。传见本书卷九。 〔9〕诸生：儒生。 〔10〕张耳（？—前202）：大梁（今河南开封市）人。秦末与陈馀一同随从武臣起兵。项羽分封诸侯，被封为常山王。后投刘邦，改立为赵王。传见《史记》卷八十九、《汉书》卷三十二。 陈馀（？—前204）：大梁人。秦末与张耳一同随从武臣起兵，占领赵国故地。武臣死，他与张耳共立赵歇为王。因与张耳不和，驱走张耳，自立为代王。后被韩信击败自杀。传见《史记》卷八十九、《汉书》卷三十二。 〔11〕自还相贼：反而自相残杀。 〔12〕笮（zé）：压榨。 〔13〕行态：耍花招。 〔14〕阿（ē）党比周：结党营私。 〔15〕陷怼（duì）：陷害怨恨。 〔16〕嫌贰：仇敌。 〔17〕刑柄：生杀大权。 〔18〕离剌（là）：背离。 蹄啮：蹄踢口咬。 〔19〕计校（jiào）：计算衡量。

【裴注】

〔一〕臣松之以为：魏明帝一时明主，政自己出；孙权此论，竟为无征。而史载之者，将以主幼国疑，威柄不一，乱亡之形，有如权言，宜其存录，以为鉴戒；或当以虽失之于明帝，而事著于齐王。齐王之世，可不谓验乎！不敢显斥，抑足表之微辞。

权称尊号，拜大将军，左都护[1]，领豫州牧[2]。

及吕壹诛，权又有诏切磋瑾等[3]。语在《权传》。瑾辄因事以答，辞顺理正。瑾子恪，名盛当世，权深器异之；然瑾常嫌之，谓非保家之子，每以忧戚。[一]

赤乌四年，年六十八卒。遗命令素棺殓以时服，事从省约。

恪已自封侯；故弟融袭爵，摄兵业驻公安[4]，[二]部曲吏士亲附之。疆外无事，秋冬则射猎讲武，春夏则延宾高会；休吏假卒[5]，或不远千里而造焉[6]。每会，辄历问宾客，各言其能；乃合榻促席[7]，量敌选对[8]；或有博弈[9]，或有摴蒱[10]，投壶弓弹[11]，部别类分；于是甘果继进，清酒徐行；融周流观览，终日不倦。融父兄质素[12]，虽在军旅，身无采饰；而融锦罽文绣[13]，独为奢绮[14]。

孙权薨，徙奋威将军。后恪征淮南，假融节，令引军入沔，以击西兵[15]。

恪既诛，遣无难督施宽，就将军施绩、孙壹、全熙等，取融。融猝闻兵士至，惶惧犹豫，不能决计；兵到围城，饮药而死。三子，皆伏诛。[三]

【注释】

　〔1〕左都护：官名。黄龙元年(公元229)孙权称帝，迁都建业，上游荆州的沿江防线在这时分为上下两大段。上段由左都护诸葛瑾任总指挥官，治所在公安(今湖北公安县西北)。下段由右都护陆逊任总指挥

官，治所在武昌（今湖北鄂州市）。两人死后，这种部署有所改变。
〔2〕豫州：州名。治所在今河南正阳县东北。当时在曹魏控制之下，这里是有名无实的遥领。〔3〕切磋：告诫。〔4〕摄兵业：取得领兵的职权。〔5〕休吏假卒：休假的官吏士兵。〔6〕造：拜访。〔7〕合榻促席：把坐榻并合，把坐席靠近。这是主人对宾客表示亲近的举动。〔8〕量敌选对：估量一方（的爱好性情而为之）选择相称的对象。〔9〕博弈：即下围棋。围棋在当时很盛行，见本书卷六十五《韦曜传》。不过当时的围棋，纵横各十七线，与现今纵横各十九线的棋盘不同。〔10〕摴蒱（chū pú）：古代游戏名。类似后代的掷色子。〔11〕投壶：古代游戏名。隔一定的距离，向小口大腹的壶中投掷竹箭，以多中者为胜。〔12〕质素：朴素。〔13〕锦罽（jì）：锦和一种毛织品。〔14〕奢绮：奢侈华丽。〔15〕西兵：指曹魏从淮南西面调来的援兵。

【裴注】

〔一〕《吴书》曰："初，瑾为大将军，而弟亮为蜀丞相；二子恪、融，皆典戎马，督领将帅，族弟诞，又显名于魏。一门三方为冠盖，天下荣之。瑾才略虽不及弟，而德行尤纯。妻死不改娶；有所爱妾，生子不举。其笃慎皆如此。"

〔二〕《吴书》曰："融字叔长。生于宠贵，少而骄乐。学为章句，博而不精。性宽容，多技艺。数以巾褐奉朝请。后拜骑都尉。赤乌中，诸郡出部伍。新都都尉陈表、吴郡都尉顾承，各率所领人，会佃毗陵，男女各数万口。表病死，权以融代表。后代父瑾领摄。"

〔三〕《江表传》曰："先是，公安有灵龟鸣。童谣曰：'白龟鸣，龟背平。南郡城中可长生。守死不去义无成。'及恪被诛，融果刮金印龟，服之而死。"

步骘字子山，临淮淮阴人也[1]。〔一〕世乱，避难江东。

单身穷困，与广陵卫旌同年相善。俱以种瓜自给，昼勤四体，夜诵经传。〔二〕会稽焦征羌[2]，郡之豪族，〔三〕人客放纵。骘与旌求食其地，惧为所侵；乃共修刺奉瓜[3]，以献征羌。

征羌方在内卧，驻之移时。旌欲委去，骘止之曰："本所以来，畏其强也；而今舍去，欲以为高，只结怨耳！"良久，征羌开牖见之[4]。身隐几，坐帐中[5]；设席致地，坐骘、旌于牖外。旌愈耻之，骘辞色自若。征羌作食，身享大案，肴膳重沓[6]；以小盘饭与骘、旌，惟菜茹而已[7]。旌不能食，骘极饭致饱，乃辞出。

旌怒骘曰："何能忍此?"骘曰："吾等贫贱，是以主人以贫贱遇之[8]；固其宜也，当何所耻?"[四]

【注释】

〔1〕临淮：郡名。治所在今江苏泗洪县南。西汉置，东汉改名下邳。〔2〕征羌：县名。县治在今河南商水县西。 〔3〕修刺：备好名片。1986年安徽马鞍山市孙吴大将朱然墓中出土了两种当时的名片，一是刺，另一是谒。二者长度均为当时的一尺（约24厘米），但刺窄而薄，谒宽而厚，书写格式与措辞也明显不同。可知刺用于一般场合，是小名片；谒用于重要场合，是大名片。〔4〕牖（yǒu）：窗户。 〔5〕隐（yìn）几：倚靠着几案。当时跪坐所倚靠的几案，是一种半圆形的矮足几。1986年安徽马鞍山市朱然墓有孙吴实物出土。 〔6〕重沓：重叠。〔7〕菜茹：菜蔬。 〔8〕遇：对待。

【裴注】

〔一〕《吴书》曰："晋有大夫杨，食采于步；后有步叔，与七十子师事仲尼。秦、汉之际有为将军者，以功封淮阴侯：骘其后也。"

〔二〕《吴书》曰："骘博研道艺，靡不贯览。性宽雅沉深，能降志辱身。"

〔三〕《吴录》曰："征羌名矫。尝为征羌令。"

〔四〕《吴录》曰："卫旌字子旗。官至尚书。"

孙权为讨虏将军，召骘为主记[1]。〔一〕除海盐长。还，辟车骑将军东曹掾。〔二〕

建安十五年，出领鄱阳太守。岁中，徙交州刺史，立武中郎将[2]；领武射吏千人[3]，便道南行。

明年，追拜使持节，征南中郎将[4]。刘表所置苍梧太守吴巨，阴怀异心，外附内违。骘降意怀诱[5]，请与相见；因斩徇之[6]，威声大震。士燮兄弟[7]，相率供命[8]。南土之宾[9]，自此始也。

益州大姓雍闿等，杀蜀所署太守正昂[10]；与燮相闻，求欲内附，骘因承制遣使宣恩抚纳[11]。由是加拜平戎将军[12]，封广信侯。

延康元年，权遣吕岱代骘，骘将交州义士万人出长沙[13]。会刘备东下，武陵蛮夷蠢动，权（遂）〔逆〕命骘上益阳[14]。备既败绩，而零、桂诸郡，犹相惊扰[15]，处处阻兵。骘周旋征讨[16]，皆平之。

黄武二年，迁右将军，左护军[17]，改封临湘侯。五年[18]，假节，徙屯沤口[19]。

【注释】

〔1〕主记：官名。负责起草文书。 〔2〕立武中郎将：官名。领兵征伐。 〔3〕武射吏：这里指擅长射箭等武艺的士兵。 〔4〕征南中郎将：官名。领兵征伐。 〔5〕降（jiàng）意：指地位高的人主动放下架子。〔6〕徇：游行示众。 〔7〕士燮（公元137—226）：传见本书卷四十九。〔8〕供命：供给（朝廷）驱使。 〔9〕宾：服从。 〔10〕益州：这里是郡名。治所在今云南昆明市晋宁区东北。 〔11〕承制：秉承皇帝的命令而具有某种特殊权力。一般是官员的任命权。 〔12〕平戎将军：官名。领兵征伐。 〔13〕义士：志愿随从的士兵。 〔14〕逆命：中途派人迎接

并且下令。　益阳：县名。县治在今湖南益阳市。　〔15〕零：即零陵。郡名。治所在今湖南永州市。　桂：即桂阳。郡名。治所在今湖南郴州市。　〔16〕周旋：辗转。　〔17〕左护军：官名。孙吴军队的协调人之一。　〔18〕五年：黄武五年（公元226）。　〔19〕沤口：地名。在今湖南茶陵县东南。

【裴注】

〔一〕《吴书》曰："岁余，骘以疾免。与琅邪诸葛瑾、彭城严畯，俱游吴中，并著声名，为当时英俊。"

〔二〕《吴书》曰："权为徐州牧，以骘为治中从事。举茂才。"

权称尊号。拜骠骑将军，领冀州牧[1]。是岁，都督西陵[2]，代陆逊抚二境[3]。顷以冀州在蜀分[4]，解牧职。

时权太子登驻武昌，爱人好善。与骘书曰："夫贤人君子，所以兴隆大化，佐理时务者也。受性暗蔽[5]，不达道数[6]；虽实区区欲尽心于明德[7]，归分于君子[8]；至于远近士人先后之宜，犹或缅焉[9]，未之能详。《传》曰：'爱之能勿劳乎[10]？忠焉能勿诲乎？'斯其义也，岂非所望于君子哉！"

骘于是条于时事业在荆州界者[11]，诸葛瑾、陆逊、朱然（程普）〔程秉〕、潘濬、裴玄、夏侯承、卫旌、李肃、〔一〕周条、石幹十一人[12]，甄别行状[13]。因上疏奖劝曰："臣闻人君不亲小事，百官有司各任其职。故舜命九贤[14]，则无所用心[15]；弹五弦之琴，咏南风之诗[16]：不下堂庙，而天下治也。齐桓用管仲，被发载车[17]；齐国既治，又致匡合[18]。近汉高祖揽三杰以兴帝业〔19〕，西楚失雄俊以丧成功〔20〕。汲黯在朝〔21〕，淮南寝谋〔22〕；郅都守边〔23〕，匈奴窜迹。故贤人所在，折冲万里〔24〕；信国家之利器，崇替之所由也〔25〕。方今王化未被于汉北〔26〕，河、洛之滨尚有僭逆之丑〔27〕：诚揽英雄拔俊任贤之时也。愿明太子重以经意，则天下幸甚！"

【注释】

〔1〕冀州：州名，治所在今河北衡水市冀州区。当时被曹魏占据，这里是有名无实的遥领。 〔2〕西陵：县名。县治在今湖北宜昌市东南。〔3〕二境：指曹魏与蜀汉的边境。西陵战区与两国接壤。 〔4〕在蜀分(fèn)：黄龙元年(公元229)，蜀吴两国结盟，瓜分天下，冀州在蜀汉的部分中。见本书卷四十七《吴主传》。 〔5〕受性：秉性。 〔6〕道数：道理和方法。 〔7〕区区：诚心诚意。 明德：美德。这里指具有美德的人。 〔8〕归分(fèn)：表达情谊。 〔9〕缅：遥远。 〔10〕爱之能勿劳乎：既然爱他能不叫他操劳吗？这是《论语·宪问》中孔子的话。〔11〕条：列举。 事业：指担任官职。 〔12〕程秉：传见本书卷五十三。 〔13〕行状：当时习称对人物道德才能的具体评述为行状。〔14〕九贤：传说虞舜所任命的九位贤德官员。即禹、弃、契、皋陶(yáo)、垂、益、夷、夔、龙。他们分工处理各类事务。见《尚书·尧典》。 〔15〕用心：操心。 〔16〕南风：诗篇名。舜歌唱《南风》，见《史记》卷二十四《乐书》。 〔17〕被(pī)发：散开头发。《韩非子·外储说》右下记载，齐桓公任用管仲、鲍叔，自己天天散开头发带着美女到市内游玩。 〔18〕匡合：匡正(天下)和会合(诸侯)。孔子曾称赞齐桓公"九合诸侯"，"一匡天下"，见《论语·宪问》。 〔19〕汉高祖：即刘邦(？—前195)。字季。沛县(今江苏沛县)人。西汉王朝的建立者。前202至前195年在位。事详《史记》卷八、《汉书》卷一。 三杰：指萧何、韩信、张良三人。 〔20〕西楚：指项羽。项羽曾自封西楚霸王。 雄俊：指项羽的首席谋臣范增。范增多次献计不被采用，又受到猜疑，就自求离开项羽。事见《史记》卷七《项羽本纪》。 〔21〕汲黯(？—前112)：字长孺。东郡濮阳(今河南濮阳市西南)人。西汉武帝时任主爵都尉，以直言敢谏而有"社稷之臣"的美誉。淮南王刘安企图谋反，也担心他会造成障碍。传见《史记》卷一百二十、《汉书》卷五

十。 〔22〕淮南:指刘安(?—前122)。淮南王刘长的儿子。刘长死,袭爵为王。为父亲的自杀不满,一直想夺取皇帝位置。后事情泄露,被迫自杀。曾组织宾客撰成《淮南子》一书,今存。传见《史记》卷一百一十八、《汉书》卷四十四。 寝谋:搁置阴谋。 〔23〕郅都:河东郡大阳(今山西平陆县西南)人。西汉景帝时任济南太守,敢于镇压豪强。升任中尉,执法严峻,被权贵称为“苍鹰”。后出任雁门太守,镇守边境,威震匈奴。因得罪窦太后,被处死。传见《史记》卷一百二十二《酷吏列传》、《汉书》卷九十《酷吏传》。 〔24〕折冲:克敌制胜。〔25〕崇替:兴衰。 〔26〕汉北:汉水以北。 〔27〕河:河流名。即黄河。当时称黄河为河,长江为江。 洛:河流名。即今河南境内的洛河。当时曹魏的京城洛阳在河、洛之滨。

【裴注】
〔一〕《吴书》曰:“肃字伟恭。南阳人。少以才闻。善论议,臧否得中;甄奇录异,荐述后进;题目品藻,曲有条贯:众人以此服之。权擢以为〔选曹尚书,加骑都尉,知〕选举,号为得才。求出补吏,为桂阳太守,吏民悦服。征为卿。会卒,知与不知,并痛惜焉。”

后中书吕壹典校文书,多所纠举。骘上疏曰:“伏闻诸典校摘抉细微[1],吹毛求瑕;重案深诬,辄欲陷人以成威福。无罪无辜,横受大刑;是以使民踏天蹐地[2],谁不战栗?昔之狱官,惟贤是任;故皋陶作士[3],吕侯赎刑[4],张、于廷尉[5]:民无冤枉。休泰之祚,实由此兴。今之小臣,动与古异[6];狱以贿成,轻忽人命;归咎于上,为国速怨[7]。夫一人吁嗟[8],王道为亏,甚可仇疾;明德慎罚[9],哲人惟刑[10],书传所美。自今蔽狱[11],都下则宜咨顾雍[12];武昌则陆逊、潘濬。平心专意,务在得情。骘党神明[13],受罪何恨!”

又曰:“天子父天母地[14],故宫室百官,动法列宿[15]；若施政令，钦顺时节[16]。官得其人，则阴阳和平，七曜循度[17]。至于今日，官僚多阙；虽有大臣，复不信任。如此，天地焉得无变？故频年枯旱，亢阳之应也[18]。又嘉禾六年五月十四日，赤乌二年正月一日及二十七日，地皆震动。地，阴类[19]，臣之象；阴气盛故动，臣下专政之故也。夫天地现异，所以警悟人主：可不深思其意哉！"

又曰："丞相顾雍、上大将军陆逊、太常潘濬，忧深责重，志在竭诚；夙夜兢兢，寝食不宁；念欲安国利民，建久长之计：可谓心膂股肱，社稷之臣矣！宜各委任；不使他官监其所司，责其成效，课其负殿[20]。此三臣者，思虑不到则已；岂敢专擅威福，期负所天乎？"

又曰："悬赏以显善，设刑以威奸[21]；任贤而使能，审明于法术：则何功而不成，何事而不辨，何听而不闻，何视而不睹哉！若今郡守、百里[22]，皆各得其人，共相经纬[23]。如是，庶政岂不康哉！窃闻诸县并有备吏[24]，吏多民烦，俗以之弊。但小人因缘衔命[25]，不务奉公而作威福；无益视听，更为民害：愚以为可一切罢省。"

权亦觉悟，遂诛吕壹。骘前后荐达屈滞[26]，救解患难，书数十上。权虽不能悉纳，然时采其言，多蒙济赖。[一]

【注释】
〔1〕典校：官名。即中书典校郎。负责审核官府文书，纠举不法。

简称为中书、典校、典校郎。 摘抉(tī jué)：挑剔。 〔2〕踧(jú)天蹐(jí)地：形容恐惧小心。踧是弯着腰，蹐是双足挨着小步走。《诗经·正月》有"谓天盖高，不敢不局；谓地盖厚，不敢不蹐"的句子。〔3〕皋陶：传说中东夷族的首领。被舜任命为掌管刑法的官。 士：官名。主管刑法。 〔4〕吕侯：西周穆王时的官员。又作甫侯。 赎刑：犯人出钱赎罪。吕侯曾向穆王建议恢复赎刑，以减轻刑罚。见《尚书·吕刑》。 〔5〕张：指张释之。字季。南阳郡堵阳(今河南方城县东)人。西汉文帝时任廷尉，以执法公正闻名。传见《史记》卷一百二、《汉书》卷五十。 于：指于定国(? —前40)。字曼倩。东海郡郯县(今山东郯城县西北)人。最初任地方法官。西汉宣帝时任廷尉，断案审慎，凡有疑问者都从轻判决。后任丞相，封西平侯。传见《汉书》卷七十一。〔6〕动：一举一动。 〔7〕速：招致。 〔8〕吁嗟(xū jiē)：叹息声。〔9〕明德慎刑：具有美德的君主慎用刑罚。《尚书·康诰》有"明德慎罚"的话。〔10〕哲人惟刑：有智慧的人重视用刑。这是《尚书·吕刑》中的话。 〔11〕蔽狱：断案。 〔12〕都下：京都地区。〔13〕党：亲附。 〔14〕父天母地：以天为父，以地为母。 〔15〕法：效法。 列宿：诸星宿。古代把天空说成是天帝统治区，认为有的星区是天帝的宫殿，有的星宿是天帝的官员，详见《史记》卷二十七《天官书》。 〔16〕钦：恭敬。 〔17〕七曜：古人以日、月和金、木、水、火、土五大行星为七曜。 循度：遵循正常的度数(运行)。 〔18〕亢阳：阳气亢盛。 〔19〕地，阴类：地属于阴性类别。 〔20〕课：(按一定的标准)考核。 负殿：过失和落后。 〔21〕威奸：威慑奸恶。〔22〕百里：县的辖境大致见方一百里，所以当时以百里代指县令或县长。 〔23〕经纬：治理。 〔24〕备吏：后备官吏。 〔25〕因缘：凭借(机会)。 〔26〕屈滞：指被埋没和不受重用的人才。

【裴注】

〔一〕《吴录》云："骘表言曰：'北降人王潜等说："北相部伍，图以东向；多作布囊，欲以盛沙塞江，以大向荆州。"夫备不预设，难以应猝，宜为之防。'权曰：'此曹衰弱，何能有图？必不敢来！若不如孤言，当以牛千头，为君作主人！'后有吕范、诸葛恪为说骘所言，云：'每读步骘表，辄失笑。此江与开辟俱生，宁有可以沙囊塞理也！'"

赤乌九年，代陆逊为丞相。犹诲育门生，手不释书，被服居处有如儒生；然门内妻妾服饰奢绮，颇以此见讥[1]。

在西陵二十年，邻敌敬其威信[2]。性宽弘得众，喜怒不形于声色；而外内肃然。十（一）年卒[3]。

子协嗣，统骘所领，加抚军将军。协卒，子玑嗣侯。协弟阐，继业为西陵督；加昭武将军[4]，封西亭侯。

凤凰元年，召为绕帐督。阐累世在西陵，猝被征命，自以失职，又惧有谗祸；于是据城降晋，遣玑弟璿诣洛阳为任[5]。晋以阐为都督西陵诸军事，卫将军，仪同三司，加侍中，假节，领交州牧，封宜都公[6]；玑监江陵诸军事，左将军，加散骑常侍，领（庐陵）〔庐江〕太守，改封江陵侯；璿给事中，宣威将军[7]，封都乡侯。命车骑将军羊祜、荆州刺史杨肇，往赴救阐[8]。

孙皓使陆抗西行，祜等遁退。抗陷城，斩阐等。步氏泯灭，惟璿绍祀[9]。

【注释】

〔1〕见讥：受到讥评。 〔2〕邻：指蜀汉。 敌：指曹魏。 〔3〕十年：赤乌十年（公元 247）。 〔4〕昭武将军：官名。领兵征伐。〔5〕任：人质。 〔6〕宜都公：宜都是孙吴郡名，治所在今湖北宜都市。公是西晋爵位名。西晋对异姓功臣实行公、侯、伯、子、男五等爵制，公是最高一等。 〔7〕给事中：官名。给事是服务。中是皇宫之中，意为在宫内服务。常作为加官。凡加此官者，可以经常出入皇宫。 宣威将军：官名。领兵征伐。 〔8〕羊祜（公元 221—278）：字叔子。泰山郡南城（今山东费县西南）人。魏末任司马昭幕僚，参与机密。西晋建立，

以尚书左仆射出镇荆州，十年间屯田储粮，积极作灭吴准备。屡次请求出兵攻吴，未能实现。传见《晋书》卷三十四。步阐所据的城池，后世称为步阐城、步阐垒。故址相传在今湖北宜昌市葛洲坝一带。现今尚有孙吴时期所筑夯土城墙一段留存。 〔9〕绍祀：继承祭祀（祖先的事）。

颍川周昭，著书称步骘及严畯等曰：

古今贤士大夫所以失名丧身、倾家害国者，其由非一也。然要其大归[1]，总其常患，四者而已：急论议一也，争名势二也，重朋党三也，务欲速四也。急论议则伤人，争名势则败友，重朋党则蔽主，务欲速则失德。此四者不除，未有能全〔者〕也。

当世君子能不然者，亦比有之[2]，岂独古人乎？然论其绝异，未若顾豫章、诸葛使君、步丞相、严卫尉、张奋威之为美也[3]。《论语》言"夫子恂恂然善诱人[4]"，又曰"成人之美，不成人之恶"：豫章有之矣。"望之俨然[5]，即之也温[6]，听其言也厉[7]"：使君体之矣[8]。"恭而安[9]，威而不猛"：丞相履之矣。学不求禄，心无苟得[10]：卫尉、奋威蹈之矣。此五君者，虽德实有差[11]，轻重不同；至于趋舍大检[12]，不犯四者，俱一揆也[13]。

昔丁谞出于孤家[14]，吾粲由于牧竖[15]；豫章扬其善，以并陆、全之列[16]：是以人无幽滞而风俗厚焉[17]。使君、丞相、卫尉三君，昔以布衣俱相友善[18]，诸论者因各叙其优劣：初，先卫尉，次丞相，而后（有）使君也。其后并事明主，经营世务[19]；出处之才有不同[20]，先后之名须反其初^[21]：此世常人所决勤薄也^[22]。至于三君分好^[23]，卒无亏损，岂非古人交哉！又鲁横江昔杖万兵^[24]，屯据陆口，当世之美业也；能与不能，孰不愿焉^[25]？而横江既亡，卫尉应其选；自以才非将帅，深辞固让，终于不就。后徙九列^[26]，迁典八座^[27]；荣不足以自曜，禄不足以自奉。至于二君^[28]，皆位为上将，穷富极贵。卫尉既无求欲，二君又不称荐；各守所志，保其名好。孔子曰："君子矜而不争^[29]，群而不党^[30]。"斯有风矣。又奋威之名，亦三君之次也；当一方之戍，受上将之任，与使君、丞相不异也。然历国事，论功劳，实有先后，故爵位之荣殊焉^[31]。而奋威将处此，决能明其部分；心无失道之欲^[32]，事无充诎之求^[33]；每升朝堂，循礼而动；辞气謇謇^[34]，罔不惟忠。（叔嗣）〔元逊〕虽亲贵^[35]，言忧其败；蔡文至虽疏贱^[36]，谈称其贤。女配太子，受礼若吊^[37]。慷慨之趋^[38]，惟笃人物^[39]；成败得失，皆如所虑。可谓守道见机，好古之士也。

若乃经国家^[40]，当军旅；于驰骛之际^[41]，立霸王之功：此五〔君〕者未为过人。至其纯粹履道，求不苟得；升降当世，保全名行；邈然绝俗^[42]，实有所师。故粗论其事，以示后之君子。

周昭者，字恭远。与韦曜、薛莹、华覈并述《吴书》^[43]。后为中书郎，坐事下狱。覈表救之，孙休不听，遂伏法云^[44]。

【注释】

〔1〕要(yāo)：概括。 大归：大体的趋向。 〔2〕比：接连。
〔3〕顾豫章：即曾任豫章太守的顾邵。 诸葛使君：即曾任豫州牧的诸
葛瑾。当时尊称州刺史或州牧为使君。 步丞相：即曾任丞相的步骘。
严卫尉：即曾任卫尉的严畯。 张奋威：即曾任奋威将军的张承。
〔4〕恂恂：今本《论语·子罕》作"循循"。形容有步骤的样子。下面
"成人之美"二句出自《论语·颜渊》。 〔5〕俨然：严肃可畏的样子。
这三句出自《论语·子张》。 〔6〕即：靠近。 温：温和。 〔7〕厉：
严厉。 〔8〕体：体现。 〔9〕恭而安：庄重而安详。这两句出自《论
语·述而》。 〔10〕苟得：随便得到。 〔11〕差：差别。 〔12〕大检：
大的约束。 〔13〕一揆：一样的准则。 〔14〕孤家：家族力量很小的
贫寒家庭。又称单家。这是当时习语。 〔15〕由于：出身于。 牧竖：
牧童。 〔16〕陆：指陆逊。 全：指全琮。陆逊与全琮是吾粲的同郡老
乡，但二人出自世家大族，又是孙权的婚亲，条件远比吾粲优越。
〔17〕幽滞：与屈滞意同，也指被埋没和不受重用。 〔18〕布衣：指平
民百姓。诸葛瑾、步骘和严畯最初都是逃亡江东的难民。 〔19〕世务：
政事。 〔20〕出处(chǔ)：出仕和在家未当官。 〔21〕反其初：把最初
的顺序反过来。 〔22〕决勤薄：判定高下。 〔23〕分(fèn)好：情分
友谊。 〔24〕鲁横江：指曾任横江将军的鲁肃。 〔25〕孰：谁。
〔26〕九列：九卿。严担任的卫尉是九卿之一。 〔27〕典：负责领导。
八座：当时称尚书令、尚书左仆射、尚书右仆射和五曹尚书共八位尚书
台长官为八座。严畯曾由卫尉调任尚书令。 〔28〕二君：指诸葛瑾与步
骘。 〔29〕矜而不争：矜持而不争执。这两句出自《论语·卫灵公》。
〔30〕群而不党：合群而不搞宗派。 〔31〕殊：不同。 〔32〕失道：丧
失正道。 〔33〕充诎(qū)：得意忘形的样子。 〔34〕謇謇(jiǎn jiǎn)：
忠直。 〔35〕元逊：诸葛恪字元逊。他是张承的妻舅，见本卷《张承
传》。 〔36〕蔡文至：当指蔡颖。事见本书卷六十五《韦曜传》。
〔37〕受礼若吊：接受聘礼时就像接受吊唁一样。形容并不因此而得意高
兴。 〔38〕之趋：前往和趋向。指所追求的目标。 〔39〕笃人物：对
人忠厚。 〔40〕经：治理。 〔41〕驰骛：驰骋趋赴。 〔42〕绝俗：脱
离尘俗。 〔43〕韦曜：传见本书卷六十五。 述：指撰写。 吴书：书
名。《隋书》卷三十三《经籍志》二记录有韦昭(即韦曜)《吴书》。原
本五十五卷。今已亡佚。此书是陈寿撰写《三国志》中《吴书》部分的
主要资料来源。本书裴松之注引《吴书》九十多条，即摘自此书。
〔44〕伏法：犯法被处死。

评曰：张昭受遗辅佐，功勋克举；忠謇方直，动不为己。而以严见惮[1]，以高见外；既不处宰相，又不登师保[2]；从容闾巷[3]，养老而已：以此明权之不及策也！顾雍依仗素业[4]，而将之智局[5]：故能究极荣位。诸葛瑾、步骘，并以德度规检，见器当世[6]；张承、顾邵，虚心长者，好尚人物；周昭之论，称之甚美：故详录焉。谭献纳在公，有忠贞之节；休、承修志，咸庶为善；爱恶相攻[7]，流播南裔[8]：哀哉！

【注释】

〔1〕见惮：受到畏惧。 〔2〕师保：官名。即太师、太保。天子的辅导老师。 〔3〕闾巷：居民区。这里指家中。 〔4〕素业：素来的业绩。指在受到孙氏政权任用之前，已经从政并做出成绩。 〔5〕将之智局：用智谋度量与之配合。 〔6〕规检：规矩节制。 〔7〕爱恶(wù)：偏义复合词。即厌恶。这里指厌恶自己的人。 〔8〕南裔：南方边远地区。指交州。

【译文】

张昭，字子布，彭城国人。他从小好学，擅长写隶书。跟随白侯子安学习《左传》，博览群书；与琅邪郡人赵昱、东海郡人王朗都在年轻时就出了名，并且相互友好。张昭在二十岁左右被本郡举荐为孝廉，他没有进京接受当官之前的考试。他曾和王朗共同讨论避忌过去君主名讳的问题，本州颇具才能的人士陈琳等，都称赞他说得好。本州的刺史陶谦举荐他为茂才，他不接受；陶谦认为他轻视自己，结果他被拘留起来。赵昱奋力营救，张昭才得以免遭危险。

汉朝末年天下大乱，张昭家乡所在的徐州有很多士大夫和老百姓南逃扬州避难，他也和亲友一起渡江到了江东。

孙策平定江东开创基业，任命张昭为长史、抚军中郎将；和他一起到内堂拜见自己的母亲，关系就像自小一起长大的朋友一样亲密：民政和军事两方面的公务，一概委托给张昭处理。

张昭每每要收到北方士大夫写来的书信，他们把治理江东的成绩只归在张昭身上大加赞美。张昭想保持沉默不把书信内容报告孙策，则害怕别人以为自己和北方有暗中来往的隐私；向孙策报告吧，又怕内容不合宜：觉得进退两难惴惴不安。孙策得知情况后，高兴地笑着说："从前管仲辅佐齐桓公，官员们请示事情时齐桓公总是说去问仲父，去问仲父；而齐桓公却受到霸主们的尊崇。而今子布贤能，我能使用他；他所建立的功名岂不归我了吗！"

孙策临死，把弟弟孙权托付给张昭。张昭带领各位下属，立孙权为领袖并辅佐他；张昭向汉朝呈上表章，向下属郡县发布公文；内外将领，让他们各自遵守命令忠于职守。

这时，孙权悲伤不已，没有就职处理公事。张昭对孙权说："凡是充当别人的继承者，最重要的是要能遵循先人开辟的道路，使他们创建的基业昌盛起来，从而完成伟大的功绩啊！如今正是天下动乱不安的时候，匪徒成群布满山区；孝廉您怎么能倒在床上悲悲戚戚，像平民百姓那样任随感情发泄呀！"于是亲自把孙权扶上马背，排列好军队让他出去巡视；这时众人的心才算有了归依。张昭又担任孙权的长史，他所承担的任务也和从前一样。后来刘备上表推举孙权代理车骑将军职务，孙权委任张昭为军师。

孙权每次出外打猎，常常爱骑马射虎。而老虎有一次冲上来用前爪抓住马鞍。张昭看到后神色变得严峻，上前说："将军您为什么要这样！作为人民的君主，在于能够驾驭英雄，驱使贤才；哪里是要他在原野上驰马追逐，在猛兽之前比试勇敢呢？如若一旦发生意外，怎么应付天下人的嘲笑啊！"

孙权立即向张昭表示歉意，说："我年轻，考虑事情不深远：为此我在您面前很感羞惭！"然而孙权对射虎的兴趣仍然没有消除；于是让工匠制造了一辆箱形射虎车，上边开方孔，空着不加盖板；让一个人驾车，孙权在木箱内射虎。就这样也不时有冲出兽群的猛兽，前来冲击射虎车；而孙权每每亲手击杀它们，把这当作一大乐事。对于张昭的劝谏，孙权总是微笑不回答。

魏文帝黄初二年（公元221），魏朝派使者邢贞，来到江东封孙权为吴王。邢贞的车辆到达王宫大门时，他拒绝下车步行进门。

张昭上前对邢贞说道:"礼仪上没有不恭敬这一条,法令上没有不能惩治的对象。您竟胆敢妄自尊大,难道是因为我们江南人少力弱,没有寸把宽的刀刃才这样么!"邢贞一听急忙下车。后来张昭被任命为绥远将军,封由拳侯。

孙权在武昌,有一次与群臣登临长江边的钓台,饮酒大醉。孙权还派人用冷水喷洒在座者让他们醒过来,说:"今天的酣饮,只有大家都醉得倒在台上,才会停止啊!"张昭神色严肃一言不发,径自出外,到车中坐着。孙权让人去叫他回来,然后对他说:"这只是一起取乐罢了,张公为什么要发怒呀?"张昭回答说:"从前商纣王在池子里蓄满酒浆,酒糟堆成山丘,彻夜痛饮,当时他也认为只是作乐,而不认为是作恶啊!"孙权默然不语,脸上现出羞惭的神色,于是宣布散席。

当初,孙权准备设置丞相,众人的议论都赞成张昭出任这一职务。孙权说:"如今是多事之秋,职权大的人责任重:让张公担任丞相其实并不是优待他。"后来第一任丞相孙邵死了之后,朝廷百官又举荐张昭。孙权说:"我难道对子布还有什么舍不得割爱的吗?只不过考虑到丞相的事务繁杂,而他性格刚直;别人给他进言如果不听从,抱怨和过失就会随之产生:这对他没有好处啊!"于是孙权任用顾雍为丞相。

孙权称帝之后,张昭以年老有病为由,向朝廷退回官位和所统领的军队。孙权重新任命张昭为辅吴将军,官位的排列秩序仅次于三公;改封为娄侯,食邑有一万户。

他在家里闲居无事,便撰写了《春秋左氏传解》、《论语注》。孙权曾经问卫尉严畯:"是否还记得小时候所熟悉背诵的书?"严畯因此背诵了《孝经》当中的"仲尼居"一段。张昭在旁边说:"严畯看来是浅陋的书生。老臣我请求为陛下背诵一段。"他立即背诵了《孝经》当中的"君子之事上"一段,在座者都认为张昭很懂得该向君主背诵什么文句。

张昭每次朝见,言辞气概雄壮严厉,忠义的内心从神色上充分表露出来;他曾经因为直言进谏不合孙权心意,中间有一段时间不再进见。后来蜀国的使者来到,称赞本国的德泽和美好;而吴国群臣却挡不住他的词锋。孙权叹息说:"假使张公在座,不需要发言驳倒对方就能使之失去气势；蜀使又怎么敢自夸啊！"

第二天，孙权派皇宫中的使者前去慰问张昭，并请张昭和自己见面。孙权到来时，张昭离开坐席准备站起来道歉，孙权却马上跪坐下来止住他。张昭重新跪坐好之后，抬起头说："从前太后、桓王不是把老臣我托付给陛下，而是把陛下托付给老臣我。所以才一心想尽节效忠，以报厚恩；使得今后离开人世，也有可以称述的事迹留下来。可惜我思虑短浅，违逆了陛下的旨意；自以为从此埋没，永远被抛弃到荒野的沟渠里；没想到又得到陛下的召见，得以侍奉左右。但是老臣我的愚心将用来报效国家的，就是立志进献忠直有益的言论，直到死亡为止。至于改变初衷另作考虑，以求窃取荣华富贵而获得陛下的欢心，这是老臣我不能做到的事啊！"孙权也向他表示了歉意。

孙权因为公孙渊前来称臣，决定派张弥、许晏为特使前往辽东，封公孙渊为燕王。张昭劝谏说："公孙渊背离魏国害怕遭到讨伐，才远远跑来求援：称臣并不是他的本意。如果他突然改了主意，想向魏国表明自己的忠心；我们的两名使者回不来，不是要招致天下人的耻笑吗！"

孙权和他反复争辩，张昭的言辞更加直率恳切；孙权忍受不住，抽出佩刀大怒说："吴国的士大夫，进皇宫向朕跪拜，出皇宫则向您跪拜；朕对您的尊敬，也算到极点了！然而您却多次当着众人的面挫伤朕，朕常常担心克制不住自己而打错主意！"张昭把孙权看了又看才说："老臣我尽管知道说的话不会被采纳，却每次都要竭尽愚忠直言进谏的原因，确实就在于太后驾崩之前，把老臣我叫到病床边，所下的遗诏和托付话语一直记在我心间不能忘怀啊！"说完他不禁老泪纵横。孙权也把佩刀丢在地上，与他对面哭泣：但是孙权终究还是派了张弥、许晏前往辽东。

张昭气愤孙权不采纳自己的忠言，从此称病不再朝见。孙权也恨他这样，下令用土封堵他的大门；不料张昭更在门内垒土封死自家的大门。不久公孙渊果然杀了张弥、许晏；孙权多次派人去慰问张昭并表示歉意，张昭坚持不出门朝见。孙权借出外的机会经过他的家门，亲自去叫他；他声称病重卧床不起。孙权下令放火烧他的大门，想吓他出来；没想到张昭反而把房门关上。孙权只得叫人灭火，在大门停留了很久。张昭的儿子们，一起把他从床上扶起；孙权用车载着他一起回到皇宫，并向他深刻责备自己。张昭不得已，才又参加了朝廷的会见。

张昭的容貌矜持威严，很有威风。孙权常常说："朕与张公谈话，从来不敢乱说啊！"全国都敬畏他。

嘉禾五年（公元236），他八十一岁时去世。临终前留下遗嘱，要求家属给自己戴上幅巾，使用不加油漆的本色棺材，用与时令相应的平常衣服装殓。孙权也穿上白色的丧服前来哭悼，谥他为文侯。

张昭的长子张承，已经独自封侯；所以由小儿子张休，继承了他的爵位。

张昭弟弟的儿子张奋，在二十岁时，就制造了一辆大型的攻城车。步骘因此举荐他当领兵的将领，张昭却不希望他这样，说："你年纪还轻，为什么要让自己进入军队啊？"张奋回答说："从前汪踦在儿童时就为国捐躯，子奇十八岁就治理阿城。我确实是没有才能，至于年纪么就不算轻了。"于是张奋开始领兵为将军。接连立功，官做到半州战区的军事指挥官，封乐乡亭侯。

张承，字仲嗣。年轻时就以才学而闻名。与诸葛瑾、步骘、严畯友好亲善。孙权任骠骑将军，聘任他为将军府的西曹掾。又出外任长沙郡西部都尉。他在当地讨伐平定山区的叛乱分子，获得精兵一万五千人。后来他担任濡须战区的军事指挥官、奋威将军，封都乡侯，手下有部属五千人。

张承为人，雄壮刚毅，忠诚正直；能够识别人才，例如他奖拔了彭城国人蔡款、南阳郡人谢景。两人当时出身寒微而且年纪很轻，后来果然都成为一国的优秀人物：蔡款官做到卫尉，谢景当了豫章郡太守。又诸葛恪年轻时，众人都很看重他的英才，而张承却说"最终使诸葛氏家族遭到破败的就是他"。张承勤于培养推举人才，对各类人物都真诚对待；凡是当时的贤才，无不登门拜访他。

赤乌七年（公元244），他六十七岁时去世。谥为定侯。儿子张震继承了他的爵位。

当初，张承死了妻子，张昭想为他聘娶诸葛瑾的女儿；张承因为诸葛瑾是自己的好友，感到为难。孙权听说后劝他遵从父命，于是张承就成为诸葛瑾的女婿。婚后所生下的女儿，孙权又为儿子孙和聘娶为妃。孙权多次让孙和去向张承表示敬意，以女婿的身份行礼。张震在诸葛恪被诛杀时一并处死。

张休，字叔嗣。他在二十岁左右与诸葛恪、顾谭等人都成为太子孙登的僚属和朋友，他还教孙登阅读《汉书》；后来他从太子中庶子改任太子右弼都尉。孙权经常外出打猎，到日暮才回宫。张休上疏劝谏告诫，孙权大为赞赏，把他的上疏拿给张昭看。孙登去世后，张休转任侍中；兼羽林都督，负责对中典军、左典军、右典军三位官员所处理的军务进行复议。又升任扬武将军。

后来张休被鲁王孙霸的支持者诋毁陷害，说他与顾谭、顾承"都在芍陂大战之后的战功评比中弄虚作假，和顾承一起串通担任典军的陈恂，胡乱多报功劳"，结果他和顾谭、顾承都被流放到交州。中书令孙弘为人谄媚虚伪，阴险邪恶，张休素来愤恨他。这时孙弘也借此在孙权面前说张休的坏话，于是孙权下诏赐张休死，终年四十一岁。

顾雍，字元叹，吴郡吴县人。东汉的名人蔡邕从朔方郡回中原后，曾因躲避仇家跑到南方的吴县；顾雍就跟他学习弹琴和读书。后来顾雍受到本州和本郡政府的上表推荐，在二十岁左右出任合肥县长。后来转任娄、曲阿、上虞等县的行政长官，都有政绩。

孙权兼任会稽郡太守，本人没有到郡；而是以顾雍为郡丞，代行太守职权。顾雍在会稽讨伐匪徒，使郡内秩序安宁清静，官吏百姓都真心服从他。几年之后，他入都城任左司马。

孙权为吴王。他升任大理、奉常，兼尚书令。不久他被封阳遂乡侯，他在封侯仪式结束之后低调回到家中，一点不提此事；家里的人都不知道，后来听说了才感到惊讶。

黄武四年(公元225)，顾雍从吴县迎接母亲到都城武昌。顾雍的母亲到达后，孙权大驾光临顾家庆贺，亲自在厅堂中向她行跪拜礼；公卿大臣都来参加拜会。后来太子孙登又前往顾家庆贺。

顾雍为人不饮酒，少言寡语，举动随时都很恰当。孙权曾经感叹说，"顾君平常不说话，一说话就很中肯。"在饮宴欢乐的时候，左右的人害怕酒醉后失态而顾雍必定会看见，所以不敢放纵感情畅饮。孙权也说："顾公在座，使人不乐。"他就是这样令人敬畏。

这一年，改奉常为太常，顾雍晋封醴陵侯。又接替孙邵为丞相，负责评议尚书台的公务。他在选择任用文官武将时，各自按照其才能授给适当的职务，心中没有任何偏见。他还随时查访民间情况，以及政治上应当采取的适当措施，总是秘密报告给孙权知道。如果受到采纳，他就把功劳归于主上；如果不被采纳，则始终不向人透露：孙权因此很看重他。然而他在朝会中公开陈述看法时，言辞态度虽然恭顺却始终坚持正道。

孙权曾经向群臣询问政事的得失。张昭先陈述自己听到的社会反映，认为法令太繁多，刑罚偏重，应当有所去除和减轻。孙权默然不语，过了一会才回头问顾雍说："您以为怎么样？"顾雍回答说："为臣所闻，也和张昭所陈述的一样。"于是孙权决定评议案件减轻刑罚。

过了很久之后，孙权任命吕壹、秦博为中书典校郎，负责审查中央政府各官署和州郡政府的公务文书。吕壹等人借此逐渐作威作福，制定了酒、盐、铁、钱币等的专卖专造规定以垄断利润；又举报罪过纠察奸邪，十分微小的事也要上报；然后想方设法寻找法律条文以便把人从无罪定为有罪，从小罪定为大罪，诋毁攻击大臣，排斥陷害无辜。连顾雍等人都被举报，因此顾雍受到孙权的谴责。后来吕壹的奸恶罪行遭揭露，被逮捕关进廷尉府的监狱。顾雍受命前往断案，吕壹以囚犯身份与他见面；顾雍神色温和，询问他的供辞。临出监狱，他又问吕壹说："你是不是还想说什么？"吕壹只是叩头而无言。这时在场的尚书郎怀叙，当面痛骂吕壹；顾雍责备怀叙说："朝廷自有公正的法律处置他，何至于这样做！"

顾雍担任丞相长达十九年。赤乌六年（公元243），他七十六岁时去世。

当初他的病情还比较轻微时，孙权派名医赵泉，去给他看病；不久就任命他的小儿子顾济为骑都尉。顾雍得知后，悲叹说："赵泉善于判别病人的生死，我必然不能再起来了！所以圣上想让我亲眼看到济儿当官啊。"他死后孙权穿起白色丧服前去哭悼，谥他为肃侯。

他的长子顾邵，早死；次子顾裕，又有残疾；所以由小儿子顾济继承他的爵位，而顾济死时没有后代，爵位的传承断绝。

永安元年（公元258），皇帝孙休下诏说："已故丞相顾雍，具有极高尚的道德而又忠诚贤能，以礼仪辅佐国家；而他的侯爵传承却废除断绝，朕很怜悯他！现在以他的次子顾裕，继承爵位为醴陵侯，以表彰他过去的功勋。"

顾邵，字孝则。他博览群书，喜欢品评人物。从年轻时起就与舅父陆绩齐名，而陆逊、张敦、卜静等人都不及他。从本州郡的贤才到全国四方的人士，与他来往见面，有的畅谈而去，有的结为好友而别；因此他的名声流传，远近的人都称赞他。孙权把哥哥孙策的女儿嫁给他为妻。

他二十七岁时，初次出门做官即担任豫章郡太守。他一到任，便去祭扫该郡先贤徐孺子的坟墓，优待其后代；又禁止那些祭祀对象未经官方正式批准的以及不合礼仪的祭祀。小吏当中天资品质好的，总要让他们去学习；然后选择其中的优秀者，提拔来担任重要职务。举用向善的人来教育全体民众，使得社会风气大为改受。

起初，钱唐县人丁谞只是普通百姓，阳羡县人张秉生在平民家庭，乌程县人吾粲、云阳县人殷礼出身卑贱。顾邵不仅提拔他们和他们交朋友，还帮他们提高声誉。张秉的父母亲去世，顾邵亲自为他制作丧服和丧服的腰带。顾邵要到豫章郡去上任，马上就要出发上路了，恰巧这时张秉生病；当时前来送别的数以百计，顾邵向客人们告辞说："张仲节有病，苦于不能前来告别，我也为没有见到他而遗憾。我将暂时回去到他家告别，诸位请稍微等我一下。"他的留心人才礼贤下士，只看人才的优点而不计较其地位出身，都像这些事一样。后来丁谞任典军、中郎，张秉任云阳郡太守，殷礼任零陵郡太守，吾粲任太子太傅：社会舆论公认顾邵能识别人才。

他在豫章郡当了五年太守，死在任上。儿子是顾谭、顾承。

顾谭，字子默。二十岁左右与诸葛恪等，成为太子孙登的四位下属和朋友；以太子中庶子转任太子辅正都尉。

赤乌年间，他接替诸葛恪任左节度。每次审阅账簿文书，从不使用筹码计数；只是屈指心算，就能把怀疑和错误全部发现：下面的办事员为此很是佩服。后来他升任奉车都尉。薛综任选曹尚书时，曾经坚持要把这一职务让给顾谭，他说："顾谭心思精密，能够深通事理了解其微妙之处；才华照耀着大家，品德使众人仰望：愚臣我确实不能越过他先担任这一职务。"顾谭此后果然接替薛综。顾谭的祖父顾雍去世几个月后，他又被任命为太常，接替顾雍评议尚书台的公务。

当时，鲁王孙霸很受孙权的宠爱，与太子孙和可以相比。顾谭为此上了一道表章说："为臣听说有国有家的，都一定要分清楚嫡庶的身份，尊卑的不同；使得高下有差别，等级难以逾越。这样才能使骨肉情分产生，觊觎继承人位置的非分希望断绝。从前贾谊陈述使国家长治久安的计策，论述到诸侯的势力，认为：如果势力太强大，即使关系亲近也必然有举兵造反夺取皇位的罪恶；如果势力轻小，即使关系疏远也能享有保障自身安全的福分。淮南王刘长是汉文帝的亲弟弟，却未能长久享有封国，错误就在于势力太强大；吴芮是关系疏远的异姓大臣，封为长沙王之后却能长久传承爵位，就得益于势力轻小。从前汉文帝让慎夫人与皇后同席而坐，袁盎安排坐席时却把慎夫人的坐席往后撤，文帝脸上出现愤怒的神色。等到袁盎辨明了上下的礼仪，陈述了高祖戚夫人被吕后残害为人猪的鉴戒；不仅文帝高兴了，而且慎夫人也开始醒悟。而今为臣陈述这一切，并不是有所偏袒；确实是想让太子安定同时也使鲁王受益啊。"不料从此孙霸与顾谭就有了矛盾。

当时孙权大女儿鲁班的丈夫是卫将军全琮，全琮的儿子全寄是孙霸门下的宾客；全寄为人素来不正派，顾谭拒绝和他交往。在此之前，顾谭的弟弟顾承，与张休一起北征魏国的寿春城，全琮当时任总指挥官；与魏将王凌在芍陂大战，吴军失利，魏军乘胜歼灭了京城特种兵五大营当中将军秦晃所带领的军队；幸亏这时张休、顾承奋起反击，才遏制住魏军的攻势。全琮的儿子全绪、全端，也在军中当将领，他们趁魏军攻势被遏制之后，进兵出击，把王凌全军击退。在论功行赏的时候，评议的人认为：遏制敌军攻势的功劳大，所以张休、顾承升为杂号将军；全绪、全端只升为偏将军、裨将军而已。全寄父子更加愤恨，一起诬陷负责官职选任的顾谭。

顾谭因此被判有罪而被流放到交州。他为自己受到埋没而愤愤不平，于是撰写《新言》二十篇。其中的《知难篇》大概就是为自己处境伤感的。他在被流放两年后，也就是四十二岁时，在交阯郡去世。

顾承，字子直。他在嘉禾年间，与舅父陆瑁一起受到朝廷的礼聘。孙权与丞相顾雍写信说："您的孙儿子直，声誉非常美好；来了与他相见，觉得他实际上比朕听说的还要出色：真是为您高兴！"于是任命顾承为骑都尉，统领羽林骑兵。后来他出任吴郡西部都尉。与诸葛恪等人一起平定山越，独自俘取山越人中可以充当精兵的壮丁有八千人。然后回到原驻地章阬，不久他担任昭义中郎将。又入朝任侍中。芍陂之战后，他升任奋威将军，出外兼任京下战区的军事指挥官。

过了几年，他与哥哥顾谭、张休等，都被流放到交州。在三十七岁时去世。

诸葛瑾，字子瑜，琅邪郡阳都县人。汉朝末年到江东避乱。

碰上孙策去世，孙权的姐夫曲阿县人弘咨，见到他后很是器重，就把他推荐给孙权；与鲁肃等人作为宾客一起受到优待，后来他当了孙权将军府的长史。转任中司马。

汉献帝建安二十年（公元215），孙权派他为使者前往益州与刘备通好；他和弟弟诸葛亮都只在公开场合相见，退下来后私人不会面。

他和孙权谈论事情或者向孙权进谏，从不会急切争执，只是微微露出表情，粗略陈述意见而已；如果与孙权意思不合，他就放弃原来的话题改谈其他的事。然后再慢慢借事情制造话题，用同类的情况作比来进行推求，往往在这时孙权就想通了。

吴郡太守朱治，举荐过孙权为孝廉，孙权曾经为一些事情怨恨他；然而因为素来对他尊敬，不好亲自质问责备，所以忿忿不平。诸葛瑾揣测到其中的原因，而不敢公然劝谏，就向孙权请求让自己写信私下询问朱治有关问题。他马上在孙权面前动笔写信，广泛论述事理；用自己的心，远远去揣度朱治的想法。写完之后，呈上给孙权看；孙权看了转怒为喜，说："我心里已经想通了！孔子曾说颜回的品德，能够使人更加亲近；难道就是指这种情况吗？"

孙权又曾责怪校尉殷模，将会给他加上难以预测的罪名。群臣帮殷模求情的很多，孙权的怒气反而更盛，与众人反复争论；只有诸葛瑾默然不作声。孙权问他："子瑜您为什么独独不说话？"诸葛瑾赶忙离开坐席站起来说："瑾与殷模等同州老乡，遇到本州动乱，有生命的一切都被消灭光了。我们抛弃祖宗的坟墓，携带老弱，从草丛中开辟道路，投到陛下圣明的教化之中；流亡的贱民，从此蒙受了生存成长的福分。为臣未能亲自督促鼓励同乡，让他们报答陛下哪怕是万分之一的恩德也好；却反而造成殷模辜负圣恩，自己陷入罪过的深渊。为臣觉得向陛下谢罪都来不及，确实不敢说什么话了！"孙权听了不禁悲从中来，就说："朕特别为了您而赦免他。"

后来诸葛瑾随从讨伐关羽，被封为宣城侯。又以绥南将军的身份接替吕蒙兼任南郡太守，驻扎在公安。

刘备东伐孙吴，吴王孙权求和。诸葛瑾受命与刘备写信说："突然听说您带领的大军来到白帝城。有人担心蜀国议政的大臣们会认为吴王侵取荆州，伤害关羽；怨仇深而祸害大，不应当答应吴国讲和的要求：这种看法恐怕只注意到小目标，没有留心大方向啊。现今试为陛下您论述事情的轻重，以及目标的大小；陛下如果能抑制威风和愤怒，暂时听一听我的话，那么计谋立刻可以决定，不需要再向群臣咨询了。朕下认为关羽与被曹丕刚害死的先皇帝相比，谁更亲近？荆州与天下相比，究竟哪个大哪个小？曹丕和吴王都应当仇恨，那么应当先进攻谁后进攻谁？如果弄清楚这些关系，决定大计就易如反掌。"

当时有人说诸葛瑾另外派了亲信的人去和刘备私通情况，孙权说："我与子瑜，有生死不渝的誓言。子瑜绝不会辜负我，正如我不会辜负子瑜一样啊。"

黄武元年(公元 222)，诸葛瑾升任左将军，在公安战区当军事指挥官，被授予节杖，封宛陵侯。

虞翻因为狂傲直率而被流放，只有诸葛瑾屡次为他求情。虞翻与亲近的人写信说："诸葛君看重仁慈，效法上天使人得以生存；近来承蒙他在主公面前作高雅的谈话，为我担保和分辩。可惜我罪恶积累深重，受到的忌讳太大；虽然有他像祁奚那样大力拯救，而我的德行却比不上羊舌肸：免罪释放怕是难以盼到了。"

诸葛瑾为人，有容貌风度，当时的人都佩服他的宽宏文雅，孙权也看重他。每有大事都向他咨询，孙权曾经单独与他交换看法说："最近得到陆伯言的上表，他认为：'曹丕已死，北方痛恨变乱的民众，本来应当望到我军的旌旗就土崩瓦解，却反而毫无动静；听说接替曹丕的曹叡在选用忠良，放宽刑罚，布施恩惠，减轻赋税，取消徭役，以取悦民心：看来北方的祸患比曹操在世时更深重了。'朕却认为不然。要知道曹操的行为，只有诛杀人稍为过分一些，还有就是离间别人的骨肉关系，显得相当冷酷而已；至于驾御将领的本事，自古以来都少有人能比。曹丕与曹操相比，那是万万比不上的。而现今曹叡的不如曹丕，就像曹丕的不如曹操一样。曹叡之所以忙着向老百姓施予小恩小惠，必定是因为其父刚刚死去，自己揣度形势衰微，唯恐困苦的民众一下子崩溃，所以才勉强委屈自己以争取民心：这只是想保持自己的暂时安定，哪里是什么兴隆的趋势啊！听说曹叡任用的是陈群、曹真之流：有的是文人书生，有的是宗族亲戚，怎么能驾御雄才虎将以控制天下呢？国家的威权不专一，政事就要发生矛盾。比如像从前的张耳、陈余，当初两人不能说不和睦；可是一旦各自手中有了权势，就反而自相残杀：这完全是事理造成他们这样。再说陈群之流，从前之所以能表现良好；是因为曹操压住他们的脑袋，他们畏惧曹操的威严，所以才尽心尽力，不敢为非作歹。曹丕继承事业时，年龄已经长大；接在曹操之后，施加恩情拉拢，因此陈群之流也能感恩戴德。如今曹叡幼弱，任随别人摆布；陈群等这一批人，必定会趁此时机弄奸要滑，结党营私，各自支持依附自己的党羽。这样一来，邪恶的谗言将不断出现，相互陷害怨恨，从而变成仇敌。从此以后，群臣争夺私利；幼弱的君主控制不住，魏国只有走向败亡，岂能长久存在？之所以我知道会这样，是因为从古至今，哪里有四五个人共同掌握国家生杀大权，而不相互背离最后动手残杀对方的啊！强者要欺负弱者，弱者会寻求援助：这就是导致动乱灭亡的道路。子瑜，您只消侧耳倾听北方来的消息；伯言一直长于计算衡量，恐怕在这件事情上看法稍微有偏差呀。"

孙权称帝，任命诸葛瑾为大将军、左都护，兼任豫州牧。

到了吕壹被诛杀时，孙权曾下诏告诫诸葛瑾等。事情经过记载在本书《孙权传》中。诸葛瑾对孙权的询问总是根据事实回答，言辞恭顺但道理正大。他的儿子诸葛恪，在当时有盛名，孙权非常器重；然而他却常常嫌弃诸葛恪，认为不是一个能保全家族的儿子，每每因此忧伤。

赤乌四年(公元241)，诸葛瑾六十八岁时去世，临死前命令家属准备不上油漆的本色棺材，使用与时令相适应的平常衣服装殓，丧事一切从俭。

诸葛恪已经独自封侯；所以由诸葛恪的弟弟诸葛融继承诸葛瑾的爵位，并且担任领兵的职务依旧驻扎在公安，诸葛瑾原来的部下官兵全都亲近依附他。有一段时间边境无战事，诸葛融就在秋、冬二季打猎练兵，在春、夏二季邀请宾客欢会；休假的官吏士兵，有的不远千里前来拜访他。每次聚会时他总要一一询问宾客，让他们各自说出自己的擅长；然后再并合坐榻，拉近坐席，估量一方的爱好和性格而为他选择合适的对象；有的下围棋，有的玩摴蒲，有的用箭投壶，有的用弓射弹，分门别类进行娱乐活动；这时候甘美的水果不断送上来，香醇的清酒又慢慢斟上；而诸葛融则四处流动观看，终日不知疲倦。诸葛瑾和诸葛恪在生活上都很朴素，虽然在军队中，身上的衣着却没有彩色和装饰；然而唯独诸葛融爱穿锦缎和毛料制成的衣服，还要绣上花纹图案，非常奢侈华丽。

孙权去世，他转为奋威将军。后来诸葛恪出征淮南，授给诸葛融节杖，命令他带兵进入沔水流域，攻击西面的魏军。

诸葛恪被诛杀后，执政的孙峻派无难督施宽，前去会同将军施绩、孙壹、全熙等，攻取诸葛融。诸葛融猛然听说大兵来到，惶恐犹豫，不能决定出计策；大兵一到达就包围了公安城，他只好喝毒药自杀。三个儿子，都被处死。

步骘，字子山，临淮郡淮阴县人。汉朝末年社会动乱，他逃到江东避难。

孤身一人的他处于穷困之中，和同年龄的广陵郡人卫旌关系友善。都以种瓜为生，白天用四肢进行劳动，晚上则动脑子诵读儒家经典。会稽郡的焦矫，曾经当过征羌县令，是郡内的豪强大族，手下的仆人和门客都放纵凶横。步骘与卫旌在当地求生存，害怕受焦矫的欺侮；就一起备好名片带着刚采摘的瓜，前去献给焦矫。

当时焦矫正在内房睡觉，两人等了一个多时辰。卫旌想丢下礼物离去，步骘阻止他说："我们之所以来的根本原因，就是畏惧他的强横；而今离开，想表现自己的清高，却只会真的结下仇怨啊！"过了很久，焦矫才打开窗户见他们。焦矫倚靠着几案坐在帐子中；把坐席铺在地上，让步、卫二人在窗外坐下。卫旌更觉得羞耻，而步骘的言语和神色都一如平常。焦矫吩咐手下人做饭，自己使用一张大几案，几案上菜肴重重叠叠；却用小盘盛饭递给步骘、卫旌，下饭的只有一点小菜而已。卫旌吃不下，步骘则尽量吃饱了才出来。

卫旌向步骘发怒说："你怎么忍得下这种侮辱？"步骘说："我们身处贫贱，所以主人家把我们当作贫贱人对待；这很合适呀，有什么觉得羞耻难当的啊？"

孙权为讨虏将军，召步骘为将军府的主记。出任海盐县的县长。又召回来，担任孙权车骑将军府的东曹掾。

建安十五年(公元210)，他出外兼任鄱阳郡的太守。当年之内，又转任交州刺史、立武中郎将；带领一千名善于射箭的士兵，选择便捷的道路南下赴任。

第二年，孙权又派使者追上他，任命他为征南中郎将，并持有节杖。刘表所委派的苍梧郡太守吴巨，暗中怀有异心，表面上服从步骘而实际上背离。步骘放下架子招引吴巨，请他来相见；一来就把吴巨斩首，命令人拿起头颅到各处示众，从此步骘威风大振。士燮兄弟，相继服从朝廷的驱使。南方交州服从吴国统治，就是从这开始的。

益州郡的豪强大族雍闿等人，杀死蜀国所委派的郡太守正昂；与士燮通消息，要求降附吴国。步骘秉承皇帝旨意派使者前去宣布朝廷的恩典加以安抚接纳。因此升任平戎将军，封广信侯。

延康元年（公元220），孙权派吕岱代替步骘，步骘带领交州志愿随从的一万士兵前往长沙郡。恰巧这时刘备出动大军东下伐吴，武陵郡的少数族蠢蠢欲动，孙权立即派使者到中途迎接步骘并命令他西上益阳抵抗蜀军。刘备失败之后，零陵、桂阳各郡仍然惊扰不安，到处有人举兵叛乱。步骘辗转讨伐，把各地的叛乱全部平定。

黄武二年（公元223），他升任右将军、左护军，改封临湘侯。

黄武五年（公元226），他被授予节杖，转移到沤口驻扎。

孙权称帝。步骘任骠骑将军，兼冀州牧。这一年，他当了西陵战区的军事指挥官，代替陆逊安抚与蜀、魏两国接壤的边境。不久因为冀州划归蜀国，所以解除了他的冀州牧的兼职。

当时孙权的太子孙登驻守在武昌，他喜爱人才倾慕美德。曾给步骘写信说："贤人君子，是用来振兴伟大的教化，帮助治理政务的人才。我禀性昏庸，不懂道理和方法；虽然诚心诚意想为具有美德的人尽心，向君子表达情谊；但是对于远近的人士，哪些应当先联系哪些应当后联系，有的情况仍然觉得陌生，还没有详细了解。《论语》中记载孔子的话说：'既然爱他能不叫他操劳吗？既然忠于他能不教诲他吗？'这样的道理，岂不是我希望您这样的君子能遵守的么！"

步骘于是列举了当时在荆州境内担任官职的，共有诸葛瑾、陆逊、朱然、程秉、潘濬、裴玄、夏侯承、卫旌、李肃、周条、石幹十一人，分别介绍他们的道德才能具体情况。并借此机会上疏支持勉励太子说："为臣听说民众的君主不亲自过问小事，而让朝廷百官和有关机构各司其职。所以虞舜任命九位贤人为官之后，就不再操心；只是弹弹五弦琴，唱唱《南风》这首歌：本人不走下朝廷的殿堂而天下已经治理得井井有条了。齐桓公任用管仲之后，天天打散头发用车载着美女到处游玩；结果不单齐国得到治理，齐桓公还匡正天下会合诸侯成为霸主。近代则有汉高祖招纳了萧何、韩信、张良三位杰出人物而建立帝王大业，而西楚霸王项羽因为失去雄俊人物范增结果丧失成功。汲黯在汉朝任职，淮南王刘安也只好放弃造反的阴谋；郅都守卫北方边境，匈奴不敢入侵而逃得无影无踪。所以贤人出现，就能在万里之外克敌制胜；他们确实是国家的锐利武器，决定王朝兴衰的因素呀。如今大吴王朝的教化还没有施加到汉水以北的地区，黄河、洛水的岸边还有非分称帝的逆贼：确实是延揽英雄、选拔豪俊、任用贤才的时候啊。但愿英明的太子您能在这方面多加留意，那天下人民就幸运得很了！"

后来中书典校郎吕壹负责审查官府公务文书，纠察举报了很多官员。步骘为此上疏说："为臣跪着听说各中书典校郎挑剔细小毛病，吹毛求疵；深入追查，大肆诬陷，总是想整倒人以作威作福。没有任何罪过的无辜者，无缘无故承受大刑；所以使得民众弯着腰双足挨着小步走路，有谁不战战兢兢？从前审问案件的法官，只能让贤人担任；所以皋陶当了士，吕侯制定了赎刑，而张释之、于定国当了廷尉：老百姓就没有冤枉。美好太平的福分，实在是由此产生。而现今的小臣，一举一动都和古人相反；案件的判决由贿赂来开路，草菅人命；却把过失归给上面，为国家招致怨恨。只要有一个人因冤枉而哀叹，王朝的道义就有损害，这是很令人愤恨的事；具有美德的君主慎用刑罚，有智慧的人重视用刑，这都是《尚书》中所赞美的事。从现今起判决案件，京都地区应当咨询顾雍；武昌应当咨询陆逊、潘濬。要他们用心公平，意志专注，务必了解案件的全部情况。为臣我亲附的是冥冥中的神灵，为此而被治罪也没有遗憾啊！"

他又说："天子以天为父以地为母，所以宫廷和百官，动辄都要效法天上的诸星宿；如果实施政令，就要恭敬地顺从时节。官员都由合适的人担任，那么阴阳就调和平定，日、月和金、木、水、火、土五星的运行也遵循正常的轨道。但是现今的情况，官员的职位空缺很多；虽然设有大臣，却又不信任。这样一来，天地间怎么会不产生异常变化？而近来的连年的枯旱，就是阳气亢盛的结果。再者嘉禾六年(公元237)五月十四日，赤乌二年(公元

239）正月一日和二十七日，都发生了地震。地，属于阴性类别，是臣僚的象征；阴气过盛所以地震，这是臣下专政的缘故。天地都显现异常现象，是用来警醒人间的君主：能够不深刻思考其中的含意吗！"

他又说："丞相顾雍、上大将军陆逊、太常潘濬，他们的忧虑深而责任重，立志竭尽忠诚；日夜兢兢业业，寝食不安，一心想安定国家有利于人民，建立长久之计：他们真可以说是陛下的心腹、手臂和大腿，支撑国家的大臣啊！应当分别委托给他们重任；不要让其他官员再去监督他们的职责，要求他们做出成效，甚至考核他们是否有过失和落后。这三位大臣，思虑不周到的地方可能有；但是岂敢专擅权力作威作福欺骗辜负他们视为上天的陛下您啊？"

他又说："悬赏以表彰好人，设刑以威慑恶人；任用贤能，设计好法令和措施：这样做的话什么功业完不成呢？什么政事办不好呢？什么反映听不到呢？什么现象看不见呢？如果现今的郡太守和县令、县长，都分别由合适的人才担任，共同治理。像这样，各项政事难道办不好么！为臣私下听说各县都有后备的官吏，官吏一多老百姓要做的事就繁杂，风俗因此会衰败。担任中书典校郎的小人凭借执行君命的机会，不奉公守法而作威作福；他们对于陛下了解下情方面毫无帮助，反而成为民众的祸害：为臣的愚见以为可以一律撤销。"

孙权也有所醒悟，于是诛杀了吕壹。步骘为了举荐被埋没和不受重视的人才，解救他人的危难，前后呈上了几十封奏章。孙权虽然不能全部采纳，然而时不时也听从他的意见，有很多人都受到他的救援和帮助。

赤乌九年（公元246），步骘接替陆逊为丞相。他依然教育培养门生，手不释卷，从他所用的被褥、所穿的衣服、所住的房屋来看，完全像一个生活简朴的儒生；然而他家内房中的妻妾却服饰奢侈华丽，这一点很受当时人的讥评。

他在西陵任职二十年，蜀、魏两国都敬服他的威信。他的性格宽宏大量很得人心，喜怒不会从声音和脸色上表现出来；然而府署内外的部下都对他肃然起敬。步骘在赤乌十年（公元247）

去世。

儿子步协继承了他的爵位，又还统领步骘原来的人马，升任抚军将军。步协去世，儿子步玑继承了爵位。步协的弟弟步阐，则接管哥哥的兵权担任西陵战区的军事指挥官，升任昭武将军，封西亭侯。

孙皓凤凰元年（公元272），朝廷召步阐进京任绕帐督。步阐父兄世代在西陵任职，猛然接到征召的命令，自以为失去职位，又怕这是谗言引起的灾祸；于是据守西陵城投降晋国，他派步玑的弟弟步璿前往洛阳充当人质。晋朝任命步协为西陵战区总指挥官，卫将军，仪仗队的规格与三公相同，又加任侍中，授予节杖，兼任交州牧，封宜都郡公；又任命步玑为左将军，监督江陵战区各路军队，加任散骑常侍，兼庐江郡太守，改封江陵侯；任命步为给事中、宣威将军，封都乡侯。又命令车骑将军羊祜、荆州刺史杨肇，赶去救援步阐。

而孙皓则派陆抗西进，羊祜等人退走。陆抗攻下西陵城，斩杀步阐等人。步氏家族被消灭，只有在洛阳的步璿幸存下来继承祭祀祖先的事。

颍川郡的周昭，写文章称赞步骘和严畯等人说：

古往今来贤德的士大夫之所以会丢掉名誉、丧失生命、毁灭家庭、危害国家，其原因不止一条。然而概括大体的趋势，总结通常的祸患，其原因不外乎以下四条：第一条是急于评论，第二条是争夺名势，第三条是重视朋党，第四条是务求速成。急于评论就会伤害他人，争夺名势就会破坏友谊，重视朋党就会蒙蔽君主，急于速成就会丧失道德。这四条不消除，就不可能保全自己。

当代的君子能够不这样的，也接连有人啊，哪里只是古人才能做到呢？然而要说当代君子中在这些方面表现最不寻常者，就没有人比得上顾豫章、诸葛使君、步丞相、严卫尉、张奋威这五人的完美了。《论语》中说"孔夫子对人循循善诱"，又说"要成全别人的好事，不要成全别人的坏事"：顾豫章就有这样的美德。《论语》中说"君子远远望去好像庄严可畏，向他靠近又觉得温和可亲，听他说话却严厉正派"：

诸葛使君就能体现这三点。《论语》中说"庄重而安详，威严而不凶猛"：步丞相就做到了这一切。学习不是为了求得俸禄，心中不希望随便得到什么：严卫尉和张奋威为人就都是这样。这五位君子，虽然品德的实际水平有所差别，地位的轻重也有所不同；至于他们在取舍上的大界限，都能不犯以上四方面的错误，这个准则却是一样的啊。

当初丁谞出自社会地位卑下的贫寒家庭，吾粲曾经当过牧童；顾豫章传扬他们的美德，使他们得以和陆伯言、全子璜并列：因此人才不再被埋没被闲置而风俗变得淳厚起来。诸葛使君、步丞相、严卫尉三位，早年是平民时就友好亲善，评论的人曾经衡量他们的优劣：在起初，评论的顺序是严卫尉为先，步丞相其次，最后才是诸葛使君。后来他们共同侍奉英明君主，管理政务；出仕和隐居时表现的才能不同，这时对他们评论的顺序就正好和当初相反了：但是这只是平常人所判定的高下结果。至于三位君子的情分友谊，始终不受这些评论的影响，他们的交往岂不是和古人一样吗！还有鲁横江从前统领上万兵马，驻扎在陆口，这是从政者都羡慕的好职位啊；不管能干不能干的人，谁不愿意得到这个职位呢？在鲁横江去世之后，严卫尉被圣上挑选来接替他；可是严卫尉自认为不是将帅之才，一再推辞坚持谦让，最终没有就职。后来他转任九卿中的卫尉，又升任尚书令；说光荣不足以显耀自己，说俸禄不足以供养自己。至于诸葛使君、步丞相，这时都晋升为高级将领，大富大贵。严卫尉既不去求他们帮忙，他们也不去称赞推荐严卫尉；各人坚守自己的志向，保持自己的名誉和爱好。孔子说："君子矜持而不争执，合群而不结朋党。"他们三位就有这样的风范。至于张奋威的声名，也仅次于上述三位；他承当镇守一方的重任，接受高级将领的职务，情况与诸葛使君、步丞相并无什么差别。然而经历国事，评定功劳，总会有先后，所以在爵位方面得到的荣宠他就比上述二位差一些了。但是张奋威却能处之泰然，依旧明确地进行军事部署指挥；心中没有不正当的欲望，做事也没有得意忘形的要求；每次登上朝廷殿堂，一举一动遵循礼仪；言辞诚恳正直，什么事情都围绕着一个忠字来考虑。诸葛元逊虽然与他有姻亲关系而且地位尊贵，他在言谈中却担忧元逊会遭到失败；蔡文至虽然与他关系疏远地位低下，他在言谈中却称赞蔡文至的贤德。他的女儿许配给太子，在接受客人的贺礼时却心情忧伤就像在接受吊唁一般。他所慷慨追求的事，就是对人忠厚；人物后来的成败得失，也都像他最初所预料的那样。他可以称得上是遵循正道、明察事机、喜好学习古人的君子了。

如果从治理国家，统领军队，在奔驰作战当中，建立称王称霸的功业来看，这五位君子并没有什么过人之处。至于说到品德纯洁，坚持正道，不勉强得到什么；任随政治地位的升降，依旧保全名誉品行；举止高尚脱离世俗等方面，他们实在有值得我们师法的地方。因此我在这里粗略论述他们的事迹，给以后的君子看一看。

周昭，字恭远。与韦曜、薛莹、华覈一起撰写《吴书》。后为中书郎，因事被关进监狱。华覈呈上表章救他，孙休不听从，结果周昭被处死。

评论说：张昭接受遗命辅佐孙权，建立功勋；忠直方正，一举一动不为自己。然而他因对人严厉而受到畏惧，因地位尊崇而受到疏远；既不让他担任执政大臣，又不任命他为太师、太保充当皇帝的辅导老师；却让他闲居在家，养老而已：由此清楚看出孙权的气量赶不上孙策啊！顾雍凭借素来的业绩，又用智谋度量与之配合：所以能够享有最高的荣誉和官位。诸葛瑾、步骘，都以品德气度、规矩节制而受到当代人的器重；张承、顾邵是虚心的忠厚长者，喜欢奖拔人物；周昭的评论，对以上四人有美好的称赞：所以在这里详细抄录下来。顾谭向孙权进献意见出自公心，表现出忠贞的节操；张休、顾承培养志向，都一心为善；由于被厌恶自己的人攻击，顾谭、张休、顾承竟然都被流放到了南方：真是悲哀啊！

张严程阚薛传第八

张纮字子纲，广陵人。少游学京都，〔一〕还本郡。举茂才，公府辟：皆不就，〔二〕避难江东。

孙策创业，遂委质焉[1]，表为正议校尉[2]。〔三〕从讨丹杨，策身临行阵，纮谏曰："夫主将乃筹谟之所自出[3]，三军之所系命也；不宜轻脱[4]，自敌小寇。愿麾下重天授之姿[5]，副四海之望：无令国内上下危惧！"

建安四年，策遣纮奉章至许宫[6]。留为侍御史，少府孔融等皆与亲善。〔四〕曹公闻策薨，欲因丧伐吴。纮谏，以为："乘人之丧，既非古义；若其不克，成仇弃好：不如因而厚之[7]"。曹公从其言，即表权为讨虏将军，领会稽太守。

曹公欲令纮辅权内附[8]，出纮为会稽东部都尉[9]。〔五〕

后权以纮为长史。从征合肥中，〔六〕权率轻骑将往突敌。纮谏曰："夫兵者凶器，战者危事也。今麾下恃盛壮之气，忽强暴之虏；三军之众，莫不寒心！虽斩将搴旗[10]，威震敌场；此乃偏将之任，非主将之宜也。愿抑贲、育之勇[11]，怀霸王之计[12]。"权纳纮言而止。

　　既还，明年，将复出军。纮又谏曰："自古帝王受命之君，虽有皇灵佐于上[13]，文德播于下，亦赖武功，以昭其勋。然而贵于时动[14]，乃后为威耳。今麾下值四百之厄[15]，有扶危之功；宜且隐息师徒[16]，广开播殖[17]；任贤使能，务崇宽惠。顺天命以行诛，可不劳而定也。"于是遂止，不行。

　　纮建计宜出都秣陵[18]，权从之。〔七〕

【注释】

　　〔1〕委质：指献身。　〔2〕正议校尉：官名。是孙策的参谋。〔3〕筹谟：筹划和计谋。　〔4〕轻脱：轻率。　〔5〕麾下：对军事长官的尊称。　重：珍重。　〔6〕奉章：呈送表章。　许：县名。县治在今河南许昌市东。当时是东汉的临时都城，汉献帝住在这里。　〔7〕厚：厚待。〔8〕内附：归附中央朝廷。实际上是归附曹操自己。　〔9〕会稽东部都尉：官名。治所在今浙江临海市东南。后改为临海郡。　〔10〕搴(qiān)：拔取。　〔11〕贲(bēn)、育：孟贲、夏育。都是战国的著名勇士。　〔12〕霸王：指势力强大居于领导地位的诸侯。　〔13〕皇灵：天神。　〔14〕时动：随时机而动。　〔15〕值：碰上。　四百之厄：当时的迷信说法，认为两汉的刘氏王朝，从西汉建立起，经过四百年后将会有一场大厄运，叫做汉家四百之厄；而东汉末年战乱，即是厄运的表现。参见本书卷二《文帝纪》裴注引《献帝传》。　〔16〕隐息：关心和休息。　师徒：军队。　〔17〕播殖：播种生长。指农业生产。　〔18〕出都：出外建都。当时孙权的治所在吴县(今江苏苏州市)，处于江东的腹心地区。为了适应向西、向北扩张的政治形势，孙权在建安十六年(公元211)把治所移到长江之滨的秣陵(今江苏南京市)。秣陵相对于吴县而言是外围，所以说是出都。

【裴注】

　　〔一〕《吴书》曰："纮入太学，事博士韩宗，治京氏《易》、欧阳《尚书》。又于外黄，从濮阳闿受《韩诗》及《礼记》、《左氏春秋》。"
　　〔二〕《吴书》曰："大将军何进、太尉朱儁、司空荀爽三府，辟为掾：皆称疾，不就。”

〔三〕《吴书》曰：“纮与张昭，并与参谋；常令一人居守，一人从征讨。后吕布袭取徐州，因为之牧；不欲令纮，与策从事，追举茂才，移书发遣纮。纮心恶布，耻为之屈；策亦重惜纮，欲以自辅，答记不遣，曰：‘海产明珠，所在为宝；楚虽有才，晋实用之。英伟君子，所游见珍：何必本州哉！’”

〔四〕《吴书》曰：“纮至，与在朝公卿及知旧，述策‘材略绝异，平定三郡，风行草偃；加以忠敬款诚，乃心王室’。时曹公为司空，欲加恩厚，以悦远人；至乃优文褒崇，改号加封。辟纮为掾；举高第，补侍御史。后以纮为九江太守；纮心恋旧恩，思还反命，以疾固辞。”

〔五〕《吴书》曰：“权初承统，春秋方富。太夫人以方外多难，深怀忧劳；数有优令辞谢，付属以辅助之义：纮辄拜笺答谢，思惟补察。每有异事密计及章表书记，与四方交结，常令纮与张昭草创撰作。纮以破虏有破走董卓、扶持汉室之勋，讨逆平定江外、建立大业：宜有纪颂，以昭公（义）〔美〕。既成，呈权。权省读悲感，曰：‘君真识孤家门阀阅也！’乃遣纮之部。或以纮本受北任，嫌其志趣不止于此，权不以介意。初，琅邪赵昱，为广陵太守，察纮孝廉；昱后为笮融所杀，纮甚伤愤，而力不能讨，昱门户绝灭。及纮在东部，遣主簿至琅邪设祭；并求亲戚为之后，以书属琅邪相臧宣：宜以赵宗中五岁男，奉昱祀。权闻而嘉之。及讨江夏，以东部少事，命纮居守，遥领所职。孔融遗纮书曰：‘闻大军西征，足下留镇。不有居者，谁守社稷？深固折冲，亦大勋也。无乃李广之气，苍发益怒，乐一当单于，以尽余愤乎？南北并定，世将无事；（孙叔）〔叔孙〕投戈，绛、灌俎豆，亦在今日；但用离析，无缘会面，为愁叹耳！道直途清，相见岂复难哉！’权以纮有镇守之劳，欲论功加赏。纮厚自挹损，不敢蒙宠：权不夺其志。每从容侍宴，微言密指，常有以规讽。”

《江表传》曰：“初，权于群臣多呼其字，惟呼张昭曰‘张公’，纮曰‘东部’：所以重二人也。”

〔六〕《吴书》曰：“合肥城，久不拔，纮进计曰：‘古之围城，开其一面，以疑众心。今围之甚密，攻之又急；诚惧并命戮力，死战之寇，固难猝拔。及救未至，可小宽之，以观其变。’议者不同。会救骑至，数至围下，驰骋挑战。”

〔七〕《江表传》曰：“纮谓权曰：‘秣陵，楚武王所置，名为金陵。地势：冈阜连石头。访问故老，云：“昔秦始皇东巡会稽，经此县，望气者云金陵地形有王者都邑之气；故掘断连冈，改名秣陵。”今处所具存，地有其气；天之所命，宜为都邑。'权善其议，未能从也。后刘备之东，宿于秣陵，周观地形，亦劝权都之。权曰：'智者意同。'遂都焉。"

《献帝春秋》云："刘备至京，谓孙权曰：'吴，去此数百里，即有警急，赴救为难；将军无意屯京乎？'权曰：'秣陵有小江百余里，可以安大船；吾方理水军，当移据之。'备曰：'芜湖近濡须，亦佳也。'权曰：'吾欲图徐州，宜近下也。'"臣松之以为：秣陵之与芜湖，道里所校无几；于北侵利便，亦有何异？而云欲窥徐州，贪秣陵近下：非其理也。诸书皆云刘备劝都秣陵，而此独云权自欲都之：又为虚错。

令还吴迎家[1]，道病卒。临困[2]，授子靖留笺曰[3]："自古有国有家者，咸欲修德政以比隆盛世；至于其治，多不馨香[4]。非无忠臣贤佐、暗于治体也[5]，由主不胜其情[6]，弗能用耳。夫人情惮难而趋易，好同而恶异：与治道相反[7]。《传》曰'从善如登[8]，从恶如崩'：言善之难也。人君承奕世之基[9]，据自然之势，操八柄之威[10]，甘易同之欢[11]，〔一〕无假取于人；而忠臣挟难进之术，吐逆耳之言：其不合也，不亦宜乎！（虽）〔离〕则有衅[12]；巧辩缘间[13]，眩于小忠[14]，恋于恩爱；贤愚杂错[15]，长幼失叙。其所由来，情乱之也。故明君悟之，求贤如饥渴，受谏而不厌[16]；抑情损欲，以义割恩[17]；上无偏谬之授[18]，下无希冀之望。宜加三思，含垢藏疾[19]，以成仁覆之大[20]。"

时年六十，卒。权省书流涕。

纮著诗、赋、铭、诔十余篇[21]。〔二〕子玄，官至南郡太守，尚书。〔三〕

玄子尚，〔四〕孙皓时为侍郎[22]。以言语辩捷见知[23]，擢为侍中，中书令。皓使尚鼓琴，尚对曰："素不能。"敕使学之。后宴,言次说琴之精妙[24],尚因道:"晋平公使师旷作清角[25],旷言吾君德薄,不足以听之。"皓意谓尚以斯喻己[26],不悦;后积他事下狱,皆追以此为诘。〔五〕送建安作船[27]。久之,又就加诛。

初,纮同郡秦松字文表,陈端字子正,并与纮见待于孙策,参与谋谟[28]:各早卒。

【注释】

〔1〕吴:即吴县。 〔2〕困:病危。 〔3〕留笺:(给孙权)留下的书信。 〔4〕馨香:指美好。 〔5〕治体:治理(天下)的根本。 〔6〕不胜:不能克制。 〔7〕治道:治理的规律。 〔8〕登:攀登。形容困难。这两句出自《国语·周语》下。 〔9〕奕世:一代接一代。 〔10〕八柄:八种驾御臣下的手段。 〔11〕甘:喜好。 易同:易受他人赞同。〔12〕衅:裂痕。 〔13〕巧辩:能言善辩(的人)。 缘间:趁机。〔14〕眩:迷惑。 〔15〕杂错:混杂。 〔16〕不厌:不满足。 〔17〕割恩:割舍恩情。 〔18〕偏谬:不正当的和错误的。 授:指官爵之类的授予。 〔19〕含垢藏疾:容纳污点,掩藏毛病。比喻君主度量宽宏,能容忍臣下的缺点。 〔20〕仁覆之大:用仁慈覆盖(臣民)的伟大。〔21〕赋:古代文体名。在汉代形成特定的体制,讲究文采、韵节,兼具诗歌和散文的性质,在当时非常盛行。 铭:古代文体名。是刻在器物或碑石上的一种用于规诫或颂扬的韵文。 诔(lěi):古代文体名。叙述死者生平品德业绩以表示哀悼的文章。 〔22〕侍郎:官名。这里指中书侍郎,负责起草皇帝的诏命文书。 〔23〕见知:受到知赏。 〔24〕言次:谈话之间。 〔25〕晋平公(?—前548):名彪。春秋时晋国的国君。前557至前548年在位。在位时加重赋税,追求享乐,权力被大臣控制。事见《史记》卷三十九《晋世家》。 师旷:春秋时晋国著名的琴师。清角:乐曲名。传说为轩辕黄帝制作,要有德君主才能听,否则将有灾难。见《韩非子·十过》。 〔26〕谓:以为。 斯:这件事。 〔27〕建安:郡名。治所在今福建建瓯县南。建安郡是孙吴的造船基地。〔28〕谋谟:谋划。

【裴注】

〔一〕《周礼》大宰职曰："以八柄诏王驭群臣：一曰爵，以驭其贵；二曰禄，以驭其富；三曰予，以驭其幸；四曰置，以驭其行；五曰生，以驭其福；六曰夺，以驭其贫；七曰废，以驭其罪；八曰诛，以驭其过。"

〔二〕《吴书》曰："纮见枏榴枕，爱其文，为作赋。陈琳在北见之，以示人曰：'此吾乡里张子纲所作也。'后纮见陈琳作《武〔库〕〔军〕赋》、《应机论》，与琳书，深叹美之。琳答曰：'自仆在河北，与天下隔；此间率少于文章，易为雄伯，故使仆受此过差之谈：非其实也。今景兴在此，足下与子布在彼；所谓小巫见大巫，神气尽矣！'纮既好文学，又善楷篆。与孔融书，自书；融遗纮书曰：'前劳手笔，多篆书。每举篇见字，欣然独笑，如复睹其人也。'"

〔三〕《江表传》曰："玄，清介有高行，而才不及纮。"

〔四〕《江表传》（曰）称尚"有俊才"。

〔五〕环氏《吴纪》曰："皓尝问：'《诗》云"泛彼柏舟"，惟柏中舟乎？'尚对曰：'《诗》言"桧楫松舟"，则松亦中舟也。'又问：'鸟之大者惟鹤，小者惟雀乎？'尚对曰：'大者有秃鹜，小者有鹪鹩。'皓，性忌胜己；而尚谈论，每出其表：积以致恨。后问：'孤饮酒以方谁？'尚对曰：'陛下有百觚之量。'皓云：'尚知孔丘之不王，而以孤方之！'因此发怒收尚。尚书岑昏，率公卿以下百余人，诣宫叩头请：尚罪得减死。"

严畯字曼才，彭城人也。少耽学，善《诗》、《书》、三《礼》[1]，又好《说文》[2]。避乱江东，与诸葛瑾、步骘，齐名友善。性质直纯厚；其于人物，忠告善导，志存补益。

张昭进之于孙权，权以为骑都尉，从事中郎[3]。及横江将军鲁肃卒[4]，权以畯代肃；督兵万人，镇据陆口。众人咸为畯喜，畯前后固辞："朴素书生，不闲军事[5]；非才而据，咎悔必至！"发言慷慨，至于流涕。〔一〕权乃听焉，世嘉其能以实让。

权为吴王，及称尊号，峻尝为卫尉。使至蜀，蜀相诸葛亮深善之。不蓄禄赐，皆散之亲戚知故[6]：家常不充。

广陵刘颖与峻有旧，颖精学家巷[7]。权闻，征之，以疾不就；其弟略，为零陵太守，卒官，颖往赴丧：权知其诈病，急驿收录[8]。峻亦驰语颖，使还谢权。权怒，废峻，而颖得免罪。

久之，以峻为尚书令。后卒。〔二〕

峻著《孝经传》、《潮水论》；又与裴玄、张承论管仲、季路[9]：皆传于世。

玄字彦黄，下邳人也。亦有学行[10]，官至太中大夫。问子钦齐桓、晋文、夷、惠四人优劣[11]，钦答所见；与玄相反覆，各有文理。钦与太子登游处，登称其翰采[12]。

【注释】

〔1〕《诗》：书名。即《诗经》。 《书》：书名。即《尚书》。 三《礼》：儒家有关礼的三部经典著作。即《周礼》、《礼记》和《仪礼》。〔2〕《说文》：书名。即《说文解字》的简称。文字学著作。东汉许慎撰。慎字叔重，汝南郡召陵（今河南漯河市东）人。曾任太尉府幕僚、县长等官职。师事贾逵，习古文经学。著《说文解字》十四卷并叙目共十五卷。是我国第一部系统分析字形和考究字源的字书，对后世影响巨大。许慎传见《后汉书》卷七十九下《儒林列传》下。 〔3〕从事中郎：官名。孙权将军府下属，参谋军事。 〔4〕横江将军：官名。领兵征伐。〔5〕闲：熟习。 〔6〕知故：知己和老友。 〔7〕家巷：家庭街巷。指民间。 〔8〕急驿：紧急派出的驿使。 收录：逮捕。 〔9〕季路：即仲由（前542—前480）。字子路，又字季路。卞（今山东泗水县东）人。孔子学生。好勇，任卫国大夫，死于卫国内乱。传见《史记》卷六十七《仲尼弟子列传》。 〔10〕学行（xíng）：学问品行。 〔11〕晋文：即晋文公

重耳(前697—前628)。春秋时晋国国君，前636至前628年在位。因晋国发生内乱，在外流亡十九年。得秦国帮助，回国即位。整顿内政，加强军队，平定周朝内乱，大胜楚军，成为继齐桓公之后又一个霸主。事见《史记》卷三十九《晋世家》。 夷：即伯夷。商末孤竹君的长子。最初孤竹君以次子叔齐为继承人。孤竹君死，叔齐让位，伯夷不受，两人投奔周国。反对周武王进攻商纣，逃入首阳山，不食周粟而饿死。传见《史记》卷六十一。 惠：即柳下惠。展氏，名获，字禽。食邑在柳下，谥号为惠，故又称柳下惠。曾任鲁国的士师，掌管刑狱。以讲究礼节而著名。又眷恋故土，虽遭受多次贬黜也不离开鲁国。 〔12〕称：称赞。 翰采：文采。

【裴注】

〔一〕《志林》曰："权又试峻骑，上马，堕鞍。"

〔二〕《吴书》曰："峻时年七十八。二子：凯、爽。凯官至升平少府。"

程秉字德枢，汝南南顿人也[1]。逮事郑玄[2]。后避乱交州，与刘熙考论大义[3]：遂博通五经。士燮命为长史。

权闻其名儒，以礼征；秉既到，拜太子太傅。

黄武四年，权为太子登聘周瑜女；秉守太常[4]，迎妃于吴。权亲幸秉船[5]，深见优礼。既还，秉从容进说登曰[6]："婚姻，人伦之始，王教之基。是以圣王重之，所以率先众庶[7]，风化天下。故《诗》美《关雎》[8]，以为称首[9]。愿太子尊礼教于闺房，存《周南》之所咏[10]；则道化隆于上，颂声作于下矣。"登笑曰："'将顺其美[11]，匡救其恶'，诚所赖于傅君也[12]。"

病，卒官。著《周易摘》、《尚书驳》、《论语弼》，凡三万余言。

秉为傅时，率更令河南徵崇，亦笃学立行云〔13〕。〔一〕

【注释】

〔1〕南顿：县名。县治在今河南项城市西。 〔2〕逮：赶上。 事：师事。指求学。 郑玄（公元127—200）：字康成。北海郡高密（今山东高密市西南）人。东汉大经学家。早年游学天下，曾在经学大师马融门下受业。后回家乡传授经学，多次拒绝朝廷任命，门下有弟子数千人。他的经学知识极为渊博，是两汉经学集大成的学者。生前遍注群经，著述很多。完整流传至今的还有《毛诗笺》、《周礼注》、《仪礼注》和《礼记注》四种，均收入《十三经注疏》中。传见《后汉书》卷三十五。 〔3〕刘熙：字成国。北海郡（治所在今山东昌乐县西）人。东汉语言学家。著有《释名》一书，今存，是汉语语源学重要著作。〔4〕守：代理。 〔5〕幸：君主驾临。 〔6〕从（cōng）容：闲暇的时候。这是当时习语。 〔7〕所以：用以。 众庶：民众。 〔8〕关雎（jū）：《诗经》第一首诗的名称。当时人认为这首诗赞颂了完全遵循儒家礼教的婚姻，是人际关系的美好开端。但现今人们的理解与此不同。〔9〕称（chèn）首：完全适合做《诗经》的篇首。 〔10〕《周南》：《诗经》诗歌分为风、雅、颂三类。风即国风，实际上是先秦各国的民歌。《诗经》中共有十五国风，《周南》是其中之一。《周南》收诗歌十一首，汉代学者认为大都产生在今陕西、河南一带地区。这里的《周南》指《关雎》，因为《关雎》是《周南》的第一首诗。 〔11〕将顺：随从顺应。这两句出自《史记》卷六十二《管晏列传》。 〔12〕傅君：对太子太傅的尊称。 〔13〕率更令：官名。即太子率更令。是太子宫的侍卫队长官。

【裴注】

〔一〕《吴录》曰："崇字子和。治《易》、《春秋左氏传》；兼善内术。本姓李，遭乱更姓。遂隐于会稽，躬耕以求其志。好尚者从学，所教不过数人辄止：欲令其业必有成也。所交结如丞相步骘等，咸亲焉。严畯荐崇：'行足以厉俗，学足以为师。'初见太子登，以疾，赐不拜。东宫官僚，皆从咨询。太子数访以异闻。年七十而卒。"

阚泽字德润，会稽山阴人也。家世农夫，至泽好学。居贫无资，常为人佣书[1]，以供纸笔；所写既毕，诵读亦遍。追师论讲[2]，究览群籍，兼通历数[3]。由是显名，察孝廉，除钱唐长。迁郴令[4]。

孙权为骠骑将军，辟补西曹掾。及称尊号，以泽为尚书。嘉禾中，为中书令，加侍中。赤乌五年，拜太子太傅，领中书如故。泽以经传文多，难得尽用；乃斟酌诸家，刊约《礼》文及诸注说，以授二宫[5]，为制行出入及见宾仪[6]。又著《乾象历注》，以正时日。每朝廷大议，经典所疑，辄咨访之。以儒学勤劳，封都乡侯。

性谦恭笃慎，（官）〔宫〕府小吏[7]，呼召对问，皆为抗礼[8]。人有非短，口未尝及。容貌似不足者[9]，然所闻少穷[10]。权尝问："书传篇赋，何者为美？"泽欲讽喻以明治乱[11]，因对贾谊《过秦论》最善[12]：权览读焉。

初，以吕壹奸罪发闻，有司穷治，奏以大辟；或以为"宜加焚裂[13]，用彰元恶"。权以访泽，泽曰："盛明之世，不宜复有此刑。"权从之。又诸官司有所患疾[14]，欲增重科防[15]，以检御臣下[16]；泽每曰"宜依礼、律"：其和而有正，皆此类也。〔一〕

六年冬卒[17]。权痛惜感悼，食不进者数日。

泽州里先辈丹杨唐固，亦修身积学，称为儒者。著《国语》、《公羊》、《穀梁传》注[18]，讲授常数十人。权为吴王，拜固议郎。自陆逊、张温、骆统等，皆拜之[19]。黄武四年为尚书仆射，卒。〔二〕

【注释】

〔1〕佣书：抄写书籍以赚取工钱。 〔2〕追师：追随老师。 〔3〕历数：历法计算。 〔4〕郴（chēn）：县名。县治在今湖南郴州市。〔5〕刊约：删节精简。 二宫：当时称太子孙和、鲁王孙霸为二宫。〔6〕仪：礼仪程序。 〔7〕宫府：太子宫的管理府署。阚泽当时任职太子太傅，是太子宫管理府署的首长。 〔8〕抗礼：行对等的礼。〔9〕不足：指不出众。 〔10〕所闻：所知道的。 〔11〕讽喻：以含蓄的话进行劝诫。 〔12〕《过秦论》：政论名。是对秦王朝灭亡的原因进行探讨，今存。 〔13〕焚：酷刑名。把犯人用火烧死。 裂：酷刑名。在犯人头部和四肢系上绳索，另一端系在马车上，驱赶马车而使肢体分裂。〔14〕患疾：担忧和不满。 〔15〕科防：法规条令的预防。 〔16〕检御：约束控制。 〔17〕六年：赤乌六年（公元243）。 〔18〕《国语》：书名。又名《春秋外传》。相传为左丘明撰，实际成书在战国时期。分为周、鲁、齐、晋、郑、楚、吴、越八国语。着重记载各国人物的言论，创分国记事的体例。内容可作《左传》的补充和参证。 《公羊》：书名。即《公羊传》。又称《公羊春秋》。解释《春秋》的"三传"之一。旧题战国时公羊高撰。属今文经学的重要著作，着重阐述《春秋》的"大义"，是研究战国、秦、汉间儒家思想的重要资料。 《榖梁传》：书名。解释《春秋》的"三传"之一。旧题榖梁赤撰。体裁与《公羊传》相近，是研究秦汉间儒家思想的重要资料。 〔19〕骆统（公元193—228）：传见本书卷五十七。 拜：行跪拜礼。陆逊、张温、骆统，与唐固同是扬州人，他们向唐固行跪拜礼，是尊重同乡前辈的表示。

【裴注】

〔一〕《吴录》曰："虞翻称泽曰：'阚生矫杰，盖蜀之扬雄。'又曰：'阚子儒术德行，亦今之仲舒也。'初，魏文帝即位，权尝从容问群臣曰：'曹丕以盛年即位，恐孤不能及之；诸卿以为何如？'群臣未对，泽曰：'不及十年，丕其没矣！大王勿忧也。'权曰：'何以知之？'泽曰：'以字言之，"不"、"十"为"丕"，此其数也。'文帝果七年而崩。"

臣松之计孙权年大文帝五岁，其为长幼也，微矣。

〔二〕《吴录》曰："固字子正。卒时年七十余矣。"

薛综字敬文，沛郡竹邑人也〔1〕。〔一〕少依族人避地交州，从刘熙学。士燮既附孙权，召综为五官中郎〔将〕。除合浦、交阯太守。时交土始开，刺史吕岱率师讨伐，综与俱行。越海南征，及到九真。事毕还都，守谒者仆射[2]。

西使张奉，于权前列尚书阚泽姓名以嘲泽[3]，泽不能答。综下行酒[4]，因劝酒曰："蜀者何也[5]？有犬为独，无犬为蜀；横目苟身[6]，虫入其腹。"〔二〕奉曰："不当复列君吴邪？"综应声曰："无口为天，有口为吴；君临万邦，天子之都！"于是众坐喜笑，而奉无以对。其枢机敏捷[7]，皆此类也。〔三〕

【注释】
　　〔1〕沛郡：郡名。治所在今安徽淮北市西北。　竹邑：县名。县治在今安徽宿州市西北。　〔2〕谒者仆射(yè)：官名。谒者台长官。谒者台为光禄勋下属机构。皇帝出行时负责导引，朝会时司礼仪，中级官员死时代表皇帝进行吊唁。　〔3〕西使：孙吴对蜀汉使者的称呼。　〔4〕行酒：依次斟酒和劝酒。　〔5〕何也：是什么样的(字)呢。下面几句表面上是说蜀字的字形，其实在嘲笑蜀汉是与犬、虫等动物为伍。　〔6〕横目：指蜀字的上半部。　苟身：苟字的身体，指勹。　〔7〕枢机：门的转轴和弩上的发动机关。这里比喻思维。

【裴注】
　　〔一〕《吴录》曰："其先齐孟尝君，封于薛。秦灭六国，而失其祀，子孙分散。汉祖定天下，过齐；求孟尝后，得其孙陵、国二人，欲复其封。陵、国兄弟相推，莫适受；乃去，之竹邑，因家焉，故遂氏薛。自国至综，世典州郡，为著姓。综少明经，善属文，有秀才。"
　　〔二〕臣松之见诸书本"苟身"或作"句身"；以为既云"横目"，则宜曰"句身"。
　　〔三〕《江表传》曰："费祎聘于吴，陛见，公卿侍臣皆在坐。酒酣，祎与诸葛恪相对嘲难，言及吴、蜀。祎问曰：'蜀字云何？'恪曰：'有水者浊，无水者蜀。横目苟身，虫入其腹。’祎复问：‘吴字云何？’恪曰：‘无口者天，有口者吴；下临沧海，天子帝都。’”与本传不同。

吕岱从交州召出。综惧继岱者非其人，上疏曰：

昔帝舜南巡，卒于苍梧[1]；秦置桂林、南海、象郡[2]：然则四国之内属也，有自来矣。赵佗起番禺[3]，怀服百越之君[4]：珠官之南是也[5]。

汉武帝诛吕嘉[6]，开九郡[7]，设交阯刺史以镇监之[8]。山川长远，习俗不齐；言语同异[9]，重译乃通[10]。民如禽兽，长幼无别；椎结徒跣[11]，贯头左衽[12]；长吏之设，虽有若无。自斯以来，颇徙中国罪人杂居其间。稍使学书，粗知言语；使驿往来，观见礼化。及后锡光为交阯[13]，任延为九真太守[14]，乃教其耕犁，使之冠履[15]；为设媒官，始知聘娶；建立学校，导之经义。由此以降，四百余年[16]，颇有（似）〔士〕类。

自臣昔客始至之时[17]，珠崖除州县嫁娶，皆须八月引户[18]，人民集会之时；男女自相可适[19]，乃为夫妻：父母不能止。交阯麋泠、九真都庞二县[20]，皆兄死弟妻其嫂，世以此为俗；长吏恣听，不能禁制。日南郡男女裸体，不以为羞。由此言之，可谓虫豸[21]，有靦面目耳[22]。然而士广人众，阻险毒害；易以为乱，难使从治。县官羁縻[23]，示令威服；田户之租赋，才取供办[24]；贵致远珍名珠、香药、象牙、犀角、玳瑁、珊瑚、琉璃、鹦鹉、翡翠、孔雀、奇物^[25]，充备宝玩：不必仰其赋入以益中国也^[26]。

然在九甸之外^[27]，长吏之选，类不精核^[28]。汉时法宽，多自放恣，故数反，违法。珠崖之废^[29]，起于长吏睹其好发，髡取为髲^[30]。及臣所见，南海黄盖为日南太守^[31]；下车以供设不丰^[32]，挝杀主簿^[33]：仍见驱逐^[34]。九真太守儋萌，为妻父周京作主人^[35]，并请大吏；酒酣作乐，功曹番歆，起舞属京^[36]，京不肯起；歆犹迫强，萌忿，杖歆，亡于郡内^[37]。歆弟苗，帅众攻府；毒矢射萌，萌至物故^[38]。交阯太守士燮，遣兵致讨，卒不能克。又故刺史会稽朱符，多以乡人虞褒、刘彦之徒，分作长吏；侵虐百姓，强赋于民^[39]。黄鱼一枚，收稻一斛；百姓怨叛，山贼并出，攻州突郡。符走入海，流离丧亡。次得南阳张津，与荆州牧刘表为隙^[40]；兵弱敌强，岁岁兴军。诸将厌患，去留自在；津小检摄^[41]，威武不足；为所陵侮，遂至杀没。后得零陵赖恭^[42]，先辈仁谨^[43]，不晓时事。表又遣长沙吴巨，为苍梧太守。巨，武夫轻悍，不为恭服；（所取）〔辄〕相怨恨，逐出恭，求步骘。是时津故将夷廖、钱博之徒尚多，骘以次锄治；纲纪适定^[44]，会仍召出。吕岱既至，有士氏之变^[45]。越军南征，平讨之日，改置长吏，彰明王纲^[46]；威加万里，大小承风。由此言之，绥边抚裔^[47]，实有其人。

牧伯之任[48]，既宜清能[49]；荒流之表[50]，祸福尤甚。今日交州，虽名粗定，尚有高凉宿贼[51]；其南海、苍梧、郁林、珠官四郡界未绥，依作寇盗，专为亡叛逋逃之薮[52]。若岱不复南[53]，新刺史宜得精密[54]，检摄八郡[55]，方略智计，能稍稍以渐（能）治高凉者。假其威宠，借之形势，责其成效，庶几可补复[56]。如但中人[57]，近守常法，无奇数异术者；则群恶日滋，久远成害。故国之安危，在于所任，不可不察也。

窃惧朝廷忽轻其选，故敢竭愚情，以广圣思。

【注释】

〔1〕苍梧：山名。在今湖南宁远县南。又名九嶷山。相传舜死后埋在这里。山在西汉苍梧郡（治所在今广西梧州市）的北界。　〔2〕桂林：秦郡名。治所在今广西桂平市西南。　南海：秦郡名。治所在今广东广州市。　象郡：秦郡名。治所在今广西崇左市。〔3〕番（pān）禺：县名。县治在今广东广州市。　〔4〕怀：安抚。　百越：对南方越族的泛称。　〔5〕珠官：郡名。治所在今广西合浦县东北。后恢复旧名合浦。〔6〕汉武帝：即刘彻（前156—前87）。西汉皇帝。前140至前87年在位。统治期间，从思想意识和政治制度上采取多种措施加强中央集权，又大力发展农业、手工业生产和商业贸易，向北出兵击退北方的匈奴，向西北打通西域，向西南开发边区，使西汉王朝发展到顶峰。由于举行封禅，祈求神仙，大修宫殿，耗费巨额财富，晚年的政治经济状况开始恶化。事详《史记》卷十二、《汉书》卷六。　吕嘉（？—前111）：南越王相。前112年举兵反抗西汉，次年兵败被杀。事见《汉书》卷九十五《南粤传》。　〔7〕九郡：前111年，汉武帝出兵灭南越，在其地设置九郡，即南海、苍梧、郁林、合浦、交阯、九真、日南、珠崖、儋耳。〔8〕交阯刺史：官名。后改交州刺史。　〔9〕同异：偏义复词。意思是不同。　〔10〕重（chóng）译：通过中间语言转译。　〔11〕椎（chuí）结：梳小槌形的发髻。　徒跣（xiǎn）：打赤脚。　〔12〕贯头：一种简单衣

服。用整幅布做成，在中央挖一比头稍大的洞，穿时让头在洞中伸出即可。　左衽(rèn)：衣襟向左开。　〔13〕锡光：汉中(治所在今陕西汉中市)人。西汉平帝时任交阯郡太守，以教育当地民众著称。东汉建立，封盐水侯。事见《后汉书》卷七十六《循吏任延传》。　〔14〕任延(？—公元67)：字长孙。南阳郡宛县(今河南南阳市)人。东汉初任九真太守，在当地铸造农具，推广牛耕，对边远地区的开发起了显著作用。传见《后汉书》卷七十六。　〔15〕冠履：戴帽穿鞋。　〔16〕四百余年：吕岱自交州调出，在黄龙三年(公元231)。从锡光任交阯太守起到这时只有二百三十年左右，从汉武帝杀吕嘉起到这时也只有三百四十年左右，此处史文疑有误。　〔17〕客：客居。　〔18〕须：等到。　引户：依据户口登记名册当面清查户口。　〔19〕可适：应允和满意。　〔20〕麋泠(líng)：县名。属交阯郡。县治在今越南河内市西北。　都庞：县名。属九真郡。在今越南清化市西北。　〔21〕虫豸(zhì)：有足与无足的动物。这里指动物。　〔22〕有觍(tiǎn)面目：(只不过)长有人的面目而已。〔23〕县官：当时习称官府为县官。　羁縻：笼络。　〔24〕才取供办：只收取刚够当地官员消耗的数量。指不向外调运。　〔25〕贵致：重视得到。　远珍：远方珍品。　翡翠：一种长有翠绿羽毛的鸟。　〔26〕仰：仰仗。　中国：内地。　〔27〕九甸：九服中的甸服。《周礼·职方氏》把京城以外的地区，由近到远分为侯服、甸服、男服、采服、卫服、蛮服、夷服、镇服、藩服九等。甸服以外即指边远地区。　〔28〕类：大都。　精核：精心考核。　〔29〕珠崖：郡名。汉武帝设置。治所在今海南海口市琼山区南。汉元帝初元三年(前46)废。　〔30〕髡(kūn)：剃。髪(bì)：假发。　〔31〕黄盖：与孙吴名将黄盖不是同一个人。　〔32〕供设：摆设的酒食。　〔33〕挝(zhuā)：打。　〔34〕仍：于是。　〔35〕作主人：做东道请客。这是当时习语。也可说成设主人。　〔36〕属(zhǔ)：古人举行宴会，常起舞以助兴，一人舞罢邀劝他人续舞，当时称为属。〔37〕郡内：郡太守府内。　〔38〕物故：死亡。　〔39〕强赋：强迫收取赋税。　〔40〕为隙：为仇。　〔41〕小：稍微。　检摄：约束。〔42〕赖恭：事见本书卷四十五《杨戏传》。　〔43〕先辈：前辈。〔44〕纲纪：秩序。　〔45〕士氏之变：指士燮的儿子士徽举兵反抗孙吴，事见本书卷四十九《士燮传》。　〔46〕王纲：王法。　〔47〕绥：安抚。裔：边远地区。　〔48〕牧伯：指州的行政长官。　〔49〕清能：清廉能干。　〔50〕荒流：都指边远的地区。　〔51〕高凉：郡名。治所在今广东恩平市北。　〔52〕逋(bū)逃：逃亡。　薮：人和物聚集的地方。〔53〕不复南：指不再回南方当交州刺史。　〔54〕精密：精干周密。

〔55〕八郡：当时交州所辖的八郡。即南海、苍梧、郁林、合浦、高凉、交阯、九真、日南。 〔56〕庶几(jī)：大概。 〔57〕中人：中等人才。

黄龙三年，建昌侯虑为镇军大将军〔1〕，屯半州。以综为长史，外掌众事，内授书籍。

虑卒，入守贼曹尚书〔2〕。迁尚书仆射。时公孙渊降而复叛，权盛怒，欲自亲征。综上疏谏曰：

夫帝王者，万国之元首，天下之所系命也。是以居则重门击柝以戒不虞〔3〕，行则清道按节以养威严〔4〕；盖所以存万安之福，镇四海之心。昔孔子疾时〔5〕，托乘桴浮海之语〔6〕；季由斯喜〔7〕，拒以无所取(才)〔材〕〔8〕。汉元帝欲御楼船〔9〕，薛广德请刭颈以血染车〔10〕。何则？水火之险至危，非帝王所宜涉也。谚曰："千金之子〔11〕，坐不垂堂〔12〕。"况万乘之尊乎？

今辽东戎貊小国〔13〕，无城池之固，备御之术；器械铢钝〔14〕，犬羊无政；往必擒克，诚如明诏。然其方土寒埆〔15〕，谷稼不殖；民习鞍马，转徙无常。猝闻大军之至，自度不敌，鸟惊兽骇，长驱奔窜，一人匹马，不可得见。虽获空地，守之无益。此不可一也。加又洪流滉漾〔16〕，有成山之难〔17〕。海行无常，风波难免；倏忽之间〔18〕，人船异势〔19〕。虽有尧、舜之德，智无所施；贲、育之勇，力不得设。此不可二也。加以郁雾冥其上〔20〕，咸水蒸其下；善生流肿〔21〕，转相污染。凡行海者，稀无斯患。此不可三也。

天生神圣，显以符瑞[22]；当乘平丧乱[23]，康此民物[24]；嘉祥日集，海内垂定[25]；逆虏凶虐，灭亡在近。中国一平[26]，辽东自毙，但当拱手以待耳。今乃违必然之图[27]，寻至危之阻；忽九州之固，肆一朝之忿；既非社稷之重计[28]，又开辟以来所未尝有[29]。斯诚群僚所以倾身侧息[30]，食不甘味，寝不安席者也。

惟陛下抑雷霆之威，忍赫斯之怒[31]；遵乘桥之安，远履冰之险。则臣子赖祉[32]，天下幸甚！

时群臣多谏，权遂不行。

正月乙未[33]，权敕综：祝祖不得用常文[34]。综承诏，猝造文义，信辞灿烂[35]。权曰："复为两头[36]，使满三也。"综复再祝，辞令皆新：众咸称善。

赤乌三年，徙选曹尚书。五年[37]，为太子少傅[38]，领选职如故。[一]

六年春[39]，卒。凡所著诗、赋、难、论数万言[40]，名曰《私载》；又定《五宗图述》、《二京解》，皆传于世。

【注释】

〔1〕虑：即孙虑（公元 213—232）。传见本书卷五十九。 镇军大将军：官名。领兵征伐。 〔2〕贼曹尚书：官名。主管清除各地的武装叛乱。当时习称造反作乱者为贼。 〔3〕重（chóng）：重复设置。 桥（tuó）：巡夜者敲击的梆子。 〔4〕按节：用节杖来止住（路上的行人）。指进行戒严。 〔5〕孔子（前 551—前 479）：春秋末期的思想家、政治家

和教育家，儒家的创始者。孔氏，名丘，字仲尼，后世尊称为孔子。鲁国陬邑(今山东曲阜市东南)人。五十岁时任鲁国司寇，实施抑制家臣势力的政策，结果失败。随后周游宋、卫、陈、蔡、齐、楚等国，未受重用。晚年致力于教育和古代文献整理。相传他曾整理《诗经》、《尚书》，又删定鲁史官所记的《春秋》。其弟子先后有三千人，其中著名的有七十余人。孔子学说以"仁"为中心，两千年来一直在封建文化中占据正统地位，对后世影响很大。传见《史记》卷四十七。　疾时：对时局不满。　〔6〕桴(fú)：小筏子。孔子曾说："道不行，乘桴浮于海。从我者，其由(仲由)与?"见《论语·公冶长》。　〔7〕季由：即仲由。仲由听了孔子说乘桴浮海的话后，高兴得很。　〔8〕拒以无所取材：孔子说乘桴浮海是一种气话，看到仲由信以为真，马上又说："由也好勇过我，无所取材。"其中"无所取材"一句，解释不一，这里认为孔子以没有地方能采到做桴的木材为由打消仲由的念头。　〔9〕汉元帝：即刘奭(前76—前33)。西汉皇帝。前49至前33年在位。爱好儒术，先后任命一些儒生出身的人为丞相。但又重用宦官，加重赋役，政治开始衰落。事详《汉书》卷九。　御：皇帝行为的代称。这里指乘坐。　楼船：舱面建有楼房的大船。　〔10〕薛广德：字长卿。沛郡相县(今安徽淮北市西北)人。精于儒学。西汉元帝时任御史大夫。元帝想乘楼船，他挡住座车，声言要用自杀来劝阻。传见《汉书》卷七十一。　〔11〕千金之子：比喻有钱人家的子弟。汉代以金一斤为一金，约值钱一万。这两句出自《史记》卷一百一《袁盎传》。　〔12〕垂堂：在堂屋的屋檐正下方。不坐在这里是避免屋瓦掉下而被击伤。　〔13〕戎：少数族的泛称。　貊(mò)：东北方少数族名。　〔14〕铢(zhū)：钝。　〔15〕埆(què)：不肥沃。　〔16〕滉瀁(huàng yǎng)：(水面)广阔的样子。　〔17〕成山：地名。在今山东荣成市东北成山角。是山东半岛的最东端。从江东渡海到辽东要经过这里。　〔18〕倏(shū)忽：一转眼。　〔19〕异势：改变形势。指由主动变为被动。　〔20〕冥：遮盖。　〔21〕善：容易。　流肿：传染病名。有人认为是脚气。　〔22〕符瑞：古人所说的表示君主受命于天的祥瑞征兆。　〔23〕乘平：战胜平定。　〔24〕康：使……安乐。民物：民众。　〔25〕垂：将要。　〔26〕中国：中原。　〔27〕必然之图：必定成功的计划。　〔28〕重计：大计。　〔29〕开辟：开天辟地。〔30〕侧息：侧身呼吸。倾身侧息是心中忧虑时的动作。　〔31〕赫斯：赫是勃然大怒的样子。斯相当于而。《诗经·皇矣》有"王赫斯怒"的诗句，后世即常以赫斯指君主的震怒。　〔32〕赖祉：指享福。〔33〕乙未：指嘉禾三年(公元234)正月初十日。　〔34〕祝：祭祀时的祷

告。 祖：祖宗。 常文：指宗庙祭祀时的常用文辞。 〔35〕信辞：感
情真实的文辞。 灿烂：文采艳丽的样子。《老子》有"信言不美，美
言不信"的说法。这里说薛综的祝文既信且美。 〔36〕两头：两篇。
〔37〕五年：赤乌五年(公元242)。 〔38〕太子少傅：官名。太子的第二
位辅导老师。地位略低于太子太傅。除辅导太子外，还统管太子宫中的
官员。 〔39〕六年：赤乌六年(公元243)。 〔40〕难(nàn)：对别人论
点进行反驳的文章。

【裴注】

〔一〕《吴书》曰："后权赐综紫绶囊；综陈让：紫色非所宜服。权
曰：'太子年少，涉道日浅；君当博之以文，约之以礼；茅土之封，非
君而谁？'是时，综以名儒居师傅之位，仍兼选举：甚为优重。"

子珝，官至威南将军[1]。征交阯还，道病死。〔一〕

珝弟莹，字道言。初为秘府中书郎[2]。孙休即位，
为散骑中常侍。数年，以病去官。孙皓初，为左执
法[3]。迁选曹尚书。及立太子，又领少傅。

建衡三年，皓追叹莹父综遗文，且命莹继作。莹献
诗曰：

惟臣之先，昔仕于汉；奕世绵绵，颇涉台
观[4]。暨臣父综[5]，遭时之难，卯金失御[6]，邦
家毁乱。适兹乐土[7]，庶存孑遗[8]；天启其心，东
南是归。厥初流隶，困于蛮垂[9]；大皇开基[10]，
恩德远施。特蒙招命，拯擢泥污[11]；释放巾
褐[12]，受职剖符[13]。作守合浦，在海之隅；迁入
京辇[14]，遂升机枢[15]。枯瘁更荣，绝统复纪；自
微而显，非愿之始[16]。亦惟宠遇，心存足止[17]。
重值文皇[18]，建号东宫[19]；乃作少傅，光华益

隆。明明圣嗣[20]，至德谦崇；礼遇兼加，惟渥惟丰[21]。哀哀先臣[22]，念竭其忠；洪恩未报，委世以终[23]。嗟臣蔑贱[24]，惟昆及弟[25]；幸生幸育，托综遗体。过庭既训[26]，顽蔽难启。堂构弗克，志存耦耕[27]；岂悟圣朝，仁泽流盈。追录先臣，愍其无成；是济是拔[28]，被以殊荣。珝忝千里[29]，受命南征；旌旗备物，金革扬声[30]。及臣斯陋，实暗实微；既显前轨[31]，人物之机[32]；复傅东宫[33]，继世荷辉[34]；才不逮先[35]，是忝是违。乾德博好[36]，文雅是贵；追悼亡臣，冀存遗类。如何愚胤[37]，曾无仿佛[38]！瞻彼旧宠，顾此顽虚；孰能忍愧，臣实与居。夙夜反侧，克心自论；父子兄弟，累世蒙恩。死惟结草[39]，生誓投身[40]；虽则灰陨[41]，无报万分[42]！

【注释】

〔1〕威南将军：官名。领兵征伐。 〔2〕秘府：指中书官员的府署。因在皇宫之内，又属机要部门，故名。 〔3〕左执法：官名。负责司法审判。 〔4〕涉：涉足。 台观(guàn)：指尚书台、东观一类的中央政府机构。 〔5〕暨：到了。 〔6〕卯金：指汉朝的刘氏皇室。刘字的繁体拆开是卯、金、刂。 失御：丧失控御。 〔7〕适：到。 〔8〕孑(jié)遗：发生变故之后残留下来的人。 〔9〕蛮垂：蛮荒的边区。 〔10〕大皇：指孙权。孙权死后谥为大皇帝。 〔11〕拯擢泥污：从泥污中拯救提拔。泥污比喻困苦环境。 〔12〕释放：解开。 巾：头巾。褐：用粗毛或粗麻做的衣服。巾褐是贫贱者的衣着。解开脱下巾褐指当官。 〔13〕剖符：指当太守。汉代郡太守任命时，朝廷要授给铜虎符、竹使符各五。见《史记》卷十《孝文本纪》。 〔14〕京辇(niǎn)：京都。辇为皇帝座车，代指都城。 〔15〕机枢：即枢机。这里比喻朝廷的机要部门。指薛综在尚书台任职。 〔16〕非愿之始：不是最初（敢有）的

愿望。 〔17〕足止：知足而停止。 〔18〕文皇：指孙皓的父亲孙和。孙皓当皇帝后，追谥孙和为文皇帝。 〔19〕建号东宫：指被立为太子。 〔20〕圣嗣：圣明的后代。指孙皓。 〔21〕渥：优厚。 〔22〕先臣：指薛综。 〔23〕委：抛弃。 〔24〕蔑贱：微贱。 〔25〕昆：哥哥。 〔26〕过庭既训：指受到父亲的训导。孔子站在庭院中，他的儿子孔鲤走过，孔子要孔鲤认真学诗、学礼。见《论语·季氏》。这里用此典故。 〔27〕耦（ǒu）耕：古代两人一组的耕作方法。这里指务农。 〔28〕济：拯救。 〔29〕忝：辱没。是担任官职的谦虚说法。 千里：比喻一郡的辖地。这里指郡太守职务。 〔30〕金革：指钲（zhēng）和鼓。古代指挥军队进退的乐器。 〔31〕前轨：前人的道路。 〔32〕人物之机：（选任）人才的机要（职务）。指选曹尚书一职。薛莹的父亲薛综也在尚书台任过官，所以说是显前轨。 〔33〕傅：担任太子少傅。 〔34〕荷辉：承受（天子赐给的）光辉。 〔35〕不逮：不及。 〔36〕乾（qián）德：指天子的品性。 博好：有广博的爱好。 〔37〕愚胤：愚笨的后代。 〔38〕曾无仿佛：竟然（与父亲）不相似。意指缺乏文才。 〔39〕结草：指受恩深重，死后也要报答。春秋时魏颗没有把父亲的小妾殉葬，后来他与敌作战，小妾父亲的魂灵帮他制服敌人。事见《左传》宣公十五年。 〔40〕投身：指献出生命。 〔41〕灰陨：即粉身碎骨的意思。 〔42〕无报万分：不能报答万分之一（的恩情）。

【裴注】

〔一〕《汉晋春秋》曰："孙休时，珝为五官中郎将，遣至蜀，求马。及还，休问蜀政得失。对曰：'主暗而不知其过，臣下容身以求免罪；入其朝不闻正言，经其野民皆菜色。臣闻燕雀处堂，子母相乐，自以为安也；突决栋焚，而燕雀怡然不知祸之将及：其是之谓乎！'"

是岁，何定建议凿圣溪，以通江淮[1]。皓令莹督万人往，遂以多磐石，难施功，罢还。出为武昌左部督[2]。后定被诛，皓追圣溪事，下莹狱，徙广州[3]。

右国史华覈上疏曰[4]："臣闻五帝三王，皆立史官[5]；叙录功美，垂之无穷。汉时司马迁、班固[6]，咸命世大才[7]；所撰精妙，与六经俱传。大吴受命，建国南土。大皇帝末年，命太史令丁孚、郎中项峻，始撰《吴书》[8]。孚、峻俱非史才，其所撰作，不足纪录。至少帝时[9]，更差韦曜、周昭、薛莹、梁广及臣五人，访求往事；所共撰立，备有本末。昭、广先亡；曜负恩蹈罪；莹出为将，复以过徙：其书遂委滞[10]，迄今未撰奏。臣愚浅才劣，适可为莹等记注而已[11]；若使撰合，必袭孚、峻之迹；惧坠大皇帝之元功[12]，损当世之盛美。莹涉学既博，文章尤妙；同僚之中，莹为冠首。今者现史，虽多经学；记述之才，如莹者少：是以偻偻，为国惜之[13]。实欲使卒垂成之功[14]，编于前史之末。奏上之后，退填沟壑，无所复恨。"

皓遂召莹还，为左国史[15]。

顷之，选曹尚书同郡缪祎，以执意不移，为群小所疾[16]，左迁衡阳太守[17]。既拜，又追以职事见诘责，拜表陈谢。因过诣莹[18]，复为人所白[19]，云："祎不惧罪，多将宾客会聚莹许。"乃收祎下狱，徙桂阳；莹，还广州。未至，召莹还，复职。

是时法政多谬，举措烦苛；莹每上便宜[20]，陈缓刑简役，以济育百姓：事或施行。迁光禄勋。天纪四年，晋军征皓；皓奉书于司马伷、王浑、王濬请降：其文，莹所造也。

莹既至洛阳，特先见叙[21]，为散骑常侍；答问处当[22]，皆有条理。〔一〕

太康三年，卒。著书八篇，名曰《新议》。〔二〕

【注释】

〔1〕圣溪：运河名。在今江苏南京市六合区北。　〔2〕武昌左部督：官名。陆逊死后，他担任右都护时的长江防线，又划分为两段：武昌以上到蒲圻(今湖北赤壁市西北)，归武昌右部督指挥，治所在蒲圻；武昌以下归武昌左部督指挥，治所在武昌。　〔3〕徙：流放。　〔4〕右国史：官名。撰写孙吴史书的史官。　〔5〕五帝：传说的五位远古帝王。说法很多。《史记》认为指黄帝、颛顼(zhuān xū)、帝喾(kù)、唐尧、虞舜。　三王：指夏禹、商汤、周武王。　〔6〕司马迁：字子长。左冯翊夏阳(今陕西韩城市西南)人。西汉史学家、文学家和思想家。早年漫游天下。武帝时任太史令。因替投降匈奴的李陵辩解，得罪下狱，受宫刑。出狱后任中书令。发愤撰写《史记》一百三十篇，是我国第一部纪传体通史，在史学和文学上都具有极高的价值。传见《史记》卷一百三十、《汉书》卷六十二。　班固(公元32—92)：字孟坚。右扶风安陵(今陕西咸阳市东北)人。东汉史学家、文学家。历二十余年，在其父班彪《史记后传》的基础上，撰成《汉书》一百篇，分为一百二十卷。这是我国第一部纪传体断代史，叙事详密，文辞典雅。又善作赋，代表作有《两都赋》等。和帝永元元年(公元89)，随大将军窦宪攻匈奴，任中护军。后窦宪因专权被处死，他受牵连，死在狱中。传附《后汉书》卷四十《班彪列传》。　〔7〕命世：这里指著名于世。　〔8〕太史令：官名。负责观察天文，记载祥瑞灾异，制定历法，每逢朝廷有祭祀嫁娶，则负责选择吉日良辰。　〔9〕少帝：指被废黜的孙亮。　〔10〕委滞：放置。〔11〕记注：记录。　〔12〕坠：丧失。　〔13〕偻偻(lóu lóu)：恳切。〔14〕卒：完成。　〔15〕左国史：官名。与右国史同为撰写孙吴史书的史官。　〔16〕小：小人。　〔17〕左迁：降职。　〔18〕过(guō)诣：拜访。　〔19〕白：举报。　〔20〕便宜：有利和适当的建议。　〔21〕见叙：受到任用。　〔22〕处当：处事和任职。

【裴注】

〔一〕干宝《晋纪》曰："武帝从容问莹曰：'孙皓之所以亡者何也？'莹对曰：'归命侯臣皓之君吴也，昵近小人，刑罚妄加；大臣大将，无所亲信；人人忧恐，各不自保。危亡之衅，实由于此。'帝遂问吴士存亡者之贤愚，莹各以状对。"

〔二〕王隐《晋书》曰："莹子兼，字令长。清素有器宇，资望故如上国，不似吴人。历位二宫，丞相长史。元帝践阼，累迁丹杨尹、尚书，又为太子少傅。自综至兼，三世傅东宫。"

评曰：张纮文理意正，为世令器[1]；孙策待之，亚于张昭；诚有以也[2]。严、程、阚生，一时儒林也。至峻辞荣济旧[3]，不亦长者乎[4]？薛综学识规纳[5]，为吴良臣。及莹纂蹈[6]，允有先风[7]；然于暴酷之朝，屡登显列[8]：君子殆诸[9]。

【注释】

〔1〕令器：美器。比喻优秀人才。 〔2〕诚：确实。 有以：有道理。 〔3〕辞荣：辞去荣耀。指不继任鲁肃的职务。 济旧：拯救老朋友。指救刘颖。 〔4〕长(zhǎng)者：有道德的人。 〔5〕规纳：规劝和进献(建议)。 〔6〕纂蹈：继续走(父亲走过的路) 〔7〕允：能够。〔8〕显列：显要职务。 〔9〕殆诸：疑惑这一点。诸相当于"之乎"。

【译文】

张纮，字子纲，广陵郡人。他年轻时到京城游学，然后回到本郡。本州举荐他为茂才，三公府聘任他为下属：他都没有接受，而是南下江东去躲避社会动乱。

孙策到江东创业，他献身充当下属，孙策上表朝廷后委任张纮为正议校尉。他随孙策去攻打丹杨郡，孙策要亲自临阵作战，张纮劝阻说："主将是负责进行筹划和制定计谋的人，也是三军命运所系；不应当轻率出动，亲自对付小小的敌人。希望将军您珍重上天授给自己的身体，满足海内人民的期望：不要让国内上下的官员百姓感到危险恐惧。"

汉献帝建安四年(公元199)，孙策派张纮带上表章前往许县皇宫朝见。被留下来任侍御史，少府卿孔融等人都与他亲近友善。曹操听说孙策去世，想借此机会进攻江东。张纮上前进谏，认为："借别人办丧事之时出兵，既不合乎古代礼制的道理；而且一旦不成功，反倒抛弃了友好关系变成仇人：还不如借机给予厚待。"曹操听从了他的话，随即上表朝廷任命孙权为讨虏将军，兼任会稽郡太守。

曹操想让张纮去争取孙权归附朝廷，所以派他担任会稽郡东部都尉。

后来孙权任命张纮为自己将军府的长史。让他随自己进攻合肥，孙权准备亲自带领轻骑兵去冲击敌人。张纮进谏说："兵器就是凶器，战争则是危险的事情。现今将军您仗恃强盛的气势，轻视凶暴的敌人；三军将士，无不感到心惊胆战！即使您能够斩杀敌军将领拔下敌军的旗帜，威震疆场；这也只是偏将该去完成的任务，不是主将所应当去做的啊。希望您抑制自己像孟贲、夏育那样的勇敢，专心建立霸王大业。"孙权采纳了他的话而停止。

大军回还后，第二年，孙权又要出兵。张纮劝阻他说："自古以来秉承天命为帝王的君主，虽然有天神在上面帮助，本人又在下面传播治理民政的德泽，但是也要依靠军事成就，以显示功勋。不过要想取得军事成就得看准时机再行动，才能树立威风。现今将军您正碰上四百年一次的大厄运，已经建立了扶助汉朝于危难的功绩；最好暂且关心军队让他们休息，广开荒地加强农业生产；任用贤能，重视推行宽和优惠的政策。顺从上天的命令，在适当时候再对奸凶进行诛讨，这样可以不使军队过于劳累就把天下平定。"孙权后来停止出兵。

张纮建议应当把都城从吴县迁到北面长江边的秣陵县，孙权采纳了他的意见。

孙权又让他回吴县去迎接家眷，中途他生病去世。

病危时，他给儿子张靖一封留给孙权的书信说："自古以来拥有国家的，都想实施德政以赶上古代兴隆的太平盛世；但是他们实际的治理政绩，却大多都不美好。这并不是因为他们没有忠臣和贤德的辅佐，也不是因为他们不明白治理国家的根本，而在于君主不能克制自己的性情，所以人才并不能被充分使用。人的性情总是害怕困难而趋向容易，喜欢别人赞同自己而厌恶不同的意见：这和治理国家的规律刚好相反。《国语》中说：'听从好的意见就像攀登一样困难，听从坏的主意就像崩溃一样容易。'这说明听从好意见的不易。人间的君主继承一代接一代传下来的基业，占据天然的优势，操纵着各种控制臣下的手段，喜欢处于容易受他人赞同的地位，而不会有求于人；可是忠臣所使用的却是别人难以接受的方法，至于说出的更是别人听不入耳的话语：那么他们与君主不相吻合，不是很自然的么！关系不合就会有裂痕；能言善辩的人就有了钻空子的机会，君主被他们的小小忠诚迷惑，对他们宠爱得恋恋不舍；弄得贤愚混杂不分，长幼失去次序。这一切的由来，都是性情不能抑制造成的混乱。英明的君主能够认清这一点，所以忙着求取贤才就像人饥渴时想吃喝那样急迫，接受劝谏永不满足；克制性情减少欲望，服从大义割舍恩爱；使上面的官职爵位授予没有不正当和错误的现象，也使下面的小人断绝非分的希望。陛下对这些事情应当三思，以宽弘的度量容忍臣下的缺点，以显示君主用仁慈覆盖臣民的伟大。"

他去世时六十岁。孙权看了这封书信不禁流下眼泪。

张纮所写的诗、赋、铭、诔有十多篇。他的儿子张玄，官做到南郡太守、尚书。

张玄的儿子张尚，孙皓时任中书侍郎。张尚因为能言善辩口才敏捷受到孙皓的欣赏，被提拔为侍中，中书令。

孙皓有一次让他弹琴，张尚回答说："为臣素来不会弹琴。"孙皓指令让他学弹琴。后来在宴会上，大家谈话之间说到琴声的精妙，张尚说："从前晋平公要师旷演奏琴曲《清角》，师旷说是您的德泽不厚，还不能听它。"孙皓听了内心认为张尚用这件古事比喻自己，很不高兴；后来加上其他事情而把张尚关进监狱，审判官员每次都要就这件事加以追问。最后罚他到建安郡的造船工场去做苦工。很久之后，又派使者到当地把他处死。

当初，张纮的同郡老乡秦松，字文表，陈端，字子正，都与张纮一起受到孙策的厚待，参与谋划：都早死。

严畯，字曼才，彭城国人。年轻时他就热爱学习，精通《诗经》、《尚书》、《周礼》、《仪礼》和《礼记》，又喜欢《说文解字》。汉朝末年他逃到江东避难，与诸葛瑾、步骘齐名，而相互友善。他禀性质朴正直，纯真宽厚；对于各类人物，总是忠言相告，循循善诱，一心想对人有所补益。

　　张昭把他推荐给孙权，孙权先后任命他为骑都尉、从事中郎。横江将军鲁肃去世，孙权下令以严畯接替鲁肃；指挥一万人马，驻扎在陆口。众人都为他喜悦，而严畯却一再坚决推辞，说："我是一介朴素书生，不熟悉军事；不是合适的人才而占据位置，必定会有过失和后悔啊！"他说话时情绪激动，以至于流下眼泪。孙权这才听从了他。当时的人都嘉许他能从实际出发进行谦让。

　　孙权为吴王，以及称帝，严畯都曾任卫尉。出使到蜀国，蜀国丞相诸葛亮非常器重他。他平常不积蓄俸禄和赏赐，全都分给亲戚好友：自己家里倒常常不富裕。

　　广陵郡人刘颖与严畯有老交情，刘颖在家中精心研习学问。孙权听说后征召他，他称病不去；刘颖的弟弟刘略，任零陵郡太守，死在任上，刘颖前往奔丧：孙权由此知道他是谎称有病，紧急派出驿站使者前去逮捕他。同时严畯也派人骑马赶去告知刘颖，让他赶紧回来向孙权谢罪。孙权一怒之下撤了严畯的官职，而刘颖因为赶回来谢罪而得以免遭惩罚。

　　很久之后，严畯又出任尚书令，后来去世。

　　严畯著有《孝经传》、《潮水论》；又与裴玄、张承评论管仲、季路：这些文章都流传于世。

　　裴玄，字彦黄，下邳郡人。也有学问品行，官做到太中大夫。他曾询问儿子裴钦："齐桓公、晋文公、伯夷、柳下惠，四人究竟谁优谁劣？"裴钦回答了自己的见解；与裴玄相互辩论，各自说得都有道理。裴钦与太子孙登同游共处，孙登对他的文采加以称赞。

　　程秉，字德枢，汝南郡南顿县人。他刚好赶上向大学者郑玄拜师求学。后来又因避乱到达交州，在那里与刘熙研究讨论儒经的大义：于是他兼通儒家的五部经典。当地的行政长官士燮曾任命他为长史。

　　孙权听说他是著名的儒学学者，备办礼品后前去征召他；他到达京城，被任命为太子太傅。

　　黄武四年(公元225)，孙权为太子孙登聘娶周瑜的女儿为妃；由程秉代理太常卿的职务，前往吴县迎接新娘到京城。孙权亲自来到程秉的船上，程秉深受尊敬和优待。迎亲回来后，程秉在闲眼时向孙登进言说："婚姻，是人际关系的开始，王朝教化的基础。所以圣明帝王都很重视它，用这来为百姓率先作出榜样，以感化天下民众。难怪《诗经》赞美《关雎》这首诗，认为它完全适合做《诗经》的篇首。但愿太子您能在闺房中尊重礼教，像《关雎》一诗中所描绘的那样；那么教化就会在上边振兴，称颂的声音则从下边发出来。"孙登笑着说："古人所说的顺应促成其美德，匡正补救其过错，这确实要依赖太傅您来进行啊。"

程秉因病，死在任上。他著有《周易摘》、《尚书驳》、《论语弼》，共三万多字。

他当太子太傅时，担任率更令的河南郡人徵崇，也钻研学问培养品行。

阚泽，字德润，会稽郡山阴县人。他家里世代是农民，到他这辈时他却偏偏好学。可是家境贫寒没钱读书，他就常常为人抄写书籍，挣钱购买纸笔；他每次把书抄写完毕时，也就诵读了全部内容。后来他又追寻老师听讲，钻研阅读各种典籍，还兼通历法计算。从此就出了名，本郡举荐他为孝廉，朝廷任命他为钱唐县长。升任郴县县令。

孙权任骠骑将军，阚泽补缺任将军府西曹掾。孙权称帝，阚泽任尚书。嘉禾年间，他任中书令，加任侍中。赤乌五年（公元242），他担任太子孙和的太傅，依旧兼任中书令。阚泽因为儒家的经传文字太多，很难得全部用上；于是斟酌采用各家注释，删节精简《礼》的正文和注解，用来教授太子孙和、鲁王孙霸，又替他们制定出入宫门和接见宾客的礼仪。还写作《乾象历注》，来矫正时日。每次朝廷重大讨论，在儒家经典上有疑问，总是要向他咨询。因为在提倡儒学上很勤劳，他被封为都乡侯。

他为人谦恭、真诚、谨慎，太子宫中管理府署的小办事员，前来召唤或询问他，他身为长官都要与他们对等行礼。别人有不是或短处，他口里从来不会提到。从容貌上看他并不出众，可是他所知道的东西似乎各方面都没有穷尽。孙权曾经问他："书籍当中的文章、辞赋，以哪一篇为最好？"阚泽想以含蓄的方式进行劝诚以说明政治上治乱的道理，就回答说贾谊《过秦论》最好；孙权随即找来阅读。

　　当初，吕壹的奸恶罪行败露，有关部门深入追查，上奏请求处以死刑；有人认为应当处以火烧或分尸的酷刑，以显示其罪大恶极。孙权向阚泽咨询，阚泽说："政治昌明的时代，不宜再有这类刑罚。"孙权听从了他的意见。孙权对官场中的不良风气有所担忧和不满，想加重法规条令以作预防，约束控制臣僚；阚泽每次都说"应当依照礼仪、刑律办事"：他的随和而坚守正道，都像这些事例所表现出来的那样。

　　他在赤乌六年（公元243）冬天去世。孙权痛惜悲悼，有好几天都吃不下饭。

　　阚泽同州的前辈丹杨郡人唐固，也修养身心积累学问，被公认为儒者。著有《国语注》、《公羊传注》、《穀梁传注》，经常听他讲授的学生有几十人。孙权为吴王，任命唐固为议郎。陆逊、张温、骆统等见了他，都要行跪拜礼。他在黄武四年（公元225）任尚书仆射，不久去世。

　　薛综，字敬文，沛郡竹邑县人。年轻时跟着同族人到交州避难，得以向刘熙拜师学习。士燮归附孙权，孙权召薛综为五官中郎将。出任合浦郡、交阯郡太守。当时交州的往来刚刚开通，刺史吕岱带领军队前往讨伐叛乱，薛综与他一起前往。越海南下，直到九真郡。任务完成之后他回到都城，代理谒者仆射。

　　蜀国使者张奉，在孙权面前用尚书阚泽的姓名来和阚泽开玩笑，阚泽无言对答。薛综离座依次为在座者斟酒，并说了一段劝酒词："蜀是什么样的字呢？加上犬字偏旁是独，没有犬字偏旁是蜀；上边横着目字下边是苟字的身体，一个虫字又钻入它的肚腹。"张奉听了说："能不能再说你们吴字啊？"薛综应声回答说："吴字么，无口就是天，有口就是吴；君临万国，是天子的京都。"于是满座欢笑，而张奉却无言以对了。薛综思维的敏捷，就像这样。

　　吕岱从交州调出，薛综害怕接替吕岱的人选不合适，就向孙权呈上一封表章说：

　　　　从前虞舜南巡，死在苍梧；秦朝又开始设置桂林郡、南海郡、象郡：可见这四郡归中央王朝统属，由来已久了。赵佗在番禺县兴起，安抚各处越族人的首领：统治区域直到珠官郡以南。

汉武帝诛杀吕嘉，在被消灭的南越国故地上设立了九个郡，派交州刺史前去镇守监督各郡。这里山河多而距离遥远，风俗差别大；语言不同，要通过中间语言转译才能懂得意思。民众就像禽兽，长幼之间没有分别，头上梳着小槌形的发髻，打着一双赤脚，穿的是从头上套下来的简单衣服，衣襟向左开；在这里设置的县级行政长官，有也好像没有一样。从那以来，曾将中原的罪犯大批流放到这里与少数族人民混杂居住，逐渐让当地居民学写汉字，粗通汉族语言，让他们通过和中原王朝的使者相互往来，看到王朝的礼仪教化。后来锡光在交阯郡当太守，任延又在九真郡当太守，亲自教当地百姓使用犁来耕种，又让他们戴帽穿鞋；专门设置作媒的官员，让他们学会下聘、娶亲的婚嫁礼节；还建立学校，用儒经的道理教导他们。从那时到现在，历时四百多年，已有不少读书人出现。

为臣当初到交州客居刚刚抵达的时候，珠崖一带除了州治和县城之外的农村进行嫁娶，都要等到每年八月，官府依据户口登记名册当面清查户口，而民众会聚的时候；青年男女自行见面彼此应允和满意之后，才成为夫妻，父母不能禁止。交阯郡的麋泠、九真郡的都庞二县，都是哥哥死后弟弟娶嫂子为妻，世代形成风俗；当地县级行政长官也任随他们这样，无法制止。日南郡的百姓不论男女都裸体，毫不觉得羞耻。由此而言，当地百姓与动物无异，只不过长了人的脸和眼而已。但是这里地广人多，凭借险阻的地形和密林中的有毒瘴气，容易发生动乱，难以让他们听从治理。官府向来对他们采取笼络政策，稍微显示威力使他们大体服从；种田农民的租赋，只收取刚够当地官员消耗的数量而已；但是重视得到他们缴送的远方珍贵物产，比如明珠、香料、象牙、犀角、玳瑁、珊瑚、琉璃、鹦鹉、翡翠、孔雀以及其他稀奇东西，以充实完备皇家的珍宝玩赏品储藏：并不依靠他们的租赋收入，来帮助中原地区。

　　不过，由于这里已是非常边远的地区，所以县级行政长官的选择，通常都没有经过精心考核。汉朝时法律宽松，这里的官员大多放纵自己随意胡来，所以多次违法甚至反叛。珠崖郡的废除，就起因于县级行政长官看到当地人的头发长得好，硬要剃下来做假发。为臣亲眼看见，南海郡人黄盖当了日南郡太守，前去上任时一下车看见摆设的酒食不丰盛，竟把负责接待的主簿打死，结果被当地人驱逐出境。九真郡太守儋萌为岳父周京做东道主请客，同时一齐请来郡内的重要官员；酒酣耳热之际演奏音乐，功曹番歆跳了舞后请周京续跳，周京不肯起来；番歆仍旧强迫他，儋萌勃然大怒吩咐用刑杖打番歆，结果番歆被活活打死在郡太守府中。番歆的弟弟番苗带领人马进攻郡太守府，儋萌被毒箭射中，结果死亡。交阯郡太守士燮派兵去讨伐番苗，结果也没能将其击败。还有已故的交州刺史会稽郡人朱符，大量任用同乡人虞褒、刘彦等分别做各县的行政长官，侵害民众，强迫交纳赋税。捕一条黄鱼要交一斛稻谷的税，百姓逼得起来造反，山区的叛军一齐涌出，猛烈进攻州郡政府，朱符仓皇逃到海中，流亡而死。接替朱符的是南阳郡人张津，他和荆州牧刘表有仇怨，自己兵力弱而刘表兵力强，他却要年年出兵打刘表。诸将不愿招来祸患，随意留下或离开。张津对他们稍微加以约束，由于自己不够威武，反而受到部下的欺侮，甚至还杀死他。后来刘表派零陵郡人赖恭来当交州刺史，赖恭是一位仁慈谨慎的老前辈，却不懂政事。同时刘表又派长沙郡人吴巨，去当苍梧郡太守。吴巨是一介武夫，轻率凶悍，赖恭不服他，相互怨恨，吴巨就把赖恭赶走，然后才请求陛下派步骘去。当时，张津的部将夷廖、钱博等多人还在交州，步骘依次铲除他们的势力；秩序才刚刚稳定，这时他又被调出交州。吕岱接任后，发生了士氏造反的事变。他统带军队越海南征，平定叛乱之后，重新委派行政长官，宣布王法，威震交州，大官小民都承受指挥。由此说来，安抚边远地区，确实要有合适的人选才行啊。

担任州牧的人，应当清廉而有能力；对于边远地区而言，这种条件对全州的祸福成败影响尤其重大。现今的交州虽然说是大体宁静，但是在高凉郡还有为害已久的老匪帮；其中南海、苍梧、郁林、珠官四郡的边界也没有完全安定，匪帮凭借这里的根据地进行活动，这里成为专门容纳叛逃兵民的匪窝。如果吕岱不再回南方任职，新交州刺史应当挑选精干周密的人，约束统带所属八个郡时，他的策略智谋，能够逐渐治理好高凉郡。朝廷给予他威权荣宠，为他造成声援的形势，然后要求他做出成效，这样一来或许可以恢复交州的正常秩序。如果任职者只是一个中等人才，墨守成规，没有奇妙谋略和非凡手段，那么那里的各种恶势力必将日益蔓延，长久之后将会酿成大祸害。所以国家的安危，决定于所委任的官员，这一点不能不看到。

为臣暗中担心朝廷会忽视交州刺史的选择，因此胆敢把内心的想法完全说出来，供圣上思想此事时参考。

黄龙三年(公元231)，孙权委任皇子建昌侯孙虑为镇军大将军，驻扎在半州。又派薛综为孙虑的长史，对外负责处理各项公务，对内为孙虑讲授书籍。

孙虑去世之后，薛综入朝代理贼曹尚书职务。升任尚书仆射。

当时辽东郡的公孙渊投降之后又反叛，孙权暴怒不息，想亲自带兵渡海征讨公孙渊。薛综呈上奏疏劝谏说：

帝王，是万国的元首，天下人民命运所系。所以帝王居留时要重重设置门户，敲击梆子以防备意外，出行时要清除道路上的行人，实施戒严以培养威风；这是用来保障万分安全的福分，镇定四海人心的必要措施。从前孔子对时局不满，曾说过要乘小筏子渡海远走的话；看到弟子仲由对此高兴得很，所以马上又说没有地方能采到做这种小筏子的木材。汉元帝想乘坐带有楼房的大船过河，薛广德拦住他的车辆准备用自刎来劝阻。为什么呢？因为水火是极度危险的，作为帝王不应当去涉身啊。民间的谚语说："千金之家的子弟，坐位不安在堂屋的屋檐正下方。"何况还是一国的君主啊？

现今的辽东不过是少数族聚居的小国，既没有坚固的城池和防御的手段；而且兵器不锋利，就像狗群羊群一样没有政治秩序；大军前往必定会擒获首领攻克城池，确实如陛下诏书中所指出的那样。但是那里的土地寒冷贫瘠，庄稼谷物难以生长，而老百姓习惯于骑马，迁徙无常。他们猛然听说大军到达，揣度自己不是对手，就好比鸟兽受到惊吓，必定四散奔逃，到时候连一个人一匹马，恐怕都不会看到；即使获得一片空荡荡的土地，守着它也毫无益处。这是陛下不能去亲征的第一条原因。海上水面辽阔，途中必须经过的成山又被魏军控制。海上航行情况变化无常，大风巨浪难免碰到，转瞬之间，人和船就由主动变成被动。到时候即便有唐尧、虞舜的品德，也没法施展智慧；有孟贲、夏育的勇敢，也没处使用力量。这是陛下不能去亲征的第二条原因。海上经常有浓雾遮盖在空中，下面又有咸海水熏蒸，很容易发生脚气之类的传染病，相互传染扩散。凡是航海的人，更少有不得这种病的。这是陛下不能去亲征的第三条原因。

陛下是天生的神圣君主，有各种祥瑞征兆表明了这一点；所以先应战胜平定中原的动乱，使那里的民众安乐；目前祥瑞的征兆天天出现，天下即将平定；凶逆的曹贼，很快就要灭亡。中原一平定，辽东自然就只有死路一条，我们应当拱手等待。而今要违背必然成功的计划，去走极为危险的道路；忽视稳固的天下，以发泄短暂的愤怒；这既不是安定江山的大计，而且也是开天辟地以来未曾有人这样做过的冒险行为。确实让朝廷百官心中极度忧虑，食不甘味，寝不安席呀！

希望陛下抑制如同雷霆一般的威风，忍住君主的震怒；像汉元帝那样听从劝告不坐楼船而从桥上渡河以保安全，远远离开如履薄冰的危险。那么臣僚就能享福，天下百姓就很幸运了。

当时群臣进谏的很多，孙权才没有前往。

嘉禾三年(公元234)正月初十日乙未，孙权指示薛综，说祭祀宗庙时的祷告词，不能再用过去常用的文句，要他重写新词。薛综接到诏命，最后写出新的祷告词，感情真实而文采艳丽。孙权说："再作两篇，凑满三篇吧。"于是薛综又作了两篇，词句非常新颖：众人都说好。

赤乌三年（公元240），他转任选曹尚书。赤乌五年（公元242），他任太子少傅，依旧兼任选曹尚书职务。

赤乌六年（公元243）春天，他去世。他所撰写的诗、赋、难、论共有几万字，总名叫作《私载》；又编定《五宗图述》、《二京解》，都流传于世间。

他的儿子薛珝，官做到威南将军。前往征伐交阯郡的叛乱，回来在途中生病去世。

薛珝的弟弟薛莹，字道言。最初在皇宫中的中书署任中书郎。孙休即位为帝，薛莹任散骑中常侍。几年之后，他因病离职。孙皓登上帝位之初，薛莹当了左执法。又升任选曹尚书。孙皓立太子后，薛莹兼任太子少傅。

建衡三年（公元271），孙皓对薛莹父亲薛综留下的文章赞叹不已，而且要求薛莹继续写。薛莹就献上一首诗，诗中写道：

回想为臣的祖先，
从前在汉朝当官，
一代接一代生长繁衍不断，
其中不少人是中央的官员。
到了为臣先父薛综这一辈，
却不幸碰上时代的灾难，
刘氏皇朝失去控制能力，
国家陷入毁灭性的动乱。
他一心想逃到那安乐的地方，
让自己能幸存在人世之间，
上天这时在他心中指点，
所以他就来到了国家的东南。
当初他只是一个流亡的贱民，
在蛮荒之地陷入困境。
大皇帝开创皇朝的基业，
把恩德施予远方的百姓。
先父特别受到大皇帝的征召，
使他脱离苦海获得新生；

从此他脱掉了平民的衣着，
接受太守的官职治理一郡的辖境。
他最先在合浦郡当太守，
那是在南海的边上，
接着又升官调入京城，
把尚书台的机要权力执掌。
这就好像枯死的树木重新繁茂，
衰败的官宦人家再度发出荣光。
不过从卑微一下子变得显达，
这一点当初他连想也不敢想。
所以当他得到宠任和厚待时，
非常知足的想法已出现在心上。
不料又碰上文皇帝，
当上太子开始住在东宫；
先父有幸担任太子的少傅，
得到了比以前更多的荣宠。
太子作为圣明的继承者，
德泽高尚而为人谦恭，
他给先父以尊敬和厚待，
一切从优真是令人感动。
这时候为臣的先父，
一心想的是竭力效忠，
不曾想深恩大德还未报答，
他就抛弃人世生命告终。
可叹为臣我微小低贱，
只有哥哥、弟弟相依为命，
我们有幸出生有幸长大成人，
这一切都要感谢已去世的父亲。
我虽然从小受到先父的教导，
却难以改变顽劣愚昧的天性。
由于未能继承先人的基业，
我已经打算去耕田当农民。

没有想到圣明的皇朝，
把仁慈的恩泽普遍施给百姓，
追怀为臣先父的功勋，
为他的后代不成器而怜悯；
于是对为臣兄弟援救提拔，
给予我们特殊的光荣。
为臣的哥哥薛珝忝任太守，
受命南征又领兵前往交州，
旌旗飘飘一切器物都配齐，
金鼓齐鸣将士的队伍雄赳赳。
为臣比起来就显得鄙陋，
我的禀性愚昧而才智短浅。
起初我曾像前人一样，
在尚书台任职掌管选任官员；
后来又在东宫兼任太子少傅，
这一光荣职务先父也曾承担。
可惜我的才能赶不上先父，
滥竽充数令我好不羞惭。
圣上生性有广博的爱好，
非常看重典雅的文章。
因此而追悼为臣的先父，
希望其后代学习他的榜样。
可惜我是一个愚笨的后代，
完全与先父不相像！
回想那过去受到的荣宠，
再掉头看自己顽劣空虚的形状。
谁能够忍得下这份羞愧？
只有我这个不肖儿郎。
我现在日夜都睡不安稳，
定下心来把自己评论。
我们薛家父子兄弟，
世代蒙受了吴朝的大德大恩。

死了之后也要设法报答，

在活着时更是立誓为国献身；

即使是粉身碎骨，

也不能报答万分之一的恩情！

这一年，何定建议开挖圣溪这条运河，以沟通长江与淮河。孙皓下令让薛莹指挥一万人前去施工，由于大石头太多工程难以进行，结果停止施工而撤回。薛莹接着出朝担任武昌左部督。后来何定被处死，孙皓开始追查圣溪工程未能完成的罪责，把薛莹逮捕入狱，而后流放到广州。

担任右国史的华覈上了一道奏章为他求情说："为臣听说五帝、三王时代，都设立了史官；以叙述记录功勋美德，永远流传后世。汉朝的司马迁、班固，都是著名于世的天才；他们所撰写的史书《史记》、《汉书》非常精妙，因而与儒家的六经一起流传人间。大吴王朝承受天命，在南方建国。大皇帝晚年，曾命令太史令丁孚、郎中项峻开始修撰《吴书》。由于丁、项二人没有修史的才能，所以他们所撰写的东西，不足以称为历史的记录。到少帝时，又派韦曜、周昭、薛莹、梁广与为臣共五人，访求往事；共同撰写，已经开始有了头绪。周昭、梁广先已去世，韦曜辜负恩德犯罪进监狱，薛莹出外任将领，又因为过错被流放：这样大吴史书的修撰就放置下来，到现在未能撰好上奏。为臣愚昧，见识短浅而才能低劣，只能给薛莹等人充当记录而已；如果让我来撰写完成这部书，必定会重走丁孚、项峻的老路；害怕会丧失大皇帝的伟大功绩，有损于当今吴朝的兴盛美好。薛莹所涉猎的学问既广博，撰写的文章尤其美妙，在同僚当中，他要数第一。如今现有的官员，虽然大多都经过学习，然而记述史事的人才，像薛莹那样的实在太少：所以为臣恳切地为国家痛惜他。为臣确实想让他完成即将结束的修史任务，使《吴书》列在从前各朝史书的后面。只要《吴书》完成呈上之后，为臣即使死在路旁的沟渠里，也不再有什么遗憾了。"

孙皓于是又召薛莹回来，担任左国史。

没过多久，薛莹的同郡老乡选曹尚书缪祎，因为坚持正确意见不变，被一批小人忌恨，结果被降职出任衡阳郡太守。在接受任命之后，缪祎又因从前办的公事不合孙皓的意而受到追问和斥责，他只得跪拜呈上表章谢罪。这时缪祎去拜访薛莹，不料被人告发，说他不为自己有罪而畏惧，反而带了许多宾客到薛莹的住所聚会。孙皓下令逮捕缪祎入狱，流放到桂阳；而薛莹则依旧流放回广州。薛莹还没有到达，被赦免召回，恢复左国史职务。

当时法令政事错误很多，朝廷的举措烦杂苛刻；薛莹常常提出有利和适当的建议，陈述应该减轻刑罚省简徭役，其中有的被采用实行。此后他升任光禄勋。天纪四年（公元280），晋军大举征伐孙皓；孙皓向司马、王浑、王濬等将领呈上文书请求投降：这份文书就出自薛莹之手。

薛莹被送到洛阳之后，最先受到任用，担任散骑常侍；他在回答皇帝询问，以及处事和任职方面，都很有条理。

他在太康三年（公元282）去世。他写有八篇文章，总名为《新议》。

评论说：张纮的文章既有条理而且立意正派，是世间的优秀人才；孙策给他的厚待仅次于张昭：确实有道理啊。严畯、程秉、阚泽三位先生，是当时的儒学名家。严畯能推辞荣耀拯救老友，不也是有道德的人吗？薛综学识渊博又能对君主进行规劝和进献建议，是吴朝的良臣。薛莹继续走父亲走过的道路，能够承袭先人的风范；然而他在孙皓凶暴残酷的统治时期，还不断升任显赫的官职：君子对这一点就不免感到疑惑了。

周瑜鲁肃吕蒙传第九

　　周瑜字公瑾，庐江舒人也[1]。从祖父景[2]，景子忠[3]，皆为汉太尉。〔一〕父异，洛阳令。

　　瑜长壮有姿貌[4]。初，孙坚兴义兵讨董卓，徙家于舒。坚子策，与瑜同年，独相友善；瑜推道南大宅以舍策[5]，升堂拜母，有无通共。瑜从父尚为丹杨太守[6]，瑜往省之。

　　会策将东渡，到历阳；驰书报瑜，瑜将兵迎策。策大喜曰："吾得卿，谐也[7]！"遂从攻横江、当利，皆拔之。乃渡江击秣陵，破笮融、薛礼。转下湖孰、江乘[8]，进入曲阿，刘繇奔走：而策之众已数万矣。因谓瑜曰："吾以此众取吴、会，平山越，已足[9]。卿还镇丹杨。"瑜还。

　　顷之，袁术遣从弟胤代尚为太守[10]，而瑜与尚俱还寿春。术欲以瑜为将；瑜观术终无所成，故求为居巢长，欲假途东归[11]。术听之，遂自居巢还吴。是岁，建安三年也。

　　策亲自迎瑜，授建威中郎将[12]，即与兵二千人，骑五十匹[13]。〔二〕瑜时年二十四，吴中皆呼为周郎。以瑜恩信著于庐江，出备牛渚。后领春谷长[14]。

　　顷之，策欲取荆州，以瑜为中护军[15]，领江夏太守。从攻皖，拔之。时得桥公两女，皆国色也[16]：策自纳大桥，瑜纳小桥。〔三〕复进寻阳[17]，破刘勋。讨江夏，还定豫章、庐陵，留镇巴丘[18]。〔四〕

【注释】

　　〔1〕舒：县名。县治在今安徽庐江县西南。　〔2〕从（zòng）祖父：祖父的兄弟。　景：即周景（？—公元168）。最初任地方行政长官，大力举荐人才。东汉桓帝时升任司空，与太尉杨赐联名举奏宦官的子弟和亲信，撤销了五十余人的官职。后代杨赐为太尉。传附《后汉书》卷四十五《周荣传》。　〔3〕忠：即周忠。字嘉谋。周景的次子。东汉献帝时任太尉，曾护送献帝从长安返回洛阳。事见《后汉书》卷四十五《周荣传附周景传》。　〔4〕长（cháng）壮：身材高大。　〔5〕舍策：给孙策住。　〔6〕从（zòng）父：伯父或叔父。　〔7〕谐：（事情能）办妥。〔8〕下：攻克。　湖孰：县名。县治在今江苏南京市江宁区东南。　江乘：县名。县治在今江苏南京市东北。　〔9〕吴、会：指吴郡、会稽郡。〔10〕从（zòng）弟：堂弟。　〔11〕假途：借路。　〔12〕建威中郎将：官名。领兵征伐。　〔13〕兵：步兵。　骑：骑兵。步兵二千配以骑兵五十，是孙策创业时一支独立作战军队的兵力配置。参见本书卷五十五《程普传》、《韩当传》，卷五十六《吕范传》。　〔14〕春谷：县名。县治在今安徽繁昌县西北。　〔15〕中护军：官名。当时孙策军队的协调者。孙策之后，开始分置左、右二护军。　〔16〕国色：国内第一等的美女。现今湖南岳阳市、安徽庐江县等处，都有相传是小桥的坟冢和墓园留存。她们家准确的姓氏是"桥"。后来被改成了"乔"，不确。　〔17〕寻阳：县名。县治在今湖北武穴市东北。　〔18〕巴丘：县名。县治在今江西峡江县。

【裴注】

　　〔一〕谢承《后汉书》曰："景字仲飨。少以廉能见称。以明学察孝廉，辟公府。后为豫州刺史，辟汝南陈蕃为别驾，颍川李膺、荀绲、杜密、沛国朱寓为从事：皆天下英俊之士也。稍迁至尚书令，遂登太尉。"

　　张璠《汉纪》曰："景〔祖〕父荣，章、和世为尚书令。初景历位牧守，好善爱士。每岁举孝廉，延请入，上后堂，与家人宴会。如此者数四。及赠送既备，又选用其子弟，常称曰：'移臣作子，于政何有？'先是，司徒韩缜为河内太守，在公无私；所举，一辞而已，后亦不及其门户，曰：'我举若可矣，不令恩偏（称）〔积〕一家也。'当时论者，或两讥焉。"

〔二〕《江表传》曰："策又给瑜鼓吹，为治馆舍，赠赐莫与为比。策令曰：'周公瑾英俊异才，与孤有总角之好，骨肉之分。如前在丹杨，发众及船粮，以济大事；论德酬功，此未足以报者也。'"

〔三〕《江表传》曰："策从容戏瑜曰：'桥公二女，虽流离，得吾二人做婿，亦足为欢。'"

〔四〕臣松之按：孙策于时始得豫章、庐陵，尚未能得定江夏。瑜之所镇，应在今巴丘县也；与后所（平）〔卒〕巴丘处不同。

五年[1]，策薨，权统事。瑜将兵赴丧，遂留吴，以中护军与长史张昭共掌众事。〔一〕

十一年[2]，督孙瑜等讨麻、保二屯[3]，枭其渠帅[4]，囚俘万余口。还备（官）〔宫〕亭[5]。江夏太守黄祖遣将邓龙，将兵数千人入柴桑；瑜追讨击，生虏龙送吴。

十三年春[6]，权讨江夏，瑜为前部大督[7]。其年九月，曹公入荆州，刘琮举众降。曹公得其水军船，步兵数十万。将士闻之皆恐。（惧）〔权〕延见群下[8]，问以计策。议者咸曰："曹公，豺虎也！然托名汉相，挟天子以征四方，动以朝廷为辞；今日拒之，事更不顺。且将军大势：可以拒操者，长江也。今操得荆州，奄有其地[9]；刘表治水军，蒙冲、斗舰[10]，乃以千数，操悉浮以沿江；兼有步兵，水陆俱下。此为长江之险，已与我共之矣。而势力众寡，又不可论。愚谓大计不如迎之。"

瑜曰："不然！操虽托名汉相，其实汉贼也！将军以神武雄才，兼仗父兄之烈[11]；割据江东，地方数千里；兵精足用，英雄乐业。尚当横行天下，为汉家除残去秽；况操自送死，而可迎之邪？请为将军筹之：今使北土已安[12]，操无内忧；能旷日持久，来争疆埸；又能与我较胜负于船楫[13]，（可乎）〔可也〕[14]。今北土既未平安；加马超、韩遂尚在关西[15]，为操后患；且舍鞍马，仗舟楫，与吴、越争衡[16]，本非中国所长[17]；又今盛寒，马无稿草[18]；驱中国士众远涉江湖之间，不习水土，必生疾病。此数四者[19]，用兵之患也，而操皆冒行之。将军擒操，宜在今日。瑜请得精兵三万人，进住夏口，保为将军破之！"

权曰："老贼欲废汉自立〔久〕矣[20]，徒忌二袁、吕布、刘表与孤耳[21]。今数雄已灭，惟孤尚存；孤与老贼，势不两立！君言当击，甚与孤合，此天以君授孤也！"〔二〕

【注释】

〔1〕五年：建安五年（公元200）。〔2〕十一年：建安十一年（公元206）。〔3〕孙瑜（公元177—215）：传见本书卷五十一。〔4〕渠帅：首领。〔5〕宫亭：湖名。在今江西九江市东南。现今称为甘棠湖。甘棠湖中的烟水亭，相传是周瑜操练水军准备抵抗曹操的点将台遗址所在。〔6〕十三年：建安十三年（公元208）。〔7〕前部大督：官名。前线军队的总指挥官。发动战争时设立，不常置。〔8〕延见：邀见。〔9〕奄（yǎn）有：全部占有。〔10〕蒙冲：装有防护层的冲锋船。防护层用牛皮蒙成，涂以油漆，以抵御刀箭。斗舰：战船。〔11〕烈：事业。

〔12〕使：假使。　〔13〕楫(jí)：船桨。　〔14〕可也：(这还)可以。〔15〕马超(公元 176—222)：传见本书卷三十六。　关西：地区名。当时称函谷关或潼关以西为关西。　〔16〕吴、越：均先秦国名。这里指江东。江东是吴、越的故地。　〔17〕中国：中原。　〔18〕稿：谷物的秆。〔19〕数四：几种(情况)。　〔20〕老贼：指曹操。这时曹操五十四岁，孙权二十七岁。　〔21〕徒：只不过。　二袁：指袁绍、袁术。　吕布(？—公元 198)：传见本书卷七。

【裴注】

〔一〕《江表传》曰："曹公新破袁绍，兵威日盛。建安七年，下书责权质任子。权召群臣会议，张昭、秦松等，犹豫不能决。权意不欲遣质，乃独将瑜，诣母前定议，瑜曰：'昔楚国初封于荆山之侧，不满百里之地；继嗣贤能，广土开境，立基于郢；遂据荆扬，至于南海；传业延祚，九百余年。今将军承父兄余资，兼六郡之众；兵精粮多，将士用命；铸山为铜，煮海为盐；境内富饶，人不思乱；泛舟举帆，朝发夕到；士风劲勇，所向无敌。有何逼迫，而欲送质？质一人，不得不与曹氏相首尾；与相首尾，则命召不得不往，便见制于人也。极不过一侯印，仆从十余人，车数乘，马数匹：岂与南面称孤同哉？不如勿遣，徐观其变。若曹氏能率义以正天下，将军事之未晚；若图为暴乱，兵犹火也，不戢将自焚。将军韬勇抗威，以待天命：何送质之有！'权母曰：'公瑾议是也！公瑾与伯符同年，小一月耳；我视之如子也，汝其兄事之。'遂不送质。"

〔二〕《江表传》曰："权拔刀斫前奏案曰：'诸将吏敢复有言当迎操者，与此案同！'及会罢之夜，瑜请见曰：'诸人徒见操书言"水步八十万"，而各恐慑；不复料其虚实，便开此议：甚无谓也！今以实校之：彼所将中国人，不过十五六万，且军已久疲；所得表众，亦极七八万耳，尚怀狐疑。夫以疲病之卒，御狐疑之众；众数虽多，甚未足畏。得精兵五万，自足制之。愿将军勿虑！'权抚背曰：'公瑾，卿言至此，甚合孤心。子布、文表诸人，各顾妻子，挟持私虑，深失所望！独卿与子敬，与孤同耳；此天以卿二人赞孤也！五万兵，难猝合，已选三万人，船粮战具俱办；卿与子敬、程公，便在前发。孤当续发人众，多载资粮，为卿后援。卿能办之者诚决，邂逅不如意，便还就孤；孤当与孟德决之！'"臣松之以为：建计拒曹公，实始鲁肃。于时周瑜使鄱阳，肃劝权呼瑜；瑜使鄱阳还，但与肃暗同，故能共成大勋。本传直云，权延见群下，问以计策，瑜摒拨众人之议，独言抗拒之计；了不云肃先有谋，殆为攘肃之善也。

时刘备为曹公所破，欲引南渡江；与鲁肃遇于当阳，遂共图计。因进住夏口，遣诸葛亮诣权。权遂遣瑜及程普等，与备并力逆曹公，遇于赤壁。

时曹公军众，已有疾病；初一交战，公军败退，引次江北[1]。瑜等在南岸。

瑜部将黄盖曰："今寇众我寡，难与持久。然观操军船舰，首尾相接：可烧而走也。"乃取蒙冲、斗舰数十艘，实以薪草[2]，膏油灌其中；裹以帷幕，上建牙旗[3]。先书报曹公，欺以欲降。〔一〕又预备走舸[4]，各系大船后，因引次俱前[5]。曹公军吏士皆延颈观望，指言"盖降"。盖放诸船，同时发火。时风盛〔火〕猛，悉延烧岸上营落。顷之，（烟炎）〔熛焰〕张天[6]，人马烧溺死者甚众。

军遂败退，还保南郡。〔二〕备与瑜等复共追。曹公留曹仁等守江陵城，径自北归。

瑜与程普又进南郡，与仁相对，各隔大江。兵未交锋，〔三〕瑜即遣甘宁前据夷陵。仁分兵骑，别攻围宁，宁告急于瑜。瑜用吕蒙计，留凌统以守其后[7]；身与蒙上[8]，救宁。宁围既解，乃渡屯北岸，克期大战[9]。瑜亲跨马擽阵[10]，会流矢中右胁，创甚[11]，便还。

后仁闻瑜卧未起，勒兵就阵。瑜乃自兴[12]，按行军营[13]，激扬吏士：仁由是遂退。

　　权拜瑜偏将军，领南郡太守；以下隽、汉昌、刘阳、州陵为奉邑[14]。屯据江陵。

【注释】

　　〔1〕引：退却。　次：停留。　〔2〕实：装填。　〔3〕建：立。　牙旗：旗杆上用象牙装饰的军旗。领兵将军有牙旗。是所在军队的标志。〔4〕走舸(gě)：小型的快船。　〔5〕引次：依次。　〔6〕熛(biāo)焰：烈焰。　〔7〕凌统：传见本书卷五十五。　〔8〕身：亲自。　〔9〕克期：定时间。　〔10〕拣(luò)：冲击。　〔11〕创(chuāng)甚：伤重。〔12〕自兴：自己起身。　〔13〕按行：巡视。　〔14〕下隽：县名。县治在今湖北通城县西北。　汉昌：县名。县治在今湖南平江县东南。　刘阳：县名。县治在今湖南浏阳市东北。　州陵：县名。县治在今湖北洪湖市东北。

【裴注】

　　〔一〕《江表传》载："盖书曰：'盖受孙氏厚恩，常为将帅，见遇不薄。然顾天下事有大势：用江东六郡山越之人，以当中国百万之众；众寡不敌，海内所共见也。东方将吏，无有愚智，皆知其不可；惟周瑜、鲁肃偏怀浅戆，意未解耳。今日归命，是其实计。瑜所督领，自易摧破。交锋之日，盖为前部；当因事变化，效命在近。'曹公特见行人，密问之，口敕曰：'但恐汝诈耳。盖若信实，当授爵赏，超于前后也。'"

　　〔二〕《江表传》曰："至战日，盖先取轻利舰十舫，载燥荻、枯柴积其中，灌以鱼膏；赤幔覆之，建旌旗龙幡于舰上。时东南风急，因以十舰最著前，中江举帆。盖举火白诸校，使众兵齐声大叫曰：'降焉！'操军人皆出营立观。去北军二里余，同时发火；火烈风猛，往船如箭；飞埃绝烂，烧尽北船，延及岸边营(柴)〔栅〕。瑜等率轻锐寻继其后，擂鼓大进；北军大坏，曹公退走。"

　　〔三〕《吴录》曰："备谓瑜云：'仁守江陵城，城中粮多，足为疾害。使张益德将千人随卿，卿分二千人追我；相为从夏水入截仁后，仁闻吾入，必走。'瑜以二千人益之。"

　　刘备以左将军领荆州牧，治公安。备诣京见权[1]，瑜上疏曰："刘备以枭雄之姿，而有关羽、张飞熊虎之将：必非久屈为人用者。愚谓大计，宜徙备置吴，盛为筑宫室，多其美女玩好，以娱其耳目；分此二人[2]，各置一方，使如瑜者得挟与攻战：大事可定也。今猥割土地以资业之[3]，聚此三人，俱在疆埸；恐蛟龙得云雨，终非池中物也！"

权以曹公在北方，当广揽英雄；又恐备难猝制[4]，故不纳。

是时，刘璋为益州牧[5]，外有张鲁寇侵[6]。瑜乃诣京见权曰："今曹操新折衄[7]，方忧在腹心，未能与将军连兵相事也[8]。乞与奋威俱进，取蜀[9]，得蜀而并张鲁；因留奋威固守其地，好与马超结援；瑜还与将军据襄阳以蹙操[10]：北方可图也。"

权许之。瑜还江陵为行装，而道于巴丘病卒[11]，〔一〕时年三十六。

权素服举哀，感动左右。丧当还吴，又迎之芜湖；众事费度，一为供给[12]。后著令曰："故将军周瑜、程普，其有人客[13]，皆不得问[14]。"

初，瑜见友于策[15]，太妃又使权以兄奉之[16]。是时，权位为将军，诸将宾客为礼尚简；而瑜独先尽敬，便执臣节[17]。

性度恢廓[18]，大率为得人[19]：惟与程普不睦。〔二〕

瑜少精意于音乐。虽三爵之后[20]，其有阙误，瑜必知之；知之必顾[21]。故时人谣曰："曲有误，周郎顾。"

【注释】

　　〔1〕京：地名。在今江苏镇江市。　〔2〕二人：指关羽、张飞。
〔3〕资业：资助。　〔4〕猝制：一下子制服。　〔5〕刘璋：传见本书卷三
十一。　〔6〕张鲁：传见本书卷七。　〔7〕折衄（nǜ）：挫败。　〔8〕相
事：指相互攻战。　〔9〕奋威：指孙权的堂兄孙瑜。当时他任奋威将军。
〔10〕蹙（cù）：压迫。　〔11〕巴丘：地名。在今湖南岳阳市岳阳楼所在
的山丘一带。现今湖南岳阳市、安徽庐江县和宿松县、江苏镇江市等处，
都有相传是周瑜的坟冢和墓园留存。　〔12〕一：一律。　〔13〕人客：
这里指重要领兵将领占有的依附人口。其地位接近奴隶。　〔14〕问：查
问。孙吴给予重要领兵将领以占有依附人口的特权，这里即是一例。
〔15〕见友：被当作朋友。　〔16〕太妃：指孙权的母亲吴氏。　以兄奉
之：当作兄长尊重周瑜。　〔17〕臣节：臣下的礼节。　〔18〕恢廓：恢宏
开朗。　〔19〕大率：大体上。　〔20〕爵：一种青铜制造的宽边酒杯。
〔21〕顾：回头看。

【裴注】

　　〔一〕臣松之按：瑜欲取蜀，还江陵治严，所卒之处，应在今之巴
陵；与前所镇巴丘，名同处异也。

　　〔二〕《江表传》曰："普颇以年长，数陵侮瑜；瑜折节容下，终不
与校。普后自敬服而亲重之。乃告人曰：'与周公瑾交，若饮醇醪，不
觉自醉。'时人以其谦让服人如此。初曹公闻瑜年少，有美才，谓可游
说动也；乃密下扬州，遣九江蒋干往见瑜。干有仪容，以才辩见称；独
步江、淮之间，莫与为对。乃布衣葛巾，自托私行，诣瑜。瑜出迎之，
立谓干曰：'子翼良苦！远涉江湖为曹氏做说客邪？'干曰：'吾与足下
州里，中间别隔；遥闻芳烈，故来叙阔，并观雅规。而云说客，无乃逆
诈乎？'瑜曰：'吾虽不及夔、旷，闻弦赏音，足知雅曲也。'因延干入，
为设酒食。毕，遣之曰：'适吾有密事，且出就馆；事了，别自相请。'
后三日，瑜请干与周观营中，行视仓库、军资、器仗讫，还宴饮；示之
侍者、服饰、珍玩之物。因谓干曰：'丈夫处世，遇知己之主；外托君
臣之义，内结骨肉之恩；言行计从，祸福共之。假使苏、张更生，郦叟
复出；犹抚其背，而折其辞：岂足下幼生，所能移乎！'干但笑，终无所
言。干还，称瑜雅量高致，非言辞所间。中州之士，亦以此多之。刘备
之自京还也，权乘飞云大船，与张昭、秦松、鲁肃等十余人，共追送之，
大宴会叙别。昭、肃等先出，权独与备留语。因言次，叹瑜曰：'公瑾

文武筹略，万人之英；顾其器量广大，恐不久为人臣耳！'瑜之破魏军也，曹公曰：'孤不羞走。'后书与权曰：'赤壁之役，值有疾病；孤烧船自退，横使周瑜虚获此名！'瑜威声远著，故曹公、刘备咸欲疑谮之。及卒，权流涕曰：'公瑾有王佐之资，今忽短命，孤何赖哉！'后权称尊号，谓公卿曰：'孤非周公瑾，不帝矣！'"

瑜两男一女。女配太子登。男循，尚公主[1]，拜骑都尉，有瑜风。早卒。

循弟胤，初拜兴业都尉[2]，妻以宗女[3]。授兵千人，屯公安。黄龙元年，封都乡侯。后以罪徙庐陵郡。

赤乌二年，诸葛瑾、步骘连名上疏曰："故将军周瑜子胤，昔蒙粉饰[4]，受封为将；不能养之以福，思立功效；至纵情欲，招速罪辟[5]。臣窃以瑜昔见宠任，入作心膂[6]，出为爪牙[7]；衔命出征，身当矢石；尽节用命，视死如归。故能摧曹操于乌林[8]，走曹仁于郢都[9]；扬国威德，华夏是震[10]；蠢尔蛮荆[11]，莫不宾服。虽周之方叔[12]，汉之信、布[13]，诚无以尚也[14]。夫折冲扞难之臣[15]，自古帝王莫不贵重。故汉高帝封爵之誓曰：'使黄河如带[16]，泰山如砺[17]，国以永存，爰及苗裔[18]。'申以丹书[19]，重以盟诅[20]；藏于宗庙，传于无穷。欲使功臣之后，世世相踵；非徒子孙，乃关苗裔[21]；报德明功，勤勤恳恳，如此之至；欲以劝戒后人，用命之臣[22]，死而无悔也。况于瑜身没未久，而其子胤降为匹夫[23]，益可悼伤！窃惟陛下钦明稽古[24]，隆于兴继[25]；为胤归诉[26]，乞丐余罪[27]，还兵复爵。使失旦之鸡[28]，复得一鸣；抱罪之臣，展其后效。”

权答曰：“腹心旧勋，与孤协事；公瑾有之，诚所不忘！昔胤年少，初无功劳[29]；横受精兵[30]，爵以侯将：盖念公瑾以及于胤也。而胤恃此，酗淫自恣；前后告喻[31]，曾无悛改[32]。孤于公瑾，义犹二君[33]；乐胤成就，岂有已哉！迫胤罪恶[34]，未宜便还[35]；且欲苦之，使自知耳。今二君勤勤援引汉高河山之誓[36]，孤用恶然[37]；虽德非其俦[38]，犹欲庶几[39]。事亦如尔，故未顺旨[40]。以公瑾之子，而二君在中间；苟使能改，亦何患乎？”

瑾、骘表比上[41]，朱然及全琮亦俱陈乞，权乃许之。会胤病死。

瑜兄子峻，亦以瑜元功为偏将军，领吏士千人。峻卒，全琮表峻子护为将。权曰：“昔走曹操，拓有荆州，皆是公瑾，常不忘之。初闻峻亡，仍欲用护；闻护性行危险，用之适为作祸，故便止之。孤念公瑾，岂有已乎！”

【注释】

〔1〕尚：异姓男子娶帝王家的女儿叫做尚。意思是高攀。 〔2〕兴业都尉：官名。领兵征伐。 〔3〕宗女：宗室成员的女儿。 〔4〕粉饰：打粉修饰。比喻优待宠爱。 〔5〕招速：招致。 罪辟：犯罪判刑。〔6〕心膂(lǚ)：心脏和脊骨。比喻心腹谋臣。 〔7〕爪牙：比喻战将。〔8〕乌林：地名。在今湖北洪湖市东北。与长江南岸的赤壁隔江相对。〔9〕走曹仁：使曹仁逃跑。 郢都：指江陵。江陵是先秦时楚国都城郢的故地。 〔10〕华夏：中原。 〔11〕蛮荆：荆为先秦楚国的别名。蛮是对南方少数族的蔑称。这里借指当时的荆州。 〔12〕方叔：周宣王时

的大臣。曾率军击败楚国，又曾进攻狎狁。《诗经·采芑》赞颂他的功绩，上面"蠢尔蛮荆"句即出自此诗。 〔13〕信：即韩信（？—前196）。淮阴（今江苏淮安市西南）人。秦末投刘邦为大将，屡建战功，帮助刘邦夺得天下。西汉建立，封楚王。不久贬为淮阴侯。后被吕后诛杀。善用兵，自称"多多益善"。著有《兵法》三篇，今已亡佚。传见《史记》卷九十三、《汉书》卷三十四。 布：即英布（？—前195）。六安国六县（今安徽六安市东北）人。曾犯法被黥面（用刀刺刻面部再涂上墨色），故又称黥布。秦末率骊山囚徒起兵，先属项羽，后归刘邦，并助刘邦灭项羽，被封为淮南王，后因谋反被杀。传见《史记》卷九十一、《汉书》卷三十四。 〔14〕无以尚：不会高过（他）。 〔15〕折冲：击退敌人。 扞难（hàn nàn）：抵御祸难。 〔16〕使：即使。 如带：变得像衣带一样细。 〔17〕如砺：变得像磨刀石一样小。 〔18〕苗裔：后代。以上所引汉高祖封功臣时的誓词，见《史记》卷十八《高祖功臣侯者年表》、《汉书》卷十六《高惠高后文功臣表》。 〔19〕丹书：君主赐给功臣的一种文书。内容是申明功臣本人及其子孙后代享有免罪等优待。因用丹（朱砂）书写，故名。 〔20〕重：（表示）慎重。 盟诅：盟誓。西汉封功臣时，要杀白马歃血作盟誓。 〔21〕关：关连。 〔22〕用命：效命。 〔23〕匹夫：平民。 〔24〕钦：敬。 稽古：考察古代（的正道）。 〔25〕兴继：复兴（灭亡的封国），接续（断绝的功臣世系）。《论语·尧曰》有"兴灭国，继绝世"的话，这里用其意。 〔26〕归诉：申诉。 〔27〕乞丐：乞求（宽恕）。 〔28〕失旦之鸡：清晨没有打鸣的公鸡。比喻犯了罪的周胤。 〔29〕初：完全。 〔30〕横：无缘无故地。 〔31〕告喻：告诫。 〔32〕悛（quān）改：悔改。 〔33〕义犹二君：关系就像你们二位（和他）那样。 〔34〕迫：迫于。 〔35〕便：立即。 〔36〕勤勤：恳切诚挚的样子。 〔37〕用：因此。 恧（nǜ）：惭愧。 〔38〕俦：同类。 〔39〕庶几：接近，差不多。 〔40〕顺旨：按照你们的意思办。 〔41〕比（bì）上：刚刚呈上。

　　鲁肃字子敬，临淮东城人也[1]。生而失父，与祖母居。

　　家富于财，性好施与。尔时天下已乱，肃不治家事；大散财货，摽卖田地[2]；以赈穷弊结士为务，甚得乡邑欢心。周瑜为居巢长，将数百人故过候肃[3]，并求资粮。肃家有两囷米[4]，各三千斛；肃乃指一囷与周瑜，瑜益知其奇也：遂相亲结，定侨、札之分[5]。

袁术闻其名，就署东城长。肃见术无纲纪[6]，不足与立事；乃携老弱，将轻侠少年百余人，南到居巢就瑜。瑜之东渡，因与同行，〔一〕留家曲阿。

会祖母亡，还葬东城。刘子扬与肃友善，遗肃书曰："方今天下，豪杰并起；吾子姿才[7]，尤宜今日！急还迎老母，无事滞于东城[8]。近郑宝者，今在巢湖，拥众万余，处地肥饶；庐江间人多依就之，况吾徒乎？观其形势，又可博集；时不可失，足下速之！"

肃答，然其计。葬毕还曲阿，欲北行。会瑜已徙肃母到吴，肃具以状语瑜。

【注释】

〔1〕东城：县名。县治在今安徽定远县东南。　〔2〕摽（biāo）卖：抛卖。　〔3〕故：特意。　过候：拜望。　〔4〕囷（qūn）：圆形的谷仓。〔5〕侨：即公孙侨（？—前522）。公孙氏，名侨，字子产。郑国贵族。春秋时期政治家。郑简公时执政。进行一系列改革，给郑国带来新气象，受到人民拥护。事见《史记》卷四十二《郑世家》。　札：即季札。春秋时吴王诸樊的弟弟。多次推让君位，以贤德著称。事见《史记》卷三十一《吴太伯世家》。　分（fèn）：情分。季札曾经作为吴国使者出访中原各国，到郑国遇到公孙侨，两人一见如故，结为好友。见《左传》襄公二十九年。　〔6〕纲纪：指法制。　〔7〕吾子：对人的尊敬性代称。相当于您。　〔8〕无事：不必要。这是当时习语。

【裴注】

〔一〕《吴书》曰："肃体貌魁奇，少有壮节，好为奇计。天下将乱，乃学击剑骑射。招聚少年，给其衣食，往来南山中射猎；阴相部勒，讲武习兵。父老咸曰：'鲁氏世衰，乃生此狂儿！'后雄杰并起，中州扰乱。肃乃命其属曰：'中国失纲，寇贼横暴，淮、泗间非遗种之地。吾闻江东沃野万里，民富兵强，可以避害；宁肯相随，俱至乐土，以观时变乎？'其属皆从命。乃使细弱在前，强壮在后，男女三百余人行。州追骑至，肃等徐行，勒兵持满，谓之曰：'卿等丈夫，当解大数。今日天下兵乱，有功弗赏，不追无罚：何为相逼乎？'又自植盾，引弓射之，矢皆洞贯。骑既嘉肃言，且度不能制，乃相率还。肃渡江往见策，策亦雅奇之。"

时孙策已薨，权尚住吴。瑜谓肃曰："昔马援答光武云：'当今之世[1]，非但君择臣，臣亦择君。'今主人亲贤贵士[2]，纳奇录异[3]。且吾闻先哲秘论：承运代刘氏者[4]，必兴于东南。推步事势[5]，当其历数[6]；终构帝基，以协天符[7]：是烈士攀龙附凤驰骛之秋[8]。吾方达此，足下不须以子扬之言介意也！"肃从其言。

瑜因荐肃：才宜佐时，当广求其比[9]，以成功业；不可令去也。权即见肃，与语，甚悦之。

众宾罢退，肃亦辞出；乃独引肃还，合榻对饮。因密议曰："今汉室倾危，四方云扰[10]；孤承父兄余业，思有桓、文之功[11]。君既惠顾，何以佐之？"

肃对曰："昔高帝区区，欲尊事义帝而不获者[12]，以项羽为害也[13]。今之曹操，犹昔项羽；将军何由得为桓、文乎？肃窃料之：汉室不可复兴，曹操不可猝除。为将军计，惟有鼎足江东[14]，以观天下之衅[15]。规模如此[16]，亦自无嫌[17]。何者？北方诚多务也[18]。因其多务，剿除黄祖，进伐刘表；竟长江所极，据而有之；然后建号帝王，以图天下：此高帝之业也。"

权曰："今尽力一方，冀以辅汉耳；此言，非所及也。"

张昭非肃谦下不足[19]，颇訾毁之[20]，云肃"年少粗疏，未可用"。权不以介意，益贵重之。赐肃母衣服帏帐，居处杂物：富拟其旧[21]。

【注释】

〔1〕马援(前14—公元49)：字文渊。扶风茂陵(今陕西兴平市东北)人。最初在新莽手下做官，不久依附隗嚣。最后归顺刘秀，任伏波将军，多有战功。传见《后汉书》卷二十四。 光武：即刘秀(前6—公元57)。安文叔。南阳郡蔡阳(今湖北枣阳市西南)人。东汉王朝的建立者。公元25至57年在位。出自西汉皇族，王莽末年随农民起义起兵。公元23年到河北活动，力量迅速壮大。两年后称帝，逐渐清除各地割据势力，统一全国。在位期间，加强中央集权，精简官吏，减轻赋税，发展生产。事详《后汉书》卷一《光武帝纪》。 〔2〕主人：指孙权。 〔3〕纳奇录异：纳奇与录异含义相同，都指收纳杰出不凡的人才。 〔4〕承运：承受天运。 〔5〕推步：推算。 〔6〕历数：这里指帝王传承的先后顺序。古代认为这种顺序是由上天安排好的。 〔7〕协：符合。 天符：上天的符命。符命是古人认为表明统治者受命于天的祥瑞征兆。〔8〕烈士：追求建立功业的志士。 攀龙附凤：比喻臣下依附君主建立功业。 驰骛：驰骋奔走。 秋：时候。 〔9〕比：同类的人。 〔10〕云扰：像云一样纷乱。比喻社会动乱不宁。 〔11〕桓、文：即齐桓公、晋文公。桓、文之功指扶持天子和安定天下。 〔12〕高帝：即汉高祖。区区：诚挚。 义帝：名心。战国时楚怀王的孙子。秦末各地起兵反秦，他先被项梁立为怀王，秦亡后又被项羽尊为义帝，充当名义上的君主。后被项羽杀死。事见《史记》卷七《项羽本纪》。 〔13〕项羽(前232—前202)：名籍，字羽。泗水郡下相(今江苏宿迁市西南)人。楚国贵族后裔。秦末农民起义军的领袖。前209年，随叔父项梁在吴县(今江苏苏州市)起义。后在钜鹿之战中摧毁秦军主力，奠定领袖地位。秦亡后，自立为西楚霸王，并大封诸侯王。前202年，被刘邦击败于垓下(今安徽灵璧县南)，突围到乌江(今安徽和县东北)，自杀。传分见《史记》

卷七《项羽本纪》、《汉书》卷三十一《项籍传》。 〔14〕鼎足：指割据自立。 〔15〕衅：破绽。 〔16〕规模：打算。 〔17〕无嫌：无忧。 〔18〕多务：多事。 〔19〕非：非议。 谦下：谦卑。 〔20〕訾(zǐ)毁：诋毁。 〔21〕拟其旧：比得上鲁肃的过去。以上周瑜推荐鲁肃，类似于徐庶推荐诸葛亮与刘备；而鲁肃向孙权提供的向西扩张据有长江的战略发展设计，也类似于诸葛亮的隆中对策，是此后孙权事业上的指导方针。孙权对此"合榻对策"，内心极为赞赏，所以优待鲁肃。

刘表死，肃进说曰："夫荆楚与国邻接〔1〕，水流顺北；外带江、汉〔2〕，内阻山陵，有金城之固〔3〕；沃野万里，士民殷富。若据而有之，此帝王之资也。今表新亡，二子素不辑睦〔4〕；军中诸将，各有彼此〔5〕。加刘备天下枭雄，与操有隙〔6〕；寄寓于表，表恶其能而不能用也。若备与彼协心，上下齐同；则宜抚安，与结盟好。如有离违〔7〕，宜别图之，以济大事。肃请得奉命吊表二子，并慰劳其军中用事者〔8〕；及说备使抚表众，同心一意，共治曹操。备必喜而从命。如其克谐〔9〕，天下可定也。今不速往，恐为操所先！"

权即遣肃行。到夏口，闻曹公已向荆州，晨夜兼道。比至南郡，而表子琮已降曹公；备惶遽奔走，欲南渡江。肃径迎之，到当阳长坂〔10〕，与备会。宣腾权旨〔11〕，及陈江东强固，劝备与权并力：备甚欢悦。

时诸葛亮与备相随，肃谓亮曰："我子瑜友也〔12〕！"即共定交。备遂到夏口，遣亮使权。肃亦反命〔13〕。〔一〕

【注释】
〔1〕荆楚：指当时的荆州。 国：指孙权占领的江东。 〔2〕外带：

外面环绕。 〔3〕金城：金属铸造的城墙。比喻城的坚固。 〔4〕二子：指刘表的大儿子刘琦、小儿子刘琮。 辑睦：和睦。 〔5〕彼此：亲疏。指有的亲附刘琦，有的亲附刘琮。 〔6〕有隙：有仇。 〔7〕离违：背离。 〔8〕用事：当权。 〔9〕克谐：能够成功。 〔10〕长坂：地名。在今湖北当阳市东北。 〔11〕宣腾：转达。 〔12〕子瑜：诸葛亮哥哥诸葛瑾的字。 〔13〕反命：执行使命后回去报告。

【裴注】

〔一〕臣松之按：刘备与权并力，共拒中国，皆肃之本谋。又语诸葛亮曰："我子瑜友也！"则亮已亟闻肃言矣。而《蜀书·亮传》曰："亮以连横之略说权，权乃大喜。"如似此计，始出于亮。若二国史官，各记所闻，竟欲称扬本国容美，各取其功；今此二书，同出一人，而舛互若此，非载述之体也。

会权得曹公欲东之问〔1〕，与诸将议。皆劝权迎之〔2〕，而肃独不言。权起更衣〔3〕，肃追于宇下〔4〕。

权知其意，执肃手曰："卿欲何言？"肃对曰："向察众人之议〔5〕，专欲误将军：不足与图大事。今肃可迎操耳，如将军，不可也。何以言之？今肃迎操，操当以肃还付乡党〔6〕；品其名位，犹不失下曹从事〔7〕，乘犊车〔8〕，从吏卒，交游士林：累官故不失州郡也〔9〕。将军迎操，欲安所归〔10〕？愿早定大计，莫用众人之议也！"

权叹息曰："此诸人持议，甚失孤望！今卿廓开大计〔11〕，正与孤同：此天以卿赐我也！"〔一〕时周瑜受使至鄱阳〔12〕，肃劝追召瑜还。

遂任瑜以行事，以肃为赞军校尉〔13〕，助画方略。曹公破走，肃即先还。权大请诸将迎肃，肃将入阁拜〔14〕，权起礼之。因谓曰："子敬，孤持鞍下马相迎[15]，足以显卿未？”

肃趋进曰[16]：“未也！”众人闻之，无不愕然。就坐，徐举鞭言曰：“愿至尊威德加乎四海，总括九州[17]，克成帝业；更以安车软轮征肃[18]，始当显耳！”权抚掌欢笑。

【注释】

〔1〕问：消息。 〔2〕迎之：指投降曹操。 〔3〕更衣：上厕所的文雅说法。 〔4〕宇：屋檐。 〔5〕向：刚才。 〔6〕乡党：家乡。相传周代以五百家为一党，一万二千五百家为一乡。这里指鲁肃的家乡徐州。〔7〕下曹从事：各曹从事史中地位低下者。东汉州政府中分类处理公务的下属机构叫做曹，各曹的主办官员叫做从事史。通常有十二位从事史。〔8〕犊车：牛车。东汉末年以后，官员常乘牛车。 〔9〕累官：积累功劳而升官。 故：依旧。 不失州郡：不会当不上州郡行政长官。〔10〕安所归：回到什么地方去。 〔11〕廓：阐明。 〔12〕鄱阳：县名。县治在今江西鄱阳县。 〔13〕赞军校尉：官名。协助主将谋划军事。〔14〕阁(gé)：内厅。 〔15〕持鞍下马：抓住马鞍（让你）下马。〔16〕趋：小步快走。表示恭敬的动作。 〔17〕九州：《尚书·禹贡》分全国为九州，这里指全国。 〔18〕安车：一种安稳舒适的座车。 软轮：用蒲草包裹起来的车轮。使用软轮可以减轻车身的震动。又称蒲轮。安车软轮常用来征召贤士入京。

【裴注】

〔一〕《魏书》及《九州春秋》曰：“曹公征荆州，孙权大惧。鲁肃实欲劝权拒曹公，乃激说权曰：‘彼曹公者，实严敌也！新并袁绍，兵马甚精；乘战胜之威，伐丧乱之国：克可必也！不如遣兵助之，且送将军家诣邺；不然，将危！’权大怒，欲斩肃，肃因曰：‘今事已急，即有他图，何不遣兵助刘备，而欲斩我乎？’权然之，乃遣周瑜助备。”

孙盛曰：“《吴书》及《江表传》，鲁肃一见孙权，便说拒曹公而论帝王之略；刘表之死也，又请使观变：无缘方复激说劝迎曹公也。又是时劝迎者众，而云独欲斩肃，非其论也。”

后备诣京见权，求都督荆州[1]；惟肃劝权借之，共拒曹公。〔一〕曹公闻权以土地业备[2]，方作书，落笔于地。

周瑜病困[3]，上疏曰："当今天下，方有事役；是瑜乃心，夙夜所忧。愿至尊先虑未然，然后康乐。今既与曹操为敌；刘备近在公安，边境密迩[4]，百姓未附：宜得良将以镇抚之。鲁肃智略足任，乞以代瑜。瑜殒踣之日[5]，所怀尽矣！"〔二〕

即拜肃奋武校尉[6]，代瑜领兵。瑜士众四千余人，奉邑四县[7]，皆属焉。令程普领南郡太守。

肃初住江陵，后下屯陆口[8]，威恩大行。众增万余人，拜汉昌太守，偏将军[9]。

十九年[10]，从权破皖城，转横江将军。

【注释】

〔1〕都督荆州：指在南郡的治所江陵设置府署。赤壁之战后，南郡被孙吴占据。南郡控扼长江，北可攻中原，西可进益州，战略价值极大。刘备为了得到这一军事要地，就向孙权提出请求，把自己的荆州牧兼左将军府署，从公安(今湖北公安县西北)移到南郡的治所江陵，实际上就是要借用南郡。由于此前荆州的治所襄阳在南郡境内，所以这里把借用南郡说成都督荆州。周瑜生前不同意借南郡与刘备。周瑜死后，在鲁肃的促成下，刘备才得到南郡。后世的文艺作品以此为素材，演绎为"刘备借荆州"的故事，并误以为是借用整个荆州的地域。 〔2〕业：资助。 〔3〕病困：病势危重。 〔4〕密迩：接近。 〔5〕殒踣(bó)：死亡。 〔6〕奋武校尉：官名。领兵征伐。 〔7〕四县：指原来周瑜所享有的下隽、汉昌、刘阳、州陵四县。 〔8〕陆口：地名。在今湖北赤壁市西北。南郡借给刘备，鲁肃即从江陵移屯下游的陆口。 〔9〕汉昌：郡名。治所在陆口。 〔10〕十九年：建安十九年(公元214)。

【裴注】

〔一〕《汉晋春秋》曰："吕范劝留备，肃曰：'不可！将军虽神武命世，然曹公威力实重；初临荆州，恩信未洽，宜以借备，使抚安之。多操之敌，而自为树党：计之上也。'权即从之。"

〔二〕《江表传》载："初瑜疾困，与权笺曰：'瑜以凡才，昔受讨逆殊特之遇，委以腹心；遂荷荣任，统御兵马；志执鞭弭，自效戎行。规定巴蜀，次取襄阳；凭赖威灵，谓若在握；至以不谨，道遇暴疾；昨自医疗，日加无损。人生有死，修短命矣，诚不足惜；但恨微志未展，不复奉教命耳。方今曹公在北，疆场未静；刘备寄寓，有似养虎。天下之事，未知终始；此朝士旰食之秋，至尊垂虑之日也。鲁肃忠烈，临事不苟，可以代瑜。人之将死，其言也善；傥或可采，瑜死不朽矣！'"按此笺与本传所载，意旨虽同，其辞（乖）〔微〕异耳。

先是，益州牧刘璋纲维颓弛[1]，周瑜、甘宁并劝权取蜀。权以咨备；备内欲自规[2]，乃伪报曰："备与璋托为宗室，冀凭英灵，以匡汉朝。今璋得罪左右[3]，备独竦惧；非所敢闻，愿加宽贷。若不获请，备当放发归于山林[4]！"

后备西图璋，留关羽守。权曰："猾虏，乃敢挟诈[5]！"及羽与肃邻界，数生狐疑[6]；疆场纷错[7]，肃常以欢好抚之。

备既定益州，权求长沙、零、桂；备不承旨[8]，权遣吕蒙率众进取。备闻，自还公安，遣羽争三郡。肃住益阳，与羽相拒。

肃邀羽相见，各驻兵马百步上，但诸将军单刀俱会[9]。肃因责数羽曰[10]："国家区区本以土地借卿家者[11]，卿家军败，远来，无以为资故也！今已得益州，既无奉还之意；但求三郡，又不从命！"语未究竟[12]，坐有一人曰："夫土地者，惟德所在耳[13]。何常之有[14]！"肃厉声呵之，辞色甚切。羽操刀起谓曰："此自国家事，是人何知[15]！"目使之去。〔一〕

备遂割湘水为界[16]，于是罢军。

肃年四十六，建安二十二年卒。权为举哀[17]，又临其葬[18]。诸葛亮亦为发哀。〔二〕

权称尊号，临坛，顾谓公卿曰："昔鲁子敬尝道此，可谓明于事势矣！"

肃遗腹子淑。既壮[19]，濡须督张承谓终当〔远〕到（至）[20]。永安中，为昭武将军[21]，都亭侯，武昌督。建衡中，假节，迁夏口督。所在严整，有方干[22]。

凤凰三年卒。子睦袭爵，领兵马。

【注释】

〔1〕纲维：法纪。 〔2〕自规：自己打算（得到）。 〔3〕左右：对别人的客气称呼。 〔4〕放发：打散头发。指不带官帽辞职。 归于山林：即归隐。 〔5〕猾房：狡猾的家伙。骂人的话。 挟诈：怀藏诈术。 〔6〕狐疑：猜疑。 〔7〕纷错：混杂交错。 〔8〕承旨：接受要求。 〔9〕单刀：只带佩刀。 〔10〕责数：责备。 〔11〕国家：当时习称君主为国家。这里指孙权。 卿家：您的上司。指刘备。 〔12〕究竟：完毕。 〔13〕惟德所在：只属于有德的人。 〔14〕何常之有：哪会有长久不变的。 〔15〕是：这。 〔16〕割湘水：按湘水分割（荆州）。 〔17〕举哀：哭悼。下文的发哀意同。 〔18〕临（lìn）：哭丧。这里指为死者送葬。现今湖南岳阳市、湖北武汉市龟山，均有相传是鲁肃的坟冢和墓园留存。 〔19〕遗腹子：怀孕的妻子在丈夫死后所生的孩子。 〔20〕远到：指成大器。 〔21〕昭武将军：官名。领兵征伐。 〔22〕方干：方略才干。

【裴注】

〔一〕《吴书》曰："肃欲与羽会语，诸将疑恐有变，议不可往。肃曰：'今日之事，宜相开譬。刘备负国，是非未决；羽亦何敢重欲干命！'乃趋就羽。羽曰：'乌林之役，左将军身在行间，寝不脱介，戮力破魏；岂得徒劳，无一块壤，而足下来欲收地邪？'肃曰：'不然！始与豫州（观）〔觌〕于长坂，豫州之众不当一校；计穷虑极，志势摧弱：图欲远窜，望不及此。主上矜愍豫州之身，无有处所，不爱土地士人之力，使有所庇荫以济其患；而豫州私独饰情，愆德堕好。今已藉手于西州矣，又欲剪并荆州之土：斯盖凡夫所不忍行，而况整领人物之主乎！肃闻贪而弃义，必为祸阶。吾子属当重任，曾不能明道处分，以义辅时；而负恃（弱）〔强〕众，以图力争：师曲为老，将何获济？'羽无以答。"

〔二〕《吴书》曰："肃为人方严，寡于玩饰；内外节俭，不务俗好。治军整顿，禁令必行；虽在军阵，手不释卷。又善谈论，能属文辞；思度弘远，有过人之明。周瑜之后，肃为之冠。"

吕蒙字子明，汝南富陂人也[1]。少南渡，依姊夫邓当。当为孙策将，数讨山越。蒙年十五六，窃随当击贼。当顾见，大惊，呵叱不能禁止。归以告蒙母，母恚[2]，欲罚之。蒙曰："贫贱难可居！脱误有功[3]，富贵可致。且不探虎穴，安得虎子？"母哀而舍之[4]。

时当职吏以蒙年小，轻之，曰："彼竖子，何能为[5]？此欲以肉喂虎耳。"他日与蒙会，又嗤辱之。

蒙大怒，引刀杀吏；出走，逃邑子郑长家[6]。出因校尉袁雄自首，承间为言[7]；策召见，奇之，引置左右。数岁，邓当死，张昭荐蒙代当，拜别部司马。

权统事，料诸小将兵少而用薄者[8]，欲并合之。蒙阴赊贳[9]，为兵作绛衣行縢[10]。及简日[11]，陈列赫然，兵人练习[12]。权见之，大悦，增其兵。从讨丹杨，所向有功；拜平北都尉[13]，领广德长[14]。

从征黄祖，祖令都督陈就，逆以水军出战。蒙勒前锋[15]，亲枭就首；将士乘胜，进攻其城。祖闻就死，委城走，兵追擒之。权曰："事之克，由陈就先获也。"以蒙为横野中郎将[16]，赐钱千万。是岁，又与周瑜、程普等，西破曹公于乌林，围曹仁于南郡。

益州将袭肃，举军来附；瑜表以肃兵益蒙。蒙盛称肃有胆用[17]，且慕化远来[18]，于义宜益不宜夺也[19]。权善其言，还肃兵。

瑜使甘宁前据夷陵。曹仁分众攻宁；宁困急，使使请救。诸将以兵少不足分，蒙谓瑜、普曰："留凌公绩[20]，蒙与君行；解围释急，势亦不久。蒙保公绩能十日守也。"又说瑜，分遣三百人柴断险道[21]，贼走，可得其马。瑜从之。军到夷陵，即日交战，所杀过半。敌夜遁去，行遇柴道，骑皆舍马步走。兵追蹑击[22]，获马三百匹，方船载还[23]。于是将士形势自倍。乃渡江立屯，与相攻击。曹仁退走；遂据南郡，抚定荆州。

【注释】

〔1〕富陂：县名。县治在今安徽阜南县东南。　〔2〕恚(huì)：怒。〔3〕脱误：万一。这是当时口语。　〔4〕舍之：放过他。　〔5〕竖子：小子。对人的蔑称。　何能为：有什么能耐作为。　〔6〕邑子：同县的人。〔7〕承间：趁（孙策）接见。　〔8〕料：清理。　用薄：作用小。〔9〕阴：暗中。　赊贳(shì)：赊欠。指赊购布料。　〔10〕绛衣：大红色的军装。　行縢(téng)：裹腿。　〔11〕简：检查。　〔12〕练习：（动作)熟练熟习。　〔13〕平北都尉：官名。领兵征伐。　〔14〕广德：县名。县治在今安徽广德县西南。　〔15〕勒：指挥。　〔16〕横野中郎将：官名。领兵征伐。　〔17〕盛称：竭力称赞。　〔18〕慕化：仰慕教化。〔19〕于义：从道义上说。　宜益：应当增加（袭肃的军队)。

〔20〕凌公绩：凌统字公绩。　〔21〕柴断：堵塞阻断。　〔22〕蹙（cù）击：压近攻击。　〔23〕方船：两船相并。

　　还，拜偏将军，领寻阳令。鲁肃代周瑜，当之陆口，过蒙屯下。肃意尚轻蒙，或说肃曰："吕将军功名日显，不可以故意待也[1]：君宜顾之。"遂往诣蒙。

　　酒酣，蒙问肃曰："君受重任，与关羽为邻；将何计略，以备不虞？"肃造次应曰[2]："临时施宜。"蒙曰："今东西虽为一家[3]，而关羽实熊虎也。计安可不预定？"因为肃画五策。肃于是越席就之，拊其背曰[4]："吕子明，吾不知卿才略所及，乃至于此也！"遂拜蒙母，结友而别。〔一〕

　　时蒙与成当、宋定、徐顾，屯次比近[5]。三将死，子弟幼弱；权悉以兵并蒙。蒙固辞，陈启顾等皆勤劳国事；子弟虽小，不可废也[6]。书三上，权乃听。蒙于是又为择师，使辅导之：其操心率如此。

　　魏使庐江谢奇为蕲春典农[7]，屯皖田乡[8]，数为边寇。蒙使人诱之，不从；则伺隙袭击，奇遂缩退。其部伍孙子才、宋豪等[9]，皆携负老弱，诣蒙降。

　　后从权拒曹公于濡须，数进奇计；又劝权夹水口立坞[10]，所以备御甚精：〔二〕曹公不能下而退。

【注释】
　　〔1〕故意：过去的态度。　〔2〕造次：随便。　〔3〕东西：指孙吴与蜀汉。　〔4〕拊（fǔ）：拍。吕蒙才略上的迅速提高，与他发愤阅读有用之书密切相关。三国是激烈竞争的时代，但根本性的竞争是读书的竞争。

魏蜀吴三国的君臣，都在抓紧时间阅读最为急用的典籍文献。详见拙文《三国志诸葛亮传札记》，《成都大学学报》（社会科学版），2006年第6期。　〔5〕屯次：扎营的地方。　〔6〕废：废除（他们应当承袭的领兵权利）。在孙吴的前期（孙权称吴王之前），将领们统带兵马的权力是世袭的，父死子代。兵马一旦转给他人，领兵权即丧失了。　〔7〕蕲春：郡名。治所在今湖北蕲春县西南。　典农：官名。曹魏的屯田，分民屯和军屯两个系统。民屯的耕作者是屯田农民，他们以军事组织编在一起。管理他们的农官，也采用军职命名，相当于县令一级的是典农都尉，接近和相当于郡太守一级的是典农校尉和典农中郎将。　〔8〕皖：县名。县治在今安徽潜山县。　〔9〕部伍：部下。　〔10〕水口：指濡须水进入巢湖处。　坞：壁垒。孙吴先以精兵攻占濡须水口，然后在水口两岸修建坚固的坞壁，配备强弩一万张，从而保障长江至巢湖水道的畅通。此后便不断出动水军从巢湖进攻合肥，迫使后来魏明帝时的守将满宠，不得不放弃临近巢湖的合肥旧城，后退到西面三十里的险山之上另筑合肥新城据守。

【裴注】

〔一〕《江表传》曰："初，权谓蒙及蒋钦曰：'卿今并当途掌事，宜学问以自开益。'蒙曰：'在军中，常苦多务，恐不容复读书。'权曰：'孤岂欲卿治经为博士邪？但当令涉猎见往事耳！卿言多务，孰若孤？孤少时历《诗》、《书》、《礼记》、《左传》、《国语》，惟不读《易》。至统事以来，省三史、诸家兵书，自以为大有所益。如卿二人，意性朗悟；学必得之，宁当不为乎！宜急读《孙子》、《六韬》、《左传》、《国语》及三史。孔子言："终日不食，终夜不寝以思，无益；不如学也。"光武当兵马之务，手不释卷。孟德亦自谓"老而好学"。卿何独不自勉勖邪？'蒙始就学，笃志不倦；其所览见，旧儒不胜。后鲁肃上代周瑜，过蒙言议，常欲受屈。肃拊蒙背曰：'吾谓大弟但有武略耳。至于今者，学识英博：非复吴下阿蒙！'蒙曰：'士别三日，即更刮目相待。大兄今论，何一称襄侯乎？兄今代公瑾，既难为继；且与关羽为邻，斯人长而好学，读《左传》略皆上口，梗亮有雄气；然性颇自负，好陵人。今与为对，当有单复以（卿）〔向〕待之。'密为肃陈三策，肃敬受之，秘而不宣。权常叹曰：'人长而进益，如吕蒙、蒋钦，盖不可及也。富贵荣显，更能折节好学；耽悦书传，轻财尚义；所行可迹，并作国士：不亦休乎！'"

〔二〕《吴录》曰："权欲作坞，诸将皆曰：'上岸击贼，洗足入船：何用坞为？'吕蒙曰：'兵有利钝，战无百胜；如有邂逅，敌步骑蹙人；不暇及水，其得入船乎？'权曰：'善！'遂作之。"

曹公遣朱光为庐江太守，屯皖，大开稻田；又令间人招诱鄱阳贼帅[1]，使作内应。蒙曰："皖田肥美，若一收熟，彼众必增；如是数岁，操态现矣[2]：宜早除之！"乃具陈其状。

于是权亲征皖。引见诸将，问以计策。〔一〕蒙乃荐甘宁为升城督[3]，督攻在前；蒙以精锐继之。侵晨进攻[4]，蒙手执枹鼓[5]；士卒皆腾踊自升，食时破之[6]。既而张辽至夹石[7]，闻城已拔，乃退。

权嘉其功，即拜庐江太守。所得人马皆分与之，别赐寻阳屯田六百人[8]，官属三十人。

蒙还寻阳，未期而庐陵贼起[9]；诸将讨击不能擒。权曰："鸷鸟累百[10]，不如一鹗[11]！"复令蒙讨之。蒙至，诛其首恶，余皆释放，复为平民。

【注释】
〔1〕间人：间谍。　鄱阳：这里是郡名。治所在今江西鄱阳县。〔2〕操态：曹操(进攻的)姿态。　〔3〕升城督：官名。攻城部队的指挥官。　〔4〕侵晨：天刚亮。　〔5〕枹(fú)：鼓槌。　〔6〕食时：即辰时。相当于现今早上七时至九时。汉代以来，人们把一昼夜分为十二时，除用地支表示外，还有另外一套名称，即夜半、鸡鸣、平旦、日出、食时、隅中、日中、日昳(dié)、晡(bū)时、日入、黄昏、人定。　〔7〕夹石：地名。在今安徽舒城县南。　〔8〕屯田：指屯田的农民。这些屯田赏赐给吕蒙后，就成为他私人拥有的依附性人口，也就是所谓的客或人客。〔9〕期(jī)：满一年。　〔10〕鸷(zhì)：体形较小的猛禽，如鹰之类。

〔11〕鹗(è)：大雕。这两句出自《汉书》卷五十一《邹阳传》。

【裴注】

　　〔一〕《吴书》曰："诸将皆劝作土山，添攻具。蒙趋进曰：'治攻具及土山，必历日乃成；城备既修，外救必至：不可图也。且乘雨水以入，若留经日，水必向尽；还道艰难，蒙窃危之。今观此城，不能甚固；以三军锐气，四面并攻，不移时可拔；及水以归，全胜之道也！'权从之。"

　　是时刘备令关羽镇守，专有荆土。权命蒙西取长沙、零、桂三郡。蒙移书二郡，望风归服；惟零陵太守郝普〔1〕，城守不降。而备自蜀亲至公安，遣羽争三郡。权时住陆口，使鲁肃将万人屯益阳拒羽；而飞书召蒙〔2〕，使舍零陵，急还助肃。

　　初，蒙既定长沙，当之零陵；过酃〔3〕，载南阳邓玄之。玄之者，郝普之旧也〔4〕：欲令诱普。及被书当还〔5〕，蒙秘之；夜召诸将，授以方略。晨当攻城，顾谓玄之曰："郝子太闻世间有忠义事〔6〕，亦欲为之，而不知时也。左将军在汉中〔7〕，为夏侯渊所围；关羽在南郡，今至尊身自临之〔8〕；近者破樊本屯〔9〕，救酃，逆为孙规所破〔10〕：此皆目前之事，君所亲见也。彼方首尾倒悬，救死不给；岂有余力，复营此哉〔11〕？今吾士卒精锐，人思致命〔12〕；至尊遣兵，相继于道。今子〔太〕以旦夕之命，待不可望之救；犹牛蹄中鱼〔13〕，冀赖江、汉〔14〕：其不可恃亦明矣。若子太必能一士卒之心，保孤城之守，尚能稽延旦夕，以待所归者，可也。今吾计力度虑[15]，而以攻此，曾不移日[16]，而城必破；城破之后，身死何益于事？而令百岁老母，戴白受诛[17]：岂不痛哉！度此家不得外问[18]，谓援可恃，故至于此耳。君可见之，为陈祸福。"

玄之见普，具宣蒙意，普惧而听之。玄之先出报蒙，普寻后当至[19]。蒙预敕四将：各选百人；普出，便入守城门。须臾普出[20]，蒙迎执其手，与俱下船。语毕，出书示之，因拊手大笑。普见书，知备在公安，而羽在益阳，惭恨入地。

蒙留孙（河）〔皎〕委以后事，即日引军赴益阳。刘备请盟，权乃归普等[21]；割湘水，以零陵还之。

以寻阳、阳新为蒙奉邑。师还，遂征合肥。既撤兵，为张辽等所袭，蒙与凌统，以死扞卫。后曹公又大出濡须，权以蒙为督；据前所立坞，置强弩万张于其上，以拒曹公。曹公前锋，屯未就，蒙攻破之：曹公引退。拜蒙左护军，虎威将军[22]。

【注释】

〔1〕郝普：事见本书卷四十五《杨戏传》。 〔2〕飞书：紧急传送文书。 〔3〕酃(líng)：县名。县治在今湖南衡阳市。 〔4〕旧：老朋友。 〔5〕被：接到。 〔6〕郝子太：郝普字子太。 〔7〕左将军：指当时任左将军的刘备。 〔8〕至尊：对君主的称呼。这里指孙权。 〔9〕樊：地名。在今湖北襄阳市汉水北岸的樊城区。当时是曹操荆州守军大本营所在地，主将为曹仁。 本屯：大本营。关羽在樊城作战得胜，听说孙吴取三郡，赶忙回军救援。 〔10〕孙规：孙吴将领名。参与进攻三郡，见本书卷四十七《吴主传》。 〔11〕营此：料理这边。 〔12〕致命：效命。 〔13〕牛蹄中鱼：牛蹄踏出的水坑很小，鱼在其中难以久存。比喻处境危急。 〔14〕冀赖江、汉：希望依赖长江、汉水（来解救自己）。

〔15〕计力度(duó)虑:计算力量,估计智谋。 〔16〕曾不:简直不(需要)。 移日:经过一天。 〔17〕戴白:头上生白发。比喻老人。〔18〕此家:这一位。当时习语。这里指郝普。 外问:外面的消息。〔19〕寻:跟随。 〔20〕须臾:一会儿。 〔21〕归普等:据本书卷四十五《杨戏传》、卷六十一《胡综传》,郝普留在孙吴,至死未曾回蜀汉,此处史文疑有误。 〔22〕虎威将军:官名。领兵征伐。

鲁肃卒,蒙西屯陆口,肃军人马万余,尽以属蒙。又拜汉昌太守,食下隽、刘阳、汉昌、州陵。与关羽分土接境,知羽骁雄,有并兼心,且居国上流:其势难久。

初,鲁肃等以为:"曹公尚存,祸难始构,宜相辅协〔1〕,与之同仇〔2〕,不可失也〔3〕。"蒙乃密陈计策曰:"今征虏守南郡〔4〕;潘璋住白帝〔5〕;蒋钦将游兵万人〔6〕,循江上下,应敌所在;蒙为国家前据襄阳。如此,何忧于操?何赖于羽?且羽君臣,矜其诈力;所在反覆〔7〕,不可以腹心待也。今羽所以未便东向者,以至尊圣明,蒙等尚存也。今不于强壮时图之,一旦僵仆〔8〕,欲复陈力〔9〕,其可得邪?"权深纳其策。

又聊复与论取徐州意〔10〕,蒙对曰:"今操远在河北,新破诸袁〔11〕,抚集幽、冀,未暇东顾。徐土守兵,闻不足言,往自可克;然地势陆通〔12〕,骁骑所骋〔13〕。至尊今日得徐州,操后旬必来争;虽以七八万人守之,犹当怀忧。不如取羽,全据长江,形势益张!"权尤以此言为当。

及蒙代肃,初至陆口;外倍修恩厚,与羽结好。后羽讨樊，留兵将备公安、南郡。蒙上疏曰："羽讨樊而多留备兵，必恐蒙图其后故也。蒙常有病，乞分士众还建业，以治疾为名。羽闻之，必撤备兵，尽赴襄阳。大军浮江，昼夜驰上，袭其空虚；则南郡可下，而羽可擒也。"遂称病笃。权乃露檄召蒙还[14]，阴与图计。羽果信之，稍撤兵以赴樊[15]。魏使于禁救樊，羽尽擒禁等，人马数万；托以粮乏，擅取湘关米[16]。

权闻之，遂行。先遣蒙在前，蒙至寻阳，尽伏其精兵䑦�中[17]，使白衣摇橹[18]，作商贾人服，昼夜兼行。至羽所置江边屯候[19]，尽收缚之，是故羽不闻知。遂到南郡，士仁、麋芳皆降[20]。〔一〕

蒙入据城，尽得羽及将士家属，皆抚慰；约令军中：不得干历人家[21]，有所求取。蒙麾下士，是汝南人，取民家一笠，以覆官铠[22]；官铠虽公，蒙犹以为犯军令，不可以乡里故而废法[23]，遂垂涕斩之。于是军中震栗，道不拾遗。蒙旦暮使亲近存恤耆老[24]，问所不足；疾病者给医药，饥寒者赐衣粮。羽府藏财宝，皆封闭以待权至。羽还，在道路，数使人与蒙相闻[25]；蒙辄厚遇其使，周游城中，家家致问，或手书示信。羽人还，私相参讯；咸知家门无恙，见待过于平时：故羽吏士无斗心。

会权寻至，羽自知孤穷，乃走麦城[26]；西至漳乡[27]，众皆委羽而降。权使朱然、潘璋，断其径路；即父子俱获，荆州遂定。

【注释】

〔1〕辅协：帮助和联合。〔2〕同仇：同心协力对付仇敌。〔3〕失：丧失（和气）。〔4〕征虏：指任征虏将军的孙皎。〔5〕潘璋（？—公元234）：传见本书卷五十五。〔6〕蒋钦：传见本书卷五十五。〔7〕所在：处处。〔8〕僵仆：死亡。〔9〕陈力：施展力量。〔10〕聊复：顺便又。〔11〕诸袁：指袁绍的儿子袁谭、袁熙和袁尚。〔12〕陆通：陆地通畅。〔13〕骁（xiāo）骑：勇悍的骑兵。〔14〕露檄：不加密封的文书。使用露檄是有意透露消息。〔15〕稍：逐渐。〔16〕湘关：关隘名。在今湖南永州市北。孙权与刘备以湘水为界分占荆州，在湘水设置关卡，作为双方通道，即是湘关。〔17〕艧舻（gōu lù）：一种大型的货船。〔18〕白衣：当时商人常穿的衣服。〔19〕屯候：军事哨所。〔20〕士仁、麋芳：二人事均见本书卷四十五《杨戏传》。〔21〕干（gān）历：骚扰。〔22〕官铠：公家的铠甲。〔23〕乡里：乡亲。〔24〕存恤：慰问救济。　耆（qí）：六十岁为耆，耆老泛指老年人。〔25〕相闻：通消息。〔26〕麦城：地名。在今湖北当阳市东南。〔27〕漳乡：地名。在今湖北当阳市东北。又作章乡。关羽之死，使孙吴完全控制了荆州主要区域，并将双方的疆域分界，从原来的湘水流域，向西调整到三峡山区。三峡一线从此成为蜀、吴双方的稳定疆域线，直至三国时期结束。

【裴注】

〔一〕《吴书》曰："将军士仁，在公安拒守，蒙令虞翻说之。翻至城门，谓守者曰：'吾欲与汝将军语。'仁不肯相见。乃为书曰：'明者防祸于未萌，智者图患于将来；知得知失，可与为人；知存知亡，足别吉凶。大军之行，斥候不及施，烽火不及举；此非天命，必有内应。将军不先见时，时至又不应之；独守孤带之城而不降，死战则毁宗灭祀，为天下讥笑。吕虎威欲径到南郡，断绝陆道；生路一塞，按其地形，将军为在箕舌上耳。奔走不得免，降则失义：窃为将军不安。幸熟思焉！'仁得书，流涕而降。翻谓蒙曰：'此谲兵也！当将仁行，留兵备城。'遂将仁至南郡。南郡太守麋芳城守，蒙以仁示之，遂降。"

《吴录》曰："初，南郡城中失火，颇焚烧军器。羽以责芳，芳内畏惧；权闻而诱之，芳潜相和。及蒙攻之，乃以牛、酒出降。"

以蒙为南郡太守，封孱陵侯；〔一〕赐钱一亿，黄金五百斤。蒙固辞金钱，权不许。封爵未下，会蒙疾发。权时在公安，迎置内殿；所以治护者万方[1]，募封内有能愈蒙疾者[2]，赐千金。时有针加[3]，权为之惨戚[4]。欲数见其颜色，又恐劳动[5]；常穿壁瞻之，见小能下食则喜，顾左右言笑；不然则咄唶[6]，夜不能寐。病中瘳[7]，为下赦令，群臣毕贺。后更增笃[8]，权自临视，命道士于星辰下为之请命[9]。

年四十二，遂卒于内殿。时权哀痛甚，为之降损[10]。蒙未死时，所得金宝诸赐，尽付府藏[11]，敕主者："命绝之日皆上还[12]，丧事务约。"权闻之，益以悲感。

蒙少不修书传[13]，每陈大事，常口占为笺疏[14]。常以部曲事为江夏太守蔡遗所白，蒙无恨意。及豫章太守顾邵卒[15]，权问所用；蒙因荐遗，奉职佳吏[16]。权笑曰："君欲为祁奚耶[17]？"于是用之。甘宁粗暴好杀，既尝失蒙意，又时违权令，权怒之。蒙辄陈请："天下未定，斗将如宁难得：宜容忍之。"权遂厚宁，卒得其用。

蒙子霸，袭爵，与守冢三百家[18]，复田五十顷[19]。霸卒，兄琮袭侯。琮卒，弟睦嗣。

【注释】
〔1〕所以：用以。　万方：非常多的方法。　〔2〕封内：疆界之内。〔3〕针加：在身上施加针刺治疗。　〔4〕惨戚（qī）：悲伤。　〔5〕劳动：（身体的）活动。这里指吕蒙见到孙权时要起身致敬之类的动作。

〔6〕咄嗟（duō jiè）：叹息。 〔7〕中瘳（chōu）：中间病情好转。
〔8〕增笃：加重。 〔9〕请命：请求（神灵延长）生命。 〔10〕降
（jiàng）损：在生活享受上的削减。包括膳食、音乐演奏等。 〔11〕府
藏（zàng）：库房。 〔12〕主者：主管的人。 〔13〕修：研习。
〔14〕口占：口授。 〔15〕顾邵：传附本书卷五十二《顾雍传》。
〔16〕奉职：供职。 〔17〕祁奚：字黄羊。春秋时晋国的大夫。他在告
老辞职时，曾出以公心，推荐自己的仇人解狐替代自己。事见《左传》
襄公三年。 〔18〕守冢：看守坟墓的民户。 〔19〕复田：免予征收租
税的田地。

【裴注】

　〔一〕《江表传》曰："权于公安大会，吕蒙以疾辞。权笑曰：'擒羽
之功，子明谋也。今大功已捷，庆赏未行：岂邑邑邪？'乃增给步骑鼓
吹，敕选虎威将军官属，并南郡、庐江二郡威仪。拜毕还营，兵马导从，
前后鼓吹，光耀于路。"

　　孙权与陆逊论周瑜、鲁肃及蒙，曰："公瑾雄烈，
胆略兼人〔1〕；遂破孟德，开拓荆州：邈焉难继，君今继
之。公瑾昔邀子敬来东，致达于孤；孤与宴语，便及大
略帝王之业：此一快也〔2〕。后孟德因获刘琮之势，张言
方率数十万众水步俱下〔3〕。孤普请诸将，咨问所宜，无
适先对〔4〕；至子布、文表〔5〕，俱言宜遣使修檄迎之〔6〕。
子敬即驳言不可，劝孤急呼公瑾，付任以众，逆而击
之。此二快也。且其决计策意，出张、苏远矣〔7〕；后虽
劝吾借玄德地，是其一短，不足以损其二长也。周公不
求备于一人〔8〕，故孤忘其短而贵其长，常以比方邓禹
也〔9〕。又子明少时，孤谓不辞剧易〔10〕，果敢有胆而已；
及身长大，学问开益〔11〕，筹略奇至，可以次于公瑾，

但言议英发不及之耳〔12〕。图取关羽，胜于子敬。子敬
答孤书云：'帝王之起，皆有驱除〔13〕：羽不足忌。'此
子敬内不能办，外为大言耳；孤亦恕之，不苟责也〔14〕。
然其作军屯营，不失令行禁止；部界无废负〔15〕，路无
拾遗：其法亦美也。"

【注释】

〔1〕兼人：比常人强一倍。 〔2〕快：称心(的事)。 〔3〕张言：声
言。 〔4〕无适：没有人愿意。 〔5〕子布：张昭字子布。 文表：秦松
字文表。事见本书卷五十三《张纮传》。 〔6〕修檄：写公文。
〔7〕张：指张仪(？—前310)。战国时魏国贵族后代。秦惠文君时，任
秦相，封武信君，执政。帮助惠文君称王，游说各国使之服从秦国，瓦
解齐楚联盟。秦武王即位，他到魏国为相，不久死。传见《史记》卷七
十。 苏：指苏秦。字季子。战国时洛阳(今河南洛阳市东)人。曾奉燕
昭王命，到齐国从事反间活动，使齐国疲于对外战，以便攻齐复仇。齐
湣王末年任齐相，劝说齐王约五国联合进攻秦国。后他的反间活动暴露，
被车裂而死。湖南长沙马王堆汉墓出土的帛书《战国纵横家书》，保存
有他的书信和游说辞十六章。传见《史记》卷六十九。 〔8〕周公：姬
姓。名旦。西周武王的弟弟，因采邑在周(今陕西岐山县北)，所以称周
公。曾助武王灭商，武王死又辅佐成王。传见《史记》卷三十三。 求
备：求全责备。《论语·微子》记载周公的话，说是"无求备于一人"。
〔9〕邓禹(公元2—58)：字仲华。南阳郡新野(今河南新野县)人。新莽
末年随刘秀起兵，是协助建立东汉王朝的重要人物。刘秀即位称帝，任
大司徒，封酂侯(后改封高密侯)，名列二十八开国功臣之首。明帝继
位，被任命为太傅。他最先向刘秀提出夺取天下称帝的建议，后来在进
攻关中赤眉军时受挫，算是既有长处又有短处，所以孙权用他比方鲁肃。
传见《后汉书》卷十六。 〔10〕剧易：难易。 〔11〕开益：扩展增加。
〔12〕英发：鲜花开放。比喻才智外溢。 〔13〕驱除：在前面开路清扫
的人。这里比喻表面看来与自己敌对然而实际上在帮自己奠定基础的政
治势力。 〔14〕苟责：随便责备。 〔15〕部界：所指挥的区域内。
废负：荒废职责的罪过。

评曰：曹公乘汉相之资，挟天子而扫群杰；新荡荆城[1]，仗威（东夏）〔东下〕。于时议者莫不疑贰[2]；周瑜、鲁肃建独断之明，出众人之表：实奇才也！吕蒙勇而有谋，断识军计；谲郝普[3]，擒关羽，最其妙者。初虽轻果妄杀[4]，终于克己，有国士之量：岂徒武将而已乎！孙权之论，优劣允当[5]，故载录焉。

【注释】

〔1〕荆城：荆州的城市。 〔2〕疑贰：心存疑虑而产生二心。〔3〕谲（jué）：欺骗。 〔4〕轻果：轻率凶悍。 〔5〕允当：公允恰当。

【译文】

周瑜，字公瑾，庐江郡舒县人。他祖父的兄弟周景，周景的儿子周忠，都曾任汉朝的太尉。他的父亲周异，当过洛阳县令。

周瑜身材高大而容貌英俊。当初，孙坚发动义军讨伐董卓，把家迁到舒县。孙坚的儿子孙策，与周瑜同岁，所以特别与他友好；而周瑜则把自己在大路南边的宽敞住宅让给孙策一家居住，又进入内堂拜见孙策的母亲，两家互通有无和一家人一般。周瑜父亲的兄弟周尚当时在当丹杨郡太守，周瑜前去看望他。

恰巧这时孙策准备渡过长江攻打江东，到达历阳县时，派人骑马赶去通报周瑜，周瑜立即带领人马前来迎接孙策。孙策不禁大喜，说："我得到您的帮助，事情就成功了！"于是周瑜随孙策进攻横江、当利，全部打了下来。又渡过长江进攻秣陵县，击溃笮融、薛礼。然后掉头进攻湖孰、江乘，又进入曲阿，扬州刺史刘繇逃走：这时孙策手下已有几万人马了。孙策对周瑜说："我用这支兵力足以攻克吴郡、会稽郡，平定那里的山越人武装势力。您可以回转去镇守丹杨郡。"周瑜遵命回去。

没过多久，袁术派堂弟袁胤接替周尚任丹杨郡太守，周瑜就和周尚一起回寿春县。

袁术想委任周瑜为将领；周瑜看袁术的样子最终不会有什么

成就，所以请求担任居巢县长，想借路回江东。袁术听从了他，周瑜就由居巢回到了江东的吴县。这一年，是汉献帝建安三年（公元198）。

孙策亲自前来迎接周瑜，任命他为建威中郎将，立即给他步兵二千人，骑兵五十人。周瑜当时二十四岁，吴县一带都叫他周郎。孙策因为周瑜在庐江郡很有恩德威信，所以让他前往牛渚驻防。后来又兼任春谷县长。

不久，孙策准备攻取荆州，任命周瑜为中护军，兼任江夏郡太守。又让他随自己进攻皖县，将其攻克。当时得到桥公的两个女儿，都属于国内第一等的美女：孙策自己娶了大姐，周瑜则娶了小妹。接着周瑜随同孙策进兵寻阳，攻破刘勋。又西征江夏郡，回军途中平定了豫章郡、庐陵郡，然后周瑜留在巴丘县镇守。

建安五年（公元200），孙策去世，由孙权统管大事。周瑜带领兵马赶回来奔丧，于是留在吴县，以中护军的身份与长史张昭共同负责处理各项事务。

建安十一年（公元206），周瑜指挥孙瑜等将领进攻麻屯、保屯，将其首领斩首，俘虏上万人，然后回到宫亭驻扎。荆州牧刘表委任的江夏郡太守黄祖，派部将邓龙带领几千人马侵入柴桑；周瑜发起进攻追击，活捉了邓龙送往吴县。

建安十三年（公元208）春，孙权亲自西征江夏，周瑜出任前线军队的总指挥官。当年九月，曹操南下荆州，接替已故父亲刘表而担任荆州牧的刘琮，带领部下投降。曹操得到刘琮的水军、船只，步兵人数又有几十万。孙权手下的将士听了非常惊恐。孙权邀见各位下属，询问他们有什么好计策对付面临的严重局面。参加议论的人都说："曹操，确实是像豺虎一般凶恶的人啊！然而他名义上还是汉朝的丞相，又挟制天子征伐四方，动辄就以朝廷名义说话；今天如果要抗拒他，事情首先就不顺理。况且从将军您的大形势上看，可以凭借来抗拒曹操的，那就是长江了。如今曹操夺得荆州，全部占有那里的地方；当初刘表训练水军，小型冲锋舟和大型战船，其数量要以千来计算，曹操全部用来载运水军分布在长江沿线；加上还有大量步兵，水陆两路一齐顺长江杀往下游。这样一来长江的天险，他已经与我们共同享有了。至于在兵力的多寡上，就更不能相提并论。我们愚昧的意见认为，从大局上考虑不如迎接曹操。"

周瑜却说："情况不然！曹操虽然名义上是汉朝的丞相，其实是汉朝的奸贼！将军您具有不寻常的军事雄才，同时凭借父兄开创的事业，割据江东，辖地纵横有几千里；士兵精锐而且足够使用，英雄人物乐于为您效力。就应当横扫天下，为汉朝除去奸凶，何况曹操亲自来送死，而可以迎接他吗？请让我为将军您估量形势：如果现今北方的秩序已经安定，曹操的内部没有忧患；能够旷日持久，来和我们争夺边境；又还能够在长江之上的舰船作战中与我们较量胜负，那么他也还可以与我们交手对敌。现今北方秩序既没有安定；加上马超、韩遂还在关西，成为曹操的后患；而且放弃鞍马，凭借舟船，与江东一争高下，这原本就不是中原军队所擅长的事；再说如今气候严寒，曹军的战马没有饲养的草料；还有驱赶中原将士远途跋涉于南方的江湖水乡，不服水土，必定要生疾病。以上这几条，都是用兵的忌讳啊，而曹操却冒着这种种风险采取行动。因此将军您擒杀曹操，应当就在今天。我请求得到精兵三万人，向西挺进到夏口驻扎，保证为将军击破曹操！"

孙权说："曹操这个老奸贼，早就想废除汉朝自立为皇帝了，只不过顾忌袁绍、袁术、吕布、刘表与我罢了。而今群雄已被消灭，只有我还在；我与老奸贼，势不两立！您说应当抗击他，很合我的本意，这是上天把您送给我啊！"

当时刘备被曹操击败，想带领残部向南撤退渡过长江；恰好与鲁肃在当阳相遇，于是共同商量对策。刘备因而进驻夏口，派诸葛亮前去见孙权。孙权立即派周瑜和程普等将，与刘备合力迎战曹操，两军相遇于赤壁。

曹操的军队已经有疾病流行；刚刚一交战，曹军就败退，退往江北停下。周瑜等人在南岸。

周瑜的部将黄盖说："如今敌众我寡，难以持久作战。但是您看曹操军队的船只，密集排列首尾相连：可以用火攻的办法将其击退。"于是周瑜让黄盖挑选小型冲锋舟和大型战船共几十艘，装满柴草，在其中灌满油脂；外面用帐篷布盖上，上面竖立军旗。

黄盖又预先写信给曹操，欺骗他说自己将率军前来投降。黄盖早已准备好一批快船，系在装了柴草的大船之后，再依次出发一同前进。曹操军队中的将士都伸长脖子远远观望，指点着说黄盖已带领部下前来投降。黄盖放出冲锋舟和战船，同时发火点燃柴草。当时正好是江风劲吹使得火势猛烈，船上的大火全部蔓延一直烧到岸上曹军的营寨区。没有多久，烈焰火光就弥漫整个天空，曹军人马烧死淹死的不计其数。

曹军大败而退，回到南郡据守。刘备与周瑜又乘胜追击。曹操留下曹仁等将领在南郡的治所江陵城抵抗，自己径直回到北方。

周瑜和程普推进到南郡，与曹仁对峙，中间隔着长江。双方还没有接战，周瑜就派甘宁去攻占了江陵西边的夷陵县。曹仁分出一部分步兵、骑兵去围攻甘宁。甘宁向周瑜告急。周瑜采用吕蒙的计策，留下凌统镇守；亲自与吕蒙溯江而上，救援甘宁。夷陵的包围打破后，周瑜乘势挥兵进驻到北岸，约定期限与曹军大战。他亲自骑马带头冲击敌阵，而一支流箭正好射中他的右胸，受伤严重，他只好立刻回转大营。

后来曹仁得知周瑜受伤倒床不起，便挥兵布阵要趁机大举进攻。周瑜自己勉力起床，巡视军营，激励将士：曹仁这才从江陵撤退。

孙权委任周瑜为偏将军，兼任南郡太守；又把下隽、汉昌、刘阳、州陵四县赐给周瑜作为奉邑。让他在江陵驻扎据守。

当时刘备以左将军的身份兼任荆州牧，把治所设在公安。

刘备到京下去见孙权，周瑜在这时上了一道奏疏说："刘备是一个强横而有野心的人，手下的关羽、张飞又是像熊虎一般凶猛的将领：必定不会长久屈身受他人使用。为臣的愚见以为，从大局上看应当趁机把刘备软禁起来送到吴县居住，为他修筑宽敞华丽的住宅，给他大量美女和玩赏的宝物，使他沉湎于声色之中；然后再把关羽、张飞二人分开，各置一方，让像我这样的将领带着关、张二人进攻作战：这样大事就可以完成。如今把大量土地分割来资助他们，让他们三人在一起，处于我们的西部边境；恐怕蛟龙一旦得到云雨，终究不会是水池子里能容得下的东西了！"

孙权因为曹操还在北方，应当广为招揽英雄；又害怕刘备难以一下子制服，所以没有采纳。

这时，刘璋为益州牧，他的外部有张鲁在北面发起侵犯。周瑜就到京下去见孙权，说："现今曹操刚遭到挫败，正担心他的内部出现问题，不可能与将军您交兵作战。我请求与奋威将军孙瑜一起，前去攻取益州，得到益州后再吞并张鲁；留下孙瑜在当地坚守，好好与凉州的马超结为外援；而我则回来与将军您占据襄阳以进逼曹操：北方就可以得到了。"孙权同意他的意见。

周瑜回转江陵去作出动大军的准备，不幸途中在巴丘病死，终年三十六岁。

孙权穿上白色的丧服哭悼他，其悲痛情况把左右的侍从也深深打动了。周瑜的遗体应当运回吴县安葬，在途中孙权亲自赶到芜湖迎接；丧事的各项费用，一律由公家供给。其后孙权又专门下达指令："已故的将军周瑜、程普，其家中拥有的依附性人口，均不许去追查。"

起初，周瑜被孙策视为好友，孙策的母亲吴太妃又让孙权把周瑜当作兄长尊重。当时，孙权的官衔还只是将军，部下的众将和宾客们对他行礼相当随便简单；然而周瑜却独自率先表示充分的尊敬，马上就向孙权行臣下的礼节。

周瑜的性格度量恢宏开朗，大体上很能得人心：只是与老将程普不很和睦。

周瑜从年轻时起就精心研习音乐。即使是喝下三大杯酒之后，乐队演奏的音乐有了错误，他也必然能察觉；一察觉他又必然要回头朝乐队看。所以当时人有歌谣说："曲有误，周郎顾。"

周瑜有两儿一女。女儿许配给太子孙登。大儿子周循娶了孙权的大女儿为妻，被任命为骑都尉，具有父亲的风范，不幸早死。

周循的弟弟周胤，最初担任兴业都尉，娶了孙权宗族的女子为妻。带领一千人马，驻扎在公安。黄龙元年(公元 229)，周胤被封为都乡侯。后来因犯罪流放到庐陵郡。

赤乌二年(公元 239)，诸葛瑾、步骘连名呈上一封奏疏说："已故将军周瑜的儿子周胤，从前蒙受陛下的优待宠爱，封侯拜将；他不能好好享用这种福分，想法建立功绩；竟至于放纵情欲，招致犯罪判刑。臣等私自认为周瑜在从前受到宠任，入内当心腹谋臣，出外做统兵的战将；奉命征伐，亲自冒着飞箭礌石；以生命来充分表示臣下的忠节，视死如归。所以才能在乌林击败曹操，在江陵赶跑曹仁；显扬国威，震动中原；荆州的人民，无不称臣降服。即使是周朝的方叔，汉朝的韩信、英布，也确实不能胜过他。击败强敌抵御祸难的大臣，自古以来的帝王没有谁不尊重他们。所以汉高祖在封赏功臣爵位时的誓言说：'即使黄河变得只有一根带子那样窄，泰山变得只有一块磨刀石那样小，你们的封国也永远存在，而且要传给后代。'对功臣不仅赐给丹书，而且歃血起誓表示慎重；然后把有关文书保存到宗庙中，传之无穷；要想使功臣的后人，世世代代相传，不仅传给子辈孙辈，而且传给遥远的后代；其用意的诚诚恳恳，就达到如此的周到；这都是想要以此来劝勉提醒后人，使他们成为奋力效命的臣僚，死而无悔。何况在周瑜身亡不久，他的儿子周胤就被贬为平民，更是令人悲伤！臣等暗自思量，陛下恭敬英明，考察古代的正道，大力复兴已灭亡的功臣封国，接续断绝了的功臣世系；所以我们才为周胤申诉，请求陛下免除他的剩余刑期，退还他原来统领的人马，恢复他原来的爵位。使得清晨没有报晓的公鸡，得以再一次打鸣，有罪的臣僚，得以在今后有机会报效。"

孙权对此答复说："作为心腹功臣，与朕共事；公瑾确实有这样重大的贡献，朕也不能忘怀。从前周胤还年轻时，完全没有一点功劳，就无缘无故接受一支精兵，封侯拜将：这就是朕思念公瑾功勋而关照周胤啊。然而周胤却仗恃这一点，酗酒淫乱放纵自己，前后劝告，毫无悔改。朕与公瑾，就像您二位与公瑾的关系一样，非常乐于看到周胤的成就，这种期望哪里有止境呀！考虑到周胤的罪恶，不适于立即让他回去复职，再说也想让他吃些苦头，使他知道自己的不是。现今二位恳切诚挚地援引汉高祖以黄河、泰山来起的誓言，朕因此感到惭愧；虽然就德泽而论朕与汉高祖不是同类，心中还是想尽量向他看齐。整个事情的情况就像这样，所以暂时还不能按照你们的意思来办。周胤作为公瑾的儿子，而二位在其间帮助，如果他能改正过错，又还担忧什么呢！"

诸葛瑾、步骘的表章刚刚呈上，朱然和全琮也都陈述意见为周胤求情，孙权这才同意照办。恰巧在这时周胤又病死了。

周瑜哥哥的儿子周峻，也因为周瑜所立的大功被任命为偏将军，率领将士一千人。周峻去世后，全琮上表章推荐周峻的儿子周护为将，孙权答复说："从前打败曹操，开拓占有荆州，都是公瑾的功劳，朕经常都没有忘记。当初听说周峻去世，就想任用周护；但是听说周护的性格和行为诡诈险恶，使用他倒正好为他招来灾祸，所以才算了。朕对公瑾的思念，哪里会有止境啊！"

鲁肃，字子敬，临淮郡东城县人。他出生不久就失去父亲，与祖母相依为命。

鲁家财产很多，而他生性又喜欢施舍。当时天下已乱，鲁肃不再经管家务；大量施舍钱财，抛卖田地；把赈济穷人交结朋友作为重要事情，很得本乡本县人的欢心。周瑜出任居巢县长，特意带了几百人前去拜望鲁肃，并请他资助一批粮食。当时鲁肃家有两大谷仓的米，各有三千斛之多；鲁肃马上就指了一仓米送给周瑜，周瑜更加知道鲁肃是个不寻常的人：于是和他亲近交结，建立了像公孙侨、季札之间那样深厚的情分。

袁术听说他的大名，就地委任他为东城县长。鲁肃看到袁术没有法制，不能够和他建立大功业；携带家中的老弱并率领轻捷而侠义的青年一百多人，往南到居巢县去投奔周瑜。周瑜渡过长江到江东，鲁肃和他一起前往，把家属留在曲阿县。

碰上鲁肃的祖母去世，他把她的遗体运回家乡东城县安葬。刘子扬与鲁肃友善，这时给鲁肃写信说："如今天下豪杰并起；以您的天资才能，特别适宜在今天这种形势下发展啊！您要赶紧回曲阿县迎接老母，不必要在东城县久留。最近有个叫郑宝的，现在占据巢湖，拥有一万多人马，所处的地方又肥沃富饶；庐江郡的人有很多前去依靠他，何况是我们呢？看他的形势，还要广招人才；时机不可错过，您要赶快行动！"鲁肃立即答复同意他的打算。

鲁肃安葬好祖母回到曲阿县，然后想北上。恰好这时周瑜已把鲁肃的母亲转移到吴县，鲁肃就把所有想法都告诉周瑜。

当时孙策已去世，孙权还住在吴县。周瑜对鲁肃说："从前的马援回答光武帝时说：'当前的时代，不只是君主要选择臣下，臣下也要选择君主。'如今这里的主人孙将军亲近重视贤士，招纳延揽奇才。而且我听先哲的秘密议论说：承受天运替代刘氏皇室的人，必定兴起在东南方。推算事情的趋势，孙将军正好符合上天安排好的帝王传承次序；最终将会建立帝王的基业，以符合上天显示的祥瑞征兆：这正是有志之士跟随他驰骋奔走的时候。我正要把您推荐给在此地的孙将军，您不要把刘子扬的话挂在心上了！"鲁肃听从了他的话。

周瑜就向孙权推荐：鲁肃的才能很适合辅佐政事，应当广泛征求他这样的人，以建成功业，不能让他离去了。孙权立即召见鲁肃，与他谈话后很喜欢他。

在众宾客告退之后，鲁肃也随之告辞出门；而孙权又单独请鲁肃回来，与他把坐榻并合在一起对坐饮酒。孙权和他秘密商议说："而今汉朝倾危，四方动乱；我继承父兄留下来的基业，很想建立齐桓公、晋文公那样扶助天子的功业。鲁君您既然赐予见面的机会，能用什么来帮助我呢？"

鲁肃回答说："从前汉高祖诚诚恳恳，要把义帝当作君主来尊敬侍奉却未能如愿，其原因就在于项羽把义帝害死了。如今的曹操，就像从前的项羽；将军您又怎么能成为齐桓公、晋文公呢？我私自预料，汉朝已不能复兴，而曹操也难以一下子除掉。为将军您考虑，只有割据江东，以观望天下形势变化中的破绽。作这样的打算，也无所忧虑。为什么呢？北方确实是多事之秋啊。趁北方多事无暇南顾之机，向西进军铲除黄祖，再向前讨伐刘表；一直到达长江上游的起点益州，都全部据为己有；然后建立帝王称号，以攻取天下：这就是当年汉高祖的功业呀！"

孙权说："现今我在一方尽力，是希望以此辅助汉朝；您的话，不是我所能做得到的啊。"

张昭非议鲁肃不够谦卑，起劲诋毁他，说他年轻粗疏，不能任用。孙权毫不介意，倒还更看重鲁肃。赏赐鲁肃母亲衣服帷帐，以及居家用的各种物品：其富有程度比得上鲁肃过去的情形。

荆州牧刘表去世，鲁肃向孙权进言说："荆州与我们江东邻接，长江水从其北部流过；外部有长江、汉水环绕，内部有山脉阻挡，就像金属铸造的城墙一样坚固；又有沃野万里，人民殷实富有。如果将其据有，这是建立帝王大业的凭借啊。而今刘表刚去世，他的两个儿子素来不和睦；军内诸将，各自亲一方疏一方。加之刘备是天下强横而有野心的人，因为与曹操有仇，所以在刘表那里寄居，刘表顾忌他的能力而不使用他。如果刘备与刘氏兄弟齐心，上下和睦；就应采取安抚策略，与他们结为友好同盟。如果他们之间有背离，就应当另外打主意谋取他们，以成功大事。我请求充当您的使者去向刘表的两个儿子表示吊唁，并问候其军中的当权者；再劝说刘备让他安抚刘表的部下，与我们同心合力，共同对付曹操。刘备必然高兴而从命。如果这事能成功，天下可以安定。现今不快去，恐怕要被曹操占先了！"

孙权立即派鲁肃出发。鲁肃来到夏口，就听说曹操已杀向荆州，他日夜兼程往前赶。他刚到南郡，而刘表的儿子刘琮已经投降曹操；刘备慌忙逃走，想往南渡过长江。鲁肃径直上前去迎接他，到达当阳县的长坂时，终于与刘备会面，鲁肃转达了孙权的意思，又叙述江东的强大坚固，劝刘备与孙权合力抗曹：刘备非常高兴。

当时诸葛亮在刘备身边相随，鲁肃对诸葛亮说："我是尊兄子瑜的朋友啊！"两人马上结下交谊。刘备就改道前往夏口，派诸葛亮为使者去见孙权。鲁肃也同时回江东报告使命完成情况。

这时孙权也正好得到曹操要东下江东的消息，与诸将商议对策。都劝孙权迎接曹操，而唯独鲁肃一言不发。孙权起身上厕所，鲁肃追到外面的屋檐下。

孙权知道他的意思，拉着他的手问道："您想说什么？"鲁肃回答说："我看刚才众人的议论，只会完全断送将军您的前程，不足以与他们共图大事。如今像我鲁肃是可以迎接曹操的，像将军您么，那就不可以了。为什么这么说呢？如今鲁肃迎接曹操，曹操会把我送回家乡；根据我的声名安排官位，依然不会失去州政府中低等从事史的职务，出外可以坐牛车，身后面有办事员和士兵随从，在士大夫当中交游：积累功劳升迁，依旧不会当不上州郡行政长官。而将军您一旦迎接了曹操，想回什么地方去安身呢？希望您早点决定大计，不要用众人的主意了！"

孙权长叹一声说："这些人所持的议论，很是使我失望！而今您阐明了大计，正与我的想法相同：这真是上天把您赐给我啊！"
当时周瑜接受了使命前往鄱阳县，鲁肃劝孙权急召周瑜回来。

于是孙权交给周瑜处理前方军事的大权，任命鲁肃为赞军校
尉，帮助周瑜策划战略。曹操被击败逃走，鲁肃先赶回来报捷。
孙权大请诸将一起迎接鲁肃。鲁肃将要进入内厅行跪拜礼，孙权
起身出来抓住他的马鞍。对他说："子敬，我抓住马鞍让您下马，
足以使您得到显耀么？"

鲁肃小步快走上前说："还没有啊！"众人听了，无不愕然。
鲁肃就坐之后，才慢慢举起马鞭又说："但愿主公的威严恩德施加
到四海之内，统一天下，完成帝王大业；然后再以带软轮的安车
征召鲁肃，那时候才算得上真正的显耀啊！"孙权听了不禁拍掌
欢笑。

后来刘备到京下会见孙权，请求借用南郡，好在江陵县设置
自己荆州牧的总指挥部；只有鲁肃劝孙权借给他，以便共同抗拒
曹操。曹操听说孙权以土地资助刘备，他正在写东西，不禁惊愕
得把笔都掉在了地上。

周瑜病势危重时，向孙权呈递一封奏疏说："当今天下，正是
多事之秋；这是我心中日夜担忧的事。但愿主公先防患于未然，
而后享受安乐。目前我们既与曹操为敌；刘备又近在公安，双方
边境接近，百姓还未归附：应该选择良将去镇守安抚那里。鲁肃
的智谋足以承当重任，请求用他来代替我。那么在我死亡之日，
心里边也不会有任何牵挂了！"

孙权随即任命鲁肃为奋武校尉，代替周瑜统领兵马。周瑜手
下的四千军队，四个县的奉邑，都归给鲁肃。而周瑜原来兼任的
南郡太守一职，则由程普来兼任。

鲁肃起初驻扎在江陵，后来转移到下游的陆口驻扎，他威恩
并施，手下的兵马迅速扩大到一万多人，孙权任命他为汉昌郡太
守、偏将军。

建安十九年(公元214)，鲁肃跟随孙权攻破皖城，转任横江
将军。

在此之先，益州牧刘璋的法纪废弛，周瑜、甘宁都劝孙权攻
取益州。孙权向刘备征求意见；刘备内心是打算自己得到益州，

就假意回答说："我刘备与刘璋同为刘氏皇族成员，希望依靠祖宗神灵的保佑，匡扶汉朝。而今刘璋得罪了您，我独自感到惊恐；至于攻取益州的话我更不敢听到，希望将军您能宽恕他。如果我的请求得不到您同意，我就准备披散头发到山林中去隐居不当官了！"

后来刘备却西进益州攻取刘璋，留下关羽守荆州。孙权得知后骂道："这狡猾的家伙，竟敢怀藏诈术！"关羽的辖境与鲁肃的辖境邻接，关羽多次发生猜疑；而双方边界又混杂交错，鲁肃常常以友好态度安抚关羽。

刘备平定益州之后，孙权要求刘备把荆州的长沙、零陵、桂阳三郡给自己；刘备不接受要求，孙权就派吕蒙进兵夺取。刘备听说后，亲自从益州赶到公安，然后派关羽去夺回上述三郡。当时鲁肃驻扎在益阳，与关羽对峙。

鲁肃邀请关羽相见，各自的兵马排列在一百步远的距离处，只是各位将军带着自己的佩刀在阵前会面。鲁肃责备关羽说："我们主公诚心诚意在当初把土地借给您的上司，是因为您的上司军队失败，远道前来，没有地盘作凭借的缘故啊！而今你们已经得到益州，既没有归还所借土地的意思；我们只要求得到长沙、零陵、桂阳三郡，你们也不同意是什么意思呀！"他的话还没有说完，关羽方面在座的一个人就打断他说："天下的土地，只属于有德的人。哪会有长久不变的！"鲁肃立即高声斥责他，言辞和神色都很严厉。关羽持刀站起来说："这都是主公自己考虑的大事。你这个人懂得什么！"又用眼色让那个发言者走开。

于是刘备以湘水为界，把湘水东面的长沙、江夏、桂阳三郡割给孙权，双方撤军。

建安二十二年（公元217），鲁肃在四十六岁时去世。孙权为他的死而哭悼，又亲自参加葬礼。诸葛亮得知消息后也为之悲泣。

孙权称帝，登上举行仪式的土坛之后，回头对公卿大臣们说："从前鲁子敬早就向我说过称帝的事，他真可以说是明察事情趋势的人了！"

鲁肃的遗腹子鲁淑，长大后，濡须战区的军事指挥官张承认为他终究会成大器。孙休永安年间，鲁淑任昭武将军，封都亭侯，在武昌战区当军事指挥官。孙皓建衡年间，鲁淑被授予节杖，升任夏口战区的军事指挥官。他所到之处治军严格整齐，有谋略才干。

鲁淑在凤凰三年(公元 274)去世，儿子鲁睦继承了他的爵位，也统领兵马为将。

吕蒙，字子明，汝南郡富陂县人。他年轻时南渡长江，去投靠姐夫邓当。邓当是孙策的部将，多次带兵讨伐山越人。吕蒙在十五六岁时，就悄悄跟着邓当去袭击敌人。邓当看到后大惊，呵斥之后依然制止不住他。邓当只好回来禀告吕蒙的母亲，母亲发怒要责罚吕蒙。他说："贫贱的生活难以长期忍受啊！万一作战立功，可以取得富贵。再说不探虎穴，怎么得到小老虎呢？"他的母亲心中发酸就放了他。

当时邓当部下的办事员因为吕蒙年少而轻视他，说："那小子，能有什么作为？他大概想拿自己的肉喂老虎吧。"另外有一天这人与吕蒙见到，又讥笑侮辱吕蒙。

吕蒙大怒，抽刀杀死那人；然后出走，逃到同县老乡郑长的家里躲起来。后来他通过校尉袁雄出来自首，袁雄趁孙策接见时为他求情；孙策召见吕蒙后对他很器重，让他在自己身边当侍从。几年后，邓当去世，张昭推荐吕蒙接替邓当，吕蒙因此被任命为别部司马。

孙权掌管大事之后，想对小将中兵力少而作用小的加以清理精简，然后进行合并。吕蒙得知后暗中赊购布料，为手下士兵制作统一的大红色军装和裹腿。到了检查的那一天，他的队伍服装整齐鲜明，动作熟练。孙权见到大为高兴，反而给他增添了人马。吕蒙随从大军进攻丹杨，所到之处都立下战功；升任平北都尉，又兼广德县长。

吕蒙随孙权征讨黄祖，黄祖派遣都督陈就以水军迎战。吕蒙受命指挥前锋部队，亲自砍下陈就的头颅；将士乘胜追击，进而围攻其城池。黄祖听说陈就被杀，丢下城池逃跑，被孙权的兵马追上杀死。孙权说："事情的成功，由于陈就先被擒杀啊。"于是任命吕蒙为横野中郎将，赐钱一千万。这一年，吕蒙又与周瑜、程普等，在西面的乌林击败曹操，在南郡围攻曹仁。

益州的将领袭肃，带领人马前来投奔；周瑜上表孙权建议把袭肃的人马转给吕蒙。但是吕蒙极力称赞袭肃有胆量能力，而且仰慕教化远来归附，从道义上说倒还应该给他增添兵力而不是夺去他的人马。孙权认为吕蒙的话很对，就把人马还给袭肃。

周瑜派甘宁前去占据夷陵。在江陵的曹仁分兵围攻甘宁；甘宁见形势危急，派使者前去搬救兵。诸将认为兵力少不够分出人马去救甘宁，吕蒙却对负责指挥的周瑜、程普说："留下凌统坚守，我与你们前去；打破包围解救危急，时间也不会太久。我保证凌统能坚守十天。"他又劝周瑜再派三百人马，去堵塞阻断险峻道路，敌人逃跑时可以获得他们的马匹。周瑜听从了他的意见。援军赶到夷陵，当天即交锋激战，杀死一大半的敌人。敌军在夜晚逃走，途中碰到被堵塞的道路，骑兵都丢下马匹步行逃走。周瑜挥兵追近攻击，获得对方战马三百多匹，用两两并合的船只载回来，至此周瑜方面的将士势力倍增。北渡长江建立营寨，大举进攻江陵。曹仁被迫向北方撤退；周瑜占领南郡，安抚平定荆州。

吕蒙回来后，升任偏将军，兼寻阳县令。鲁肃接替去世的周瑜领兵后，要前往陆口，途中经过吕蒙的驻地。当时鲁肃心中还有些轻视吕蒙而不愿在此停留，有人劝他说："吕将军的功名日益显赫，不能用过去的态度对待他啊：您应当前去看望他。"鲁肃就下船登岸前去看望吕蒙。

酒酣耳热之际，吕蒙对鲁肃说："您接受重任，与关羽相邻；带着什么策略，以防不测呢？"鲁肃随便回答说："临时采取适当措施对付就行了。"吕蒙说："现今我们与刘备虽然结成一家，然而关羽确实像熊虎一般凶猛。策略怎么能不预先确定好呢？"于是他为鲁肃考虑了五条计策。鲁肃听了不禁越过自己的坐席靠近他，拍着他的背说："吕子明，我不知道您的才略水平，竟然到达了如此高妙的程度啊！"于是进入内堂拜见吕蒙的母亲，两人结为好友后才告别。

当时吕蒙与成当、宋定、徐顾的营地邻近。这三位将领死后，子弟幼弱；孙权决定把他们的兵马都并归吕蒙统领。吕蒙坚决推辞，报告中说徐顾等人都为国事勤劳一生；子弟虽然幼小，却不能废除他们领兵的权利。他连续写了三次报告，孙权才听从了他。于是吕蒙又为他们的子弟选聘老师，辅导教育：吕蒙的品德心术大体就像这样。

曹操派庐江郡人谢奇为蕲春郡典农，在皖县的农村进行屯田，并多次侵犯孙吴边境。吕蒙派人去引诱他投降，谢奇不肯；吕蒙就寻找机会发起袭击，谢奇被迫退缩。他的部下孙子才、宋豪等人，都扶老携幼，向吕蒙投降。

后来吕蒙又随孙权到濡须抵抗曹操，他多次进献奇谋妙计；又劝孙权在濡须水的两岸建立壁垒，所作的防御措施都经过精心考虑：曹操无法攻克只好退军。

曹操又派朱光为庐江郡太守，驻扎在皖县，大力开垦稻田；朱光还命令间谍深入到孙吴的鄱阳郡去招引叛匪首领，让他们充当内应。吕蒙说："皖县一带的土地肥沃，如果得到一次好收成，他们那里的人马就会增加；像这样一连几年，曹操的进攻姿态就要露出来了：应当及早除掉这一祸患。"于是向孙权详细报告了情况。

孙权决定亲自进攻皖县。他召见众将，询问攻城计策。吕蒙举荐甘宁为攻城先锋队的指挥官，在前面指挥进攻；吕蒙自己率精锐兵马跟着向前推进。天刚亮时攻击开始，吕蒙亲自敲击战鼓；士兵们都踊跃登上城墙，到吃早饭的时候就把城池攻破。这时曹操的大将张辽带兵赶来援救，到达夹石时，听说皖县城池失守，只得退回。

孙权嘉许吕蒙的功劳，马上提拔他为庐江郡太守。所俘虏的敌军人马都分给他，另外又赐他寻阳县的屯田农民六百人作为其私人拥有的依附性人口，还为他配备下属官员三十人。

吕蒙回到寻阳驻地后，不到一年而庐陵郡发生叛乱；派去的将军们一再攻击也没能捕杀叛军首领。孙权说："一百只鹰，也抵不上一只大雕！"立即命令吕蒙去征讨。吕蒙到达后，很快杀掉带头造反的头子，其余的人都释放，重新成为平民。

当时刘备留关羽镇守，独自占有荆州。孙权命令吕蒙向西攻取荆州的长沙、零陵、桂阳三郡。吕蒙首先向长沙、桂阳二郡发出通告，这两郡都望风而降；只有零陵郡太守郝普据城坚守。刘备从益州紧急赶回公安,派关羽夺回三郡。孙权此时进驻陆口,派鲁肃带领一万人马驻扎在益阳抵挡关羽;同时飞马传送书信急召吕蒙,让他放弃零陵,赶回来支援鲁肃。

当初,吕蒙平定了长沙郡,应当再到零陵郡;途中经过酃县,带上了南阳郡人邓玄之。邓玄之是零陵郡太守郝普的老朋友,吕蒙想让他诱降郝普。吕蒙得到孙权的信后应当赶回去,但是他保守秘密没有公布;当晚召集部将,一一部署任务。要求次日早晨攻城,这时他回头对邓玄之说:"郝普听说世间上有忠义的事,也想去做,然而他却没看清时机。刘备在汉中,被曹操的大将夏侯渊包围;关羽在南郡,而今我们主公亲自率兵逼住他;最近关羽攻破了曹军在樊城的大本营,回军援救酃县,却被我方的孙规迎面击败:这些都是当前发生的事,您亲眼见到的啊。他们自己都正处于头尾倒悬的危险境地,解救自己的死亡都来不及;哪里还有余力来料理这边的局面呢?如今我的将士精锐,人人想为国效命;我们主公派来的人马,也正相继上路。郝普以危在旦夕的生命,等待不能盼到的援救;就像在牛蹄那样大的水坑中挣扎的鱼,却想依赖长江、汉水流到自己面前救命:这种希望的不可靠也太明显了。如果郝普他一定能使部下将士团结一心,坚守孤城,并能苟延残喘,以等待所盼望的救兵前来,那他坚守一阵子也可以。现在我计算力量估量智谋,攻击这座孤城,简直要不了一整天,就必然把城攻破;城破之后,自己死亡又对事情有什么益处?还使他的百岁老母,白发苍苍也跟着受诛杀,岂不痛心啊!我估计这位郝太守得不到外边的消息,认为可以依赖救援,所以才走到这一地步。您可以去见他,为他陈述祸福利害。"

邓玄之立即去见郝普,把吕蒙的意思完全说了,郝普心中害怕,听从了他的劝说。邓玄之先出城报告吕蒙,说郝普随后就到。吕蒙早就指示四员将领,各自挑选一百精兵;等郝普一出来,就抢先进去控制四座城门。一会儿郝普出城,吕蒙迎上前去拉住他的手,与他一起下船。谈话结束时,吕蒙才把孙权的急召书信给郝普看,并拍手大笑。郝普看了信,才知道刘备已到公安,关羽近在益阳,羞惭悔恨得直想钻到地下去。

吕蒙留下孙皎,委托他处理后方的军务,当天他就领兵赶往益阳。这时刘备请求结盟和好，孙权也放回郝普等人；双方以湘水为界分割荆州，孙权把零陵郡退还刘备。

孙权把寻阳、阳新二县赐给吕蒙做奉邑。大军从西面退回后，孙权又前往进攻合肥。在撤军的时候，被曹操的大将张辽等突然袭击，吕蒙与凌统拼死捍卫孙权。后来曹操又大举进攻濡须，孙权任命吕蒙为总指挥官；凭借此前修建的壁垒，又设置一万张强弩在上面，以抵抗曹操的大军。曹军的前锋，营寨尚未建成，吕蒙就抢先进攻将其击溃：结果曹操带兵撤退。吕蒙因功被提升为左护军、虎威将军。

鲁肃去世之后，吕蒙接替他镇守陆口，原来鲁肃的一万多人马，全部改归他统领。又兼任汉昌郡太守，鲁肃的奉邑下隽、刘阳、汉昌、州陵四县，也改由吕蒙享有。吕蒙的辖境与关羽的辖境接壤，他知道关羽骁勇英雄，有兼并孙吴荆州领土的居心，而且又处在上游的有利位置：这种形势难以持久。

当初，鲁肃等人认为："曹操还在，祸难刚刚形成，应当与刘备相互帮助和联合，同心协力对付仇敌，不能丧失和气。"

吕蒙这时秘密向孙权陈述计策说："如今让征虏将军孙皎据守南郡；潘璋进驻白帝；由蒋钦带领一万人的流动部队，沿长江或上或下，敌人出现在哪里就赶到哪里；而我则为主公向前占据襄阳。像这样，还担忧曹操什么？还依赖关羽什么？再说关羽他们君臣，依仗其狡诈和力量；处处反复无常，不能把他们当作心腹好朋友对待啊。而今关羽之所以没有立即向东侵犯我们辖境，原因就在于主公您无比圣明，吕蒙等人还在世啊。如今不趁我们强壮时打他们的主意，一旦死去，要想再施展力量，还可能吗？"孙权深为赞同他的策略。

又顺便和他讨论是否出兵攻取徐州的问题，吕蒙回答说："而今曹操远在河北，新近攻灭了袁绍儿子们的势力，正忙着安定幽州、冀州，没有闲空东顾。徐州的曹操守军，听说实力不值得一提，前往进攻自然可以攻克；不过那里的地形是通畅的陆地，正适合骁勇的骑兵驰骋。主公您今天得到徐州，后天曹操必定来争夺；即使用七八万人去防守，依然会有担忧。不如西取关羽，完全占据长江，势力就更加壮大了！"孙权觉得吕蒙这番分析极为精当。

吕蒙代替鲁肃后，开始到陆口上任；表面上加倍表示情谊，与关羽建立友好关系。后来关羽率领主力军团北上进攻曹魏的樊城，留下一批兵将防守公安、南郡。吕蒙这时向孙权上奏说："关羽进攻樊城而多留兵将在后方防守，必定是害怕为臣攻取他的后方。我常常有病，请让我带一部分军队回建业，以治病为名。关羽听说后，必定撤除后防兵力，全部调到襄阳前线。这时我们出动大军乘船通过长江，昼夜前往上游，趁其后方空虚发起袭击；则南郡可以攻下，关羽可以擒获。"于是他宣称自己病重。孙权也故意用不加密封的文书召他回建业，暗中却与吕蒙在打荆州的主意。关羽果然信以为真，逐渐撤除后防部队调往樊城。曹操派于禁去援救樊城，关羽却把于禁等将全部俘虏，手下猛然扩张到几万人；并借口军粮缺乏，擅自抢夺了孙吴储存在湘关的边境仓库米粮。

孙权听到这一消息，立即行动。派吕蒙在前面开路，吕蒙到达寻阳后，就把精兵全部隐藏在大型货船中，让士兵穿起白衣服摇橹，用商人服装作掩饰，昼夜兼程赶往荆州。到达关羽所设置的江边军事哨所后，把哨兵一一逮捕捆绑，所以关羽不知道情况。赶到南郡时，守将士仁、麋芳先后投降。

吕蒙进入并控制南郡的治所江陵城，把关羽及其将士的家属全部俘虏，他对他们加以安慰；又发布命令不准军人骚扰民户，或者向百姓索要东西。吕蒙手下一名兵士，是吕蒙的同郡老乡，因为在老百姓家中取了一顶斗笠，用来遮盖公家的铠甲；铠甲虽然是公家的，吕蒙依然认为他违犯了军令，不能因为同乡的缘故而坏了规矩，流着眼泪把他斩首。于是军中震慑，以至于路不拾遗。吕蒙在早晚都派出亲信人员去慰问救济老年人，询问他们缺乏什么；生病的供给医药，饥寒交迫的送去衣粮。关羽仓库中所藏的财宝，都封闭不动以等待孙权来到后处理。关羽从前线撤军，在途中时，多次派人与吕蒙联络；吕蒙总是厚待其使者，让他们到城中各处去，向每家致以问候，有的还带去家人的亲笔书信以证实他们还健在。关羽的使者回去后，私下相互询问；都知道家属平安无恙，受到的对待甚至超过了往常：所以关羽的将士都没有斗志。

恰好这时孙权接着赶到。关羽自知势力孤单处境困穷，只好逃往麦城；向西走到漳乡时，部下都离开关羽投降。孙权派朱然、潘璋，去截断关羽的去路；终于擒杀了关羽父子，平定了荆州。

孙权任命吕蒙为南郡太守，封孱陵侯；赐钱一亿、黄金五百斤。吕蒙坚决推辞黄金、铜钱的赏赐，孙权不准。封爵文书还没有下达，碰巧这时吕蒙的疾病发作。孙权当时在公安，把吕蒙迎到自己官内殿堂住下；采用一切方法为他治疗救护，又向全境发出通告，有能治好吕蒙疾病者，赏黄金一千斤。每当在吕蒙身上施加针刺治疗时，孙权就要为之悲伤。他想常常看一看吕蒙的气色，又怕吕蒙会因施礼而劳累身体；只好在墙壁上打个小洞隔着房间偷偷观看，看到吕蒙稍微能吃东西就喜欢，还会回头与左右侍从说话欢笑；如果不是这样他就长吁短叹，夜不能眠。吕蒙的病情曾一度好转，孙权专门为此下达大赦令，群臣也来庆贺。后来病情又加重，孙权亲自到病床旁探视，还请道士在星空下祈求神灵延长吕蒙的生命。

吕蒙四十二岁，在孙权公安行官的内殿去世。当时孙权极度哀痛，为之削减了膳食停止了音乐演奏。吕蒙临终前，把所得到的黄金、宝物等赏赐，全部交到仓库保存，命令主管者：在自己去世的当天全部上交，还要求务必从简办理丧事。孙权得知后，更加悲伤感动。

吕蒙年轻时不读书籍，每逢上奏大事，常常口授让人记录以写成书信或奏疏。他曾经因部下的事情被江夏郡太守蔡遗告到朝廷，他对蔡遗毫无怨恨之意。后来豫章太守顾邵去世，孙权问吕蒙应当由谁接替顾邵；吕蒙推荐蔡遗，说他供职时是一位好官。孙权笑着说："您想当祁奚吗？"于是用了蔡遗。甘宁为人粗暴喜欢杀人，不仅曾经不合吕蒙的心意，而且还时时违反孙权的命令，孙权恼怒他。吕蒙总是为他求情说："天下还未安定，战将像甘宁这样骁勇的很难得：应当容忍他的缺点。"孙权也就厚待甘宁，使之得以一直发挥作用。

吕蒙的儿子吕霸，继承了他的爵位，孙权赐给吕家为吕蒙看守坟墓的民户三百家，又赐给免予征收租税的田地五十顷。吕霸去世，由他的哥哥吕琮继承侯爵的爵位。吕琮去世，由他的弟弟吕睦继承爵位。

孙权曾经与陆逊评论周瑜、鲁肃、吕蒙三人，说："公瑾威武刚烈，胆量谋略比常人要强过一倍；所以能击败曹操，开拓荆州：他的才能是如此之高，以至于后人很难赶上他，如今您是赶上他了。公瑾当初邀子敬来到江东，把他推荐给朕；朕与他饮酒畅谈，他立即说到建立帝王基业的大计划。这是第一件称心事。后来曹操借助收降刘琮的优势，声言将要率领几十万兵马分水陆两路一起东下。朕普遍邀请众将，询问适当的对策，没有人愿意先回答；至于张昭、秦松诸君，都说最好派使者写文书去迎接曹操。子敬立即驳斥说不能这样做，劝朕赶紧召回公瑾，交给他一支大军，迎面痛击曹操。这是第二件称心事。而且子敬在决定计谋策划主意方面，比从前的张仪、苏秦要超出许多了；虽然后来他劝朕借给刘备南郡这块地盘，是他的一个短处，但是这并不能损害他的两大贡献啊。周公也不要求一个人十全十美，所以朕也忘掉子敬的短处而看重他的长处，并时常把他比作辅佐光武皇帝的元勋邓禹。吕子明年轻时，朕认为他只是接受任务时不计较困难与容易，果敢有胆量而已；到了他长大之后，学问扩展增加，谋略奇妙周到，可以说仅次于公瑾，只是谈话发言时表现出来的才华不及公瑾美妙罢了。在谋取关羽一事上，子明胜过子敬。子敬在回答朕的信中说：'凡是帝王兴起，都有表面上看来与自己敌对然而实际上却在帮自己奠定基础的政治势力：所以关羽不值得担心。'这是子敬内心感觉到解决不了关羽，而在表面上说出的一种大话；朕也宽恕他，不随便加以责备。但是子敬治军扎营，能够做到令行禁止；所指挥的区域内没有荒废职责的罪过，路不拾遗：他的办法也很好啊。"

评论说：曹操凭借汉朝丞相的资本，挟制天子扫荡群雄；在刚占领荆州的城池之后，又率大军扬威东下。当时江东参加商议对策的人无不怀有疑虑而产生二心；周瑜、鲁肃却能表现出独立判断的英明和超出众人的见识：确实是天下奇才啊！吕蒙既勇敢又有谋略，能够决断和认清用兵计策；骗降郝普，擒杀关羽，是其中最妙的两例。当初吕蒙虽然轻率凶悍，后来却能克制自己，表现出国家级杰出人物的气量：岂止是一员武将而已！孙权对以上三人的评论，优劣长短公允恰当，所以在这里对其记载采录了。

程黄韩蒋周陈董甘凌徐潘丁传第十

程普字德谋，右北平土垠人也[1]。初为州、郡吏。有容貌计略，善于应对。从孙坚征伐，讨黄巾于宛、邓，破董卓于阳人；攻城野战，身被创夷[2]。坚薨，复随孙策在淮南。从攻庐江，拔之。还，俱东渡。

策到横江、当利，破张英、于麋等，转下秣陵、湖孰、句容、曲阿，普皆有功；增兵二千，骑五十匹。进破乌程、石木、波门、陵传、余杭[3]，普功为多。策入会稽，以普为吴郡都尉，治钱唐。后徙丹杨都尉，居石城[4]。复讨宣城、泾、安吴、陵阳、春谷诸贼，皆破之。策尝攻祖郎，大为所围。普与一骑共蔽扞策，驱马疾呼，以矛突贼。贼披[5]，策因随出。后拜荡寇中郎将[6]，领零陵太守。从讨刘勋于寻阳，进攻黄祖于沙羡，还镇石城。

策薨，与张昭等共辅孙权。遂周旋三郡[7]，平讨不服。又从征江夏，还过豫章，别讨乐安。乐安平定，代太史慈备海昏[8]。与周瑜为左、右督，破曹公于乌林；又进攻南郡，走曹仁。拜裨将军，领江夏太守，治沙羡，食四县[9]。

先出诸将，普最年长：时人皆呼"程公"。性好施与，喜士大夫。

周瑜卒，代领南郡太守。权分荆州与刘备，普复还领江夏。迁荡寇将军[10]，卒。[一]

权称尊号，追论普功，封子咨，为亭侯。

【注释】

〔1〕右北平：郡名。治所在今河北唐山市丰润区东。　土垠：县名。当时是右北平郡的治所。　〔2〕创夷：创伤。　〔3〕石木、波门、陵传：均为地名。都在今浙江德清县境内。　余杭：县名。县治在今浙江杭州市余杭县西南。　〔4〕石城：县名。县治在今安徽马鞍山市东南。〔5〕披：溃散。　〔6〕荡寇中郎将：官名。领兵征伐。　〔7〕三郡：指当时孙氏占领的吴、会稽、丹杨三郡。　〔8〕备：防守。　〔9〕食四县：收取四个县民户上交的租税自己享用。这四县就是程普的奉邑。〔10〕荡寇将军：官名。领兵征伐。

【裴注】

〔一〕《吴书》曰："普杀叛者数百人，皆使投火。即日病疠，百余日卒。"

黄盖字公覆，零陵泉陵人也。[一]初为郡吏。察孝廉，辟公府。孙坚举义兵，盖从之。坚南破山贼，北走董卓，拜盖别部司马[1]。

坚薨，盖随策及权。擐甲周旋[2]，蹈刃屠城。诸山越不宾，有寇难之县，辄用盖为守长[3]。

石城县吏，特难检御[4]。盖乃署两掾，分主诸曹[5]。教曰[6]："令长不德[7]，徒以武功为官，不以文吏为称。今贼寇未平，有军旅之务；一以文书[8]，委付两掾，当检摄诸曹，纠摘谬误[9]。两掾所署，事入诸出[10]；若有奸欺，终不加以鞭杖[11]。宜各尽心，无为众先[12]！"初皆怖威，夙夜恭职。久之，吏以盖不视文书，渐容人事[13]。盖亦嫌外懈怠，时有所省[14]：各得两掾不奉法数事。乃悉请诸掾吏，赐酒食，因出事诘问[15]；两掾辞屈，皆叩头谢罪。盖曰："前已相敕：终不以鞭杖相加。非相欺也！"遂杀之。县中震栗。

后转春谷长、寻阳令。凡守九县，所在平定。迁丹杨都尉，抑强扶弱，山越怀附。盖姿貌严毅，善于养众；每所征讨，士卒皆争为先。

建安中，随周瑜拒曹公于赤壁：建策火攻，语在《瑜传》。[二]拜武锋中郎将[16]。

武陵蛮夷反乱，攻守城邑：乃以盖领太守。时郡兵才五百人，自以不敌，因开城门；贼半入，乃击之，斩首数百。余皆奔走，尽归邑落[17]。诛讨魁帅[18]，附从者赦之。自春讫夏，寇乱尽平。诸幽邃巴、醴、由、诞邑侯、君长[19]，皆改操易节，奉礼请见：郡境遂清。后长沙益阳县为山贼所攻，盖又平讨。加偏将军。病卒于官。

盖当官决断，事无留滞，国人思之[20]。[三]

及权践阼，追论其功，赐子柄，爵关内侯。

【注释】
〔1〕别部司马：官名。高级将领的下属有司马，主管军事。如果司马单独率领一支军队活动，则称别部司马。 〔2〕擐(huàn)：穿上。〔3〕守长：代理县长。 〔4〕检御：约束控制。 〔5〕曹：县政府内的分

支机构。 〔6〕教：当时称长官对下属作的指示为教。 〔7〕令长：县令县长。这里是黄盖自称。 不德：无德。 〔8〕一：一概。 〔9〕纠擿(tī)：纠正揭露。 〔10〕事：当时称公务文书为事。 诺：表示同意的公文批复。东汉以来，长官批复下级呈送的文书，如果签字同意按下级提出的方案办理，俗语叫做画诺。 〔11〕终不加以鞭杖：意思是立即处死，不会加以体罚。 〔12〕无为众先：不要成为众人中最先被处死的人。 〔13〕人事：这里指由于人情关系导致的违法乱纪行为。 〔14〕省(xǐng)：审阅。 〔15〕出事：拿出公务文书。 〔16〕武锋中郎将：官名。领兵征伐。 〔17〕邑落：村落。 〔18〕魁帅：首领。〔19〕幽邃：指深山。 巴、醴、由、诞：均当时武陵郡内河流名。在今湖南西北部。 邑侯：对少数族首领的一种封号。 〔20〕国人：这里指武陵郡的人。以上这段史文，将黄盖兼任荆州武陵郡太守平定叛乱一事，紧接排列在赤壁之战后，疑不确。因为赤壁之战后，武陵郡即已在刘备势力的控制之下。

【裴注】

〔一〕《吴书》曰："故南阳太守黄子廉之后也。枝叶分离，自祖迁于零陵，遂家焉。盖少孤，婴丁凶难，辛苦备尝。然有壮志，虽处贫贱，不自同于凡庸。常以负薪余闲，学书疏，讲兵事。"

〔二〕《吴书》曰："赤壁之役，盖为流矢所中。时寒，堕水，为吴军人所得；不知其盖也，置厕床中。盖自强以一声呼韩当，当闻之，曰：'此公覆声也！'向之垂涕，解易其衣，遂以得生。"

〔三〕《吴书》曰："又图画盖形，四时祠祭。"

韩当字义公，辽西令支人也[1]。〔一〕以便弓马[2]，有膂力，幸于孙坚[3]。从征伐周旋，数犯危难，陷敌擒虏。为别部司马。〔二〕

及孙策东渡，从讨三郡；迁先登校尉[4]，授兵二千，骑五十匹。从征刘勋，破黄祖；还讨鄱阳，领乐安长，山越畏服。

后以中郎将与周瑜等拒破曹公，又与吕蒙袭取南郡。迁偏将军，领永昌太守[5]。宜都之役[6]，与陆逊、朱然等，共攻蜀军于涿乡[7]：大破之。徙威烈将军[8]，封都亭侯。曹真攻南郡[9]，当保东南[10]，在外为帅，厉将士同心固守。又敬望督司[11]，奉遵法令：权善之。

黄武二年，封石城侯，迁昭武将军，领冠军太守[12]。后又加"都督"之号。

将敢死及解烦兵万人[13]，讨丹杨贼，破之。会病卒。

子综，袭侯领兵。其年，权征石阳。以综有忧[14]，使守武昌。而综淫乱不轨。权虽以父故，不问；综内怀惧，〔三〕载父丧，将母、家属、部曲男女数千人奔魏。

魏以为将军，封广阳侯。数犯边境，杀害人民，权常切齿。东兴之役[15]，综为前锋，军败身死。诸葛恪斩送其首，以白权庙[16]。

【注释】

〔1〕辽西：郡名。治所在今辽宁义县西南。　令支：县名。治所在今河北迁安市西。　〔2〕便：擅长。　〔3〕幸：(受)宠。　〔4〕先登校尉：官名。领兵征伐。　〔5〕永昌：郡名。治所在今云南保山市东北。当时在刘备的占领之下。孙权袭杀关羽夺得荆州后，又曾想继续攻取益州，为此任命了一些将领兼任益州下属郡的太守职务，见本卷《周泰传》。由于益州实际并未纳入孙吴的版图，所以这里只是名义上的遥领。〔6〕宜都之役：指公元222年刘备率大军进攻孙吴的猇亭大战。战事发生在孙吴宜都郡(治所在今湖北宜都市)境内，故名。　〔7〕涿乡：地名。在今湖北枝江市西北。　〔8〕威烈将军：官名。领兵征伐。　〔9〕南郡：这里指南郡的治所江陵县城。　〔10〕保东南：在江陵城外东南方守卫。〔11〕敬望：敬重。　督司：担任督军的上司。当时韩当属于援军，援军的督军是孙盛，见本书卷五十六《朱然传》。　〔12〕冠军：郡名。治所在今河南邓州市西北。〔13〕解烦：孙吴军队中一支分队的名字。解烦

分队又分为左、右两部，见本书卷六十二《胡综传》。〔14〕有忧：指为父亲或母亲服丧。〔15〕东兴之役：指公元252年，魏、吴在东兴的大战。〔16〕白权庙：报告孙权神庙(中供奉的灵位)。

【裴注】

〔一〕令，音郎定反。支，音巨儿反。

〔二〕《吴书》曰："当勤苦有功；以军旅陪隶，分于英豪，故爵位不加。终于坚世，为别部司马。"

〔三〕《吴书》曰："综欲叛，恐左右不从，因讽使劫略，示欲饶之；转相仿效，为行旅大患。后因诈言'被诏，以部曲为寇盗见诘让'，云'将吏以下，当并收治'，又言'恐罪自及'。左右因曰：'惟当去耳！'遂共图计。以当葬父，尽呼亲戚姑姊，悉以嫁将吏；所幸婢妾，皆赐与亲近；杀牛饮酒歃血，与共盟誓。"

蒋钦字公奕，九江寿春人也。孙策之(袭)〔依〕袁术，钦随从给事[1]。及策东渡，拜别部司马，授兵。与策周旋，平定三郡；又从定豫章。调授葛阳尉[2]，历三县长，讨平盗贼。迁西部都尉[3]。

会稽〔东〕冶贼吕合、秦狼等为乱；钦将兵讨击，遂擒合、狼，五县平定。徙讨越中郎将[4]，以(经拘)〔泾〕、陵阳为奉邑[5]。贺齐讨黟贼，钦督万兵，与齐并力，黟贼平定。从征合肥，魏将张辽袭权于津北[6]，钦力战有功。迁荡寇将军，领濡须督。

后召还都，拜(津)右护军，典领辞讼。

权尝入其堂内，母疏帐缥被[7]，妻妾布裙。权叹其在贵守约[8]，即敕御府为母作锦被，改易帷帐；妻妾衣服悉皆锦绣。

初，钦屯宣城，尝讨豫章贼。芜湖令徐盛收钦屯吏〔9〕，表斩之；权以钦在远，不许。盛由是自嫌于钦。曹公出濡须，钦与吕蒙持诸军节度〔10〕；盛常畏钦因事害己，而钦每称其善。盛既服德，论者美焉。〔一〕

权讨关羽，钦督水军入沔。还，道病卒。权素服举哀，以芜湖民二百户、田二百顷，给钦妻子。

子壹封宣城侯，领兵拒刘备有功。还赴南郡，与魏交战，临阵卒。

壹无子，弟休领兵。后有罪，失业〔11〕。

【注释】

〔1〕给事：提供服务。 〔2〕葛阳：县名。县治在今江西弋阳县西。〔3〕西部都尉：官名。这里指会稽西部都尉。治所在今浙江金华市。后改为东阳郡。 〔4〕讨越中郎将：官名。领兵征伐。 〔5〕泾：县名。县治在今安徽泾县西北。 陵阳：县名。县治在今安徽青阳县东南。〔6〕津：即逍遥津。在今安徽合肥市。 〔7〕疏：粗布。 缥（piǎo）：这里指质地普通的绸。 〔8〕守约：保持节约。 〔9〕屯吏：军营办事官员。 〔10〕持：掌握。 节度：控制（权力）。 〔11〕失业：失去世袭领兵的权利。据本书卷 52《诸葛瑾传》，自建安二十四年至孙权黄武元年，受封宣城侯者一真是诸葛瑾。蒋钦之子蒋壹，不可能在这段时间中也被封为宣城侯。此处史文疑有误。

【裴注】

〔一〕《江表传》曰："权谓钦曰：'盛前白卿，卿今举盛；欲慕祁奚邪？'钦对曰：'臣闻公举不挟私怨。盛忠而勤强，有胆略器用，好万人督也。今大事未定，臣当助国求才；岂敢挟私恨以蔽贤乎！'权嘉之。"

周泰字幼平，九江下蔡人也〔1〕。与蒋钦随孙策为左右：服事恭敬，数战有功。策入会稽，署别部司马，授兵。

权爱其为人,请以自给[2]。策讨六县山贼,权住宣城,使士自卫,不能千人[3]。意尚忽略,不治围落[4],而山贼数千人猝至。权始得上马,而贼锋刃,已交于左右,或斫中马鞍。众莫能自定,惟泰奋激[5],投身卫权,胆气倍人;左右由泰,并能就战。贼既解散,身被十二创,良久乃苏。是日无泰,权几危殆;策深德之[6],补春谷长。

后从攻皖,及讨江夏。还过豫章,复补宜春长[7]:所在皆食其征赋[8]。从讨黄祖有功。后与周瑜、程普拒曹公于赤壁,攻曹仁于南郡。荆州平定,将兵屯岑[9]。

曹公出濡须,泰复赴击。曹公退,留督濡须,拜平虏将军[10]。时朱然、徐盛等,皆在所部,并不伏也;权特为按行至濡须坞[11],因会诸将,大为酣乐。权自行酒到泰前[12],命泰解衣;权手自指其创痕,问以所起。泰辄记昔战斗处以对,毕,使复服,欢宴极夜。其明日,遣使者授以御盖[13]:〔一〕于是盛等乃伏。

后权破关羽,欲进图蜀;拜泰汉中太守,奋威将军,封陵阳侯。黄武中卒。

子邵,以骑都尉领兵。曹仁出濡须,战有功。又从攻破曹休,进位裨将军。

黄龙二年卒。弟承,领兵袭侯。

【注释】
〔1〕下蔡:县名。县治在今安徽凤台县。 〔2〕自给:服侍自己。〔3〕不能:不够。这是当时习语。 〔4〕围落:军营周围的护墙栅栏。〔5〕奋激:振奋激昂。 〔6〕德:感激。 〔7〕宜春:县名。县治在今江

西宜春市。 〔8〕所在：指所在的春谷县、宜春县。 食其征赋：收取民户上交的赋税自己享用。也就是把春谷县、宜春县作为周泰的奉邑。〔9〕岑：地名。在今湖南澧县东北。 〔10〕平虏将军：官名。领兵征伐。 〔11〕按行：巡视。 〔12〕行酒：依次斟酒劝酒。 〔13〕御盖：御用的伞盖。

【裴注】

〔一〕《江表传》曰："权把其臂，因流涕交连，字之曰：'幼平！卿为孤兄弟，战如熊虎，不惜躯命；被创数十，肤如刻画。孤亦何心不待卿以骨肉之恩，委卿以兵马之重乎！卿，吴之功臣，孤当与卿同荣辱，等休戚。幼平意快为之，勿以寒门自退也！'即敕以己常所用御帻青缣盖，赐之。坐罢，住驾，使泰以兵马导从出，鸣鼓角作鼓吹。"

陈武字子烈，庐江松滋人[1]。孙策在寿春，武往修谒[2]。时年十八，长七尺七寸；因从渡江，征讨有功，拜别部司马。策破刘勋，多得庐江人；料其精锐[3]，乃以武为督：所向无前。

及权统事，转督五校[4]。仁厚好施，乡里远方客多依托之。尤为权所亲爱，数至其家。累有功劳，进位偏将军。

建安二十年，从击合肥，奋命战死。权哀之，自临其葬。[一]

子脩，有武风[5]。年十九，权召见奖厉[6]，拜别部司马，授兵五百人。时诸新兵多有逃叛，而脩抚循得意[7]，不失一人。权奇之，拜为校尉。建安末，追录功臣后，封脩都亭侯；为解烦督[8]。黄龙元年卒。

弟表，字文奥。武庶子也[9]。少知名，与诸葛恪、顾谭、张休等并侍东宫，皆共亲友。尚书暨艳亦与表善[10]。后艳遇罪，时人咸自营护[11]，信厚言薄[12]；表独不然，士以此重之。（徙）〔从〕太子中庶子，（拜）〔转〕翼正都尉[13]。

兄脩亡后，表母不肯事脩母[14]。表谓其母曰："兄不幸早亡，表统家事，当奉嫡母。母若能为表屈情，承顺嫡母者，是至愿也；若母不能，直当出别居耳[15]。"表于大义公正如此。由是二母，感悟雍穆[16]。

表以父死敌场，求用为将，领兵五百人。表欲得战士之力，倾意接待；士皆爱附，乐为用命。时有盗官物者，疑无难士施明[17]。明素壮悍，收考极毒[18]，惟死无辞。廷尉以闻，权以表能得健儿之心，诏以明付表，使自以意求其情实。表便破械沐浴[19]，易其衣服；厚设酒食，欢以诱之。明乃首服[20]，具列支党[21]。表以状闻，权奇之；欲全其名，特为赦明，诛戮其党。

迁表为无难右部督[22]，封都亭侯，以继旧爵。表皆陈让，乞以传脩子延[23]：权不许。

嘉禾三年，诸葛恪领丹杨太守，讨平山越；以表领新（安）〔都〕都尉，与恪参势[24]。初，表所受赐复人得二百家[25]，在会稽新安县[26]。表简视其人，皆堪好兵[27]；乃上疏陈让，乞以还官，充足精锐。

诏曰："先将军有功于国，国家以此报之：卿何得辞焉？"表乃称曰："今除国贼，报父之仇，以人为本。空枉此劲锐，以为僮仆：非表志也。皆辄料取以充部伍[28]。"所在以闻，权甚嘉之。下郡县[29]，料正户羸民以补其处[30]。

表在官三年，广开降纳，得兵万余人。事捷当出，会鄱阳民吴遽等为乱，攻没城郭，属县摇动。表便越界赴讨，遽以破败，遂降。

陆逊拜表偏将军，进封都乡侯，北屯章阬。年三十四卒。

家财尽于养士，死之日，妻子露立[31]。太子登，为起屋宅。

子敖年十七，拜别部司马，授兵四百人。敖卒。脩子延复为司马，代敖。延弟永，将军，封侯。

始施明感表，自变行为善；遂成健将，致位将军。

【注释】

〔1〕松滋：县名。县治在今安徽宿松县东北。 〔2〕修谒：备好名片（拜访）。谒是当时地位低的人拜访地位高的人时所用的名片。1986年安徽马鞍山市朱然墓出土了孙吴谒的实物。 〔3〕料：选取。 〔4〕五校：孙吴特别设置的五支军队的合称。其主要任务是保卫孙权。 〔5〕风：风范。 〔6〕奖厉：勉励。 〔7〕抚循：安抚慰问。 得意：得到人心。〔8〕解烦督：官名。统领解烦营。 〔9〕庶子：小妾所生的儿子。〔10〕暨艳：事见本书卷五十七《张温传》。 〔11〕自营护：照顾保护自己。 〔12〕信厚言薄：（当初向暨艳表示的）诚意很深厚，（现在针对暨艳的）话语又很刻薄。 〔13〕翼正都尉：官名。太子孙登的辅导官员。〔14〕事：尊敬侍奉。 〔15〕直当：只好。 〔16〕雍穆：和睦。〔17〕无难士：无难营的士兵。 〔18〕收考：逮捕审问。 〔19〕破械：打开镣铐枷锁之类的刑具。 〔20〕首服：坦白招认。 〔21〕支党：同党。 〔22〕无难右部督：官名。统领无难右部营。 〔23〕乞以传脩子延：请求把侯爵传给陈脩的儿子陈延。陈武这样做，在于陈脩是嫡子而自己是庶子。 〔24〕参势：合势。 〔25〕复人：免除向政府上交赋税和承担徭役的一种特殊民户。他们是主人占有的依附性人口，其地位接近于奴隶。 〔26〕新安：县名。县治在今浙江衢州市。 〔27〕堪：可以（充当）。 〔28〕部伍：军队。 〔29〕下：下达指示。 〔30〕正户：

指要向政府上交赋税和承担徭役的普通民户。 嬴(léi)：瘦弱。
〔31〕露立：形容房屋破旧，不能遮蔽风雨。

【裴注】
　　〔一〕《江表传》曰："权命以其爱妾殉葬，复客二百家。"孙盛曰：
"昔三良从穆，秦师以之不征；魏妾既出，杜回以之僵仆。祸福之报，
如此之效也！权仗计任术，以生从死；世祚之促，不亦宜乎！"

　　董袭字元代，会稽余姚人。长八尺，武力过
人。〔一〕孙策入郡，袭迎于高迁亭。策见而伟之，到，
署门下贼曹[1]。时山阴宿贼黄龙罗、周勃聚党数千
人[2]，策自出讨。袭身斩罗、勃首，还拜别部司马，授
兵数千。迁扬武都尉[3]，从策攻皖，又讨刘勋于寻阳，
伐黄祖于江夏。

　　策薨，权年少，初统事。太妃忧之，引见张昭及袭
等，问："江东可保安否？"袭对曰："江东地势，有山
川之固；而讨逆明府[4]，恩德在民。讨虏承基[5]，大小
用命；张昭秉众事，袭等为爪牙。此地利、人和之时
也！万无所忧。"众皆壮其言。鄱阳贼彭虎等众数万人，
袭与凌统、步骘、蒋钦各别分讨。袭所向辄破，虎等望
见旌旗，便散走，旬日尽平。拜威越校尉[6]，迁偏
将军。

　　建安十三年，权讨黄祖。祖横两蒙冲，挟守沔口；
以枹间大绁系石为碇[7]。上有千人，以弩交射，飞矢雨
下，军不得前。袭与凌统俱为前部，各将敢死百人；人
被两铠[8]，乘大舸船，突入蒙冲里[9]。袭身以刀断两

绁，蒙冲乃横流。大兵遂进，祖便开门走，兵追斩之。明日大会，权举觞属袭曰[10]："今日之会，断绁之功也！"

曹公出濡须，袭从权赴之；使袭督五楼船；住濡须口。夜猝暴风，五楼船倾覆。左右散走舸，乞使袭出。袭怒曰："受将军任，在此备贼，何等委去也[11]！敢复言此者斩！"于是莫敢干[12]。

其夜船败，袭死。权改服临殡，供给甚厚。

【注释】

〔1〕门下贼曹：官名。孙策会稽郡太守府的下属，主管镇压武装叛乱。 〔2〕宿贼：历时较久的武装叛乱分子。当时所谓的贼，不是指偷窃财物的人，与现今含义不同。 〔3〕扬武都尉：官名。领兵征伐。 〔4〕讨逆：指曾任讨逆将军的孙策。 〔5〕讨虏：指当时任讨虏将军的孙权。 〔6〕威越校尉：官名。领兵镇压山越。 〔7〕栟(bīng)间：棕榈。 大绁(xiè)：大绳。 碇(dìng)：起船锚作用的大石头。 〔8〕被(pī)两铠：穿上双层铠甲。 〔9〕里：指两艘蒙冲的内侧中间。 〔10〕属(zhǔ)：劝请。 〔11〕何等：为什么。 〔12〕干(gān)：管。

【裴注】

〔一〕谢承《后汉书》称袭"志节慷慨，武毅英烈"。

甘宁字兴霸，巴郡临江人也[1]。〔一〕少有气力，好游侠；招合轻薄少年，为之渠帅。群聚相随，挟持弓弩，负毦带铃[2]。民闻铃声，即知是宁。〔二〕人与相逢，及属城长吏[3]，接待隆厚者乃与交欢；不尔[4]，即放所将夺其资货[5]，于长吏界中有所贼害，作其（发）〔废〕负[6]。至二十余年[7]，止不攻劫，颇读诸子。乃往依刘表，因居南阳：不见进用。后转托黄祖，祖又以凡人蓄之。〔三〕于是归吴。

【注释】

　　〔1〕巴：郡名。治所在今四川重庆市嘉陵江北岸。　临江：县名。县治在今重庆市忠县。　〔2〕耗（ěr）：鸟羽毛做的装饰物。当时领兵将军有带耗的习俗。　〔3〕属城：指巴郡的属县。　长吏：当时习称县级行政长官为长吏。　〔4〕不尔：不这样。　〔5〕所将：所带领（的人）。〔6〕作其废负：造成他们荒废职责的罪过。　〔7〕二十余年：二十多岁。

【裴注】

　　〔一〕《吴书》曰："宁，本南阳人。其先客于巴郡。宁为吏，举计掾，补蜀郡丞。顷之，弃官归家。"

　　〔二〕《吴书》曰："宁轻侠杀人，藏舍亡命，闻于郡中。其出入，步则陈车骑，水则连轻舟；侍从被文绣，所如光道路。住止常以缯锦维舟，去或割弃：以示奢也。"

　　〔三〕《吴书》曰："宁将僮客八百人，就刘表。表儒人，不习军事。时诸英豪各各起兵，宁观表事势，终必无成；恐一朝土崩，并受其祸，欲东入吴。黄祖在夏口，军不得过；乃留依祖，三年，祖不礼之。权讨祖，祖军败奔走；追兵急，宁以善射，将兵在后，射杀校尉凌操。祖既得免，军罢还营，待宁如初。祖都督苏飞，数荐宁，祖不用；令人化诱其客，客稍亡。宁欲去，恐不获免，独忧闷不知所出。飞知其意，乃邀宁，为之置酒。谓曰：'吾荐子者数矣！主不能用。日月逾迈，人生几何？宜自远图，庶遇知己。'宁良久乃曰：'虽有其志，未知所由。'飞曰：'吾欲白子为邾长：于是去就，孰与临版转丸乎？'宁曰：'幸甚！'飞白祖，听宁之县。招怀亡客并义从者，得数百人。"

　　周瑜、吕蒙皆共荐达，孙权加异〔1〕，同于旧臣。宁陈计曰："今汉祚日微，曹操弥骄〔2〕，终为篡盗。南荆之地，山陵形便，江川流通：诚是国之西势也。宁已观刘表，虑既不远；儿子又劣，非能承业传基者也。至尊当早规之，不可后操。图之之计，宜先取黄祖。祖今年老，昏耄已甚，财谷并乏；左右欺弄，务于货利，侵求吏士，吏士心怨；舟船战具，顿废不修；怠于耕农，军无法伍[3]。至尊今往，其破可必[4]！一破祖军，鼓行而西；西据楚关[5]，大势弥广，即可渐规巴蜀。"权深纳之。

张昭时在坐，难曰[6]："吴下业业[7]，若军果行，恐必致乱。"宁谓昭曰："国家以萧何之任付君[8]，君居守而忧乱：奚以希慕古人乎[9]？"

权举酒属宁曰："兴霸，今年行讨，如此酒矣，决以付卿！卿但当勉建方略，令必克祖；则卿之功，何嫌张长史之言乎[10]！"

权遂西，果擒祖，尽获其士众。遂授宁兵，屯当口[11]。〔一〕

【注释】

〔1〕加异：赏识看重。 〔2〕弥：更。 〔3〕法伍：法制。 〔4〕必：肯定。 〔5〕楚关：关隘名。在今湖北长阳县西。又称扞关。 〔6〕难(nàn)：反驳。 〔7〕吴下：吴县一带。当时孙权的治所在吴县。 业业：人心危惧的样子。 〔8〕萧何(？—前193)：沛县(今江苏沛县)人。秦末随刘邦起兵，是辅佐刘邦建立西汉王朝的首席功臣。刘邦称帝后任相国，封酂侯。他的功劳在于镇守后方，保障兵员物资的充足供给。传见《史记》卷五十三、 《汉书》卷三十九。 〔9〕奚以：何以。 〔10〕张长史：指张昭。他当时任孙权讨虏将军府的长史。 〔11〕当口：地名。有人认为即当利口，在今安徽和县东。

【裴注】

〔一〕《吴书》曰："初，权破祖，先作两函，欲以盛祖及苏飞首。

飞令人告急于宁，宁曰：'飞若不言，吾岂忘之！'权为诸将置酒，宁下席叩头，血涕交流，为权言：'飞，畴昔旧恩；宁不值飞，固已损骸于沟壑，不得致命于麾下！今飞罪当夷戮，特从将军乞其首领！'权感其言，谓曰：'今为君（致）〔置〕之，若走（去）〔云〕何？'宁曰：'飞免分裂之祸，受更生之恩；逐之尚必不走，岂当图亡哉！若尔，宁头当代入函。'权乃赦之。"

后随周瑜，拒破曹公于乌林。攻曹仁于南郡，未拔，宁建计先径进取夷陵；往，即得其城，因入守之。时手下有数百兵，并所新得，仅满千人。曹仁乃令五六千人围宁。宁受攻累日，敌设高楼，雨射城中；士众皆惧，惟宁谈笑自若。遣使报瑜，瑜用吕蒙计，帅诸将解围。

后随鲁肃镇益阳，拒关羽。羽号有三万人，自择选锐士五千人，投县上流十余里浅濑[1]，云"欲夜涉渡"。肃与诸将议。宁时有三百兵，乃曰："可复以五百人益吾，吾往对之。保羽闻吾咳唾[2]，不敢涉水；涉水，即是吾擒！"肃便选千兵益宁，宁乃夜往。羽闻之，住不渡，而结柴营[3]。今遂名此处为"关羽濑"。

权嘉宁功，拜西陵太守[4]，领阳新、下雉两县[5]。后从攻皖，为升城督[6]。宁手持练[7]，身缘城，为吏士先，卒破获朱光。计功，吕蒙为最；宁次之，拜折冲将军[8]。

后曹公出濡须，宁为前部督。受敕出斫敌前营，权特赐米酒众肴。宁乃料赐手下百余人食。食毕，宁先以银碗酌酒，自饮两碗，乃酌与其都督；都督伏，不肯时持〔9〕。宁引白削置膝上〔10〕，呵谓之曰："卿见知于至尊，孰与甘宁〔11〕？甘宁尚不惜死，卿何以独惜死乎！"都督见宁色厉，即起拜持酒，〔次〕通酌兵各一银碗。至二更时，衔枚出斫敌〔12〕。敌惊动，遂退。

宁益贵重，增兵二千人。〔一〕

【注释】

〔1〕投：前往。　浅濑：浅而急的水流。〔2〕咳唾：当时的习语，指动静。〔3〕柴（zhài）营：外面有防护篱栅的营寨。〔4〕西陵：郡名。治所在今湖北阳新县西南。〔5〕阳新：县名。当时是西陵郡治所。下雉：县名。县治在今湖北阳新县东。〔6〕升城督：官名。是攻城部队的指挥官。临时设立，不常置。〔7〕练：煮制过的熟绢。〔8〕折冲将军：官名。领兵征伐。〔9〕时持：及时接着。〔10〕白削：短刀。〔11〕孰与甘宁：与甘宁相比怎么样。〔12〕衔枚：口含木棍。枚是两端有绳的木棍，夜晚行军时，口中含着木棍，两端的绳拴在颈后，以防士兵说话喧哗。

【裴注】

〔一〕《江表传》曰："曹公出濡须，号'步骑四十万，临江饮马'。权率众七万，应之；使宁领三千人，为前部督。权密敕宁，使夜入魏军。宁乃选手下健儿百余人，径诣曹公营下。使拔鹿角，逾垒入营，斩得数十级。北军惊骇鼓噪，举火如星；宁已还入营，作鼓吹，称'万岁'。因夜见权，权喜曰：'足以惊骇老子否？聊以观卿胆耳！'即赐绢千匹，刀百口。权曰：'孟德有张辽，孤有兴霸：足相敌也！'停住月余，北军便退。"

宁虽粗猛好杀，然开爽有计略〔1〕，轻财敬士，能厚养健儿：健儿亦乐为用命。

建安二十年，从攻合肥。会疫疾，军旅皆已引出；唯车下虎士千余人〔2〕，并吕蒙、蒋钦、凌统及宁，从权逍遥津北。张辽觇望知之[3]，即将步骑奄至。宁引弓射敌，与统等死战。宁厉声问："鼓吹何以不作[4]！"壮气毅然，权尤嘉之。〔一〕

宁厨下儿曾有过，走投吕蒙；蒙恐宁杀之，故不即还。后宁赍礼[5]，礼蒙母[6]，临当与升堂，乃出厨下儿还宁。宁许蒙"不杀"。斯须还船[7]，缚置桑树，自挽弓射杀之。毕，敕船人更增舸缆，解衣卧船中。蒙大怒，击鼓会兵，欲就船攻宁；宁闻之，故卧不起[8]。

蒙母徒跣出[9]，谏蒙曰："至尊待汝如骨肉，属汝以大事；何有以私怒而欲攻杀甘宁？宁死之日，纵至尊不问，汝是为臣下非法！"

蒙素至孝，闻母言，即豁然意释。自至宁船，笑呼之曰："兴霸，老母待卿食，急上！"宁涕泣歔欷曰："负卿！"与蒙俱还见母，欢宴竟日。

宁卒，权痛惜之。

子瓌，以罪徙会稽，无几死[10]。

【注释】

〔1〕开爽：开朗爽快。 〔2〕车下虎士：在孙权座车旁边侍卫的勇士。 〔3〕觇（chān）：侦察。 〔4〕鼓吹：军队的仪仗乐队。 〔5〕赍礼：携带礼物。 〔6〕礼：行礼致敬。 〔7〕斯须：一会儿。 〔8〕故：依旧。 〔9〕徒跣（xiǎn）：赤足。 〔10〕无几：没有多久。

【裴注】

〔一〕《吴书》曰："凌统怨宁杀其父操。宁常备统，不与相见；权亦命统，不得仇之。尝于吕蒙舍会，酒酣，统乃以刀舞。宁起曰：'宁能双戟舞。'蒙曰：'宁虽能，未若蒙之巧也。'因操刀持盾，以身分之。

后权知统意，因令宁将兵，遂徙屯于半州。"

凌统字公绩，吴郡余杭人也。父操，轻侠有胆气。孙策初兴，每从征伐，常冠军履锋[1]。守永平长[2]，平治山越，奸猾敛手[3]。迁破贼校尉[4]。及权统军，从讨江夏。入夏口，先登，破其前锋；轻舟独进，中流矢死。

统年十五，左右多称述者；权亦以操死国事，拜统别部司马，行破贼都尉，使摄父兵。

后从击山贼，权破保屯，先还。余麻屯万人，统与督张异等留，攻围之，克日当攻。先期[5]，统与督陈勤，会饮酒。勤刚勇任气，因督祭酒[6]，陵轹一坐[7]，举罚不以其道[8]。统疾其侮慢，面折不为用[9]。勤怒詈统，及其父操；统流涕不答，众因罢出。勤乘酒凶悖，又于道路辱统。统不忍，引刀斫勤，数日乃死。及当攻屯，统曰："非死无以谢罪！"乃率厉士卒，身当矢石，所攻一面，应时破坏；诸将乘胜，遂大破之。

还，自拘于军正[10]。权壮其果毅，使得以功赎罪。后权复征江夏，统为前锋；与所厚健儿数十人共乘一船[11]，常去大兵数十里。行入右江，斩黄祖将张硕，尽获船人。还以白权，引军兼道，水陆并集。时吕蒙败其水军，而统先搏其城，于是大获。

权以统为承烈都尉[12]。与周瑜等拒破曹公于乌林，遂攻曹仁。迁为校尉。

虽在军旅，亲贤接士，轻财重义，有国士之风。又从破皖，拜荡寇中郎将，领沛相[13]。与吕蒙等西取三郡。返自益阳，从（往）〔征〕合肥，为右部督[14]。

时权撤军，前部已发；魏将张辽等，奄至津北。权使追还前兵，兵去已远，势不相及；统率亲近三百人陷围，扶扞权出。敌已毁桥，桥之属者两版[15]，权策马驱驰；统复还战，左右尽死，身亦被创，所杀数十人；度权已免，乃还。桥败路绝，统被甲潜行[16]。

权既御船，见之惊喜。统痛亲近无返者，悲不自胜。权引袂拭之[17]，谓曰："公绩，亡者已矣；苟使卿在，何患无人！"〔一〕拜偏将军，倍给本兵。

时有荐同郡盛暹于权者，以为梗概大节[18]，有过于统。权曰："且令如统足矣！"后召暹夜至，时统已卧；闻之，摄衣出门，执其手以入：其爱善不害如此[19]。

统以山中人尚多壮悍，可以威恩诱也；权令东占且讨之[20]，命敕属城：凡统所求，皆先给后闻[21]。统素爱士，士亦慕焉，得精兵万余人。过本县，步入寺门，见长吏怀（三）〔手〕版[22]，恭敬尽礼。亲旧故人，恩意益隆。事毕当出，会病卒，时年（四）〔二〕十九。

权闻之，拊床起坐[23]，哀不能自止；数日减膳，言及流涕，使张承为作铭诔。二子烈、封，年各数岁；权内养于宫，爱待与诸子同。宾客进见，呼示之曰："此吾虎子也！"及八九岁，令葛光教之读书，十日一令乘马。

追录统功，封烈亭侯，还其故兵。后烈有罪免；封

复袭爵，领兵。〔二〕

【注释】

〔1〕冠军：充当全军的先头部队。 履锋：冲锋。 〔2〕永平：县名。县治在今江苏溧阳市南。 〔3〕敛手：收手。指停止活动。〔4〕破贼都尉：官名。领兵征伐。 〔5〕先期：在预定时间之前。〔6〕祭酒：古代祭祀时，代表众人首先举起酒杯敬献神灵的长者，叫做祭酒。这里指在宴会上指挥饮酒的人。他按照当时一定的规矩指挥众人饮酒，违犯者将罚酒。 〔7〕陵轹(lì)：欺压。 〔8〕不以其道：不按照正常的规矩。 〔9〕面折：当面抵制。 不为用：不受摆布。 〔10〕军正：官名。军中的执法官。 〔11〕厚：厚待。 〔12〕承烈都尉：官名。领兵征伐。 〔13〕沛：王国名。治所在今江苏沛县。当时被曹操占据，这里是有名无实的遥领。 〔14〕右部督：官名。右部各军的指挥官。〔15〕属：连接。 〔16〕潜行：潜水前行渡河。 〔17〕袂(mèi)：衣袖。〔18〕梗概：刚直的气概。 〔19〕不害：不忌妒。 〔20〕东：当时山越的主要活动区域，在吴、会稽、丹杨三郡交界的山区，即今江苏、浙江、安徽三省交界地。这一地区在孙吴东部，所以说是东。 占(zhàn)：招募。这是当时习语。或称占募。 〔21〕闻：报告。 〔22〕手版：用玉、象牙或竹木做成的记事板。臣下见君主或下级见上级时拿在手中，以免报告公事时遗忘。这里凌统见到地位低于自己的家乡余杭县的长官时执手版，是把对方当作父母官来尊敬。 〔23〕拊(fǔ)：拍。

【裴注】

〔一〕《吴书》曰："统创甚，权遂留统于舟，尽易其衣服。其创赖得卓氏良药，故得不死。"

〔二〕孙盛曰："观孙权之养士也，倾心竭思，以求其死力。泣周泰之夷，殉陈武之妾，请吕蒙之命，育凌统之孤：卑曲苦志，如此之勤也！是故虽令德无闻，仁泽(内)〔罔〕著；而能屈强荆吴，僭拟年岁者，抑有由也。然霸王之道，期于大者远者；是以先王建德义之基，恢信顺之宇，制经略之纲，明贵贱之序；易简而其亲可久，体全而其功可大。岂委琐近务，邀利于当年哉！《语》曰：'虽小道，必有可观者焉，致远恐泥。'其是之谓乎！"

徐盛字文向，琅邪莒人也[1]。遭乱，客居吴，以勇气闻。

孙权统事，以为别部司马；授兵五百人，守柴桑长：拒黄祖。祖子射，尝率数千人下攻盛[2]。盛时吏士不满二百，与相拒击，伤射吏士千余人；已，乃开门出战，大破之。射遂绝迹不（复）〔敢〕为寇。

权以为校尉，芜湖令。复讨临（成）〔城〕南阿山贼有功[3]，徙中郎将，督校兵[4]。曹公出濡须，从权御之。

魏尝大出横江，盛与诸将俱赴讨。时乘蒙冲，遇迅风，船落敌岸下。诸将恐惧，未有出者。盛独将兵，上突斫敌；敌披，退走，有所伤杀；风止便还，权大壮之。

及权为魏称藩，魏使邢贞拜权为吴王。权出都亭[5]，候贞：贞有骄色。张昭既怒，而盛忿愤，顾谓同列曰："盛等不能奋身出命，为国家并许、洛，吞巴、蜀；而令吾君与贞盟，不亦辱乎！"

因涕泣横流。贞闻之，谓其旅曰[6]："江东将相如此，非久下人者也[7]！"

后迁建武将军[8]，封都亭侯，领庐江太守，赐临城县为奉邑。刘备次西陵，盛攻取诸屯，所向有功。曹休出洞口，盛与吕范、全琮渡江拒守。遭大风，船人多丧；盛收余兵，与休夹江。休使兵将就船攻盛；盛以少御多，敌不能克：各引军退。迁安东将军，封芜湖侯。

后魏文帝大出，有渡江之志。盛建计从建业筑围[9]，作薄落[10]；围上设假楼，江中浮船。诸将以为

无益，盛不听，固立之。文帝到广陵，望围愕然，弥漫数百里；而江水盛长，便引军退：诸将乃伏。〔一〕

黄武中卒。

子楷，袭爵领兵。

【注释】

〔1〕莒(jǔ)：县名。县治在今山东莒县。 〔2〕下：顺长江而下。〔3〕临城：县名。县治在今安徽青阳县南。 南阿(ē)：南山。 〔4〕校兵：即五校的士兵。 〔5〕都亭：县城附近的亭。这里指当时孙权治所武昌的都亭。 〔6〕旅：同来孙吴的人。 〔7〕下人：顺从别人。〔8〕建武将军：官名。领兵征伐。 〔9〕围：防护墙。 〔10〕薄落：用木、草扎成的高篱栅。

【裴注】

〔一〕干宝《晋纪》所云"疑城"，已注《孙权传》。

《魏氏春秋》云："文帝叹曰：'魏虽有武骑千群，无所用也！'"

潘璋字文珪，东郡发干人也〔1〕。孙权为阳羡长，始往随权。性博荡嗜酒，居贫，好赊酤〔2〕；债家至门，辄言后豪富相还。权奇爱之，因使召募，得百余人，遂以为将。讨山贼有功，署别部司马。后为吴大市刺奸〔3〕，盗贼断绝。由是知名，迁豫章西安长。刘表在荆州，民数被寇；自璋在事，寇不入境。

比县建昌〔4〕，起为贼乱；转领建昌，加武猛校尉〔5〕。讨治恶民，旬月尽平；召合遗散，得八百人，将还建业。合肥之役，张辽奄至，诸将不备。陈武斗死，宋谦、徐盛皆披走。璋身次在后，便驰进；横马斩谦、盛兵走者二人，兵皆还战：权甚壮之。拜偏将军，遂领（百）〔五〕校，屯半州。

权征关羽，璋与朱然断羽走道。到临沮[6]，住夹石[7]，璋部下司马马忠擒羽[8]，并羽子平、都督赵累等。权即分宜都（至）〔巫〕、秭归二县为固陵郡[9]，拜璋为太守，振威将军[10]，封溧阳侯。

甘宁卒，又并其军。刘备出夷陵，璋与陆逊并力拒之。璋部下斩备护军冯习等[11]，所杀伤甚众。拜平北将军，襄阳太守[12]。

魏将夏侯尚等围南郡，分前部三万人作浮桥，渡百里洲上[13]。诸葛瑾、杨粲，并会兵赴救，未知所出[14]。而魏兵日渡不绝，璋曰："魏势始盛，江水又浅，未可与战。"便将所领，到魏上流五十里，伐苇数百万束，缚作大筏；欲顺流放火，烧败浮桥。作筏适毕，伺水长当下：尚便引退。璋下备陆口。

权称尊号，拜右将军。璋为人粗猛，禁令肃然，好立功业。所领兵马不过数千，而其所在常如万人。征伐止顿，便立军市；他军所无，皆仰取足。然性奢泰[15]，末年弥甚，服物僭拟[16]；吏兵富者，或杀取其财物。数不奉法，监司举奏：权惜其功而辄原不问。

嘉禾三年卒。子平，以无行徙会稽[17]。璋妻居建业，赐田宅，复客五十家。

【注释】

〔1〕东郡：郡名。治所在今河南濮阳市西南。　发干：县名。县治在

今山东冠县东。 〔2〕赊酤：赊酒。 〔3〕大市：吴县的市场名。　刺奸：官名。负责维持大市的治安。〔4〕比(bì)：邻近。〔5〕武猛校尉：官名。领兵征伐。 〔6〕临沮：县名。县治在今湖北远安县西北。〔7〕夹石：地名。在今湖北当阳市东北。 〔8〕司马：官名。主管军务。〔9〕固陵：郡名。治所在今重庆市巫山县北。〔10〕振威将军：官名。领兵征伐。 〔11〕冯习(？—公元222)：事见本书卷四十五《杨戏传》。〔12〕平北将军：官名。领兵征伐。　襄阳：郡名。治所在今湖北襄阳市汉水南岸的襄城区。 〔13〕百里洲：长江中洲岛名。在今湖北荆州市荆州区西。也叫江陵中洲。 〔14〕未知所出：不知道拿出什么办法对付。〔15〕奢泰：奢侈。 〔16〕僭似：非分地比拟君主。 〔17〕无行：品行不好。

丁奉字承渊，庐江安丰人也〔1〕。少以骁勇为小将，属甘宁、陆逊、潘璋等。数随征伐，战斗常冠军。每斩将搴旗，身被创夷。稍迁偏将军。

孙亮即位，为冠军将军〔2〕，封都亭侯。魏遣诸葛诞、胡遵等攻东兴，诸葛恪率军拒之。诸将皆曰：“敌闻太傅自来，上岸必遁走。”奉独曰：“不然！彼动其境内，悉许、洛兵大举而来，必有成规：岂虚还哉！无恃敌之不至〔3〕，恃吾有以胜之。”及恪上岸，奉与将军唐咨、吕据、留赞等，俱从山西上。奉曰：“今诸军行迟；若敌据便地〔4〕，则难与争锋矣！”乃辟诸军，使下道〔5〕；帅麾下三千人，径进。时北风，奉举帆二日至，遂据徐塘〔6〕。

天寒，雪，敌诸将置酒高会。奉见其前部兵少，相谓曰：“取封侯爵赏，正在今日！”乃使兵解铠著胄，持短兵〔7〕。敌人从而笑焉，不为设备。奉纵兵斫之，大破敌前屯；会据等至，魏军遂溃。迁灭寇将军〔8〕，进封都(亭)〔乡〕侯。

魏将文钦来降，以奉为虎威将军，从孙峻至寿春迎之[9]。与敌追军战于高亭，奉跨马持矛，突入其阵中；斩首数百，获其军器。进封安丰侯。

太平二年，〔魏大将军诸葛诞据寿春来降，〕魏人围之。遣朱异、唐咨等往救，复使奉与黎斐解围。奉为先登，屯于黎浆[10]；力战有功，拜左将军。

孙休即位，与张布谋，欲诛孙綝[11]。布曰："丁奉虽不能吏书[12]，而计略过人，能断大事。"

休召奉，告曰："綝秉国威，将行不轨；欲与将军诛之！"奉曰："丞相兄弟[13]，友党甚盛；恐人心不同，不可猝制。可因腊会[14]，有陛下兵以诛之也！"

休纳其计。因会请綝，奉与张布目左右斩之。迁大将军，加左、右都护。

永安三年，假节，领徐州牧。六年[15]，魏伐蜀，奉率诸军向寿春，为救蜀之势。蜀亡，军还。

休薨，奉与丞相濮阳兴等，从万彧之言，共迎立孙皓。迁右大司马、左军师[16]。

宝鼎三年，皓命奉，与诸葛靓攻合肥。奉与晋大将石苞书[17]，构而间之[18]；苞以征还。

建衡元年，奉复帅众治徐塘，因攻晋谷阳[19]。谷阳民知之，引去，奉无所获。皓怒，斩奉导军[20]。

三年[21]，〔卒〕。奉贵而有功，渐以骄矜，或有毁之者。皓追以前出军事，徙奉家于临川[22]。

奉弟封，官至后将军，先奉死。

【注释】

〔1〕安丰：县名。县治在今河南固始县东南。 〔2〕冠军将军：官名。领兵征伐。 〔3〕无：不要。 〔4〕便地：有利的地形。 〔5〕辟：让……离开。 下道：下船走陆路。 〔6〕徐塘：地名。在今安徽含山县西南。 〔7〕短兵：短兵器。 〔8〕灭寇将军：官名。领兵征伐。〔9〕孙峻（？—公元255）：传见本书卷六十四。 〔10〕黎浆：地名。在今安徽寿县南。 〔11〕孙綝（？—公元258）：传见本书卷六十四。〔12〕不能吏书：不擅长公务文书。 〔13〕丞相：指当时任丞相的孙綝。〔14〕腊会：冬季大祭祀时的聚会。 〔15〕六年：永安六年（公元263）。〔16〕左军师：官名。参谋军事。 〔17〕石苞（？—公元272）：字仲容。勃海郡南皮（今河北南皮县东北）人。出身于卑微的屯田农民家庭。司马懿准备消灭曹爽，密令司马师网罗支持者培植势力。石苞被相中，并以忠诚精干升任司马师的军事助理。魏末任骠骑将军，封东光侯。在逼迫魏帝曹奂禅位的过程中，他是关键性人物。西晋建立，升任大司马，封乐陵郡公。死后列名西晋开国功臣之一。传见《晋书》卷三十三。〔18〕构：设计陷害。 间：离间。 〔19〕谷阳：县名。县治在今安徽固镇县西北。 〔20〕导军：军队的向导。 〔21〕三年：建衡三年（公元271）。 〔22〕临川：郡名。治所在今江西南城县东南。

评曰：凡此诸将，皆江表之虎臣，孙氏之所厚待也。以潘璋之不修[1]，权能忘过记功；其保据东南，宜哉！陈表将家支庶，而与胄子名人比翼齐衡[2]；拔萃出类，不亦美乎！

【注释】

〔1〕不修：不贤。 〔2〕胄子：帝王或名门望族的后代。这里指曾与陈表同时任太子孙登辅导官员的诸葛恪、张休、顾谭等人。

【译文】

程普，字德谋，右北平郡土垠县人。起初曾在本州和本郡的政府中任办事员。他容貌英俊，很有谋略，又善于回答问题。后来他跟随孙坚南征北战，在宛县、邓县讨伐黄巾军，在阳人击败董卓；或攻城或野战，一身伤痕累累。孙坚去世，他追随孙策在淮南。前往进攻庐江郡，攻下之后，回来又与孙策一同渡过长江到江东。

孙策到横江、当利，击溃张英、于麋等人，再掉头攻克秣陵、湖孰、句容、曲阿等县，这当中程普都立有战功；手下所领军队增加到步兵二千人、骑兵五十人。孙策又进兵攻打乌程、石木、波门、陵传、余杭等地，以程普建立的功劳为最多。孙策进攻会稽郡时，委任程普为吴郡都尉，治所设在钱唐县。后来程普转任丹杨都尉，驻扎在石城。他去讨伐宣城、泾、安吴、陵阳、春谷等县的叛匪，把他们全部击溃。孙策曾经去进攻祖郎，被对方的大兵包围。程普与一名骑兵共同掩护保卫孙策，驰马大吼，用长矛向敌人冲刺。敌人溃散，孙策才随从冲出。后来程普升为荡寇中郎将，兼任零陵郡太守。随孙策到寻阳讨伐刘勋，又到沙羡进攻黄祖，回来后依旧驻扎在石城。

孙策去世，程普与张昭等共同辅佐孙权。他率兵在吴、会稽、丹杨三郡的各地巡视，平定不服从统治的叛乱分子。接着程普随孙权进攻江夏郡，回来时经过豫章郡，他又单独去剿灭乐安县的叛匪。乐安平定后，他接替太史慈在海昏县驻防。与周瑜分别担任左督、右督，在乌林打败曹操；又乘胜进攻南郡，赶跑曹仁。他升任裨将军，兼江夏郡太守，治所设在沙羡，享有四个县的奉邑。

先出仕的众将中，以程普的年龄最大：当时的人都尊称他为"程公"。他生性喜欢施舍，又敬爱士大夫。

周瑜去世，程普接替他任南郡太守。孙权分荆州的南郡借给刘备，程普转回来担任江夏郡太守。升任荡寇将军，后来去世。

孙权称帝，追评程普的功劳，封他的儿子程咨为亭侯。

黄盖，字公覆，零陵郡泉陵县人。起初他在本郡政府中当办事员。后来被郡太守举荐为孝廉，三公府又聘他为下属。孙坚发动义军讨伐董卓，黄盖前去跟随孙坚。先后在南边击溃山区叛乱势力，在北面打退董卓，黄盖因功升为别部司马。

孙坚去世后，黄盖又追随孙策、孙权。披上甲胄四处征战，冒着白刃攻陷城池。在山越族人不服从，甚至于举兵反抗的县，总是要用黄盖作代理县长去治理。

石城县的政府办事员，特别不好约束控制。黄盖当了县长之后就委任了两名县掾，分别主管县府内各分支机构。他为此下达指令说："我没有德泽，只不过因为立有军功而当官，并不是以行政治理能力受到称赞。而今匪徒没有完全消灭，我还有军事任务；所以把文书处理，一概委托给两位县掾，你们应当检查统领各分支机构，纠正揭露他们的错误。两位县掾署名办好的公务，只要文书送进来我就立即签字同意；如果两位对我有什么作恶欺骗的行为，我始终不会采用鞭抽棍打的体罚而要立即处死刑。两位要各自尽心办事，不要成为众人中首先受刑的啊！"最初官员们害怕他的威严，都日夜恭敬办理本职公务。久而久之，官员们因为黄盖不看公文，逐渐就有人情关系导致的违法乱纪行为出现。黄盖也对外面官员的懈怠感到不满，时不时他要审阅一部分公文：发觉了两名县掾各自不守法的几件事例。于是黄盖把下属所有官员请来，赐他们酒食，然后把有问题的公文拿出来追问；两名县掾理屈辞穷，赶忙磕头谢罪。黄盖说："此前我已经发出指令：始终不会对你们采用鞭抽棍打的体罚。这不是欺哄人的！"于是下令把两人处死。县中官员无不震恐。

后来他转任春谷县长、寻阳县令。他先后在九个县当过行政长官，所到之处社会秩序都迅速太平安定。黄盖的容貌威严刚毅，善于对待部下；所以每有征讨行动，将士无不奋勇争先。

建安年间，他随周瑜在赤壁抵抗曹操：献出计策使用火攻，事情经过记载在本书《周瑜传》中。战胜之后他升任武锋中郎将。

武陵郡的少数族造反叛乱，攻围城镇：于是让黄盖兼任郡太守。当时郡中的军队才五百人，黄盖认为敌我兵力悬殊，就打开城门；等敌军涌进来一半的时候，才突然发动攻击，当场斩杀了几百人。其余的四散奔逃，都跑回各自的村落。他把为首作乱的头领处死，被迫随从的全部赦免。从春天到夏天，当地叛乱全部平定。深山当中巴水、醴水、由水、诞水流域的少数族首领和酋长，都改变了自己的行为，向黄盖献上礼品请求拜见：郡内秩序从此清静。后来长沙郡的益阳县被山区的匪徒进攻，黄盖又前往征讨。他升任偏将军，不久在任上病故。

黄盖当官很有决断，公务文书从来没有积留延误的现象，武陵郡的人都很怀念他。

孙权称帝，追评他的功劳，赐他的儿子黄柄关内侯的爵位。

韩当，字义公，辽西郡令支县人。他因为擅长骑马射箭，有气力，受到孙坚的喜爱。随从孙坚四处转战，多次冒着危险，攻陷敌阵擒杀敌人。升任别部司马。

孙策渡长江到江东，韩当随从他讨伐丹杨、吴、会稽三郡；升任先登校尉，被授给步兵二千人、骑兵五十人。随孙策进攻刘勋，击破黄祖；回军时又进攻鄱阳，兼任乐安县长，当地的山越人都畏惧而服从。

后来他以中郎将的身份与周瑜等人抵御并打败曹操，又与吕蒙一起袭取南郡。升任偏将军，兼永昌郡太守。宜都之战，韩当与陆逊、朱然等一起在涿乡进攻蜀军，将其打得大败。他因功升任威烈将军，封都亭侯。曹真进攻南郡的治所江陵县时，韩当在城外的东南方防守。他在城外充当将领，能够激励手下将士同心坚守。又敬重担任督军的上司，遵守法令，孙权很赞赏他。

黄武二年(公元223)，他被封为石城侯，升任昭武将军，兼任冠军郡太守。后来又加上都督的官号。

他带领敢死队和解烦分队共一万人马，前去讨伐丹杨郡叛匪，将其击破。正在这时他因病去世。

儿子韩综继承他的爵位，统领他部下的人马。就在这一年，孙权进攻石阳。因为韩综有丧事要办，所以让他留守武昌。而韩综却淫乱不守法令。虽然孙权因其父有功而没有追查，而韩综内心却惴惴不安，于是用车载着父亲的遗体，带着母亲、家属、部下男女共几千人投奔魏国。

魏国任命他为将军，封广阳侯。他多次侵犯吴国边境，杀害人民，孙权一直对他切齿痛恨。东兴之战，韩综充当魏军的先锋，兵败身亡。诸葛恪下令砍下他的头颅，送到供奉孙权的宗庙中告慰其在天之灵。

蒋钦，字公奕，九江郡寿春县人。孙策当初依靠袁术时，蒋钦开始随从服侍孙策。孙策渡过江东，任命他为别部司马，授给军队。他随孙策转战，占领了江东的丹杨、吴、会稽三郡；又攻下了豫章郡。不久蒋钦调任葛阳县尉，历任三个县的县长，讨伐平定叛乱。升任会稽郡西部都尉。

会稽郡东冶县的叛匪吕合、秦狼等作乱；蒋钦带兵出击，擒获吕合、秦狼，周围五县被收复。他也升任讨越中郎将，享有经拘、陵阳二县的奉邑。贺齐前往黟县讨伐山越族人，蒋钦指挥一万人马，与贺齐合力进攻，平定了黟县的武装势力。之后蒋钦随孙权进攻合肥，曹操的大将张辽在逍遥津的北面突袭孙权，蒋钦奋力保卫有功。升任荡寇将军，兼濡须战区军事指挥官。

孙权召他回都城，升任右护军，同时负责处理案件的审理。

孙权曾经进入他的内堂，看到他的母亲用的是粗布帐子和普通的绸被盖，妻妾穿的也是布裙子。孙权赞叹他处在尊贵地位却能保持生活节约，立即指示御用衣物的制作府署为他的母亲做锦绣被盖，改换新帐子；妻妾都穿锦绣衣服。

当初，蒋钦在宣城驻扎，曾前往豫章郡剿匪。芜湖县令徐盛逮捕了他营地的办事官员，上表请求将其斩首；孙权因为蒋钦在远处剿匪而没有同意。徐盛由此认为蒋钦会忌恨自己。曹操大举进攻濡须，蒋钦与吕蒙掌握了前线各军的调度权；徐盛一直怕蒋钦借事陷害自己，而蒋钦却每每称赞徐盛的好处。徐盛佩服他的品德，评论者也都赞美他。

孙权讨伐关羽，蒋钦指挥水军进入沔水。回来时，他在途中病故。孙权亲自穿上白色的丧服哭悼他，以芜湖县的屯田农民二百户、田地二百顷，赐给他的妻室儿女。

他的儿子蒋壹封宣城侯，领兵抵御刘备有功。回来赶往南郡，与魏军交战，临阵战死。

蒋壹没有儿子，由弟弟蒋休继续领兵为将。后来有罪而失去世袭领兵的权利。

周泰，字幼平，九江郡下蔡县人。他与蒋钦同时追随孙策成为左右侍从：服务恭敬，多次作战有功。孙策进入会稽郡，任命他为别部司马，授给军队。

孙权喜欢他的为人，请求孙策让周泰服侍自己。孙策讨伐六个县的山区叛匪，而孙权驻扎在宣城县，派士兵保卫自己，当时卫兵不够一千人。又还大意疏忽，没有修筑军营周围的护墙栅栏，山区中的几千叛匪却突然杀到。孙权刚刚才上马，敌人的武器锋刃，已在身体两旁出现，有的甚至砍中马鞍。众人都无法镇定自己，唯有周泰振奋激昂，奋起保卫孙权，胆气超人；左右侍卫由于周泰的带动，才都投入战斗。敌人逃散之后，周泰身受十二处创伤，过了很久才从昏迷中苏醒。这一天要是没有周泰，孙权可就危险得很了；孙策深深感激他，让他补缺担任春谷县长。

后来他随孙策进攻皖县，又讨伐江夏。回来时经过豫章郡，补缺额担任宜春县长。他在春谷、宜春任职时都享有收取本县民户所交租税供自己享用的权利。周泰随孙权进攻黄祖有功。后来他又与周瑜、程普在赤壁抗拒曹操，在南郡围攻曹仁。荆州平定后，他带兵驻扎在岑。

曹操进攻濡须，周泰又赶往迎战。曹操退兵后，孙权留下周泰指挥濡须战区的军队，升任平虏将军。当时朱然、徐盛等将都在他所指挥的战区中，而且都不服从他；孙权特地为此到濡须坞巡视各军，会见众将，酣饮取乐。孙权亲自依次斟酒，到达周泰面前时，他特地要周泰解开衣服，用手指着周泰身上的伤痕，问为什么负伤。周泰一一回忆从前战斗的地方作答复，完了之后，孙权让他重新穿上衣服，和众将欢饮通宵。第二天，又派使者用自己的御用伞盖赐给周泰：徐盛等将这才服从周泰的指挥。

后来孙权攻杀关羽，想进而夺取益州；所以任命周泰为汉中郡太守、奋威将军，封陵阳侯。他在黄武年间去世。

周泰的儿子周邵，以骑都尉的官职领兵。曹仁进攻濡须，周邵迎战有功，又随大军攻破曹休，升任裨将军。

他在黄龙二年（公元230）去世。他的弟弟周承接替他领兵，并继承侯爵的爵位。

陈武，字子烈，庐江郡松滋县人。孙策在寿春县时，陈武备好名片前去拜访。当时他十八岁，身高七尺七寸；之后随从孙策渡过长江到江东，四处征战有功，被任命为别部司马。孙策攻破刘勋，俘虏很多庐江郡人；他选取其中的精锐士兵，让陈武做他们的指挥官，从此这支队伍所向无敌。

孙权统管大事之后，陈武转任五校分队的指挥官。他仁慈忠厚，喜欢施舍，同乡和远来的宾客有很多人投靠他。他受到孙权的特别亲爱，孙权多次到他家看望。由于积累功劳，他晋升为偏将军。

建安二十年（公元215），陈武随孙权进攻合肥，奋勇战死。孙权痛惜他，亲自为他送葬。

陈武的儿子陈脩，具有父亲的风范。十九岁时，孙权召见他给予勉励，任命他为别部司马，授给士兵五百人。当时的新兵们逃亡者很多，而陈脩安抚慰问部下很得人心，部下没有一个人逃跑。孙权认为他很不寻常，提升他为校尉。建安末年，追评已故功臣的功劳而奖赏其后代，封陈脩为都亭侯；担任解烦营的指挥官。他在黄龙元年（公元229）去世。

陈脩的弟弟陈表，字文奥，是陈武小妾所生的。他年轻时就有名，与诸葛恪、顾谭、张休一起在东宫侍从太子孙登，彼此亲热友好。尚书暨艳也与陈表友善。后来暨艳被治罪，当时人都照顾保护自己，平常与暨艳情意深厚而这时针对他的话却很刻薄；唯独陈表没有这样，士大夫因此而看重他。他从太子中庶子，转任翼正都尉。

他哥哥陈脩去世之后，陈表的生母不肯尊敬侍奉陈脩的生母。陈表对自己的生母说：“哥哥不幸早死，由我统管家事，应当侍奉嫡母。母亲如果能为我委屈自己，尊重顺从嫡母的话，那是我最大的心愿；如果不能这样做，您老人家只好搬出去到另外地方居住了。”陈表对待大义的态度就是如此的公正。从此两位母亲，感动醒悟而和睦共处。

陈表因为父亲死在敌境，所以请求孙权任用自己为武将，率领五百人马。陈表想得到战士的拼死效力，对他们倾注心意接纳厚待；士兵们都热爱拥护他，乐于为他效命。当时有人盗窃公家财物，怀疑是无难营的战士施明所为。施明素来健壮凶悍，被逮捕审问时尽管遭到毒打，他宁死也不招供。负责审讯的廷尉只好向上报告，孙权因为陈表能够得到壮士的诚心拥护，下诏指示把施明交给陈表，让陈表按自己的办法去求得事情的真实情况。陈表立即打开刑具让施明洗澡，更换衣服；摆上好酒好菜，和颜悦色地开导他。施明这才坦白招认，一一列出同党。陈表把情况报告，孙权很是赞赏他；想成全他的声名，特别赦免施明，而处死其同党。

又提升陈表为无难营的右部督，封都亭侯，以继承他哥哥陈脩过去的爵位。陈表上奏章推让，请求把爵位转给陈脩的儿子陈延；孙权不准。

嘉禾三年(公元234)，诸葛恪兼任丹杨郡太守，出兵讨伐平定山越族人；孙权让陈表兼任新都郡都尉，与诸葛恪在形势上配合。当初，陈表所接受的赏赐，即二百户不承担赋税、徭役的依附性人口，住在会稽郡的新安县。陈表查看这些人，都可以充当上等士兵；于是呈上奏疏陈述理由推让，请求把这些人还给公家，以充实补足精锐部队。

孙权下诏说："先将军对国家有功，国家用这来报答他：您怎么能推辞呢？"陈表又声明说："而今扫除国贼，报先父之仇，都必须以人为本。白白把这些可以充当劲悍精锐士兵的人，作为自己的奴仆，这不是我的志愿。这些人我全都擅自作主将其选取出来补充手下的军队。"当地把情况上报，孙权非常嘉许他的做法。孙权随即下达指示到会稽郡新安县，要他们从承担租赋、徭役的普通民户中，挑选瘦弱的百姓，去填补陈表依附性人口的缺额。

陈表在任三年，广为招纳前来降附的山越族人，得到新兵一万多人。任务胜利完成后应当撤出山区，碰上鄱阳郡的百姓吴遽等人作乱，攻陷城池，下属各县动荡。陈表立即越过郡界赶去讨伐，吴遽因为被击溃，只得投降。

陆逊上表朝廷，孙权提升陈表为偏将军，晋封都乡侯，驻扎在北面的章坑。陈表在三十四岁时去世。

他的家产全部用来供养部下，死的时候，妻室儿女住的房屋破旧得不能遮风蔽雨。太子孙登为他们重修住宅。

他的儿子陈敖十七岁时，担任别部司马，被授给士兵四百人。陈敖去世，陈脩的儿子陈延又担任司马，接替陈敖领兵。陈延的弟弟陈永，曾任将军，封侯。

施明因为感激陈表，开始改变自己的品行学好向善；从此成为一员猛将，官位达到将军。

董袭，字元代，会稽郡余姚县人。他身高八尺，武艺气力过人。孙策攻入会稽郡，董袭在高迁亭迎接。孙策见到他觉得很雄伟，到达郡政府后，即委任他为门下贼曹。当时山阴县境内长期活动的叛匪首领黄龙罗、周勃，聚集了几千人马，孙策率军前往镇压。董袭亲自斩下黄、周二人的头颅，回来后董袭担任别部司马，被授给一支几千人的军队。不久又升任扬武都尉，接着他随孙策进攻皖县，又到寻阳讨伐刘勋，在江夏讨伐黄祖。

孙策去世，孙权年轻，刚开始统管大事。其母亲吴太妃心中担忧，召见张昭和董袭等人，问江东是否可以保全安定，董袭回答说："江东的地势，有高山长江的坚固保护；而讨逆将军兼任会稽郡太守，广施恩德在民间。讨虏将军如今继承基业，上下官兵都愿以死效力；张昭主持处理各项事务，董袭等人充当战将。这是占有地利、人和两项优势的时候啊！您万万不要有任何忧虑！"众人都认为他的话真是雄壮。鄱阳郡的叛匪首领彭虎等人拥有几万人马，董袭与凌统、步骘、蒋钦等将分兵讨伐。董袭作战所向无敌，到后来彭虎等人只要望见他的旌旗，就四散逃走，十多天后鄱阳郡的叛乱全部平定。董袭被任命为威越校尉，不久又升任偏将军。

建安十三年（公元208），孙权大举进攻西边的黄祖。黄祖把两艘装有防护板的大战船，横着布置在沔水进入长江处的东、西两岸进行防守；用棕榈树皮做的大绳把船系在石头上作为船锚。船上部署了一千人，以强弩交叉射击，飞箭如雨，使对方的水军无法前进。当时董袭与凌统都充当前锋，他们各自带领敢死队员一百人；每人身穿两重铠甲，乘坐大船，一直冲进敌军两艘战船的中间。董袭亲自挥刀砍断系船的两根大缆绳，敌军两艘战船立即被激流冲走。大军随后推进。黄祖急忙打开城门逃跑，被追兵赶上斩首。第二天孙权举行庆功大会，他举起酒杯向董袭劝酒说："今天之所以能有这场欢会，都是将军您砍断缆绳的功劳啊！"

曹操进攻濡须，董袭跟随孙权赶去援救；孙权派他指挥建有五层舱楼的巨型战船扼守濡须水口。一天夜晚猛然刮起暴风，巨形战船倾覆。他的左右侍从急忙放下小船，并请求他上小船逃出去。董袭大怒说："我受主公孙将军之命，在这里防备敌人，为什么要离开！敢再这样说的斩！"左右侍从没有人敢再劝他。

当晚大船损坏沉没，董袭被淹死。孙权改换丧服前去参加遗体告别仪式，为丧事的办理供给了丰厚的资助。

甘宁，字兴霸，巴郡临江县人。年轻时有胆气和力量，喜欢周游行侠；招聚了一批轻浮的年轻人，由他充当首领。他们成群结队，身背弓弩，头上插着鸟羽毛，挂上铃铛。老百姓一听铃声，就知道是甘宁一伙来了。人们碰见甘宁，包括巴郡下属各县的行政长官，对他热情接待的他就和你欢乐相处；否则，他就放纵所带领的年轻人抢夺你的资财。或者在县行政长官的辖境进行捣乱，造成他们荒废职责的罪过。这样的行为一直持续二十多年，从此他收手再不进行抢劫，认真阅读诸子百家的书籍。之后前往荆州投奔州牧刘表，因此居住在南阳郡：结果没有得到任用。他转而依附江夏郡太守黄祖，黄祖又把他当作普通人对待。他只好到孙权所在的吴县去找出路。

好在这时周瑜、吕蒙都共同推荐他，孙权对他很赏识看重，就像对待老部下一样。甘宁向孙权陈述计策说："如今汉朝的国运日益衰微，曹操更加骄横，终究将篡夺皇权。南方荆州地区，山脉构成有利的屏障，江河的水流通畅：确实是国家西面的重要组成部分。我已经观察过荆州牧刘表，思虑既不深远；儿子们的才智又低劣，都不是传承基业的人物。主公应当及早打他们的主意，不能落在曹操后面。攻取荆州的计划，应当首先消灭黄祖。黄祖现今年老，昏聩得很，钱财和粮食都十分困乏；他左右的人又欺骗他，一心谋取私利，向下面的办事员和士兵敲诈勒索，使得他们满腹怨气；舟船和军事器械，都丢在一边无人修理；农业生产懈怠，军队没有法制。主公现在前去进攻，必定能击破他！一旦击破黄祖，自当敲着战鼓长驱西进；占据楚关之后，势力更加壮大，就可以逐渐考虑攻取益州。"孙权非常赞同他的意见。

当时张昭在座，驳斥他说："现今吴县一带人心惶惶，如果大军真的出动西上，恐怕一定会招致动乱。"甘宁对张昭说："国家把像萧何那样留守后方的重任交付给您，您担任留守却担忧动乱：怎么说得上是仰慕古人呢？"

孙权马上端起酒杯向甘宁劝酒说："兴霸，今年进行讨伐黄祖，就像这杯酒一样了，决定委托给您完成！您只要勉力策划行军的方略，使我军能顺利消灭黄祖；那么这就是您的大功，何必计较张长史的话啊！"

孙权于是挥军西上，果然攻杀黄祖，俘虏他的全部人马。孙权授给甘宁一支军队，让他驻扎在当口。

后来甘宁随周瑜在乌林抵抗并击败曹操。又到南郡围攻曹仁，还没有攻下南郡的治所江陵城时，甘宁建议先径直夺取西面的夷陵；他一去就打下夷陵城池，入城坚守。当时他手下只有几百人，加上才俘虏的，刚刚凑足一千兵马。而曹仁却派了五六千人来围攻甘宁。甘宁受到敌军的连日攻击，对方又建立高楼，从楼上射出的箭像雨一样飞入城中；城中的士兵无不畏惧，只有甘宁谈笑风生神色自若。他暗中派使者去向周瑜报告，周瑜用吕蒙的计策，亲自带领诸将前去解了围。

后来甘宁随鲁肃镇守益阳，以抵御关羽。关羽号称有三万人马，并亲自挑选了五千精兵，前往县城上游十多里外的浅滩，说是要在晚上渡河。鲁肃与众将商议对策。甘宁当时手下只有三百士兵，他说："可以再给我增加五百人，由我前去对付他。保证只要关羽听到我的动静，就不敢渡河；渡河必然成为我的俘虏！"鲁肃立即挑选了一千人给他，他连夜前往。关羽知道后，果然不敢渡河，就地建立外面有防护篱栅的营寨。现今人们就叫这里为关羽濑。

孙权嘉许甘宁的功劳，任命他为西陵郡太守，下属阳新、下雉两县。甘宁随孙权进攻皖县，担任攻城部队指挥官。他手持一匹煮制过的熟绢作为绳索，亲自攀登城墙，身先士卒，终于打败并俘虏了曹军守将朱光。评论功劳时，吕蒙第一；甘宁次之，孙权提升甘宁为折冲将军。

后来曹操进攻濡须，甘宁担任前锋部队指挥官。受命出兵冲击敌军的前军大营，孙权特别赐给冲锋队全体队员米酒和各种菜肴。甘宁亲自挑选出手下壮士一百多人会餐。吃完饭后，甘宁使用银碗斟酒，自己先饮两碗，再斟上给小队长喝；这位小队长伏在地上，不肯及时接住酒碗。甘宁抽出明晃晃的佩刀横放在膝上，大声呵斥那小队长说："您受主公的知遇，与甘宁我相比怎么样？我都不怕死，您为什么就独独怕死！"小队长看到甘宁脸色严厉，才起身行礼拿着酒碗，接下来甘宁又让士兵通通饮酒一碗。到二更时分，全体冲锋队员口中含一根短木棍以免发出声音，悄悄出营杀敌。敌军大受惊动，于是撤退。

甘宁更受到孙权的看重，给他手下增添了二千士兵。

甘宁虽然粗暴凶猛，喜欢杀戮，但是他性格开朗爽快而有计谋，轻财重士，能厚待手下的健儿：所以部下也乐于拼死效命。

建安二十年（公元215），他随孙权进攻合肥。碰上军中出现流行性传染病，大军都已撤退；最后只有孙权座车旁边侍卫的勇士一千多人，以及吕蒙、蒋钦、凌统、甘宁诸将，在逍遥津北跟着孙权。敌将张辽侦察清楚后，带领步兵、骑兵一齐杀来。甘宁引弓射敌，与凌统奋力死战。甘宁还大声喝问仪仗乐队为什么不奏乐，壮气冲天，孙权极为嘉许。

甘宁的一名炊事兵有了过错，逃到吕蒙那里躲了起来；吕蒙怕甘宁杀了他，所以没有马上送他回去。后来甘宁带着礼物，去拜望吕蒙的母亲，临到要登上内堂，吕蒙才把那名炊事兵交给甘宁。甘宁答应吕蒙不杀这名炊事兵。隔了一会儿甘宁回到自己的座船，把炊事兵捆在一棵桑树上，亲自挽弓将其射死。完事之后，他命令船工再多系上两三根缆绳，脱了衣服在船里睡了下来。吕蒙得知情况后勃然大怒，敲起战鼓召集军队，想赶到船上进攻甘宁；甘宁听说这一切，依旧躺着不起身。

吕蒙的母亲听说之后，光着脚就跑出来劝吕蒙说："主公待你如同骨肉至亲，委托给你大事：有什么理由因为私人的愤怒去攻杀甘宁？甘宁死的时候，即使主公不追问，你这也是臣僚的非法行为！"

吕蒙素来极度孝顺，一听母亲的话，马上豁然怒气消散。于是亲自来到甘宁的船上，笑着叫他说："兴霸，老母亲等您去吃饭，快上来！"甘宁涕泪横流抽泣着说："我对不起您！"他与吕蒙一起回去见吕蒙的母亲,两人欢饮了一整天。

甘宁去世,孙权很感痛惜。

他的儿子甘瓌,因为犯罪被流放到会稽郡,没有多久去世。

凌统,字公绩,吴郡余杭县人。他父亲凌操,轻捷、豪侠而有胆量。孙策刚起事,凌操随从征战,常常充当全军的先头部队前去冲锋。他代理永平县长,平定治理山越族人,奸猾的头领们都停止了反抗活动。他因此升任破贼校尉。到了孙权统领全军,他随从进攻江夏。进入夏口时,他率先冲锋,击破对方的先头部队;驾驶快船独自前进,被流箭射中阵亡。

凌统十五岁时,孙权左右的人有很多都称赞他;孙权也因为凌操为国捐躯,所以任命凌统为别部司马,代理破贼都尉,让他统领父亲过去的将士。

后来他随孙权攻击山区的叛匪,孙权击破保屯的敌人之后先回去了。余下麻屯的一万敌人,留凌统与指挥官张异等将实施围攻,并定下了发起总攻击的时间。在总攻击开始之前,凌统与指挥官陈勤,聚会饮酒。陈勤为人刚勇而脾气不好,他借自己是指挥官又在场指挥饮酒的机会,欺压所有在座的人,执行罚酒不按规矩。凌统愤恨他侮辱轻视人,当面抵制不受他的摆布。陈勤当场怒骂凌统,还骂了凌统的父亲凌操;凌统泪流满面忍住不答话,众人因此散席离开。陈勤借着醉意凶恶无理,又在路上侮辱凌统。凌统忍无可忍,抽出佩刀就向陈勤砍去,陈勤受伤几天后死亡。到了总攻击开始这一天,凌统说:"今天不死战无法赎罪!"于是他勉励部下,身先士卒冒着飞箭、礌石冲锋,他所攻击的那一面,准时被冲破;众将乘胜进攻,结果大破敌军。

军队凯旋,凌统主动把自己关在军中执法官的监狱里。孙权赞赏他的果敢刚毅,让他今后将功赎罪。后来孙权再度进攻江夏,由凌统充当先锋;他与亲近的部下壮士几十人共同乘一艘大船,经常在大军之前几十里巡弋。进入右江时,他斩了黄祖的部将张硕,把船只、士兵全部俘获。他回来报告情况,孙权立即挥兵兼程急进,水陆两路的人马都开始会合。当时吕蒙打败了黄祖的水军,而凌统则攻下了敌军的城池,大获全胜。

　　孙权提升凌统为承烈都尉。派他与周瑜等将在乌林抵抗并击败曹操，又围攻曹仁。接着提升他为承烈校尉。

　　他虽然在军队中，却亲贤纳士，轻财重义，有国家级杰出人物的风度。凌统又随孙权攻破皖城，任荡寇中郎将，兼任沛国相。他与吕蒙西上荆州攻取长沙、零陵、桂阳三郡。从益阳县返回后，又随孙权进攻合肥，担任右部各军的指挥官。

　　当时孙权决定撤军，前部各军已经出发；曹军大将张辽等忽然杀到逍遥津北岸。孙权派使者去追前部各军叫他们回来，前部各军走出很远，已经赶不及回来救援；凌统带领亲近随从三百人冲入包围，扶持捍卫孙权退出。这时敌人已经毁坏了逍遥津上的木桥，连接桥的只剩下两块木板，孙权扬鞭策马跃过木桥；凌统又回来激战，他的左右侍卫全部战死，自己身上也负了伤，杀死几十个敌人；估计孙权已经跑远之后，他才退回。由于桥坏路断，他只好穿着铠甲潜水前行渡河。

　　孙权上船之后，见到他安全回来真是又惊又喜。凌统痛惜亲近随从没有一个人生还，忍不住悲哭起来。孙权用自己的衣袖为他揩去泪水，对他说："公绩啊，人死了就算啦；只要有您在，您还担忧没有兵吗！"于是提升凌统为偏将军。并按他原来部下的人数加倍给他配备了人马。

　　当时有人推荐凌统的同郡人盛暹给孙权，认为他的刚直气概和在大事情上表现出来的节操，都超过了凌统。孙权说："只要能像凌统那样也就足够了！"后来召盛暹来到时正好是晚上，当时凌统已经睡觉了；听说之后，凌统马上披着衣服出门，拉起盛暹的手请他进去：凌统就是这样敬爱君子而不忌妒人。

　　凌统认为山区中的人民还有不少强壮勇悍的，可以使用威恩并举的手段招引他们当兵；孙权就派他到东部山区去招募新兵并且讨伐叛乱，同时向下属各县下达指令：凡是凌统提出的要求，都先满足后报告。凌统素来爱护士兵，士兵也仰慕他，他很快招募到精兵一万多人。经过他的家乡余杭县境，他步行进入县政府的大门，见到县行政长官时捧着手版，态度恭敬礼节周到。对待亲戚故旧，他更是情深意切。任务完成后他应当出山，恰巧这时他不幸病故，终年二十九岁。

孙权得知消息，手一拍床板猛然坐起来，悲哭不止；那几天孙权下令减少了自己膳食的数量，一提到凌统的死就流泪，亲自命令张承为凌统撰写祭奠用的铭文和诔文。凌统的两个儿子凌烈、凌封，当时都只有几岁；孙权把他们送入自己的宫中哺养，亲爱厚待如同自己的亲生儿子一样。有宾客拜见，孙权常叫两兄弟出来给大家看，说："这是我的虎儿啊！"到了八九岁时，孙权让葛光教他们读书，每十天让他们骑一次马。

后来追评凌统的功绩，封凌烈为亭侯，把他父亲过去的兵马还给他带领。后来凌烈有罪被免职，由凌封继承爵位并统领兵马。

徐盛，字文向，琅邪郡莒县人。因家乡遭遇动乱，他南下客居吴县，以勇敢胆大闻名。

孙权统管大事，任命他为别部司马；授给五百士兵，并代理柴桑县长：以抵御黄祖。黄祖的儿子黄射，曾经带了几千人马顺长江而下进攻徐盛。当时徐盛手下的官兵还不到二百人，坚持抵抗，杀伤黄射一千多官兵；然后徐盛又打开城门冲出去短兵接战，把对方杀得大败而逃。黄射从此收手不敢再来侵犯。

孙权提升徐盛为校尉，兼芜湖县令。后来他又在讨伐临城县南山中的叛匪时立功，升任中郎将，指挥五校营的军队。曹操进攻濡须，徐盛随孙权前往抵御。

曹军曾经大举进攻横江，徐盛与众将赶去迎战。当时吴军坐的是有保护板的战船，在长江上遇到迅风，战船被吹到敌军所在的北岸。诸将恐惧，没有人敢下船。而徐盛却独自带领手下士兵，冲上岸去砍杀敌人，敌军后退逃走，徐盛有所斩获；大风停止后立即回到南岸，孙权认为他的气概真是雄壮。

孙权向魏文帝称臣，魏国派使者邢贞到江东来封孙权为吴王。孙权出城到都亭等候邢贞，邢贞到达后有骄傲的神色。张昭为此发怒，而徐盛也十分愤慨，回头对同队中的官员们说："徐盛等不能奋勇献身，为国家吞并许昌、洛阳，攻取益州；而让自己的君主与邢贞订定盟约，不是太耻辱了吗！"他因此泪流满面。

邢贞听到后，对一同前来江东的人说："江东的武将文臣有如此表现，不是能长久顺从别人的啊！"

后来徐盛升任建武将军，封都亭侯，兼任庐江郡太守，被赐给临城县作为奉邑。刘备进攻孙吴到西陵驻扎，徐盛前去攻取敌军营寨，作战有功。曹休出兵洞口，徐盛与吕范、全琮渡过长江去抵御。因为突然碰上大风，船只和人马丧失很多；徐盛收集其余部队，与曹休隔江对峙。曹休派军队靠近战船进攻徐盛；徐盛以少对多，敌军始终不能得手，不久各自退兵。徐盛升任安东将军，封芜湖侯。

魏文帝亲自率领大军南下，有渡过长江的打算。徐盛献计从建业起沿着长江修筑防护墙，用草木扎成高篱栅；防护墙上造假楼，然后派船队在长江中巡游。众将认为这种办法无用，徐盛不听，坚持做了这一切。魏文帝到达广陵，在长江南岸望见对岸的防护墙后不禁愕然吃惊，防护墙绵延几百里；而长江水又大涨，他只好引军退走。到这时众人才算服了徐盛。

徐盛在黄武年间去世。

他的儿子徐楷，继承爵位并接替他领兵。

潘璋，字文珪，东郡发干县人。孙权当阳羡县长时，他才开始前去跟随孙权。他生性好赌放荡，又嗜酒，因家庭贫困，所以喜欢赊酒喝；债主上门，他总是说日后大富时就还债。孙权非常喜爱他，让他去招募兵马，得到一百多人，便让他当了将领。因为讨伐山区叛匪有功，潘璋被任命为别部司马。后来当了吴县大市的刺奸，从此盗贼绝迹。他也因此而出名，潘璋升任豫章郡西安县长。刘表在荆州，邻近荆州的西安县老百姓多次遭到侵扰；自从潘璋上任之后，外敌再没有人敢入境。

邻近的建昌县发生叛乱，改让潘璋兼任建昌县行政长官，加任武猛校尉。在当地讨伐治理作恶的叛乱分子，十多天中全部平定；又招集逃亡百姓，得到八百人，带着他们回到建业。合肥之战，敌将张辽猛然杀到，众将毫无防备。陈武当场战死，宋谦、徐盛都败逃。而潘璋处在后面，他立即驰马向前；横过马头斩了宋、徐二将手下逃跑的兵士两名，兵士们才又回头去作战。孙权觉得他真是雄壮。提升他为偏将军，统领五校营，驻扎在半州。

孙权征伐关羽，潘璋与朱然截断关羽的退路。赶到临沮县，在夹石扎营，潘璋部下的司马叫作马忠，擒杀关羽，以及关羽的儿子关平、关羽的都督赵累等。孙权随即分出宜都郡的巫、秭归二县，设立固陵郡，委任潘璋为太守、振威将军，封溧阳侯。

甘宁去世，又由潘璋接管了他的人马。刘备进攻孙吴到达夷陵，潘璋与陆逊合力抵抗。潘璋的部下斩了刘备的护军冯习等人，杀伤敌军士兵很多。他因此升任平北将军、襄阳郡太守。

魏将夏侯尚等包围南郡，分出前部三万人马在长江上造浮桥，渡桥进入江中的百里洲上。诸葛瑾、杨粲都率军前来援救，却不知道拿出什么办法来对付魏军。而魏军每天渡桥不断，潘璋说："魏军气势正盛，江水又浅，不可以与他们接战。"于是带领本部人马，到魏军上游五十里处，砍伐几十万束芦苇，绑成大筏；准备顺流而下后用火点燃，去烧毁敌军的浮桥。他刚刚把筏子做好，正等水涨后放到下游；而夏侯尚已领兵撤退。潘璋转移到下游的陆口驻扎。

孙权称帝，潘璋升任左将军。潘璋为人粗暴凶猛，禁令严厉，喜好建立功业。所统领的兵马不过几千，而他的营地却常常像上万人的规模。军事行动一停止，他就在驻地建立市场；其他军队没有的东西，他都依靠市场取得充足供应。但是他生性奢侈，到晚年更厉害，衣服器物都非分地比拟君主；官兵富裕的，他有时甚至杀了他们夺取其财物。多次有违法行为，监察官员如实举报，孙权叹惜他的功劳而总是宽恕不予追查。

他在嘉禾三年（公元234）去世。儿子潘平，因品行不好流放到会稽郡。潘璋的妻子留在建业居住，孙权赐给她田地、住宅，还赐给她免于承担租税徭役的私有奴客五十家。

丁奉，字承渊，庐江郡安丰县人。他年轻时因为骁勇当了小将，先后属甘宁、陆逊、潘璋等将指挥。多次随主将南征北战，战斗时常常充当全军的先锋。他也每每斩将拔旗，多次负伤。逐渐升到偏将军。

孙亮即位为帝，丁奉任冠军将军，封都亭侯。魏国派诸葛诞、胡遵等将来攻东兴，诸葛恪统领大军前去迎战。众将都说："敌军听说太傅亲自领兵前来，我们一上岸他们必定要逃走。"唯独丁奉却说:"不然!他们在境内进行动员,把许昌、洛阳的驻军全部调集而后大举出兵,必定有制定好的计划:岂肯空手回去啊!不要寄希望于敌人不来,而要寄希望于我们有战胜的办法。"诸葛恪本人上岸后,丁奉与将军唐咨、吕据、留赞等,都从山的西面继续乘船前进。丁奉说:"现在各军行动迟缓;如果敌人抢先占据了有利地形,就难以与之一争高下了!"于是他让其他各军下船走陆路,自己统领麾下三千人马,径直加速前进。当时正起北风,丁奉下令各船升起帆篷,两天即已赶到目的地,立即占领徐塘。

天气严寒,正下大雪,敌军众将大摆酒宴聚会畅饮。丁奉看到对方的前锋兵力不多,就对部下动员说:"要想封侯领赏,就在今天!"于是命令兵士解下铠甲只戴头盔,手提短兵器。敌人看到后不禁大笑,根本不作防备。丁奉挥兵砍杀,把敌军前锋打得落花流水;恰好吕据等人又从后面赶到,魏军全线崩溃。丁奉升任灭寇将军,晋封都乡侯。

魏将文钦要来投降,朝廷任命丁奉为虎威将军,随从孙峻到寿春迎接文钦。与敌军的追兵在高亭激战,丁奉跨马持矛,冲入敌阵,斩杀敌人几百名,还获得大量军用器械。他因功晋封安丰侯。

太平二年(公元257),魏国的征东大将军诸葛诞占据寿春城前来投降,被魏军包围。吴国派朱异、唐咨等前往援救,接着又派丁奉与黎斐去解围。丁奉充当先锋,驻扎在黎浆;力战有功,升任左将军。

孙休即位为帝,与张布密谋,想诛杀孙綝。张布说:"丁奉虽然不擅长公务文书,然而谋略过人,能决断大事。"

孙休就召来丁奉告诉他说:"孙綝掌握国家威权,图谋不轨;朕想与将军一起诛杀他!"丁奉说:"他们兄弟的同党很多,恐怕人心不一致,所以不能一下子制服。可以借今年腊祭时聚会的机会,用陛下的卫队来诛杀他!"

孙休采纳了他的计策。借腊祭的聚会邀请孙綝,丁奉与张布向左右卫士使眼色后把孙綝斩首。丁奉因功升任大将军,先后加左都护、右都护的官号。

永安三年(公元260),他被授予节杖,兼任徐州牧。永安六年(公元263)，魏军大举伐蜀，丁奉带领各军指向寿春，造成声援蜀国的形势。蜀国灭亡，他率大军退回。

孙休去世，丁奉与丞相濮阳兴等听从万彧的话，共同迎立孙皓。他因此升任右大司马、左军师。

宝鼎三年(公元268)，孙皓命令丁奉与诸葛靓进攻合肥。丁奉与晋国大将石苞写信，设计陷害和离间他；结果石苞被晋朝召回。

建衡元年(公元269)，丁奉又带领大军修徐塘，借此进攻晋国的谷阳县。谷阳的老百姓预先知道消息，及时撤走，丁奉无所俘获。孙皓大怒，把丁奉军队的向导处死。

建衡三年(公元271)，丁奉去世。他因为地位尊贵且多次立下功劳，逐渐骄傲自大，死后有人诋毁他。孙皓追查他从前出军无功而回的事，把他的家属流放到临川郡。

丁奉的弟弟丁封，官做到后将军，在丁奉之前去世。

评论说：这一卷当中的诸人，都是吴国的虎将，孙氏厚待的部下。以潘璋的不贤，孙权也能忘掉其过错而记住其功劳；孙权能割据东南，真是理所应当的啊！至于陈表，以一个武将小妾所生的儿子，而能与辅政大臣的子弟兼社会名流相媲美抗衡；成为出类拔萃的人物，不是很美好的表现么！

朱治朱然吕范朱桓传第十一

朱治字君理，丹杨故鄣人也。初为县吏，后察孝廉，州辟从事。随孙坚征伐。

中平五年，拜司马。从讨长沙、零、桂等三郡贼周朝、苏马等，有功，坚表治行都尉[1]。从破董卓于阳人，入洛阳。表治行督军校尉[2]，特将步骑[3]，东助徐州牧陶谦讨黄巾。

会坚薨，治扶翼策[4]，依就袁术。后知术政德不立，乃劝策还平江东。

时太傅马日磾在寿春[5]，辟治为掾。迁吴郡都尉。是时吴景已在丹杨[6]，而策为术攻庐江；于是刘繇恐为袁、孙所并[7]，遂构嫌隙[8]。而策家门尽在州下[9]，治乃使人于曲阿迎太妃及权兄弟，所以供奉辅护，甚有恩纪[10]。

治从钱唐欲进到吴[11]，吴郡太守许贡拒之于由拳。治与战，大破之。贡南就山贼严白虎。

治遂入郡，领太守事。策既走刘繇[12]，东定会稽。权年十五，治举为孝廉。

【注释】

〔1〕行：代理。 〔2〕督军校尉：官名。领兵征伐。 〔3〕将（jiàng）：统率。 〔4〕扶翼：辅助。 〔5〕太傅：官名。皇帝的辅导老师。地位尊崇，在三公之上，但无固定任务。 马日（mì）磾（dī）：事见本书卷六《袁术传》裴注引《三辅决录注》、《献帝春秋》。 〔6〕吴景（？—公元203）：事见本书卷五十《吴夫人传》。 〔7〕刘繇：传见本书卷四十九。 〔8〕构嫌隙：造成仇怨。 〔9〕家门：家属。 州下：州治所在地。这里指当时扬州刺史刘繇的治所曲阿（今江苏丹阳市）。〔10〕恩纪：情分。 〔11〕钱唐：县名。县治在今浙江杭州市。当时是吴郡都尉的驻地。 吴：县名。县治在今江苏苏州市。当时是吴郡的治所。 〔12〕走刘繇：使刘繇逃跑。

后策薨，治与张昭等共尊奉权。建安七年，权表治为（九）真太守，行扶义将军；割娄、由拳、无锡、毗陵为奉邑〔1〕，置长吏〔2〕。征讨夷越〔3〕，佐定东南，擒截黄巾余类陈败、万秉等。

黄武元年，封毗陵侯，领郡如故。二年〔4〕，拜安国将军〔5〕，金印紫绶〔6〕，徙封故鄣。权历位上将〔7〕，及为吴王；治每进见，权常亲迎，执版交拜〔8〕。飨宴赠赐，恩敬特隆，至从行吏皆得奉赞私觌〔9〕：其见异如此。

初，权弟翊，性峭急〔10〕，喜怒快意〔11〕。治数责数〔12〕，喻以道义。权从兄豫章太守贲〔13〕，女为曹公子妇〔14〕。及曹公破荆州，威震南土。贲畏惧，欲遣子入质。治闻之，求往见贲，为陈安危；〔一〕贲由此遂止。权常叹治忧勤王事。

【注释】

〔1〕毗陵：县名。县治在今江苏常州市。 〔2〕置长吏：自行任命各

奉邑县的行政长官。这是当时享有奉邑者的一项特权。　〔3〕夷越：指东南地区的少数族。　〔4〕二年：黄武二年（公元223）。　〔5〕安国将军：官名。领兵征伐。　〔6〕金印紫绶：金质官印配以紫色丝绳。当时官印的材质和上面所系丝绳的颜色，随官位的高低而不同，金印紫绶是最高一等。　〔7〕上将：高级将领。指孙权担任过的车骑将军、骠骑将军。　〔8〕版：即手版。　交拜：相互行跪拜礼。执手版行跪拜礼是下属见上司的举动。孙权虽然是朱治的君主，但是他曾被朱治举为孝廉，按当时的观念朱治又是他的上司，所以二人都向对方执版跪拜。〔9〕至：以至于。　贽(zhì)：见面礼。　私觌(dí)：私人之间的见面。〔10〕峭急：严厉急躁。　〔11〕快意：随意。　〔12〕责数：责备。朱治又曾举孙翊为孝廉，是孙翊的上司，所以有资格责备他。　〔13〕贲：即孙贲。传见本书卷五十一。　〔14〕子妇：儿媳妇。

【裴注】

　〔一〕《江表传》载治说贲曰："破虏将军昔率义兵入讨董卓，声冠中夏：义士壮之。讨逆继世，廓定六郡；特以君侯骨肉至亲，器为时生；故表汉朝，剖符大郡，兼建将校，仍关综两府：荣冠宗室，为远近所瞻。加讨虏聪明神武，继承洪业；揽结英雄，周济世务；军众日盛，事业日隆。虽昔萧王之在河北，无以加也；必克成王基，应运东南。故刘玄德远布腹心，求见拯救。此天下所共知也。前在东，闻道路之言，云将军'有异趣'，良用怃然！今曹公阻兵，倾覆汉室，幼帝流离；百姓元元，未知所归。而中国萧条，或百里无烟；城邑空虚，道殣相望；士叹于外，妇怨乎室；加之以师旅，因之以饥馑。以此料之，岂能越长江与我争利哉！将军当斯时也，而欲背骨肉之亲，违万安之计，割同气之肤，啖虎狼之口；为一女子，改虑易图；失机毫厘，差以千里：岂不惜哉！"

　　性俭约，虽在富贵，车服惟供事〔1〕。权优异之：自令督军御史典属城文书〔2〕，治领四县租税而已〔3〕。然公族子弟及吴四姓多出仕郡〔4〕，郡吏常以千数；治率数年一遣诣王府〔5〕，所遣数百人。每岁时献御，权答报过厚。

是时丹杨深地，颇有奸叛，亦以年向老，思恋土风[6]；自表屯故鄣，镇抚山越。诸父老故人，莫不诣门；治皆引进，与共饮宴：乡党以为荣。

在故鄣岁余，还吴。黄武三年卒，在郡三十一年，年六十九。

子才，素为校尉领兵；既嗣父爵，迁偏将军。〔一〕才弟纪，权以策女妻之；亦以校尉领兵。纪弟纬、万岁，皆早夭。才子琬，袭爵为将，至镇西将军。

【注释】

〔1〕惟供事：只要求能供给实际的需要。 〔2〕督军御史：官名。负责办理公务文书。 典：负责办理。 属城：指吴郡的属县。 〔3〕四县：即朱治的奉邑娄、由拳、无锡、毗陵。 〔4〕公族子弟：指孙氏宗族的子弟。孙氏籍贯在富阳，为吴郡属县。 吴四姓：指吴郡吴县的四个世家大族。即顾氏、陆氏、朱氏和张氏。吴县四姓是当时江东世家大族集团的骨干，其代表人物为顾雍、陆逊、朱据、张温，本书《吴书》均有传。 仕郡：在吴郡政府中任职。汉代以来，州、郡、县等地方政府中的下属办事官员，照例是从本地人士中选任，地方势力强盛的世家大族，自然在这种选择中占有优势。 〔5〕率：大抵。 遣诣王府：派遣（其中的优秀者）到孙权的吴王府任职。 〔6〕土风：当地的风俗。朱治是丹杨郡人。

【裴注】

〔一〕《吴书》曰："才，字君业。为人精敏，善骑射。权爱异之，常侍从游戏。少以父任为武卫校尉，领兵随从征伐，屡有功捷。本郡议者以才少处荣贵，未留意于乡党。才乃叹曰：'我初为将，谓跨马蹈敌，当身履锋，足以扬名；不知乡党复追迹其举措乎！'于是更折节为恭，留意于宾客；轻财尚义，施不望报；又学兵法，名声始闻于远近。会疾卒。"

朱然字义封。治姊子也，本姓施氏。初治未有子，然年十三，乃启策乞以为嗣[1]。策命丹杨郡以羊酒召然[2]。然到吴，策优以礼贺。然尝与权同学书，结恩爱。

至权统事，以然为余姚长。时年十九。后迁山阴令，加折冲校尉，督五县。权奇其能，分丹杨为临川郡，然为太守，[一]授兵二千人。会山贼盛起，然平讨，旬月而定。

曹公出濡须，然备大坞及三关屯[3]，拜偏将军。

建安二十四年，从讨关羽；别与潘璋到临沮擒羽，迁昭武将军，封西安乡侯。虎威将军吕蒙病笃。权问曰："卿如不起，谁可代者?"蒙对曰："朱然胆守有余，愚以为可任。"蒙卒，权假然节[4]，镇江陵。

黄武元年，刘备举兵攻宜都；然督五千人，与陆逊并力拒备。然别攻破备前锋，断其后道：备遂破走。拜征北将军[5]，封永安侯。

【注释】
〔1〕启策：报告孙策。 〔2〕羊酒：作为礼品送给朱然家的羊和酒。〔3〕大坞：即濡须坞。 三关：地名。濡须坞和三关都在今安徽巢湖市东南。 屯：营垒。 〔4〕假：授给。 节：一种表示享有诛杀威权的器物。由竹和牦牛尾制成。 〔5〕征北将军：官名。领兵征伐。

【裴注】
〔一〕臣松之按：此郡寻罢，非今临川郡。

　　魏遣曹真、夏侯尚、张郃等，攻江陵；魏文帝自住宛，为其势援，连屯围城。

　　权遣将军孙盛，督万人备州上[1]，立围坞，为然外救。郃渡兵攻盛，盛不能拒，即时却退。郃据州上围守，然中外断绝。权遣潘璋、杨粲等解〔围〕，而围不解。时然城中兵多肿病[2]，堪战者才五千人。真等起土山，凿地道，立楼橹临城[3]，弓矢雨注。将士皆失色，然晏如而无恐意[4]；方厉吏士，伺间隙攻破两屯。魏攻围然凡六月日[5]，未退。

　　江陵令姚泰，领兵备城北门，见外兵盛，城中人少，谷食欲尽[6]；因与敌交通，谋为内应。垂发[7]，事觉，然治戮泰。尚等不能克，乃撤攻，退还。由是然名震于敌国，改封当阳侯。

　　（六）〔五〕年[8]，权自率众攻石阳；及至旋师，潘璋断后。夜出错乱，敌追击璋，璋不能禁。然即还住，拒敌，使前船得引极远，徐乃后发。

　　黄龙元年，拜车骑将军，右护军[9]，领兖州牧。顷之[10]，以兖州在蜀分[11]，解牧职。

　　嘉禾三年，权与蜀克期大举；权自向新城[12]，然与全琮各受斧钺[13]，为左、右督[14]。会吏士疾病，故未攻而退。

【注释】

　　〔1〕州：指江陵中州。又名百里洲。长江中的洲岛。在今湖北荆州市荆州区西。　〔2〕肿：即由于饥饿而导致的营养不良性水肿。〔3〕楼橹：攻城的木架高楼。　〔4〕晏如：安然。　〔5〕六月日：六个

月。 〔6〕欲：将。 〔7〕垂：将要。 〔8〕五年：黄武五年（公元226）。 〔9〕右护军：官名。孙吴置左、右护军，是全军的协调人。〔10〕顷之：没过多久。 〔11〕兖州在蜀分：公元229年吴蜀二国结盟中分天下，曹魏的兖州被分给蜀汉。详见本书卷四十七《吴主传》。〔12〕新城：地名，即合肥新城。在今安徽合肥市西北。尚有遗址留存。〔13〕斧钺：即黄钺。以黄金作装饰的大斧状兵器，帝王的仪仗之一。领兵大将如被授以黄钺，则表示代表君主出征或指挥，具有特殊的诛杀威权。 〔14〕左、右督：官名。即左部大都督、右部大都督。是左部各军、右部各军的总指挥官。

赤乌五年，征柤中[1]。〔一〕魏将蒲忠、胡质各将数千人[2]。忠要遮险隘[3]，图断然后：质为忠继援。时然所督兵将先四出，闻问不暇收合[4]，便将帐下见兵八百人逆掩。忠战不利，质等皆退。〔二〕

九年[5]，复征柤中。魏将李兴等闻然深入，率步骑六千断然后道；然夜出逆之，军以胜返。

先是，归义马茂怀奸[6]，觉，诛；权深忿之。然临行上疏曰："马茂小子，敢负恩养！臣今奉天威，事蒙克捷，欲令所获，震耀远近，方舟塞江[7]，使足可观：以解上下之忿。惟陛下识臣先言[8]，责臣后效！"

权时抑表不出。然既献捷，群臣上贺；权乃举酒作乐，而出然表曰："此家前初有表[9]，孤以为难必[10]；今果如其言，可谓明于见事也！"遣使拜然为左大司马，右军师[11]。

然长不盈七尺，气候分明[12]，内行修洁[13]。其所文采[14]，惟施军器，余皆质素。终日钦钦[15]，常在战场；临急胆定，尤过绝人。虽世无事，每朝夕严鼓[16]，兵在营者，咸行装就队[17]。以此玩敌[18]，使不知所备：故出辄有功。诸葛瑾子融，步骘子协，虽各袭任，权特复使然总为大督。又陆逊亦（本）〔卒〕，功臣名将存者惟然，莫与比隆。

寝疾二年，后渐增笃；权昼为减膳，夜为不寐；中使医药口食之物[19]，相望于道。然每遣使表疾病消息[20]，权辄召见；口自问讯，入赐酒食，出送布帛。自创业功臣疾病，权意之所钟：吕蒙、凌统最重，然其次矣。

年六十八，赤乌十二年卒。权素服举哀，为之感恸。子绩嗣。

【注释】

〔1〕柤中：地区名。在今湖北南漳县东。是平坦肥沃的耕作区。据本书卷四十七《吴主传》，朱然第一次进攻柤中，在赤乌四年（公元241）而非五年，此处史文疑有误。 〔2〕胡质（？—公元250）：传见本书卷二十七。 〔3〕要（yāo）遮：截断。 〔4〕闻问：得知消息。〔5〕九年：赤乌九年（公元246）。 〔6〕归义：起义投降。这里指起义投降的人。 马茂（？—公元245）：事见本书卷四十七《吴主传》。〔7〕方舟：并排的船。 〔8〕识（zhì）：记住。 〔9〕此家：这位。〔10〕难必：难以肯定。 〔11〕右军师：官名。参谋军事。当时孙吴置有左、右军师。是朝廷军队的两位参谋长。如果左、右大司马兼任军师职务，则左大司马兼右军师，右大司马兼左军师。 〔12〕气候：气概。〔13〕内行：自身的品行。 〔14〕文采：花纹和色彩。 〔15〕钦钦：思虑的样子。 〔16〕严鼓：作好出发准备并敲鼓召集队伍。 〔17〕行装：收拾行装。 〔18〕玩敌：麻痹敌人。 〔19〕中使：宫中的使者。〔20〕消息：将息调养。这是当时习语。朱然死后，葬在今安徽马鞍山市境内。1984 年其墓被考古工作者发掘，出土了名谒、凭几、密封文件盒等一批珍贵器物，是孙吴时期考古学上的重要发现。

【裴注】

〔一〕《襄阳记》曰："柤，音如租税之租。柤中在上黄界，去襄阳一百五十里。魏时夷王梅敷兄弟三人，部曲万余家屯此；分布在中庐、宜城西山鄢、沔二谷中。土地平敞，宜桑麻，有水陆良田，沔南之膏腴沃壤：谓之柤中。"

〔二〕孙氏《异同评》曰："《魏（志）〔书〕》及《江表传》云，然以景初元年、正始二年再出为寇，所破胡质、蒲忠在景初元年。《魏志》承《魏书》，依违不说质等为然所破，而直云然退耳。《吴志》说赤乌五年，于魏为正始三年，魏将蒲忠与朱然战，忠不利，质等皆退。按《魏少帝纪》及《孙权传》，是岁并无事，当是陈寿误以吴嘉禾六年为赤乌五年耳。"

绩字公绪。以父任为郎[1]。后拜建忠都尉[2]。叔父才卒，绩领其兵。随太常潘璿讨五溪[3]，以胆力称。迁偏将军，营下督[4]，领盗贼事，持法不倾。鲁王霸注意交绩[5]，尝至其廨[6]，就之坐[7]，欲与结好；绩下地住立[8]，辞而不当。

然卒，绩袭业，拜平魏将军[9]，乐乡督[10]。明年，魏征南将军王昶，率众攻江陵城，不克而退。绩与奋威将军诸葛融书曰："昶远来疲困，马无所食；力屈而走，此天助也。今追之力少，可引兵相继；吾欲破之于前，足下乘之于后。岂一人之功哉？宜同断金之义[11]！"融答许绩。绩便引兵及昶于纪南[12]。纪南去城三十里，绩先战胜而融不进，绩后失利。权深嘉绩，盛责怒融。融兄大将军恪贵重，故融得不废。初绩与恪、融不平[13]，及此事变，为隙益甚。

建兴元年，迁镇东将军。二年春[14]，恪向新城，要绩并力[15]；而留置半州，使融兼其任。冬，恪、融被害，绩复还乐乡，假节。

太平二年，拜骠骑将军。孙綝秉政，大臣疑贰[16]。绩恐吴必扰乱，而中国乘衅[17]；乃密书结蜀，使为并兼之虑[18]。蜀遣右将军阎宇将兵五千，增白帝守，以须绩之后命[19]。

永安初，迁上大将军，都护，督自巴丘上迄西陵。元兴元年，就拜左大司马[20]。

初，然为治行丧竟[21]，乞复本姓：权不许。绩以五凤中[22]，表还为施氏。

建衡二年卒。

【注释】

〔1〕以父任为郎：因父亲担任高级官员而被任命为郎官。这是自汉代以来对公卿子弟的一种特殊优待办法。 〔2〕建忠校尉：官名。领兵征伐。 〔3〕讨五溪：讨伐居住在五溪的少数族。五溪即雄溪、樠溪、辰溪、酉溪、无溪。在今湖南西部。当时是武陵蛮族聚居地。 〔4〕营下督：官名。负责维持治安。 〔5〕霸：即孙霸（？—公元250）。传见本书卷五十九。 注意：倾注情意。〔6〕廨（xiè）：办公的官署。〔7〕就之坐：靠近施绩坐。 〔8〕下地：离开坐席移到地上。 〔9〕平魏将军：官名。领兵征伐。 〔10〕乐乡督：官名。乐乡战区的指挥官。〔11〕断金：斩断金属。《周易·系辞》上有"二人同心，其利断金"的句子，所以这里指两个人齐心合力。 〔12〕纪南：城名。在今湖北荆州市荆州区西北。是楚国故都。现今有遗迹留存。 〔13〕不平：不和。〔14〕二年：建兴二年（公元224）。 〔15〕要（yāo）：约定。 〔16〕疑贰：猜疑离心。 〔17〕中国：中原。指曹魏。 〔18〕并兼之虑：（防止被曹魏）兼并的考虑。 〔19〕须：等待。 〔20〕就：就地。 〔21〕竟：完毕。 〔22〕五凤：废帝孙亮的年号。

吕范字子衡，汝南细阳人也[1]。少为县吏，有容观

姿貌。邑人刘氏，家富女美。范求之，女母嫌，欲勿
与。刘氏曰："观吕子衡，宁当久贫者邪[2]？"遂与
之婚。

后避乱寿春，孙策见而异之。范遂自委昵[3]，将私
客百人归策[4]。时太妃在江都，策遣范迎之。徐州牧陶
谦谓范为袁氏觇候[5]，讽县掠考范[6]；范亲客健儿篡取
以归[7]。时唯范与孙河常从策[8]，跋涉辛苦，危难不避。
策亦〔以〕亲戚待之，每与升堂，饮宴于太妃前。

后从策攻破庐江。还，俱东渡；到横江、当利，破
张英、于麋，下小丹杨、湖孰[9]，领湖孰相[10]。策定
秣陵、曲阿，收笮融、刘繇余众；增范兵二千，骑五
十四。

后领宛陵令，讨破丹杨贼。还吴，迁都督[11]。〔一〕

是时，下邳陈瑀自号吴郡太守，住海西[12]，与强
族严白虎交通[13]。策自将讨虎，别遣范与徐逸攻瑀于
海西，枭其大将陈牧。〔二〕又从攻祖郎于陵阳，太史慈
于勇里[14]。七县平定，拜征虏中郎将[15]，征江夏；还
平鄱阳。

【注释】
　　〔1〕细阳：县名。县治在今安徽阜阳市西北。　〔2〕宁当：岂会。
〔3〕委昵：投靠附从。　〔4〕私客：私人占有的依附性人口，地位接近
奴隶。　〔5〕袁氏：指袁术。　觇（chān）候：窥察情况的侦探。
〔6〕讽：暗示。　掠考：拷打审问。　〔7〕篡取：夺取。　〔8〕孙河：事
见本书卷五十一《孙韶传》。　〔9〕下：攻克。　小丹杨：指丹杨郡的丹
杨县。县治在今安徽当涂县东北。　〔10〕相：官名，即侯相。当时制
度，某县如果成为一侯爵的封地，则改称某侯国，县令或县长随之改称

侯相，简称相。 〔11〕都督：官名。即营都督，协助主将管理军营杂务。后来孙权开始在长江沿线各战区设立都督，简称督，为战区的军事指挥官，与此处的都督不同。 〔12〕海西：县名。县治在今江苏灌南县东南。 〔13〕交通：交往联系。 〔14〕勇里：地名。在今安徽泾县西北。 〔15〕征虏中郎将：官名。领兵征伐。

【裴注】

〔一〕《江表传》曰："策从容独与范棋，范曰：'今将军事业日大，士众日盛；范在远，闻纲纪犹有不整者。范愿暂领都督，佐将军部分之。'策曰：'子衡，卿既士大夫，加手下已有大众，立功于外；岂宜复屈小职，知军中细碎事乎！'范曰：'不然。今舍本土而托将军者，非为妻子也，欲济世务；犹同舟涉海，一事不牢，即俱受其败：此亦范计，非但将军事乎！'策笑，无以答。范出，更释褠，著袴褶，执鞭，诣阁下启事，自称'领都督'。策乃授传，委以众事。由是军中肃睦，威禁大行。"

〔二〕《九州春秋》曰："初平三年，扬州刺史陈祎死，袁术使瑀领扬州牧。后术为曹公所败于封丘，南人叛瑀，瑀拒之。术走阴陵，好辞以下瑀；瑀不知权，而又怯，不即攻术。术于淮北集兵，向寿春。瑀惧，使其弟公琰请和于术。术执之而进，瑀走归下邳。"

策薨，奔丧于吴。后权复征江夏，范与张昭留守。曹公至赤壁，与周瑜等俱拒破之。拜裨将军，领彭泽太守[1]，以彭泽、柴桑、历（阳）〔陵〕为奉邑。

刘备诣京见权，范密请留备。后迁平南将军[2]，屯柴桑。权讨关羽，过范馆。谓曰："昔早从卿言，无此劳也！今当上取之，卿为我守建业。"

权破羽还，都武昌。拜范建威将军，封宛陵侯，领丹杨太守；治建业，督扶州以下至海[3]。转以溧阳、怀安、宁国为奉邑[4]。

曹休、张辽、臧霸等来伐；范督徐盛、全琮、孙韶等，以舟师拒休等于洞口。迁前将军，假节，改封南昌侯。时遭大风，船人覆溺，死者数千，还军。

拜扬州牧。性好威仪。州民如陆逊、全琮及贵公子[5]，皆修敬虔肃[6]，不敢轻脱[7]。

其居处服饰，于时奢靡，然勤事奉法。故权悦其忠，不怪其侈。[一]初，策使范典主财计[8]。权时年少，私从有求；范必关白[9]，不敢专许：当时以此见望[10]。权守阳羡长，有所私用，策或料覆[11]。功曹周谷辄为傅著簿书[12]，使无谴问：权临时悦之。及后统事，以范忠诚，厚见信任；以谷能欺更簿书[13]，不用也。

黄武七年，范迁大司马；印绶未下，疾卒。权素服举哀，遣使者追赠印绶。

及还都建业，权过范墓，呼曰："子衡！"言及流涕，祀以太牢[14]。[二]

【注释】

〔1〕彭泽：郡名，治所在今江西湖口县东。　〔2〕平南将军：官名。领兵征伐。　〔3〕扶州：长江中洲岛名。当在今安徽马鞍山市一带。〔4〕怀安：县名。县治在今安徽宁国市东南。　宁国：县名。县治在今安徽宁国市西南。　〔5〕州民：指扬州牧朱治管辖之下的扬州人。〔6〕修敬：表示尊敬。　〔7〕轻脱：轻率。　〔8〕财计：财务计划。〔9〕关白：报告。　〔10〕见望：受到怨恨。　〔11〕料覆：复查。〔12〕功曹：官名。主管人事财务。　傅著：增添。指虚报财务支出的项目。　簿书：账簿记载。　〔13〕欺更：欺骗性更改。　〔14〕太牢：祭祀时以牛、羊、猪各一作祭品，称为太牢。是祭牲的最高规格。

【裴注】

〔一〕《江表传》曰："人有白范与贺齐：奢丽夸绮，服饰僭拟王者。

权曰：'昔管仲逾礼，桓公优而容之，无损于霸。今子衡、公苗，身无夷吾之失；但其器械精好，舟车严整耳；此适足作军容，何损于治哉？'告者乃不敢复言。"

〔二〕《江表传》曰："初，权移都建业，大会将相文武，（时）〔特〕谓严畯曰：'孤昔叹鲁子敬比邓禹，吕子衡方吴汉；闻卿诸人，未平此论：今定云何？'畯退席曰：'臣未解指趣，谓肃、范受饶，褒叹过实。'权曰：'昔邓仲华初见光武：光武时受更始使，抚河北，行大司马事耳，未有帝王志也。禹劝之以复汉业，是禹开初议之端矣。子敬英爽有殊略，孤始与一语，便及大计；与禹相似，故比之。吕子衡忠笃亮直，性虽好奢，然以忧公为先，不足为损。避袁术，自归于兄；兄作大将，别领部曲，故忧兄事，乞为都督；办护修整，加之恪勤，与吴汉相类：故方之。皆有指趣，非孤私之也。'畯乃服。"

范长子先卒，次子据嗣。据字世议。以父任为郎。后范寝疾，拜副军校尉[1]，佐领军事。

范卒，迁安军中郎将[2]。数讨山贼，诸深恶剧地[3]，所击皆破。随太常潘濬讨五溪，复有功。朱然攻樊，据与朱异破城外围；还，拜偏将军。入补马闲右部督[4]。迁越骑校尉。太元元年，大风；江水溢流，渐淹城门。权使视水，独见据使人取大船以备害。权嘉之，拜荡魏将军[5]。权寝疾，以据为太子右部督[6]。

太子即位，拜右将军。魏出东兴，据赴讨有功。明年，孙峻杀诸葛恪；迁据为骠骑将军，平西宫事[7]。

五凤二年，假节，与峻等袭寿春；还遇魏将曹珍，破之于高亭。

太平元年，帅师侵魏。未及淮，闻孙峻死，以从弟綝自代[8]；据大怒，引军还，欲废綝。綝闻之，使中书奉诏[9]，诏文钦、刘纂、唐咨等，使取据；又遣从兄

（虑）〔宪〕，以都下兵逆据于江都[10]。左右劝据降魏，据曰：“耻为叛臣！”遂自杀。夷三族。

【注释】

〔1〕副军校尉：官名。辅助主将指挥军队。　〔2〕安军中郎将：官名。领兵征伐。　〔3〕剧地：社会动荡剧烈而难以治理的地区。〔4〕马闲右部督：官名。统领马闲营的骑兵，保卫京城。　〔5〕荡魏将军：官名。领兵与曹魏作战。　〔6〕太子右部督：官名。太子卫队中右部支队的指挥官。　〔7〕平西宫事：官名。负责处理西宫的事务。西宫是指孙吴西都武昌的皇宫。　〔8〕自代：代替自己。自己指孙峻。〔9〕中书：官名。这里指中书郎。负责传达皇帝诏令。　〔10〕都下兵：京都地区的驻军。　逆：迎面攻取。

朱桓字休穆，吴郡吴人也。孙权为将军，桓给事幕府[1]。除余姚长，往，遇疫疠[2]，谷食荒贵。桓分部良吏[3]，隐亲医药[4]；飧粥相继，士民感戴之。迁荡寇校尉[5]，授兵二千人，使部伍吴、会二郡[6]。鸠合遗散[7]，期年之间[8]，得万余人。后丹杨、鄱阳山贼蜂起，攻没城郭，杀略长吏，处处屯聚。桓督领诸将，周旋赴讨[9]，应皆平定。稍迁裨将军，封新城亭侯。后代周泰为濡须督。

黄武元年，魏使大司马曹仁步骑数万，向濡须。仁欲以兵袭取州上[10]；伪先扬声[11]，欲东攻羡溪[12]。桓分兵将赴羡溪；既发，猝得仁进军距濡须七十里间[13]。桓遣使追还羡溪兵，兵未到而仁奄至。时桓手下及所部兵，在者五千人；诸将业业[14]，各有惧心。

桓喻之曰：“凡两军交对，胜负在将，不在众寡！

诸君闻曹仁用兵行师，孰与桓邪？兵法所以称客倍而主人半者[15]，谓俱在平原，无城池之守，又谓士众勇怯齐等故耳。今仁既非智勇；加其士卒甚怯，又千里步涉，人马疲困。桓与诸君，共据高城；南临大江[16]，北背山陵；以逸待劳，为主制客：此百战百胜之势也。虽曹丕自来，尚不足忧；况仁等邪！"

桓因偃旗鼓，外示虚弱，以诱致仁。仁果遣其子泰攻濡须城；分遣将军常雕督诸葛虔、王双等，乘油船别袭中洲[17]。中洲者，部曲妻子所在也[18]。仁自将万人留橐皋，复为泰等后拒[19]。桓部兵将攻取油船，或别击雕等；桓等身自拒泰。〔泰〕烧营而退，遂枭雕[20]，生虏双，送武昌。临阵斩溺[21]，死者千余。权嘉桓功，封嘉兴侯，迁奋武将军[22]，领彭城相[23]。

【注释】

〔1〕幕府：将军的办公府署。 〔2〕疫疠：传染病。 〔3〕分部：分别部署。 〔4〕隐亲：抚恤并亲自给予。 〔5〕荡寇校尉：官名。领兵征伐。 〔6〕部伍：当时把指挥部署军队围取山越然后把强壮者充当士兵的行动称为部伍。 〔7〕鸠合：聚合。 〔8〕期(jī)年：整整一年。〔9〕周旋：辗转。 〔10〕州：即下文所说的中洲。又称濡须中洲。长江中的洲岛。在今安徽无为县南。 〔11〕扬声：放出消息。 〔12〕羡溪：地名。在今安徽巢湖市东南。 〔13〕问：消息。 〔14〕业业：畏惧的样子。 〔15〕客倍而主人半：作客的进攻者在吃力的程度上要比当主人的防守者大一倍。 〔16〕大江：即长江。 〔17〕油船：以油浸材料制造的轻便快船。 〔18〕部曲：部属。 妻子：妻室儿女。 〔19〕后拒：后面的防卫。 〔20〕枭：砍头。 〔21〕斩溺：被杀的和被逼跳水淹死的。 〔22〕奋武将军：官名。领兵征伐。 〔23〕彭城：王国名。治所在今江苏徐州市。当时在曹魏占领之下，这里是有名无实的遥领。

黄武七年，鄱阳太守周鲂谲诱魏大司马曹休[1]；休将步骑十万，至皖城以迎鲂。时陆逊为元帅；全琮与桓为左、右督，各督三万人击休。休知见欺，当引军还；自负众盛，（微）〔邀〕于一战。桓进计曰：“休本以亲戚见任，非智勇名将也。今战必败，败必走；走当由夹石、挂车[2]。此两道皆险陿，若以万人柴路；则彼众可尽，而休可生虏。臣请将所部以断之。若蒙天威，得以休自效[3]；便可乘胜长驱，进取寿春；割有淮南，以规许、洛[4]：此万世一时[5]，不可失也！”

权先与陆逊议，逊以为不可，故计不施行。

黄龙元年，拜桓前将军，领青州牧，假节。

嘉禾六年，魏庐江主簿吕习请大兵自迎[6]，欲开门为应。桓与卫将军全琮，俱以师迎。既至，事露，军当引还。城外有溪水，去城一里所[7]；广三十余丈，深者八九尺，浅者半之。诸军勒兵渡去，桓自断后。时庐江太守李膺整严兵骑，欲须诸军半渡[8]，因迫击之；及见桓节、盖在后[9]，卒不敢出：其见惮如此[10]。

【注释】
　〔1〕周鲂：传见本书卷六十。　谲(jué)：欺骗。　〔2〕挂车：地名。在今安徽桐城市西南。　〔3〕以休自效：用(俘虏的)曹休作为自己(对国家)的报效。　〔4〕规：谋划(攻取)。　〔5〕万世一时：一万代才碰上一次的好时机。　〔6〕自迎：迎接自己。　〔7〕一里所：一里的地方。〔8〕半渡：一半人渡过河。　〔9〕盖：伞盖。君主和高级官员的一种仪仗器物。　〔10〕见惮：受到畏惧。

是时，全琮为督。权又令偏将军胡综宣传诏命，参与军事。琮以军出无获，议欲部分诸将〔1〕，有所掩袭。桓素气高，耻见部伍〔2〕。乃往见琮，问行意；感激发怒〔3〕，与琮校计〔4〕。琮欲自解，因曰："上自令胡综为督〔5〕，综意以为宜尔〔6〕。"桓愈恚恨，还，乃使人呼综。综至军门，桓出迎之。顾谓左右曰："我纵手〔7〕，汝等各自去！"有一人旁出，语综使还。桓出，不见综；知左右所为，因斫杀之。桓佐军进谏〔8〕，刺杀佐军。

遂托狂发〔9〕，诣建业治病。权惜其功能，故不罪。〔一〕使子异摄领部曲，令医视护，数月复遣还中洲。

权自出祖送〔10〕，谓曰："今寇虏尚存，王途未一〔11〕，孤当与君共定天下；欲令君督五万人专当一面，以图进取：想君疾未复发也？"桓曰："天授陛下圣姿，当君临四海；猥重任臣，以除奸逆：臣疾当自愈。"〔二〕

桓性护前〔12〕，耻为人下。每临敌交战，节度不得自由〔13〕，辄嗔恚愤激〔14〕。然轻财贵义，兼以强识〔15〕。与人一面，数十年不忘；部曲万口，妻子尽识之。爱养吏士，赡护六亲〔16〕；俸禄产业，皆与共分。及桓疾困，举营忧戚。

年六十二，赤乌元年卒。吏士男女，无不号慕。又家无余财，权赐盐五千斛以周丧事〔17〕。子异嗣。

【注释】

　〔1〕部分：部署指挥。这是当时习语。　〔2〕耻见部伍：耻于受到指挥支配。　〔3〕感激：激动。　〔4〕校计：争论。　〔5〕上：对皇帝的称呼。这里指孙权。　〔6〕宜尔：应当这样。　〔7〕纵手：动手。指要动手教训胡综。　〔8〕佐军：官名。协助处理军务。　〔9〕狂发：疯病发

作。　〔10〕祖送：设酒宴饯别。　〔11〕王途：比喻天下。　〔12〕护前：不喜欢别人胜过自己。　〔13〕节度：（受到）节制。　〔14〕嗔恚（chēn huì）：瞪眼睛发怒。　〔15〕强识（zhì）：记忆力强。　〔16〕六亲：六种亲属。说法不一。曹魏王弼的《老子注》认为是父、母、兄、弟、夫、妇。　〔17〕周：周济，接济。

【裴注】

〔一〕孙盛曰："《书》云：'臣无作威作福：作威作福，则凶于而家，害于而国。'桓之贼忍，殆虎狼也！人君且犹不可，况将相乎？语曰：得一夫而失一国。纵罪亏刑，失孰大焉！"

〔二〕《吴录》曰："桓奉觞曰：'臣当远去，愿一捋陛下须，无所复恨！'权凭几前席，桓进前捋须曰：'臣今日真可谓捋虎须也！'权大笑。"

异字季文。以父任除郎。〔一〕后拜骑都尉，代桓领兵。

赤乌四年，随朱然攻魏樊城；建计破其外围，还拜偏将军。魏庐江太守文钦营住六安，多设屯砦〔1〕，置诸道要〔2〕；以招诱亡叛，为边寇害。异乃身率其手下二千人，掩破钦七屯，斩首数百。迁扬武将军。

权与论攻战，辞对称意。权谓异从父骠骑将军据曰："本知季文恔〔3〕，及见之复过所闻。"

十三年〔4〕，文钦诈降；密书与异，欲令自迎。异表呈钦书，因陈其伪，不可便迎。权诏曰："方今北土未一，钦云欲归命〔5〕，宜且迎之。若嫌其有谲者，但当设计，网以罗之，盛重兵以防之耳！"乃遣吕据督二万人，与异并力；至北界，钦果不降。

建兴元年，迁镇南将军。是岁，魏遣胡遵、诸葛诞

等出东兴。异督水军攻浮梁[6]，坏之，魏军大破。〔二〕

太平二年，假节，为大都督，救寿春围，不解。还军，为孙綝所枉害。〔三〕

【注释】

〔1〕屯砦(zhài)：营栅。 〔2〕道要：道路的要冲。 〔3〕恑(kuài)：出色不凡。这是当时习语。 〔4〕十三年：赤乌十三年(公元250)。 〔5〕归命：献身归附。 〔6〕浮梁：浮桥。

【裴注】

〔一〕《文士传》曰："张惇子纯与张俨及异，俱童少，往见骠骑将军朱据。据闻三人才名，欲试之，告曰：'老鄙相闻，饥渴甚矣！夫骠裹以迅骤为功，鹰隼以轻疾为妙。其为吾各赋一物，然后乃坐。'俨乃赋犬曰：'守则有威，出则有获。韩卢、宋鹊，书名竹帛。'纯赋席曰：'席以冬设，簟为夏施。揖让而坐，君子攸宜。'异赋弩曰：'南岳之干，钟山之铜。应机命中，获隼高墉。'三人各随其目所见而赋之，皆成而后坐：据大欢悦。"

〔二〕《吴书》曰："异又随诸葛恪围新城，城既不拔；异等皆言宜速还豫章，袭石头城，不过数日可拔。恪以书晓异，异投书于地曰：'不用我计，而用(侯)〔傁〕子言！'恪大怒，立夺其兵。遂废还建业。"

〔三〕《吴书》曰："綝邀异相见，将往，(恐)陆抗止之。异曰：'子通，家人耳：当何所疑乎！'遂往。綝使力人于坐上取之。异曰：'我吴国忠臣，有何罪乎？'乃拉杀之。"

评曰：朱治、吕范，以旧臣任用；朱然、朱桓，以勇烈著闻；吕据、朱异、施绩，咸有将领之才，克绍堂构[1]。若范、桓之越隘[2]，得以吉终；至于据、异无此之尤而反罹殃者[3]，所遇之时殊也[4]！

【注释】

〔1〕克：能够。　绍：继承。　堂构：堂屋的构架。比喻前辈奠定的事业。　〔2〕越：超越（本分）。指吕范的生活享受超越本分。　隘：狭隘。指朱桓不喜欢别人胜过自己。　〔3〕无此之尤：没有这样的过失。罹(lí)：遭受。　〔4〕殊：不同。

【译文】

朱治，字君理，丹杨郡故鄣县人。起初他在本县政府当办事员，后来本郡太守举荐他为孝廉，本州刺史聘任他为从事史。又随孙坚南征北战。

汉灵帝中平五年（公元188），朱治被孙坚任命为司马。跟着孙坚讨伐长沙、零陵、桂阳三郡的叛匪周朝、苏马等，立下战功，孙坚上表朝廷后让朱治代理都尉职务。接着朱治又随孙坚在阳人击败董卓，攻入洛阳。孙坚上表朝廷后让朱治代理督军校尉职务，特别带领步兵、骑兵，到东边帮助徐州牧陶谦讨伐黄巾军。

碰上孙坚去世，朱治辅助孙策，前去依附袁术。后来他看到袁术的政绩德泽都不行，就劝孙策回去平定江东。

当时太傅马日磾在寿春，聘朱治为自己的下属。不久朱治升任吴郡的都尉。孙策的舅父吴景已在丹杨郡当太守，而孙策本人则替袁术去进攻庐江郡；扬州刺史刘繇怕自己被袁术、孙策吞并，所以和孙策产生仇怨。而孙策的家属却都在刘繇州治所在地曲阿县，朱治赶紧派人到曲阿去把孙策母亲和孙权兄弟接到自己的住处，对他们的供养侍奉辅助保护，都非常有情分。

朱治想从自己的驻地钱塘县推进到吴县，而吴郡太守许贡在由拳县阻击他。他与许贡激战，打得对方大败而逃。许贡跑到南边去投靠山区叛匪首领严白虎。

朱治便进入吴郡的治所吴县，代理太守职务。孙策赶走刘繇之后，也平定了吴郡东边的会稽郡。孙权十五岁时，朱治举荐他为孝廉。

后来孙策去世，朱治与张昭等共同尊奉孙权为主事人。汉献帝建安七年（公元202），孙权上表朝廷后正式委任朱治为吴郡太守，代理扶义将军职务；划出娄、由拳、无锡、毗陵四县为朱治的奉邑，除收取四县民户租税自己享用外，他还可以自行任命四县的县级行政长官。朱治在当地征讨举兵反抗的少数族，帮助孙权平定东南地区，阻截擒获黄巾军残余势力的首领陈败、万秉等。

孙权黄武元年(公元222)，朱治被封为毗陵侯，依旧兼任吴郡太守。黄武二年(公元223)，他升任安国将军，使用金质印章、紫色绶带，改封故鄣侯。孙权担任高级将领，以及当了吴王之后；朱治每次前来拜见，孙权常常要亲自出迎，两人都捧着手版相互行跪拜礼。设宴款待和赏赐物品，对朱治给以特别优厚的礼遇，以至于随从朱治前来的官员，都得以向孙权送上礼品进行私人拜见：朱治受到的异常尊敬就达到这样的程度。

当初，孙权的弟弟孙翊，性情严厉急躁，喜怒都随意无常。朱治多次责备他，用道义进行劝导。孙权的堂兄豫章郡太守孙贲，女儿是曹操的媳妇。曹操攻破荆州，威震南方。孙贲心中害怕，想送儿子到曹操那里作人质表示投诚。朱治听说后，请求前去见孙贲，为他分析形势的安危；孙贲因此才打消了主意。孙权经常赞叹朱治为国事而忧劳不已的精神。

朱治生性俭朴节约，虽然身处富贵，车马服饰都只要求能供给实际的需要即可。孙权为了特别优待他，自己派了督军御史去帮朱治处理吴郡下属各县呈送上来的文书，让朱治坐享奉邑四县的租税而已。不过住在吴郡的孙氏宗族子弟，以及吴县的顾氏、陆氏、朱氏、张氏四个世家大族的子弟，在吴郡政府中充当办事官员的很多，以至于郡政府中办事官员常有上千人；朱治大抵每隔几年就要选送其中的一些优秀人才到孙权的吴王府去任职，所选送的有几百人之多。每逢新年和四季中的节日朱治都要向孙权进献贡品，孙权的回礼也总是非常丰厚。

当时丹杨郡的深山地区，还有不少叛乱分子，朱治又因为自己年纪渐老，思恋故土的风俗；所以主动上表请求到家乡故鄣县驻扎，以震慑安抚山越族人。他到故鄣后，当地父老和故旧，无不登门拜访；朱治全都请进门来会见，与他们一起饮宴，乡亲们都引以为荣。

他在故鄣住了一年多，又回到吴郡的治所吴县。黄武三年(公元224)他去世，在吴郡任职太守长达三十一年，终年六十九岁。

他的儿子朱才，一直以校尉的官衔领兵；父亲死后继承其爵位，又升任偏将军。朱才的弟弟朱纪，孙权把孙策的女儿嫁给他为妻；也以校尉的官衔领兵。朱纪的弟弟朱纬、朱万岁，都早年夭亡。朱才的儿子朱琬，继承爵位并领兵为将，官做到镇西将军。

朱然，字义封。是朱治姐姐的儿子，本来姓施。当初，朱治没有儿子，朱然十三岁时，朱治报告孙策请求以朱然为继承人。孙策下令让丹杨郡政府派人带着羊、酒之类的礼物去征召朱然。朱然到吴县后，孙策送了厚礼以表庆贺。朱然曾经与孙权一同读书学习，结下深厚情谊。

到孙权统管大事之后，任命朱然为余姚县长。当时朱然才十九岁。后来朱然升任山阴县令，加任折冲校尉，指挥五个县的地方军队。孙权器重他的才能，分出丹杨郡的一部分地区设立临川郡，以朱然为太守，授给二千人的正规军队。恰巧这时山区的叛匪大举作乱，朱然领兵前去征讨，个把月后就完全平定。

曹操进攻濡须，朱然受命把守大坞和三关一带的营地，升任偏将军。

汉献帝建安二十四年（公元219），他随大军讨伐关羽，领兵与潘璋赶到临沮县擒杀了关羽，因功升任昭武将军，封西安乡侯。虎威将军吕蒙病势沉重，孙权问他：“您如果再不能起来，谁可以代替您呢？”吕蒙回答说：“以朱然的胆量操守而论，接替我的职务绰绰有余；我的愚见认为可以任用他。”吕蒙去世，孙权授给朱然节杖，镇守江陵。

孙权黄武元年（公元222），刘备率领大军东下进攻宜都；朱然指挥五千人，与陆逊合力抵御刘备。朱然独自攻破刘备的先头部队，又去截断对方的退路；刘备大败而逃。朱然升任征北将军，封永安侯。

魏国派曹真、夏侯尚、张郃等将，大举进攻江陵；魏文帝亲自进驻宛县，充当声援，魏军把营寨连起来包围了江陵城。

孙权派将军孙盛，指挥一万人马在城南长江中的百里洲上防守，建立围栅壁垒，作为城中朱然的外援。张郃渡江进攻孙盛，孙盛抵挡不住，很快退却。张郃夺取了百里洲上的围栅、壁垒，朱然与外面的联系完全断绝。孙权又急派潘璋、杨粲前去解围而依然未成功。当时城中朱然的士兵患肿病的很多，能够作战的只有五千人。曹真等在城墙外垒起土山，开挖地道，架设高楼，向城中射出像雨点一般密集的飞箭。将士们都惊慌失色，但是朱然却举止安然毫不恐惧；激励将士，看准机会攻破敌军两处营地。魏军围攻朱然长达六个月的时间，仍未退兵。

江陵县令姚泰，领兵防守北边的城门，看到外面的敌人多，里面的士兵少，粮食又快吃光；因而与敌军联系，准备叛变充当内应。即将行动时，事情发觉，朱然惩治处死姚泰。夏侯尚等打不下城池，只好撤军退回。从此朱然威名震动敌国，孙权改封他为当阳侯。

黄武五年（公元 226），孙权亲自率军进攻魏国的石阳；到了回军的时候，由潘璋断后。晚上出发时军队发生错乱，敌军前来追击，潘璋制止不住。朱然立即掉头回来停下，迎战敌人，使自己军队前面的船队全部安全走远之后，才慢慢从后面出发。

黄龙元年（公元 229），朱然升任车骑将军，右护军，兼任兖州牧。没过多久，因为兖州被分给蜀国，所以解除了他兖州牧的职务。

嘉禾三年（公元 234），孙权与蜀国约定时间同时大举进攻魏国；孙权亲自攻向合肥新城，朱然与全琮都被授给斧钺，分别担任左部、右部各军的总指挥官。恰巧这时将士有许多人患病，所以没有发起攻击就退回。

赤乌五年（公元 242），朱然出兵进攻曹魏的柤中。魏将蒲忠、胡质各自带领几千人马。蒲忠赶到险要狭窄的地方阻截，想卡断朱然的后路，而胡质则充当其后援。当时朱然所指挥的兵将已经分散到四方去执行任务，得知消息之后没有时间收聚部队，立即带领现有的侍卫队八百壮士前去迎战。蒲忠在交手后失利，胡质等人随之退却。

赤乌九年（公元 246），他再次进攻柤中。魏将李兴等听说朱然等孤军深入，带领六千步兵、骑兵企图截断他的后路；朱然在夜晚出兵迎头痛击，军队获胜后凯旋。

在此之前，起义投降的魏将马茂心怀奸计想刺杀孙权，发觉后被处死；孙权极为愤怒。所以朱然在临出发前上了一道奏疏说："马茂这个小子，胆敢辜负陛下的恩情和养育！为臣现在凭借陛下天生的神威，出战一定能获得大捷，要想使所获得的战果，在远近地区都产生震动和得到显耀，并排的战船要布满江河，使威武的军容令人叹为观止：以消除君臣上下的愤怒。希望陛下记住为臣先说的这些话，要求为臣以后取得实际效果！"

孙权在当时把奏疏压下来没有拿给大家看。朱然凯旋报捷之后，群臣向孙权祝贺；孙权吩咐摆酒奏乐，然后才把朱然的奏疏拿出来，说："这位在当初就有表章，朕以为事情难以肯定；而今果如其言，真可以说是有先见之明了！"于是派使者前去宣布提升朱然为左大司马，右军师。

朱然身高不到七尺，但是气概不凡，注重自身品行的培养和纯洁。凡是花纹和色彩，都只用来涂饰军用器械，其余的物品都是质朴的本色。他整天都在思虑公务，经常上战场；面临危急局面时他的胆大镇定，大大超过常人。即使国家没有战事，每天早晚也要敲击战鼓召集军队并要求作好出发准备，这时士兵在军营中的，全都要收拾好行装入列整队。他用这一手段来麻痹敌人，使对方无法防备他在何时出击：所以他一出击总要立下战功。诸葛瑾的儿子诸葛恪，步骘的儿子步协，虽然各自继承了父亲的领兵权力，孙权特别又使朱然统领他们成为总指挥官。又因为陆逊也去世，老一辈的功臣名将在世的只有朱然，没有人能和他所受到的隆厚待遇相比。

他卧病在床两年，后来病势逐渐加重；孙权白天为他减少了御膳的数量，晚上愁得睡不着觉；前往送去医药和珍贵食品的宫廷使者，在路上接连不断。朱然每次派使者进京报告疾病和将息调养的情况时，孙权总要召见；亲口询问，使者进门要赐酒食，出门要送布帛。在创业功臣生病的事情中，孙权心意的关注程度，以吕蒙、凌统为最重，其次就是朱然了。

赤乌十二年（公元249），朱然六十八岁时去世。孙权穿上白色的丧服哭悼，为他的死亡而伤感悲恸。他的儿子朱绩继承了爵位。

朱绩，字公绪。他最先是因为父亲担任高级官员而被任命为郎官。后来升任建忠都尉。他的叔父朱才去世，由他继续带领朱才的兵马。随太常卿潘濬去讨伐五溪的少数族叛乱，以有胆量力气而著称。他升任偏将军、营下督，兼管平定叛匪事务，执法公正不阿。鲁王孙霸倾注情意去结交朱绩，曾经到他的官署，靠近他坐下来，想和他结下友好情谊；朱绩却马上离开坐席站起来，推辞不接受。

朱然去世，朱绩承袭了父亲的领兵权力。升任平魏将军，出任乐乡战区的军事指挥官。第二年，魏国征南将军王昶率军进攻江陵城，未能得手而撤退。朱绩与奋威将军诸葛融写信说："王昶军队远来疲乏困倦，战马没有饲料；力量耗尽而撤退，这是上天帮助我们的好机会。现今我想发起追击而兵力不足，您可以领兵随后；我想在前面击破他们，然后您再去踏平敌阵。这岂止是我一个人的功劳啊？足下您应当与我齐心合力！"诸葛融回信同意。朱绩就领兵在纪南追上王昶。纪南离江陵城三十里，朱绩先已取胜而诸葛融却不前进，导致朱绩后来失利。孙权非常嘉许朱绩，同时大发雷霆怒责诸葛融。只是因为当时诸葛融的哥哥诸葛恪身任大将军地位尊贵重要，所以诸葛融才没有被撤职。当初朱绩与诸葛恪、诸葛融就不和，有了这一变故，双方结仇更深。

孙亮建兴元年（公元252），朱绩升任镇东将军。第二年春天，诸葛恪率大军进攻合肥新城，约朱绩合力出兵；中途把他留在半州，却派诸葛融兼任朱绩原来担任的乐乡战区军事指挥官职务。当年冬天，诸葛恪、诸葛融被杀害，朱绩又回到乐乡战区任职，并被授予节杖。

太平二年（公元257），他升任骠骑将军。孙綝执掌朝政，大臣之间相互猜疑离心。朱绩担心吴国必然发生动乱，而魏国会乘机进攻；于是秘密写信团结蜀国，让他们作好防止被魏国兼并的考虑。蜀国随即派右将军阎宇带兵五千，去增加白帝城的防守，以等待朱绩以后的通报。

孙休永安初年，他升任上大将军，都护，指挥自巴丘以上直到西陵这一大段长江防线的军队。孙皓元兴元年（公元264），他就地升任左大司马。

当初，朱然在为朱治居丧期满之后，请求恢复原姓：孙权不同意。朱绩在孙亮五凤年间,上表请求恢复姓施,得到批准。

他在建衡二年(公元270)去世。

吕范,字子衡,汝南郡细阳县人。年轻时在本县政府当办事员,具有出众的仪表外貌。本县有位姓刘的,家庭富有女儿美丽。吕范前去求婚,刘某的妻子嫌弃吕范,想不同意。刘某却说:“看吕子衡的相貌,岂会是长久贫困的人吗?”于是让女儿与吕范结婚。

后来他避乱来到寿春,孙策见到后觉得他不同寻常。吕范也主动投靠附从,带着自己私有的奴客一百人归依孙策。当时孙策的母亲在江都县,孙策派吕范前去迎接。徐州牧陶谦却认为吕范是袁术派来窥察情况的侦探,暗示江都县拷打审问吕范;吕范亲信奴客中的健儿前去把他抢回来。当时只有吕范、孙河经常随从孙策,艰苦跋涉,不避危难。孙策也把他当作亲戚对待,每每与他进入内堂,在孙策母亲的面前饮宴。

后来吕范随孙策攻破庐江郡。回来后一起渡长江到江东,在横江、当利,攻破张英、于麋,又打下了丹杨县、湖孰县,他兼任了湖孰侯相。孙策平定秣陵、曲阿二县,收容笮融、刘繇的人马;把吕范的军队增加到步兵二千人、骑兵五十人。

后来吕范兼任宛陵县令,击溃丹杨郡的叛匪。回到吴县,升任都督。

当时,下邳郡人陈瑀自称是吴郡太守,停留在海西县,与当地豪强大族严白虎来往。孙策亲自讨伐严白虎,另外派吕范与徐逸到海西县进攻陈瑀,杀了他的大将陈牧。接着吕范又随孙策到陵阳县进攻祖郎,到勇里进攻太史慈。先后攻克七个县城,他升任征虏中郎将,在征讨江夏郡的黄祖后,他又回军平定了鄱阳县的叛乱。

孙策去世,吕范到吴县奔丧。孙权统管大事之后又进攻江夏郡,派吕范与张昭留守。曹操率大军到达赤壁,吕范与周瑜等一起抵抗并击败曹操。升任裨将军,兼任彭泽郡太守,把彭泽、柴桑、历陵三县赐给他作奉邑。

刘备到京下见孙权,吕范秘密请求孙权扣留刘备。吕范升任平南将军，驻扎在柴桑。

孙权讨伐关羽，经过吕范的府署。对他说："从前要是听您的话扣下刘备，就没这场劳累了啊！而今要到上游攻取荆州，请您去下游为我镇守建业。"

孙权攻破关羽回来，建都在武昌。提升吕范为建威将军，封宛陵侯，兼丹杨郡太守；治所设在建业，指挥从扶州以下到长江入海口这一大段长江防线的军队。改以溧阳、怀安、宁国三县为奉邑。

曹魏派大将曹休、张辽、臧霸等大举进攻；吕范指挥徐盛、全琮、孙韶等将，出动水军在洞口抵御曹休等。孙权提升他为前将军，授予节杖，改封南昌侯。当时遭遇大风，船只倾覆士兵淹死，死了几千人，军队撤回。

吕范又兼任扬州牧。吕范生性喜欢威严的仪容。扬州人中的大官如陆逊、全琮以及其他的权贵子弟，都对他这位父母官毕恭毕敬，不敢轻率。

他的住宅服饰，在当时算得上奢侈豪华，然而他勤于国事遵守法令。所以孙权喜欢他的忠诚，不责怪他的奢侈。当初，孙策让吕范主管自己的财务。孙权当时还年轻，私下向他要财物；吕范必定要向孙策报告，不敢擅自允许：当时为此也曾受到孙权的怨恨。孙权代理阳羡县长职务时，私人有什么开支，孙策有时要复查。县政府的功曹周谷，总是要替孙权掩盖而虚报账目，使孙权不致遭到责备；孙权在那时也喜欢周谷。到了孙权后来统管大事，因为吕范忠诚，倍加信任；至于周谷则因为他能对账目作欺骗性更改，所以根本不用他。

黄武七年（公元228），吕范升任大司马；还没来得及颁发印章、绶带，他就生病去世。孙权穿上白色丧服哭悼他，派使者追赠他大司马的印章、绶带。

后来孙权迁都回建业，曾经去看他的坟墓，在墓前呼唤道："子衡！"说起吕范的往事就流泪，并用牛、羊、猪三牲进行了祭奠。

吕范的长子先死，由次子吕据继承他的爵位。吕据，字世议。最初因父亲是高级官员而被任命为郎官。后来吕范卧病在床，孙权任命他为副军校尉，辅助吕范管理军务。

吕范去世，吕据升任安军中郎将。他多次领兵讨伐山区的叛匪，凡是深山中叛乱分子聚集，社会动荡剧烈而难以治理的地区，他前去进攻都能把叛匪击溃。他后来随太常卿潘濬去讨伐五溪的少数族叛军，也建立战功。朱然出兵进攻樊城，吕据与朱异攻破城外魏军的营地；回来后他升任偏将军。又进京担任马闲右部督，接着升任越骑校尉。太元元年(公元251)，出现大风，长江水溢出堤岸，浸湿淹进建业城的城门。孙权派人查看水情，看到只有吕据在指挥部下调来大船以防不测。孙权对此极为嘉许，提升他为荡魏将军。孙权卧病在床，任命吕据为太子卫队右部分队的指挥官。

太子孙亮即位为帝，任命吕据为右将军。魏军进攻东兴，吕据赶去迎战有功。第二年，孙峻谋杀了执政的诸葛恪；提升吕据为骠骑将军，负责处理武昌西官的事务。

五凤二年(公元255)，吕据被授予节杖，与孙峻等人袭击寿春；回来时与魏将曹珍遭遇，在高亭打得对方大败而逃。

太平元年(公元256)，吕据率领大军进攻魏国。还没有到达淮河，听说孙峻去世，临死前让堂弟孙綝代替自己；吕据大怒，带领军队赶了回来，想废掉孙綝。孙綝听说后，派中书郎带着皇帝的诏书，命令文钦、刘纂、唐咨等将去杀吕据；又派自己的堂兄孙宪，指挥京城驻军到江都迎战吕据。吕据身边的侍从劝他投降魏国，他说："我以当叛臣为耻！"于是自杀。孙綝诛杀了他的三族。

朱桓，字休穆，吴郡吴县人。孙权当将军统管大事时，朱桓在孙权的将军府中服务。被任命为余姚县长。他前去上任时正碰见当地发生传染病，粮食缺乏而价格高昂。朱桓分别部署优秀办事员，前往抚恤并亲自发送医药；不断施舍粥饭，官员百姓都非常感激拥戴他。朱桓升任荡寇校尉，被授予二千人马，前往吴郡、会稽郡围取山越族人，然后把其中强壮者充当士兵。又招聚逃散的百姓，一年多的时间里，他得到一万多人。后来丹杨、鄱阳二郡的山区叛匪蜂拥而起，攻陷城池，杀害劫持各县行政长官，到处驻扎。朱桓指挥部下众将，辗转征战，全部及时平定。他逐渐升到裨将军，封新城亭侯。接着他代替周泰当了濡须战区的军事指挥官。

孙权黄武元年（公元222），魏国派大司马曹仁统领步兵、骑兵几万人，进攻濡须。曹仁想出兵袭取濡须南面长江中的中洲；假意先放出风声，说要进攻东边的羡溪。朱桓分兵将要赶赴羡溪救援；出发之后，猛然得到曹仁大军已前进到距濡须七十里的消息。朱桓急派使者前去把赶往羡溪的人马追召回来，军队还未回来而曹军已大举杀到。当时朱桓自己直接统领加上受他指挥的军队，实有的人数只有五千；众将战战兢兢，各自心中畏惧。

朱桓开解他们说：“凡是两军对阵交锋，胜负取决于主将，而不在士兵的多少。诸位听说曹仁用兵出军，比起我朱桓来如何？兵法上面曾经说作客的进攻者在吃力的程度上要比当主人的防守者大一倍，那还只是指双方都在平原上，没有城池作凭借，而且士兵的勇敢怯懦情况都等同时的结果。如今进攻我们的曹仁既不是智勇双全的名将；加之他的士兵非常怯懦，又是千里步行，人马疲劳困倦。我和在座诸君，共同占据高峻的城堡；南面通往长江，北面背靠山岭；以逸待劳，作为主方制服客方：这是百战百胜的形势啊。即使他们曹丕亲自前来，也还值不得担忧，何况是曹仁之流呀！”

朱桓随即命令全军偃旗息鼓，在外面装出虚弱的样子，以引诱曹仁前来。曹仁果然派他的儿子曹泰来进攻濡须的城池；又另外派遣将军常雕指挥诸葛虔、王双等将，乘坐油船前去袭击长江里的中洲。而中洲，是朱桓部下的妻室儿女居住地。曹仁自己带领一万人马留在橐皋，作为曹泰等人后面的防卫。朱桓首先部署兵将前去攻打敌军的油船，有的直接袭击常雕；然后亲自抵御曹泰的进攻。曹泰只得烧掉营寨退兵，结果斩了常雕，生擒王双，把常雕的头颅连同王双一起送往首都武昌报捷。在战斗当中被杀和淹死的敌军，共有一千多人。孙权嘉奖朱桓的功劳，封他为嘉兴侯，升任奋武将军，兼任彭城国相。

黄武七年（公元228），鄱阳郡太守周鲂诱骗魏国大司马曹休；曹休亲自带领十万步兵、骑兵，深入到皖县前来迎接假装投降的周鲂。当时孙权委任陆逊为元帅；全琮与朱桓分别担任前线左、右两大军团的总指挥官，各自指挥三万人马攻击曹休。曹休知道自己被欺骗后，本当领兵退回；而他仗恃人多，要想截住吴军打一仗。这时朱桓进献计策说：“曹休本来是由于宗族亲属关系而受到任用，并不是智勇兼备的名将。如今要打，他必然失败，他一失败必然逃跑；逃跑时他应当走夹石、挂车。这两处的道路都险峻狭窄，如果用一万精兵去截断那里的道路，那么对方的人马可以全部歼灭，而曹休则将被生擒活捉。为臣请求带领本部人马前去截击。如果凭借陛下天生的神威，得以用俘虏的曹休来作为自己对国家的报效；就可以乘胜长驱直入，攻克寿春，割占淮南，然后谋取许县、洛阳：这可是千载难逢的机会，不能错过啊！”

　　孙权事先与陆逊商议，陆逊认为不可能攻克寿春并割占淮南，所以只出兵截断夹石而没有实施下一步计划。

　　黄龙元年（公元229），孙权任命朱桓为前将军，兼青州牧，授予节杖。

　　嘉禾六年（公元237），魏国庐江郡的主簿吕习请求派大军迎接自己，到时候他会充当内应打开城门投降。朱桓与卫将军全琮都带兵前往。到达后，吕习事情败露，大军应当撤回。城外有一条溪水，距城有一里多路；宽有三十多丈，深处的水有八九尺深，浅处水深约为深处一半。各军指挥人马渡水之时，朱桓亲自断后。这时魏国庐江郡太守李膺已整顿好步兵、骑兵准备出动，就等孙吴各军渡过一半兵马时，乘机发起追击；后来看到朱桓持节站在伞盖下断后，始终不敢出动：朱桓就是受到敌人如此的畏惧。

　　当时，由全琮担任总指挥。孙权又派了偏将军胡综来传达诏命，参与军事指挥。全琮因为大军出动后没有收获，商议之后想部署指挥众将，前去突袭魏国的城乡。朱桓素来心气高傲，耻于受他们的指挥。于是前去见全琮，追问临时组织突袭的用意；激动发怒，与全琮相互争论。全琮想为自己开解，就说：“陛下亲自命令胡综任总指挥，胡综的意思认为应当这样做。”朱桓更加恼怒，回到大营后就派人去叫胡综。胡综到了军营大门，朱桓出去迎接。回头对左右侍卫说：“我要动手了，你们各自走开！”有一个侍卫赶紧从旁边小门跑出去，告知胡综叫他赶紧躲避。朱桓出了大门，不见胡综，知道是左右侍卫干的，立即把那向胡综报信的人砍死。朱桓手下的佐军上来劝谏，他又把佐军刺杀。

于是他声称自己疯病发作，丢下军队到建业治病去了。孙权爱惜他的功劳才能，所以没有加罪。下令让他的儿子朱异代为统领部下，又派医生去给他看病护理，几个月后又送他回濡须中洲。

孙权亲自出城为他设酒宴饯别，对他说："如今敌寇还存在，天下没有统一，朕要与您共同平定全国；想让您指挥五万人马独当一面，以图进取魏境：这样您的病不会复发了吧?"朱桓说："上天授给陛下圣明的品质，将会君临天下；如果能屈尊授给为臣重任，以铲除奸贼：为臣的病自然就痊愈了。"

朱桓的性格是不喜欢别人胜过自己，耻于处在别人之下。每当临阵交战，受到别人的节制而不能由随自己行动，总是要瞪眼睛发怒气激愤不已。但是他又轻财重义，加之记忆力特强。与人见了一面，几十年都不会忘记；部下上万将士，连他们的妻室儿女都全部认识。他爱护将士，赡养他们的亲属；自己的俸禄和产业，都和他们共同分享。到了朱桓病重的时候，全营将士都非常悲愁。

赤乌元年(公元238)，他六十二岁时去世。部下将士及其男女家属，无不哀哭思慕他。他死后家中没有多余的财产，由孙权赏赐食盐五千斛用来办理丧事。他的儿子朱异继承了爵位。

朱异，字季文。他最初因父亲是高级官员而担任郎官。后来被任命为骑都尉，代替朱桓统领部下的兵马。

赤乌四年(公元241)，他随朱然进攻樊城；献计攻破敌军城外的营寨，回来后升任偏将军。魏国的庐江郡太守文钦在六安县设立基地，大量建造营栅，布置在交通要冲；以便招纳引诱吴国的逃亡百姓和叛变士兵，成为边境上的危害。朱异亲自带领手下二千精兵，发起突袭而攻破文钦七处营栅，斩杀敌军几百人。升任扬武将军。

孙权曾经与他讨论攻战问题，他的言辞对答很让孙权称心满意。孙权曾对朱异的叔父骠骑将军朱据说："本来朕就听说季文出色不凡，到了看见他本人才知道比听说的情况还要优秀。"

赤乌十三年(公元250)，文钦诈降；秘密写信给朱异，想让他出兵迎接自己。朱异上表呈送文钦的信，同时陈述他的虚假，认为不能立即出兵去迎接他。孙权下诏说："当今北方还没有统一，文钦说要来献身归附，还是应当权且去迎接他。如果担心他有诡诈，只要设下计谋，撒网包围，出动精锐大军加以防备就行了！"于是孙权派吕据指挥两万兵马，与朱异协同作战；到达北部边境后，文钦果然不投降。

孙亮建兴元年（公元252），朱异升任镇南将军。这一年，魏国派遣胡遵、诸葛诞等进攻东兴。朱异负责指挥水军进攻敌人的浮桥，把桥破坏，魏军大败。

太平二年（公元257），朱异被授予节杖，担任全军总指挥，前去解救寿春城的包围，结果未能达到目的。大军回来后，他被执政的孙綝冤枉处死。

评论说：朱治、吕范，作为孙氏的老部下而受到信任重用；朱然、朱桓，以勇敢刚烈而著名；吕据、朱异、施绩，都有胜任将领的才干，能够继承前辈的事业。像吕范、朱桓那样在生活享受上超越本分，不喜欢别人胜过自己，却能得到善终；至于吕据、朱异没有这样的过失反而遭到祸殃的原因，是当时所处的政治局势不同啊！

虞陆张骆陆吾朱传第十二

虞翻字仲翔，会稽余姚人也[1]。〔一〕太守王朗命为功曹[2]。孙策征会稽，翻时遭父丧，缞绖诣府门[3]。朗欲就之[4]，翻乃脱缞入见，劝朗避策。朗不能用，拒战败绩[5]，亡走浮海。翻追随营护，到东部候官[6]。候官长，闭城不受；翻往说之，然后见纳。〔二〕朗谓翻曰，"卿有老母，可以还矣。"〔三〕

翻既归，策复命为功曹；待以交友之礼，身诣翻第[7]。〔四〕策好驰骋游猎，翻谏曰："明府用乌集之众[8]，驱散附之士，皆得其死力：虽汉高帝不及也！至于轻出微行[9]，从官不暇严[10]，吏卒常苦之。夫君人者不重则不威[11]。故白龙鱼服[12]，困于豫且；白蛇自放[13]，刘季害之[14]。愿少留意[15]！"策曰："君言是也！然时有所思，端坐悒悒[16]，有裨谌草创之计[17]。是以行耳。"〔五〕

【注释】
　　[1] 余姚：县名。县治在今浙江余姚市西北。　　[2] 功曹：官名。郡太守的下属，主管人事。　　[3] 缞（cuī）：古时候用麻做的丧服。　绖（dié）：麻做的丧服腰带。　　[4] 就之：指出门见虞翻。当时虞翻身着丧

服，不便进入官署。　〔5〕败绩：溃败。　〔6〕东部：指会稽东部都尉。当时的候官是其属县。　候官：县名。县治在今福建福州市。　〔7〕身：亲自。〔8〕明府：当时对郡太守的尊称。　乌集：像乌鸦临时聚集。〔9〕微行：这里指穿着普通的打猎服装外出。　〔10〕不暇严：没有时间作好戒备。　〔11〕君人：统治人。　〔12〕白龙鱼服：比喻尊贵的人穿平民的衣服。刘向《说苑·正谏》记一则故事，说天上的白色神龙下到深渊，化为鱼，被一个名叫豫且的打鱼人射伤眼睛。　〔13〕自放：自己放纵。传说刘邦没有发迹时，曾用剑砍死一条大蛇。有位老太婆说大蛇是天上白帝的儿子，下到人间化为蛇，被赤帝的儿子所杀。见《史记》卷八《高祖本纪》。　〔14〕刘季：即汉高祖刘邦。刘邦字季。〔15〕少：稍微。　〔16〕悒悒（yì yì）：烦闷。　〔17〕裨谌（pí chén）：春秋时郑国的大夫。善谋划，但是只有到野外思考，他的谋划才有所获，见《左传》襄公三十一年。

【裴注】

　〔一〕《吴书》曰："翻少好学，有高气。年十二，客有候其兄者，不过翻。翻追与书曰：'仆闻虎魄不取腐芥，磁石不受曲针；过而不存，不亦宜乎！'客得书奇之，由是见称。"

　〔二〕《吴书》曰："翻始欲送朗到广陵，朗惑王方平记，言'疾来邀我，南岳相求'，故遂南行。既至候官，又欲投交州；翻谏朗曰：'此妄书耳！交州无南岳，安所投乎？'乃止。"

　〔三〕《翻别传》曰："朗使翻见豫章太守华歆，图起义兵。翻未至豫章，闻孙策向会稽，翻乃还。会遭父丧，以臣使有节，不敢过家；星行追朗，至候官。朗遣翻还，然后奔丧。"而传云孙策之来，翻"缞绖诣府门，劝朗避策"，则为大异。

　〔四〕《江表传》曰："策书谓翻曰：'今日之事，当与卿共之。勿谓孙策作郡吏相待也！'"

　〔五〕《吴书》曰："策讨山越，斩其渠帅，悉令左右分行逐贼；独骑，与翻相得山中。翻问：'左右安在？'策曰：'悉行逐贼。'翻曰：'危事也！'令策下马：'此草深，猝有惊急，马不及萦策；但牵之，执弓矢以步。翻善用矛，请在前行。'得平地，劝策乘马。策曰：'卿无马，奈何？'答曰：'翻能步行，日可二百里。自征讨以来，吏卒无及翻者。明府试跃马，翻能疏步随之。'行及大道，得一鼓吏，策取角自鸣之。部曲识声，小大皆出。遂从周旋，平定三郡。"

《江表传》曰："策讨黄祖，旋军欲过取豫章。特请翻语曰：'华子鱼，自有名字，然非吾敌也！加闻其战具甚少，若不开门让城，金鼓一震，不得无所伤害。卿便在前，具宣孤意。'翻即奉命辞行，径到郡，请被褠葛巾与敌相见。谓歆曰：'君自料名声之在海内，孰与鄙郡故王府君？'歆曰：'不及也！'翻曰：'豫章资粮多少，器仗精否，士民勇果孰与鄙郡？'又曰：'不如也！'翻曰：'讨逆将军智略超世，用兵如神；前走刘扬州，君所亲见；南定鄙郡，亦君所闻也。今欲守孤城，自料资粮，已知不足；不早为计，悔无及也！今大军已次椒丘，仆便还去；明日日中迎檄不到者，与君辞矣！'翻既去，歆明旦出城，遣吏迎策。策既定豫章，引军还吴。飨赐将士，计功行赏。谓翻曰：'孤昔再至寿春，见马日磾，及与中州士大夫会。语我"东方人多才耳，但恨学问不博，语议之间，有所不及耳"。孤意犹谓未耳。卿博学洽闻，故前欲令卿一诣许，交见朝士，以折中国妄语儿。卿不愿行，便使子纲；恐子纲不能结儿辈舌也。'翻曰：'翻是明府家宝，而以示人；人倘留之，则去明府良佐：故前不行耳！'策笑曰：'然！'因曰：'孤有征讨事，未得还府；卿复以功曹为吾萧何，守会稽耳。'后三日，便遣翻还郡。"

臣松之以为：王、华二公于扰攘之时，抗猛锐之锋，俱非所能。歆之名德，实高于朗；而《江表传》述翻说华，云"海内名声，孰与于王"，此言非也。然王公拒战，华逆请服；实由孙策初起，名微众寡。故王能举兵，岂武胜哉！策后威力转盛，势不可敌；华量力而止，非必用仲翔之说也。若使易地而居，亦华战王服耳。

按《吴历》载："翻谓歆曰：'窃闻明府与王府君齐名中州，海内所宗；虽在东垂，常怀瞻仰。'歆答曰：'孤不如王会稽。'翻复问：'不审豫章精兵，何如会稽？'对曰：'大不如也！'翻曰：'明府言不如王会稽，谦光之谈耳；精兵不如会稽，实如尊教。'因述孙策才略殊异，用兵之奇；歆乃答云当去。翻出，歆遣吏迎策。"二说有不同。

翻出为富春长。策薨，诸长吏并欲出赴丧。翻曰："恐邻县山民，或有奸变；远委城郭[1]，必致不虞。"因留，制服行丧[2]。诸县皆效之，咸以安宁。〔一〕

后翻州举茂才[3]。汉召为侍御史；曹公为司空[4]，辟：皆不就。〔二〕

翻与少府孔融书，并示以所著《易注》[5]。融答书曰："闻延陵之理乐[6]，睹吾子之治《易》；乃知东南之美者，非徒会稽之竹箭也[7]。又观象云物[8]，察应寒温；原其祸福[9]，与神合契：可谓探赜穷通者也。"[10]会稽东部都尉张纮又与融书曰："虞仲翔前颇为论者所侵[11]。美宝为质，雕摩益光[12]，不足以损。"

【注释】

〔1〕委：丢下。这里指离开。 〔2〕制服：制作丧服。 〔3〕茂才：当时选拔人才的科目之一。由州行政长官在本州人士中推举。着重在才能，故名。本来叫秀才，东汉避光武帝刘秀的名讳，改称茂才。〔4〕司空：官名。三公之一。主管土木建筑和水利工程。 〔5〕《易注》：书名。即《周易注》。《隋书》卷三十二《经籍志》一记录有虞翻《周易注》九卷。已亡佚。后人有辑本。清人李鼎祚《周易集解》中多采虞翻说法。 〔6〕延陵：地名。在今江苏常州市。这里代指春秋时吴国的季札。季札是吴王诸樊的弟弟，封地在延陵。季札曾受命出使中原各国。前544年，他出使鲁国，鲁国为他演奏成套的周天子音乐舞蹈，他一一作了精辟的评论，见《左传》襄公二十九年。 理乐：分析音乐。〔7〕非徒：不只是。 竹箭：竹管做成的箭。会稽郡盛产适于做箭的箭竹，古代很有名。 〔8〕观象云物：观察云气的形状。这是当时占卜吉凶的一种方法。 〔9〕原：推究。 〔10〕探赜（zé）：探索深奥（的道理）。 穷通：困穷与通达。 〔11〕侵：指贬损。 〔12〕雕摩：雕刻打磨。

【裴注】

〔一〕《吴书》曰："策薨，权统事。定武中郎将暠，策之从兄也，屯乌程；整帅吏士，欲取会稽。会稽闻之，使民守城，以俟嗣主之命；因令人告喻暠。"

《会稽典录》载："翻说暠曰：'讨逆明府，不竟天年。今摄事统众，宜在孝廉。翻已与一郡吏士，婴城固守；必欲出一旦之命，为孝廉除害：惟执事图之！'于是暠退。"

臣松之按：此二书所说策亡之时，翻犹为功曹：与本传不同。

〔二〕《吴书》曰："翻闻曹公辟，曰：'盗跖欲以余财污良家邪！'遂拒不受。"

孙权以为骑都尉。翻数犯颜谏争[1]，权不能悦。又性不协俗[2]，多见谤毁，坐徙丹杨泾县。

吕蒙图取关羽，称疾还建业；以翻兼知医术，请以自随：亦欲因此令翻得释也。后蒙举军西上，南郡太守糜芳开城出降。蒙未据郡城而作乐沙上。翻谓蒙曰："今区区一心者糜将军也[3]，城中之人岂可尽信！何不急入城，持其管钥乎[4]？"蒙即从之。时城中有伏计[5]，赖翻谋不行。

关羽既败，权使翻筮之[6]：得兑下坎上[7]，《节》；五爻变之《临》[8]。翻曰："不出二日，必当断头！"果如翻言。权曰："卿不及伏羲[9]，可与东方朔为比矣[10]。"

魏将于禁为羽所获，系在城中。权至，释之，请与相见。他日，权乘马出，引禁并行。翻呵禁曰："尔降虏，何敢与吾君齐马首乎！"欲抗鞭击禁[11]，权呵止之。

后权于楼船会群臣饮，禁闻乐流涕[12]。翻又曰："汝欲以伪求免邪[13]？"权怅然不平[14]。〔一〕

【注释】

〔1〕犯颜：冒犯君主或尊长的威严。 〔2〕协俗：和同流俗。〔3〕区区：诚挚。 〔4〕管钥：钥匙和锁。 〔5〕伏计：伏击的计谋。

〔6〕筮：用蓍(shī)草做卦以占卜吉凶。 〔7〕兑下坎上：兑的单卦在下，坎的单卦在上。这是《周易》第六十卦《节卦》的卦形。《周易》中的卦形由爻构成。爻分两种：一长横为阳爻，两短横为阴爻。三爻重叠即构成一个单卦，共有八个单卦，即乾、坤、震、巽、坎、离、艮、兑，依次象征天、地、雷、风、水、火、山、泽。八个单卦两两相配，又可构成六十四个复卦，这就是《周易》中的全部卦形。占卜者根据爻、卦的各种情况来预测吉凶。研究卦形卦象并通过计算以卜吉凶的学问，习称象数之学，是汉代《周易》学中的流行派别。东汉末年，《周易》研究的新学风，即着重在哲学理论的探讨，已经开始在荆州和中原出现。曹魏的王弼，更把《老子》的义理融入《周易》的理论阐释，从而促进玄学的形成。但是，江东地区的学风比较保守，《周易》的传习当时仍然承袭汉儒的象数之学，这里的虞翻就是突出的例证。 〔8〕五爻变之临：(从下往上的)第五爻变化后就成为《临卦》。《临卦》是《周易》第十九卦。《周易》卦中爻的顺序是从下往上数。《节卦》与《临卦》仅第五爻不同。 〔9〕伏羲：神话传说中人类的始祖。相传他制成八卦。 〔10〕东方朔(前154—前93)：字曼倩。平原郡厌次(今山东惠民县东)人。西汉武帝时任太中大夫。性格诙谐，能言善辩，擅长写作辞赋。又善于设卦来猜出被覆盖的东西。传见《史记》卷一百二十六《滑稽列传》、《汉书》卷六十五。 〔11〕抗：举。 〔12〕乐：音乐。〔13〕伪：伪装(的可怜相)。 〔14〕不平：不满。

【裴注】

〔一〕《吴书》曰："后权与魏和，欲遣禁还归北。翻复谏曰：'禁败数万众，身为降虏，又不能死。北习军政，得禁必不如所规；还之虽无所损，犹为放盗。不如斩以令三军，示为人臣有二心者。'权不听。群臣送禁，翻谓禁曰：'卿勿谓吴无人，吾谋适不用耳！'禁虽为翻所恶，然犹盛叹翻；魏文帝常为翻设虚坐。"

权既为吴王，欢宴之末，自起行酒。翻伏地佯醉，不持[1]；权去，翻起坐。权于是大怒，手剑欲击之[2]；侍坐者莫不惶遽，惟大司农刘基起抱权谏曰[3]："大王以三爵之后手杀善士[4]，虽翻有罪，天下孰知之？且大王以能容贤蓄众，故海内望风；今一朝弃之，可乎？"权曰："曹孟德尚杀孔文举[5]，孤于虞翻何有哉！"基曰："孟德轻害士人，天下非之。大王躬行德义，欲与尧、舜比隆[6]；何得自喻于彼乎？"翻由是得免。

权因敕左右："自今酒后言杀，皆不得杀。"

翻尝乘船行，与糜芳相逢。芳船上人多欲令翻自避，先驱曰："避将军船！"翻厉声曰："失忠与信，何以事君？倾人二城[7]，而称将军，可乎！"芳阖户不应而遽避之[8]。后翻乘车行，又经芳营〔中〕；门吏闭门，车不得过。翻复怒曰："（当闭反开，当开反闭）〔当开反闭，当闭反开〕[9]，岂得事宜邪！"芳闻之，有惭色。

翻性疏直[10]，数有酒失[11]。权与张昭论及神仙，翻指昭曰："彼皆死人，而语神仙：世岂有仙人也！"权积怒非一，遂徙翻交州。

虽处罪放，而讲学不倦，门徒常数百人。〔一〕又为《老子》、《论语》、《国语》训注[12]，皆传于世。〔二〕

初，山阴丁览，太末徐陵[13]，或在县吏之中，或众所未识；翻一见之，便与友善：终咸显名。〔三〕

在南十余年，年七十卒。〔四〕归葬旧墓[14]，妻子得还。〔五〕

【注释】

〔1〕不持：不直起身来举起酒杯。　〔2〕击：刺。　〔3〕大司农：官名。中央九卿之一。主管国家钱、粮、绢、布的制造、生产、贮藏和调运。　刘基：传附本书卷四十九《刘繇传》。　〔4〕爵：铜制的宽边沿酒

杯。　〔5〕孔文举：即孔融。　〔6〕尧：传说中父系氏族社会后期的部落联盟领袖。陶唐氏，名放勋。　舜：传说中父系氏族社会后期的部落联盟领袖。姚姓，有虞氏，名重华。尧、舜二人事见《史记》卷一《五帝本纪》。　〔7〕二城：指南郡的治所江陵和江陵南面不远的公安。当时麋芳与士仁分守江陵、公安，见本书卷五十四《吕蒙传》。　〔8〕阖户：关门。〔9〕当闭反开：指麋芳开江陵城门投降的事。　〔10〕疏直：粗疏耿直。〔11〕酒失：酒后所犯的过失。　〔12〕训注：指词语和文句的解释。〔13〕太末：县名。县治在今浙江龙游县。　〔14〕旧墓：故乡的墓地。

【裴注】

〔一〕《翻别传》曰："权即尊号，翻因上书曰：'陛下膺明圣之德，体舜、禹之孝；历运当期，顺天济物。奉承（策）〔革〕命，臣独抃舞。罪弃（两）〔雨〕绝，拜贺无阶；仰瞻宸极，且喜且悲。臣伏自刻省：命轻雀鼠，性牺毫厘；罪恶莫大，不容于诛；昊天罔极，全宥九载；退当念戮，频受生活，复偷视息。臣年耳顺，思咎忧愤；形容枯悴，发白齿落；虽未能死，自悼终没：不见宫阙百官之富，不睹皇舆金轩之饰，仰观巍巍众民之谣，傍听钟鼓侃然之乐，永陨海隅，弃骸绝域，不胜悲慕。逸豫大庆，悦以忘罪。'"

〔二〕《翻别传》曰：
"翻初立《易》注，奏上曰：'臣闻六经之始，莫大阴阳；是以伏羲仰天悬象，而建八卦，观变动六爻为六十四：以通神明，以类万物。臣高祖父故零陵太守光，少治孟氏《易》；曾祖父故平舆令成，缵述其业；至臣祖父凤，为之最密。臣亡考故日南太守歆，受本于凤，最有旧书，世传其业：至臣五世。前人通讲，多玩章句；虽有秘说，于经疏阔。臣生遇世乱，长于军旅；习经于桴鼓之间，讲论于戎马之上；蒙先师之说，依经立注。又臣郡史陈桃，梦臣与道士相遇，放发被鹿裘，布《易》六爻，挠其三以饮臣；臣乞尽吞之，道士言《易》道在天，三爻足矣：岂臣受命，应当知经！所览诸家解不离流俗，义有不当实，辄悉改定，以就其正。孔子曰："乾元用九而天下治。"圣人南面，盖取诸离，斯诚天子所宜协阴阳、致麟凤之道矣。谨正书副上，惟不罪戾。'翻又奏曰：'经之大者，莫过于《易》。自汉初以来，海内英才，其读《易》者，解之率少。至孝灵之际，颍川荀谞，号为知《易》。臣得其注，有愈俗儒，至所说西南得朋，东北丧朋，颠倒反逆，了不可知。孔子叹《易》曰："知变化之道者，其知神之所为乎！"以美大衍四象之作，而上为章首，尤可怪笑。又南郡太守马融，名有俊才；其所解释，复不及谞。孔子曰：
"可与共学，未可与适道。"岂不其然！若乃北海郑玄，南阳宋忠，虽各
立注，忠小差玄而皆未得其门，难以示世。'

又奏郑玄解《尚书》违失事目：'臣闻周公制礼以辨上下，孔子曰：
"有君臣然后有上下，有上下然后礼义有所措。"是故尊君卑臣，礼之大
司也。伏见故征士北海郑玄所注《尚书》，以《顾命》康王执瑁，古
"曰"似"同"，从误作"同"，既不觉定，复训为杯，谓之酒杯；成王
疾困凭几，洮颒为濯，以为浣衣成事，"洮"字虚更作"濯"，以从其
非；又古大篆"卯"字读当为"柳"，古"柳"、"卯"同字，而以为
昧；"分北三苗"，"北"古"别"字，又训北，言北犹别也。若此之
类，诚可怪也。《玉人》职曰"天子执瑁以朝诸侯"，谓之酒杯；天子颒
面，谓之浣衣；古篆"卯"字，反以为昧：甚违不知盖阙之义。于此数
事，误莫大焉；宜命学官定此三事。又马融训注亦以为同者大同天下，
今经益"金"就作"铜"字，诂训言天子副玺，虽皆不得，犹愈于玄。
然此不定，臣没之后，而奋乎百世，虽世有知者，怀谦莫或奏正。又玄
所注五经，违义尤甚者百六十七事，不可不正。行乎学校，传乎将来：
臣窃耻之。'

翻放弃南方，云：'自恨疏节，骨体不媚，犯上获罪；当长没海隅，
生无可与语，死以青蝇为吊客。使天下一人知己者，足以不恨！'以典
籍自慰，依《易》设象，以占吉凶。又以宋氏解《玄》颇有谬错，更为
立（法）〔注〕，并著《明杨》、《释宋》以理其滞。"

臣松之按：翻云"古大篆'卯'字，读当言'柳'，古'柳''卯'
同字"，窃谓翻言为然。故刘、留、聊、柳，同用此字，以从声故也；
与日辰"卯"字，字同音异。然《汉书·王莽传》论"卯金刀"，故以
为日辰之"卯"，今未能详正。然世多乱之，故翻所说云。

荀谞，荀爽之别名。

〔三〕《会稽典录》曰："览字孝连。八岁而孤，家又单微；清身立
行，用意不苟。推财从弟，以义让称。仕郡至功曹，守始平长。为人精
微洁净，门无杂宾。孙权深贵待之。未及擢用，会病卒；甚见痛惜，殊
其门户。览子固，字子贱。本名密，避滕密，改作固。固在襁褓中，阚
泽见而异之，曰：'此儿后必致公辅。'固少丧父，独与母居；家贫守
约，色养致敬。族弟孤弱，与同寒温。翻与固同僚书曰：'丁子贱塞渊
好德，堂构克举，野无遗薪。斯之为懿，其美优矣。令德之后，惟此君
嘉耳！'历显位。孙休时固为左御史大夫。孙皓即位，迁司徒。皓悖虐，
固与陆凯、孟宗同心忧国。年七十六卒。子弥，字钦远。仕晋，至梁州

刺史。孙潭，光禄大夫。徐陵字元大。历三县长，所在著称。迁零陵太
守。时朝廷俟以列卿之位。故翻书曰：'元大受上卿之遇；叔向在晋，
未若于今。'其见重如此。陵卒，僮客土田或见侵夺；骆统为陵家讼之，
求与丁览、卜清等为比：权许焉。陵子平，字伯先。童龀知名，翻甚爱
之，屡称叹焉。诸葛恪为丹杨太守，讨山越；以平威重思虑，可与效力，
请平为丞。稍迁武昌左部督，倾心接物，士卒皆为尽力。初，平为恪从
事，意甚薄；及恪辅政，待平益疏。恪被害，子建亡走，为平部曲所得；
平使遣去，别为他军所获。平两妇归宗，敬奉情过乎厚。其行义敦笃，
皆此类也。"

〔四〕《吴书》曰："翻虽在徙弃，心不忘国：常忧五溪宜讨。以辽东
海绝，听人使来属，尚不足取；今去人财以求马，既非国利，又恐无获。
欲谏不敢，作表以示吕岱，岱不报；为爱憎所白，复徙苍梧猛陵。"

《江表传》曰："后权遣将士至辽东，于海中遭风，多所没失。权悔
之，乃令曰：'昔赵简子称诸君之唯唯，不如周舍之谔谔。虞翻亮直，
善于尽言：国之周舍也。前使翻在此，此役不成。促下问交州：翻若尚存
者，给其人船，发遣还都；若已亡者，送丧还本郡，使儿子仕宦。'会
翻已终。"

〔五〕《会稽典录》曰：

"孙亮时，有山阴朱育，少好奇字。凡所特达，依体象类，造作异
字千名以上。仕郡门下书佐。太守濮阳兴，正旦宴见掾吏。言次，问：
'太守昔闻朱颍川问士于郑召公，韩吴郡问士于刘圣博，王景兴问士于
虞仲翔；尝见郑、刘二答，而未睹仲翔对也。钦闻国贤，思睹盛美有日
矣：书佐宁识之乎？'育对曰：'往过习之。昔初平末年，王府君以渊妙
之才，超迁临郡；思贤嘉善，乐采名俊。问功曹虞翻曰："闻玉出崑山，
珠生南海；远方异域，各生珍宝。且曾闻士人叹美贵邦，旧多英俊；徒
以远于京畿，含香未越耳。功曹雅好博古，宁识其人邪？"翻对曰："夫
会稽上应牵牛之宿，下当少阳之位；东渐巨海，西通五湖，南畅无垠，
北渚浙江。南山攸居，实为州镇；昔禹会群臣，因以命之。山有金木鸟
兽之殷，水有鱼盐珠蚌之饶；海岳精液，善生俊异。是以忠臣继踵，孝
子连闾；下及贤女，靡不育焉。"王府君笑曰："地势然矣。士女之名可
悉闻乎？"翻对曰："不敢及远，略言其近者耳。往者孝子句章董黯，尽
心色养，丧致其哀；单身林野，鸟兽归怀。怨亲之辱，白日报仇；海内
闻名，昭然光著。太中大夫山阴陈嚣，渔则化盗，居则让邻；感侵退藩，
遂成义里；摄养车姁，行足厉俗。自扬子云等上书荐之，粲然传世。太
尉山阴郑公，清亮质直，不畏强御。鲁相山阴钟离意，禀殊特之姿，孝

家忠朝，宰县相国，所在遗惠。故取养有君子之谟，鲁国有丹书之信。及陈宫、费齐，皆上契天心，功德治状，记在汉籍。有道山阴赵晔，征士上虞王充，各洪才渊懿，学究道源；著书垂藻，骆驿百篇；释经传之宿疑，解当世之盘结；或上穷阴阳之奥秘，下摅人情之归极。交阯刺史上虞綦毋俊，拔济一郡，让爵土之封。决曹掾上虞孟英，三世死义。主簿句章梁宏，功曹史余姚驷勋，主簿句章郑云；皆敦终始之义，引罪免官。门下督盗贼余姚伍隆，郯莫候反。主簿任光，章安小吏黄他，身当白刃，济君于难。扬州从事句章王修，委身授命，垂声来世。河内太守上虞魏少英，遭世屯蹇，忘家忧国；列在‘八俊’，为世英彦。尚书乌伤杨乔，桓帝妻以公主，辞疾不纳。近故太尉上虞朱公，天姿聪亮，钦明神武；策无失谟，征无遗虑；是以天下义兵，思以为首。上虞女子曹娥，父溺江流，投水而死；立石碑纪，炳然著显。”王府君曰：“是既然矣！颍川有巢、许之逸轨，吴有太伯之三让。贵郡虽士人纷纭，于此足矣！”翻对曰：“故先言其近者耳。若乃引上世之事，及抗节之士，亦有其人。昔越王翳让位，逃于巫山之穴，越人熏而出之：斯非太伯之俦邪？且太伯外来之君，非其地人也。若以外来言之，则大禹亦巡于此而葬之矣。鄞大里黄公，洁己暴秦之世；高祖即阼，不能一致；惠帝恭让，出则济难。征士余姚严遵，王莽数聘，抗节不行；光武中兴，然后俯就：矫手不拜，志陵云日。皆著于传籍，较然彰明；岂如巢、许，流俗遗谈，不见经传者哉！”王府君笑曰：“善哉话言也！贤矣，非君不著。太守未之前闻也。”’

　　濮阳府君曰：‘御史所云，既闻其人；亚斯以下，书佐宁识之乎？’育曰：‘瞻仰景行，敢不识之！近者太守上虞陈业，洁身清行，志怀霜雪，贞亮之信，同操柳下。遭汉中微，委官弃禄；遁迹黟、歙，以求其志；高邈妙踪，天下所闻。故桓文〔林〕遗之尺牍之书，比竟三高。其聪明大略，忠直謇谔，则侍御史余姚虞翻，偏将军乌伤骆统。其渊懿纯德，则太子少傅山阴阚泽，学通行茂，作帝师儒。其雄姿武毅，立功当世，则后将军贺齐，勋成绩著。其探极秘术，言合神明，则太史令上虞吴范。其文章之士，立言粲盛，则御史中丞句章任奕，鄱阳太守章安虞翔，各驰文檄，晔若春荣。处士（邓）〔郯〕卢叙，弟犯公宪，自杀乞代。吴宁斯敦、山阴祁庚、上虞樊正，咸代父死罪。其女则松阳柳朱，永宁（瞿）〔翟〕素：或一醮守节，丧身不顾；或遭寇劫贼，死不亏行。皆近世之事，尚在耳目。’府君曰：‘皆海内之英也！吾闻秦始皇二十五年，以吴越地为会稽郡，治吴；汉封诸侯王。以何年复为郡，而分治于此？’育对曰：‘刘贾为荆王，贾为英布所杀，又以刘濞为吴王。景帝四年，濞反，诛；乃复为郡，治于吴。元鼎五年，除东越，因以其地为治，并属于此，而立东部都尉；后徙章安；阳朔元年，又徙治鄞；或有寇害，复徙句章。到永建四年，刘府君上书：浙江之北，以为吴郡；会稽还治山阴。自永建四年岁在己巳，以至今年，积百二十九岁。'府君称善。

是岁，吴之太平（三）〔二〕年，岁在丁丑。育后仕朝，常在台阁，为东观令，遥拜清河太守，加位侍中；推刺占射，文艺多通。"

翻有十一子。第四子氾最知名，永安初，从选曹郎为散骑中常侍[1]。后为监军使者[2]，讨扶严，病卒。〔一〕

氾弟忠，宜都太守。〔二〕耸，越骑校尉，累迁廷尉[3]，湘东、河间太守[4]。〔三〕昺，廷尉，尚书，济阴太守[5]。〔四〕

【注释】

〔1〕选曹郎：官名。即尚书选曹郎。协助选曹尚书，选拔任用官员。〔2〕监军使者：官名。监督军队。简称监军。 〔3〕廷尉：官名。九卿之一。主管司法。 〔4〕河间：这里是西晋郡名。治所在今河北献县东南。 〔5〕济阴：这里是西晋郡名。治所在今山东菏泽市定陶区西北。虞耸、虞昺都是西晋灭吴后担任以上职务的。

【裴注】

〔一〕《会稽典录》曰："氾，字世洪。生南海，年十六，父卒，还乡里。孙綝废幼主，迎立琅邪王休。休未至，綝欲入宫，图为不轨；召百官会议，皆惶怖失色，徒唯唯而已。氾对曰：'明公为国伊、周，处将相之位，擅废立之威；将上安宗庙，下惠百姓，大小踊跃，自以伊、霍复见。今迎王未至，而欲入宫；如是，群下摇荡，众听疑惑：非所以永终忠孝，扬名后世也。'綝不怿，竟立休。休初即位，氾与贺邵、王蕃、薛莹俱为散骑中常侍。以讨扶严功，拜交州刺史，冠军将军，余姚侯。寻卒。"

〔二〕《会稽典录》曰："忠，字世方。翻第五子。贞固干事，好识人物；造吴郡陆机于童龀之年，称上虞魏迁于无名之初：终皆远致，为著闻之士。交同县王岐于孤宦之族，仕进先至宜都太守；忠乃代之。晋征吴，忠与夷道监陆晏、晏弟中夏督景，坚守不下，城溃被害。忠子谭，字思奥。”

《晋阳秋》称：“谭清贞有检操，外如退弱，内坚正有胆干。仕晋，历位内外。终于卫将军。追赠侍中，左光禄大夫，开府仪同三司。”

〔三〕《会稽典录》曰：“耸，字世龙。翻第六子也。清虚无欲，进退以礼。在吴，历清官。入晋，除河间相；王素闻耸名，厚敬礼之。耸抽引人物，务在幽隐孤陋之中。时王岐难耸，以高士所达，必合秀异。耸书与族子察曰：‘世之取士，曾不招未齿于丘园，索良才于总猥；所誉依已成，所毁依已败。此吾所以叹息也！’耸疾俗丧祭无度；弟昺卒，祭以少牢，酒饭而已。当时族党并遵行之。”

〔四〕《会稽典录》曰：“昺，字世文。翻第八子也。少有倜傥之志。仕吴黄门郎，以捷对见异，超拜尚书，侍中。晋军来伐，遣昺持节，都督武昌以上诸军事；昺先上还节盖印绶，然后归顺。在济阴，抑强扶弱，甚著威风。”

陆绩字公纪，吴郡吴人也。父康，汉末为庐江太守。〔一〕

绩年六岁，于九江见袁术。术出橘，绩怀三枚；去，拜辞，堕地。术谓曰：“陆郎，作宾客而怀橘乎？”绩跪答曰：“欲归遗母[1]。”术大奇之。

孙策在吴，张昭、张纮、秦松为上宾，共论“四海未泰[2]，（须）〔唯〕当用武治而平之”。绩年少末坐，遥大声言曰：“昔管夷吾相齐桓公[3]，九合诸侯[4]，一匡天下[5]：不用兵车。孔子曰：‘远人不服，则修文德以来之[6]。’今论者不务道德怀取之术，而惟尚武；绩虽童蒙，窃所未安也！”昭等异焉。

绩容貌雄壮；博学多识，星历、算数无不该览[7]。

虞翻旧齿名盛[8]；庞统荆州令士[9]，年亦差长[10]：皆与绩友善。

孙权统事，辟为奏曹掾[11]。以直道见惮，出为郁林太守，加偏将军，给兵二千人。

绩既有躄疾[12]，又意（在）〔存〕儒雅，非其志也。虽有军事，著述不废。作《浑天图》[13]，注《易》释《玄》[14]，皆传于世。

预自知亡日，乃为辞曰："有汉志（士）〔民〕，吴郡陆绩；幼敦《诗》、《书》[15]，长玩《礼》、《易》[16]。受命南征，遘疾遇厄；遭命不（幸）〔永〕[17]。呜呼悲隔！"又曰："从今以去，六十年之外，车同轨[18]，书同文[19]。恨不及见也。"

年三十二卒。长子宏，会稽南部都尉[20]。次子叡，长水校尉。〔二〕

【注释】

〔1〕遗(wèi)：送给。　〔2〕泰：安宁。　〔3〕管夷吾：即管仲。管仲字夷吾。　〔4〕九合：齐桓公会合诸侯共有十一次，这里的"九"是表示多的虚数。　〔5〕一匡天下：匡正天下的一切。　〔6〕来：招引。这两句出《论语·季氏》。　〔7〕该览：全部阅览。　〔8〕旧齿：老前辈。　〔9〕庞统（公元179—214）：传见本书卷三十七。　〔10〕差长(zhǎng)：较大。　〔11〕奏曹掾：官名。孙权讨虏将军府下属，负责上奏公事。　〔12〕躄(bì)：跛足。　〔13〕《浑天图》：图书名。陆绩关于天体结构的著作。今不存。《开元占经》载有其中部分内容。汉代以来讨论天体结构的有宣夜、盖天、浑天三说。浑天说认为天地结构如同一个鸟蛋，天包着地，就像蛋壳裹着蛋黄，天地各由气体托着运行。以浑天说为基础制成的天文仪器是浑天仪，又称浑象。继张衡之后，陆绩是浑天学派又一位重要学者，他不但著有《浑天图》，还亲自制造了浑象，也就是体现浑天说的天象仪器。详见《晋书》卷十一《天文志》上、

《宋书》卷二十三《天文志》一。　〔14〕《玄》：书名。即《太玄》。西汉扬雄模仿《周易》而作。全书十卷，今存。　〔15〕敦：重视。《诗》：即《诗经》。　《书》：即《尚书》。　〔16〕玩：玩味。　〔17〕遘（gòu）：遇到。　不永：不长久。　〔18〕同轨：车子两轮间的距离相同。〔19〕同文：使用的汉字字体相同。秦始皇统一中国后，曾宣布"车同轨，书同文"，见《史记》卷六《秦始皇本纪》。这里用车同轨、书同文比喻天下统一。　〔20〕会稽南部都尉：官名。治所在今福建建瓯市南。会稽南部后改为建安郡。

【裴注】

〔一〕谢承《后汉书》曰："康，字季宁。少敦孝悌，勤修操行。太守李肃察孝廉。肃后坐事伏法，康敛尸，送丧还颍川；行服，礼终。举茂才，历三郡太守，所在称治。后拜庐江太守。"

〔二〕绩于郁林所生女，名曰郁生，适张温弟白。《姚信集》有表称之曰："臣闻唐、虞之政，举善而教；旌德擢异，三王所先。是以忠臣烈士，显名国朝；淑妇贞女，表迹家闾。盖所以阐崇化业，广殖清风；使苟有令性，幽明俱著；苟怀懿姿，士女同荣。故王蠋建寒松之节，而齐王表其里；义姑立殊绝之操，而鲁侯高其门。臣窃见故郁林太守陆绩女子郁生，少履贞特之行，幼立匪石之节；年始十三，适同郡张白。侍庙三月，妇礼未卒；白遭罹寇祸，迁死异郡。郁生抗声昭节，义形于色；冠盖交横，誓而不许。奉白姊妹崄巇之中，蹈履水火，志怀霜雪；义心固于金石，体信贯于神明；送终以礼，邦士慕则。臣闻昭德以（行）〔名〕，显行以爵；苟非名爵，则劝善不严。故士之有诔，鲁人志其勇；杞妇见书，齐人哀其哭。乞蒙圣朝，斟酌前训；上开天聪，下垂坤厚；褒郁生以'义姑'之号，以厉两髦之节；则皇风穆畅，士女改视矣。"

张温字惠恕，吴郡〔吴〕人也。父允，以轻财重士，名显州郡。为孙权东曹掾，卒。温少修节操，容貌奇伟。权闻之，以问公卿曰："温当今与谁为比〔也〕？"大司农刘基曰："可与全琮为辈。"太常顾雍曰[1]："基未详其为人也。温当今无辈[2]！"权曰："如是，张允不死也！"征到(延)〔廷〕见，文辞占对，观者倾竦[3]，权改容加礼[4]。罢出，张昭执其手曰："老夫托意，君宜明之。"拜议郎，选曹尚书[5]。徙太子太傅，甚见信重，时年三十二。

以辅义中郎将使蜀。权谓温曰："卿不宜远出。恐诸葛孔明不知吾所以与曹氏通意[6]，以故屈卿行。若山越都除，便欲大构于(蜀)〔丕〕[7]。行人之义[8]，受命不受辞也[9]。"

温对曰："臣入无腹心之规，出无专对之用[10]；惧无张老延誉之功[11]，又无子产陈事之效[12]。然诸葛亮达见计数，必知神虑屈伸之宜[13]；加受朝廷天覆之惠。推亮之心，必无疑贰。"

温至蜀，诣阙拜章曰[14]："昔高宗以谅阇昌殷祚于再兴[15]，成王以幼冲隆周德于太平[16]；功冒溥天[17]，声贯罔极[18]。今陛下以聪明之姿[19]，等契往古[20]；总百揆于良佐[21]，参列精之炳耀[22]；遐迩望风[23]，莫不欣赖。吴国勤任旅力[24]，清澄江浒[25]；愿与有道，平一宇内；委心协规，有如河水[26]！军事(凶烦)〔繁兴〕，使役乏少；是以忍鄙倍之羞[27]，使下臣温通致情好。陛下敦崇礼义，未便耻忽[28]：臣自入远境，及即近郊；频蒙劳来[29]，恩诏辄加。以荣自惧，悚恒若惊[30]。谨奉所赍函书一封。"蜀甚贵其才。

【注释】
〔1〕太常：官名。九卿之首，主管国家礼仪和祭祀活动。 〔2〕无

辈：指无人能比。 〔3〕倾竦：倾着身子，伸长脖子。 〔4〕改容：改变面容。指表现出尊敬的神态。 〔5〕议郎：官名。议论政事。 选曹尚书：官名。尚书台选曹的主办官员，负责选拔任用官吏。 〔6〕通意：来往的用意。 〔7〕大构于丕：和曹丕大干一场。 〔8〕行人：古代称使者为行人。 〔9〕受命不受辞：只接受使命而不接受具体的言辞。意指外交言辞由使者自己随机应变。 〔10〕专对：独立进行外交对话。〔11〕张老：名孟。春秋时晋国的大夫。晋悼公派他出使各国，宣扬本国君主的声誉，观察各国的政治状况。见《国语·晋语》七。 延誉：宣扬（本国君主的）声誉。 〔12〕陈事之效：陈述事情而产生的效果。子产受郑简公的派遣出使晋国，碰上晋平公有病。接待的官员向他请教病因，他立即加以分析，说原因在于没有祭祀夏代的神灵。晋国马上进行补祭，五天后晋平公即痊愈。见《国语·晋语》八。 〔13〕神虑：指孙权的考虑。 〔14〕阙：宫门外左右对称的建筑物。这里指宫门。 拜章：行跪拜礼后呈上表章。 〔15〕高宗：即武丁。商代国王。即位后重用傅说、甘盘为大臣，巩固了统治。在位五十九年，死后称为高宗。事见《史记》卷三《殷本纪》。 谅闇（ān）：指帝王为父母居丧。 昌殷祚：使殷王朝的福气昌盛。据本书卷四十七《吴主传》，张温出使蜀国在黄武三年（公元224），当时蜀帝刘禅刚继位满一年，还处在三年的居丧期间，所以用殷高宗作比。 〔16〕成王：即周成王。姬姓，名诵。周武王之子。即位时年幼，由叔父周公旦摄政，巩固了周王朝的统治。事见《史记》卷四《周本纪》。 幼冲：幼小。当时蜀汉由诸葛亮执政，与周公辅成王类似，所以用周成王作比。〔17〕冒：覆盖。 溥天：遍天。〔18〕声：声誉。 贯：指流传。 罔极：没有终极。 〔19〕姿：品质。〔20〕等契：等同与符合。 〔21〕百揆：百官。 〔22〕列精：指天上的日、月、星。 〔23〕遐迩：远近。 望风：倾慕的样子。 〔24〕旅力：大众的力量。 〔25〕江浒：江边。这里指长江中下游。 〔26〕有如河水：就像黄河水一样（永存不变）。 〔27〕鄙倍：鄙陋和错误。〔28〕未便耻忽：没有马上（表现出）轻蔑和忽视。 〔29〕劳来（lào lái）：慰劳。 〔30〕悚怛（sǒng dá）：恐惧。

还。顷之，使入豫章部伍出兵。事业未究，权既阴衔温称美蜀政[1]，又嫌其声名太盛，众庶炫惑；恐终不为己用，思有以中伤之。会暨艳事起，遂因此发举。

艳字子休。亦吴郡人也。温引致之，以为选曹郎，至尚书。艳性狷厉[2]，好为清议[3]。见时郎署混浊淆杂[4]，多非其人；欲臧否区别，贤愚异贯[5]。弹射百僚[6]，核选三署[7]；率皆贬高就下，降损数等：其守故者十未能一。其居位贪鄙，志节污卑者，皆以为军吏，置营府以处之。而怨愤之声积，浸润之谮行矣[8]。竟言艳及选曹郎徐彪，〔一〕专用私情，爱憎不由公理。艳、彪皆坐自杀[9]。

温宿与艳、彪同意[10]，数交书疏，闻问往还[11]；即罪温，权幽之有司[12]，下令曰[13]："昔令召张温，虚己待之；既至显授[14]，有过旧臣。何图凶丑[15]，专挟异心！昔暨艳父兄，附于恶逆；寡人无忌[16]，故进而任之，欲观艳何如。察其中间[17]，形态果现。而温与之结连死生：艳所进退[18]，皆温所为头角[19]，更相表里，共为腹背；非温之党，即就疵瑕[20]，为之生论。又前任温董督三郡[21]，指扐吏客及残余兵[22]；时恐有事，欲令速归，故授棨戟[23]，奖以威柄。乃便到豫章，表讨宿恶[24]。寡人信受其言，特以绕帐、帐下、解烦兵五千人付之[25]。后闻曹丕自出淮、泗[26]，故预敕温：有急便出；而温悉纳诸将，布于深山，被命不至[27]。赖丕自退，不然，以往岂可深计[28]？又殷礼者[29]，以占候召[30]；而温先后乞将到蜀[31]，扇扬异国[32]，为之谈论[33]。又礼之还，当亲本职[34]，而令守尚书户曹郎[35]；如此署置，在温而已。又温语贾原'当荐卿作御史'，语蒋康'当用卿代贾原'；专衔贾国恩[36]，为己形势[37]。揆其奸心，无所不为！不忍暴于市朝[38]，今斥还本郡，以给厮吏[39]。呜呼温也，免罪为幸！"

【注释】

〔1〕阴衔：暗中怀恨。 〔2〕狷(juàn)厉：急躁严厉。 〔3〕清议：这里指对人物的品评。 〔4〕时：当时。 郎署：安置郎官的官署。当时安置郎官的有五官中郎将署、左中郎将署、右中郎将署，合称三署。三署郎官平时担任皇宫殿堂的守卫，中央政府各机构需要中低级官员时，多从郎官中选拔。 〔5〕异贯：(把铜钱穿在)不同的绳上。指按类分开。 〔6〕弹射：指抨击。 〔7〕核选：核查筛选。 〔8〕浸润：比喻逐渐产生作用。 谮(zèn)：谗言。 〔9〕坐：因罪。 〔10〕同意：意见相同。 〔11〕闻问：互通消息。 〔12〕幽：囚禁。 有司：有关部门。这里指司法机关。 〔13〕令：当时诸侯王、太子、皇后、皇太后下达的文书称为令书，简称令。孙权这时是吴王，还未称帝，所以下达的文书称令而不称诏。 〔14〕显授：授给显要职务。 〔15〕何图：哪能想到。 〔16〕寡人：古代国君的自称。意思是寡德之人。 〔17〕中间：后来。 〔18〕进退：偏义复合词，含义侧重在进字上。这里指进用的人。 〔19〕所为头角：所作出的提示。头角是当时习语，意指开端、提示。 〔20〕疵瑕：(挑)毛病。 〔21〕董督：监督。 三郡：指豫章、庐陵、鄱阳三郡。 〔22〕扚(huī)：指挥。这里指扚与部伍含义相同，是指用武力加以围取。 吏客：指逃亡到深山的士兵和私家佃客。当时的吏，或指官员，或指士兵，这里是后者。至于客则是豪强大族占有的依附性人口，其地位接近奴隶。吏和客生活痛苦，常逃亡深山。 残余兵：指残存在深山能够抓出来充当士兵的山越人民。 〔23〕棨(qǐ)戟：外面包有彩色丝套的戟。是当时领兵将领的一种仪仗器物。 〔24〕宿恶：长期作恶的人。指上面所说的逃亡吏客和残存山越。他们对孙吴政府常发起武装反抗。 〔25〕绕帐、帐下、解烦：均为孙吴设置的特别军队名。主要任务是保卫君主，有时也充当机动部队。 〔26〕淮、泗：淮河和泗水。这句指公元224年魏文帝南下广陵准备渡江进攻孙吴一事，见本书卷四十七《吴主传》黄武三年。 〔27〕被命：接到命令。 〔28〕岂可深计：岂能朝深处回想。意指情况危险，细想起来令人害怕。 〔29〕殷礼：事见本书卷五十二《顾雍传附顾邵传》。 〔30〕占候：当时称观察

云气以占卜吉凶为占候。 〔31〕将：带领。 〔32〕扇扬：鼓动。〔33〕为之谈论：为殷礼说赞扬的话。蜀国诸葛亮曾称赞殷礼，见本书卷五十二《顾雍传附顾邵传》裴注引《通语》。 〔34〕本职：殷礼出使蜀国前任郎中。 〔35〕守：代理。 尚书户曹郎：宫名。协助户曹尚书处理有关户口的公务。 〔36〕衒贾(gǔ)：出卖。 〔37〕为己形势：为自己谋划。 〔38〕暴(pù)：显露。 市朝：市场之类的公共场所。暴之市朝指处死后陈尸示众。 〔39〕给：充当。 厮吏：卑贱的杂役。

【裴注】

〔一〕《吴录》曰："彪字仲虞，广陵人也。"

将军骆统表理温曰[1]：

伏惟殿下[2]，天生明德，神启圣心；招髦秀于四方[3]，署俊乂于宫朝。多士既受普笃之恩[4]，张温又蒙最隆之施。而温自招罪谴，孤负荣遇[5]；念其如此，诚可悲疚。然臣周旋之间，为国观听；深知其状，故密陈其理。

温实心无他情，事无逆迹；但年纪尚少，镇重尚浅；而戴赫烈之宠[6]，体卓伟之才[7]；亢臧否之谈[8]，效褒贬之议[9]。于是务势者妒其宠，争名者嫉其才；玄默者非其谈[10]，瑕衅者讳其议[11]：此臣下所当详辨，明朝所当究察也[12]。

昔贾谊，至忠之臣也；汉文[13]，大明之君也。然而绛、灌一言[14]，贾谊远退。何者？疾之者深，谮之者巧也。然而误闻于天下[15]，失彰于后世；故孔子曰'为君难，为臣不易[16]'也。温虽智非纵横[17]，武非虓虎[18]；然其弘雅之素，英秀之德，文章之采，论议之辨；卓跞冠群[19]，炜晔曜世[20]：世人未有及之者也。故论温才即可惜，言罪则可恕。若忍威烈以赦盛德，宥贤才以敦大业；固明朝之休光[21]，四方之丽观也。

国家之于暨艳，不纳之忌族[22]，犹等之平民；是故先见用于朱治，次见举于众人，中见任于明朝，亦见交于温也。君臣之义[23]，义之最重；朋友之交，交之最轻者也。国家不嫌于艳为最重之义[24]，是以温亦不嫌与艳为最轻之交也；时世宠之于上[25]，温窃亲之于下也。

夫宿恶之民，放逸山险则为劲寇，将置平土则为健兵；故温念在欲取宿恶，以除劲寇之害，而增健兵之锐也。但自错落[26]，功不副言。然计其送兵，以比许晏[27]：数之多少，温不减之；用之强赢[28]，温不下之；至于迟速，温不后之；故得及秋冬之月，赴有警之期，不敢忘恩而遗力也。

温之到蜀，共誉殷礼，虽臣无境外之交，亦有可原也。境外之交，谓无君命而私相从，非国事而阴相闻者也[29]；若以命行，既修君好，因叙己情，亦使臣之道也。故孔子使邻国[30]，则有私觌之礼[31]；季子聘诸夏[32]，亦有燕谈之义也[33]。古人有言：欲知其君，观其所使；见其下之明明，知其上之赫赫。温若誉礼，能使彼叹之；诚所以昭我臣之多良，明使之得其人，显国美于异境，扬君命于他邦。是以晋赵文子之盟于宋也[34]，称随会于屈

建[35]；楚王孙围之使于晋也[36]，誉左史于赵
鞅[37]。亦向他国之辅，而叹本邦之臣；经传美之
以光国，而不讥之以外交[38]也。

王靖内不忧时，外不趋事[39]；温弹之不
私[40]，推之不假[41]。于是与靖遂为大怨，此其尽
节之明验也[42]。靖兵众之势，干任之用，皆胜于
贾原、蒋康；温尚不容私以安于靖，岂敢卖恩以协
原、康邪[43]？又原在职不勤，当事不堪[44]；温数
对以丑色[45]，弹以急声[46]：若其诚欲卖恩作乱，
则亦不必贪原也[47]。

凡此数者，校之于事既不合，参之于众亦不验。
臣窃念人君虽有圣哲之姿，非常之智；然以一人之
身，御兆民之众[48]，从层宫之内，瞰四国之外[49]，
照群下之情，求万机之理，犹未易周也；固当听察
群下之言，以广聪明之烈。今者人非温既殷勤[50]，
臣是温又契阔[51]；辞则俱巧，意则俱至；各自言欲
为国，谁其言欲为私？仓猝之间，犹难即别。然以
殿下之聪睿，察讲论之曲直；若潜神留思，纤粗研
核，情何嫌而不宣，事何昧而不昭哉！

温非亲臣，臣非爱温者也。昔之君子，皆抑私
忿，以增君明。彼独行之于前，臣耻废之于后；故
遂发宿怀于今日[52]，纳愚言于圣（德）〔听〕。实
尽心于明朝，非有念于温身也。

权终不纳[53]。后六年，温病卒。二弟祗、白，亦
有才名，与温俱废。〔一〕

【注释】

〔1〕理温：为张温申诉。 〔2〕殿下：当时称诸侯王、太子、皇后、皇太后为殿下。 〔3〕髦秀：优秀的人才。 〔4〕普笃：普遍深厚。〔5〕孤：辜负。 〔6〕戴：承受。 赫烈：显赫光辉。 〔7〕体：体现。〔8〕亢：高声发出。 〔9〕效：给与。 〔10〕玄默：沉默。 〔11〕瑕衅：缺点罪过。这里是指有缺点罪过的人。 讳：忌讳。 〔12〕明朝：圣明朝廷。这里是对君主的尊称。 〔13〕汉文：即汉文帝刘恒。〔14〕绛：指绛侯周勃（？—前169）。沛县（今江苏沛县）人。出身贫寒。秦末随刘邦起兵，屡建军功。西汉建立，封绛侯。吕后时任太尉。后与陈平定计消灭吕氏势力，迎立文帝，任右丞相。传见《史记》卷五十七、《汉书》卷四十。 灌：即灌婴（？—前176）。睢阳县（今河南商丘市东南）人。秦末随刘邦起兵，以功任车骑将军，封颍阴侯。与周勃、陈平一起消灭吕氏势力。传见《史记》卷九十五、《汉书》卷四十一。周勃、灌婴是西汉功臣集团成员，对汉文帝有意重用新起的贾谊不满，加之贾谊的一些建议伤害了他们的既得利益，所以他们诋毁贾谊，迫使汉文帝把贾谊派往遥远的长沙去任职。见《汉书》卷四十八《贾谊传》。〔15〕误：（汉文帝的）错误。 〔16〕为君难：这两句出自《论语·子路》。 〔17〕纵横：即合纵连横。是战国时谋士在政治、外交上所采取的分化瓦解和拉拢争取的手段。这里指能够运用纵横之术的谋士。〔18〕虓（xiāo）虎：咆哮的猛虎。 〔19〕卓踔（luò）：卓越。 〔20〕炜晔（wěi yè）：光彩焕发。 〔21〕休光：美好光辉。 〔22〕纳：放入。忌族：受到君主忌讳而不准其成员任官的家族。暨艳的父亲和兄长都曾涉及反抗孙吴的政治事件，见上文。 〔23〕义：关系。 〔24〕于：与。〔25〕时世：时代。 〔26〕错落：失误。 〔27〕许晏：事见本书卷四十七《吴主传》。 〔28〕用：作用。 羸（léi）：弱。 〔29〕阴相闻：暗中相互交往。 〔30〕使：出使。 〔31〕私觌（dí）：以私人身份与外国君臣见面。孔子有"私觌，愉愉如也（轻松愉快）"的说法，见《论语·乡党》。 〔32〕季子：即季札。 聘：国与国之间的使节访问。 诸夏：中原各国。 〔33〕燕谈：闲谈。 〔34〕赵文子：即赵武（？—前541）。春秋时晋国的大夫。曾执掌晋国的国政。死后谥为文子。事见《史记》卷四十三《赵世家》。 〔35〕称：称赞。 随会：即士会。春秋时晋国大夫。食邑在随（今山西介休市东南），后又受范地（今山东梁山县西北），死后谥为武子，故又称随武子、范武子。晋景公时执掌国政。事见《史记》卷三十九《晋世家》。 屈建：字子木。春秋时楚国的大夫。楚康王时任令尹，执掌国政。前546年，赵武与屈建在宋国主持盟会，屈建问随会

其人如何，赵武把随会赞扬一番。事见《左传》襄公二十七年。
〔36〕王孙圉(yǔ)：春秋时楚国的大夫。 〔37〕左史：指倚相。因担任
楚国左史的官职，故称左史倚相。 赵鞅：名志父。春秋末年晋国的卿。
战胜中行氏、范氏，扩大封地，奠定此后赵国的基础。事见《史记》卷
四十三《赵世家》。王孙圉出使晋国，赵鞅问他楚国有什么珍宝，他说
楚国以人才为珍宝，并列举了一些优秀人物，其中即有左史倚相，见
《国语·楚语》下。 〔38〕外交：即上文所说的境外之交。 〔39〕趋
事：积极主动去办理公事。 〔40〕弹：弹劾。 〔41〕推：追究。 不
假：不宽容。 〔42〕尽节：尽忠。 〔43〕卖恩：出卖朝廷的恩典。
协：拉拢。 〔44〕不堪：不胜任。 〔45〕丑色：严厉的脸色。
〔46〕急声：指激烈的言辞。 〔47〕贪原：拉拢贾原(这样的人)。
〔48〕兆：一百万。这里形容数量多，并非确指。 〔49〕四国：四方的
国土。 〔50〕非：非议。 殷勤：恳切的样子。 〔51〕是：肯定。 契
阔：这里指尽力。 〔52〕宿怀：久藏在心里的话。 〔53〕权不纳：张温
与暨艳都是吴郡的本土人士，孙权对他们的打击，其深层次的背景，是
要抑制江东世家大族政治势力的急速扩张。详见拙著《魏晋南朝江东世
家大族述论》第二章，台北文津出版社，1991年出版。

【裴注】

〔一〕《会稽典录》曰："余姚虞俊叹曰：'张惠恕，才多智少，华而
不实；怨之所聚，有覆家之祸：吾见其兆矣！'诸葛亮闻俊忧温，意未之
信；及温放黜，亮乃叹俊之有先见。亮初闻温败，未知其故；思之数日，
曰：'吾已得之矣！其人于清浊太明，善恶太分。'"

臣松之以为：庄周云"名者公器也，不可以多取"；张温之废，岂其
取名之多乎？多之为弊，古贤既知之矣。是以远见之士，退藏于密；不
使名浮于德，不以华伤其实。既不能被褐韫宝，挫廉逃誉；使才映一世，
声盖人上。冲用之道，庸可暂替！温则反之，能无败乎？权既疾温名盛，
而骆统方骤言其美，至云"卓跞冠群，炜晔曜世，世人未有及之者也"。
斯何异燎之方盛，又扬膏以炽之哉！

《文士传》曰："温姊妹三人，皆有节行，为温事，已嫁者皆见录
夺。其中妹先适顾承，官以许嫁丁氏。成婚有日，遂饮药而死。吴朝嘉
叹，乡人图画，为之赞颂云。"

骆统字公绪，会稽乌伤人也[1]。父俊，官至陈相[2]，为袁术所害。〔一〕统母改适[3]，为华歆小妻[4]。统时八岁，遂与亲客归会稽，其母送之。拜辞上车，面而不顾[5]。其母泣涕于后，御者曰[6]："夫人犹在也。"统曰："不欲增母思，故不顾耳。"

事嫡母甚谨。时饥荒，乡里及远方客多有困乏，统为之饮食衰少[7]。其姊仁爱有行，寡归无子；见统，甚哀之，数问其故。统曰："士大夫糟糠不足[8]，我何心独饱！"姊曰："诚如是，何不告我，而自苦若此？"乃自以私粟与统，又以告母。母亦贤之，遂使分施：由是显名。

孙权以将军领会稽太守。统年二十，试为乌程相。民户过万，咸叹其惠理[9]。权嘉之，召为功曹，行骑都尉，妻以从兄辅女[10]。

统志在补察[11]，苟所闻见，夕不待旦。常劝权以"尊贤接士，勤求损益[12]；飨赐之日，可人人别进[13]，问其燥湿[14]；加以密意，诱喻使言，察其志趣；令皆感恩戴义，怀欲报之心"。权纳用焉。

出为建忠中郎将[15]，领武射吏三千人[16]。及凌统死，复领其兵。

【注释】
　〔1〕乌伤：县名。县治在今浙江义乌市。　〔2〕陈：王国名。治所在今河南淮阳县。　〔3〕改适：改嫁。　〔4〕华歆（公元157—231）：传见本书卷十三。　〔5〕面：以背对着。　〔6〕御者：驾车的人。　〔7〕衰少：减少。　〔8〕糟糠：酒渣、糠皮之类的粗劣食物。　〔9〕惠理：德

政。〔10〕辅：即孙辅。传见本书卷五十一。 〔11〕补察：对政治有补益的考察。 〔12〕损益：指改革。 〔13〕别进：分别进见。〔14〕燥湿：指有关生活起居的状况。 〔15〕建忠中郎将：官名。领兵征伐。 〔16〕吏：这里指士兵。

【裴注】

〔一〕谢承《后汉书》曰："俊，字孝远。有文武才干，少为郡吏。察孝廉，补尚书郎。擢拜陈相。值袁术僭号，兄弟忿争；天下鼎沸，群贼并起。陈与比界，奸慝四布；俊厉威武，保疆境，贼不敢犯。养济百姓，灾害不生，岁获丰稔。后术军众饥困，就俊求粮。俊疾恶术，初不应答。术怒，密使人杀俊。"

是时征役繁数，重以疫疠[1]，民户损耗。统上疏曰：

臣闻君国者[2]，以据疆土为强富，制威福为尊贵，曜德义为荣显，永世胤为丰祚[3]。然财须民生[4]，强赖民力，威恃民势，福由民殖，德俟民茂[5]，义以民行：六者既备，然后应天受祚，保族宜邦。《书》曰：'众非后无能胥以宁[6]，后非众无以辟四方[7]。'推是言之，则民以君安，君以民济[8]：不易之道也。

今强敌未殄，海内未乂[9]；三军有无已之役，江境有不释之备。征赋调数，由来积纪[10]；加以殃疫死丧之灾，郡县荒虚，田畴芜旷。听闻属城，民户浸寡[11]；又多残老，少有丁夫。闻此之日，心若焚燎。思寻所由，小民无知，既有安土重迁之性，且又前后出为兵者；生则困苦无有温饱，死则委弃骸骨不反。是以尤用恋本[12]，畏远同之于死。每有征发，赢谨居家重累者先见输送；小有财货，倾居行赂[13]，不顾穷尽；轻剽者则迸入险阻[14]，党就群恶。百姓虚竭，嗷然愁扰[15]。愁扰则不营业[16]，不营业则致穷困，致穷困则不乐生，故口腹急则奸心动而携叛多也[17]。

又闻民间，非居处小能自供，生产儿子多不起养[18]；屯田贫兵，亦多弃子。天则生之，而父母杀之：既惧干逆和气[19]，感动阴阳；且惟殿下开基建国，乃无穷之业也，强邻大敌非造次所灭[20]，疆场常守非期月之成[21]，而兵民减耗，后生不育[22]，非所以历远年，致成功也！

夫国之有民，犹水之有舟；停则以安，扰则以危；愚而不可欺，弱而不可胜。是以圣王重焉，祸福由之；故与民消息[23]，观时制政。方今长吏，亲民之职，惟以办具为能[24]，取过目前之急[25]；少复以恩惠为治，副称殿下天覆之仁，勤恤之德者。官民政俗，日以凋弊；渐以陵迟[26]，势不可久！

夫治疾及其未笃[27]，除患贵其未深；愿殿下少以万机余闲，留神思省。补复荒虚，深图远计；育残余之民，阜人财之用[28]；参曜三光[29]，等崇天地[30]。臣统之大愿，足以死而不朽矣。

权感统言，深加意焉。

以随陆逊破蜀军于宜都，迁偏将军。黄武初，曹仁攻濡须，使别将常雕等袭中洲；统与严圭共拒破之，封新阳亭侯。后为濡须督。

数陈便宜，前后书数十上；所言皆善，文多故不悉载。尤以占募在民间长恶败俗[31]，生离叛之心，急宜绝置[32]；权与相反覆[33]，终遂行之。

年三十六，黄武七年卒。

【注释】

〔1〕重(chóng)以：加以。 〔2〕君国：统治国家。 〔3〕永世胤：使世代子孙长久接续。 丰祚：洪福。 〔4〕生：产生。 〔5〕俟(sì)：等待。 〔6〕众非后：民众没有君主。 无能胥以宁：就不能相互和平相处。 〔7〕辟：统治。这两句今文《尚书》不载，出自《礼记·表记》所引《尚书》逸文。 〔8〕济：(获得)成功。 〔9〕乂(yì)：安定。 〔10〕纪：十二年为一纪。 〔11〕浸寡：逐渐减少。 〔12〕本：本土。 〔13〕倾居：倾家荡产。 〔14〕轻剽(piāo)：(行动)敏捷。 〔15〕嗷然：愁叹的样子。 〔16〕营业：经营产业。 〔17〕口腹急：指饥饿逼迫。 携叛：背叛。 〔18〕起养：哺养。 〔19〕干逆：干扰违反。 和气：阴阳调和之气。 〔20〕造次：一下子。 〔21〕疆埸(yì)：边境。 期(jī)月：一个月。 〔22〕后生：后来出生的(婴儿)。 〔23〕消息：将息调养。 〔24〕办具：(事情的)办成办好。 〔25〕过：应付过去。 目前：眼前。 〔26〕陵迟：衰败。 〔27〕笃：沉重。 〔28〕阜：丰富。 〔29〕三光：日、月、星。 〔30〕等崇天地：与天地同等崇高。 〔31〕占募：这里指公开招收宫廷供使役的宦官。占是如实自报，即报告家庭中有无先天性生殖器缺损的男性；募是招募自愿阉割生殖器充当宦官的男人。这两种人都在招收之列。 〔32〕绝置：停止实行。 〔33〕反覆：这里指辩论。

陆瑁字子璋。丞相逊弟也[1]。少好学笃义。陈国陈融、陈留濮阳逸、沛郡蒋纂、广陵袁迪等，皆单贫有志[2]，就瑁游处；〔一〕瑁割少分甘，与同丰约[3]。及同郡徐原，爰居会稽[4]，素不相识；临死遗书，托以孤弱。瑁为起立坟墓，收导其子。又瑁从父绩早亡，二男一女，皆数岁以还[5]；瑁迎摄养[6]，至长乃别。

州、郡辟举，皆不就。时尚书暨艳盛明臧否[7]，差断三署[8]，颇扬人暗昧之失，以显其谪[9]。瑁与书曰："夫圣人嘉善矜愚[10]，忘过记功，以成美化。加今王业始建，将一大统[11]，此乃汉高弃瑕录用之时也[12]。若令善恶异流，贵汝、颍月旦之评[13]；诚可以厉俗明教[14]，然恐未易行也。宜远模仲尼之泛爱[15]，中则郭泰之弘济[16]：近有益于大道也。"

艳不能行，卒以致败。

【注释】

〔1〕逊：即陆逊（公元183—245）。传见本卷五十八。 〔2〕单：家族力量单薄。 〔3〕丰约：丰盛和俭约。 〔4〕爰（yuán）居：迁居。 〔5〕以还：以下。 〔6〕摄养：收养。 〔7〕盛明：大力表明。 臧否（pǐ）：对人物的褒贬。 〔8〕差断：比较和判断。 三署：指三署的郎官。 〔9〕谪：贬。 〔10〕矜：怜悯。 〔11〕一：统一。 大统：指据有天下称帝的大事业。 〔12〕汉高：即汉高祖。 弃瑕：不计较（人才的）缺点。 〔13〕汝：指汝南郡。东汉时治所在今河南平舆县西北。颍：指颍川郡。东汉末治所在今河南禹州市。 月旦之评：指对人物进行褒贬的品评。东汉末年汝南平舆（今河南平舆县西北）人许劭和他的堂兄许靖喜欢品评人物，每月更换一次内容，当时称为"汝南月旦评"。参见本书卷三十八《许靖传》、《后汉书》卷六十八《许劭传》。〔14〕厉俗：激厉风俗。 〔15〕模：模仿。 泛爱：博爱。孔子有"泛爱众"的说法，见《论语·学而》。 〔16〕则：效法。 郭泰（公元128—169）：字林宗。太原郡界休（今山西介休市东南）人。东汉末为太学生首领，不应官府征召，以教学为业，学生数以千计，名闻天下。他善于识别人物，但总是褒奖人才而不指责别人的缺点。传见《后汉书》卷六十八。 弘济：广为扶助。

【裴注】

〔一〕迪孙晔，字思光。作《献帝春秋》，云："迪与张纮等俱过江，迪父绥为太傅掾。张超之讨董卓，以绥领广陵事。"

嘉禾元年，公车征瑁[1]。拜议郎，选曹尚书。孙权忿公孙渊之巧诈反覆，欲亲征之。瑁上疏谏曰："臣闻圣王之御远夷[2]，羁縻而已[3]，不常保有。故古者制地，谓之荒服[4]；言慌惚无常[5]，不可保也。今渊，东夷小丑，屏在海隅；虽托人面，与禽兽无异。国家所为不爱货宝远以加之者[6]，非嘉其德义也；诚欲诱纳愚弄，以规其马耳[7]。渊之骄黠，恃远负命：此乃荒貊常态[8]，岂足深怪？昔汉诸帝亦尝锐意以事外夷，驰使散货[9]，充满西域[10]；虽时有恭从，然其使人见害[11]，财货并没，不可胜数。今陛下不忍悁悁之忿[12]，欲越巨海，身践其土；群臣愚议，窃谓不安。何者？北寇与国[13]，壤地连接，苟有间隙，应机而至。夫所以越海求马，曲意于渊者，为赴目前之急，除腹心之疾也；而更弃本追末，捐近治远，忿以改规，激以动众：斯乃猾虏所愿闻[14]，非大吴之至计也。又兵家之术，以功役相疲，劳逸相待；得失之间，所觉辄多[15]。且沓渚去渊[16]，道里尚远，今到其岸，兵势三分；使强者进取，次当守船，又次运粮：行人虽多，难得悉用。加以单步负粮[17]，经远深入；贼地多马，邀截无常。若渊狙诈[18]，与北未绝，动众之日，唇齿相济；若实孑然无所凭赖[19]，其畏怖远进，或难猝灭。使天诛稽于朔野[20]，山房承间而起[21]，恐非万安之长虑也！"

权未许。瑁重上疏曰："夫兵革者[22]，固前代所以诛暴乱，威四夷也。然其役皆在奸雄已除，天下无事；从容庙堂之上，以余议议之耳。至于中夏鼎沸[23]，九域盘互之时[24]；率须深根固本，爱力惜费，务自休养，以待邻敌之阙[25]。未有正于此时，舍近治远，以疲军旅者也。昔尉佗叛逆[26]，僭号称帝；于时天下乂安，百姓殷阜，带甲之数[27]，粮食之积，可谓多矣。然汉文犹以远征不易[28]，重兴师旅[29]，告喻而已[30]。今凶桀未殄[31]，疆场犹警；虽蚩尤、鬼方之乱[32]，故当以缓急差之[33]，未宜以渊为先。愿陛下抑威住计[34]，暂宁六师[35]；潜神默规，以为后图。天下幸甚！"

权再览瑁书，嘉其词理端切，遂不行。

初，瑁同郡闻人敏见待国邑[36]，优于宗修；唯瑁以为不然，后果如其言。

赤乌二年，瑁卒。

子喜，亦涉文籍[37]，好人伦[38]。孙皓时为选曹尚书。[一]

【注释】

〔1〕公车：官名。即公车司马令。负责守卫皇宫南大门，接受地方进献的贡品和官员百姓向皇帝的上书。如果朝廷要征召民间的著名人士进京，则由公车司马令下达文书通知所在的州郡政府。 〔2〕御远夷：统治远方的少数族。 〔3〕羁縻：笼络。指只求保持形式上的统治与被统治关系。 〔4〕荒服：边远地区。《尚书·禹贡》把京都地区以外的地域，由近到远分为甸服、侯服、绥服、要服、荒服五等。 〔5〕慌惚：捉摸不定的样子。 〔6〕所为：之所以要。 不爱货宝：指拿出财物珍

宝。　〔7〕规：打算(得到)。　〔8〕貊(mò)：古代北方与东北方少数族名。　〔9〕散货：分送财物。　〔10〕西域：地区名。分狭义与广义：狭义西域指玉门关、阳关以西，葱岭以东的地区；广义西域指通过狭义西域所能到达的地区，包括中亚、西亚、印度半岛、东欧和北非。这里指前者。　〔11〕使人：使者。　〔12〕悁悁(yuān yuān)：恼怒。〔13〕北寇：指曹魏。　〔14〕猾虏：狡猾的敌人。　〔15〕觉(jiào)：差距。　〔16〕沓渚：地名。在今辽宁大连市西南旅顺湾。是当时孙吴船队到达辽东后停靠的港口。　去渊：距公孙渊的驻地。公孙渊驻襄平，在今辽宁辽阳市。　〔17〕单步：徒步。　〔18〕狙诈：狡诈。　〔19〕实：确实。　孑(jié)：孤单。　〔20〕天诛：上天的诛罚。这里指孙吴对公孙渊的攻杀。　稽：拖延。　朔野：北方的原野。　〔21〕山虏：指孙吴境内的山越。　承间(jiàn)：趁机。　〔22〕兵革：兵器和皮革做的盾、甲、胄等防护物。这里指战争。　〔23〕中夏：中原。　鼎沸：比喻社会动乱。　〔24〕九域：即九州。《尚书·禹贡》分全国为九州。这里指全国。盘互：盘结交错。指武装势力割据而相互联络。　〔25〕阙：失误。〔26〕尉佗：即赵佗(？—前137)。真定(治所在今河北正定县南)人。秦末任南海郡龙川(今广东龙川县西)县令。陈胜、吴广起兵，他趁机占据濒临南海的南海、桂林、象郡三郡，自立为南越王。后又称帝。汉文帝时开始做汉朝名义上的藩臣。自他称王起，经五代九十三年，其国才被汉朝消灭。传见《史记》卷一百一十三、《汉书》卷九十五《南粤传》。〔27〕带甲：指穿铠甲的兵士。　〔28〕汉文：即汉文帝。　〔29〕重(zhòng)：碍难于。　〔30〕告喻：劝告(对方归顺)。　〔31〕凶桀：凶恶残暴(的人)。指曹魏皇帝曹叡。　〔32〕蚩尤：传说中东方九黎族的首领。举兵反抗黄帝，而黄帝先击败威胁最大的炎帝，然后才击杀蚩尤。事见《史记》卷一《五帝本纪》。　鬼方：古代少数族名。殷周时分布在北方边区。相传殷高宗武丁曾用了三年时间平定鬼方，见《周易·既济卦》爻辞。　〔33〕故当：依旧应当。　差：区别(对待)。　〔34〕住计：打住计划。　〔35〕六师：即六军。古时天子有六军。这里泛指王朝的军队。　〔36〕见待国邑：在本郡本县受到的对待。　〔37〕喜：即陆喜。初仕孙吴，吴亡入晋，任散骑常侍。曾著书一百余篇。传附《晋书》卷五十四《陆云传》。　〔38〕人伦：这里指人物品评。

【裴注】

　〔一〕《吴录》曰："喜，字文仲。瑁第二子也。入晋，为散骑常侍。

瑁孙晔，字士光。至车骑将军，仪同三司。晔弟玩，字士瑶。"《晋阳秋》称玩"器量淹雅"，位至司空，追赠太尉。

吾粲字孔休，吴郡乌程人也。[一]孙河为县长，粲为小吏，河深奇之。河后为将军，得自选长吏[1]，表粲为曲阿丞[2]。迁为长史[3]，治有名迹。虽起孤微[4]，与同郡陆逊、卜静等比肩齐声矣。

孙权为车骑将军，召为主簿。出为山阴令。还为参军校尉[5]。

黄武元年，与吕范、贺齐等，俱以舟师拒魏将曹休于洞口。值天大风，诸船绠绁断绝[6]，漂没著岸，为魏军所获，或覆没沉溺。其大船尚存者，水中生人皆攀缘号呼[7]；他吏士恐船倾没，皆以戈矛撞击，不受。粲与黄渊，独令船人以承取之。左右以为船重必败，粲曰："船败，当俱死耳！人穷[8]，奈何弃之！"粲、渊所活者百余人。还，迁会稽太守。

召处士谢谭为功曹[9]，谭以疾不诣。粲教曰[10]："夫应龙以屈伸为神[11]，凤凰以嘉鸣为贵；何必隐形于天外，潜鳞于重渊者哉[12]！"

粲募合人众，拜昭义中郎将，与吕岱讨平山越。入为屯骑校尉，少府[13]。

迁太子太傅，遭二宫之变[14]。抗言执正[15]，明嫡庶之分；欲使鲁王霸出驻夏口，遣杨竺不得令在都邑[16]。又数以消息语陆逊，逊时驻武昌，连表谏争。由此为霸、竺等所谮害，下狱诛[17]。

【注释】

〔1〕自选长吏：据本书卷五十一《孙韶传》，孙河得曲阿、丹徒二县作奉邑，所以有自选长吏的权利。 〔2〕丞：官名。即县丞。县令或县长的副手，主管文书、仓库和刑狱。 〔3〕长（zhǎng）史：官名。孙河将军府的下属，是主官的文职副手。 〔4〕孤：指家族力量单薄。 微：卑微。 〔5〕参军校尉：官名。参谋军事，兼领兵作战。 〔6〕绠绁（gěng xiè）：系船的绳索。 〔7〕生人：活人。 〔8〕穷：困穷。〔9〕处士：在家没有出外做官的人。 〔10〕教：公文的一种。是上级主官对下属的指示。 〔11〕应龙：长有翅膀的飞龙。 〔12〕重渊：深渊。〔13〕屯骑校尉：官名。京城特种兵指挥官之一，统领屯骑营。 少府：官名。九卿之一。主管御用衣物、膳食、珍宝、医疗等。 〔14〕二宫之变：指太子孙和、鲁王孙霸争夺继承人位置的事件。 〔15〕抗言：发言。 〔16〕杨竺：鲁王孙霸的支持者。事见本书卷五十九《孙和传》。〔17〕下狱诛：吾粲与张温一样，是吴郡本土人士。他被诛杀，与张温被废黜具有同样的政治背景。下面的朱据也是如此。

【裴注】

〔一〕《吴录》曰："粲生数岁，孤城妪见之。谓其母曰：'是儿有卿相之骨。'"

朱据字子范，吴郡吴人也。有姿貌臂力，又能论难。黄武初，征拜五官郎中。补侍御史。

是时选曹尚书暨艳，疾贪污在位，欲沙汰之[1]。据以为："天下未定，宜以功覆过，弃瑕取用，举清厉浊，足以沮劝[2]；若一时贬黜，惧有后咎。"艳不听，卒败。权咨嗟将率[3]，发愤叹息，追思吕蒙、张温。以为据才兼文武，可以继之，自是拜建义校尉[4]，领兵屯湖孰。

黄龙元年，权迁都建业。征据尚公主，拜左将军，封云阳侯。谦虚接士，轻财好施，禄赐虽丰而常不足用。

嘉禾中，始铸大钱，一当五百。后据部曲应受三万缗[5]，工王遂诈而受之[6]。典校吕壹疑据实取[7]，考问主者[8]，死于杖下；据哀其无辜，厚棺敛之。壹又表"据吏为据隐，故厚其殡"。权数责问据，据无以自明，藉草待罪[9]。数月，典军吏刘助觉[10]，言王遂所取。权大感悟，曰："朱据见枉，况吏民乎?"乃穷治壹罪，赏助百万。

赤乌九年，迁骠骑将军。遭二宫构争[11]，据拥护太子；言则恳至，义形于色，守之以死。〔一〕遂左迁新都郡丞[12]。未到，中书令孙弘谮润据[13]。因权寝疾，弘为诏书，追赐死。时年五十七。

孙亮时，二子熊、损各复领兵。为全公主所谮，皆死。永安中，追录前功，以熊子宣，袭爵云阳侯，尚公主。孙皓时，宣至骠骑将军。

【注释】

〔1〕沙汰：像除去沙粒那样作淘汰。 〔2〕沮劝：阻止和劝勉。《荀子·君子》有"为善者劝，为不善者沮"的话，沮劝一词本此。〔3〕咨嗟(jiē)将率：为(缺少出色)将领而叹息。 〔4〕建义校尉：官名。领兵征伐。 〔5〕部曲：部属。 缗(mín)：串铜钱的绳。由此又称一千铜钱为一缗。这里指后者。 〔6〕工：工匠。 〔7〕典校：官名。即中书典校郎。简称中书、典校、典校郎。孙权任命吕壹为中书典校郎，负责核查公务文书，见本书卷五十二《步骘传》。 〔8〕主者：指朱据手下主管财务的官员。 〔9〕藉草：坐在草上。监狱的囚犯才坐卧在草上。这里指朱据主动把自己囚禁起来。 〔10〕典军吏：负责军务的官吏。觉：察觉。 〔11〕构争：(相互)抨击争夺。 〔12〕左迁：指降职。〔13〕谮润：诋毁而逐渐产生作用。

【裴注】

　　〔一〕殷基《通语》载据争曰："臣闻太子，国之本根；雅性仁孝，天下归心。今猝责之，将有一朝之虑。昔晋献用骊姬而申生不存，汉武信江充而戾太子冤死。臣窃惧太子不堪其忧；虽立思子之宫，无所复及矣！"

　　评曰：虞翻古之狂直[1]，固难免乎末世[2]；然权不能容，非旷宇也[3]！陆绩之于扬《玄》[4]，是仲尼之左丘明[5]，老聃之严周矣[6]；以瑚琏之器[7]，而作守南越[8]：不亦贼夫人欤[9]？张温才藻俊茂；而智防未备，用致艰患。骆统抗明大义[10]，辞切理至，值权方闭不开。陆瑁笃义规谏，君子有称焉。吾粲、朱据遭罹屯蹇[11]，以正丧身：悲夫！

【注释】

　　〔1〕狂直：放纵任性而为人耿直。　〔2〕固：固然。　末世：指衰落的时代。　〔3〕旷宇：宽广的胸怀。　〔4〕扬：指扬雄（前53—公元18）：字子云。蜀郡成都（今四川成都市）人。西汉文学家、哲学家、语言学家。成帝时任给事黄门郎，王莽时任大夫，均为不重要的官职。仕途不顺，使他把精力用在撰写著作上。早年创作了大量辞赋，后来转向哲学，著《法言》、《太玄》。又著《方言》，记录当时各地方言。传见《汉书》卷八十七。　玄：即《太玄》。　〔5〕左丘明：鲁国人。春秋时期的史学家。双目失明，曾任鲁国太史。相传曾著《左传》和《国语》。古称孔子编定《春秋》，而《左传》是对《春秋》的解释，所以这里用来比方陆绩注释《太玄》。　〔6〕老聃（dān）：相传即老子。姓李，名耳，字伯阳。楚国苦县（今河南鹿邑县东）人。做过周朝管理藏书的史官。后退隐，著《老子》。传见《史记》卷六十三。但是《老子》一书是否为老子所作，尚有争论。　严周：即庄周（？—前286）。东汉人避明帝刘庄的讳改。宋国蒙（今河南商丘市东北）人。战国时期的哲学家、文学家，做过管理漆树园的小官。著有《庄子》，在理论上继承和发展了《老子》，在行文上又表现出鲜明的特色。传附《史记》卷六十三

《老子列传》。 〔7〕瑚琏：古代宗庙祭祀时盛黍稷的贵重礼器。比喻具有从政才能适于在中央任官的人。 〔8〕作守：做太守。 南越：赵佗所建王国名。这里指位于南越故地的郁林郡。 〔9〕贼夫(fú)人：害了那个人。语出《论语·先进》。 〔10〕抗明：表明。 〔11〕屯蹇(jiǎn)：艰难。屯、蹇本来都是《周易》卦名。《屯卦》象辞有"刚柔始交而难生"的话，《蹇卦》象辞也有"蹇，难也"的话，所以用屯蹇指艰难。

【译文】

虞翻，字仲翔，会稽郡余姚县人。起初郡太守王朗聘任他为郡政府的功曹。孙策进攻会稽郡，虞翻当时正为父亲办丧事，穿着丧服就跑到郡政府大门口要见王朗。王朗见他穿着丧服，准备亲自出门会面，虞翻马上脱掉丧服入内，劝王朗暂时躲避孙策。王朗不同意，与孙策作战抵抗而遭失败，乘船逃到大海中。虞翻一路追随保护王朗，到达会稽郡东部都尉所管辖的候官县。候官县长，开始关闭城门不接受他们；虞翻前往劝说，然后才得以进城。王朗对虞翻说："您有老母在家乡，可以回去了。"

虞翻回来后，已就任会稽郡太守的孙策又聘请他作自己的功曹；用朋友的礼节对待他，并且亲自去拜访虞翻的家。孙策喜欢驰马射猎，虞翻劝谏说："明府您使用乌合之众，指挥前来归附的散兵游勇，都能得到他们的拼死效力；这方面就是汉高祖也比不上您啊！但是您喜欢随意穿着普通的打猎服装外出，侍从人员都来不及作好戒备，官兵们深以为苦。统治民众的人不持重就没有威风。所以白色神龙下到深渊化为鱼后，被一个叫豫且的人射伤了眼睛；白色大蛇自己放纵跑到人间，结果被汉高祖用剑杀死。但愿您能在这件事上稍加留意。"孙策说："您的话很对。然而我时常要思考问题，端端正正在房里坐着容易闷倦，想学禆湛那样到野外去思考计划，所以才出门走走啊。"

虞翻出外任富春县长。孙策去世，会稽郡下属各县行政长官都想出境去为这位已故太守奔丧。虞翻说："恐怕靠近县城的山区百姓有的会制造变乱；我们远远离开城池，必定会招来意外。"于是他留下来制作丧服，在当地举行悼念活动。各县都仿效他，都因此保障了地方的安宁。

　　后来本州刺史举荐虞翻为茂才。但是汉朝召他入朝任侍御史；曹操当了司空又聘他为下属：他都没有接受。

　　虞翻与少府孔融写信，并把自己所著的《周易注》寄给他看。孔融答复的信写道："听了从前季札对音乐的分析，再看现今您对《周易》的注解；才知道东南方的美好东西，不只是会稽郡所产的竹箭啊。您的注解内容涉及天象云气的观察，气候冷热的准确预测；对吉凶祸福的推究，与神灵的旨意完全吻合：真可以说是探索到困穷与通达的深奥道理了。"

　　会稽郡东部都尉张纮又给孔融写信说："虞仲翔此前很受一些议论者贬损。他具有美玉宝珠一般的品质，雕琢打磨只会使之更加光亮，不足以伤害他。"

　　孙权统管大事之后任命虞翻为骑都尉。虞翻多次冒犯威严进行劝谏，孙权很不喜欢。加上他的性格不愿和同流俗，所以又遭到很多人的诽谤诋毁，结果被治罪而流放到丹杨郡的泾县。

　　吕蒙打主意袭取关羽，称病回到建业；因为虞翻懂得医术，请求让他跟随自己，也想因此使他得到释放。后来吕蒙统领全军西上，刘备委任的南郡太守麋芳开城门出来投降。吕蒙还没有进去占领城池，就在城外的沙滩上奏起军乐。虞翻对吕蒙说："而今诚挚一心投降的只是麋将军啊，城中的人岂能全部相信啊！为什么不赶紧进城控制城门呀？"吕蒙立即听从了他的话。当时城中确实有伏击的计谋，靠了虞翻的主意才使对方的计谋未能实施。

　　关羽的军队溃败之后，孙权让虞翻用卦来占卜关羽的结局：虞翻起的卦形，下面为单卦中的兑卦，上面为单卦中的坎卦，合起来是《周易》中的《节卦》；第五爻变化之后又成为《周易》中的《临卦》。虞翻就作出预言说："不出两天，关羽定要被砍头！"事情果然如虞翻所预言的那样。孙权说："您即使赶不上伏羲，也可以和东方朔相媲美了。"

　　魏将于禁被关羽俘获，关押在江陵县城中。孙权到了江陵后把他放了出来，请他相见。另外一天，孙权外出散心，带着于禁并排骑马前进。虞翻上前呵斥于禁说："你是一个投降敌人的人，怎么敢和我的君主平齐马头！"当时就想扬鞭抽打于禁，孙权厉声责备才算止住他。

后来孙权在有多层舱楼的大船上与群臣聚会饮酒，于禁听到演奏的音乐就流泪。虞翻又骂道："你想装出可怜相来求得免罪么？"孙权对他很为不满。

孙权当了吴王，在庆贺酒宴结束前，亲自起身为在座群臣依次斟酒。虞翻伏在地上假装醉了，不立起身来拿酒杯接酒。孙权离开后，他又起身坐好。孙权登时勃然大怒，亲手拔剑要刺杀他；在座者无不惊慌失措，只有大司农刘基赶紧上前抱住孙权，劝阻说："大王在酒过三巡之后亲手杀死一名好人，虽然虞翻有罪，天下的人谁又知道啊？而且大王因为能容纳贤才厚待大众，所以海内人士才无比仰慕；而今一下子把这些美好声誉都丢了，这可以吗？"孙权说："曹操尚且杀了孔融，我对虞翻有什么杀不得！"刘基说："曹操轻易就杀害士大夫，天下的人都在非议他。大王亲自推行仁德道义，想与唐尧、虞舜的兴隆时代相比：怎么能把自己与曹操相比啊？"虞翻因此才得以免死。

孙权也借此指示左右：从今以后喝了酒说要杀谁，都不准真正去杀。

虞翻曾经坐船出行，中途与麋芳相遇。麋芳船上的人大多想让虞翻的船让路，在船头的卫士高声喊道："快避开我们将军的船！"虞翻也厉声呵斥说："丧失了忠诚和信义，拿什么来服侍君主？出卖了别人江陵、公安两座城池，还自称什么将军，这行吗！"麋芳关上舱门不回答，催促船工赶快避开。后来虞翻乘车出外，要从麋芳军营当中经过；军营守门的官员把门关上，他的车过不去。虞翻又发怒说："应当打开的门反而关上，应当关上的门反而打开，这难道说是做事恰当么！"麋芳听到后，有羞惭的神色。

虞翻性情粗疏耿直，多次在饮酒后犯下过失。孙权曾与张昭谈论神仙，虞翻当即指着张昭说："他们都是定要死亡的人，却在谈论神仙：世间上哪里有什么神仙啊！"孙权对他愤怒的事情累积起来不是一件两件，于是下令流放他到交州。

虞翻在交州虽是流放的罪人，却讲学不倦，门下的学生经常有几百人。又为《老子》、《论语》、《国语》撰写了注解，都流传于世。

当初，山阴县的丁览，太末县的徐陵，有的只是县政府普通办事员，有的只是默默无闻的普通人；虞翻与他们一见面，就结为友好，最后他们都出了名。

虞翻在南方流放地住了十多年，七十岁时去世。他的遗体被运回故乡的墓地安葬，妻室儿女获准回到内地。

虞翻有十一个儿子。第四个儿子虞汜最出名，他在孙休永安初年，从选曹尚书郎升任散骑中常侍。后来当了监军使者，带领军队讨伐扶严，不久病死。

虞汜的弟弟虞忠，曾任宜都郡太守。另一弟弟虞耸，先任越骑校尉，后来不断升迁，历任廷尉、湘东郡太守、河间郡太守。还有一个弟弟虞昺，先后任廷尉、尚书、济阴郡太守。

陆绩，字公纪，吴郡吴县人。他的父亲陆康，汉朝末年任庐江郡太守。

陆绩六岁时，到九江郡见袁术。袁术拿出橘子来招待他，陆绩悄悄往怀中藏了三只；离去时，他行跪拜礼告辞而橘子掉在地上。袁术说："陆郎，您当客人而私藏橘子么？"陆绩跪着回答说："想带回家给母亲尝尝。"袁术对他的孝心大为赞赏。

孙策在吴县时，张昭、张纮、秦松作为上宾，一起议论认为："天下还没有安宁，只有用武力手段去平定。"当时陆绩年轻坐在最边上，立即远远地大声说道："从前管仲辅佐齐桓公，多次会合诸侯，匡正天下的一切：并没有使用军队。孔子说：'远方的人不服从，就努力搞好仁义礼乐的教化来吸引他们。'今天议论这事的诸位前辈，不重视用道德来争取民众的办法，而只知道崇尚武力；我陆绩虽然是儿童，私下却感到未必妥当啊。"张昭等人大为惊异。

陆绩的外貌英俊，学问广博而知识丰富，天文、历法、算学等方面的书籍无不全部阅览。虞翻是享有盛名的老前辈，庞统是荆州的杰出人物而且年纪比陆绩大：他们都与陆绩是好朋友。

孙权统管大事，聘陆绩为自己将军府的奏曹掾。因为他为人正直而受到畏惧，被派出去当郁林郡的太守，加任偏将军，配给士兵二千人。

陆绩既是跛足，心思又专注于儒学和文雅的事情，领兵为将不是他原本的志向。他虽然负责军事，却没有停止著书立说，他撰写绘制了《浑天图》，又注解《周易》，阐释《太玄》，都流传于世。

他预先知道自己死的日子，并为自己写悼词说："汉朝有志的居民吴郡人陆绩，幼年时就重视学习《诗经》、《尚书》，长大了又玩味《礼》、《周易》。受命征讨南方的地区，患病遇到厄运，生命遭受不幸。哎，悲哀啊，他就要与人世永远隔开了！"又对身边的人说："从现在起，六十年之后，就会像从前秦始皇统一车子两轮间的距离和文字一样，实现天下的统一。遗憾的是我赶不上看到这一天了！"

他在三十二岁时去世。长子陆宏，曾任会稽郡南部都尉。次子陆叡，曾任长水校尉。

张温，字惠恕，吴郡吴县人。他的父亲张允，以轻财重士，名闻州郡。曾任孙权将军府的东曹掾，在任上去世。张温从年轻时起就注意培养节操，容貌出众而身材高大。孙权听说之后，问朝廷公卿大臣说："张温可以和当今的谁相比呀？"大司农刘基说："可以和全琮相比。"太常顾雍说："刘基还没有完全了解他的为人。我认为当今无人可与张温相比啊！"孙权说："如果像这样，其父张允就等于没有死了。"于是孙权征召张温前来，请他到朝廷与群臣一起相见，张温以很有文采的言辞介绍自己并回答孙权的询问，旁观者都倾着身子伸长脖子听着看着，孙权也改变面容表现出非常尊敬的神态。接见结束后出来，张昭拉着他的手说："老夫向您致意，您应当明白啊！"孙权任命他为议郎、选曹尚书。又改任太子太傅，很受信任和重视，那时他三十二岁。

张温以辅义中郎将的身份出使蜀国。孙权对张温说："您本来不宜远出。我担心诸葛孔明不知道我与曹丕来往的真实意图，所以要委屈您跑一趟。如果我国境内的山越人叛乱问题完全解决，就要和曹丕大干一场。使者出外，按道理只接受使命，而具体的外交言辞则由使者自己随机应变作对答啊。"

张温回答说："为臣在朝没能像心腹大臣那样为陛下进献规

划，出国当使者又没有独立进行外交对话的本领；很害怕建立不了像张孟宣扬本国君主声誉那样的功劳，又达不到子产出使晋国为晋平公准确分析病因那样的效果。不过诸葛亮能透彻看清计谋手段，必定会理解大王能屈能伸的适当考虑；加上他们也受到我国朝廷的广大恩惠，为臣推测诸葛亮的心里，必定不会有怀疑和背离。"

张温到达蜀国，在蜀宫门前行跪拜礼后呈上一封表章，上面说："从前殷高宗在为父亲居丧期间能够使殷王朝的国运重新昌盛，周成王在年幼时当上君主也能让周朝实现天下太平；功业可覆盖整个天空，声誉将流传无穷。而今陛下以聪睿明智的品质，与往古的圣明君主完全一样；由贤良的辅政大臣统领百官，就像天上的日、月、星辰一样布列闪光；远近人民仰慕，无不高高兴兴把贵国视为自己的依靠。我们吴国努力依靠大众的力量，扫清了长江流域；愿意与有道君主共同平定统一天下，同心协力：这种愿望就像黄河水一样永存不变。不过因为军事行动频繁发动，可供驱使的人力缺乏；所以才强忍鄙陋和错误引起的羞愧，派小臣张温我来表示友好情谊。陛下重视和推崇礼义，没有马上对我表现出轻蔑与忽视。小臣从贵国的远方边境，来到京城近郊，频频受到慰劳，陛下总要下达施加恩惠的诏书。小臣用荣耀来警醒自己，所以恐惧得像受到惊吓。现在谨献上所带来的国书一封。"蜀国君臣很看重他的文才。

回国之后，没有多久，孙权派张温到豫章郡用武力围取山越族人并挑选其中的强壮者为士兵。但是任务并未完成，孙权心中暗自怨恨张温称赞蜀国的政治，又嫌他声名太盛，使众人迷惑；害怕他终究不会为自己效忠尽力，总想用什么办法打击他。恰好这时暨艳的事情出现，就借此动了手。

暨艳，字子休，也是吴郡人。张温引荐他，让他作了选曹尚书郎，后来升到选曹尚书。暨艳的性格急躁严厉，喜欢对人物进行褒贬。他看到当时的郎官府署中有恶俗的人混杂在当中，不适合当官的很多；就想进行褒贬加以区分，使贤才和愚人按类分开。于是他抨击各类官员，核查筛选五官中郎将署、左中郎将署、右中郎将署的所有郎官；全都从高贬低，官品降了几等，保持原位的还不到十分之一。其中在职位上贪婪卑鄙、志向节操污浊低下的，都贬为军中的办事员，设置了营府来安置他们。这样一来怨恨之声不断，逐渐产生作用的谗言也层出不穷。这些人争着指责暨艳和选曹尚书郎徐彪，只讲私人感情，对人的喜爱或憎恶并不是出自公心。暨艳、徐彪都因此被治罪而自杀。

张温素来与暨、徐二人意见相同，多次书信来往，互通消息，所以也被治罪。孙权把张温关进有关机构的监狱，下达指令说："从前我下令征召张温，虚心等待他；到来之后授给显要职务，对他的厚待甚至超过了老部下。哪里想到他品质丑恶，总是怀有异心。从前暨艳的父亲和哥哥，曾经依附叛逆，寡人没有忌讳，所以召进来任用他，想看看暨艳的表现怎么样。观察到后来，果然现出原形。而张温和他结成生死之交：暨艳要进用或斥退什么人，都由张温先作出提示，内外勾结，共为一体；如果某人不是张温的同党，立即吹毛求疵专挑毛病，为贬黜他制造舆论。还有从前委任张温去监督豫章、庐陵、鄱阳三郡，用武力围取逃亡到深山的士兵、私家奴客，以及残余山越族人中能够充当士兵者；当时害怕临时有事，为了使他能迅速带领人马出山，故而授予他荣戟，奖励他这种显示威权的仪仗器物。他也立即到达豫章郡，上了一封表章要求进深山讨伐长期作恶的逃亡士兵、私家奴客和山越族人。寡人听信了他的话，特地把身边侍卫的绕帐、帐下、解烦三支分队中五千人马交给他指挥。后来听说曹丕亲自出动大军由淮河、泗水南下，所以预先指示张温：有紧急情况就立即撤出来；然而张温接纳了全部将士之后，却把他们部署到深山当中，接到紧急命令不能及时赶到。幸亏曹丕自己退了兵，不然，以往的事情岂能往深处想。还有那个殷礼，本来是一个因为会观望云气以占卜吉凶而被召来的普通人物；张温却一直坚持请求带他出使蜀国，又鼓动异国的人，为殷礼作出好评价。殷礼回来后，论理应当回到原来郎中的本职上，张温却让他代理尚书户曹郎的职务；这样的委任安排，张温一人就包办了。还有张温曾告诉贾原，说要举荐他当御史，又告诉蒋康，说要让他接替贾原的官职；只知道出卖国家的恩典，为自己私人谋取利益。衡量他奸恶的用心，真是无所不为！寡人不忍心把他在市场上处死陈尸示众，现今决定撤掉他一切职务送回本郡政府，去充当卑贱的杂役。哎，张温，免于死罪就很幸运了！"

将军骆统呈上表章为张温申诉说：

为臣跪着回想大王您，具有天生的英明美德，由于神灵启示圣心；所以下令在四方招纳优秀人才，在宫中和朝廷上任用他们。许多人士都受到您普遍而深厚的恩典，其中又以张温所受恩典为最隆重。然而张温却自招罪过和谴责，辜负了大王荣耀的待遇；想到他这样的结果，确实可悲可叹。不过，为臣曾往来各地，为国家观察打听，对他的情况有了深入了解，所以才秘密为他作以下申诉。

张温心中确实没有其他的想法，作的事情也没有反逆的迹象；只是因为年纪还轻，威望还低，却猛然承受了显赫光辉的荣宠，表现出卓越伟大的才能；又高声发表议论人物优劣的谈话，给予他们或褒或贬的评语。于是追求权势的嫉妒他的荣宠，争夺名声的眼红他的才能，喜欢沉默的人非议他的高声谈话，有缺点罪过的人忌讳他的褒贬评语：这些都是臣下应当详细分辨，大王应当深入了解的情况。

从前的贾谊，是极度忠诚的臣僚；而汉文帝，则是非常英明的君主。可是周勃、灌婴只消说一句话，就使贾谊贬退到远远的长沙。为什么呢？因为对他的忌恨很深，对他的诋毁又很巧啊。不过这样一来，汉文帝的错误就流传天下，过失就暴露于后世了；所以孔子才说'当君主难，当臣僚也不容易'这样的话呀。张温虽然论智计不是能够运用合纵连横手段的谋士，论勇敢不是像咆哮猛虎一般的战将；然而他那博大文雅的气质，出色优秀的品德，文章的辞采，论辩的清晰；可以说是卓越无双，光彩照耀人世，当今没有人比得上啊。因此，论张温的才能则感到可惜，论其罪过则可以饶恕。如果大王能忍一忍威严以赦免有优秀品德的人，宽恕贤才以振兴大业；这确实是大王美好光辉的充分表现，也是天下人士赞美的英明举措呀。

大王对于暨艳，并没有把他列入受到忌讳而不准其成员任官的家族，依然如同平民一般对待；所以他首先受到吴郡太守朱治的礼聘，其次受到众人的推举，中间得到大王的任用，然后才和张温结交。君臣的关系，是一切人际关系中最重的；而朋友之间的关系，是一切人际关系中最轻的。大王没有顾忌和暨艳形成最重的关系，所以张温也不顾忌和暨艳进行最轻的交往；这就可以说是朝廷在上面宠爱暨艳，张温才在下面亲近他呀。

在深山中长期作乱的山越族人，自由活动于险山，就是强劲的匪徒，带出来安置在平原，就是健壮的士兵；所以张温一心想围取这些长期作乱的山越族人，以求除去强劲匪徒的祸患，增加健壮士兵的人数。只不过因为出现失误，功劳与他最初的说法不相符合。然而计算他所送出的山越族壮丁，和许晏相比：在数量的多少上，张温不比他低；在体质的强弱上，张温不比他差；在时间的快慢上，张温不比他落后；所以才得以赶在秋冬季之前，把壮丁们编入军队开赴前线应付战争需要，这就说明张温并不敢忘恩负义做事不尽力啊。

张温到达蜀国，与异国的人共同赞誉殷礼，虽说臣下不能和国境外的人私自交往，但是这件事却情有可原。和国境外的人私自交往，应当是指没有君主的命令而私自接触，不是国家委托的使命而是暗中相互联系；如果是奉命出使，既为君主增进友谊，借此也表示个人感情，这应当是当使臣的正道。所以孔子受命出使邻国，则有以私人身份与邻国君主见面的礼节；季札出使中原各国，也有个人之间闲谈的活动安排。古人曾经说过，要想知道君主如何，只消看他所派出的使臣就明白；看到下面的使臣都光彩照人，就知道上面的君主光辉灿烂了。张温如果赞誉殷礼，能使别国也叹美不已；正好显示我国臣僚不仅人数多而且才能优良，表明大王委派使者得到合适人选，既能在境外呈现国家的美好，又能在异国宣扬君主的旨意。所以从前晋国的赵武到宋国参加盟会，要向楚国的屈建称颂本国的随会；楚国的王孙围出使晋国，要向晋国的赵鞅赞誉本国的倚相。这也是向别国的辅政大臣，叹美本国的臣僚；儒家的经传都褒扬他们能够为国争光，而没有讥笑他们在国外随意交往啊。

　　王靖此人，从内心想法看不忧心国事，从外面表现看不积极主动办理公务；张温弹劾他不加袒护，追究他不加宽容。于是与王靖结成大仇怨，这本来是张温尽忠的明显证据呀。王靖所领兵马的势力，担任官职的作用，都胜过贾原、蒋康；张温对王靖尚且没有徇私去笼络他，又怎么会出卖朝廷的恩典去拉拢贾原、蒋康呢？还有，贾原任职不勤勉，办事不胜任；张温多次以严厉的脸色怒视他，以激烈的言辞弹劾他；如果张温真要想出卖国家的恩典来作乱，那也用不着拉拢贾原这样没用的人啊。

　　以上几方面的罪名，与事实对证既不符合，在众人中作调查也没有证据。为臣暗自在想，民众的君主虽然具有圣明睿智的品质，非同寻常的智慧；然而以一人之身，统治千千万万百姓，从高楼重重的深宫之内，眺望国土的四方八面，要想弄清楚群臣的内情，考求千万件机要事务的道理，恐怕不容易作到完全周密啊；确实应当倾听考察群臣的进言，以使自己的聪明更加扩大。现今人们非议张温既激烈，为臣肯定张温又坚决；言辞都一样巧妙，意思都一样明白：各自都说自己是想为国家考虑，谁会说自己想为私呢？仓促之间，确实也难分清。然而以大王的聪明睿智，来考察双方议论的曲直是非；如果暗自聚精会神加以深思，大小方面都作研究核实，那么有什么样的复杂内情不会被揭露，有什么样的隐蔽事实不会被公开呀！

　　张温与为臣平素并不亲近，为臣现在也不偏爱张温。从前的正人君子，都要抑制私人的成见，来增加君主的英明。他们独自遵行正道在前，为臣在后面则以这样的正道被荒废为耻辱；所以才在今天说出久藏在心里的话，向大王进献愚昧的意见。为臣实在是想为朝廷尽心，而不是对张温有什么偏向啊。孙权始终不采纳骆统的请求。在此之后六年，张温病故了。他的两个弟弟张祗、张白，也有才能声名，与张温一起被废黜。

　　骆统，字公绪，会稽郡乌伤县人。他的父亲骆俊，官做到陈国国相，被袁术杀害。他的母亲改嫁，给华歆当了小妾。骆统当时只有八岁，就与亲近的奴客一起回会稽老家，他的母亲来送别。他向母亲行跪拜礼告辞后上车，拿背对着母亲而不回头。他母亲在车子后面边哭边追，驾车的人说："夫人还在后面啊。"骆统说："我不想加重妈妈今后的思念，所以不回头看她呀。"

回故乡后他服侍嫡母很细心。当时发生饥荒，乡亲们和从远方来寄居的民众不少人生活困难，骆统为此饭量减少。他的姐姐心地仁慈而有品德，丈夫死后没有儿子，回娘家守寡；看到骆统这样很感痛心，多次问他为什么才吃一点点东西。骆统回答说："士大夫们吃酒渣、糠皮之类的粗劣食物都还接不上顿，我又怎么忍心独自吃饱肚子啊！"他的姐姐说："真是这样的话，为什么不早点告诉我，而要这么苦自己呀？"于是她把自己私有的粮食给了一部分给骆统，又把情况告诉了母亲。骆统的嫡母也很贤惠，就让他把多余的粮食分着施舍大家：骆统从此出了名。

孙权以讨虏将军身份兼任会稽郡太守。骆统在二十岁时，被试用为乌程侯相。乌程县的民户超过一万，都赞叹他的德政。孙权对他很是嘉许，召他到郡政府担任功曹，又代理骑都尉职务，还把堂兄孙辅的女儿嫁给他为妻。

骆统立志作好对政治有补益的考察，如果听到或看到应当反映的问题，总是连夜就写报告决不会等到明天。他常常劝孙权要尊敬贤才接纳人士，努力征求大家对政事的改革意见；设宴款待和颁发赏赐时，最好一个人一个人地分别接见，依次询问生活状况，表示密切的关心，开导他们说话，以观察各自的志趣；又使他们都感恩戴德，产生一定要努力报答的心愿。孙权采用了他的以上建议。

后来他出任建忠中郎将，统领武艺好擅长射箭的士兵二千人。凌统死后，他又统领凌统的兵马。

这时向老百姓摊派的赋税和徭役很多，加上传染病流行，所以人口不断减少。骆统呈上一封奏疏说：

为臣听说统治国家的君主，以占据疆土来达到富强，控制威福来达到尊贵，显示德义来达到荣耀，使世代子孙长久接续来达到基业宏大。然而财富要等民众来创造，强盛要靠民众的力量来实现，威风要凭借民众的气势来烘托，福分要由民众来产生，道德要有民众才能树立，仁义要在民众中才能推行：这六方面的条件具备了，然后才能顺应天意接受帝王的基业，保护家族造福国家。《尚书》曾说：'民众没有君主就不能相互和平共处，君主没有民众就不能统治四方。'由此推论，民众有君主才能安定，君主有民众才能成功：这是永恒的真理。

如今北方的强敌还没有消灭，海内还没有统一；军队有打不完的战争，长江边境有不能撤除的防备。征收赋税次数频繁，持续时间已超过十二年；加之又有瘟疫死亡的灾祸，郡县的城镇萧条，田野荒芜。听说下属各县，人口逐渐减少；现有人口中又有很多残废人和老年人，强壮的男丁很少。听到这一消息的时候，为臣心里就像火烧一般痛心。我再一思考其中原因，觉得小民愚昧无知，既有安土重迁的本性，而且前后被抽调去当兵；活着则生活困苦饥寒交迫，死了则被抛弃在荒野，尸骨不能送回家乡。所以他们才极度眷恋本土，害怕从军远行就像害怕死亡一般。每次征兵，身体衰弱、为人老实而家庭负担重的男子，倒先被抽调送进军队；那些稍有财产金钱的，就不惜倾家荡产去行贿，根本顾不到变成穷光蛋的危险；至于行动敏捷的男子，则会逃入险峻的深山，去投靠那些作恶的匪徒。老百姓衣食困难，势必愁叹不安。愁叹不安就无心从事生产，不从事生产更招致穷困，招致穷困则不喜欢生活，所以在饥饿的逼迫下，人们就会萌动作恶的念头而背叛者大量涌现。

为臣又听说目前的民间，除非是家里稍微能养活自己的，否则生下了儿女，大多都让他们死去而不予哺养；屯田士兵中的贫困户，丢弃刚生下婴儿的也很多。上天赐给他们生命，而父母却杀了他们：为臣害怕这将会干扰违反天地间调和的生气，打动阴阳；而且为臣还想到，大王开创基础建立国家，这可是传之无穷的伟大事业啊，然而邻近的强敌不是一下子能消灭的，边境的驻守也不是个把月的时间能结束的，士兵和百姓人口不断减少，后来生下的婴儿又不养育，这怎么能经历长远的时间，达到事业的最后成功呢！

国家拥有民众，就像水面托着舟船；水面静止，舟船就安定，一旦扰动舟船就危险；老百姓虽然愚昧却不可欺骗他们，虽然软弱却不可压迫他们。所以古代圣明帝王都重视这一点，认为是决定祸福的关键；并且让人民将息调养，根据时势制定适当的政策。如今考察直接治理民众的县级行政长官，只以能否把上级下达的任务办成办好为标准，他们也只想把眼前的急事应付过去；很少有在行政中施予恩惠，能够与大王深广的仁慈、爱民的德泽相称的官员。官员的政治和民众的风俗，都在一天天衰败；像这样垮下去，势必不能持久。

治病要趁病势不重时下药，除患要在祸患不深时动手；但愿大王稍微能在日理万机之后余下的空闲时间里，留神考虑这些问题。从而弥补恢复衰虚的国力，制定长远的打算和计划；养育残存的民众，使国家有丰富的人力财力可使用；大王自己则能发出与日、月、星辰同样灿烂的光辉，表现出与天地同样崇高的德泽。像这样为臣的最大心愿就已满足，足以死而不朽了。

孙权有感于他的话，在这些问题上很是注意。

后来骆统因为随陆逊在宜都打败前来进攻的蜀军，升任偏将军。孙权黄武初年，魏国大将曹仁前来进攻濡须，另外派将军常雕等人突袭濡须南面长江中的中洲；骆统与严圭共同抵抗并击溃敌军，因功封新阳亭侯。后来又任濡须战区的军事指挥官。

他多次向孙权提出有益和适当的建议，前后上了几十封奏疏；所说的内容都很好，因为文字多所以这里不完全采录。他特别认为公开在民间招收宫廷供役使的宦官一事，既助长奸恶又败坏风俗，使人民产生背叛念头，应当赶紧停止实行；孙权与他进行辩论，最终还是实行了。

黄武七年（公元228），骆统三十六岁时去世。

陆瑁，字子璋。是丞相陆逊的弟弟。他在年轻时就好学而重视道义。陈国的陈融、陈留郡的濮阳逸、沛郡的蒋纂、广陵郡的袁迪等，都是宗族力量单薄、家境贫寒但是很有志向的人士，他们与陆瑁交游相处；陆瑁只要有一点点好东西或者甘美的食物总是与他们分享，不管是富裕日子还是俭朴生活都在一起过。同郡的徐原，移居到了会稽郡，他与陆瑁素不相识；临死前写了一封信给陆瑁，托他照顾自己的幼年儿女。结果陆瑁为他修了坟墓，还收养教育他的后代。陆瑁父亲的堂弟陆绩早死，留下二男一女，都还不到几岁；陆瑁把他们接回家收养，到他们长大后才分手。

本州、本郡政府都聘任和举荐他，他全部不接受。当时尚书暨艳坚持开展对人物的褒贬，比较和评定五官中郎将署、左中郎将署、右中郎将署的郎官，起劲揭露人们的愚昧过失，以显示他对这些人的贬黜十分正确。陆瑁给他写信说："圣人嘉许人们的优点而怜悯其愚蠢，忘记他们的过失而牢记其功劳，以求完成美好的教化。加上现今帝王大业刚开始创建，将要统一天下，这正是当年汉高祖不计较缺点大力录用人才的时候啊。如果想使好人和坏人分开，看重在汝南郡、颍川郡曾盛行过的人物褒贬品评；确实可以激厉风俗宣扬教化，然而恐怕不容易行得通的。您最好首先学孔子的博爱，再学郭泰的广为扶助：这样可能才对大事有益。"

暨艳不能采用他的建议，终于招致失败。

嘉禾元年(公元232)，孙权命令公车司马令下达文书征召陆瑁到京城。先后任命他为议郎、选曹尚书。孙权愤恨辽东郡公孙渊的诡诈和反复无常，想亲自带兵渡海去征讨他。陆瑁呈上奏疏劝谏说："为臣听说圣明帝王控制远方的少数族，都采用笼络的手段而已，不追求一直占有。所以古代划分地域，把这些地方称为荒服；意思是说这些地方的人捉摸不定，不能实施正常统治啊。而今的公孙渊只是东方少数族中一个跳梁小丑，被抛弃在海角天涯；虽然长了一张人脸，却与禽兽无异。陛下之所以不惜拿出财物珍宝远远送去赐给他，并不是因为他有什么德泽义气值得嘉奖；实在只是想引诱他愚弄他，然后取得他的马匹以供军用呀。公孙渊骄傲狡黠，仗恃路途遥远不听命令：这不过是边远地区少数族的惯常表现，哪里值得大惊小怪？从前汉朝的各位皇帝也曾经锐意争取境外的少数族，接受命令驰马前去颁布赏赐的使者，布满了西域各个小国家；虽然时不时也有一些远方少数族表示恭敬服从，然而朝廷的使者被杀害，钱财一并被吞没的事例，简直数不胜数。可现在陛下忍不住恼怒，想越过大海，亲自踏上那里的土地；百官和为臣的意见，都暗自认为不妥当。为什么呢？北方的敌人魏国与我国，在地域上相互接壤，如果有了可钻的空子，他们立即抓住机会入侵。之所以越过大海去获取马匹，为此不惜曲意厚待公孙渊，不就是为了解救目前与曹魏对峙的危急局面，清除心腹大患么？如果反而舍本逐末，舍近攻远，因为愤怒而改变计划，由于激动而出动大军：这种举动只有狡猾的敌人最欢迎，却并非大吴国的最好计策啊。再说兵家作战的手段，就是要用工程和劳役来累倒对方，然后以逸待劳；这一劳一逸引起的得失，差距可就大了。而且辽东那里的停船港口杳渚，距公孙渊的驻地路途还很远，就算如今到了港口，士兵又还必须分成三部分；身体最强壮的担任进攻，其次的留下来守船，再其次的要运用粮食：出动的人马虽多，很难使他们都发挥战斗作用。加之徒步运粮，经过很远路程深入敌境；敌军中骑兵多，出没无常前来截击极为容易。如果公孙渊狡诈，与北方的曹魏没有断绝关系，那么我们出动大军之时，魏军又有可能赶来援救；就算公孙渊实在是孑然一身没有外援依靠，他在惊恐之中远远逃走，恐怕要一下子消灭他也很困难。假使对公孙渊执行上天的诛罚这一任务迟迟不能在北方完成，江东山区的叛匪趁机起事，这恐怕不是万全的好计策啊。"

孙权没有听从。陆瑁重新呈上奏疏说："战争，确实是从前朝代用来平定暴乱，威慑四方少数族的有效手段。然而从前的战争，都是在内地的奸雄已被清除，天下太平无事；然后才在朝廷当中，从从容容把它作为剩余的事情来讨论如何着手进行。至于中原动乱，天下分裂割据的时候；照例都要巩固根本，爱惜人力和财力，一心一意休养生息，以等待邻国的失误。从没有正在这时候，舍近攻远，让军队疲于奔命的事情。从前赵佗叛逆，非分地称帝；当时天下已经安定，百姓繁衍富庶，穿铠甲的战士人数，所积累的粮食数量，真可以说是多得不可计算。然而汉文帝依然因为出兵远征不容易，碍难于兴师动众，只是派使者去劝告对方归顺而已。如今凶恶的叛逆没有消灭，边境上时时有警报；即使遇到茧尤、鬼方那样的叛乱，依旧应当根据缓急轻重区别对待，不宜把讨伐公孙渊作为首要大事。但愿陛下抑制神威、打住计划，暂时安定军队；把对付公孙渊的心思和计划放在一边，作为以后的打算。"

孙权第二次阅读陆瑁的上疏，赞赏他的文辞道理正当恳切，于是停止出兵。

当初，陆瑁的同郡人闻人敏，在本郡和本县受到的对待，优于另一位叫宗修的人；只有陆瑁认为不合适，后来两人的情况果然不出他所料。

赤乌二年（公元239），陆瑁去世。

他的儿子陆喜，也喜欢涉猎文献典籍，爱好评论人物。孙皓在位时担任选曹尚书。

吾粲，字孔休，吴郡乌程县人。孙河在乌程当县长时，他在县政府当小办事员，孙河非常器重他。孙河后来当了将军，享受两个县的奉邑，有权自己挑选这两个县的行政长官，孙河就上表委任吾粲为曲阿县丞。后来吾粲升任孙河将军府的长史，在行政治理上建立了名声，做出了事迹。他虽然出自宗族势力单薄而社会地位卑微的家庭，却开始与同郡的大族名流陆逊、卜静等人并肩齐名了。

孙权当了车骑将军，召吾粲为将军府主簿。又出外任山阴县令。回来后当了参军校尉。

孙权黄武元年（公元222），吾粲与吕范、贺齐等将，都带领水军，在洞口一带抗击魏将曹休。碰上暴风，各船的缆索被拉断，船只有的直吹到对岸，被魏军截获，有的翻沉在长江当中。大型船只还有一些保持稳定，水里还没淹死的士兵都攀着这些大船的边缘大声呼救；其他大船上的官兵害怕自己的船超重而沉没，都用戈矛击打那些呼救者不让他们爬上船。唯独吾粲与另一位将领黄渊，命令自己船上的人拯救爬船的士兵。他左右的侍从认为船超重必定沉没，吾粲却说："船沉了，就一起死啊！人家处在困境，为什么要抛弃他们呀！"吾粲、黄渊救活的有一百多人。吾粲回来后，升任会稽郡太守。

他征召在家没有出外做官的谢谭为郡政府的功曹，谢谭称病不来。吾粲给他下达指示说："长有翅膀的飞龙要能屈能伸才算神奇，祥瑞的凤凰要能发出美好的啼鸣才算贵重；您又何必把身体隐没在云霄，潜藏在深渊啊！"

吾粲在会稽郡招募人马，被任命为昭义中郎将，与吕岱一起讨伐平定山越族人的叛乱。然后入朝任屯骑校尉，少府，升任太子太傅。

遇到太子孙和与鲁王孙霸争夺继承人的变故，吾粲的发言坚持正道，说明嫡庶之间要有分别；想让鲁王孙霸出外驻守武昌，把孙霸的支持者杨竺送走，不让他停留在京城建业。他又多次把消息告诉陆逊，陆逊当时在武昌，接连上表章劝谏孙权，因此吾粲受到孙霸、杨竺的诋毁陷害，被逮捕入狱处死。

朱据，字子范，吴郡吴县人。他外貌英俊，有力气，又能进行辩论。孙权黄武初年，他被征召入京任五官中郎将署的郎中。补缺为侍御史。

当时的选曹尚书暨艳，痛恨贪婪污浊的人在官位上，想要像除去沙粒一样进行淘汰。朱据认为："天下还未平定，应当用功劳掩盖过失，不计较缺点使用人才，用举荐好人的办法来激励有污点的人，这样已足以起到鼓励与警醒的作用；如果一下子全部贬黜，恐怕以后会有灾祸。"暨艳不听，结果失败。孙权为缺少出色的将领而叹息，大发感慨，又怀念已故的吕蒙、张温。认为朱据兼有文武之才，可以继承他们，于是任命朱据为建义校尉，领兵驻扎在湖孰。

黄龙元年（公元 229），孙权迁都到建业。征召朱据入京娶自己的二女儿鲁育公主为妻，升任左将军，封云阳侯。他对人谦虚，轻视财产喜欢施舍，俸禄赏赐虽然丰厚却常常不够用。

嘉禾年间，开始铸造大钱，一枚当普通铜钱五百枚。后来朱据的部下应当接受一笔军饷，总数为三万串，每串一千钱，而铸钱工人王遂用诈骗手段把这笔钱财据为己有。负责监督官员的中书典校郎吕壹，怀疑朱据确实得到这笔军饷，就拷打审问朱据军中主管财务的官员，结果官员死在刑棍之下；朱据可怜他无辜被打死，用一副好棺木把他收敛安埋。吕壹又上表章诬告朱据的下属为他隐瞒真实情况，所以他才从优办理其丧事。孙权为此多次责问朱据，朱据无法表明自己的清白，只得主动把自己囚禁在监狱中等待治罪。几个月后，负责军务的官员刘助发觉了真相，报告说是王遂拿了这笔钱。孙权大为感慨醒悟，说："朱据尚且受到冤枉，何况是其他的官吏百姓啊？"于是深入追究吕壹的罪行，赏赐刘助一百万钱。

赤乌九年(公元 246)，朱据升任骠骑将军。碰上太子孙和与鲁王孙霸为了继承人位置而相互抨击争夺，朱据拥护太子；发言时十分恳切，忠义在他的脸上也充分表现出来，决心以死相争。结果被贬为新都郡丞。他在途中还没有到达，中书令孙弘对他的诋毁产生了作用。在孙权卧病在床时，孙弘为孙权写了一道诏书追赐朱据死。朱据死时五十七岁。

孙亮继位为帝，朱据的两个儿子朱熊、朱损各自又领兵为将。后来被孙权的大女儿鲁班公主陷害，二人都被处死。孙休在位的永安年间，追评朱据以前的功劳，让朱熊的儿子朱宣，继承失据云阳侯的爵位，朱宣又娶公主为妻。孙皓在位后，朱宣官做到骠骑将军。

评论说：虞翻就像古代那些放纵任性而为人耿直的人，固然在衰落时代难以免遭灾祸；然而孙权不能容忍他，胸怀就算不上宽广了啊！陆绩对于扬雄《太玄经》所起的解释作用，就好比是孔子的左丘明，老聃的庄周一般；他本来像瑚琏之类放在宗庙中的贵重礼器，是在中央朝廷任官的高级人才，却被派到偏远南越国的故地去当太守：这不是害了那个人吗？张温的才能优秀，文采斐然，而预防祸患的智计不够，所以招致苦难祸患。骆统表明正大光明的道理，文辞恳切而道理深刻，可惜碰上孙权正是闭塞不开通的时候。陆瑁重视道义，能直言规劝君主，确实算得上是一位有声誉的君子。吾粲、朱据都碰上危难，因为坚持正道而丧失了生命：悲哀啊！

陆逊传第十三

陆逊字伯言，吴郡吴人也。本名议。世江东大族[1]。〔一〕逊少孤，随从祖庐江太守康在官[2]。袁术与康有隙，将攻康；康遣逊及亲戚还吴：逊年长于康子绩数岁，为之纲纪门户[3]。

孙权为将军，逊年二十一，始仕幕府。历东、西曹令史[4]。出为海昌屯田都尉[5]，并领县事[6]。〔二〕县连年亢旱[7]，逊开仓谷以赈贫民，劝督农桑，百姓蒙赖。

时吴、会稽、丹杨多有伏匿[8]，逊陈便宜[9]，乞与召募焉。会稽山贼大帅潘临，旧为所在毒害[10]，历年不擒。逊以手下召兵[11]，讨治深险，所向皆服，部曲已有二千余人。鄱阳贼帅尤突作乱，复往讨之。拜定威校尉[12]，军屯利浦[13]。

【注释】
　〔1〕江东大族：自汉代历孙吴、两晋到南朝，江东地区曾经出现了一批著名的世家大族。他们世代为官，人口众多，在当时的政治、经济、军事、文化学术等方面都产生过显著的作用。而吴郡吴县的陆氏，即是其中的代表。一直到清代，陆氏后裔还有著名人物出现。详见拙著《魏晋南朝江东世家大族述论》，台北文津出版社，1991年出版。　〔2〕从

(zòng)祖：祖父的兄或弟。 〔3〕纲纪：总管。 〔4〕东、西曹令史：
官名。即东曹令史、西曹令史。东曹、西曹是孙权将军府的下属机构，
都分管人事，前者负责选任郡县行政官员和军队文职官员，后者负责选
任本府官员。每曹的主官为掾，副主官为属。掾、属之下设令史，负责
拟办公文。孙权称王后，东、西曹即由尚书台的选曹取代。 〔5〕海昌：
县名。治所在今浙江海宁市西南。 屯田都尉：官名。主管屯田事务。
〔6〕领：兼管。 〔7〕亢旱：极度干旱。 〔8〕伏匿：隐藏。这里指逃亡
到深山隐藏的山越和其他人。 〔9〕便宜：有利的和恰当的建议。
〔10〕毒害：祸害。 〔11〕召兵：招募来的士兵。 〔12〕定威校尉：官
名。领兵征伐。 〔13〕利浦：地名。在今安徽和县东。

【注释】

〔一〕《陆氏世颂》曰："逊祖纡，字叔盘。敏淑有思学。守城门校
尉。父骏，字季才。淳懿信厚，为邦族所怀。官至九江都尉。"

〔二〕《陆氏祠堂像赞》曰："海昌，今盐官县也。"

权以兄策女，配逊，数访世务[1]。逊建议曰："方
今英雄棋峙，豺狼窥望；克敌宁乱，非众不济。而山寇
旧恶，依阻深地；夫腹心未平，难以图远：可大部
伍[2]，取其精锐。"

权纳其策，以为帐下右部督[3]。会丹杨贼帅费栈受
曹公印绶，扇动山越，为作内应。权遣逊讨栈，栈支党
多而往兵少。逊乃益施牙幢[4]，分布鼓角；夜潜山谷
间，鼓噪而前：应时破散。

遂部伍东三郡[5]：强者为兵，羸者补户[6]，得精卒
数万人。宿恶荡除，所过肃清，还屯芜湖。会稽太守淳
于式表逊枉取民人，愁扰所在。

逊后诣都，言次[7]，称式佳吏。权曰："式白君，

而君荐之，何也？"逊对曰："式意欲养民，是以白逊。若逊复毁式以乱圣听，不可长也！"权曰："此诚长者之事[8]。顾人不能为耳[9]。"

【注释】

〔1〕世务：政治事务。 〔2〕大：大规模。 〔3〕帐下右部督：官名。统领帐下营的右部分队。主要保卫君主，也承担临时任务出外作战。〔4〕益施：增设。 牙：军营中用象牙装饰的大旗，是所在军队的标志。幢（chuáng）：军队中作仪仗的一种旗帜。 〔5〕东三郡：指会稽、丹杨、吴三郡。 〔6〕补户：补为在册的民户。 〔7〕言次：谈话间。〔8〕长（zhǎng）者：这里指有道德的人。 〔9〕顾：不过。 人：别人。

吕蒙称疾，诣建业。逊往见之，谓曰："关羽接境，如何远下[1]？后不当可忧也？"蒙曰："诚如来言，然我病笃。"逊曰："羽矜其骁气，陵轹于人[2]。始有大功，意骄志逸，（得）〔但〕务北进，未嫌于我。有相闻病，必益无备[3]；今出其不意，自可擒制。下见至尊[4]，宜好为计。"蒙曰："羽素勇猛，既难为敌。且已据荆州，恩信大行；兼始有功，胆势益盛：未易图也。"

蒙至都，权问："谁可代卿者？"蒙对曰："陆逊意思深长[5]，才堪负重，观其规虑，终可大任；而未有远名[6]，非羽所忌：无复是过[7]。若用之，当令外自韬隐[8]，内察形便[9]，然后可克。"

权乃召逊，拜偏将军、右部督，代蒙。逊至陆口，书与羽曰："前承观衅而动[10]，以律行师[11]；小举大克，一何巍巍！[12]敌国败绩，利在同盟，闻庆拊节[13]；

想遂席卷[14]，共奖王纲[15]。近以不敏[16]，受任来西；延慕光尘[17]，思禀良规。”

又曰：“于禁等见获，遐迩欣叹。以为将军之勋，足以长世[18]。虽昔晋文城濮之师[19]，淮阴拔赵之略[20]：蔑以尚兹[21]！闻徐晃等步骑驻旌[22]，窥望麾葆[23]。操猾虏也，忿不思难；恐潜增众，以逞其心；虽云师老[24]，犹有骁悍。且战捷之后，常苦轻敌；古人杖术[25]，军胜弥警[26]。愿将军广为方计，以全独克。仆书生疏迟[27]，忝所不堪[28]；喜邻威德，乐自倾尽；虽未合策，犹可怀也[29]。傥明注仰[30]，有以察之。”

羽览逊书，有谦下自托之意，意大安，无复所嫌。逊具启形状，陈其可擒之要。权乃潜军而上，使逊与吕蒙为前部，至即克公安、南郡[31]。

逊径进，领宜都太守[32]，拜抚边将军[33]，封华亭侯。备宜都太守樊友委郡走，诸城长吏及蛮夷君长皆降。逊请金、银、铜印[34]，以假授初附。是岁建安二十四年，十一月也。

逊遣将军李异、谢旌等，将三千人，攻蜀将詹晏、陈凤。异将水军，旌将步兵，断绝险要；即破晏等，生降得凤[35]。又攻房陵太守邓辅、南乡太守郭睦，大破之。秭归大姓文布、邓凯等，合夷兵数千人，首尾西方[36]。逊复部旌，讨破布、凯[37]。布、凯脱走，蜀以为将。逊令人诱之，布帅众还降。前后斩获招纳，凡数万计。权以逊为右护军、镇西将军[38]，进封娄侯[39]。〔一〕

【注释】

〔1〕如何远下：为什么离开驻地远赴下游。 〔2〕陵轹：凌驾。
〔3〕益：更。 〔4〕至尊：对君主的尊称。 〔5〕意思：预料和思考。 深长：深远。 〔6〕远名：流传远方的声名。 〔7〕无复是过：不再有比他更合适的。 〔8〕韬隐：隐藏（锋芒）。 〔9〕形便：形势上有利（的机会）。 〔10〕观衅：观察对方的破绽。 〔11〕律：这里指军事纪律。《周易·师卦》爻辞有"师出以律"的说法。 〔12〕巍巍：功劳高大的样子。 〔13〕闻庆：听到喜讯。 拊（fǔ）节：敲打节拍。 〔14〕席卷：比喻大规模攻占土地。 〔15〕奖：辅助。 王纲：指王朝的统治。当时东汉献帝被曹操控制，关羽对曹操作战取胜，陆逊说成是对东汉王朝的一种扶助。 〔16〕不敏：（做事）不敏捷。这是自谦的话。 〔17〕光尘：指风采。当时人赞美对方的常用敬词。 〔18〕长世：长留世间。 〔19〕城濮：地名。在今山东鄄城县西南。前632年，晋文公和齐、宋、秦等国联军，在这里大破楚军，从而成为霸主。事见《左传》僖公二十八年。 〔20〕淮阴：指淮阴侯韩信。 拔赵：前204年，韩信率汉军数万人，在井陉（今河北井陉县西北）击败赵军二十万，俘虏赵王，杀死赵军主将。事见《史记》卷九十二《淮阴侯列传》。 〔21〕蔑以尚兹：不能超过这一胜利。 〔22〕徐晃（？—公元227）：传见本书卷十七。 驻旌：指军队停留。 〔23〕麾：将帅的大旗。 葆：伞盖。一种仪仗器物。 〔24〕师老：军队疲乏。 〔25〕杖术：凭借策略。 〔26〕弥警：更加警惕。 〔27〕疏迟：粗疏迟缓。 〔28〕忝：辱没。这里是担任官职的谦虚说法。 不堪：不能胜任（的职务）。 〔29〕怀：容受。 〔30〕注仰：注目仰望。指对尊者的景仰。 〔31〕南郡：这里指当时南郡的治所江陵。 〔32〕宜都：郡名。治所在今湖北宜都市。 〔33〕抚边将军：官名。领兵征伐。 〔34〕金、银、铜印：当时官员所受的印和印上系的丝绳，其材质和颜色依官位的高低而不同：三公金印紫绶，九卿等银印青绶，大县令等铜印黑绶，以下铜印黄绶。另外，少数族的王有时也授给金印。 〔35〕生降：活捉并使之投降。 〔36〕首尾西方：接受西方刘备的指挥。首尾是当时习语，比喻领导与被领导的关系。 〔37〕部：部署。 〔38〕镇西将军：官名。领兵征伐。 〔39〕进封：陆逊原来封华亭侯。华亭是亭名，在今上海市松江区西。现今封娄侯，娄是县名，县治在今江苏昆山市东北，所以说是进封。

【裴注】

〔一〕《吴书》曰："权嘉逊功德，欲殊显之。虽为上将军、列侯，犹欲令历本州举命；乃使扬州牧吕范，就辟别驾从事，举茂才。"

　　时荆州士人新还，仕进或未得所。逊上疏曰："昔汉高受命，招延英异；光武中兴，群俊毕至。苟可以熙隆道教者[1]，未必远近。今荆州始定，人物未达；臣愚偻偻[2]，乞普加覆载抽拔之恩[3]，令并获自进。然后四海延颈[4]，思归大化。"权敬纳其言。

　　黄武元年，刘备率大众来向西界。权命逊为大都督，假节，督朱然、潘璋、宋谦、韩当、徐盛、鲜于丹、孙桓等五万人拒之[5]。

　　备从巫峡、建平，连围至夷陵界[6]，立数十屯；以金锦爵赏诱动诸夷。使将军冯习为大督，张南为前部，辅匡、赵融、廖淳、傅肜等各为别督[7]；先遣吴班将数千人于平地立营，欲以挑战。

　　诸将皆欲击之。逊曰："此必有谲[8]，且观之。"〔一〕备知其计不(可)〔行〕，乃引伏兵八千，从谷中出。逊曰："所以不听诸君击班者，揣之必有巧故也[9]。"

　　逊上疏曰："夷陵要害，国之关限；虽为易得，亦复易失。失之非徒损一郡之地，荆州可忧。今日争之，当令必谐[10]。备干天常[11]，不守窟穴，而敢自送。臣虽不材，凭奉威灵；以顺讨逆，破坏在近。寻备前后行军，多败少成；推此论之，不足为戚[12]。臣初嫌之水陆俱进，今反舍船就步，处处结营。察其布置，必无他变；伏愿至尊高枕，不以为念也。"

诸将并曰:"攻备当在初。今乃令入五六百里,相衔持经七八月,其诸要害皆已固守:击之必无利矣!"逊曰:"备是猾虏,更尝事多[13];其军始集,思虑精专,未可干也。今住已久,不得我便;兵疲意沮,计不复生。掎角此寇[14],正在今日!"

乃先攻一营,不利。诸将皆曰:"空杀兵耳!"逊曰:"吾已晓破之之术。"乃敕各持一把茅,以火攻拔之。一尔势成[15],通率诸军同时俱攻;斩张南、冯习及胡王沙摩柯等首[16],破其四十余营。备将杜路、刘宁等,穷逼请降。备升马鞍山[17],陈兵自绕。逊督促诸军四面蹙之[18],土崩瓦解,死者万数。

备因夜遁,令驿人自担[19],烧铙铠断后[20]:仅得入白帝城。其舟船器械,水步军资,一时略尽[21];尸骸漂流,塞江而下。备大惭恚,曰:"吾乃为逊所折辱,岂非天邪!"

【注释】

〔1〕熙隆:兴隆。 道教:道义和教化。 〔2〕偻偻(lóu lóu):恳切。 〔3〕覆载:天覆地载。比喻像天地所给予的大恩惠。 〔4〕延颈:伸长脖子。形容仰慕。 〔5〕朱然(公元172—239):传见本书卷五十六。 孙桓:传附本书卷五十一《孙韶传》。 〔6〕巫峡:峡谷名。即今长江三峡中的巫峡。 建平:郡名。治所在今重庆市巫山县北。 围:军营外围的防护工事。 夷陵:县名。县治在今湖北宜昌市东南。陆逊大破刘备的地方名叫猇亭,在今湖北宜昌市东南猇亭镇。是决定蜀吴二国最终边界线的著名古战场。与官渡之战、赤壁之战构成确定三国鼎立版图基本格局的三大战役。据笔者实地考察,猇亭三面环山,只有西面俯临长江,易守难攻。而且长江从三峡进入江汉平原之后,沿线大多是坡度平缓的泥沙江岸,而猇亭所在的近两公里江岸,却是非常坚硬和陡峻

的岩壁，编队的水军船只难以停靠，即使停靠，大部队官兵也很难迅速登岸。因此，刘备的从三峡开始一直能够彼此紧密呼应的水军和陆军，在此便被分割，使其岸上的陆军陷入孤立无援的境地。陆逊长期镇守长江一线，对沿岸地形非常熟悉。他之所以从三峡一直退到这里才大举进攻蜀军，是他敢于决断和善于用兵的结果。 〔7〕别督：分队的指挥官。〔8〕谲（jué）：诈。 〔9〕巧：花招。 〔10〕必谐：一定成功。〔11〕干（gān）：违犯。 天常：天理。 〔12〕戚：忧虑。 〔13〕更（gēng）尝：经历。 〔14〕掎（jǐ）角：夹击。 〔15〕一尔：一旦。〔16〕胡王：少数族的首领。 〔17〕马鞍山：山名。在今湖北宜昌市西北。 〔18〕蹙（cù）：进逼。 〔19〕驿人：管理驿站的人。 〔20〕铙（náo）：一种带木柄的铜制打击乐器。这里燃烧的是其木柄。 〔21〕略：全部。

【裴注】

〔一〕《吴书》曰："诸将并欲迎击备。逊以为不可，曰：'备举军东下，锐气始盛；且乘高守险，难可猝攻；攻之纵下，犹难尽克。若有不利，损我大势：非小故也！今但且奖励将士，广施方略，以观其变。若此间是平原旷野，当恐有颠沛交驰之忧；今缘山行军，势不得展，自当疲于木石之间，徐制其弊耳。'诸将不解，以为逊畏之，各怀愤恨。"

初，孙桓别讨备前锋于夷道[1]；为备所围，求救于逊。逊曰："未可。"诸将曰："孙安东公族[2]，见围已困，奈何不救？"逊曰："安东得士众心，城牢粮足，无可忧也！待吾计展，欲不救安东[3]，安东自解。"及（才）〔方〕略大施，备果奔溃。桓后见逊曰："前实怨不见救。定至今日[4]，乃知调度自有方耳！"

当御备时，诸将军或是孙策时旧将，或公室贵戚[5]；各自矜恃，不相听从。逊按剑曰："刘备天下知名，曹操所惮；今在境界，此强对也！诸君并荷国恩，当相辑睦[6]，共剪此虏，上报所受[7]；而不相顺，非所谓也！仆虽书生，受命主上。国家所以屈诸君使相承望者[8]，以仆有尺寸可称[9]，能忍辱负重故也。各任其事，岂复得辞！军令有常，不可犯矣！"及至破备，计多出逊：诸将乃服。权闻之，曰："君何以初不启诸将违节度者邪？"逊对曰："受恩深重，任过其才。又此诸将，或任腹心，或堪爪牙，或是功臣：皆国家所当与共克定大事者。臣虽驽懦，窃慕相如、寇恂相下之义[10]，以济国事。"

权大笑称善。加拜逊辅国将军，领荆州牧，即改封江陵侯。又备既住白帝，徐盛、潘璋、宋谦等各竞表言"备必可擒，乞复攻之"。权以问逊，逊与朱然、骆统以为："曹丕大合士众，外托助国讨备，内实有奸心。谨决计辄还。"无几，魏军果出，三方受敌也[11]。〔一〕

备寻病亡，子禅袭位。诸葛亮秉政，与权连和。时事所宜，权辄令逊语亮；并刻权印，以置逊所。权每与禅、亮书，常过示逊；轻重可否，有所不安，便令改定，以印封行之[12]。

【注释】

〔1〕夷道：县名。县治在今湖北宜都市。 〔2〕孙安东：指孙桓。当时他任安东中郎将。 公族：君主的家族。 〔3〕欲：将会。 〔4〕定至：及至。 〔5〕公室：即公族。 〔6〕辑睦：和睦。 〔7〕所受：指所受的君主恩惠。 〔8〕国家：当时习称君主为国家。 承望：指接受指挥。 〔9〕尺寸：指可取的才能。《楚辞·卜居》有"尺有所短，寸有所长"的话，比喻人和物各有长处和短处，这里用其语意。 〔10〕相如：即蔺相如。战国时赵国的大臣。赵惠文王时，秦国强索赵国的"和氏璧"，他奉命带璧到达秦国，又使原璧归赵。在渑池（今河南渑池县

西)相会时，他又使赵王免受秦王侮辱，因功任上卿。对同朝大臣廉颇能容忍谦让，使对方悔悟，两人结为团结御侮的知交。传见《史记》卷八十一。　寇恂(？—公元36)：字子翼。上谷郡昌平(今北京昌平区)人。随刘秀征战，东汉建立，封雍奴侯，历任颍川、汝南太守。大臣贾复曾要对他发泄私愤，他从大局出发，退避忍让，后来二人和好。传见《后汉书》卷十六。　相下：向对方忍让。〔11〕三方：当时魏军从洞口、濡须、南郡三方进攻，见本书卷四十七《吴主传》黄武元年。〔12〕以印封行之：用孙权的印加封后送出。当时的秘密文件，是装在带封泥的密封盒中传送。1984年安徽马鞍山市朱然墓曾出土了孙吴这种密封盒的实物，为长方形漆盒，上盖的正中有约一寸见方的封印平面。文件放入盒中后，用绳把上盖与盒身拴紧，在打结处放封泥，加盖印信，封泥干燥时即可送出。如果不破坏绳和封泥，很难从盒中取出文件，保密性极佳。

【裴注】

〔一〕《吴录》曰："刘备闻魏军大出，书与逊云：'贼今已在江陵，吾将复东：将军谓其能然不？'逊答曰：'但恐军新破，创痍未复；始求通亲，且当自补，未暇穷兵耳。若不惟算，欲复以倾覆之余，远送以来者，无所逃命！'"

七年〔1〕，权使鄱阳太守(孙)〔周〕鲂，谲魏大司马曹休：休果举众入皖〔2〕。乃召逊，假黄钺〔3〕，为大都督，逆休。〔一〕休既觉知，耻见欺诱；自恃兵马精多，遂交战。

逊自为中部，令朱桓、全琮为左、右翼，三道俱进。果冲休伏兵，因驱走之；追亡逐北〔4〕，径至夹石。斩获万余，牛马骡驴车乘万两，军资器械略尽。休还，疽发背死。

诸军振旅，过武昌〔5〕；权令左右以御盖覆逊，入出殿门〔6〕。凡所赐逊，皆御物上珍，于时莫与为比。遣还西陵。

【注释】

　　〔1〕七年：黄武七年(公元228)。　〔2〕皖：县名。县治在今安徽潜山市。　〔3〕假：授予。　黄钺：黄金作装饰的大斧状兵器。是帝王的仪仗器物之一。被授给黄钺表示是代表君主出征，具有特殊的诛杀威权。〔4〕逐北：追击败逃者。　〔5〕振旅：整顿军队（以显示军威）。〔6〕御盖：御用的伞盖。

【裴注】

　　〔一〕陆机为逊铭曰："魏大司马曹休侵我北鄙。乃假公黄钺，统御六师及中军禁卫而摄行王事；主上执鞭，百司屈膝。"

　　《吴录》曰："假逊黄钺，吴王亲执鞭以见之。"

　　黄龙元年，拜上大将军，右都护〔1〕。

　　是岁，权东巡建业；留太子、皇子及尚书、九官〔2〕。征逊辅太子，并掌荆州及豫章三郡事〔3〕，董督军国。

　　时建昌侯虑于堂前作斗鸭栏〔4〕，颇施小巧。逊正色曰："君侯宜勤览经典以自新益〔5〕，用此何为？"虑即时毁撤之。

　　射声校尉松于公子中最亲〔6〕，戏兵不整〔7〕；逊对之髡其职吏〔8〕。

　　南阳谢景善刘廙先刑后礼之论〔9〕。逊呵景曰："礼之长于刑久矣！廙以细辩而诡先圣之教〔10〕，皆非也。君今侍东宫，宜遵仁义以彰德音；若彼之谈，不须讲也！"

　　逊虽身在外，乃心于国。上疏陈时事曰："臣以为科法严峻，下犯者多。顷年以来〔11〕，将吏罹罪，虽不慎可责；然天下未一，当图进取：小宜恩贷，以安下情。且世务日兴，良能为先；自（不）〔非〕奸秽入身[12]，难忍之过，乞复显用，展其力效。此乃圣王忘过记功，以成王业。昔汉高舍陈平之愆[13]，用其奇略；终建勋祚，功垂千载。夫峻法严刑，非帝王之隆业；有罚无恕，非怀远之弘规也。”

权欲遣偏师取夷（州）〔洲〕及朱崖[14]，皆以咨逊。逊上疏曰：“臣愚以为四海未定，当须民力，以济时务。今兵兴历年，现众损减。陛下忧劳圣虑，忘寝与食；将远规夷（州）〔洲〕，以定大事。臣反覆思惟，未见其利：万里袭取，风波难测；民易水土，必致疾疫。今驱现众，经涉不毛[15]；欲益更损，欲利反害。又珠崖绝险，民犹禽兽；得其民不足济事，无其兵不足亏众。今江东现众，自足图事，但当蓄力而后动耳。昔桓王创基[16]，兵不一旅[17]，而开大业。陛下承运，拓定江表。臣闻治乱讨逆，须兵为威；农桑衣食，民之本业；而干戈未戢[18]，民有饥寒。臣愚以为宜育养士民，宽其租赋；众克在和，义以劝勇。则河、渭可平[19]，九有一统矣[20]。”

权遂征夷（州）〔洲〕，得不补失。

及公孙渊背盟，权欲往征。逊上疏曰：“渊凭险恃固，拘留大使，名马不献，实可仇忿！蛮夷猾夏[21]，未染王化；鸟窜荒裔[22]，拒逆王师。至令陛下爰赫斯怒[23]，欲劳万乘泛轻越海[24]，不虑其危而涉不测。方今天下云扰[25]，群雄虎争；英豪踊跃，张声大视。陛下以神武之姿，诞膺期运[26]；破操乌林，败备西陵，擒羽荆州。斯三虏者，当世雄杰，皆摧其锋。圣化所绥[27]，万里草偃[28]；方荡平华夏，总一大猷[29]。今不忍小忿，而发雷霆之怒；违垂堂之戒[30]，轻万乘之重：此臣之所惑也。臣闻志行万里者，不中道而辍足[31]；图四海者，匪怀细以害大[32]。强寇在境，荒服未庭[33]；陛下乘桴远征[34]，必致窥窬[35]；戚至而忧[36]，悔之无及。若使大事时捷[37]，则渊不讨自服；今乃远惜辽东众之与马，奈何独欲捐江东万安之本业而不惜乎[38]？乞息六师，以威大虏；早定中夏，垂耀将来！"

权用纳焉。

【注释】

〔1〕上大将军：官名。孙吴设置，地位略高于大将军而略低于大司马，领兵镇守荆州境内长江的大段防线。　右都护：官名。孙吴荆州境内长江防线下段的总指挥官，治所在武昌（今湖北鄂州市）。上段的总指挥官为左都护。　〔2〕九官：即太常、光禄勋、卫尉、太仆、廷尉、大鸿胪、宗正、大司农、少府九卿。　〔3〕三郡：指豫章、鄱阳、庐陵三郡。均属扬州，但邻近荆州。　〔4〕虑：即孙虑（公元213—232）。传见本书卷五十九。　斗鸭：当时盛行的一种娱乐，用鸭相斗以决胜负。这种斗鸭产于江南，魏文帝曹丕曾遣使到孙吴求斗鸭，见本书卷四十七《吴主传》裴注引《江表传》。　〔5〕君侯：对封侯者的尊称。〔6〕松：即孙松（？—公元231）。是孙权的侄儿。传附本书卷五十一《孙翊传》。　〔7〕戏（huī）兵：指挥军队。　〔8〕髡（kūn）：刑罚名。剃去头发，戴上刑具做苦工五年。　〔9〕谢景：事见本书卷五十九《孙登传》。　刘廙（？—公元221）：传见本书卷二十一。　〔10〕诡：违背。〔11〕顷年：近年。　〔12〕自非：只要不是。　〔13〕陈平（？—前178）：阳武（今河南原阳县东南）人。出身贫寒。秦末陈胜起兵，他先投魏王咎，继从项羽，不久归刘邦。屡献奇谋，汉朝建立，封曲逆侯。刘邦死后任丞相。吕后死，与周勃定计消灭吕氏势力，迎立文帝。有人曾攻击

他在家时与嫂子私通，当官后又收受贿赂，刘邦依然重用他。传见《史记》卷五十六、《汉书》卷四十。 愆：过失。 〔14〕偏师：非主力军队。 夷洲：海岛名。即今台湾岛。 〔15〕不毛：即不毛之地。指不长草木庄稼的贫瘠土地。 〔16〕桓王：指孙策。他死后追谥长沙桓王。〔17〕一旅：古代以二千人（一说五百人）为一旅。这里形容兵力不多。〔18〕戢(jí)：停止。 〔19〕河、渭：黄河、渭河。这里指曹魏占领的北方。 〔20〕九有：即九州。指全国。 〔21〕猾夏：扰乱中原。〔22〕荒裔：边远地区。 〔23〕爰：于是。 赫斯怒：指君主的勃然震怒。语出《诗经·皇矣》。 〔24〕万乘(shèng)：这里指天子。周代制度，天子有车万乘。后来即以万乘指代天子。 泛轻：乘坐轻飘飘的船。〔25〕云扰：乱云纷扰。比喻社会动乱。 〔26〕诞膺：诞生而承受。〔27〕绥：安抚。 〔28〕草偃：草随风倒伏。比喻民众归心。 〔29〕大猷：宏大的谋划。指统一天下。 〔30〕垂堂之戒：《史记》卷一百一《袁盎传》载有"千金之子，坐不垂堂"的话，意思是有钱人家的子弟珍惜身体，为了避免屋瓦掉下击伤自己，不坐在屋檐的正下方。〔31〕中道：中途。 〔32〕匪：不。 〔33〕庭：到朝廷朝贡。 〔34〕桴(fú)：筏子。这里指船。 〔35〕窥窬：窥测（院内）并越墙进去。比喻伺机侵犯。 〔36〕戚(qī)：忧愁。这里指灾祸。 〔37〕时捷：及时成功。〔38〕捐：舍弃。

嘉禾(五)〔三〕年，权北征，使逊与诸葛瑾攻襄阳。逊遣亲人韩扁赍表[1]；奉报还，遇敌于沔中[2]，抄逻得扁[3]。瑾闻之甚惧，书与逊云："大驾已旋[4]，贼得韩扁，具知吾阔狭[5]。且水干，宜当急去！"逊未答，方催人种葑、豆[6]，与诸将弈棋、射戏如常。

瑾曰："伯言多智略，其当有以[7]。"自来见逊，逊曰："贼知大驾已旋，无所复戚，得专力于吾。又已守要害之处，兵将意动；且当自定以安之，施设变术，然后出耳。今便示退，贼当谓吾怖；仍来相蹙，必败之势也！"

乃密与瑾立计：令瑾督舟船；逊悉上兵马，以向襄阳城。敌素惮逊，遽还赴城。瑾便引船出；逊徐整部伍[8]，张拓声势，步趋船，敌不敢干。军到白围[9]，托言住猎，潜遣将军周峻、张梁等击江夏南新市、安陆、石阳[10]。石阳市盛，峻等奄至，人皆捐物入城；城门噎不得关[11]，敌乃自斫杀己民，然后得阖。斩首获生，凡千余人。〔一〕

其所生得，皆加营护，不令兵士干扰侵侮。将家属来者，使就料视[12]。若亡其妻子者，即给衣粮，厚加慰劳，发遣令还；或有感慕相携而归者。邻境怀之，〔二〕江夏功曹赵濯、弋阳备将裴生及夷王梅颐等[13]，并帅支党来附逊。逊倾财帛，周赡经恤。

又魏江夏太守逯式〔三〕兼领兵马，颇作边害；而与北旧将文聘子休，宿不协[14]。逊闻其然，即假作答式书云："得报恳恻[15]，知与休久结嫌隙[16]，势不两存，欲来归附。辄以密呈来书表闻[17]，选众相迎。宜潜速严[18]，更示定期。"

以书置界上，式兵得书以白式；式惶惧，遂自送妻子还洛。由是吏士不复亲附，遂以免罢。〔四〕

【注释】
〔1〕亲人：亲近的人。 赍(jī)表：携带表章。 〔2〕沔中：沔水一带。 〔3〕抄逻：攻掠巡查。 〔4〕大驾：对君主的尊称。这里指孙权。当时孙权亲自出兵进攻合肥新城，中途退兵。 〔5〕阔狭：虚实。 〔6〕葑(fēng)：蔬菜名。即芜菁，俗称大头菜。 〔7〕有以：有办法。 〔8〕部伍：部队。 〔9〕白围：地名。当在今湖北钟祥市附近。

〔10〕江夏：郡名。三国分立，魏、吴均置江夏郡。这里指魏江夏，治所在今湖北云梦县南。　南新市：县名。县治在今湖北京山县东北。　安陆：县名。县治在今湖北云梦县。　石阳：县名。县治在今湖北汉川市西北。〔11〕噎：阻塞。〔12〕料视：照看。〔13〕弋阳：郡名。属曹魏，治所在今河南潢川县西。　备将：守备的将领。　夷王：少数族首领。〔14〕北：指曹魏。　文聘：传见本书卷十八。　宿不协：自来不和。〔15〕报：报告。〔16〕嫌隙：仇怨裂痕。〔17〕表闻：上表报告。〔18〕严：作动身准备。

【裴注】

〔一〕臣松之以为：逊虑孙权已退，魏得专力于己；既能张拓形势，使敌不敢犯，方舟顺流，无复怵惕矣；何为复潜遣诸将，奄袭小县，致令市人骇奔，自相伤害？俘馘千人，未足损魏，徒使无辜之民横罹荼酷；与诸葛渭滨之师，何其殊哉！用兵之道既违，失律之凶宜应；其祚无三世，及孙而灭：岂此之余殃哉！

〔二〕臣松之以为：此无异残林覆巢而全其遗鷇，曲惠小仁，何补大虐？

〔三〕逯，音录。

〔四〕臣松之以为：边将为害，盖其常事；使逯式得罪，代者亦复如之。自非狡焉思肆，将成大患；何足亏损雅虑，尚为小诈哉！以斯为美，又所不取。

六年[1]，中郎将周祗乞于鄱阳召募[2]，事下问逊[3]。逊以为："此郡民易动难安，不可与召，恐致贼寇。"而祗固陈取之。郡民吴遽等，果作贼杀祗[4]，攻没诸县。豫章、庐陵宿恶民，并应遽为寇。

逊自闻，辄讨，即破之，遽等相率降；逊料得精兵八千余人[5]，三郡平。

时中书典校吕壹[6]，窃弄权柄，擅作威福。逊与太常潘濬同心忧之，言至流涕。后权诛壹，深以自责。语在《权传》。

时谢渊、谢厷等各陈便宜，欲兴利改作。〔一〕以事下逊。

逊议曰："国以民为本：强由民力，财由民出。夫民殷国弱[7]，民瘠国强者，未之有也。故为国者，得民则治，失之则乱；若不受利，而令尽用立效[8]，亦为难也。是以《诗》叹'宜民宜人[9]，受禄于天'。乞垂圣恩，宁济百姓。数年之间，国用少丰，然后更图。"

【注释】

〔1〕六年：嘉禾六年(公元237)。 〔2〕召募：指招募军队。 〔3〕事：文书。 〔4〕作贼：造反作乱。 〔5〕料：选取。 〔6〕中书典校：官名。即中书典校郎，负责审查公务文书。 〔7〕殷：众多。 〔8〕尽用：完全发挥作用。 〔9〕宜民宜人：这两句出自《诗经·假乐》。

【裴注】

〔一〕《会稽典录》曰："谢渊字休德。少修德操，躬秉耒耜；既无戚容，又不易虑：由是知名。举孝廉，稍迁至建武将军。虽在戎旅，犹垂意人物。骆统子，名秀，被门庭之谤；众论狐疑，莫能证明。渊闻之叹息曰：'公绪早夭，同盟所哀。闻其子志行明辩，而被暗昧之谤；望诸夫子烈然高断，而各怀迟疑，非所望也。'秀卒见明，无复瑕玷，终为显士；渊之力也。"

《吴历》称云："谢厷才辩，有计术。"

赤乌七年，代顾雍为丞相。诏曰："朕以不德，应期践运；王途未一，奸宄充路[1]；夙夜战惧，不遑鉴寐[2]。惟君天资聪睿，明德显融[3]；统任上将，匡国弭难[4]。夫有超世之功者，必应光大之宠；怀文武之才者，必荷社稷之重[5]。昔伊尹隆汤[6]，吕尚翼周[7]；内外之任[8]，君实兼之。今以君为丞相，使使持节、守太常傅常[9]，授印绶。君其茂昭明德，修乃懿绩[10]；敬服王命，绥靖四方。於乎[11]！总司三事[12]，以训群僚，可不敬与[13]？君其勖之[14]！其州牧、都护、领武昌事，如故。"

先是，二宫并阙[15]；中外职司[16]，多遣子弟给侍。全琮报逊，逊以为："子弟苟有才，不忧不用，不宜私出以要荣利[17]；若其不佳，终为取祸。且闻二宫势敌，必有彼此，此古人之厚忌也。"琮子寄，果阿附鲁王，轻为交构[18]。逊书与琮曰："卿不师日磾[19]，而宿留阿寄[20]，终为足下门户致祸矣。"琮既不纳，更以致隙[21]。

及太子有不安之议，逊上疏陈："太子正统，宜有盘石之固；鲁王藩臣，当使宠秩有差[22]；彼此得所，上下获安。谨叩头流血以闻。"

书三四上，及求诣都，欲口论嫡庶之分，以匡得失。既不听许，而逊外生顾谭、顾承、姚信[23]，并以亲附太子，枉见流徙[24]。太子太傅吾粲，坐数与逊交书，下狱死。

权累遣中使责让逊[25]，逊愤恚致卒。时年六十三。家无余财。

初，暨艳造营府之论[26]，逊谏戒之，以为必祸。又谓诸葛恪曰："在我前者，吾必奉之同升；在我下者，则扶持之。今观君气陵其上[27]，意蔑乎下[28]：非安德之基也。"又广陵杨竺少获声名，而逊谓之终败，劝竺兄穆，令与别族[29]：其先睹如此。

长子延，早夭。次子抗，袭爵。孙休时，追谥逊曰昭侯。

【注释】

〔1〕奸宄(guǐ)：奸恶。 〔2〕不遑：没有空闲。 鉴：照镜子(梳洗)。 〔3〕显融：显著长久。 〔4〕弭：消除。 〔5〕社稷：祭祀土地神和谷神的神坛。常用来代指天下。 〔6〕隆汤：使商汤事业兴隆。 〔7〕翼：辅助。 〔8〕内外：指在朝廷内主持政务和出朝领兵作战。 〔9〕守：代理。 〔10〕懿绩：美好的业绩。 〔11〕於乎(wū hū)：感叹词。 〔12〕三事：西周时，以任人、准夫、牧为负责朝廷政务的官，称为三事，见《尚书·立政》。这里指朝廷的高级官员。 〔13〕与：句末语气词。 〔14〕勖(xù)：勉励。 〔15〕二宫：指太子孙和与鲁王孙霸的宫府。 阙：(侍从官员有)空缺。 〔16〕中外：京城内外。 职司：在职官员。 〔17〕要(yāo)：求取。 〔18〕轻：轻率。 交构：勾结陷害。 〔19〕师：效法。 日䃅(mì dī)：即金日䃅(前134—前86)。字翁叔。西汉大臣。本匈奴休屠王太子，武帝时归汉，任侍中。昭帝即位，与霍光等同受遗诏辅政。封秺侯。为人谨慎，其子在宫中长大，与宫女嬉戏，被他杀死。传见《汉书》卷六十八。 〔20〕宿留阿寄：使阿寄停留(在鲁王宫中)。 〔21〕致隙：造成情谊上的裂痕。 〔22〕宠秩：恩宠的等级。 〔23〕外生：即外甥。 〔24〕流徙：流放。 〔25〕中使：宫中的使者。 〔26〕营府之论：事见本书卷五十七《张温传》。 〔27〕陵：凌驾。 〔28〕蔑：轻蔑。 〔29〕别族：断绝亲族关系分开生活。这是为了避免日后受牵连。

抗字幼节。孙策外孙也。逊卒时，年二十。拜建武校尉[1]，领逊众五千人。

送葬东还，诣都谢恩。孙权以杨竺所白逊二十事，问抗[2]，禁绝宾客，中使临诘[3]；抗无所顾问[4]，事事条答[5]：权意渐解。

赤乌九年，迁立节中郎将[6]。与诸葛恪换屯柴桑。抗临去，皆更缮完城围，葺其墙屋[7]；居庐桑果[8]，不得妄败[9]。恪入屯，俨然若新；而恪柴桑故屯，颇有毁坏：深以为惭。

太元元年，就都治病。病差当还[10]，权涕泣与别，谓曰："吾前听用谗言，与汝父大义不笃[11]，以此负汝！前后所问，一焚灭之[12]：莫令人见也！"

建兴元年，拜奋威将军。太平二年，魏将诸葛诞举寿春降；拜抗为柴桑督[13]，赴寿春，破魏牙门将、偏将军[14]。迁征北将军。

永安二年，拜镇军将军[15]，都督西陵，自关羽〔濑〕至白帝[16]。三年[17]，假节。

孙皓即位，加镇军大将军，领益州牧。建衡二年，大司马施绩卒[18]；拜抗都督信陵、西陵、夷道、乐乡、公安诸军事[19]，治乐乡。

【注释】

〔1〕建武校尉：官名。领兵征伐。 〔2〕白：告发。 〔3〕临诘：当面质问。 〔4〕顾问：回头询问（别人）。 〔5〕条答：逐条回答。〔6〕立节中郎将：官名。领兵征伐。 〔7〕葺(qì)：修缮。 〔8〕居庐：住房。 〔9〕败：损坏。 〔10〕差：痊愈。 〔11〕不笃：不深固。〔12〕一：一概。 〔13〕柴桑督：官名。柴桑战区的军事指挥官。〔14〕牙门将：官名。即牙门将军。属低级将军。领兵征伐。 〔15〕镇军将军：官名。领兵征伐。 〔16〕关羽濑：地名。在今湖南益阳市西。〔17〕三年：永安三年（公元260）。 〔18〕施绩(？—公元270)：传附本书卷五十六《朱然传》。 〔19〕信陵：县名。县治在今湖北秭归县东南。乐乡：地名。在今湖北荆州市荆州区西南。陆逊、陆抗父子相继镇守荆

州上游多年，所以现今湖北宜都市至宜昌市一线，多有与之相关的遗迹。宜都市内，有"二陆名城"遗址，尚有古城墙、古水井等留存。

抗闻都下政令多阙[1]，忧深虑远。乃上疏曰："臣闻德均则众者胜寡[2]，力侔则安者制危[3]：盖六国所以兼并于强秦[4]，西楚所以北面于汉高也[5]。今敌跨制九服[6]，非徒关右之地[7]；割据九州[8]，岂但鸿沟以西而已[9]。国家外无连国之援[10]，内非西楚之强，庶政陵迟，黎民未乂[11]；而议者所恃，徒以长川峻山[12]，限带封域[13]。此乃守国之末事，非智者之所先也。臣每远惟战国存亡之符[14]，近览刘氏倾覆之衅[15]；考之典籍，验之行事；中夜抚枕，临餐忘食。昔匈奴未灭，去病辞馆[16]；汉道未纯，贾生哀泣[17]。况臣王室之出[18]，世荷光宠；身名否泰[19]，与国同戚；死生契阔[20]，义无苟且；夙夜忧怛，念至情惨。夫事君之义，犯而勿欺[21]；人臣之节，匪躬是殉[22]。谨陈时宜十七条，如左。"

十七条失本，故不载。

时何定弄权，阉官预政[23]。抗上疏曰："臣闻开国承家，小人勿用；靖譖庸回[24]，唐书攸戒。是以雅人所以怨刺[25]，仲尼所以叹息也[26]。春秋以来，爰及秦、汉，倾覆之衅，未有不由斯者也。小人不明理道，所见既浅；虽使竭情尽节，犹不足任；况其奸心素笃，而憎爱移易哉？[27]苟患失之[28]，无所不至。今委以聪明之任，假以专制之威；而冀雍熙之声作[29]，肃清之化立：不可得也。方今现吏，殊才虽少[30]；然或冠冕之胄[31]，少渐道教[32]；或清苦自立，资能足用；自可随才授职，抑黜群小。然后俗化可清，庶政无秽也。"

【注释】

〔1〕都下：京城。　阙：失误。　〔2〕德均则众者胜寡：德泽平均时人多的将战胜人少的。　〔3〕力侔：力量相等。　〔4〕六国：指战国时期除了秦国以外的齐、楚、燕、赵、韩、魏六国。　〔5〕西楚：王国名。项羽在秦朝灭亡后自立为西楚霸王，统治九郡，建都彭城（今江苏徐州市）。　北面：臣服。古代君主坐位是背北面南，臣下朝见君主时则背南面北，所以用南面指君临，北面指臣服。　〔6〕九服：指由京城到边疆的各类地区。《周礼·夏官·职方氏》把京畿以外的地区，由近到远分为侯服、甸服、男服、采服、卫服、蛮服、夷服、镇服、藩服。合称九服。　〔7〕非徒：不单是。　关右：地区名。即关西。指函谷关或潼关以西的地区。为战国时秦国的故地。　〔8〕九州：指东汉十三州部中曹魏所占据的九个州部，即冀州、兖州、青州、徐州、幽州、并州、豫州、凉州、司隶校尉部。　〔9〕鸿沟：古运河名。约在前360年开凿。故道在今河南荥阳市北引黄河水，流向东南而连接黄淮平原多条主要河道，形成水道交通网，对经济和文化交流起过巨大作用。项羽与刘邦相争，曾订约中分天下，鸿沟以西归刘邦，以东归项羽。见《史记》卷七《项羽本纪》。　〔10〕连国：盟国。　〔11〕乂：安定。　〔12〕长川：指长江。　〔13〕限带：限隔和围绕。　封域：国界内的地域。　〔14〕惟：思考。　符：征兆。　〔15〕刘氏：指蜀汉的刘氏皇族。　衅：也指征兆。〔16〕去病：即霍去病（前140—前117）。河东郡平阳（今山西临汾市西南）人。西汉武帝时任骠骑将军，封冠军侯。多次击败匈奴军队，控制河西地区，打开通向西域的道路。汉武帝要为他建造豪华住宅，他拒绝说，"匈奴未灭，无以家为！"传见《史记》卷一百十一、《汉书》卷五十五。　〔17〕贾生：即贾谊。　哀泣：西汉文帝时，贾谊曾上疏陈述政见，开头有"臣窃惟事势，可为痛哭者一，可为流涕者二，可为长太息者三"的话。　〔18〕王室之出：陆抗的母亲是孙策的女儿，所以这样说。　〔19〕否（pǐ）泰：衰落和兴盛。　〔20〕契阔：聚散。　〔21〕犯：冒犯。　〔22〕匪躬：指舍己尽忠。语出《周易·蹇卦》。　〔23〕阉官：被阉割的宦官。　〔24〕靖谮庸回：安于谗言，使用小人。这是形容唐尧

时少皞氏不肖儿子的话，见《左传》文公十八年。 〔25〕雅人：指《诗经》中《小雅·节南山》一诗的作者。这首诗讽刺周王朝的执政官尹氏。其中有"无小人殆"的句子，古人的解释是不能在政治上重用小人，否则会面临危殆。但现代有的学者解释与此不同。 怨刺：责备讥刺。 〔26〕仲尼所以叹息：孔子曾说："唯女子与小人为难养也，近之则不逊，远之则怨。"见《论语·阳货》。 〔27〕移易：（容易）转移改变。 〔28〕苟患失之：如果担心自己会失去利益。 〔29〕雍熙：和谐兴旺。 〔30〕殊才：特别（出色）的人才。 〔31〕冠冕之胄：官员的后代。 〔32〕少（shào）渐道教：从小受到道义教化的熏陶。

　　凤皇元年，西陵督步阐据城以叛[1]，遣使降晋。抗闻之日，部分诸军，令将军左奕、吾彦、蔡贡等径赴西陵。敕军营：更筑严围[2]，自赤溪至故市[3]；内以围阐，外以御寇。昼夜催切，如敌已至，众甚苦之。诸将咸谏曰："今及三军之锐，亟以攻阐[4]；比晋救至[5]，阐必可拔。何事于围[6]，而以弊士民之力乎？"

　　抗曰："此城处势既固，粮谷又足；且所缮修备御之具，皆抗所宿规[7]。今反身攻之，既非可猝克，且北救必至；至而无备，表里受难，何以御之？"

　　诸将咸欲攻阐，抗每不许。宜都太守雷谭，言至恳切；抗欲服众，听令一攻：攻果无利。

　　围备始合，晋车骑将军羊祜率师向江陵；诸将咸以抗不宜上[8]，抗曰："江陵城固兵足，无所忧患。假令敌没江陵，必不能守，所损者小。如使西陵盘结[9]，则南山群夷皆当扰动；则所忧虑，难可竟言也！吾宁弃江陵而赴西陵，况江陵牢固乎？"

　　初，江陵平衍，道路通利；抗敕江陵督张咸：作大堰遏水[10]，渐渍平中[11]，以绝寇叛。祜欲因所遏水，浮船运粮，扬声将破堰以通步军。抗闻，使咸亟破之。诸将皆惑，屡谏；不听。祜至当阳，闻堰败，乃改船以车运，大费损功力。

晋巴东监军徐胤率水军诣建平[12]，荆州刺史杨肇至西陵。抗令张咸固守其城；公安督孙遵巡南岸御祜[13]；水军督留虑、镇西将军朱琬拒胤；身率三军，凭围对肇。将军朱乔、营都督俞赞，亡诣肇[14]。抗曰："赞军中旧吏，知吾虚实者。吾常虑夷兵素不简练[15]，若敌攻围，必先此处！"即夜易夷（民）〔兵〕，皆以旧将充之。

明日，肇果攻故夷兵处，抗命旋军击之；矢石雨下，肇众伤死者相属。肇至经月，计屈夜遁。抗欲追之，而虑阐蓄力项领[16]，伺视间隙，兵不足分；于是但鸣鼓戒众[17]，若将追者。肇众汹惧[18]，悉解甲挺走[19]。抗使轻兵蹑之[20]，肇大破败。祜等皆引军还。

抗遂陷西陵城；诛夷阐族及其大将吏，自此以下，所请赦者数万口。修治城围，东还乐乡；貌无矜色，谦冲如常，故得将士欢心。〔一〕加拜都护。

【注释】
　〔1〕步阐（？—公元 272）：事见本书卷五十二《步骘传》。步阐所凭据的城池，后世称为步阐城、步阐垒。故址相传在今湖北宜昌市葛洲坝一带。现今尚有孙吴时期所筑夯土城墙一段留存。　〔2〕严围：严密的包围工事。陆抗所筑的包围工事营垒，相传在今宜昌市的西坝一带，曾有遗迹留存。　〔3〕赤溪：地名。在今湖北宜昌市东南。　故市：地名。

在今湖北宜昌市东南。〔4〕亟(jí)：赶快。 〔5〕比(bì)：等到。
〔6〕何事于围：要包围工事干什么。 〔7〕宿规：过去做的规划。
〔8〕上：顺长江而上。当时陆抗的治所在乐乡，与长江北岸的江陵隔江
相望，而步阐所在的西陵在乐乡的上游约三百里。 〔9〕盘结：弯曲缠
绕。比喻力量纠合。 〔10〕江陵督：官名。江陵战区的军事指挥官。
〔11〕渐渍平中：逐渐淹没了平原中部。 〔12〕巴东：郡名。治所在今
重庆市原奉节县东。 〔13〕公安督：官名。公安战区的军事指挥官。
〔14〕亡：逃亡。 〔15〕夷兵，少数族士兵。 简练：演习训练。
〔16〕项领：脖颈。 〔17〕戒众：召集军队。 〔18〕汹：惊扰。
〔19〕挺走：空手逃走。 〔20〕蹑：跟踪追击。

【裴注】

〔一〕《晋阳秋》曰："抗与羊祜，推侨、札之好。抗尝遗祜酒，祜
饮之不疑。抗有疾，祜馈之药，抗亦推心服之。于时以为华元、子反，
复现于今。"

《汉晋春秋》曰："羊祜既归，增修德信，以怀吴人。陆抗每告其边
戍曰：'彼专为德，我专为暴：是不战而自服也。各保分界，无求细益而
已。'于是吴、晋之间，余粮栖亩而不犯；牛马逸而入境，可宣告而取
也。沔上猎，吴获晋人先伤者，皆送而相还。抗尝疾，求药于祜；祜以
成合与之，曰：'此上药也，近始自作。未及服，以君疾急，故相致。'
抗得而服之，诸将或谏，抗不答。孙皓闻二境交和，以诘于抗。抗曰：
'夫一邑一乡，不可以无信义之人，而况大国乎？臣不如是，正足以彰
其德耳，于祜无伤也。'或以祜、抗为失臣节，两讥之。"

习凿齿曰："夫理胜者，天下之所保；信顺者，万人之所宗。虽大
猷既丧，义声久沦；狙诈驰于当途，权略周乎急务。负力纵横之人，臧
获牧竖之智；未有不凭此以创功，舍兹而独立者也。是故晋文退舍，而
原城请命；穆子围鼓，训之以力；冶夫献策，而费人斯归；乐毅缓攻，
而风烈长流。观其所以服物制胜者，岂徒威力相诈而已哉！自今三家鼎
足，四十有余年矣！吴人不能越淮、沔而进取中国，中国不能陵长江以
争利者；力均而智侔，道不足以相倾也。夫残彼而利我，未若利我而无
残；振武以惧物，未若德广而民怀。匹夫犹不可以力服，而况一国乎？
力服犹不如以德来，而况不制乎？是以羊祜恢大同之略，思五兵之则；
齐其民人，均其施泽；振义网以罗强吴，明兼爱以革暴俗；易生民之视
听，驰不战乎江表。故能德音悦畅，而禠负云集；殊邻异域，义让交弘：

自吴之遇敌，未有若此者也。抗见国小主暴，而晋德弥昌；人积兼己之善，而己无固本之规；百姓怀严敌之德，阃境有弃主之虑。思所以镇定民心，缉宁外内，奋其危弱，抗权上国者，莫若亲行斯道，以侔其胜。使彼德靡加吾，而此善流闻；归重邦国，弘明远风；折冲于枕席之上，校胜于帷幄之内；倾敌而不以甲兵之力，保国而不浚沟池之固；信义感于寇仇，丹怀体于先日。岂设狙诈以危贤，徇己身之私名；贪外物之重我，暗服之而不备者哉！由是论之，苟守局而保疆，一卒之所能；协数以相危，小人之近事；积诈以防物，臧获之余虑；威胜以求安，明哲之所贱。贤人君子所以拯世垂范，舍此而取彼者，其道良弘故也！"

闻武昌左部督薛莹，征下狱[1]，抗上疏曰："夫俊乂者[2]，国家之良宝，社稷之贵资；庶政所以伦叙[3]，四门所以穆清也[4]。故大司农楼玄、散骑中常侍王蕃、少府李勖[5]，皆当世秀颖，一时显器；既蒙初宠，从容列位[6]；而并旋受诛殛，或圮族替祀[7]，或投弃荒裔。盖《周礼》有赦贤之辟[8]，《春秋》有宥善之义[9]。《书》曰：'与其杀不辜[10]，宁失不经[11]。'而蕃等罪名未定，大辟已加[12]；心经忠义，身被极刑：岂不痛哉！且已死之刑[13]，固无所识[14]；至乃焚烁流漂，弃之水滨：惧非先王之正典，或甫侯之所戒也[15]。是以百姓哀耸，士民同戚。蕃、勖永已，悔亦靡及[16]；诚望陛下，赦召玄出。而顷闻薛莹，猝见逮录[17]。莹父综，纳言先帝[18]，傅弼文皇[19]。及莹承基，内厉名行；今之所坐[20]，罪在可宥。臣惧有司，未详其事；如复诛戮，益失民望。乞垂天恩，原赦莹罪；哀矜庶狱[21]，清澄刑网[22]。则天下幸甚！"

时师旅仍动[23]，百姓疲弊。抗上疏曰："臣闻

《易》贵随时[24]，《传》美观衅[25]；故有夏多罪而殷汤用师[26]，纣作淫虐而周武授钺[27]。苟无其时，玉台有忧伤之虑[28]，孟津有反旆之军[29]。今不务富国强兵，力农蓄谷；使文武之才效展其用，百揆之署无旷厥职[30]；明黜陟以厉庶尹[31]，审刑赏以示劝沮；训诸司以德而抚百姓以仁[32]；然后顺天乘运，席卷宇内。而听诸将徇名[33]，穷兵黩武；动费万计，士卒凋瘁。寇不为衰，而我已大病矣！今争帝王之资，而昧十百之利[34]；此人臣之奸便[35]，非国家之良策也。昔齐鲁三战，鲁人再克而亡不旋踵[36]。何则？大小之势异也。况今师所克获，不补所丧哉！且阻兵无众[37]，古之明鉴。诚宜暂息进取小规，以蓄士民之力；观衅伺隙，庶无悔吝。"

【注释】

〔1〕薛莹（？—公元 282）：传附本书卷五十三《薛综传》。 〔2〕俊乂：优秀人才。 〔3〕伦叙：（有）条理秩序。 〔4〕四门所以穆清：指人才从四面来到并和睦相处。《尚书·尧典》有"宾于四门，四门穆穆"的句子，意思是尧让舜在四门迎接各地来宾，并使之和睦相处。〔5〕楼玄：传见本书卷六十五。 王蕃（？—公元 266）传见本书卷六十五。 〔6〕列位：各个官位。 〔7〕圮（pǐ）族：毁灭家族。 替祀：断绝祭祀。 〔8〕赦贤之辟：赦免贤才的法规。《周礼·地官·司谏》说司谏负责考察评选有道德才能的人，对他们有"赦宥"的特殊照顾。〔9〕宥善：春秋时晋国的大臣叔向因受牵连被囚禁，另一位大臣祁奚为他求情，说叔向这样有功德的人，其十代子孙有罪都应当赦免，更不用说他本人了，叔向因此被释放。见《左传》襄公二十一年。 〔10〕不辜：无辜。 〔11〕宁失不经：宁肯犯不遵守成规定法的过失。这两句出自《左传》襄公二十六年所引《夏书》。 〔12〕大辟：死刑。〔13〕刑：指犯人。 〔14〕固：本来。 〔15〕甫侯：西周官员。他曾向周穆王建议恢复用钱赎罪免刑的法律，见《尚书·吕刑》、《诗经·崧

高》郑玄笺。　〔16〕靡及：来不及。　〔17〕逮录：逮捕受审。
〔18〕纳言：当时习称尚书为纳言，这里指在尚书台做官。　先帝：指孙
权。　〔19〕傅：担任辅导老师。薛综曾任太子少傅。　弼：辅助。　文
皇：指孙权的太子孙和。孙和的儿子孙皓当皇帝后，追谥他为文皇帝。
〔20〕坐：犯罪。　〔21〕庶狱：众多的案犯。　〔22〕刑网：指繁密的刑
法条文。　〔23〕师旅：军队。　仍动：频繁发动。　〔24〕随时：随从时
势。《周易·随卦》象辞有"天下随之，随之时，义大矣哉"的话，见
陆德明《经典释文》所引。今本《周易》作"天下随时，随时之义大矣
哉"。　〔25〕观衅：观察对方的破绽。春秋时晋国大臣士会有"用师观
衅而动"的话，见《左传》宣公十二年。　〔26〕有夏：夏朝。这里指
夏朝最后一个君主桀。　〔27〕纣：商朝最后一个君主。曾征服东夷，囚
禁周文王。后周武王联合西南各族进攻商，他兵败自焚而死。事见《史
记》卷三《殷本纪》。　授钺：授给吕尚以黄钺。周武王第一次进攻商，
给吕尚黄钺、白旄，让他统领大军，见《史记》卷三十二《齐太公世
家》。　〔28〕玉台：即瑶台。用美玉作装饰的高台。相传夏桀曾筑瑶台。
见《淮南子·本经训》。　忧伤之虑：指商汤当初曾被夏桀囚禁在夏台一
事。见《史记》卷二《夏本纪》。　〔29〕孟津：黄河古津渡名。在今河
南偃师市北。　反斾（pèi）：掉转旗帜。斾是行军主将的大旗。
〔30〕百揆：百官。　〔31〕黜陟：贬黜与提拔。　庶尹：众官。
〔32〕诸司：诸位官员。　〔33〕徇名：追求声名。　〔34〕昧：看不清。
十百：十倍百倍。　〔35〕奸便：营私舞弊的有利机会。　〔36〕再克：两
次战胜。　亡不旋踵：还没有转过脚跟就灭亡了。这两句用张仪游说齐
湣王的话，文字略有不同，见《史记》卷七十《张仪列传》。　〔37〕阻
兵：仗恃军队。　无众：没有民众。

二年春〔1〕，就拜大司马，荆州牧。

三年夏〔2〕，疾病，上疏曰："西陵、建平，国之蕃
表〔3〕；既处下流〔4〕，受敌二境〔5〕。若敌泛舟顺流，舳
舻千里〔6〕；星奔电迈，俄然行至；非可恃援他部，以救
倒悬也〔7〕。此乃社稷安危之机，非徒封疆侵陵小害也。
臣父逊，昔在西垂陈言〔8〕，以为：'西陵，国之西门。
虽云易守，亦复易失。若有不守，非但失一郡，则荆州

非吴有也。如其有虞，当倾国争之。’臣往在西陵，得涉逊迹；前乞精兵三万，而（至）〔主〕者循常[9]，未肯差赴。自步阐以后，益更损耗。今臣所统千里，受敌四处[10]；外御强对，内怀百蛮[11]。而上下现兵，才有数万；羸弊日久，难以待变。臣愚以为诸王幼冲[12]，未统国事；可且立傅、相[13]，辅导贤姿；无用兵马[14]，以妨要务。又黄门竖宦[15]，开立占募；兵民怨役，逋逃入占[16]。乞特诏简阅[17]，一切料出[18]；以补疆埸受敌常处，使臣所部足满八万。省息众务，信其赏罚；虽韩、白复生[19]，无所展巧。若兵不增，此制不改；而欲克谐大事，此臣之所深戚也。若臣死之后，乞以西方为属。愿陛下思览臣言，则臣死且不朽。”

秋，遂卒，子晏嗣。

晏及弟景、玄、机、云[20]，分领抗兵。晏为裨将军，夷道监[21]。

天纪四年，晋军伐吴，龙骧将军王濬顺流东下[22]；所至辄克，终如抗虑。

景字士仁。以尚公主拜骑都尉，封毗陵侯。既领抗兵，拜偏将军，中夏督[23]。澡身好学[24]，著书数十篇也。〔一〕二月壬戌[25]，晏为王濬别军所杀；癸亥[26]，景亦遇害，时年三十一。景妻，孙皓嫡妹，与景俱张承外孙也[27]。〔二〕

【注释】

〔1〕二年：凤凰二年（公元273）。　〔2〕三年：凤凰三年（公元

274)。 〔3〕蕃表：外围。 〔4〕下流：指对当时西晋的益州处于长江下游。 〔5〕二境：指西面的益州和北面西晋的荆州。 〔6〕舳舻(zhú lú)：船尾和船头。这里指船的头尾相接。 〔7〕倒悬：人被倒吊起来。比喻危急形势。 〔8〕西垂：西部边境。 〔9〕循常：遵循常规。〔10〕四处：多处。四形容多，不是确数。 〔11〕百蛮：各种少数族。〔12〕幼冲：幼小。 〔13〕傅：官名。亲王的辅导老师。 相：官名。亲王封国的行政长官。 〔14〕无用兵马：孙皓时曾两次配给二十二个亲王军队，每王三千人。见本书卷四十八《孙皓传》。 〔15〕黄门：宦官名。东汉以来的宦官，有小黄门、黄门令、中黄门等，泛称为黄门。 竖宦：供役使的宦官。 〔16〕逋(bū)逃：逃亡。 〔17〕简阅：查看。〔18〕一切：指全部。 料：选。 〔19〕韩：即韩信。 白：即白起(? —前257)。郿县(今陕西眉县)人，战国时秦国名将，率军进攻韩、魏、赵、楚各国，屡战屡胜。前278年攻入楚国都城郢(今湖北荆州市荆州区西北)，以功封武安君。在长平(今山西高平市西北)又俘杀赵军四十多万人。后受相国范雎排挤，被迫自杀。传见《史记》卷七十三。〔20〕机：即陆机(公元261—303)。字士衡。孙吴时任牙门将军。吴亡，在家勤学。西晋武帝太康末年，与弟陆云同至洛阳，以文才扬名京城。不久任平原内史。"八王之乱"发生，成都王司马颖任命他为后将军、河北大都督，领兵进攻长沙王司马乂，兵败，被人谗害而处死。擅长文学，诗歌、骈文、赋等都有名作传世，是西晋的代表作家。原有文集已散佚，后人辑有《陆士衡集》。传见《晋书》卷五十四。 云：即陆云(公元262—303)。字士龙。西晋时曾任清河内史等职。其兄陆机被杀，他同时遇害。也擅长文学，与陆机并称"二陆"。原有文集已散佚，后人辑有《陆士龙集》。传见《晋书》卷五十四。 〔21〕夷道监：官名。即夷道监军。监督夷道战区的军队。 〔22〕王濬(公元206—285)：字士治。弘农郡湖县(今河南灵宝市西)人。西晋武帝时任益州刺史，大造舟船，积极准备进攻孙吴。公元279年，受命率军顺流而下，次年攻克武昌(今湖北鄂州市)，直取建业，接受孙皓的投降。后升任抚军大将军。传见《晋书》卷四十二。 〔23〕中夏督：官名。中夏战区的军事指挥官。中夏为地名，在今湖北荆州市沙市区东南。 〔24〕澡身：洁身。比喻培养品德。 〔25〕壬戌：旧历初五日。〔26〕癸亥：旧历初六日。 〔27〕张承(公元178—244)：传附本书卷五十二《张昭传》。

【裴注】

〔一〕《文士传》曰："陆景母，张承女，诸葛恪外甥。恪诛，景母坐见黜；景少为祖母所育养。及祖母亡，景为之心丧三年。"

〔二〕景弟机，字士衡；云，字士龙。《机云别传》曰："晋太康末，俱入洛，造司空张华。华一见而奇之，曰：'伐吴之役，利在获二俊。'遂为之延誉，荐之诸公。太傅杨骏辟机为祭酒。转太子洗马，尚书著作郎。云为吴王郎中令。出宰浚仪，甚有惠政，吏民怀之，生为立祠。后并历显位。机天才绮练，文藻之美，独冠于时。云亦善属文，清新不及机，而口辩持论，过之。于时朝廷多故，机、云并自结于成都王颖。颖用机为平原相，云清河内史。寻转云右司马，甚见委仗。无几而与长沙王构隙，遂举兵攻洛。以机行后将军，督王粹、牵秀等诸军二十万；士龙著《南征赋》以美其事。机，吴人，羁旅单宦；顿居群士之右，多不厌服。机屡战失利，死散过半。初，宦人孟玖，颖所嬖幸，乘宠预权。云数言其短，颖不能纳，玖又从而毁之。是役也，玖弟超，亦领众配机，不奉军令。机绳之以法，超宣言曰'陆机将反'。及牵秀等潛机于颖，以为持两端；玖又构之于内：颖信之。遣收机，并收云及弟耽，并伏法。机兄弟既江南之秀，亦著名诸夏；并以无罪夷灭，天下痛惜之。机文章为世所重，云所著亦传于世。初，抗之克步阐也，诛及婴孩。识道者尤之曰：'后世必受其殃！'及机之诛，三族无遗。孙惠与朱诞书曰：'马援择君，凡人所闻。不意三陆，相携暴朝；杀身伤名，可为悼叹！'"事亦并在《晋书》。

评曰：刘备天下称雄，一世所惮；陆逊春秋方壮[1]，威名未著：摧而克之，罔不如志[2]。予既奇逊之谋略，又叹权之识才，所以济大事也！及逊忠诚恳至，忧国亡身：庶几社稷之臣矣[3]。抗，贞亮筹干[4]，咸有父风；奕世载美[5]，具体而微：可谓克构者哉[6]！

【注释】

〔1〕春秋方壮：年龄正轻。 〔2〕罔不：无不。 〔3〕庶几(jī)：或许(算得上)。 社稷之臣：安邦定国的大臣。 〔4〕贞亮：正直忠诚。筹干：筹划和办事才干。 〔5〕奕世：一代接一代。 〔6〕克构：即克绍

堂构。指能够继承前辈的事业。

【译文】

陆逊，字伯言，吴郡吴县人。他最初的姓名叫陆议。世代是江东的名门大族。陆逊从小死了父亲，跟随祖父的兄弟庐江太守陆康在当地官署居住。袁术与陆康有仇隙，将要进攻陆康；陆康把陆逊和亲属送回了吴县：陆逊比陆康的儿子陆绩大几岁，所以为他总管家务。

孙权担任讨虏将军统管大事之后，陆逊二十一岁，开始出来在孙权的将军府做官。历任东曹、西曹的令史。出外任海昌县屯田都尉，并兼管该县行政事务。海昌县连年大旱，陆逊开仓发粮以赈济贫民，又勉励督促他们从事农耕养蚕，老百姓依靠他才渡过难关。

当时的吴、会稽、丹杨三郡有很多逃亡到深山去的山越人和其他人，陆逊向孙权陈述有利和恰当的建议，请求前去招募这些人。会稽郡中山区叛匪的大头目潘临，以往一直在当地形成祸害，经过一年多都没有抓到他。陆逊用手下招募的士兵，讨伐平定险峻深山中潘临的武装力量，所到之处无不服从，部下人马已扩大到二千多人。鄱阳郡的叛匪首领尤突起兵作乱，陆逊又前往讨伐。升任定威校尉，率军驻扎在利浦。

孙权把哥哥孙策的女儿，许配给陆逊为妻，多次向他咨询政治事务问题。陆逊建议说："当今豪强人物像棋盘上的棋子一样到处拥兵割据，凶恶的曹操则像豺狼窥视着江东；要想战胜敌人平定动乱，没有强大的军队不能成功。而江东山区过去一直作乱的叛匪，则依凭深险山地猖狂活动；心腹之患不去除，难以谋取远方的地区：可以大规模部署军队围取山区中的各类人口，挑选其中的精强力壮者充当士兵。"

孙权采纳了他的计策，任命他为帐下营右部分队的指挥官。恰好这时丹杨郡的叛匪首领费栈接受了曹操送来的官印、丝绶，煽动山越人作乱，充当曹操的内应。孙权派遣陆逊去讨伐费栈，费栈的党羽多而陆逊带去的兵少。陆逊就多树旗帜，到处分布打鼓吹号的士兵来迷惑敌人；然后在夜晚潜入山谷之中，突然敲起战鼓呐喊着向前发动攻击；费栈的队伍立时被击溃。

陆逊乘胜在东面的丹杨、吴、会稽三郡山区，部署军队围取山区的各类人口：其中强壮者充当士兵，瘦弱者补为在册的民户，一共取得精兵几万人；过去一直作恶的叛乱武装被清除，所到之处社会秩序一片安宁，任务完成后他回到芜湖驻扎。会稽郡太守淳于式呈上表章控告陆逊在当地围取山中的各类人口时，把良民也冤枉抓走，使老百姓大受惊扰。

陆逊后来到达都城，与孙权谈话之间，称赞淳于式是一位好官。孙权说："淳于式控告您而您举荐他，为什么？"陆逊回答说："淳于式的本意是想养育民众，所以上告我。如果我再诋毁他来扰乱主公的思想，此风不可长啊！"孙权说："这确实是有道德的人所作的事。不过别人做不到呀。"

吕蒙称病，从上游回返建业。路经芜湖时陆逊前往看望他，说："关羽与您的防区接壤，为什么离开驻地远赴下游呢？后面防区不是令人担忧么？"吕蒙回答说："确实如您所说的那样，不过我的病势沉重啊。"陆逊说："关羽以他的骁勇胆气自矜，处处凌驾于他人之上。他刚刚立了擒获魏将于禁的大功，心中骄傲放纵；只想往北方推进，却没有顾忌我们。如果他听说您得病，必然更没有防备；现今出其不意发起进攻，自然可以擒获制服他。您到下游见到主公，应当和他好好谋划计策。"吕蒙说："关羽素来勇猛，既难以和他对敌；而且他又据有荆州，施舍恩德建立了很高的威信；加之刚立下大功，胆气更盛：不容易谋取他啊。"

吕蒙到了都城建业，孙权问道："谁可以代替您呢？"吕蒙说："陆逊对问题的思考相当深远，才能可以承当重任，我看他作的规划考虑，终究可以重用；而且他还没有流传远方的声名，关羽不会顾忌他：不再会有比他更合适的人选了。如果使用他，应当叫他在外面隐藏锋芒，暗中观察形势上有利的机会，然后可以制服关羽。"

孙权就征召陆逊，任命他为偏将军、右部督，代替吕蒙镇守上游。陆逊前往长江上游的驻地陆口之后，写了一封信给关羽说："此前将军您观察曹操的破绽而行动，以军事纪律指挥部队；小动刀兵就取得巨大胜利，功劳是何等巍然不凡啊！敌国惨遭失败，对于盟友自然有利，所以我们一听到喜讯就高兴得用手敲打节拍；并衷心希望您能席卷北方，从而共同扶助汉朝的统治。最近我这个办事不敏捷的人，接受委任来到西面；非常仰慕将军的风采，很想听到您的种种好指教。"

又说："魏将于禁等被擒获，远近的人都喜悦赞叹。认为将军您的功勋，足以长留世间。即使是从前晋文公的城濮大捷，韩信击败赵国大军的谋略：都不能超过了。听说魏将徐晃等又带领步兵、骑兵前来驻扎，对将军您进行窥视。曹操可是一个狡猾的敌人啊，愤恨时不会考虑后果；恐怕他会悄悄增兵，以求一逞；虽然说他的军队疲乏，却依旧骁勇强悍。而且战斗胜利之后，常常会有轻敌之心；古人凭借策略，所以在大捷之后更加警惕。但愿将军您广为制定方略计谋，以便独自取得全胜。我是一介书生，做事粗浅迟缓，忝任了我不能胜任的职务；喜欢邻国的威望德泽，所以乐于倾吐内心所有的话；虽然不一定合乎将军您的奇谋妙策，依然可以听一听。倘若将军明白了解我对您的景仰之情，就会对我的建议有所考虑了。"

关羽看了陆逊的信，颇有表示谦卑和仰仗自己的意思，心里大为放心，不再有什么顾忌。陆逊详细报告了关羽的种种情况，陈述了可以擒获他的计划要点。孙权随即秘密出动军队沿长江而上，派吕蒙与陆逊指挥前部各军，到达之后立即攻克公安、江陵。

陆逊又径直向上游前进，兼任宜都郡太守，升任抚边将军，封华亭侯。刘备委派的宜都郡太守樊友丢下地盘逃跑，郡内各县行政长官和少数族首领全部投降。陆逊请求孙权给一批金、银、铜质官印，用来授给刚刚降附的人。这一年是汉献帝建安二十四年（公元219），时间在十一月。

陆逊派遣将军李异、谢旌等带领三千人马，进攻蜀将詹晏、陈凤。李异率领水军，谢旌带领步兵，首先在险要地形处截断敌军后路；然后发起攻击击溃詹晏等人，生擒了陈凤。陆逊又进攻蜀国房陵郡太守邓辅、南乡郡太守郭睦，打得对方大败而逃。秭归县的豪强大族文布、邓凯等人，纠合了几千少数族的人马，接受西方蜀国的指挥。陆逊又部署谢旌等人击溃文布、邓凯的军队。文、邓二人脱逃，蜀国用他们为将领。陆逊让人去劝诱，文布带领部下回来投降。在这场战役中陆逊先后斩首、俘虏、招纳的人员，总数达到几万人。孙权提升他为右护军、镇西将军，晋封娄侯。

当时荆州的人物刚刚归附吴国，在仕途上有的人还没有得到位置。陆逊为此呈上奏疏说："从前汉高祖承受天命为帝，立即招纳邀请优秀不凡的人才；光武皇帝中兴汉室之后，大批杰出人物都来效力。如果真是能够振兴道义和教化的英贤，他们会一律欢迎而不计较其地区的远近。而今荆州刚刚平定，这里的人物在仕途上还不通达；为臣恳切请求，对他们普遍施予养育提拔的大恩，让他们一并得到贡献自己力量的机会。这样四海之内的民众就会伸颈仰慕，一心想归附具有盛大教化的吴国。"孙权认真采纳了他的建议。

孙权黄武元年（公元222），刘备率领大众杀向吴国西部边界来为关羽报仇。孙权任命陆逊为总指挥官，授予节杖，指挥朱然、潘璋、宋谦、韩当、徐盛、鲜于丹、孙桓等将共五万人马前去抗击。

刘备从巫峡、建平郡起，连接军营外围的防护工事直到夷陵县地界，建立了几十处营地；用黄金、锦帛、爵位等赏赐来引诱煽动附近地区的各少数族。然后委派将军冯习为前线总指挥官，张南为先锋，辅匡、赵融、廖淳、傅彤等将担任分队指挥官；先派大将吴班带领几千人马向东推进到平原地带建立营寨，想以此挑战。

众将都想出击。陆逊却说："这必定有诈，我们暂且看看再说。"刘备知道此计行不通，只好带领八千伏兵，从后面的山谷中出来。陆逊说："之所以不让诸位去攻击吴班，是因为我揣测他们必定有花招的缘故啊。"

这时陆逊向孙权上了一道奏疏说："夷陵县属于要害之地，是国家的西大门；虽然容易占领，也容易丢失。一旦丢失不只是要损失一个郡的地盘，而且荆州安全也将变得令人担忧。现今和敌军争夺这里，将会使事情一定成功。刘备违背天理，不守自己的巢穴，而敢前来送死。为臣虽然没有才能，凭借大王的神威，以正义讨伐邪恶，攻破打垮他是近期就会实现的事。考察刘备前后用兵情况，败多胜少；由此推论，对这场大战的前景不必要担忧。为臣最初还顾忌他会从水陆两路齐头并进，而今他反而丢下船只上岸步行，处处扎营。观察他的布置，必定没有其他变化；为臣跪请大王高枕安卧，不要忧心挂念。"

这时众将都说："进攻刘备应当在最初他刚入境的时候。现在让他深入境内五六百里，相互对峙了七八个月，他的各处要害都已经坚固防守：攻击他必定无利了。"陆逊说："刘备是狡猾的敌人，经历的事情多；他的军队刚集中时，思虑精密专注，这时是不能去打击他的。现今他停留已久，一直没有占到我们的便宜；士兵疲劳意志沮丧，计谋再也想不出来。夹击这一大敌，正在今天！"

于是下令先进攻一处敌营，结果失利。众将都说："这是白白让士兵送死啊！"陆逊却说："我已知道击破敌人的办法了！"立即指示前锋士兵每人手持一束干茅草，用火攻的战术发起袭击。一旦火势形成，陆逊即率领各军同时猛攻；结果斩下张南、冯习和少数族首领沙摩柯等人的头颅，攻破敌军营寨四十多座。刘备的部将杜路、刘宁等人，逼得走投无路只得投降。刘备本人仓皇逃到马鞍山上，布置军队在周围保护自己。陆逊督促各军从四面逼近，蜀军登时土崩瓦解，被杀死的有上万人。

刘备在晚上逃跑，命令沿途管理驿站的人抬上自己，并点火烧燃木质铙柄甚至铠甲以阻断后面的追兵：勉强逃脱进入白帝城。他所有的舟船器械，水军和步兵的军用物资，一下子全部损失光；死尸漂浮水面，布满长江冲往下游。刘备羞怒万分，说："朕竟然受到陆逊的打击和欺辱，岂不是天意么！"

当初，孙桓单独率领了一支人马到夷道县进攻刘备的前锋部队；被刘备包围，向陆逊求救。陆逊说："还不能去救他。"众将说："孙将军是大王的家族成员，被包围已面临困境，为什么不去救他？"陆逊说："孙将军很得人心，城池牢固粮食充足，无须担忧！等到我的计谋施展，将会不用出兵救他，而包围自行解除。"等到陆逊的方略充分施展，刘备军队果然逃跑崩溃。孙桓后来见到陆逊时说："此前确实怨恨您不来援救。到了今天，才知道您的调度自有成竹在胸啊！"

在抵御刘备的时候，军内各位将军有的是孙策时代就驰骋疆场的老将，有的是孙权的宗亲贵戚；各自有骄傲和仗恃的本钱，都不听从陆逊的指挥。陆逊手按宝剑厉声说道："刘备是天下知名的人物，连曹操都怕他；而今侵入我国境界，这是一个强劲的对手啊！诸君承受了国家的恩典，应当和睦团结，共同消灭这个敌人，报答上面所赐的恩典；而现在大家却不听指挥，这很不成道理！我虽是一介书生，却受命于主上。大王之所以委屈诸君使你们接受我的指挥，是因为我还有那么一点可取的才能，能够忍辱负重的缘故。大家要承担各自的任务，岂能随便推辞！军令有恒定的条文，大家绝对不能违犯啊！"到了攻破刘备，计谋大多出自陆逊：众将这才心悦诚服。孙权听说这些情况后，对他说："您为什么当初不报告众将违背您的指挥呢？"陆逊回答说："为臣受恩深重，担任的职务超过了我的才能。再说这些将领，有的可以担任心腹大臣，有的能够充当战将，有的是功勋卓著的元老：都是大王应当与之共同完成大业的人物。为臣虽然平庸怯懦，却暗自倾慕蔺相如、寇恂向对方忍让的风范，以便成就国家大事。"

孙权哈哈大笑连声说好。于是提升陆逊为辅国将军，兼任荆州牧，随即改封江陵侯。当时刘备暂驻在白帝城，徐盛、潘璋、宋谦等将各自争相上表章，说："刘备必能擒获，请求再次发起进攻。"孙权询问陆逊的意见，陆逊与朱然、骆统都认为："曹丕正在大规模调集兵马，表面上的托词是说帮助吴国讨伐刘备，其实暗中有险恶用心。所以自行决定撤回大军。"没有多久，魏军果然出动，吴国在三个方向上受到敌人的大举进攻。

接着刘备因病去世，儿子刘禅继位。诸葛亮执政，与孙权讲和结成联盟。政事当中应当处理的问题，孙权总是叫陆逊告诉诸葛亮；并且刻了一方自己的印章，放在陆逊那里。孙权每次写给刘禅、诸葛亮的信，也常常在送往蜀国的途中经过荆州时，拿给陆逊看；措辞轻重内容可不可以，有欠妥之处，立即叫他改正，然后用孙权的印章加封之后送走。

黄武七年（公元228），孙权让鄱阳郡太守周鲂欺骗魏国大司马曹休说要投降：曹休果然出动全部人马进入皖县地界。孙权征召陆逊授予他黄钺，担任总指挥官，前去迎战。曹休觉察到情况不对，对自己受骗上当很感羞耻；仗恃自己兵马精锐而众多，强行上前交战。

陆逊自己统领中部人马，命令朱桓、全琮统领左部、右部的人马充当两翼，三路并进。果断冲击曹休的伏兵，并趁势将敌军主力击溃赶跑；乘胜追击，直到夹石。斩首俘获敌军上万人，得到对方的牛、马、驴、骡和军车上万辆，敌军的军用物资和器械全部损失干净。曹休回去之后，气得背上发了大毒疮而去世。

凯旋的各路军队整顿队伍，威风凛凛经过当时的都城武昌；孙权命令左右的侍从用自己的伞盖，为陆逊打着让他进出官殿大门。凡是赏赐给陆逊的，都是御用物品中的上等珍宝，在当时没有人能比。庆功活动完了之后孙权让陆逊回到西陵驻扎。

黄龙元年（公元 229）孙权称帝，提升陆逊为上大将军、右都护。

这一年，孙权东巡而迁都建业；留下太子、皇子、尚书、九卿等在武昌。征召陆逊到武昌辅佐太子孙登，同时负责治理荆州全境以及邻近的扬州豫章、鄱阳、庐陵三郡，督办国家的军政要务。

当时孙权的儿子建昌侯孙虑在厅堂之前作斗鸭的围栏，在上面很搞了点小巧的装饰花样。陆逊神色严肃地对他说："君侯您应当勤奋阅读儒家经典以求更新思想不断进步，用这种东西来做什么？"孙虑立即把斗鸭的围栏拆毁。

射声校尉孙松是孙权的侄儿，在宗族子弟中关系与孙权最亲近。他所指挥的军队阵形不整齐，陆逊当着他的面把他的主管官员剃光头发送去做苦工。

南阳郡人谢景很赞赏魏国臣僚刘廙的先刑罚后礼义论点，陆逊呵斥谢景说："礼义高于刑罚的历史已经很久了！刘廙用琐细的诡辩来违背古代圣人的教导，全都是错误的。您如今担任太子的侍从官员，应当遵守仁义以显扬太子的道德；像这一类的论调，不能再讲了！"

陆逊虽然身在京城建业之外，却一心忧虑国事。他上奏孙权陈述当时的政事说："为臣认为法令过于严厉，下面违犯的就会增多。近年以来，将领官员有不少人被治罪，虽然他们自己不谨慎应当受到责备；但是现今天下尚未统一，应当考虑进取的大事：所以最好稍微施恩给予宽恕，以安定下面的情绪。再说政治事务日益增多，使用优秀能干的人才是当务之急；因此只要不是奸恶污秽腐蚀了肌体，其罪过难以容忍的人，都请陛下能再度使用，让他们有机会发挥力量并作出成效。这是圣明帝王忘记臣僚过错牢记他们的功劳，从而完成大业的方法。从前汉高祖不计较陈平的缺点，采用他奇妙的谋略；终于建立了功勋和基业，美名流传千载。总之，严刑峻法，不是帝王兴隆政治的内容；有罚无恕，也不是招引远方民众来归顺的宏伟规划啊。"

孙权想派一支非主力部队去攻取夷洲和朱崖的人口，把这两方面的打算都告知陆逊征求意见。陆逊呈上奏疏回答说："愚臣认为天下尚未平定，确实需要大量的人力，以完成政治事务。如今战争已经进行了多年，现有的士兵数量减少。陛下圣心十分忧虑，以至于废寝忘食；所以计划到远方的夷洲去获取人口充当士兵，以成功大事。但是为臣反复考虑，也没有看到这样做的好处；因为乘船航行上万里去攻取，风浪难以预测；那里的百姓不服这里的水土，必定要患流行性传染病。驱使现有的士兵，经历不毛之地；想增加兵员却反而会减少兵员，想获利却反而会受害。至于朱崖这地方处于边远的险要位置，那里的民众就像禽兽一般愚昧；得到他们对成功大事没有什么帮助，没有他们对我们的军队也没有什么损害。如今江东的现有兵力，已经足以用来谋划大事，只是应当积蓄起力量再动用罢了。从前长沙桓王到江东奠定基础的时候，手下的人马还不到一个旅也就是二千人，却开创了大业。陛下承受天运，从而扩展疆土平定了长江以南。愚臣听说治理动乱讨伐叛逆，要有军队才能显示威力；但是耕田养蚕供给衣食，则是民众的本业；何况现今战争未能停止，老百姓中饥寒交迫者很多。愚臣认为现在最好是休整养育士兵百姓，减少他们的租赋；士兵能够和睦团结，我们再用道义来激励他们的勇气。那么曹魏占领的北方就可以平定，全国也将归于一统了。"

孙权仍然派兵到夷洲攻取人口，结果真的是得不偿失。

到了公孙渊违背盟誓杀死吴国使者时，孙权又想亲自率军前往辽东征讨。陆逊呈上奏疏劝谏说："公孙渊凭借辽东险要坚固的防御，扣留我国的使者，也不贡献当地的骏马，确实应当仇恨他。这些侵扰中原的少数族，从未受到中原王朝的教化；像野鸟一样流窜在边荒地区，抗拒天子的军队。以至于使陛下勃然震怒，想以天子之尊乘坐轻飘飘的船越过大海去征讨，不考虑危险而走进结果难以预测的境地。如今天下动荡，群雄像猛虎一样相互争夺；强有力的人物积极活动，声音高昂虎视眈眈。陛下具有非凡的军事天才，顺应天运而生；在乌林击破曹操，在西陵打败刘备，在荆州擒杀关羽。这三个敌人都是当代的英雄豪杰，然而陛下全部摧垮了他们的锋芒。您圣明教化所安抚的地区，方圆上万里的民众无不归心；正在着手扫平中原，实现统一天下的宏大谋划。可是现今陛下却不能忍下小小的愤恨，大发雷霆之怒；违背古人‘有钱人家的子弟不坐在屋檐正下方’的告诫，不重视天子的尊贵：这是让为臣感到迷惑的事情。为臣听说有志行走万里的人，不会在中途停下脚步；有志谋取天下的人，不会费心去想琐细问题以损害大事。而今北方的强敌陈兵边境，边远地区还有不服从的叛乱分子；陛下一旦乘船远征，敌人必定要伺机侵犯；灾祸出现再来担忧，那就后悔不及了。如果使统一大业及时成功，那么公孙渊不用讨伐也会自己来降服；现在陛下可惜远方辽东的人口和马匹，怎么独独要想抛弃江东万分安全的根本基业而不可惜它呢？请求陛下停止出动大军，以威慑大敌曹魏；早日平定中原，使光辉照耀未来。”

孙权终于采纳了他的意见。

嘉禾三年（公元234），孙权率领大军北征魏国，同时派陆逊与诸葛瑾进攻襄阳。陆逊命亲近的侍从韩扁带上表章去呈送孙权；在带着孙权批复回来的路上，韩扁在沔水一带碰上敌人，敌人进行攻掠巡查时抓到了他。诸葛瑾听到此事后非常恐惧，给陆逊写信说：“陛下的大军已经回国，敌人又抓到了韩扁，完全知道了我们的虚实。再说现在沔水将要枯干，应当赶快离开这里！”陆逊没有回答他，却正忙着催人种葑、豆，又和众将一起像往常那样下棋、射箭取乐。

诸葛瑾说：“伯言多智谋，他应当有办法。”于是亲自来见陆逊，陆逊说：“敌人知道陛下已经凯旋，不再有什么担心，得以集中力量对付我们。而且他们已经扼守了各处要害之地，我们的将士情绪不安；所以我自己要显示镇定以安定军心，施用变化手段，然而才能安全撤出。如果现在立即表示要退走，敌人会认为我们害怕；一旦赶来进逼，那就必败无疑了！"

于是他和诸葛瑾秘密商定计策：让诸葛瑾指挥船队，自己则带领人马，突然向襄阳城进军。敌人素来害怕陆逊，赶忙回去保卫城池。这时诸葛瑾立即带领船队撤出；而陆逊则不慌不忙整理部队，张扬声势，步行前往上船，敌人完全不敢来攻击。大军到达白围，假托要停下来打猎，暗中却派遣将军周峻、张梁等袭击敌方江夏郡的南新市、安陆、石阳等县。石阳县的集市繁荣，周峻等突然杀到，人们都丢下货物逃进城去；城门因人多而阻塞无法关上，敌军只好砍杀自己的百姓，才把城门关闭。总计吴军斩杀和俘虏对方共有一千多人。

对于活捉的俘虏，陆逊下令要好生保护，不准部下骚扰欺侮。凡是带有家属的，允许他们去照料探视。如果有丢失妻室儿女的，立即给予衣服口粮，热情慰问一番，然后放他们回去；有的受到感动后倾慕吴国，回去带上家属来投奔。邻接的魏国境内人民归向陆逊，江夏郡的功曹赵濯、弋阳郡的守将裴生以及少数族首领梅颐等，都率领部下前来投降他。陆逊都不惜拿出大量财物布帛，用来救济抚恤他们。

魏国的江夏郡太守逯式兼领兵马，常常在边境进行侵害；而他与魏军中老将文聘的儿子文休素来不和。陆逊听到这些情况，就假造了一封回答逯式的信说："得到您的报告我心中很表同情，知道您与文休长久以来结下仇怨，势不两立，所以想来归附。我已自行决定把您秘密送来书信随同我的表章报告朝廷，并准备挑选人马前来迎接您。您应当暗中做好动身准备，再通知出动的确切日期。"

陆逊把这封信放到边界上，逯式的士兵捡到之后向他报告；逯式心中惶恐，只好主动送妻室儿女到洛阳做人质。从此逯式的将士不再亲近附从他，后来被免职。

嘉禾六年（公元237），中郎将周祗请求在鄱阳郡招募军队，孙权把有关公文下达给陆逊征求意见。陆逊认为："这个郡的人民易于扰动而难以安定，不可让周祇去招募，恐怕会引起叛乱。"而周祇坚持要求这么做。郡内的百姓吴遽等，果然起兵作乱杀死周祇，攻陷各县。豫章、庐陵二郡长期作恶的人，也一起造反响应周遽。

陆逊一听消息，立即自行决定出兵讨伐并将其击溃，吴遽等人相互跟着投降；陆逊从中选取了精兵八千人，上述三郡秩序恢复平定。

当时的中书典校郎吕壹，窃据玩弄权力，擅自作威作福。陆逊与太常潘濬都感到忧虑，谈到此事甚至泪流满面。后来孙权诛杀了吕壹，并深深自责。事情经过记载在本书《吴主传》中。

官员谢渊、谢厷等人各自上奏陈述有利和适当的建议，都想兴修或改建各种土木工程以为国谋利。孙权把他们的上书下达给陆逊征求意见。

陆逊说："国家以民众为根本：富强由民众的力量形成，财富由民众的劳动创造。民众的人口繁衍而国家衰弱，民众生活贫困而国家强盛的情况，是从来没有的。所以统治国家，得到民众就能治理好，失掉民众就会出现动乱；如果民众得不到利益，要想让他们充分发挥作用取得实效，也是困难的事。所以《诗经·假乐》一诗才有'有利于民众有利于官员，君主才会得到天赐的福分'这样的感叹。为臣请求陛下施予恩泽，安定和拯救百姓。几年之后，国家的财政收入稍微多一些后，再作其他的打算。"

赤乌七年(公元244)，陆逊代替顾雍为丞相。孙权为此下诏说："朕没有德泽，顺应天命登上帝位；天下还未统一，奸贼恶棍充斥于道路；所以朕日夜恐惧得战战兢兢，连照镜子梳洗和打盹的时间也没有。想到您天资聪明睿智，光辉的德行显著长久；担任高级将领统率大军，多次帮助国家消除祸难。凡是建立了超越世人的功勋者，必定要承受光荣盛大的优宠；怀有文武两方面才能者，必定要担当国家的重任。从前伊尹使商汤的事业兴隆，吕尚统兵扶助周朝；这治理内政和对外用兵两方面的职责，您确实兼而有之。现今任命您为丞相，特派代理太常傅常，持有节杖，前来授给您丞相的印章、绶带。您要培养显示光辉的德行，建立美好的业绩；恭敬服从天子的命令，安定四方。啊！您的任务是总领朝廷大臣，训导百官，能不恭敬去办吗？您可要勉励自己呀！同时，依旧兼任荆州牧、右都护，兼管武昌的公务。"

在此之前，太子孙和与鲁王孙霸两处官府的侍从官员都有不少空缺；所以京城内外的在职官员，很多人都把自己的子弟派去作太子和鲁王的侍从。全琮向陆逊报告说自己也想这么办，陆逊给他的回信中认为："子弟如果有才能，用不着担忧没有官做，不应当私自派出去谋取名利；如果子弟不成才，那终究要招致灾祸。而且听说在京城建业的太子、鲁王地位相当，必定会有厚此薄彼的情况出现，这是古人的大忌啊。"全琮不听，他的儿子全寄，果然支持亲附鲁王孙霸，轻率地进行勾结和陷害的活动。陆逊写信给全琮说："您不效法金日磾，而把阿寄留在鲁王宫中，终归要给您的家族招惹祸事的。"全琮不但不听他的话，反而和他产生情谊上的裂痕。

到了太子孙和有可能被废黜的议论出现后，陆逊呈上奏疏说："太子代表正统，地位应当像巨石那样稳固；鲁王只是藩王和臣僚，最好使他们的恩宠等级有所差别；这样的话他们二位都各得其所，上下都得到安定。为臣谨叩头流血向陛下报告。"

他一连呈上了三四封奏疏，又请求到京都，想亲口向孙权说明嫡庶的分别，以匡正孙权的过失。他的请求既没有得到允许，而他的外甥顾谭、顾承、姚信，又都因为亲附太子，冤枉被撤职流放。另外太子太傅吾粲因多次与陆逊相互写信通消息而被治罪，送进监狱处死。

孙权又不断派出宫廷使者去责备陆逊，陆逊因极度气愤而去世。终年六十三岁。死后家里没有多余的财产。

当初，暨艳有设立营府用来安置被淘汰官员的打算，陆逊劝阻他，认为这样做肯定要招来灾祸。又对诸葛恪说："在我上面的人，我一定尊重他们与之一同晋升；在我下面的人，一定扶持他们。而今我看您对上面是气势凌人，对下面又极度轻蔑：这样做不会有保全自己的基础啊。"还有广陵郡人杨竺年轻时就有了声名，而陆逊认为他终究会失败，劝杨竺的哥哥杨穆，尽早与之断绝亲族关系分开生活：陆逊就像这些事例所表现的那样具有先见之明。

　　他的长子陆延，早年夭折。次子陆抗，继承了他的爵位。孙休继位为帝之后，追谥陆逊为昭侯。

　　陆抗，字幼节。是孙策的外孙。陆逊去世时，他二十岁。被任命为建武校尉，率领陆逊部下当中的五千人马。

　　陆抗护送父亲的遗体回东面的故乡吴县安葬，途中到都城建业向孙权谢恩。孙权用杨竺告发陆逊的二十件事情，追问陆抗，先禁止他与外界宾客来往，然后派宫廷的特使当面质问；陆抗不用回头询问别人，独自对每件事情逐条回答：孙权的怒气逐渐消散。

　　赤乌九年（公元246），陆抗升任立节中郎将。与诸葛恪交换位置后转移到柴桑县驻扎。陆抗临走，全部把城墙围栅修补完好，墙壁房舍也修缮一新；住宅和周围的桑树、果树，都不准随便毁坏。诸葛恪进驻营地时，一切都像新修造的一样；而诸葛恪自己在柴桑的老营地，却到处都有毁坏：相比之下他深感惭愧。

　　太元元年（公元251），陆抗到京都建业治病。病好了之后应当回驻地，孙权流着眼泪与他告别，对他说："朕此前听用谗言，与您父亲的关系不深固，因此又还对不住您！朕前后追问你们父子的文书，一概用火焚烧了：不要让别人看到啊！"

　　孙亮建兴元年（公元252），陆抗升任奋威将军。太平二年（公元257），魏将诸葛诞献出寿春城投降；孙亮任命陆抗为柴桑战区军事指挥官，率军赶赴寿春，击败前来剿灭诸葛诞的魏军牙门将、偏将军等。因功升任征北将军。

　　孙休永安二年（公元259），陆抗升任镇军将军，指挥西陵战区的军队，负责的长江防区从关羽濑一直到上游与蜀国白帝城接壤处。第二年，朝廷又授予他节杖。

　　孙皓即位为帝，陆抗升任镇军大将军，兼任益州牧。建衡二年（公元270），大司马施绩去世；孙皓任命陆抗为信陵、西陵、夷道、乐乡、公安五个长江防区的总指挥官，指挥部设在乐乡。

　　陆抗听说京城的政令多有失误，深为国家的前途忧虑。就呈上奏疏说："为臣听说道德都相当时，人多的君主将战胜人少的君主；而力量都相等时，安定的国家将制服危险的国家：这大概就是六国被强大的秦国兼并，项羽被汉高祖压倒的原因。而今曹魏这个大敌占领控制了从故都洛阳到边疆的各类地区，不单是像战国时秦国那样只拥有关西一隅；总计曹魏割据了汉朝全国十三州中的九个州，岂止是像汉高祖最初那样只得到鸿沟以西的地盘而已啊。现今我国不像战国时的六国有联盟作外援，就内部实力而言也没有项羽的西楚国强大，各类政事办得不好，黎民百姓并未安定；而议论政治的人不断夸口仗恃的，只是长江和高山，说它们围绕和屏障着国家的领土。其实这都是保卫国家的最次要凭借，而不是明智的人首先考虑的东西。为臣每次回想遥远的战国时期各国生存灭亡的征兆，又旁观最近蜀国覆灭的原因；考察典籍所说的道理，再用实际事例作验证；总是会在半夜抚枕难眠，看到饭菜吃不下去。从前匈奴没有消灭，霍去病拒绝为自己建造私宅；汉朝的政治没有走上正轨，贾谊为之哀哭。何况为臣具有皇族的血缘关系，世代承受了光荣和宠任；生命和声名的兴衰，都与国家的命运密切相关；无论是生死聚散，从道义上说都不能苟且；因此才日夜忧虑，一想到国家前途就心情悲伤。侍奉君主的原则，是宁肯冒犯他也不欺骗他；作为臣僚的节操，是舍己而尽忠。谨陈述当前政治上应当改进的十七条如下。"

由于陆凯这十七条的内容文本散失，所以此处不能记载。

当时孙皓的宠臣何定操纵权力，宦官也来干预政治。陆抗呈上奏疏说："为臣听说开创国家继承政权，都不能使用小人；而安于谗言宠信小人，更是《左传》提到唐尧政治状况时的明确告诫。所以《诗经》中《小雅·节南山》一诗对使用小人发出责备和叹息，孔子也对小人的难以相处而叹息不止。自春秋时期以来，直到秦、汉二朝，凡是国家遭到覆灭的厄运，无不是听信小人而造成的。小人不明事理和道义，见识又短浅；即使他们竭力尽忠，依然也值不得信任；何况他们还是素来深藏奸心，憎恶和喜爱的感情变化无常啊？他们如果担心自己会失去利益，那就什么事也干得出来。而今陛下让他们充当耳目，授给他们专断的威权；而希望国家有和谐兴旺的景象产生，政治上整肃清明的教化出现：这是根本不可能的事。如今现有的官员，特别出色的人才虽然少；然而他们当中有的是官员的后代，从小就在道义教育方面受到熏陶；有的在清寒艰苦的家境中成长自立，其品质才能足以为国家所任用；因此可以根据他们的才能授给职务，抑制和贬黜小人。然后风俗教化才能清静，各项政事才不会出现丑恶现象。"

凤凰元年(公元272)，西陵战区的军事指挥官步阐凭借西陵县城举兵反叛，派使者去投降晋国。陆抗听说此事的当天，即部署各军，命令将军左奕、吾彦、蔡贡等径直赶往上游的西陵。指示各军营：重新构筑一条严密的包围工事，从赤溪一直到故市；对内围攻步阐，对外防御晋军。昼夜催促，好像晋国的援军已经赶到面前一般，士兵都感到太辛苦。众将劝告他说："现今凭借三军的锐气，赶紧进攻步阐；等到晋国援军赶来，步阐必定可以攻克。要包围工事干什么，而不惜耗尽士兵和民工的力量啊？"

陆抗说："这座西陵城所处的地势既险固，而且城中粮食充足；加之建造的防御器械，都是我从前在这里驻防时所作的精密规划。而今反过来进攻西陵，不是一下子就能攻下的，北方的救兵却必定会赶到；到来时我们没有防御工事，用什么来抵抗？"

众将都想出兵进攻步阐，陆抗每次都不准。宜都郡太守雷谭的请求极为恳切；陆抗想让大家信服，听从他去进攻一下：果然未能得手。

包围圈刚刚合拢，晋国的车骑将军羊祜已率军指向江陵；众将都认为陆抗不应当离开江陵对岸的乐乡前往上游的西陵督战，陆抗却说："江陵的城池坚固兵力充足，没有忧患。假如敌人攻克江陵，也必然守不住，所损失者小。但是一旦西陵方面的敌对势力纠合，那么在它南面的山区少数族都会出现动乱；这时的忧虑，就一言难尽了！我宁可丢弃江陵而奔赴西陵，何况江陵又还十分牢固啊！"

当初，江陵附近地势平坦开阔，道路通畅便利；陆抗指示江陵战区的军事指挥官张咸，修筑一道大堤堰来阻遏水流，让水逐渐淹没平原的中部，以阻断外敌入侵和自己的士兵百姓逃跑出去。羊祜想借助这片水面，用船运用军粮，在表面上却声言要破坏堤堰以便步兵通过。陆抗听到消息，命令张咸赶紧挖开堤堰。众将都感到迷惑，一再劝阻陆抗而他却不听。羊祜到达当阳时，得知堤堰已被破坏，只好改船运为车运，大大耗费了时间和人力。

晋国的巴东监军徐胤率领水军赶往建平，荆州刺史杨肇则直奔西陵。陆抗命令张咸坚守江陵；公安战区的军事指挥官孙遵巡视长江南岸以防御羊祜；水军指挥官留虑、镇西将军朱琬一同抵抗徐胤；而他自己则统率三军，凭借刚建成的包围工事对敌杨肇。这时将军朱乔、大营都督俞赞，逃去投降杨肇。陆抗说："俞赞是军中的老部下，知道我们的虚实。我一直忧虑少数族士兵素来没有得到很好的演习训练，如果敌军前来进攻包围工事，必定先攻他们所防守的这里。"他立即在夜晚调换了少数族士兵，全部用老部下补充。

第二天，杨肇果然来进攻先前由少数族士兵防守的地段，陆抗命令部下转过身来迎击；飞箭、礌石如雨点一般飞出，杨肇的人马死伤不断。杨肇进攻了一个多月，无计可施，只好在一天夜晚逃走。陆抗本来想出兵追赶，可是顾虑到背后的步阐就像一头把力量聚集在脖颈上的野兽，正准备窥测机会冲击，兵力不能分散；所以只是敲起战鼓召集军队，做出要追杀的样子。而杨肇的士兵却受到惊扰，都脱掉沉重的铠甲空手逃跑。陆抗马上派了一支小部队跟踪追击，把杨肇打得大败。羊祜等人也领兵退回。

陆抗随即回过头来攻陷西陵城；诛杀了步阐及其家族成员、重要将领官吏，以下的官兵和他们的家属，经陆抗请求朝廷而得到赦免的共有几万人。战斗结束后他命令修复西陵城池和军营围栅，然后回到大本营乐乡；脸上毫无自矜的神色，依然像平常那样谦虚，所以很得部下将士的欢心。陆抗升任都护。

他听说武昌左部的军事指挥官薛莹，被征召进京关在监狱里，就呈上奏疏说："优秀的人才，是国家的上等宝物，皇朝的珍贵财富；他们使各种政事有条有理，使京城的四门出现和睦兴旺的景象。已故的大司农楼玄、散骑中常侍王蕃、少府李勖，都是人间的英才，当今的突出人物；开初蒙受了朝廷的恩宠，各自在官位上从容服务；然而又都很快被陛下诛杀，有的整个家族毁灭因而断绝祭祀，有的则被流放到很边远的地方。《周礼》上有赦免贤才的法规，《春秋》中有宽宥君子的记载。《夏书》说：'与其杀了无辜的人，宁肯犯下不遵守成规定法的过失。'王蕃等人的罪名都还没有确定，却已被处死刑；他们心中怀着忠义，身体却承受刀斧：岂不令人悲痛啊！再说已经处死的犯人，本来毫无知觉；

又要加以焚烧然后把骨灰丢到水中漂流，或者干脆把尸体抛弃到江河之滨：恐怕这不是前代圣明君王的正规法律，或许就是从前甫侯告戒过的事啊。因此才造成百姓悲哀恐惧，官员和民众共同担忧。王蕃、李勖是永远消逝了，后悔也来不及；实在盼望陛下赦免楼玄出狱。而最近听说，薛莹又突然被捕受审。薛莹的先父薛综，在大皇帝时担任尚书台的官职，文皇帝还是太子时他又担任辅导老师。薛莹继承先人的事业后，努力培养品行建立名誉；现今他所犯的罪，完全可以宽宥。为臣害怕有关部门的官员没有详细了解情况，如果再又加以诛杀，更加使民众失望。请求陛下施舍像上天一般深广的恩德，赦免薛莹的罪过；怜悯众多的罪犯，清理繁密的刑法条文。那天下人民就幸运得很了。”

当时军队频繁出动，百姓疲乏穷困不堪。陆抗呈上奏疏说：“为臣听说《周易》重视随从时势，《左传》赞美观察敌人的破绽；所以要等到夏桀罪大恶极时商汤才动兵进攻，商纣荒淫暴虐无比时周武王才授给吕尚黄钺前去消灭。如果时机不成熟，商汤也曾被夏桀囚禁，而周武王的军队也会从孟津掉转旗帜撤回。而今我们不在富国强兵，加强农业积聚粮食上进行努力；使文武人才发挥作用，百官的府署中没有荒废职责的现象；宣布贬黜和晋升以激励官员，实施奖赏和刑罚来表示劝勉和禁止；用道德训导臣僚，用仁爱安抚百姓；然后顺应天命借助时运，席卷天下。反而听从众将追求声名，穷兵黩武；动辄就耗费上万的金钱，士兵痛苦憔悴。敌人并未因此而衰败，我们倒已经元气大伤了！现在只想争夺当帝王的政治资本，却看不清十倍百倍的利益；这倒是为臣僚提供了营私舞弊的有利机会，对国家却完全不是好事情。从前齐、鲁两国打了三仗，鲁国前两次都获胜但是还没有转过脚跟就灭亡了。为什么呢？国家的大小不同啊。何况我们现今军队获得的战果，根本弥补不了损失呢！再说只依仗军队而失去民众，是古代明确的鉴戒。现今确实应当暂时放弃进攻北方的小打算，积蓄士兵民众的力量；观察敌人的破绽等待机会，这样今后才可能没有悔恨。”

凤凰二年（公元273），朝廷就地举行仪式提升陆抗为大司马，兼任荆州牧。

第二年夏天，陆抗患病，呈上一封奏疏说："西陵、建平，是国家的外围；既处于益州的下游，又面临晋国从西面、北面发起的夹攻。如果敌军由此乘船顺长江而下，头尾相接的船队一日千里；就像流星奔驰闪电掠过，转眼之前就到达目的地；到时候根本不可能依靠其他地方的部队，能够及时赶来解救危急。所以这两处是决定国家安危的关键，敌军对这里的攻取也不是一般的边境侵犯和危害。为臣的先父陆逊，过去在西部边境抵抗蜀军入侵时曾向大皇帝陈述，认为：'西陵是国家的西大门，虽然说容易防守，却又容易丢失。如果守不住，不只是要丢失一郡，整个荆州也将不属于吴国所有。西陵一旦出现问题，应当倾全国之力去争夺。'为臣以往在西陵，得以继承先人在此统兵镇守；此前曾经请求朝廷拨给精兵三万人，然而主管官员遵循常规，不肯拨给。自从进攻步阐之后，下属的人马损耗更多。现今为臣负责的防线长达千里，多处受敌；对外要抵御强大的敌手，对内要震慑各少数族。但是从上到下，现有兵力才只有几万人；实力长期亏损，很难应付突然的变故。为臣的愚见认为，各位皇族亲王的年龄幼小，没有承担国家事务；可以暂且只为他们设立傅、相，以培养他们贤德的品质；不需要配给他们大批兵马，从而影响到重要的军事防务。另外皇宫中供使役的宦官，最近也在外面接收和招募愿意阉割生殖器进宫当仆役的人；士兵百姓怨恨服役，不少人跑到内地去报名。请求陛下特别下诏在其中进行查看，把逃亡的兵民全部挑出来；以补充边境经常遭受敌军攻击那些地区的兵力，使为臣所指挥的人马凑满八万。并且减少和停止各种不重要的事务，赏罚分明；这样即使韩信、白起两位善于用兵者复生，也没有机会对我军施展其才能。假若兵力不增强，这种制度不改变，而想把统一大业完成，对此为臣很感担忧。一旦为臣死了之后，请求陛下能够关照西方边境的防务。但愿陛下能思考采纳为臣的话，那么为臣就死而不朽了。"

当年秋天，陆抗去世，儿子陆晏继承了他的爵位。

陆晏和弟弟陆景、陆玄、陆机、陆云，分着统领陆抗原来的兵马。陆晏任裨将军，夷道战区的监军。

天纪四年（公元280），晋军大举伐吴，龙骧将军王濬率水军顺长江东下；所到之处势如破竹，最终正像陆抗生前所预料的那样。

陆景，字士仁。因为娶了公主为妻而被任命为骑都尉，封毗陵侯。在统领陆抗的一部分士兵之后，被任命为偏将军，出任中夏战区的军事指挥官。他注重品德修养爱好学习，写了几十篇文章。二月初五日壬戌，陆晏被王濬所派的分队杀死；二月初六日癸亥，陆景也遇害，终年三十一岁。陆景的妻子，是孙皓嫡母张氏所生的异母妹妹，与陆景都是张承的外孙。

评论说：刘备称雄天下，当时的人都畏惧他；陆逊年纪正轻，还没有赫赫威名：却能战而胜之，完全实现了自己的志愿。我既觉得陆逊的谋略奇妙无比，又赞叹孙权的慧眼识才，能够使用陆逊以成功大事。到了后来陆逊又表现出极度的忠诚，进言恳切，因为忧虑国事而贡献出生命：应当算得上安邦定国的大臣了。陆抗在为人正直忠诚、善于筹划、颇有办事才干等方面，都具有乃父的风范；他能接续上一代的美德，虽然功业成就的规模较小却在具体内容上与乃父相同：真可以说是能够继承前辈事业的人啊！

吴主五子传第十四

孙登字子高，权长子也。魏黄初二年，以权为吴王；拜登东中郎将[1]，封万户侯[2]；登辞侯不受[3]。

是岁，立登为太子。选置师傅；铨简秀士，以为宾友。于是诸葛恪、张休、顾谭、陈表等以选入[4]，侍讲诗书，出从骑射。

权欲登读《汉书》，习知近代之事。以张昭有师法[5]，重烦劳之[6]；乃令休从昭受读[7]，还以授登。

登待接僚属，略用布衣之礼[8]；与恪、休、谭等或同舆而载，或共帐而寐。太傅张温言于权曰[9]："夫中庶子官最亲密[10]，切问近对[11]：宜用俊德。"于是乃用表等为中庶子。后又以庶子礼拘[12]，复令整巾侍坐[13]。

黄龙元年，权称尊号，立为皇太子。以恪为左辅[14]，休右弼；谭为辅正，表为翼正都尉：是为"四友"。而谢景、范慎、刁玄、羊衜等，皆为宾客。〔一〕于是东宫号为多士。〔二〕

权迁都建业；征上大将军陆逊辅登，镇武昌，领宫、府留事[15]。

【注释】

〔1〕东中郎将：官名。领兵征伐。但这里是荣誉性官职，因为当时孙登只有十三岁。 〔2〕万户侯：食租上一万户的侯爵。魏文帝封拜孙登的册文，载《艺文类聚》卷五十一。 〔3〕登辞侯不受：当时是孙权出面以孙登年幼为由推辞，不是孙登自己辞侯不受，见本书卷四十七《吴主传》。 〔4〕诸葛恪（公元 203—253）：传见本书卷六十四。 张休：传附本书卷五十二《张昭传》。 顾谭：传附本书卷五十二《顾雍传》。 陈表：传附本书卷五十五《陈武传》。 〔5〕师法：汉代的经学传授看重师承关系，某一经的大师被国家立为博士之后，他所传授的儒经解说即叫做师法。而接受到师法的传授，则叫做有师法。 〔6〕重（zhòng）：难以。 〔7〕休：即张休。是张昭的小儿子。 〔8〕略：大体上。 布衣：平民。布衣之礼指平民中主人待客的礼节。 〔9〕太傅：官名。这里指太子太傅。太子的辅导老师。 〔10〕中庶子：官名。即太子中庶子。太子的侍从长官。 〔11〕切：切近。 〔12〕礼拘：中庶子是太子的下属官员，见到太子要行君臣之礼而不能用主客之礼，所以显得拘束。 〔13〕整巾侍坐：裹上头巾陪坐。这是主客之礼。如用君臣之礼，中庶子应当戴上官帽站在旁边。 〔14〕左辅：官名。即左辅都尉。下文的右弼、辅正，即右弼都尉、辅正都尉，与翼正都尉合为四都尉，是太子的侍从辅导官员，关系相当于朋友。 〔15〕宫、府留事：皇宫与官府的留守事务。

【裴注】

〔一〕衢，音道。

〔二〕《吴录》曰："慎，字孝敬，广陵人。竭忠知己之君，缠绵三益之友：时人荣之。著论二十篇，名曰《矫非》。后为侍中。出补武昌左部督，治军整顿。孙皓移都，甚惮之，诏曰：'慎，勋德俱茂，朕所敬凭；宜登上公，以副众望。'以为太尉。慎自恨久为将，遂托老耄。军士恋之，举营为之陨涕。凤凰三年卒。子耀嗣。"玄，丹杨人。衢，南阳人。《吴书》曰："衢初为中庶子，年二十。时廷尉监隐蕃，交结豪杰。自卫将军全琮等，皆倾心敬待；惟衢及宣诏郎豫章杨迪，拒绝不与通：时人咸怪之。而蕃后叛逆，众乃服之。"《江表传》曰："登使侍中胡综作《宾友目》曰：'英才卓越，超逾伦匹，则诸葛恪；精识时机，达幽究微，则顾谭；凝辨宏达，言能释结，则谢景；究学甄微，游夏同科，则范慎。'衢乃私驳综曰：'元逊才而疏，子嘿精而狠，叔发辨而浮，孝敬深而狭。'所言皆有指趣。而衞卒以此言见咎，不为恪等所亲。后四人皆败，吴人谓衞之言有征。位至桂阳太守，卒。"

登或射猎，当由径道[1]，常远避良田，不践苗稼；至所顿息[2]，又择空闲之地[3]：其不欲烦民如此。

尝乘马出，有弹丸过，左右求之。有一人操弹佩丸，咸以为是；辞对不服，从者欲捶之。登不听，使求过丸[4]；比之非类[5]，乃见释。

又失盛水金马盂[6]，觉得其主[7]。左右所为，不忍致罚。呼责数之[8]，长遣归家：敕亲近勿言。

后弟虑卒，权为之降损[9]。登昼夜兼行，到赖乡[10]。自闻[11]，即时召见。见权悲泣，因谏曰："虑寝疾不起，此乃命也。方今朔土未一[12]，四海喁喁[13]，天戴陛下。而以下流之念[14]，减损太官肴馔[15]；过于礼制，臣窃忧惶！"权纳其言，为之加膳。

住十余日，欲遣西还；深自陈乞，以久离定省[16]，子道有阙。又陈陆逊忠勤，无所顾忧：权遂留焉。

嘉禾三年，权征新城；使登居守，总知留事。时年谷不丰，颇有盗贼；乃表定科令[17]，所以防御[18]：甚得止奸之要。

初，登所生庶贱[19]，徐夫人少有母养之恩。后徐氏以妒废处吴[20]，而步夫人最宠。步氏有赐，登不敢辞，拜受而已。徐氏使至，所赐衣服，必沐浴服之。

登将拜太子，辞曰："本立而道生；欲立太子，宜先立后。"权曰："卿母安在？"对曰："在吴。"权默

然。〔一〕

立凡二十一年，年三十三卒。

【注释】

〔1〕当：则。 〔2〕顿息：停止休息。 〔3〕空闲：指没有种庄稼。〔4〕过丸：刚才飞过的弹丸。 〔5〕非类：不一样。 〔6〕金马盂：用金马作装饰的水盂。 〔7〕觉：发觉。 〔8〕责数：责备。 〔9〕降(jiàng)损：生活享受上的损减，包括膳食、音乐演奏等。 〔10〕赖乡：地名。在今江苏南京市西南。 〔11〕自闻：自己报告。 〔12〕朔土：北方。 〔13〕喁喁(yóng yóng)：众人仰慕的样子。 〔14〕下流之念：对子孙后代的关怀。当时人习称子孙后代为下流。 〔15〕太官：官署名。负责供应御用饮食。其主管官员为太官令。 〔16〕定省(xǐng)：即"昏定晨省"的略语。指子女早晚向父母问安。语出《礼记·曲礼》上。〔17〕科令：条令。 〔18〕所以：用以。 〔19〕所生：指生母。〔20〕吴：县名。县治在今江苏苏州市。

【裴注】

〔一〕《吴书》曰："弟和，有宠于权；登亲敬，待之如兄，常有欲让之心。"

临终，上疏曰：

臣以无状[1]，婴抱笃疾[2]；自省微劣，惧猝陨毙。臣不自惜，念当委离供养，埋胔后土[3]；长不复奉望宫省，朝觐日月[4]；生无益于国，死贻陛下重戚[5]：以此为哽结耳。臣闻死生有命，长短自天。周晋、颜回有上智之才[6]，而尚夭折；况臣愚陋，年过其寿？生为国嗣，没享荣祚：于臣已多，亦何悲恨哉！

方今大事未定，逋寇未讨；万国喁喁，系命陛下；危者望安，乱者仰治。愿陛下弃忘臣身，割下流之恩，修黄、老之术[7]；笃养神光，加羞珍膳；广开神明之虑，以定无穷之业。则率土幸赖[8]，臣死无恨也！

皇子和，仁孝聪哲，德行清茂；宜早建置[9]，以系民望。诸葛恪，才略博达，器任佐时；张休、顾谭、谢景，皆通敏有识断：入宜委腹心，出可为爪牙。范慎、华融，矫矫壮节[10]，有国士之风。羊衜辩捷，有专对之材[11]。刁玄优弘，志履道真。裴钦博记，翰采足用[12]。蒋修、虞翻，志节分明。凡此诸臣，或宜廊庙[13]，或任将帅；皆练时事[14]，明习法令，守信固义，有不可夺之志。此皆陛下日月所照，选置臣官，得与从事；备知情素，敢以陈闻。

臣重惟当今方外多虞[15]，师旅未休；当厉六军，以图进取。军以人为众，众以财为宝。窃闻郡县颇有荒残，民物凋弊[16]，奸乱萌生；是以法令繁滋，刑辟重切[17]。臣闻为政听民，律令与时推移；诚宜与将相大臣详择时宜，博采众议，宽刑轻赋，均息力役，以顺民望。

陆逊忠勤于时，出身忧国；謇謇在公[18]，有匪躬之节[19]。诸葛瑾、步骘、朱然、全琮、朱据、吕岱、吾粲、阚泽、严畯、张承、孙怡，忠于为国[20]，通达治体。可令陈上便宜，蠲除苛烦[21]；爱养士马，抚循百姓。五年之外，十年之内；远者归复，近者尽力；兵不血刃，而大事可定也。

臣闻'鸟之将死其鸣也哀[22]，人之将死其言也善'；故子囊临终[23]，遗言戒时，君子以为忠。岂况臣登，其能已乎！愿陛下留意听采，臣虽死之日，犹生之年也！

既绝而后书闻[24]，权益以摧感[25]，言则陨涕。是岁，赤乌四年也。

谢景时为豫章太守，不胜哀情[26]；弃官奔赴[27]，拜表自劾[28]。权曰："君与太子从事，异于他吏。"使中使慰劳，听复本职，发遣还郡。

谥登曰宣太子。[一]

【注释】

　　〔1〕无状：没有功劳成绩。 〔2〕笃疾：重病。 〔3〕骴(zì)：肌肉没有完全腐烂的骨骼。 〔4〕日月：比喻当皇帝的孙权。 〔5〕重戚(qī)：大忧。 〔6〕周晋：东周灵王的太子，名晋。据说八岁就精通音乐。 〔7〕黄、老之术：黄帝、老子的养生之术。 〔8〕率土：即率土之滨的省略，指四海之内。 〔9〕建置：指立为太子。 〔10〕矫矫：强壮勇武的样子。 〔11〕专对：独立地进行外交对话。 〔12〕翰采：文采。 〔13〕廊庙：朝廷。 〔14〕练：熟习。 〔15〕方外：中心区域以外。 〔16〕民物：民众。 〔17〕刑辟：刑法。 〔18〕謇謇：忠诚正直。 〔19〕匪躬：不顾自身。语出《周易·蹇卦》爻辞。 〔20〕阚泽(？—公元243)：传见本书卷五十三。 严畯：传见本书卷五十三。 〔21〕蠲(juān)除：去除。 苛烦：指苛刻繁琐的法令。 〔22〕鸟之将死：这两句出自《论语·泰伯》。 〔23〕子囊：春秋时楚国的大臣。前559年，他率军攻吴，回国死亡。临死前，要求加固楚国都城郢的城池，以防外敌进攻。事见《左传》襄公十四年。 〔24〕绝：断气。 〔25〕摧感：伤感。 〔26〕不胜(shēng)：不能忍受。 〔27〕奔赴：奔丧。〔28〕自劾：自我弹劾。当时孙吴规定官员不得擅离职守，为父母或上级奔丧。见本书卷四十七《吴主传》嘉禾六年。

【裴注】

〔一〕《吴书》曰："初葬句容，置园邑、奉守，如法。后三年，改葬蒋陵。"

子璠、希，皆早卒。次子英，封吴侯。五凤元年，英以大将军孙峻擅权，谋诛峻。事觉，自杀，国除[1]。〔一〕

谢景者，字叔发。南阳宛人。在郡有治迹[2]，吏民称之；以为前有顾邵[3]，其次即景。数年，卒官。

【注释】

〔1〕国除：封地被撤销。 〔2〕郡：指谢景任职的豫章郡。 〔3〕顾邵：传附本书卷五十二《顾雍传》。顾邵也当过豫章太守。

【裴注】

〔一〕《吴历》曰："孙和以无罪见杀，众庶皆怀愤叹。前司马桓虑因此招合将吏，欲共杀峻立英；事觉，皆见杀。英实不知。"

孙虑字子智，登弟也。少敏惠有才艺，权器爱之。

黄武七年，封建昌侯。后二年，丞相雍等奏虑"性聪体达，所尚日新[1]；比方近汉，宜进爵称王"。权未许。

久之，尚书仆射存上疏曰[2]："帝王之兴，莫不褒崇至亲，以光群后[3]。故鲁、卫于周[4]，宠冠诸侯；高帝五王[5]，封列于汉：所以藩屏本朝，为国镇卫。建昌侯虑，禀性聪敏，才兼文武；于古典制，宜正名号。陛下谦光[6]，未肯如旧；群僚大小，咸用於邑[7]。方今奸寇恣睢[8]，金鼓未弭[9]；腹心爪牙，惟亲与贤。辄与丞相雍等议，咸以虑'宜为镇军大将军，授任偏方[10]，以光大业'。"

权乃许之。于是假节，开府[11]，治半州[12]。〔一〕

虑以皇子之尊，富于春秋[13]，远近嫌其不能留意。及至临事，遵奉法度，敬纳师友：过于众望。

年二十，嘉禾元年卒。无子，国除。

【注释】

〔1〕日新：一天天更新。《周易·大畜卦》象辞有"日新其德"的话。 〔2〕尚书仆射(yè)：官名。尚书台的副长官，负责处理军国机要。 存：人名。亡失其姓。 〔3〕群后：诸侯。 〔4〕鲁、卫：均周代诸侯国名。鲁的开国君主是周公的儿子伯禽，卫的开国君主是周武王的弟弟康叔。 〔5〕高帝五王：指汉高祖刘邦五个封王的儿子，即齐王刘肥、赵王刘如意、赵王刘友、赵王刘恢、燕王刘建。刘邦八个儿子，此外还有惠帝刘盈、文帝刘恒、淮南王刘长。刘长犯谋反罪自杀，所以这里没有列入。 〔6〕谦光：谦虚。 〔7〕於(wū)邑：抑郁。 〔8〕恣睢：放纵。 〔9〕金鼓：作战时发布信号的打击乐器。鸣鼓出兵，鸣金收兵。这里指战争。 〔10〕偏方：一个方面。 〔11〕开府：开设办事的府署。 〔12〕半州：地名。在今江西九江市西。 〔13〕富于春秋：未来的时间长。指年纪轻。

【裴注】

〔一〕《吴书》载权诏曰："期运扰乱，凶邪肆虐；威罚有序，干戈不戢。以虑气志休懿，武略凤昭，必能为国佐定大业。故授以上将之位，显以殊特之荣；宠以兵马之势，委以偏方之任。外欲威振敌虏，厌难万里；内欲镇抚远近，慰恤将士：诚虑建功立事竭命之秋也。虑其内修文德，外经武训；持盈若冲，则满而不溢。敬慎乃心，无忝所受。"

孙和字子孝，虑弟也。少以母王有宠，见爱[1]。年十四，为置宫卫，使中书令阚泽教以书艺[2]。好学下士，甚见称述。

赤乌五年，立为太子，时年十九。阚泽为太傅，薛综为少傅，而蔡颖、张纯、封俌、严维等，皆从容侍从。〔一〕

是时，有司颇以条书问事[3]。和以为奸妄之人，将因事措意[4]，以生祸心，不可长也：表宜绝之。

又都督刘宝白庶子丁晏[5]，晏亦白宝。和谓晏曰："文武在事，当能几人？因隙构薄[6]，图相危害：岂有福哉？"遂两释之[7]，使之从厚。

常言："当世士人宜讲修术学[8]，校习射御，以周世务[9]；而但交游博弈以妨事业[10]，非进取之谓。"

后群僚侍宴，言及博弈，以为："妨事费日而无益于用，劳精损思而终无所成；非所以进德修业，积累功绪者也[11]。且志士爱日惜力，君子慕其大者；高山景行[12]，耻非其次[13]。夫以天地长久，而人居其间，有白驹过隙之喻[14]；年齿一暮，荣华不再。凡所患者，在于人情所不能绝；诚能绝无益之欲，以奉德义之途；弃不急之务，以修功业之基：其于名行，岂不善哉！夫人情固不能无嬉娱；嬉娱之好，亦在于饮宴、琴书、射御之间。何必博弈，然后为欢？"

乃命侍坐者八人，各著论以矫之。于是中庶子韦曜退而论奏[15]，和以示宾客。

时蔡颖好弈，直事在署者，颇学焉[16]。故以此讽之[17]。

【注释】

〔1〕王：即孙权王夫人。传见本书卷五十《妃嫔传》。 〔2〕中书令：官名。负责军国机要文书的起草和管理。 〔3〕有司：有关部门。这里指中书典校郎。 条书：条例规定。 问事：查问公务文书。当时习称公文为事。 〔4〕措意：夹杂个人的意图。 〔5〕白：告发。 庶子：官名。即太子中庶子。 〔6〕因隙构薄：由于情谊上的裂痕而诬陷攻击。〔7〕释：劝解。 〔8〕术学：理论学问。 〔9〕周：适应……的需要。〔10〕博弈：游戏名。即下围棋。 〔11〕功绪：功业。 〔12〕高山景行：比喻有崇高道德品行的人。《诗经·车辖》有"高山仰止，景行行止"的诗句。景行，郑玄解释为崇高的品行。 〔13〕耻非其次：以不是他们的追随者为耻。 〔14〕白驹过隙：从缝隙中看白马驰过。比喻时光流逝的快速。 〔15〕韦曜（？—公元273）：传见本书卷六十五。〔16〕直事：值班。 〔17〕讽：用委婉含蓄的话进行劝戒。

【裴注】

〔一〕《吴书》曰："和，少岐嶷有智意，故权尤爱幸，常在左右；衣服、礼秩、雕玩珍异之赐，诸子莫得比焉。好文学，善骑射；承师涉学，精识聪敏；尊敬师傅，爱好人物。颖等每朝见进贺，和常降意，欢以待之。讲校经义，综察是非；及访咨朝臣，考绩行能：以知优劣，各有条贯。后诸葛（丰）〔壹〕伪叛，以诱魏将诸葛诞，权潜军待之。和以权暴露外次，又战者凶事，常忧劳惨怛，不复会同、饮食。数上谏，戒令持重，务在全胜；权还，然后敢安。"

张纯字元基。敦之子。《吴录》曰："纯少厉操行，学博才秀；切问捷对，容止可观。拜郎中。补广德令，治有异绩。擢为太子辅义都尉。"

是后王夫人与全公主有隙[1]。权尝寝疾[2]，和祠祭于庙；和妃叔父张休居近庙，邀和过所居[3]。全公主使人觇视[4]，因言太子不在庙中，专就妃家计议；又言王夫人见上寝疾，有喜色。权由是发怒，夫人忧死；而和宠稍损[5]，惧于废黜。鲁王霸觊觎滋甚。

陆逊、吾粲、顾谭等数陈嫡庶之义，理不可夺；全寄、杨竺为鲁王霸支党，潜诉日兴[6]。粲遂下狱诛，谭徙交州。

权沉吟者历年[7]，[一]后遂幽闭和。于是骠骑将军朱据、尚书仆射屈晃，率诸将吏泥头自缚[8]，连日诣阙请和[9]。权登白爵观见[10]，甚恶之[11]。敕据、晃等"无事匆匆[12]"。权欲废和立亮。无难督陈正、五营督陈象上书[13]，称引"晋献公杀申生[14]，立奚齐，晋国扰乱"。又据、晃固谏不止。

权大怒，族诛正、象[15]；据、晃牵入殿，杖一百。[二]竟徙和于故鄣[16]。群司坐谏诛放者十数[17]。众咸冤之[三]。

【注释】

〔1〕全公主：即孙权的大女儿鲁班。因其第二个丈夫是全琮，所以称为全公主。事见本书卷五十《步夫人传》。 〔2〕寝疾：卧病。〔3〕过(guō)：拜访。 〔4〕觇(chān)视：侦察。 〔5〕稍：逐渐。〔6〕潜诉：诽谤。 〔7〕沉吟：犹豫不决。 〔8〕泥头：叩头到地面。〔9〕诣阙：到皇宫大门的阙下。 请和：为孙和求情。 〔10〕白爵观：孙吴皇宫楼观名。 〔11〕恶(wù)：厌恶。 〔12〕匆匆(cōng cōng)：惊扰。 〔13〕五营督：官名。统领五营兵，保卫君主或外出作战。〔14〕晋献公(？—前651)：名诡诸。春秋时晋国的国君。前676至前651年在位。宠爱小妾骊姬，骊姬设计陷害太子申生，申生被迫自杀。献公以骊姬的儿子奚齐为继承人，死后晋国立即发生内乱。事见《史记》卷三十九《晋世家》。 〔15〕族诛正、象：连同陈正、陈象的家族一起诛杀。 〔16〕徙：流放。 故鄣：县名。县治在今浙江安吉县西北。 〔17〕群司：群官。 坐谏：因为进谏。 诛放：诛杀流放。

【裴注】

〔一〕殷基《通语》曰："初，权既立和为太子，而封霸为鲁王。初拜，犹同宫室，礼秩未分。群公之议，以为太子、国王，上下有序，礼秩宜异；于是分宫别僚，而隙端开矣。自侍御、宾客，造为二端，仇党疑贰，滋延大臣。丞相陆逊、大将军诸葛恪、太常顾谭、骠骑将军朱据、会稽太守滕胤、大都督施绩、尚书丁密等，奉礼而行，宗事太子；骠骑将军步骘、镇南将军吕岱、大司马全琮、左将军吕据、中书令孙弘等附鲁王：中外官僚，将军、大臣，举国中分。权患之，谓侍中孙峻曰：'子弟不睦，臣下分部；将有袁氏之败，为天下笑！一人立者，安得不乱？'于是有改嗣之规矣。"

臣松之以为：袁绍、刘表谓尚、琮为贤，本有传后之意；异于孙权既以立和而复宠霸，坐生乱阶，自构家祸：方之袁、刘，昏悖甚矣！步骘以德度著称，为吴良臣，而阿附于霸，事同杨竺，何哉？和既正位，嫡庶分定；就使才德不殊，犹将义不党庶；况霸实无闻，而和为令嗣乎？夫邪僻之人，岂其举体无善？但一为不善，众美皆亡耳！骘若果有此事，则其余不足观矣！吕岱、全琮之徒，盖所不足论耳。

〔二〕《吴历》曰："晃入，口谏曰：'太子仁明，显闻四海。今三方鼎峙，实不宜摇动太子，以生众心。愿陛下少垂圣虑；老臣虽死，犹生之年。'叩头流血，辞气不挠。权不纳晃言，斥还田里。孙皓即位，诏曰：'故仆射屈晃，志匡社稷，忠谏亡身。封晃子绪，为东阳亭侯；弟干、恭为立义都尉。'绪后亦至尚书仆射。"晃，汝南人。见胡冲《答问》。

《吴书》曰："张纯亦尽言极谏，权幽之，遂弃市。"

〔三〕《吴书》曰："权寝疾，意颇感悟，欲征和还国，立之；全公主及孙峻、孙弘等，固争之：乃止。"

太元二年正月，封和为南阳王，遣之长沙〔1〕。〔一〕

四月，权薨，诸葛恪秉政。恪即和妃张之舅也。妃使黄门陈迁，之建业上疏中宫〔2〕，并致问于恪〔3〕。临去，恪谓迁曰："为我达妃〔4〕，期当使胜他人〔5〕。"此言颇泄。又恪有徙都意，使治武昌宫；民间或言欲迎和。

及恪被诛，孙峻因此夺和玺绶，徙新都〔6〕。又遣使者赐死。和与妃张辞别,张曰:"吉凶当相随,终不独生活也[7]!"亦自杀。举邦伤焉。

孙休立,封和子皓为乌程侯,自新都之本国[8]。

休薨,皓即阼[9]。其年,追谥父和曰文皇帝,改葬明陵[10];置园邑二百家[11],令、丞奉守[12]。后年正月,又分吴郡、丹杨九县为吴兴郡[13],治乌程;置太守,四时奉祠[14]。

有司奏言,宜立庙京邑[15]。

宝鼎二年七月,使守大匠薛珝营立寝堂[16],号曰"清庙"。十二月,遣守丞相孟仁、太常姚信等,备官僚、中军步骑二千人[17],以灵舆、法驾[18],东迎神于明陵。皓引见仁,亲拜送于庭。〔二〕

灵舆当至,使丞相陆凯,奉三牲祭于近郊[19];皓于金城外露宿[20]。明日,望拜于东门之外。其翌日,拜庙荐祭[21],歔欷悲感。比七日三祭[22],倡技昼夜娱乐[23]。有司奏言:"祭不欲数[24],数则黩[25]。宜以礼断情。"然后止。〔三〕

【注释】

〔1〕长沙:郡名。治所在今湖南长沙市。 〔2〕之:前往。 中宫:皇后宫。这里指皇后。当时皇帝孙亮的皇后是全氏,传见本书卷五十。〔3〕问:问候。 〔4〕达:传达。 〔5〕期当:预定要。 〔6〕新都:郡名。治所在今浙江淳安县西北。 〔7〕生活:生存活着。 〔8〕本国:本人的封国。指乌程县。县治在今浙江湖州市西南。〔9〕即阼:登上(宫殿)台阶。指当皇帝。 〔10〕明陵:陵墓名。在乌程县。〔11〕园邑:这里指看守维护陵园的民户。 〔12〕令、丞:均为官名。负责守护陵园。 〔13〕九县:指乌程、永安、原乡、故鄣、安吉、余杭、临水、

于潜、阳羡九县。 〔14〕祠：祭祀。 〔15〕京邑：京城。 〔16〕守：代理。 大匠：官名。即将作大匠。负责宗庙、宫殿、陵墓等皇家工程的修建，兼管道路绿化。 薛珝：传附本书卷五十三《薛综传》。 寝堂：古代祭祀先辈的神庙分两部分。后面放置牌位和先辈遗物的地方为寝；前面举行祭祀的地方为堂，堂也称庙。 〔17〕孟仁：事见本书卷四十八《孙皓传》裴注引《吴录》。 中军：京城的驻军。 〔18〕灵舆：载运神灵牌位的专车。 法驾：皇帝的礼仪专车车队名。其车队组成及仪仗器物详见《续汉舆服志》上。 〔19〕三牲：三种祭祀用的牲畜。即牛、羊、猪。这三种牲畜组成的最高等级祭品，其专门名称叫太牢。〔20〕金城：地名。在今江苏南京市东北。 〔21〕荐：祭祀时进献（礼品）。 〔22〕比（bì）：接连。 〔23〕倡伎：即倡伎。以表演音乐舞蹈为生的艺人。 〔24〕数（shuò）：频繁。 〔25〕黩：亵渎（神灵）。古人有祭祀"亟则黩，黩则不敬"的说法，见《公羊传》桓公八年。亟音 qì，也是频繁的意思。

【裴注】

〔一〕《吴书》曰："和之长沙，行过芜湖，有鹊，巢于帆樯；故官僚闻之皆忧惨，以为樯末倾危，非久安之象。或言《鹊巢》之诗有'积行累功以致爵位'之言，今王至德茂行，复受国土：傥神灵以此告悟人意乎？"

〔二〕《吴书》曰："比仁还，中使手诏，日夜相继，奉问神灵起居动止。巫觋言，见和被服，颜色如平（生）日；皓悲喜涕泪，悉召公卿尚书，诣阙门下受赐。"

〔三〕《吴历》曰："和四子：皓、德、谦、俊。孙休即位，封德钱唐侯，谦永安侯，俊拜骑都尉。皓在武昌，吴兴施但因民之不堪命，聚万余人；劫谦，将至秣陵，欲立之。未至三十里，住，择吉日，但遣使以谦命诏丁固、诸葛靓。靓即斩其使。但遂前到九里，固、靓出击，大破之。但兵裸身，无铠甲，临陈皆披散。谦独坐车中，遂生获之。固不敢杀，以状告皓；皓鸩之，母子皆死。俊，张承外孙。聪明辨惠，为远近所称。皓又杀之。"

孙霸字子威，和（同母）弟也。

和为太子。霸为鲁王，宠爱崇特，与和无殊。顷之，和、霸不穆之声闻于权耳[1]；权禁断往来，假以精学[2]。

督军使者羊衜上疏曰[3]："臣闻古之有天下者，皆先显别嫡庶，封建子弟；所以尊重祖宗，为国藩表也。二宫拜授[4]，海内称宜。斯乃大吴兴隆之基。顷闻二宫，并绝宾客；远近悚然，大小失望。窃从下风[5]，听采众论；咸谓：'二宫，智达英茂；自正名建号，于今三年；德行内著，美称外昭；西北二隅[6]，久所服闻。'谓陛下'当副顺遐迩所以归德[7]，勤命二宫宾延四远[8]；使异国闻声，思为臣妾[9]。'今既未垂意于此，而发明诏：省夺备卫，抑绝宾客；使四方礼敬，不复得通。虽实陛下敦尚古义，欲令二宫专志于学，不复顾虑观听小宜[10]，期于温故博物而已；然非臣下倾企喁喁之至愿也！或谓'二宫不遵典式'，此臣所以寝息不宁。就如所嫌，犹宜补察，密加斟酌；不使远近得容异言[11]。臣惧积疑成谤，久将宣流；而西北二隅，去国不远：异同之语，易以闻达。闻达之日，声论当兴；将谓二宫有不顺之愆[12]。不审陛下何以解之？若无以解异国，则亦无以释境内。境内守疑，异国兴谤；非所以育巍巍[13]，镇社稷也。愿陛下早发优诏[14]，使二宫周旋礼命如初；则天清地晏，万国幸甚矣！"

时全寄、吴安、孙奇、杨竺等，阴共附霸，图危太子。谮毁既行，太子以败，霸亦赐死。流竺尸于江；兄穆，以数谏戒竺，得免大辟，犹徙南州[15]。霸赐死后，又诛寄、安、奇等：咸以党霸构和故也。

霸二子，基、壹。五凤中，封基为吴侯，壹宛陵侯。

基侍孙亮在内。太平二年，盗乘御马，收付狱。亮问侍中刁玄曰："盗乘御马，罪云何[16]？"玄对曰："科应死[17]。然鲁王早终，惟陛下哀原之。"亮曰："法者，天下所共，何得阿以亲亲故邪[18]！当思惟可以释此者，奈何以情相迫乎？"玄曰："旧[19]，赦有大小；或天下，亦有千里、五百里赦：随意所及。"亮曰："解人不当尔邪[20]！"乃赦宫中，基以得免。

孙皓即位，追和、霸旧隙，削基、壹爵土，与祖母谢姬俱徙会稽乌伤县。

【注释】

〔1〕不穆：不和。 〔2〕假以精学：借此（使二人）集中精力求学。 〔3〕督军使者：官名。受君主指派督察军队。 〔4〕二宫：指孙和太子宫、孙霸鲁王宫。 〔5〕下风：下面的风闻。 〔6〕西北：指西面的蜀汉和北面的曹魏。 〔7〕副顺：与……符合顺应。 〔8〕宾延四远：延揽四方远来的宾客。 〔9〕臣妾：臣僚。 〔10〕观听：别的人所观察和倾听的。 小宜：合乎时宜的小事。 〔11〕异言：不同的闲话。 〔12〕愆：过失。 〔13〕巍巍：功德高大的样子。 〔14〕优诏：给予优待的诏书。 〔15〕南州：指交州。交州在孙吴辖境之南。 〔16〕云何：怎么样（处置）。 〔17〕科：（按照法律）条文。 〔18〕阿(ē)：偏袒。亲亲：亲属。 〔19〕旧：旧例。 〔20〕解人：开导人。

孙奋字子扬，霸弟也。母曰仲姬。太元二年，立为齐王，居武昌。权薨，太傅诸葛恪不欲诸王处江滨兵马之地，徙奋于豫章。奋怒，不从命，又数越法度。恪上笺谏曰：

帝王之尊，与天同位；是以家天下[1]，臣父兄[2]，四海之内，皆为臣妾。仇雠有善[3]，不得不举；亲戚有恶，不得不诛。所以承天理物[4]，先国后身；盖圣人立制，百代不易之道也。

昔汉初兴，多王子弟[5]；至于太强，辄为不轨。上则几危社稷，下则骨肉相残；其后惩戒，以为大讳。自光武以来，诸王有制：惟得自娱于宫内，不得临民[6]，干与政事；其与交通，皆有重禁。遂以全安，各保福祚。此则前世得失之验也。近袁绍、刘表，各有国土[7]；土地非狭，人众非弱；以嫡庶不分，遂灭其宗祀。此乃天下愚智所共嗟痛。

大行皇帝览古戒今[8]，防芽遏萌，虑于千载。是以寝疾之日，分遣诸王，各早就国；诏策殷勤，科禁严峻；其所诫敕，无所不至。诚欲上安宗庙，下全诸王；使百世相承，无凶国害家之悔也。大王宜上惟太伯顺父之志[9]；中念河间献王、东海王强恭敬之节[10]；下当裁抑骄恣荒乱，以为警戒。

而闻顷至武昌以来，多违诏敕；不拘制度，擅发诸将兵治护宫室[11]。又左右常从有罪过者[12]，当以表闻，公付有司；而擅私杀，事不明白。大司马吕岱，亲受先帝诏敕，辅导大王；既不承用其言，令怀忧怖。华锜，先帝近臣，忠良正直，其所陈道[13]，当纳用之；而闻怒锜，有"收缚"之语。又中书杨融[14]，亲受诏敕，所当恭肃；云："正自不听禁[15]，当如我何？"闻此之日，大小惊怪，莫不寒心。

里语曰："明镜所以照形，古事所以知今。"大王宜深以鲁王为戒，改易其行；战战兢兢，尽敬朝廷：如此则无求不得。若弃忘先帝法教，怀轻慢之心；臣下宁负大王，不敢负先帝遗诏；宁为大王所怨疾，岂敢忘尊主之威，而令诏敕不行于藩臣邪？此古今正义，大王所照知也。夫福来有由，祸来有渐[16]；渐生不忧，将不可悔。向使鲁王早纳忠直之言，怀惊惧之虑，享祚无穷，岂有灭亡之祸哉！

夫良药苦口，惟疾者能甘之[17]。忠言逆耳，惟达者能受之。今者恪等偻偻欲为大王除危殆于萌芽，广福庆之基原，是以不自知言至[18]：愿蒙三思。

【注释】

〔1〕家天下：以天下作为家庭的私产而世代相传。语出《礼记·礼运》。　〔2〕臣父兄：以父兄为臣僚。意指君臣关系大于亲属关系。〔3〕仇雠（chóu）：仇敌。　〔4〕理物：治理人民。当时习称人为物。〔5〕王子弟：封子弟为王。　〔6〕临民：治理百姓。　〔7〕袁绍（？—公元 202）：传见本书卷六。　刘表（公元 142—208）：传见本书卷六。〔8〕大行：一去不复返。古代用来指刚死亡而还没有来得及确定其谥号的皇帝。　〔9〕太伯：周代吴国的开国君主。本周太王长子。太王准备立小儿子季历，太伯与弟仲雍一起避居江南，并断发文身，随从当地风俗，成为吴地居民的君主。传见《史记》卷三十一。　〔10〕河间献王：即刘德（？—前 130）。西汉武帝的异母兄弟。好儒学，对武帝恭顺。传见《史记》卷五十九、《汉书》卷五十三。　强：即刘强（公元 25—58）。

东汉明帝的异母哥哥。本为太子，后降为东海王。对明帝恭顺，为人节俭有礼。传见《后汉书》卷四十二。 〔11〕治护：修缮维护。〔12〕常从：随身的侍从。 〔13〕陈道：陈述。 〔14〕中书：官名。即中书侍郎，负责起草诏命文书，有时充当皇帝的特使。 〔15〕正自不听禁：我就是不听管束。 〔16〕渐：事物逐渐发展的过程。 〔17〕疾者：生病的人。 〔18〕至：深切。

奋得笺惧，遂移南昌。游猎弥甚，官属不堪命。

及恪诛，奋下住芜湖，欲至建业观变。傅、相谢慈等谏奋，奋杀之。〔一〕坐废为庶人，徙章安县。

太平三年，封为章安侯。〔二〕

建衡二年，孙皓左夫人（王氏）〔张氏〕卒[1]。皓哀念过甚，朝夕哭临[2]，数月不出。由是民间或谓皓死，讹言奋与上虞侯奉，当有立者[3]。奋母仲姬墓，在豫章；豫章太守张俊疑其或然，扫除坟茔。皓闻之，车裂俊，夷三族[4]；诛奋及其五子。国除。〔三〕

【注释】

〔1〕左夫人：孙吴宫廷女官名，实际是皇帝的小妾。 张氏：事见本书卷五十《孙和何姬传》裴注引《江表传》。 〔2〕哭临：哭丧。〔3〕立：指立为皇帝。 〔4〕车裂：酷刑名。把犯人的头和四肢分别用绳拴住，另一端系在车上，驱动车辆使肢体分裂而死。 夷：诛灭。三族：说法很多。但在当时是指父母、妻子儿女、同胞兄弟姐妹。

【裴注】

〔一〕慈，字孝宗。彭城人。见《礼论》，撰《丧服图》及《变除》，行于世。

〔二〕《江表传》载："亮诏曰：'齐王奋，前坐杀吏，废为庶人。连有赦令，独不见原；纵未宜复王，何以不侯？又诸孙兄弟作将，列在江渚；孤有兄独尔，云何？'有司奏，可。就拜为侯。"

〔三〕《江表传》曰："豫章吏十人，乞代俊死，皓不听。奋以此见疑，本在章安，徙还吴城禁锢；使男女不得通婚，或年三十、四十，不得嫁娶。奋上表'乞自比禽兽，使男女自相配偶'。皓大怒，遣察战赍药，赐奋。奋不受药，叩头千下，曰：'老臣自将儿子，治生求活，无豫国事：乞丐余年！'皓不听，父子皆饮药死。"

臣松之按：建衡二年至奋之死，孙皓即位尚犹未久。若奋未被疑之前，儿女年二十左右，至奋死时，不得年三十、四十也。若先已长大，自失时未婚娶，则不由皓之禁锢矣。此虽欲增皓之恶，然非实理。

评曰：孙登居心所存，足为茂美之德。虑、和并有好善之姿[1]，规自砥砺[2]；或短命早终，或不得其死：哀哉！霸以庶干嫡，奋不遵轨度，固取危亡之道也；然奋之诛夷，横遇飞祸矣。

【注释】

〔1〕姿：品质。　〔2〕规：打算。　砥砺(dǐ lì)：磨刀石。这里引申为磨练。

【译文】

孙登，字子高，是孙权的长子。魏文帝黄初二年(公元 221)，封孙权为吴王；又任命孙登为东中郎将，封万户侯，孙权为孙登推辞侯爵不受。

这一年，孙权立孙登为太子。为他选择设置辅导老师；又衡量挑出一批优秀人才，作为他的宾客朋友。于是诸葛恪、张休、顾谭、陈表等人被选进太子宫中，在内侍讲诗书，出外陪同骑马射箭。

孙权想让孙登读《汉书》，以熟悉了解近代的史事。因为张昭在《汉书》上学有师承，但是又难以劳烦他；所以让张休在家先随父亲张昭阅读，然后回宫教孙登。

孙登接待下属官员，大体上用平民中主人接待客人的对等礼节；所以与诸葛恪、张休、顾谭等人有时同坐一辆车，有时又同睡一张床。太子太傅张温对孙权说："中庶子是太子侍从官员中与太子关系最亲密的，随时在太子身边回答问题：应当任用才德兼优的人。"于是孙权委任陈表等人为中庶子。后来因中庶子作为下属，与太子之间的礼节过于拘束，结果又让陈表等人脱下官帽只裹头巾仍然作为客人来陪同太子。

黄龙元年（公元229），孙权称帝，立孙登为皇太子。任命诸葛恪为左辅都尉，张休为右弼都尉，顾谭为辅正都尉，陈表为翼正都尉：称为太子"四友"。而谢景、范慎、刁玄、羊衜等人，都充当太子的宾客。因此太子的东宫被誉为人才济济。

孙权迁都建业；征召上大将军陆逊辅佐孙登，镇守故都武昌，并且兼管武昌皇宫、官府的留守事务。

孙登有时出外射猎，经过道路时，常常远避农田，从不践踏庄稼；到了停止休息的地方，又总是挑选没有耕种的空地：他就是这样不想打扰民众。

他曾经乘马出游，忽然有一颗弹丸从眼前飞过，侍卫马上去寻找这个发射弹丸的家伙。结果发觉附近确实有一个人手拿弹弓身带弹丸，侍卫都认为就是他；但是那人却不承认，侍卫想动手教训他。孙登不准，派人去找到那颗从眼前飞过的弹丸；与那人所带的一比并不一样，那人才被释放。

又有一次孙登丢了一只用金马作装饰的水盂，发觉了偷窃者。原来是自己身边的一名侍从，他不忍心重重处罚。只是把那人叫来责备了一番，然后遣送回家不再使用：并且指示亲近随从不要把事情张扬出去。

后来孙登的弟弟孙虑去世，孙权为此难过得下令减少膳食的数量等。孙登得知消息后立即昼夜兼程赶往京城，到达赖乡时，自己派人前去报告，孙权立即召见他。孙登看到父亲仍在悲泣，就劝谏说："弟弟卧病不起，这是命中注定啊。当今北方还没有统一，四海的民众都在仰慕陛下，把您当着上天来拥戴。而陛下却因为对子孙后代的关怀，减少了太官署供给的膳食数量；超过了礼制的规定，臣儿暗自十分忧虑惊惶。"孙权听从了他的话，为他增加了膳食。

孙登在建业住了十多天后，孙权想让他回西边的武昌；他一再陈述请求，说自己长久没能在父亲身边早晚问候侍奉，作为儿子在孝道上有缺陷。又说镇守武昌的陆逊忠诚勤勉，无须顾念担忧：孙权就留他下来。

嘉禾三年（公元234），孙权进攻魏国的合肥新城；派孙登留守，总管后方事务。当时庄稼收成不好，叛匪很多；孙登上表孙权后重新制定条令，用来防范民众作乱：很能抓住制止叛乱的要点。

当初，孙登的生母是地位卑贱的小妾，孙权的嫡妻徐夫人对孙登有充当母亲从小养育的恩情。但是后来徐夫人因为妒忌被废黜而独居在吴县，步夫人最受孙权的宠爱。步夫人有所赏赐，孙登不敢推辞，只是拜受而已。然而每当徐夫人的使者来到，赏赐他的衣服，他必定要沐浴之后穿上。

孙登将被立为太子，他推辞说："根本建立才有其他关系产生；要立太子，应当先立皇后。"孙权说："你的母亲在哪里啊?"孙登立即回答说："在吴县。"孙权听了默然无语。

孙登被立为太子共二十一年，在三十三岁时去世。

临终前，他呈上一道奏疏说：

臣儿没有功劳成绩，染上重病；自己感觉气息微弱体力不好，生害怕突然死去。臣儿不是可惜自己的生命，想到从此离开父母供养，身葬黄土；永远不再能进宫侍奉，朝见父皇陛下；活着时对国家无益，死后还要留给陛下巨大的忧愁：因此就心中酸楚喉咙哽着说不出话来。臣儿听说死生都在命中注定，寿命长短由天安排。周晋、颜回是具有非凡智慧的人才，尚且会夭折；何况臣儿愚昧浅陋，年龄还超过了他们的寿命? 活着时是国家的继承人，死后也会享受荣耀的礼遇：这对臣儿来说已经太多，又还有什么悲伤遗憾啊！

当今统一大业还没有完成，逃脱的奸贼还没有讨伐；天下百姓翘首盼望，都把命运寄托在陛下身上；处于危险中的人期待您去安定，陷于动乱中的人仰仗您去治理。但愿陛下能完全抛弃忘掉臣儿，割舍对子孙后代的感情，运用黄帝、老子的养生之术；认真养育精神，多吃一点珍馐美味；从而开阔英明的思虑，完成传之无穷的大事业。那么天下百姓就非常幸运并有了依靠，臣儿也就死而无憾了。

皇子孙和，仁孝聪明，品德高尚；最好早一点立他为太子，以满足民众的期望。诸葛恪，才能谋略广博周密，足以胜任辅佐政事的职务；张休、顾谭、谢景，都通达聪敏而有见识有决断：他们入朝可以充当心腹重臣，出朝可以担任统兵战将。范慎、华融雄壮勇武节操坚定，有国家级杰出人才的风度。羊衜口辩敏捷，具有独自进行外交对话的才干。刁玄气度优雅宽宏，立志坚持真理。裴钦见识广博，文才足够使用。蒋修、虞翻，志向节操十分突出。这些臣僚，有的适于在朝廷供职，有的宜于担任将帅；都是熟悉政事，精通法令，坚守信义，志向不会随便改变的人才。他们都在陛下日月一般明亮的光辉照耀之下，被挑选出来担任臣儿的官属，得以和他们相处；从而知道他们的本心，特别向陛下报告。

臣儿再次想到当今边境多事，军队不断出动；陛下将勉励朝廷大军，以谋求进取。军队以人为士兵，士兵以财富为依靠。但是臣儿私下得知各地郡县的经济不少出现荒废或破坏的情形，民众穷苦，叛乱萌生；所以法令繁杂，刑罚严厉。臣儿听说施政时要听取民众的反映，刑律法令要随时间而变化；现在确实应当与将相大臣详细选择适宜的政策，博采众人的意见，放宽刑罚减轻租赋，平均分摊徭役并减少其中不必要的项目，以满足民众的期望。

陆逊在政治上忠诚勤勉，献身忧国；正直为公，有忘我的节操。诸葛瑾、步骘、朱然、全琮、朱据、吕岱、吾粲、阚泽、严畯、张承、孙怡等人，都忠心为国，通晓治理政事的原则。可以让他们陈述有益和适当的建议，以去除苛刻烦琐的法令；爱护养育兵马，安抚慰问百姓。五年之后，十年之内；远方的人民前来归附，近处的百姓尽心尽力；这样一来兵不血刃，就可以完成统一的大业了。

臣儿听说'鸟之将死其鸣也哀，人之将死其言也善'；所以子囊临终，留下遗言告诫当时的人，君子认为他很忠于国家。难道说臣儿我，还能闭口不言吗！但愿陛下留意倾听并且采纳，那么臣儿去世的时候，就好比是得到新生了！

孙权先得知他断气的消息，后来才看到这封遗书，更加伤感，一提到此事就涕泪横流。这一年，是赤乌四年（公元241）。

谢景当时担任豫章郡太守，忍不住心中的悲哀；丢下官职前来建业奔丧，然后呈上表章弹劾自己擅离职守请求处罚。孙权说："您从前与太子相处，与其他官员情况不同。"派宫廷使者慰问他，并允许他恢复原职，送回本郡。

接着朝廷谥孙登为宣太子。

孙登的儿子孙璠、孙希，都早死。次子孙英，封吴侯。孙亮五凤元年（公元254），孙英因为大将军孙峻专权，密谋诛杀孙峻。事情败露后自杀，封地被撤销。

谢景，字叔发。南阳郡宛县人。在豫章郡有政绩，官员百姓都称颂他；认为豫章郡的好太守此前有顾邵，其次就数谢景。几年后，他死在任上。

孙虑，字子智，是孙登的弟弟。他从小聪慧而多才多艺，孙权非常器重疼爱他。

黄武七年（公元228），他被封为建昌侯。两年后，丞相顾雍等上奏说孙虑"天资聪明性格通达，努力培养的品德一天天更新；用近代的汉朝作比方，应当晋升爵位封王"，孙权没有同意。

很久之后，尚书仆射存上疏说："帝王兴起之后，无不褒奖尊崇自己关系最近的亲属，以显耀于诸侯。因此在周朝的鲁国、卫国，受到的优宠高过所有的诸侯国；而汉高祖的五个儿子，都在汉朝建立后封王。目的是以此屏护中央朝廷，为国家起镇守保卫的作用。建昌侯孙虑，禀性聪敏，兼有文武才能；按照古代的典章制度，应当正式给以亲王的名号。可是陛下谦虚，不肯按照旧制办事；大小官员，都为此而抑郁不乐。当今曹贼放纵，战争没有停止；充当心腹朝臣和领兵战将的，不是亲属就是贤才。为臣自行与丞相顾雍等商议，都认为孙虑'应当担任镇军大将军，委以镇守一个方面的重任，从而为大业增光。'"

孙权这才同意。于是授予孙虑节杖，让他设立镇军大将军府，治所设在半州。

孙虑是尊贵的皇子，年纪又轻，就任之后远近的人都担心他不能对职务认真注意。到了他处理公务之后，却遵守法规制度，尊敬优待师友：超过了人们的期望。

嘉禾元年(公元232)，他二十岁时去世。由于没有儿子，所以他的封地被撤销。

孙和，字子孝，是孙虑的弟弟。他从小因为母亲王夫人受宠于孙权，而得到孙权的喜爱。他才十四岁时，孙权就给他配备官廷卫队，又让中书令阚泽教他学习儒家经典。他喜好学习而礼贤下士，很受人们称赞。

赤乌五年(公元242)，他被立为太子，时年十九岁。阚泽任太子太傅，薛综任太子少傅，而蔡颖、张纯、封俌、严维等人则充当侍从官员从容陪伴。

当时，有关机构的官员常常依据条例规定，查问各官署的公务文书。孙和认为奸恶妄为的人，将会借此夹杂个人的意图，萌生作恶的念头，此风断不可长：于是上表孙权说应当停止这样做。

又有一个都督叫做刘宝，告发太子中庶子丁晏，丁晏反过来也告发他。孙和对丁晏说："在职的文官武将，能有多少人啊？由于情谊上的裂痕而进行诬陷攻击，企图危害对方：这难道会有好处吗？"于是对两人进行劝解，让他们恢复友好关系。

孙和常常说："从政的读书人应当讲习理论学问，还应当练习射箭骑马，以适应政事的需要；然而有的人却只是把精力花在交游和下围棋上面，妨害了正业，这不是勤于进取的做法。"

后来他和侍从官员饮宴，谈到下围棋，他认为："这项娱乐妨害正事、耗费时间，而没有实际的用处；劳累精神、损伤智力，而毫无成就。不能用来培养品德增进学业，更不能用来建立功勋。而且有志之士爱惜时间和精力，君子倾慕伟大的事物；例如看到具有崇高道德品行的人，就以不是他们的追随者为耻。天和地长久存在，而人生活在天地之间，其生命的短暂古人曾有白驹过隙的比喻；年龄一老，青春不会再来。人们的毛病，常常在于不能断然割舍情欲；如果真的能割舍无益的情欲以专心培养道德仁义，抛开不紧急的事情以建立功业的基础：这对自己的名声品行，岂不更好吗？就人的感情而言也的确不能没有娱乐；但是娱乐的喜好，也可以在饮宴、抚琴、读书、射箭、骑马当中选择。何必硬要下围棋，心里才觉得欢乐呢？"

孙和发表以上看法后又请在座的八位侍臣，各自写一篇议论来矫正人们沉溺于下围棋的毛病。于是太子中庶子韦曜退席后写了一篇议论上奏，孙和把它拿给宾客们传观。

当时孙和的侍臣蔡颖酷爱下围棋，在官署中值班的人受他影响，也纷纷学着下。所以孙和用委婉含蓄的话进行劝诫。

此后孙和的生母王夫人与孙权的大女儿鲁班公主有矛盾。孙权有一次生病卧床，孙和前往神庙为孙权祭祀祈求保佑；而孙和妃子张氏的叔父张休，就住在神庙附近，邀请孙和到他家去坐坐。鲁班公主派人偷偷侦察这个异母弟弟的行踪，于是向孙权报告，说太子不在神庙中祈祷，一直在张妃的娘家秘密商量事情；又说王夫人看到皇上生病倒床，为自己的儿子即将接过皇位而面带喜色。孙权听了勃然大怒，王夫人受到斥责后心中忧恐而去世；孙和所受到的宠爱也逐渐减弱，以至于他害怕自己将被废黜。

这时鲁王孙霸对太子位置的觊觎更加强烈。陆逊、吾粲、顾谭等人多次陈述嫡庶的区别，道理堂堂正正难以驳倒；而全寄、杨竺则充当孙霸的支持者，他们对太子一方的诽谤日益加剧。结果吾粲被抓进监狱处死，顾谭被流放到交州。

孙权犹豫不决有好几年，后来终于下令把孙和软禁起来。这时骠骑将军朱据、尚书仆射屈晃，带领一些将领官员，把自己捆绑之后跪下叩头到地面，连日在皇宫大门口为太子孙和求情。孙权登上白爵观后看到这一情景，心中非常厌烦。训诫朱据、屈晃"不必惊扰不安"。孙权想废黜孙和立孙亮为太子。京城驻军中无难分队的指挥官陈正、五营分队的指挥官陈象，共同上书，引用"晋献公杀死太子申生，另立奚齐为太子，晋国因而发生动乱"的事例。同时朱据、屈晃又坚持劝谏不止。

孙权大怒，下令诛杀了陈正、陈象以及他们的家族；又把朱据、屈晃拉进殿堂，各打一百刑棍。最后宣布废黜孙和将其流放到故鄣县。朝廷官员中因为进谏而被诛杀、流放者有十多人。众人都为这一事件中的受害者感到冤枉。

　　太元二年(公元 252)正月,孙权重新封孙和为南阳王,遣送他到长沙郡居住。

　　同年四月,孙权去世,由诸葛恪执政。诸葛恪就是孙和妃子张氏的舅父。张妃派侍从的宦官陈迁,到建业去向皇后呈上奏疏致敬,同时向诸葛恪表示问候。陈迁临走时,诸葛恪对他说:"替我传达王妃,我预定要让她胜过其他人。"这个话很快传了出去。另外诸葛恪有迁都到武昌的想法,派人去缮修武昌过去的皇宫;民间有人就说他想迎接孙和到武昌当皇帝。

　　到了诸葛恪被诛杀时,执政的孙峻为此夺走了孙和的南阳王印章、绶带,把他流放到新都郡。接着又派使者赐孙和死。孙和临死前与张妃诀别,张妃说:"不管是吉是凶我都应当跟随您,终归不会独自活在人世上!"于是张妃也自杀了。全国的人都为此悲伤不已。

　　孙休被立为皇帝,封孙和的儿子孙皓为乌程侯,让他从新都郡转移到他自己的封地乌程县。

　　孙休去世,孙皓登上帝位。当年追谥父亲孙和为文皇帝,改葬在明陵;设置专门看守维护陵园的民户二百家,由令、丞负责看守。后年的正月,孙皓又分出吴郡、丹杨郡的九个县设立吴兴郡,治所设在乌程县;委任太守,太守在一年的四季要负责祭祀明陵。

　　有关部门的官员上奏说,应当为文皇帝在京城建立神庙。

　　宝鼎二年(公元 267)七月,孙皓委任薛莹为代理将作大匠,负责在京城修建孙和的寝堂,称之为清庙。十二月,又派代理丞相孟仁、太常姚信等,配备有关官员,带领京城驻军中步兵、骑兵二千人,使用载运神灵牌位的专车及皇帝礼仪专车队,到东面的明陵去迎接孙和的神灵到京城。临行时孙皓亲自接见孟仁,在厅堂里行跪拜礼送他出发。

　　载运神灵牌位的专车将要到京时,又派丞相陆凯,带着牛、羊、猪三种祭品在近郊进行祭祀;而孙皓亲自到金城露宿恭候迎神车队的到来。第二天,他又在东门外遥望远方行跪拜礼。第三天神灵牌位送到清庙后他前去跪拜祭献礼品,悲伤流泪。接连七天当中他进行了三次祭拜,音乐舞蹈艺人昼夜表演。有关部门官员上奏说:"祭祀不能太频繁,太频繁就会亵渎神灵。应当用礼仪节制情感。"孙皓这才停止。

孙霸,字子威,是孙和的弟弟。

孙和当了太子,孙霸封为鲁王,孙权对他的宠爱和特别优待,与孙和没有区别。没有多久,两兄弟不和睦的消息传到孙权耳朵里;孙权就禁止两兄弟与外界往来,借此使他们集中精力求学。

督军使者羊衜呈上奏疏说:"为臣听说古代拥有天下的君主,都要先明确区别嫡庶,分封子弟;以此来尊重祖宗,为国家建立外围屏障。陛下封拜太子和鲁王,海内人士都称赞很恰当。这是大吴国兴隆的基础。最近听说太子、鲁王,都与宾客断绝往来;远近民众为之吃惊,大小官员因此失望。为臣私自从下面的风闻中,倾听吸收众人的意见,都认为:'太子、鲁王智慧深远风华正茂,自从正式建立名号,到现今已有三年,他们自身的德行显著,美好的声誉传扬在外,西边的蜀汉和北边的曹魏,长久以来就已听到和佩服。'还认为陛下'应当满足远近人民的期望以便使他们归顺,殷勤叮嘱太子、鲁王大量邀请四方远来的宾客,从而让别国的人一听到消息,都想成为大吴国的臣民'。而今陛下既没有留心于这些事,反而发布圣明的诏令:减除太子、鲁王的护卫,隔绝他们的宾客;使四方前来向他们行礼致敬的人,不再能与之见面。虽然陛下确实十分重视古人所讲的道理,想让太子、鲁王专心学习,不再考虑和宾客相处举止言谈是否合乎时宜之类的小事,只要求能达到温习已往学过的东西并扩大知识面而已;但是这却不符合臣僚们倾慕企盼的最大愿望啊!有人说是因为太子、鲁王不遵守典章制度才造成这样,为臣听了更是寝食不安。即使真是如此,也还应当再加以认真观察,暗中适当处理;不让远近的人听到种种不同的闲话。为臣害怕怀疑累积起来变成诽谤,时间久了往外传播;而西方的蜀汉与北方的曹魏,都距我国不远;不同的闲话,容易传到那里。传到的时候,议论就要出现;会说太子、鲁王有不孝顺的过错。那时不知道陛下怎么样解释?如果无法向别国解释清楚,也就无法向本国境内的人解释清楚。本国人产生怀疑,别国再加以诽谤;这可不是培养陛下巍巍功德,安定国家的办法啊。希望陛下早日颁布给予优待的诏书，让太子、鲁王和宾客像当初那样亲近相处和邀约往来；那么就天下清静，全国人民非常幸运了。"

当时全寄、吴安、孙奇、杨竺等人，暗中依附孙霸，打算推翻太子。他们的谗言诋毁产生作用之后，太子因此而失败，孙霸结果也被孙权下诏赐死。杨竺被处死后尸体丢进长江；他的哥哥杨穆，因为多次劝谏告戒他，得以免处死刑，仍然被流放到了交州。孙霸死后，孙权又诛杀了全寄、吴安、孙奇等人：都由于他们支持孙霸而陷害孙和。

孙霸有两个儿子，即孙基、孙壹。孙亮在位的五凤年间，封孙基为吴侯，孙壹为宛陵侯。

孙基在宫内侍从孙亮。太平二年（公元257），他因为偷骑御马，被逮捕交到监狱。孙亮向侍中刁玄说："偷骑御马，怎么治罪？"刁玄说："按照法律条文应判死刑。然而鲁王早死，还望陛下原谅孙基。"孙亮说："法律，是天下人共同遵守的，哪能因为是亲属就要偏袒啊！您应当考虑可以解决问题的办法，怎么能用亲情来迫使我偏袒他啊？"刁玄说："按照旧例，宣布大赦的范围有大小；有的赦免天下，也有赦免方圆一千里、五百里的：随君主的意思而定。"孙亮说："开导人不应当像这样么！"于是孙亮宣布对皇宫之内进行大赦，孙基由此得免一死。

孙皓即位为帝，追究孙和、孙霸过去的仇怨，削除了孙基、孙壹的爵位封地，把他们连同其祖母谢姬一起流放到会稽郡的乌伤县。

孙奋，字子扬，是孙霸的弟弟。生母叫做仲姬。太元二年（公元252），孙权立他为齐王，居住在武昌。孙权去世，执政的太傅诸葛恪不想让各位亲王住在长江边上的军事要地，所以把孙奋转移到豫章。孙奋大怒，不听从指令，又多次违犯法令制度。诸葛恪送上一封信劝谏他说：

帝王的尊崇，与上天处于同等位置；所以把天下作为自己家庭的私产而世代相传，把父亲、兄长作为臣僚对待，四海之内，都是他的臣民。仇敌有优点，他也不能不举用；亲戚有罪恶，他也不能不诛杀。以此来承受天意治理民众，所以要先考虑国家后考虑自身；大概这是圣人立下的制度，哪怕历经一百个朝代也不会改变的办法。

从前汉朝刚建立，封了许多刘氏皇族子弟为王；由于势力太强，他们总是图谋不轨。对上则几乎危害国家，对下则骨肉相残；因而后代以此为鉴戒，作为最大的忌讳。自从光武皇帝以来，对宗室诸王有明确制度；只能在王宫内自我娱乐，不准治理百姓，不准干预政事；至于在对外交往方面，也都有严格的禁令。由此诸王才得到安全，各自保有福禄。这些都是前代得失上的实际情形。最近的袁绍、刘表，各自割据一方；论地盘并不狭窄，论人口并不稀少；只因嫡庶不分，结果被别人断了祭祀祖先的香火。这种结局使得天下不论愚昧智慧的人都叹惜痛心不已。

先皇帝看到古事并以今人袁绍、刘表为鉴戒，防患于未然，考虑能够保证千年安定的措施。所以他在卧病的时候，就分别遣送各位亲王，各自早回封地；诏书策命的话语情意深切，条例禁令的内容却十分严厉；他所告诫训示的内容，真是无所不至。实在是想对上安定宗庙，对下保全诸位亲王；使基业能够传承百代，不会有祸国害家的后悔啊。大王最好首先回想从前吴国太伯如何顺从父亲的意志；其次反思汉朝河间王刘德、东海王刘强如何恭敬对待当君主的兄弟；然后压抑以往的骄傲、放纵、荒唐、淫乱，并从此警醒告诫自己。

然而听说您最近到武昌之后，多次违犯先皇帝的诏令训示；不守制度，擅自调发众将的兵马维修自己的宫殿房屋。左右的随身侍从有罪过，本来应当上表报告，公开交给有关部门处置；您却私自擅加诛杀，使事情弄不明白。大司马吕岱，亲自接受先皇帝的诏命训示，辅导大王；您却拒不接受他的话，使他心怀忧恐。华锜是先皇帝的近臣，忠良正直，他对您陈述的有益意见，应当加以采用；然而听说您对他大发怒气，竟然有逮捕捆绑他的胡话说出口。还有中书侍郎杨融，是亲自接受圣上诏命指示的特使，应当对他恭敬严肃；而您却对他说：'我就是不听管束，又拿我怎么办？'听到这些情况的时候，大小官员都很震惊，无不为您担心。

民间的俗话说：'明镜用来照见人形，古事用来预知当今。'大王应当深深以不久前鲁王的结局为前车之鉴，改变自己的行为；兢兢业业，向朝廷表示充分的尊敬：像这样没有什么要求不能满足。如果您忘掉先皇帝的法令和教导，心中抱着轻视慢待的态度；那么为臣宁可有负于大王，而不敢违背先皇帝的遗诏；宁可被大王怨恨，又岂敢忘记尊崇君主的威风，而让他的诏令训示不能在藩臣身上得到奉行呢？这是古今的正义，大王也清楚知道的。世间上幸福的来到总有缘由，灾祸的来到也有发展过程；苗头已经发展而不担忧，后悔将会来不及。以前如果鲁王早日采纳忠直的进言，怀着惊惧的心反省自己，将会永远享有封国，哪里会有灭亡的灾祸啊！

良药苦口，只有病人觉得它的味道甘美。忠言逆耳，只有通达的人能够接受。今天为臣等真心诚意想为大王把危险消除在萌芽状态，扩大幸福的基础和源泉，所以不觉得自己的话说得很深切：希望您能三思。

孙奋得到信心中害怕，这才听从安排转移到了南昌县。到了以后更爱出外打猎，侍从官员忍受不了他的驱使。

诸葛恪被诛杀后，孙奋到下游的芜湖县住下，想向前到建业观望形势的变化。辅导他的傅、相，如谢慈等人，劝谏他不可鲁莽，他立时把谢慈杀死。结果孙奋因此被废黜为平民，流放到临海郡的章安县。

太平三年（公元258），他又封为章安侯。

建衡二年（公元270），孙皓设置的左夫人张氏去世。孙皓极度伤心思念她，早晚都要哭祭，几个月不出皇宫。因此民间有人认为孙皓已死，讹传孙奋与上虞侯孙奉两人当中会有一人立为皇帝。孙奋生母仲姬的墓在豫章郡；豫章郡太守张俊猜测孙奋或许会当皇帝，赶忙清扫仲姬的墓地。孙皓听说后，用车辆分尸的酷刑处死张俊，又诛灭了他的三族；同时杀了孙奋和他的五个儿子。封地也被撤销。

　　评论说：从孙登内心所注意的事情来看，足以称得上品德茂美。孙虑、孙和都有善良的品质，又打算认真磨练自己；然而一位短命早死，一位不得善终：真是悲哀啊！孙霸作为庶子却排挤太子，孙奋则不遵守规范制度，确实都是自取危亡的作法；不过孙奋的被诛杀，完全是遇到飞来的横祸了。

贺全吕周钟离传第十五

贺齐字公苗，会稽山阴人也。〔一〕少为郡吏。守剡长[1]。县吏斯从轻侠为奸[2]，齐欲治之。主簿谏曰[3]："从，县大族，山越所附。今日治之，明日寇至。"齐闻大怒，便立斩从。从族党遂相纠合，众千余人，举兵攻县。齐率吏民，开城门突击；大破之，威震山越。后太末丰浦民反[4]，转守太末长；诛恶养善，期月尽平。

建安元年，孙策临郡，察齐孝廉[5]。时王朗奔东冶[6]，候官长商升为朗起兵[7]。策遣永宁长韩晏领南部都尉[8]，将兵讨升；以齐为永宁长。晏为升所败，齐又代晏领都尉事。

升畏齐威名，遣使乞盟；齐因告喻[9]，为陈祸福：升遂送上印绶，出舍求降。贼帅张雅、詹强等不愿升降，反共杀升；雅称"无上将军"，强称会稽太守。贼盛兵少，未足以讨，齐住军息兵。雅与女婿何雄，争势两乖[10]；齐令越人因事交构[11]，遂致疑隙，阻兵相图。齐乃进讨，一战大破雅；强党震惧，率众出降。

【注释】

〔1〕守：代理。　剡(shàn)：县名。县治在今浙江嵊州市。〔2〕轻侠：轻浮而且利用侠义来拉帮结派。　〔3〕主簿：官名。县政府下属，主办府内公务。　〔4〕太末：县名。县治在今浙江龙游县。　丰浦：地名。在今浙江龙游县附近。〔5〕察：考察举荐。　孝廉：汉代人才选拔的科目之一。由郡国守相按人口比例进行推选。要求被选者孝敬父母行为廉洁，故名。　〔6〕王朗(？—公元 228)：传见本书卷十三。当时他是汉朝委任的会稽郡太守，被孙策以武力赶走。　东冶：县名。县治在今福建福州市。〔7〕候官：县名。是由东冶改名而来。县治在今福建福州市。〔8〕永宁：县名。县治在今浙江温州市。　领：兼任。南部都尉：官名。即会稽南部都尉。领兵维持治安。会稽南部后改为建安郡。〔9〕告喻：劝告。〔10〕两乖：双方背离。〔11〕越人：指当地的越族人。　因事交构：借事在中间制造矛盾。

【裴注】

〔一〕虞预《晋书》曰："贺氏，本姓庆氏。齐伯父纯，儒学有重名。汉安帝时为侍中，江夏太守。去官，与江夏黄琼、(汉中)〔广汉〕杨厚俱公车征。避安帝父孝德皇(帝)讳，改为贺氏。齐父辅，永宁长。"

候官既平，而建安、汉兴、南平复乱[1]。齐进兵建安，立都尉府。是岁八年也[2]。

郡发属县五千兵，各使本县长将之[3]，皆受齐节度。贼洪明、洪进、苑御、吴免、华当等五人，率各万户，连屯汉兴。吴五六千户，〔一〕别屯大潭[4]；邹临六千户，别屯盖竹(大潭)[5]：同出余汗[6]。〔二〕军讨汉兴，经余汗。齐以为贼众兵少，深入无继，恐为所断；令(杨松)〔松阳〕长丁蕃留备余汗[7]。蕃本与齐邻城，耻见部伍[8]，辞不肯留。齐乃斩蕃，于是军中震栗，无不用命。遂分兵留备，进讨明等，连大破之。临阵斩明，其免、当、进、御皆降。转击盖竹，军向大潭，（三）〔二〕将又降[9]。凡讨治斩首六千级，名帅尽擒；复立县邑，料出兵万人[10]。拜为平东校尉。

十年[11]，转讨上饶[12]，分以为建平县[13]。

十三年[14]，迁威武中郎将[15]。讨丹阳黟、歙[16]。时武强、叶乡、东阳、丰浦四乡，先降，齐表言以叶乡为始新县[17]。而歙贼帅金奇万户屯安勒山[18]，毛甘万户屯乌聊山[19]；黟帅陈仆、祖山等二万户屯林历山[20]。林历山四面壁立，高数十丈，径路危狭，不容（刀）〔方〕盾[21]；贼临高下石，不可得攻。军住经日，将吏患之。

齐身出周行[22]，观视形便[23]。阴募轻捷士，为作铁（戈）〔弋〕[24]；密于隐险贼所不备处，以（戈）〔弋〕拓（堑）〔山〕为缘道[25]；〔道成，〕夜令潜上，乃多悬布以援下人[26]，得上百（数）〔余〕人；四面流布，俱鸣鼓角，齐勒兵待之。贼夜闻鼓声四合，谓大军悉已得上，惊惧惑乱，不知所为；守路备险者，皆走还依众。大军因是得上，大破仆等；其余皆降，凡斩首七千。〔三〕

齐复表分歙为新定、黎阳、休阳[27]，并黟、歙，凡六县。权遂割为新都郡，齐为太守；立府于始新，加偏将军。

【注释】
　〔1〕建安：县名。县治在今福建建瓯市东南。　汉兴：县名。县治在

今福建浦城县。　南平：县名。县治在今福建南平市。　〔2〕八年：建安八年(公元203)。　〔3〕将：率领。　〔4〕吴五：人名。　大潭：地名。在今福建南平市建阳区东北。　〔5〕盖竹：地名。在今福建南平市建阳区西南。　〔6〕余汗(gān)：地名。在今福建南平市建阳区东北。〔7〕松阳：县名。县治在今浙江松阳县。　〔8〕耻见部伍：耻于接受部署指挥。　〔9〕二将：指吴五、邹临。　〔10〕料：挑选。　〔11〕十年：建安十年(公元205)。　〔12〕上饶：县名。县治在今江西上饶市。〔13〕建平：县名。县治在今福建南平市建阳区东南。　〔14〕十三年：建安十三年(公元208)。　〔15〕威武中郎将：官名。领兵征伐。〔16〕黟(yī)：县名。县治在今安徽黟县东。　歙(shè)：县名。县治在今安徽歙县。　〔17〕始新：县名。县治在今浙江淳安县西北。〔18〕安勒山：山名。在今安徽歙县北。　〔19〕乌聊山：山名。在今安徽歙县东南。　〔20〕林历山：山名。在今安徽黟县南。　〔21〕方盾：两只盾牌并排在一起。　〔22〕身：亲自。　〔23〕形便：地形上的有利处所。　〔24〕弋：工具名。　〔25〕缘道：攀缘的道路。　〔26〕援下人：往上拉下面的人。　〔27〕新定：县名。县治在今浙江淳安县西南。黎阳：县名。县治在今安徽黄山市西北。　休阳：县名。县治在今安徽休宁县东北。

【裴注】

〔一〕姓吴，名五。

〔二〕汗，音干。

〔三〕《抱朴子》曰："昔吴遣贺将军讨山贼，贼中有善禁者。每当交战，官军刀剑不得拔，弓弩射矢皆还自向：辄致不利。贺将军长智有才思，乃曰：'吾闻金有刃者可禁，虫有毒者可禁；其无刃之物，无毒之虫，则不可禁。彼必是能禁吾兵者也，必不能禁无刃物矣。'乃多作劲木白棒，选有力精卒五千人为先登，尽捉棒。彼山贼恃其有善禁者，了不严备。于是官军以白棒击之，彼禁者果不复行，所击杀者万计。"

十六年，吴郡余杭民郎稚，合宗起贼[1]，复数千人。齐出讨之，即复破稚。表言分余杭为临水县[2]。〔一〕

被命，诣所在[3]。及当还郡，权出祖道[4]，作乐舞象^[5]；〔二〕赐齐轺车、骏马^[6]。罢坐^[7]，住驾，使齐就车。齐辞不敢，权使左右扶齐上车；令导吏卒兵骑^[8]，如在郡仪^[9]。权望之笑曰："人当努力！非积行累勤，此不可得。"去百余步，乃旋^[10]。

十八年^[11]，豫章东部民彭材、李玉、王海等起为贼乱，众万余人。齐讨平之，诛其首恶；余皆降服，拣其精健为兵，次为县户。迁奋武将军^[12]。

二十年^[13]，从权征合肥。时城中出战，徐盛被创失（矛）〔牙〕^[14]。齐引兵拒击，得盛所失。〔三〕

二十一年^[15]，鄱阳民尤突，受曹公印绶，化民为贼；陵阳、始安、泾县皆与突相应^[16]。齐与陆逊讨破突，斩首数千；余党震服，丹杨三县皆降^[17]：料得精兵八千人。拜安东将军^[18]，封山阴侯^[19]。出镇江上^[20]，督扶州以上至皖。

【注释】

〔1〕合宗起贼：集合宗族起来造反。 〔2〕临水：县名。县治在今浙江杭州市临安区北。 〔3〕被命：接受命令。 所在：指孙权的所在地。〔4〕祖道：在路边设宴饯别。 〔5〕舞象：使驯象跳舞。 〔6〕轺（píng）车：有帏幔遮蔽的华丽车辆。通常供皇太后、公主等贵妇人乘坐，这里赐武将贺齐乘坐轺车是较特殊的例子。 〔7〕罢坐：结束宴会。〔8〕导：使……充当先导。 〔9〕仪：仪仗。 〔10〕去：（贺齐）离开。旋：回去。 〔11〕十八年：建安十八年（公元213）。 〔12〕奋武将军：官名。领兵征伐。 〔13〕二十年：建安二十年（公元215）。 〔14〕被创（chuāng）：受伤。 牙：军中的大旗。是所在军队的标志。 〔15〕二十一年：建安二十一年（公元216）。 〔16〕陵阳：县名。县治在今安徽青阳县东南。 始安：县名。县治在今安徽泾县西南。 〔17〕三县：即上列的陵阳、始安、泾县。 〔18〕安东将军：官名。领兵征伐。〔19〕山阴侯：贺齐是山阴县人，受封家乡所在地的封爵，是特殊的荣耀

和优待。下面列入本卷的全琮，受封家乡所在的钱唐侯，也是如此。
〔20〕江上：长江之上。

【裴注】

〔一〕《吴录》曰："晋改为临安。"

〔二〕《吴书》曰："权谓齐曰：'今定天下，都中国；使殊俗贡珍，狡兽率舞：非君谁与？'齐曰：'殿下以神武应期，廓开王业。臣幸遭际会，得驱驰风尘之下；佐助末行，效鹰犬之用，臣之愿也。若殊俗贡珍，狡兽率舞；宜在圣德，非臣所能。'"

〔三〕《江表传》曰："权征合肥还，为张辽所掩袭于津北：几至危殆。齐时率三千兵，在津南迎权。权既入大船，会诸将饮宴。齐下席涕泣而言曰：'至尊人主，常当持重。今日之事，几至祸败；群下震怖，若无天地。愿以此为终身诫！'权自前收其泪曰：'大惭！谨以刻心，非但书诸绅也！'"

黄武初，魏使曹休来伐；齐以道远后至，因住新市为拒[1]。会洞口诸军遭风流溺[2]，所亡中分，将士失色；赖齐未济[3]，偏军独全，诸将倚以为势。齐性奢绮[4]，尤好军事，兵甲器械极为精好。所乘船，雕刻丹镂，青盖绛襜[5]；干橹戈矛[6]，葩（瓜）〔爪〕文画[7]；弓弩矢箭，咸取上材；蒙冲、斗舰之属，望之若山。

休等惮之，遂引军还。迁后将军，假节，领徐州牧。

初，晋宗为戏口将[8]，以众叛如魏[9]；还为蕲春太守，图袭安乐[10]，取其保质[11]。权以为耻忿，因军初罢，六月盛夏，出其不意；诏齐督糜芳、鲜于丹等袭蕲春，遂生虏宗。

后四年卒。子达及弟景，皆有令名[12]，为佳将。〔一〕

【注释】

〔1〕新市：地名。当在今安徽当涂县西北。 〔2〕洞口：地名。在今安徽和县南。 〔3〕济：渡过（长江）。 〔4〕奢绮：奢华。 〔5〕绛襜（chān）：绛红色的车帷幔。 〔6〕干（gān）：盾牌。 〔7〕葩（pā）爪：即金华爪。指伞盖上部用黄金箔花纹图案作装饰的骨架。参见《续汉舆服志》上。 文画：画以花纹。 〔8〕戏口：地名。在今湖北黄石市北。 〔9〕如：到。 〔10〕安乐：地名。即安乐浦。在今湖北黄石市北。 〔11〕保质：作为人质的亲属。孙吴驻守边境的领兵将领，要把亲属交给有关部门，安排居住在另一地方作为人质，以防其叛逃。参见本书卷四十八《孙皓传》裴注引《搜神记》。 〔12〕令名：美名。

【裴注】

〔一〕《会稽典录》曰："景，为灭贼校尉，御众严而有恩。兵器精饰，为当时冠绝。早卒。达，颇任气，多所犯迕；故虽有征战之劳，而爵位不至。然轻财贵义，胆烈过人。子质，位至虎牙将军。"景子邵，别有传。

全琮字子璜，吴郡钱唐人也。父柔，汉灵帝时举孝廉，补尚书郎，右丞[1]。董卓之乱，弃官归。州辟别驾从事[2]。诏书就拜会稽东部都尉。孙策到吴，柔举兵先附。策表柔为丹杨都尉。孙权为车骑将军，以柔为长史。徙桂阳太守。

柔尝使琮赍米数千斛到吴，有所市易[3]。琮至，皆散用，空船而还。柔大怒，琮顿首曰："愚以所市非急，而士大夫方有倒悬之患；故便赈赡，不及启报。"柔更以奇之。〔一〕

是时中州士人避乱而南[4]，依琮居者以百数；琮倾家给济，与共有无：遂显名远近。

后权以为奋威校尉[5]，授兵数千人，使讨山越。因开募召[6]，得精兵万余人。出屯牛渚[7]，稍迁偏将军。

　　建安二十四年，刘备将关羽围樊、襄阳。琮上疏陈羽可讨之计。权时已与吕蒙阴议袭之，恐事泄，故寝琮表不答[8]。及擒羽，权置酒公安。顾谓琮曰："君前陈此，孤虽不相答，今日之捷，抑亦君之功也[9]。"于是封阳华亭侯。

【注释】

　　[1]右丞：官名。即尚书右丞。尚书台办事官员，负责官员印绶的供给，俸禄的发放，还保管尚书台的文具和物资。　[2]别驾从事：官名。全称是别驾从事史，简称别驾。是州行政长官的下属，主管州政府中众事，主官出巡时，另乘车在前领路。　[3]市易：交易。　[4]中州：中原。　[5]奋威校尉：官名。领兵征伐。　[6]募召：招募（军队）。　[7]牛渚：地名。在今安徽马鞍山市西南。　[8]寝：搁置。[9]抑亦：恐怕也是。

【裴注】

　　[一]徐众《评》曰："礼：子事父，无私财，又不敢私施：所以避尊上也。弃命专财而以邀名，未尽父子之礼。"

　　臣松之以为：子路问"闻斯行诸"？子曰"有父兄在"。琮辄散父财，诚非子道；然士类悬命，忧在朝夕。权其轻重，以先人急；斯亦冯煖市义、汲黯赈救之类：全谓邀名，或负其心。

　　黄武元年，魏以舟军大出洞口。权使吕范督诸将拒之。军营相望，敌数以轻船抄击。琮常带甲仗兵，伺候不休[1]。顷之，敌数千人出江中。琮击破之，枭其将军尹卢。迁琮绥南将军[2]，进封钱唐侯。

　　四年[3]，假节，领九江太守。

七年[4]，权到皖。使琮与辅国将军陆逊击曹休，破之于石亭。是时丹杨、吴、会山民复为寇贼[5]，攻没属县。权分三郡险地为东安郡[6]，琮领太守。〔一〕至，明赏罚，招诱降附；数年中，得万余人。权召琮还牛渚，罢东安郡。〔二〕

黄龙元年，迁卫将军，左护军，徐州牧。〔三〕尚公主。

嘉禾二年，督步骑五万，征六安[7]；六安民皆散走，诸将欲分兵捕之。琮曰："夫乘危侥幸，举不百全者[8]，非国家大体也。今分兵捕民，得失相半：岂可谓全哉！纵有所获，犹不足以弱敌而副国望也[9]。如或邂逅[10]，亏损非小；与其获罪，琮宁以身受之：不敢邀功以负国也！"

【注释】

〔1〕伺候：侦察。　不休：不休止。　〔2〕绥南将军：官名。领兵征伐。　〔3〕四年：黄武四年（公元 225）。　〔4〕七年：黄武七年（公元 228）。　〔5〕吴：即吴郡。　会：即会稽郡。　〔6〕东安郡：郡名。治所在今浙江杭州市富阳区。据本书卷四十七《吴主传》，撤销东安郡，在黄武七年三月，而全琮随陆逊迎击曹休，在当年八月，此段史文叙事次序颠倒。　〔7〕六安：县名。县治在今安徽六安市东北。当时是曹魏庐江郡的治所。　〔8〕举不百全：作出举动不能保证百倍的安全。〔9〕副国望：与国家的威望相称。　〔10〕邂逅(xiè hòu)：万一（失误）。

【裴注】

〔一〕《吴录》曰："琮时治富春。"

〔二〕《江表传》曰："琮还，经过钱唐。修祭坟墓，麾幢节盖，曜于旧里；请会邑人平生知旧、宗族六亲，施散惠与，千有余万：本土以为荣。"

〔三〕《吴书》曰:"初,琮为将,甚勇决,当敌临难,奋不顾身。及作督帅,养威持重;每御军,常任计策,不营小利。"

《江表传》曰:"权使子登出征。已出军,次于安乐,群臣莫敢谏。琮密表曰:'古来太子,未尝偏征也;故从曰抚军,守曰监国。今太子东出,非古制也:臣窃忧疑。'权即从之,命登旋军。议者咸以为琮有大臣之节也。"

赤乌九年,迁右大司马,左军师。为人恭顺,善于承颜纳规,言辞未尝切迕[1]。

初,权将围珠崖及夷州,皆先问琮。琮曰:"以圣朝之威,何向而不克?然殊方异域[2],隔绝障海,水土气毒[3],自古有之。兵入民出,必生疾病,转相污染;往者惧不能反,所获何可多致?猥亏江岸之兵[4],以冀万一之利[5]:愚臣犹所不安。"权不听。军行经岁[6],士众疾疫死者十有八九。权深悔之。

后言次及之,琮对曰:"当是时,群臣有不谏者,臣以为不忠。"

琮既亲重[7],宗族子弟并蒙宠贵,赐累千金;然犹谦虚接士,貌无骄色。

十二年卒[8]。子怿嗣,后袭业领兵。救诸葛诞于寿春,出城先降。魏以为平东将军,封临湘侯。怿兄子祎、仪、静等,亦降魏,皆历郡守、列侯。〔一〕

【注释】

〔1〕切迕:直切顶撞。 〔2〕殊方:远方。 〔3〕气:指瘴气。南方山林中湿热而容易致病的空气。 〔4〕猥:多。 江岸:指长江沿江防线。 〔5〕冀:希图。 万一:万分之一。 〔6〕经岁:历年。 〔7〕亲

重：婚亲重臣。 〔8〕十二年：赤乌十二年（公元 249）。但本书卷四十六《吴主传》记全琮死在赤乌十年春正月，与此处不同。

【裴注】

〔一〕《吴书》曰："琮长子绪，幼知名。奉朝请。出授兵，稍迁扬武将军，牛渚督。孙亮即位，迁镇北将军。东关之役，绪与丁奉，建议引兵先出；以破魏军，封一子亭侯。年四十四卒。次子寄，坐阿党鲁王霸，赐死。小子吴，孙权外孙，封都乡侯。"

吕岱字定公，广陵海陵人也[1]。为郡、县吏。避乱南渡。

孙权统事，岱诣幕府，出守吴丞。权亲断诸县仓库及囚系[2]，长、丞皆见。岱处法应问[3]，其称权意：召署录事[4]。

出补余姚长。召募精健，得千余人。会稽东冶五县贼吕合、秦狼等为乱。权以岱为督军校尉，与将军蒋钦等将兵讨之。遂擒合、狼，五县平定。拜昭信中郎将[5]。〔一〕

建安二十年，督孙茂等十将，从取长沙三郡[6]。又安成、攸、永新、茶陵四县吏，共入阴山城[7]，合众拒岱。岱攻围，即降，三郡克定。权留岱镇长沙。

安成长吴砀及中郎将袁龙等，首尾关羽[8]；复为反乱，砀据攸县，龙在醴陵[9]。权遣横江将军鲁肃攻攸，砀得突走。岱攻醴陵，遂擒斩龙。迁庐陵太守。

延康元年，代步骘为交州刺史。到州，高凉贼帅钱博乞降[10]。岱因承制[11]，以博为高凉西部都尉。又郁林夷贼攻围郡县，岱讨破之。

是时，桂阳浈阳贼王金，合众于南海界上^[12]，首乱为害^[13]。权又诏岱讨之，生缚金，传送诣都；斩首获生，凡万余人。迁安南将军，假节，封都乡侯。

【注释】

〔1〕海陵：县名。县治在今江苏泰州市。　〔2〕断：决断。　囚系：被囚禁的犯人。　〔3〕处法应问：根据法规应答提问。　〔4〕录事：官名。孙权将军府的下属官员，负责处理文书。　〔5〕昭信中郎将：官名。领兵征伐。　〔6〕三郡：指荆州的长沙、零陵、桂阳三郡。　〔7〕安成：县名。县治在今江西安福县西。　攸：县名。县治在今湖南攸县东北。永新：县名。县治在今江西永新县西北。　茶陵：县名。县治在今湖南茶陵县东北。　阴山：县名。县治在今湖南攸县西南。〔8〕首尾：指接受指挥。〔9〕醴陵：县名。县治在今湖南醴陵市。　〔10〕高凉：郡名。治所在今广东恩平市北。〔11〕承制：承受皇帝旨意而具有某种特权。一般是封拜官职的特权。　〔12〕浈阳：县名。县治在今广东英德市东南。是当时桂阳郡的属县。　南海：郡名。治所在今广东广州市。〔13〕首乱：带头作乱。

【裴注】

〔一〕《吴书》曰："建安十六年，岱督郎将尹异等，以兵二千人，西诱汉中贼帅张鲁，到汉兴塞城。鲁嫌疑，断道，事计不立。权遂召岱还。"

交阯太守士燮卒。权以燮子徽为安远将军，领九真太守；以校尉陈时，代燮。岱表分海南三郡为交州^[1]，以将军戴良为刺史；海东四郡为广州^[2]，岱自为刺史。遣良与时南入；而徽不承命，举兵戍海口^[3]，以拒良等。

岱于是上疏请讨徽罪，督兵三千人晨夜浮海。或谓岱曰："徽借累世之恩，为一州所附，未易轻也！"岱曰："今徽虽怀逆计，未虞吾之猝至[4]。若我潜军轻举，掩其无备，破之必也！稽留不速，使得生心，婴城固守[5]；七郡百蛮[6]，云合响应：虽有智者，谁能图之？"遂行。过合浦[7]，与良俱进。

徽闻岱至，果大震怖，不知所出；即率兄弟六人，肉袒迎岱[8]：岱皆斩送其首。徽大将甘醴、桓治等率吏民攻岱，岱奋击，大破之。进封番禺侯。

于是除广州，复为交州如故。岱既定交州，复进讨九真[9]，斩获以万数。又遣从事，南宣国化[10]；暨徼外扶南、林邑、堂明诸王[11]，各遣使奉贡。权嘉其功，进拜镇南将军。

黄龙三年，以南土清定，召岱还屯长沙沤口[12]。〔一〕会武陵蛮夷蠢动，岱与太常潘濬共讨定之。

嘉禾三年，权令岱领潘璋士众，屯陆口[13]。后徙蒲圻[14]。

四年[15]，庐陵贼李桓、路合，会稽东冶贼随春，南海贼罗厉等，一时并起。权复诏岱督刘纂、唐咨等，分部讨击。春即时首降[16]；岱拜春偏将军，使领其众，遂为列将。桓、厉等，皆见斩获，传首诣都[17]。

权诏岱曰："厉负险作乱，自致枭首。桓凶狡反覆，已降复叛；前后讨伐，历年不擒。非君规略，谁能枭之？忠武之节，于是益著。元恶既除，大小震慑；其余细类，扫地族矣[18]！自今以去[19]，国家永无南顾之虞，三郡晏然无怵惕之惊[20]；又得恶民以供赋役：重用叹息[21]。赏不逾月，国之常典；制度所宜，君其裁之！"

【注释】

〔1〕海南三郡：指交阯、九真、日南三郡。位于今北部湾海面的西南。　〔2〕海东四郡：指南海、苍梧、郁林、合浦四郡。位于今北部湾海面的东面。东汉末年孙吴分合浦而设立的高凉郡，这里没有计算在内。此处所记吕岱设置广州，是广州这一地名首次在史书中出现。　〔3〕海口：地名。在今广西合浦县西南。　〔4〕未虞：未曾料到。　〔5〕婴城：以城墙环绕自己。　〔6〕百蛮：对南方各少数族的总称。　〔7〕合浦：县名。县治在今广西合浦县东北。　〔8〕肉祖：脱去上衣露出身体。这是表示投降的举动。　〔9〕九真：郡名。治所在今越南清化市西北。〔10〕从事：官名。即从事史。州行政长官的下属有从事史多人，分管各类事务。　国化：国家的教化。　〔11〕暨：到达。　徼（jiào）：边界。扶南：古国名。在今柬埔寨。　林邑：古国名。在今越南中南部。　堂明：古国名，在今柬埔寨北部。吕岱派遣官方使者南行，是古代中外交通史上一件大事。从此之后，中南半岛的各国，开始与中国往来，并建立起日益频繁的经济和文化交流关系。　〔12〕沤口：地名。在今湖南茶陵县东南。　〔13〕陆口：地名。在今湖北赤壁市西北。　〔14〕蒲圻：县名。在今湖北赤壁市西北。　〔15〕四年：嘉禾四年（公元235）。〔16〕首降：自首投降。　〔17〕传（zhuàn）首：用驿车传送脑袋。〔18〕扫地：比喻干净彻底。　族：灭绝宗族。　〔19〕以去：以后。〔20〕怵惕：忧惧。　〔21〕重（zhòng）用叹息：因此而大为赞叹。

【裴注】

〔一〕王隐《交广记》曰："吴后复置广州，以南阳滕修为刺史。或语修，虾须长一丈，修不信。其人后故至东海，取虾须长四丈四尺，封以示修：修乃服之。"

潘濬卒，岱代濬领荆州文书[1]，与陆逊并在武昌；故督蒲圻[2]。

顷之，廖式作乱，攻围城邑，零陵、苍梧、郁林诸郡骚扰[3]。岱自表辄行[4]，星夜兼路。权遣使追拜岱交州牧，及遣诸将唐咨等，骆驿相继[5]。攻讨一年，破之；斩式及遣诸所伪署临贺太守费杨等，并其支党。郡县悉平，复还武昌。

时年已八十，然体素精勤[6]，躬亲王事。奋威将军张承与岱书曰：“昔旦、奭翼周[7]，《二南》作歌[8]；今则足下与陆子也[9]。忠勤相先，劳谦相让；功以权成，化与道合。君子叹其德，小人悦其美。加以文书鞅掌[10]，宾客终日；疲不舍事，劳不言倦。又知上马辄自超乘[11]，不由跨蹑；如此，足下过廉颇也[12]！何其事事快也[13]？《周易》有之：‘礼言恭[14]，德言盛。’足下何有尽此美耶！”

及陆逊卒，诸葛恪代逊。权乃分武昌为两部；岱督右部，自武昌上至蒲圻。迁上大将军，拜子凯副军校尉，监兵蒲圻。

孙亮即位，拜大司马。

岱清身奉公，所在可述。初在交州，历年不饷家[15]：妻子饥乏。权闻之叹息，以让群臣曰[16]：“吕岱出身万里，为国勤事；家门内困，而孤不早知。股肱、耳目[17]，其责安在！”于是加赐钱米布绢，岁有常限。

始，岱亲近吴郡徐原，慷慨有才志。岱知其可成，赐巾褠[18]，与共言论；后遂荐拔，官至侍御史。原性忠壮，好直言；岱时有得失，原辄谏诤，又公论之[19]。人或以告岱，岱叹曰：“是我所以贵德渊者也[20]！”及原死，岱哭之甚哀，曰："德渊！吕岱之益友。今不幸，岱复于何闻过？"谈者美之。

太平元年，年九十六卒。子凯嗣。遗令殡以素棺，疏巾布褠；葬送之制，务从约俭。凯皆奉行之。

【注释】

〔1〕领：兼办。 〔2〕故：依旧。 〔3〕零陵：郡名。治所在今湖南永州市。 苍梧：郡名。治所在今广西梧州市。 郁林：郡名。治所在今广西桂平市西南。 〔4〕表：向朝廷上表。 〔5〕骆驿：即络绎。（人、马、车、船等）前后连接不断。 〔6〕精勤：精干勤劳。 〔7〕旦：即周公旦。 奭(shì)：即召公。又作邵公，名奭。周代燕国的开国君主，曾佐周武王灭商，被封于燕。武王死，他任太保，与周公辅佐成王，两人分治天下。传见《史记》卷三十四。 〔8〕二南：指《诗经》中的《周南》与《召南》。《周南》有诗十一篇、《召南》有诗十四篇。周公、召公以陕（今河南陕县西南）为界，分别治理陕东、陕西。《周南》是周公治理下的南方地区民歌，《召南》是召公治理下的南方地区民歌。〔9〕足下：对人的尊称。 陆子：指陆逊。 〔10〕鞅掌：繁杂。 〔11〕超乘(shèng)：跳上（马背）。 〔12〕廉颇：战国赵国名将。赵惠文王时任上卿，多次领兵击败齐、魏等国。在长平（今山西高平市西北）曾抗御秦军达三年之久。前251年，又战胜燕军，升任相国，封信平君。进入老年，仍能披甲上马，壮心不已。后失意出奔魏国，老死于楚。传见《史记》卷八十一。 〔13〕快：称心如意。 〔14〕礼言恭：这两句出自《周易·系辞上》。 〔15〕饷：供给食物。 〔16〕让：责备。 〔17〕股肱(gōng)：大腿和胳膊。比喻得力大臣。 〔18〕巾褠(gōu)：头巾和单衣。是当时平民的礼服。 〔19〕公论：公开评论。 〔20〕德渊：徐原的字。

周鲂字子鱼，吴郡阳羡人也[1]。少好学。举孝廉，为宁国长。转在怀安。钱唐大帅彭式等蚁聚为寇，以鲂为钱唐侯相；旬月之间，斩式首及其支党。迁丹杨西部都尉[2]。黄武中，鄱阳大帅彭绮作乱，攻没属城。乃以魴为鄱阳太守，与胡综戮力攻讨[3]；遂生擒绮，送诣武昌。加昭义校尉[4]。

被命密求山中旧族名帅为北敌所闻知者[5]，令谲挑魏大司马、扬州牧曹休[6]。魴答："恐民帅小丑不足仗任[7]，事或漏泄，不能致休。"乞遣亲人赍笺七条以诱休[8]。

【注释】

〔1〕阳羡：县名。县治在今江苏宜兴市。 〔2〕丹杨西部都尉：官名。负责维持丹杨郡西部的治安。 〔3〕胡综（？—公元243）：传见本书卷六十二。 〔4〕昭义校尉：官名。领兵征伐。 〔5〕北敌：指曹魏。〔6〕谲（jué）挑：诈骗引诱。 〔7〕小丑：小人物。 〔8〕亲人：亲近的人。

其一曰："魴以千载侥幸，得备州民[1]；远隔江川，敬恪未显[2]；瞻望云景，天实为之。精诚微薄，名位不昭；虽怀焦渴[3]，曷缘见明[4]？狐死首丘[5]，人情恋本；而逼所制，奉觐礼违[6]。每独矫首西顾，未尝不寤寐劳叹[7]，展转反侧也！今因隙穴之际，得陈宿昔之志；非神启之，岂能致此？不胜翘企[8]，万里托命。谨遣亲人董岑、邵南等，托叛奉笺[9]；时事变故，列于别纸。惟明公君侯垂日月之光[10]，照远民之趣，永令归命者有所戴赖。"

其二曰："魴远在边隅，江汜分绝[11]；恩泽教化，未蒙抚及；而于山谷之间，遥陈所怀；惧以大义，未见信纳。夫物有感激[12]，计因变生，古今同揆。魴仕东典郡[13]，始愿已获；铭心立报，永（矣）〔矢〕无贰[14]。岂图顷者中被横谴[15]，祸在漏刻[16]，危于投卵；进有离合去就之宜[17]，退有诬罔枉死之咎。虽志行轻微，存没一节[18]；顾非其所[19]，能不怅然！

敢缘古人，因知所归；拳拳输情[20]，陈露肝膈[21]。乞降春天之润，哀拯其急；不复猜疑，绝其委命[22]。事之宣泄，受罪不测；一则伤慈损计[23]，二则杜绝向化者心。惟明使君远览前世[24]，矜而愍之；留神所质，速赐秘报。鲂当候望举动，俟须响应[25]。"

【注释】

〔1〕州民：周鲂的家乡属孙吴的扬州，而孙吴的扬州与曹魏的扬州都是由东汉的扬州分置的，所以周鲂对担任曹魏扬州牧的曹休自称州民，含有不承认孙吴政权的意思。 〔2〕敬恪未显：（对您的）恭敬未能表示。〔3〕焦渴：形容仰慕的迫切。 〔4〕曷缘：借助什么（才能）。 〔5〕首丘：头朝着自己出生的山丘。 〔6〕奉觌（dí）：晋见。 〔7〕劳叹：忧叹。 〔8〕翘企：即翘首企足的省略。翘首是抬头，企足是踮起脚后跟。 〔9〕托叛：假托叛逃。 〔10〕明公君侯：对位至三公而又封侯者的尊称。曹休当时任大司马，位在三公之上；同时又封长平侯。见本书卷九《曹休传》。 〔11〕江汜（sì）：长江的水流。汜是由主流分出又汇合进主流的支流。 〔12〕感激：由于感发而激动。 〔13〕东：指孙吴。 〔14〕矢：誓。 〔15〕横谴：无故受谴责。 〔16〕漏刻：指很短的时间。漏即漏壶，为古代计时装置。刻是漏箭上的指示刻度。〔17〕离合去就：指从孙吴离去而投奔曹魏。 〔18〕一节：一样。〔19〕顾：不过。 〔20〕拳拳：诚恳。 〔21〕肝膈（gé）：肝和膈膜。比喻内心的话。 〔22〕绝其委命：拒绝我来委托生命。 〔23〕伤慈：有损您的仁慈。 〔24〕明使君：对州牧或州刺史的尊称。或称使君。〔25〕俟须：等待。

其三曰："鲂所代故太守广陵王靖[1]，往者亦以郡民为变，以见谴责。靖勤自陈释，而终不解；因立密计，欲北归命：不幸事露，诛及婴孩。鲂既目见靖事，且观东主一所非薄[2]，婳不复厚[3]；虽或暂舍，终见剪除。今又令鲂领郡者，是欲责后效，必杀鲂之趣也[4]。虽尚视息[5]，忧惕焦灼；未知驱命，竟在何时[6]？人居世间，犹白驹过隙；而常抱危怖，其可言乎！惟当陈愚，重自披尽[7]；惧以卑贱，未能采纳。愿明使君少垂详察，忖度其言。

今此郡民，虽外名降首，而故在山草[8]；看伺空隙，欲复为乱。为乱之日，鲂命讫矣。东主顷者潜部分诸将，图欲北进：吕范、孙韶等入淮，全琮、朱桓趋合肥，诸葛瑾、步骘、朱然到襄阳，陆议、潘璋等讨梅敷。东主中营，自掩石阳。别遣从弟孙奂，治安陆城，修立邸阁[9]；辇赍运粮[10]，以为军储。又命诸葛亮进指关西。江边诸将，无复在者，才留三千所兵守武昌耳[11]。若明使君以万兵从皖南首江渚[12]，鲂便从此率厉吏民[13]，以为内应。此方诸郡，前后举事，垂成而败者，由无外援使其然耳。若北军临境，传檄属城；思咏之民[14]，谁不企踵？愿明使君上观天时，下察人事，中参蓍龟[15]；则足昭往言之不虚也。"

【注释】

〔1〕故太守：过去的（鄱阳）郡太守。 广陵：郡名。属曹魏，治所在今江苏淮安市西南。 〔2〕东主：孙吴君主。指孙权。 一所非薄：一旦（对你）非议鄙薄。 〔3〕婳（huà）不复厚：虽好也不再厚待。〔4〕趣：意向。 〔5〕视息：看和呼吸。指生存。 〔6〕竟：完结。

〔7〕披尽：完全披露。 〔8〕故：依旧。 〔9〕邸阁：储藏粮食物资的仓库。 〔10〕辇赍：用车载钱。 〔11〕三千所：三千左右。 〔12〕南首：向着南方出发。 〔13〕从此：从此地。 〔14〕思咏：思念歌咏（曹魏）。 〔15〕参：参考。 著（shī）：占卦用的草棍。这里指占卦。龟：龟甲。这里指烧灼龟甲观察裂纹以占吉凶，即所谓的筮。

其四曰："所遣董岑、邵南，少长家门；亲之信之，有如儿子。是以特令赍笺，托叛为辞；目语心计，不宣唇齿；骨肉至亲，无有知者。又已敕之：到州当言'往降'，欲北叛来者得传之也。

舫建此计，任之于天：若其济也，则有生全之福；邂逅泄漏，则受夷灭之祸。常中夜仰天，告誓星辰。精诚之微，岂能上感？然事急孤穷，惟天是诉耳。遣使之日，载生载死[1]；形存气亡，魄爽恍惚[2]。私恐使君未深保明，岑、南二人可留其一，以为后信[3]；一赍教还[4]。教还，故当言悔叛还首[5]。东主有常科[6]：悔叛还者，皆自原罪[7]。如是彼此俱塞[8]，永无端原[9]。悬命西望，涕笔俱下！"

其五曰："鄱阳之民，实多愚劲。帅之赴役，未即应人；倡之为变[10]，闻声响抃[11]。今虽降首，盘节未解；山栖草藏，乱心犹存。而今东主图兴大众，举国悉出；江边空旷，屯坞虚损，惟有诸刺奸耳[12]。若因是际而骚动此民[13]，一旦可得便会[14]；然要恃外援，表里机互[15]；不尔以往[16]，无所成也。

今使君若从皖道进住江上，舫当从南对岸历口为应[17]。若未径到江岸，可住百里上[18]；令此间民知北军在彼，即自善也。此间民非苦饥寒而甘兵寇[19]；苦于征讨，乐得北属。但穷困举事[20]，不时见应[21]，寻受其祸耳。如使石阳及青、徐诸军首尾相衔，牵缀往兵[22]，使不得速退者，则善之善也。纺生在江、淮，长于时事；见其便利，百举百捷。时不再来，敢布腹心。”

【注释】

〔1〕载生载死：一会儿生，一会儿死。比喻心中极度害怕，不断产生面临死亡的感觉。〔2〕爽：丧失。〔3〕后信：以后的信使。当时习称送信的使者为信。〔4〕赍：携带。 教：指曹休的指示。〔5〕故当：依然应当。 悔叛：后悔叛逃。 还首：回来自首。〔6〕常科：固定的科条。〔7〕原：赦免。〔8〕塞：弥补（漏洞）。〔9〕端原：指痕迹。〔10〕变：变乱。〔11〕响抃（biàn）：响应拍手。〔12〕刺奸：官名。负责监视军队动态，举报叛逆分子。〔13〕是际：这一时候。〔14〕一旦：一下子。 便会：有利机会。〔15〕机互：联合。〔16〕不尔：不这样。〔17〕历口：地名。当在今安徽东至县东北。〔18〕百里上：（距长江）一百里处。〔19〕甘：甘愿。〔20〕穷困：（逼得）无路可走。〔21〕时：及时。〔22〕牵缀：牵制。

其六曰：“东主致恨前者不拔石阳[1]，今此后举，大合新兵；并使潘濬发夷民[2]，人数其多。闻豫设科条，当以新羸兵置前[3]，好兵在后。攻城之日，云欲以羸兵填堑，使即时破；虽未能然，是事大趣也[4]。私恐石阳城小，不能久留往兵；明使君速垂救济，诚宜疾密[5]。王靖之变，其鉴不远。

今纺归命，非复在天，正在明使君耳。若见救以往，则功可必成；如见救不时，则与靖等同祸。前彭绮时，闻旌麾在逢龙[6]，此郡民大小欢喜，并思立效。若留一月日间[7]，事当大成；恨去电速，东得增众专力讨绮，绮始败耳。愿使君深察此言！"

其七曰："今举大事，自非爵号，无以劝之。乞请将军、侯印各五十纽，郎将印百纽[8]，校尉、都尉印各二百纽；得以假授诸魁帅，奖厉其志。并乞请幢麾数十，以为表帜[9]；使山兵吏民，目瞻见之，知去就之分已决，承引所救画定[10]。

又彼此降叛，日月有人[11]；阔狭之间[12]，辄得闻知。今之大事，事宜神密；若省鲂笺，乞加隐秘。伏知智度有常，防虑必深。鲂怀忧震灼，启事蒸仍[13]：乞未罪怪。"

【注释】

〔1〕致恨：对……有憾恨。 〔2〕发夷民：征发少数族与汉族百姓。〔3〕羸（léi）：弱。 〔4〕大趣：大体意向。 〔5〕疾密：快速秘密。〔6〕逢龙：地名。在今安徽潜山市北。 〔7〕一月日：一个月。〔8〕郎将：官名。即中郎将。 〔9〕表帜：标志性旗帜。 〔10〕画定：计划确定。 〔11〕日月：每日每月。 〔12〕阔狭之间：虚实之处。〔13〕启事：报告的文书。 蒸仍：接连不断。

鲂因别为密表曰："方北有逋寇[1]，固阻河、洛；久稽王诛，自擅朔土。臣曾不能吐奇举善[2]，上以光赞洪化，下以输展万一[3]；忧心如捣，假寐忘寝[4]。圣朝天覆，含臣无效[5]；猥发优命[6]敕臣：以前诱致贼休，恨不如计；令于郡界求山谷魁帅为北贼所闻知者，令与北通。臣伏思惟，喜怖交集，窃恐此人不可猝得；假使得之，惧不可信。不如令臣谲休，于计为便。此臣得以经年之冀愿，逢值千载之一会；辄自督（竭）〔厉〕，竭尽顽蔽，撰立笺草以诳诱休者，如别纸。臣知无古人单复之术[7]，加猝奉大略，怂矇狼狈[8]；惧以轻愚，忝负特施，预怀忧灼。臣闻唐尧'先天而天弗违[9]'，博询刍荛[10]，以成盛勋。朝廷神谟，欲必致休于步度之中[11]，灵赞圣规[12]，休必自送；使六军囊括，虏无孑遗[13]，威风电迈，天下幸甚。谨拜表以闻，并呈笺草。惧于浅局[14]，追用悚息[15]！"

被报施行。休果信鲂，帅步骑十万，辎重满道，径来入皖。鲂亦合众，随陆逊横截休；休幅裂瓦解，斩获万计。鲂初建密计时，频有郎官奉诏诘问诸事。鲂乃诣部郡门下[16]，因下发谢[17]；故休闻之，不复疑虑。

事捷军旋，权大会诸将欢宴。酒酣，谓鲂曰："君下发载义，成孤大事。君之功名，当书之竹帛[18]！"加裨将军，赐爵关内侯。〔一〕

【注释】

〔1〕方：正当。 〔2〕奇：指奇谋。 〔3〕万一：（心情的）万分之一。 〔4〕假寐：和衣而睡。 〔5〕含：宽容。 无效：没有什么报效。〔6〕猥：谦词，指对方屈尊就卑。 〔7〕单复之术：指出奇制胜的战略。〔8〕怂矇(zhōng méng)：恐惧而无知。 〔9〕先天而天弗违：先于天时（行事）而不违背天道。语出《周易·乾卦》。 〔10〕刍荛(ráo)：割草打柴的人。 〔11〕步度（duó）：用步子衡量。这里意思是掌握。〔12〕灵：神灵。 赞：帮助。 〔13〕孑(jié)遗：发生变故之后残留下来的人。 〔14〕浅局：浅短的智谋。 〔15〕追用悚(sǒng)息：追想起来恐惧叹息。 〔16〕部郡：官名。即部郡国从事史。州政府属官。每郡一人，负责督促该郡公文，举报不法官员。 〔17〕下发：剃掉头发。当时罚作苦工的犯人要剃掉头发，这里周鲂是以此主动请罪。 谢：谢罪。

〔18〕竹帛：竹简和丝帛。古代用以书写文字。这里指史书。

【裴注】

〔一〕徐众《评》曰："夫人臣立功效节，虽非一途，然各有分也。为将执枹鼓，则有必死之义；志守，则有不假器之义：死必得所，义在不苟。鲂为郡守，职在治民。非君所命，自占诱敌；髡剔发肤，以徇功名。虽事济受爵，非君子所美。"

贼帅董嗣负阻劫抄，豫章、临川并受其害〔1〕。〔一〕吾粲、唐咨尝以三千兵攻守〔2〕，连月不能拔。

鲂表乞罢兵，得以便宜从事。鲂遣间谍，授以方策，诱狙杀嗣。嗣弟怖惧，诣武昌降于陆逊；乞出平地，自改为善：由是数郡无复忧惕。

鲂在郡十三年卒。赏善罚恶，威恩并行。

子处，亦有文武材干。天纪中为东观令、无难督〔3〕。〔二〕

【注释】

〔1〕临川：郡名。治所在今江西南城县东南。 〔2〕攻守：进攻和围困。当时称围住对方而与之相持为守。 〔3〕东观令：官名，负责管理图书文献。东观是皇家图书馆。周处除"三害"的故事流传后世，其生平事迹详见《晋书》卷五十八。周鲂、周处父子的墓葬，已在其家乡今江苏宜兴市发现，出土青瓷、金器、银器、铜器等文物多件。详见《考古学报》1957 年第 4 期、1977 年第 2 期。

【裴注】

〔一〕臣松之按：孙亮太平二年始立临川郡，是时未有临川。

〔二〕虞预《晋书》曰："处入晋，为御史中丞；多所弹纠，不避强御。齐万年反，以处为建威将军，西征。众寡不敌，处临阵慷慨，奋不顾身，遂死于战场。追赠平西将军。处子玘、札，皆有才力；中兴之初，并见宠任。其诸子侄，悉处列位，为扬土豪右。而札凶淫放恣，为百姓所苦。泰宁中，王敦诛之，灭其族。”

钟离牧字子幹，会稽山阴人。汉鲁相意七世孙也[1]。〔一〕少爱居永兴[2]，躬自垦田。种稻二十余亩，临熟，县民有识认之。牧曰：“本以田荒，故垦之耳。”遂以稻与县人。

县长闻之，召民系狱，欲绳以法。牧为之请，长曰：“君慕承宫[3]，自行义事；〔二〕仆为民主[4]，当以法率下，何得寝公宪而从君邪[5]？”牧曰：“此是郡界，缘君意顾，故来暂住。今以少稻而杀此民[6]，何心复留？”遂出，装[7]，还山阴；长自往止之，为释系民。

民惭惧，率妻子春所取稻得六十斛米，送还牧。牧闭门不受；民输置道旁，莫有取者。牧由此发名。〔三〕

【注释】
〔1〕鲁：王国名。治所在今山东曲阜市。　意：即钟离意。字子阿。东汉光武帝时任县官。明帝时升任尚书仆射，为官清廉，多次直言进谏。后调任鲁相。传见《后汉书》卷四十一。〔2〕爱居：迁居。　永兴：县名。治所在今浙江杭州市萧山区。〔3〕承宫（？—公元76）：字少子。琅邪郡姑幕（今山东安丘市东南）人。出身贫寒，刻苦求学。曾开荒种地，谷物将成熟，有人冒充土地的主人，他不计较，推让谷物。后受东汉明帝征召，任博士，官至侍中祭酒。传见《后汉书》卷二十七。〔4〕民主：人民的主官。〔5〕寝公宪：不管公家的法律。〔6〕少：少量的。〔7〕装：收拾行装。

【裴注】
〔一〕《会稽典录》曰：“牧父绪，楼船都尉。兄骃，上计吏。少与同郡谢赞、吴郡顾谭齐名。牧，童龀时号为迟讷，骃常谓人曰：'牧必胜我，不可轻也！'时人皆以为不然。"

〔二〕《续汉书》曰："宫字少子，琅邪人。尝在蒙阴山中耕种禾黍。临熟，人就认之；宫便推与而去。由是发名，位至左中郎将，侍中。"

〔三〕徐众《评》曰："牧蹈长者之规。问者曰：'如牧所行：犯而不校，又从而救之；直而不有，又还而不受。可不谓之仁让乎哉？'答曰：'异乎吾所闻。原宪之问于孔子曰："克伐怨欲不行焉，可以为仁乎？"孔子曰："可以为难矣；仁，则吾不知也。""恶不仁者，其为仁矣。"今小民不展四体，而认人之稻，不仁甚矣；而牧推而与之，又救其罪。斯为让非其义，所救非人：非所谓"恶不仁"者。苟不"恶不仁"，安得为仁哉！苍梧浇娶妻而美，让于其兄；尾生笃信，水至不去而死；直躬好直，证父攘羊；申鸣奉法，尽忠于君而执其父。忠信直让，此四行者，圣贤之所贵也。然不贵苍梧之让，非让道也；不取尾生之信，非信所也；不许直躬之直，非直体也；不嘉申鸣之忠，非忠意也。今牧犯而不校，还而不取；可以为难矣，未得为仁让也。夫圣人以德报德，以直报怨；而牧欲以德报怨，非也！必不得已，二者何从？吾从孔子也。'"

赤乌五年，从郎中补太子辅义都尉[1]。迁南海太守。〔一〕还为丞相长史[2]。转司直[3]。迁中书令。

会建安、鄱阳、新都三郡山民作乱，出牧为监军使者，讨平之。贼帅黄乱、常俱等，出其部伍[4]，以充兵役。封秦亭侯，拜越骑校尉。

永安六年，蜀并于魏。武陵五溪夷与蜀接界[5]，时论惧其叛乱；乃以牧为平魏将军[6]，领武陵太守，往之郡。魏遣汉葭县长郭纯[7]，试守武陵太守，率涪陵民入（蜀）〔吴〕迁陵界[8]；屯于赤沙[9]，诱致诸夷邑君。或起应纯，又进攻西阳县[10]；郡中震惧。

牧问朝吏曰："西蜀倾覆，边境见侵，何以御之？"皆对曰："今二县山险，诸夷阻兵。不可以军惊扰，惊扰则诸夷盘结；宜以渐安，可遣恩信吏宣教慰劳[11]。"牧曰："不然！外境内侵，诳诱人民；当及其根柢未深而扑取之，此救火贵速之势也。"敕外趣严[12]；掾、史沮议者[13]，便行军法。

抚夷将军高尚说牧曰[14]："昔潘太常督兵五万，然后以讨五溪夷耳。是时刘氏连和，诸夷率化；今既无往日之援，而郭纯已据迁陵；而明府以三千兵深入[15]，尚未见其利也。"牧曰："非常之事，何得循旧！"即率所领，晨夜进道；缘山险行，垂二千里。从塞上[16]，斩恶民怀异心者魁帅百余人，及其支党凡千余级[17]；纯等散，五溪平。

迁公安督，扬武将军，封都乡侯。徙濡须督。[二]复以前将军，假节，领武陵太守。

卒官。家无余财，士民思之。子祎嗣，代领兵。[三]

【注释】

〔1〕辅义都尉：官名。太子的侍从辅导官员。 〔2〕丞相长(zhǎng)史：官名。丞相府的主要下属，主管各分支机构公务。〔3〕司直：官名。丞相府的主要下属，负责督察官员，纠举不法行为。〔4〕部伍：部属。 〔5〕武陵：郡名。治所在今湖南常德市。 五溪：即雄溪、樠溪、辰溪、酉溪、无溪。在今湖南西部，当时是武陵蛮族的聚居地。 〔6〕平魏将军：官名。孙吴设置。领兵与曹魏作战。 〔7〕汉葭：县名。在今重庆市彭水县东北。 〔8〕涪陵：郡名。治所在今重庆市彭水县。 迁陵：县名。县治在今湖南保靖县东北。 〔9〕赤沙：地名。在今湖南保靖县东北。 〔10〕酉阳：县名。县治在今湖南永顺县南。 〔11〕恩信吏：(对百姓)有恩德信誉的官吏。 宣教：宣布(您的)指示。 〔12〕趣(cù)严：赶快作好出发准备。 〔13〕掾、史：均官名。当时郡太守府内分支机构称为曹，各曹的主办官员或称掾，或称史。沮：阻止。 〔14〕抚夷将军：官名。领兵镇守少数族地区。 〔15〕明

府：对郡太守的尊称。 〔16〕塞(sài)：险要的地方。 〔17〕级：人头
一颗为一级。

【裴注】

〔一〕《会稽典录》曰："高凉贼率仍弩等，破略百姓，残害吏民。
牧越界扑讨，旬日降服。又揭阳县贼率曾夏等，众数千人，历十余年。
以侯爵杂缯千匹，下书购募，绝不可得。牧遣使慰譬，登皆首服，自改
为良民。始兴太守羊衜，与太常滕胤书曰：'钟离子幹，吾昔知之不熟；
定见其在南海，威恩部伍，智勇分明；加操行清纯，有古人之风。'其
见贵如此。在郡四年，以疾去职。"

〔二〕《会稽典录》曰："牧之在濡须，深以进取可图，而不敢陈其
策；与侍中、东观令朱育宴，慨然叹息。育谓牧恨于策爵未副，因谓牧
曰：'朝廷诸君，以际会坐取高官；亭侯功无与比，不肯在人下。见顾
者犹以於邑，况于侯也？'牧笑而答曰：'卿之所言，未获我心也！马援
有言：人当功多而赏薄。吾功不足录，而见宠已过当，岂以为恨！国家
不深相知，而见害朝人，是以默默不敢有所陈。若其不然，当建进取之
计，以报所受之恩；不徒自守而已：愤叹以此也。'育复曰：'国家已自
知侯；以侯之才，无为不成。愚谓自可陈所怀。'牧曰：'武安君谓秦王
云："非成业难，得贤难；非得贤难，用之难；非用之难，任之难。"武
安君欲为秦王并兼六国，恐授事而不见任，故先陈此言。秦王既许而不
能，卒陨将成之业，赐剑杜邮。今国家知吾，不如秦王之知武安；而害
吾者，有过范雎。大皇帝时，陆丞相讨鄱阳，以二千人授吾；潘太常讨
武陵，吾又有三千人。而朝廷下议，弃吾于彼；使江渚诸督，不复发兵
相继。蒙国威灵自济，今日何为常！向使吾不料时度宜，苟有所陈；至
见委以事，不足兵势，终有败绩之患：何"无不成"之有？'"

〔三〕《会稽典录》曰："牧次子盛，亦履恭让。为尚书郎。弟徇，
领兵为将。拜偏将军，戍西陵。与监军使者唐盛论地形势，谓宜'城信
陵，为建平援'；若不先城，敌将先入。盛以施绩、留平，智略名将，
屡经于彼，无云当城之者；不然徇计。后半年，晋果遣将修信陵城。晋
军平吴，徇领水军督，临阵战死。"

评曰：山越好为叛乱，难安易动；是以孙权不遑外
御，卑词魏氏[1]。凡此诸臣，皆克宁内难，绥静邦域者

也。吕岱清恪在公。周鲂谲略多奇。钟离牧蹈长者之规。全琮有当世之才^[2]，贵重于时；然不检奸子^[3]，获讥毁名云。

【注释】

〔1〕卑词魏氏：以谦卑的文词呈送曹魏。指向曹魏称臣。 〔2〕当世：指从政。 〔3〕检：约束。

【译文】

　　贺齐，字公苗，会稽郡山阴县人。他年轻时在本郡政府当办事员。后来代理剡县县长。县政府的官员斯从，举止轻浮而且利用行侠仗义来拉帮结派从而大干坏事，贺齐想要惩治他。县政府的主簿劝贺齐说："斯从此人，是本县的豪强大族，山越族人也附从他。您今天对他惩治，明天就有叛匪杀到。"贺齐一听这话更是怒火燃烧，立即斩了斯从。斯从的家族同党随之纠合起来，达到一千多人，拿起武器进攻县城。贺齐带领官员百姓，打开城门突然出击；把对方打得大败而逃，威震山越。后来太末县的丰浦老百姓造反，贺齐改而代理太末县长；他诛杀首恶分子保护良民百姓，个把月的时间内就平息了叛乱。

　　汉献帝建安元年(公元196)，孙策自任会稽郡太守，举荐贺齐为孝廉。当时汉朝委任的会稽郡太守王朗渡海逃到东冶县，附近的候官县长商升，起兵支持王朗。孙策派永宁县长韩晏兼任会稽郡南部都尉，率领军队讨伐商升；而让贺齐代理永宁县长。韩晏被商升打败，贺齐又代替韩晏兼任会稽郡南部都尉职务。

　　商升慑于贺齐的威名，派使者来求和；贺齐借此机会进行劝告，为对方陈述怎样转祸为福：商升便送上自己的官印、绶带，出房准备投降。叛匪首领张雅、詹强不愿意商升投降，反而一起杀死商升；张雅自称无上将军，詹强自称会稽郡太守。由于叛匪人多而自己兵少，不能马上讨伐，贺齐暂时停止出兵。这时张雅与女婿何雄，争夺权势双方背离；贺齐让当地的越族人借事在两人中间制造矛盾，结果两人相互怀疑变成仇人，动兵攻取对方。

贺齐乘机进兵攻击，一战就打得张雅落花流水；詹强的党羽大为震恐，他只好率领部下投降。

候官县既已平定，而建安、汉兴、南平各县又发生叛乱。贺齐进军建安，在该县建立会稽南部都尉府。这一年是建安八年（公元203）。

这时会稽郡在下属各县征调了五千人马，让各县的县长率领，都统一受贺齐指挥。叛军头目洪明、洪进、苑御、吴免、华当等五人，各自率领一万家民户，在汉兴县境内建立相互连接的营地。另外又有叛军头目吴五，率领六千家民户单独驻扎在大潭；邹临率领六千家民户单独驻扎在盖竹：以上诸人准备一同进攻余汗。贺齐的军队前往汉兴讨伐，路过余汗。贺齐看到敌众我寡，孤军深入而没有后援，害怕被对方截断后路；就命令松阳县长丁蕃留下来防守余汗。丁蕃本来是贺齐邻县的县长，以受到贺齐的部署指挥为耻，推辞任务不肯留下。贺齐喝令把丁蕃推出去斩首，军中大受震动，无不恭敬听从命令。于是贺齐分出兵马在余汗留守，自己则挥兵进攻洪明等人，连战连胜。临阵斩杀洪明，其余的吴免、华当、洪进、苑御等匪首全部投降。贺齐转而进攻盖竹，又指向大潭，邹临、吴五二人也举手投降。总计在作战中斩首六千人，著名叛乱首领全部擒获；重新建立县城，挑选出可以当兵的壮丁上万人。贺齐因功升任平东校尉。

建安十年（公元205），他又出兵讨伐上饶县的叛乱，分出该县一部分土地设立建平县。

建安十三年（公元208），贺齐升任威武中郎将。讨伐丹杨郡黟县、歙县的山区叛军。当时武强、叶乡、东阳、丰浦四个乡首先投降，贺齐上表建议在叶乡设立始新县。歙县的叛军首领金奇，带了一万家民户驻扎在安勒山，另一首领毛甘带了一万家民户驻扎在乌聊山；而黟县叛军首领陈仆、祖山等人，则带了二万家民户驻扎在林历山。林历山四面就像墙壁一般陡立，高达几十丈，山路危险狭窄，还没有并排的两只盾牌宽；叛军在高处向下抛滚石头，很难进攻。军队在山下包围多日，将士都为此发愁。

贺齐亲自出去围绕林历山巡视一周，观察地形上的有利处所。暗中悬赏招募动作轻便敏捷的勇士，为他们专门制作了铁弋这种工具；然后悄悄在敌人不防备的隐蔽险陡之处，用铁弋开凿岩石作为攀缘的道路。道路凿好后，在晚上无声无息爬了上去，接着从上面放下很多布带用来往上面拉下面的人，上去的一百多名勇士，四面分布，一起敲起战鼓吹响号角，而贺齐则指挥兵马等待战机。敌军在夜晚猛然听到鼓声四起，以为对方大军已全部上来，惊恐扰乱，不知所措；防守上下道路和险要地形的兵将，都退回去依靠主力军队。贺齐的大军因此顺利冲上山头，击溃陈仆等人的兵马；其余的全部投降，总共在这场战斗中斩首七千人之多。

贺齐又上表请求分出歙县的一部分土地设立新定、黎阳、休阳县，加上黟、歙、始新共计六个县。孙权分划出这六个县设立新都郡，由贺齐任太守；治所设在始新县，并提升贺齐为偏将军。

建安十六年（公元211），吴郡余杭县的一个叫郎稚的人，集合宗族势力起来造反，并发展到几千人马。贺齐出兵讨伐，当即击败郎稚。并上表建议分出余杭县一部分土地设立临水县。

这时贺齐接到孙权的命令要他到自己的驻地去觐见。见面后贺齐返回新都郡，孙权亲自为他设宴饯行，席间演奏音乐，使驯象跳舞；孙权又赏赐贺齐一辆骏马拉的辇车。结束宴会之后孙权让自己的坐车等着，先让贺齐上辇车。贺齐再三推辞不敢上，孙权又叫侍从前去扶贺齐登车；命令官吏、步兵、骑兵给他充当先导，就像贺齐在自己任职的郡中出巡时的礼仪一样。孙权在后面望着车子启动，笑着说："人呀应当努力！没有积累功劳，这种待遇可得不到啊！"直到贺齐的座车驶出一百多步远后，孙权才回去了。

建安十八年（公元213），豫章郡东部的彭材、李玉、王海等人起兵叛乱，纠集了一万多人马。贺齐前往讨伐平定了叛乱，诛杀首恶分子；其余的人都投降服从，他挑选其中精强力壮者充当士兵，剩下的编为当地各县的民户。他因功升任奋武将军。

建安二十年（公元215），贺齐随孙权进攻合肥。当时城中的曹军突然出击，徐盛受伤丢失了军中的大旗。贺齐领兵抗击，把徐盛损失的东西夺了回来。

建安二十一年（公元216），鄱阳郡的尤突，接受了曹操授给的官印、绶带，鼓动当地百姓造反；丹杨郡的陵阳、始安、泾三县都与尤突相呼应。贺齐与陆逊共同击溃尤突，斩杀几千人；其余的叛军被军威震慑而降服，丹杨郡的三县也都望风而降：从叛军中挑选出精兵八千人。贺齐因功升任安东将军，封山阴侯。领兵出外镇守长江防线，指挥从扶州以上到皖县的军队。

孙权黄武初年，魏国派大将曹休入侵；贺齐因为路远在最后赶到大军集结地，所以留在新市充当后卫。碰上在洞口的前线各军船只遭遇暴风被吹走沉没，损失了一半的战船，全军将士都惶恐失色；幸好贺齐在长江南岸没有渡江，独自一支军队保持完整，前线众将都依仗他的声援才得以撤回。贺齐生性奢华，又尤其喜欢军事，所以他下属军队的兵器、铠甲、器械都制作精良。所乘的战船，雕刻了精美的图案花纹又使用朱漆涂饰，青色的顶盖再配上绛红色的车用帷幔；船周围是大小盾牌和戈矛，他的伞盖骨架用金箔图案作装饰并画上花纹；至于弓弩羽箭，全部用上等材料制作；在他的座船周围则是冲锋舟、战舰组成的船队，远远望去似乎是一座小山。

曹休在江北岸看到后心中发怵，就领兵撤回。贺齐随即升任后将军，被授予节杖，兼任徐州牧。

当初，晋宗在戏口当守将，带领部下投奔魏国；被任命为蕲春郡太守，他打主意偷袭安乐，夺取在那里充当人质的自己家属。孙权认为这是奇耻大辱而非常愤怒，借大军刚刚撤回、敌人松懈的机会，在六月盛夏，出其不意；下诏让贺齐指挥麋芳、鲜于丹等突击蕲春，生擒晋宗。

四年后贺齐去世。其子贺达和其弟贺景都有美名，是出色的将领。

全琮，字子璜，吴郡钱唐县人。他的父亲全柔，在汉灵帝时被本郡太守举荐为孝廉，到朝廷补缺担任尚书郎、尚书右丞。董卓之乱发生，全柔弃官回故乡。本州刺史聘他为别驾从事。朝廷下诏就地委任他为会稽郡东部都尉。孙策渡江杀到吴郡，全柔首先举兵归附。孙策上表朝廷后委任他为丹杨郡都尉。孙权当了车骑将军，委任全柔为将军府的长史。转任桂阳郡太守。

全柔曾经派全琮运几千斛米到吴县，进行交易。全琮到了吴县，却把米全部分送他人，带着空船回了家。全柔不禁大怒，全琮跪下叩头对地说："儿子的愚见认为父亲想交易的东西并不急需，但是吴县那里的士大夫却正处于生活的困境中；所以立即赈济他们，来不及向您禀报。"全柔反倒因此而器重他了。

当时中原的士大夫纷纷逃到南方避乱，依附全琮居住的人数以百计；他不惜倾尽家产供应救济他们，富日子穷日子都在一起过；由此他的大名流传遐迩。

后来孙权任命全琮为奋威校尉，交给他几千兵马，让他去讨伐反叛的山越族人。他在讨伐过程中进行招募，得到精兵一万多人。然后出山到牛渚驻扎，逐渐升到偏将军。

汉献帝建安二十四年（公元219），刘备的大将关羽围攻曹军控制的樊城、襄阳。全琮呈上表章陈述可以讨伐关羽的计策。当时孙权已经与吕蒙暗中商议此事，害怕事机泄漏，故而把全琮的表章放置一边没有答复他。到了擒杀关羽，孙权在公安大摆酒宴。回头对全琮说："您此前已经陈述了这一计划，我虽然当时没有回答，然而今天的大捷，恐怕也有您的功劳啊。"于是封全琮为阳华亭侯。

孙权黄武元年（公元222），魏国出动大量水军进攻洞口。孙权派吕范指挥众将迎战。双方的军营隔长江相望，敌军多次出动轻便的快船突击。全琮一直穿着铠甲手持兵器，侦察敌军动态而不休息。没多久，敌军又有几千人的突击队出现在长江上，全琮迎头给以痛击打败对方，斩了魏军的将军尹卢。全琮升任绥南将军，晋封钱唐侯。

黄武四年（公元225），他被授予节杖，兼任九江郡太守。

黄武七年（公元228），孙权到达皖县。派全琮与辅国将军陆逊，迎战魏军大将曹休，在石亭打得对方丢盔弃甲而逃。当时丹杨、吴、会稽三郡山区的百姓又起来造反，攻陷各郡的属县。孙权把三郡交界的险峻山区分出来设立东安郡，由全琮兼任太守。他到任后，赏罚分明，招纳投降附从的百姓；几年当中，得到一万多人。孙权召全琮回牛渚驻扎，宣布撤销东安郡。

黄龙元年（公元229）孙权称帝，全琮升任卫将军、左护军，兼徐州牧。并娶孙权寡居的大女儿鲁班公主为妻。

　　嘉禾二年(公元233)，全琮指挥步兵、骑兵五万人，进攻魏国的六安县；六安的老百姓全都四散逃走，众将准备分兵围捕。全琮说："冒着危险心怀侥幸，在没有百倍安全的情况下轻举妄动，这不符合国家的大原则。如今分兵围捕百姓，得到的人可能与我军损失的人相当：这难道可以说是安全吗！纵然有所俘获，依然不足以削弱敌人而与我国的威望相称。如果有万一的失误，那就损失不小；即便因为无功而回被治罪，我全琮宁可以身受罚，也不敢妄自谋取功劳以辜负国家啊！"

　　赤乌九年(公元246)，全琮升任右大司马、左军师。他为人恭顺，善于观察孙权的脸色而在适当的时候进行规劝，言辞从没有直切顶撞的情况。

　　当初，孙权准备围取珠崖和夷州的居民，都曾先问全琮的意见。全琮说："以陛下的神威，什么地方不能攻克？不过这两处都处于远方异域，被高山和大海隔绝，水土含有毒烈的瘴气，自古以来就是这样，派兵进入再把当地居民带出来，必定会生疾病，相互传染；派去的兵都害怕回不来，所俘获的人口又能带回来多少？大量消耗从长江防线上抽调的兵力，以希图万分之一的小利：愚臣心里有所不安。"孙权不听劝告。大军出动历时一年多，士兵患传染病死亡的高达十分之八九，孙权深感后悔。

　　后来在言谈之间提到这件事，全琮回答孙权说："在那个时候，群臣中有不劝谏者，为臣认为他不忠。"

　　全琮既然是孙权的婚亲和重臣，所以家族子弟都蒙受优宠身份尊贵，他得到的赏赐累计有上千斤黄金；但是他依然谦虚待人，脸上毫无骄傲的神色。

　　赤乌十二年(公元249)他去世。他的儿子全怿继承了爵位。后来全怿又接过父亲的领兵权力统带兵马。在援救被围在寿春城的诸葛诞时，他出城首先投降。魏国任命他为平东将军，封临湘侯。全怿哥哥的儿子全祎、全仪、全静等，也一起投降魏国，都在魏国担任过郡太守并且封为列侯。

　　吕岱，字定公，广陵郡海陵县人。他曾当过本郡和本县政府的办事员。后来躲避战乱南渡长江。

孙权统管大事，吕岱到孙权的将军府拜见，被派出去代理吴县县丞的职务。孙权曾经亲自到各县决断有关仓库储备和在押囚犯的公务，各县的县长、县丞都来拜见。吕岱根据法规回答提问，很使孙权满意：于是召他到将军府当录事。

之后孙权派他出外补缺担任余姚县长。吕岱在当地招募精强力壮的男丁为士兵，得到一千多人。会稽郡的东冶等五个县，出现以吕合、秦狼为首的叛乱。孙权任命吕岱为督军校尉，与将军蒋钦等带兵讨伐。结果擒杀吕合、秦狼，平定了五县叛乱。吕岱也升任昭信中郎将。

汉献帝建安二十年（公元215），吕岱指挥孙茂等十员将领，前往参加攻取关羽控制的长沙、零陵、桂阳三郡。当时敌方安成、攸、永新、茶陵四县官员，一起进入阴山县城，合兵抗御吕岱。吕岱发动围攻，对方很快投降，三郡全部攻克平定。孙权留吕岱镇守长沙郡。

安成县的县长吴砀与中郎将袁龙等人，响应服从关羽；再度作乱，吴砀占据攸县，袁龙驻守醴陵县。孙权派横江将军鲁肃进攻攸县，吴砀突围逃跑。吕岱进攻醴陵，擒杀了袁龙。因功升任庐陵郡太守。

延康元年（公元220），吕岱代替步骘为交州刺史。他一到交州，高凉郡的叛军首领钱博就请求投降，吕岱秉承孙权的旨意，任命钱博为高凉郡西部都尉。郁林郡的少数族叛军围攻郡内各县，吕岱前往讨伐将其击溃。

当时桂阳郡下属浈阳县的叛军首领王金，在南海郡的边界上招聚人马，带头作乱为害一方，孙权又下诏派吕岱前去平叛，把王金生擒活捉，用驿车送往京都；总计斩首俘获，达到一万多人。吕岱因功升任安南将军，被授予节杖，封都乡侯。

交阯郡太守士燮去世。孙权委任士燮的儿子士徽为安远将军，兼任九真郡太守；派校尉陈时接替士燮的职务。吕岱上表建议把交州的海南三郡，即交阯、九真、日南，分出来设置交州，以将军戴良为刺史；把交州的海东四郡，即南海、苍梧、郁林、合浦，合起来设置广州，由自己任刺史。朝廷批准后派戴良、陈时南下入境上任；然而士徽不接受命令，举兵驻守在海口一线抵御戴良等人。

于是吕岱呈上奏疏请求讨伐有罪的士徽，指挥三千人马日夜兼程渡海南进。有人对吕岱说："士徽凭借父子两代所施予的恩惠，交州民众都依附他。可不能轻视啊！"吕岱回答说："如今士徽虽然抱着造反的打算，却未曾料到我会猛然杀到。如果我悄悄出兵迅速行动，打他一个冷不防，必定能够击破他！在这里逗留而不赶快行动，使他产生加强防备之心，据城坚守；七个郡的众多少数族，群起响应他：到时候即使是满腹计谋的智多星，谁又能谋取他？"吕岱断然出发。经过合浦郡时，与戴良会合一起前进。

士徽得知吕岱突然来到，果然大为震恐，不知所措；只好领着兄弟六人，脱去上衣露出身体前来迎接吕岱。吕岱将其全部斩首并把头颅用驿车送往京城。士徽的大将甘醴、桓治等带着一批官兵袭击吕岱，吕岱奋力迎战将其打得大败。因功晋封番禺侯。

至此朝廷撤销广州，重新恢复以前的交州。吕岱平定交州的主要地区之后，又进兵扫荡九真郡的叛乱势力，斩首俘虏的叛军数以万计。他还派遣州政府的从事史，到南面的边境之外各国，去宣传大吴国的教化；一直到达扶南、林邑、堂明各国，这些国家的君主各自派遣使者前来吴国朝廷进贡。孙权嘉奖他的功劳，提升他为镇南将军。

黄龙三年(公元231)，因为南方的交州秩序清静安定，所以孙权召吕岱回来驻扎在长沙郡的沤口。碰上这时武陵郡内的蛮族蠢蠢欲动，吕岱与太常潘濬共同前去讨伐平定。

嘉禾三年(公元234)，孙权让吕岱率领潘璋去世后留下的兵马，驻扎在陆口。后来又转移到了蒲圻。

嘉禾四年(公元235)，叛军头目庐陵郡的李桓、路合，会稽郡东冶县的随春，南海郡的罗厉等人同时起兵。孙权立即下诏让吕岱指挥刘纂、唐咨等分兵讨伐。随春自首投降；吕岱委任他为偏将军，让他依然带领原来的人马，从此随春进入官军将领的行列。而李桓、罗厉等人都被斩首，头颅则用驿车送往京都。

孙权为此下诏给吕岱说："罗厉凭借险峻地形作乱，招致砍头的下场。李桓凶恶狡猾反复无常，曾经投降后又反叛；前后出兵讨伐，历时一年未能擒获。不是您规划方略，谁能斩杀他？您忠诚武勇的节操，在这件事情上得到更充分的表现。首恶分子既然清除，大小叛乱势力受到震慑；其余的小股匪徒，就不难干净彻底地消灭了。从今以后，国家永远不再转头望着南方担忧，庐陵、会稽、南海三郡秩序平静，良民百姓不受惊扰；又得到一批从前作恶的人来承担租赋徭役：朕因此大为赞叹。战功赏赐的兑现不能超过一个月，这是国家的恒定制度；至于将士们具体应当如何奖励的规定和衡量，就由您自行裁夺好了。"

潘濬去世之后，吕岱又接替他兼管荆州行政文书的处理，与陆逊一同驻守武昌；同时依旧指挥蒲圻战区的军队。

没过多久，又有一个叫做廖式的人领头作乱，攻打城镇，零陵、苍梧、郁林等郡都受到骚扰。吕岱上表朝廷后随即自行决定领兵出发，星夜兼程南下。孙权派使者追上吕岱任命他为交州牧，又相继调派唐咨等将，跟在吕岱后面前进。吕岱指挥各军转战一年击破叛军，斩杀廖式和他委派的伪临贺郡太守费杨等，及其一批党羽。各郡县全部平定，他又回到武昌。

当时吕岱年已八十。然而他素来精干勤劳，到这样的高龄仍然亲自承办国事。奋威将军张承与吕岱写信说："从前周公旦、召公奭辅佐周朝，《诗经》中有《周南》、《召南》的诗歌赞美他们；而现今与之类似的辅佐大臣，就是您和陆子啊。在忠诚和勤勉上您奋力争先，在功劳面前您又谦虚推让；功勋用权变来建立，教化与正道相吻合。君子赞叹您的德泽，凡人倾慕您的完美。加之文书繁杂，终日接待宾客；您尽管疲乏却不放下公务，尽管辛劳却不显现倦怠。还听说您上马总是自己纵身跳上，从不需要踏着别的东西再跨上马背；像这样的话您就比老当益壮的廉颇还强了！您怎么能事事都如此称心如意呢！《周易》有这样的话：'说礼仪他很恭敬，说道德他很高尚。'您怎么就能包揽了这些美德呀！"

到了陆逊去世之后，由诸葛恪接替陆逊。孙权下令把武昌所管辖的长江防区分为两部分；由吕岱指挥武昌右部，范围从武昌起，到上游的蒲圻。孙权提升吕岱为上大将军，并委任他的儿子吕凯为副军校尉，驻扎在蒲圻监督他所指挥的兵马。

孙亮即位为帝，吕岱升任大司马。

　　吕岱为官清廉，奉公守法，所到之处都有值得称述的业绩。当初他到交州任职，一年多没给家里送去粮食：妻室儿女陷入饥饿的困境。孙权听说后叹息不止，为此责备群臣说："吕岱出发到万里之外，为国事辛劳；他的家眷生活出现困窘，而朕却不能早点知道。辅佐朝政和访察情况的官员，你们的责任心在哪里？"于是立即下令赐给吕岱家眷钱、米、布、绢等，而且每年都要按一定的限量发给。

　　起初，吕岱的亲近侍从吴郡人徐原，志气奋发而有才能。吕岱知道他可以成器，就送给他头巾、单衣，与他言谈议论；后来又举荐提拔他，他官做到侍御史。徐原生性忠诚刚强，喜欢直言不讳；吕岱有时出现过失，徐原总是要劝谏，并且在公开场合加以评论。有人把这些情况告诉吕岱，吕岱叹息说："这就正是我看重他的原因啊！"徐原去世，吕岱哭悼他时极为沉痛，说道："德渊！您是我的益友。如今不幸长辞，以后我吕岱又在什么地方去得知自己的过失呀？"议论的人都赞美不已。

　　孙亮太平元年（公元256），吕岱九十六岁时去世。儿子吕凯继承了他的爵位。吕岱临终前留下遗命：用不加油漆涂饰的本色棺材装敛，身上穿戴粗布做的头巾和单衣；各类殉葬用品的规定，务必遵从节约俭朴的原则。吕凯都一一照办了。

　　周鲂，字子鱼，吴郡阳羡县人。他年轻时就好学。被本郡太守举荐为孝廉，朝廷任命他为宁国县长。又转任怀安县长。钱唐县一股强大地方势力的首领彭式等人，像蚂蚁一般聚合起来造反，孙权以周鲂担任钱唐侯相；只用了个把月时间，他就斩杀了彭式和他的党羽。因功升任丹杨郡都尉。孙权黄武年间，鄱阳郡内一股强大地方势力的首领彭绮又起来作乱，攻陷该郡下属各县。于是任命周鲂为鄱阳郡太守，与胡综合力攻讨；结果把彭绮生擒活捉，送往当时的都城武昌。周鲂升任昭义校尉。

　　这时他接到孙权的命令，要他秘密寻求山区中出身老家族的著名地方势力首领，而且北方魏国也久闻其名者，让他们出面去诈降，引诱魏国的大司马兼扬州牧曹休。周鲂的回答认为："民间地方势力首领之类的小人物恐怕靠不住，事情如有泄漏，就不能把曹休引来。"所以请求让自己直接出面派亲信去引诱曹休,并给曹休带去了以下七份密信。

第一份密信说:"我周鲂三生有幸,得以成为大司马您治理的扬州境内一名居民;可惜远隔长江,对您的恭敬未能表示;遥望云天,上天确实可以证明我的忠诚。由于我的精诚感染力微薄,名声和地位也不显耀;即使我对您的仰慕极度迫切,又借助什么才能见到您的光辉形象呢?狐狸死时头会朝着自己出生的山丘,人的情怀总是要眷恋自己的根本;然而我因为迫于受到的管制,不能前来晋见行礼。每当我独自一人翘首向西边您所在的方向眺望,没有哪一次不日夜忧叹,辗转难眠啊!现今借助机会,得以向您陈述过去一直藏在心里的志向;不是神灵启示我这么做,岂能够实现这一愿望?我忍不住要抬头踮脚,把命运寄托在万里之外您的身上。现在谨派遣亲信人员董岑、邵南,借口反叛而送上密信;事情的由来变化,在另外的纸上写明。希望大司马您能以自己日月一般明亮的光辉,照见远方小民的心意,永远让归顺的人有所依靠。"

第二份密信说:"我周鲂处在边远的东南一隅,因为长江的分隔,所以您的恩泽教化,我至今未能得到;而我却在荒山野岭之中,远远向您陈述内心的情怀;我很害怕您从大义上考虑,对我的倾诉不予信任和接受。世间上万物受到感发都会激动,计谋则因为变故而发生,古往今来情况相同。我在这里出仕当了郡太守,开初的心愿已经得到满足;本来我也想把吴主的这一恩情铭记心中努力报答,并且立下誓言永无二心。可是又哪里想得到最近竟然横遭谴责,转瞬之间大祸临头,危如累卵;向前进一步就能离开这里投奔大魏获得安全,向后退一步只有受诬陷成为枉死之鬼。虽然我的志向品行微不足道,活着和死去都是一样对社会毫无影响;但是一想到死得冤枉,能不心情怅然吗!

因此才斗胆仿效古人,弄清楚自己的归宿;以拳拳之心向您表达感情,陈述内心的愿望。我请求大司马您能把春雨一般的恩泽施与我,同情并拯救我脱离危险;请您千万不要猜疑,拒绝我的献身。这件事如果泄露,我将受到难以预计的大祸;这不仅会有损您的仁慈,打乱您的计划;而且还会使那些仰慕教化的人们断绝投诚的念头。所以殷切希望大司马注意前代类似的事例，可怜我而同情我；留心把我派来的使者隐蔽好，并迅速赐给秘密回复。我将随时观察您的动态，等候举兵响应。"

第三封密信说："我所接替的前任太守是广陵郡人王靖，他从前也因为郡内百姓造反，受到严厉的谴责。王靖一再陈述解释，然而始终得不到谅解；他才秘密定下计策，想到北方来投诚：不幸消息走漏，连他家里的婴儿都惨遭屠杀。我不仅亲眼看到这场惨祸，而且发觉东边这位君主一旦对你非议鄙薄，即便你才德再好也不再受到厚待；虽然暂时放过了你，最终仍旧要被铲除。他而今又让我兼任这个郡的太守职务，无非想要求我今后做出达不到的成效，心中抱的是必定杀掉周鲂的意图啊。目前我虽然还活着，心中却焦急万分；不知自己这条小命，究竟断送在何时？人生活在世间，寿命的存在就像白驹过隙一般短暂；时时刻刻都心存恐怖，这种痛苦还能说吗！所以我只有向您陈述自己的真实想法，一再剖白内心；然而又担心自己身份卑贱，不能被您采纳。但愿大司马您能稍微留意详察，揣度我所说的一切。

现今这鄱阳郡的大部分武装民众，虽然表面上说是投降官府纷纷自首了，可是他们人依旧在山区野外；正在窥测机会，再度举兵作乱。他们举兵作乱之日，就是周鲂我被砍头之时。东边这位君主近来又在暗中部署众将，企图要向北进攻；吕范、孙韶等将进入淮河，全琮、朱桓直趋合肥，诸葛瑾、步骘、朱然指向襄阳，陆逊、潘璋等将进攻梅敷。而东边这位君主则亲自带领中军大营，前去突袭石阳。另外又派他的堂弟孙奂加固安陆城，在这里修建粮食物资仓库；用车载运钱粮，作为军事储备。又联络蜀国的诸葛亮，让他出兵进攻关西地区。原来在长江防线上驻守的众将现在都调上前线，才留了三千左右的人马保卫武昌。如果大司马您派出一万军队从皖县向南挺进到长江边，我将立即从这里带领和鼓励官员百姓，作为内应。这边的各个郡，前后举兵起事，结果都在将要成功时失败了，原因就在于没有外援。如果北方的军队同时赶到吴境，发布檄文到各个属县；那么我们这里日夜思念歌颂大魏的民众，谁不踮起脚盼望从而群起响应啊？但愿大司马您能上观天时，下察人事，中间再用卦筮来占卜情况作为参考；

那么就足以明白我所说的不是谎话了。"

第四份密信说:"我所派来的董岑、邵南二人,从小在我家长大;我亲近他们信任他们,把他们当作自己的亲生儿子。所以特别派遣他们带上密信,假借反叛为托词;只让他们心领神会,而不在口中明确说出;即使是骨肉至亲,也没有人知道这件事。我还指示他俩:说到达您的州政府后应当声言是去投降,这是想让从北方叛逃到这边的人传说开去。

我定下计划之后,一切就听随天意安排了:如果成功,就有生存保全的福分;万一泄漏,就有满门抄斩的大祸。因此我常常在半夜仰望天空,向星辰祷告起誓。我的精诚感染力微小,岂能感动上苍?只不过事势危急孤单无援,唯有上天可以对之倾诉了。从派出使者那一天起,我就不断产生出面临死亡的恐惧感觉;身体虽然还在,可是精神完全死了,丧魂落魄恍恍惚惚。我害怕大司马您还不完全相信我的诚意,所以您可以把董岑、邵南当中任何一个人留下,作为以后的送信使者;由另外一人带上您的指示回来。带您的指示回来时,依然应当说是后悔当初叛逃所以回来自首。东边这位君主有固定的条令:后悔叛逃又回来的,都原谅免除他们的罪过。像这样就可以把出去和回来的漏洞都堵塞得严严实实,永远看不出痕迹。我的生命悬挂在半空中,向西边眺望着写这封信时泪如雨下啊!"

第五份密信说:"鄱阳郡的百姓,确实有很多都是愚昧而又强悍的人。带领他们去服官府的徭役,他们决不会立即响应你;可是如果有人鼓动其作乱,他们就会闻风响应。而今虽然他们都降服自首了,问题并未真正解决;他们在山中居住草里躲藏,作乱的心依然存在。眼下东边这位君主又打主意大举兴兵,倾国出动;长江防线空虚,各军事据点兵力减少,只有一些监视军队动态的官员在驻地。如果在这时候鼓动鄱阳的民众,一下子就能得到有利机会;但是总归要有外援,内外联合;不然还是会像以往那样,没有任何成功。

现在大司马您如果能经过皖县直插长江边,我会在对面南岸的历口举兵响应。即便不能径直到达北岸,也可以停留在距北岸一百里左右的地方;让这里的老百姓知道北方的大军在那里,也就很好了。这里的百姓并不是因为饥寒交迫才甘愿拿起兵器造反，而是被从军服役弄得痛苦不堪，因此盼望归附北方。只不过他们以往都在逼得无路可走时才起来，得不到及时的响应支援，所以很快就陷入灾祸当中。假使现今能让石阳以及青州、徐州的大魏军队首尾相接，牵制住这边前往进攻的人马，使他们不能迅速退回的话，那就好上加好了。我生在长江、淮河一带，长于观察这里的政治变化；看到现今的有利机会，可以保证动手一百次就取得一百次的成功。时机一旦错过不再来，所以斗胆向您陈述内心的想法。"

第六份密信说："东边这位君主对此前未能攻克石阳县很觉得憾恨，这一次出动，大量调集新兵；又派潘濬在荆州征调少数族和汉族百姓从军，而且人数很多。听说他已经预先作出规定，作战时应当把新入伍的和体质虚弱的士兵放在前面，精兵放在后面。攻城的时候，说是要用体质虚弱的兵去填充战壕，以保证城池能及时攻破；虽然还未能付诸实行，却是已经确定的大体方针。我担心石阳县城小，不能长久牵制住前往进攻的吴军；故而盼望大司马您尽快来救援，而且应当行动快速秘密。王靖的变故，就是近期的前车之鉴。

我今天来献身，命运的决定并不在上天，而在大司马您啊。假如得到您的救援亲自率军前来，必定可以成功；假如救援不及时，我会和王靖一样遭受灾祸。此前彭绮在这里举兵起事时，听说大司马您的军队已经到达逢龙，鄱阳郡的百姓无论年龄大小都欢喜得很，一心想立功。如果当时大军再停留个把月，事情就会取得巨大成功；遗憾的是大军很快离去如同闪电划过，这里的官府得以增调兵力专门对付彭绮，彭绮才告失败。但愿大司马您能深深考虑我这些话。"

第七份密信说："而今要办大事，没有爵位官号，不能勉励将士。请求大司马您能送来将军、侯爵的印章各五十方，中郎将的印章一百方，校尉、都尉的印章各二百方；使我能授给各位首领，奖励他们的大志。并请求再送来几十面大司马的仪仗队旗帜，作为标志；使山区中的官员百姓一看到后，就知道弃吴投魏的事情已经决定，大司马前来救援的计划也确定无疑无可改变。

　　另外，魏、吴之间彼此投降叛逃的事每日每月都有发生；情况的虚实，总会有人得知。今天商议的大事，有关文书最好绝对保密；如果大司马看了我的密信，请能秘密保藏。我知道大司马您一直有智谋和计算，必定有周密的防备和考虑。不过我因为心怀忧恐而震惊焦灼，所以报告的文书接连不断：请您不要怪罪。"

　　周鲂在这时另外又向孙权秘密上了一道表章，说："当前北方有逃脱惩罚的敌人，据守黄河、洛水一带；长久没有受到天子的诛罚，擅自霸占了北方。为臣一直未能进献奇谋举荐人才，对上为殿下的宏大教化增加光彩贡献力量，在此只能表达自己万分之一的感激之情；心中忧虑得就像它受到木棒的捣击一样，每天只能穿着衣服打盹而无法安眠。圣明的殿下就好比上天一般覆盖保护我，宽容为臣没有什么报效的过失；发出优待的诏命指示为臣：因为此前引诱逆贼曹休，可惜未能按原计划实现；所以要为臣在本郡山区寻求被北方敌军知道的地方势力首领，命令他们与北方交往。为臣跪着考虑，心中又是喜悦又是惶恐，私下担心这样的人难以一下子找到；就算是找到了，也怕不能信任。不如直接让为臣去诈骗曹休，从计谋上考虑更有利。这是为臣盼望了多年之后，才碰上的千载难逢报效机会；因此才自我督促勉励，竭尽微薄力量，撰写了欺骗引诱曹休的书信草稿，在另外的纸上誊清呈上。为臣知道自己没有古人那样出奇制胜的计谋，加上猛然接到殿下的宏图大略，为臣因恐惧愚昧而不知所措；生怕举动轻率笨拙，辜负了陛下特别施与的恩典，所以心怀忧虑焦灼不安。为臣听说唐尧先于天时行事而不违背天道，他能向割草打柴的人广泛征求意见，以完成盛大的功勋。朝廷神妙的计划，在于一定要把曹休引到掌握之中，神灵支持圣上的打算，曹休必定会把自己送来；大吴王朝的雄兵，会把敌人一扫而光，威风的发挥如同迅雷闪电，天下的人民从此就幸运无比了。为臣谨跪拜呈上表章，同时呈上写给曹休书信的草稿。害怕我短浅的智谋难以发挥作用，追想起来不禁恐惧得连连叹息！"

　　不久周鲂得到孙权的批复准予施行。曹休果然信了周鲂的话，亲自带领步兵、骑兵共十万人马，载运军用物资的车辆挤满道路，径直进入皖县地界。周鲂也召集军队，随从陆逊从侧面去截击曹休；结果曹休的大军被打得土崩瓦解，被斩首俘虏的兵将数以万计。周鲂当初实施秘密计划时，不断有朝廷的郎官奉了孙权的诏命前来追问各项公务。周鲂也亲自赶到扬州的州政府，在部郡国从事史的官署门前，剪掉头发谢罪；这一切曹休都知道了，所以不再怀疑周鲂。

吴军大捷之后凯旋，孙权大摆庆功酒宴犒劳众将。酒酣耳热之际，孙权对周鲂说："您不惜剪掉头发显示忠义，成就了孤王的大事。您的功勋名声，应当写在史册上！"于是提升周鲂为裨将军，封关内侯。

叛军首领董嗣凭借险阻地形四处抢掠，豫章、临川两郡都深受其害。吾粲、唐咨曾经率三千兵马进攻和围困董嗣，一连几个月也没有攻克。

周鲂上表孙权请求撤回军队，让自己根据情况进行有利而恰当的处理。得到批准后周鲂即派出间谍，亲自布置计策，引诱董嗣出来让埋伏的刺客将其刺杀。董嗣的弟弟十分恐惧，跑到武昌去投降陆逊；请求迁到平原地带，改恶从善：从此这几个郡不再担惊受怕了。

周鲂在鄱阳郡任职十三年后去世。他当官能赏善罚恶，威恩兼施。

他的儿子周处，也有文武才干。孙皓天纪年间担任东观令、无难分队指挥官。

钟离牧，字子干，会稽郡山阴县人。是汉朝鲁国国相钟离意的七代孙。他年轻时迁居到本郡的永兴县，亲自开垦土地。种了二十多亩水稻，水稻临近成熟时，县里有一个人来辨认后说这块地是自己的。钟离牧说："本来因为这块地荒着，所以才开垦了它。"于是把水稻给了那人。

县长听说此事，召来那人，要对他绳之以法。钟离牧亲自赶去为他求情。县长说："您仰慕从前的承宫，自己愿意做好事；但是我作为人民的主官，应当用法令统率下面的百姓，怎么能不管公家的法令而听从您的请求呢？"钟离牧说："这里是会稽郡的西部边界，由于您盛情照顾，所以迁来暂住。而今因为少量的水稻而杀了这人，我还有什么心情留下来呢？"他出门后，就回家收拾行装，要回山阴老家；县长亲自前去劝住他，为他释放了那人。

那人羞惧交加，带领妻室儿女把这块地所产稻谷舂出来的六十斛米，送还钟离牧。钟离牧却闭门不受；那人只好把米都放在路旁边上，没有人去取为己有。钟离牧因此而出了名。

孙权赤乌五年（公元 242），钟离牧从郎中补缺，担任太子辅义都尉。升任南海郡太守。后来回京城担任丞相府的长史。转任司直。又升中书令。

碰上建安、鄱阳、新都三郡山区的百姓造反，钟离牧出任监军使者，讨伐平定了这场叛乱。叛军首领黄乱、常俱等，把他们的部属交了出来，编入官府军队去服兵役。钟离牧因功封秦亭侯，并担任越骑校尉。

孙休永安六年（公元 263），蜀国被魏国吞并。而武陵郡五溪一带的少数族与蜀国接界，当时的舆论怕他们趁机叛乱；朝廷立即任命钟离牧为平魏将军，兼任武陵郡太守，前往该郡上任。魏国则派遣汉葭县长郭纯，代理武陵郡太守职务，率领一批涪陵郡的百姓进入吴国武陵郡的迁陵县地界；驻扎在赤沙，在这里招引各少数族的首领。有的少数族首领起兵响应郭纯，同时还进攻武陵郡的酉阳县；郡中一片惊慌。

钟离牧问郡政府的官员说："西边的蜀国覆亡，我国边境受到侵犯，用什么办法抵御呢？"官员们都说："现今迁陵、酉阳二县位于险峻的山区，各少数族在那里举兵抵抗。这时不能出动军队去惊扰，一惊扰会有更多的少数族聚合纠集在一起；应当采用逐渐安抚的手段，可以派遣有恩德信誉的官员前往慰劳。"钟离牧说："不行！敌军从境外入侵，欺骗引诱我国人民，应当趁他们根基不深的时候前往扑灭，这是救火时动作越快越好的同样形势啊。"于是指示外面的军队赶快做好出发准备；下属官员如果有人发表意见阻止，立即以军法处置。

抚夷将军高尚不是钟离牧的下属，所以敢劝阻他说："从前太常卿潘濬调齐五万兵马，才出动讨伐五溪的少数族叛军。当时蜀国与我国结为盟国，各少数族大多服从教化；现今既失去蜀国的外援，而郭纯又已占领了迁陵；您只带领三千士兵深入，我看不出有什么优势啊。"钟离牧说:"面临非常事变,怎能沿袭旧例!"立即带领本部人马起早摸黑赶路,攀缘险峻的山间小道,急行军将近两千里。从险要地点登上高处,斩杀了带头作乱怀有二心的少数族首领一百多人,以及其党羽一千多人;郭纯等人逃跑,五溪地区全部平定。

钟离牧因功升任公安战区的军事指挥官、扬武将军,封都乡侯。不久又转任濡须战区军事指挥官。后来他升任前将军,被授予节杖,再度兼任武陵郡太守。

最终他死在任上。死时家中没有多余的财产,部下的将士和当地的百姓都很思念他。他的儿子钟离祎继承他的爵位,接替他统领兵马。

评论说:山越族人喜欢进行叛乱,难以安定而易于扰动;所以孙权没有时间抵御外敌,只好向魏国呈上措辞谦卑的文书称臣。这一卷中的各位臣僚,都是能够平定山越族人造成的内部祸难,从而使国家安宁清静的人物。吕岱清廉恭敬,一心为公。周鲂的谋略奇妙多变。钟离牧能够遵照忠厚长者的为人规范来行事。全琮具有从政才能,在当时地位尊贵重要;可惜他不能约束自己奸恶的儿子,结果受到讥评而毁了名声。

潘濬陆凯传第十六

潘濬字承明，武陵汉寿人也[1]。弱冠从宋仲子受学[2]。〔一〕年未三十，荆州牧刘表，辟为部江夏从事[3]。时沙羡长赃秽不修[4]，濬按杀之[5]，一郡震竦。后为湘乡令[6]，治甚有名。

刘备领荆州，以濬为治中从事[7]。备入蜀，典留州事[8]。

孙权杀关羽，并荆土；拜濬辅军中郎将[9]，授以兵。〔二〕迁奋威将军，封常迁亭侯。〔三〕

权称尊号[10]，拜为少府。进封刘阳侯。〔四〕迁太常。

五溪蛮夷叛乱盘结，权假濬节，督诸军讨之；信赏必行，法不可干；斩首获生，盖以万数。自是群蛮衰弱，一方宁静。〔五〕先是，濬与陆逊俱驻武昌，共掌留事[11]。还[12]，复故。

【注释】

〔1〕汉寿：县名。县治在今湖南常德市东北。 〔2〕弱冠：二十岁左右的年纪。 宋仲子：名忠，字仲子。南阳郡（治所在今河南南阳市）人。东汉末年荆州的著名学者，荆州学派的领袖人物。事见本书卷六《刘表传》裴注引《英雄记》、卷四十二《尹默传》。 〔3〕部江夏从事：官

名。荆州牧刘表的下属，负责催促江夏郡的公文，监察该郡官员。〔4〕沙羡(yí)：县名。县治在今湖北武汉市长江南岸。 不修：指不守法纪。 〔5〕按：查办。 〔6〕湘乡：县名。县治在今湖南湘乡市。〔7〕治中从事：官名。即治中从事史。州行政长官的下属，负责州政府内官员的选拔任用及其他事务。 〔8〕典：负责管理。 留州：留守的州政府。 〔9〕辅军中郎将：官名。领兵征伐。 〔10〕称尊号：指称帝。 〔11〕留事：留守公务。当时孙权移都建业，故都武昌和上游的荆州留陆逊、潘濬辅佐太子孙登留守。 〔12〕还：讨伐五溪蛮后回来。

【裴注】

〔一〕《吴书》曰："濬为人聪察，对问有机理。山阳王粲，见而贵异之。由是知名，为郡功曹。"

〔二〕《江表传》曰："权克荆州，将吏悉皆归附，而濬独称疾不见。权遣人以床就家舆致之，濬伏面著床席，不起；涕泣交横，哀咽不能自胜。权慰劳与语，呼其字曰：'承明！昔观丁父，鄀俘也，武王以为军帅；彭仲爽，申俘也，文王以为令尹。此二人，卿荆国之先贤也；初虽见囚，后皆擢用，为楚名臣。卿独不然，未肯降意；将以孤异古人之量邪？'使亲近以手巾拭其面，濬起，下地拜谢。即以为治中，荆州诸军事，一以咨之。武陵部从事樊伷，诱导诸夷，图以武陵属刘备；外白'差督，督万人往讨之'。权不听，特召问濬。濬答：'以五千兵往，足可以擒伷！'权曰：'卿何以轻之？'濬曰：'伷是南阳旧姓，颇能弄唇吻，而实无辩论之才。臣所以知之者，伷昔尝为州人设馔：比至日中，食不可得，而十余自起。此亦侏儒观一节之验也。'权大笑而纳其言，即遣濬将五千往：果斩平之。"

〔三〕《吴书》曰："芮玄卒，濬并领玄兵，屯夏口。玄字文表，丹杨人。父祉，字宣嗣。从孙坚征伐有功，坚荐祉为九江太守。后转吴郡，所在有声。玄兄良，字文鸾。随孙策平定江东，策以为会稽东部都尉。卒，玄领良兵，拜奋武中郎将。以功封溧阳侯。权为子登拣择淑媛；群臣咸称玄父祉、兄良，并以德义文武显名三世：故遂聘玄女为妃焉。黄武五年卒。权甚愍惜之。"

〔四〕《江表传》曰："权数射雉。濬谏权，权曰：'相与别后，时时暂出耳；不复如往日之时也。'濬曰：'天下未定，万机务多；射雉非急，弦绝括破，皆能为害。乞特为臣故，息置之。'濬出，见雉翳故在，乃手自撤坏之。权由是自绝，不复射雉。"

〔五〕《吴书》曰："骠骑将军步骘屯沤口，求召募诸郡以增兵。权以问潜，潜曰：'豪将在民间，耗乱为害；加骘有名势，在所所媚：不可听也。'权从之。中郎将豫章徐宗，有名士也，尝到京师，与孔融交结；然儒生诞节，部曲宽纵，不奉节度，为众作殿。潜遂斩之。其奉法不惮私议，皆此类也。归义隐蕃，以口辩为豪杰所善；潜子翥，亦与周旋，馈饷之。潜闻大怒，疏责翥曰：'吾受国厚恩，志报以命；尔辈在都，当念恭顺，亲贤慕善；何故与降虏交，以粮饷之？在远闻此，心震面热，惆怅累旬。疏到，急就往使，受杖一百，促责所饷！'当时人咸怪潜。而蕃果图叛诛夷，众乃归服。"

《江表传》曰："时潜姨兄零陵蒋琬，为蜀大将军。或有间潜于武陵太守卫旌者，云潜遣密使与琬相闻，欲有自托之计。旌以启权，权曰：'承明不为此也！'即封旌表以示于潜；而召旌还，免官。"

时校事吕壹，操弄威柄，奏按丞相顾雍、左将军朱据等：皆见禁止[1]。黄门侍郎谢厷，语次问壹[2]："顾公事何如？"壹答："不能佳。"厷又问："若此公免退，谁当代之？"壹未答厷。厷曰："得无潘太常得之乎[3]？"壹良久曰："君语近之也。"厷谓曰："潘太常，常切齿于君，但道远无因耳[4]。今日代顾公，恐明日便击君矣[5]！"壹大惧，遂解散雍事。

潜求朝诣建业，欲尽辞极谏。至，闻太子登已数言之而不见从；潜乃大请百僚，欲因会手刃杀壹；以身当之，为国除患。壹密闻知，称疾不行。

潜每进见，无不陈壹之奸险也。由此壹宠渐衰，后遂诛戮。权引咎责躬[6]，因诮让大臣[7]。语在权传[8]。

赤乌二年，潜卒。子翥嗣。潜女，配建昌侯孙虑。〔一〕

【注释】

〔1〕见禁止：(行动)受到限制。　〔2〕语次：言谈中间。　〔3〕得无：是否。　〔4〕无因：没有机会。　〔5〕击：刺杀。　〔6〕责躬：责备自己。　〔7〕诮让：讥诮责备。　〔8〕权传：即本书孙权传记的简称。下文的"皓传"等情况与此相同。

【裴注】

〔一〕《吴书》曰："纛字文龙。拜骑都尉。后代领兵，早卒。纛弟秘，权以姊陈氏女，妻之。调湘乡令。"

《襄阳记》曰："襄阳习温，为荆州大公平。大公平，今之州都。秘过辞于温，问曰：'先君昔(因)〔曰〕君侯当为州里议主，今果如其言；不审州里谁当复相代者?'温曰：'无过于君也!'后秘为尚书仆射，代温为公平，甚得州里之誉。"

陆凯字敬风，吴郡吴人。丞相逊族子也。

黄武初，为永兴、诸暨长〔1〕，所在有治迹。拜建武都尉〔2〕，领兵。虽统军众，手不释书。好《太玄》，论演其意，以筮辄验〔3〕。赤乌中，除儋耳太守〔4〕。讨朱崖，斩获有功，迁为建武校尉〔5〕。

五凤二年，讨山贼陈毖于零陵，斩毖，克捷；拜巴丘督，偏将军〔6〕，封都乡侯。转为武昌右部督〔7〕。与诸将共赴寿春。还，累迁荡魏、绥远将军。

孙休即位，拜征北将军，假节，领豫州牧。

孙皓立，迁镇西大将军，都督巴丘〔8〕，领荆州牧，进封嘉兴侯。孙皓与晋平〔9〕，使者丁忠自北还，说皓弋阳可袭；凯谏止，语在皓传。

宝鼎元年，迁左丞相〔10〕。皓性不好人视己，群臣侍见，皆莫敢迕。凯说皓曰："夫君臣无不相识之道；若猝有不虞，不知所赴。"皓听凯自视〔11〕。

【注释】

〔1〕诸暨：县名。县治在今浙江诸暨市。 〔2〕建武都尉：官名。领兵征伐。 〔3〕辄：总是。 〔4〕儋（dān）耳：郡名。治所在今海南儋州市西北。 〔5〕建武校尉：官名。领兵征伐。 〔6〕巴丘督：官名。巴丘战区的军事指挥官。巴丘为地名，在今湖南岳阳市。 〔7〕武昌右部督：官名。负责镇守荆州长江防线中从武昌（今湖北鄂州市）至蒲圻（今湖北赤壁市西北）一大段，治所在蒲圻。 〔8〕都督巴丘：负责指挥巴丘附近长江大段防线的驻军。孙吴在长江沿线军事要地设置小战区，其长官称督；若干小战区连成大段防线，设高级长官总指挥，叫做都督。〔9〕平：讲和。 〔10〕左丞相：官名。孙皓时设置左、右丞相，共同辅佐皇帝处理国事。 〔11〕自视：看自己。

皓徙都武昌；扬土百姓溯流供给〔1〕，以为患苦。又政事多谬，黎元穷匮〔2〕。凯上疏曰：

臣闻有道之君，以乐乐民；无道之君，以乐乐身。乐民者，其乐弥长；乐身者，不乐而亡。夫民者，国之根也；诚宜重其食，爱其命。民安则君安，民乐则君乐。

自顷年以来，君威伤于桀、纣〔3〕，君明暗于奸雄，君惠闭于群孽〔4〕。无灾而民命尽，无为而国财空；辜无罪〔5〕，赏无功；使君有谬误之愆，天为作妖〔6〕。而诸公卿，媚上以求爱，困民以求饶〔7〕；导君于不义，败政于淫俗：臣窃为痛心！今邻国交好〔8〕，四边无事；当务息役养士，实其廪库〔9〕，以待天时。而更倾动天心，骚扰万姓；使民不安，大小呼嗟：此非保国养民之术也。臣闻吉凶在天，犹影之在形，响之在声也。形动则影动，形止则影止；此分数乃有所系〔10〕，非在口之所进退也〔11〕。

昔秦所以亡天下者，但坐赏轻而罚重[12]，政刑错乱，民力尽于奢侈；目眩于美色，志浊于财宝；邪臣在位，贤哲隐藏；百姓业业[13]，天下苦之：是以遂有覆巢破卵之忧。汉所以强者，躬行诚信，听谏纳贤；惠及负薪[14]，躬请岩穴[15]；广采博察，以成其谋：此往事之明证也。近者汉之衰末，三家鼎立；曹失纲纪[16]，晋有其政。又益州危险[17]，兵多精强；闭门固守，可保万世。而刘氏与夺乖错[18]，赏罚失所；君恣意于奢侈，民力竭于不急。是以为晋所伐，君臣见虏：此目前之明验也。

臣暗于大理，文不及义[19]；智慧浅劣，无复冀望：窃为陛下惜天下耳！臣谨奏耳目所闻见，百姓所为烦苛，刑政所为错乱；愿陛下息大功，损百役[20]，务宽荡[21]，忽苛政[22]。

又武昌土地，实危险而瘠确[23]，非王都安国养民之处；船泊则沉漂，陵居则峻危[24]。且童谣言："宁饮建业水，不食武昌鱼；宁还建业死，不止武昌居！"臣闻翼星为变[25]，荧惑作妖[26]；童谣之言，生于天心，乃以安居而比死：足明天意，知民所苦也。

臣闻国无三年之储，谓之非国。而今无一年之蓄，此臣下之责也。而诸公卿，位处人上，禄延子孙；曾无致命之节[27]，匡救之术；苟进小利于君，以求容媚；荼毒百姓，不为君计也。自从孙弘造义兵以来[28]，耕种既废，所在无复输入[29]；而分一家父子异役[30]，廪食日张[31]，蓄积日耗；民有离散之怨，国有露根之渐[32]，而莫之恤也。民力困穷，鬻卖儿子[33]；调赋相仍[34]，日以疲极。所在长吏，不加隐括[35]；加有监官，既不爱民，务行威势，所在骚扰，更为烦苛：民苦二端，财力再耗，此为无益而有损也。愿陛下一息此辈[36]，矜哀孤弱，以镇抚百姓之心；此犹鱼鳖得免毒螫之渊，鸟兽得离罗网之纲，四方之民襁负而至矣[37]。如此，民可得保，先王之国存焉。

臣闻五音令人耳不聪[38]，五色令人目不明[39]；此无益于政，有损于事者也。自昔先帝时，后宫列女，及诸织络[40]，数不满百；米有蓄积，货财有余。先帝崩后，幼、景在位[41]；更改奢侈，不蹈先迹。伏闻织络及诸徒坐[42]，乃有千数；计其所长[43]，不足为国财；然坐食官廪，岁岁相承，此为无益。愿陛下料出赋嫁[44]，给与无妻者。如此，上应天心，下合地意，天下幸甚！

臣闻殷汤取士于商贾[45]，齐桓取士于车辕[46]；周武取士于负薪[47]，大汉取士于奴仆[48]。明王圣主取士以贤，不拘卑贱；故其功德洋溢，名流竹素[49]；非求颜色而取好服、捷口、容悦者也[50]。臣伏见当今内宠之臣，位非其人，任非其量[51]；不能辅国匡时，群党相扶，害忠隐贤。愿陛下简文武之臣[52]，各勤其官；州牧督将，藩镇

方外；公卿尚书，务修仁化；上助陛下，下拯黎
民；各尽其忠，拾遗万一。则康哉之歌作[53]，刑
措之理清[54]。

愿陛下留神，思臣愚言。

【注释】

〔1〕扬土：扬州。 〔2〕黎元：百姓。 〔3〕伤于桀、纣：被类似夏
桀、商纣的举动所损伤。夏桀，名履癸。夏代的最末一个君主，残酷暴
虐，被商汤击败，出奔南方而死。事见《史记》卷二《夏本纪》。
〔4〕惠：恩惠。 闭于群孽：被一批邪恶的人所阻塞。 〔5〕辜无罪：使
无罪的人冤枉受害。 〔6〕天为作妖：上天为之呈现异常的现象（以示警
告）。 〔7〕求饶：谋求优厚的(私利)。 〔8〕邻国：指西晋。 〔9〕廪
库：仓库。 〔10〕分(fèn)数：指命运气数。 〔11〕口之所进退：口头
上说的话能够产生影响。 〔12〕坐：因为。 〔13〕业业：危惧的样子。
〔14〕负薪：背柴。这里指背柴的人。 〔15〕岩穴：岩洞。这里指在山
林隐居的隐士。 〔16〕纲纪：法制。 〔17〕危险：指周围地形的陡峻
险要。 〔18〕与夺：给与和剥夺。指赏罚。 〔19〕义：道理。
〔20〕损：减少。 〔21〕务：致力于。 宽荡：宽宏大量。 〔22〕忽：
减除。 〔23〕瘠确：土质的瘠薄。 〔24〕陵居：在大土山上居住。
〔25〕翼星：星宿名。即二十八宿中南方朱雀七宿的翼宿，共有星二十二
颗。按《史记》卷二十七《天官书》的说法，翼宿是荆州的对应星宿，
翼宿所在的异常天象，预兆荆州将有灾祸。而荆州是孙吴的地域。
〔26〕荧惑：古代称火星为荧惑。又认为荧惑出现预兆有战争等各种灾祸
发生。 〔27〕致命：献身。 〔28〕孙弘：事见本书卷五十二《张昭传
附张休传》。 义兵：义务兵役。实际上当时是强制性征调民丁为兵。
〔29〕输入：给国家上交的赋税收入。 〔30〕异役：在不同地方服役。
〔31〕廪食：公家供给的口粮。 〔32〕露根：比喻基础受到危害。
〔33〕鬻(yù)：卖。 〔34〕调(diào)：当时把民户向国家缴纳的绵、麻、
布、绢等实物称为调。调的实质是一种人头税，但当时常以户为单位收
缴实物。 赋：这里指土地税。当时也以实物形式即谷物来缴纳。 仍：
重复。 〔35〕隐括：纠正竹木弯曲的工具。这里指纠正。 〔36〕一息：
一概停止。 〔37〕襁(qiǎng)：背婴儿的布带。襁负指背着婴儿。
〔38〕五音：即中国古代音乐中五声音阶的宫、商、角、徵(zhǐ)、羽。

这里指音乐。 〔39〕五色：即青、赤、黄、白、黑五种颜色。古代认为这五种是正色，其他颜色是杂色。这里指各种色彩艳丽的东西。〔40〕织络：孙吴皇宫中从事纺织、缝纫等手工劳作的宫女。 〔41〕幼：指幼帝孙亮。 景：指景帝孙休。 〔42〕徒坐：受犯罪亲属的连累而被送到皇宫作苦工的女子。 〔43〕长：增长。指制造产品而使财富增长。〔44〕料：选。 赋嫁：分配(对象而使之)婚嫁。 〔45〕商贾(gǔ)：商人。这里指伊尹。传说伊尹曾在酒店当过伙计，见《鹖冠子》卷十二。〔46〕车辕：这里指曾经当过赶车人的宁戚。宁戚，春秋时卫国人。有才能，想效力于齐桓公，但因出身贫困而难以进见，于是充当赶车人到齐国，找寻机会得见齐桓公，受到重视，见《吕氏春秋·举难》。〔47〕负薪：背柴。比喻低贱的人。 〔48〕奴仆：这里指季布。他曾任项羽部将，多次攻逼刘邦。刘邦得天下，他混在奴仆中躲藏起来，后得到刘邦的赦免和任用，见《史记》卷一百《季布传》。 〔49〕竹素：即竹帛。指史书。〔50〕好服：(穿着)好衣服。 捷口：口齿伶俐。 容悦：迎合讨好。 〔51〕量：气量。 〔52〕简：挑选。 〔53〕康哉之歌：据说在虞舜时，政治清明，大臣们唱歌赞颂说："元首明哉！股肱良哉！庶士康哉！"意为国王圣明，大臣贤良，诸事安宁，见《尚书·皋陶谟》。 〔54〕刑措：刑罚放置(不用)。据说在西周成王、康王时，天下安宁，刑措四十多年不需使用，见《史记》卷四《周本纪》。 理：治理。

　　时殿上列将何定佞巧便辟[1]，贵幸任事。凯面责定曰："卿见前后事主不忠，倾乱国政，宁有得以寿终者邪[2]？何以专为佞邪，秽尘天听[3]？宜自改厉；不然，方见卿有不测之祸矣！"

　　定大恨凯，思中伤之。凯终不以为意，乃心公家，义形于色；表疏皆指事不饰[4]，忠恳内发。

　　建衡元年，疾病。皓遣中书令董朝，问所欲言。凯陈："何定不可任用！宜授外任，不宜委以国事。奚熙小吏，建起浦里田[5]，欲复严密故迹，亦不可听。姚信、楼玄、贺邵、张悌、郭逴、薛莹、滕修及族弟喜、抗，或清白忠勤，或姿才卓茂[6]；皆社稷之桢干[7]，国家之良辅；愿陛下重留神思，访以时务：各尽其忠，拾遗万一。"

遂卒，时年七十二。

子祎，初为黄门侍郎。出领部曲[8]，拜偏将军。凯亡后，入为太子中庶子。

右国史华覈表荐祎曰[9]："祎体质方刚，器干强固；董率之才[10]，鲁肃不过[11]。及被召当下[12]，径还赴都；道由武昌，曾不回顾；器械军资，一无所取；在戎果毅[13]，临财有节。夫夏口[14]，贼之冲要，宜选名将以镇戍之。臣窃思惟，莫善于祎。"

初，皓常衔凯数犯颜忤旨[15]，加何定谮构非一[16]；既以重臣，难绳以法；又陆抗，时为大将在疆场[17]：故以计容忍。抗卒后，竟徙凯家于建安[18]。

或曰："宝鼎元年十二月，凯与右大司马丁奉、御史大夫丁固谋[19]：因皓谒庙[20]，欲废皓立孙休子。时左将军留平领兵先驱，故密语平。平拒而不许，誓以不泄；是以所图不果。太史郎陈苗奏皓[21]，久阴不雨，风气回逆，将有阴谋：皓深警惧云。"〔一〕

【注释】
　〔1〕殿上列将：在殿堂上警卫的将领。　便(pián)辟：善于逢迎谄媚。〔2〕宁有：岂有。　〔3〕秽尘天听：使圣上的耳朵染上污秽和尘土。　〔4〕饰：掩饰。　〔5〕浦里：陂塘名。在今安徽当涂县东南。景帝孙休永安三年(公元260)，担任都尉的严密提出建议，兴修浦里塘灌

溉田地，见本书卷四十八《孙休传》。 〔6〕姿：品质。 卓茂：卓越美好。 〔7〕桢干：支柱骨干。 〔8〕部曲：部属。这里指陆祎父亲陆凯的老部属。 〔9〕右国史：官名。孙吴置左、右国史，负责撰写本国史书。 〔10〕董率：统率（军队）。 〔11〕不过：不会超过。 〔12〕下：顺长江而下。 〔13〕戎：军队。 〔14〕夏口：地名。在今湖北武汉市长江南岸。 〔15〕衔：怀恨。 犯颜：冒犯威严。 〔16〕谮构：诋毁诬陷。 〔17〕疆场（yì）：边境。 〔18〕建安：郡名。治所在今福建建瓯市南。 〔19〕丁奉（？—公元271）：传见本书卷五十五。 御史大夫：官名。地位次于丞相，主管监察、执法和国家文书档案。两汉时期，或者实行丞相、御史大夫执政制，或者实行三公执政制，二者并不混用。孙吴到孙皓时官制比较混乱，既有丞相、御史大夫，又设太尉、司徒、司空三公。 〔20〕庙：宗庙。 〔21〕太史郎：官名。协助太史令观察天象，制定历法，为朝廷祭祀、婚、丧活动选择时辰。

【裴注】

〔一〕《吴录》曰："旧拜庙，选兼大将军领三千兵为卫；凯欲因此兵以图之，令选曹白用丁奉。皓偶不欲，曰：'更选。'凯令执据：'虽暂兼，然宜得其人。'皓曰：'用留平。'凯令其子祎，以谋语平。平素与丁奉有隙；祎未及得宣凯旨，平语祎曰：'闻野猪入丁奉营，此凶征也！'有喜色。祎乃不敢言。还，因具启凯，故辍止。"

予连从荆、扬来者，得凯所谏皓二十事。博问吴人[1]，多云"不闻凯有此表"。又按其文殊甚切直，恐非皓之所能容忍也。或以为："凯藏之箧笥[2]，未敢宣行。病困，皓遣董朝省问欲言[3]，因以付之。"虚实难明，故不著于篇。然爱其指摘皓事，足为后戒，故抄列于《凯传》左云。

皓遣亲近赵钦，口诏报凯前表曰："孤动必遵先帝，有何不平？君所谏，非也！又建业宫不利，故避之；而西宫室宇摧朽[4]，须谋移都，何以不可徙乎？"凯上疏曰：

臣窃见陛下执政以来，阴阳不调，五星失晷[5]；职司不忠，奸党相扶：是陛下不遵先帝之所致。〔一〕

夫王者之兴，受之于天，修之由德：岂在宫乎[6]？而陛下不咨之公辅[7]，便盛意驱驰[8]；六军流离悲惧，逆犯天地；天地以灾，童歌其谣。纵令陛下一身得安；百姓愁劳，何以用治？此不遵先帝一也。

臣闻有国，以贤为本；夏杀龙逢[9]，殷获伊挚[10]。斯前世之明效，今日之师表也。中常侍王蕃，黄中通理[11]，处朝忠謇[12]；斯社稷之重镇，大吴之龙逢也。而陛下忿其苦辞[13]，恶其直对；枭之殿堂，尸骸暴弃。邦内伤心。有识悲悼：咸以吴国夫差复存[14]。先帝亲贤，陛下反之。是陛下不遵先帝二也。

臣闻宰相，国之柱也，不可不强；是故汉有萧、曹之佐[15]，先帝有顾、步之相[16]。而万彧琐才，凡庸之质；昔从家隶，超步紫闼[17]：于彧已丰，于器已溢。而陛下爱其细介，不访大趣；荣以尊辅[18]，越尚旧臣[19]；贤良愤惋，智士赫咤[20]。是不遵先帝三也。

先帝爱民，过于婴孩；民无妻者以妾妻之，见单衣者以帛给之，枯骨不收（而取）〔取而〕埋之。而陛下反之。是不遵先帝四也。

昔桀、纣灭由妖妇[21]，幽、厉乱在嬖妾[22]。先帝鉴之，以为身戒；故左右不置淫邪之色，后房无旷积之女[23]。今中宫万数，不备嫔嫱[24]；外多鳏夫，女吟于中[25]。风雨逆度，正由此起。是不遵先帝五也。

先帝忧劳万机，犹惧有失。陛下临阼以来[26]，游戏后宫，眩惑妇女；乃令庶事多旷，下吏容奸。是不遵先帝六也。

先帝笃尚朴素，服不纯丽，宫无高台，物不雕饰；故国富民充，奸盗不作。而陛下征调州郡，竭民财力；土被玄黄[27]，宫有朱紫[28]。是不遵先帝七也。

先帝外仗顾、陆、朱、张[29]，内近胡综、薛综，是以庶绩雍熙[30]，邦内清肃。今者外非其任，内非其人。陈声、曹辅，斗筲小吏[31]；先帝之所弃，而陛下幸之。是不遵先帝八也。

先帝每宴见群臣，抑损醇酎[32]；臣下终日无失慢之尤[33]。百僚庶尹[34]，并展所陈。而陛下拘以视瞻之敬，惧以不尽之酒[35]。夫酒以成礼；过则败德，此无异商辛长夜之饮也[36]。是不遵先帝九也。

昔汉之桓、灵[37]，亲近宦竖，大失民心。今高通、詹廉、羊度，黄门小人；而陛下赏以重爵，权以战兵。若江渚有难，烽燧互起，则度等之武不能御侮，明也。是不遵先帝十也。

今宫女旷积，而黄门复走州郡，条牒民女[38]。有钱则舍[39]，无钱则取；怨呼道路，母子死诀。是不遵先帝十一也。

先帝在时，亦养诸王太子；若取乳母，其夫复役[40]；赐与钱财，给其资粮；时遣归来，视其弱息[41]。今则不然，夫妇生离，夫故作役[42]；儿从后死，家为空户。是不遵先帝十二也。

先帝叹曰："国以民为本，民以食为天，衣其次也；三者，孤存之于心。"今则不然，农桑并废。是不遵先帝十三也。

先帝简士，不拘卑贱；任之乡间[43]，效之于事；举者不虚，受者不妄。今则不然，浮华者登[44]，朋党者进。是不遵先帝十四也。

先帝战士，不给他役；使春惟知农，秋惟收稻；江渚有事，责其死效。今之战士，供给众役，廪赐不赡[45]。是不遵先帝十五也。

夫赏以劝功，罚以禁邪；赏罚不中，则士民散失。今江边将士，死不见哀，劳不见赏。是不遵先帝十六也。

今在所监司[46]，已为烦猥[47]；兼有内使[48]，扰乱其中；一民十吏，何以堪命？昔景帝时，交阯反乱，实由兹起。是为遵景帝之阙[49]，不遵先帝十七也。

夫校事，吏民之仇也。先帝末年，虽有吕壹、钱钦，寻皆诛夷，以谢百姓。今复张立校曹[50]，纵吏言事。是不遵先帝十八也。

先帝时，居官者咸久于其位，然后考绩黜陟[51]。今州县职司，或莅政无几，便征召迁转；迎新送旧，纷纭道路；伤财害民，于是为甚。是不遵先帝十九也。

先帝每察竟解之奏[52]，常留心推按；是以狱无冤囚，死者吞声[53]。今则违之。是不遵先帝二十也。

若臣言可录，藏之盟府[54]；如其虚妄，治臣之罪。愿陛下留意！〔二〕

【注释】

〔1〕博问：广泛询问。 〔2〕箧笥(qiè sì)：竹制的箱盒。 〔3〕省(xǐng)：探望。 〔4〕西宫：指西都武昌的皇宫。甘露元年(公元265)九月，孙皓以建业宫不利为由迁居武昌，次年十二月又以武昌宫破旧为由迁回建业，见《建康实录》卷四。 〔5〕五星：指木、火、土、金、水五行星。 失晷(guǐ)：指运行反常。晷是测量日影长度、方向以定一天时刻的仪器。 〔6〕岂在宫乎：哪里在于宫殿(的好与不好)呢。〔7〕公辅：三公等辅政大臣。 〔8〕盛意驱驰：坚决要驱车赶马进行迁移。 〔9〕龙逢：即关龙逢。夏代末年大臣，多次劝谏夏桀，被夏桀囚禁杀死。 〔10〕伊挚：即伊尹。传说出身卑贱，后被商汤重用，任以国政，帮助商汤攻灭夏桀。事见《史记》卷三《殷本纪》。 〔11〕中常侍：官名。在宫廷侍从皇帝。 黄中通理：像被适当安排在中央的黄色那样，居于中位而通达各方面的情理。语出《周易·坤卦》文言。〔12〕忠謇(jiǎn)：忠诚正直。 〔13〕苦辞：比喻逆耳的忠言。〔14〕夫差(？—前473)：春秋末年吴国君主。前495至前473年在位。曾攻破越国，又大败齐军，与晋国争霸。后来听信谗言，杀死忠诚正直而有谋略的大臣伍员，被越国击败，自杀而亡国。事见《史记》卷三十一《吴太伯世家》。 〔15〕萧：即萧何。 曹：即曹参(？—前190)，沛县(今江苏沛县)人。秦末随刘邦起兵。西汉建立，以功封平阳侯。后

继萧何为相国。传见《史记》卷五十四、《汉书》卷三十九。 〔16〕顾、步之相：指担任过孙吴丞相的顾雍、步骘。二人传记见本书卷五十二。〔17〕紫闼：皇宫中紫色的小门。超步紫闼指提拔为宫廷侍从官员。〔18〕尊辅：尊崇的辅政大臣职务。万彧曾任右丞相，见本书卷四十八《孙皓传》。 〔19〕越尚：超越在……之上。 〔20〕赫咤：愤慨和感叹。〔21〕妖妇：指夏桀的宠妾妹喜、殷纣的宠妾妲(dá)己。 〔22〕幽：指周幽王(？—前771)。姬姓，名宫湦，前781至前771年在位。在位期间政治衰败，灾害频繁。宠爱褒姒，废黜王后申氏和太子宜臼，引起变乱。申侯联合犬戎攻周，他被杀死在骊山，西周灭亡。事见《史记》卷四《周本纪》。 厉：指周厉王(？—前828)。姬姓，名胡。宠信荣夷公，实行暴政，被下属袭击，出逃在外而死。事见《史记》卷四《周本纪》。 嬖(bì)：得宠的人。这里指荣夷公。 〔23〕旷：闲置。 〔24〕不备嫔嫱：不能全都担任女官。嫔嫱泛指宫廷女官，也就是有机会亲近皇帝的正式小妾。 〔25〕吟：叹息。 〔26〕临阼：登基。 〔27〕土被玄黄：指地面铺有各色席、毯。 〔28〕朱紫：指殿堂漆饰的颜色。 〔29〕顾、陆、朱、张：指顾雍、陆逊、朱治、张昭。他们都是孙权曾经依仗的文武大臣。传记分见本书卷五十二、卷五十六、卷五十八。 〔30〕庶绩：各种事务。 雍熙：和谐兴盛。〔31〕斗筲(shāo)：盛粮食的斗和竹器。这里比喻器量微小。 〔32〕醇酽：味道厚重的酒。 〔33〕失慢：失礼和轻慢。 尤：过错。 〔34〕庶尹：众官。 〔35〕惧：恐吓。 〔36〕商辛：即商纣。纣又名辛。曾灌酒为池，悬肉为林，作长夜之饮，见《史记》卷三《殷本纪》。〔37〕桓：即汉桓帝刘志(公元132—167)。东汉皇帝。公元146至167年在位。在位时宦官势力扩张，政治日益衰败。由此导致"党锢之祸"。事详《后汉书》卷七《桓帝纪》。 灵：即汉灵帝刘宏(公元156—189)。东汉皇帝。公元168至189年在位。在位期间，宦官继续控制朝政，处死党锢人士一百多人，又大肆搜刮百姓，公开标价卖官，引发黄巾大起义。事详《后汉书》卷八。 〔38〕条牒：逐项登记的名册。这里指按照逐项登记的名册进行挑选。 〔39〕舍：放过。 〔40〕复役：免除服徭役。 〔41〕弱息：弱小的儿女。 〔42〕故：依旧。 〔43〕任之乡间：交给本乡本土(的官员)去办。 〔44〕浮华：当时称拉帮结派相互吹捧为浮华。 〔45〕禀赐：公家供给的粮食和其他物品。 赡：充足。〔46〕在所：当地。 监司：监察官员。 〔47〕烦猥：繁多。 〔48〕内使：宫内的使者。 〔49〕阙：过失。孙休曾派专使到交阯郡监督征调手工艺人，引起当地武装反抗，见本书卷四十八《孙休传》。 〔50〕校曹：官署机构名。专门监视举报官员的过失。 〔51〕考绩：考察实际成绩。 黜陟(zhì)：贬黜与提升。 〔52〕竟解：办好之后向上级申报请求批准的公文。三国时期开始把向上级申报请求批准的公文称为解，又称解状。这种文书的内容与人事处理有关，如判决犯人，旌表孝男烈女，收录门生之类。通常不止一人，所以需要开列姓名，并加上有关的说明。这里指刑事公文，包括罪犯姓名、罪状、审理情况、初步拟定的判决等各项内容。 〔53〕吞声：不出声。指心服口服。 〔54〕盟府：收藏盟约之类重要文件的府署。

【裴注】

〔一〕《江表传》载凯此表曰："臣拜受明诏，心与气结。陛下何心之难悟，意不聪之甚也！"

〔二〕《江表传》曰："皓所行弥暴。凯知其将亡，上表曰：'臣闻恶不可积，过不可长；积恶长过，丧乱之源也。是以古人惧不闻非，故设进善之旌，立敢谏之鼓。武公九十，思闻警戒；《诗》美其德，士悦其行。臣察陛下：无思警戒之义，而有积恶之渐。臣深忧之，此祸兆现矣。故略陈其要，写尽愚怀。陛下宜克己复礼，述修前德；不可捐弃臣言，而放奢意。意奢情至，吏日欺民；民离则上不信下，下当疑上；骨肉相克，公子相奔。臣虽愚，暗于天命，以心审之，败不过二十稔也！臣常忿亡国之人夏桀、殷纣，亦不可使后人复忿陛下也。臣受国恩，奉朝三世；复以余年，值遇陛下：不能循俗，与众沉浮。若比干、伍员，以忠见戮，以正见疑；自谓毕足，无所余恨；灰身泉壤，无负先帝。愿陛下九思，社稷存焉。'初，皓始起宫，凯上表谏，不听。凯重表曰：'臣闻宫功当起，夙夜反侧；是以频烦上事，往往留中，不见省报；於邑叹息，企想应罢。昨食时，被诏曰："君所谏，诚是大趣；然未合鄙意，如何？此宫殿不利，宜当避之，乃可以妨劳役，长坐不利宫乎？父之不安，子亦何倚？"臣拜纸诏，伏读一周，不觉气结于胸，而涕泣雨集也。臣年已六十九，荣禄已重，于臣过望，复何所冀？所以勤勤数进苦言者，臣伏念大皇帝创基立业，劳苦勤至；白发生于鬓肤，黄耇被于甲胄；天下始静，晏驾早崩。自含息之类，能言之伦，无不歔欷，如丧考妣。幼主嗣统，柄在臣下；军有连征之费，民有凋残之损；贼臣干政，公家空竭。今强敌当途，西州倾覆；孤疲之民，宜当畜养；广力肆业，以备有虞。且始徙都，属有军征；战士流离，州郡骚扰；而大功复起，征召四方；斯非保国致治之渐也。臣闻为人主者，禳灾以德，除咎以义。故汤遭大旱，身祷桑林；荧惑守心，宋景退殿。是以旱魃销亡，妖星移舍。今宫室之不利，但当克己复礼，笃汤、宋之至道，愍黎庶之困苦；何忧宫之不安，灾之不销乎？陛下不务修德，而务筑宫室；若德之不修，行之不贵；虽殷辛之瑶台，秦皇之阿房，何止而不丧身覆国，宗庙作墟乎？夫兴土功，高台榭；既致水旱，民又多疾，其不疑也。为父长安，使子无倚；此乃子离于父，臣离于陛下之象也。臣子一离，虽念克骨，茅茨不剪，复何益焉？是以大皇帝居于南宫，自谓过于阿房。故先朝大臣，以为宫室宜厚，备卫非常，大皇帝曰："逆虏游魂，当爱育百姓，何聊趋于不急？"然臣下恳恻，由不获已；故裁调近郡，苟副众心；比当就功，犹豫三年。当此之时，寇抄慑威，不犯我境，师徒奔北；且西阻岷、汉，南州无事；尚犹冲让，未肯筑宫。况陛下危侧之世，又乏大皇帝之德，可不虑哉？愿陛下留意，臣不虚言！'"

胤字敬宗。凯弟也。始为御史。尚书选曹郎。太子和闻其名，待以殊礼。会全寄，杨竺等阿附鲁王霸，与和分争，阴相谮构；胤坐收下狱，楚毒备至，终无他辞。〔一〕后为衡阳督军都尉[1]。

赤乌十一年，交阯、九真夷贼，攻没城邑，交部骚动[2]。以胤为交州刺史，安南校尉[3]。胤入南界，喻以恩信，务崇招纳；高凉渠帅黄吴等支党三千余家[4]，皆出降。引军而南，重宣至诚，遗以财币；贼帅百余人，民五万余家，深幽不羁，莫不稽颡[5]：交域清泰。就加安南将军。

复讨苍梧建陵贼[6]，破之。前后出兵八千余人，以充军用。

永安元年，征为西陵督，封都亭侯。后转（左）〔在〕虎林[7]。中书丞华覈表荐胤曰[8]："胤天姿聪朗，才通行洁。昔历选曹，遗迹可纪；还在交州，奉宣朝恩；流民归附，海隅肃清。苍梧、南海，岁有（旧）〔暴〕风瘴气之害：风则折木，飞砂转石；气则雾郁，飞鸟不经。自胤至州，风气绝息，商旅平行；民无疾疫，田稼丰稔。州治临海，海流秋咸[9]；胤又蓄水，民得甘食[10]。惠风横被，化感人神；遂凭天威，招合遗散。至被诏书当出，民感其恩，已忘恋土；负老携幼，甘心影从，众无携贰[11]，不烦兵卫。自诸将合众[12]，皆胁之以威；未有如胤，结以恩信者也。衔命在州，十有余年；宾带殊俗[13]，宝玩所生；而内无粉黛附珠之妾[14]，家无文甲犀象之珍[15]：方之今臣，实难多得！宜在辇毂[16]，股肱王室[17]，以赞唐、虞康哉之颂。江边任轻，不尽其才；虎林选督，堪之者众。若召还都，宠以上司；则天工毕修[18]，庶绩咸熙矣！"

胤卒。子式嗣，为柴桑督[19]，扬武将军。（天策）〔天册〕元年，与从兄祎，俱徙建安。天纪二年，召还建业，复将军、侯。

【注释】

　　〔1〕衡阳督军都尉：官名。督领衡阳地区的军队。衡阳为郡名，治所在今湖南湘潭县西南。　〔2〕交部：交州。　〔3〕安南校尉：官名。领兵镇压交州的武装反抗。　〔4〕渠帅：首领。　〔5〕稽（qǐ）颡：跪拜叩头。　〔6〕建陵：县名。县治在今广西荔浦市西南。当时属苍梧郡。〔7〕虎林：地名。在今安徽池州市贵池区西南。　〔8〕中书丞：官名。协助中书令起草并管理军国机要文书。　〔9〕秋咸：秋天味道咸苦。〔10〕甘食：吃滋味好的食物。　〔11〕携贰：背离。　〔12〕自：自来。〔13〕宾带：征服和统带。　殊俗：不同风俗。这里指具有不同风俗的少数族。　〔14〕黛：一种青黑色的矿物颜料。古代妇女用来画眉。〔15〕文甲：有花纹的海产动物甲壳。如玳瑁（dài mào）、甲壳之类。当

时视为珍稀之物。　〔16〕辇毂：皇帝的车驾。这里指京城。　〔17〕股肱：辅佐。　〔18〕天工：按上天意旨设置的各种官职。　〔19〕柴桑督：官名。柴桑战区的军事指挥官。

【裴注】

〔一〕《吴录》曰："太子自惧黜废，而鲁王觊觎益甚。权时见杨竺，辟左右而论霸之才；竺深述霸有文武英姿，宜为嫡嗣：于是权乃许立焉。有给使伏于床下，具闻之，以告太子。胤当至武昌，往辞太子；太子不见，而微服至其车上；与共密议，欲令陆逊表谏。既而逊有表极谏，权疑竺泄之，竺辞不服。权使竺出寻其由，竺白：'顷惟胤西行，必其所道。'又遣问逊何由知之，逊言胤所述。召胤考问，胤为太子隐曰：'杨竺向臣道之。'遂共为狱。竺不胜痛毒，服是所道。初权疑竺泄之，及服，以为果然：乃斩竺。"

评曰：潘濬公清割断〔1〕，陆凯忠壮质直：皆节概梗梗〔2〕，有大丈夫格业〔3〕。胤身洁事济，著称南土，可谓良牧矣〔4〕！

【注释】

〔1〕公清：公正清廉。　割断：做事有决断。　〔2〕节概：节操气概。　梗梗：刚直的样子。　〔3〕格业：风格业绩。　〔4〕良牧：好的州行政长官。

【译文】

潘濬，字承明，武陵郡汉寿县人。他二十岁左右跟随著名学者宋仲子学习。在不到三十岁时，荆州牧刘表，聘任他为部江夏郡从事史。当时江夏郡沙羡县长贪污不守法纪，潘濬查办后将其处死，全郡为之震恐。后来他担任湘乡县令，在治理上很有名声。

刘备兼任荆州牧，以潘濬为州政府的治中从事史。刘备西进益州，潘濬负责处理留守的州政府公务。

孙权出兵袭杀关羽，兼并了荆州；任命潘濬为辅军中郎将，授给他一支兵马。接着潘濬升任奋威将军，封常迁亭侯。

孙权称帝，委任他为少府。晋封刘阳侯。又升为太常。

武陵郡内五溪地区的蛮族发动叛乱聚结纠合，孙权授予潘濬节杖，指挥各军前往讨伐；他所允诺的赏赐必定兑现，但是他的法令也绝不能违犯；在这场平叛战役中斩杀和俘虏的叛军，大约有上万人。从此蛮族各部势力衰弱，这一方的秩序恢复宁静。在此之先，潘濬与陆逊都驻守在武昌，共同掌管留守公务。他从五溪回来后，又依旧在武昌。

当时中书典校郎吕壹操纵威权，上奏请求查办丞相顾雍、左将军朱据等人，这些大臣的行动都受到限制。黄门侍郎谢厷，在谈话之间问吕壹说："顾丞相的事怎么样？"吕壹回答说："好不了。"谢厷又问："如果此公被免职斥退，谁应当代替他？"吕壹没有回答。谢厷说："是否潘太常会得到他的职务呢？"吕壹过了很久才说："您的话差不多。"谢厷马上对他说："潘太常，一直对您切齿痛恨，只是距离远没有机会罢了。如果他今天入朝代替顾公为丞相，恐怕明天就要刺杀您了！"吕壹听了大为惊恐，赶紧把顾雍的问题一笔勾销。

潘濬请求来到建业，朝见孙权，想把心中的话都说出来对孙权进行劝谏。他到达建业之后，听说太子孙登已经多次向孙权进言斥退吕壹等人，而孙权却不听从；潘濬就大摆宴席邀请朝廷百官，想借此亲手用刀杀死赴会的吕壹；然后自己承当罪责，为国家铲除祸患。吕壹暗中得知消息，称病不去。

潘濬每次进宫见孙权，没有哪一次不陈述吕壹的奸险。从此吕壹受到的宠任逐渐减弱，后来落得被诛杀的下场。孙权为之引咎责备自己，同时也讥诮责备大臣。事情经过记载在本书《吴主传》中。

赤乌二年（公元239），潘濬去世。他的儿子潘翥继承了爵位。潘濬的女儿，许配给孙权的儿子建昌侯孙虑为妻。

陆凯，字敬风，吴郡吴县人。他是丞相陆逊的本家但晚一辈。

孙权黄武初年，陆凯先后担任永兴、诸暨两县县长，所到之处都有政绩。被任命为建武都尉，开始统领兵马。他虽然指挥军队，却手不释卷。陆凯很喜欢扬雄《太玄》这本书，论述推演其中的意思，用来占卜吉凶总是应验。赤乌年间，他出任儋耳郡太守。讨伐朱崖的叛军，斩首俘虏敌人立下军功，升为建武校尉。

孙亮五凤二年（公元255），他奉命讨伐零陵郡山区的叛匪陈毖，斩杀陈毖，取得全胜；被提升为巴丘战区军事指挥官、偏将军，封都乡侯。转为武昌右部的军事指挥官。后来与众将一起前往寿春作战。回来后，他先后升任荡魏将军、绥远将军。

孙休即位为帝，陆凯升任征北将军，被授予节杖，兼豫州牧。

孙皓立为皇帝后，陆凯又升任镇西大将军，巴丘长江防线总指挥官，兼任荆州牧，晋封嘉兴侯。孙皓与晋国讲和，使者丁忠从北方回来，劝孙皓说是可以袭击北方的弋阳郡；陆凯进言劝阻。事情经过记载在本书《孙皓传》。

宝鼎元年（公元266），陆凯升任左丞相。孙皓生性不喜欢别人看自己，群臣侍从朝见时，都不敢冒犯看他。陆凯劝孙皓说："君臣之间没有不相认识的道理；否则猛然有无法预料的危险出现时，就不知道该去救谁了。"孙皓特别准许陆凯看自己。

孙皓下令迁都到武昌；扬州的百姓必须溯长江而上运去大量供给朝廷使用的物资用品，深感痛苦。再加上朝廷政事处理毛病很多，弄得黎民百姓穷困不堪。陆凯为此呈上奏疏说：

为臣听说有道的君主，用快乐来使民众快乐；无道的君主，用快乐来使自己快乐。使民众快乐，快乐持续得更长久；使自己快乐，将会得不到快乐而灭亡。民众是什么？民众是国家的根本；确实应当重视他们吃的问题，爱护他们的生命。要知道民众安定君主才会安定，民众快乐君主才会快乐。

自从近年以来，君主的威望被类似夏桀、商纣的举动所损伤，君主的英明被类似奸雄的作法弄得黯然失色，君主的恩惠被一批邪恶小人所阻塞。没有出现什么灾荒民众却丧失生命，没有兴办什么大事国家却财政空虚；受罚的人毫无罪过，受赏的人毫无功劳；使得君主有施政谬误的过失，上天也为之显现异常的现象以示警告。但是朝廷的公卿大臣，都对君主献媚以谋求宠爱，压榨百姓以攫取优厚的私利；引导君主走上邪路，使用淫乱的风俗败坏政治；为臣私下深感痛心！而今邻近的晋国与我们友好，四方边境没有战事；应当专心专意停止劳役让士兵充分休养，充实仓库储备，以等待天时。但是陛下却转动念头，骚扰百姓；使人民严重不安，不论年龄大小都悲呼哀叹：这根本不是保国养民的办法啊。为臣听说上天根据人的表现赐予吉凶祸福，犹如有形物体的影子，声音的回响那样必然兑现。有形物体一动影子就动，一停影子就停；这与命运气数直接相关，不是口头上说的话能够产生影响的。

从前秦朝之所以丢了天下，就是因为赏赐轻而刑罚重，政治刑罚混乱，民众的力量被君主的奢侈生活耗费干净；君主的眼睛被美色弄得眼花缭乱，心灵被财宝腐蚀污染；奸臣当道，贤哲隐避；百姓危惧，天下人深感痛苦：因此才会有彻底覆灭的下场。汉朝之所以强盛，就是因为君主亲自显示诚心信义，听取劝告招纳贤才；连背柴的人都承受了他的恩惠，又亲自聘请在山洞中的隐士出来做官；广泛听取臣民意见，从而成就其宏大规划：这些都是以往历史的明证啊。在近代汉朝衰落的末期，三方鼎立；魏朝失掉法制，晋国取代它的政治地位。益州周围地形陡峻险要，士兵大多精强力壮；如果闭门固守，可以永保万世。然而刘氏君主在赏罚上错乱，一再失误；君主纵情享受奢侈生活，民众的力量在不紧急的事情上用尽。所以被晋军讨伐，君臣都成为俘虏：这又是眼前发生的明证啊。

为臣愚昧不识大体，文辞也讲不出什么正经道理；智慧浅薄低劣，没有什么更大的希图：只是私自为陛下的天下可惜啊！为臣谨在下面呈奏一些自己的所见所闻，这些事情对百姓而言繁杂苛刻，对国家的刑罚政治而言造成混乱；总之希望陛下停止修建大型工程，去除各种劳役，致力于施行宽大的政策，减轻民众苛重的负担。

武昌一带的土地，地形险要而土质瘠薄，不具备帝王都城能够安定国家而养育民众的条件；船只停泊在这里的水中容易漂走沉没，房屋建筑在这里的山上显得高峻危险。而且童谣唱道："宁饮建业水，不食武昌鱼；宁回建业死，不在武昌居!”为臣听说近来与荆州对应的翼宿有妖异天象，是预兆灾祸的火星在这片星区显示凶兆；人间的童谣，实际上出自上天的心中，童谣里把居住在武昌拿来和死亡相比：足以明白上天的旨意，了解民众对此感到的痛苦了。

为臣听说一个国家如果没有够用三年的粮食物资储备，就不能称之为国家。可是我国现今连一年的储备也没有，这个责任要由朝廷的臣僚承担。然而各位公卿，地位处在众人之上，俸禄还要传给子孙；从来没有献身为国的节操，补救政治的建议；只想苟且向君主呈送一点点好处，以求君主宠爱自己；他们无情摧残百姓，完全不为君主的前途着想。自从孙弘建议推行义务兵役以来，农田耕种荒废，到处都无法向国家上交赋税收入；而且还把一家父子几人分开在各地服役，使得官府供给的口粮数量一天天增加，仓库中的积蓄一天天减少；民众有分离的怨恨，国家的基础有损害的趋势，然而却没有任何人怜悯痛心。老百姓困穷无法，只得出卖儿女；各种人头税、土地税名目繁多不断征收，他们天天弄得精疲力竭。各地的县级行政长官，对此弊政不作任何纠正；再加上还有监督他们的官员，这些监督官员既不爱护百姓，而且只知道耍弄威风，所到之处骚扰民间，使政策更加繁琐苛刻：人民受到这两类官员造成的痛苦，钱财人力两次耗费，这不仅没有益处反倒造成损害。但愿陛下一律停止使用这类官员，哀怜孤独幼弱的人，以镇定安抚百姓的心；这样做就像使鱼鳖脱离充满毒刺的深渊，鸟兽脱离罗网的束缚，四方八面的人民就会背负婴儿前来归顺了。果能如此，那么民众还可以保有，先帝传下来的国家还可以存在。

为臣听说迷恋于音乐使人耳朵听力丧失，迷恋于色彩使人眼睛视力减退；这两种事情都对政事无益，而且还有损害。当初大皇帝在世时，后宫的宫女，以及宫中从事纺织、缝纫等手工劳作的女仆，总计还不到一百人；米粮有积蓄，钱财有富余。大皇帝驾崩之后，幼帝、景帝先后在位；他们改而变得奢侈，完全不跟着先辈的脚步走。听说现今宫中从事手工劳作的女仆，以及受犯罪亲属的连累而被送到皇宫中作苦工的女子，数以千计；以她们擅长的技能来计算，并不能为国家创造多少财富；反而要坐吃公家发给的口粮，年复一年，这些人养着无益。希望陛下从中挑选大部分，然后分配对象让她们出宫婚嫁，配给那些无妻室的人。果能如此，上顺天心，下合地意，天下人民就幸福得很了！

为臣听说商汤从商贩中选拔人才，齐桓公从赶车的人中选拔人才；周武王从背柴的人中选取人才，而汉高祖从奴仆中选取人才。圣明的君主选取人才以是否贤能为标准，不拘身份的贵贱；所以他们的功德广泛流播，名垂史册；他们不看容貌是否俊美，也不看衣服是否华丽，嘴巴是否会说，是否会迎合讨好自己。为臣跪着观察当今陛下内心宠爱的那些朝臣，人品和官位不相称，气量和职权不相称；不但不能辅助国家匡正政治，反而结成帮派相互扶持，陷害忠臣压制贤才。希望陛下严格挑选文武大臣，让他们各自勤恳任职；担任州牧和战区军事指挥官的，要认真镇守保卫边境；担任公卿尚书的，要一心推行德政；上助陛下，下救黎民；各自尽忠，对政治上万一出现的遗漏加以弥补。这样就能出现政治清明的赞歌，刑罚也会搁置在一边不必动用了。

但愿陛下能留神，想一想为臣这些话。

当时负责殿堂警卫的将领何定，为人奸猾善于逢迎谄媚，受到孙皓的看重宠爱而担任要职。陆凯当面责备他说："你看古往今来侍奉君主不忠心，扰乱朝政的奸臣，难道有善终的吗？你为什么只想巴结谄媚走歪门邪道，使圣上的耳朵染上污秽和尘土？你要好生改悔；不然的话，就要看到你遭受不测之祸了。"

何定因此把陆凯恨之入骨，总想找机会中伤他。陆凯始终不在意，他一心为公，忠义在神色当中充分表现出来；他呈上的表章奏疏都直截了当针对问题而不加掩饰，忠诚完全发自内心。

建衡元年（公元 269），陆凯患病。孙皓派中书令董朝，去问他想留下什么话。陆凯说："何定不可信任重用！应当授给他宫廷以外的闲职，不能把国事委托给他办。吴熙这个小办事员，建议维修浦里塘灌田，以恢复过去严密修建的这项工程，也不能采纳。姚信、楼玄、贺邵、张悌、郭逴、薛莹、滕修，以及为臣的同族弟弟陆喜、陆抗，有的清廉纯洁忠诚勤恳，有的品质才能卓越美好；都是国家的支柱和骨干，朝廷优秀的辅佐；但愿陛下多多留心，向他们咨询政事：让他们能各自献上忠心，弥补政治上万一出现的遗漏。"

陆凯随即去世，终年七十二岁。

他的儿子陆祎，起初担任黄门侍郎。后来出朝统领部队，当了偏将军。陆凯去世之后，他入朝担任太子中庶子。

右国史华覈上表推荐陆祎说："陆祎血气方刚，才干特强；统率军队的能力，鲁肃也未必超过他。在他接到陛下的征召应当顺长江而下时，他直接赶往京都建业；经过武昌，他没有回头逗留；原来统领兵马时所掌握的器械物资，一点也没有带走；他算得上是指挥军队果敢刚毅，面临财物具有节操。夏口这地方，是敌军争夺的军事要冲，应当挑选名将去镇守。为臣暗自思量，认为没有人比陆祎更适合了。"

当初，孙皓常常对陆凯多次冒犯自己的威严违逆自己的心意暗中怀恨在心，加上何定又不止一次诋毁陷害陆凯；但在当时陆凯是朝廷的重要大臣，难以动用法律严惩；而当时陆凯的本家弟弟陆抗，又担任大将驻扎在边境：所以一再从策略上考虑加以容忍。陆抗去世之后，孙皓最终把陆凯的家属流放到了建安郡。

有人说："在宝鼎元年(公元266)十二月，陆凯曾与右大司马丁奉、御史大夫丁固密谋，准备借孙皓拜祭宗庙的机会，废黜孙皓改立孙休的儿子。当时左将军留平率领军队充当孙皓的前驱，所以陆凯悄悄告诉留平。留平拒不同意，但是发誓不泄露出去；所以计划没有实现。太史郎陈苗这时向孙皓上奏，说天气长时间阴沉却又不下雨，起的风旋转之后又反转，这预示着有某种暗中的谋划在酝酿：孙皓因此深深警惕恐惧。"

我接连从荆州、扬州来的人手中得到了陆凯劝谏孙皓二十件事情的表章抄本。但是广泛询问吴国故地的人，大都说："没有听到过陆凯有这道表章。"另外我考察表章的文字非常恳切直率，恐怕不是孙皓所能容忍的。有人则认为："陆凯一直把它藏在竹箱里，没有敢公开上奏。直到病危之时，孙皓派董朝前去探望并问他想留下什么话，于是他就把它交了上去。"事情的虚实难以弄清，所以不把它列入传文的正文中间。但是我喜爱它当中指出的孙皓各事，足以作为后世的鉴戒，所以把它抄录列在《陆凯传》的后面。

孙皓派遣亲近侍从赵钦，在口头上传达自己对陆凯此前上表的答复说："朕一举一动都必定遵从大皇帝的遗训，有什么不合适的？你所作的劝谏，完全不对！因为建业的皇宫住着不吉利，所以要迁出躲避；而武昌的皇宫房屋崩坍腐朽，必须考虑迁都，为什么不能迁呢？"于是陆凯又上疏说：

为臣私下看到陛下当政以来，阴阳之气不调和，木、火、土、金、水五星的运行反常；任职官员不忠诚，结成奸党相互扶持：这就是陛下不遵守大皇帝的规矩造成的。

帝王的兴起，受命于上天，修成这样的福分靠自身的德泽：哪里靠什么宫殿吉不吉利啊？陛下不向三公等辅政大臣咨询，就坚决要驱车赶马进行迁徙；军队流离失所而悲惧不已，冒犯了天地神灵；因而降下灾害，儿童才会有"宁饮建业水"的歌谣。纵然陛下一个人得到了安全；老百姓全都悲愁痛苦，又怎么能治理好国家呢？这是陛下不遵守先帝规矩的第一件事。

为臣听说拥有国家的君主，把贤才视为根本；夏桀杀龙逢而灭亡，商汤用伊尹而兴起。这是从前朝代的明证，也是今天学习的榜样。中常侍王蕃，通达各方面的事理，在朝廷中为人忠诚正直；他是朝廷的重臣，大吴国的龙逢啊。然而陛下愤恨他逆耳的忠言，厌恶他直率的对答；在殿堂上砍下他的头颅，尸身随便抛弃。国内的人都为之伤心，有识之士更是悲悼不已：都认为从前吴国的昏君夫差又活在世间了。先帝亲近贤才，陛下完全相反。这是陛下不遵守先帝规矩的第二件事。

为臣听说宰相是国家的支柱，不能不强壮；所以汉朝有萧何、曹参作为辅佐，先帝有顾雍、步骘充当丞相。而万彧才能微小，品质凡庸；他从以前的家庭奴仆，跃升为宫廷侍从官员；这对他来说赏赐已经很丰厚，完全超过了他的才能所能胜任的职务。然而陛下喜爱他的小小好处，不考察他的志趣等重大方面；用尊崇的辅政大臣职务来为他增添光荣，把他提拔得比老资格大臣还要高；为此贤良臣僚愤愤不平，智谋人物感慨万端。这是陛下不遵守先帝规矩的第三件事。

先帝爱护民众，胜过自己的婴儿；没有妻子的把自己的小妾许配给他们为妻，衣服单薄的送给他们布帛，枯骨没有人收殓的派人去拾取埋葬。而陛下则完全相反，这是陛下不遵从先帝规矩的第四件事。

从前夏桀、商纣的灭亡由于迷恋妖冶的妇女，周幽王、周厉王时发生动乱起因于喜爱男宠和小妾。先帝有鉴于此，深深告诫自己；所以身边不设置淫邪的美色，后宫没有闲置多余的女子。而今宫中有上万女子，不可能都有机会当上妃嫔；宫外有许多鳏夫，而宫内又有大量不能正常婚配的怨女。风和雨的不正常，原因就在于此。这是陛下不遵从先帝规矩的第五件事。

先帝日夜为万机忧劳，依然害怕有失误。而陛下登基以来，在后宫纵情游乐，迷恋女色；使得各种政事荒废很多，下面的官员趁机从中捣鬼。这是陛下不遵从先帝规矩的第六件事。

先帝崇尚朴素，衣服不要求精美，宫中没有修建高高的楼台，器物不加雕刻装饰；因而国家富强，民众生活物资充足，盗贼不生。然而陛下向各州郡横征暴敛，耗尽民众的钱财人力；地面铺的是各种颜色的席、毯，殿堂到处都用彩色涂饰。这是陛下不遵从先帝规矩的第七件事。

先帝在皇宫之外的行政和军事上，依仗的是顾雍、陆逊、朱治、张昭等人；在皇宫之内充当侍从承办机要文书的，则是胡综、薛综：所以各种事务显得和谐兴盛，国内秩序清静整肃。如今宫外的官员不称职，宫内的官员不合格。陈声、曹辅，只是器量狭小的办事员；先帝抛弃他们不用，而陛下却宠爱他们。这是陛下不遵从先帝规矩的第八件事。

先帝每次设宴会见群臣，能够抑制大家喝过多的醇酒；臣下一整天也没有失礼和轻慢的过错。各位官员，都能陈述抒发自己的见解。而陛下使用不准直视自己的规矩来管束群臣，同时又逼迫他们喝下超过自己酒量的烈酒。酒本来是帮助完成礼仪的东西；过量就能败坏人的道德，这和商纣的彻夜狂饮有什么两样？这是陛下不遵从先帝规矩的第九件事。

从前汉朝的桓帝、灵帝，亲近宦官，大失民心。现今的高通、詹廉、羊度，都是出身宦官的小人；而陛下赏给他们很高的爵位，让他们指挥作战的士兵。如果长江防线上有紧急情况，烽火连天，很明显羊度等人的军事才干是不足以抵御外来侵略的。这是陛下不遵从先帝规矩的第十件事。

如今皇宫内的女子大量闲置，而宦官还在分赴各地州郡，按照逐项登记的名册挑选民间美女。有钱的就放过，没有钱的就带走；怨叹悲呼的声音不绝于道路，造成母女生离死别的惨状。这是陛下不遵从先帝规矩的第十一件事。

先帝在的时候，照样也要哺养皇子和太子；如果要为他们配给供应人奶的乳母，那么乳母的丈夫就免服劳役；还赐给钱财，供应物资粮食；时常让乳母回家，去探视自己弱小的婴儿。如今则不然，乳母与丈夫分离之后，丈夫依旧要服役；丈夫一走婴儿随后就饿死，家庭空无一人。这是陛下不遵从先帝规矩的第十二件事。

先帝曾经叹息说：“国以民为本，民以食为天，其次就数衣服重要了；民、食、衣三者，朕牢记在心上。”而今则不然，供给衣食的栽桑养蚕和耕地种粮食两大工作全荒废。这是陛下不遵从先帝规矩的第十三件事。

先帝挑选人才，不拘地位的贵贱；把举荐的事交给本乡本土的官员去办，然后用人才的实际办事成效来验证；举荐的不敢弄虚，接受的不敢作假。现在则不然，相互吹捧的人得到晋升，拉帮结派的人得到进用。这是陛下不遵从先帝规矩的第十四件事。

先帝时的战士，不从事其他的劳役；平时只是让他们春天耕种，秋天收割水稻；一旦长江防线有战事，就要求他们拼死效力。可是今天的战士，要服各种各样的劳役，而公家供给他们的口粮和其他用品又不充足。这是陛下不遵从先帝规矩的第十五件事。

奖赏是用来勉励人们立功的，刑罚是用来禁止人们走邪路的；赏罚不恰当，那么士兵民众就会逃散。而今长江防线上的战士，死了得不到抚恤，劳累得不到奖赏。这是陛下不遵从先帝规矩的第十六件事。

而今地方当地的监察官员，已经数量繁多；再加上还有宫廷的特派使者，在当中扰乱公务；一个百姓十个官，怎么能忍受驱使？当初景帝时，交阯郡发生大叛乱，实在就是由此引起的。这是陛下遵从景帝的过失，而不遵从先帝规矩的第十七件事。

审查官府文书的校事官，简直可以说是官员百姓的大仇人。先帝末年，虽然派吕壹、钱钦为校事官，但是接着就把他们处死，以向百姓表示歉意。而今又开始公开设立校曹，任随官员举报告发。这是陛下不遵从先帝规矩的第十八件事。

先帝时，当官的任职期限都很长久，然后对他们的政绩进行考核以决定贬黜与提升。而今的州县在职官员，有的到任没多久，就又得到命令或者升官或者转任其他职务；频繁迎新送旧，来往不断；劳民伤财，数这最厉害。这是陛下不遵从先帝规矩的第十九件事。

先帝每次审阅判决罪犯的上奏公文，总要留心推察其中的情况；所以监狱里没有受冤枉的囚犯，被判死刑的也心服口服。如今则完全违反了上述作风。这是陛下不遵从先帝规矩的第二十件事。

如果为臣的话值得采纳，请陛下把它收藏在保存盟约之类重要文件的档案馆里；如果其中有虚妄，则请惩治为臣的罪过。但愿陛下留心看一看啊！

陆胤，字敬宗。是陆凯的弟弟。最初他担任御史。尚书选曹郎。太子孙和听到他的美名，以特别尊重的礼节对待他。碰上全寄、杨竺等附从鲁王孙霸，与孙和分为两派争夺继承人位置，暗中进行诋毁陷害；陆胤因受牵连被逮捕入狱，受尽毒刑折磨，始终没有胡乱招供。后来陆胤又担任衡阳督军都尉。

孙权赤乌十一年(公元248)，交阯、九真二郡的少数族叛军，四处攻击城镇，交州局势动荡。朝廷任命陆胤为交州刺史、安南校尉。陆胤进入交州地界，用恩德信义进行劝导，重视进行招安接纳；高凉郡地方武装势力首领黄吴，首先带领下属三千多家投降。陆胤继续领兵南下，大力宣扬官府的诚意，同时赏赐钱财；结果一百多名叛军首领，五万多家胁从的民户，从前都是活动在深山不服政府管理的，全都出山跪拜投降，从此交州清静太平。朝廷就地提升他为安南将军。

接着他又讨伐苍梧郡建陵县的叛军，将其击溃。前后从交州的俘虏中抽选出充当官军的壮丁八千多人，补充了军队的兵员。

孙休永安元年（公元 258），陆胤被征召为西陵战区的军事指挥官，封都亭侯。后来转任虎林战区的军事指挥官。中书丞华覈曾经呈上表章推荐陆胤说："陆胤天资聪明，才能全面品行纯洁。从前在担任尚书选曹郎时，就留下了值得记载的事迹；后来在交州任职，奉命施予朝廷的恩泽；流散的百姓纷纷归附，海边地区社会秩序整肃清静。苍梧、南海二郡，每年都有暴风瘴气的灾害；吹暴风时树木折断，飞沙走石；起瘴气时大雾弥漫，连禽鸟都不敢飞过。但是自从陆胤到了交州，暴风不吹瘴气不起，商人旅客平安行走；民间没有疾病流行，田里的庄稼年年丰收。交州的州治番禺县濒临南海，海水一到秋天特别咸苦；陆胤又动员大家蓄淡水，老百姓才得以吃上滋味好的饮食。他的恩惠像春风吹遍各地，教化感动人民和神灵；所以能凭借陛下的天威，招集逃亡流散的百姓。到了他接到诏书应当离任时，老百姓感戴他的恩德，以至于忘却了对故土的眷恋；扶老携幼，甘愿像影子一样紧紧跟随，士兵也毫无二心，不需要另外派亲信军队监视以防逃亡。自从众将组建各自的军队以来，都对士兵用威势进行胁迫；没有人像陆胤这样，用恩德信义来团结他们。他受命在交州任职，一直有十多年；他征服和统带的少数族居住地，都盛产供玩赏的珍宝；而他的家中没有擦粉描眉身佩珍珠的小妾，也没有玳瑁、犀角、象牙之类的珍宝：用现今的臣僚作比较，这实在是难得啊！他应当在京城当中，辅佐朝廷，以帮助陛下达到像唐尧、虞舜时那样的清明政治。长江防线上的任务比较轻，不能充分施展他的才能；虎林战区的军事指挥官，能够胜任这一职务的人多的是。如果陛下能召他回京，委他以上等高官；那么按照天意设置的朝廷百官都会认真工作，各项事业也就能和谐兴盛了！"

陆胤去世。儿子陆式继承了他的爵位，担任柴桑战区军事指挥官，扬武将军。孙皓天册元年（公元275），陆式与堂兄陆祎，都被流放到了建安郡。天纪二年（公元278），陆式又被召回建业，恢复将军职务和侯爵的爵位。

评论说：潘濬公正清廉，做事有决断；陆凯忠诚壮烈，质朴正直：都具有刚强的节操和气概，是风格业绩不凡的大丈夫。陆胤品行纯洁事业成功，著称于交州，可以说是一位优秀的州牧了！

是仪胡综传第十七

是仪字子羽，北海营陵人也[1]。本姓氏。初为县吏，后仕郡；郡相孔融嘲仪[2]，言"氏"字"民"无上[3]，可改为"是"：乃遂改焉。〔一〕

后依刘繇，避乱江东。繇军败，仪徙会稽。

孙权承摄大业，优文征仪[4]。到，见亲任，专典机密，拜骑都尉。

吕蒙图袭关羽，权以问仪；仪善其计，劝权听之。从讨羽，拜忠义校尉[5]；仪陈谢，权令曰："孤虽非赵简子[6]，卿安得不自屈为周舍邪[7]！"

既定荆州，都武昌。拜裨将军。后封都亭侯，守侍中。欲复授兵，仪自以非材，固辞不受。

黄武中，遣仪之皖[8]，就将军刘邵，欲诱致曹休。休到，大破之，迁偏将军。入阙，省尚书事[9]，外总平诸官[10]，兼领辞讼。又令教诸公子书学。

【注释】

〔1〕北海：王国名。治所在今山东昌乐县西。　营陵：县名。县治在今山东昌乐县东南。　〔2〕郡相：官名。即国相。当时制度，凡郡成为某一宗王的封国，则郡改称国，太守改称相。通常都称国相，称郡相较

少见。 〔3〕无上：没有上面的部分。这是双关语，暗指目无尊上。
〔4〕优文：表示尊敬优待的文书。 〔5〕忠义校尉：官名。领兵征伐。
〔6〕赵简子：即赵鞅。死后谥为简子。 〔7〕周舍：赵简子的臣僚。他
曾在赵简子的门前站立三天三夜，赵简子问他为什么，他说希望充当臣
僚为你效力，见《韩诗外传》七。 〔8〕之：到。 皖：县名。县治在
今安徽潜山市。 〔9〕入阙：入宫。尚书台在皇宫之内，到尚书台办公
要入宫。 省(xǐng)尚书事：审阅尚书台的文书。 〔10〕平诸官：评议
各官署上报的公事。

【裴注】

〔一〕徐众《评》曰："古之建姓：或以所生，或以官号，或以祖名；
皆有义体，以明氏族。故曰'胙之以土而命之氏'，此先王之典也；所
以明本重始，彰示功德，子孙不忘也。今离文析字，横生忌讳；使仪易
姓，忘本诬祖：不亦谬哉！教人易姓，从人改族；融既失之，仪又不
得也。"

大驾东迁[1]，太子登留镇武昌；使仪辅太子，太子
敬之，事先咨询，然后施行。进封都乡侯。

后从太子还建业，复拜侍中，中执法[2]；平诸官
事，领辞讼如旧。

典校郎吕壹，诬白故江夏太守刁嘉谤讪国政[3]；权
怒，收嘉系狱，悉验问[4]。时同坐人皆怖畏壹，并言闻
之；仪独云"无闻"。于是见穷诘累日[5]，诏旨转厉；
群臣为之屏息[6]。仪对曰："今刀锯已在臣颈，臣何敢
为嘉隐讳？自取夷灭，为不忠之鬼！顾以闻知当有本
末[7]。"据实答问，辞不倾移。权遂舍之，嘉亦得
免。〔一〕

蜀相诸葛亮卒，权垂心西州[8]；遣仪使蜀，申固盟

好：奉使称意。后拜尚书仆射。

【注释】

〔1〕东迁：指孙权从武昌迁往东面的建业。 〔2〕中执法：官名。主管司法。 〔3〕典校郎：官名。即中书典校郎，负责监视举报官员的违法行为。 诬白：诬告。 谤讪：诽谤诋毁。 〔4〕悉验问：(把有关人员)全部弄来查证审问。 〔5〕见穷诘：受到追根究底的盘问。 〔6〕屏(bǐng)息：抑制呼吸，形容担心到极点。 〔7〕顾：不过。 本末：这里指事实经过。 〔8〕垂心：留意。 西州：指西边的益州。

【裴注】

〔一〕徐众《评》曰："是仪以羁旅异方，客仕吴朝；值谗邪殄行，当严毅之威，命悬漏刻，祸急危机；不雷同以害人，不苟免以伤义：可谓忠勇公正之士！虽祁奚之免叔向，庆忌之济朱云，何以尚之？忠不诳君，勇不慑耸，公不存私，正不党邪；资此四德，加之以文敏，崇之以谦约，履之以和顺：保傅二宫，存身爱名，不亦宜乎！"

南、鲁二宫初立〔1〕，仪以本职领鲁王傅。仪嫌二宫相近切〔2〕，乃上疏曰："臣窃以鲁王天挺懿德〔3〕，兼资文武；当今之宜，宜镇四方，为国藩辅。宣扬德美，广耀威灵；乃国家之良规，海内所瞻望。但臣言辞鄙野，不能究尽其意。愚以二宫，宜有降杀〔4〕；正上下之序，明教化之本。"书三四上。为傅尽忠，动辄规谏。

事上勤，与人恭。不治产业，不受施惠；为屋舍，才足自容。邻家有起大宅者，权出望见，问："起大室者谁？"左右对曰："似是仪家也。"权曰："仪俭，必非也！"问果他家。其见知信如此。服不精细，食不重膳〔5〕；拯赡贫困，家无储蓄。权闻之，幸仪舍，求视蔬饭，亲尝之；对之叹息，即增俸赐，益田宅。仪累辞让，以恩为戚[6]。

时时有所进达[7]，未尝言人之短。权尝责仪以"不言事，无所是非"。仪对曰："圣主在上，臣下守职；惧于不称，实不敢以愚管之言[8]，上干天听[9]。"事国数十年，未尝有过。吕壹历白将相大臣，或一人以罪闻者数四，独无以白仪。权叹曰："使人尽如是仪，当安用科法为[10]！"

及寝疾，遗令：素棺，敛以时服，务从省约。年八十一卒。

【注释】

〔1〕南、鲁二宫：即太子孙和宫与鲁王孙霸宫。孙权时建业皇宫的主体建筑是太初宫。太初宫之南有南宫，通常是太子所居。见《建康实录》卷二。　〔2〕近切：接近。指受到的恩宠待遇接近。　〔3〕天挺：天资卓越。　懿德：美德。　〔4〕降杀(shài)：降低。指鲁王受到的恩宠待遇要比太子低一等。　〔5〕重(chóng)膳：菜肴品种丰富的膳食。〔6〕戚：忧虑。　〔7〕进达：指人才的举荐。　〔8〕愚管：浅陋片面的看法。这是当时习语，即愚陋管见的缩略。　〔9〕干：干扰。　〔10〕为：句末语气词。表示感叹。

胡综字伟则，汝南固始人也[1]。少孤[2]，母将避难江东[3]。孙策领会稽太守；综年十四，为门下循行[4]，留吴与孙权共读书。

策薨，权为讨虏将军，以综为金曹从事[5]。从讨黄祖，拜鄂长[6]。权为车骑将军，都京[7]；召综还，为书部[8]，与是仪、徐详俱典军国密事。

刘备下白帝，权以现兵少，使综料诸县[9]。得六千人，立解烦两部[10]；详领左部，综领右部督。

吴将晋宗，叛归魏，魏以宗为蕲春太守；去江数百里，数为寇害。权使综与贺齐轻行掩袭，生虏得宗。加建武中郎将[11]。魏拜权为吴王，封综、仪、详，皆为亭侯。

【注释】

〔1〕固始：县名。县治在今安徽临泉县。 〔2〕孤：父死为孤。〔3〕将：带领。 〔4〕门下循行：官名。负责本郡辖境的巡查。〔5〕金曹从事：官名。负责铸造货币、制盐、冶铁。 〔6〕鄂：县名。县治在今湖北鄂州市。 〔7〕京：地名。在今江苏镇江市。 〔8〕书部：官名。负责处理孙权将军府中的军政机要文书。〔9〕料：选取。〔10〕解烦：孙吴设立的军队名。主要任务是保卫君主，有时出外执行机动军事任务。 〔11〕建武中郎将：官名。领兵征伐。

黄武八年，夏，黄龙现夏口；于是权称尊号，因瑞改元[1]。又作黄龙大牙[2]，常在中军；诸军进退，视其所向。命综作赋曰：

乾坤肇立[3]，三才是生[4]。狼、弧垂象[5]，实惟兵精[6]。圣人观法，是效是营[7]；始作器械，爰求厥成。

黄、农创代[8]，拓定皇基；上顺天心，下息民灾。高辛诛共[9]，舜征有苗[10]；启有甘师[11]，汤有鸣条[12]；周之牧野[13]，汉之垓下[14]：靡不由兵[15]，克定厥绪。

明明大吴，实天生德；神武是经，惟皇之极。

乃自在昔，黄、虞是祖[16]；越历五代[17]，继世在下。应期受命[18]，发迹南土；将恢大繇[19]，革我区夏[20]。

乃律天时[21]，制为神军；取象太一[22]，五将三门[23]。疾则如电，迟则如云；进止有度，约而不烦。

四灵既布[24]，黄龙处中；周制日月，实曰太常[25]。杰然特立，六军所望。仙人在上，鉴观四方；神实使之，为国休祥[26]。军欲转向，黄龙先移；金鼓不鸣，寂然变施[27]。暗谟若神，可谓秘奇。

在昔周室，赤乌衔书[28]；今也大吴，黄龙吐符[29]。合契河、洛[30]，动与道俱[31]；天赞人和，金曰惟休[32]！

蜀闻权践阼，遣使重申前好。综为盟文，文义甚美，语在权传。

【注释】

〔1〕瑞：祥瑞。　改元：改年号。当时所改年号是"黄龙"。〔2〕牙：军营的大旗。　〔3〕肇立：创立。　〔4〕三才：指天、地、人。〔5〕狼：星名。又名天狼。很明亮。　弧：星座名。在天狼星东南，有星九颗。九星构成的形状很像一张搭上箭拉开弦的弓，箭的指向即是天狼星。　垂象：向下界显示形象。作者认为狼、弧的形象是使用武力的象征。　〔6〕精：精神。　〔7〕效：效法。　营：建造（武器）。〔8〕黄：即黄帝。姬姓，号轩辕氏、有熊氏。传说中中原各族的共同祖先。击败炎帝，攻杀蚩尤，成为部落联盟的领袖。相传养蚕、造舟车、医药等都创始于黄帝时代。事见《史记》卷一《五帝本纪》。　农：即神农氏。传说中农业和医药的发明者。用木制作耒、耜（sì）等农具，教

人民耕种。又曾尝百草，发现药材，教人治病。 〔9〕高辛：即帝喾
(kù)。号高辛氏。传说中古代部族的首领，是黄帝的曾孙，唐尧的父
亲。事见《史记》卷一《五帝本纪》。 共：即共工。传说中古代部落
的首领。其事迹诸书所载不尽相同。他与高辛氏争斗事，见《淮南子·
原道训》。 〔10〕有苗：传说中古代少数族名。虞舜征伐有苗，见《国
语·周语下》韦昭注。 〔11〕启：姒姓。夏禹的儿子。禹死后继承王
位，确立传子的继承王位制度。继位后有扈氏不服，他率兵与有扈氏大
战于甘(今陕西户县西南)，战前作《甘誓》。事见《史记》卷二《夏本
纪》。《甘誓》收入《尚书》。 〔12〕鸣条：地名。在今山西运城市东
北。相传商汤进攻夏桀，战于鸣条之野。 〔13〕牧野：地名。在今河南
淇县西南。周武王进攻殷纣，在此大败殷军。 〔14〕垓下：地名。在今
安徽灵璧县东南。前202年，汉、楚两军在此决战，项羽被刘邦击败。
〔15〕靡不：莫不。 〔16〕黄、虞是祖：祖先开始于黄帝和虞舜。"是"
字是代词，用在被提前的宾语"黄、虞"和动词"祖"之间，表示强
调。 〔17〕五代：五个朝代。指夏、商、周、秦、汉。这里认为孙氏出
自黄帝、虞舜，自虞至孙吴中间隔了五个朝代。 〔18〕应期：顺应(上
天在王朝更替上的)预定次序。 〔19〕大繇：宏大的谋划。 〔20〕革：
革新。 区夏：中原地区。 〔21〕律：顺应。 〔22〕太一：星名。为天
极星座五颗星中最亮的一颗。古代认为是天帝的居处。这里比喻孙吴军
营中孙权所在的中军大帐。 〔23〕五将三门：太微垣是中国古天文学上
的一块星区，古人认为象征天子宫廷。星区周围有五颗以"将"命名的
星，即东上将、东次将、西上将、西次将、郎将，被认为是保卫天子宫
廷的将军。另外，太微垣正南面有端门，两旁有左、右掖门。以上合称
五将三门，详见《史记》卷二十七《天官书》、《汉书》卷二十六《天
文志》。这里比喻中军大帐周围的护卫军营和营区的大门。 〔24〕四
灵：指大旗周围四种灵异动物的图案。即苍龙、白虎、朱雀、玄武。
〔25〕太常：此处指天子所使用的大旗名字。高六丈三尺，有十二根飘
带，旗上绘太阳、月亮和飞龙图案，详见《续汉舆服志》上。
〔26〕休：美好。 〔27〕变施：变化实施。 〔28〕赤乌衔书：传说周文
王时，有红色乌鸦口衔红书飞到周国的土神祭坛上，后来周即得天下。
见《吕氏春秋·应同》。 〔29〕吐符：表露祥瑞征兆。 〔30〕河、洛：
指河图、洛书。传说在伏羲氏时，黄河出现一匹神马，背上有图，伏羲
按照此图而画出八卦；夏禹时，洛水出现一只神龟，背上有文字，夏禹
据此文字写出《洪范》。见《周易·系辞上》。 〔31〕俱：在一起。
〔32〕佥：都。

权下都建业，详、综并为侍中；进封乡侯，兼左、右领军[1]。时魏降人或云"魏都督河北、振威将军吴质[2]，颇见猜疑"；综乃伪为质作降文三条：

其一曰："天纲弛绝[3]，四海分崩；群生憔悴，士人播越[4]；兵寇所加，邑无居民；风尘烟火，往往而处。自三代以来[5]，大乱之极，未有若今时者也。臣质志薄，处时无方；系于土壤，不能翻飞，遂为曹氏执事戎役[6]。远处河朔[7]，天衢隔绝；虽望风慕义，思托大命；愧无因缘，得展其志。每往来者，窃听风化；伏知陛下齐德乾坤，同明日月，神武之姿，受之自然，敷演皇极[8]，流化万里；自江以南，户受覆焘[9]；英雄俊杰，上达之士，莫不心歌腹咏，乐在归附者也。

今年六月末，奉闻吉日，龙兴践阼，恢弘大繇，整理天纲；将使遗民，睹见定主。昔武王伐殷，殷民倒戈；高祖诛项，四面楚歌：方之今日，未足以喻！臣质不胜昊天至愿[10]，谨遣所亲同郡黄定，恭行奉表；及托降叛，间关求达[11]。其欲所陈，载列于左。"

其二曰："昔伊尹去夏入商[12]，陈平委楚归汉[13]，书功竹帛，遗名后世；世主不谓之背诞者[14]，以为知天命也。臣昔为曹氏所见交接[15]，外托君臣，内如骨肉；恩义绸缪[16]，有合无离；遂受偏方之任，总河北之军。当此之时，志望高大，永与曹氏，同死俱生；惟恐功之不建，事之不成耳。及曹氏之亡，后嗣继立；幼冲统政[17]，谗言弥兴。同侪者以势相害[18]，异趣者得间其言[19]。而臣受性简略[20]，素不下人[21]；视彼数子，意实迫之，此亦臣之过也。遂为邪议，所见构会[22]，招致猜疑，诬臣欲叛。虽识真者保明其心，世乱谗胜，余嫌犹在；常惧一旦横受无辜，忧心孔疚[23]，如履冰炭。昔乐毅为燕昭王立功于齐[24]，惠王即位[25]，疑夺其任；遂去燕之赵，休烈不亏[26]。彼岂欲二三其德[27]？盖畏功名不建，而惧祸之将及也！

昔遣魏郡周光[28]，以贾贩为名，托叛南诣，宣达密计。时以仓猝，未敢便有章表，使光口传而已。以为天下大归可见[29]，天意所在，非吴复谁？此方之民，思为臣妾；延颈举踵，惟恐兵来之迟耳。若使圣恩少加信纳[30]，当以河北承望王师；（疑）〔款〕心赤实[31]，天日是鉴！而光去经年，不闻咳唾[32]；未审此意，竟得达不？瞻望长叹，日月已几；鲁望高子[33]，何足以喻！

又臣今日，见待稍薄[34]；苍蝇之声[35]，绵绵不绝：必受此祸，迟速事耳。臣私度陛下未垂明慰者[36]，必以臣质贯穿仁义之道，不行若此之事；谓光所传，多虚少实；或谓此中，有他消息。不知臣质，构谗见疑，恐受大害也。且臣质若有罪之日，自当奔赴鼎镬[37]，束身待罪，此盖人臣之宜也。今日无罪，横见谮毁；将有商鞅、白起之祸[38]。寻惟事势，去亦宜也；死而弗义，不去何为！乐毅之出，吴起之走[39]；君子伤其不遇，未有非之者也。愿陛下推古况今，不疑怪于臣质也。

又念人臣获罪，当如伍员奉己自效[40]，不当侥幸因事为利。然今与古，厥势不同；南北悠远，江湖隔绝：自不举事，何得济免？是以忘志士之节，而思立功之义也。且臣质又以曹氏之嗣，非天命所在；政弱刑乱，柄夺于臣；诸将专威于外，各自为政，莫或同心；士卒衰耗，帑藏空虚；纲纪毁废，上下并昏。想前后数得降叛，具闻此问[41]。兼弱攻昧[42]，宜应天时；此实陛下进取之秋，是以区区敢献其计。

今若纳兵淮、泗，据有下邳[43]；荆、扬二州[44]，闻声响应；臣从河北，席卷而南：形势一连，根牙永固。关西之兵系于所卫[45]，青、徐二州不敢撤守[46]，许、洛余兵众不满万[47]：谁能来东与陛下争者？此诚千载一会之期，可不深思而熟计乎？及臣所在，既自多马；加以羌胡常以三四月中美草时[48]，驱马来出：隐度今者[49]，可得三千余匹。陛下出军，当投此时[50]，多将骑士来就马耳。此皆先定所一二知[51]。凡两军不能相究虚实，今此间实羸[52]，易可克定；陛下举动，应者必多。上定洪业，使普天一统；下令臣质，建非常之功：此乃天也。若不见纳，此亦天也。愿陛下思之，不复多陈。”

其三曰："昔许子远舍袁就曹[53]，规画计较[54]，应见纳受[55]；遂破袁军，以定曹业。向使曹氏不信子远，怀疑犹豫，不决于心；则今天下，袁氏有也。愿陛下思之。间闻界上将阎浮、赵楫，欲归大化[56]；唱和不速[57]，以取破亡。今臣款款，远授其命；若复怀疑，不时举动[58]；令臣孤绝，受此厚祸。即恐天下雄夫烈士欲立功者，不敢复托命陛下矣！愿陛下思之。皇天后土，实闻其言。"

此文既流行，而质已入为侍中矣。

【注释】

〔1〕左、右领军：官名。即左领军、右领军，共同指挥京城驻守军队。 〔2〕振威将军：官名。领兵征伐。 吴质（公元 177—230）：事见本书卷二十一《王粲传》。 〔3〕天纲：王朝法制。 〔4〕播越：流亡。 〔5〕三代：指夏、商、周三代。 〔6〕执事戎役：承担军事任务。 〔7〕河朔：河北。 〔8〕敷演：散布推广。 皇极：至高无上的原则。 〔9〕覆焘（dào）：覆盖。 〔10〕昊：广大。 〔11〕间（jiàn）关：艰难跋涉。 〔12〕去夏入商：伊尹被商汤任用之后，曾一度离商去夏，对夏朝政治状况不满，又回来辅佐商汤。见《史记》卷三《殷本纪》。 〔13〕委楚：抛弃西楚。陈平最初随从项羽，后转投刘邦。见《史记》卷五十六《陈丞相世家》。 〔14〕世主：世间的君主。 〔15〕为曹氏所见交接：受到曹丕的接待。这里曹氏指曹丕，吴质一直是他的心腹，见本书卷十九《曹植传》裴注引《世语》、卷二十一《王粲传》裴注引《魏略》和《吴质别传》。 〔16〕绸缪：缠绵。 〔17〕幼冲：幼小（的皇帝）。这里指曹丕的儿子曹叡。 〔18〕同侪（chái）：同辈。 〔19〕异趣者：志趣不同的人。 〔20〕受性：禀性。 简略：高傲而疏略。 〔21〕下人：屈居别人之下。 〔22〕构会：设计陷害。 〔23〕孔疚：非常痛苦。 〔24〕乐毅：中山国灵寿（今河北平山县东北）人。战国时燕国名将。燕昭王时，曾率军进攻齐国，连克七十余城，以功封昌国君。燕惠王继位，齐国用反间计，迫使他逃往赵国。传见《史记》卷八十。燕昭王（？—前 279）：名职。战国时燕国君主。前 311 至前 279 年在位。曾流亡在外，被赵国护送回国。继位后革新政治，招揽人才。前 284 年，联合五国，派乐毅领兵攻破齐国，占领齐七十余城。事见《史记》卷三十四《燕召公世家》。 〔25〕惠王：即燕惠王（？—前 272）。昭王子。战国时燕国君主，前 278 至 272 年在位，怀疑乐毅，迫使乐毅出走，齐军趁机反攻，收复失地。事见《史记》卷三十四《燕召公世家》。 〔26〕休烈：美好业绩。 〔27〕二三其德：三心二意。句出《诗经·氓》。 〔28〕魏郡：郡名。治所在今河北临漳县西南。当时属曹魏。 〔29〕大归：大趋势。 〔30〕少：稍微。 〔31〕款心：诚心。 〔32〕咳

唾：指动静。　〔33〕高子：春秋时齐国的大夫。前 660 年，他奉齐桓公之命出使鲁国。当时鲁国接连死了三位君主，无人掌权。他没有乘人之危，而是帮助鲁国另立新君，加固城池。鲁国人对他非常感激。事见《公羊传》闵公二年。　〔34〕稍：逐渐。　〔35〕苍蝇之声：比喻小人的谗言。苍蝇即青蝇，《诗经·青蝇》有"营营青蝇，止于樊；岂弟君子，无信谗言"的诗句。　〔36〕私度(duó)：私下揣测。　〔37〕奔赴鼎镬(huò)：指自愿接受死刑。这里的鼎镬是把人煮死的大锅。　〔38〕商鞅(？—前338)：公孙氏，名鞅。战国时卫国人。秦孝公时任左庶长，推行变法。不久升大良造。秦孝公把都城从雍(今陕西凤翔县南)迁往咸阳(今陕西咸阳市东北)后，进一步变法，奠定富强基础。因功封商(今陕西商洛市商州区东南)十五邑，号商君。孝公死，被贵族陷害，受车裂之刑而死。遗物今存"商鞅方升"。传见《史记》卷六十八。　〔39〕吴起(？—前381)：战国时卫国左氏(今山东曹县北)人。善用兵，先任鲁将，又任魏将，屡建战功。后受迫害，逃奔楚国，任令尹，帮助楚悼王革新政治，促使楚国富强。楚悼王死，被旧贵族杀害。传见《史记》卷六十五。　〔40〕伍员(？—前484)。春秋时吴国的大夫。其父伍奢，本为楚国大夫，因事被杀。他辗转逃到吴国，帮助阖闾夺得王位，励精图治，使吴国富强。前 506 年，定计攻楚，为父报仇，因功封于申。吴王夫差时，劝阻接受越国求和，遭人谗害，被迫自杀死。传见《史记》卷六十六。　〔41〕此问：这样的消息。　〔42〕兼弱攻昧：兼并弱者，进攻愚昧者。　〔43〕下邳：郡名。治所在今江苏睢宁县西北。　〔44〕荆：指曹魏的荆州，治所在今河南新野县。　扬：指曹魏的扬州。治所在今安徽寿县。　〔45〕系：被牵制。　〔46〕青：曹魏州名。治所在今山东淄博市东。　徐：曹魏州名。治所在今江苏睢宁县西北。　〔47〕许：县名。治所在今河南许昌市东。　洛：即洛阳。　〔48〕羌胡：即羌族。美草：牧草茂盛。　〔49〕隐度(duó)：估计揣测。　〔50〕投此时：投合这时(的机会)。　〔51〕所一二知：所知道的一件两件事。　〔52〕实羸：实际上虚弱。　〔53〕许子远：即许攸。事见本书卷一《武帝纪》。　袁：即袁绍。　曹：即曹操。　〔54〕计较：计算比较。　〔55〕应：立即。〔56〕间(jiàn)：近来。　界上：边境上。　归大化：指归降。　〔57〕唱和(hè)：指呼应。　〔58〕不时：不能及时。

二年[1]，青州人隐蕃，归吴。上书曰："臣闻纣为无道，微子先出[2]；高祖宽明，陈平先入。臣年二十二，委弃封域〔3〕，归命有道；赖蒙天灵，得自全致〔4〕。臣至止有日〔5〕，而主者同之降人〔6〕，未见精别；使臣微言妙旨，不得上达。於邑三叹〔7〕，曷惟其已〔8〕！谨诣阙拜章，乞蒙引见。”权即召入。蕃谢，答问，及陈时务，甚有辞观。

综时侍坐，权问：“何如？”综对曰：“蕃上书，大语〔9〕，有似东方朔；巧捷诡辩，有似祢衡〔10〕：而才皆不及〔11〕。”权又问：“可堪何官？”综对曰：“未可以治民，且试以都辇小职〔12〕。”

权以蕃盛论刑狱，用为廷尉监〔13〕。左将军朱据、廷尉郝普，称蕃有王佐之才〔14〕；普尤与之亲善，常怨叹其屈。后蕃谋叛，事觉伏诛。〔一〕普见责，自杀；据禁止，历时乃解。

拜综偏将军，兼左执法〔15〕，领辞讼。辽东之事，辅吴将军张昭，以谏权言辞切至，权亦大怒；其和协彼此，使之无隙，综有力焉。

【注释】

〔1〕二年：黄龙二年(公元230)。　〔2〕微子：名启。周代宋国的开国君主。本商纣的庶兄，封于微(今山东梁山县西北)。见商代将亡，多次劝谏商纣，无效，遂出走。周武王灭商，他主动投降，后被封于宋。事见《史记》卷三十八《宋微子世家》。　〔3〕封域：界域。指曹魏。〔4〕全致：安全到达。　〔5〕至止：到达。　〔6〕主者：指主管接待归降者的官员。　同之降人：把我与一般的归降者同样对待。　〔7〕於(wū)邑：郁闷。　〔8〕曷惟其已：(忧愁)怎么样才能停止。句出《诗经·绿衣》。　〔9〕大语：夸大的言辞。　〔10〕祢衡：事见本书卷十《荀彧传》裴注引《典略》。　〔11〕不及：指不及东方朔与祢衡。　〔12〕都辇：京城。　〔13〕廷尉监：官名。负责对廷尉作出的司法案件判决进行审议。

〔14〕王佐：帝王辅佐。　〔15〕左执法：官名。主管司法。

【裴注】

〔一〕《吴录》曰："蕃有口才，魏明帝使诈叛，如吴；令求作廷尉职，重案大臣，以离间之。既为廷尉监，众人以据、普与蕃亲善，常车马云集，宾客盈堂。及至事觉，蕃亡走；捕得，考问党与，蕃无所言。吴主使将入，谓曰：'何乃以肌肉为人受毒乎？'蕃曰：'孙君，丈夫图事，岂有无伴！烈士死，不足相牵耳。'遂闭口而死。"

《吴历》曰："权问普：'卿前盛称蕃，又为之怨望朝廷；使蕃反叛，皆卿之由！'"

性嗜酒，酒后欢呼极意[1]；或推引杯觞，搏击左右。权爱其才，弗之责也。凡自权统事，诸文诰策命[2]，邻国书符[3]，略皆综之所造也。初，以内外多事，特立科[4]："长吏遭丧[5]，皆不得去[6]。"而数有犯者，权患之，使朝臣下议[7]。综议以为："宜定科文，示以大辟[8]。行之一人，其后必绝。"遂用综言，由是奔丧乃断。

赤乌六年，卒。子冲嗣。冲平和有文干[9]。天纪中，为中书令。[一]

徐详者，字子明。吴郡乌程人也。先综死。

【注释】

〔1〕极意：尽兴。　〔2〕策命：君主对臣下进行封土、授爵、记功时所颁发的特别文书。　〔3〕书符：公务文书。　〔4〕科：法令条款。〔5〕遭丧：遇到(父母的)丧事。　〔6〕去：指离职回家奔丧。　〔7〕下议：表示意见。　〔8〕大辟：死刑。　〔9〕文干：文才。

【裴注】

〔一〕《吴录》曰："冲，后仕晋，尚书郎，吴郡太守。"

评曰：是仪、徐详、胡综，皆孙权之时干兴事业者也[1]。仪清恪贞素[2]，详数通使命，综文采才用，各见信任；譬之广厦，其榱椽之佐乎[3]！

【注释】

〔1〕干兴：承担和振兴。 〔2〕清恪：清廉谨慎。 贞素：正直朴素。 〔3〕榱椽(cuī chuán)：都指固定在檩子上用来放屋瓦的成排木条。俗称椽子。其重要性不如立柱、横梁。

【译文】

是仪，字子羽，北海国营陵县人。他最初姓氏。开始时在本县政府当办事员，接着到北海国政府做事；当时的北海国国相孔融嘲弄他，说他姓的"氏"字是"民"字没有上面的部分，岂不是民众目无上司？说是可以改为同音的"是"字：于是他就把姓改了。

后来他依附扬州刺史刘繇，到江东避乱。刘繇的军队失败，是仪移居到会稽郡。

孙权继承和统管大事，以表示尊敬优待的文书征召是仪。是仪到达后，受到亲近和信任，专门在孙权身边负责机密文书的办理，正式的官衔是骑都尉。

吕蒙图谋袭击关羽，孙权问是仪的意见；是仪觉得吕蒙的计策很好，劝孙权采纳。是仪又随孙权出兵进攻关羽，被任命为忠义校尉；他向孙权陈述理由辞让，孙权下达指令说："我虽然比不上从前的赵简子，但是您怎么能够不委屈自己当一下周舍呢！"

擒杀关羽平定荆州之后，孙权建都武昌。是仪升任裨将军。后来又封为都亭侯，代理侍中职务。孙权还想授给他一支兵马，是仪因为自己不是将才，坚决推辞不受。

黄武年间，孙权派是仪到皖县，去见将军刘邵，想执行引诱魏军大将曹休前来的计划。后来曹休受骗率军到达，被打得大败而逃，是仪因功升任偏将军。他受命进入皇宫，在尚书台审阅文书，对外又负责评议各官署呈报的公事，兼管案件审理。还受命教孙权各个儿子读书学习。

孙权迁都到东边的建业，太子孙登留在武昌镇守；并让是仪辅佐太子，太子非常尊敬他，每件事都先征询其意见，然后才实施。此后是仪进封都乡侯。

他随太子孙登回建业之后，又被任命为侍中、中执法；依旧负责评议各官署呈报的公事，兼管案件审理。

中书典校郎吕壹，诬告过去的江夏郡太守刁嘉诽谤诋毁国家政事；孙权大为震怒，把刁嘉抓进了监狱，有关官员也全部弄来查证审问。当时受牵连的人害怕吕壹，都说听到了刁嘉的恶毒攻击；唯独是仪却说没有听到。结果他一连很多天都受到追根究底的盘问，孙权为此下达的诏令也变得严厉非常；群臣为他的处境担心到了极点。是仪的回答说："而今锋利的刀锯已经架到为臣的脖子上，为臣又怎么敢替刁嘉隐瞒？自取灭亡，成为不忠之鬼啊！不过既然听说就应当有事实经过呀。"他依然据实回答讯问，供辞保持正直而不改变。结果孙权放过了他，刁嘉也得以免罪。

蜀国丞相诸葛亮去世，孙权关心西面益州的局势；派是仪为使者到蜀国表明加强友好联盟的愿望：孙权对他的使命完成情况感到很满意。后来是仪被任命为尚书仆射。

太子孙和、鲁王孙霸两人被正式授予册封的名号之后，是仪以本职兼任鲁王傅。是仪顾虑太子、鲁王所受到的恩宠待遇过于接近，就呈上奏疏说："为臣私下认为鲁王天资卓越具备美德，兼有文武才能；从当今的情况看，他应当出朝镇守四方，充当国家的屏障和辅佐。宣扬鲁王品德的美好，显示他威望的提高；这本来是陛下的好打算，也是海内人民所盼望的事。不过为臣言辞鄙陋粗野，不能够充分体现出陛下的意图。现今为臣的愚见认为，太子、鲁王之间的恩宠待遇，后者应当降低一等；以便摆正上下的次序，表明教化的根本。"他为此一连呈上三四次奏疏。是仪担任鲁王傅时竭尽忠诚，鲁王的举动有过失时他总要规劝。

他的处世特点是为上司服务勤勉，与人交往态度恭敬。是仪素来不置产业，也不接受别人的施舍恩惠；修建的住宅刚好够自家居住。邻居有一家兴修了一座大宅院，孙权外出时远远望见，问修大宅院那家是谁，左右的侍从回答说："像是是仪家。"孙权说："是仪节俭，必定不是他！"一问果然是其他人。是仪就是如此受到孙权的了解和信任。是仪穿的衣服不精美，吃的菜肴不丰盛，却热心救济穷困，家中没有积蓄。孙权听说之后，特地光临他家，看了他吃的菜饭，还亲自品尝，不禁感慨叹息，立即下令给他增添俸禄，扩大田产和住宅。是仪一再辞让，把受到的恩惠当作忧心的事。

是仪时时举荐人才，却从不说别人的短处。孙权曾经责备他不谈政事，没有肯定也没有非议。是仪回答说："圣明君主在上，下面的臣僚尽职尽责；为臣一直担心自己不称职，实在不敢以我浅陋片面的看法，干扰陛下的神思。"是仪为国家服务几十年，从未有任何过失。校事官吕壹把朝廷的将相大臣一一告发，有的一个人就多次被他告发有罪，唯独没有什么证据可以告发是仪。孙权感叹说："假使人人都像是仪，又何必动用法律条令啊！"

是仪病重倒床后，留下指示：要使用不加涂饰的本色棺材，入殓时穿与时令相应的平常衣服，丧事务必从简。去世时八十一岁。

胡综，字伟则，汝南郡固始县人。他从小死了父亲，母亲带着他到江东避难。孙策兼任会稽郡太守时，胡综才十四岁，就被孙策聘任为门下循行，留在吴县与孙权一起读书。

孙策去世之后，孙权担任讨虏将军，胡综在将军府当了金曹从事。随孙权去讨伐黄祖，接着出任鄂县县长。孙权升任车骑将军，把治所设在京下；召胡综回来，担任书部，与是仪、徐详一起负责处理军政机密公务文书。

刘备率领大军东下到白帝城准备伐吴，孙权因为现有的兵员少，特派胡综到各县去选取壮丁。得到六千人，于是设立一支取名为"解烦"的军队，并分为左、右两支分队；由徐详统领左分队，胡综则兼任右分队的指挥官。

吴军将领晋宗，叛逃到魏国，魏国任命晋宗为蕲春郡太守；

驻在长江以北几百里处，多次向南侵犯造成危害。孙权派胡综与贺齐共同率军轻装急进发起突袭，结果把晋宗生擒活捉。胡综因功加任建武中郎将。魏文帝封孙权为吴王，胡综、是仪、徐详，都被封为亭侯。

黄武八年（公元 229）夏天，有黄龙出现在夏口；于是孙权称帝，并借助这一祥瑞改年号为"黄龙"。孙权还制作了一面绘制有黄龙图案的大旗，经常飘扬在中军大营的上空；各军的前进后退，都看这面大旗指向什么方向。孙权还让胡综为这面黄龙大旗写了一篇赋文说：

在那远古乾坤初步创立的时候，
天、地、人三者也一并产生。
天狼、弧两星座显示弓箭射狼的形象，
这其实就象征着军队的精神。
圣人看到之后深受启发，
于是进行仿效动手试制；
武器的制作从此就开始，
而且要求它充分发挥威力。
神农氏、黄帝建立人类社会，
首先把君主的基业开拓；
对上顺应了天神的意旨，
对下平息了人间的灾祸。
接下来高辛氏诛杀了共工，
虞舜又出兵征伐了有苗；
夏启在甘这个地方打败有扈氏，
商汤击溃夏桀是在鸣条；
周武王在牧野与商纣厮杀，
汉高祖则把项羽击溃于垓下：
试看上述君主开创基业，
谁人又不是依仗了金戈铁马？

光辉灿烂的大吴国啊，
有德的君主实在是上天所生；

他正是凭借了非凡的军事才能，
建立了天下人仰望的政治中心。
追溯他从前的家族渊源，
黄帝、虞舜就是他的祖先；
经过夏、商、周、秦、汉五代，
继承前辈又把新王朝创建。
他顺应上天安排好的次序，
承受天命在南方即位称帝；
他将推行其宏图大略，
把中原地区全部统一。

为此他根据天上的星象，
组建了一支具有神威的大军；
模仿太乙星设置的中军大帐，
周围是护卫军营和大门。
大军出动时像掠过的闪电，
聚集时又像浓云在天上密布；
前进和停止都有统一的指挥，
命令简单扼要绝不繁复。

看那全军的大旗，灵异动物分布在边上，
一条黄色巨龙飞腾在中央；
飞龙环绕着太阳和月亮，
这种天子所用的军旗其实名叫太常。
它巍然独立迎风飘扬，
全军将士一齐对它仰望。
它就像一位仙人高高在上，
威武地观察着四面八方；
这真是神灵赏赐的宝物，
预示着国家的美好和富强。
全军如果要改变方位，
黄龙大旗就先作移动；

不需要鸣金击鼓一片寂静，
转眼间队列变化就完全成功。
隐蔽的设计如有神助，
真可谓极度机密而又变化无穷。

从前周文王圣明有德，
引来红乌鸦衔着红宝书飞下祭坛；
如今大吴王朝威震天下，
所以有象征祥瑞的黄龙在夏口出现。
这就好比是从前的河图、洛书，
它们的出现显示君主有道；
大吴国既得人和又还有上天扶助，
所以大家对此都说好呀好！

　　蜀国听说孙权登上帝位，特派使者前来祝贺并重申保持两国友谊的愿望。胡综执笔起草了两国结盟的文件，文辞和内容兼美，全文记录在本书《吴主传》中。

　　孙权迁都到下游的建业，徐详、胡综都担任侍中，晋封乡侯，兼任左领军、右领军。当时从魏国来投降的人，有的说"魏国的河北战区指挥官、振威将军吴质，很受朝廷猜疑"，胡综受命伪造吴质投降吴国的密信三封。

　　第一封信说："汉朝法制崩溃，天下分裂；老百姓痛苦不堪，士大夫四处流亡；凡是军队和匪徒活动的地方，城镇中空无一人，战争与烈火，随处可见。自从夏、商、周三代以来，社会动乱的严重，从来没有像今天这样。为臣吴质意志薄弱，处世无方；眷恋故土，不能远走高飞，只好为曹氏承担军事任务。远处河北，与陛下有天壤之隔；虽然我无比向往仰慕您的风范和仁义，一心想为您献身尽力；令人惭愧的是没有机会，使我能实现自己的志向。每次碰到从大吴国前来的人，我就要私下向他们打听那里的风俗教化；所以知道陛下的德泽可与天地等同，光辉就像日月一样明亮，神圣英武的品质，完全出自天生，宣传和推广至高无上的原则，教化影响到万里之外；从长江以南，家家户户都受您恩德的覆盖；英雄俊杰，优秀通达的人士，无不在心中歌颂您，以能归附您为最高兴的事情。

今年六月末，听说在一个良辰吉日，陛下像神龙腾飞一样登上皇帝之位，准备扩展宏图大略，整顿王朝秩序；将要让幸存的百姓，看到自己真正的君主。从前周武王讨伐商纣，商朝的军民临阵倒戈；汉高祖围攻项羽，四面都是楚地的歌声：用这些事例来比方今天，也不足以说明魏国人民对您的拥护！为臣吴质忍不住这种要归附陛下的天大志愿，谨派遣亲信的同郡人黄定，前来呈送表章；他是假托叛逃为由，经过艰难跋涉以求到达。为臣所想说的话，都一一写在后面。"

第二封信说："从前伊尹离开夏朝来到商朝，陈平抛弃项羽投奔汉高祖，功勋记入史册，美名流传后世；而世间的君主并不认为他们行为背叛荒诞的原因，就在于他们知道天命所归呀。为臣从前受到曹丕的接待，外面的名义虽然是君臣，实际的情谊可以说亲如骨肉；感情关系亲密缠绵，合而不离；所以才受到镇守一方的委任，统领河北地区的各路兵马。在这个时候，我的志气高而希望大，决心与曹氏同生共死；唯恐功勋建立不起来，大事办理不成功啊。然而在曹丕死后，后嗣继位；幼小的曹叡当政，谗言逐渐出现。同辈的人妒忌我的权势，志趣不同的人得以用言语挑拨离间。而为臣禀性高傲疏略，素来不向人低头；对那几个人，心里实在想把他们都压倒，这也是为臣的过错。于是就受到邪恶议论的设计陷害，从而招致曹叡的猜疑，冤枉我要造反。虽然承蒙知道真情的人为我的忠心担保证明，然而在乱世总是谗言会占上风，所以对我的余留猜忌仍然存在；为臣经常担心有一天会横遭迫害，忧心如焚，如同走在了薄冰层或红炭火上。从前乐毅为燕昭王进攻齐国立下大功，燕惠王继位后，对他怀疑而剥夺其职务；他就离开燕国前往赵国，这对他的美好业绩并无损害。他难道说喜欢三心二意？他是害怕建立不起功名，而大祸就要临头了啊！

从前为臣曾派魏郡人周光，以经商为掩护，假称叛逃到南面的大吴国拜见，传达我的秘密计划。当时因为事情仓促，不便写文字表示，只让周光口头传达而已。为臣的意思认为：现今天下的大趋势清楚可见，天意所在的地方，不是大吴国又是哪里？曹魏这里的百姓，都想成为大吴国的臣民；他们伸长颈项踮起脚跟，唯恐吴军来晚了。如果陛下能稍微相信和接纳我，我将在河北起兵迎接大军；我这颗心的赤诚忠实，青天白日可以作鉴证！可是周光去了一年有余，没有听到一点动静；不知道他是否把为臣以上的意思传达到了？遥望南方我不禁喟然长叹，还要过多少天多少月啊？这种企盼的心情就是鲁国人期待齐国的使臣高子，也不能比喻呀！

再者为臣如今受到的对待日渐淡薄，小人的谗言就像苍蝇的声音，整天嗡嗡不绝：必定要遭祸事，只是时间的早晚而已。为臣私自揣测陛下没有派人前来表示安慰的原因，必定是觉得我一贯奉行仁义之道，不会做出这种事来；所以认为周光所传达的内容，虚多而实少；甚至这当中还可能有其他问题。却不知道为臣确实因为遭到诋毁而身受猜疑，害怕身受大祸啊。为臣真有犯罪的那一天，我自己都会主动跳进煮死罪犯的大锅中去，这大概是作为臣僚应作的事。可现今我并无任何罪过，横遭诬陷；将会像商鞅、白起那样含冤而死呀。我好生回想事情的形势，认为离开曹魏是恰当的；与其死了还成为不义之鬼，不离开还等什么！乐毅离开燕国，吴起逃出魏国；君子都为他们的未能遭遇英明君主而伤心，却没有人非议他们。但愿陛下能以古比今，不要怀疑为臣了。

陛下也许会想，作为臣僚被加上罪名，应当像伍员那样奉献出宝贵的生命来证明自己的清白，不应当借此侥幸谋求改弦更张的好处。但是，现今与古代，情势完全不同；南方与北方相距遥远，中间又有长江与大湖隔绝：如果我自己不举兵起事，怎么能得救免死啊！因此为臣才不顾志士的节操，而考虑立功受赏的做法。为臣又一直认为曹丕的继承人曹叡，并不是真命天子；政治衰败刑罚混乱，朝廷的权柄被大臣夺去；诸将在外作威作福，各自为政，没有人和他同心协力；军队的兵员减少，国库的财物空虚；朝廷的法纪废弛，上下昏庸。想来陛下从前后多批叛逃到吴国的人口中，已经完全得知了以上的消息。兼并弱者而进攻愚昧者，要顺应天时；所以现在确实是陛下进取北方的时候，为臣也才敢诚心诚意进献这方面的计策。

现在陛下如果进兵淮河、泗水一带，占据下邳；曹魏的荆、扬二州，就会闻风响应；为臣再从河北席卷南下：形势上一联合，脚跟就站稳了。曹魏关西的军队要保卫当地不能抽调，青、徐二州的守军又不敢撤离，余下在许县、洛阳一带的机动兵力还不满万人：谁能到东面来与陛下一争高低呢？这真正是千载难逢的机会，能够不加以深思熟虑么？而为臣所在的驻地，本来就很多马匹；加上羌族人又常在三四月间水草丰美时，赶着马群出来放牧；估计揣测现今情况，可以收取三千多匹良马。所以陛下如果出兵北上，应当投合这时的机会，多带骑兵前来乘马。这些都是事先所确知的一点情况。大凡两军相对往往互相不知虚实，而今这里确实虚弱，容易平定；陛下一旦挥手行动，响应的必然很多。上可以完成宏图大业，使天下统一；下可以使得为臣建立非凡功勋：这真是天意。如果为臣的计划陛下根本不采纳，这也是天意。希望陛下思考，为臣不再多说。"

第三封信说："从前许子远离开袁绍投奔曹操，为曹操出谋划策，计算比较，立即被曹操接受；于是击溃袁军，奠定曹氏的基业。如果此前曹操不相信许子远，怀疑犹豫，迟迟不决；那么现今的天下，就是袁绍的了。希望陛下三思。最近听说边境上的魏军将领阎浮、赵楫，想归降大吴；因为吴军响应支援不及时，结果招致灭亡。而今为臣诚心诚意，从远方把生命贡献给陛下；如果又起怀疑，不及时举兵行动；让为臣孤立无援陷入绝境，遭受大祸的话，恐怕从此天下英雄志士想建立功业者，再不敢寄托自己给陛下了！但愿陛下深思。皇天后土，都可以为我的话作证。"

这些书信刚刚传开，而吴质已经调进魏国皇宫里担任侍中要职去了。

黄龙二年（公元230），青州人隐蕃，来投奔吴国。到皇宫门前上书说："为臣听说从前商纣无道，微子率先离开；汉高祖宽宏英明，陈平率先投奔。为臣今年二十二岁，抛弃曹魏，献身于有道君主；凭借上天之灵，得以安全到达。为臣到达后停留多日，而主管官员把我作为一般的投降者对待，没有得到精审的识别；

使得我的微言妙论，不能向上进献。为臣心中郁闷而再三叹息，怎么样才止得住啊！谨到皇宫门口跪拜献上表章，请求能得到陛下的召见。"孙权立即召他进宫谈话。隐蕃在陈述谢意，回答问题，以及表达政事见解时，都很有辞采风度。

胡综当时在座侍从，接见之后孙权问他："怎么样？"胡综回答说："隐蕃上书中的夸大言辞，有些像汉代的东方朔；谈话时的机巧敏捷和善于诡辩，又有些像近人祢衡：但是在才能上却赶不上这两人。"孙权又问他："隐蕃可以担任什么官职？"胡综回答说："不能直接治理百姓，暂且委他一个京城的小官试一试。"

孙权因为隐蕃在见面时曾大谈刑罚和案件审理问题，所以任命他为廷尉监。左将军朱据、廷尉郝普，称赞隐蕃有辅佐帝王的大才；尤其是郝普与隐蕃最为亲近友善，经常觉得他担任这样的职务是屈才，还为之怨叹不已。后来隐蕃谋反，事情察觉后被处死。郝普受到孙权严厉责备而自杀。朱据因此而行动受到严格限制，历时很久才得到解除。

孙权提升胡综为偏将军，兼左执法，主管案件审理。在对待辽东公孙渊的问题上，辅吴将军张昭，因为劝谏孙权的言辞太恳切直率，孙权勃然大怒；而在中间调和彼此关系，使之不存在裂痕，这一点胡综是出了力的。

胡综生性嗜酒，喝酒之后又尽兴欢乐高叫；有时还端着酒杯硬逼别人喝下，甚至出手打左右的人。孙权爱他的才能，也不去责备他。自从孙权统管大事之后，各种诏书、公告、策命之类的文件，以及送给邻国的外交事务文书，大多是胡综执笔写的。当初，孙权因为内部和边境上的变故很多，所以特别规定一条，即"县级行政长官遇到父母死亡，都不准擅自离职奔丧"。然而依旧多次有人违犯，孙权感到不好办，让朝臣表示意见。胡综的意见认为："应当定出一项条文，即违犯者将处死刑。在一个人身上兑现之后，必定再无人敢违犯。"孙权采用他的话，从此擅自离职奔丧才断绝了。

胡综在赤乌六年(公元 243)去世。儿子胡冲继承了爵位。胡冲为人平和有文才。孙皓天纪年间曾任中书令。

徐详，字子明。吴郡乌程县人。他比胡综先去世。

评论说：是仪、徐详、胡综，都是在孙权时承担政务振兴事业的人。是仪清廉谨慎，正直朴素；徐详多次充当使者来往邻国完成使命；胡综具有文采和办事才能：他们各自受到信任，用一座大厦来作比方，他们大概起的是屋顶上面椽子的辅助作用吧！

吴范刘惇赵达传第十八

吴范字文则，会稽上虞人也。以治历数[1]，知风气[2]，闻于郡中。举有道[3]，诣京都；世乱不行。

会孙权起于东南，范委身服事。每有灾祥，辄推数言状；其术多效，遂以显名。初，权在吴，欲讨黄祖。范曰："今兹少利，不如明年。明年戊子[4]，荆州刘表亦身死国亡。"权遂征祖，卒不能克。明年，军出。行及寻阳，范见风气，因诣船贺，催兵急行。至即破祖，祖(得)夜亡[5]。权恐失之，范曰："未远，必生擒祖。"至五更中，果得之。刘表竟死，荆州分割。

及壬辰岁[6]，范又白言："岁在甲午[7]，刘备当得益州。"后吕岱从蜀还，遇之白帝；说备部众离落[8]，死亡且半[9]，事必不克。权以难范[10]，范曰："臣所言者，天道也；而岱所见者，人事耳。"备卒得蜀。

权与吕蒙谋袭关羽；议之近臣，多曰不可。权以问范，范曰："得之。"后羽在麦城，使使请降。权问范曰："竟当降否？"范曰："彼有走气；言降，诈耳！"权使潘璋邀其径路[11]，觇候者还[12]，白羽已去。范曰："虽去，不免。"问其期，曰："明日日中。"权立表下漏以待之[13]。及〔日〕中不至，权问其故，范曰：
"时尚未正中也。"顷之，有风动帷。范拊手曰："羽至
矣!"须臾，外称"万岁[14]"，传言得羽。

后权与魏为好，范曰："以风气言之：彼以貌
来[15]，其实有谋；宜为之备。"刘备盛兵西陵[16]，范
曰："后当和亲[17]。"终皆如言。

其占验明审如此[18]。权以范为骑都尉，领太史令。
数从访问，欲知其(决)〔诀〕[19]。

【注释】

　　〔1〕历数：历法计算。　〔2〕风气：指观察风和云气以预测事情结果
或吉凶的方法。古代很流行，参见《史记》卷二十七《天官书》。
〔3〕有道：东汉选拔人才的科目之一。不是常科。由公卿、郡国守相推
举。　〔4〕戊子：指建安十三年(公元208)。　〔5〕亡：逃亡。　〔6〕壬
辰：指建安十七年(公元212)。　〔7〕甲午：指建安十九年(公元214)。
〔8〕离落：离散流落。　〔9〕且：将近。　〔10〕难(nàn)：反驳。
〔11〕邀：截断。　〔12〕觇(chān)候：侦察。　〔13〕表：即晷表。测量
日影的长度方向以定一天时刻的仪器。　漏：即漏壶。古代的计时装置。
〔14〕称万岁：高呼万岁。这里万岁是臣下对于君主的祝贺词，不是对皇
帝的代称。　〔15〕以貌来：带着和善的姿态前来。　〔16〕盛兵：调集
大兵。指刘备东下伐吴一事。　〔17〕和亲：和好亲善。　〔18〕占验：
预测的应验。　〔19〕诀：指断定事情结果或吉凶的诀窍。

范秘惜其术，不以至要语权[1]：权由是恨之。〔一〕
初，权为将军时，范尝白言："江南有王气，亥子之间
有大福庆[2]。"权曰："若终如言，以君为侯。"及立为
吴王，范时侍宴，曰："昔在吴中[3]，尝言此事；大王
识之邪[4]?"权曰："有之。"因呼左右，以侯绶带

范[5]。范知权欲以厌当前言[6]，辄手推不受。及后论功行封，以范为都亭侯。诏临当出，权恚其爱道于己也[7]，削除其名。

范为人刚直，颇好自称[8]。然与亲故交接，有终始。素与魏滕同邑相善。滕尝有罪，权责怒其严，敢有谏者死。范谓滕曰："与汝偕死！"滕曰："死而无益，何用死为？"范曰："安能虑此，坐观汝邪？"乃髡头自缚诣门下[9]，使铃下以闻[10]。铃下不敢，曰："必死！不敢白。"范曰："汝有子邪？"曰："有。"曰："使汝为吴范死[11]，子以属我[12]。"铃下曰："诺。"乃排阁入[13]。言未卒，权大怒，欲便投以戟。逡巡走出[14]。范因突入，叩头流血，言与涕并。良久，权意释，乃免滕[15]。

滕见范谢曰："父母能生长我，不能免我于死。丈夫相知，如汝足矣，何用多为！"〔二〕

黄武五年，范病卒。长子先死，少子尚幼：于是业绝。

权追思之，募三州有能举知术数如吴范、赵达者[16]，封千户侯；卒无所得。〔三〕

【注释】

〔1〕至要：最为重要（的内容）。 〔2〕亥子：亥年或子年。据下面传文所言，赵达所指的"大福庆"，是指孙权当上吴王一事。而本书卷四十七记载，孙权受曹魏之封为吴王，时在魏文帝黄初元年（公元220）的十一月。当年的干支是庚子，正是子年。 〔3〕吴中：指吴县地区。县治在今江苏苏州市。 〔4〕识(zhì)：记得。 〔5〕侯绶：侯爵所佩的绶带。当时侯爵绶带用紫白二色的丝线编成，长一丈七尺，见《续汉舆服志》下。 〔6〕厌当(yā dāng)：指勉强搪塞。 〔7〕爱道于己：对自

己吝惜而不传授（观望风气的）方法。 〔8〕自称：自夸。 〔9〕髡（kūn）头：剪去头发。 〔10〕铃下：小吏名。负责通报传令。〔11〕使：假使。 〔12〕属（zhǔ）：托付。 〔13〕排阖：推开房门。〔14〕逡（qūn）巡：立即。当时习语。 〔15〕免滕：免除了魏滕的罪行不予惩处。孙权赦免魏滕，其母亲吴夫人起了关键性作用，参见本书卷五十《孙破虏吴夫人传》裴注引《会稽典录》。 〔16〕三州：指孙吴统治的扬州、荆州和交州。 术数：当时把天文、历算、阴阳五行、卜筮、风气等具有专门性方法和计算的技艺称为术数。这些技艺大多用于预测事情的结果或吉凶，迷信色彩浓厚。

【裴注】

　　〔一〕《吴录》曰："范独心计，所以见重者术；术亡则身弃矣：故终不言。"

　　〔二〕《会稽典录》曰："滕字周林。祖父河内太守朗，字少英。列在'八俊'。滕性刚直，行不苟合；虽遭困逼，终不回挠。初亦忤策，几殆，赖太妃救得免。"语见《妃嫔传》。历历（山）〔阳〕、（潘）〔鄱〕阳、山阴三县令，鄱阳太守。

　　〔三〕《吴录》曰："范先知其死日，谓权曰：'陛下某日，当丧军师。'权曰：'吾无军师，焉得丧之?'范曰：'陛下出军临敌，须臣言而后行；臣乃陛下之军师也！'至其日，果卒。"臣松之按：范死时，权未称帝；此云"陛下"，非也。

　　刘惇字子仁，平原人也[1]。遭乱避地，客游庐陵，事孙辅[2]。以明天官、达占数，显于南土[3]。

　　每有水旱寇贼，皆先时处期[4]，无不中者。辅异焉，以为军师。军中咸敬事之，号曰"神明"。建安中，孙权在豫章。时有星变[5]，以问惇。惇曰："灾在丹杨。"权曰："何如?"曰："客胜主人。到某日，当得问[6]。"是时边鸿作乱[7]，卒如惇言。

　　惇于诸术皆善，尤明太乙[8]；皆能推演其事，穷尽要妙。著书百余篇，名儒刁玄称以为奇。惇亦宝爱其术，不以告人；故世莫得而明也。

【注释】

〔1〕平原：王国名。治所在今山东平原县西南。　〔2〕孙辅：传见本书卷五十一。　〔3〕天官：天文。　占数：占卜的计算。　〔4〕处：确定。　〔5〕星变：异常的星象。　〔6〕问：消息。　〔7〕边鸿作乱：指边鸿等刺杀孙权弟弟丹杨太守孙翊事，见本书卷五十一《孙翊传》。〔8〕太乙：占卜术的一种。又称太一。《隋书》卷三十四《经籍志》三载有以"太一"命名的占卜书多种。

赵达，河南人也〔1〕。少从汉侍中单甫受学，用思精密。谓东南有王者气，可以避难，故脱身渡江。治九宫一算之术〔2〕，究其微旨。是以能应机立成，对问若神；至计飞蝗〔3〕，射隐伏〔4〕，无不中效。

或难达曰："飞者固不可校〔5〕，谁知其然？此殆妄耳！"达使其人取小豆数斗，播之席上。立处其数〔6〕，验覆果信。

尝过知故〔7〕，知故为之具食。食毕，谓曰："仓猝乏酒，又无嘉肴；无以叙意，如何？"达因取盘中只箸〔8〕，再三纵横之〔9〕。乃言："卿东壁下有美酒一斛，又有鹿肉三斤；何以辞无〔10〕？"时坐有他宾，内得主人情。主人惭曰："以卿善射有无，欲相试耳。竟效如此！"遂出酒，酣饮。

又有书简上作千万数〔11〕，著空仓中封之；令达算之。达处如数，云："但有名无实。"其精微若是。

达宝惜其术。自阚泽、殷礼皆名儒善士〔12〕，亲屈节就学：达秘而不告。太史丞公孙滕少师事达[13]，勤苦累年；达许教之者有年数矣，临当喻语而辄复止[14]。

滕他日赍酒具[15]，候颜色，拜跪而请。达曰："吾先人得此术，欲图为帝王师；至仕来三世，不过太史郎：诚不欲复传之！且此术微妙，头乘尾除，一算之法，父子不相语。然以子笃好不倦，今真以相授矣。"饮酒数行[16]，达起取素书两卷[17]，大如手指。达曰："当写读此，则自解也。吾久废，不复省之[18]。今欲思论一过[19]，数日当以相与。"

滕如期往，至，乃佯求索书[20]，惊言失之。云："女婿昨来，必是渠所窃[21]！"遂从此绝。

【注释】

〔1〕河南：即河南尹，是东汉京城洛阳所在的郡。治所在今河南洛阳市东。　〔2〕九宫一算：古代特别的算法名。计算时要使用一种数字表，表纵横三格，共有九格，格内有数字，故名。　〔3〕至：至于。计飞蝗：计算飞过的蝗虫数目。　〔4〕射隐伏：猜测被隐藏（而看不见）的东西。　〔5〕飞者：指蝗虫。　校：考核。　〔6〕处：确定。　〔7〕过（guō）：拜访。　知故：相识的老朋友。　〔8〕只箸：单根筷子。〔9〕再三纵横之：竖着横着摆放了两三次。　〔10〕辞无：推辞说没有。〔11〕书：写。　〔12〕阚泽：事见本书卷五十三《阚泽传》。　〔13〕太史丞：官名。协助太史令观察天象，制定历法，为朝廷祭祀、婚、丧活动选择时辰。　〔14〕喻语：告诉。　〔15〕酒具：酒和食物。　〔16〕数行：斟酒数次。　〔17〕素书：白绢写的书。　〔18〕省（xǐng）：看。〔19〕一过：一遍。　〔20〕求索：寻找。　〔21〕渠：他。

初，孙权行师征伐，每令达有所推步[1]，皆如其言。权问其法，达终不语；由此见薄，禄位不至。[一]

达常笑谓诸星气风术者曰[2]："当回算帷幕[3]，不出户牖以知天道。而反昼夜暴露，以望气祥[4]，不亦难乎！"

间居无为，引算自校[5]。乃叹曰："吾算，讫尽某年月日，其终矣！"达妻数见达效，闻而哭泣。达欲弭妻意，乃更步算[6]。言："向者谬误耳。尚未也！"后如期死。

权闻达有书，求之不得。乃录问其女[7]，及发棺，皆无所得：法术绝焉[8]。〔二〕

【注释】

〔1〕推步：分步推算（军事行动的结果）。 〔2〕星气风术者：观察星象、云气、风以预测事情结果或吉凶的人。 〔3〕回算帷幕：在挂上帷幔的密室中进行反复计算。 〔4〕气祥：云气所显示的吉凶征兆。〔5〕自校：考核自己（的寿数）。 〔6〕步算：分步推算。 〔7〕录问：抓来追问。 〔8〕法术：方法。

【裴注】

〔一〕《吴书》曰："初，权即尊号，令达算'作天子之后，当复几年'？达曰：'高祖建元十二年；陛下倍之。'权大喜，左右称'万岁'。果如达言。"

〔二〕《吴录》曰："皇象字休明，广陵江都人。幼工书。时有张子并、陈梁甫能书。甫恨逋，并恨峻；象斟酌其间，甚得其妙，中国善书者不能及也。严武字子卿。卫尉畯再从子也。围棋莫与为辈。宋寿占梦，十不失一。曹不兴善画。权使画屏风，误落笔点素，因就以作蝇；既进御，权以为生蝇，举手弹之。孤城郑妪，能相人。及范、惇、达，八人，世皆称妙，谓之'八绝'云。"

《晋阳秋》曰："吴有葛（衡）〔衜〕字思真。明达天官，能为机巧。作浑天，使地居于中，以机动之，天转而地止：以上应晷度。"

评曰：三子各于其术精矣，其用思妙矣；然君子（算）〔等〕役心神[1]，宜于大者远者。是以有识之士，舍彼而取此也。〔一〕

【注释】
〔1〕等役心神：同样是耗费心神。

【裴注】
〔一〕孙盛曰："夫玄览未然，逆鉴来事，虽禆灶、梓慎其犹病诸，况术之下此者乎？吴史书达知东南当有王气，故轻举济江。魏承汉绪，受命中畿；达不能预睹兆萌，而流窜吴越。又不知吝术之鄙，见薄于时；安在其能逆睹天道而审帝王之符瑞哉！昔圣王观天地之文，以画八卦之象；故亹亹成于著策，变化形乎六爻；是以三《易》虽殊，卦繇理一。安有回转一筹，可以钩深测隐？意对逆占，而能遂知来物者乎？流俗好异，妄设神奇；不幸之中，仲尼所弃。是以君子志其大者，无所取诸。"

臣松之以为：盛云"君子志其大者，无所取诸"，故评家之旨，非新声也。其余所讥，则皆为非理。自中原酷乱，至于建安；数十年间，生民殆尽：比至小康，皆百死之余耳。江左虽有兵革，不能如中国之甚也；焉知达不算其安危，知祸有多少，利在东南，以全其身乎？而责不知魏氏将兴，流播吴越；在京房之筹，犹不能自免刑戮，况达但以秘术见薄，在悔吝之间乎！古之道术，盖非一方；探赜之功，岂惟六爻？苟得其要，则可以易而知之矣；回转一筹，胡足怪哉！达之推算，穷其要妙以知幽测隐，何愧于古？而以禆、梓限之，谓达为妄，非笃论也。

《抱朴子》曰："时有葛仙公者，每饮酒醉，常入人家门前陂水中卧，竟日乃出。曾从吴主别到溧洲，还，遇大风，百官船多没；仙公船亦沉沦，吴主甚怅恨。明日使人钩求公船，而登高以望焉。久之，见公步从水上来，衣履不沾，而有酒色。既见而言曰：'臣昨侍从而伍子胥见请，暂过设酒，忽忽不得，即委之。'又有姚光者，有火术。吴主身临试之：积荻数千束，使光坐其上；又以数千束荻裹之，因猛风而燔之。荻了尽，谓光当已化为烬；而光端坐灰中，振衣而起，把一卷书。吴主取其书视之，不能解也。"

又曰："吴景帝有疾，求觋视者。得一人，景帝欲试之。乃杀鹅而埋于苑中，架小屋，施床几，以妇人屐履服物著其上。乃使觋视之，告曰：‘若能说此家中鬼妇人形状者，当加赏而即信矣。’竟日尽夕，无言。帝推问之急，乃曰：‘实不见有鬼，但见一头白鹅立墓上；所以不即白之，疑是鬼神变化作此相，当候其真形；而定无复移易，不知何故。不敢不以实上闻。’景帝乃厚赐之。然则鹅死，亦有鬼也。”

葛洪《神仙传》曰：“仙人介象，字元则。会稽人。有诸方术。吴主闻之，征象到武昌，其敬贵之，称为‘介君’。为起宅，以御帐给之，赐遗前后累千金。从象学蔽形之术，试还后宫，及出殿门，莫有见者。又使象作变化，种瓜菜百果，皆立生，可食。吴主共论鲙鱼何者最美，象曰：‘鲻鱼为上。’吴主曰：‘论近道鱼耳；此出海中，安可得邪？’象曰：‘可得耳。’乃令人于殿庭中作方坎，汲水满之。并求钩，象起饵之，垂纶于坎中。须臾，果得鲻鱼。吴主惊喜，问象曰：‘可食不？’象曰：‘故为陛下取以作生鲙，安敢取不可食之物！’乃使厨下切之。吴主曰：‘闻蜀使来，得蜀姜作鲙甚好；恨尔时无此！’象曰：‘蜀姜岂不易得！愿差所使者，并付直。’吴主指左右一人，以钱五十付之。象书一符，以著青竹杖中，使行人闭目骑杖；杖止，便买姜讫，复闭目。此人承其言骑杖，须臾止，已至成都。不知是何处，问人，人言是蜀市中；乃买姜。于时吴使张温，先在蜀，既于市中相识；甚惊，便作书寄其家。此人买姜毕，捉书负姜；骑杖闭目，须臾已还到吴：厨下切鲙适了。”

臣松之以为：葛洪所记，近为惑众；其书文颇行世，故撮取数事，载之篇末也。神仙之术，讵可测量？臣之臆断，以为“惑众”，所谓夏虫不知冷冰耳！

【译文】

吴范，字文则，会稽郡上虞县人。他因为研习历法计算，懂得观察风和云气以预测事情结果和吉凶的方法，从而闻名于郡中。他被举荐为有道，前往京都；由于社会动乱而没有成行。

碰到孙权在东南兴起，吴范献身服务。每当有灾祸或吉祥出现，他总是要推算并说明情况；他的预测大多有效，结果在京城也出了名。当初，孙权在吴县，想讨伐黄祖。吴范说：“现今出兵不太有利，不如在明年。明年是戊子年，荆州牧刘表也会人死国亡。”孙权仍然出了兵，结果未能攻克黄祖。第二年，大军再度出动，走到寻阳时，吴范观察风和云气的情况后，赶到孙权的船上来庆贺，并让孙权催促兵马急速前进。赶到江夏郡，马上击溃黄祖的军队，黄祖本人在夜晚逃跑。孙权怕他逃脱，吴范说："他跑得不远，必定会抓住他。"到当晚半夜过后的五更天时，果然把黄祖擒杀。而刘表也确实在这一年死去，荆州被瓜分。

到了壬辰这一年，吴范又报告说："在后年甲午年，刘备会取得益州。"后来吕岱充当使者到了益州后回来，在白帝城碰到吴范；谈到刘备进入益州后部下的人马离散流落，死亡将近一半，并断言刘备攻克不下益州。孙权以此来反驳吴范，吴范说："为臣所预言的是天意，而吕岱所看到的只是人事方面的情况啊。"刘备最后果然得到益州。

孙权与吕蒙商议偷袭关羽；又征询亲近臣僚的意见，大多数人都说不行。孙权就此事问吴范，吴范说："能够抓到他。"后来关羽被打败逃往麦城，派使者来请求投降。孙权问吴范："关羽果真会投降么？"吴范说："为臣看到有一股预示他要逃走的云气；他说投降是欺诈。"孙权派潘璋去截断关羽的退路，侦察兵回来报告，说关羽已经逃走了。吴范说："即使他已逃走，也逃不脱。"孙权问什么时候能抓到关羽，吴范说："在明天太阳当顶的中午。"孙权立即吩咐人树立晷表并装好计时的漏箭来等着。到中午太阳当顶的时候还没有消息传来，孙权问是什么原因，吴范说："还没有到正中午啊。"一会儿，有风吹动帷幔，吴范双手一拍，说："关羽到了！"转眼间，外面传来一阵高呼万岁的声音，果然传进来已经擒杀关羽的消息。

后来孙权与魏国友好，吴范说："从风和云气的情况看：对方虽然带着和善的姿态来，其实内心有阴谋；应当对此有防备。"刘备在西陵出动大量军队进攻孙权，吴范却说："往后他会与我们和好亲善。"结果都像他所预言的这样。

他在预测上的应验就达到如此准确的程度。孙权任命吴范为骑都尉，兼太史令。又多次向他询问，想知道他断定事情结果和吉凶的诀窍。

吴范内心吝惜他的绝技，不把至关重要的地方告诉孙权；孙权因此愤恨他。当初，孙权当将军的时候，吴范曾经报告说："长江以南有帝王之气，在亥年或子年之后将有大喜庆的事发生。"孙权说："如果最终像您所预言的那样，我将封您为侯爵。"到了孙权在壬寅年(公元222)当了吴王,吴范当时在庆祝宴会上作陪,对孙权说:"从前在吴县,为臣就曾经说过这件事;大王还记得么?"孙权说:"有这回事。"于是吩咐左右,把侯爵的绶带取来给吴范佩上。吴范知道孙权想以此勉强搪塞从前的许诺,所以总是用手推开不接受。后来论功行赏,孙权封吴范为都亭侯。诏书临当送出去颁布时,孙权愤恨他对自己吝惜而不传授其绝技,又把他的名字从封侯的名单当中删去。

吴范为人刚直,很喜欢自夸。然而他与亲戚朋友交往时有始有终。他从小就与同县的魏滕友善。魏滕曾经犯罪,孙权对他严加怒斥,并且宣布敢有劝阻处死魏滕者也一同处死。吴范对魏滕说:"我与你一起死。"魏滕说:"你死而无益,何必死呢?"吴范说:"我怎能顾虑这一点,而坐视你丢掉生命不管啊?"于是他自己剪光头发,又把自己双手反绑,然后到了孙权的府署门前,请负责通报传令的办事员去向孙权通报。那办事员不敢,说:"我去通报必定被处死!不敢去啊。"吴范说:"你有儿子么?"那人说:"有。"吴范说:"假如你因我而死,你的儿子归我抚养好了。"那人说:"行。"于是推开内房门进去报告。他话还没说完,孙权就勃然大怒,想拔出手戟向他掷去。那人立即逃了出来。吴范借机闯了进去,不住叩头以至于鲜血长流,说话时声泪俱下。过了很久,孙权的怒气才消散,下令赦免了魏滕。

魏滕见到吴范道谢说:"父母能够养育我,却不能把我从死亡中拯救出来。男子汉交知心朋友,像您这样的一位就足够了,何必要很多啊!"

黄武五年(公元226),吴范生病去世。他的长子先死,而小儿子又年幼:所以他的绝技失传。

孙权追思他,悬赏征求扬、荆、交三州当中有能举荐擅长于预测事情的结果和吉凶,其方法和计算就像吴范、赵达那样神妙的人,将封为食邑有一千户的侯爵;结果却没能找到。

刘惇,字子仁,平原国人。他在遭遇战乱时到其他地方躲避,客居在庐陵郡,为郡太守孙辅服务。他因为了解天文懂得占卜吉凶的方法而闻名于南方。

每当有水灾、旱灾、土匪等出现，他都能预先确定其出现的时间，没有哪一次不能预测准确。孙辅很感神奇，把他当作军师。军中将士都尊敬他，称他有神灵那样的先见之明。汉献帝建安年间，孙权在豫章郡。当时天上出现了异常的星象，就以此询问刘惇。刘惇说："灾祸将在丹杨郡发生。"孙权问："什么样的灾祸？"刘惇说："是客人压倒主人，到某一天将得到消息。"当时有边鸿在丹杨作乱杀死郡太守孙翊，果然如刘惇所说的那样。

刘惇对各种占卜术都擅长，尤其精通太乙这种方法；他能对各种占卜术加以推求发挥，穷尽其奥妙。为此写了一百多篇文章，著名的儒家学者刁玄也啧啧称奇。刘惇很珍爱他的绝技，从不告诉别人；所以世人没有谁能弄清他的秘密。

赵达，河南郡人。他年轻时就跟随汉朝的侍中单甫学习，能够进行精密思考。他认为东南方有帝王之气，可以躲避中原的动乱，所以脱身南渡长江。他主要研习九宫一算这种占卜方法，能够推究其微妙之处。所以擅长用它来进行当场预测，回答就像有神灵指点那么准确；至于计算飞过的蝗虫数目，猜测被隐藏而看不见的东西，没有哪次预测不中。

有人反驳他说："飞过的蝗虫数目又无法核实，谁知道对不对，这大概是乱说的吧！"赵达立即叫那人取来几斗小豆，倒在坐席上。马上计算确定其数目，然后一五一十数完后对比验证果然不差，那人才真正信服了。

赵达曾去拜访相识的老朋友，老朋友为他准备饮食。吃完之后，朋友对他说："仓促之间没有准备酒，家里又没有好的下酒菜；无法畅叙情意，怎么办？"赵达就从盘子里取了一根筷子，横着竖着摆放了两三次。然后说："你东面的墙壁下有美酒一斛，又有鹿肉三斤；怎么推辞说没有酒菜呢？"当时同座的还有其他宾客，心里知道主人的实情。主人满面羞惭地说："因为你善于猜东西的有没有，想试一下。没想到竟然如此准确啊！"于是拿出酒肉大家畅饮。

又有人在小板上写着千、万之类的数字，密封在一座空仓库中；然后让赵达算其中有多少实物。赵达确定出与小板上相同的数字，又说："不过这个数目有名无实。"他算法的精密微妙就像这样。

赵达珍惜他的算法。阚泽、殷礼等都是著名的儒家学者和优秀人物，亲自屈尊到赵达处学习；赵达保守秘密而不告诉他们。太史丞公孙滕从年轻时起就把赵达作为老师对待，侍奉多年；赵达答应教他也是有年头了，但是临到应当告诉时总是又停止。

公孙滕有一天带去酒和食物，等他的脸色和蔼时，跪下向他请求。赵达说："我的祖先得到这套算法，是打算凭借它当帝王的老师；但是从他当官起到而今已有三辈人出仕，官位都没有超过小小的太史郎：我确实不再想传它了！而且这种算法微妙，头乘尾除，一一计算的程序，连亲生父子都不会彼此告诉秘密。不过因为你好学不倦，现在我真的要传给你了。"饮酒几杯后，赵达起身取出两卷白绢写的书，裹着的书卷也不过手指粗的样子。赵达说："你只要把上面的内容写下来阅读，就自然明白了。我已经长久荒废练习，没有再看它。而今我想再对着它思考讲论一遍，几天之后就把它送给你。"

公孙滕如期前往，到了后，赵达装出寻找书的样子，忽然惊呼宝书丢了。他说："我女婿昨天来过，必定是他偷的！"于是公孙滕的希望落了空。

当初，孙权出兵征伐，每次让赵达进行推算战争的结果，都如他所料。孙权问他的方法，赵达始终不说；因此受到孙权的薄待，俸禄官位达不到他的期望。

赵达常常讥笑那些观察星象、云气、风等以预测事情结果或吉凶的人，他说："应当在挂上帷幔的密室中进行反复计算，不出门户就知道天机。而却昼夜暴露在房子外边，观察云气所显示的吉凶征兆，不也困难了点吗！"

闲居无事，他使用算法考核自己的寿数。不禁叹息说："我计算中的数字，讫止于某年某月某日，大概这就是死期了！"他的妻子多次看到他的计算被事实证实，听到结果不禁大放悲声。赵达想安慰妻子，又重新推算。然后说："前面那次算错了。还没有到死期啊。"后来他果然在第一次算出的时间去世。

孙权听说赵达的算法有书，派人到家里去找却没找到。又把他的女儿抓来追问，甚至挖墓打开他的棺材翻看，都毫无所获：他的算法从此失传了。

评论说：这三人各自在自己的占卜术上进行的钻研算是很精密了，运用的思考算是很微妙了；但是作为一个君子，同样是耗费心思精神，应当选择远大的目标。所以有识之士，会抛下那些雕虫小技而致力于建立丰功伟业啊。

诸葛滕二孙濮阳传第十九

诸葛恪字元逊。瑾长子也[1]。少知名。〔一〕弱冠拜骑都尉[2]，与顾谭、张休等，侍太子登讲论道艺[3]，并为宾友。从中庶子转为左辅都尉。

恪父瑾，面长似驴。孙权大会群臣，使人牵一驴入，长检其面[4]，题曰"诸葛子瑜"。恪跪曰："乞请笔益两字[5]。"因听与笔。恪续其下曰："之驴"。举坐欢笑，乃以驴赐恪。

他日复见，权问恪曰："卿父与叔父，孰贤[6]？"对曰："臣父为优。"权问其故，对曰："臣父知所事[7]，叔父不知：以是为优。"权又大噱[8]。

命恪行酒，至张昭前；昭先有酒色[9]，不肯饮，曰："此非养老之礼也。"权曰："卿其能令张公辞屈，乃当饮之耳。"恪难昭曰："昔师尚父九十[10]，秉旄仗钺[11]，犹未告老也。今军旅之事，将军在后[12]；酒食之事，将军在先：何谓不养老也？"昭卒无辞，遂为尽爵[13]。

后蜀使至，群臣并会。权谓使曰："此诸葛恪雅好骑乘，还告丞相[14]：为致好马。"恪因下谢，权曰：

"马未至而谢，何也?"恪对曰:"夫蜀者，陛下之外厩[15]；今有恩诏，马必至也：安敢不谢?"

恪之才捷，皆此类也。〔二〕

【注释】

〔1〕瑾:即诸葛瑾(公元174—241)。传见本书卷五十二。 〔2〕骑都尉:官名。统领皇帝侍卫队中的骑兵小分队。 〔3〕道艺:儒家讲习的理论和技艺。技艺指礼(礼节)、乐(音乐)、射(射箭)、御(驾车)、书(识字和写字)、数(算术)等。 〔4〕长检其面:在驴脸上挂着长标签。 〔5〕益:增加。 〔6〕叔父:指诸葛亮。诸葛亮是诸葛恪的叔父。〔7〕知所事:知道自己该为谁服务。 〔8〕噱(jué):大笑。 〔9〕有酒色:现出酒醉的脸色。 〔10〕师尚父:即吕望。姜姓，吕氏，名望。西周初年任太师，辅佐周武王灭商，因功封于齐。又称师尚父。事见《史记》卷三十二《齐太公世家》。 〔11〕秉旄仗钺:周武王第一次试探进攻商纣，由吕望指挥军队，他左手执钺，右手拿旄。钺是大斧状兵器，旄是顶部有牦牛尾装饰的军旗。〔12〕将军:指张昭。当时任辅吴将军。 在后:张昭的辅吴将军是荣誉性职务，并不领兵征伐，所以这样说。 〔13〕尽爵:干杯。 〔14〕丞相:指任蜀汉丞相的诸葛亮。他又是诸葛恪的叔父。 〔15〕厩:马棚。

【裴注】

〔一〕《江表传》曰:"恪少有才名，发藻岐嶷；辩论应机，莫与为对。权见而奇之，谓瑾曰:'蓝田生玉，真不虚也!'"

《吴录》曰:"恪长七尺六寸，少须眉，折颊广额，大口高声。"

〔二〕《恪别传》曰:"权尝飨蜀使费祎，先逆敕群臣:'使至，伏食勿起!'祎至，权为辍食，而群下不起。祎啁之曰:'凤凰来翔，骐驎吐哺；驴骡无知，伏食如故。'恪答曰:'爰植梧桐，以待凤凰；有何燕雀，自称来翔? 何不弹射，使还故乡!'祎停食饼，索笔作麦赋；恪亦请笔，作磨赋；咸称善焉。权尝问恪:'顷何以自娱，而更肥泽?'恪对曰:'臣闻富润屋，德润身；臣非敢自娱，修己而已。'又问:'卿何如滕胤?'恪答曰:'登阶蹑履，臣不如胤；回筹转策，胤不如臣。'恪尝献权马，先铬其耳。范慎时在坐，嘲恪曰:'马虽(大)〔六〕畜，禀气于天；今残其耳，岂不伤仁?'恪答曰:'母之于女，恩爱至矣；穿耳附珠，何伤于仁？'太子尝嘲恪：'诸葛元逊可食马矢。'恪曰：'愿太子食鸡卵。'权曰：'人令卿食马矢，卿使人食鸡卵：何也？'恪曰：'所出同耳。'权大笑。"

《江表传》曰："曾有白头乌集殿前。权曰：'此何鸟也？'恪曰：'白头翁也。'张昭自以坐中最老，疑恪以鸟戏之。因曰：'恪欺陛下，未尝闻鸟名白头翁者！试使恪复求白头母。'恪曰：'鸟名鹦母，未必有对；试使辅吴，复求鹦父。'昭不能答，坐中皆欢笑。"

权甚异之，欲试以事，令守节度[1]。节度掌军粮谷，文书繁猥，非其好也。〔一〕

恪以"丹杨山险[2]，民多果劲，虽前发兵，徒得外县平民而已；其余深远，莫能擒尽"。屡自求乞，为官出之[3]，三年可得甲士四万。

众议咸以"丹杨地势险阻，与吴郡、会稽、新都、鄱阳四郡邻接，周旋数千里，山谷万重；其幽邃民人，未尝入城邑，对长吏[4]，皆仗兵野逸[5]，白首于林莽。逋亡宿恶[6]，咸共逃窜。山出铜铁，自铸甲兵。俗好武习战，高尚气力[7]；其升山赴险，抵突丛棘；若鱼之走渊，猿狖之腾木也。时观间隙，出为寇盗；每致兵征伐，寻其窟藏；其战〔胜〕则蜂至，败则鸟窜。自前世以来，不能羁也。"皆以为难。

恪父瑾闻之，亦以事终不逮[8]，叹曰："恪不大兴吾家，将大赤吾族也[9]。"

恪盛陈其必捷。权拜恪抚越将军[10]，领丹杨太守，授棨戟、武骑三百[11]。拜毕，命恪备威仪[12]，作鼓吹[13]，导引归家。时年三十二。

恪到府，乃移书（四部）〔四郡〕属城长吏。令各保其疆界，明立部伍[14]；其从化平民[15]，悉令屯居[16]。乃分纳诸将，罗兵幽阻[17]。但缮藩篱，不与交锋。候其谷稼将熟，辄纵兵芟刈[18]，使无遗种。旧谷既尽，新田不收；平民屯居，略无所入[19]。于是山民饥穷，渐出降首[20]。

恪乃复敕下曰：“山民去恶从化，皆当抚慰，徙出外县；不得嫌疑，有所执拘。”（曰阳）〔丹阳〕长胡伉，得降民周遗[21]。遗，旧恶民，困迫暂出，内图叛逆。伉缚送诣府[22]，恪以伉违教，遂斩以徇[23]。以状表上。民闻伉坐执人被戮[24]，知官惟欲出之而已；于是老幼相携而出。岁期、人数皆如本规[25]。恪自领万人，余分给诸将。

权嘉其功，遣尚书仆射薛综劳军。综先移恪等曰[26]：“山越恃阻，不宾历世[27]；缓则首鼠[28]，急则狼顾[29]。皇帝赫然，命将西征；神策内授，武师外震。兵不染锷[30]，甲不沾汗；元恶既枭，种党归义[31]；荡涤山薮，献戎十万[32]。野无遗寇，邑罔残奸；既扫凶慝[33]，又充军用。藜莠稂莠[34]，化为善草；魑魅魍魉[35]，更成虎士[36]。虽实国家威灵之所加，亦信元帅临履之所致也[37]。虽《诗》美执讯[38]，《易》嘉折首[39]；周之方、召[40]，汉之卫、霍[41]：岂足以谈？功轶古人[42]，勋超前世。主上欢然，遥用叹息。感《四牡》之遗典[43]，思饮至之旧章[44]；故遣中台近官[45]，迎致犒赐：以旌茂功，以慰劬劳[46]。”

拜恪威北将军[47]，封都乡侯。

【注释】

〔1〕节度：官名。负责军粮供应。　〔2〕丹杨：郡名，当时治所在今江苏南京市。　〔3〕官：国家。　〔4〕长(zhǎng)吏：当时称县令、县长为长吏。　〔5〕仗兵：手持兵器。　〔6〕逋(bū)亡：逃亡。　〔7〕高尚：崇尚。　〔8〕不逮：(办)不到。　〔9〕赤：灭绝。　〔10〕抚越将军：官名。领兵围取山越。　〔11〕棨(qǐ)戟：外面包有彩色丝套的戟，是当时领兵将领的一种仪仗器物。　〔12〕威仪：显示声威的仪仗。　〔13〕鼓吹(chuì)：仪仗队中的打击和吹奏乐器。　〔14〕部伍：军事化组织。〔15〕从化：服从教化。　〔16〕屯居：集中在营寨居住。　〔17〕罗兵：分布士兵。　〔18〕芟刈(shān yì)：砍割。　〔19〕略：完全。　〔20〕降首：投降自首。　〔21〕丹阳：县名。县治在今安徽马鞍山市东南。〔22〕诣府：到诸葛恪的军府。　〔23〕徇：在各地示众。　〔24〕坐：因……而犯罪。　〔25〕本规：原先的打算。　〔26〕移：不相统属的官署之间所发送的公文叫做移。这里作动词，即发送移文。　〔27〕不宾：不服从。　〔28〕首鼠：即首鼠两端的省略。这里指蠢蠢欲动。〔29〕狼顾：狼行走时常回头后顾，称为狼顾。这里比喻回头逃跑。〔30〕兵不染锷：兵器的锋刃上没有染上血迹。　〔31〕种：部落。〔32〕戎：兵。　〔33〕凶慝(tè)：凶恶。　〔34〕藜(lí)：一年生草本植物。嫩叶可吃，老茎可做拐杖。　荼(tiāo)：一种草名。　稂(láng)：一种对禾苗有害的杂草。俗称狼尾草。　莠(yǒu)：一种对禾苗有害的杂草，欲称狗尾草。　〔35〕魑(chī)魅：传说中能伤害人的怪物。　魍魉(wǎng liǎng)：传说中木石化成的精怪。　〔36〕虎士：像猛虎一样的战士。　〔37〕信：确实(是)。　〔38〕执讯：抓住了应当接受审讯的罪魁。《诗经·采芑》歌颂西周方叔征伐反抗的楚国，有"执讯获丑"的句子。〔39〕折首：诛杀叛乱的首领。《周易·离卦》爻辞有"王用出征，有嘉折首"的句子。　〔40〕方：即方叔。西周宣王时的大臣。曾率兵击败反抗的楚国，又曾进攻狁狁。　召(shào)：即召虎。召公奭的后代。周宣王时的大臣。曾率军战胜淮夷。遗物有"召伯虎簋"。　〔41〕卫：即卫青(？—前106)。字仲卿。河东郡平阳(今山西临汾市西南)人。以外戚受到西汉武帝重用，官至大将军，封长平侯。多次率军进攻匈奴，建立战功，消除了匈奴对西汉王朝的严重威胁。传见《史记》卷一百一十一、《汉书》卷五十五。　霍：即霍去病。　〔42〕轶(yì)：超过。〔43〕《四牡》：《诗经·小雅》中的一篇。《毛诗序》认为这首诗主题是君主慰劳臣下，但现今学者的解释与此不同。　〔44〕饮至：古代礼仪名。出征凯旋归来，到宗庙向祖先报捷，然后饮酒庆贺，论功行赏，称为饮

至。见《左传》桓公二年、隐公三年。 〔45〕中台：尚书台。因设在皇宫中，故名。 近官：指薛综自己。 〔46〕劬（qú）劳：辛苦劳累。〔47〕威北将军：官名。领兵与曹魏作战。

【裴注】

〔一〕《江表传》曰："权为吴王，初置节度官，使典掌军粮：非汉制也。初用侍中、偏将军徐详；详死，（将）〔特〕用恪。诸葛亮闻恪代详，书与陆逊曰：'家兄年老，而恪性疏。今使典主粮谷，粮谷军之要最；仆虽在远，窃用不安。足下特为启至尊，转之。'逊以白权，即转恪领兵。"

恪乞率众佃庐江皖口[1]。因轻兵袭舒[2]，掩得其民而还；复远遣斥候[3]，观相径要[4]，欲图寿春。权以为不可。

赤乌中，魏司马宣王谋欲攻恪[5]；权方发兵应之，望气者以为不利[6]，于是徙恪屯于柴桑。

与丞相陆逊书曰：

杨敬叔传述清论[7]，以为："方今人物凋尽[8]，守德业者不能复几[9]；宜相左右[10]，更为辅车[11]；上熙国事[12]，下相珍惜。又疾世俗好相谤毁，使已成之器，中有损累；将进之徒，意不欢笑。"闻此喟然，诚独击节[13]。

愚以为君子不求备于一人。自孔氏门徒大数三千[14]，其见异者七十二人[15]；至于子张、子路、子贡等七十之徒[16]，亚圣之德[17]，然犹各有所短，"师辟由喭"、"赐不受命"[18]。岂况下此，而无所阙[19]？且仲尼不以数子之不备而引以为友，不以人所短弃其所长也。

　　加以当今取士，宜宽于往古。何者？时务纵横[20]，而善人单少；国家职司，常苦不充。苟令性不邪恶[21]，志在陈力；便可奖就，骋其所任。若于小小宜适、私行不足[22]，皆宜阔略[23]，不足缕责[24]。且士诚不可纤论苛克[25]，苛克则彼贤圣犹将不全。况其出入者邪[26]？故曰以道望人则难，以人望人则易，贤愚可知。

　　自汉末以来，中国士大夫如许子将辈[27]，所以更相谤讪，或至于祸；原其本起，非为大雠；惟坐克己不能尽如礼，而责人专以正义。夫〔克〕己不如礼，则人不服；责人以正义，则人不堪。内不服其行，外不堪其责，则不得不相怨；相怨一生，则小人得容其间；得容其间，则三至之言[28]，浸润之谮，纷错交至；虽使至明至亲者处之，犹难以自定。况已为隙，且未能明者乎？是故张、陈至于血刃[29]，萧、朱不终其好[30]：本由于此而已。夫不舍小过，纤微相责；久乃至于家户为怨，一国无复全行之士也[31]。

　　恪知逊以此嫌己，故遂广其理而赞其旨也。会逊卒，恪迁大将军，假节，驻武昌，代逊领荆州事。

【注释】

〔1〕佃：屯田。　皖口：地名。在今安徽安庆市。〔2〕舒：县名。在今安徽庐江县西南。〔3〕斥候：侦察兵。〔4〕观相：观察。〔5〕司马宣王：即司马懿。其子司马昭为晋王时，追谥他为宣王。

〔6〕望气者：观望云气以预测吉凶的人。 〔7〕传（chuán）述：转述。清论：指陆逊的言论。 〔8〕凋尽：死亡将尽。 〔9〕不能复几：不会再有多少了。 〔10〕左右：帮助。 〔11〕辅车：颊骨与下牙骨。用来比喻相互依存的关系。 〔12〕熙：兴隆。 〔13〕击节：用手打节拍。类似现今的鼓掌。表示赞赏。 〔14〕大数三千：相传孔子教授的弟子累计有三千人，其中身通礼、乐、射、御、书、数六艺的优秀学生有七十二人。见《史记》卷四十七《孔子世家》。 〔15〕见异者：受到特别器重者。 〔16〕子张：即颛孙师（前503—？）。字子张。陈国人。 子路：即仲由（前542—前480）。字子路。卞（在今山东泗水县东南）人。 子贡：即端木赐（前520—？）。字子贡。以上三人传均见《史记》卷六十七《仲尼弟子列传》。 〔17〕亚圣：仅次于圣人（孔子）。 〔18〕师辟由喭（yàn）：颛孙师偏激，仲由鲁莽。 赐不受命：端木赐不接受（孔子的）教命。以上两句都是《论语·先进》中的话。 〔19〕下此：比这些人低下。 〔20〕纵横：指交错繁杂。 〔21〕苟令：假使。 〔22〕宜适：合宜的举止仪态。 私行：个人品行。 〔23〕阔略：宽容。 〔24〕缕责：一一苛求。 〔25〕纤论：过细评论。 〔26〕出入：指与圣贤比起来有差距。 〔27〕中国：中原。 许子将：即许劭（公元150—195）。字子将。汝南郡平舆（今河南平舆县西北）人。与堂兄许靖齐名，都擅长品评人物。每个月更换被评论的对象，当时称之为"汝南月旦评"，曾评曹操为"清平之奸贼，乱世之英雄"。传见《后汉书》卷六十八。〔28〕三至之言：指谣言。有人向曾参的母亲说曾参杀了人，她不信。连着三个人来说，她就信以为真。见《史记》卷七十一《甘茂列传》。〔29〕张：指张耳（？—前202）。大梁（今河南开封市）人。秦末与陈馀一同随从武臣起兵。项羽分封诸侯，被封为常山王。后投刘邦，改立为赵王。 陈：指陈馀（？—前204）。大梁人。秦末与张耳一同随从武臣起兵，占领赵国故地。武臣死，他与张耳共立赵歇为王。因与张耳不和，驱走张耳，自立为代王。后被韩信击败，自杀。以上二人传均见《史记》卷八十九、《汉书》卷三十二。 〔30〕萧：指萧育。字次君。东海郡兰陵（今山东苍山县西南）人。西汉后期历任中央与地方官职，为政严猛。从小与朱博为友，相互帮助，情谊深厚。后来两人发生矛盾，关系恶化，引起当时人的感慨。传附《汉书》卷七十八《萧望之传》。 朱：指朱博（？—前5）。字子元。京兆尹杜陵（今陕西西安市东南）人。出身贫寒，由小吏逐渐升迁，历任地方行政长官、九卿。西汉哀帝时，任丞相，封阳乡侯。不久因罪自杀。传见《汉书》卷八十三。 〔31〕全行（xìng）：品行完美。

久之，权不豫[1]。而太子少，乃征恪以大将军领太子太傅[2]，中书令孙弘领少傅。权疾困，召恪、弘及太常滕胤、将军吕据、侍中孙峻，属以后事。〔一〕

翌日，权薨。弘素与恪不平[3]，惧为恪所治；秘权死问[4]，欲矫诏除恪[5]。峻以告恪，恪请弘咨事；于坐中诛之，乃发丧制服[6]。

与弟公安督融书曰[7]："今月〔二〕十六日乙未，大行皇帝委弃万国[8]。群下大小，莫不伤悼。至吾父子兄弟，并受殊恩，非徒凡庸之隶；是以悲恸，肝心圮裂[9]。皇太子以丁酉践尊号[10]，哀喜交并，不知所措。吾身受顾命，辅相幼主。窃自揆度：才非博陆而受姬公负图之托[11]，惧忝丞相辅汉之效[12]，恐损先帝委付之明；是以忧惭惶惶，所虑万端。且民恶其上，动见瞻观，何时易哉？今以顽钝之姿，处保傅之位[13]；艰多智寡，任重谋浅：谁为唇齿[14]？近汉之世，燕、盖交构[15]，有上官之变[16]。以身值此，何敢怡豫邪[17]？又弟所在，与贼犬牙相错；当于今时整顿军具，率厉将士，警备过常[18]；念出万死[19]，无顾一生；以报朝廷，无忝尔先。又诸将备守各有境界，犹恐贼虏闻讳[20]，恣睢寇窃。边邑诸曹，已别下约敕：所部督将，不得妄委所戍，径来奔赴[21]。虽怀怆怛不忍之心[22]，公义夺私[23]，伯禽服戎[24]；若苟违戾，非徒小故。以亲正疏，古人明戒也。"

恪更拜太傅。于是罢视听[25]，息校官[26]，原逋债[27]，除关税：事崇恩泽，众莫不悦。恪每出入，百姓延颈，思见其状。

【注释】

〔1〕不豫：帝王生病危重的婉转说法。 〔2〕太子太傅：官名。太子的首席辅导老师。 〔3〕不平：不和。 〔4〕死问：死亡的消息。〔5〕矫诏：假托君主之命发布诏书。 〔6〕制服：制作丧服。 〔7〕融：即诸葛融（？—公元253）。传附本书卷五十二《诸葛瑾传》。 〔8〕大行：一去不返。古代用来称呼刚死的皇帝。 〔9〕圮（pǐ）裂：破裂。〔10〕丁酉：据本书卷四十七《吴主传》，孙权死在四月，丁酉是当月的二十八日。 践尊号：登上皇帝位。 〔11〕博陆：指霍光（？—前68）。字子孟。河东郡平阳（今山西临汾市西南）人。西汉昭帝时任大司马、大将军，封博陆侯，辅佐年幼的昭帝，执掌朝政。以谋反罪杀上官桀等。昭帝死，迎立昌邑王刘贺。不久废刘贺，改立宣帝。前后执政二十年，减轻民众负担，有利生产发展。传见《汉书》卷六十八。 姬公：指周公旦。西周、春秋时，贵族男子称氏，女子才称姓。氏是身份标志，用来区别贵贱；姓是血缘标志，用来区别婚姻，二者不容混淆。姬是周族的姓，不能用来称其贵族男子，所以姬公或姬旦的称呼与当时情况不合。秦汉以后，姓氏混同而不再区别，所以诸葛恪有此误称。参见《顾亭林集》卷一"原姓"条。 负图之托：指托孤。用霍光接受西汉武帝遗诏辅佐昭帝的典故。武帝病重，决定立年仅八岁的小儿子刘弗陵为继承人。他命人画了一幅周公背负成王接见诸侯的画赐给霍光，要他仿照行事。见《汉书》卷六十八《霍光传》。 〔12〕忝：辱没。这里指比不上。丞相：指任蜀汉丞相的诸葛亮。诸葛亮接受刘备遗嘱辅佐刘禅，与诸葛恪情况相同而在先。诸葛亮又是诸葛恪的叔父。 〔13〕保傅：官名。泛指天子和诸侯子弟的辅导老师。 〔14〕唇齿：比喻能够给与帮助支持的人。 〔15〕燕：指刘旦（？—前80）。西汉武帝刘彻的庶子，封燕王。武帝死，武帝的小儿子刘弗陵继位为昭帝。刘旦不满，与上官桀、盖长公主等密谋，准备杀死执政的大将军霍光，废昭帝，自立为皇帝。后计划失败，自杀。传见《汉书》卷六十三。 盖：指刘旦的大姐。嫁给盖侯王充，称为盖长（zhǎng）公主。曾支持刘旦、上官桀的密谋，事败自杀。事见《汉书》卷六十八《霍光传》。 〔16〕上官：指上官桀（？—前80）。字少叔。陇西郡上邽（今甘肃天水市）人。西汉武帝时，由普通侍从卫士升任太仆。武帝死前，提升他为左将军，与霍光共同辅佐年幼的昭帝。后与霍光争权，以谋反罪被杀。事见《汉书》卷九十七上《外

戚孝昭上官皇后传》。　〔17〕怡豫：快乐安闲。　〔18〕过常：超过平常
时候。　〔19〕念出万死：抱着死一万次的念头。　〔20〕讳：指孙权死
亡的消息。　〔21〕奔赴：奔丧。　〔22〕怆怛（dá）：悲伤。　〔23〕夺
私：压倒私人感情。　〔24〕伯禽：姬姓，字伯禽。周公旦的长子，封于
鲁，曾率军进攻淮夷、徐戎。遗物有"禽簋"。事见《史记》卷三十三
《鲁周公世家》。　服戎：周公旦死，伯禽在服丧期间，听说徐戎叛乱，
立即止哀率军出征，见《礼记·曾子问》郑玄注。　〔25〕罢视听：停止
派遣耳目。耳目即下句中的校官。　〔26〕校官：即中书典校郎。专门监
视举报官员的不法行为。　〔27〕原逋（bū）债：免除（老百姓）拖欠的
赋税。

【裴注】

〔一〕《吴书》曰："权寝疾，议所付托。时朝臣咸皆注意于恪，而
孙峻表恪器任辅政，可付大事。权嫌恪刚狠自用；峻以当今朝臣皆莫及，
遂固保之：乃征恪。后引恪等见卧内，受诏床下。权诏曰：'吾疾困矣。
恐不复相见，诸事一以相委！'恪歔欷流涕曰：'臣等皆受厚恩，当以死
奉诏！愿陛下安精神，损思虑，无以外事为念。'权诏有司：诸事一统于
恪；惟杀生大事，然后以闻。为治第馆，设陪卫。群官百司，拜揖之仪，
各有品叙。诸法令有不便者，条列以闻，权辄听之。中外翕然，人怀
欢欣。"

初，权黄龙元年迁都建业。二年筑东兴堤，遏湖
水[1]。后征淮南，败以纳船[2]，由是废不复修。恪以建
兴元年十月，会众于东兴，更作大堤；左右结山夹筑两
城[3]，各留千人；使全端、留略守之，引军而还。

魏以吴军入其疆土，耻于受侮；命大将胡遵、诸葛
诞等率众七万[4]，欲攻围两坞，图坏堤遏[5]。

恪兴军四万，晨夜赴救。遵等敕其诸军：作浮桥
渡，阵于堤上[6]，分兵攻两城。城在高峻，不可猝拔。
恪遣将军留赞、吕据、唐咨、丁奉为前部。时天寒，

雪，魏诸将会饮。见赞等兵少，而解置铠甲，不持矛戟；但兜鍪刀盾[7]，裸身缘遏[8]：大笑之，不即严兵[9]。兵得上，便鼓噪乱斫[10]。魏军惊扰散走，争渡浮桥；桥坏绝，自投于水，更相蹈藉。乐安太守桓嘉等，同时并没[11]，死者数万。故叛将韩综为魏前军督[12]，亦斩之。获车乘牛、马、驴、骡各数千，资器山积，振旅而归[13]。

进封恪阳都侯，加荆、扬州牧，督中外诸军事[14]；赐金一百斤，马二百匹，缯、布各万匹[15]。恪遂有轻敌之心。

以十二月战克[16]，明年春，复欲出军。〔一〕诸大臣以为数出疲劳，同辞谏恪；恪不听。中散大夫蒋延或以固争[17]，扶出[18]。

【注释】

〔1〕二年：黄龙二年(公元230)。　东兴堤：堤坝名。在今安徽含山县西南。该堤坝阻断濡须水，使巢湖水不能通过濡须水道泄入长江。〔2〕败以纳船：被破坏而使船能进入(巢湖)。　〔3〕结山：依山。　两城：这两座城堡当时称为东关、西关。东关在濡须水东岸，紧靠濡须山；西关在西岸，紧靠七宝山。　〔4〕胡遵：传见本书卷二十八《钟会传》裴注引《晋诸公赞》。　诸葛诞(？—公元258)：传见本书卷二十八。〔5〕图：打算。　堤遏：堤坝。　〔6〕阵：设立军阵。　〔7〕兜鍪(móu)：头盔。　〔8〕缘：攀缘。　〔9〕严兵：命令军队作好戒备。〔10〕鼓噪：擂鼓呐喊。　〔11〕乐安：郡名，治所在今山东邹平市东北。桓嘉(？—公元252)：事见本书卷二十二《桓阶传》。　〔12〕前军督：官名。前锋军队的指挥官。　〔13〕振旅：整顿军队。　〔14〕督中外诸军事：一种表示指挥威权的名号。当时称京城的驻军为中军，京城以外战区由都督分领的军队为外军，合称中外诸军。凡具有督中外诸军、都督中外诸军名号者，即是全国军队的总指挥官。　〔15〕缯(zēng)：丝

织品的总称。 〔16〕战克：战胜。 〔17〕中散大夫：官名。在皇帝身边应对顾问，无固定任务。 〔18〕扶出：命令侍从把蒋延扶出去，实际上是强行赶走。

【裴注】

〔一〕《汉晋春秋》曰："恪使司马李衡，往蜀说姜维，令同举。曰：'古人有言：圣人不能（为）〔违〕时，时至亦不可失也。今敌政在私门，外内猜隔；兵挫于外，而民怨于内。自曹操以来，彼之亡形，未有如今者也。若大举伐之，使吴攻其东，汉入其西；彼救西则东虚，重东则西轻。以练实之军，乘虚轻之敌：破之必矣！'维从之。"

恪乃著论喻众意曰：

夫天无二日，土无二王。王者不务兼并天下而欲垂祚后世，古今未之有也。昔战国之时，诸侯自恃兵强地广，互有救援；谓此足以传世，人莫能危。恣情纵怀，惮于劳苦；使秦渐得自大，遂以并之：此既然矣。近者刘景升在荆州[1]，有众十万，财谷如山；不及曹操尚微[2]，与之力竞；坐观其强大，吞灭诸袁[3]。北方都定之后，操率三十万众来向荆州；当时虽有智者，不能复为画计。于是景升儿子，交臂请降，遂为囚虏。

凡敌国欲相吞，即仇雠欲相除也[4]。有雠而长之，祸不在己，则在后人，不可不为远虑也。昔伍子胥曰[5]："越十年生聚[6]，十年教训[7]；二十年之外，吴其为沼乎[8]！"夫差自恃强大，闻此邈然[9]；是以诛子胥而无备越之心。至于临败悔之，岂有及乎？越小于吴，尚为吴祸；况其强大者邪？

昔秦但得关西耳，尚以并吞六国。今贼皆得秦、赵、韩、魏、燕、齐九州之地[10]；地悉戎马之乡，士林之薮[11]。今以魏比古之秦，土地数倍；以吴与蜀比古六国，不能半之。然今所以能敌之，但以操时兵众，于今适尽；而后生者未悉长大，正是贼衰少未盛之时。加司马懿先诛王凌[12]，续自陨毙[13]；其子幼弱[14]，而专彼大任；虽有智计之士，未得施用。当今伐之，是其厄会[15]。圣人急于趋时[16]，诚谓今日。若顺众人之情，怀偷安之计，以为长江之险可以传世；不论魏之终始，而以今日遂轻其后：此吾所以长叹息者也。

自(本)〔古〕以来，国之强弱，在乎产育[17]。今者贼民，岁月繁滋[18]；但以尚小，未可得用耳。若复十数年后，其众必倍于今；而国家劲兵之地，皆已空尽，唯有此现众可以定事。若不早用之，端坐使老；复十数年，略当损半，而现子弟数不足言。若贼众一倍，而我兵损半；虽复使伊、管图之[19]，未可如何[20]！

今不达远虑者，必以此言为迂。夫祸难未至而预忧虑，此固众人之所迂也。及于难至，然后顿颡[21]；虽有智者，又不能图。此乃古今所病，非独一时。昔吴始以伍员为迂，故难至而不可救。刘景升不能虑十年之后，故无以诒其子孙[22]。今恪无具臣之才[23]，而受大吴萧、霍之任[24]；智与众同，思不经远；若不及今日为国斥境[25]，俯仰年老[26]，而仇敌更强；欲刎颈谢责，宁有补邪？

今闻众人或以百姓尚贫，欲务闲息；此不知虑其大危，而爱其小勤者也[27]。昔汉祖幸已自有三秦之地[28]，何不闭关守险，以自娱乐？空出攻楚，身被创痍[29]；介胄生虮虱，将士厌困苦？岂甘锋刃而忘安宁哉？虑于长久不得两存者耳！每览荆邯说公孙述以进取之图[30]，近见家叔父表陈与贼争竞之计[31]，未尝不喟然叹息也！

夙夜反侧，所虑如此；故聊疏愚言，以达二三君子之末[32]。若一朝陨殁，志画不立[33]；贵令来世知我所忧[34]，可思于后。

众皆以恪此论，欲必为之辞，然莫敢复难。

【注释】

〔1〕刘景升：即刘表（公元 142—208）。刘表字景升。传见本书卷六。　〔2〕不及：不趁。　〔3〕诸袁：指袁绍（？—公元 202）、袁术（？—公元 199）。传均见本书卷六。　〔4〕仇雠：仇敌。　〔5〕伍子胥：即伍员。　〔6〕生聚：生育人口，聚集物力。这几句是伍员被迫自杀前的预言，见于《左传》哀公元年。　〔7〕教训：教育和训练。　〔8〕吴其为沼：吴国的宫殿大概要（被彻底毁坏而）变为池沼。　〔9〕邈然：轻视的样子。　〔10〕九州：指东汉十三州部中的九个州部。即司隶校尉部、冀州、并州、幽州、青州、徐州、豫州、兖州和凉州。　〔11〕士林之薮：大批人才聚集的地方。　〔12〕王凌（？—公元 251）：传见本书卷二十八。　〔13〕陨毙：死亡。　〔14〕幼弱：诸葛恪写这篇文章时，司马懿的长子司马师已四十六岁，次子司马昭四十三岁，此处说是幼弱，不确。　〔15〕厄会：厄运来到的时候。　〔16〕趋时：赶赴时机。〔17〕产育：人口的生育。　〔18〕岁月繁滋：每年每月（人口都在）繁衍增长。　〔19〕伊：即伊尹。　管：即管仲。　〔20〕未可如何：未能怎样。　〔21〕顿颡（sǎng）：叩头。形容恐惧。　〔22〕诒其子孙：给他的

子孙留下（基业）。 〔23〕具臣：备位充数的臣僚。 〔24〕萧：即萧望之（？—前47）。字长倩。东海郡兰陵（今山东兰陵县西南）人。西汉宣帝时，历任左冯翊、大鸿胪、太子太傅等职。曾主持石渠阁会议，评论儒生对儒经异同的意见。昭帝临终前，以他为顾命大臣之一，辅佐元帝。元帝继位，他很受尊重。后受宦官弘恭、石显的排挤，被迫自杀。传见《汉书》卷七十八。诸葛恪以太子太傅受遗诏辅佐继位君主，与萧望之任太子太傅辅佐汉元帝的情况相同，所以用来作比。 霍：即霍光。诸葛恪的本职是大将军，霍光受西汉武帝遗诏辅佐昭帝时，也担任大将军职务，所以又用霍光作比。 〔25〕斥境：开拓疆域。 〔26〕俯仰：一俯一仰之间，形容时间短暂。 〔27〕爱：吝惜。 小勤：小劳累。〔28〕三秦：地区名。即关中。秦亡，项羽曾三分秦故地关中，分别封给章邯、司马欣、董翳为封地，所以关中又称三秦，即今陕西中部渭水流域。 〔29〕创痍（chuāng yí）：创伤。 〔30〕公孙述（？—公元36）：字子阳。右扶风茂陵（今陕西兴平市东北）人。新莽时任导江卒正，即蜀郡太守。后起兵占据益州。称帝。公元36年，被东汉军队击败，死。称帝后，其臣僚荆邯劝他调集境内精兵，东下江陵，北攻关中，与刘秀争夺天下，他没有采纳。传见《后汉书》卷十三。 〔31〕家叔父：指诸葛亮。 表陈与贼争竞之计：当指本书卷三十五《诸葛亮传》裴注引《汉晋春秋》中的诸葛亮上表。后世称之为《后出师表》，但是现今对此表的真实性尚有争论。笔者认为：此表虽有多处文字与史实不合，但也不能全部否定和认为是伪托，依然有一定的真实成分和参考价值。〔32〕二三君子：即诸君。 〔33〕志画：志向计划。 〔34〕贵：想要。

丹杨太守聂友素与恪善，书谏恪曰："大行皇帝本有遏东关之计，计未施行。今公辅赞大业[1]，成先帝之志；寇远自送，将士凭赖威德，出身用命[2]：一旦有非常之功[3]，岂非宗庙神灵社稷之福邪！宜且按兵养锐，观衅而动。今乘此势，欲复大出；天时未可，而苟任盛意：私心以为不安。"

恪题论后[4]，为书答友曰："足下虽有自然之理，然未见大数。熟省此论[5]，可以开悟矣！"于是违众出军，大发州郡二十万众；百姓骚动，始失人心。

恪意欲曜威淮南，驱略民人[6]。而诸将或难之曰：“今引军深入，疆埸之民，必相率远遁；恐兵劳而功少，不如止围新城。新城困，救必至；至而图之，乃可大获。”

恪从其计，回军还围新城。攻守连月，城不拔。士卒疲劳，因暑饮水，泄下流肿[7]，病者大半，死伤涂地。诸营吏日白病者多[8]，恪以为诈，欲斩之：自是莫敢言。

恪内惟失计[9]，而耻城不下，忿形于色。将军朱异有所是非[10]，恪怒，立夺其兵。都尉蔡林数陈军计，恪不能用，策马奔魏。魏知战士疲病，乃进救兵。恪引军而去，士卒伤病，流曳道路；或顿仆坑壑[11]，或见略获；存亡忿痛，大小呼嗟：而恪晏然自若。

出住江渚一月，图起田于浔阳[12]；诏召相衔[13]，徐乃旋师。由此众庶失望，而怨黩兴矣[14]。秋八月军还。陈兵导从，归入府馆。即召中书令孙嘿，厉声谓曰：“卿等何敢妄数作诏[15]！”嘿惶惧辞出，因病还家。

恪征行之后，曹所奏署令长职司[16]，一罢更选[17]；愈治威严，多所罪责。当时见者，无不竦息。又改易宿卫，用其亲近。复敕兵严[18]，欲向青、徐。

【注释】

〔1〕辅赞：辅助。 〔2〕出身：献身。 〔3〕一旦：一下子。〔4〕论：指上文所载诸葛恪之论。 〔5〕熟省(xǐng)：熟读。 〔6〕驱略：驱兵掠取。 〔7〕泄下：腹泻。 〔8〕日：每天。 〔9〕内惟失计：

内心已经察觉自己失算。 〔10〕是非：偏义复合词。意为非议。〔11〕顿仆：倒下。 〔12〕浔阳：县名。县治在今湖北武穴市东北。又作寻阳。〔13〕相衔：相接。 〔14〕怨黩：怨恨和轻蔑。〔15〕数（shuò）：多次。 〔16〕曹：指主管官员选任的尚书台选曹。 〔17〕一：一律。 〔18〕严：作好动身准备。

孙峻因民之多怨，众之所嫌，构恪欲为变〔1〕。与亮谋，置酒请恪。恪将见之夜，精爽扰动〔2〕，通夕不寐。明，将盥漱，闻水腥臭；侍者授衣，衣服亦臭。恪怪其故，易衣易水，其臭如初；意惆怅不悦。严毕，趋出，犬衔引其衣。恪曰：“犬不欲我行乎？”还坐。

顷刻，乃复起，犬又衔其衣。恪令从者逐犬，遂升车。初，恪将征淮南，有孝子著缞衣入其阁中〔3〕。从者白之，令外诘问，孝子曰：“不自觉入。”时中外守备〔4〕，亦悉不见，众皆异之。出行之后，所坐厅事屋栋中折〔5〕。自新城出住东兴，有白虹现其船；还拜蒋陵〔6〕，白虹复绕其车。

及将见，驻车宫门。峻已伏兵于帷中，恐恪不时入〔7〕，事泄；自出见恪曰：“使君若尊体不安〔8〕，自可须后〔9〕；峻当具白主上。”欲以尝知恪〔10〕。恪答曰：“当自力入〔11〕。”散骑常侍张约、朱恩等，密书与恪曰〔12〕：“今日张设非常，疑有他故！”恪省书而去。未出路门，逢太常滕胤。恪曰：“猝腹痛，不任入。”胤不知峻阴计，谓恪曰：“君自行旋，未见〔13〕；今上置酒请君〔14〕，君已至门，宜当力进。”恪踌躇而还，剑履上殿〔15〕。谢亮，还坐。设酒，恪疑未饮。峻因曰：“使君

病未善平[16]，当有常服药酒，自可取之。"恪意乃安，别饮所赍酒。〔一〕

酒数行，亮还内。峻起如厕[17]，解长衣，著短服。出曰："有诏收诸葛恪！"〔二〕恪惊起，拔剑未得，而峻刀交下。张约从旁斫峻，才伤左手；峻应手斫约，断右臂。武卫之士皆趋上殿，峻云："所取者恪也！今已死。"悉令复刃[18]，乃除地更饮[19]。〔三〕

【注释】

〔1〕构恪欲为变：诬陷诸葛恪想造反。 〔2〕精爽：精神。 〔3〕缞(cuī)衣：古代用粗麻布做的丧服。 阁(gé)：内室。 〔4〕中外：内外。 〔5〕厅事：当时习称官署中办公的厅堂为厅事。又作听事。〔6〕蒋陵：孙权的陵墓名，在今江苏南京市东郊钟山南麓。 〔7〕时：及时。 〔8〕使君：对州牧或州刺史的尊称。州刺史最初是皇帝的特派使者，巡视监察一州，后来才变为行政长官。诸葛恪这时兼任荆、扬二州的州牧，所以称为使君。 〔9〕须后：等以后(再说)。 〔10〕尝知：试探。 〔11〕自力：自己勉力。 〔12〕散骑常侍：官名。即散骑中常侍。侍从皇帝，协助处理尚书台呈送给皇帝的机要公文。〔13〕行旋：出征归来。 未见：未晋见(皇帝)。 〔14〕上：对皇帝的称呼。〔15〕剑履上殿：带剑穿鞋进入殿堂。当时臣僚进宫上殿晋见皇帝，照例不准带剑穿鞋，以防刺杀皇帝。对于个别功高权重的大臣，有时也给予剑履上殿的优待。这里诸葛恪是一种戒备措施。 〔16〕善平：完全痊愈。 〔17〕如厕：上厕所。 〔18〕复刃：把刀放回刀鞘。 〔19〕除：扫除。

【裴注】

〔一〕《吴历》曰："张约、朱恩密疏告恪，恪以示滕胤，胤劝恪还。恪曰：'峻小子，何能为邪！但恐因酒食中人耳。'乃以药酒入。"

孙盛《评》曰："恪与胤亲厚，约等疏，非常大事；势应示胤，共谋安危。然恪性强梁，加素侮峻，自不信，故入；岂胤微劝，便为之冒祸乎？《吴历》为长。"

〔二〕《吴录》曰："峻提刀，称'诏收恪'！亮起立曰：'非我所为！非我所为！'乳母引亮还内。"

《吴历》云："峻先引亮入，然后出称诏。"与本传同。

臣松之以为：峻欲称诏，宜如本传及《吴历》；不得如《吴录》所言。

〔三〕《搜神记》曰："恪入，已被杀；其妻在室，使婢（语）〔沃盥，闻婢血臭。〕曰：'汝何故血臭？'婢曰：'不也！'有顷愈剧，又问婢曰：'汝眼目视瞻，何以不常？'婢蹶然起跃，头至于栋，攘臂切齿而言曰：'诸葛公乃为孙峻所杀！'于是大小知恪死矣，而吏兵寻至。"

《志林》曰："初，权病笃，召恪辅政。临去，大司马吕岱戒之曰：'世方多难，子每事必十思！'恪答曰：'昔季文子三思而后行，夫子曰"再思可矣"；今君令恪十思，明恪之劣也！'岱无以答，当时咸谓之失言。虞喜曰：'夫托以天下，至重也；以人臣行主威，至难也。兼二至而管万机，能胜之者，鲜矣。自非采纳群谋，询于刍荛，虚己受人，恒若不足；则功名不成，勋绩莫著。况吕侯，国之元耆，智度经远，而甫以十思戒之，而便以示劣见拒；此元逊之疏，乃机神不俱者也。若因十思之义，广咨当世之务，闻善速于雷动，从谏急于风移。岂得陨首殿堂，死凶竖之刃？世人奇其英辩，造次可观；而哂吕侯无对为陋，不思安危终始之虑：是乐春藻之繁华，而忘秋实之甘口也。昔魏人伐蜀，蜀人御之；精严垂发，六军云扰；士马擐甲，羽檄交驰。费祎时为元帅，荷国任重；而与来敏围棋，意无厌倦。敏临别谓祎："君必能办贼者也！"言其明略内定，貌无忧色。况长宁以为："君子临事而惧，好谋而成者。且蜀为蕞尔之国，而方向大敌；所规所图，唯守与战；何可矜已有余，晏然无戚？斯乃性之宽简，不防细微；卒为降人郭修所害，岂非兆见于彼而祸成于此哉？"往闻长宁之甄文伟，今睹元逊之逆吕侯；二事体同，故并而载之：可以镜诫于后，永为世鉴。'"

先是，童谣曰："诸葛恪，〔何弱弱！〕芦苇单衣篾钩落[1]。于何相求成子阁[2]。"成子阁者，反语石子冈也[3]。建业南有长陵，名曰石子冈，葬者依焉。钩落者，校饰革带，世谓之钩络带。恪果以苇席裹其身而篾束其腰，投之于此冈。〔一〕

恪长子绰，骑都尉。以交关鲁王事[4]，权遣付恪，令更教诲：恪鸩杀之[5]。

中子竦，长水校尉[6]；少子建，步兵校尉[7]：闻恪诛，车载其母而走。峻遣骑督刘承，追斩竦于白都[8]。建得渡江，欲北走魏；行数十里，为追兵所逮[9]。恪外甥都乡侯张震及常侍朱恩等，皆夷三族[10]。

【注释】

〔1〕钩落：一种装饰性皮腰带的名称。 〔2〕于何相求：在哪里寻找。 〔3〕反语：即反切。依照孙吴当时的语音，成阖二字作反切，也就是用成字的声母加阖字的韵母，可以拼出石字。反过来，阖成二字作反切，也就是用阖字的声母加成字的韵母，可以拼出冈字。反切是中国传统的注音方法。率先开始用反切注音的中国语言学著作，即是三国时曹魏学者孙炎所著的《尔雅音义》。从此反切开始盛行。 石子冈：地名。在今江苏南京市城南雨花台一带。 〔4〕交关：交往勾结。 〔5〕鸩：一种毒鸟名。据说其羽毛有剧毒，可用来制毒酒。制成的毒酒也叫鸩。 〔6〕长水校尉：官名。统领京城特种兵中的长水营，保卫京城。 〔7〕步兵校尉：官名。统领京城特种兵中的步兵营，保卫京城。 〔8〕骑督：骑兵分队指挥官。 白都：山名。在今江苏江宁县西南。 〔9〕逮：(追)及。 〔10〕三族：说法很多，但在当时是指父母、妻室儿女、同胞兄弟姐妹。

【裴注】

〔一〕《吴录》曰："恪时年五十一。"

初，竦数谏恪，恪不从，常忧惧祸。

及亡，临淮臧均表，乞收葬恪曰[1]：

臣闻震雷电激，不崇一朝[2]；大风冲发，希有极日[3]；然犹继以云雨，因以润物。是则天地之威，不可经日浃辰[4]；帝王之怒，不宜讫情尽意。臣以狂愚，不知忌讳；敢冒破灭之罪，以邀风雨之会。

伏念故太傅诸葛恪，得承祖考风流之烈[5]；伯叔诸父遭汉祚尽，九州鼎立[6]，分托三方：并履忠勤，熙隆世业[7]。爰及于恪，生长王国，陶育圣化；致名英伟，服事累纪[8]。祸心未萌，先帝委以伊、周之任，属以万机之事。恪素性刚愎，矜己陵人；不能敬守神器，穆静邦内；兴功暴师[9]，未期三出[10]；虚耗士民，空竭府藏；专擅国宪[11]，废易由意；假刑劫众[12]，大小屏息。侍中、武卫将军、都乡侯俱受先帝嘱寄之诏[13]，见其奸虐，日月滋甚；将恐荡摇宇宙，倾危社稷。奋其威怒，精贯昊天；计虑先于神明，智勇百于荆、聂[14]；躬持白刃，枭恪殿堂；勋超朱虚[15]，功越东牟[16]。国之元害，一朝大除；驰首徇示[17]，六军喜踊；日月增光，风尘不动。斯实宗庙之神灵，天人之同验也。

今恪父子三首，悬市积日；观者数万，詈声成风[18]。国之大刑，无所不震；长老孩幼，无不毕见。人情之于品物[19]，乐极则哀生。见恪贵盛，世莫与二；身处台辅[20]，中间历年；今之诛夷，无异禽兽。观讫情反[21]，能不惨然！且已死之人，与土壤同域；凿掘斫刺，无所复加。愿圣朝稽则乾坤[22]，怒不极旬。使其乡邑若故吏民[23]，收以土伍之服[24]，惠以三寸之棺[25]。昔项籍受殡葬之施[26]，韩信获收痤之恩[27]：斯则汉高发神明之誉也。惟陛下敦三皇之仁[28]，垂哀矜之心；使国泽加于辜戮之骸，复受不已之恩。于以扬声遐方，沮劝天下[29]，岂不弘哉！

昔栾布矫命彭越[30]，臣窃恨之不先请主上[31]，而专名以肆情[32]；其得不诛，实为幸耳。今臣不敢彰宣愚情，以露天恩[33]；谨伏手书，冒昧陈闻。乞圣朝哀察！

于是亮、峻听恪故吏痤葬，遂求之于石子冈。〔一〕

【注释】

〔1〕临淮：郡名。治所在今江苏邳州市西南。 〔2〕不崇一朝(zhāo)：不会持续一个早晨。 〔3〕极日：满一整天。 〔4〕浃(jiá)辰：古代用干支记日，地支周遍一次为十二天，称为浃辰。 〔5〕烈：事业。 〔6〕九州：《尚书·禹贡》分全国为冀、兖、青、徐、扬、荆、豫、梁、雍九州。这里指全国。 〔7〕熙隆：兴隆。 〔8〕纪：十二年为一纪。 〔9〕暴(pù)师：让军队暴露在野外。指出兵作战。 〔10〕期(jī)：满一年。 〔11〕国宪：国法。 〔12〕假刑劫众：借助刑罚逼迫众人。 〔13〕侍中、武卫将军、都乡侯：指孙峻。当时他任侍中、武卫将军，封都乡侯。侍中是皇帝的侍从长官，武卫将军统领禁卫军，保卫皇帝。 〔14〕荆：即荆轲(？—前227)。卫国人。战国末年，被燕国太子丹尊为上卿，受命刺杀秦王政，即后来的秦始皇。前227年，借献地图入秦见秦王，行刺未成功，被杀死。 聂：即聂政(？—前397)。战国时韩国轵(今河南济源市东南)人。韩烈侯时，严遂与担任相国的侠累争权而产生仇怨，他为严遂刺杀侠累，然后自杀。以上二人传均见《史记》卷八十六《刺客列传》。 〔15〕朱虚：指朱虚侯刘章(？—前175)。刘邦的孙子。吕后死，他参与消灭吕氏势力，曾亲手杀死吕产，迎立文帝。后封城阳王。 〔16〕东牟：指东牟侯刘兴居(？—前175)。刘章的弟弟，随刘章消灭吕氏势力，后封济北王。以上二人传均附《史

记》卷五十二《齐悼惠王世家》。 〔17〕驰首：派人拿着诸葛恪的人头骑马奔驰。 〔18〕詈(lì)：骂。 〔19〕品物：众物。 〔20〕台辅：指三公之类的辅政大臣。 〔21〕情反：感情转向反面。 〔22〕稽则：效法。乾坤：指天地。 〔23〕乡邑：本乡本县的人。 若：或者。 〔24〕收：收敛。 士伍：士兵。古代军队的最小编制单位是伍，每伍有五人，故士兵又称士伍或卒伍。 〔25〕三寸之棺：板厚三寸的棺材。古代棺材的板厚随死者身份高低而不同，三寸棺是简陋的棺材。 〔26〕项籍：即项羽。名籍，字羽。 受殡葬之施：项籍死后，刘邦礼葬其遗体于谷城(今山东平阴县西南)，亲临哭祭，见《史记》卷七《项羽本纪》。 〔27〕韩信获收殡之恩：韩信死后被刘邦下令收殡事，史无明确记载。《史记》卷九十二《淮阴侯列传》只说刘邦："见信死，且喜且怜之。"胡三省认为既然"怜之"，必然会收殓其遗体。 〔28〕三皇：传说中远古的三位帝王。说法很多，但东汉、三国时人多认为是燧人氏、伏羲氏、神农氏。据说远古时人死后只用柴草遮盖，放在荒野上，后世的圣人才改用棺椁，见《周易·系辞》下。这里的"三皇之仁"当指此。〔29〕沮劝：阻止和勉励。有罪必诛，对作恶者可以起阻止作用；对处死的罪犯给予收殓，对向善者则是一种勉励，因为他们得到的恩惠将比这更优厚。 〔30〕栾布(？—前145)：梁国(治所在今河南商丘市南)人。西汉初年为梁王彭越的大夫。彭越以谋反罪被杀，刘邦下令禁止收殓其遗体，违者逮捕。他不顾危险，祭祀彭越的头颅，被捕，经申辩，受到宽恕。后官至太常。传见《史记》卷一百、《汉书》卷三十七。 矫命：违犯(刘邦的)命令。 彭越(？—前196)：字仲。山阳郡昌邑(今山东金乡县西北)人。秦末聚众起兵，率兵三万投奔刘邦，帮助击破项羽，被封为梁王。后以谋反罪名被刘邦杀死。传见《史记》卷九十、《汉书》卷三十四。 〔31〕请：请示。 〔32〕专名：独自享有美名。意指不让君主得到仁慈的好名声。 〔33〕以露天恩：以便显露陛下的恩德。

【裴注】

〔一〕《江表传》曰："朝臣有乞为恪立碑以铭其勋绩者，博士盛冲以为不应。孙休曰：'盛夏出军，士卒伤损，无尺寸之功，不可谓能；受托孤之任，死于竖子之手，不可谓智。冲议为是。'遂寝。"

始，恪退军还。聂友知其将败，书与滕胤曰："当人强盛，河山可拔；一朝赢缩[1]，人情万端[2]。言之悲叹！”

恪诛后，孙峻忌友，欲以为郁林太守；友发病，忧死。友字文悌，豫章人也[3]。〔一〕

【注释】

〔1〕一朝赢（léi）缩：一旦衰弱。〔2〕人情：人们表现出的情态。万端：形容多种多样。〔3〕豫章：郡名。治所在今江西南昌市。

【裴注】

〔一〕《吴录》曰：“友有唇吻，少为县吏。虞翻徙交州，县令使友送之。翻与语而奇焉，为书与豫章太守谢斐，令以为功曹。郡时现有功曹，斐见之，问曰：‘县吏聂友，可堪何职？’对曰：‘此人县间小吏耳，犹可堪曹佐。’斐曰：‘论者以为宜作功曹，君其避之。’乃用为功曹。使至都，诸葛恪友之。时论谓‘顾子嘿、子直其间无所复容’，恪欲以友居其间，由是知名。后为将，讨儋耳，还拜丹杨太守，年五十三卒。”

滕胤字承嗣，北海剧人也[1]。伯父耽，父胄，与刘繇州里通家[2]；以世扰乱，渡江依繇。

孙权为车骑将军，拜耽右司马[3]，以宽厚称。早卒，无嗣。胄善属文，权待以宾礼；军国书疏，常令损益润色之[4]。亦不幸短命。

权为吴王，追录旧恩，封胤都亭侯。少有节操，美容仪。〔一〕弱冠尚公主。年三十，起家为丹杨太守[5]。徙吴郡、会稽[6]，所在见称。〔二〕

太元元年，权寝疾[7]。诣都[8]，留为太常，与诸葛恪等俱受遗诏辅政。

孙亮即位，加卫将军[9]。

恪将悉众伐魏，胤谏恪曰："君以丧代之际[10]，受伊、霍之托[11]。入安本朝，出摧强敌；名声振于海内，天下莫不震动。万姓之心，冀得蒙君而息[12]。今猥以劳役之后，兴师出征；民疲力屈，远主有备[13]。若攻城不克，野略无获，是丧前劳而招后责也。不如按甲息师，观隙而动。且兵者大事，事以众济；众苟不悦，君独安之？"恪曰："诸云不可者，皆不见计算，怀居苟安者也。而子复以为然，吾何望焉？夫以曹芳暗劣[14]，而政在私门[15]；彼之臣民，固有离心。今吾因国家之资，借战胜之威，则何往而不克哉！"

以胤为都下督[16]，掌统留事。胤白日接宾客，夜省文书，或通晓不寐。[三]

【注释】

〔1〕剧：县名。县治在今山东昌乐县西。 〔2〕刘繇：传见本书卷四十九。　州里：同州的老乡。刘繇与滕氏同为青州人。　通家：世交。〔3〕右司马：官名。孙权车骑将军府下属，主管军务。 〔4〕损益：增删。　润色：文辞上的修饰。 〔5〕起家：初次出外做官。 〔6〕徙吴郡、会稽：转为吴郡、会稽郡太守。官员的平级调动称为徙。 〔7〕寝疾：卧病。 〔8〕诣都：到京都。京都这里指建业。 〔9〕加：加任官职。　卫将军：官名。领兵征伐。 〔10〕丧代：旧君死亡而新君替代。〔11〕伊、霍：伊尹、霍光。两人都曾辅佐继位的新君。 〔12〕蒙君而息：由于您而得到休息。 〔13〕远主：指远方的守敌。曹魏军队在本土驻守，属于主方。 〔14〕曹芳（公元 232—274）：传见本书卷四。　暗劣：愚弱。 〔15〕政在私门：政事在权臣私人的家中（决定）。私门指司马氏家族。 〔16〕都下督：官名。京城驻军的指挥官。

【裴注】

〔一〕《吴书》曰："胤年十二，而孤单茕立。能治身厉行。为人白皙，威仪可观。每正朔朝贺修勤，在位大臣见者，无不叹赏。"

〔二〕《吴书》曰："胤上表陈及时宜，及民间优劣，多所匡弼。权以胤故，增重公主之赐，屡加存问。胤每听辞讼，断罪法；察言观色，务尽情理。人有穷冤悲苦之言，对之流涕。"

〔三〕《吴书》曰："胤宠任弥高，接士愈勤。表奏书疏，皆自经意，不以委下。"

孙峻字子远。孙坚弟静之曾孙也[1]。静生暠。暠生恭，为散骑侍郎。恭生峻。

少便弓马[2]，精果胆决。孙权末，徙武卫都尉[3]，为侍中。权临薨，受遗辅政，领武卫将军，故典宿卫[4]，封都乡侯。

既诛诸葛恪，迁丞相，大将军，督中外诸军事，假节，进封富春侯。滕胤以恪子竦妻父，辞位，峻曰："鲧、禹罪不相及[5]，滕侯何为？"峻、胤虽内不沾洽[6]，而外相包容；进胤爵高密侯，共事如前。〔一〕

峻素无重名，骄矜险害[7]，多所刑杀，百姓嚣然。又奸乱宫人，与公主鲁班私通[8]。

五凤元年，吴侯英谋杀峻；英事泄，死。

二年[9]，魏将毌丘俭、文钦以众叛，与魏人战于乐嘉[10]。峻帅骠骑将军吕据、左将军留赞袭寿春；会钦败降，军还。〔二〕

是岁，蜀使来聘，将军孙仪、（孙邵㭉恂）〔张怡、林恂〕等欲因会杀峻。事泄，仪等自杀，死者数十人，并及公主鲁育[11]。

峻欲城广陵[12]，朝臣知其不可城，而畏之莫敢言。唯滕胤谏止，不从；而功竟不就。

其明年，文钦说峻征魏。峻使钦与吕据、车骑刘纂、镇南朱异、前将军唐咨，自江都入淮、泗[13]，以图青、徐。峻与胤至石头[14]，因钱之[15]。领从者百许人入据营，据御军齐整。峻恶之[16]，称心痛而去。遂梦为诸葛恪所击，恐惧发病，死。

时年三十八，以后事付綝。

【注释】

〔1〕静：即孙静。传见本书卷五十一。 〔2〕便：擅长。 〔3〕武卫都尉：官名。统领禁卫军，保卫皇帝。 〔4〕故：依旧。 〔5〕鲧(gǔn)：传说中原始时代的部落首领。夏禹的父亲。奉尧的命令治水，九年都未成功，被舜处死在羽山。事见《史记》卷一《五帝本纪》。及：牵连。舜杀鲧时没有牵连禹，后来又委派禹治水。 〔6〕沾洽：融洽。 〔7〕险害：阴险嫉妒。 〔8〕鲁班：孙权的大女儿，是孙峻的族姑。事见本书卷五十《步夫人传》。 〔9〕二年：五凤二年(公元255)。〔10〕乐嘉：地名。在今河南商水县东。 〔11〕鲁育：鲁班的妹妹。鲁育之死，是由于鲁班的陷害，见本书卷五十《朱夫人传》。 〔12〕城广陵：修筑广陵城池。广陵为城名，在今江苏扬州市西北。 〔13〕江都：地名。在今江苏扬州市西南。 〔14〕石头：城名。在今江苏南京市西。现今尚有遗迹留存。 〔15〕钱之：为众将钱行。 〔16〕恶(wù)：不喜欢。

【裴注】

〔一〕《吴录》曰："群臣上奏，共推峻为太尉，议胤为司徒。时有媚峻者，以为大统宜在公族；若滕胤为亚公，声名素重，众心所附，不可贰也。乃表以峻为丞相，又不置御史大夫。士人皆失望矣。"

〔二〕《吴书》曰："留赞字正明，会稽长山人。少为郡吏，与黄巾贼帅吴桓战，手斩得桓；赞一足被创，遂屈不伸。然性烈，好读兵书及

'三史'，每览古良将战攻之势，辄对书独叹。因呼诸近亲谓曰：'今天下扰乱，英豪并起。历观前世，富贵非有常人；而我屈蹙在闾巷之间，存亡无以异。今欲割引吾足，幸不死而足申，几复见用；死，则已矣！'亲戚皆难之。有间，赞乃以刀自割其筋；血流滂沱，气绝良久。家人惊怖，亦以既尔，遂引申其足。足申创愈，以得蹉步。凌统闻之，请与相见，甚奇之。乃表荐赞，遂被试用。累有战功，稍迁屯骑校尉。时事得失，每常规谏，好直言，不阿旨，权以此惮之。诸葛恪征东兴，赞为前部；合战，先陷阵，大败魏师。迁左将军。孙峻征淮南，授赞节，拜左护军。未至寿春，道路病发，峻令赞将车重先还。魏将蒋班，以步骑四千追赞。赞病困，不能整阵；知必败，乃解曲盖、印绶，付弟子以归，曰：'吾自为将，破敌搴旗，未尝负败。今病困兵羸，众寡不敌；汝速去矣，俱死无益于国，适所以快敌耳。'弟子不肯受，拔刀欲斫之，乃去。初，赞为将，临敌必先被发叫天，因抗音而歌，左右应之；毕，乃进战，战无不克。及败，叹曰：'吾战有常术，今病困若此，固命也！'遂被害，时年七十三。众庶痛惜焉。二子：略、平，并为大将。"

孙綝字子通。与峻同祖。綝父绰为安民都尉[1]。綝始为偏将军。及峻死，为侍中，武卫将军，领中外诸军事，代知朝政。

吕据闻之大（恐）〔怒〕，与诸督将连名，共表荐滕胤为丞相；綝更以胤为大司马[2]，代吕岱驻武昌。据引兵还，使人报胤，欲共废綝。綝闻之，遣从兄（虑）〔宪〕，将兵逆据于江都[3]；使中使敕文钦、刘纂、唐咨等，合众击据；遣侍中、左将军华融、中书丞丁晏，告胤取据，并喻胤宜速去意[4]。胤自以祸及，因留融、晏，勒兵自卫；召典军杨崇、将军孙咨[5]，告以綝为乱，迫融等使（有）〔作〕书难綝[6]。

綝不听，表言胤反；许将军刘丞以封爵，使率兵骑急攻围胤。胤又劫融等，使诈〔为〕诏发兵。融等不从，胤皆杀之。〔一〕胤颜色不变，谈笑若常。或劝胤：
"引兵至苍龙门〔7〕，将士见公出，必皆委綝就公。"

时夜已半，胤恃与据期〔8〕，又难举兵向宫〔9〕；乃
约令部曲，说"吕侯已在近道〔10〕"，故皆为胤尽死，无
离散者。时大风，比晓，据不至。

綝兵大会，遂杀胤及将士数十人，夷胤三族。〔二〕
綝迁大将军，假节，封永宁侯。负贵倨傲〔11〕，多行
无礼。

初，峻从弟（虑）〔宪〕，与诛诸葛恪之谋〔12〕。峻
厚之，至右将军，无难督，授节盖，平九官事〔13〕。綝
遇（虑）〔宪〕薄于峻时〔14〕。（虑）〔宪〕怒，与将军王
惇谋杀綝。綝杀惇，（虑）〔宪〕服药死。

【注释】

〔1〕安民都尉：官名。领兵维持治安。 〔2〕大司马：官名。领兵将
军中特别尊崇的名号，地位还在大将军之上。不常置，主领兵征伐。孙
綝为了把滕胤排挤到上游的武昌，故意给以尊崇的官位作交换。
〔3〕逆：迎击。 〔4〕喻：劝告。 速去：迅速离开（建业前往武昌）。
〔5〕典军：官名。负责处理军务。 〔6〕难（nàn）：反驳。 〔7〕苍龙
门：孙吴建业皇宫的东大门。 〔8〕期：预约。 〔9〕难：对……感到为
难。 〔10〕吕侯：对吕据的敬称。 〔11〕负贵：仗恃（自己）高贵。
〔12〕与（yù）：参与。 〔13〕平九官事：评议九卿呈送的公文。
〔14〕遇：对待。

【裴注】

〔一〕《文士传》曰："华融字德蕤，广陵江都人。祖父避乱，居山
阴蕊山下。时，皇象亦寓居山阴。吴郡张温来就象学，欲得所舍。或告
温曰：'蕊山下有华德蕤者，虽年少，美有令志，可舍也。'温遂止融
家，朝夕谈讲。俄而温为选部尚书，乃擢融为太子庶子，遂知名显达。

融子谞，黄门郎，与融并见害；次子谭，以才辩称，晋秘书监。"

〔二〕臣松之以为：孙綝虽凶虐，与滕胤宿无嫌隙；胤若且顺綝意，出镇武昌，岂徒免当时之祸，仍将永保元吉；而犯机触害，自取夷灭。悲夫！

魏大将军诸葛诞举寿春叛，保城请降。吴遣文钦、唐咨、全端、全怿等帅三万人救之。魏镇南将军王基，围诞[1]，钦等突围入城。魏悉中外军二十余万，增诞之围。朱异帅三万人屯安城[2]，为文钦势。魏兖州刺史州泰拒异于阳渊[3]，异败退；为泰所追，死伤二千人。

綝于是大发卒，出屯镬里[4]；复遣异率将军丁奉、黎斐等五万人，攻魏，留辎重于都陆[5]。异屯黎浆[6]，遣将军任度、张震等募勇敢六千人，于屯西六里为浮桥夜渡[7]，筑偃月垒[8]。为魏监军石苞及州泰所破，军却退就高。异复作车箱围，趋五木城[9]。苞、泰攻异，异败归；而魏太山太守胡烈，以奇兵五千诡道袭都陆[10]，尽焚异资粮。

綝授兵三万人，使异死战，异不从。綝斩之于镬里，而遣弟恩救。会诞败，引还。

綝既不能拔出诞，而丧败士众，自戮名将：莫不怨之。

【注释】
〔1〕王基（公元190—261）：传见本书卷二十七。 〔2〕安城：地名。在今安徽寿县西南。 〔3〕州泰（？—公元261）：传附本书卷二十八《邓艾传》。 阳渊：地名。在今安徽寿县西南。 〔4〕镬里：地名。在今安徽巢湖市西北。 〔5〕都陆：地名。在今安徽寿县东南。 〔6〕黎

浆：地名。在今安徽寿县南。 〔7〕屯：军营。 〔8〕偃月垒：半月形营
垒。 〔9〕车箱围：用车身围成的防护圈。 五木城：城名。当在今安
徽寿县南。 〔10〕胡烈：事见本书卷二十八《钟会传》裴注引《晋诸
公赞》。 诡道：用诈术隐蔽自己的行军路线。例如声东击西。

綝以孙亮始亲政事，多所难问，甚惧。还建业，称
疾不朝。筑室于朱雀桥南[1]，使弟威远将军据，入苍龙
宿卫[2]；弟武卫将军恩、偏将军干、长水校尉闿，分屯
诸营：欲以专朝自固。

亮内嫌綝，乃推鲁育见杀本末[3]，责怒虎林督朱
熊、熊弟外部督朱损不匡正孙峻[4]。乃令丁奉，杀熊于
虎林，杀损于建业。綝入谏，不从。亮遂与公主鲁班、
太常全尚、将军刘（承）〔丞〕议诛綝。亮妃，綝从姊
女也[5]，以其谋告綝。綝率众夜袭全尚，遣弟恩杀刘
（承）〔丞〕于苍龙门外，遂围宫。〔一〕

使光禄勋孟宗，告庙废亮[6]，召群司议曰："少帝
荒病昏乱，不可以处大位，承宗庙；已告先帝，废之。
诸君若有不同者，下异议[7]！"皆震怖，曰："唯将军
令！"綝遣中书郎李崇，夺亮玺绶，以亮罪状班告远近。
尚书桓彝不肯署名，綝怒杀之。〔二〕

典军施正劝綝征立琅邪王休，綝从之。遣宗正楷，
奉书于休曰[8]："綝以薄才，见授大任，不能辅导陛
下。顷月以来，多所造立。亲近刘丞，悦于美色；发吏
民妇女，料其好者，留于宫内。取兵子弟十八以下三千
余人[9]，习之苑中；连日续夜，大小呼嗟，败坏藏中矛
戟五千余枚[10]，以作戏具[11]。朱据先帝旧臣，子男

熊、损，皆承父之基，以忠义自立；昔杀小主[12]，自是大主所创[13]；帝不复精其本末[14]，便杀熊、损。谏不见用，诸下莫不侧息。帝于宫中作小船三百余艘，（成）〔饰〕以金银，师工昼夜不息。太常全尚，累世受恩；不能督诸宗亲，而全端等委城就魏。尚位过重，曾无一言以谏陛下；而与敌往来，使传国消息，惧必倾危社稷。推案旧典，运集大王。辄以今月二十七日，擒尚斩丞；以帝为会稽王。遣楷奉迎，百僚喁喁[15]，立住道侧。"

綝遣将军孙耽，送亮之国[16]；徙尚于零陵；迁公主于豫章。

【注释】
　　〔1〕朱雀桥：浮桥名。在今江苏南京市南镇淮桥偏东，跨秦淮河。又名朱雀航、南津桥、大桥。浮桥长九十步，宽六丈，有紧急情况时可拆断，是建业南面的门户。　〔2〕苍龙：即苍龙门。　〔3〕推：追究。〔4〕外部督：官名。建业城郊外驻军的指挥官。　〔5〕从(zòng)姊：堂姊。　〔6〕光禄勋：官名。九卿之一。统领郎官保卫皇宫殿堂。　告庙：禀告宗庙中祭祀的祖先。　〔7〕下：表示。　〔8〕宗正：官名。九卿之一。处理皇族内部事务，由皇族成员担任。　〔9〕兵子弟：士兵的子弟。孙吴实行世袭兵制，士兵的子弟也当兵。　十八：指十八岁。　〔10〕藏(zàng)：储存物品的库房。　枚：件。　〔11〕戏具：玩具。　〔12〕小主：小公主。指孙权的小女儿鲁育。　〔13〕大主：大公主。指孙权的大女儿鲁班。　〔14〕精：指精心考察。　〔15〕喁喁(yóng yóng)：仰慕的样子。　〔16〕之国：到自己的封国会稽郡。

【裴注】
　　〔一〕《江表传》曰："亮召全尚息黄门侍郎纪，密谋，曰：'孙綝专势，轻小于孤。孤（见）〔前〕敕之，使速上岸，为唐咨等作援；而留湖中，不上岸一步。又委罪朱异，擅杀功臣，不先表闻。筑第桥南，不复朝见。此为自在，无复所畏，不可久忍。今规取之，卿父作中军都督，使密严整士马；孤当自出临桥，帅宿卫虎骑、左右无难，一时围之；作板诏敕𬘭所领皆解散，不得举手：正尔，自〔当〕得之！卿去，但当使密耳。卿宣诏语卿父，勿令卿母知之；女人既不晓大事，且𬘭同堂姊：邂近泄漏，误孤非小也！'纪承诏，以告尚；尚无远虑，以语纪母。母使人密语𬘭。𬘭夜发严兵废亮，比明，兵已围宫。亮大怒，上马，带鞬执弓欲出，曰：'孤，大皇帝之嫡子，在位已五年，谁敢不从者！'侍中近臣及乳母，共牵攀止之，乃不得出。叹咤二日不食，骂其妻曰：'尔父愦愦，败我大事！'又呼纪，纪曰：'臣父奉诏不谨，负上，无面目复见！'因自杀。"

孙盛曰："亮传称亮少聪慧，势当先与纪谋，不先令妻知也。《江表传》说漏泄有由，于事为详矣。"

〔二〕《汉晋春秋》曰："彝，魏尚书令阶之弟。"

《吴录》曰："晋武帝问薛莹吴之名臣，莹对称彝'有忠贞之节'。"

𬘭意弥溢[1]，侮慢民神，遂烧大桥头伍子胥庙；又坏浮屠祠[2]，斩道人[3]。

休既即位，称"草莽臣"，诣阙上书曰："臣伏自省，才非干国[4]；因缘肺腑[5]，位极人臣；伤锦败驾[6]，罪负彰露；寻愆惟阙[7]，夙夜忧惧。臣闻天命裴谌[8]，必就有德；是以幽、厉失度[9]，周宣中兴[10]。陛下圣德，纂承大统；宜得良辅，以协雍熙；虽尧之盛，犹求稷、契之佐[11]，以协明圣之德。古人有言：'陈力就列[12]，不能者止。'臣虽自展竭[13]，无益庶政；谨上印绶、节钺，退还田里，以避贤路。"

休引见慰喻。又下诏曰："朕以不德[14]，守藩于外。值兹际会，群公卿士，暨于朕躬，以奉宗庙。朕用怵然[15]，若涉渊冰[16]。大将军忠计内发，扶危定倾；

安康社稷，功勋赫然。昔汉孝宣践阼[17]，霍光尊显；褒德赏功，古今之通义也。其以大将军为丞相，荆州牧，食五县[18]。恩为御史大夫，卫将军；据，右将军：皆县侯。幹，杂号将军[19]，亭侯。闿，亦封亭侯。”

綝一门五侯，皆典禁兵，权倾人主：自吴国朝臣未尝有也。

綝奉牛酒诣休，休不受；赍诣左将军张布。酒酣，出怨言曰：“初废少主时，多劝吾自为之者。吾以陛下贤明，故迎之，帝非我不立。今上礼见拒，是与凡臣无异；当复改图耳[20]。”

布以言闻休，休衔之[21]；恐其有变，数加赏赐。又复加恩侍中[22]，与綝分省文书[23]。或有告綝怀怨侮上欲图反者，休执以付綝，綝杀之。由是愈惧，因孟宗，求出屯武昌。休许焉，尽敕所督中营精兵万余人[24]，皆令装载；所取武库兵器，咸令给与。〔一〕

【注释】

〔1〕弥溢：更加自满。　〔2〕浮屠祠：佛寺。浮屠是梵文 Buddha 的音译，即佛。江南佛教的传播和建立寺院，始于孙吴时期。孙权赤乌十年(公元247)，世居天竺的康居僧人康僧会，从交阯到达建业，孙权为之建塔立寺，因始有佛寺，故名建初寺。康僧会在建业翻译佛经七部，注释佛经三部，为江南佛教的开创者。从此，佛教即在江南传播开来。〔3〕道人：当时习称佛寺僧侣为道人。对道教徒则称道士。　〔4〕干国：承当国家重任。　〔5〕因缘：借助。　肺腑：比喻宗族亲属关系。〔6〕伤锦败驾：剪坏锦帛，驾翻车辆。比喻做事情由于缺乏经验而造成失误。春秋时，郑国的大臣子皮准备任命年轻而毫无从政经验的尹何，去担任一个大城邑的行政长官，说是可以一边干一边学。另一个大臣子产反驳他，说是假如你有一匹上好的锦帛，是否愿给不会裁衣的工匠去

学手艺呢？肯定不愿意。让一个不会驾车的人驾上马车驰骋打猎，肯定只会翻车。子皮听了觉得很对，就打消念头。事见《左传》襄公三十一年。 〔7〕寻愆惟阙：检查罪责，回想过失。 〔8〕棐(fěi)谌：没有一定。语出《诗经·荡》。 〔9〕幽、厉：即周幽王、周厉王。 〔10〕周宣：即周宣王(？—前782)。姬姓，名靖(一作静)。前828至前782年在位。曾不断进攻周围的少数族，损失很多人力和物力。事见《史记》卷四《周本纪》。 〔11〕稷：即后稷。姬姓，名弃。古代周族的始祖，善于种植粮食作物，曾在尧、舜时代做农官。传说他是开始种植稷和麦的人。事见《史记》卷四《周本纪》。 契：传说中商王朝的始祖。在尧、舜时得到任用，帮助禹治水有功，被舜任命为司徒。事见《史记》卷三《殷本纪》。 〔12〕陈力就列：能够贡献出力量，才到官员的行列中就任职务。这两句出自《论语·季氏》。 〔13〕展竭：尽量施展。〔14〕不德：无德。 〔15〕怃(wǔ)然：茫然不知所措的样子。〔16〕若涉渊冰：像涉进深渊踏上薄冰一样(感到畏惧)。 〔17〕汉孝宣：即西汉宣帝刘询(前91—前49)。前74至前49年在位。其祖父刘据，本为汉武帝太子，因被江充诬告，逃亡自杀。刘询因此生长民间。武帝死，由刘据的小弟刘弗陵继位为昭帝。昭帝死，无子，立昌邑王刘贺为帝。不久，辅政大臣霍光以淫乱为由废黜刘贺，改立刘询。事详《汉书》卷八。 〔18〕食五县：可以收取五县民户上交的租税自己享用。〔19〕杂号将军：当时的领兵将军，属于有固定名号的高级将军是大将军、骠骑将军、车骑将军、卫将军，征东、征南、征西、征北四将军，镇东、镇南、镇西、镇北四将军，安东、安南、安西、安北四将军，平东、平南、平西、平北四将军，以及前、后、左、右四将军等。在此之下，有大量名号变化不定的中级将军，例如扬武将军、奋威将军之类，统称为杂号将军。 〔20〕改图：改打主意。 〔21〕衔之：对此暗中怀恨。 〔22〕恩：指孙綝的弟弟孙恩。 〔23〕分省(xǐng)：分着审阅。〔24〕中营：京城禁卫军大营。

【裴注】

〔一〕《吴历》曰："綝求中书两郎，典知荆州诸军事；主者奏，中书不应外出：休特听之。其所请求，一皆给与。"

将军魏邈说休曰："綝居外，必有变！"武卫士施朔又告"綝欲反，有征"[1]。休密问张布，布与丁奉谋于会杀綝。

永安元年十二月丁卯[2]，建业中谣言"明会有变"[3]。綝闻之，不悦。夜大风发木扬沙[4]，綝益恐。

戊辰腊会，綝称疾。休强起之，使者十余辈；綝不得已，将入。众止焉，綝曰："国家屡有命[5]，不可辞。可预整兵，令府内起火，因是可得速还。"遂入，寻而火起。綝求出，休曰："外兵自多，不足烦丞相也！"綝起离席，奉、布目左右，缚之[6]。綝叩首曰："愿徙交州！"休曰："卿何以不徙滕胤、吕据！"綝复曰："愿没为官奴！"休曰："何不以胤、据为奴乎！"遂斩之。以綝首令其众曰："诸与綝同谋皆赦！"放仗者五千人[7]。闿乘船欲北降，追杀之。夷三族。

发孙峻棺，取其印绶，斲其木而埋之[8]：以杀鲁育等故也。

綝死时年二十八。休耻与峻、綝同族，特除其属籍[9]，称之曰"故峻"、"故綝"云。

休又下诏曰："诸葛恪、滕胤、吕据，盖以无罪为峻、綝兄弟所见残害，可为痛心！促皆改葬，各为祭奠。其罹恪等事见远徙者，一切召还[10]。"

【注释】
　〔1〕武卫士：武卫营的士兵。武卫营由武卫将军统领，是皇帝的贴身卫队。当时由孙綝兄弟控制。　有征：有征兆。　〔2〕丁卯：旧历初七日。　〔3〕明会：明天朝廷的聚会。丁卯的次日是戊辰，按孙吴的礼制，十二月的第一个辰日是举行冬季大祭的日子，到时候君臣要在朝廷

聚会，称为腊会。 〔4〕发木：连根吹倒树木。 〔5〕国家：对皇帝的代称。 〔6〕目左右：向左右使眼色。 〔7〕仗：当时习称武器为仗。〔8〕斲(zhuó)：砍削，指把棺材木板的厚度砍薄，以示贬低其身份。〔9〕属籍：宗族亲属记录名册上的登记卡片。去除属籍即不承认其宗族成员身份。 〔10〕一切：一律。

濮阳兴字子元，陈留人也[1]。父逸，汉末避乱江东，官至长沙太守。〔一〕兴少有士名[2]。孙权时除上虞令。稍迁至尚书左曹[3]。以五官中郎将使蜀[4]；还，为会稽太守。

时琅邪王休，居会稽，兴深与相结。及休即位，征兴为太常，卫将军，平军国事[5]，封外黄侯。永安三年，都尉严密建丹杨湖田，作浦里塘。诏百官会议，咸以为"用功多而田不保成"，唯兴以为"可成"。遂会诸兵民就作，功佣之费不可胜数；士卒死亡，或自贼杀[6]：百姓大怨之。

兴迁为丞相，与休宠臣左将军张布，共相表里[7]。邦内失望。

七年七月[8]，休薨。左典军万彧，素与乌程侯孙皓善[9]，乃劝兴、布；于是兴、布废休嫡子而迎立皓。

皓既践阼，加兴(侍郎)〔侍中〕，领青州牧。俄而彧谮兴、布追悔前事。十一月朔[10]，入朝，皓因收兴、布，徙广州[11]；道追杀之[12]，夷三族。

【注释】
　〔1〕陈留：郡名。治所在今河南开封市东南。 〔2〕士名：优秀人士的美名。 〔3〕尚书左曹：官名。当指尚书左民曹，负责工程兴修，管

理盐池、园林。 〔4〕五官中郎将：官名。统领五官署的郎官，保卫皇宫殿堂。 〔5〕平：评议。 〔6〕自贼杀：自残或自杀。这是为了逃避苦役。 〔7〕相表里：相互内外勾结。当时张布统领禁卫军保卫皇宫内部，宫外行政机构由濮阳兴负责，所以是表里。 〔8〕七年：永安七年（公元 264）。 〔9〕左典军：官名。京城驻军的指挥官之一。〔10〕朔：初一日。 〔11〕广州：州名。治所在今广东广州市，后撤销。〔12〕道：途中。

【裴注】

〔一〕逸事，见《陆瑁传》。

评曰：诸葛恪才气干略，邦人所称。然骄且吝[1]，周公无观；况在于恪？矜己陵人，能无败乎？若躬行所与陆逊及弟融之书，则悔吝不至，何尤祸之有哉[2]！滕胤厉修士操，遵蹈规矩；而孙峻之时犹保其贵，必危之理也。峻、綝凶竖盈溢[3]，固无足论者。濮阳兴身居宰辅，虑不经国[4]；协张布之邪[5]，纳万彧之说：诛夷其宜矣！

【注释】

〔1〕骄且吝：骄傲而吝啬。孔子曾说，即使像周公那样才能美妙的人，只要骄傲而吝啬，别的方面就不值得一看了。见《论语·泰伯》。〔2〕尤祸：罪过祸殃。 〔3〕凶竖：凶恶小子。 盈溢：自满。〔4〕虑不经国：不在治国上用心考虑。 〔5〕协：和同。

【译文】

诸葛恪，字元逊，是诸葛瑾的大儿子。他年轻时就有名。二十岁左右他被任命为骑都尉，与顾谭、张休等人，陪同太子孙登讲论儒家的理论和技艺，都是孙登的宾客和朋友。后来他从太子中庶子这一官职转任太子左辅都尉。

诸葛恪的父亲诸葛瑾面孔较长，就像驴脸一样。有一次孙权会见大批臣像，叫人牵了一头驴进来，在驴脸上挂了一条长标签，上面写着"诸葛子瑜"四个字。诸葛恪一看这是父亲的姓和字，就跪下说："请求给我一支笔添上两个字。"孙权准许给他一支笔。诸葛恪就在标签下面添了"之驴"两个字。在座的人看了都欢笑不已，孙权随即把这头驴赏赐给机敏的诸葛恪。

另外一天孙权又会见群臣，孙权问诸葛恪："你的父亲与你叔父诸葛孔明相比，谁更贤能？"他回答道："为臣的父亲更好。"孙权问他为什么，诸葛恪说："为臣的父亲知道自己该为谁服务，而叔父不知道：因此父亲更好。"孙权又哈哈大笑。

接着让诸葛恪为在座者依次斟酒，到了老臣张昭面前；张昭已经浮现出酒醉的脸色，不肯喝，并且说："这不是照顾老年人的礼节啊。"孙权说："你要是能使张公理屈辞穷，他就该喝。"诸葛恪马上问张昭："从前吕望在九十岁时，还右手拿着有旄牛尾装饰的军旗而左手持大斧，担任军队主帅，也并没有说自己年老。而今军事上的行动，将军您处在后面；而享受美酒佳肴时，将军您又排在最先：怎么能说是不照顾老年人呢？"结果张昭无言以对，只好满饮一杯。

后来蜀国的使者到达，吴国群臣一齐来参加会见。孙权对使者说："这位诸葛恪素来喜欢骑马，请您回去转告诸葛丞相：为他送一批好马来。"诸葛恪一听立即跪下向孙权表示谢意，孙权说："马还没有送到，你为什么就道谢啊？"诸葛恪回答说："蜀国，不过是陛下在外边的马棚；如今既有诏令，好马必定会送到：为臣岂敢不谢呢？"

诸葛恪应变才能的敏捷，都像这类事例所显示的情况。

孙权觉得他很不寻常，想让他处理公务试一试，于是派他代理节度职务。节度负责管理军粮，文书繁多，不是诸葛恪所喜好的工作。

诸葛恪认为："丹杨郡的险要山区，居民大多果敢劲悍，虽然此前也在这里征调了一批壮丁当兵，但是只得到了山区外围各县的平民而已；其余在遥远深山当中活动的山越族人，并没有完全俘获。"所以他多次请求，让自己去为公家把山越族人围取出来，并估计三年间可以得到穿铠甲的士兵四万人。

众人的议论都认为："丹杨郡的地势多有险山阻隔，又和吴、会稽、新都、鄱阳四郡连接，周围绵延几千里，千山万谷；在幽深山区的人民，从来没有进过城镇，更没有见过县级行政长官，都手持兵器在野外跑来跑去，老死在森林树丛当中。而从平原地区逃跑的百姓和士兵，长期作乱的匪徒，都一起窜进那里的深山藏身。山中出产铜铁，可以自己铸造兵器制作铠甲。那里的风俗好武善战，重视胆气和力量；他们爬高山过险路，穿丛林冲荆棘，就好比鱼儿游深渊，猴子上高树那么自由随便。他们常常窥测机会，出山来抢掠攻杀；每每迫使朝廷出兵去讨伐，寻找他们的巢穴。他们在打胜仗时蜂拥而上，一旦打败就作鸟兽散。自汉朝以来，就把他们约束不住。"众人都觉得诸葛恪的想法难以实现。

诸葛恪的父亲诸葛瑾听说后，也认为事情最终办不到，叹气说："恪儿如果不大兴我家，就将大灭诸葛氏啊！"

诸葛恪却极力陈述事情必定成功。孙权就任命诸葛恪为抚越将军，兼丹杨郡太守，授予他棨戟之类的仪仗器物，以及一支由三百名武勇骑兵组成的卫队。任命仪式举行完毕，又让诸葛恪备齐显示声威的仪仗队，鼓乐齐鸣，充当前导带领他回家。这一年他三十二岁。

诸葛恪到达了丹杨郡自己的军政府署，立即发布公文给吴、会稽、新都、鄱阳四郡下属各县的行政长官。命令他们各自保卫自己的边界，划分片区并建立军事化的组织；山区外围服从政府教化的平民，全部编入军事化组织集中在营寨中居住。然后才分别部署众将进入山区，布置士兵在深山的险阻要地驻扎。只在营地周围修造坚固的围栅，而不与山里的武装力量交战。等到山中种植的谷物快要成熟时，就出动军队收割一空，连一颗种子都不留下。山中的居民吃完了以往储存的粮食，田里种的谷物又颗粒无收；而山区外围的居民全部集中在军营中，从他们那里也搞不到一点粮食。他们被饥饿逼得走投无路，只好逐渐出来投降自首。

诸葛恪这时又下达指令说："山中居民改恶从善，都应当安抚慰问，然后迁到外面各县安置；不准对他们产生顾忌怀疑，进行捆绑拘捕。"丹阳县长胡伉，得到一名投降者叫周遗。周遗是一贯作恶的家伙，被逼得没有办法才暂时出来投降，心里一直打算再造反。所以胡伉把他捆上送到诸葛恪的军府，诸葛恪因为胡伉违反自己的指令，立即将其斩首并在各地示众。同时把情况上报朝廷。山中居民听说胡伉因为捆绑人被处死，知道官方只是想把自己弄出山区而已；于是全都扶老携幼而出。整个军事行动所花费的时间、取得的人数都符合诸葛恪原先的预计。诸葛恪自己统领了其中的一万新兵，其余的都分给了吴军众将。

孙权赞赏他的功劳，特派尚书仆射薛综去慰劳参加这次行动的军队。薛综先给诸葛恪等将领送去一封文书说："山越族人仗恃险阻地形，不服从统治已经持续了不止一个朝代；形势缓和时就蠢蠢欲动，情况紧急时就回头逃跑。皇帝勃然发怒，命令大将到西面征讨；神妙的计策在朝廷内授给，威武的大军在朝廷外出动。兵不血刃，甲不沾汗；不仅元凶被诛杀，而且部落和同党全部向官方投诚；深山地区被清洗干净，向朝廷献上的精兵达到十万。野外没有遗留的匪徒，城镇没有残存的坏蛋。既扫除了凶恶，又补充了兵员。藜、莠、稂、莠之类的有害植物，都变成了好草；魑魅魍魉之类的精怪，都变成了像猛虎一样的战士。虽然这实在是国家的神威在起决定作用，但也的确有统帅亲临指挥的功劳。即使是《诗经·采芑》一诗赞美抓住了罪魁，《周易·离卦》颂扬捕获了祸首，或者是周朝的方叔、召虎，汉朝的卫青、霍去病，岂能与你们相提并论？你们的功勋盖过了古人，超越了前代。圣上喜悦，遥遥为此赞叹不已。他有感于《诗经·四牡》一诗中君主慰劳臣下的古代制度，又想到《左传》中举行酒宴庆祝将士凯旋的古代礼仪；所以特派尚书台的近臣，前来迎接犒劳你们：以表彰大功，慰问辛劳！"

接着孙权提升诸葛恪为威北将军，封都乡侯。

诸葛恪请求率领军队到庐江郡的皖口驻扎并进行屯田。此间他曾出动一支轻装部队偷袭舒县，把那里的魏国百姓抢了一批回来；他又远远派出侦察兵，观察道路和要地，打算进攻魏国的寿春。而孙权认为不行没有批准。

赤乌年间，魏国大将司马懿制定计谋想进攻诸葛恪；孙权正要出兵应战，观望云气的人认为这一战对吴方不利，于是孙权让诸葛恪把营地转移到了柴桑以避开。

在柴桑这里诸葛恪曾给丞相陆逊写信说：

杨敬叔最近转述了您的高雅谈论，说您认为："当今的优秀人物死亡殆尽，而能够保持品德修养的人不会再有多少了；应当相互帮助，形成彼此依存的亲密关系；对上振兴国家的事业，对下珍惜真挚的友谊。您又愤恨当今的社会风俗喜欢诽谤诋毁别人，使得已经成器的人才，中途受到损害；而那些正在进取的人，受到诽谤诋毁后更是郁郁寡欢。"我听到这些话之后不禁喟然叹息，独自拍着手赞赏不已。

我的愚见认为，君子不会对一个人求全责备。就以孔子的门徒而论，大概的人数虽然有三千之多，其中受到特别器重的也不过七十二人；即使是子张、子路、子贡等列入七十二人当中的门徒，具有仅次于圣人孔子的品德，也依然各有短处，比如子张个性偏激，子路为人鲁莽，子贡不接受孔子的教命。何况是那些不如他们的人，怎么会完美无缺呢？孔子并没有计较这些弟子的不完美而依然与他们友好相处，也并没有因为别人有短处而抹杀了他们的长处。

而且当今选取人才，标准还应当比以往的古代放宽。为什么呢？因为政务交错繁杂，而好的人才又少；国家的职官，经常都苦于后备人选不充足。所以只要是品性不邪恶，立志为国效力的人；就可以勉励成就他们，让他们在职位上充分施展。至于在细小的举止仪态、个人品行上有所不足，都应当加以宽容，不必一一苛求责备。况且人才也确实不能够过细评论和苛刻要求，要求苛刻了连那些圣贤都难以保证自己不受挑剔，更不用说与圣贤有差距的人了。所以说用原则来衡量人很困难，用人来衡量人就容易，是贤是愚一下子就可以知道。

自从汉朝末年以来，中原的士大夫例如许劭之流，之所以相互诋毁，有的甚至于闹出祸事；推究其根本原因，也并没有什么深仇大恨；只是因为对自己并不能完全用礼仪来克制，而对别人又专门用大道理来要求。不能克制自己以遵守礼仪，别人就不佩服；又还专门用大道理来要求别人，别人会难以忍受。内心不佩服你的品行，外面不能忍受你的要求，结果不能不产生怨恨；怨恨一产生，小人就会在其中出现；小人在其中出现，那么无中生有的谣言，逐渐起作用的谗言，都会纷至沓来；这时即使是最明智最亲近的人处在如此境地中，也都难以稳定自己。何况是已经有了仇怨，而且是不明智的人呢？之所以从前张耳、陈馀弄得兵戎相见，萧育、朱博的友谊后来不能保持，其原因都在于此。如果不能宽容小过失，对于纤细微小的毛病都加以指责；长此以往恐怕会弄得家家户户都有抱怨，一国之中都没有品行完美的人了。

诸葛恪知道陆逊在诸多方面不满意自己，所以才故意把陆逊说的道理加以推广而赞同他的意见。碰上陆逊去世，诸葛恪升任大将军，被授予节杖，驻守在武昌，代替陆逊兼管荆州事务。

很久以后，孙权生病。而太子孙亮年轻，孙权下令征召诸葛恪入京以大将军兼任太子太傅，中书令孙弘兼任太子少傅。孙权病危，召诸葛恪、孙弘和太常滕胤、将军吕据、侍中孙峻，嘱托他们以后事。

次日，孙权去世。在孙权身边的孙弘素来与诸葛恪不和，害怕被诸葛恪惩治；于是封锁孙权死亡的消息，准备假托孙权名义发布诏书诛除诸葛恪。而孙峻却偷偷把消息告诉了诸葛恪，于是诸葛恪请孙弘来议事；在座位上就把孙弘杀死，然后为孙权之死发布讣告制作丧服。

他与当时担任公安战区军事指挥官的弟弟诸葛融写信说："本月二十六日乙未，皇帝抛弃天下臣民逝世。大小官员，无不伤心悲悼。至于我们家的父子兄弟，都受到皇帝生前赐给的特殊恩典，并不是普通的下层人民；所以更是悲恸万分，觉得肝和心都破裂了一般。皇太子已在二十八日丁酉登上尊崇的帝位，为兄真是悲喜交加，不知所措。我身受皇帝的临终遗命，辅佐幼主。暗中自我估量：没有博陆侯霍光那样的才能，却承受了与他一样辅佐幼主的嘱托，生害怕比不上叔父作为汉丞相辅佐幼主时所取得的成效，更恐惧执政不好会有损先皇帝英明的声誉；所以又忧虑又惭愧惶惶不安，心中思考的事千头万绪。而且民众都对处在上面的人心存反感，自己的一举一动都受人注视，哪里有容易的时候啊？而今我以顽劣愚钝的资质，处在天子辅导老师的地位；困难多而智慧少，责任重而谋略浅：谁能够给我以帮助和支持呢？近代的汉朝，就有燕王刘旦与她的大姐盖长公主相互密谋，酿成上官桀谋反的事变。而今我自身也可能碰上这样的事，怎么敢快乐安闲啊？再者弟弟你所在的战区，与魏国敌境犬牙交错；你应当在现今整修军事器械，带领和勉励将士，以超过往常的警惕性进行防备；要下决心死一万次，而不要顾惜一次生命；用这来报答朝廷，不要辱没你的祖先。还有边境众将的防守虽然各有分区划界，我依然担心敌寇得知皇帝逝世的消息，会前来放肆侵掠。所以对边境各地的战区府署，已经另外下达禁令：各部的指挥官，不准擅自丢下所戍守的防区，径自前来京城奔丧。虽然大家心中有难以忍受的悲伤，但是对公家的责任应当压倒私人感情，就像伯禽在为父亲周公服丧的期间仍然统兵出征一样；如果有所违犯，就不只是一个小问题。从亲属身上做起以纠正关系疏远的人，这是古人明确的告诫啊。”

诸葛恪改任太傅。他执政之后遣散充当皇帝耳目的人，也就是中书典校郎，又免除老百姓拖欠的赋税，停止在关隘收取过路费：各项公事的办理都力图给老百姓恩惠，大众无不喜欢。诸葛恪每次出外，百姓都伸长脖子仰望，想看清他是什么样子。

当初，孙权在黄龙元年（公元229）迁都到建业。第二年开始修筑东兴堤，阻遏巢湖水。后来孙权进攻魏国的淮南，又把这道堤坝挖断以便让船只进入巢湖，从此之后就废弃不再修复。建兴元年（公元252）十月，诸葛恪召集各路兵马到达东兴，重新修筑大堤；又在大堤的左右两端依山修筑了两座城堡，每座城堡留下一千军队；分别由全端、留略指挥防守，然后引兵回还。

魏国因为吴军进入自己地盘兴修工程，耻于遭受欺侮；随即命令大将胡遵、诸葛诞带领七万人马，想要围攻这两座城堡，打算破坏大堤。

诸葛恪得到消息赶忙出兵四万，日夜兼程赶往救援。胡遵等命令各军：架设浮桥连接东西两岸，然后在大堤上列阵，并分兵进攻吴军的两座城堡。由于城堡位于陡峻的高山上，所以没能很快攻克。诸葛恪派遣将军留赞、吕据、唐咨、丁奉等充当先头部队。当时天气寒冷，大雪纷飞，大堤上魏军的诸将聚在一起饮酒。看到留赞等人的兵少，而且还脱掉铠甲，不拿矛、戟等长兵器；只戴头盔，一手提短刀，一手执盾牌，几乎是光着身子爬上大堤来：都大笑不止，没有命令军队作好戒备。吴军爬上大堤之后，立即击鼓呐喊挥刀乱砍。魏军大受惊扰四散逃走，争着跑上浮桥；浮桥很快被压坏，有的跳进水中，相互踩踏。魏国的乐安郡太守桓嘉等同时阵亡，魏军当场死亡几万人。从前叛逃到魏国去的吴将韩综，当时担任魏军的先头部队指挥官，也被斩杀。俘获的车辆、牛、马、驴、骡等每种的数目都有几千，军用物资和器械堆积如山，诸葛恪整理队伍凯旋而归。

朝廷晋封诸葛恪阳都侯，加任荆州、扬州的州牧，指挥京城内外的一切军队；又赏赐黄金一百斤、骏马二百匹、锦和布各一万匹。诸葛恪因此有了轻敌之心。

由于十二月的大捷，在第二年的春天，他又想要出动大军攻魏。各位大臣认为军队多次出动非常疲劳，异口同声劝阻他；他拒不听从。中散大夫蒋延有一次坚持进谏不止，诸葛恪让手下人把蒋延强行赶了出去。

诸葛恪为此专门写了一篇文章来开导大家，文章说：

天上没有两个太阳，地上没有两位帝王。帝王不力图兼并天下而想把基业永传后代，这是古往今来都没有的事。从前在战国时期，六国自恃兵强地广，互相可以救援；认为这样就足以世代进行国家的传承了，别人无法危害自己。于是放纵欲望，听从感情支配，害怕劳苦；使秦国逐渐得以壮大自己，结果都被秦国吞并：过去这段历史就是如此。近代的刘表在荆州，有兵马十万，财物粮食堆积如山；他没有趁曹操力量还微小的时候，与之全力竞争；而是坐视其逐渐强大，逐渐吞灭袁术、袁绍的势力。曹操把北方全都平定之后，亲自率领三十万人马杀向荆州；这时即使有满腹妙计的智者，也再不能给他出谋划策了。于是他的儿子，只好举手投降，成为被囚禁的俘虏。

凡是敌国想相互吞并，就好比仇人一心想除掉对方。有仇人而让其成长壮大，那么灾祸即便落不到自身，也将降临在后代人身上，对此不能不作深谋远虑啊。从前伍子胥就说过："越国用十年时间来生育人口聚集物力，再用十年时间对人民进行教育训练；那么二十年之后，吴国的宫殿就会被彻底破坏而变成池沼了！"吴王夫差仗恃力量强大，听到这话并不重视；所以才杀了伍子胥而对越国毫不防备。一直到了临失败时才后悔不已，还来得及吗？越国比吴国小，尚且会给吴国带来大祸，何况是比你更强大的国家呢？

从前秦国只据有关西地区，还吞并了六国。而今曹贼割据了秦、赵、韩、魏、燕、齐等国的故地，也就是汉朝全国十三州中的九个州；这些地方都拥有强大的兵马，聚集了大批的人才。而今以魏贼与古代秦国相比，地盘要大几倍；以吴、蜀与古代六国相比，领土不及其一半。现在我们之所以还能与魏贼相抗衡，只不过因为曹操生前组建起的军队，到今天正好全部死光或退役；而后来出生的人又没有长大成为精壮士兵，正是敌人力量衰落弱小未能强盛的时候。加上司马懿此前诛杀了王凌，接着自己也死亡；他的儿子年幼弱小，而独自承担辅政的大任；虽然有一批足智多谋的人士，却未能得到任用。目前出兵讨伐，正是其厄运降临的时候。从前圣人说做事情要抓紧时机，指的正是今天的情形。如果顺着众人的心情，抱着苟安一时的打算，认为凭借长江天险就能使吴国世代传承；而不考虑魏国的前后状况，因为它今天的衰弱就轻视它今后的力量：这真是使我长叹不已。

自古以来，国家的强弱，主要由人口的生育情况决定，而今敌人的民众，每年每月都在繁衍增长；只不过因为年龄还小，不能投入使用罢了。如果再过十多年，敌人的兵马数量必定成倍增加；而我国各处可以提供精壮兵丁的地方，兵丁都已抽调一空，只有眼下这批现有军队可以用来决定大事。假使不及早使用现有军队，让他们端坐到老；那么再过十多年，现有军队就会因年老而减员一半左右，而现有的士兵子弟，也就是今后能充军者，数量又少得不值一提。敌人的士兵数目增大一倍，而我们的士兵却减少一半；那时即便让伊尹、管仲来谋划攻取曹贼，也不可能把对方怎么样啊！

如今一些缺乏长远考虑的人，必定会认为我想得太远不切实际。祸难没有到来而预先忧虑，众人确实会觉得我想得太远不切实际。到了大难临头，然后才恐惧得叩头不止；这时虽有满腹计策的智多星，也出不了什么好主意。这种情况是古今的通病，不单现今才是如此。从前吴国开始时也认为伍子胥想得太远不切实际，所以灾难来到而无法挽救。刘表未能考虑到十年之后的情形，故而没能给子孙留下什么基业。而今我诸葛恪连备位充数的才能都没有，却担任了大吴的太傅、大将军，像从前的萧望之、霍光那样辅佐幼主执掌朝政；如果也和大家的想法相同，思虑不长远；未能趁今天的好时机为国家开拓疆域，转眼之间就到年老，而仇敌力量却更加强大；到那时哪怕是刎颈谢罪，难道还能有所补救吗？

现在听说众人当中有的认为百姓还贫困，力主暂时让他们休息；这种看法并不知道为百姓考虑防止大危险，而只是为他们的小劳累而吝惜。从前汉高祖已经有幸占有三秦地区，他为什么不封锁关隘扼守险要之地，好生自我娱乐一番？却要倾尽全力出兵进攻西楚霸王项羽，使得自己全身伤痕累累；铠甲头盔中长满虱子，将士也厌倦困苦呢？难道他就甘愿让刀剑的锋刃伤害自己而忘掉了安宁的快乐吗？他是考虑到不可能与项羽长期共处啊！我每次看到荆邯劝说公孙述进取天下这一段史事，以及最近读到我叔父向朝廷陈述与曹贼竞争的表章，都不禁要喟然叹息！

早晚都在床上翻来覆去睡不着，所考虑的就是以上这些问题；现在聊且写出我的愚见，送给诸君看一看。如果我哪天早晨突然去世，志向计划不能得到实现；那么我就想让后来的人知道我所忧心的是什么，从而引起他们的深思。

众人都认为诸葛恪这篇议论，是硬要为自己的出兵行动找些理由，但是没有人敢反驳他。

丹杨郡太守聂友素来与诸葛恪关系友善，这时写信劝谏他说："先皇帝本来也有在东兴筑堤的计划，因故未能实施。而今您辅佐大业，完成先皇帝的遗志筑成大堤；而敌人自己从远方来送死，我军将士凭借您的威风德泽，献身效命：一下子建立了非同寻常的大功劳，这岂不是宗庙神灵和天下民众的福分吗！现今最好暂且按兵不动养精蓄锐，观察到敌人的破绽再出动。现在您要想乘战胜之势，再度大举出兵；从时机上看还不行，但您可能听任自己强烈愿望的支配：我私下很为之不安。"

诸葛恪在上面自己这篇言论的后面写下几句话，作为书信回答聂友说："足下您虽然在来信中说了一些很自然的道理，但是还没有看到大趋势。熟读我这篇议论，就能够开窍醒悟了！"于是诸葛恪违背众人的意愿出兵，大规模调集了各州郡的二十万大军；百姓普遍骚动，他开始失去人心了。

诸葛恪的本意是想进军淮南，驱兵掠取那里的曹魏百姓。而众将中有的人反对说："如今我们领兵深入，边境上的居民，必定要一起逃往远方；恐怕士兵劳累不堪而俘获的百姓却很少，不如只围攻合肥新城。新城陷入困境，魏军必定派兵来救；救兵来到时再打他们的主意，才会大有收获。"

诸葛恪听从了这一计划，掉转头来围攻合肥新城。不料连月发起围困猛攻，城池都未能攻克。士兵极度疲劳，又是暑热天，大量喝生水，结果腹泻和脚气两种疾病流行，病倒一大半，遍地躺满死者和伤员。各营的官员每天报告病情的很多，诸葛恪认为他们是在欺骗自己，发怒要处死他们：从此没有人敢再说出真实情况。

诸葛恪内心已觉察到自己失算，但又以不能攻下城池为耻辱，因而大发脾气。将军朱异有所非议，他立刻剥夺了朱异的兵权。都尉蔡林多次陈述军事计策，诸葛恪拒不采用，气得蔡林扬鞭策马跑去投奔魏军。魏国知道吴军将士既疲劳又有疾病流行后，又调救兵向前推进。到这时诸葛恪只好引军撤退，士兵带伤的生病的，一路上不断牵着拖着；有的倒在坑里沟里再也起不来，有的则被敌军俘获了去；幸存的和死去的人都愤恨悲哀，上面的官和下面的兵一同唉声叹气：面对这一切诸葛恪却神色安然如常。

他撤回后在长江边停留了一个月，还打算在浔阳县开垦田地；这时朝廷相继发出诏书召他回朝，他这才慢慢回军。从此众人失望，怨恨和轻蔑随之产生。秋八月大军回到京城。诸葛恪摆开卫队在仪仗队的引导下，进入自己的府邸。他立即召来中书令孙嘿，厉声喝问道："你们怎么敢多次乱为陛下撰写诏书催我回京！"孙嘿惶恐告辞，借病离职回家。

诸葛恪又宣布自己出征之后，尚书台选曹奏请皇帝批准而任命的县令、县长和其他职官，一律停职另外任命；他有意显示自己的威严，追究很多人的罪责。凡是要去进见他的人，无不胆战心惊。他又把幼帝孙亮身边的宫廷卫队全部更换，改用他亲近的人。还下达指令要大军作好出发准备，想改而向魏国的青州、徐州方向进军。

侍中兼武卫将军孙峻，借民众对诸葛恪有很多怨恨，朝廷官员都顾忌他，就诬陷诸葛恪想造反。并且与孙亮密谋，在宫中设置酒宴慰劳诸葛恪。诸葛恪要进宫见皇帝的头天夜晚，精神扰动不安，通夜不眠。天亮后将要洗漱，又闻到水有血腥气味；侍者给他穿衣，他觉得衣服也有同样的气味。诸葛恪很感奇怪，吩咐下人换水换衣，依旧有当初那股气味；他的心情变得郁郁不乐。做好动身准备后，他走出家门，他喂的狗突然跑上来咬住他的衣裳。他说："狗也不想让我出门么？"便回房坐下。

一会儿他再起身，那条狗又来咬住他的衣裳。他让随从把狗赶走后，出门上车走了。当初，诸葛恪准备出征淮南，突然有一个身穿丧服的带孝男子进入他的内室。侍从赶忙向他报告，诸葛恪命令把这人带出去查问，这人说："我自己也不知不觉就走进来了。"当时诸葛恪的府邸内外都有严密的警卫队防守，也都没有发觉有外人进入，众人很觉得奇怪。出征之后，诸葛恪官署中办公的厅堂正梁，突然从中间断裂。他从合肥新城撤出大军后曾在东兴停留，有一道白虹出现在他的坐船上空；他回到建业去拜祭孙权的陵墓，又有白虹围绕在他所乘的车辆四周。

诸葛恪将要进宫拜见幼帝孙亮，乘车到达皇宫大门口时停下。这时孙峻已经把伏兵隐藏在殿堂的帷幔后面，他怕诸葛恪到时候不进来，事情就会暴露；于是亲自出宫去见诸葛恪说："使君您如果贵体不舒服，自然可以等以后再说；我可以进去向圣上报告一切。"他想以此试探诸葛恪的反应。诸葛恪立即说："我会自己勉力进去。"这时散骑常侍张约、朱恩等，悄悄塞给诸葛恪一张纸条，上面写着："今天宫内的一切布置异乎寻常，怀疑有其他原因！"诸葛恪看了纸条后立即离开皇宫回去。还没有走出路上的阙门，就碰见了太常滕胤。诸葛恪对他说："我突然肚子痛，不能够进宫。"滕胤不知道孙峻有阴谋，对诸葛恪说："您自从回到京城后，还没有进宫拜见；今天皇上摆设酒宴请您，您又已经到达宫门，最好还是勉力进去吧。"诸葛恪踌躇一会儿又掉头回来，并且特别佩带宝剑穿着鞋子进入殿堂。他向孙亮表示谢意后，回到自己的座位上。这时侍者为他斟上酒，他心存怀疑而不喝。孙峻这时对他说："使君的病没有完全痊愈，应当有经常服用的药酒带在身边，可以自行取来饮用。"诸葛恪听了大为放心，于是单独饮自己带来的酒。

喝了几巡酒之后，孙亮进了内室。孙峻起身说是上厕所，他在隐蔽处脱掉长袍，身穿短衣。出来之后大声叫道："圣上有诏命令逮捕诸葛恪！"诸葛恪大吃一惊连忙站起，宝剑还未拔出，而孙峻手中的利刀已经接连砍下。张约从旁边赶过来杀孙峻，却只砍伤其左手。孙峻回手一刀砍去，正好砍断张约的右臂。这时宫廷卫队都跑进殿堂，孙峻说："要诛杀的人只是诸葛恪，现今他已经死了。"他命令卫士们把刀剑放回鞘中，然后清除地面的尸体和血污重新摆酒畅饮。

在此之前，建业城中有童谣唱道："诸葛恪，你太弱！芦苇做单衣，竹篾当钩落，哪里找你成子阁。"所谓成子阁，它暗含的反切读音就是石子冈。建业城南有一处长长的丘陵，名叫石子冈，建业的居民多依傍石子冈埋葬死者。至于钩落，是一种有装饰的皮腰带，当时人称为钩落带。结果诸葛恪的尸体真是用芦苇席包裹而用竹篾捆束腰部，然后丢到了石子冈。

诸葛恪的长子诸葛绰，曾任骑都尉。因为和鲁王孙霸交往勾结，孙权让人把他交给诸葛恪，要诸葛恪再对他进行教诲：而诸葛恪则用鸩酒将其毒死。

次子诸葛竦，担任长水校尉；小儿子诸葛建，担任步兵校尉；诸葛竦两兄弟听说诸葛恪被杀，用车载上母亲慌忙从京城向北逃走。孙峻派骑兵指挥官刘承，在白都把诸葛竦追上斩杀。诸葛建得以渡过长江，想往北投奔魏国；走出几十里，被追兵赶上杀死。诸葛恪的外甥都乡侯张震，以及散骑常侍朱恩等，都被诛灭了三族。

当初，诸葛竦多次劝谏父亲，诸葛恪拒不听从，他因此经常担忧会有灾祸。

诸葛恪父子死后，临淮郡人臧均上表朝廷，请求收葬他们的尸体说：

为臣听说雷鸣电闪，不会持续一个早晨；狂风大作，很少刮一整天；然而在此之后依然会出现云雨，以滋润万物。这说明天地显威，也不会持续一天以上；帝王震怒，同样不宜把情绪发泄无余。为臣因为疯狂愚笨，不知道忌讳；所以敢于冒着家破人亡的大罪，在这政治风雨来临的时候插进来进言。

回想已故太傅诸葛恪，得以继承乃祖乃父留传下来的事业；他的伯父叔父等人遭遇汉末动乱，天下鼎立，家族分别托身在吴、蜀、魏三方：都忠诚勤恳，能够为振兴政治作出贡献。到了诸葛恪这一代，生长在大吴皇朝，受到圣明教化的熏陶哺育；取得了美好的名声，为国家服务二三十年。当初坏心肠还没有出现，所以先皇帝才委托给他从前伊尹、周公曾经承担过的重任，让他处理朝廷的各项机要公务。诸葛恪生性刚愎，夸耀自己欺凌他人；不恭恭敬敬守护朝廷大权，安定国内；反而大兴工程出兵作战，不满一年就出兵三次；耗尽士兵百姓的力量，用光国家仓库的储存，专断国法，废除改变政策由随自己的心意；借助刑罚逼迫众人，大小官员都吓得不敢出气。侍中、武卫将军、都乡侯，与他一同接受先皇帝临终的嘱托，看到他的奸恶暴虐，真是日甚一日；害怕他会动摇天下，危害国家。所以才奋起发出威风和怒火，精诚上达青天；计划和考虑比神灵还提前一步，智慧和勇敢强过荆轲、聂政一百倍；亲自提着利刀，把诸葛恪斩杀于殿堂；功勋超越朱虚侯刘章，也胜过了东牟侯刘兴居。国家的最大祸害，一下子就被彻底清除；当使者拿着诸葛恪的人头骑马驰去向人们展示的时候，全军将士欢呼雀跃；日月因此增加光彩，社会秩序平稳安定。这确实是宗庙神灵保佑的结果，上天和人民共同心愿的证明啊。

如今诸葛恪父子三颗头颅，已经在市场上悬挂了多日；前来观看的人超过几万人，痛骂的声音形成阵风。国家的大刑，没有人不受震动；老人和儿童，全都看到了诸葛恪的下场。但是，人的感情对于各种事物的反应，总是乐尽而哀生。人们看到诸葛恪的尊贵兴盛，世间无人能比，身任辅政大臣经历了两三年；而今被诛灭之后，其下场与被猎杀的禽兽没什么两样。他们看了之后感情转向反面，能不黯然悲伤么！而且已经死了的人，尸体与土壤合一；随便他人凿挖砍刺，也算是受到最大限度的惩罚了。但愿圣明的朝廷能效法天地，发怒不超过十天。让诸葛恪的同乡或者过去下属的官员百姓，用士兵的衣服收殓他们父子的尸体，并恩赐三寸厚的薄板棺材。从前项羽的遗体接受殡葬的赏赐，韩信的尸骨得到收殓的恩典：这都是使汉高祖获取到神圣英明这种声誉的事情。希望陛下重视古代三皇对死者的仁慈，显示哀怜之心；让国家的德泽能施加在因罪被处死的犯人尸骸上，再一次承受没有终结的恩赐。以此显扬美名于远方，阻止人们作恶而勉励他们向善，这种气度难道不宏大吗！

从前栾布违犯汉高祖的命令去祭奠彭越的遗体，为臣暗自愤恨他不先请示主上批准，放纵感情而独自享有美名；他没有被诛杀，实在算是幸运啊。现今为臣不敢公开宣扬自己愚昧的意见，以便显露出陛下的恩德；谨跪拜呈上亲手写的表章，冒昧陈述报告，请求圣明朝廷哀怜详察。

于是孙亮、孙峻听从诸葛恪过去的部下收敛安葬他，这些人在石子冈去寻找其遗体而后安埋。

在起初，诸葛恪狼狈退军回来。曾经规劝过他的聂友知道他将大祸临头，写信给滕胤说："人在势力强盛的时候，真是高山大河都可以举起来；而一旦衰弱，别人表现出的情态就多种多样了。说起来好不令人悲叹啊！"

诸葛恪被诛杀后，孙峻疑忌聂友，想让他到边远的郁林郡当太守；聂友忧虑发病而去世。聂友，字文悌，是豫章郡人。

滕胤，字承嗣，北海国剧县人。他的伯父滕耽，父亲滕胄，与扬州刺史刘繇既是同州老乡又是世交；因为社会动乱，所以南渡长江前去依靠刘繇。

　　孙权当了车骑将军，任命滕耽为将军府的右司马，他为人以宽厚著称。早死，没有儿子。滕胄善于写文章，孙权以宾客的礼节对待他；军政方面的文书函件，常常让他增删文句修饰辞藻。也不幸早死。

　　孙权当了吴王，追思过去与滕家的旧谊，封滕胤为都亭侯。滕胤年轻时就坚守节操，容貌英俊，风度翩翩。他二十岁左右娶公主为妻。三十岁时，他初次出外做官就担任了丹杨郡太守。又转任吴郡、会稽郡太守，所到之处都受到人们的称赞。

　　太元元年（公元251），孙权卧病。滕胤进京朝见，被留在朝廷任太常，与诸葛恪等一起接受孙权遗诏辅佐政事。

　　孙亮即位为帝，滕胤加任卫将军。

　　诸葛恪要出动全部兵力进攻魏国，滕胤劝谏说："您在先皇帝去世而当今圣上继位的时候，接受重托像伊尹、霍光那样辅佐幼主。在内能安定朝廷，在外能摧垮强敌；名声传扬海内，天下人民无不受到震动。万众的心愿，都希望仰仗您而得到休息。现今您想在民众刚刚服完一场大劳役之后，再度兴兵出征；民众疲惫，实力大减，而远方守卫本土的魏军又有防备。如果攻城攻不下，在野外围取民众又没什么收获，这不是丧失了前面的功劳而招致后来的责备么？不如脱下铠甲让军队休息，观察到敌方的破绽之后再出动。而且用兵作战是一件大事，要依靠众人才能成功；众人如果不乐意，您一个人能往哪里去呢？"诸葛恪说："那些说不能出兵的诸君，都是看不清楚计算，只想待着不动苟且偷安的人。而您作为我的亲家现在也以他们的话为然，我还指望谁呢？魏主曹芳愚昧弱小，朝廷政事在权臣的家中决定；他们的臣僚百姓，确实有背离之心。而今我凭借国家的实力，大胜的威风，往哪里进攻不能取胜啊！"

　　于是诸葛恪让滕胤担任京城驻军的指挥官，负责处理自己出征后的留守事务。滕胤白天接待宾客，夜晚批阅文书，有时通宵工作没时间睡眠。

　　孙峻，字子远，是孙坚弟弟孙静的曾孙。孙静的儿子是孙暠。孙暠的儿子孙恭，任散骑侍郎。孙峻是孙恭的儿子。

　　他从年轻时起就擅长射箭骑马，为人精干果敢，胆大而有决断。孙权末年，他转任武卫都尉，又任侍中。孙权临死前，他也一起接受遗诏辅佐政事，兼任武卫将军，依旧负责宫廷的警卫，又封都乡侯。

他诛杀诸葛恪后，升任丞相、大将军，指挥京城内外一切军队，被授予节杖，晋封富春侯。滕胤因为自己是诸葛恪儿子诸葛竦的岳父，请求辞职，孙峻说："从前鲧有罪被杀，他的儿子大禹并没有受牵连，滕侯您为什么要辞职呢？"孙峻与滕胤虽然心里并不融洽，然而在外表上仍然加以宽容；所以又晋封滕胤为高密侯，依旧一起共事。

孙峻素来没有什么大名声，执政后表现得骄傲自夸，阴险嫉妒，用刑诛杀很多人，百姓悲愁不已。他又好淫宫女，还与孙权的大女儿鲁班公主私通。

五凤元年(公元254)，吴侯孙英谋杀孙峻；事情泄露后孙英自杀。

五凤二年(公元255)，魏将毌丘俭、文钦带领部下反叛，与魏国军队在乐嘉激战。孙峻率领骠骑将军吕据、左将军留赞袭击寿春；碰上文钦失败投降吴国，大军撤回。

这一年，蜀国派使者前来访问，将军孙仪、张怡、林恂等人想借参加会见的机会杀死孙峻。消息走漏后，孙仪等人自杀，在这一事件中死亡的有几十人，其中有鲁班公主的妹妹鲁育公主。

孙峻想修复广陵的城池，朝廷大臣知道这里不能修城池，却因为畏惧他而无人敢说话。唯有滕胤站出来劝阻，孙峻不听；结果修筑城池的工程未能完成。

第二年，文钦劝孙峻进攻魏国。孙峻命令文钦与骠骑将军吕据、车骑将军刘纂、镇南将军朱异、前将军唐咨等，从江都进入淮河、泗水流域，以攻取魏国的青、徐二州。孙峻与滕胤一起到达石头城，为众将饯行。孙峻带领随从一百多人进入吕据的军营，看到吕据的军队阵容整齐。他心里很不喜欢，借口自己心口痛离开了。接下来他又梦见诸葛恪来刺杀他，于是恐惧发病而死。

他死的时候三十八岁，临终前他把后事托付给堂弟孙綝。

孙綝，字子通。他与孙峻同一个祖父。孙綝的父亲孙绰曾任安民都尉。孙綝开始时任偏将军。孙峻死后，升为侍中、武卫将军，指挥京城内外一切军队，代替他执掌朝政。

统兵在外的骠骑将军吕据听说后大怒，与各军的指挥官联名，共同上表推荐滕胤为丞相；孙綝改而任命滕胤为大司马，代替吕岱镇守武昌。吕据立即领着大队人马从前线赶回，派人回复滕胤，要一起废掉孙綝。孙綝得知消息，命堂兄孙宪，带兵到江都阻截吕据；同时让宫廷使者去向文钦、刘纂、唐咨等将下达指令，要他们合兵攻击吕据；然后再派侍中兼左将军华融、中书丞丁晏，去通知滕胤，说朝廷已派兵攻取吕据，并劝告滕胤应当赶快离京前往武昌。滕胤自认为大祸临头，于是拘留了华融、丁晏，布置军队自卫；又召来典军杨崇、将军孙咨，告诉他们孙綝要作乱，并强迫华融等人让他们写信反驳孙綝的作法。

孙綝根本不听这些话，立即上表章告发滕胤造反；许诺将军刘丞在事成后赏他的爵位，命令刘丞统领步兵、骑兵急攻滕胤。滕胤又威逼华融等人，要他们伪造皇帝诏书调集兵马。华融等人不从命，滕胤把他们全部杀死。到这时滕胤依然面不改色，谈笑如常。有人劝他："赶快亲自带领人马赶到皇宫东面的苍龙门，宫廷卫队看到之后，必定都会离开孙綝前来投奔。"

此刻已是半夜，滕胤仗恃自己与吕据有预约，又对领兵杀向皇宫感到为难；所以只是向部下宣布原地坚守的指令，并说吕据的兵马已经赶到附近，部下将士都愿为他拼死效力，没有逃跑的。当时出现暴风，到了天亮，吕据却并没有到达。

而孙綝的兵马却大批会合，结果杀死滕胤和他手下的将士几十人，又诛灭了他的三族。孙綝升任大将军，被授予节杖，封永宁侯。他仗恃自己身份高贵，做了很多无礼的事。

当初，孙峻的堂弟孙宪参加了诛杀诸葛恪的密谋。孙峻厚待他，他官做到右将军，担任无难分队的军事指挥官，被授予节杖、伞盖，并负责评议九卿呈送的公文。而孙綝对待孙宪就不如孙峻优厚。孙宪大怒，与将军王惇密谋刺杀孙綝。孙綝察觉后处死王惇，孙宪只好服毒药自尽。

魏国的征东大将军诸葛诞占据寿春城叛变，坚守当地并请求投降吴国。吴国派文钦、唐咨、全端、全怿等将，统领三万人马赶去救援。这时魏军的镇南将军王基，正在挥兵包围寿春，文钦等将突破包围进入城中。魏国出动了京城内外的全部机动兵力共二十多万大军，把寿春城重重包围。吴国方面又派大将朱异指挥三万部队进驻安城，与文钦形成呼应的形势。魏国方面随即部署兖州刺史州泰到阳渊迎战朱异，朱异战败撤退；被州泰追击，死伤了二千人。

于是孙綝大规模征调兵力，亲自带领进驻镬里；再度命令朱异率将军丁奉、黎斐等共五万人马反攻，运载粮草物资的车队则留在都陆。朱异推进到黎浆扎营，派将军任度、张震等招募了六千名敢死队员，在营地西边六里处建造浮桥，夜晚渡过河去，修建半月形的营垒。结果被魏国的监军石苞和州泰击败，军队被迫退到高地上防守。朱异又用车身在队伍周围构成防护圈，逐渐往五木城推进。石苞、州泰发起猛攻，朱异失利撤回；而魏国的泰山郡太守胡烈，出动奇兵五千，使用诈术隐蔽自己的行军路线前往偷袭都陆，把朱异存放在那里的物资和粮食全部烧光。

孙綝给朱异三万兵马让他拼死作战，朱异不从命。孙綝在镬里将其斩首，另派自己的弟弟孙恩领兵前往救援寿春。这时诸葛诞已被消灭，大军只得撤回。

孙綝既不能救出诸葛诞，却反倒造成吴军士兵的大量伤亡，还自己杀死军中的名将：全军上下无不抱怨他。

孙綝因为新皇帝孙亮开始过问处理政事，对自己提出很多反驳和追问，心里非常害怕。所以他回到建业之后，称病不进宫朝见。在距皇宫较远的朱雀桥南端为自己新修住宅，派弟弟威远将军孙据，进皇宫的苍龙门担任宫廷警卫；其余三个弟弟，即武卫将军孙恩、偏将军孙幹、长水校尉孙闿，分别驻守在京城驻军的各个营地：想以此控制朝政，巩固自己的势力。

孙亮的内心对孙綝不满，于是追究鲁育公主被杀的经过，怒斥虎林战区的军事指挥官朱熊、建业城郊外驻军指挥官朱损这两兄弟，说他们不能在当时纠正孙峻。并命令丁奉到虎林处死朱熊，到郊外处死朱损。孙綝进宫劝谏而孙亮不听。孙亮就与鲁班公主、太常全尚、将军刘丞一起商议诛杀孙綝。孙亮的皇后全氏，是孙綝堂姐的女儿，把这一计划告诉了孙綝。孙綝当夜就出兵袭击全尚，又派弟弟孙恩把刘丞杀死在苍龙门外，最后挥兵包围皇宫。

孙綝命令光禄勋孟宗，前往宗庙禀告孙权神灵说要废黜孙亮，接着召集朝廷大臣宣布说："少帝荒唐有病，做事昏乱，不可以处在帝位，承当宗庙的祭祀；已经禀告先皇帝将要废黜他。诸君如有不赞同的，发表不赞同的意见好了！"朝臣无不震恐，都说："我们唯将军的命令是从！"孙綝马上派中书郎李崇，进宫去夺下孙亮的皇帝玉玺、绶带，把孙亮的罪状在全国各地颁布。尚书桓彝不肯在有关文件上签名，孙綝怒火中烧，将其处死。

担任典军的施正，劝说孙綝征召琅邪王孙休来京立为皇帝，孙綝听从了他的意见。派遣宗正卿孙楷，给孙休送去一封信，信中说："我才能薄弱，被授予重要职务，不能很好辅导少帝。近几个月以来，少帝任意决定要做很多事情。亲近刘丞，迷恋美色；征调了大量官员百姓的女子，选取其中容貌姣好的留在宫中。又挑了十八岁以下的士兵子弟三千人，在皇宫的园林中进行军事训练；日夜不休，上上下下累得长吁短叹，到现在已经弄坏武器库房中五千多件矛、戟，简直把这当作游戏的器具。朱据是先皇帝的老部下，他的儿子朱熊、朱损都继承父亲的基业，以忠义为立身的根本；此前小公主鲁育被杀，完全是大公主鲁班所造成的；少帝不去精心考察事情的经过，立即诛杀了朱熊、朱损二人。无论如何劝谏也不被他采用，各个下属无不侧身叹息。少帝在宫中制造了三百多艘小船，用金、银作装饰，工匠做活日夜不停。太常全尚，世代承受国家恩典；不能监督全氏宗亲，结果全端等人竟然丢下城池去投奔魏国。全尚的地位非常重要，却从来没有向少帝劝谏哪怕一句话；反而与敌人往来，派人传送国家的秘密，我担心他一定会危害国家。推察过去的典章制度，时运已经聚在大王您的身上。所以我们自行决定在本月二十七日，擒获全尚，斩杀刘丞；废黜少帝为会稽王。并派孙楷前来恭迎大王，现今朝廷百官仰慕您，站在路旁恭候您到来。"

孙綝命令将军孙耽，护送孙亮到自己的封国会稽郡；又把全尚流放到零陵郡；把公主鲁班移居到豫章郡。

孙綝的心中更加自满，甚至欺侮轻视民间信仰的神灵，烧毁朱雀桥头的伍子胥庙；又破坏佛教寺院，杀死僧侣。

孙休即位为帝之后，孙綝自称"草莽臣"，到皇宫门口呈上奏章说："为臣跪着反省自己，本来不是承当国家重任的人才；只是借助宗族亲属关系，得以忝居臣僚中的最高官位；由于缺乏办事经验而屡有工作失误，罪责显露；我检查罪责回想过失，日夜忧虑恐惧。为臣听说天命没有一定，它只属于有德的君主；所以周幽王、厉王失去法度，周宣王来使王朝中兴。而今陛下以圣明的品德，继承帝位；应当得到良好的辅佐，以振兴大业；即使是唐尧在位的兴盛时代，他也要访求稷、契之类的贤才，以配合君主英明神圣的品德。古人曾有这样的话：'能够贡献力量才到官员行列中就任职务，不能够贡献力量就停止当官。'为臣虽然尽量施展自己的力量，依然对政事没有帮助；谨上交官印、绶带、节杖、黄钺，然后退回田野民间，以便为贤才让路。"

孙休立即请他进宫会见加以安慰劝导。又下达诏书说："朕没有德泽，充当藩王在外地镇守。碰到这样一种机遇，公卿百官，把目光注视到朕的身上，让朕来承当宗庙的祭祀。朕因此茫然不知所措，就好比涉进深渊踏上薄冰一样感到畏惧。大将军的忠诚智谋从内心发出，扶持和稳定倾危的朝廷；使国家重新恢复平安和康宁，功勋卓著。从前汉宣帝即位，选立他的辅政大臣霍光得到极度的尊重和显耀；褒扬和奖赏有德有功的人，是古今通行的道理。现在任命大将军为丞相、荆州牧，封地增加到五个县。孙恩任御史大夫、卫将军；孙据任右将军：都封为县侯。孙幹任杂号将军，封为亭侯。孙闿也封为亭侯。"

孙綝一家出了五个侯爵，而且都统领京城禁卫军，权力左右了君主：这在吴国朝臣当中是前所未有的事。

孙綝献上牛、酒去朝见孙休，孙休不接受他的礼物。孙綝带着这些东西又去见左将军张布。在酒酣耳热之际，孙綝口出怨言说："当初废黜少帝的时候，很多人都劝我自己当皇帝。我因为当今的陛下贤明，所以才迎接他入京，陛下不靠我根本当不成皇帝。现今我献上礼物却遭到拒绝，这说明我与一般臣僚并没有什么不同；我应当另打主意啊！"

张布把这些话报告孙休，孙休暗中怀恨；但又怕孙綝真有什么变化，所以多次给他赏赐。又让孙恩加任侍中，与孙綝分着审阅机要文书。有人告发孙綝心怀怨恨侮辱皇上，想打主意造反，孙休把告发者捆上交给孙綝处理，孙綝将其杀死，从此他心存恐惧，通过孟宗向孙休请求出京城到上游的武昌驻守。孙休表示同意，并下达指令：孙綝所指挥的京城禁卫军大营精兵一万多人，全部作好出发准备随孙綝到武昌；他请求得到的中央武器库所存兵器，全部都发给他。

这时将军魏邈劝孙休，说："孙綝出居外地，必定会有异常举动！"同时武卫营中一名叫做施朔的士兵又告发"孙綝有想造反的征兆"。孙休秘密询问张布如何对付，张布与丁奉策划在朝廷聚会上杀死孙綝。

永安元年（公元258）十二月初七日丁卯，建业城中突然出现谣言，说"明天朝廷中的聚会将有不测事变发生"，孙綝听说后，心里很不高兴。当天夜里突然狂风大作，吹倒树木扬起尘沙，孙綝更加恐惧。

初八日戊辰是冬天大祭的日子，群臣都到皇宫的大殿聚会，孙綝称病不去。孙休硬要请他参加，先后派了十多批使者来催促；他不得已，准备进宫。部下都来劝阻他。孙綝说："皇上多次来请，不好推辞。你们可以预先调集军队，让府邸中起火，借此我就可以很快回来。"交代完后孙綝进入皇宫，接着府邸中火起。孙綝请求出去回家，孙休说："外面的士兵很多，不必劳烦丞相亲自去啊！"孙綝起身离席，丁奉、张布向左右使眼色，让他们上前把孙綝绑了。孙綝赶紧跪下向孙休叩头说："我愿意被流放到交州！"孙休说："那你为什么不把滕胤、吕据流放到交州而要杀他们呢！"孙綝赶忙又说："我愿意被罚为官府的奴隶！"孙休也说："那你为什么不把滕胤、吕据罚为官府的奴隶呢！"随即吩咐把孙綝推出斩首。又派人提着孙綝的头颅向其部下宣布诏令说："所有与孙綝同谋的人全部赦免！"当场放下武器投诚的就有五千人。孙綝的弟弟孙闿乘船准备北渡长江投降魏国，被追兵杀死。孙休下令诛杀孙綝的三族。

孙休又派人挖掘孙峻的墓打开棺材，取出殉葬的官印、绶带，然后把孙峻棺材木板的厚度砍薄再埋掉：原因在于他杀了鲁育公主。

孙綝死的时候二十八岁。孙休耻于与孙峻、孙綝同族，特别下令从宗族亲属记录名册中把两人的登记纸页去除，平常提到时只称之为故峻、故綝。

孙休又下诏说："诸葛恪、滕胤、吕据，都并无罪过而被故峻、故綝兄弟冤枉杀害，令人痛心！赶快把他们都改葬，分别祭奠。凡是因为受诸葛恪等人事情的牵连而被流放到远方的，一律召回。"

濮阳兴，字子元，陈留郡人。他的父亲濮阳逸，在汉朝末年到江东避乱，官做到长沙郡太守。濮阳兴在年轻时就有优秀人士的美名。孙权时被任命为上虞县令，逐渐升到尚书左曹。曾以五官中郎将的身份出使蜀国；回来后，担任会稽郡太守。

当时琅邪王孙休住在会稽，濮阳兴与他结下很深的关系。孙休即位为帝，征召濮阳兴进京担任太常、卫将军，负责评议军政文书，封为外黄侯。永安三年（公元260），都尉严密建议开垦丹杨郡的湖滩为农田，修建浦里塘。孙休下诏召集百官商议，都认为"这项工程花费人工太大，而农田不能保证能建成"，唯独濮阳兴认为可以成功。于是调集军队、民工进行修建，在工程材料和劳务工资方面花掉的费用难以计算；士兵不断死亡，有的为了逃避苦役甚至自残或自杀：百姓怨声大起。

濮阳兴升任丞相，与孙休的宠臣左将军张布，内外勾结，国内人士对他深为失望。

永安七年（公元264）七月，孙休去世。左典军万彧，素来与乌程侯孙皓友善，就对濮阳兴、张布进行劝说；于是濮阳兴、张布听从万彧的话，废黜了孙休的嫡长子改而迎立孙皓。

孙皓登上帝位，让濮阳兴加任侍中，兼青州牧。不久万彧又向孙皓进谗言，说濮阳兴、张布后悔从前改立孙皓。十一月初一日百官入宫朝见，孙皓借机逮捕了濮阳兴、张布二人，把他们流放到广州；在中途又派人追上杀死他们，还灭了他们的三族。

评论说：诸葛恪的才思气魄，从政的能力与谋略，都受到国内人士的称赞。但是一个人如果既骄傲又吝啬，即使像周公那样才能美妙，总体看起来也就很差劲了，何况是诸葛恪？总是夸耀自己欺凌别人，能够不失败么？假若他自己能做到在他与陆逊和弟弟诸葛融信中所谈到的那些要求，那么就不会有悔恨，更不消说罪过与祸殃了！滕胤勉励自己培养君子的节操，循规蹈矩；不过他在孙峻专政时依然保有富贵，这就必定要遭遇危险了。孙峻、孙綝是凶恶小子而且骄傲自满，确实没有评论的价值。濮阳兴身为辅政的宰相，不在治国大事上费心考虑；却附同张布的邪恶，采纳万彧的坏主意：他受到诛灭可以说是活该如此了！

王楼贺韦华传第二十

王蕃字永元，庐江人也[1]。博览多闻。兼通术艺[2]。始为尚书郎[3]，去官。

孙休即位，与贺邵、薛莹、虞汜俱为散骑中常侍[4]；皆加驸马都尉[5]，时论清之[6]。遣使至蜀，蜀人称焉。还，为夏口监军[7]。

孙皓初，复入为常侍。与万彧同官，彧与皓有旧；俗士挟侵[8]，谓蕃自轻[9]。又中书丞陈声，皓之嬖臣[10]，数谮毁蕃。蕃体气高亮[11]，不能承颜顺指；时或忤意，积以见责。

甘露二年，丁忠使晋还，皓大会群臣。蕃沉醉顿伏[12]，皓疑而不悦，舆蕃出外[13]。顷之请还，酒亦不解；蕃性有威严，行止自若[14]。皓大怒，呵左右于殿下斩之。

卫将军滕牧、征西将军留平请[15]，不能得。〔一〕丞相陆凯上疏曰[16]："常侍王蕃，黄中通理[17]，知天知物，处朝忠謇[18]。斯社稷之重镇，大吴之龙逢也[19]。昔事景皇[20]，纳言左右[21]；景皇钦嘉，叹为异伦[22]。而陛下忿其苦辞[23]，恶其直对；枭之殿堂，尸骸暴弃；

（郡）〔邦〕内伤心，有识悲悼！"其痛蕃如此。

蕃死时年三十九。皓徙蕃家属广州。二弟：著、延，皆称佳器[24]。郭马起事[25]，不为马用，见害。

【注释】

〔1〕庐江：郡名。曹魏时治所在今安徽六安市东北。 〔2〕术艺：即术数。指天文、历算、阴阳五行、卜筮、观察云气等具有专门性方法和计算的技能。这些技能大多用于预测事情的结果或吉凶，迷信色彩浓厚。王蕃擅长天文，属于浑天学派，著有理论，并动手制作浑天仪。见《晋书》卷十一《天文志》上、《宋书》卷二十三《天文志》一。 〔3〕尚书郎：官名。当时尚书台分曹办事，每曹的主办官员为尚书，尚书之下有尚书郎，负责起草本曹文书。 〔4〕虞汜(sì)：传附本书卷五十七《虞翻传》。 〔5〕驸马都尉：官名。皇帝出行时负责管理马匹。〔6〕清之：对此评价很好。 〔7〕夏口监军：官名。监督夏口战区的军队。 〔8〕挟侵：胸襟狭隘，过分敏感。 〔9〕谓蕃自轻：认为王蕃轻视自己。 〔10〕嬖(bì)臣：宠臣。 〔11〕体气：性格习气。 高亮：清高诚实。 〔12〕顿伏：倒伏。 〔13〕舆：抬着。 〔14〕行止：举止。〔15〕请：求情。 〔16〕陆凯（公元198—269）：传见本书卷六十一。〔17〕黄中通理：就像被适当安排在中央的黄色那样，居于中位而通达各方面的情理。语出《周易·坤卦》文言。 〔18〕忠謇：忠诚正直。〔19〕龙逢：即关龙逢。夏代末年大臣。多次向夏桀直言进谏，反被囚禁杀死。 〔20〕景皇：即孙休。孙休死后谥为景皇帝。 〔21〕纳言：进言。 〔22〕异伦：与同僚不一样的优秀人才。 〔23〕苦辞：指逆耳的忠言。 〔24〕佳器：比喻优秀人才。 〔25〕郭马：事见本书卷四十八《孙皓传》。

【裴注】

〔一〕《江表传》曰："皓用巫史之言，谓'建业宫不利'，乃西巡武昌，仍有迁都之意。恐群臣不从，乃大请会，赐将吏。问蕃：'射不主皮，为力不同科，其义云何？'蕃思惟未答，即于殿上斩蕃。出登（来）〔袁〕山，使亲近将，跳蕃首，作虎跳狼争咋啮之，头皆碎坏；欲以示威，使众不敢犯也。"此与本传不同。

《吴录》曰："皓每于会，因酒酣，辄令侍臣嘲谑公卿，以为笑乐。

万彧既为〔左〕〔右〕丞相，蕃嘲彧曰：'鱼潜于渊，出水煦沫。何则？物有本性，不可横处非分也！彧出自溪谷，羊质虎皮；虚受光赫之宠，跨越三九之位。犬马犹能识养，将何以报厚施乎？'彧曰：'唐虞之朝无谬举之才，造父之门无驽蹇之质；蕃上诬明选，下讪桢干：何伤于日月？适（多）见其不知量耳！'"

臣松之按：本传云丁忠使晋还，皓为大会，于会中杀蕃。检忠从北还，在此年之春；彧时尚未为丞相，至秋乃为相耳。《吴录》所言，为乖互不同。

楼玄字承先，沛郡蕲人也[1]。孙休时为监农御史[2]。

孙皓即位，与王蕃、郭逴、万彧俱为散骑中常侍。出为会稽太守。入为大司农。旧禁中主者，自用亲近人作之[3]。彧陈亲密近识，宜用好人；皓因敕有司[4]：求忠清之士，以应其选。遂用玄为宫下镇，禁中候[5]，主殿中事。

玄从九卿，持刀侍卫；正身率众，奉法而行；应对切直，数忤皓意：渐见责怒。后人诬白玄与贺邵相逢，驻，共耳语大笑，谤讪政事。遂被诏诘责，送付广州。

东观令华覈上疏曰："臣窃以治国之体，其犹治家：主田野者[6]，皆宜良信；又宜得一人，总其条目，为作维纲[7]，众事乃理。《论语》曰：'无为而治者，其舜也与！恭己正南面而已[8]。'言所任得其人，故优游而自逸也[9]。今海内未定，天下多事；事无大小，皆当关闻[10]；动经御坐，劳损圣虑。陛下既垂意博古，综极艺文；加勤心好道[11]，随节致气[12]；宜得闲静，以展神思；呼翕清淳[13]，与天同极[14]。臣夙夜思惟：诸吏之中，任干之事，足委仗者，无胜于楼玄。玄清忠奉公，冠冕当世[15]；众服其操，无与争先。夫清者则心平而意直，忠者惟正道而履之；如玄之性，终始可保。乞陛下赦玄前愆，使得自新；擢之宰司[16]，责其后效。使为官择人，随才授任；则舜之恭己，近亦可得。"

皓疾玄名声，复徙玄及子据；付交阯将张奕[17]，使以战自效；阴别敕奕，令杀之。据至交阯，病死。玄一身随奕讨贼[18]，持刀步涉；见奕辄拜，奕未忍杀。会奕暴卒[19]，玄殡殓奕。于器中见敕书，还便自杀。[一]

【注释】

〔1〕蕲(qí)：县名。县治在今安徽宿州市南。 〔2〕监农御史：官名。监督农业生产。 〔3〕主者：主事的官员。 〔4〕有司：有关机构。〔5〕宫下镇：官名。皇宫警卫队长官，侍从保卫皇帝。 禁中候：官名。负责处理宫廷有关侍从警卫的事务。 〔6〕主田野：指主管农业生产。〔7〕维纲：指制度。 〔8〕恭己正南面：庄严地端坐在朝廷。这两句出自《论语·卫灵公》。 〔9〕自逸：让自己安闲。 〔10〕关闻：报告。〔11〕好道：喜好道家（的养生方法）。 〔12〕随节致气：随季节运气。即现今所说的做气功。 〔13〕呼翕(xī)：呼吸。 清淳：清新纯净（的空气）。 〔14〕同极：同寿。 〔15〕冠冕当世：是当今人中最突出的。〔16〕宰司：执政大臣。 〔17〕交阯：郡名。治所在今越南河内市东北。〔18〕一身：孤身。 〔19〕暴卒：突然死亡。

【裴注】

〔一〕《江表传》曰："皓遣将张奕，追赐玄鸩；奕以玄贤者，不忍即宣诏致药。玄阴知之，谓奕曰：'当早告玄，玄何惜邪！'即服药死。"

臣松之以玄之清高，必不以安危易操；无缘骤拜张奕，以亏其节。且祸机既发，岂百拜所免？《江表传》所言，于理为长。

贺邵字兴伯，会稽山阴人也[1]。〔一〕孙休即位，从中郎为散骑中常侍[2]。出为吴郡太守。

【注释】

〔1〕山阴：县名。县治在今浙江绍兴市。　〔2〕中郎：官名。郎官的一种，主要任务是警卫皇宫殿堂。

【裴注】

〔一〕《吴书》曰："邵，贺齐之（孙）〔从子〕，景之子。"

孙皓时，入为左典军。迁中书令，领太子太傅。皓凶暴骄矜，政事日弊。邵上疏谏曰：

古之圣王，所以潜处重闱之内[1]，而知万里之情；垂拱衽席之上[2]，明照八极之际者[3]：任贤之功也。陛下以至德淑姿[4]，统承皇业；宜率身履道，恭奉神器[5]；旌贤表善，以康庶政[6]。自顷年以来，朝列纷错[7]，真伪相贸[8]；上下空任，文武旷位；外无山岳之镇[9]，内无拾遗之臣[10]；佞谀之徒，拊翼天飞[11]，干弄朝威，盗窃荣利；而忠良排坠，信臣被害[12]。是以正士摧方[13]，而庸臣苟媚；先意承旨，各希时趣[14]；人执反理之评[15]，士吐诡道之论[16]；遂使清流变浊，忠臣结舌。陛下处九天之上，隐百重之室；言出风靡，令行影从；亲洽宠媚之臣，日闻顺意之辞；将谓此辈实贤，而天下已平也。臣心所不安，敢不以闻。

臣闻兴国之君乐闻其过，荒乱之主乐闻其誉；

闻其过者过日消而福臻[17]，闻其誉者誉日损而祸至。是以古之人君，揖让以进贤[18]，虚己以求过；譬天位于乘奔[19]，以虎尾为警戒[20]。至于陛下，严刑法以禁直辞，黜善士以逆谏臣；眩耀毁誉之实，沉沦近习之言[21]。昔高宗思佐，梦寐得贤[22]；而陛下求之如忘，忽之如遗。故常侍王蕃，忠恪在公[23]，才任辅弼[24]；以醉酒之间，加之大戮。近鸿胪葛奚[25]，先帝旧臣；偶有逆忤，昏醉之言耳。三爵之后[26]，礼所不讳[27]；陛下猥发雷霆，谓之轻慢；饮之醇酒，中毒陨命。自是之后，海内悼心，朝臣失图[28]；仕者以退为幸，居者以出为福。诚非所以保光洪绪[29]，熙隆道化也。

又何定，本趋走小人[30]，仆隶之下；身无锱铢之行[31]，能无鹰犬之用。而陛下爱其佞媚，假其威柄；使定恃宠放恣，自擅威福；口正国议，手弄天机[32]；上亏日月之明，下塞君子之路。夫小人求入[33]，必进奸利。定间妄兴事役[34]，发江边戍兵以驱麋鹿[35]；结罝山陵[36]，芟夷林莽；殚其九野之兽[37]，聚于重围之内。上无益时之分[38]，下有损耗之费；而兵士疲于运送，人力竭于驱逐；老弱饥冻，大小怨叹。

臣窃观天变[39]，自比年以来，阴阳错谬，四时逆节[40]；日食地震，中夏陨霜[41]。参之典籍，皆阴气陵阳[42]，小人弄势之所致也。臣尝览书传，验诸行事；灾祥之应，所为寒栗。昔高宗修己以消

鼎雉之异[43]，宋景崇德以退荧惑之变[44]。愿陛下
上惧皇天谴告之诮，下追二君攘灾之道[45]；远览
前代任贤之功，近悟今日谬授之失[46]；清澄朝
位[47]，旌叙俊乂[48]；放退佞邪，抑夺奸势；如是
之辈，一勿复用[49]；广延淹滞[50]，容受直辞；祇
承乾指[51]，敬奉先业。则大化光敷[52]，天人望
塞也[53]！

《传》曰："国之兴也，视民如赤子[54]；其亡
也，以民为草芥。"陛下昔韬神光[55]，潜德东
夏[56]；以圣哲茂姿，龙飞应天；四海延颈，八方
拭目，以成、康之化必隆于旦夕也[57]。自登位以
来，法禁转苛，赋调益繁；中宫内竖[58]，分布州
郡；横兴事役，竞造奸利；百姓罹杼轴之困[59]，
黎民疲无已之求；老幼饥寒，家户菜色[60]；而所
在长吏，迫畏罪负[61]；严法峻刑，苦民求办[62]。
是以人力不堪，家户离散；呼嗟之声，感伤
和气[63]。

又江边戍兵，远当以拓土广境，近当以守界备
难；宜特优育[64]，以待有事。而征发赋调，烟至
云集[65]；衣不全裋褐[66]，食不赡朝夕[67]；出当锋
镝之难[68]，入抱无聊之戚[69]：是以父子相弃，叛
者成行。愿陛下宽赋除烦，赈恤穷乏；省诸不急，
荡禁约法[70]。则海内乐业，大化普洽。

夫民者国之本，食者民之命也。今国无一年之
储，家无经月之蓄，而后宫之中坐食者，万有余

人。内有离旷之怨[71]，外有损耗之费；使库廪空于无用，士民饥于糟糠。又北敌注目，伺国盛衰；陛下不恃己之威德，而怙敌之不来[72]；忽四海之困穷，而轻虏之不为难[73]：诚非长策庙胜之要也[74]。昔大皇帝勤身苦体[75]，创基南夏[76]；割据江山，拓土万里。虽承天赞[77]，实由人力也。余庆遗祚，至于陛下。陛下宜勉崇德器，以光前烈[78]；爱民养士，保全先轨。何可忽显祖之功勤[79]，轻难得之大业；忘天下之不振，替兴衰之巨变哉[80]！

臣闻否泰无常[81]，吉凶由人[82]；长江之限，不可久恃。苟我不守[83]，一苇可航也[84]。昔秦建皇帝之号，据崤、函之阻[85]；德化不修，法政苛酷；毒流生民，忠臣杜口[86]。是以一夫大呼[87]，社稷倾覆。近刘氏据三关之险[88]，守重山之固；可谓金城石室[89]，万世之业。任授失贤，一朝丧没；君臣系颈，共为羁仆[90]：此当世之明鉴，目前之炯戒也[91]！

愿陛下远考前事，近鉴世变；丰基强本，割情从道。则成、康之治兴，而圣祖之祚隆矣。

书奏，皓深恨之。邵奉公贞正，亲近所惮。乃共谮邵与楼玄谤毁国事，俱被诘责。玄见送南州[92]，邵原，复职[93]。

后邵中恶风，口不能言，去职数月。皓疑其托疾，收付酒藏[94]，掠考千所[95]。邵卒无一语，竟见杀害。

家属徙临海[96]。并下诏诛玄子孙。

是岁，天册元年也，邵年四十九。[一]

【注释】

〔1〕重(chóng)闱：外围有多重门墙的内室。指深宫。　〔2〕垂拱：垂衣拱手。形容安宁闲适。　袵(rèn)：卧席。　席：指坐席。　〔3〕八极：八方的最远处。　际：边际。　〔4〕淑姿：美好的品质。　〔5〕神器：指皇权。　〔6〕康：安定。　〔7〕朝列：朝廷的队列。指官员队伍。纷错：混乱。　〔8〕贸：混杂。　〔9〕山岳之镇：比喻强有力的地方军政长官。　〔10〕拾遗：比喻弥补政事的缺失。　〔11〕拊(fǔ)翼：拍打翅膀。　〔12〕信臣：诚实的臣下。　〔13〕摧方：磨掉棱角。　〔14〕希：迎合。　〔15〕反理：违反公理。　〔16〕诡道：背离正道。　〔17〕臻：来到。　〔18〕揖让：拱手行礼后请进。　〔19〕天位：天子之位。　乘奔(bēn)：乘坐奔驰的车辆。比喻充满危险。《淮南子·说林训》有"君子之居民上，若以腐索御奔马"的说法。　〔20〕虎尾：踩着老虎尾巴是很危险的事，古人以此比喻担任君主，见《周易·履卦》。　〔21〕沉沦：沉溺于。　近习：身边的宠臣。　〔22〕梦寐得贤：相传殷高宗武丁继位后，有心想振兴政治而没有找到合适的辅佐，一天晚上做梦见到一位圣人，醒后他命令人四处寻找，后来找到贤臣傅说，帮他实现中兴。见《史记》卷三《殷本纪》。　〔23〕恪：恭敬。　〔24〕才任辅弼：才能可以担任辅佐大臣。　〔25〕鸿胪：官名。即大鸿胪。九卿之一，负责接待进京的诸侯、郡国官员、归顺的边境少数族首领等官方人员。郊庙祭祀时任司仪官，主持封拜诸侯的仪式。宗室亲王死，代表皇帝前往吊唁。〔26〕三爵之后：饮酒三爵之后。爵是青铜制的宽边酒杯。　〔27〕礼所不讳：礼仪上就不再讲究。　〔28〕失图：失掉主意。　〔29〕保光：保存光大。　洪绪：前人留下的宏伟基业。　〔30〕趋走：(受人使唤而)奔走。　小人：地位卑贱的人。　〔31〕锱铢(zī zhū)：均为古代重量单位。锱是一两的四分之一。铢是一锱的六分之一。这里形容非常微小。〔32〕天机：朝廷的权柄。　〔33〕求入：谋求被接纳。　〔34〕间：最近。〔35〕驱麋鹿：指为了打猎而派兵把麋鹿之类的野兽从山林中驱赶出来。〔36〕罝(jū)：捕鸟兽的网。　〔37〕九野：中央和八方的田野。〔38〕益时：有益于时政。　分(fèn)：作为臣僚本分的贡献。　〔39〕天变：天文上的异常现象。　〔40〕逆节：(气候变化)与季节不相顺应。〔41〕中(zhōng)夏：指五月。　〔42〕陵：凌驾于。　〔43〕修己：告诫

自己（勤施德政）。 鼎雉之异：殷高宗武丁祭祀时，有野鸡飞到鼎上鸣叫，他很畏惧，于是努力实施德政，使殷得以中兴。事见《史记》卷三《殷本纪》。 〔44〕宋景：即宋景公（？—前453）。名头曼（wàn），春秋末战国初宋国国君，前516年至前453年在位。一次荧惑（即火星）出现在二十八宿的心宿所在处，按照当时的说法宋国将发生灾祸，他很担忧。有人说可以把灾祸转移到执政大臣身上，他不同意；又说可以转移到百姓身上，他也不同意；又说可以转移到庄稼的收成上，他仍然不同意。据说他的话马上感动了上天，荧惑即离开了心宿。事见《史记》卷三十八《宋微子世家》。 〔45〕攘：消除。 〔46〕谬授：错误授与（官职）。 〔47〕清澄：清理。 〔48〕旌叙：表彰和分等级任用。 〔49〕一：一律。 〔50〕淹滞：在仕途上受到阻滞。这里指受到阻滞的优秀人才。 〔51〕祗（zhī）：恭敬。 乾指：上天的旨意。 〔52〕光敷：光辉遍布。 〔53〕望塞：不满被消除。 〔54〕赤子：初生的婴儿。 〔55〕韬：掩藏。韬神光指孙皓还未当皇帝的时候。 〔56〕潜德：潜隐德泽。也指孙皓未当皇帝的时候。 东夏：本指中原地区的东部。这里指孙皓当乌程侯时所居住的孙吴东部。 〔57〕成：即周成王，名诵，周武王的儿子。武王死，他年幼，由周公执政，后来周公把权力归还他。 康：即周康王，名钊，周成王的儿子。在位时继续执行成王时的政策，政局稳定。后世把成王和他统治的时期称为"成康之治"。二人事均见《史记》卷四《周本纪》。 〔58〕内竖：皇宫中供役使的宦官。 〔59〕杼轴之困：指老百姓家中财物被官府搜刮一空。杼是织布的梭子，轴是缠布的轴辊。《诗经·小雅》有"杼轴其空"的句子。 〔60〕家户：每家每户。 菜色：指由于饥饿而发黄的面色。 〔61〕罪负：罪过。 〔62〕苦民：使民众痛苦。 〔63〕和气：阴阳调和之气。 〔64〕优育：优待培育。 〔65〕烟至云集：形容数量繁多。 〔66〕裋（shù）褐：贫苦人所穿的粗布或粗毛制成的衣服。 〔67〕赡：供给。 〔68〕锋镝（dí）：刀剑之类兵器的锋刃和箭头。 〔69〕无聊：没有依靠。 戚（qī）：忧愁。 〔70〕荡禁：去除禁令。 约法：减少法律条文。 〔71〕离旷：与亲人分离和成年后未能结婚。 〔72〕怙（hù）：仗恃。 〔73〕不为难：不造成祸难。 〔74〕庙胜：通过在庙堂上的策划即已稳操胜算。 〔75〕大皇帝：指孙权。孙权死后被谥为大皇帝。 〔76〕南夏：中原地区的南部。这里指江南。 〔77〕天赞：天助。 〔78〕前烈：前人的业绩。 〔79〕显祖：显赫的祖父。 〔80〕替：忽视。 〔81〕否（pǐ）泰：不幸与幸运。 〔82〕由人：由各人（自己造成）。 〔83〕苟：假如。 〔84〕一苇可航：乘一片苇叶都可以渡过。形容非常容易。 〔85〕崤：山名。在今河南渑池县西南。 函：即函谷关。在今河南新安县东。 〔86〕杜口：闭嘴。
〔87〕一夫：指陈胜。 〔88〕刘氏：指蜀汉的刘氏皇族。 三关：指阳平
关、白水关和剑阁。阳平关在今陕西勉县西。白水关在今四川青川县东
北。剑阁即剑门关，在今四川剑阁县东北。三关是蜀汉北面的门户，抗
御曹魏的重要军事据点。 〔89〕金城石室：金属铸的城墙，石块造的房
屋，比喻坚不可摧的基业。 〔90〕羁仆：被绳索拴住的奴仆。
〔91〕炯戒：明显的告诫。 〔92〕南州：这里指广州。当时治所在今广
州市。 〔93〕原：受到宽恕。 〔94〕酒藏(zàng)：酒库。 〔95〕掠
考：拷打。 千所：一千下。 〔96〕临海：郡名。治所在今浙江临海市
东南。

【裴注】

〔一〕邵子循，字彦先。

虞预《晋书》曰："循丁家祸，流放海滨。吴平，还乡里。节操高
厉，童龀不群；言行举动，必以礼让。好学博闻，尤善《三礼》。举秀
才，除阳羡、武康令。顾荣、陆机、陆云表荐循曰：'伏见吴兴武康令
贺循：德量邃茂，才鉴清远；服膺道素，风操凝峻。历（践三城）〔试二
城〕，刑政肃穆。守职下县，编名凡悴；出自新邦，朝无知己；恪居遐
外，志不自营；年时倏忽，而邈无阶绪。实州党愚智，所为怅然！臣等
并以凡才，累授饰进；被服恩泽，忝豫朝末。知良士后时，而守局无言，
惧有蔽贤之咎。是以不胜愚管，谨冒死表闻。'久之，召为太子舍人。
石冰破扬州，循亦合众。事平，杜门不出。陈敏作乱，以循为丹杨内史；
循称疾，固辞，敏不敢逼。于时江东豪右，无不受敏爵位；惟循与（同
郡）〔吴郡〕朱诞，不挂贼网。后除吴国内史，不就。元皇帝为镇东将
军，请循为军司马。帝为晋王，以循为中书令，固让不受。转太常，领
太子太傅。时朝廷初建，动有疑议；宗庙制度，皆循所定；朝野咨询，
为一时儒宗。年六十，太兴二年卒。追赠司空，谥曰穆。循诸所著论，
并传于世。子隰，临海太守。"

韦曜字弘嗣[1]，吴郡云阳人也[2]。〔一〕少好学，能
属文。从丞相掾，除西安令[3]。还为尚书郎。迁太子中
庶子。

【注释】

〔1〕韦曜：下面的裴注中，裴松之认为韦曜本名昭，是陈寿为了避西晋武帝司马炎父亲司马昭的名讳，所以改称韦曜。这个说法不确。陈寿《三国志》虽然成书于西晋，但对西晋名讳，如司马懿的"懿"字，司马师的"师"字，司马昭的"昭"字，司马炎的"炎"字，都没有特别加以避改。以"昭"字为例，卷十一有胡昭，卷十四有董昭，卷五十二有张昭，此外还有昭著、昭穆、昭烈、昭德将军、昭义中郎将、昭信校尉等。因此，对于韦昭的"昭"字，陈寿没有必要单独更改。钱大昕认为韦氏本来就有二名，一名昭，一名曜，这个说法是可信的，见《廿二史考异》卷十七。 〔2〕云阳：县名。县治在今江苏丹阳市。〔3〕西安：县名。县治在今江西武宁县西。

【裴注】

〔一〕曜本名昭。史为晋讳，改之。

时蔡颖亦在东宫[1]，性好博弈[2]。太子和以为无益，命曜论之。其辞曰：

盖闻君子耻当年而功不立[3]，疾没世而名不称[4]；故曰"学如不及[5]，犹恐失之"。是以古之志士，悼年齿之流迈而惧名称之不立也[6]，故勉精厉操，晨兴夜寐，不遑宁息；经之以岁月，累之以日力；若宁越之勤[7]，董生之笃[8]；渐渍德义之渊，栖迟道艺之域[9]。且以西伯之圣[10]，姬公之才；犹有日昃待旦之劳[11]，故能隆兴周道，垂名亿载[12]；况在臣庶，而可以已乎[13]？

历观古今立功名之士，皆有累积殊异之迹；劳身苦体，契阔勤思[14]；平居不惰其业[15]，穷困不易其素。是以卜式立志于耕牧[16]，而黄霸受道于囹圄[17]；终有荣显之福，以成不朽之名。故山甫勤于夙夜[18]，而吴汉不离公门[19]：岂有游惰哉！

今世之人，多不务经术[20]；好玩博弈，废事弃业；忘寝与食，穷日尽明，继以脂烛。当其临局交争，雌雄未决[21]；专精锐意，心劳体倦；人事旷而不修，宾旅阙而不接[22]。虽有太牢之馔[23]，《韶》、《夏》之乐[24]，不暇存也。至或赌及衣物，徙棋易行[25]；廉耻之意弛，而忿戾之色发。然其所志不出一枰之上[26]，所务不过方罫之间[27]；胜敌无封爵之赏，获地无兼土之实。技非六艺[28]，用非经国。立身者不阶其术[29]，征选者不由其道。求之于战阵，则非孙、吴之伦也[30]；考之于道艺，则非孔氏之门也[31]；以变诈为务，则非忠信之事也；以劫杀为名[32]，则非仁者之意也。而空妨日废业，终无补益；是何异设木而击之[33]，置石而投之哉！

且君子之居室也勤身以致养[34]，其在朝也竭命以纳忠；临事且犹旰食[35]，而何博弈之足耽[36]？夫然，故孝友之行立，贞纯之名彰也！方今大吴受命，海内未平；圣朝乾乾[37]，务在得人；勇略之士则受熊虎之任，儒雅之徒则处龙凤之署[38]；百行兼苞[39]，文武并骛[40]；博选良才，旌简髦俊[41]；设程试之科[42]，垂金爵之赏[43]：诚千载之嘉会，百世之良遇也！当世之士，宜勉思至道，爱功惜力，以佐明时；使名书史籍，勋在盟府〔44〕：乃君子之上务，当今之先急也！

夫一木之枰孰与方国之封〔45〕？枯棋三百孰与万人之将〔46〕？衮龙之服〔47〕，金石之乐〔48〕，足以兼棋局而贸博弈矣〔49〕。假令世士移博弈之力而用之于诗书，是有颜、闵之志也〔50〕；用之于智计，是有良、平之思也〔51〕；用之于资货〔52〕，是有猗顿之富也〔53〕；用之于射、御，是有将帅之备也。如此，则功名立而鄙贱远矣！

【注释】

〔1〕东宫：太子宫。 〔2〕博弈：下围棋。 〔3〕当年：正处于（大有作为的）年龄。 〔4〕没世：终结一生。 〔5〕学如不及：这两句是孔子的话，载于《论语·泰伯》。意思是做学问如同（追赶什么似的，）生怕追不上；（追上之后）还生怕丢掉了。 〔6〕年齿：年龄。 流迈：流逝。 〔7〕宁越：战国时魏国中牟（今河南中牟县东）人。出身贫苦，以十五年的时间专精求学，别人休息他不敢休息，别人睡觉他不敢睡，终于学成，得以在政治上施展才能。事见《吕氏春秋·博志》。 〔8〕董生：即董仲舒。信都国广川（今河北枣强市东北）人。西汉著名的儒学家，景帝时任《春秋》博士。武帝即位，以回答皇帝的策问出色，被任命为江都国相，后又任胶西王相。后辞职回家，以教学著书终老。曾建议尊崇儒家、设立学校、察举人才。治学专心致志，三年之中不看住处的园林。传见《史记》卷一百二十一、《汉书》卷五十六。 〔9〕栖迟：停留。 〔10〕西伯：指周文王。商代末期周族领袖。姬姓，名昌。统治期间，集中精力搞好内政，国势日益强盛，为日后武王灭商奠定基础。事见《史记》卷四《周本纪》。 〔11〕日昃（zè）：太阳偏西。周文王勤于政事，从早晨到中午又到下午，忙得无暇吃饭，见《尚书·无逸》。 待旦：周公专心于治理国家，夜以继日思考政治的得失，一旦有所得，当天就想改革，故“坐以待旦”，见《孟子·离娄》下。 〔12〕载（zài）：年。 〔13〕已：停止。 〔14〕契阔：辛苦。 〔15〕平居：平常生活。 〔16〕卜式：河南郡（治所在今河南洛阳市东）人。专心于畜牧十余年，成为大畜牧主，多次以家财捐助政府，被西汉武帝任命为中郎。后升任御

史大夫，封关内侯，是盐铁专卖政策的反对者。传见《汉书》卷五十八。 〔17〕黄霸（？—前51）：字次公。淮阳郡阳夏（今河南太康县）人。西汉宣帝时任扬州刺史、颍川郡太守，政绩评为天下第一。后调中央任御史大夫、丞相，表现远不如从前。他曾因事与名儒夏侯胜一同关进监狱，在监狱中向夏侯胜学习《尚书》。传见《汉书》卷八十九。 囹圄（lǐng yǔ）：监狱。 〔18〕山甫：周宣王时的大臣，能向宣王直言进谏。"夙夜非懈"，即白天黑夜都不懈怠，见《诗经·烝民》。 〔19〕吴汉（？—公元44）：字子颜。南阳郡宛县（今河南南阳市）人。早年以贩马为业，新莽末年随从刘秀起兵，屡建战功。刘秀即位后，任大司马，封广平侯。率军进入益州消灭公孙述割据势力。名列东汉二十八名开国元勋之一。传见《后汉书》卷十八。 不离公门：吴汉尽心于职守，当刘秀部下时，时刻不离府署大门，见《文选》卷五十二《博弈论》李善注引《东观汉记》。 〔20〕经术：儒家的经典学术。 〔21〕雌雄：指胜负。〔22〕宾旅：宾客。 〔23〕太牢：牛、羊、猪三种肉类齐备的食物。〔24〕《韶》、《夏》：均为古代的乐舞名。《韶》，据说是赞美虞舜的；《夏》，据说是赞美大禹的，见《左传》襄公二十九年。 〔25〕徙棋：（偷偷）移动棋子位置。 易行：改变棋子的走法。即俗语所说的悔棋。〔26〕枰（píng）：棋盘。 〔27〕方罫（guà）：围棋棋盘上的方格子。〔28〕六艺：儒家所提倡的六种技艺。即礼（礼仪）、乐（音乐）、射（射箭）、御（驾车）、书（写字）、数（计算）。 〔29〕阶：通过。 〔30〕孙：即孙武。字长卿，春秋时齐国人。曾带《兵法》十三篇进见吴王阖闾，被任命为将，率军攻破楚国。其著作《孙子兵法》，论述了有关军事的一系列问题，是中国最早而且最杰出的兵书，现已被译成多国文字流传世界。传见《史记》卷六十五。 吴：即吴起。 〔31〕孔氏：即孔子。〔32〕劫杀：围棋术语。双方在同一点轮番下子，以求自己棋形成活而杀死对方的棋子。这一术语现今围棋活动中仍然在使用。 〔33〕何异：与……有什么不同呢。 〔34〕居室：居家。 致养：奉养（父母）。〔35〕旰（gàn）食：（忙到）天黑才吃饭。 〔36〕耽：沉溺其中。〔37〕乾乾：自强不息。 〔38〕龙凤之署：比喻中央的文职机构。〔39〕苞：包容。 〔40〕骛（wù）：驰骋。比喻施展才干。 〔41〕旌简髦俊：表彰选拔优秀人才。 〔42〕程试：按规程考试。 〔43〕金爵：金钱与爵位。 〔44〕勋在盟府：功勋记载在收藏盟约之类重要文件的府署。 〔45〕孰与：比起……来怎么样。 方国：位于地方的封国。〔46〕枯棋三百：当时的围棋，棋盘纵横各十七路，共有二百八十九个交叉点，黑白子各一百五十枚，共三百枚。 〔47〕衮龙之服：绣有龙形图案的高级官员礼服。〔48〕金石：古代的乐器，按其制作的材料来分，有金、石、丝、竹、匏、土、革、木八大类。这里以金石代指各类乐器。〔49〕兼：指取代。 贸：交换。 〔50〕颜：即颜回。 闵：即闵损（前515—？）。字子骞，和颜回都是孔子的优秀学生，有志向，又以孝行闻名。传见《史记》卷六十七《仲尼弟子列传》。 〔51〕良：即张良（？—前186）。字子房，相传为城父（今河南郏县东）人，先世是韩国的相。秦灭韩，他结交刺客，在博浪沙（今河南原阳县东南）刺杀秦始皇，未成功。秦末随刘邦起兵，与陈平是刘邦最得力的谋臣。西汉建立，以功封留侯，常称病不掌握实权，所以得到善终。传见《史记》卷五十五、《汉书》卷四十。 平：即陈平。 〔52〕资货：物资金钱。这里指做生意。 〔53〕猗顿：战国时鲁国人。出身贫穷，后经商成为巨富。事见《史记》卷一百二十九《货殖列传》。

和废后，为黄门侍郎。

孙亮即位，诸葛恪辅政；表曜为太史令，撰《吴书》[1]，华覈、薛莹等皆与参同。

孙休践阼，为中书郎，博士祭酒[2]。命曜依刘向故事[3]，校定众书；又欲延曜侍讲[4]。而左将军张布近习宠幸[5]，事行多玷[6]；惮曜侍讲儒士，又性精确[7]，惧以古今警戒休意，固争不可。休深恨布，语在《休传》。然曜竟止不入。

孙皓即位，封高陵亭侯，迁中书仆射[8]。职省，为侍中，常领左国史。时所在承指数言瑞应[9]，皓以问曜。曜答曰："此人家筐箧中物耳[10]。"又皓欲为父和作纪[11]，曜执以和不登帝位[12]，宜名为"传"。如是者非一，渐见责怒。

曜益忧惧，自陈衰老，求去侍、史二官；乞欲成所造书[13]，以后业别有所付[14]：皓终不听。时有疾病，医药监护，持之愈急[15]。皓每飨宴，无不竟日。坐席无能否，率以七升为限[16]；虽不悉入口，皆浇灌取尽。曜素饮酒不过二升。初见礼异时[17]，常为裁减，或密赐茶荈以当酒[18]。至于宠衰，更见逼强，辄以为罪。又于酒后，使侍臣难折公卿[19]，以嘲弄侵克[20]，发擿私短以为欢[21]。时有愆过，或误犯皓讳，辄见收缚，至于诛戮。曜以为外相毁伤，内长尤恨[22]，使不济济[23]，非佳事也；故但示难问经义言论而已[24]。皓以为不承用诏命，意不忠荩；遂积前后嫌忿，收曜付狱。

是岁，凤凰二年也。

【注释】

〔1〕吴书：韦曜等人撰写的《吴书》，其完成部分有五十五卷，到唐初已残缺，余下二十五卷。见《隋书》卷三十三《经籍志》二。残余的二十五卷现今亦不存。这部书是陈寿撰写《三国志》孙吴部分的主要资料来源。裴松之注《三国志》时，也采用了书中许多内容。本书裴注所引史籍凡标以《吴书》者，即是韦曜等人撰写的《吴书》。〔2〕博士祭酒：官名。首席儒学教官。〔3〕刘向（？—前6）：字子政，西汉皇族。汉元帝时曾任宗正，受宠臣弘恭等的排挤，废黜十多年。成帝即位后再度任用，为光禄大夫，多次上疏议论政事。擅长经学，受命主持校理皇家藏书，并撰写我国最早的目录学著作《别录》。传附《汉书》卷三十六《楚元王传》。故事：过去的事例。〔4〕延：请。侍讲：为皇帝讲论儒经。〔5〕张布（？—公元264）：事见本书卷四十八《孙休传》。〔6〕玷：污点。〔7〕精确：纯正坚定。〔8〕中书仆射（yè）：官名。协助中书令起草和管理军国机要文书。〔9〕所在：到处。承指：迎合（皇帝的）心意。瑞应：祥瑞的征兆。〔10〕人家筐箧中物：普通人家筐子箱子里装的东西。意指任何人只要想要都很容易办到。〔11〕纪：即本纪。司马迁著《史记》时开创史书撰写的纪传体。用本纪记述帝王，兼以排比大事；用世家记叙诸侯和特殊人物；用列传记叙其他人物、民族和外国；用表统系代、世系和人物；用志记叙典章制度。

这里孙皓要求韦曜在所撰的《吴书》中为父亲孙和写本纪。 〔12〕执：坚持。 〔13〕所造书：指下文提到的《洞纪》。 〔14〕以后业别有所付：把《吴书》后面未完成的部分另外托付人撰写。 〔15〕持：指逼迫。 〔16〕无能否：不管能不能（喝酒）。 率：一律。 〔17〕礼异：礼遇和特殊优待。 〔18〕茶荈（chuǎn）：茶水。荈是晚采的茶叶。〔19〕难（nàn）折：在言辞上问难和驳倒。 〔20〕侵克：伤损。〔21〕发摘：揭发。 私短：隐私和短处。 〔22〕内长尤恨：内心滋长怨恨。 〔23〕济济：众多而和美的样子。 〔24〕经义：儒经的文义。

曜因狱吏上辞曰："囚荷恩见哀[1]，无与为比，曾无芒厘有以上报[2]；孤辱恩宠，自陷极罪。念当灰灭，长弃黄泉；愚情缕缕，窃有所怀，贪令上闻。囚昔见世间有古历注[3]，其所纪载既多虚无，在书籍者亦复错谬。囚寻按传记，考合异同，采摭耳目所及[4]，以作《洞纪》[5]：起自庖牺[6]，至于秦、汉，凡为三卷；当起黄武以来，别作一卷。事尚未成。又见刘熙所作《释名》[7]，信多佳者；然物类众多，难得详究，故时有得失；而爵位之事，又有非是。愚以官爵，今之所急，不宜乖误[8]。囚自忘至微[9]，又作《官职训》及《辩释名》各一卷，欲表上之。新写始毕，会以无状[10]，幽囚待命；泯没之日，恨不上闻，谨以先死列状[11]。乞上言秘府[12]，于外料取[13]，呈内以闻。追惧浅蔽，不合天听，抱怖雀息[14]，乞垂哀省。"

【注释】

〔1〕囚：韦曜自称。 〔2〕芒厘：即毫厘。形容报答的微小。〔3〕古历注：类似大事年表的一种史籍。 〔4〕采摭（zhí）：采集。〔5〕洞纪：书名。《隋书》卷三十三《经籍志》二著录了韦曜未写完的

《洞纪》四卷。起自庖牺，迄至建安二十七年即孙权黄武元年。全书今不存。《经典释文》、《初学记》、《北堂书钞》、《太平御览》等书尚引有此书零星文字。 〔6〕庖牺：即伏羲。 〔7〕刘熙：字成国。北海郡（治所在今山东昌乐县西）人，东汉语言学家。 《释名》：书名。共八卷二十七篇。以音同、音近的字解释意义，推究事物命名的由来，是语源学重要著作。今存。 〔8〕乖误：错误。 〔9〕至微：（自己的）极度微小。〔10〕无状：无脸面。 〔11〕先死：在死之前。 列状：写出报告。〔12〕秘府：官署名。收藏图书文献。 〔13〕料取：查取。 〔14〕雀息：像雀鸟一样微弱地呼吸。形容畏惧而不敢出大气。

曜冀以此求免，而皓更怪其书之垢故[1]，又以诘曜。曜对曰："囚撰此书，实欲表上；惧有误谬，数数省读，不觉点污。被问寒战，形气呐吃[2]。谨追辞叩头五百下，两手自搏[3]。"

而华覈连上疏救曜曰："曜运值千载[4]，特蒙哀识；以其儒学，得与史官[5]；貂蝉内侍[6]，承合天问。圣朝仁笃，慎终追远；迎神之际[7]，垂涕敕曜[8]。曜愚惑不达，不能敷宣陛下大舜之美[9]；而拘系史官[10]，使圣趣不叙[11]，至行不彰：实曜愚蔽当死之罪。然臣偻偻，见曜自少勤学，虽老不倦；探综坟典[12]，温故知新；及意所经识古今行事，外吏之中少过曜者。昔李陵为汉将[13]，军败不还而降匈奴；司马迁不加疾恶[14]，为陵游说。汉武帝以迁有良史之才，欲使毕成所撰，忍不加诛；书卒成立，垂之无穷。今曜在吴，亦汉之史迁也[15]。伏见前后符瑞彰著，神旨天应，继出累现；一统之期，庶不复久[16]。事平之后，当观时设制；三王不相因礼[17]，五帝不相沿乐[18]；质文殊途[19]，损益异体[20]；宜得曜辈，依准古义，有所改立。汉氏承秦，则有叔孙通定一代之仪[21]，曜之才学亦汉通之次也。又《吴书》虽已有头角[22]，叙赞未述[23]。昔班固作《汉书》[24]，文辞典雅；后刘珍、刘毅等作《汉记》[25]，远不及固，叙传尤劣。今《吴书》当垂千载，编次诸史[26]，后之才士论次善恶[27]；非得良才如曜者，实不可使（阙）〔关〕不朽之书[28]。如臣顽蔽，诚非其人。曜年已七十，余数无几；乞赦其一等之罪[29]，为终身徒[30]；使成书业，永足传示，垂之百世。谨通进表[31]，叩头百下。"

皓不许，遂诛曜。徙其家零陵。子隆，亦有文学也。

【注释】

〔1〕垢故：又脏又旧。 〔2〕呐吃（jí）：说话迟缓而结巴。 〔3〕自搏：打自己（的耳光）。 〔4〕千载：指千载难逢的圣明君主。这是对孙皓的奉承话。 〔5〕与（yù）：参加。 〔6〕貂蝉：貂的尾巴和有蝉形花纹的金牌。汉代以来用作侍中、常侍等侍从官员礼帽上的装饰。韦曜任侍中，故得佩带貂蝉。 〔7〕迎神：宝鼎二年（公元267）七月，孙皓在京城建业为其父孙和立神庙，十二月正式派遣官员迎接孙和的神位入庙，这里即指此事。详见本书卷五十九《孙和传》。 〔8〕敕曜：指示韦曜（为孙和写本纪）。 〔9〕大舜之美：指孝顺父母的美德。相传舜是大孝子，事见《史记》卷一《五帝本纪》。 〔10〕拘系史官：拘泥于史官（所遵守的体例）。指孙曜认为孙皓的父亲孙和生前没当皇帝而不同意为他写本纪一事。 〔11〕圣趣：圣上的心意。 〔12〕坟典：泛指古代的典籍。据说古代的典籍分别有"三坟、五典、八索、九丘"，见《左传》昭公十二年。 〔13〕李陵（？—前74）：字少卿。陇西郡成纪（今甘肃秦安县）人，西汉名将李广的孙子。武帝时率军出击匈奴，战败投降，病死。传附《汉书》卷五十四《李广传》。 〔14〕司马迁：字子长。左冯

翊夏阳(今陕西韩城市西南)人，西汉史学家、文学家和思想家。早年漫游天下，武帝时任太史令，因替投降匈奴的李陵辩解，得罪下狱，受宫刑。出狱后任中书令，发愤撰成《史记》。全书一百三十篇，记事起于传说中的黄帝，止于西汉武帝，首尾三千年，是我国第一部纪传体通史，具有很高的史学价值和文学价值。传见《史记》卷一百三十、《汉书》卷六十二。　〔15〕史迁：即司马迁。　〔16〕庶：大概。　〔17〕三王：指夏禹、商汤、周武王三位开国君主。　因礼：因袭礼仪。　〔18〕五帝：传说中的五位上古帝王。说法很多，《史记》卷一《五帝本纪》认为指黄帝、颛顼、帝喾、唐尧、虞舜。　沿乐：沿用音乐。　〔19〕质文：朴质和有文采。孔子认为夏、殷两代的礼仪特点是一质一文，而周代礼仪又综合前面两代，各有不同。见《史记》卷四十七《孔子世家》。〔20〕损益：增删修改。《论语·为政》有"殷因于夏礼，所损益可知也；周因于殷礼，所损益可知也"的说法。　〔21〕叔孙通：薛县(今山东滕州市南)人。曾任秦朝博士，秦末投奔项羽，后归刘邦。西汉建立，受命率领一批儒生制定朝廷礼仪，任太常。传见《史记》卷九十九、《汉书》卷四十三。　〔22〕头角：头绪。　〔23〕叙赞：序言和评论。〔24〕班固(公元32—92)：字孟坚。右扶风安陵(今陕西咸阳市东北)人。东汉史学家、文学家。历二十余年，在其父班彪《史记后传》的基础上，撰成《汉书》一百篇，分一百二十卷，是我国第一部纪传体断代史，叙事详密，文辞典雅。又善作赋，代表作有《两都赋》等。和帝永元元年(公元89)，随大将军窦宪攻匈奴，任中护军。后窦宪因专权被处死，他受牵连，死在狱中。传附《后汉书》卷四十《班彪列传》。〔25〕刘珍：又名宝，字秋孙。南阳郡蔡阳(今湖北枣阳市西南)人。东汉皇族，东汉安帝时任谒者仆射(yè)，在东观校理皇家收藏的图书文献，又受命与李尤、刘毅、刘騊(táo)骏(tú)撰《汉记》。后任侍中、宗正、卫尉。　刘毅：东汉皇族，封平望侯，安帝时任议郎，有文才，受命到东观参加撰写《汉记》。以上二人传均见《后汉书》卷八十上《文苑列传》。　《汉记》：书名。纪传体史书，原有一百四十三卷。因撰修地点在洛阳皇宫南面的东观，所以后来称《东观汉记》。记载东汉王朝史事，当时与《史记》、《汉书》并称为"三史"，是后人撰写东汉史书时的主要资料来源。原书今不存，有辑本二十四卷。　〔26〕编次诸史：依次编入各代的史书中。　〔27〕论次善恶：依次评论(各代史书编撰的)好坏。〔28〕关：涉及。　〔29〕一等之罪：指死罪。　〔30〕徒：做苦役的囚犯。〔31〕通：通报。

华覈字永先，吴郡武进人也[1]。始为上虞尉、典农都尉[2]。以文学入为秘府郎[3]。迁中书丞。蜀为魏所并，覈诣宫门发表曰[4]："间闻贼众蚁聚向西境[5]，西境（报）〔艰〕险，谓当无虞；定闻陆抗表至[6]，成都不守[7]，臣主播越[8]，社稷倾覆。昔卫为狄所灭而桓公存之[9]，今道里长远，不可救振；失委附之土[10]，弃贡献之国；臣以草芥，窃怀不宁。陛下圣仁，恩泽远抚；猝闻如此，必垂哀悼。臣不胜忡怅之情[11]，谨拜表以闻。"

【注释】

〔1〕武进：县名。县治在今江苏镇江市东。 〔2〕典农都尉：官名。负责屯田。 〔3〕秘府郎：官名。负责收藏整理图书文献。 〔4〕发表：公开呈上表章。 〔5〕间：最近。 西境：指蜀汉的国境。 〔6〕定：及。 陆抗（？—公元274）：传附本书卷五十八《陆逊传》。 〔7〕成都：县名。县治在今四川成都市。 〔8〕播越：流亡。指刘禅君臣被曹魏军队押解到洛阳。 〔9〕卫为狄所灭而桓公存之：前660年，狄人进攻并消灭卫国，齐桓公出兵帮助卫人恢复国家，见《左传》闵公二年。 〔10〕委附：委身归附。蜀汉是孙吴的盟国而非附属国，这里是一种夸大的说法。 〔11〕忡怅：忧心怅惘。

孙皓即位，封徐陵亭侯。

宝鼎二年，皓更营新宫。制度弘广，饰以珠玉，所费甚多。是时盛夏兴工，农守并废。覈上疏谏曰：

臣闻汉文之世[1]，九州晏然[2]；秦民喜去惨毒之苛政，归刘氏之宽仁；省役约法，与之更始；分王子弟，以藩汉室。当此之时，皆以为泰山之安，无穷之基也。至于贾谊[3]，独以为可痛哭及流涕者三[4]，可为长叹息者六，乃曰："当今之势，何异抱火于积薪之下而寝其上，火未及燃而谓之安。"其后变乱，皆如其言。

臣虽下愚，不识大伦[5]；窃以曩时之事[6]，揆今之势。谊曰："复数年间，诸王方刚[7]，汉之傅、相称疾罢归[8]；欲以此为治，虽尧、舜不能安。"今大敌据九州之地[9]，有大半之众；习攻战之余术，乘戎马之旧势；欲与中国争相吞之计[10]，其犹楚、汉势不两立，非徒汉之诸王淮南、济北而已[11]。谊之所欲痛哭，比今为缓；抱火卧薪之喻，于今（而）〔为〕急。

大皇帝览前代之如彼，察今势之如此；故广开农桑之业，积不訾之储[12]；恤民重役，务养战士。是以大小感恩，各思竭命。期运未至[13]，早弃万国。自是之后，强臣专政；上诡天时[14]，下违众议；亡安存之本，邀一时之利[15]；数兴军旅，倾竭府藏；兵劳民困，无时获安。今之存者，乃创夷之遗众[16]，哀苦之余民耳。遂使军资空匮，仓廪不实；布帛之赐，寒暑不周；重以失业[17]，家户不赡。而北积谷养民，专心向东，无复他警。蜀为西藩，土地险固；加承先主统御之术，谓其守御足以长久；不图一朝奄至倾覆[18]，唇亡齿寒，古人所惧。交州诸郡，国之南土：交阯、九真，二郡已没[19]；日南孤危[20]，存亡难保；合浦以北[21]，民皆摇动，因连避役，多有离叛，而备戍减少，威镇转轻，常恐呼吸复有变故[22]。昔海虏窥窬东县[23]，多得离民[24]；比习海行[25]，狃于往年[26]，抄盗无日。

今胸背有嫌[27]，首尾多难，乃国朝之厄会也。诚宜住建立之役[28]，先备预之计[29]；勉垦殖之业，为饥乏之救。惟恐农时将过，东作向晚[30]；有事之日，整严未办[31]。若舍此急，尽力功作[32]；猝有风尘不虞之变，当委版筑之役[33]，应烽燧之急[34]；驱怨苦之众，赴白刃之难：此乃大敌所因为资也。如但固守，旷日持久，则军粮必乏；不待接刃，而战士已困矣。

昔太戊之时[35]，桑穀生庭；惧而修德，怪消殷兴。荧惑守心[36]，宋以为灾；景公（下）〔不〕从瞽、史之言[37]，而荧惑退舍[38]，景公延年。夫修德于身而感异类[39]，言发于口而通神明。臣以愚蔽，误忝近署[40]；不能翼宣仁泽以感灵祇[41]，仰惭俯愧，无所投处。退伏思惟：荧惑、桑穀之异，天示二主。至如他余锱介之妖[42]，仅是门庭小神所为；验之天地，无有他变；而征祥符瑞，前后屡臻；明珠既觌[43]，白雀继现；万亿之祚[44]，实灵所挺[45]；以九域为宅[46]，天下为家，不与编户之民转徙同也[47]。

又今之宫室，先帝所营；卜土立基[48]，非为不祥。又杨市土地与宫连接[49]，若大功毕竟[50]，舆驾迁住；门行之神[51]，皆当转移；犹恐长久，未必胜旧[52]。屡迁不可[53]，留则有嫌；此乃愚臣所以夙夜为忧灼也。臣省《月令》[54]："季夏之月，不可以兴土功，不可以会诸侯，不可以起兵动众"，"举大事必有大殃"。今虽诸侯不会，诸侯之军与会无异。六月戊己[55]，土行正旺，既不可犯；加又农月，时不可失。昔鲁隐公夏城中丘[56]，《春秋》书之[57]，垂为后戒。今筑宫为长世之洪基，而犯天地之大禁；袭《春秋》之所书，废敬授之上务[58]：臣以愚管[59]，窃所未安！

又恐所召离民，或有不至；讨之则废役兴事，不讨〔则〕日月滋（慢）〔蔓〕[60]。若悉并到，大众聚会，希无疾病[61]。且人心安则念善，苦则怨叛。江南精兵，北土所难[62]；欲以十卒，当东一人。天下未定，深可忧惜之。如此宫成，死叛五千[63]，则北军之众更增五万；若到万人，则倍益十万。病者有死亡之损，叛者传不善之语，此乃大敌所以欢喜也。今当角力中原，以定强弱；正于际会，彼益我损，加以劳困：此乃雄夫智士，所以深忧。

臣闻"先王治国无三年之储，曰国非其国"。安宁之世戒备如此，况敌强大而忽农忘蓄？今虽颇种殖，间者大水沉没，其余存者当须耘获；而长吏怖期[64]，上方诸郡[65]，身涉山林，尽力伐材，废农弃务；士民妻孥羸小[66]，垦殖又薄：若有水旱则永无所获。州郡现米，当待有事；冗食之众[67]，仰官供济。若上下空乏，运漕不供[68]，而北敌犯疆；使周、召更生[69]，良、平复出，不能为陛下计，明矣！

臣闻君明者臣忠，主圣者臣直。是以偻偻，昧犯天威，乞垂哀省。

书奏，皓不纳。

【注释】

〔1〕汉文：即汉文帝刘恒（前202—前157）。西汉皇帝，前180至前157年在位。在位时实行"与民休息"的政策，发展农业生产，又削弱诸王势力，加强中央集权。平时生活俭朴，临死下遗诏禁厚葬。事详《史记》卷十、《汉书》卷四。 〔2〕九州：《尚书·禹贡》分全国为冀、兖、青、徐、扬、荆、豫、梁、雍九州。这里指全国。 晏然：安然。 〔3〕贾谊（前200—前168）：洛阳（今河南洛阳市东）人。西汉政论家和文学家。文帝时任太中大夫，受功臣周勃、灌婴的排挤，贬为长沙王太傅，后又转梁王太傅。他曾多次上疏批评时政，建议削弱诸侯王的势力，巩固中央集权，又主张重农抑商，抗击匈奴，表现出政治上的远见卓识。著作有《新书》、《陈政事疏》、《过秦论》等。今人辑有《贾谊集》。传见《史记》卷八十四、《汉书》卷四十八。 〔4〕可痛哭及流涕者三：贾谊《陈政事疏》的开头，有"臣窃惟事势，可为痛哭者一，可为流涕者二，可为长太息者六"的话，然后依次论述最为严重、严重、较为严重三类政治问题。太息即叹息。见《汉书》卷四十八《贾谊传》。 〔5〕大伦：大道理。 〔6〕曩（nǎng）时：昔时。指贾谊当时。 〔7〕方刚：血气方刚。指成年。 〔8〕傅、相：官名。汉代的宗室亲王，由中央朝廷设傅、相各一人。傅又称太傅，是亲王的辅导教师。相主管王国内的行政，地位和职权相当于郡太守。 称疾罢归：本人称病而朝廷让他们停职回家。 〔9〕大敌：指曹魏。 九州：指原来东汉全国十三州部中的司隶校尉部、冀州、兖州、青州、徐州、幽州、并州、凉州、豫州。 〔10〕中国：中原。 〔11〕淮南：指淮南王刘长（？—前174）。汉高祖刘邦的小儿子。文帝时，因骄傲放纵，被流放到蜀郡（治所在今四

川成都市），绝食而死。传见《史记》卷一百一十八、《汉书》卷四十四。 济北：指济北王刘兴居（？—前175）。刘邦的孙子，初封东牟侯，以参与消灭吕氏势力并迎立文帝有功，晋封济北王。两年后，举兵反，失败自杀。传附《史记》卷五十二《齐悼惠王世家》。 〔12〕不訾（zī）：（多得）不可计量。 〔13〕期运：气数。指一统天下。 〔14〕诡：违背。 〔15〕邀：谋求。 〔16〕创（chuàng）夷：遭受创伤。 〔17〕重（chóng）以：加以。 〔18〕不图：没有想到。 奄至：忽然至于。〔19〕已没：指已被西晋占领。孙休永安六年（公元263）五月，交阯郡（治所在今越南河内市东北）官员吕兴举兵反抗孙吴，向曹魏求援，曹魏派出太守和军队，进入交阯，并控制交阯以南的九真郡（治所在今越南清化市西北）。不久曹魏灭亡，二郡又归西晋。见本书卷四十八《孙休传》、《孙皓传》。 〔20〕日南：郡名。在九真郡南，治所在今越南洞海市南。 〔21〕合浦：郡名。治所在今广西合浦县东北。 〔22〕呼吸：一呼一吸之间，形容时间短暂。 〔23〕海虏：海贼。 窥窬：（小偷）窥测后翻墙进入。指伺机侵犯。 东县：东部的县。这里指句章（县治在今浙江余姚市）、海盐（县治在今浙江海盐县东北）。海贼进攻二县，见本书卷四十八《孙休传》永安七年（公元264）。 〔24〕离民：分散居住的人民。 〔25〕比（bì）习海行：等到（他们）熟习了海上航行。 〔26〕狃（niǔ）：贪婪。 〔27〕嫌：顾忌。 〔28〕住：停止。 建立之役：指新修显明宫，见本书卷四十八《孙皓传》宝鼎二年。 〔29〕备预：事先防备。 〔30〕东作：指农业生产。语出《尚书·尧典》。 〔31〕整严：军队行动前的各项准备。 〔32〕功作：工程劳作。指修宫殿。 〔33〕委：放下。 版筑：修筑土墙所使用的夹板和夯土木杵。这里代指工程修建。〔34〕烽燧：（报警的）烽火。 〔35〕太戊：商代国王。继位后任用伊陟为相，有桑树与穀（gǔ）树合生在朝廷的空地上，并迅速长大。太戊认为是妖异，心中害怕，就听从伊陟的话勤修德政，不久树即干枯消失。事见《史记》卷三《殷本纪》。 〔36〕守：古天文学术语。指行星在运动中暂停在某一恒星的位置。 〔37〕瞽（gǔ）、史：周代的两种官名。瞽掌管音乐。史掌管阴阳、天文、礼法的书籍并以此实施教育。〔38〕退舍：退移一定的星次。舍是古天文学术语。二十八宿大体沿黄道分布一周天，相邻两宿间为一个星次，又称为舍，共二十八舍。 〔39〕异类：指桑树与楮树。 〔40〕近署：皇帝近旁的官署。指华覈任职的中书署。〔41〕翼宣：帮助宣扬。 〔42〕他余：其他。 锱介：形容微小。 妖：妖异。 〔43〕觌（dí）：得见。 〔44〕万亿：形容多。 祚：福。〔45〕挺：生。 〔46〕九域：即《尚书·禹贡》所说的九州。 〔47〕编户之民：指平民。当时称编入名册的平民户口为编户。　转徙：指搬家。当时民间有住处不吉利即搬移新家躲避的风俗，孙皓新修建业的显明宫，理由是旧宫太初宫不吉利，所以华覈这样说。见本书卷六十一《陆凯传》裴注引《江表传》。　〔48〕卜土：用占卜的方法确定地点。〔49〕杨市：市场名。　宫：指新修的显明宫。　〔50〕大功：大工程。毕竟：完成。　〔51〕门行：在家门内巡游。　〔52〕旧：指旧宫太初宫。〔53〕屡迁不可：多次迁徙是不可能的。　〔54〕《月令》：《礼记》中的一篇。记述一年十二个月中的气候和物候变化，应当进行的政事、祭祀和生产活动，以及各种禁忌等。　〔55〕六月戊己：在《月令》中，把木、火、土、金、水五行分别与各月相配，作为当月某些活动适于进行而某些活动应当禁忌的根据。五行用天干表示：春季三个月配木，为甲乙；夏季三个月配火，为丙丁；秋季三个月配金，为庚辛；冬季三个月配水，为壬癸；另外，季夏六月又兼配土，为戊己。由于六月属土，所以下文才有"土行正旺"的句子。　〔56〕鲁隐公（？—前722）：名息。春秋初年鲁国君主。前722至前712年在位。事见《史记》卷三十三《鲁周公世家》。　城中丘：修筑中丘的城池。中丘为城名，在今山东沂南县南。〔57〕春秋书之：《春秋》隐公七年有"夏，城中丘"的记载，《左传》对此的解释是"书不时也"，即表明这一举动不合时宜。　〔58〕敬授：《尚书·尧典》有"敬授民时"句，意为恭敬地教导人民按照时令节气从事生产活动。这里"敬授"即"敬授民时"的省略。　〔59〕愚管：愚陋的管见。　〔60〕日月：每日每月。　〔61〕希：很少。　〔62〕难：指难以对付。　〔63〕死叛：死亡和叛逃。　〔64〕怖期：害怕（超过）期限。　〔65〕上方：长江上游。　〔66〕妻孥（nú）：妻子儿女。　〔67〕冗食：白吃粮食。指不从事农业生产自己养活自己。　〔68〕运漕：粮食的水路运输。　〔69〕周、召：周公旦与召公奭。

　　后迁东观令，领右国史。覈上疏辞让。皓答曰："得表，以'东观儒林之府，常讲校文艺[1]，处定疑难[2]；汉时皆名学硕儒乃任其职，乞更选英贤'，闻之[3]。以卿研精坟典，博览多闻，可谓'悦礼乐、敦诗书'者也[4]。当飞翰骋藻[5]，光赞时事；以越扬、班、张、蔡之畴[6]。怪乃谦光[7]，厚自菲薄。宜勉修所职，以迈先贤：勿复纷纷[8]！"

【注释】

〔1〕文艺：这里指儒家的文献典籍。 〔2〕处定：断定。 〔3〕闻之：(我已经)知道这件事了。 〔4〕敦：重视。这句话出自《左传》僖公二十七年。 〔5〕飞翰：飞快地运笔。翰是毛笔。 骋藻：充分表现文采。 〔6〕扬：即扬雄。 班：即班固。 张：即张衡(公元78—139)。字平子，南阳郡西鄂(今河南南阳市东北)人。东汉天文学家，文学家，长期担任太史令。精通天文历算，制造了浑天仪和地动仪。又擅长文学，代表作有《二京赋》、《四愁诗》等。传见《后汉书》卷五十九。 蔡：即蔡邕(公元132—192)。字伯喈，陈留郡圉(今河南杞县西南)人。东汉文学家，曾任左中郎将。董卓死时表示同情，被捕，死在狱中。精通经学、史学、天文、音乐。文学以散文、辞赋为擅长。传见《后汉书》卷六十下。 〔7〕谦光：谦虚。 〔8〕纷纷：啰嗦。这是当时习语。

时仓廪无储，世俗滋侈。覈上疏曰：

今寇虏充斥，征伐未已；居无积年之储，出无应敌之蓄：此乃有国者所宜深忧也。夫财谷所生，皆出于民；趋时务农[1]，国之上急。而都下诸官[2]，所掌别异[3]，各自下调[4]；不计民力，辄与近期[5]。长吏畏罪，昼夜催民，委舍佃事[6]，惶赴会日；定送到都[7]，或蕴积不用，而徒使百姓消力失时。到秋收月，督其限入[8]；夺其播殖之时，而责其今年之税；如有逋悬[9]，则籍没财物[10]；故家户贫困，衣食不足。宜暂息众役，专心农桑。古人称一夫不耕，或受其饥；一女不织，或受其寒。是以先王治国，惟农是务。军兴以来[11]，已向百载。农人废南亩之务[12]，女工停机杼之业。推此揆之，则蔬食而长饥，薄衣而履冰者，固不少矣！

臣闻主之所求于民者二，民之所望于主者三。二，谓求其为己劳也，求其为己死也。三，谓饥者能食之，劳者能息之，有功者能赏之。民已致其二事而主失其三望者，则怨心生而功不建。今帑藏不实[13]，民劳役猥[14]；主之二求已备，民之三望未报。且饥者不待美馔而后饱，寒者不俟狐貉而后温[15]；（为）〔滋〕味者口之奇，文绣者身之饰也。

今事多而役繁，民贫而俗奢；百工作无用之器，妇人为绮靡之饰；不勤麻枲[16]，并绣文黼黻[17]；转相仿效，耻独无有[18]。兵民之家，犹复逐俗；内无儋石之储[19]，而出有绫绮之服。至于富贾商贩之家，重以金银，奢恣尤甚。天下未平，百姓不赡；宜一生民之原[20]，丰谷帛之业；而弃功于浮华之巧[21]，妨日于侈靡之事[22]；上无尊卑等级之差，下有耗财费力之损。

今吏士之家，少无子女[23]；多者三四，少者一二。通令户有一女，十万家则十万人；人织绩一岁一束，则十万束矣。使四疆之内同心戮力，数年之间，布帛必积。恣民五色[24]，惟所服用；但禁绮绣，无益之饰。且美貌者不待华采以崇好[25]，艳姿者不待文绮以致爱；五采之饰，足以丽矣。若极粉黛[26]，穷盛服，未必无丑妇；废华采，去文绣，未必无美人也。若实如论，有之无益废之无损者，何爱而不暂禁以充府藏之急乎？此救乏之上务，富国之本业也。使管、晏复生[27]，无以易此。

汉之文、景[28]，承平继统[29]，天下已定，四方无虞；犹以雕文之伤农事[30]，锦绣之害女红[31]，开富国之利，杜饥寒之本。况今六合分乖[32]，豺狼充路，兵不离疆，甲不解带，而可以不广生财之原，充府藏之积哉！

【注释】

〔1〕趋时：赶上农时。　〔2〕都下：京都。　〔3〕别异：各自不同。〔4〕下调：下达物资的征调。　〔5〕辄与近期：总是给定很近的期限。〔6〕佃事：农事。　〔7〕定：及。　〔8〕限入：限定日期上缴赋税。〔9〕逋(bū)悬：拖欠。　〔10〕籍没：登记财产加以没收。　〔11〕军兴：指东汉灵帝中平元年(公元184)黄巾大起义后州郡起兵。　〔12〕南亩：指农耕。《诗经·七月》有"馌彼南亩"的句子，后世即以"南亩"指农耕。　〔13〕帑藏(tǎng zàng)：国家收藏财物的府库。　〔14〕役猥：徭役繁多。　〔15〕狐貉：这里指用狐皮、貉皮做的高级防寒衣服。〔16〕麻枲(xǐ)：麻的纤维。这里指纺织。　〔17〕黼黻(fǔ fú)：礼服上所绣的黑白相间、黑青相间的花纹。本来由贵族使用，这里代指衣服上所绣的华丽纹饰。　〔18〕耻独无有：以唯独自己没有为耻。　〔19〕儋石：均为粮食计量名。十斗为一石，两石为一儋。儋石形容数量不多。〔20〕一：专注于。　生民之原：使人民得以生存的物质来源。〔21〕弃功：浪费人工。　〔22〕妨日：耗损时间。　〔23〕少无子女：很少有人没有子女。　〔24〕恣：任随。　五色：指赤、青、黄、白、黑。〔25〕崇好：增加美丽。　〔26〕黛：一种青黑色矿物颜料。古代妇女用于画眉。　〔27〕管：即管仲。　晏：即晏婴(? —前500)。字平仲，夷维(今山东高密市)人。春秋时齐国大夫，曾经辅佐灵公、庄公、景公三代。传见《史记》卷六十二。　〔28〕文：即汉文帝。　景：即西汉景帝刘启(前188—前141)。文帝子，前157至前141年在位，继续奉行汉文

帝的政治方针，平定吴、楚七国之乱，巩固中央集权，又改田赋十五税一为三十税一，减轻人民负担。以往把他和文帝时统治并称为"文景之治"。事详《史记》卷十一、《汉书》卷五。 〔29〕承平：相承平安。指社会比较持久的安定局面。 〔30〕雕文：雕刻涂饰。 〔31〕女红（gōng）：指纺织、缝纫之类妇女从事的生产作业。 〔32〕六合：天地和四方。指天下。

皓以曜年老，敕令草表[1]；曜不敢。又敕作草文[2]，停立待之。曜为文曰："咨曜小臣，草芥凡庸；遭眷值圣[3]，受恩特隆。越从朽壤，蝉蜕朝中[4]；熙光紫闼[5]，青琐是凭[6]。毖挹清露[7]，沐浴凯风[8]；效无丝厘，负阙山崇[9]。滋润含垢，恩贷累重[10]；秽质被荣，局命得融[11]。欲报罔极[12]，委之皇穹；圣恩雨注，哀弃其尤[13]。猥命草对[14]，润被下愚。不敢违敕，惧速罪诛[15]；冒承诏命，魂逝形留。"

曜前后陈便宜[16]，及贡荐良能，解释罪过[17]，书百余上。皆有补益。文多，不悉载。

天册元年，以微谴免[18]。数岁卒。曜、曜所论事章疏，咸传于世也。

【注释】

〔1〕草表：指用便捷的草书字体书写所上的表章，而不必用工整的隶书字体书写。当时的字体情况，参见本书卷二十一《刘劭传》裴注引卫恒《四体书势》。 〔2〕草文：用草书字体写的文句。 〔3〕眷：关怀。〔4〕蝉蜕：蝉脱壳。比喻脱离卑微的平民身份。 〔5〕熙光：受到光辉照耀。 紫闼：指皇宫。 〔6〕青琐：古代宫门上一种青色的连环状装饰花纹。这里指宫门。 〔7〕毖挹（bì yì）：舀取涌出的。 〔8〕凯风：和风。 〔9〕负阙：罪责和过失。 〔10〕贷：宽恕。 〔11〕局命：短促的生命。 融：长久。 〔12〕罔极：没有止境（的恩情）。 〔13〕尤：罪

过。〔14〕猥：谦词，指对方屈尊就卑。〔15〕速：招致。〔16〕便宜：有利和合适的(建议)。〔17〕解释：开脱。〔18〕以微谴免：因微小的谴责被免职。

　　评曰：薛莹称"王蕃器量绰异[1]，弘博多通；楼玄清白节操，才理条畅；贺邵厉志高洁，机理清要[2]；韦曜笃学好古，博见群籍，有记述之才"。胡冲以为："玄、邵、蕃一时清妙，略无优劣；必不得已，玄宜在先，邵当次之。华覈文赋之才[3]，有过于曜；而典诰不及也[4]。"予观覈数献良规，期于自尽[5]，庶几忠臣矣[6]！然此数子，处无妄之世而有名位[7]，强死其理[8]，得免为幸耳。

【注释】

　　〔1〕绰异：宽广不凡。〔2〕机理：指对现实中各种政治迹象的分析。〔3〕文赋：散文和辞赋。〔4〕典诰：《尚书》有《尧典》，又有《大诰》、《康诰》等，这里"典诰"泛指为皇帝起草的公务文书。〔5〕自尽：完全说出自己的内心话。〔6〕庶几：大概算得上。〔7〕无妄之世：(一切事情都)无法预料的时代。指政治昏乱的时期。〔8〕强死其理：死于非命是必然之理。古代称身体强健无病而死亡为强死，指遭受灾祸死于非命。

【译文】

　　王蕃，字永元，庐江郡人。他博学多闻。兼通天文历算等专门性技能。开始时他当了尚书郎，此后离职。

　　孙休即位为帝，他与贺邵、薛莹、虞汜都担任散骑中常侍；又都兼任驸马都尉，当时的舆论对他们评价甚佳。王蕃受派遣出使蜀国，蜀国人也称赞他。回来后他出任夏口战区的监军。

　　孙皓初年，王蕃又入朝任散骑中常侍。与万彧的官职相同，这万或与孙皓有老交情；又是一个胸襟狭隘、过分敏感的俗人，总认为王蕃轻视自己。还有中书丞陈声，是孙皓的宠臣，曾多次在孙皓面前诋毁王蕃。王蕃的性格和习气素来清高坦诚，不能够观察孙皓的脸色顺从其心意；有时还会违逆孙皓的想法，这样的事情积累多了自然就受到责备。

甘露二年(公元266)，丁忠出使晋国回来，孙皓为此大宴群臣。王蕃因酒醉倒伏在地上，孙皓怀疑他是假装酒醉心中不高兴，叫人把他抬了出去。隔了一会儿王蕃主动请求回座位，当时他的醉意并未解除；不过由于他生性注意保持形象的威严，所以竭力稳住自己因而举止显得很正常。孙皓见了勃然大怒，立即喝令左右侍卫把王蕃拉到殿堂的下面斩首。

在场的卫将军滕牧、征西将军留平为他求情，没能得到孙皓的同意。丞相陆凯曾在一次上疏中说："散骑中常侍王蕃，通达情理，既懂天文又知人间事务，在朝廷忠诚正直。这是国家的重要人物，大吴国的关龙逢啊。从前他服侍景皇帝时，时常在左右进言；景皇帝钦佩欣赏他，赞叹他是与同僚不一样的优秀人才。然而陛下愤恨他逆耳的忠言，讨厌他正直的回答；在殿堂下就斩了他，尸体抛弃暴露；国内的人为之伤心，有识之士深深悲悼。"他对王蕃的死竟痛惜到如此程度。

王蕃死时三十九岁。他的家属被孙皓流放到了广州。他的两个弟弟王著、王延，都被称为优秀人才。郭马在广州举兵造反时，他们不愿为其效命，被郭马杀害。

楼玄，字承先，沛郡蕲县人。孙休时他当过监农御史。

孙皓即位为帝，楼玄与王蕃、郭逴、万或都担任散骑中常侍。接着出朝为会稽郡太守。后又入朝任大司农。过去皇宫中主事的官员，都由君主自己选用亲信的人担任。万或向孙皓陈述建议，说这种与君主关系亲密并在身边服务的官员，应当选用好人；孙皓因此指示有关机构：寻找忠诚清廉的人士，以填充这样的职位。结果任用楼玄为宫下镇、禁中候，主管官殿中各项事务。

楼玄从九卿变为持刀的侍卫，端正自身为下属作出表率，奉法行事；对答问题恳切直率，多次违逆了孙皓的心意：逐渐受到孙皓的怒斥。后来有人诬告楼玄与贺邵相遇时，在路上停下来，贴着耳朵说悄悄话，说了又哈哈大笑，诽谤讥评政事。结果楼玄受到孙皓诏书的严厉追问和斥责，被流放到广州。

东观令华覈上了一封奏疏说："为臣私下认为治国的体制，就像治理家庭一样：主管田野中农业生产的，都应当挑选可靠的好人；还应当有一个人来总管各项事务，为各方面订立制度，这样一切事情才能得到很好的治理。《论语》中就说：'能够不做什么就治理好天下的，大概是虞舜了吧！他只是庄严地端坐在朝廷而已。'这是说他所委任的都是合适人才，所以能优哉游哉让自己安闲啊。而今海内还未完全平定，天下处于多事之秋；公务无论大小，都应当报告；一举一动均要经过陛下审批，劳烦和损伤圣上的精神。陛下既然在博古上留心，阅览各种各样的文献典籍；加之又用心研习自己喜好的道家养生方法，随着季节的变化运气练功；应该得到闲适安静的时间，一来好在文献典籍上展开思维，二来可以多做气功呼吸清新纯净的空气，然后与天同寿。为臣日夜思考：觉得官员当中，在担任公务方面，足以信任依靠的，还没有人能胜过楼玄。楼玄清廉忠诚，奉公守法，是当今人才中最突出的；大家都佩服他的节操，无人敢与他争先。清廉的人用心公平而意念正直，忠诚的人只挑选正道前进；像楼玄的品性，可以保证他始终不会变化。请求陛下能赦免楼玄从前的过错，让他能够改过自新；把他提拔为辅政大臣，要求他今后作出成效。做到按官职的特点选择人才，根据人才的长处授予官职；这样的话像虞舜那么庄严端坐就治理好国家的事，近期内陛下也可以做到。"

不料孙皓痛恨楼玄的名声大，反而又把楼玄和他的儿子楼据流放到更远的地方；把他们交给交阯郡的将领张奕，让楼玄父子在张奕手下当兵作战效力；暗中又另下一道指令要张奕杀掉楼玄。楼据到交阯后，生病去世。楼玄孤身一人随张奕讨伐叛匪，持刀步行；见到张奕时总是跪拜行礼，张奕很不忍心杀他。碰上张奕突然死亡，楼玄为他的尸身装殓。从容器中看到孙皓下达的那道密杀指令，回家后立即自杀。

贺邵，字兴伯，会稽郡山阴县人。孙休即位为帝，贺邵从中郎升任散骑中常侍。出朝为吴郡太守。

孙皓时，贺邵入朝任左典军。升为中书令，兼任太子太傅。孙皓凶恶残暴，骄傲自大，政治事务日益荒废。贺邵呈上奏疏劝谏说：

古代的圣明帝王，之所以居住在深宫之内而知道万里之外的事情；安闲地坐着躺着，却能看清楚八方的最远处：原因就在于任用了贤才。陛下以极高的品德和美好的素质，继承帝业；应当亲自作出表率遵行正道，恭恭敬敬保有皇权；表彰贤德善良的人，以安定政治局势。自近年以来，官员队伍混乱，真假混杂；上下职位空缺，文武官员配备不齐；外面没有强有力的地方官员镇守，朝内没有弥补政事缺失的臣僚；阿谀谄媚的人飞黄腾达，干预玩弄朝廷的威权，抢夺窃据荣誉和实利；而忠良人士遭受排挤，诚实的臣僚反被伤害。所以正直的人被磨掉棱角，而平庸的官员则学着说花言巧语；在陛下还没有明确表露想法之先就已顺应心意，各自迎合当时陛下的旨趣；人们坚持的是违反公理的评议，吐出的是背离正道的言论；结果使清高的士大夫队伍变得污浊，忠诚的臣僚闭口不言。陛下处在九天之上，深居在百重门墙围绕的宫殿之中；话说出来没有人不遵守，令发出来没有人不服从；身边是亲近融洽受宠献媚的侍臣，每天听的是顺耳的话语；陛下将会认为这批侍臣真的是贤才，天下也真的是太平无事了。为臣心里实在不安，怎敢不向您报告真实情况呢。

为臣听说振兴国家的君主喜欢听到自己的过错，荒淫昏乱的君主喜欢听到自己的美誉；听到自己过错的，过错一天天消除而福分来到；听到自己美誉的，美誉一天天损害而灾祸降临。所以古代的君主，拱手行礼请进贤才，虚心对人征求过错；把天子的位置，比作充满危险的飞奔车辆，甚至认为担任君主就好比踩着老虎尾巴，以此警醒告戒自己。至于陛下，却是在使刑法更加严厉以禁绝正直的言辞，用贬黜好人的手段来阻止进谏的忠臣；弄不清楚赞誉是否真实，沉溺在身边宠臣所说的颂扬之辞当中。从前殷高宗一心想得到辅佐大臣，在睡梦当中都见到了贤才；而陛下的求贤说过就忘了，对他们的忽视就像是对待丢弃的东西。过去的散骑中常侍王蕃，忠诚恭敬一心为公，才能足以胜任辅政大臣；而陛下却在酒醉的时候，下令把他斩首。最近的大鸿胪葛奚，是先皇帝的老部下；偶尔对陛下有冒犯，那是昏醉时说的话。饮酒三杯之后，礼仪上都不再讲究；但是陛下却大发雷霆，说他轻视自己；猛灌他浓酒，使之中毒身亡。从这以后，海内人士寒心，朝廷大臣失掉主意；出仕的以隐退为幸运，居官者以出任外职为有福；这确实不是保存和光大前人留下的宏伟基业，振兴道德教化的办法啊。

再者何定，本是一个受人驱使而奔走的小人，在奴仆当中都只算下等；自身没有丝毫的品行，至于能力连充当鹰犬都不够格。而陛下喜欢他的阿谀谄媚，授予他威权；使得他仗恃受到宠爱而放纵任性，擅自作威作福；口里敢改变国家的决议，手中则操纵朝廷的权柄；这样一来对上亏损了陛下像太阳、月亮那样的光明，对下堵塞了君子被任用提升的道路。凡是小人谋求被接纳，必定要献上不正当的好处。何定最近就乱找事情来做，调动长江防线上戍守的一批士兵驱赶麋鹿等野兽；在山上设置绳网进行猎捕，砍伐森林；把四方八面的野兽全部赶出来，聚集在重重包围之中。这种荒唐事情既不是在政治改进方面臣僚所作出的应有贡献，而且还耗费了国家一笔不小的费用；士兵为运送野兽弄得筋疲力尽，宝贵的人力全部用在驱赶野兽的过程中；老弱士兵饥寒交迫，上下将士抱怨长叹。

为臣暗自观察天文上的异常变化，自近年以来阴阳错乱，气候变化与季节不相对应；上有日食下有地震，仲夏五月竟然天降寒霜。参考古代的典籍就可以知道，这都是阴气凌驾于阳气之上，小人玩弄君主的权力造成的。为臣曾认真阅读书籍记载，用当时君主的所作所为来验证；发现那些天灾和异常天象，与君主行为对应的准确，简直令人不寒而栗。从前殷高宗告戒自己勤修德政，终于消除了野鸡在宗庙大鼎上鸣叫的异常现象；宋景公重视道德，结果使天上的灾星也退离了原来的位置，但愿陛下对上能畏惧上天所显示的谴责，对下能学习前面两位君主消灾去祸的办法；观察从前朝代任用贤才所取得的成功，醒悟现今乱授官职的失误；清理朝廷官员，表彰并分等级任用优秀人才；放逐斥退阿谀奸邪的小人，抑制剥夺他们窃据的权势；像这样一类的人物，一律不再使用；广泛招纳在仕途上受到阻滞的英才，虚心接受正直的劝谏；恭敬承受上天的旨意，好好保有先辈传下的基业。那么圣明教化的光辉就会遍布天下，上天和人民的不满就会消除了。

《左传》上说："国家在兴旺时，把人民当作初生婴儿来爱护；国家在衰亡时，把人民当作草芥毫不重视。"陛下从前还未登上皇位，在东边掩藏光辉和德泽；后来以圣哲的非凡品质，像神龙腾飞一般顺应天意即位为帝；当时真是四海百姓都伸长脖子，八方民众全擦亮眼睛，以为周成王、周康王时那种清明政治必定会在旦夕之间重现于世。但是自陛下登位以来，法律禁令变得更加苛刻，赋税征调反而更加繁重；宫廷中的宦官，分布到各个州郡；无缘无故发动民众做无益的事，竟相用不正当的好处来向陛下献媚；百姓家中的财物被搜刮一空，民众被官府没有休止的要求搞得疲惫不堪；老老少少饥寒交迫，家家户户都饿得脸色发黄；然而当地的县级行政长官，生害怕落下罪过；于是动用严刑峻法，不惜让民众陷于痛苦也要把任务完成。这样的作法当然使民众的力量难以承受，几乎家家都出现了妻离子散的惨状；悲呼哀叹的声音，打乱和破坏了阴阳调和的气氛。

还有长江边上的卫戍军队，到远方应当用来开拓领土与边境，在近处应当用来守卫疆界防备敌人的入侵；所以应该受到特别的优待和培育，以等待有战争时使用。可是现今对他们也开始征收赋税，而且赋税还数量繁多；弄得他们连贫苦人穿的粗布或粗毛衣服都没有，吃了上顿就缺了下顿；出兵要迎着敌人的锋刃和箭头，回营后却怀着无依无靠的忧伤：结果父子之间也相互抛弃，叛逃的人连续不断。但愿陛下能减轻赋税去除繁杂的征调项目，救济和抚恤穷困的士兵；省掉各种不急需的事情任务，取消禁令精简法规。这样才能使海内人民安居乐业，王朝的教化普遍润泽天下。

民众，是国家的根本；而食物，是民众的生命。现今国家没有一年的谷物储备，家庭没有一月的口粮积蓄，后宫当中坐着白吃饭的，却有一万多人。宫内的女子有与亲人分离和成年后未能婚配的愁怨，对外她们还要耗费国家的大量费用；使得仓库都被无用的人吃空，而士民和民众则连酒糟、糠皮之类的粗劣食物都吃不饱。现在北方的强敌正注视着我们，等待国家由盛变衰的时机以便入侵；陛下不依仗自己的威力和德泽，却寄托希望在敌人不来进犯上面；不重视天下人民的困穷，却又小看敌人认为他们不敢制造祸难：这确实不是通过在庙堂上的策划即已稳操胜算的好计策啊。从前大皇帝亲自承受辛勤和劳苦，在南方开创基业；割据半壁江山，开拓万里国土。虽说有上天的帮助，其实根本上还是个人努力的结果。他把幸福留给后代，现在到了陛下手上。陛下应当勉力培养自己的道德气度，为先人的事业增光添彩；爱护百姓养育士兵，保全前辈开创的基础，怎么能忽视自己显赫祖父的功勋和辛勤，以及这难得的帝王大业，忘记天下局势的衰颓不振，以及这可能导致的由兴盛而衰亡的巨大变化呀！

为臣听说不幸与幸运不会长期不变，是吉是凶完全由各人自己造成；长江的天堑难以长久仗恃，如果我们不注意防守，敌人乘一片芦苇叶都可以渡过长江来。从前秦朝创建皇帝的尊贵称号，占据崤山、函谷关的险阻地带；然而因为不注重道德和教化，法律政策苛刻严酷；生存的民众大量受害，忠诚的臣僚闭口不敢进言。结果一个叫陈胜的男子高声大呼，王朝就猛然颠覆。最近蜀国的刘氏皇族，控制了阳平、白水、剑阁三处险要的关隘，凭借重重陡峻的高山进行防守；真可以说是金属铸造的城墙巨石砌成的房屋，坚固得足以流传万世的基业。可惜选任官员不用贤才，结果也是一下子就亡了国；君臣的脖颈上全都套上了绳索，一起成为被拴上的奴仆：这正是当代的一面明镜，眼前清清楚楚的告诫啊！

但愿陛下从远处能考察从前的史事，从近处能以当代的变故为借鉴；扩大基础加强根本，割舍情欲顺从正道。那么像周成王、康王那时候的清明政治就会出现，而大皇帝传下来的基业将更加兴隆了。

贺邵这封奏疏呈上之后，孙皓深为愤恨。而贺邵为人奉公守法，忠贞正直，是孙皓亲信所畏惧的大臣。于是这些人共同诬毁贺邵与楼玄诽谤国家政事，两人都因此受到追问斥责。楼玄被流放到了广州，贺邵得到赦免，恢复原职。

后来贺邵突然严重中风，口不能说话，离职之后休养了几个月。孙皓怀疑他装病，把他逮捕关进宫中的酒库中，毒打了上千下。贺邵始终没有说一句话，最后被杀害。家属被流放到临海郡。与此同时孙皓又下诏诛杀楼玄的子孙。

这一年，是天册元年（公元275），贺邵当时四十九岁。

韦曜，字弘嗣，吴郡云阳县人。他年轻时好学，会写文章。从丞相掾出任西安县令。回朝任尚书郎。升为太子中庶子。

当时蔡颖也在太子宫中任职，他生性喜欢下围棋。太子孙和认为这毫无益处，要韦曜加以论述。韦曜的文章说：

听说君子把自己正处于大有作为的年龄却未能建功立业视为耻辱，又痛恨自己活了一辈子却毫无名声；所以孔子才说："做学问如同追赶什么似的生怕追不上，追上之后还生怕丢掉了。"古代的有志之士，因为痛感时光的流逝而害怕声名不能建立，于是鼓起精神激励意志，早起晚睡，顾不上安静休息；经过多少岁月，一天天努力积累；像宁越那么勤奋，像董仲舒那么执著；沉浸在道德仁义的深渊里，停留在儒家的理论和经典当中。即便是周文王那样的圣人，周公那样的大才；也还要忍受从早到下午不能吃饭，整夜思考等待天亮的极度辛劳，才能振兴周王朝的政治，名垂千秋；何况是普通臣民，能够停止努力吗？

——观察古往今来建立功名的人物，都有日积月累特别努力的事迹；敢以身体承受辛劳艰苦，在辛劳艰苦中依然勤奋思考；平常生活时不中断学业，遭遇穷困时也不改变素来的志向。所以卜式立志搞好农耕与畜牧事业，而黄霸在监狱中还学习《尚书》；他们最终得到了荣耀的福分，成就了不朽的声名。还有仲山甫日夜勤奋，吴汉尽心于职守时刻不离府署大门：他们哪里有游手好闲的懒惰表现啊？

现今的人有很多都不在儒家的经典学术上用心，而喜欢下围棋，废弃了自己的事业；忘掉了睡觉与吃饭，白天已经从天明下到太阳落山，傍晚又点燃油烛继续对战。你看他们在棋盘上相互争夺，胜负还没有决出的时候，真是专心专意，完全忘却了精神的劳累和身体的疲倦；事情荒废不去办理，宾客来了也没有人接待。此时此刻即便有太牢这样的美食，《韶》、《夏》之类精彩的音乐舞蹈，他们也顾不上欣赏了。甚至有人还用衣物作赌注，偷偷移动棋子，落下棋子之后又要另改走法；廉耻的心理淡薄，愤怒的神色出现。然而说来说去他们的志向超不出一块棋盘，所追求的目标只是在棋盘上的小方格子中间；战胜敌人没有封给爵位的赏赐，围到地盘也并没有真正兼并实在的土地。说技能不属于儒家的六艺，说实用又不能治国。立身社会不通过它，应征当官不依靠它。从阵式上来考求，它不能与孙武、吴起的兵法相比；从理论和典籍上来观察，它不是孔子所传授的内容；它重视的是变诈，显然不是体现忠诚信义的事；它的术语取名为"劫杀"，这完全不符合仁者的心意。它空自耗费了你的时间，荒废了你的事业，最终却毫无任何补益；这一游戏，与放一块木板去敲一敲，弄一些石子去丢一丢，又有什么不同呢！

而且君子在家时应当勤于活动身体以奉养父母，在朝时应当竭尽生命以进献忠诚；面临繁杂的事务还会忙到天黑才顾得上吃饭，哪里有足够的时间沉溺在下棋当中啊？他们能够这样做，所以才能培养起孝顺父母友爱兄弟的品行，建立起坚贞纯洁的名声啊！如今大吴王朝承受天命，海内还没有统一；皇上自强不息，一心招纳人才；勇敢而有谋略的接受统兵作战的职务，儒雅的文士则安置在中央的文职机构；具有各种优良品行的人一律容纳，文臣和武将一起施展才干；广泛征求良才，表彰和选拔其中的佼佼者；设立按规程考试的科目，给以金钱与爵位的奖赏；这确实是千载难逢的，百代不遇的大好机会啊！当代的人士，应当勉力思考至善至美的道理，爱惜工夫和精力，以辅佐圣明的朝廷；使自己名垂青史，功勋记载在中央收藏盟约之类重要文件的府署：这才是君子最重要的任务，当今最急迫的第一件事情呀！

再说一块木板做的棋盘怎么比得上位于地方上的封国？三百颗枯木头做的棋子怎么比得上指挥上万人马的将军？绣有龙形图案的高级官员礼服，使用金属、石料等制成的乐器，足以取代棋局，与下棋进行交换了。假如世间的人士把花在下棋上的精力移用到阅读诗歌、书籍上，就会有颜回、闵损那样的志向；移用到策划智计上，就会有张良、陈平那样的思维；移用到经营商业上，就会有猗顿那样的财富；移用到练习射箭骑马上，就会有将帅那样的本领。能够这样则能把功名建立，将远远脱离粗俗与低贱了啊！

孙和被废黜后，韦曜改任黄门侍郎。

孙亮继位为帝，诸葛恪辅政；他上表举荐韦曜担任太史令，并让韦曜领头修撰《吴书》，由华覈、薛综等共同参加这项工作。

孙休登上帝位，韦曜任中书郎、博士祭酒。孙休指派韦曜依照从前刘向的事例，校勘整理中央的藏书；孙休又想请他为自己讲论儒经。然而左将军张布是孙休的亲近臣僚很受宠爱，做的事情和自身的品行多有污点；张布怕韦曜担任侍讲官之后，这个品行纯正坚定的人，会以古往今来的事情警醒告诫孙休，所以坚持认为韦曜不能担任侍讲的任务。孙休为此深为怨恨张布，事情经过记载在本书《孙休传》中。不过韦曜结果还是被阻止而未进入皇宫。

孙皓即位为帝，封韦曜高陵亭侯，升任中书仆射。后来这一职务被撤销，他转任侍中，长期兼任左国史。当时各地都迎合孙皓心意多次报告有祥瑞的征兆出现，孙皓就此事询问韦曜的看法。韦曜回答说："这只能算是普通人家筐子箱子里装的东西罢了。"孙皓想在《吴书》中为自己的生父孙和作一篇本纪，韦曜坚持认为孙和没有正式登上帝位，最好取名为列传。像这样的事情不止一件，他逐渐受到孙皓的怒斥。

韦曜更加忧惧，于是上表章陈述自己年纪衰老，请求辞去侍中、左国史两项官职；又说想完成自己独自写的《洞纪》一书，准备把《吴书》后面未完成的部分另外托付人撰写：孙皓始终不同意。韦曜时常生病，孙皓对他的医疗和用药情况都派人监视守护，更加急迫地逼他为孙和写本纪。孙皓每次设宴款待群臣，都要持续一整天。在座的人不管能不能喝酒，一律要喝七升酒的限量；即使不能全部喝下去，也要往脸上浇灌把酒舀干净。而韦曜素来饮酒超不过二升的量。当初他受到孙皓的优礼和特殊对待时，常常为他裁减限量，有时悄悄赐他的茶水当作醇酒。到了他失宠之后，孙皓不仅要强迫他喝下七升酒，而且总是要以此加罪于他。孙皓又还喜欢在酒酣耳热之际，让侍从近臣向公卿大员提问并反驳，借此进行嘲弄和伤害，或者揭发其隐私和短处来取乐。在这当中时常有人会酿成过错，有的误犯了孙皓的名讳，他们都会当场被逮捕捆上，甚至被诛杀。韦曜认为人们在言辞上相互诋毁伤害，内心中会产生怨恨，使得官员们关系不和美，这不是好事情；所以每逢他向公卿大员提问或反驳时都只说儒经的文义而已。孙皓认为他不遵从自己的诏命，没有忠诚的意思；前后累积的愤怒和不满一下子爆发，下令逮捕韦曜丢进监狱。

这一年是凤凰二年（公元273）。

韦曜通过监狱官员向孙皓上书说："囚犯我承受陛下的恩典和哀怜，没有人能比得上，没有对陛下有一丝一毫的报答；反而辜负了恩宠，自己陷入大罪的深渊。我知道自己应当粉身碎骨，永远抛弃在黄泉之下；不过我的心中情真意切，暗自有一点想法，很想上报给陛下知道。囚徒我从前看到世间流传有一种古历注，上面的史事记载不仅有许多虚妄不实的内容，就是其他史籍中有叙述的部分也错误不少。所以囚徒我才查阅史传记载，考证和综合不同的史料，采集我的所见所闻，撰写《洞纪》一书：从伏羲氏开始，一直到秦汉时期，共分为三卷；另外从大皇帝黄武年间以来到现在，单独为一卷。这本书还没有写成。我又看到刘熙所著的《释名》，其中确实有很多精彩内容；然而事物的种类繁多，很难详细研究，所以其中时常有错误；对于封爵和官位的解释，也有不对的地方。愚见以为官位和封爵，是现今的重要问题，不应当有错误。囚徒我忘掉了自己的极度卑微，又撰写了《官职训》和《辩释名》各一卷，想写表章把它们呈上朝廷。刚刚抄写完毕，碰上自己没有脸面，被幽禁在监狱里等待处理；在死亡的时候，这些事情没有向陛下报告将是一个遗憾，所以囚徒我谨在死之前说明情况。请求通知收藏图书文献的秘府，到皇宫外面我家中查取，然后送进宫内向陛下报告。回想起来真害怕我这些浅陋无知的想法，不合陛下的心意，所以心怀恐惧不敢大口呼吸，请求陛下能给以哀怜而看一看。"

韦曜本来希望以这封上书来求得免罪，不料孙皓又怪他的上书又脏又旧，所以又就此追问他。韦曜回答说："囚徒我写这封上书，确实是想上呈陛下；因为害怕文字有谬误，多次阅读，不知不觉使之带上污迹。接到询问之后不禁吓得发抖，说话困难而且结巴。谨追加叩头五百下，并且自己打脸作为惩罚。"

这时华覈接连呈上奏疏援救韦曜说："韦曜有运气碰上千载难逢的圣明君主，特别受到陛下的哀怜和赏识；因为他擅长儒学，得以充当史官；又带上貂尾和有蝉形花纹的金牌，担任侍中在官内服侍陛下，随时回答陛下的询问。圣上仁慈之心深厚，谨慎地办理父母丧事而追怀前辈的祖先；在派出使者迎接先父神位来京城的时候，流着眼泪指示韦曜要为先父撰写本纪。韦曜愚昧迷惑不了解圣上的心意，不能表现和宣扬陛下像大舜那样孝顺父母的美德；却拘泥于史官所遵守的体例，使得圣上心意得不到记叙，极度美好的品行得不到宣扬：实在是他愚昧无知而犯下了应当处死的罪过。不过为臣心中也有一些诚恳的想法，我看到韦曜从年轻时起就勤奋学习，虽然年老也孜孜不倦；探讨和综合古代的文献典籍，温故知新；说到读过和记得古今史事之多，皇宫外面的官员能比过韦曜的真是少之又少。从前李陵在汉朝当将军，出军战败没有回来而投降了匈奴；司马迁不对他表示痛恨，却为他辩解。汉武帝考虑到司马迁在修撰史书上有优秀才能，想让他完成所撰写的《史记》，忍住愤怒没有诛杀他；结果《史记》得以完成，永远流传后世。而今韦曜在我们大吴，就相当于汉朝的司马迁。为臣看到我们大吴国境内前后出现的祥瑞征兆非常明显，神灵的意旨和上天的响应，多次不断地出现；看来天下统一的那一天，大概不久就会到来。在天下平定之后，应当观察当时的情况设立制度；过去夏禹、商汤、周武王三位开国君主都不因袭前代的礼仪，黄帝、颛顼、帝喾、唐尧、虞舜五位上古帝王也不沿用前人的音乐；因为各个朝代有的注重质朴，有的注重文采，情况不同，据此进行的制度增删修改也不一样；那么到时候大吴统一王朝应当有韦曜这样的人，依据古代的情况，进行修改之后订立新的典章制度。汉代承接秦朝，就有叔孙通制定一代的礼仪，韦曜的才学也和汉朝的叔孙通差不多。另外，朝廷让韦曜领头编撰的《吴书》虽然已有头绪，但是还有序言和评论的内容没完成。从前班固作《汉书》，文辞典雅；后来刘珍、刘毅等人编写《东观汉记》，就远不如班固，特别是叙事的列传部分最为糟糕。而今《吴书》应当流传千年，依次编入各朝的史书之中，今后有文才的人士将要一一评论这些史书的好坏；所以除非是韦曜那样的优秀史才，否则确实不能让其插手这部永垂不朽的史书。像为臣如此愚昧无知者，真的不是合适的人选。韦曜已年过七十，余下的时间本来不多；请求陛下能赦免他，免除他的死罪，成为终身在押的囚徒；使他完成撰写《吴书》的任务，让这部书足以永远流传，享誉百世。谨通报之后呈上表章，并叩头一百下。"

孙皓不同意其请求，下令诛杀了韦曜。还把他的家属流放了零陵郡。韦曜的儿子韦隆，也很有文才学问。

华覈，字永先，吴郡武进县人。他开始的时候担任上虞县尉、典农都尉。因为有文才学问，被调进京任秘府郎。升任中书丞。蜀汉被曹魏吞并，华覈到皇宫大门公开呈上一封表章说："最近听说敌军大量调集到西边汉国的边境，汉国边境的道路艰险，以为应当没有什么意外情况发生；等到得知有陆抗的表章送达，才晓得成都失守，汉国君臣被送往洛阳，国家覆灭。从前卫国被狄人消灭而齐桓公又帮助恢复卫国，如今道路遥远，不能援救汉国使之复兴；我们失掉了附属的土地，丢弃了进贡的国家；为臣虽然像草芥一般渺小，心中也深感不安。陛下圣明仁德，恩泽远播；猛然听到这样的消息，必定会很悲伤。为臣忍不住心中忧虑怅惘的情绪，谨跪拜呈上表章报告陛下。"

孙皓即位为帝，封华覈为徐陵亭侯。

宝鼎二年(公元267)，孙皓以旧宫殿住着不吉利为名又修建新皇宫。新皇宫的规模宏伟，使用珍珠、宝玉作装饰，花费很大。
当时又在盛夏季节施工，农业生产和边境防守都受到严重影响。
华覈呈上奏疏劝谏说：

> 为臣听说在汉文帝时，天下安定；经历过秦朝统治的人
> 民，为残酷的苛政被去除而满怀喜悦，投入刘氏王朝宽厚仁
> 慈的怀抱；而汉朝也减省劳役精简法律，与人民重新开始一
> 个新时代；同时分封子弟为王以屏护中央皇室。在这个时候，
> 大家都认为汉朝已经安如泰山，基业将会传之无穷了。然而
> 贾谊却独自认为，当时所存在的政治问题，严重得足以令人
> 痛哭流涕的有三项，令人长叹不已的有六项，并且进行总结
> 说："当前的政治形势，等于是把一大堆干柴点燃之后再躺在
> 上面，火势没有燃大之前却认为十分安全一般。"后来汉朝发
> 生的变乱，都正如他所说的那样。

> 为臣虽然是下等愚人，不懂得大道理；却私下用当时的
> 史事，来估量现今的政治形势。贾谊说："再过几年，各位亲
> 王长大成年血气方刚，而中央朝廷派去辅导他们的傅、相，
> 到时候大多会称病告假回家；要想就此进行治理，即使是唐
> 尧、虞舜也不能安定局面。"对比之下现今的大敌晋国，占据
> 了汉朝全国十三州中九个州的地盘，拥有天下一大半的人口；
> 熟悉魏军留下的攻战方法，凭借北方素来的兵马优势；在这
> 种情况下要想和中原进行相互之间谁吞灭谁的竞争，这和楚、
> 汉势不两立的情况完全一样，倒还不只是像汉朝中央与淮南、
> 济北之类小王国的矛盾关系而已。贾谊认为严重得足以令人
> 痛哭的问题，比现今政治上的危机要缓和多了；他所作的点
> 燃火后躺在干柴堆上的比喻，还比不上现今政治上更为严重
> 的紧急形势。

> 大皇帝看到从前朝代的那种情况，又考察了当今的这种
> 局面；所以才广泛鼓励农副业生产，积累了多得不可计量的
> 储备；爱护民众，不轻易征调他们服劳役，重视休整战士。
> 结果老老少少都感恩戴德，人人都想竭尽力量来报效。可惜
> 统一天下的使命还未完成，他就抛弃我们长辞。自从这以后，
> 强臣先后专政；对上违背天时，对下不顾众人的意见；丢掉

了安定存在的根本，去谋求短时间的利益；多次出动军队，
用光了仓库中的储存；士兵疲劳百姓困乏，没有一刻的安宁。
现今还幸存的，都是些受过创伤的士兵，饱尝痛苦的民众啊。
结果使国家军用物资匮乏，仓库空虚；对将士们的布帛赏赐，
不论是冬天还是热天都无法兑现；加上民众不能进行生产，
家家户户的生活都发生困难。而北方的强敌却在积聚粮食让
人民休养生息，专心专意对付我们，不再有汉国进攻他们的
警报。汉国本来是我们西边的屏障，地形险峻坚固；再加上
继承了先主的统治控制方法，以为他们的防御足以保证其长
久存在；哪里想到转眼之间，他们就突然灭亡了。唇亡齿寒，
这是古人早就害怕的事。另外交州的各郡，是国家的南疆；
现在交阯、九真两郡落入晋国之手，还有一个日南郡孤立无
援、形势危险，是否保守得住还很难说；至于合浦郡以北的
地区，民心动摇，不断有人逃避劳役，造成多股背离和反叛
政府的武装势力，与此同时当地的防备兵力却在不断减少，
威慑镇压的作用变轻，经常都害怕在一呼一吸之间又出现大
变故。从前海上的叛匪伺机侵犯东部沿海各县，抢去许多分
散居住的居民；等到这些居民熟悉了海上航行，他们攻抢起
来将会比往年的海匪更加贪婪。

　　如今腹背两面都有顾忌，头尾两端多灾多难，可以说是
我们大吴王朝厄运降临的时刻啊。确实应当停止建造官殿的
劳役，首先考虑防备的大计；勉励垦荒种植的农业生产，对
饥饿困穷的人民进行拯救。为臣最担心的就是农时将要过去，
从事耕种眼看就太晚了；这将使我们今后发生战事的时候，
无法在军队行动前作好粮食等方面的准备。假使现在不管这
一紧迫的大事，把全部力量花在官殿的修造上；万一突然发
生边境的战争，就只能丢下工程的劳作，去应付烽火传送的
紧急军情；驱使怀着怨恨悲苦的战士，赶往前线冒着刀剑的
锋刃冲锋：这正是强大敌人求之不得的事。如果不去前线救
援而就地固守，旷日持久，军粮必定缺乏，等不到短兵相接，
我们的战士已经陷入困境了。

　　从前在商朝太戊当国王的时候，有桑树与穀树合长在朝

廷的地上；他心中害怕而勤修德政，结果这一怪树很快干枯而政治重新振兴。火星停留在二十八宿当中心宿的位置，宋国人认为本国会有灾祸；宋景公不听从瞽、史两种官员转移灾祸的建议，一再说要自己承担，结果火星马上移动了位置，宋景公本人也延长了寿命。可见自身勤修德政就能感化树木，口中说出仁慈的话就能打动天神。为臣愚昧无知，被错误地安排在陛下近旁的中书署任职；不能够帮助宣扬陛下的仁德以感动神灵，抬头和低头都惭愧得很，不知道躲到什么地方去才好。不过为臣退下来跪着回想：火星停在心宿和桑树穀树合生，是上天用来警醒过去两个国家君主的异常现象。至于我们大吴的现今情形，只有其他一些微小的妖异征兆出现，不过是门神之类的小神灵造成的；而考察天上和地下，不仅没有异常的变化，而且显示吉祥的征兆前后多次出现；首先看到了明亮的珍珠，接着又有白雀飞来；无穷无尽的福分，确实是神灵的赐与；这充分说明天子以全国为住宅，以天下为家园，不能像陛下这样把自己等同于普通百姓，一有不吉利的微小妖异征兆出现就要迁走另搬新宫。

另外，现今留下的旧宫，是大皇帝所规划营建的；在用占卜选择地点建立基础的时候，并没有说不吉祥。再说新宫所在的杨市，地势上与旧宫连接，一旦工程完成，陛下大驾迁去居住；那么在宫门内巡游的神灵，都会随之转移到新宫；恐怕长久之后，未必就比旧宫吉利。不断兴修新宫殿搬家是不可能的，留下来继续住则心中又有忌讳；这就是为臣日夜为陛下担忧不已的事情。为臣查看《礼记》中的《月令》，上面明确说在季夏六月，不能动土兴建工程，不能聚会诸侯，不能出动军队，如果动手办大事必定有大灾殃。当今虽然没有会聚诸侯，但是把封侯的各位将领手下军队调来修新宫殿，与会聚诸侯并没有什么不同。按照《月令》，六月是与属土的天干戊己相配，这一月的土气正旺，不能大规模动土去冲犯；而且这又是农忙的月份，不能错过农时。从前鲁隐公在夏天修筑中丘的城池，《春秋》加以记载，作为对后世的告诫。现今修筑新宫本来是想打下长留子孙的宏伟基业，反而犯了天地的大禁；沿袭了鲁隐公的错误做法，荒废了君主所承担的恭敬教导人民按照时令节气从事农业生产的重要任务：依为臣愚陋的管见看来，这恐怕不恰当啊！

为臣又还害怕征调来修建新宫的分散民工，或许有人抗命不会前来；出兵去讨伐将会影响工程的进行，另兴事端，不去讨伐这种现象又会一天天蔓延。真的全部民工都到了，大量的人聚集在一起，难免没有疾病发生。再说人心安定才想向善，被痛苦熬煎自然会怨恨背叛。我们江南的精兵，北方也觉得很难对付；想用十名士兵，抵挡我们的一名勇士。天下还没有安定，江南精兵用来修宫殿甚至死亡叛逃，这实在令人深感担忧和可惜。假设新宫建成，死亡叛逃达到五千人，这就相当于北方的军队又增加了五万人马；如果死亡叛逃达到了一万人，对方增加的兵力就加倍增加到十万。生病的有死亡的损耗，叛逃的把我们不好的消息传出去，这正是强大敌人欢喜不已的事情。而今我们要进入中原与敌人较量，以决雌雄；正在这关键时刻，对方力量增加而我方力量受损，再加上疲劳困乏：这样的局面，恐怕英雄和谋士也会深感担忧。

为臣听说："从前的圣明帝王治国，如果没有三年的粮食储备，会认为这个国家不是国家。"他们在安宁的时候都有如此的告诫和准备，何况我们现今是大敌当前，怎么能忽视农业生产、忘掉积蓄粮食啊？现今虽然广为耕种，近来洪水淹没庄稼不少，其余保存下来的急待除草和收获；可是各地的县级行政长官害怕中央摊派的任务到时间完不成，所以长江上游各郡的县官，都亲自到深山密林之中，尽力砍伐修建宫殿所需的木材，荒废农业不说还耽误了公务的处理；士兵和百姓的妻室儿女身体弱而年纪小，从事农耕力不从心：一遇到水灾旱灾就颗粒无收。各州郡现存的谷米，本来是用于有紧急情况发生的时候；可是现今白吃粮食的人，都依靠官方动用这批粮食来供给。一旦朝廷上下粮食吃完，水路粮食运输又接济不上，这时北方敌人再大举进犯边境；即使周公、召公再生，张良、陈平重现，也明显不能给陛下出什么好主意啊!

为臣听说君主英明臣下就忠诚,君主圣德臣下就正直。所以恳切陈辞,冒犯陛下的天威,请求您给以怜悯而看一看。华覈这封奏疏呈上之后,孙皓拒不采纳。

后来华覈升任东观令,兼任右国史。他呈上奏疏推让。孙皓答复说:"得到你呈上的奏章,你因为'东观是儒者集中的官署,他们经常讲习和校勘儒家的文献典籍,断定疑难;汉朝时都由著名学者和儒学大师担任这里的长官,所以请求另选英才贤者任职'。朕已经知道这件事了。朕认为你精心研习文献典籍,博览群书多见多闻,可以称为'喜欢礼仪音乐重视诗歌书籍'的人了。你本当飞快运笔表现文采,赞美我朝政事使之大增光辉;以超越扬雄、班固、张衡、蔡邕之流。很奇怪你却谦虚起来,妄自菲薄。现在你要勉力在这一职务上做出成绩,胜过上述先贤:不要再啰嗦什么了。"

当时仓库中没有粮食物资储备,社会风俗却更加奢侈。华覈呈上奏疏说:

如今敌人充斥,战争不断;内无一年以上的储备,外无抗击敌人的积蓄:这是享有国家者应当深感忧虑的事。财富和粮食,都要由民众来创造和生产;赶上季节抓紧农业生产,是国家最紧迫的任务。然而京城中各个机构的官员,所负责的公务互不相同,他们都各自向地方下达物资的征调任务;从不考虑民众的承受能力,下达任务时总是给定很近的期限。县级行政长官害怕上级加罪,昼夜催促百姓,百姓只好丢下农事,急急忙忙按时去交纳实物;等到这些物资送到京都,有时又堆在一边不用,白白让老百姓花尽力气还错过了农时。到了秋收的月份,又督促百姓在限定的日期上交赋税;先已经耽误了播种的季节,现在却要求交纳当年的税收;如有拖欠,立即登记家中财产加以没收充公;结果家家户户弄得贫困不堪,饥寒交迫。现在应当暂时停止各项劳役,专心加强农桑生产。古人说是一个农夫不耕种,就会有人因此受饥饿;一个妇女不纺织,就会有人因此受寒冷。所以从前的圣明帝王治国,一心想搞好的就是农业。自从汉灵帝中平元年(公元

184）州郡起兵进攻黄巾军以来，已将近一百年了。这期间不断的战争使农民荒废了耕作，妇女中断了纺织。由上面古人说的话来推测，现今民间长期靠瓜菜充饥，穿着薄薄衣衫抵御冰雪严寒的人，真的不在少数啊！

为臣听说君主对民众的要求有两条，民众对君主的期望有三项。两条要求，是为自己效劳，为自己献身。三项期望，是饥饿时能供给自己食物，疲劳时能让自己休息，有功劳时能得到奖赏。民众已经达到了君主的两条要求而君主却不能满足其三项期望的话，自然会产生怨恨而使君主的大业不能成功。现在国家的库存不充实，民众劳苦而徭役繁多；君主的两条要求已获满足，民众的三项期望却未能实现。另外，饥饿的人急于用来填饱肚子的并不是珍馐美馔，寒冷的人急于用来温暖身体的也不是狐皮貉皮做成的华贵袍子；美味只不过使口中的感觉奇妙，绣花图案也只是作为身上的装饰而已。

如今国家事务很多而徭役繁重，民众贫困而风俗却很奢侈；各种工匠制作的是没有实用价值的器具，妇女们做的是华丽精细的装饰；她们不努力纺麻织布，都忙着穿针引线绣出华丽的花纹图案；辗转仿效，以唯独自己没有为耻辱。普通的士兵百姓家庭，依然也在追逐这股风气；家内没有多少口粮储备，出门却穿着带花纹的绫罗衣衫。至于富裕的商人家庭，则穿金戴银，奢侈放纵最为严重。天下还没有平定，人民的衣食供应还不充足；应当专注于扩大人民得以生存的物资来源，加强谷物布匹的生产；如今反而把人工花在表现华丽外表的精巧手艺上，让奢靡的事情耗费了时间；这首先是打乱了衣服和装饰上应当有的尊卑差别，其次还造成财力与人力的巨大损失。

如今士兵的家庭，很少没有子女的；多的三四个，少的也有一两个。假使平均每家人有一个女儿，十万家就有十万女子；每人一年纺织一捆布匹，加起来就有十万捆了。让全国妇女同心协力，几年之后，布匹必定大量积存。那时候任随民众用赤、青、黄、白、黑五种颜色染布，做衣服穿用；

只禁止华丽刺绣等没有实际用途的装饰。再说容颜俊俏的人并不需要华丽色彩来增添美貌，姿容艳丽的人也用不着精美的衣饰来招引爱慕；五种颜色的衣服，足以使人美丽了。就算是涂脂粉画眉毛，衣着光鲜用尽心思力气来打扮，丑妇依然是丑妇；不用华丽色彩，除去花纹刺绣，美人照常是美人。如果确实像为臣所说的这样，奢侈是有之无益而废之无害的，陛下有什么原因爱惜它而不暂时禁止以便充实仓库中的储存呢？这可是解决储备缺乏问题的首要措施，富国的根本途径啊。就是善于治国的管仲、晏婴又活了，他们也想不出比这更好的办法。

汉朝的文帝、景帝，在比较持久的安宁局面中继承帝位，那时天下全部平定，四方无战事；他们仍然认为雕刻装饰影响农业生产，织锦刺绣妨害妇女纺织缝纫，所以下诏加强农业以利于富国，杜绝奢侈这一造成饥寒的根本因素。当今天下分裂，作乱的敌人充满道路，士兵不能离开边疆，休息也不敢脱下铠甲，难道还能不广开生财的源泉，充实国库的积蓄吗！

孙皓因为看到华覈年老，指示他可以在誊写奏章时不用工整的隶书而用便捷的草书；华覈不敢照办。孙皓又命令他用草书字体写一段文句，并站在旁边等着。华覈写的文句是：

哎，华覈我本是大吴国的小臣，
像微不足道的草芥，实在平庸无能；
有幸受到圣明君主的眷顾，
承受了特别优厚的恩情。

从腐朽的土壤中得到提拔，
让我脱离贫贱以崭新面貌站在朝廷；
又在皇宫中受到圣上的光辉照耀，
得以频繁进出皇宫的大门。

舀取的是涌出的清凉甘露，
和煦的春风吹拂着我的身心；

没有一丝一毫的报效，
犯下的罪过却数也数不清。

承蒙圣上气度恢宏宽大容忍，
对我一而再再而三饶恕施恩；
使污浊的本质也沾上光荣，
还延长了本来短促的寿命。

我盼望报答这没有止境的恩德，
站在青天之下默默祈祷神明；
圣上的恩德就像倾注的雨露，
勾销了我所有的罪过以示怜悯。

又指示用草书米撰写对答的文句，
让我这个下等愚人再次得到德泽滋润。
我不敢违背圣上的指令，
害怕会招来罪责被处以极刑；
所以斗胆从命写出这段文字，
衰朽的身体早已吓得落魄丧魂。

华覈前后陈述了对政治有利和适当的建议，还推荐贤能的人才，为有罪过的人求情开脱，累计呈上了一百多封奏疏。这些奏疏都对朝政有所补益。因为文字太多，不能全部转载。

天册元年(公元275)，他受到微小的谴责而被孙皓免职。几年之后去世。韦曜、华覈议论政事的表章奏疏，都在世间流传。

评论说：薛莹曾称赞"王蕃的才能气量宽广不凡，博学多闻；楼玄的节操清白，通达事理；贺邵的志向高洁，能清晰地分析出现实政治中的要点；韦曜潜心学术喜好古代文化，博览群书，有记述史事的才能"。胡冲则认为："楼玄、贺邵、王蕃都是当时高雅优秀的人才，基本上分不出优劣高下；如果非不得已硬要加以区别，那么楼玄应当在先，其次是贺邵。华覈在撰写散文和辞赋方面的才能，超过了韦曜，但是在为皇帝起草公务文书方面则有所不及了。"我看华覈多次进献很好的建议，总想完全说出自己的内心话，也算得上是忠臣了！然而这几位人士，处在命运无法预料的暴君当政时代，却享有声名和官位，死于非命是理所必然，能够免遭横祸就算是幸运得很了。

【附录】

华阳国志陈寿传

陈寿，字承祚，巴西安汉人也。少受学于散骑常侍谯周，治《尚书》、三《传》，锐精《史》、《汉》；聪警敏识，属文富艳。初应州命，卫将军主簿，东观、秘书郎，散骑、黄门侍郎。

大同后，察孝廉，为本郡中正。

益部自建武后，蜀郡郑伯邑、太尉赵彦信及汉中陈申伯、祝元灵，广汉王文表，皆以博学洽闻，作巴、蜀《耆旧传》。寿以为不足经远，乃并巴、汉，撰为《益部耆旧传》十篇。散骑常侍文立，表呈其传，武帝善之。

再为著作郎。吴平后，寿乃鸠合三国史，著魏、吴、蜀三书六十五篇，号《三国志》；又著《古国志》五十篇。品藻典雅。中书监荀勖、令张华，深爱之，以班固、史迁不足方也。出为平阳侯相。华又表令次定诸葛亮故事，集为二十四篇。时寿良亦集，故颇不同。

复入为著作郎。镇南将军杜预表为散骑侍郎，诏曰："昨适用蜀人寿良具员，且可以为侍御史。"上《官司论》七篇，依据典故，议所因革。又上《释讳》、《广国论》。

华表，令兼中书郎；而寿《魏志》有失勖意，勖不欲其处内，表为长广太守。遵继母遗令，不附葬，以是见讥。数岁，除太子中庶子。太子转徙后，再兼散骑常侍。惠帝谓司空张华曰："寿才宜真，不足久兼也。"华表，欲登九卿，会受诛。忠贤排摈，寿遂卒洛下；位望不充其才，当时冤之。

兄子符，字长信。亦有文才。继寿，著作佐郎。上廉令。符弟茞，字叔度。梁州别驾。骠骑将军齐王辟掾，卒洛下。茞从弟阶，字达芝。州主簿。察孝廉，褒中令。永昌西部都尉，建宁、兴古太守。皆辞章粲丽，驰名当世。凡寿所述作，二百余篇；符、茞、阶，各数十篇。二州先达及华夏文士多为作传，大较如此。

时梓潼李骧叔龙，亦俊逸器，知名当世。举秀才，尚书郎。拜建平太守，以疾辞，不就；意在州里，除广汉太守。初与寿齐望，又相昵友；后与寿情好携隙，还相诬攻：有识以是短之。亦有别传。

晋书陈寿传

陈寿，字承祚，巴西安汉人也。少好学，师事同郡谯周。仕蜀为观阁令史。宦人黄皓专弄威权，大臣皆曲意附之；寿独不为之屈，由是屡被谴黜。遭父丧，有疾，使婢丸药；客往见之，乡党以为贬议。及蜀平，坐是沉滞者累年。

司空张华爱其才，以寿虽不远嫌，原情不至贬废；举为孝廉，除佐著作郎，出补平阳侯相。撰蜀相《诸葛亮集》，奏之；除著作郎，领本郡中正。

撰魏、吴、蜀《三国志》，凡六十五篇。时人称其善叙事，有良史之才。夏侯湛时著《魏书》，见寿所作，便坏己书而罢。张华深善之，谓寿曰："当以《晋书》相付耳！"其为时所重如此。或云："丁仪、丁廙有盛名于魏，寿谓其子曰：'可觅千斛米见与，当为尊公作佳传。'丁不与之，竟不为立传。寿父为马谡参军，谡为诸葛亮所诛，寿父亦坐被髡；诸葛瞻又轻寿。寿为亮立传谓亮'将略非长'，无应敌之才；言瞻惟'工书'，名过其实。"议者以此少之。

张华将举寿为中书郎；荀勖忌华而疾寿，遂讽吏部，迁寿为长广太守。辞母老，不就。杜预将之镇，复荐之于帝："宜补黄、散。"由是授御史治书。以母忧，去职。母遗言令葬洛阳，寿遵其志。又坐不以母归葬，竟被贬议。

初，谯周尝谓寿曰："卿必以才学成名，当被损折；亦非不幸也，宜深慎之！"寿至此再致废辱，皆如周言。后数岁，起为太子中庶子，未拜。元康七年，病卒，时年六十五。

　　梁州大中正、尚书郎范頵等上表曰:"昔汉武帝诏曰:'司马相如病甚,可往从悉取其书。'使者得其遗书,言封禅事,天子异焉。臣等按故治书侍御史陈寿作《三国志》,辞多劝诫,明乎得失,有益风化;虽文艳不若相如,而质直过之。愿垂采录。"于是诏下河南尹、洛阳令,就家写其书。

　　寿又撰《古国志》五十篇、《益部耆旧传》十篇,余文章传于世。

宋书裴松之传（节选）

裴松之字世期，河东闻喜人也。祖昧，光禄大夫。父珪正，员外郎。松之年八岁，学通《论语》、《毛诗》。博览坟籍，立身简素。

年二十，拜殿中将军。此官直卫左右；晋孝武太元中，革选名家以参顾问，始用琅邪王茂之、会稽谢辎，皆南北之望。舅庚楷在江陵，欲得松之西上，除新野太守；以事难，不行，拜员外散骑侍郎。

义熙初，为吴兴故鄣令，在县有绩。入为尚书祠部郎。松之以世立私碑，有乖事实，上表陈之曰："碑铭之作，以明示后昆；自非殊功异德，无以允应兹典。大者道勋光远，世所宗推；其次节行高妙，遗烈可纪。若乃亮采登庸，绩用显著；敷化所莅，惠训融远；述咏所寄，有赖镌勒。非斯族也，则几乎僭黩矣。俗敝伪兴，华烦已久。是以孔悝之铭，行是人非；蔡邕制文，每有愧色。而自时厥后，其流弥多；预有臣吏，必为建立。勒铭寡取信之实，刊石成虚伪之常；真假相蒙，殆使合美者不贵；但论其功费，又不可称。不加禁裁，其敝无已。以为诸欲立碑者，宜悉令言上；为朝议所许，然后听之。庶可以防遏无征，显彰茂实；使百世之下，知其不虚；则义信于仰止，道孚于来叶。"由是并断。

高祖北伐，领司州刺史，以松之为州主簿。转治中从事史。既克洛阳，松之居州行事。宋国初建，毛德祖使洛阳，高祖敕之曰："裴松之，廊庙之才，不宜久尸边务。今召为世子洗马，与殷景仁同：可令知之。"

于时议立五庙乐。松之以妃臧氏庙乐,亦宜与四庙同。除零陵内史。征为国子博士。

转中书侍郎,司、冀二州大中正。

上使注陈寿《三国志》,松之鸠集传记,增广异闻;既成,奏上。上善之,曰:"此为不朽矣。"出为永嘉太守,勤恤百姓,吏民便之。入补通直。为常侍,复领二州大中正。寻出为南琅邪太守。十四年,致仕,拜中散大夫,寻领国子博士。进大中大夫,博士如故。续何承天国史,未及撰述,二十八年卒,时年八十。

子骃,南中郎参军。松之所著文论及《晋纪》,骃注司马迁《史记》:并行于世。

上三国志注表

臣松之言：臣闻智周则万理自宾，鉴远则物无遗照。虽尽性穷微，深不可识；至于绪余所寄，则必接乎粗迹。是以体备之量，犹曰好察迩言；蓄德之厚，在于多识往行。

伏惟陛下道该渊极，神超妙物；晖光日新，郁哉弥盛。虽一贯坟典，怡心玄赜；犹复降怀近代，博观兴废；将以总括前踪，贻诲来世。

臣前被诏，使采三国异同，以注陈寿《国志》。寿书铨叙可观，事多审正；诚游览之苑囿，近世之嘉史。然失在于略，时有所脱漏。臣奉旨寻详，务在周悉；上搜旧闻，傍摭遗逸。按三国虽历年不远，而事关汉、晋；首尾所涉，出入百载；注记纷错，每多舛互。其寿所不载，事宜存录者，则罔不毕取，以补其阙；或同说一事而辞有乖杂，或出事本异，疑不能判，并皆抄纳，以备异闻；若乃纰缪显然，言不附理，则随违矫正，以惩其妄；其时事当否及寿之小失，颇以愚意，有所论辩。

自就撰集，已垂期月；写校始讫，谨封上呈。

窃惟绘事以众色成文，蜜蜂以兼采为味；故能使绚素有章，甘逾本质。臣实顽乏，顾惭二物。虽自馨励，分绝藻绘；既谢淮南食时之敏，又微狂简斐然之作。淹留无成，只秽翰墨；不足以上酬圣旨，少塞愆责；愧惧之深，若坠渊谷！谨拜表以闻，随用流汗。臣松之诚惶诚恐、顿首顿首、死罪谨言。

元嘉六年七月二十四日，中书侍郎、西乡侯臣裴松之上。

校勘记

一、目 录 部 分

7	15	孟建　同上。
8	16	阮武　同上。
8	16	吴瓘　同上。
8	16	任燠　同上。
8	16	颜斐　同上。
8	16	令狐邵　同上。
8	16	孔乂　同上。
8	17	子綝　同上。
8	17	朱灵　同上。
9	18	桓禺　同上。
9	19	子楷　同上。
9	20	子琮　同上。
10	20	怀　从卢弼引卢文弨说改。
12	22	子嘉　同上。
12	22	子本　同上。
12	22	薛悌　同上。
13	23	许混　同上。
14	26	子弘　同上。
14	26	傅容　同上。
14	27	韩观　同上。
14	28	文钦　同上。
14	28	子甸　同上。
15	30	北沃沮　同上。
15	30	貃　从卢弼引冯梦祯本并据《册府元龟》卷957增。
16	34	昭烈　从卢弼引宋本并据传文增。
16	34	吴皇　据传文增。
17	36	子兴　同上。
17	36	孙遵　同上。
17	36	从弟岱　同上。

17	36	子广	同上。
17	37	子宏	同上。
17	37	弟林	同上。
18	38	弟芳	同上。
18	39	杜祺	同上。
18	39	刘幹	同上。
18	40	孟达	同上。
19	40	申耽	同上。
19	40	申仪	同上。
19	41	子弋	从卢弼引何焯说增。
19	41	王冲	据传文增。
19	42	五梁	同上。
20	42	胡潜	同上。
20	42	子忠	同上。
20	42	陈术	同上。
20	42	子同	同上。
20	43	子崇	同上。
20	43	弟子球	同上。
20	43	王伉	同上。
20	43	句扶	同上。
21	44	梁绪	同上。
21	44	尹赏	同上。
21	44	梁虔	同上。
21	45	张表	同上。
22	49	笮融	同上。
23	50	弟承	同上。
23	50	父尚	同上。
23	50	父牧	同上。
23	51	子松	同上。
24	51	孙秀	同上。

二、正文、裴注部分

第一分册

		卷93引增。
5	1	九 从钦定本考证据《太平御览》卷93引《魏志》增。
6	1	真 从卢弼、赵幼文说据郝经《续后汉书》卷25《曹操传》上、《资治通鉴》卷59中平五年改。
33	1	破 从卢弼引卢文弨说据《后汉书》卷74《袁绍传》、《资治通鉴》卷63建安五年改。
34	1	绐 从钱大昭、赵幼文说据《通典》卷160"绝粮道及辎重"条引改。
38	1	遣 从钦定本考证据本书卷6《袁绍传》、郝经《续后汉书》卷9《袁绍传》、《文选》卷44陈琳《檄吴将校部曲文》李注引《魏略》增。
49	1	玉 从钦定本考证据《后汉书》卷49《徐璆传》、《通志》卷110《徐璆传》改。
50	1	不 从卢弼说引《文馆词林》卷695删。
50	1	取 从卢弼说引《文馆词林》卷695增。
57	1	之、城 从卢弼引钱大昕说据《续汉郡国志》二"冀州钜鹿郡"之"任县"、"广平县"条删。
59	1	筭 从卢弼引沈家本说据《文选》卷35《册魏公九锡文》李注改。
60	1	水 从卢弼引卢文弨说据《文选》卷35《册魏公九锡文》改。
65	1	邓 从卢弼引潘眉说据本书卷2《文帝纪》裴注引《典论》改。
71	1	兄弟 从钦定本考证及卢弼说据郝经《续后汉书》卷25《曹操传》、《资治通鉴》卷67建安十九年改。
71	1	郡 从卢弼引潘眉考证删。
73	1	允 从卢弼引潘眉说据《后汉书》卷102《董卓传》李注引《献帝春秋》改。

73	1	内　从卢弼引潘眉说据正文已有"关内侯"、《宋书》卷18《礼志》五"关外侯"条删。
74	1	上殿　从赵幼文说据《文馆词林》卷695引魏武帝《春祠令》增。
74	1	祭如在　从卢弼说据《文馆词林》卷695引魏武帝《春祠令》增。
74	1	坐　从卢弼说据《文馆词林》卷695引魏武帝《春祠令》改。
74	1	衍　从卢弼引严可均说据《文馆词林》卷695引魏武帝《春祠令》改。
74	1	不　从卢弼引钱仪吉说据上下文意删。
74	1	袖　从卢弼说据《文馆词林》卷695引魏武帝《春祠令》改。下同。
75	1	驾　从卢弼说据《续汉礼仪志》中"立秋"条刘注引《魏书》改。
80	1	衮　从钦定本考证据本书卷4《曹髦纪》甘露三年、《资治通鉴》卷68建安二十三年、《册府元龟》卷137"旌表"引改。
82	1	靡　从卢弼说引宋本，并据钦定四库全书荟要本改。
82	1	钧　从钦定本考证据《宋书》卷18《礼志》五改。
115	2	三　从钦定本考证据《后汉书》卷27《赵温传》、《通志》卷107上《赵温传》改。
119	2	奉常　从卢弼考证据本卷黄初元年十一月史文改。
119	2	亲令　从卢弼引钱仪吉说据《宋书》卷14《礼志》一改。
122	2	一　从钦定本考证据陈垣《二十史朔闰表》删。
122	2	八年十一月　从卢弼说据《汉书》卷1《高帝纪》改。
127	2	讳　从卢弼引钱大昭说据上下文意改。

128	2	火焚 从赵幼文说据《续汉郡国志》一序注引皇甫谧《帝王世纪》、《后汉书》卷75《袁绍传》改。
129	2	乡 从卢弼引潘眉说据《隶释》卷19《魏公卿上尊号奏》增。
131	2	所在 从卢弼引赵一清说据《宋书》卷27《符瑞志》上改。
131	2	为将讨黄巾 从卢弼说据《宋书》卷27《符瑞志》上改。
131	2	武 同上。
131	2	人制法 从卢弼引赵一清说据《宋书》卷27《符瑞志》上改。
131	2	诗 从卢弼引潘眉说据《宋书》卷27《符瑞志》上改。
131	2	合 从卢弼引赵一清说据《宋书》卷27《符瑞志》上改。
134	2	高 从卢弼说据《隶释》卷19《魏公卿上尊号奏》改。
134	2	德服 同上。
134	2	著 从卢弼引梁章钜说据《隶释》卷19《魏公卿上尊号奏》改。
134	2	邦民之心系于魏 从梁章钜引王昶说据《隶释》卷19《魏公卿上尊号奏》增。
134	2	觊 从卢弼引赵一清说据本书卷21《卫觊传》、萧常《续后汉书》卷40《卫觊传》改。
135	2	十 从卢弼引卢文弨说据《宋书》卷20《符瑞志》上删。
139	2	春 从钦定本考证据《资治通鉴》卷69黄初二年删。
143	2	孝 从卢弼引胡三省说据《资治通鉴》卷69黄初三年、钱仪吉《三国会要》卷19"魏选举"

引改。

152	2	殃　从钦定本考证及卢弼引沈家本说据《通典》卷55"祈禳"条改。
152	2	翘　从卢弼引潘眉说据《宋书》卷19《乐志》一、《册府元龟》卷565"作乐"、《太平御览》卷566"历代乐"引改。
152	2	始　同上。
152	2	韶　同上。
153	2	礼　从卢弼说据《宋书》卷17《礼志》四、钱仪吉《三国会要》卷8"禁淫祀"引改。
154	2	被　从赵幼文说据《册府元龟》卷62"发号令"引改。
157	2	十　从卢弼引潘眉说据陈垣《二十史朔闰表》增。
157	2	思慕过　从钦定本考证据《艺文类聚》卷13"魏文帝"引曹植《文帝诔》改。
158	2	九　从卢弼说据《艺文类聚》卷13改。
158	2	予　同上。
159	2	成　从钦定本考证据《艺文类聚》卷63、《初学记》卷21、《太平御览》卷93改。
160	2	难　从钦定本考证据太平御览卷93引《典论》增。
160	2	伐　同上。
160	2	乘马　同上。
172	3	六月　从卢弼引卢文弨说据陈垣《二十史朔闰表》增。
173	3	秋　从卢弼引卢文弨说据《资治通鉴》卷70黄初七年增。
173	3	大　从卢弼引钱大昭说据本卷下文及《晋书》卷1《宣帝纪》删。
174	3	己丑　从卢弼引钱大昭、潘眉、梁章钜说据《宋书》卷14《礼志》一增。

175	3	质　从钦定本考证据本书卷54《周瑜传》裴注引《江表传》"责权质任子"句、钱仪吉《三国会要》卷29"质任"条改。
175	3	阶　从钦定本考证据上文改。
182	3	朕　从卢弼说据《艺文类聚》卷53、《太平御览》卷215引《魏志》增。
189	3	己　从卢弼引钱大昕说据《宋书》卷23《天文志》一、陈垣《二十史朔闰表》改。
192	3	必　从卢弼引沈家本说据《太平御览》卷94引《魏志》改。
195	3	十　从卢弼说引元本改。
196	3	开　从卢弼说据《宋书》卷27《符瑞志》上改。
196	3	又有　从赵幼文说据《艺文类聚》卷10"符命"条引《魏氏春秋》增。
196	3	吉　从卢弼引何焯、潘眉说据《宋书》卷27《符瑞志》上改。
196	3	三十五字　从卢弼说据《宋书》卷27《符瑞志》上增。
198	3	二　从卢弼引潘眉说据《宋书》卷28《符瑞志》中、陈垣《二十史朔闰表》改。
199	3	斌　从卢弼引赵一清、侯康说据《宋书》卷19《乐志》一、《初学记》卷15"舞"、《册府元龟》卷565"作乐"引改。
203	3	皇　从卢弼说据《资治通鉴》卷73景初元年增。
206	3	癸丑　从卢弼引卢文弨说据《宋书》卷23《天文志》一增。
228	4	右　从卢弼说据本书卷17《徐晃传》改。
233	4	书　从卢弼考证据《尚书·吕刑》改。
237	4	州　从钦定本考证据本书卷27《王昶传》改。
237	4	八月　从卢弼引潘眉说据《晋书》卷1《宣帝

		纪》增。
244	4	舞　从卢弼说据《资治通鉴》卷76正元二年改。
244	4	乡　从卢弼引潘眉说据本书卷24《高柔传》改。
244	4	乡　从卢弼引潘眉说据《晋书》卷2《文帝纪》增。
244	4	毓　从钦定本考证引何焯说据本书卷13《钟繇传附钟毓传》改。
244	4	袤　从钦定本考证引何焯说据《晋书》卷44《郑袤传》改。
244	4	桢　从卢弼引潘眉说据本书卷11《管宁传》及裴注引《文士传》、《艺文类聚》卷56引《文士传》、《北堂书钞》卷57及《太平御览》卷233引虞预《晋书》改。
244	4	阁　从卢弼引赵一清、潘眉说据本书卷11《邴原传》及裴注引杜恕《家戒》改。
244	4	郃　从卢弼引钱大昕、赵一清说据本书卷5《明元郭皇后传》改。
245	4	袤　从钦定本考证引何焯说据《晋书》卷44《郑袤传》改。
247	4	戊寅　从卢弼引沈家本考证据陈垣《二十史朔闰表》改。
252	4	云　从钦定本考证据《太平御览》卷94引《魏志》增。
259	4	二　从卢弼引钱大昕、潘眉说据陈垣《二十史朔闰表》改。
259	4	洛　从卢弼引赵一清说据《宋书》卷28《符瑞志》中改。
259	4	夏　从卢弼说据本卷上文"夏四月庚戌"句删。
267	4	器　从卢弼说引宋本，并据《册府元龟》卷324引改。
275	4	诏　从卢弼引潘眉、沈家本说据本卷景元二年、

四年"一如前诏"句、《资治通鉴》卷77景元元年改。

277	4	丁未　从卢弼说据《宋书》卷34《五行志》五"日蚀"条增。
277	4	九月　从卢弼引潘眉说据陈垣《二十史朔闰表》增。
278	4	征　从卢弼说据本书卷28《邓艾传》改。
279	4	武街桥头　从卢弼引谢钟英说据本书卷28《钟会传》改。
280	4	增　从卢弼说据《晋书》卷2《文帝纪》、《资治通鉴》卷78咸熙元年增。
288	4	长　从卢弼引潘眉说据《宋书》卷27《符瑞志》上、《水经注》卷17《渭水》引《魏志》增。
324	5	敬　从卢弼引钱大昭、周寿昌说据上文"父远曰敬侯"句改。
324	5	六　从四库全书考证据本书卷3《明帝纪》、郝经《续后汉书》卷29上《卞后传》改。
326	5	毋　从卢弼说据《续汉郡国志》二"冀州中山国毋极县"条改。
327	5	堂皇　从钦定本考证引宋本，并据《艺文类聚》卷18、《太平御览》卷380引《魏略》乙。
328	5	不　从吴金华说据《公羊传》隐公十年删。
330	5	后嗣　从卢弼引赵一清说据《宋书》卷16《礼志》三、《通典》卷47"后妃庙"引改。
330	5	妃　同上。
330	5	祀　从卢弼说据《宋书》卷16《礼志》三、《通典》卷47"后妃庙"引改。
338	5	三　从卢弼引宋本、本书卷3《明帝纪》、郝经《续后汉书》卷29上《郭后传》改。
338	5	二　从卢弼引潘眉说据陈垣《二十史朔闰表》改。

354	6	七　从卢弼说据《后汉书》卷 8《灵帝纪》、卷 10 下《皇后纪》下改。
356	6	咨　从钱大昭说据本书卷 46《孙坚传》裴注引《英雄记》及《献帝春秋》、《通志》卷 118《董卓传》改。
357	6	爪车　从周一良说据《续汉舆服志》上改。
363	6	支　从唐长孺说据《后汉书》卷 72《董卓传》李注引《献帝纪》改。
364	6	旭　从卢弼引赵一清说据《后汉书》卷 9《献帝纪》、卷 25《鲁恭传》改。
369	6	三　从卢弼说据本书卷 1《武帝纪》增。
369	6	三　从卢弼引赵一清说据《后汉书》卷 9《献帝纪》改。
371	6	樊陵、河南尹　从卢弼引侯康、沈家本说据《后汉书》卷 8《灵帝纪》、卷 69《何进传》增。
378	6	髡　从卢弼引赵一清、潘眉说据本书卷 8《张燕传》裴注引张璠《汉纪》、《后汉书》卷 71《朱儁传》改。
382	6	首　从卢弼引赵一清、梁章钜说据《文选》卷 44 陈琳《为袁绍檄豫州》、《汉魏六朝百三家集》卷 28《陈琳集》同文增。
382	6	室　从四库全书考证据郝经《续后汉书》卷 9《袁绍传》改。
385	6	文　从钦定本考证据《北堂书钞》卷 126 "攻具" 引《魏志》、《太平御览》卷 337 引《魏武本纪》增。
386	6	九　从卢弼引钱大昭、潘眉说据本书卷 1《武帝纪》、《后汉书》卷 74 下《袁绍传》改。
386	6	三　同上。
388	6	太　从卢弼引钱大昭说据《后汉书》卷 74 下

《袁绍传》、郝经《续后汉书》卷 9《袁绍传》改。

| 388 | 6 | 公 | 从卢弼引沈家本说据《后汉书》卷 74 下《袁绍传》、郝经《续后汉书》卷 9《袁绍传》改。 |

388　6　公　从卢弼引沈家本说据《后汉书》卷 74 下《袁绍传》、郝经《续后汉书》卷 9《袁绍传》改。

388　6　事　从卢弼引赵一清说据《后汉书》卷 74 下《袁绍传》、郝经《续后汉书》卷 9《袁绍传》删。

389　6　我　从赵幼文说据郝经《续后汉书》卷 9《袁绍传》增。

390　6　子　从钦定本考证据《册府元龟》卷 764 "义烈"条引改。

391　6　康　从四库全书考证据《后汉书》74 下《袁绍传》、郝经《续后汉书》卷 9《袁绍传》改。

392　6　军　从钦定本考证据本书卷 7《吕布传》、《后汉书》卷 75《袁术传》删。

394　6　条　从钦定本考证据《后汉书》卷 70《孔融传》李注引《三辅决录》、《资治通鉴》卷 61 兴平元年改。

394　6　十　同上。

396　6　给　从卢弼引钱大昭说据《后汉书》卷 75《袁术传》李注引《九州春秋》改。

398　6　绪　从卢弼引陈景云、钱大昭说据《后汉书》卷 67《党锢列传》序改。

398　6　守　从卢弼引潘眉说据《后汉书》卷 74 下《刘表传》李注引《英雄记》改。

426　7　武　从卢弼引潘眉说据《宋书》卷 39《百官志》上、《册府元龟》卷 453 "翻覆" 引改。

431　7　丘　从卢弼引钱大昭说据《后汉书》卷 75《吕布传》、《册府元龟》卷 453 "翻覆" 引改。

434	7	袁术　从卢弼引赵一清说据《后汉书》卷 75《吕布传》改。
436	7	当自首　从赵一清说据《资治通鉴》卷 62 建安三年改。
437	7	淮　从卢弼引潘眉说据《后汉书》卷 56《陈球传》李注引《魏志》改。
439	7	孙权　从四库全书考证据郝经《续后汉书》卷 14《陈登传》改。
444	7	君　从卢弼说据《后汉书》卷 58 及晋抄本残卷《臧洪传》改。
465	8	中平　从卢弼引沈家本说据《后汉书》卷 8《灵帝纪》、《资治通鉴》卷 58 中平元年改。
469	8	宗　从卢弼引姚范说据本书卷 6《袁绍传》裴注引《英雄记》、《太平御览》卷 73 "桥" 引《英雄记》改。
471	8	南　从卢弼引赵一清说据《后汉书》卷 73《公孙瓒传》、《资治通鉴》卷 62 建安三年删。
476	8	乃　从四库全书考证据《太平御览》卷 574 引《吴书》、郝经《续后汉书》卷 10《陶谦传》改。
479	8	与　从卢弼引何焯说据宋本改。
482	8	位　从卢弼引钱大昕、沈家本说据上文 "遣使即拜恭为车骑将军" 句、本书卷 3《明帝纪》、《资治通鉴》卷 71 太和二年删。
488	8	收　从卢弼引陈景云说据《后汉书》卷 38《冯绲传》、卷 5《安帝纪》建光元年改。
491	8	凌统　参赵幼文说据本书卷 10《贾诩传》、卷 55《凌统传》删。
494	8	濩　从卢弼引胡三省、陈景云等说据《华阳国志》卷 2《汉中志》、本书卷 1《武帝纪》建安二十年、《文选》卷 44 陈琳《檄吴将校部曲

文》改。

509	9	军　从赵幼文说据《白孔六帖》卷91 "寇盗"删。
510	9	将　从卢弼引赵一清、钱仪吉说据上下文意删。
510	9	击破吕布军　从卢弼、赵幼文说据本书卷1《武帝纪》、《资治通鉴》卷68建安二十四年删。
510	9	为　从卢弼引钱仪吉说据宋本增。
512	9	令　从钦定本考证、赵幼文说据《太平御览》卷515引《魏略》增。
512	9	诽谤之言不与实相应　从赵幼文说据《太平御览》卷515引《魏略》增。
512	9	绍　从卢弼、孔继涵说引宋本改。
514	9	鸣　从钦定本考证据本书卷8《张鲁传》裴注引《魏略》增。
514	9	舍　从卢弼引胡三省说据《资治通鉴》卷67建安十九年、参《通志》卷114《夏侯渊传》增。
515	9	一　从卢弼引潘眉说据本书卷1《武帝纪》删。
517	9	羊　从钦定本考证引何焯说据《晋书》卷31《后妃传》上《景献羊皇后传》改。
523	9	舞　从卢弼说据本书卷1《武帝纪》建安二年增。
525	9	休督　从钦定本考证引何焯说据本书卷58《陆逊传》、卷60《周鲂传》改。
532	9	势　从卢弼引胡三省、赵一清说据本书卷33《后主传》、卷43《王平传》、《资治通鉴》卷74正始五年改。
540	9	吏　从卢弼说据上下文及《汉书》卷19上《百官公卿表》"县令长之长吏"条改。
540	9	聪　从钦定本考证据本书卷28《诸葛诞传》裴注引《世语》、《通典》卷14 "选举二"引改。
543	9	妇　从卢弼说据《艺文类聚》卷16及《太平御

		览》卷 153 引《魏末传》改。
543	9	媚　从赵一清引何焯说据《公羊传》桓公二年改。
546	9	乡　从卢弼引潘眉说据传文"徙封昌陵乡侯"句增。
546	9	伦　从周一良《魏晋南北朝史札记》说据《通典》卷 14 删。
547	9	所　从周一良《魏晋南北朝史札记》说据《通典》卷 14 补。
555	9	铄　从卢弼引沈家本说据上文"收玄缉铄敦贤等送廷尉"句、《资治通鉴》卷 76 正元元年增。
557	9	羡　从卢弼、赵幼文说据本书卷 26《满宠传》裴注引《世语》、《太平御览》卷 96 引《晋书》、卷 371 引《晋纪》改。下同。
558	9	安东将军　从钦定本考证引何焯说据《晋书》卷 2《文帝纪》改。
558	9	关　从卢弼说据《世说新语·贤媛篇》刘注引《魏志》改。
560	9	故　从卢弼、赵幼文说据《世说新语·贤媛篇》"许允为晋景王诛"条引《魏略》、郝经《续后汉书》卷 70 中《夏侯玄传》删。
560	9	某守虽后年　从钦定本考证据《北堂书钞》卷 60 "尚书吏部郎"条引《魏氏春秋》、《太平御览》卷 216 引《魏志》增改。
560	9	允　从卢弼说据上下文均以"允"措辞改。
560	9	纬　从卢弼引钱大昕说据本书卷 29《管辂传》裴注引《辂别传》、《文选》卷 47 袁宏《三国名臣序赞》李注引《魏志》改。
560	9	二千　从赵幼文说据郝经《续后汉书》卷 70 中《王经传》改。
561	9	意　从钦定本考证据本书卷 4《曹髦纪》裴注引

《世语》改。

| 561 | 9 | 不　从卢弼引李慈铭说据《世说新语·贤媛篇》刘注引《汉晋春秋》删。 |

| 588 | 10 | 汪　从卢弼引洪亮吉说据《后汉书》卷62《荀淑传》改。 |

| 591 | 10 | "昔晋文"等11字　从钦定本考证引何焯说据《后汉书》卷70《荀彧传》、《册府元龟》卷720"谋划"及《太平御览》卷449"权谋"引《魏志》增。 |

| 592 | 10 | 东京榛芜　从卢弼、赵幼文说据《后汉书》卷70《荀彧传》、《册府元龟》卷720"谋划"、《太平御览》卷449"权谋"引《魏志》增。 |

| 592 | 10 | 汉　从四库全书考证据《资治通鉴》卷62建安元年、郝经《续后汉书》卷31《荀彧传》删。 |

| 593 | 10 | 履　从赵幼文考证据本书卷35《诸葛亮传》裴注引《魏略》"更疏巾单衣"句删。 |

| 597 | 10 | 守善　从卢弼说引袁宏《后汉纪》卷29，并参本书卷30裴注引《魏略》"其本守善"句改。 |

| 599 | 10 | 辉　从卢弼引陈景云说据《晋书》卷40《贾充传》改。 |

| 599 | 10 | 晋　从卢弼引陈景云说据《晋书》卷40《贾充传》、《太平御览》卷637引《晋朝杂事》改。 |

| 607 | 10 | 饵　从卢弼说据本书卷1《武帝纪》、《资治通鉴》卷63建安五年改。 |

| 611 | 10 | 方　从钦定本考证引何焯说据《后汉书》卷71中《皇甫嵩传》、《通志》卷113上《皇甫嵩传》改。 |

| 638 | 11 | 兖　从赵幼文说据《世说新语·文学篇》刘注及《初学记》卷12引《兖州记》改。 |

| 638 | 11 | 司　从杜佑、洪饴孙说据《通典》卷26"司农卿"条、《文选》卷26左思《魏都赋》"官逾六 |

卿"句李善注删。

645	11	报 从卢弼引胡三省说据上文"得报驰还"、下文"而不送章报于我"句改。

648　11　雨　从四库全书考证据郝经《续后汉书》卷68《田畴传》改。

649　11　君　从卢弼引钱大昕说据《通志》168《田畴传》改。

651　11　令　从卢弼说据郝经《续后汉书》卷68《田畴传》、《三国志文类》卷7《封田畴令》改。

651　11　特　从卢弼引宋本改。

654　11　司　从杜佑、洪饴孙说据《通典》卷26"司农卿"条《文选》卷26左思《魏都赋》"官逾六卿"句李善注删。

655　11　河北始开冶遂以　从钦定本考证据《太平御览》卷241引《魏略》增。

656　11　卒而葬于洛阳　从卢弼引沈家本说据《晋书》卷88《王褒传》增。

656　11　而　同上。

656　11　母　从卢弼引沈家本说据《晋书》卷88《王衷传》改。

659　11　介　从钦定本考证据《册府元龟》卷811"游学"引改。下同。

661　11　宫　从卢弼引陈景云考证改。

661　11　考　从钦定本考证引何焯说据宋本及《后汉书》卷81《王烈传》李注引《魏志》改。

664　11　位　从卢弼说参郝经《续后汉书》卷69中《管宁传》删。

674　11　三　从卢弼引钱大昭说据本书卷3《明帝纪》、《宋书》卷27《符瑞志》上改。

677　11　敳　从卢弼说据《晋书》卷50《庾敳传》、《世说

新语·文学篇》"庾子嵩读《庄子》"条刘注引
《晋阳秋》改。

703	12	疏　从卢弼引何焯校勘据《三国志文类》卷14《崔琰谏猎书》改。
707	12	七　从卢弼引潘眉说据《后汉书》卷70《孔融传》改。
713	12	政　从卢弼引《左传》襄公十年改。
718	12	伟　从钦定本考证据《后汉书》卷47《梁懂传附何熙传》、《北堂书钞》卷62"谒者仆射"引华峤《汉书》改。
724	12	东　从卢弼引杨守敬考证据《汉书》卷28上《地理志》"泰山郡东平阳县"条、《水经注》卷25"洙水"、本书卷4《三少帝曹芳纪》正始八年分河东郡之平阳等十县为平阳郡史事增。
725	12	信　从卢弼说据郝经《续后汉书》卷71上及《通志》卷115上《鲍勋传》增。
733	12	百官名　从卢弼引何焯、沈家本说据《隋书》卷33《经籍志》二"职官"、《旧唐书》卷46《经籍志》史部"职官"改。
752	13	子　从卢弼引赵一清等说据《后汉书》卷62《钟皓传》及李注引《海内先贤传》改。
755	13	尸主事之臣枸音荀幽地　从卢弼、赵幼文说据《汉书》卷25下《郊祀志》下、《太平御览》卷756引《汉书》删。
755	13	子孙　从卢弼说据《汉书》卷25下《郊祀志》下删。
756	13	却退　从吴金华说据《国语》卷13《晋语》七改。
758	13	刑　从卢弼引胡三省说据《资治通鉴》卷70太和元年改。

761	13	亲　从钦定本考证据《太平御览》卷221引《魏志》、《通志》卷115上《钟繇传》增。
762	13	常侍　从钦定本考证据本书卷11《管宁传附胡昭传》、《通志》卷177及郝经《续后汉书》卷69中《胡昭传》改。
770	13	君　从赵幼文说据《太平御览》卷724"散骑侍郎"条引华峤《谱叙》删。
770	13	弘　从卢弼引陈景云说据《晋书》卷44《华表传》、郝经《续后汉书》卷32《华歆传》改。
770	13	不可得而亲　从卢弼引潘眉说据《晋书》卷44《华表传》、《册府元龟》卷787"德"引增。
771	13	郏　从钦定本考证据《世说新语·德行篇》刘注引《魏书》、《册府元龟》卷600"师道"引、萧常《续后汉书》卷40《王朗传》改。
771	13	其　从赵幼文说据《通志》卷115上《王朗传》增。
776	13	之　从卢弼引沈家本说据《续汉礼仪志》中"立秋"条改。
776	13	虽　从卢弼引沈家本说据上下文意删。
791	13	良夫　从卢弼引潘眉说据《晋书》卷93《王恂传》改。
794	13	文　从钦定本考证据《太平御览》卷265"州从事"、卷495"谚"上引《魏志》改。
795	13	疾　从卢弼说据《北堂书钞》卷99引《魏略》、郝经《续后汉书》卷65《隗禧传》增。
837	14	成　从赵幼文说据萧常《续后汉书》卷38《董昭传》删。
837	14	己知　从卢弼说据《资治通鉴》卷71太和四年乙。
844	14	十　从卢弼说据《资治通鉴》卷69黄初二年增。

845	14	外连 从卢弼说据《资治通鉴》卷 71 太和二年改。
851	14	绩 从卢弼说据《资治通鉴》卷 74 景初二年改。
851	14	牵 从卢弼说据《资治通鉴》卷 74 景初二年增。
852	14	孝 从卢弼引胡三省说据《资治通鉴》卷 72 太和六年改。
854	14	其折节事己 从卢弼说据《资治通鉴》卷 74 景初二年改。
855	14	济曰 从赵幼文说据《册府元龟》卷 892 "梦徵"引改。
856	14	顷 从卢弼引钱大昭说据《汉书》卷 15 下《王子侯表》下 "西乡顷侯容"条改。
856	14	顷侯容 同上。
861	14	九 从吴金华说据本书卷 2《三少帝曹芳纪》正始九年、下文裴注引《资别传》改。
893	15	术 从钦定本考证据本书卷 47《吴主传》裴注引《江表传》改。
893	15	茄 从钦定本考证据《太平御览》卷 256 引《魏志》、郝经《续后汉书》卷 43《刘馥传》改。
894	15	实 从钦定本考证据《宋书》卷 14《礼志》一、《通典》卷 53 "礼" 13 引改。
895	15	陵渠 从钦定本考证引何焯说据《水经注》卷 14 "鲍丘水"载《刘靖碑》改。
896	15	大 从卢弼说据《晋书》卷 15《刘弘传》删。
896	15	宣城 从卢弼说据《晋书》卷 15《刘弘传》改。
901	15	仲 从钦定本考证引宋本改。
901	15	志 从钦定本考证引宋本删。
901	15	章 从卢弼引赵一清、王先谦说据《续汉郡国志》三 "兖州东平国章县"条改。
901	15	雄张 从钦定本考证据本书卷 16《仓慈传》"大

姓雄张"句乙。

903	15	四 从吴金华说据本书卷 1《武帝纪》改。
906	15	讨 从卢弼引陈景云、赵一清等说据本书卷 9《夏侯渊传》增。
907	15	而家 从赵幼文考证增。
908	15	揗 从卢弼引胡三省说据《续汉郡国志》五"凉州武威郡揗次县"条改。
912	15	宣王 从卢弼引陈景云等说、赵幼文考证据《北堂书钞》卷 130"鼓吹"条引《魏略》、《册府元龟》卷 414"赴援"引删。
912	15	止 从钦定本考证及卢弼说引宋本改。
919	16	远 从卢弼说据《北堂书钞》卷 63"中郎将"条及《太平御览》卷 241 引《魏志》改。
919	16	"募百姓"等 19 字 从钦定本考证据《晋书》卷 26《食货志》、《通典》卷 2"屯田"引增。
943	16	河东 从卢弼说据《世说新语·赏誉篇》刘注引《魏书》、《太平御览》卷 453 引《魏略》改。
947	16	坚壁 从卢弼说引《资治通鉴》卷 64 建安十年改。
953	16	文具 从卢弼引何焯说据宋本及《通典》卷 15"考绩"条引改。
954	16	云 从卢弼说据《通典》卷 15"考绩"条、《资治通鉴》卷 73 景初元年改。
957	16	陈理 从卢弼说引《资治通鉴》卷 72 太和六年改。
963	16	簿 从卢弼引赵一清说据《通志》卷 115 下《杜畿附杜恕传》改。
964	16	步涉诣许从 从钦定本考证据《后汉书》卷 79 下《谢该传》李注引《魏略》、《册府元龟》卷 811"游学"引改。

965	16	锡　从卢弼、钱剑夫说据《世说新语·赏誉篇》"杜弘治墓崩"条刘注引《晋阳秋》、《晋书》卷34《杜预传》、卷93《杜乂传》改。下同。
965	16	曾　从卢弼引沈家本说据《后汉书》卷36《郑兴传附郑众传》、卷70《郑泰传》改。
971	16	辟　从卢弼说据《北堂书钞》卷76引《魏略》改。
994	17	灊　从卢弼引《通鉴考异》及陈景云说据《资治通鉴》卷66建安十四年、繁钦《征天山赋》、《晋书》卷15《地理志》下扬州庐江郡之"灊县"、"六县"条改。
998	17	与　从钦定本考证引宋本，并据《册府元龟》卷376"褒异"引增。
999	17	军　从卢弼说据《太平御览》卷240引《魏志》、《通志》卷115下《于禁传》删。
999	17	辟　从卢弼引赵一清说据本书卷1《武帝纪》建安五年史文删。
1005	17	毕　从卢弼引何焯说据《通志》卷115下及郝经《续后汉书》卷34《张郃传》改。
1010	17	亭　从钦定本考证据下文裴注引《魏书》、郝经《续后汉书》卷34《朱灵传》删。
1011	17	宜　从卢弼引《后汉书》卷16《邓禹传》改。
1030	18	治　从余嘉锡考证据《世说新语·贤媛篇》"李平阳"条刘注改。
1031	18	公　从钦定本考证据本书卷27《胡质传》裴注引虞预《晋书》、《世说新语·排调篇》刘注引《魏志》、《晋书》卷45《武陔传》删。
1032	18	反　从钦定本考证据《太平御览》卷240"扬威将军"条引《魏志》改。
1032	18	近　同上。

1035	18	贲　从卢弼引赵一清说据《续汉郡国志》三"徐州东海郡襄贲县"条改。
1037	18	顷　参《晋书》卷33《王祥传》据钦定本考证引宋本改。
1040	18	去　从钦定本考证据《太平御览》卷345、卷473、卷827引《魏志》改。
1040	18	十　同上。
1047	18	城　从卢弼引钱大昕说据《续汉郡国志》五"凉州汉阳郡西县"条删。
1048	18	艾　从卢弼引何焯、钱大昭说据《册府元龟》卷760"忠义"引、《通志》卷166《阎温传》、《资治通鉴》卷69黄初元年删。
1050	18	唐衡　从钦定本考证据上文"衡弟为京兆虎牙都尉"，下文"衡弟皆知之"句改。
1050	18	行　从赵幼文说据《后汉书》卷64《赵岐传》、《册府元龟》卷801"义"引增。
1050	18	洦　从卢弼引梁章钜说据《续汉郡国志》五"凉州酒泉郡乐涫县"条改。
1072	19	委　从四库全书考证据郝经《续后汉书》卷71上《曹植传》改。
1072	19	措一辞　从卢弼引梁章钜说据《文选》卷42曹植《与杨德祖书》改。
1072	19	六茎　从卢弼说据《汉书》卷22《礼乐志》二、《文选》卷42曹植《与杨德祖书》改。
1072	19	留　从卢弼说据《文选》卷42曹植《与杨德祖书》改。
1072	19	赋　同上。
1072	19	由　同上。
1072	19	讽　同上。
1072	19	汉　同上。

1072	19	遑 同上。
1072	19	望 从李善说据《文选》卷 42 曹植《与杨德祖书》改。
1076	19	君临 从卢弼说据《文选》卷 20 曹植《责躬诗》乙。
1080	19	令 从钦定本考证据《文选》卷 42 曹植《赠白马王彪》、郝经《续后汉书》卷 29 中《曹植传》改。
1081	19	忧思成疾疢无乃儿女仁 从钦定本考证据《文选》卷 24 曹植《赠白马王彪》增。
1081	19	受 从卢弼说据《文选》卷 37 曹植《求自试表》改。
1083	19	师 同上。
1084	19	露 同上。
1084	19	"必知为"26 字 从卢弼说据《文选》卷 37 曹植《求自试表》增。
1088	19	永 从卢弼说据《文选》卷 37 曹植《求通亲亲表》改。
1089	19	终 从卢弼说据《文选》卷 37 曹植《求通亲亲表》增。
1093	19	修 从钦定本考证据《册府元龟》卷 273 引改。
1094	19	间 同上。
1101	19	殊 据《资治通鉴》卷 69 黄初元年引鱼豢论说增。
1101	19	岂能兴难 从卢弼引陈景云说据《资治通鉴》卷 69 黄初元年引鱼豢论说增。
1131	20	成 从卢弼说据《续汉郡国志》二"冀州河间国乐成县"条改。
1132	20	今 从卢弼引何焯说据上文"为有司所奏"句改。
1132	20	青龙 从钦定本考证据《通志》卷 79 下"宗室"

魏武帝子《楚王彪传》增。

1176	21	犹　从卢弼说据《资治通鉴》卷 73 景初元年改。
1176	21	犹　同上。
1179	21	后避讳改名勖　从卢弼说乙。
1185	21	非　从卢弼、吴金华说据《群书治要》卷 26《刘廙传》引《廙别传》改。
1186	21	入　从卢弼引梁章钜说据《礼记·曾子问》、《宋书》卷 14《礼志》一改。
1186	21	异　从卢弼引梁章钜说据《宋书》卷 14《礼志》一、《册府元龟》卷 798 "智识"引《刘劭传》增。
1187	21	虔　从赵幼文考证据《太平御览》卷 29 引《晋起居注》改。
1192	21	州　从赵幼文说据《太平御览》卷 739 引缪袭《昌言》表改。
1193	21	桢　从赵幼文说据本书卷 11《管宁传附胡昭传》及裴注引《文士传》改。下同。
1194	21	末程　从卢弼说据《资治通鉴》卷 73 改。
1195	21	簿　从钦定本考证引何焯说参《文选》卷 40 沈约《奏弹王源》、《梁书》卷 26《傅昭传》改。
1197	21	交　从卢弼说据《世说新语·识鉴篇》刘注引《傅子》改。
1197	21	本　从卢弼、赵幼文说据《册府元龟》卷 465 "识量"引删。
1198	21	隐　从卢弼引沈家本说据下文裴注引司马彪《战略》、郝经《续后汉书》卷 38 及《通志》卷 116《傅嘏传》删。
1200	21	主　从赵幼文说据《太平御览》卷 252 引《魏志》改。
1200	21	方　从钦定本考证据《白孔六帖》卷 76 "河南尹"条、《太平御览》卷 252 引《魏志》删。

1201	21	特 从卢弼说据《资治通鉴》卷 75 嘉平四年改。
1201	21	立 同上。
1226	22	酂 从卢弼考证据《续汉郡国志》二"豫州沛国酂县"条改。
1233	22	由 从卢弼说据《资治通鉴》卷 72 太和六年删。
1236	22	卫 从卢弼说据本书卷 44《姜维传》、《资治通鉴》卷 75 嘉平元年改。
1239	22	辕辑 从卢弼引胡三省说据《孙子·谋攻篇》、《资治通鉴》卷 76 正元二年改。
1242	22	练 从卢弼说据《世说新语·品藻篇》"司马文王问武陔"条改。
1244	22	策 从卢弼说据本书卷 7《吕布传附陈登传》裴注引《先贤行状》改。
1250	22	随 从卢弼说据《太平御览》卷 631 引《魏志》改。
1250	22	省 从卢弼说据《资治通鉴》卷 71 太和四年增。
1260	22	聪 从萧常《续后汉书音义》卷 4 及卢弼说据本书卷 28《诸葛诞传》裴注引《世语》、《通典》卷 14"选举"二、萧常《续后汉书》卷 39《卢毓传》改。
1286	23	检 从卢弼引钱大昭说据下文"以检殊途"句改。
1289	23	离 从卢弼引钱大昕、梁章钜考证改。下同。
1289	23	迪 从卢弼引陈景云说据《晋书》卷 45《和峤传》、《世说新语·方正篇》引《晋诸公赞》改。
1290	23	离 从卢弼引钱大昕、梁章钜考证改。
1290	23	迪 从卢弼引陈景云说据《晋书》卷 45《和峤传》、《世说新语·方正篇》引《晋诸公赞》改。
1290	23	玉 从卢弼、赵幼文说据《后汉书》卷 48《徐璆传》、《通志》卷 110《徐璆传》改。
1295	23	客 从卢弼说据《汉书》卷 67《杨王孙传》改。

1304	23	公与袁绍　从卢弼说据《资治通鉴》卷63建安五年改。
1306	23	往　从卢弼说据《资治通鉴》卷67建安二十一年增。
1307	23	与　从卢弼引陈景云、赵一清说据《册府元龟》卷720"谋划"引、《资治通鉴》卷68建安二十四年、《通志》卷116《赵俨传》改。
1307	23	呼　从卢弼说据《资治通鉴》卷68建安二十四年改。
1308	23	君　从钦定本考证据《资治通鉴》卷68建安二十四年改。
1308	23	射　从钦定本考证据《太平御览》卷328引《魏志》增。
1310	23	继　从卢弼说据《资治通鉴》卷68建安二十三年、《通志》卷116《裴潜传》改。
1310	23	治　从卢弼说据《资治通鉴》卷68改。
1312	23	姿　从赵幼文说据《通志》卷116《裴潜传》改。
1313	23	邵　从卢弼说据《晋书》卷35《裴楷传》改。下同。
1314	23	安　从卢弼说据本书卷9《夏侯尚传》裴注引《魏略》改。
1331	24	亭　从卢弼引陈景云、潘眉说据本书卷26《满宠传》"进封南乡侯"、卷28《王凌传》"进封南乡侯"文例删。
1333	24	寿　从张元济《百衲本三国志校勘记》引宋本、元本改。
1340	24	菅　从卢弼引沈钦韩、赵一清说据《太平御览》卷267引《魏志》、《续汉郡国志》四"青州济南国营县"条改。
1341	24	成　从卢弼引梁章钜考证据《资治通鉴》卷267

引《魏志》改。

1351	24	久　从钦定本考证据《通典》卷 168 "详谳"、《太平御览》卷 231 引《魏志》增。
1353	24	户　从卢弼说据《通志》卷 117《高柔传》增。
1388	25	八　从卢弼引《通鉴考异》说据《资治通鉴》卷 66 建安十八年改。
1392	25	度　从卢弼引钱大昭说据《资治通鉴》卷 73 青龙三年增。
1399	25	东　从卢弼引杨守敬考证据《汉书》卷 28 上《地理志》八上 "泰山郡东平阳县" 条、《水经注》卷 25 "洙水"、本书卷 4《三少帝曹芳纪》正始八年 "分河东郡之平阳等十县为平阳郡" 史事增。
1402	25	营　从卢弼说据《续汉五行志》一刘注引《魏志》改。
1402	25	也　从卢弼引赵一清说据《续汉五行志》二 "灾火" 司马彪注引《魏志》、《汉书》卷 27《五行志》上武帝太初元年删。
1406	25	流　从钦定本考证据《册府元龟》卷 526 引改。
1410	25	禅　从钦定本考证据《资治通鉴》卷 73 景初元年改。
1412	25	九赋之财　从卢弼引卢明楷、梁章钜说据《周礼·天官·大宰》改。
1415	25	下夷于隶　参钦定本考证据《资治通鉴》卷 73 景初元年、《通志》卷 117《高堂隆传》删。
1416	25	俱　从卢弼引潘眉、赵一清说据《晋书》卷 28《五行志》中、《宋书》卷 32《五行志》三改。
1416	25	辍　从卢弼说据《资治通鉴》卷 73 景初元年、《通志》卷 117《高堂隆传》改。
1422	25	抚　从卢弼引沈家本说，并参赵幼文考证据《文

选》卷 8 司马相如《上林赋》李善注、本书卷 6
《袁绍传》裴注引《魏氏春秋》之刘表《遗袁谭
书》"抚其本根"句改。

1452	26	营	从钦定本考证据《太平御览》卷 330 引《魏志》改。
1453	26	二	从卢弼说据本书卷 3《明帝纪》、卷 15《贾逵传》改。
1453	26	垟	从卢弼说据《资治通鉴》卷 71 太和二年改。
1457	26	三	从钦定本考证引宋本改。
1458	26	泉	从卢弼引陈景云说据《续汉郡国志》五"幽州渔阳郡泉州县"条改。
1462	26	道	从钦定本考证据《资治通鉴》卷 72 太和六年改。
1464	26	绢	从卢弼说据《太平御览》卷 817 引《魏略》增。
1464	26	墓	从赵幼文说据《册府元龟》卷 792"慕贤"引《魏志》增。
1464	26	赂	从卢弼引何焯说据《册府元龟》卷 405"清俭"引《魏略》增。
1464	26	俱	参卢弼说据《通志》卷 117《牵昭传》删。
1469	26	武	从卢弼引陈景云说据《汉书》卷 28 下《地理志》八下"雁门郡武州县"改。
1470	26	兀	从卢弼说据《晋书》卷 60《牵秀传》改。
1470	26	郡	从卢弼说据《续汉百官志》五"州郡"条、本书卷 7《臧洪传》、卷 29《孙礼传》改。
1472	26	走	从钦定本考证据《太平御览》卷 332 引《蜀志》增。
1475	26	侍	从赵幼文说据本书卷 28《毌丘俭传》裴注引《世语》《太平御览》卷 520 引《世语》增。
1492	27	阳平	从卢弼引钱大昕说据本书卷 2《文帝纪》、

卷 4《三少帝曹芳纪》乙。

1493	27	度支　从卢弼引赵一清说据《晋书》卷 26《食货志》乙。
1497	27	宫　从卢弼引陈景云说据《晋书》卷 45《武陔传》改。
1500	27	行之　从卢弼引姚范说据《群书治要》卷 26《王昶传》删。
1515	27	地　从卢弼说据《资治通鉴》卷 76 正元二年、《孙子·九地篇》改。
1516	27	其　从钦定本考证据《资治通鉴》卷 77 甘露二年《太平御览》卷 285 引《魏志》增。
1519	27	濡　从卢弼引胡三省说据《资治通鉴》卷 77 景元二年改。
1540	28	王　从卢弼说据本书卷 3《明帝纪》改。
1541	28	顷　从钦定本考证引元本，并据本书卷 16《苏则传》、《册府元龟》卷 688 "荐贤" 引改。
1545	28	汝阳　从卢弼说据上文 "大将军屯汝阳" 句改。
1546	28	若　从钦定本考证据《册府元龟》卷 452、760 引、《资治通鉴》卷 76 正元二年删。
1546	28	伯　从钦定本考证、赵幼文说据谢陛《季汉书》删。
1546	28	特　从卢弼说据上下文意改。
1548	28	雨　从汪文盛、赵幼文说据郝经《续后汉书》卷 70 中《诸葛诞传附文钦传》、张元济《百衲本三国志校勘记》改。
1550	28	等　从钦定本考证据《资治通鉴》卷 71 太和四年改。
1550	28	辈　同上。
1556	28	道　从钦定本考证据《资治通鉴》卷 77 甘露三年改。

1556	28	赏 从钦定本考证据《资治通鉴》卷 77 甘露三年改。下同。
1558	28	左 从卢弼说据《晋书》卷 101《刘元海载记》、《资治通鉴》卷 75 嘉平三年改。
1559	28	违 从钦定本考证据《资治通鉴》卷 76 嘉平五年改。
1565	28	为 从卢弼说据《资治通鉴》卷 78 景元四年增。
1568	28	子 从卢弼说据《资治通鉴》卷 78 咸熙元年删。
1568	28	城 从四库全书考证据《资治通鉴》卷 78 咸熙元年、郝经《续后汉书》卷 76《邓艾传》改。
1570	28	理 从卢弼引何焯说据上文"上疏理艾"、"莫肯理之"句改。
1571	28	毓 从钦定本考证据《太平御览》卷 910 引《魏晋世语》改。
1577	28	车 从钦定本考证据《文选》卷 44 钟会《檄蜀文》改。
1577	28	志 从卢弼说据《文选》卷 44 钟会《檄蜀文》改。
1578	28	乐 同上。
1578	28	放 同上。
1589	28	其 从卢弼说据《世说新语·文学篇》"王辅嗣弱冠"条改。
1618	29	仙 从钦定本考证据《后汉书》卷 82 下《方术华佗传》、《册府元龟》卷 858 引增。
1621	29	间 从吴金华说据《后汉书》卷 82 下《方术华佗传》改。
1624	29	寐 从卢弼说据《后汉书》卷 82 下《方术华佗传》改。
1625	29	平 从卢弼说据《后汉书》卷 82 下《方术华佗传》李注引《佗别传》改。

1625	29	出　从卢弼说据《后汉书》卷 82 下《方术华佗传》李注引《佗别传》增。
1626	29	经　从卢弼说据《后汉书》卷 82 下《方术华佗传》改。
1626	29	以　同上。
1628	29	劈　从卢弼、孔继涵说据《后汉书》卷 82 下《方术甘始传》李注引曹植《辩道论》改。
1628	29	怒　同上。
1628	29	含　从赵幼文说据《太平御览》卷 936 引曹植《辩道论》改。
1628	29	宁　从卢弼说据《后汉书》卷 82 下《方术甘始传》李注引曹植《辩道论》改。
1628	29	不　从卢弼引陈景云说据上句"令与孟曜为汉主合雅乐"句删。
1629	29	騆　从卢弼引何焯、赵一清说据《文选》卷 40 繁钦《与魏文帝笺》李注引《魏志》改。下同。
1630	29	自出自入　从卢弼说据《太平御览》卷 752 引《傅子》改。
1630	29	能　从卢弼说据《太平御览》卷 752 引《傅子》增。
1636	29	纸　从钦定本考证引元本改。
1645	29	著　从卢弼说据《世说新语·规箴篇》刘注引《辂别传》改。
1645	29	之　从卢弼说据《太平御览》卷 727 引《魏志》增。
1645	29	虚　从卢弼说据《册府元龟》卷 892 "梦徵"引改。
1651	29	悇　从卢弼说据《世说新语·德行篇》刘注引《刘尹别传》、《晋书》卷 75《刘惔传》改。
1651	29	兴　从卢弼说据《水经注》卷 16 "穀水"改。

1656	29	洛　从卢弼说据《太平御览》卷725引《魏志》改。
1673	30	漠　从钦定本考证据《册府元龟》卷1000"强盛"引《魏志》改。下同。
1676	30	报　从钦定本考证据《后汉书》卷90《乌桓传》改。下同。
1677	30	旦　从钦定本考证引宋本，并据《后汉书》卷90《乌桓传》改。
1677	30	百　从卢弼说据《后汉书》卷90《乌桓传》改。
1677	30	难　从钦定本考证据下文裴注引《英雄记》、本书卷8《公孙瓒传》删。
1678	30	二　从卢弼说据本书卷1《武帝纪》改。
1678	30	抑　据钦定本考证据郝经《续后汉书》卷79下《乌丸传》改。
1678	30	邟　从卢弼说据本书卷6《袁绍传》改。
1678	30	为　从卢弼说据郝经《续后汉书》卷79下《乌丸传》改。
1679	30	等　从赵幼文说据本书卷28《毌丘俭传》改。
1679	30	东　从赵幼文说据《后汉书》卷90《乌丸传》、本书卷28《毌丘俭传》改。
1679	30	樊　从卢弼说据本书卷28《毌丘俭传》、《册府元龟》卷983"征讨"二引、《通志》卷117《毌丘俭传》改。
1682	30	域　从钦定本考证引元本及《册府元龟》卷958"国邑"引改。
1682	30	于饶　从钦定本考证据《后汉书》卷90《鲜卑传》、《太平寰宇记》卷193《鲜卑传》改。
1683	30	城　从卢弼说据《后汉书》卷90《鲜卑传》、《太平寰宇记》卷193《鲜卑传》、《通志》卷200《鲜卑传》增。

1683	30	质馆　从钦定本考证引元本，并据《后汉书》卷 90《鲜卑传》、《通志》卷 200《鲜卑传》改。
1683	30	百　从卢弼引赵一清说据《后汉书》卷 90《鲜卑传》、《太平寰宇记》卷 193《鲜卑传》、《通志》卷 200《鲜卑传》增。
1683	30	曼柏　从卢弼引赵一清说据《续汉郡国志》五"并州五原郡"条、《后汉书》卷 90《鲜卑传》改。
1683	30	平　从卢弼引赵一清说据《后汉书》卷 90《鲜卑传》、《通志》卷 200《鲜卑传》增。
1683	30	四　从卢弼说据《后汉书》卷 90《鲜卑传》、《资治通鉴》卷 53 永寿二年、《太平寰宇记》卷 193《鲜卑传》改。
1683	30	涉　从卢弼引赵一清说据《后汉书》卷 90《鲜卑传》、《太平寰宇记》卷 193《鲜卑传》增。
1684	30	熹　从钦定本考证据《后汉书》卷 90《鲜卑传》、《太平寰宇记》卷 193《鲜卑传》改。
1684	30	廉　从卢弼引潘眉说据《后汉书》卷 90《鲜卑传》改。
1685	30	丸　从卢弼引丁谦说据本书卷 28《毌丘俭传》改。
1687	30	至孙　从卢弼说据《太平寰宇记》卷 174"夫余国"条增。
1687	30	薄　从卢弼说引冯梦祯刊本并据《文献通考》卷 324"夫余国"条改。
1689	30	橐　从潘眉、梁章钜说据《后汉书》卷 85《夫余传》李注、《太平御览》卷 781 引《后汉书》改。
1689	30	生　从钦定本考证据《太平御览》卷 360 引《魏略》改。
1691	30	驲　从卢弼说据《汉书》卷 99 中《王莽传》、

《后汉书》卷 90《鲜卑传》改。下同。

1691	30	弟遂成立遂成死　从卢弼引丁谦考证并参《后汉书》卷 85《高句丽传》增。
1691	30	熹　从卢弼说据郝经《续后汉书》卷 81《高句丽传》改。
1693	30	东西狭南北长　从赵幼文说据《后汉书》卷 85《东沃沮传》、《册府元龟》卷 957"国邑"引改。
1695	30	国　从卢弼引赵一清说据《后汉书》卷 85《东沃沮传》删。
1696	30	目　从卢弼引赵一清说据《后汉书》卷 85《挹娄传》、《太平御览》卷 784 引《后汉书》改。
1696	30	貊　从卢弼引冯本，并据《册府元龟》卷 957"国邑"引增。
1697	30	准　从钦定本考证据本卷裴注引《魏略》、《后汉书》卷 85《濊传》改。
1697	30	丐　从卢弼引赵一清、朱邦衡说据《后汉书》卷 85《濊传》、《通志》卷 194《濊传》改。
1699	30	莫卢国　从钦定本考证据上文已有"莫卢国"删。
1699	30	四　从卢弼说据《后汉书》卷 85《韩传》、《册府元龟》卷 957"国邑"引改。
1700	30	辰　从钦定本考证据上下文意删。
1700	30	来　同上。
1703	30	辰　从卢弼引沈家本说据上下文意增。
1703	30	弁军弥国　从卢弼引沈家本说据上文已有"军弥国"删。
1703	30	马延国　从卢弼引沈家本赵一清说据上文已有"马延国"删。
1704	30	支　从陈乐素说据《梁书》卷 54《倭传》、《太平寰宇记》卷 174《倭传》改。
1706	30	台　从卢弼引梁章钜说据《后汉书》卷 85《倭

传》、《册府元龟》卷 957 "国邑" 引改。

1707　　30　　多女子　从赵幼文说据《后汉书》卷 85《倭传》、
《册府元龟》卷 957 "土风" 引增。

1709　　30　　三　从卢弼引沈家本说据《梁书》卷 54《倭传》、
《太平御览》卷 782 引《魏志》改。

1712　　30　　百顷　从卢弼引赵一清说据《宋书》卷 98《氐胡
传》、《册府元龟》卷 958 "国邑" 引改。

1712　　30　　平　从卢弼引梁章钜说据《晋书》卷 14《地理
志》上 "秦州略阳郡" 条删。

1713　　30　　末　从卢弼引李慈铭说据《汉书》卷 96 上 "且
末国" 条、《后汉书》卷 88《西域传》改。

1713　　30　　山　从卢弼引赵一清、王先谦说据《汉书》卷 96
上 "皮山国" 条、《通志》卷 196 "皮山国"
条改。

1713　　30　　青　从钦定本考证据《世说新语·文学篇》"殷
中军见佛经" 条刘注引《魏略西戎传》删。

1713　　30　　有　从汤用彤说据《史记》卷 123《大宛列传》
张守节《正义》引《浮屠经》、《太平御览》卷
797 引《魏略》增。

1713　　30　　爪　从钦定本考证据《世说新语·文学篇》"殷
中军见佛经" 条刘注引《魏略西戎传》改。

1713　　30　　右　从卢弼、汤用彤说据《世说新语·文学篇》
"殷中军见佛经" 条刘注引《魏略西戎传》、《太
平御览》卷 797《临儿国》改。

1713　　30　　域　从汤用彤说据《通典》卷 193、《通志》卷
196《天竺国》改。

1713　　30　　为　从卢弼说据《太平御览》卷 797 引《魏
略》增。

1715　　30　　"商旅行北方" 等 34 字　从卢弼引赵一清说据
《太平寰宇记》卷 185 "短人国" 条补。

1738	31	懿 从卢弼引钱大昕说据《后汉书》卷 8《灵帝纪》、卷 75《刘焉传》改。
1738	31	西部 参卢弼引赵一清说据《华阳国志》卷 10、《续汉郡国志》五"益州蜀郡属国"条删。
1738	31	会 从钦定本考证据《华阳国志》卷 5《刘二牧志》、《资治通鉴》卷 59 中平五年删。
1738	31	益 从卢弼引潘眉说据《后汉书》卷 75《刘焉传》、《通志》卷 113 下《刘焉传》改。
1740	31	至 从卢弼引潘眉说据下文"所至而谈止"句改。
1740	31	先 从卢弼引何焯说据《后汉书》卷 75《刘焉传》、《通志》卷 113 下《刘焉传》改。
1740	31	家 从钦定本考证及任乃强说据《华阳国志》卷 5《刘二牧志》增。
1741	31	叔 从赵幼文说据《华阳国志》卷 5《刘二牧志》改。
1741	31	二 从卢弼说据《华阳国志》卷 5《刘二牧志》增。
1742	31	闻 从卢弼说据上下文意删。
1743	31	数为 从钦定本考证据《后汉书》卷 75《刘焉传附刘璋传》增。
1743	31	南 从吴金华说据本书卷 10《贾诩传》改。
1744	31	及 从张元济《百衲本三国志校勘记》引宋本、元本删。
1746	31	见诛灭 从刘琳说引《后汉书》卷 75《刘焉传附刘璋传》改。
1748	31	先 从卢弼引潘眉说据本书卷 6《刘表传》及同传裴注引《零陵先贤传》改。
1753	32	朔二 从钦定本考证据《汉书》卷 15 上《王子侯表》改。
1753	32	元 从赵幼文引钱仪吉说据上文"德然父元起"

句、萧常《续后汉书》卷 1 及郝经《续后汉书》
卷 1《昭烈帝纪》增。

1755	32	熹 从卢弼说据《续汉郡国志》二"冀州中山国安熹县"条改。
1755	32	熹 同上。
1756	32	鄪 从卢弼引钱大昕说据《华阳国志》卷 6《刘先主志》改。
1758	32	先主遣关羽守下邳 从卢弼引《通鉴考异》说据本书卷 1《武帝纪》、卷 36《关羽传》、《资治通鉴》卷 62 建安元年删。
1761	32	平 从卢弼说引宋本，并据《资治通鉴》卷 64 建安六年、《太平御览》卷 117 引《蜀志》改。
1761	32	及曹公南征 从钦定本考证、赵幼文说据《太平御览》卷 117 引《蜀志》改。
1764	32	巨 从钦定本考证据本书卷 52《步骘传》、《资治通鉴》卷 65 建安十三年改。下同。
1767	32	实 从刘琳说据《华阳国志校注》卷 5《刘二牧志》改。
1768	32	省 从卢弼说据《太平御览》卷 389 引《益部耆旧传》改。
1770	32	郃 从卢弼说据本书卷 17《张郃传》、卷 36《张飞传》、《华阳国志》卷 6《刘先主志》增。
1770	32	势 从卢弼考证据本书卷 36《黄忠传》、《华阳国志》卷 2《汉中志》删。
1778	32	所在 从卢弼引刘家立说据《华阳国志》卷 6《刘先主志》、萧常《续后汉书》卷 1《昭烈帝纪》乙。
1778	32	亭 据《华阳国志》卷 6《刘先主志》增。
1781	32	柱 从卢弼引钱大昕说据本书卷 45《杨戏传》之《季汉辅臣赞》改。

1782	32	臣　从卢弼引赵一清说据《宋书》卷 16《礼志》三增。
1782	32	尚　从卢弼说据《宋书》卷 16《礼志》三改。
1787	32	太　据《华阳国志》卷 6 改。
1807	33	郎　从卢弼说据本书卷 45《邓芝传》、《华阳国志》卷 7《刘后主志》删。
1808	33	为　从钦定本考证引宋本增。
1808	33	是　从卢弼引钱仪吉说改。
1814	33	主　从钦定本考证据《华阳国志》卷 7《刘后主志》改。
1814	33	关　从钦定本考证据《续汉郡国志》五"凉州陇西郡河关县"条改。
1815	33	军　从卢弼说据本书卷 28《诸葛诞传》删。
1833	34	向　从卢弼引周寿昌说据本卷先主穆皇后受封策命"丞相亮授玺绶"句、后主太子璿受封册命"左将军朗持节授玺绶"句文例删。
1841	35	也　从卢弼说据本书卷 28《诸葛诞传》记叙籍贯文例、萧常《续后汉书》卷 7 及郝经《续后汉书》卷 15《诸葛亮传》删。
1848	35	太　从张元济《百衲本三国志校勘记》引元本及本书卷 3《明帝纪》年号改。
1855	35	若无兴德之言则　从钦定本考证据《文选》卷 37 诸葛亮《出师表》李注引《蜀志》增。
1861	35	忿　从钦定本考证据《册府元龟》卷 215"和好"引、郝经《续后汉书》卷 15《诸葛亮传》改。
1866	35	焉　从吴金华说据《初学记》卷 19 及《太平御览》卷 382 引《襄阳记》补。
1866	35	正　从卢弼、赵幼文说据元本及《初学记》卷 19、《太平御览》卷 382 引《襄阳记》改。
1871	35	六　从钦定本考证据上文改。

1873	35	辅国　从卢弼引钱大昭说据上文及本书卷 33《后主传》增。
1873	35	二　从钦定本考证据本书卷 47《吴主传》孙权卒年推算删。
1874	35	理　从卢弼说引元本改。
1893	36	军　从钦定本考证据本书卷 6《袁绍传》、萧常《续后汉书》卷 9《关羽传》删。
1895	36	傅　从钦定本考证据本书卷 45《杨戏传》之《季汉辅臣赞》、卷 47《吴主传》建安二十四年、卷 54《吕蒙传》及裴注引《吴书》删。
1902	36	三　从卢弼引侯康说据《资治通鉴》卷 65 建安十三年改。
1903	36	昂　从卢弼说据本书卷 25《杨阜传》、《资治通鉴》卷 67 建安十九年改。
1903	36	数　从赵幼文说据《资治通鉴》卷 67 建安十九年、郝经《续后汉书》卷 16《马超传》改。
1903	36	前为　从卢弼引赵一清、梁章钜说据本书卷 32《先主传》建安二十四年秋"平西将军都亭侯臣马超"句改。
1925	37	若　从卢弼说据《通志》卷 118 上《法正传》改。
1929	37	之　从卢弼说据《资治通鉴》卷 68 建安二十二年、《通志》卷 118 上《法正传》增。
1929	37	山　从卢弼说据本书卷 36《黄忠传》、《华阳国志》卷 2《汉中志》改。
1931	37	特　从钦定本考证引元本改。
1931	37	当　同上。
1939	38	太守　从卢弼说据本书卷 46《孙策传》、卷 56《朱治传》改。
1941	38	契　从赵幼文说据萧常《续后汉书》卷 11 及

《通志》卷 118《许靖传》改。

1942	38	持 从卢弼引何焯说据《册府元龟》卷 904 "书信"引、《通志》卷 118《许靖传》改。
1946	38	五教 从张元济《百衲本三国志校勘记》说引宋本、元本增。
1948	38	廿 从卢弼引李慈铭说据《尚书·尧典》改。
1948	38	缓 从卢弼引李慈铭说据《册府元龟》卷 904 "书信"引、《三国志文类》卷 46 王朗《与许靖书》改。
1949	38	旨 从卢弼引何焯说据下文 "宣明诏命" 句改。
1949	38	居 从卢弼引潘眉说据上下文意删。
1949	38	定 从钦定本考证据《太平御览》卷 240 引《蜀志》、本卷《秦宓传》 "先主既定益州" 句改。
1951	38	子 从赵幼文说据《艺文类聚》卷 24、《通志》卷 118《简雍传》改。
1956	38	理 从卢弼说据《汉书》卷 28 下《地理志》下 "秦地" 改。
1962	38	侯 从赵幼文说据《艺文类聚》卷 46、《后汉书》卷 82《方术董扶传》李注引《蜀志》删。
1966	38	豢 从卢弼引何焯说据《左传》昭公 29 年改。
1979	39	储 从赵幼文说据《册府元龟》卷 406 "清俭" 引改。
1982	39	主 从钦定本考证据本书卷 6《刘表传》及裴注引《零陵先贤传》删。
1983	39	德 从赵幼文说引宜稼堂丛书本郝经《续后汉书》卷 19《马良传》改。
1992	39	军 从卢弼引朱邦衡说据本书卷 31《刘焉传》删。
2003	40	容才 从卢弼说据本书卷 14《刘晔传》、《资治通鉴》卷 69 黄初元年乙。

2003	40	立以为新城郡以　从卢弼引赵一清说据《水经注》卷 28《沔水注》、《通志》卷 118 上《刘封传》增。
2004	40	郧　从卢弼引赵一清说据《华阳国志》卷 2《汉中志》改。
2007	40	瑶之佷在心心佷败国面佷不害　从卢弼引沈家本说据《国语》卷 15《晋语》九增。
2007	40	城　从卢弼引赵一清说据《续汉郡国志》五"益州汉中郡西城县"条改。
2008	40	立　从钦定本考证引元本改。
2012	40	邵　从钦定本考证据本书卷 45《杨戏传》之《季汉辅臣赞》改。
2012	40	帝　从刘咸炘、赵幼文说据萧常《续后汉书》卷 13《廖立传》、郝经《续后汉书》卷 20《廖立传》改。
2013	40	邵　从钦定本考证据本书卷 45《杨戏传》之《季汉辅臣赞》改。
2014	40	又　从卢弼引李慈铭说改。
2014	40	将　从卢弼引李慈铭说删。
2014	40	尚　从赵幼文说据萧常《续后汉书》卷 13《廖立传》改。
2017	40	沔　参赵幼文说据《续汉郡国志》五"凉州武都郡沮县"条下"沔水出东狼谷"改。
2017	40	西　从卢弼引钱大昕说据本书卷 44《姜维传》改。
2018	40	忘　从钦定本考证引元本，并据《御定渊鉴类函》卷 127"公正三"引习凿齿史论改。
2019	40	还　从钦定本考证据《通志》卷 118 下《魏延传》改。
2022	40	挻　从卢弼引胡三省说据《资治通鉴》卷 72 青龙

二年改。

2040	41	部　从钦定本考证引宋本，并据《册府元龟》卷765、《太平御览》卷241引《蜀志》改。
2042	41	南　从钦定本考证引元本、《册府元龟》卷413引、郝经《续后汉书》卷21《罗宪传》改。
2043	41	山　从卢弼引沈钦韩说据《续汉郡国志》四"荆州南郡巫县"条、《水经注》卷34《江水注》"巫县"删。
2044	41	二　据下文裴注考证改。
2048	41	欲　从卢弼引刘家立说删。
2048	41	部蜀　从郁松年、刘琳说据《续汉百官志》四"司隶校尉"条乙。
2049	41	陌　从刘琳考证及卢弼引赵一清说，据本卷《张裔传》、《通志》卷118下《杨洪传》、《华阳国志校注》卷3《蜀志》"德阳县"注改。
2050	41	去　从卢弼引钱大昭说据《资治通鉴》卷68建安二十三年、《通典》卷14"选举"二引。改。
2051	41	曰　从钦定本考证据《太平御览》卷261引《蜀志》增。
2051	41	复　同上。
2051	41	之　同上。
2051	41	羽　从钦定本考证据《太平御览》卷238引《蜀志》删。
2051	41	中　从钦定本考证据《太平御览》卷238引《蜀志》增。
2052	41	升　从钦定本考证据《太平御览》卷238引《蜀志》改。
2052	41	帝　从四库全书考证据《华阳国志》卷2《汉中志》、郝经《续后汉书》卷74《孟达传》改。
2052	41	末　从卢弼引姜宸英说据本书卷33《后主传》建

兴三年"十二月亮还成都"句改。

2053	41	乖 从钦定本考证据《册府元龟》卷426引、郝经《续后汉书》卷74《孟达传》改。
2053	41	帝 从四库全书考证据《华阳国志》卷2《汉中志》改。
2063	42	主公 从卢弼引朱邦衡说据《后汉书》卷66《王允传》"朝廷幼少"句李注、本书卷33《后主传》裴松之按语删。
2064	42	劝 从钦定本考证引元本改。
2071	42	世 从卢弼引或人说据下文"为世人所讥嫌"句改。
2072	42	疑 从卢弼引李慈铭说据萧常《续后汉书》卷18《孟光传》删。
2072	42	亦 从卢弼引李慈铭说，并参赵幼文说改。
2073	42	夫 从卢弼引李慈铭说据下文"俱与姊入蜀"句删。
2074	42	上 从卢弼引沈家本、周寿昌说据郝经《续后汉书》卷65《来敏传》、本书卷44《姜维传》诸葛亮《与张裔、蒋琬书》增。
2075	42	方 从钦定本考证据《后汉书》卷36《陈元传》删。
2075	42	射 从卢弼引赵一清说据《续汉百官志》四"太子仆"条、本卷《谯周传》"后主立太子以周为仆"句文例删。
2076	42	射 同上。
2083	42	军 从卢弼说据本书卷28《邓艾传》删。
2083	42	阴 从卢弼引何焯说据《华阳国志》卷7《刘后主志》、《资治通鉴》卷78景元四年删。
2083	42	等为称臣为小孰与为大 从卢弼说据《资治通鉴》卷78景元四年改。

2083	42	率　同上。
2090	42	披　从钦定本考证说据《册府元龟》卷770"自述"引改。
2100	42	弭　从卢弼说据今本《淮南子》卷12《道应训》改。
2100	42	者　从卢弼说据今本《淮南子》卷12《道应训》增。
2100	42	里　从卢弼说据《淮南子》卷12《道应训》删。
2100	42	钶　从卢弼引沈家本说据今本《越绝书》卷11改。
2100	42	犹　同上。
2100	42	楚市　从卢弼说据今本《淮南子》卷12《道应训》、《太平御览》卷475、499引《淮南子》增。
2100	42	良　从卢弼说据今本《越绝书》卷11增。
2100	42	市　从卢弼说据今本《淮南子》卷12《道应训》改。
2100	42	子发　同上。
2100	42	不问其辞而遣之　从卢弼说据今本《淮南子》卷12《道应训》增。
2100	42	帱　从钦定本考证引元本，并据今本《淮南子》卷12《道应训》增。
2101	42	樵　从卢弼说据《文选》卷23张载《七哀诗》李注引《新论》改。
2101	42	行人见之凄怆　从卢弼说据《文选》卷23张载《七哀诗》李注引《新论》增。
2101	42	至长不渝　从钦定本考证引宋本，并据今本《淮南子》卷12《道应训》改。
2102	42	乎　从卢弼引宋本《论衡》卷7《道虚篇》改。
2102	42	驻　从卢弼说据今本《淮南子》卷12《道应训》增。

2102	42	"泰始八年诏曰"等 40 字　从卢弼说据《通志》卷 118 下删，移入下文裴注。
2127	43	地　从钦定本考证引元本，并据《通志》卷 118 下《黄权传》删。
2127	43	法　从卢弼引宋本，并据《通志》卷 118 下《李恢传》改。
2128	43	量　同上。
2128	43	泽　从刘琳引或人说据《续汉郡国志》五"益州益州郡昆泽县"条改。
2132	43	益州　从卢弼引钱大昕说据本书卷 33《后主传》、卷 41《张裔传》改。
2133	43	时张表　参卢弼钱仪吉说据《通志》卷 118 下《马忠传》乙。
2136	43	郡　从卢弼引钱大昭、沈家本说据本书叙入传人物籍贯文例、萧常《续后汉书》卷 16《张嶷传》删。
2138	43	上　从卢弼引钱大昕、潘眉说据下文"更由安上"句、《华阳国志》卷 3《蜀志》"越西郡"条改。
2138	43	邛都　从卢弼引沈家本说据《续汉郡国志》五"益州越西郡邛都县"条改。
2139	43	姊　参卢弼引潘眉说据下文"并见其姊"句删。
2139	43	初嶷　从赵幼文说据萧常用《续后汉书》卷 16《张嶷传》乙。
2159	44	军　从卢弼说据本书卷 28《钟会传》删。
2163	44	宁　参卢弼引何焯说据上下文意增。
2164	44	辟　从钦定本考证及赵幼文说据萧常《续后汉书》卷 17、郝经《续后汉书》卷 23《姜维传》改。
2165	44	叵　从卢弼说引宋本，并据本书卷 7《吕布传》

"是儿最叵信者"句改。

2166	44	军　从卢弼说据本书卷26《郭淮传》、《华阳国志》卷7《刘后主志》删。
2166	44	关　从卢弼引胡三省说据《续汉郡国志》五"凉州陇西郡河关县"条改。
2167	44	皆　从卢弼说据上下文删。
2168	44	汉　从赵幼文说据《华阳国志》卷7《刘后主志》、萧常《续后汉书》卷17《姜维传》删。
2172	44	互　从卢弼、周一良说改。
2172	44	升　从卢弼引胡三省、何焯说，并参《南史》卷80《侯景传》"见其胆者乃如升焉"句改。
2185	45	宗　从钦定本考证据本书卷32《先主传》、《华阳国志》卷6《刘先主志》改。
2186	45	也　据《华阳国志》卷7《刘后主志》删。
2186	45	军　从卢弼引钱大昕、沈家本说据《艺文类聚》卷59"将帅"条、《太平御览》卷275引《蜀志》删。
2188	45	皓　从钦定本考证据《后汉书》卷56《张皓传》、《华阳国志》卷10中《先贤士女总赞》中改。
2189	45	皓　同上。下同。
2190	45	仁圣　从卢弼说据《后汉纪》卷19顺帝汉安元年、《后汉书》卷56《张纲传》改。
2190	45	震　从卢弼说据《后汉书》卷56《张皓传附张纲传》改。
2190	45	荆扬兖豫　从卢弼说据《后汉书》卷56《张皓传附张纲传》增。
2190	45	武　从卢弼说据《后汉书》卷56《张皓传附张纲传》改。
2195	45	徙　从卢弼说据《华阳国志》卷11《后贤志·李宓传》改。

2195	45	罴　从卢弼说据本书卷27《胡质传》裴注引《晋阳秋》、《华阳国志》卷11《后贤志·李宓传》、《晋书》卷90《胡威传》改。
2198	45	迁　从卢弼说引宋本，并据郝经《续后汉书》卷24《杨戏传》改。
2198	45	扬　从卢弼说引钱大昕说据上文"扬威才干"句改。
2199	45	国辅　从钦定本考证据本书卷42《杜微传》、《华阳国志》卷10下《先贤士女总赞》下改。
2203	45	巴东　从卢弼引钱大昕说据《华阳国志》卷1《巴志》"巴东郡"条改。
2204	45	南　从卢弼引谢钟英说据萧常《续后汉书》卷12《王谋传》删。
2206	45	飞　从卢弼引沈家本说据本书卷36《张飞传》删。
2207	45	求　从卢弼说据《资治通鉴》卷72青龙二年改。

第三分册

2229	46	方　从钦定本考证据《后汉书》卷71《皇甫嵩传》改。
2232	46	中平　从卢弼说据上文已有"中平元年"句删。
2232	46	二　从卢弼引钱大昕说据《后汉书》卷8《灵帝纪》、《资治通鉴》卷58中平二年改。
2238	46	二　从卢弼引《通鉴考异》及潘眉说，据本书卷54《周瑜传》、《资治通鉴》卷60初平二年改。
2239	46	其言　从四库全书考证据《资治通鉴》卷60初平二年，郝经《续后汉书》卷49《孙坚传》增。
2239	46	葵园峡　从卢弼说据《资治通鉴》卷58中平二年改。
2239	46	"但无故"11字　从四库全书考证据《资治通鉴》

卷 60 初平二年，郝经《续后汉书》卷 49《孙坚传》增。

2242	46	屯横江　从卢弼引赵一清说据《建康实录》卷 1《太祖》上、《资治通鉴》卷 61 兴平元年改。
2243	46	问　从卢弼说引宋本及《资治通鉴》卷 61 兴平元年改。
2245	46	彰　从钦定本考证据郝经《续后汉书》卷 49《孙策传》、《资治通鉴》卷 62 建安三年改。
2246	46	闻　从钦定本考证引宋本改。
2247	46	然而　从卢弼引陈景云说据《后汉书》卷 75《袁术传》、《后汉纪》卷 29 献帝建安四年改。
2248	46	始　从钦定本考证引宋本增。
2248	46	顾宪　从钦定本考证引宋本乙。
2249	46	义　从卢弼说据本书卷 47《吴主传》改。
2249	46	狼　从钦定本考证据本卷裴注引《江表传》"时刘表遣从子虎"句删。
2253	46	捶　从钦定本考证引宋本改。
2253	46	其夜　从钦定本考证引宋本改。
2262	47	会稽　从卢弼引胡三省说据本书卷 56《吕范传》删。
2264	47	二　从卢弼说据《建康实录》卷 1《太祖》上、《资治通鉴》卷 63 建安五年改。
2265	47	黎　从卢弼说据本书卷 60《贺齐传》、《宋书》卷 35《州郡志》一"扬州新安郡海宁县"条改。
2265	47	夷陵　从钦定本考证引宋本改。
2267	47	旌　从钦定本考证引宋本改。
2272	47	还南　从钦定本考证引宋本乙。
2274	47	山　从胡三省注据本书卷 32《先主传》、《资治通鉴》卷 69 黄初二年、《续汉郡国志》四"荆州南郡巫县"条删。

2274	47	而　从卢弼说据晋抄本《吴主传》残卷、《太平御览》卷 241 引《吴志》增。
2278	47	综　从钦定本考证引宋本改。
2282	47	施　从钦定本考证引宋本、郝经《续后汉书》卷 50《孙权传》改。
2282	47	臣　从钦定本考证引宋本增。
2284	47	克　从钦定本考证据《册府元龟》卷 214 "权略" 引增。
2284	47	无　同上。
2285	47	秋七月　从吴金华说据《建康实录》卷 1《太祖》上增。
2286	47	中乳房　从钦定本考证据《太平御览》卷 371、438 引《吴书》增。
2287	47	丁　从卢弼引赵一清说据本书卷 53《薛综传》、《南齐书》卷 9《礼志》上改。
2287	47	敕　从钦定本考证引宋本、郝经《续后汉书》卷 67《陈化传》改。
2287	47	掾　从赵幼文说据郝经《续后汉书》卷 67《陈化传》增。
2291	47	开　从卢弼说据《宋书》卷 27《符瑞志》上、《建康实录》卷 2《太祖》下改。
2294	47	祀　从卢弼说据《宋书》卷 16《礼志》三删。
2296	47	郎　从胡三省说及钦定本考证据本书卷 8《公孙渊传》裴注引《魏略》、《资治通鉴》卷 72 青龙元年改。
2298	47	奏　从钦定本考证及卢弼说引宋本改。
2298	47	郭　从卢弼说据本书卷 8《公孙渊传》改。
2299	47	百　从卢弼引潘眉说据《续汉郡国志》四青州、幽州下属郡县数目计算结果增。
2300	47	王宫　从卢弼说据《建康实录》卷 2《太祖》下

嘉禾二年、《资治通鉴》卷72青龙元年删。

| 2300 | 47 | 倒 从钦定本考证引宋本改。 |

2300　47　阴　从卢弼引赵一清说据《续汉郡国志》三"徐州下邳国淮阴县"条、《资治通鉴》卷72青龙二年改。

2301　47　三　从卢弼说引宋本，并据《建康实录》卷2《太祖》下、《通志》卷9《吴大帝》改。

2304　47　咨　从卢弼说据《资治通鉴》卷74景初二年增。

2307　47　或　从钦定本考证引宋本增。

2308　47　相　从卢弼说引宋本、毛本改。

2308　47　礼　从钦定本考证据本书卷52《顾雍传》裴注、卷57《张温传》改。

2308　47　阴　从卢弼引赵一清说据《续汉郡国志》三"徐州下邳国淮阴县"条、《宋书》卷35《州郡志》一改。

2309　47　苦　从钦定本考证引宋本改。

2313　47　军　从卢弼说据本书卷27《王昶传》删。

2341　48　建兴元年　从钦定本考证引何焯说据本卷孙休、孙皓即位改年文例增。

2345　48　据　从钦定本考证据本书卷56《吕范传附吕据传》、卷64《孙綝传》、《建康实录》卷3《废帝》改。

2345　48　宁　从卢弼引潘眉说据本书卷64《孙綝传》、《建康实录》卷3《废帝》改。

2350　48　据　从卢弼说据本书卷64《孙綝传》、《资治通鉴》卷77甘露三年改。

2357　48　曜　从卢弼说据本书卷65《韦曜传》、《建康实录》卷3《景皇帝》改。

2358　48　说　从四库全书考证据郝经《续后汉书》卷51《孙休传》注改。

2359	48	赀财 从吴金华说据郝经《续后汉书》卷51《孙休传》改。
2365	48	臣 从卢弼引何焯说据《北堂书钞》卷4、《太平御览》卷232引《吴志》增。
2365	48	惧 从卢弼引何焯说据《太平御览》卷232引《吴志》改。
2365	48	上 从卢弼说引宋本改。
2369	48	兵 从钦定本考证据《晋书》卷57《陶璜传》、郝经《续后汉书》卷64《陶璜传》删。
2372	48	陵 从卢弼引胡三省、赵一清说据《续汉郡国志》四"扬州豫章郡历陵县"条、《宋书》卷36《州郡志》二改。
2374	48	修 从卢弼引赵一清说据本书卷61《陆凯传》、《建康实录》卷4《后主》改。
2374	48	大 从卢弼说据《晋书》卷34《杜预传》增。
2377	48	二 参卢弼引潘眉说据陈垣《二十史朔闰表》改。
2378	48	三月壬寅 从卢弼引潘眉说据《晋书》卷3《武帝纪》、《建康实录》卷4《后主》、《资治通鉴》卷81太康元年改。
2378	48	四 从卢弼引潘眉说据本传裴注引《吴录》、《资治通鉴》卷81太康四年改。
2380	48	且夫 从卢明楷、赵幼文说引萧常《续后汉书》卷21及郝经《续后汉书》卷70下《张悌传》删。
2403	49	法 从卢弼引沈均珩说据《通志》卷119《刘繇传》增。
2404	49	下邳 从卢弼说据《后汉书》卷73《陶谦传》、《资治通鉴》卷61兴平二年增。
2405	49	大夫 从卢弼引沈家本说据《宋书》卷39《百官志》上"光禄勋"条、拙文《两汉四行与四科

考》（中华书局《文史》第 23 辑，1984 年）删。

2405	49	有若邪山中有 从赵幼文说据《文选》卷 59 沈约《齐故安陆昭王碑文》李注引《续汉书》改。
2406	49	命 从钦定本考证据《册府元龟》卷 878 "计策"引、《资治通鉴》卷 61 兴平二年删。
2410	49	下 从赵幼文说据《太平御览》卷 744 引《吴志》删。
2411	49	军 从卢弼说据《资治通鉴》卷 61 兴平二年删。
2414	49	遵 从钦定本考证引宋本改。
2431	50	十二 从本传裴注引虞喜《志林》说据《建康实录》卷 1《太祖》上、《资治通鉴》卷 65 建安十二年改。
2431	50	滕 从钦定本考证据本书卷 63《吴范传》、《建康实录》卷 1《太祖》上改。下同。
2433	50	于 从钦定本考证据《宋书》卷 35《州郡志》一 "扬州于湖县" 条删。
2434	50	仕 从卢弼引赵一清、赵幼文说引谢陛《季汉书》删。
2434	50	亭 从卢弼引钱大昭说据《建康实录》卷 1《太祖》上、本书卷 52《顾雍传》、《通志》卷 119《顾雍传》删。
2437	50	尚 从卢弼说据本卷《步夫人传》、卷 52《顾雍传附顾谭传》、卷 60《全琮传》删。
2439	50	察战监之 从吴金华说据《建康实录》卷 4《后主》注引《搜神记》改。
2440	50	谪 从卢弼说据《通志》卷 19《滕夫人传》改。
2440	50	绥 从赵幼文说据《通志》卷 19《滕夫人传》改。
2449	51	宗族 从卢弼引刘家立说据《通志》卷 79《孙静传》改。

2455	51	黄初 从钦定本考证据本书卷 4《曹髦纪》甘露二年、四年删。
2456	51	台 从四库全书考证据郝经《续后汉书》卷 53《孙贲传》改。
2461	51	违 从卢弼引何焯说据本书卷 47《吴主传》、卷 56《吕范传》改。
2462	51	翊 从卢弼说据《通志》卷 79《孙韶传》改。
2462	51	尔 同上。
2465	51	爰 从卢弼引赵一清、潘眉说据《水经注》卷 34《江水》改。
2479	52	顾 从钦定本考证及赵幼文说据《太平御览》卷 204 引《魏志》、《通志》卷 119《张昭传》改。
2483	52	半 从梁章钜引陈景云、纪昀说据《元和郡县志》卷 29 "江州半州故城" 条、本书卷 55《潘璋传》、卷 56《孙虑传》改。
2484	52	至 从钦定本考证据本卷《步骘传》 "蔡文至虽疏贱谈称其贤" 句改。
2485	52	家 从赵幼文说据《建康实录》卷 1《太祖》上、《世说新语·雅量篇》 "豫章太守顾邵" 条刘注引《吴志》改。
2491	52	晃 从卢弼引钱大昕、潘眉说据本书卷 47《吴主传》赤乌四年、萧常《续后汉书》卷 24《孙权载记》改。
2493	52	羊衙 从卢弼说据本书卷 59《孙登传》改。
2502	52	逆 从卢弼引沈家本说据《通志》卷 119《步骘传》改。
2503	52	程秉 从卢弼引陈景云说据《建康实录》卷 2《太祖》下改。
2505	52	选曹尚书加骑都尉知 从赵幼文说据《北堂书钞》卷 60 "吏部尚书" 条引《吴书》增。

2508	52	一 从卢弼引钱大昭说据本书卷47《吴主传》赤乌十年史文删。
2508	52	庐江 据晋抄本残卷改。
2509	52	者 从卢弼、赵幼文说据《太平御览》卷445"品藻"上引《吴志》增。
2509	52	有 从赵幼文说据《太平御览》卷445"品藻"上引《吴志》删。
2510	52	元逊 从钦定本考证据本卷《张承传》"承言终败诸葛氏者元逊也"句改。
2510	52	君 从卢弼引何焯说据《太平御览》卷445"品藻"上引《吴志》增。
2534	53	美 从钦定本考证引元本,并据《册府元龟》卷189引改。
2534	53	叔孙 从卢弼引何焯校勘及郝经《续后汉书》卷54《张纮传》乙。
2535	53	离 从卢弼引胡三省说据《资治通鉴》卷71太和三年改。
2537	53	军 从卢弼、赵幼文说据《艺文类聚》卷59、《抱朴子·钧世篇》改。
2537	53	曰 从钦定本考证据上下文意删。
2541	53	宫 从钦定本考证引宋本改。
2543	53	将 从钦定本考证引元本,并据《通志》卷119《薛综传》增。
2544	53	士 从卢弼说据郝经《续后汉书》卷60《薛综传》改。
2545	53	辄 从钦定本考证据《册府元龟》卷470"奏议"引改。
2546	53	能 从卢弼说据本句上文已有"能"字删。
2548	53	材 参卢弼说据《论语·公冶长》改。
2572	54	祖 从钦定本考证据《后汉书》卷45《周荣

传》增。

2573	54	积　从钦定本考证据《后汉书》卷 45《周荣传》改。
2573	54	卒　从钦定本考证据下文及裴松之按语、《建康实录》卷 1《太祖》上、《资治通鉴》卷 66 建安十五年改。
2573	54	宫　从卢弼引赵一清说据《初学记》卷 7 引《荆州记》、《水经注》卷 39 "庐江水"改。
2573	54	权　从钦定本考证引宋本、元本改。
2574	54	可也　从卢弼引李慈铭说据《通典》卷 150 "料敌制胜"条改。
2574	54	久　从钦定本考证据《资治通鉴》卷 65 建安十三年增。
2576	54	火　从赵幼文说据《艺文类聚》卷 71《太平御览》卷 770 引《吴志》增。
2576	54	熛焰　从卢弼引焯、胡三省说据《太平御览》卷 285、321 引《吴志》改。
2577	54	栅　从赵幼文说据《册府元龟》卷 362 引改。
2590	54	微　从钦定本考证据《册府元龟》卷 413 引改。
2591	54	远　从卢弼说据《通志》卷 119《鲁肃传》增。
2591	54	至　从赵幼文说据《通志》卷 119《鲁肃传》删。
2592	54	觐　从钦定本考证引宋本、郝经《续后汉书》卷 55《鲁肃传》改。
2592	54	强　从钦定本考证引元本改。
2595	54	向　从卢弼引李慈铭说据本传"计安可不预定"句意改。
2597	54	太　从钦定本考证据卢弼引元本、《通志》卷 119《吕蒙传》增。
2598	54	皎　从卢弼引朱邦衡说据本书卷 47《吴主传》、卷 51《孙皎传》改。

2605	54	东下　从钦定本考证引毛本改。
2629	55	依　从卢弼引陈景云说据本书卷 46《孙策传》改。
2629	55	东　从卢弼引何焯说据本书卷 60《吕岱传》增。
2629	55	泾　参卢弼引赵一清说据《通志》卷 119、郝经《续后汉书》卷 58《蒋钦传》改。
2629	55	津　从卢弼、赵幼文说据《文选》卷 53 陆机《辩亡论》上李注引《吴书》、《太平御览》卷 699、815 引《吴志》删。
2633	55	从　从梁章钜引陈景云说据本书卷 52《张昭附张承传传》及《顾雍传附顾谭传》、卷 64《诸葛恪传》文例改。
2633	55	转　同上。
2633	55	都　从卢弼引陈景云、钱大昕说据本书卷 52《诸葛瑾传》裴注引《吴书》"新都都尉陈表"句改。
2636	55	废　从卢弼引胡三省说据本书卷 54《吕蒙传》"部界无废负"改。
2639	55	置　从钦定本考证据《资治通鉴》卷 65 建安十三年、《通志》卷 119《甘宁传》改。
2639	55	云　从赵幼文说据《册府元龟》卷 870 引改。
2640	55	次　从钦定本考证据《太平御览》卷 435、760 引《吴志》增。
2643	55	征　从卢弼引何焯说据《通志》卷 119《凌统传》改。
2643	55	手　参卢弼说据《通志》卷 119《凌统传》改。
2643	55	二　从卢弼引陈景云、钱大昕说据《建康实录》卷 1《太祖》上、《北堂书钞》卷 133 及《太平御览》卷 488 引《吴志》改。
2644	55	冈　从卢弼引何焯校勘改。
2645	55	敢　从钦定本考证引元本改。

2645	55	城　从卢弼说据《通志》卷 119《徐盛传》改。
2647	55	五　从卢弼引潘眉说据本卷《陈武传》改。
2647	55	巫　从卢弼引钱大昕说据吴增仅《三国郡县表》卷 8 考证"固陵郡"条改。
2649	55	乡　从卢弼引陈景云、潘眉说据《建康实录》卷 4《吴后主》、《册府元龟》卷 377 "褒异"引、萧常《续后汉书》卷 30《丁奉传》改。
2649	55	魏大将军诸葛诞据寿春来降　从钦定本考证引元本，并据《册府元龟》卷 349 引增。
2649	55	卒　从卢弼引陈景云、钱大昕说据本书卷 48《孙皓传》增。
2670	56	九　从卢弼引沈家本说据本书卷 26《郭淮传》"擢领雍州刺史五年为真"文例删。
2674	56	围　从卢弼引钱仪吉说据《通志》卷 120《朱然传》、萧常《续后汉书》卷 31《朱然传》增。
2674	56	五　从卢弼说据本书卷 3《明帝纪》、卷 47《吴主传》改。
2676	56	卒　从卢弼引陈景云考证据本书卷 47《吴主传》改。
2677	56	书　从卢弼引陈景云说据下文"魏志承魏书"句改。
2679	56	以　参钦定本考证引元本、并据《通志》卷 120《吕范传》增。
2680	56	陵　从卢弼引赵一清说据《续汉郡国志》四 "扬州豫章郡历陵县"条改。
2682	56	特　从钦定本考证据《册府元龟》卷 204 引改。
2683	56	宪　从卢弼引赵一清说据本书卷 48《孙亮传》、《资治通鉴》卷 77 甘露元年改。
2684	56	泰　从赵幼文说据《太平御览》卷 209 引《吴志》、《建康实录》卷 1《太祖》上增。

2685	56	邀	从卢弼说据《通志》卷120《朱桓传》改。
2688	56	傸	从钦定本考证及赵幼文说据郝经《续后汉书》卷70下《朱异传》删。
2688	56	恐	从吴金华、赵幼文说据郝经《续后汉书》卷70下《朱异传》删。
2708	57	中	从张元济《百衲本三国志校勘记》说引晋抄本残卷增。
2708	57	当开反闭当闭反开	从张元济《百衲本三国志校勘记》说引晋抄本残卷改。
2709	57	革	从钦定本考证引宋本、《册府元龟》卷897"悔过"引改。
2709	57	雨	从汪文盛、赵幼文说据卢弼引冯梦祯本、张元济《百衲本三国志校勘记》改。
2710	57	注	从钦定本考证引宋本、萧常《续后汉书》卷34《虞翻传》改。
2712	57	林	从卢弼引侯康、李慈铭说据《后汉书》卷37《桓荣传附桓晔传》、《艺文类聚》卷31引《会稽典录》增。
2712	57	郾	从卢弼引侯康、钱大昕考证改。
2712	57	翟	从卢弼引李慈铭说据《艺文类聚》卷18"贤妇人"条引《列女传》改。
2713	57	二	从卢弼说据方诗铭《中国历史纪年表》改。
2714	57	唯	从张元济《百衲本三国志校勘记》说据晋抄本残卷改。
2715	57	存	同上。
2715	57	民	同上。
2715	57	永	同上。
2716	57	名	从郁松年、赵幼文说据下文"苟非名爵"句改。
2716	57	吴	从钦定本考证据《太平御览》卷224引《吴

志》、郝经《续后汉书》卷 67《张温传》增。

| 2716 | 57 | 也 从张元济《百衲本三国志校勘记》说引晋抄本残卷增。 |

2717　57　廷　从四库全书考证据郝经《续后汉书》卷 67《张温传》、《太平御览》卷 224 引《吴志》改。

2717　57　丕　从张元济《百衲本三国志校勘记》说引晋抄本残卷改。

2717　57　繁兴　从赵幼文说据《册府元龟》卷 658 "奉使" 引改。

2723　57　听　从钦定本考证及卢弼说引宋本、《册府元龟》卷 874 "讼冤" 引改。

2758　58　但　从钦定本考证引宋本、《资治通鉴》卷 68 建安二十四年改。

2761　58　行　从钦定本考证据《资治通鉴》卷 69 黄初三年、《太平御览》卷 330 引《蜀志》、《通志》卷 120《陆逊传》改。

2763　58　方　从钦定本考证引宋本、《资治通鉴》卷 69 黄初三年、郝经《续后汉书》卷 56《陆逊传》改。

2765　58　周　从钦定丁考证引宋本、本书卷 60《周鲂传》改。

2767　58　非　从钦定本考证引元本，并据《册府元龟》卷 407 "谏诤" 引改。

2767　58　洲　从卢弼说据本书卷 47《吴主传》改。下同。

2769　58　三　同上。

2775　58　濑　从四库全书考证据本书卷 55《甘宁传》增。

2779　58　兵　从卢弼说据上文 "吾常虑夷兵" 句及《资治通鉴》卷 79 泰始八年改。

2784　58　主　从卢弼引胡三省说据《资治通鉴》卷 80 泰始十年、萧常《续后汉书》卷 33《陆抗传》改。

2815　59　壹　从钦定本考证据本书卷 47《吴主传》赤乌十

年裴注引《江表传》改。

| 2819 | 59 | 生 从卢弼说据《宋书》卷16《礼志》三删。 |

2819　59　同母　从钦定本考证据本书卷50《吴主权王夫人传》删。

2824　59　张氏　参卢弼引钱大昭说据本书卷50《妃嫔传》裴注引《江表传》、《建康实录》卷4《后主》改。

2839　60　广汉　从卢弼引潘眉说据《后汉书》卷63《李固传》、《华阳国志》卷10中《先贤士女总赞》中"广汉士女"改。

2839　60　帝　从钦定本考证据《后汉书》卷55《清河王刘庆传》、《通志》卷79上《清河王刘庆传》删。

2839　60　大潭　从卢弼引何焯说据上文"别屯大潭"句删。

2839　60　松阳　从钦定本考证据《册府元龟》卷362"机略"引、《通志》卷120《贺齐传》及卢弼引宋本改。

2840　60　二　从钦定本考证据上文吴五、邹临二人史事改。

2840　60　方　从赵幼文说据《通典》卷161、《元和郡县志》卷29"歙县"、《册府元龟》卷362"机略"引改。

2840　60　弋　从钦定本考证引何焯说据《水经注》卷40"渐江水"、《太平御览》卷337"弋"条引《吴书》、《新安志》卷9《贺齐传》改。下同。

2840　60　山　同上。

2840　60　道成　从钦定本考证据《通典》卷161、《册府元龟》卷362"机略"引增。

2840　60　余　从卢弼说据《资治通鉴》卷65建安十三年改。

2842　60　牙　从钦定本考证据《太平御览》卷339引《吴书》改。

2843	60	爪 从卢弼说引宋本、《册府元龟》卷 418、《太平御览》卷 339 引《吴志》改。
2855	60	矢 从卢弼说据《通志》卷 120《周鲂传》改。
2860	60	厉 从赵幼文说据《册府元龟》卷 411 引、《通志》卷 120《周鲂传》改。
2863	60	吴 从卢弼引潘眉说据《续汉郡国志》四"荆州武陵郡迁陵县"条改。
2887	61	曰 从赵幼文说据《太平御览》卷 444 引《襄阳耆旧记》改。
2895	61	取而 从卢弼引何焯说据《建康实录》卷 4《后主》改。
2901	61	在 从卢弼引陈景云说据下文"虎林选督"句、本书卷 48《孙亮传》"朱异自虎林率众袭夏口"句、同卷《孙休传》"封琅琊王居虎林"句改。
2902	61	暴 从钦定本考证据《册府元龟》卷 468"荐举"引改。
2902	61	天册 从卢弼引钱大昕说据本书卷 48《孙皓传》、《通志》卷 120《陆凯传》改。
2924	62	款 从卢弼、赵幼文说据《册府元龟》卷 411"间谍"引、郝经《续后汉书》卷 60《胡综传》、《通志》卷 120《胡综传》改。
2941	63	得 从赵幼文说据《太平御览》卷 733 引《吴志》删。
2942	63	日 从赵幼文说据《建康实录》卷 1《太祖》上增。
2942	63	诀 从钦定本考证据《太平御览》卷 235 引《吴志》改。
2944	63	阳 从卢弼引潘眉及赵一清《三国志注补拾遗》说据《续汉郡国志》四"扬州九江郡历阳侯国"条改。

2944　63　鄱　从卢弼引潘眉及赵一清《三国志注补拾遗》
　　　　　说据《续汉郡国志》四"扬州豫章郡鄱阳县"
　　　　　条改。

2947　63　衢　从卢弼引潘眉说据《太平御览》卷2引《晋
　　　　　阳秋》改。

2948　63　等　从钦定本考证引何焯说据宋本改。

2956　64　六　从卢弼引何焯说据《册府元龟》卷800引改。

2957　64　胜　从赵幼文说据《册府元龟》卷426引增。

2957　64　四郡　从钦定本考证引胡三省说据《册府元龟》
　　　　　卷426、《太平御览》卷261引《吴志》改。

2958　64　丹阳　据《通志》卷120《诸葛恪传》、《宋书》
　　　　　卷25《州郡一》"丹阳尹丹阳县"条改。

2960　64　特　从赵幼文说据《建康实录》卷3《废帝》改。

2961　64　克　从赵幼文说据萧常《续后汉书》卷27及郝经
　　　　　《续后汉书》卷63《诸葛恪传》增。

2963　64　二　从卢弼引潘眉说据陈垣《二十史朔闰表》增。

2967　64　违　从赵幼文说据《册府元龟》卷891引改。

2968　64　古　从卢弼引梁章钜说据《通志》卷120《诸葛
　　　　　恪传》改。

2974　64　沃盥闻婢血臭　从赵幼文说据《宋书》卷34《五
　　　　　行志》五"人疴"条增改。

2974　64　何弱弱　据《宋书》卷31《五行志》、《晋书》
　　　　　卷28《五行志》中、《建康实录》卷3《废
　　　　　帝》增。

2981　64　张怡、林恂　从钦定本考证据本书卷48《孙亮
　　　　　传》五凤二年、《建康实录》卷3《废帝》改。

2983　64　怒　从卢弼说据本书卷48《孙亮传》、卷56《吕
　　　　　范传附吕据传》、《建康实录》卷3《废帝》改。

2983　64　宪　从钦定本考证据《资治通鉴》卷77甘露元
　　　　　年、郝经《续后汉书》卷63《孙綝传》改。

2983	64	作 参卢弼引胡三省说据《通志》卷 120《滕胤传》改。
2983	64	为 从卢弼说据《资治通鉴》卷 77 甘露元年增。
2984	64	宪 从钦定本考证据《资治通鉴》卷 77 甘露元年、郝经《续后汉书》卷 63《孙綝传》改。下同。
2986	64	丞 从卢弼引胡三省、赵一清说据本书卷 48《孙亮传》、《通志》卷 79 下《孙綝传》改。下同。
2987	64	饰 从赵幼文说据《太平御览》卷 770 引《江表传》改。
2987	64	前 从卢弼说据《资治通鉴》卷 77 甘露三年改。
2988	64	当 从卢弼说据《资治通鉴》卷 77 甘露三年增。
2992	64	侍中 从卢弼引沈钦韩、李慈铭说据宋本及《通志》卷 120《濮阳兴传》改。
3018	65	邦 从卢弼引宋本并据本书卷 61《陆凯传》、《通志》卷 120《王蕃传》改。
3018	65	袁 从钱仪吉、赵幼文说据《水经注》卷 35 "江水"、《太平御览》卷 492 引《江表传》改。
3019	65	右 从赵幼文说据本书卷 48《孙皓传》、《太平御览》卷 492 引《江表传》改。
3019	65	多 从赵幼文说据《论语·子张》、郝经《续后汉书》卷 71《王蕃传》删。
3021	65	从子 从钦定本考证据本书卷 60《贺齐传》"子达及弟景"句改。
3027	65	试二城 从卢弼引潘眉说据《晋书》卷 68《贺循传》改。
3027	65	吴郡 从卢弼引潘眉说据《世说新语·赏誉篇》刘注、《晋书》卷 68《贺循传》改。
3036	65	关 从钦定本考证引元本、萧常《续后汉书》卷 34《韦昭传》改。

3038	65	艰　从钦定本考证引宋本、郝经《续后汉书》卷 71下《华覈传》改。
3039	65	为　从钦定本考证据《册府元龟》卷539"直谏" 引、《通志》卷120《华覈传》改。
3040	65	不　从卢弼引朱邦衡说据《吕氏春秋·制乐》、 《史记》卷38《宋微子世家》改。
3041	65	则　从卢弼说引宋本增。
3041	65	蔓　从钦定本考证据《册府元龟》卷539"直谏" 引、《通志》卷120《华覈传》改。
3046	65	滋　参钦定本考证及卢弼说据《册府元龟》卷 539"直谏"引、《通志》卷120《华覈传》改。

中国古代名著全本译注丛书

周易译注
尚书译注
诗经译注
周礼译注
仪礼译注
礼记译注
大戴礼记译注
左传译注
春秋公羊传译注
春秋穀梁传译注
论语译注
孟子译注
孝经译注
尔雅译注
考工记译注

国语译注
战国策译注
三国志译注
贞观政要译注
吕氏春秋译注
商君书译注
晏子春秋译注
入蜀记译注·吴船录译注

孔子家语译注

孔丛子译注
荀子译注
中说译注
老子译注
庄子译注
列子译注
孙子译注
鬼谷子译注
六韬·三略译注
管子译注
韩非子译注
墨子译注
尸子译注
淮南子译注
说苑译注
近思录译注
传习录译注
齐民要术译注
金匮要略译注
食疗本草译注
救荒本草译注
饮膳正要译注
洗冤集录译注
周髀算经译注
九章算术译注
茶经译注（外三种）修订本